Collins
UKRAINIAN
DICTIONARY
ESSENTIAL EDITION

T0364477

Українсько-англійський
Англо-український
словник

HarperCollins Publishers
Westerhill Road
Bishopbriggs
Glasgow
G64 2QT

HarperCollinsPublishers
Macken House, 39/40 Mayor
Street Upper
Dublin 1, D01 C9W8, Ireland

First Edition 2022

Reprint 10 9 8 7 6 5 4

© HarperCollins Publishers 2022

ISBN 978-0-00-856790-3

www.collinsdictionary.com
www.collins.co.uk/dictionaries

A catalogue record for this book is
available from the British Library

Typeset by Davidsons Publishing
Solutions, Glasgow

Printed in the UK using 100%
Renewable Electricity at CPI Group
(UK) Ltd

Acknowledgements
We would like to thank those
authors and publishers who kindly
gave permission for copyright
material to be used in the Collins
Corpus. We would also like to thank
Times Newspapers Ltd for providing
valuable data.

Contributors
Svitlana Matys
Irina Ozyumenko
Oksana Plaksii
Dr Olga Volosova
Aliona Zarakhovych

For the Publisher
Maree Airlie
Gerry Breslin
Kerry Ferguson

ЗМІСТ

CONTENTS

ПЕРЕДМОВА

Дякуємо, що обрали "Collins Essential Ukrainian-English Dictionary"! Ми уклали його, щоб забезпечити користувача найпотрібнішою інформацією у зручному компактному форматі. У додатку ви знайдете також українсько-англійський розмовник, що містить сучасну найуживанішу лексику в фразах на щодень.

У вступі є кілька порад, як найкраще скористатися можливостями, що їх пропонує словник – не тільки знаходити слова-відповідники, але й застосовувати інформацію, надану в кожній статті. Завдяки цьому ви зможете читати й розуміти англомовні тексти, а також висловлюватися, спілкуватися англійською.

"Collins Essential Ukrainian-English Dictionary" починається з переліку скорочень, уживаних у словникових статтях, та фонетичної таблиці. Далі – розділ, присвячений англійським неправильним дієсловам.

INTRODUCTION

We are delighted you have decided to buy the *Collins Essential Ukrainian-English Dictionary*. This dictionary is designed to give the user all the information they need in a handy, take-anywhere format. Also in this dictionary is a handy Phrasefinder supplement, ensuring you have all the up-to-date vocabulary you need at your fingertips for your everyday needs.

This introduction gives you a few tips on how to get the most out of your dictionary – not simply from its comprehensive wordlist but also from the information provided in each entry. This will help you to read and understand modern Ukrainian, as well as communicate and express yourself in the language.

The *Collins Essential Ukrainian-English Dictionary* begins by listing the abbreviations used in the text and illustrating the sounds shown by the phonetic symbols. Next you will find a section on English Irregular Verbs.

ЯК КОРИСТУВАТИСЯ СЛОВНИКОМ

ЗАГОЛОВНІ СЛОВА

Слова, які ви шукаєте в словнику (заголовні), розташовано в алфавітному порядку. Для зручності їх надруковано грубим шрифтом. Заголовні слова у верхніх колонтитулах сторінок вказують, яким є перше слово розгорту (на лівій сторінці) та останнє (на правій сторінці).

Інформацію щодо вживання чи форми певного заголовного слова подано в дужках після транскрипції або назви частини мови. Зазвичай це скорочення, надруковане курсивним шрифтом (наприклад, (*inf*), (*Med*)).

Список використаних скорочень подано на стор. xiv-xvii.

ФОНЕТИЧНА ТРАНСКРИПЦІЯ

Транскрипція подається у квадратних дужках одразу після англійського заголовного слова (наприклад, **knee** [niː]; **sort** [sɔːt]). Перелік фонетичних знаків розміщено на сторінках xx–xxi.

ПЕРЕКЛАД

Якщо словник пропонує більше ніж одне значення до якогось слова, ці значення відділяються одне від одного крапкою з комою. В окремих випадках перед перекладом слів у дужках подаються слова, виділені курсивом. Вони вказують на контекст, у якому може вживатися заголовне слово (наприклад, **report** (*news*), … (*school*)), або уточнюють його значення (наприклад, **Norwegian** (=*person*) … ; (=*language*)…). Рід українських іменників також вказується курсивом після перекладу слова.

КЛЮЧОВІ СЛОВА

Деяким словам, що відіграють особливу, «ключову» роль в українській чи англійській мові, приділено окрему увагу. Це стосується найбільш часто вживаних слів або таких, що використовуються в різних значеннях та виконують різні функції залежно від контексту. Спеціальні позначки та цифри допоможуть вам розрізняти частини мови та варіанти значення слів.

Іншу корисну інформацію подано в дужках або курсивом, мовою користувача, для якого її призначено насамперед.

ГРАМАТИЧНА ХАРАКТЕРИСТИКА СЛІВ

Назви частин мови позначено абревіатурами, надрукованими курсивом, після фонетичної транскрипції (наприклад, *vt*, *adv*, *conj*).

В українських перекладах, що складаються з кількох слів, граматична позначка стосується головного слова у словосполученні. Ящо головне слово – іменник чоловічого роду, то наводиться позначка 'ч'; якщо головне слово – дієслово, то подано позначку '*пер дс*' для перехідних дієслів і '*непер дс*' – для неперехідних. У заголовних словосполученнях в українсько-англійській частині граматична позначка також стосується головного слова в словосполученні. Наприклад:

bus ticket (bʌs 'tɪkɪt) *n* квиток на автобус *m*
гоночний автомобіль ч racing car

ІМЕННИКИ

В англо-українському словнику рід українських іменників позначено латиницею: «*m*» вказує на чоловічий рід, «*f*» – на жіночий, а «*nt*» – на середній. В українсько-англійському словнику рід українських іменників позначено кириличними літерами: «*ч*» вказує на чоловічий рід, «*ж*» – на жіночий та «*с*» – на середній. Наприклад:

quarrel ['kwɒrəl] *n* сварка *f*
rollerskating ['rəʊlə,skeɪtɪŋ] *n* катання на роликах *nt*

регбі *с* rugby
рюкзак ч backpack, rucksack

Число українських іменників, що вживаються тільки в множині, позначається скороченням «*pl*» в англо-українському словнику, та «*мн ім*» – в українсько-англійському. Наприклад:

motor racing ['məʊtə 'reɪsɪŋ] *n* автомобільні перегони *pl*
Нідерланди *мн ім* Netherlands

Якщо іменник подано у формі множини (зазвичай це

зумовлено високою частотністю вживання цієї форми або тим, що форма множини є частиною сталої словосполуки), але він може мати й форму однини, в англо-українському словнику його супроводжують такі позначення: «*mpl*» – іменники чоловічого роду в множині, «*fpl*» – іменники жіночого роду в множині та «*ntpl*» – іменники середнього роду в множині. В українсько-англійському словнику це відповідно «*ч, мн*», «*ж, мн*» та «*с, мн*». Наприклад:

moustache [məˈstɑːʃ], (*us*) **mustache** [ˈmʌstæʃ] *n* вуса *mpl*
modern languages [ˈmɒdən ˈlæŋgwɪdʒɪz] *npl* сучасні мови *fpl*
вуса *ч, мн* moustache
запонки *ж, мн* cufflinks

Якщо основною формою українського іменника є форма чоловічого роду, але він також часто вживається як іменник жіночого роду, тоді обидві форми цього іменника подано як заголовні слова, і до кожного з цих слів запропоновано переклад. Такі іменники позначаються як *m(f)* в англо-українському словнику, та як *ч(ж)* в українсько-англійському. Наприклад:

British [ˈbrɪtɪʃ] *adj* британський
  ▷ *n* британець (британка) *m(f)*
британець (британка) *ч(ж)* British person

Якщо іменник має спільний рід, його супроводжує позначення «*m/f*» в англо-українському словнику та як «*ч / ж*» в українсько-англійському. Наприклад:

orphan [ˈɔːfən] *n* сирота *m/f*
сирота *ч / ж* orphan

ДІЄСЛОВА

Переклад англійських дієслів українською мовою зазвичай подається у двох варіантах – як дієслова доконаного та недоконаного виду (дієслово доконаного виду подається в дужках зі скороченою позначкою «*perf*»). Наприклад:

allow [əˈlaʊ] *vt* дозволяти (*perf* дозволити)

Якщо український відповідник певного англійського дієслова функціонує лише або переважно в одній формі (як дієслово доконаного або недоконаного виду), словник подає ту форму, що є більш уживаною. Наприклад:

    adore [ə'dɔː] *vt* обожнювати (у цьому випадку дієслова
    доконаного виду не існує).

Дієслова в українській мові поділяються на перехідні та
неперехідні. Якщо до перехідного дієслова додається
постфікс -ся, воно переходить до розряду неперехідних.
Постфікс -ся позначає спрямованість дії на її виконавця
(виконавців) і завжди стоїть у самому кінці слова. В
українсько-англійському словнику спільнокореневі
перехідні та неперехідні дієслова подано як окремі
заголовні слова. Наприклад:

Перехідне дієслово

    сварити (док **насварити**) пер дс (розм) to tell off

Неперехідне дієслово

    сваритися (док **посваритися**) непер дс to quarrel

В англо-українському словнику постфікс -ся неперехідних
дієслів подано в дужках. Таке формулювання означає,
що певне англійське дієслово має два відповідники в
українській мові й може перекладатися і як перехідне,
і як неперехідне дієслово.Наприклад:

    gather ['ɡæðə] *vt, vi* збирати(ся)

ПРИКМЕТНИКИ
В українсько-англійському словнику прикметники та
віддієслівні прикметники (дієприкметники) позначені
як прикметники. Вони подаються у формі однини,
чоловічого роду, називного відмінка.

ВИКОРИСТАННЯ ЛАТИНСЬКИХ ЛІТЕР
За останні роки в українській мові почастішали прямі
запозичення з англійської, і в написанні деяких слів
використовуються латинські літери, наприклад: DVD-диск,
GPS. Ці слова подано в словнику в алфавітному порядку
відповідно до їхньої транслітерації кирилицею. Так,
наприклад, «GPS» можна знайти між словами **«джип»**
та **«джміль»**.

USING THE DICTIONARY

HEADWORDS
The words you look up in a dictionary – 'headwords' – are listed alphabetically. They are printed in bold type for rapid identification. The headwords appearing at the top of each page indicate the first (if it appears on a left-hand page) and last word (if it appears on a right-hand page) dealt with on the page in question.

Information about the usage or form of certain headwords is given in brackets after the phonetic spelling or the part of speech.

This usually appears in abbreviated form and in italics (e.g. (*inf*), (*Med*)).

Please see pages xiv-xvii for a list of the abbreviations used in this dictionary.

PHONETIC SPELLINGS
The phonetic spelling of each English headword (indicating its pronunciation) is given in square brackets immediately after the headword (e.g. **knee** [niː]); **sort** [sɔːt]. A list of these symbols is given on pages xx–xxi.

TRANSLATIONS
Headword translations are given in ordinary type and, where more than one meaning or usage exists, these are separated by a semi-colon. You will sometimes find other words in italics in brackets before the translations. These offer suggested contexts in which the headword might appear (e.g. **report** (*news*), ... (*school*)) or provide synonyms (e.g. **Norwegian** (=*person*) .... ; (=*language*)...).The gender of the Ukrainian translation also appears in italics at the end of the translation.

KEYWORDS
Special status is given to certain Ukrainian and English words which are considered as 'key' words in each language. They

may, for example, occur very frequently or have several types of usage (e.g. за, на; get, that). A combination of triangles and numbers helps you to distinguish different parts of speech and different meanings. Further helpful information is provided in brackets and in italics in the relevant language for the user.

GRAMMATICAL INFORMATION

Parts of speech are given in abbreviated form in italics after the phonetic spellings of headwords (e.g. *vt*, *adv*, *conj*).

In multi-word Ukrainian translations, the part of speech label refers to the main word in the translation. If the main word is a masculine noun, the part of speech '*m*' is given; if the main word is a verb, either '*vt*' (for transitive verb) or '*vi*' (for intransitive verb) is given. Similarly, in multi-word Ukrainian headwords, the part of speech also refers to the main word. For example:

bus ticket (bʌs ˈtɪkɪt) *n* квиток на автобус *m*
гоночний автомобіль *ч* racing car

NOUNS

Genders of Ukrainian noun translations are indicated as follows on the English-Ukrainian side: *m* for a masculine, *f* for a feminine and *nt* for a neuter noun. On the Ukrainian-English side, genders of Ukrainian noun headwords are indicated as follows: *ч* for a masculine, *ж* for a feminine and *c* for a neuter noun. For example:

quarrel [ˈkwɒrəl] *n* сварка *f*
rollerskating [ˈrəʊləˌskeɪtɪŋ] *n* катання на роликах *nt*

регбі *c* rugby
рюкзак *ч* backpack, rucksack

Ukrainian nouns which exist in the plural form only are labelled as *pl* on the English side and *мн ім* on the Ukrainian side. For example:

motor racing [ˈməʊtə ˈreɪsɪŋ] *n* автомобільні перегони *pl*
Нідерланди *мн ім* Netherlands

Those nouns which are usually used in the plural, but can also be singular, are labelled *mpl* for masculine plural, *fpl* for feminine plural or *ntpl* for neuter plural on the English side and ч, *мн*, ж, *мн*, and с, *мн* on the Ukrainian side. For example:

moustache [məˈstɑːʃ], (*us*) **mustache** [ˈmʌstæʃ] *n* вуса *mpl*
modern languages [ˈmɒdən ˈlæŋgwɪdʒɪz] *npl* сучасні мови *fpl*

вуса ч, *мн* moustache
запонки ж, *мн* cufflinks

If the base form of a Ukrainian noun is masculine, but it also has a feminine form which is commonly used, this feminine form is shown at both headword and translation level. These nouns are labelled as *m(f)* on the English side and ч(ж) on the Ukrainian side. For example:

British [ˈbrɪtɪʃ] *adj* британський
▷ *n* британець (британка) *m(f)*
британець (**британка**) ч(ж) British person

If a Ukrainian noun can be both masculine <u>and</u> feminine, the gender is given as *m/f* for translations on the English side and ч / ж for Ukrainian headwords. For example:

orphan [ˈɔːfən] *n* сирота *m/f*
сирота ч / ж orphan

VERBS

Ukrainian translations of verbs are usually presented by pairs of imperfective and perfective verbs (or aspects). If both the imperfective and perfective aspects are frequently used to translate an English verb, then both forms are presented (the perfective is shown in brackets and is abbreviated to *perf*). For example:

allow [əˈlaʊ] *vt* дозволяти (*perf* дозволити)

If the English verb is translated mostly by one form (either the imperfective or perfective), then only one Ukrainian verb (perfective or imperfective, depending on frequency of usage) is given. For example:

> **adore** [ə'dɔː] *vt* обожнювати (the perfective form of this doesn't exist in this case).

Many Ukrainian verbs can be both transitive and intransitive: they become intransitive by adding the postfix '**ся**' to the transitive form. Postfix means 'attached to the word after everything', so when a verb is conjugated, the '**ся**' goes after the verb ending. On the Ukrainian side, we show the transitive and intransitive verb forms of the same verb as separate headwords. For example:

Transitive

> **сварити** (док **насварити**) пер дс (розм) to tell off

Intransitive

> **сваритися** (док **посваритися**) непер дс to quarrel

On the English side, we show the intransitive postfix in brackets if the Ukrainian verb translation can be transitive or intransitive. For example:

> **gather** ['gæðə] *vt*, *vi* збирати(ся)

ADJECTIVES

On the Ukrainian side, all adjectives and verbal adjectives are simply labelled as adjectives. Ukrainian adjectives are given in their dictionary form i.e. singular, masculine gender, nominative case.

LATIN LETTERS IN UKRAINIAN

In recent years it has become more common to spell some words in Ukrainian with Latin characters e.g. **DVD-диск**, **GPS**. These words are listed in the alphabetical order of their Cyrillic transliterations, so for example, **GPS** is listed between **джип** and **джміль**.

UKRAINIAN ABBREVIATIONS

abbreviation	абр	абревіатура
American English	*амер*	американізм
interjection	*виг*	вигук
military	*військ*	військовий термін
vulgar	*груб*	грубе слово
past participle	*дієприкм мин часу*	дієприкметник минулого часу
present participle	*дієприкм теп часу*	дієприкметник теперішнього часу
perfective	*док*	доконаний вид
feminine	*ж*	жіночий рід
feminine plural	*ж, мн*	жіночий рід, множина
pronoun	*займ*	займенник
old-fashioned	*заст*	застаріле
zoology	*зоол*	зоологія
computing	*комп*	комп'ютерний термін
literary	*літ*	література
mathematics	*матем*	математика
medical	*мед*	медичний термін
past tense	*мин час*	минулий час
plural	*мн*	множина
plural noun	*мн ім*	іменник у множині
music	*муз*	музика
indeclinable noun	*невідм ім*	невідмінюваний іменник
transitive or intransitive verb	*непер / пер дс*	неперехідне або перехідне дієслово
intransitive verb	*непер дс*	неперехідне дієслово

formal	*офіц*	офіційне
transitive verb	*пер дс*	перехідне дієслово
politics	*політ*	політика
preposition	*прийм*	прийменник
adjective	*прикм*	прикметник
adverb	*присл*	прислівник
religion	*реліг*	релігійний термін
informal	*розм*	розмовне
neuter	*с*	середній рід
neuter plural	*с, мн*	середній рід, множина
conjunction	*спол*	сполучник
technical	*тех*	технічний термін
et cetera	*тощо*	тощо
3rd person singular, present tense	*3 ос одн, теп час*	третя особа однини, теперішній час
physics	*фіз*	фізика
masculine	*ч*	чоловічий рід
masculine and feminine	*ч (ж)*	чоловічий та жіночий рід
masculine or feminine	*ч / ж*	спільний рід
masculine plural	*ч, мн*	чоловічий рід, множина
particle	*част*	частка
number	*числ*	числівник
legal	*юр*	юридичний термін
predicate	*як прис*	предикат
registered trademark	®	зареєстрований товарний знак

АНГЛІЙСЬКІ СКОРОЧЕННЯ

абревіатура	abbr	abbreviation
прикметник	adj	adjective
прислівник	adv	adverb
комп'ютерний термін	Comput	computing
сполучник	conj	conjunction
тощо	etc	et cetera
вигук	excl	interjection
жіночий рід	f	feminine
офіційне	frml	formal
жіночий рід, множина	fpl	feminine plural
невідмінюваний іменник	n ind	indeclinable noun
розмовне	inf	informal
література	liter	literary
чоловічий рід	m	masculine
чоловічий та жіночий рід	m(f)	masculine and feminine
спільний рід	m/f	masculine or feminine
математика	Math	mathematics
чоловічий рід, множина	mpl	masculine plural
музика	Mus	music
іменник у множині	npl	plural noun
середній рід	nt	neuter
середній рід, множина	ntpl	neuter plural
числівник	num	number

застаріле	*old*	old-fashioned
частка	*part*	particle
доконаний вид	*perf*	perfective
фізика	*Phys*	physics
множина	*pl*	plural
політика	*Pol*	politics
дієприкметник минулого часу	*pp*	past participle
предикат	*pred*	predicate
прийменник	*prep*	preposition
дієприкметник теперішнього часу	*pres part*	present participle
3 особа однини, теперішній час	*pres sing*	3rd person singular present tense
займенник	*pron*	pronoun
минулий час	*pt*	past tense
релігійний термін	*Rel*	religion
технічний термін	*Tech*	technical
американізм	*US*	American English
неперехідне дієслово	*vi*	intransitive verb
перехідне дієслово	*vt*	transitive verb
перехідне або неперехідне дієслово	*vt, vi*	transitive or intransitive verb
грубе	*vulg*	vulgar
зоологія	*Zool*	zoology
зареєстрований товарний знак	®	registered trademark

UKRAINIAN PRONUNCIATION

Consonants

Letter	Symbol	Ukrainian Example	English Example/ Explanation
Б, б	[b]	*бак*	**b**eat
В, в	[v]	*вагóн*	**v**ase
Г, г	[h]	*газ*	pronounced like [he]
Ґ, ґ	[g]	*ґýляґ*	**g**ather
Д, д	[d]	*дáма*	**d**iary
Ж, ж	[ʒ]	*жагá*	plea**s**ure
З, з	[z]	*завдáння*	**z**ero
К, к	[k]	*кабíна*	**c**at
Л, л	[l]	*легкúй*	**l**ow
М, м	[m]	*мáвпа*	**m**ouse
Н, н	[n]	*набíр*	**n**ail
П, п	[p]	*пáдати*	**p**ace
Р, р	[r]	*рáнок*	pronounced like rolled Scots "r"
С, с	[s]	*свáрка*	**s**afe
Т, т	[t]	*тáнці*	**t**ooth
Ф, ф	[f]	*фарш*	**f**eel
Х, х	[x]	*халáт*	**h**air
Ц, ц	[ts]	*цéрква*	bi**ts**
Ч, ч	[tʃ]	*час*	**ch**air
Ш, ш	[ʃ]	*шанс*	**sh**oes
Щ, щ	[ʃʃ]	*щáстя*	fre**sh sh**eets

Vowels and diphthongs

Letter	Symbol	Ukrainian Example	English Example/ Explanation
А, а	[a]	*на́зва*	<u>a</u>fter
Е, е	[ɛ]	*н<u>е</u>рв*	g<u>e</u>t
Є, є	[jɛ]	*при<u>є́</u>мний*	<u>ye</u>t
и	[+]	*щ<u>и́</u>рий*	pronounced like "ee", but with the tongue arched further back in the mouth
І, і	[i]	*н<u>і́</u>жно*	m<u>ee</u>t
Ї, ї	[ji]	*<u>ї</u>жа*	<u>yie</u>ld
Й, й	[j]	*<u>й</u>мовірний*	<u>y</u>es
О, о	[o]	*<u>о́</u>дяг*	c<u>a</u>ll
У, у	[u]	*<u>у́</u>нція*	b<u>oo</u>k
Ю, ю	[ju]	*<u>ю</u>ри́ст*	<u>yo</u>u, <u>yo</u>uth
Я, я	[ja]	*<u>я́</u>блуко*	<u>ya</u>k

АНГЛІЙСЬКА ВИМОВА

Голосні й Дифтонги

Знак	Англійський	Український відповідник/ Опис Приклад
[ɑ:]	f*a*ther	м*а*ма
[ʌ]	b*u*t, c*o*me	*а*льянс
[ae]	m*a*n, c*a*t	екз*а*мен
[ə]	f*a*ther, *a*go	р*а*н*а*
[з:]	b*i*rd, h*ea*rd	бадь*о*рий
[ɛ]	g*e*t, b*e*d	г*е*н
[ɪ]	*i*t, b*i*g	ід*é*я
[i:]	t*ea*, s*ea*	каб*і*н*é*т
[ɒ]	h*o*t, w*a*sh	п*ó*бут
[ɔ:]	s*aw*, *a*ll	*ó*лень
[ʊ]	p*u*t, b*oo*k	б*у*к
[u:]	t*oo*, y*ou*	в*у*лиця
[ai]	fl*y*, h*i*gh	*ай*в*á*
[aʊ]	h*ow*, h*ou*se	*á*ура
[ɛə]	th*ere*, b*ear*	*вимовляється як поєднання «е» та короткого «а»*
[ei]	d*ay*, ob*ey*	*ей*
[iə]	h*ere*, h*ear*	*вимовляється як поєднання «і» та короткого «а»*
[əʊ]	g*o*, n*o*te	*óу*
[ɔi]	b*oy*, *oi*l	*ó*йкіт
[ʊə]	p*oo*r, s*u*re	*вимовляється як поєднання «у» та короткого «а»*

Приголосні

Знак	Англійський	Український відповідник/ Опис Приклад
[b]	*b*ut	*б*ал
[d]	*d*ot	*д*ім
[g]	*g*o, *g*et, bi*g*	*ґ*ава, *ґ*удзик
[dʒ]	*g*in, ju*dg*e	*дж*аз, імі*дж*
[ŋ]	si*ng*	*вимовляється як українське «н», але не кінчиком язика, а задньою частиною його спинки*
[h]	*h*ouse, *h*e	*х*аос, *х*імія
[j]	*y*oung, *y*es	*й*од, *й*мовірний
[k]	*c*ome, mo*ck*	*к*амінь, ро*к*
[r]	*r*ed, t*r*ead	*р*от, т*р*ава
[s]	*s*and, ye*s*	*с*ад, ри*с*
[z]	ro*s*e, *z*ebra	ва*з*а, *з*ебра
[ʃ]	*sh*e, ma*ch*ine	*ш*ина, ма*ш*ина
[tʃ]	*ch*in, ri*ch*	*ч*ин, пі*ч*
[v]	*v*alley	*в*альс
[w]	*w*ater, *wh*ich	*у*особлений, *у*їк-енд
[ʒ]	vi*s*ion	ва*ж*ливий
[θ]	*th*ink, my*th*	*вимовляється як українське «с», але кінчик язика знаходиться між зубами*
[ð]	*th*is, *th*e	*вимовляється як українське «з», але кінчик язика знаходиться між зубами*
[f]	*f*ace	*ф*акт
[l]	*l*ake, *l*ick	*л*абіринт, *л*авр
[m]	*m*ust	*м*агазин
[n]	*n*ut	*н*і
[p]	*p*at, *p*ond	*п*ара, *п*іт
[t]	*t*ake, ha*t*	*т*акт, предме*т*
[x]	lo*ch*	хі*д*

АНГЛІЙСЬКІ ДІЄСЛІВНІ ФОРМИ

теп ч	мин ч	дієпр мин ч	present	pt	pp
arise	arose	arisen	cost (work out price of)	costed	costed
awake	awoke	awoken			
be (am, is, are; being)	was, were	been	creep	crept	crept
			cut	cut	cut
bear	bore	born(e)	deal	dealt	dealt
beat	beat	beaten	dig	dug	dug
become	became	become	do (does)	did	done
begin	began	begun	draw	drew	drawn
bend	bent	bent	dream	dreamed, dreamt	dreamed, dreamt
bet	bet, betted	bet, betted			
			drink	drank	drunk
bid (at auction, cards)	bid	bid	drive	drove	driven
			dwell	dwelt	dwelt
bid (say)	bade	bidden	eat	ate	eaten
bind	bound	bound	fall	fell	fallen
bite	bit	bitten	feed	fed	fed
bleed	bled	bled	feel	felt	felt
blow	blew	blown	fight	fought	fought
break	broke	broken	find	found	found
breed	bred	bred	flee	fled	fled
bring	brought	brought	fling	flung	flung
build	built	built	fly	flew	flown
burn	burnt, burned	burnt, burned	forbid	forbade	forbidden
			forecast	forecast	forecast
burst	burst	burst	forget	forgot	forgotten
buy	bought	bought	forgive	forgave	forgiven
can	could	(been able)	forsake	forsook	forsaken
cast	cast	cast	freeze	froze	frozen
catch	caught	caught	get	got	got, (US) gotten
choose	chose	chosen			
cling	clung	clung	give	gave	given
come	came	come	go (goes)	went	gone
cost	cost	cost	grind	ground	ground

теп ч	мин ч	діепр мин ч	present	pt	pp
grow	grew	grown	**pay**	paid	paid
hang	hung	hung	**put**	put	put
hang (execute)	hanged	hanged	**quit**	quit, quitted	quit, quitted
have (has; having)	had	had	**read**	read	read
hear	heard	heard	**rid**	rid	rid
hide	hid	hidden	**ride**	rode	ridden
hit	hit	hit	**ring**	rang	rung
hold	held	held	**rise**	rose	risen
hurt	hurt	hurt	**run**	ran	run
keep	kept	kept	**saw**	sawed	sawed, sawn
kneel	knelt, kneeled	knelt, kneeled	**say**	said	said
know	knew	known	**see**	saw	seen
lay	laid	laid	**seek**	sought	sought
lead	led	led	**sell**	sold	sold
lean	leant, leaned	leant, leaned	**send**	sent	sent
			sew	sewed	sewn
leap	leapt, leaped	leapt, leaped	**shake**	shook	shaken
learn	learnt, learned	learnt, learned	**shear**	sheared	shorn, sheared
leave	left	left	**shed**	shed	shed
lend	lent	lent	**shine**	shone	shone
let	let	let	**shoot**	shot	shot
lie (lying)	lay	lain	**show**	showed	shown
light	lit, lighted	lit, lighted	**shrink**	shrank	shrunk
			shut	shut	shut
lose	lost	lost	**sing**	sang	sung
may	might	—	**sink**	sank	sunk
mean	meant	meant	**sit**	sat	sat
meet	met	met	**slay**	slew	slain
mistake	mistook	mistaken	**sleep**	slept	slept
mow	mowed	mown, mowed	**slide**	slid	slid
			sling	slung	slung
must	(had to)	(had to)	**slit**	slit	slit

теп ч	мин ч	дієпр мин ч	present	pt	pp
smell	smelt, smelled	smelt, smelled	swear	swore	sworn
			sweep	swept	swept
sow	sowed	sown, sowed	swell	swelled	swollen, swelled
speak	spoke	spoken			
speed	sped, speeded	sped, speeded	swim	swam	swum
			swing	swung	swung
spell	spelt, spelled	spelt, spelled	take	took	taken
			teach	taught	taught
spend	spent	spent	tear	tore	torn
spill	spilt, spilled	spilt, spilled	tell	told	told
			think	thought	thought
spin	spun	spun	throw	threw	thrown
spit	spat	spat	thrust	thrust	thrust
split	split	split	tread	trod	trodden
spoil	spoiled, spoilt	spoiled, spoilt	wake	woke, waked	woken, waked
spread	spread	spread	wear	wore	worn
spring	sprang	sprung	weave	wove, weaved	woven, weaved
stand	stood	stood			
steal	stole	stolen	wed	wedded, wed	wedded, wed
stick	stuck	stuck			
sting	stung	stung	weep	wept	wept
stink	stank	stunk	win	won	won
stride	strode	stridden	wind	wound	wound
strike	struck	struck, stricken	wring	wrung	wrung
			write	wrote	written
strive	strove	striven			

a

⬤ ключове слово

а *спол* 1 (*протиставний*) but; **він погодився, а я відмовився** he agreed but I refused 2 (*виражає приєднання*) and; **спочатку говорив він, а потім — ми** first he spoke and then we did 3 (*тоді як*) while; **учні пішли, а вчитель лишився в класі** the children went out while the teacher remained in the classroom; **а саме** (*перед переліком*) namely; (*тобто*) that is; **поспішай, а то запізнишся** hurry, or (else) you'll be late ▷ *виг* 1 (*виражає задоволення, захоплення, здогад, біль*) ah, oh 2 (*виражає раптовий різкий біль*) ouch

абажур *ч* lampshade
абатство *с* abbey
абетка *ж* alphabet
абзац *ч* paragraph
абихто *займ* whoever
абичий *займ* anyone's
абищо *займ* anything
абияк *присл* carelessly
або *спол* or; (*або ж*) otherwise
аборт *ч* abortion; **робити аборт** to abort
або…або *спол* either … or
абревіатура *ж* abbreviation
абрикоса *ж* apricot
абсолют *ч* absolute
абсолютний *прикм* absolute, utter
абстрактний *прикм* abstract
абстракція *ж* abstract
Абу-Дабі *невідм ім* Abu Dhabi
авангард *ч* vanguard
авангардний *прикм* avant-garde
аванс *ч* (*складова зарплатні*) advance; (*купуючи в кредит*) down payment
авантюра *ж* gamble
аварійна посадка *ж* emergency landing
аварійний *прикм* contingency; **аварійний вихід** emergency exit

аварійні вогні *мн ім* hazard warning lights
аварія *ж* (*дорожня*) accident; (*поломка*) breakdown; **аварія на АЕС** meltdown; **велика аварія** pile-up
авжеж *част* (*розм*) of course
авіадиспетчер *ч* air traffic controller
авіакомпанія *ж* airline
авіаносець *ч* aircraft carrier
авіапошта *ж* airmail
авіація *ж* aviation
авокадо *с* avocado
австралієць (*австралійка*) *ч (ж)* Australian
австралійський *прикм* Australian
Австралія *ж* Australia
австрієць (*австрійка*) *ч (ж)* Austrian
австрійський *прикм* Austrian
Австрія *ж* Austria
авто *с* car
автобіографічний *прикм* autobiographical
автобіографія *ж* autobiography
автобус *ч* bus; **двоповерховий автобус** double-decker; **сідати на автобус** to catch a bus
автобусна зупинка *ж* bus stop
автобусна станція *ж* bus station
автовідповідач *ч* answering machine, answerphone
автограф *ч* autograph
автомайстерня *ж* garage
автоматизований *прикм* automated
автоматизувати *пер дс* to automate
автоматичний *прикм* automatic
автоматично *присл* automatically
автоматний вогонь *ч* gunfire
автомийка *ж* car wash
автомобіль *ч* car, automobile; **автомобіль напрокат** hire car; **автомобіль типу «універсал»** estate car; **спортивний автомобіль** sports car
автомобільна сигналізація *ж* car alarm
автомобільний *прикм* car
автомобільні перегони *мн ім* motor racing
автономія *ж* autonomy
автономний *прикм* (*самоврядний*) autonomous; (*про механізм*) stand-alone
автопортрет *ч* self-portrait
автор *ч* author
автор-виконавець *ч* singer-songwriter
авторитарний *прикм* authoritarian
авторське право *с* copyright
авторучка *ж* fountain pen
автостоянка *ж* car park
автострахування *с* car insurance
агент *ч* agent; (*боксера, актора*) promoter; (*який рекламує певних осіб, події*) publicist; **агент із продажу нерухомості** estate agent

агентство *с* agency
агітувати *(док* **загітувати)** *пер дс*
to canvass
агов! *виг* hey!
агонія *ж* agony
агресивний *прикм* aggressive
агресія *ж* aggression
агресор *ч* aggressor
агроном *ч* agronomist
аґрус *ч* gooseberry
адаптер *ч* adaptor
адвокат *ч* barrister, lawyer
адекватність *ж* adequacy
адміністративний *прикм* administrative;
адміністративний район ward
адміністратор *ч* administrator; *(у*
приймальні) receptionist
адмірал *ч* admiral
адреналін *ч* adrenalin
адреса *ж* address; **адреса веб-сайту** URL;
адреса електронної пошти email address
адресна книга *ж* address book
адресувати *пер дс* to address
Адріатичне море *с* Adriatic Sea
адріатичний *прикм* Adriatic
аеробіка *ж* aerobics
аеробус *ч* jumbo
аеродинамічний *прикм* aerodynamic
аеродром *ч* airfield
аерозоль *ч* aerosol
аероплан *ч* aeroplane
аеропорт *ч* airport
аеропортний збір *ч* airport tax
азартний гравець *ч* gambler
азбест *ч* asbestos
азбука Морзе *ж* Morse code
Азербайджан *ч* Azerbaijan
азербайджанець (азербайджанка) *ч (ж)*
Azerbaijani
азербайджанський *прикм* Azerbaijani
азіат (азіатка) *ч (ж)* Asian
азіатський *прикм* Asiatic
азійський *прикм* Asian
Азія *ж* Asia
азот *ч* nitrogen
ай-под *ч* iPod®
айсберг *ч* iceberg
айстра *ж* aster
академічний *прикм* academic
академія *ж* academy
аквамарин *ч* aquamarine
акварель *ж* watercolour
акваріум *ч* aquarium
акваріумна рибка *ж* goldfish
акне *с* acne
акомпанемент *ч* accompaniment
акорд *ч* chord
акордеон *ч* accordion
акр *ч* acre
акредитувати *пер дс* to accredit
акрилове волокно *с* acrylic

акробат (акробатка) *ч (ж)* acrobat
акронім *ч* acronym
аксесуар *ч* accessory
активіст профспілки *ч* trade unionist
активний *прикм* active; **активний**
відпочинок activity holiday
активність *ж* activity
активувати *пер дс* to activate
актор *ч* actor
акторський склад *ч* cast
актриса *ж* actress
актуальний *прикм* topical
актуальні події *мн ім* current affairs
акула *ж* shark
акупунктура *ж* acupuncture
акустика *ж* acoustic
акустичний *прикм* acoustic
акушерка *ж* midwife
акцент *ч* accent
акцентувати *пер дс* accentuate
акциз *ч* excise
акціонер *ч* shareholder, stockholder
акція¹ *ж (біржова)* stock
акція² *ж (рекламна)* promotional offer
албанець (албанка) *ч (ж)* Albanian
Албанія *ж* Albania
албанська мова *ж* Albanian
албанський *прикм* Albanian
алгебра *ж* algebra
але *спол* but
алергічний *прикм* allergic
алергія *ж* allergy; **алергія на арахіс**
peanut allergy; **алергія на пилок** hay fever;
алергія на пшеницю wheat intolerance
алея *ж* alley
Алжир *ч* Algeria
алжирець (алжирка) *ч (ж)* Algerian
алжирський *прикм* Algerian
алібі *с* alibi
алігатор *ч* alligator
алкоголізм *ч* alcoholism
алкоголік *ч* alcoholic
алкогольний *прикм* alcoholic
алкогольні напої *мн ім* alcoholic drinks
алкотестер *ч* Breathalyser®
Аллах *ч* Allah
алфавітний *прикм* alphabetical
альбом *ч* album
Альпи *мн ім* Alps
альпійський *прикм* alpine
альпінарій *ч* rock garden
альпінізм *ч* mountaineering, climbing
альпініст (альпіністка) *ч (ж)* climber,
mountaineer
альт *ч* viola
альтанка *ж* bower
альтернатива *ж* alternative
альтернативний *прикм* alternative
альтруїзм *ч* altruism
альянс *ч* alliance
алюміній *ч* aluminium, *(us)* aluminum

амбулаторний пацієнт ч outpatient
Америка ж America
американець (**американка**) ч (ж) American
американський прикм American; **американський футбол** American football
американські гірки мн ім rollercoaster
аміак ч ammonia
амінокислота ж amino acid
амнезія ж amnesia
амністія ж amnesty
аморальний прикм immoral
аморальність ж sleaze
ампер ч amp, ampere
амплітуда ж amplitude
ампутувати пер дс to amputate
амфетамін ч amphetamine
аналіз ч analysis; **аналіз крові** blood test
аналізувати (док **проаналізувати**) пер дс to analyse
аналітик ч analyst
аналітичний прикм analytical
аналог ч analogue
аналогічний прикм analogous
аналогія ж analogy
аналоговий прикм analogue
анальний прикм anal
ананас ч pineapple
анархізм ч anarchism
анархічний прикм anarchist
анархія ж anarchy
анатомічний прикм anatomical
анатомія ж anatomy
ангар ч hangar
ангел ч angel
ангельський прикм angelic
англієць ч Englishman
англійка ж Englishwoman
англійська мова ж English
англійська шпилька ж safety pin
англійський прикм English
Англія ж England
Ангола ж Angola
анголець (**анголка**) ч (ж) Angolan
ангольський прикм Angolan
Анди мн ім Andes
Андорра ж Andorra
анекдот ч anecdote
анексувати пер дс to annex
анемічний прикм anaemic
анемія ж anaemia
анестезійний засіб ч anaesthetic
анімація ж animation
аніс ч aniseed
анкета ж questionnaire
анклав ч enclave
аномалія ж abnormality, anomaly
анонімний прикм anonymous
анонс ч (фільму або передачі) trailer
анорак ч anorak
анорексичний прикм anorexic

анорексія ж anorexia
ансамбль ч ensemble
антагоністичний прикм adversarial
Антарктида ж Antarctica
Антарктика ж Antarctic
антена ж aerial
антибіотик ч antibiotic
антивірусний прикм anti-virus
антигістамін ч antihistamine
антидепресант ч antidepressant
антикварний магазин ч antique shop
антилопа ж antelope
антипатія ж antipathy
антиперспірант ч antiperspirant
антипригарний прикм non-stick
антисептик ч antiseptic
антитіло с antibody
антифриз ч antifreeze
антологія ж anthology
антракт ч intermission
антропологія ж anthropology
анулювати пер дс to annul, to revoke
анчоус ч anchovy
апарат ч (пристрій) apparatus; (робітники) staff; **слуховий апарат** hearing aid
апаратура ж apparatus, equipment
апартаменти мн ім suite
апельсиновий ч orange
апельсиновий сік ч orange juice
апендикс ч appendix
апендицит ч appendicitis
аперитив ч aperitif
апертура ж aperture
апетит ч appetite
апетитний прикм appetizing, palatable
аплет ч applet
аплодувати непер дс to applaud
апокаліпсис ч apocalypse
апоплексичний удар ч seizure
апостроф ч apostrophe
аптека ж chemist, pharmacy; (us) drugstore
аптечка ж first-aid kit
араб (**арабка**) ч (ж) Arab
арабська мова ж Arabic
арабський прикм Arab, Arabic
арахіс ч peanut
арбітраж ч arbitration
Аргентина ж Argentina
аргентинець (**аргентинка**) ч (ж) Argentinian
аргентинський прикм Argentinian
ареал ч (тварин, рослин) habitat
арена ж arena
арешт ч arrest; **домашній арешт** house arrest
арештовувати (док **арештувати**) пер дс to arrest
аристократ ч aristocrat
аристократичний прикм aristocratic
аристократія ж aristocracy

арифметика ж arithmetic
арія ж aria
арка ж arch
арковий *прикм* arched
Арктика ж Arctic
арктичний *прикм* arctic
аркуш ч sheet
арматура ж *(сантехніка, вбудовані меблі)* fixture
армія ж army
аромат ч fragrance
ароматерапія ж aromatherapy
ароматний *прикм* fragrant, scented
арсенал ч armoury
артерія ж artery
артефакт ч artefact
артилерист ч gunner
артилерія ж artillery
артист балету ч ballet dancer
артишок ч artichoke
артрит ч arthritis
артритний *прикм* arthritic
арфа ж harp
археолог ч archaeologist
археологія ж archaeology
архів ч archive
архівна папка ж ring binder
архівувати *(док* **заархівувати)** *пер дс* to archive; *(файли)* to zip (files)
архієпископ ч archbishop
архітектор ч architect
архітектура ж architecture
архітектурний *прикм* architectural
асимілювати *пер дс* to assimilate
асортимент ч assortment
асоціація ж association
асоційований *прикм* associate
аспект ч aspect, facet
аспірант ч postgraduate
аспірантський *прикм* postgraduate
аспірин ч aspirin
астероїд ч asteroid
астма ж asthma
астматик ч asthmatic
астральний *прикм* astral
астролог ч astrologer
астрологія ж astrology
астронавт ч astronaut
астроном ч astronomer
астрономічний *прикм* astronomical
астрономія ж astronomy
атеїст ч atheist
Атлантичний океан ч Atlantic Ocean
атлáс ч satin
áтлас ч atlas
атласний *прикм* satin
атлетика ж athletics
атмосфера ж atmosphere
атмосферний *прикм* atmospheric
атом ч atom
атомна бомба ж atom bomb

атомний *прикм* atomic; *(стосовно енергії)* nuclear
атрибут ч attribute
аудит ч audit
аудитор ч auditor
аудиторія ж *(слухачі)* audience; *(приміщення)* classroom
аудіовізуальний *прикм* audiovisual
аудіоплата ж soundcard
аудіосистема ж sound system
аукціон ч auction; **виставляти на аукціон** to auction
аукціоніст ч auctioneer
аура ж aura
аутизм ч autism
афганець (афганка) ч *(ж)* Afghan
Афганістан ч Afghanistan
афганський *прикм* Afghan
афера ж scam
афіша ж poster
Африка ж Africa
африкандер ч Afrikaner
африканець (африканка) ч *(ж)* African
африканс ж Afrikaans
африканський *прикм* African
афроамериканець ч African-American
афроамериканський *прикм* African-American
афрокарибський *прикм* Afro-Caribbean

б

бабка _ж (комаха)_ dragonfly
бабуся _ж_ grandmother; _(пестливе)_ granny
бавовна _ж_ cotton
бавовняний _прикм_ cotton
багаж _ч_ luggage, baggage; **ручний багаж** hand luggage
багажна полиця _ж_ luggage rack
багажний _прикм_ luggage; **багажний візок** luggage trolley
Багамські острови _ч, мн_ Bahamas
багатий _прикм_ rich; _(на щось)_ abundant; _(який існує у великій кількості)_ plentiful
багатії _мн ім_ rich ▷ _ч, мн_ wealthy

 ключове слово

багато _числ_ much, many, plenty, a lot ▷ _присл_ **1** _(заможно, розкішно)_ affluently **2**: **багато розмовляти** to talk a lot

багатокультурний _прикм_ multicultural
багатонадійний _прикм_ budding
багатонаціональний _прикм_ multinational
багаторасовий _прикм_ multiracial
багатослівний _прикм_ wordy
багатосторонній _прикм_ multilateral
багатостраждальний _прикм_ long-suffering
багатошаровий _прикм_ layered
багатство _с_ wealth
багаття _с_ bonfire
багнет _ч_ bayonet
багряний _прикм_ crimson
бадмінтон _ч_ badminton
бадьорий _прикм_ awake; _(жвавий)_ bubbly
бадьорість _ж (енергія)_ pep; _(життєрадісність)_ cheerfulness
бажаний _прикм_ desirable, welcome
бажання _с_ wish, desire; **палке бажання** longing
бажано _присл_ preferably
бажати _(док_ **побажати**_)_ _пер дс_ to wish, to desire

база даних _ж_ database
базар _ч_ bazaar
базилік _ч_ basil
базиліка _ж_ basilica
базікати _непер дс (розм)_ to chatter
базувати _пер дс_ to base
байдикувати _непер дс (розм: тинятися без діла)_ to mess about; _(марнувати (про час))_ to idle
байдужий _прикм_ indifferent, apathetic
байдужість _ж_ apathy, indifference
байка _ж_ fable
байт _ч_ byte
бакалавр _ч (освітній ступінь)_ BA
бакалійна крамниця _ж_ grocery
бакалійник _ч_ grocer
бакалія _ж_ grocer
баклажан _ч_ aubergine
бактеріальний _прикм_ bacterial
бактерія _ж_ bacterium; _(у множині)_ bacteria
бал¹ _ч (урочиста подія)_ ball
бал² _ч (оцінка)_ point
балада _ж_ ballad
балакати _(док_ **побалакати**_)_ _непер дс_ to chat, to talk
балакучий _прикм_ talkative
баланс _ч_ balance; **активний торговельний баланс** trade surplus; **баланс сил** balance of power; **банківський баланс** bank balance
балансовий звіт _ч_ balance sheet
балансувати _пер дс_ to balance
баласт _ч_ ballast
балачка _ж_ chat; **порожні балачки** _(розм)_ waffle
балдахін _ч_ canopy
балерина _ж_ ballerina, ballet dancer
балет _ч_ ballet
балка¹ _ж (яр)_ gorge; gully
балка² _ж (брус)_ beam
балканський _прикм_ Balkan
балкон _ч_ balcony
балтійський _прикм_ Baltic
балуваний _прикм_ spoilt
балувати _пер дс_ to spoil, to pamper
балуватися _непер дс_ to be naughty
бальзам _ч_ balm
бальні танці _мн ім_ ballroom dancing
бамбук _ч_ bamboo
бампер _ч_ bumper
банальний _прикм_ banal, corny
банальність _ж_ platitude, banality
банан _ч_ banana
бангладеський _прикм_ Bangladeshi
Бангладеш _невід ім_ Bangladesh
бангладешець (**бангладешка**) _ч (ж)_ Bangladeshi
банда _ж_ gang
бандероль _ж_ small parcel
банджі-джампінг _ч_ bungee jumping
банджо _с_ banjo

бандит ч gangster, bandit; **озброєний бандит** gunman

банерна реклама ж banner ad

банк ч bank; (*спільна каса*) kitty

банка ж jar; **банка для варення** jam jar

банківська справа ж banking

банківський *прикм* bank; **банківський баланс** bank balance; **банківський витяг** bank statement; **банківський рахунок** bank account

банківські витрати *мн ім* bank charges

банкір ч banker

банкнота ж banknote, note

банкомат ч cash dispenser

банкрут ч bankrupt; **робити банкрутом** to bankrupt

банкрутство с bankruptcy

банний рушник ч bath towel

бант ч bow

баня ж (*опуклий дах*) dome

баптист (баптистка) ч (ж) Baptist

бар ч bar

барабан ч drum

барабанити *непер дс* to drum; (*про краплі дощу*) to patter

барабанна перетинка ж eardrum

барабанник ч drummer

баран ч ram

баранина ж mutton

Барбадос ч Barbados

барбекю с barbecue; **смажити барбекю** to barbecue; **смажити у фритюрі** to deep-fry

барва ж colour

барвистий *прикм* colourful

барвник ч dye

бардачок ч glove compartment

барель ч barrel

бар'єр ч barrier

бар'єрист ч hurdler

баржа ж barge

барикада ж barricade

барикадувати *пер дс* (*док забарикадувати*) to barricade

баритон ч baritone

бариш ч (*розм*) gain

бармен ч barman, bartender

бароко с baroque

бароковий *прикм* baroque

барометр ч barometer

барон ч baron

бас ч bass

басейн для плавання ч swimming pool

басист ч bassist

баск ч Basque

баскетбол ч basketball

баскська мова ж Basque

баскський *прикм* Basque

басовий *прикм* bass

батальйон ч battalion

батарейка ж battery

батіг ч whip

батьки *мн ім* parents

батьківство с fatherhood, parenthood

батьківський *прикм* (*стосується обох батьків*) parental; (*стосується батька*) paternal

батьківщина ж homeland, fatherland, motherland

батько ч father; **хрещений батько** godfather

батько-одинак ч single father

Бахрейн ч Bahrain

бачити (*док* побачити) *пер дс* o see

бачитися (*док* побачитися) *непер дс* to meet

баштточка ж (*архітектурна деталь*) turret

бджола ж bee

бегемот ч hippopotamus

бежевий *прикм* beige

без *прийм* without; **без упину** non-stop

безалкогольний *прикм* alcohol-free; **безалкогольний напій** soft drink

безболісний *прикм* painless

безвихідь ж stalemate, impasse

безвідповідальний *прикм* irresponsible

безвідсотковий *прикм* interest-free

безглуздий *прикм* senseless, absurd, ludicrous

безглуздя с folly

бездітний *прикм* childless

бездіяльний *прикм* inactive, dormant

бездіяльність ж inaction

бездоганний *прикм* faultless, immaculate

бездомна тварина ж stray

бездомний *прикм* homeless; (*про тварину*) stray

бездротовий *прикм* cordless; (*про зв'язок, Інтернет*) wireless

безе с meringue

безжалісний *прикм* ruthless

безжальний *прикм* ruthless

беззастережний *прикм* unconditional

беззмістовний *прикм* meaningless

безкарно *присл* scot-free

безкласовий *прикм* classless

безкомпромісний *прикм* uncompromising

безконтрольний *прикм* unchecked

безкоштовний *прикм* free

безкоштовно *присл* free of charge

безлад ч mess, muddle

безладдя с disorder

безладний *прикм* (*хаотичний*) chaotic; (*недбалий*) sloppy

безликий *прикм* faceless

безліч ж multitude

безлюдний *прикм* (*опустілий*) deserted; (*усамітнений*) secluded; **безлюдний острів** desert island

безмежний *прикм* infinite

безмитний *прикм* duty-free

безмитні товари *мн ім* duty-free
безнадійний *прикм* hopeless
безодня *ж* abyss
безособовий *прикм* impersonal
безпека *ж* safety; **зона безпеки** safe area, safe haven
безперервний *прикм* continual, continuous
безперервно *присл* continually
безперестанний *прикм* relentless, incessant
безперечний *прикм* indisputable
безперечно *присл* undoubtedly
безпечний *прикм* (*захищений*) secure; (*нешкідливий*) harmless; **безпечний для довкілля** eco-friendly
безпідставний *прикм* groundless, unsubstantiated
безплідний *прикм* infertile, barren
безпорадний *прикм* helpless
безпосередній *прикм* (*прямий*) immediate, direct; (*невимушений*) spontaneous; (*отриманий з перших рук*) first hand
безпрецедентний *прикм* unprecedented
безпринциповий *прикм* unscrupulous
безпритульний *прикм* homeless ▷ *ч* (*безхатько*) derelict
безпричинний *прикм* groundless
безрезультатний *прикм* ineffective, ineffectual
безробітний *прикм* unemployed, out of work
безробітні *мн ім* unemployed
безробіття *с* unemployment
безсердечний *прикм* callous, hard-hearted
безсилий *прикм* impotent, powerless
безсилля *с* impotence
безсистемний *прикм* unsystematic, haphazard
безсмертний *прикм* immortal
безсонний *прикм* sleepless
безсоння *с* insomnia
безсоромний *прикм* shameless; (*безсовісний*) unscrupulous
безстрашний *прикм* fearless, intrepid
безсумнівний *прикм* (*підтверджений*) doubtless; (*який не можна ставити під сумнів*) undoubted
безсумнівно *присл* undoubtedly
безталанний *прикм* hapless, unlucky
безтурботний *прикм* (*не схильний перейматися*) easy-going; (*легковажний*) light-hearted
безумовно *присл* certainly, undoubtedly
безупинний *прикм* continuous, non-stop
безформний *прикм* shapeless; (*мішкуватий*) baggy
безцеремонний *прикм* abrupt
безцільний *прикм* aimless

безцінний *прикм* invaluable, priceless
безшлюбність *ж* celibacy
бейсбол *ч* baseball
бейсболка *ж* baseball cap
бейсбольний стадіон *ч* ballpark
бекон *ч* bacon
белетристика *ж* fiction
бельгієць (**бельгійка**) *ч* (*ж*) Belgian
бельгійський *прикм* Belgian
Бельгія *ж* Belgium
бенгалець *ч* Bengali
бенгальський *прикм* Bengali
бензин *ч* petrol
бензобак *ч* petrol tank
бенкет *ч* banquet
бентежити (*док* **збентежити**) *пер дс* to embarrass, to disconcert
бентежний *прикм* embarrassing, disconcerting
берег *ч* (*річки*) bank; (*моря*) shore; **берег річки** riverside
берегова лінія *ж* coastline, shoreline
берегова охорона *ж* coastguard
береговий *прикм* coastal
берегти (*док* **зберегти**) *пер дс* (*ощадливо ставитись*) to save; (*піклуватися*) to take care of
бережливий *прикм* thrifty
береза *ж* birch
березень *ч* March
берет *ч* beret
беруші *мн ім* earplugs
бесіда *ж* conversation
бестселер *ч* bestseller
бетон *ч* concrete
бетонувати (*док* **забетонувати**) *пер дс* to concrete

⊚ **КЛЮЧОВЕ СЛОВО**

би (= **б**) *част* **1** (*виражає можливість*): **я б купив це, якби були гроші** I would buy it if I had the money; **я б давно вже купив цю книгу, якби я мав гроші** I would have bought this book long ago if I had had the money
2 (*для вираження побажання*): **я б хотів поговорити з тобою** I would like to speak to you
3 (*для вираження поради*) should, would; **ти б написав їй** you should write to her; **було б дуже добре зустрітися з юристом** it would be very good to see a lawyer
4 (*у поєднанні з відносними займенниками й прислівниками*): **хто б не...** whoever; **що б не...** whatever; **коли б не...** whenever; **хто б не прийшов...** whoever comes ...; **що б не трапилося...** whatever happens ...; **коли б він не прийшов...** whenever he comes ...

бивень ч tusk
бик ч bull
бинт ч bandage
бинтувати (док **забинтувати**) пер дс to bandage
битва ж battle
бити (док **побити**) непер / пер дс to beat, to hit ▷ непер дс (позначати час) to strike ▷ пер дс to whack; **бити биткою** to bat; **бити дрючком** to bludgeon; **бити чоботом** to boot
битися непер дс to tussle; (над завданням, проблемою) to wrestle
бичувати пер дс to castigate
біблійний прикм biblical
бібліографія ж bibliography
бібліотека ж library
бібліотекар (**бібліотекарка**) ч (ж) librarian
Біблія ж Bible
біг ч running
бігати непер дс to run; **бігати на короткі дистанції** to sprint; **бігати підтюпцем** to jog; **біг підтюпцем** jogging
бігуді мн ім curler
бігун ч runner
бідний прикм poor, hard up; (який живе у злиднях) deprived; (без гроша) penniless
бідність ж poverty
біднота ж underclass
біженець (**біженка**) ч (ж) refugee
бізнес ч business; **електронний бізнес** e-business; **школа бізнесу** business school
бізнес-клас ч business class
бізнесмен ч businessman
бізнес-план ч business plan
бій ч combat
бійка ж brawl, scuffle
бійня ж massacre
бік ч side; (тварини; частина м'ясної туші) flank; **внутрішній бік** inside; **зворотний бік** downside; **зовнішній бік** outside; **лівий бік** left
бікіні с bikini
біла людина ж Caucasian, White person
білизна ж (спідня) underwear; (постільна) bedclothes; (для прання) laundry
білий прикм white; (про людину європеоїдної раси) Caucasian
білка ж squirrel
білорус (**білоруска**) ч (ж) Belarussian
Білорусь ж Belarus
білоруська мова ж Belarussian
білоруський прикм Belarussian
білосніжний прикм snow-white
білувати (док **оббілувати**) пер дс (забиту тварину) to skin
біль ч pain, ache; **біль у серці** heartache; **біль у спині** backache, back pain; **біль у шлунку** stomachache; **головний біль** headache; **зубний біль** toothache

більмо на оці с (фразеологізм) eyesore
більше присл more; **навіть більше** (крім того) furthermore, moreover
більший прикм bigger
більшість ж majority; **абсолютна більшість** overall majority
більярд ч billiards
біля прийм near, at
білявий прикм blonde, fair
бінарний прикм binary; **бінарний код** binary code
бінго с bingo
бінокль ч binoculars
біограф ч biographer
біографічний прикм biographical
біографія ж biography
біологічна різноманітність ж biodiversity
біологічний прикм biological
біологія ж biology
біометричний прикм biometric
біопсія ж biopsy
біорозкладний прикм biodegradable
біосфера ж biosphere
біотехнологія ж biotechnology
біохімік ч biochemist
біохімічний прикм biochemical
біохімія ж biochemistry
біпер ч (розм) beeper
Бірма ж Burma
бірманець (**бірманка**) ч (ж) Burmese
бірманська мова ж Burmese
бірманський прикм Burmese
бірюза ж turquoise
бірюзовий прикм turquoise
біс¹ ч demon
біс² виг encore!
бісексуальний прикм bisexual
бісквіт ч sponge cake
бістро с bistro
бітова карта ж bitmap
біфокальні окуляри мн ім bifocals
бічний прикм lateral
благальний прикм pleading
благання с plea
благати (док **вблагати**) пер дс to beg, to implore
благоговіння с awe
благодійна крамниця ж charity shop
благодійна організація ж charity
благодійний прикм (який займається благодійництвом) charitable
благословення с blessing
благословляти (док **благословити**) пер дс to bless
блаженство с bliss
бланк ч form; **бланк замовлення** order form; **бланк заяви** application form; **бланк скарги** claim form
блейзер ч blazer
блендер ч blender

блеф ч bluff
блефувати *непер дс* to bluff
близнюк ч twin
Близнюки *мн ім* Gemini
близький *прикм* close, near
Близький Схід ч Middle East
близькість ж (*у просторі*) proximity; (*відносини*) intimacy
близько *присл* near
близькосхідний *прикм* Middle Eastern
блиск ч (*сліпуче світло*) dazzle; (*яскраве сяяння*) gloss, shine; (*розкішний вигляд*) gloss
блискавичний *прикм* lightning
блискавка ж lightning
блискітки *ж, мн* glitter
блискучий *прикм* (*сяючий*) shiny; (*вправний*) bright; (*видатний*) remarkable
блищати *непер дс* to glitter
блідий *прикм* pale, wan
бліднути (*док* зблідну ти) *непер дс* to pale
блог ч blog
блогосфера ж blogosphere
блок ч block; (*об'єднання*) bloc
блокада ж blockade
блокбастер ч blockbuster
блокнот ч note(pad), jotter
блокований *прикм* blocked
блокування с blockage
блокувати (*док* заблокувати) *пер дс* to block
блок-флейта ж recorder
блондинка ж blonde
блоха ж flea
блошиний ринок ч flea market
блузка ж blouse
блукати *непер дс* to roam
блювати (*док* виблювати) *непер дс* to vomit; (*розм*) to throw up
блюдо с serving plate
блюдце с saucer
блюз ч blues
блякнути (*док* зблякнути) *непер дс* to fade
бляшанка ж can
бобер ч beaver
боби *мн ім* broad beans
бобові *мн ім* pulses
бовкати (*док* бовкнути) *пер дс* to blurt
Бог ч God
богемний *прикм* bohemian
богиня ж goddess
богослов'я с divinity
богохульство с blasphemy
бодібілдинг ч bodybuilding
боєголовка ж warhead
боєприпаси *мн ім* ammunition
божевілля с madness, insanity
божевільний *прикм* mad, crazy
божественний *прикм* divine

божество с deity
бойкотувати *пер дс* to boycott
бойове мистецтво с martial art
бойовий дух ч morale
бокова лінія ж touchline
бокс ч boxing
боксер ч boxer; **боксер у важкій ваговій категорії** heavyweight
болгарин (*болгарка*) ч (*ж*) Bulgarian
Болгарія ж Bulgaria
болгарська мова ж Bulgarian
болгарський *прикм* Bulgarian
болівієць (*болівійка*) ч (*ж*) Bolivian
болівійський *прикм* Bolivian
Болівія ж Bolivia
болісний *прикм* hurtful
боліти (*док* заболіти) *непер дс* to ache; (*про гострий біль*) to smart
болото с bog, swamp
болт ч bolt
болючий *прикм* painful
бомба ж bomb; (*приголомшлива новина*) bombshell
бомбардування с bombing, bombardment
бомбардувати *пер дс* to bomb
бомбувати *пер дс* to bomb
бонус ч bonus
борг ч debt; **безнадійний борг** bad debt
бордовий *прикм* burgundy
бордюр ч kerb
борець ч fighter, wrestler; (*за певні ідеї*) crusader
боржник ч debtor
борода ж beard
бородавка ж wart
бородатий *прикм* bearded
борозна ж furrow
боротися *непер дс* to fight, to struggle; (*спорт*) to wrestle
боротьба ж fight, struggle; (*вид спорту*) wrestling
борошно с flour; **борошно з висівками** wholemeal
борсатися *непер дс* to flounder
борсук ч badger
борт ч board; **за борт** overboard
бос ч boss
босий *прикм* barefoot
боснієць (*боснійка*) ч (*ж*) Bosnian
боснійський *прикм* Bosnian
Боснія ж Bosnia
Боснія і Герцеговина ж Bosnia-Herzegovina
босоніж *присл* barefoot
босоніжки *ж, мн* sandals
ботанік ч botanist
ботаніка ж botany
ботанічний *прикм* botanical
Ботсвана ж Botswana
боулінг ч bowling

боягуз ч coward
боягузтво с cowardice
боязкий прикм timid
боятися непер дс to fear, to be afraid of
бравада ж bravado
бразилець (бразилійка) ч (ж) Brazilian
Бразилія ж Brazil
бразильський прикм Brazilian
брак[1] ч (недостатня кількість чогось) deficiency, shortage
брак[2] ч (продукція низької якості) reject, rejects
бракований прикм defective, flawed
браконьєр ч poacher
бракувати[1] (док забракнути) непер дс (не вистачати) to lack
бракувати[2] (док забракувати) пер дс (визнавати неякісним) to reject
брандмауер ч firewall
брас ч breaststroke
браслет ч bracelet
брат ч brother; **брат по одному з батьків** half-brother
братерство с brotherhood
брати (док взяти) пер дс to take; **брати участь** to participate
братися (док взятися) непер дс (за роботу, завдання) to undertake, to embark on; (брати шлюб) to wed
браузер ч (web) browser
брезент ч tarpaulin
брелок ч keyring
бренді ч brandy
бренькати непер / пер дс (перебирати струни) to twang
бретелька ж shoulder strap
брехати (док збрехати) непер дс to lie
брехливий прикм (оманливий) deceitful; (неправдивий) untrue
брехня ж (неправда) lie; (введення в оману, обман) deceit
брехун ч liar
бригада ж brigade, team; **бригада бортпровідників** cabin crew
бригадир ч foreman
бридкий прикм ugly
брижитися непер дс to ripple
брижі ж, мн (на воді, одязі) ripple
бризкати (док бризнути) пер дс to splash, to spatter
брикати (ся) непер дс to buck
британець (британка) ч (ж) British person, Briton
британський прикм British
бритва ж razor, shaver
брифінг ч briefing
брід ч ford
брова ж eyebrow
бродити непер дс to wander
брокер ч broker; (біржовий) stockbroker
броколі ж broccoli

бронза ж bronze
бронзовий прикм bronze
бронхіт ч bronchitis
броньований прикм armoured
бронювання с booking
бронювати (док забронювати) пер дс to book
броня ж armour
брошка ж brooch
брошура ж brochure
бруд ч mud, dirt
брудна пляма ж smudge
брудний прикм dirty, muddy
бруднити (док забруднити) пер дс to dirty
бруква ж swede
бруківка ж cobblestone
брукований прикм cobbled
брунька ж bud
брусок ч bar
брутальний прикм lurid
брутальність ж brutality
брюссельська капуста ж (Brussels) sprouts
бряжчати непер дс to jangle
брязкіт ч rattle
бувай! виг cheerio!
бувайте! виг farewell!
Будда ч Buddha
буддизм ч Buddhism
буддист ч Buddhist
буддистський прикм Buddhist
будень ч weekday
будильник ч alarm clock
будинок ч house; **будинок на двох власників** semi-detached house; **дитячий будинок** orphanage
будити (док розбудити) пер дс to rouse
будівельний прикм building; **будівельний майданчик** building site
будівельник ч builder
будівля ж building; **будівля суду** courthouse
будівництво с construction
будка ж (собача) kennel; (телефонна) booth
будувати (док збудувати) пер дс to build, to construct
будь-де присл anywhere
будь-коли присл anytime, whenever
будьмо! виг cheers!
будь-хто займ whoever
будь-який займ whichever; (з двох) either
бузковий прикм mauve, lilac
бузок ч lilac
буй ч buoy
буйвіл ч buffalo
буйний прикм lush
бук ч beech
буквальний прикм literal
буквально присл literally
букет ч bouquet

буклет ч booklet, leaflet
букмекер ч bookmaker
букмекерська контора ж betting shop
буксирувати (док **відбуксирувати**) пер дс to tow
булімія ж bulimia
булочка ж bread roll; (*здобна*) bun
бульбашка ж bubble
бульвар ч boulevard
бульварний прикм (про статтю, роман) pulp
бульдозер ч bulldozer; **розчищати бульдозером** to bulldoze
бульйон ч broth
бульйонний кубик ч stock cube, (*US*) bouillon cube
бум ч boom
бунгало с bungalow
бункер ч bunker
бунтарський прикм rebellious
бунтівник ч rebel
бурбон ч (*сорт віскі*) bourbon
бургер ч burger; **яловичий бургер** beefburger
буржуазний прикм bourgeois
бурмотіти пер дс to mutter, to mumble
бурова вишка ж rig
бурулька ж icicle
бурун ч breaker
бурхливий прикм stormy, turbulent
бурчання с rumbling
бурчати пер дс to grumble
бурштин ч amber
буря ж storm, gale
буряк ч beetroot
бур'ян ч weed
бутерброд ч sandwich
бути непер дс to be; (*бувати*) to happen; **бути підставою** to warrant
бутик ч boutique
буфер обміну ч clipboard
буфет (*заклад*) buffet; (*шафа*) cupboard
буфетниця ж barmaid
буфонада ж extravaganza
бухгалтер ч accountant, bookkeeper; **головний бухгалтер** chief accountant
бухгалтерський облік ч accountancy, accounting
бухта ж bay; (*маленька*) cove
бюджет ч budget
бюджетний прикм budgetary
бюро с bureau; **бюро знахідок** lost and found
бюрократ ч bureaucrat
бюрократичний прикм bureaucratic
бюрократія ж bureaucracy
бюст ч bust
бюстгальтер ч bra

В

🔵 **ключове слово**

в прийм **1** (про напрямок) to, in, into
2 (всередині, всередину) in, inside
3 (в установі) at
4 (про час) on, in; **прийти в понеділок** to come on Monday; **трапитися в лютому** to happen in February
5 (про джерело чогось) from; **позичити в когось** to borrow from sb

вага ж weight; (*важливість*) weighting
вагання с hesitation
вагатися непер дс to hesitate, to dither
вагітний прикм pregnant
вагітність ж pregnancy
вагомий прикм significant, weighty
вагон ч carriage
вагон-буфет ч buffet car
вагон-ресторан ч dining car
вада ж flaw, vice, defect
важіль ч lever; **важіль перемикання передач** gear stick, gear lever, (*US*) gearshift
важка атлетика ж weightlifting
важкий прикм (*фізично*) heavy; (*морально*) difficult; (*складний*) arduous
важко присл hard
важкоатлет ч weightlifter
важливий прикм important
важливість ж importance
ваза ж vase
вай-фай абр Wi-Fi
вакансія ж vacancy, opening
вакцина ж vaccine
вакцинація ж vaccination
вакцинувати пер дс to vaccinate
вал ч (*земляний*) bank; (*хвиля*) billow; (*у механізмі*) shaft
валик ч roller; (*подушка*) bolster
валити пер дс to throw sb/sth down, to topple sb/sth
валіза ж suitcase, trunk
валлієць ч Welshman

валовий *прикм* gross; **валовий внутрішній продукт** gross domestic product; **валовий національний продукт** gross national product

валторна *ж* French horn

валун *ч* boulder

вальс *ч* waltz

вальсувати *непер дс* to waltz

валюта *ж* currency; **курс валют** exchange rate; **пункт обміну валют** bureau de change; **тверда валюта** hard currency

валютний *прикм* monetary; **валютний курс** rate of exchange

вампір *ч* vampire

вандал *ч* vandal

вандалізм *ч* vandalism

ваніль *ж* vanilla

ванна *ж* bath, bathtub; **ванна кімната** bathroom

вантаж *ч* cargo, load; **перевезення вантажів** shipping

вантажити *(док* **навантажити)** *пер дс* to load

вантажівка *ж* lorry, truck

вантажне судно *с* freighter

вантажний *прикм* cargo

вапно *с* lime

вапняк *ч* limestone

вапняний *прикм* limy; **вапняний розчин** whitewash

варвар *ч* barbarian

варварство *с* barbarism

варварський *прикм* barbaric

варене яйце *с* boiled egg

варений *прикм* boiled

варення *с* jam; **банка для варення** jam jar

варити *(док* **зварити)** *пер дс* to boil

варіант *ч* variant, option

варіація *ж* variation

варта *ж* guard

вартий *прикм* rewarding, worthwhile; **вартий уваги** notable

вартість *ж* cost, value; **вартість пересилки** postage

вартовий *ч* guard, sentry

ват *ч* watt

вата *ж* cotton wool; **цукрова вата** candyfloss

ватага *ж* horde

Ватикан *ч* Vatican

ватна паличка *ж* cotton bud

ватний *прикм* cotton wool

ваучер *ч* voucher

вафля *ж* wafer

ваш *займ (перед іменником)* your; *(без іменника)* yours

вбивати *(док* **вбити)** *пер дс* to murder, to kill; *(як правило, відомих політичних діячів)* to assassinate; **вбивати електричним струмом** to electrocute

вбивство *с* murder, homicide; **ненавмисне вбивство** manslaughter

вбивця *ч* murderer, killer

вбиратися *(док* **вбратися)** *непер дс* to dress up

вбитий *прикм* killed

вбудована кухня *ж* fitted kitchen

вбудований *прикм* built-in

вважати *пер дс* to believe, to consider ▷ *непер дс* to think

ввічливий *прикм* polite, courteous

ввічливість *ж* politeness, courtesy

ввічливо *присл* politely

вводити *(док* **ввести)** *пер дс (запроваджувати, ознайомлювати)* to introduce; *(медичний препарат)* to inject; **вводити в оману** to mislead; **вводити дані** to input

ВВП *ч (валовий внутрішній продукт)* GDP

вголос *присл* aloud

вгорі *присл* above; *(поет)* aloft

 КЛЮЧОВЕ СЛОВО

вгору *присл* **1** *(догори)* up, upwards
2 *(сходами)* upstairs
3 *(проти течії річки)* upstream

вдаватися до *(док* **вдатися до)** *непер дс* to resort to

вдавлювати *(док* **вдавити)** *пер дс* to dent

вдалий *прикм* lucky

вдивлятися *непер дс* to gaze

вдиратися *(док* **вдертися)** *непер дс* to break in

вдихати *(док* **вдихнути)** *пер дс* to breathe in ▷ *непер / пер дс* to inhale

вдівець *ч* widower

вдова *ж* widow

вдоволений *прикм* flattered

вдягатися *(док* **вдягтися)** *непер дс* to dress

вдягнений *прикм* dressed

вдячний *прикм* grateful, appreciative

вдячність *ж* gratitude

Веб 2.0 *ч* Web 2.0

веб-адреса *ж* web address

веб-камера *ж* webcam

веб-майстер *ч* webmaster

веб-сайт *ч* website; **адреса веб-сайту** URL

веб-сторінка *ж* web page

веб-трансляція *ж* webcast

веганський *прикм (пов'язаний зі строгим вегетаріанством)* vegan

вегетаріанець *ч* vegetarian; *(строгий)* vegan

вегетаріанський *прикм* vegetarian

ведмідь *ч* bear; **полярний ведмідь** polar bear

ведучий *ч* presenter

вежа *ж* tower
велетенський *прикм* huge
велетень *ч* giant
Велика Британія *ж* Great Britain, Britain
Великдень *ч* Easter
великий *прикм* big, large; **великий куш** jackpot
великодушний *прикм* forgiving
великомасштабний *прикм* large-scale
велич *ж* grandeur, splendour
величезний *прикм* huge, enormous
величезність *ж* enormity
величина *ж* magnitude
величний *прикм* great, lofty, majestic
величність *ж* majesty
велодоріжка *ж* cycle path
велосипед *ч* bicycle, bike; **триколісний велосипед** tricycle
велосипедист (велосипедистка) *ч (ж)* cyclist
велосипедна смуга *ж* cycle lane
велосипедний насос *ч* bicycle pump
вельвет *ч* corduroy
вельми *присл* greatly, highly
вельмишановний *прикм (офіц)* dear
вена *ж* vein
вендета *ж* vendetta
Венесуела *ж* Venezuela
венесуелець (венесуелка) *ч (ж)* Venezuelan
венесуельський *прикм* Venezuelan
вентиляційний отвір *ч* vent
вентиляція *ж* ventilation
веранда *ж* veranda
верба *ж* willow
верблюд *ч* camel
вербування *с* recruitment
вердикт *ч* verdict
верес *ч* heather
вересень *ч* September
версія *ж* version
верстатник *ч* machinist, operative
верства *ж* stratum
вертикальний *прикм* vertical
вертіти *непер / пер дс* (*неспокійно рухати*) to fidget; (*крутити*) to twist; **вертіти в руках** to fiddle
вертіти(ся) *непер дс* to twirl
вертоліт *ч* chopper
вертолітний майданчик *ч* helipad
верф *ж* shipyard
верхи *прикм* horseback
верхівка *ж* top, apex
верхній *прикм* upper
верхова їзда *ж* riding, horse riding
верховенство *с* primacy; **верховенство права** rule of law
верховний *прикм* supreme
вершина *ж* top; (*найвищий ступінь*) peak
вершки *мн ім* cream; **збиті вершки** whipped cream

вершковий *прикм* creamy
вершник *ч* rider; (*професійний*) horseman
веселий *прикм* jolly, fun
веселість *ж* cheerfulness
веселка *ж* rainbow
весело *присл* merrily
веселощі *мн ім* fun
весілля *с* wedding
весільна сукня *ж* wedding dress
весільний *прикм* wedding, bridal
весло *с* oar, paddle
веслування на каное *с* canoeing
весна *ж* spring
весняна пора *ж* springtime
весняний *прикм* spring
вестерн *ч* western
вести *непер / пер дс* to lead ▷ *пер дс* to direct; (*літак, судно*) to pilot; (*війну*) to wage; **вести судно** to navigate; **вести хроніку** to chronicle
вестибюль *ч* entrance hall, lobby
весь *займ* whole
ветеран *ч* veteran
ветеринар *ч* vet
ветеринарний *прикм* veterinary
вето *с* veto; **накладати вето** to veto
вечеря *ж* supper
вечір *ч* evening
вечірка *ж* party; (*розм*) get-together
вечірнє заняття *с* evening class
вечірня сукня *ж* evening dress
вечірня школа *ж* night school
В'єтнам *ч* Vietnam
в'єтнамець (в'єтнамка) *ч (ж)* Vietnamese
в'єтнамки *ж, мн* flip-flops
в'єтнамська мова *ж* Vietnamese
в'єтнамський *прикм* Vietnamese
вже *присл* already
вживати *(док вжити) пер дс* (*заходів*) to undertake; (*в їжу*) to eat
взагалі *присл* (*загалом*) generally; (*зовсім*) at all; (*у заперечних твердженнях*) whatsoever
взаємний *прикм* mutual
взаємодія *ж* interaction; (*спільна робота*) cooperation
взаємодіяти *непер дс* to interact
взаємодоповнювальний *прикм* complementary
взаємозалежний *прикм* interdependent
взаємозалежність *ж* interdependence
взаємозамінний *прикм* interchangeable
взаємозв'язок *ч* interconnection
вздовж *прийм* along; (*стіни, борту*) alongside
взірець *ч* (*бездоганне втілення чогось*) ideal; (*зразок*) standard
взірцевий *прикм* classic
взуватися *(док взутися) непер дс* to put on (one's) shoes
взуття *с* footwear

ви *займ (мн)* you

вибагливий *прикм* particular

вибачати (*док* **вибачити**) *пер дс* to excuse

вибачення *с* apology

вибачте! *виг* sorry!

вибивайло *ч (розм)* bouncer

вибирати (*док* **вибрати**) *пер дс* to pick out, to choose

вибір *ч* choice

вибірковий *прикм* selective

виблискувати *непер дс* to glisten, to sparkle

вибоїна *ж* pothole

вибоїстий *прикм* bumpy

виборець *ч* voter, constituent

вибори *мн ім* election

виборча дільниця *ж* polling station

виборча урна *ж* ballot box

виборчий *прикм* electoral; **виборчий округ** constituency

вибулий *прикм (зі школи, коледжу до закінчення)* dropout

вибух *ч* explosion, blast

вибухати (*док* **вибухнути**) *непер дс* to explode, to go off; **вибухати тирадами** to rant

вибухова речовина *ж* explosive

вибухова хвиля *ж* shock wave

вибуховий *прикм* explosive

виважений *прикм* balanced

виведення *с* withdrawal; (*у генетиці*) breeding

вивергати (*док* **вивергнути**) *пер дс* to throw out

вивергатися *непер дс (про вулкан)* to erupt

вивихнути *док пер дс* to dislocate

вивішувати *пер дс* hang out; (*оголошення, знак*) to post

виводок *ч* litter, brood

вивчати (*док* **вивчити**) *пер дс (вчити, досліджувати)* to study; (*досліджувати*) to explore

вигадане ім'я *с* alias

вигаданий *прикм* fictitious, invented; **вигаданий привід** pretext

вигадувати *пер дс* to invent, to contrive; (*говорити неправду*) to fudge

виганяти (*док* **вигнати**) *пер дс* to drive out, to banish

вигин *ч* bend, curve

вигідна покупка *ж* bargain

вигідний *прикм* advantageous, beneficial

вигін *ч* pasture

вигляд *ч* look, appearance; **зовнішній вигляд** appearance, look

виглядати¹ *непер дс (ставати помітним)* to emerge

виглядати² *непер / пер дс (чекати)* to look out (for)

виглядати³ *непер дс (мати вигляд)* to look

вигнанець *ч* outcast

вигнання *с* exile

вигнутий *прикм* bent, curved

вигода *ж (перевага)* advantage; (*прибуток*) benefit

вигóди *ж, мн* facility

виготовлений *прикм* produced

виготовляти (*док* **виготовити**) *пер дс* to produce; **виготовляти вручну** to craft

виграш *ч* winnings

вигук *ч* exclamation; **схвальний вигук** cheer

вигукувати (*док* **вигукнути**) *пер дс* to exclaim ▷ *непер дс* to whoop

вид *ч* sort; (*біологічний*) species; **вид мистецтва** art form

видавати (*док* **видати**) *пер дс* to issue, to publish; (*звук*) to utter; **видавати закон** to legislate; **видавати пайок** (*за картками через дефіцит*) to ration; **видавати указ** to decree

видавництво *с* publishing house, publisher

видавнича справа *ж* publishing

видалення *с* removal

видаляти (*док* **видалити**) *пер дс* to delete, to remove

видання *с (примірник)* edition; (*публікація*) publication; (*одночасно виданий наклад*) printing

видатний *прикм* outstanding, distinguished

виделка *ж* fork

видимий *прикм* visible, discernible

видимість *ж* visibility; (*фальшиве враження*) semblance

видиратися (*док* **видертися**) *непер дс* to scramble

видихати (*док* **видихнути**) *непер / пер дс* to breathe out ▷ *пер дс* to exhale

виділення *с* extraction; (*речовини*) secretion

виділяти (*док* **виділити**) *пер дс* to extract; (*про організм людини, тварини чи про рослину*) to secrete

виділятися (*док* **виділитися**) *непер дс (вирізнятися)* to stand out; (*вироблятися організмом*) to secrete

видноколо *с* skyline

видобувати (*док* **видобути**) *пер дс (з надр землі)* to mine; (*виокремлювати*) to extract

видовбувати (*док* **видовбати**) *пер дс* to gouge

видозмінюватися (*док* **видозмінитися**) *непер дс* to mutate

видошукач *ч* viewfinder

видра *ж* otter

видужання *с* recovery, convalescence

видужувати (*док* **видужати**) *непер дс* to convalesce, to recuperate

видурювати (*док* **видурити**) *пер дс* to trick

виживання *с* survival

виживати (*док* **вижити**) *непер дс* to survive

визнавати (*док* **визнати**) *непер / пер дс* to admit ▷ *пер дс* to recognize, to acknowledge

визнаний *прикм* acknowledged, recognized

визнання *с* admission

визначати (*док* **визначити**) *пер дс* to define, to determine; **визначати пріоритети** to prioritize; **визначати точно** to pinpoint

визначений *прикм* definite

визначення *с* definition

визначне місце *с* attraction

визначний *прикм* brilliant

виїжджати (*док* **виїхати**) *непер дс* to pull out

виїзд на трасу *ч* slip road

виїзна віза *ж* exit visa

виймати (*док* **вийняти**) *пер дс* to withdraw, to take out; **виймати кістки** to bone

викид *ч* (*газу, радіації*) emission

викидати (*док* **викинути**) *пер дс* to throw away, to discard; (*розм*) to dump; (*зужиті, непотрібні речі*) to junk

викидень *ч* miscarriage

виклад *ч* exposition

викладання *с* teaching

викладач *ч* lecturer, tutor

виклик *ч* (*прохання, вимога з'явитися*) call; (*офіційний наказ*) summons; (*опір владі, силі*) defiance; (*складне завдання; заклик до боротьби, змагання*) challenge

викликати (*док* **ви́кликати**) *пер дс* (*спричиняти*) to cause; (*кликати*) to call

викликати (*док* **ви́кликати**) *пер дс* (*реакцію*) to arouse; (*почуття, спогади*) to evoke; (*офіційно запросити*) to summon

виключати (*док* **виключити**) *пер дс* (*не вважати за можливе*) to exclude; (*виганяти*) to expel

виключений *ч* (*зі школи, коледжу*) expelled

виключення *с* exclusion; (*зі школи, організації*) expulsion

виключно *присл* exclusively, purely

виконавець *ч* performer; **виконавець заповіту** executor

виконавчий *прикм* executive; **виконавчий директор** managing director

виконання *с* fulfilment; (*літ або муз твору*) performance

виконувати (*док* **виконати**) *пер дс* to carry out, to perform; (*прохання, вимогу*) to comply (with); **виконувати головну роль** to feature; **виконувати речитативом** to intone

викопне паливо *с* fossil fuel

використаний *прикм* used

використання *с* usage

використовувати (*док* **використати**) *пер дс* to use

викорінювати (*док* **викорінити**) *пер дс* to root out, to eradicate

викрадати (*док* **викрасти**) *пер дс* to abduct

викрадач *ч* hijacker

викреслювати (*док* **викреслити**) *пер дс* to cross out

викривальний *прикм* revealing

викривати (*док* **викрити**) *пер дс* to expose, to uncover

викривляти (*док* **викривити**) *пер дс* (*робити кривим*) to curve; (*перекручувати, спотворювати*) to misrepresent, to distort, to contort

викрутка *ж* screwdriver

викручуватися (*док* **викрутитися**) *непер дс* (*виходячи зі скрутного становища*) to wriggle out

викуп *ч* ransom

викуповувати (*док* **викупити**) *пер дс* to redeem; (*платити викуп*) to ransom

виливати (*док* **вилити**) *пер дс* (*рідину*) to pour out; (*розтоплений метал*) to mould

вилиця *ж* cheekbone

вилізати (*док* **вилізти**) *непер дс* to climb

виліковний *прикм* curable

виліковувати (*док* **вилікувати**) *пер дс* to cure

вилуплюватися (*док* **вилупитися**) *непер дс* (*з яйця*) to hatch

вимагання *с* (*категоричне прохання*) demand; (*настирливе домагання*) extortion

вимагати *пер дс* to require, to demand ▷ *непер дс* (*криком*) to bay

вимазаний *прикм* smeared

виманювати (*док* **виманити**) *пер дс* to lure; (*щось у когось*) to defraud

вимерлий *прикм* extinct

вимикати (*док* **вимкнути**) *пер дс* to turn off, to switch off; (*від'єднувати*) to unplug

вимикач *ч* switch

вимирання *с* extinction

вимір *ч* dimension

вимірний *прикм* measurable

вимірювальний прилад *ч* meter, gauge

вимірювальний стрижень *ч* dipstick

вимірювання *с* measurement

вимірювати (*док* **виміряти**) *пер дс* to measure, to gauge

вимкнений *прикм* out, off

вимова *ж* pronunciation

вимога *ж* requirement, demand; (*наказ, розпорядження*) imperative

вимогливий *прикм* (який домагається ретельного виконання) demanding; (який має великі потреби) fastidious

винагорода *ж* reward; (грошова) remuneration

винагороджувати (*док* **винагородити**) *пер дс* to remunerate, to reward

винахід *ч* invention

винахідливий *прикм* ingenious, inventive, resourceful

винахідливість *ж* ingenuity

винахідник *ч* inventor

винаходити (*док* **винайти**) *пер дс* to invent

виникати (*док* **виникнути**) *непер дс* to arise, to come into being

винищення *с* holocaust, annihilation, extermination

винищувати (*док* **винищити**) *пер дс* to exterminate, to annihilate, to decimate

винищувач *ч* (той, хто винищує когось або щось) exterminator; (літак) fighter

винний *прикм* guilty

вино *с* wine; **червоне вино** red wine

виноград *ч* grape

виноградна лоза *ж* vine

виноградник *ч* vineyard

винуватець (**винуватиця**) *ч (ж)* culprit

винятковий *прикм* exceptional

винятково *присл* (надзвичайно) exceptionally; (тільки) solely

виняток *ч* exception

випадати (*док* **випасти**) *непер дс* to fall out

випадковий *прикм* (несподіваний) random; (ненавмисний) accidental; (пов'язаний із випадковістю) coincidental

випадковість *ж* accident, chance; **щаслива випадковість** fluke

випадково *присл* (ненавмисно) accidentally; (за співпадінням) coincidentally

випадок *ч* happening; (обставини) case; (можливість) occasion

випаровування *с* evaporation

випаровувати (*док* **випарувати**) *пер дс* to evaporate

випаровуватися (*док* **випаруватися**) *непер дс* to evaporate

випереджальний *прикм* proactive

випереджати (*док* **випередити**) *пер дс* to outpace

випивка *ж* (розм) booze

випинатися (*док* **випнутися**) *непер дс* to bulge

виписувати (*док* **виписати**) *пер дс* to copy out; (з лікарні) to discharge

виписуватися (*док* **виписатися**) *непер дс* (з готелю) to check out

випікання *с* baking

випічка *ж* pastry

виплата *ж* payout

виплачувати (*док* **виплатити**) *пер дс* to redeem

випливати *непер дс* to swim out; (бути наслідком) to result

виправданий *прикм* acquitted; (про вчинок) justifiable

виправдання *с* (те, чим можна виправдати щось) excuse; (юрид) acquittal; (дія) justification

виправдовувати (*док* **виправдати**) *пер дс* (доводити можливість, припустимість) to justify; (визнавати невинним) to acquit

виправлення *с* correction

виправляти (*док* **виправити**) *пер дс* to correct, to rectify, to remedy

виправляти (*док* **виправити**) *пер дс* to redeem

виправний *прикм* corrective

випробний термін *ч* trial period

випробовувати (*док* **випробувати**) *пер дс* to try out

випробувальний *прикм* testing

випробування *с* test, testing

випробувач *ч* tester

випромінювати *пер дс* to radiate

випромінюватися *непер дс* to emanate

випрошувати (*док* **випросити**) *пер дс* to solicit

випуклість *ж* bulge

випуск *ч* graduation; **випуск новин** roundup; **обмежений випуск** limited edition

випускати (*док* **випустити**) *пер дс* to let out; (часопис) to issue; (про тепло, газ) to emit

випускний вечір *ч* prom

випускник (**випускниця**) *ч (ж)* graduate, alumnus

вир *ч* whirlpool

виражати (*док* **виразити**) *пер дс* to express

виражений *прикм* (втілений, висловлений) expressed; (помітний) pronounced

вираження *с* expression

вираз *ч* expression; **вираз обличчя** countenance

виразка *ж* ulcer

виразний *прикм* expressive

вирва *ж* (від снаряда) crater

виривати (*док* **вирвати**) *пер дс* to wrench, to wrest

виринати (*док* **виринути**) *непер дс* to dive out; (із забуття) to resurface

вирівнювати (*док* **вирівняти**) *пер дс* to equalize; **вирівнювати за лівим полем** to left-justify

вирізати (*док* **вирізати**) *пер дс* (різьбити) to engrave; (обрізати) to cut out

вирізка *ж (з газети)* cutting, clipping; *(м'ясна)* rump steak

вирізняти *(док* **вирізнити)** *пер дс* to distinguish

вирізнятися *(док* **вирізнитися)** *непер дс* to be distinguished

вирішальний *прикм (найважливіший)* crucial; *(від якого залежить остаточне рішення)* deciding

вирішувати *(док* **вирішити)** *пер дс* to decide; *(проблему)* to settle; *(робити висновок)* to resolve; **остаточно вирішувати** to clinch

вироблення політичного курсу *с* policy-making

виробляти *(док* **виробити)** *пер дс* to produce, to manufacture

виробник *ч* manufacturer, maker

виробництво *с* production

виробничий *прикм* industrial

виробничі відносини *мн ім* industrial relations

вироджуватися *(док* **виродитися)** *непер дс* to degenerate

вирок *ч* sentence; **смертний вирок** death sentence

виростати *(док* **вирости)** *непер дс* to grow; *(з одягу)* to outgrow

вирощувати *(док* **виростити)** *пер дс* to grow

вирубувати *(док* **вирубати)** *пер дс* to cut down; **вирубувати ліси** to deforest

вирулювати *непер дс (про літак)* to taxi

виручати *пер дс* to rescue

виручка *ж (виторг)* proceed

вирушати *(док* **вирушити)** *непер дс* to set out, to set off

висвітлювати *(док* **висвітлити)** *пер дс* to spotlight

висвячення *с (в духовний сан)* ordination

висвячувати *(док* **висвятити)** *пер дс (в духовний сан)* to ordain

виселення *с* eviction

виселяти *(док* **виселити)** *пер дс* to evict

виселятися *(док* **виселитися)** *непер дс* to move; *(насильно)* to uproot

висиджувати *(док* **висидіти)** *пер дс* to incubate

висилати *(док* **вислати)** *пер дс (у вигнання)* to exile

висип *ч* rash

висівки *мн ім* bran

висіти *непер дс* to hang

вискочка *ч / ж (зневажл)* upstart

висловлювання *с* utterance

висловлювати *(док* **висловити)** *пер дс* to express

висловлюватися *(док* **висловитися)** *непер дс* to speak about

висміювання *с* derision

висміювати *(док* **висміяти)** *пер дс* to ridicule, to deride, to scoff (at)

виснажений *прикм* exhausted

виснаження *с* exhaustion

виснажливий *прикм* tiring, exhausting

виснажувати *(док* **виснажити)** *пер дс* to exhaust, to deplete, to sap

висновок *ч* conclusion, inference; **робити висновок** to draw a conclusion, to deduce, to infer

висовуватися *(док* **висунутися)** *непер дс* to lean out; *(привертати до себе увагу)* to stick out

висока оцінка *ж* appreciation

високий *прикм* high; *(високий на зріст)* tall; *(про становище)* exalted; *(звук)* high-pitched; **непомірно високий** *(про ціну)* prohibitive

Високість *ж (титул)* Highness

високі технології *ж, мн* high technology

високо *присл* high

висококласний *прикм* high-end, top-class

високоповажність *ж (звертання до найвищих офіційних осіб)* Excellency

високопосадовець *ч* dignitary

високопосадовий *прикм* high-ranking

високосний рік *ч* leap year

високотехнологічний *прикм* high-tech

висота *ж* height; *(над рівнем моря)* elevation; **висота над рівнем моря** altitude, elevation

висохлий *прикм* withered

височінь *ж* height

височіти *непер дс* to tower

виставка *ж* exhibition; *(досягнень промисловості, науки, культури)* expo

виставкова зала *ж* showroom

виставковий *прикм* exhibitory; **виставковий центр** visitor centre

виставляти *(док* **виставити)** *пер дс* to exhibit; **виставляти на аукціон** to auction; **виставляти рахунок** to bill

вистачати *(док* **вистачити)** *непер дс* to suffice

вистежувати *(док* **вистежити)** *пер дс (шукати)* to track down; *(переслідувати)* to tail; *(йти по сліду)* to trail

виступ *ч (виконання твору)* performance; *(гори)* ledge; *(частина чогось, яка виступає наперед)* overhang

виступати *(док* **виступити)** *непер дс* to give a talk; *(театр)* to perform; *(видаватися наперед)* to jut, to protrude; **виступати посередником** to mediate

висувати *(док* **висунути)** *пер дс* to bring forward; **висувати теорію** to theorize

висушений *прикм* dried

висхідний *прикм* ascending

витверезливий *прикм* sobering

витверезювати *(док* **витверезити)** *пер дс* to sober

витвір ч creation; **витвір мистецтва** work of art

вити непер дс (видавати виття) to howl, to whine; (видавати гучний звук) to blare

витирати (док **витерти**) пер дс to wipe, to mop up; (рушником) to towel; **витирати пил** to dust

витискати (док **витиснути**) пер дс (знаки, візерунки) to imprint

витися непер дс (про волосся) to curl

витівка ж prank

витік ч leak, spillage

витікання с leakage

витісняти (док **витіснити**) пер дс to displace, to supplant

витончений прикм refined, exquisite

витонченість ж delicacy

виторг ч takings

витрати мн ім expenses, outlay

витрачати (док **витратити**) пер дс to spend; (до кінця) to expend; **витрачати забагато** (про гроші) to overspend

витривалість ж endurance

витриманий прикм (стриманий) self-possessed

витримка ж (володіння емоціями) self-control; (енергія, сила) stamina

витримувати (док **витримати**) пер дс to bear

витріщати (док **витріщити**) пер дс to goggle

витріщатися (док **витріщитися**) непер дс to stare, to gape

витягати (док **витягнути**) пер дс to draw out, to stretch out

витягнутий прикм (простягнений) outstretched

вихваляти пер дс to extol, to glorify

вихід ч (назовні) exit; (зі складного становища) way out; **аварійний вихід** emergency exit

вихідний ч day off; (субота й неділя) weekend ▷ прикм (про листи, документи) outgoing; **офіційний вихідний** bank holiday

вихлопна труба ж exhaust pipe

вихлопні гази мн ім exhaust fumes

вихованець інтернату ч boarder

вихований прикм well-bred

вихованість ж breeding

виховання с upbringing; **виховання дітей** parenting

виховувати (док **виховати**) пер дс to bring up, to rear

виходити (док **вийти**) непер дс (назовні) to come out; (з системи) to log out, to exit

вихор ч whirl; (тех) vortex

вичавлювати (док **вичавити**) пер дс to squeeze out

вичерпний прикм exhaustive

вичерпувати (док **вичерпати**) пер дс to empty, to exhaust

вичитувати (док **вичитати**) пер дс (довідуватися) to find out; (коректуру) to proofread

вишивати (док **вишити**) пер дс to embroider

вишивка ж embroidery

вишня ж cherry

вишуканий прикм refined, polished

вища освіта ж higher education

вищати непер дс to squeal

вищезгаданий прикм aforementioned

вищий прикм higher; (головний) supreme; **вищий клас** (соціальний стан) upper class

вищість ж supremacy

виявлення с detection

виявляти (док **виявити**) пер дс to discover, to detect

виявлятися (док **виявитися**) непер дс to turn out, to transpire

вівісекція ж vivisection

вівсяне борошно с oatmeal

вівтар ч altar

вівторок ч Tuesday

вівця ж sheep, ewe

вівчарка ж sheepdog

⬤ **ключове слово**

від прийм **1** (про рух, час) from **2** (про причину) with, of, from; **від злості** with anger; **від радості** for joy; **від розчарування / страху** out of disappointment / fear **3** (указує на щось, проти чого спрямовано дію) for; **ліки від раку** cure for cancer; **ліки від кашлю** cough medicine **4** (у датах листів, документів) of; **лист від першого березня** a letter of the first of March; **ручка від дверей** door handle; **ключ від машини** car key; **час від часу** from time to time; **від імені** on behalf of

відбивати (док **відбити**) пер дс (віддзеркалювати) to reflect; (протидіяти супротивникові) to fight off; (атаку) to repel

відбиватися (док **відбитися**) непер дс (захищатися) to defend oneself; (про звук) to reverberate; **відбиватися луною** to echo

відбивна ж chop; **відбивна зі свинини** pork chop

відбирати (док **відібрати**) пер дс (добирати) to select, to sort out

відбиток ч imprint; **відбиток пальця** fingerprint

відбиття с reflection

відбілений прикм bleached

відбілювати (док **відбілити**) пер дс to bleach

відбілювач ч bleach

відбір ч selection

відблиск ч gleam

відбудовувати (док відбудувати) пер дс to rebuild

відважний прикм courageous, brave

відвертання с (від когось, чогось) turning away; (небезпеки) prevention; **відвертання уваги** diverting attention

відвертати (док відвернути) пер дс to turn away; (увагу) to distract

відвертий прикм frank, outspoken, candid

відверто присл frankly

відвідування с visit, attendance

відвідувати (док відвідати) пер дс to visit; (уроки, курси) to attend; **відвідувати знову** to revisit

відвідувач (відвідувачка) ч (ж) visitor; **постійний відвідувач** regular

відвойовувати (док відвоювати) пер дс to recapture

відволікати (док відволікти) пер дс to distract

відгалуження с offshoot

відгук ч feedback

віддавати (док віддати) пер дс to give back

віддалений прикм remote, distant; **віддалений від моря** inland

віддалено присл distantly

віддалік присл away

віддалятися (док віддалитися) непер дс to move away, to recede

відданий прикм devoted, loyal

відданість ж commitment, loyalty

відділ ч department; **відділ новин** (у редакції) newsroom

відділення інтенсивної терапії с intensive care unit

відділення швидкої та невідкладної допомоги с accident and emergency

відділяти (док відділити) пер дс to separate, to detach

відділятися (док відділитися) непер дс to separate, to detach

відео с video

відеокамера ж camcorder, video camera

відеоконференція ж video-conference; (проведення відеоконференції(й)) video conferencing

відеоспостереження с video monitoring

відеотелефон ч videophone

відзначати (док відзначити) пер дс (позначати) to mark, to tick (off); (зауважувати) to note; (похвалою, нагородою) to honour (with), to recognize

відірваний прикм torn off; (від ситуації) out of touch

від'їжджати (док від'їхати) непер дс to depart

від'їзд ч departure

відкидати (док відкинути) пер дс to throw away; (відмовлятися) to reject

відкладання с (на пізніший час) postponement

відкладати (док відкласти) пер дс (на пізніше) to postpone; (заощаджувати) to save; **відкладати виконання вироку** to reprieve

відключати (док відключити) пер дс to disconnect

відключення електроенергії с power cut

відкопувати (док відкопати) пер дс to dig out, to unearth

відкривати (док відкрити) пер дс to open; (таємницю) to reveal; (робити відкриття) to discover

відкриватися (док відкритися) непер дс to open

відкривачка ж (консервний ніж) opener; **відкривачка для пляшок** bottle-opener

відкрита акціонерна компанія ж public company

відкритий прикм open; (незахищений) exposed; **відкритий лист** open letter; **відкритий ринок** open market

відкрито присл openly

відкриття с (виявлення) discovery; (таємниці) revelation

відкручувати (док відкрутити) пер дс (відвинчувати) to unscrew

відливати (док відлити) пер дс (рідину) to pour off; (виготовляти предмети литтям) to cast in a mould

відлига ж thaw

відлучати від грудей (док відлучити) пер дс to wean

відлюдник ч hermit

відмежовуватися (док відмежуватися) непер дс to dissociate

відмивання грошей с money laundering

відмивати (док відмити) пер дс to wash off; **відмивати гроші** to launder

відмикати (док відімкнути) пер дс to unlock

відмінний прикм (чудовий) excellent; (інший) unlike; (інакший) distinct

відмінність ж distinction; **тонка відмінність** subtlety

відмова ж refusal, rejection; (від права на що-небудь) disclaimer; (від права, претензії, закону) waiver

відмовляння с discouragement

відмовляти (док відмовити) непер дс to refuse ▷ пер дс (відраджувати) to dissuade

відмовлятися (док відмовитися) непер дс to refuse; (від участі) to opt out; (від прав) to waive; (від влади) to give up; **категорично відмовлятися** to rebuff

віднімати (док відняти) пер дс (відбирати) to take away; (матем) to subtract, to deduct

відновлення *с* (*відбудова*) reconstruction; (*перерваної дії*) renewal; (*відродження*) revival

відновлювати (*док* **відновити**) *пер дс* to renew; (*поновлювати*) to resume; (*відтворювати*) to restore; (*продукт із концентрату*) to reconstitute; (*про фізичний, моральний стан*) to regenerate

відносини *мн ім* relationship

відносний *прикм* relative

відносність *ж* relativity

відносно *присл* relatively

відображати (*док* **відобразити**) *пер дс* to reflect, to mirror

відокремлення *с* separation; (*розкол*) secession

відокремлюватися (*док* **відокремитися**) *непер дс* to be separated; (*від організації або країни*) to secede

відомий *прикм* known; (*славетний*) well-known; **відомий у народі як** commonly known as

відомчий *прикм* departmental

відплата *ж* repayment; (*кара*) retribution

відплив *ч* (*морський*) low tide

відповідальний *прикм* responsible, accountable

відповідальність *ж* responsibility

відповідати (*док* **відповісти**) *непер дс* to answer, to reply; (*законам, нормам*) to conform; (*бути відповідним чому-небудь*) to correspond; **відповідати взаємністю** to reciprocate; **відповідати різко** to retort

відповідний *прикм* (*належний*) appropriate, proper

відповідність *ж* conformity

відповідно *присл* accordingly, correspondingly; **відповідно до** according to

відповідь *ж* answer, reply

відпочивальник *ч* holidaymaker

відпочивати (*док* **відпочити**) *непер дс* (*відновлювати сили*) to rest; (*розм: втішатися дозвіллям*) to unwind

відпочилий *прикм* rested

відпочинок *ч* (*після напруження, роботи*) relaxation; (*перерва в роботі, спокій*) rest; (*відновлення сил, розваги*) recreation; **активний відпочинок** activity holiday

відправляти (*док* **відправити**) *пер дс* to send, to dispatch; **відправляти кур'єром** to courier; **відправляти повідомлення** to message

відправна точка *ж* starting point

відправник *ч* sender

відпустка *ж* leave; **відпустка для догляду за дитиною** parental leave

відраза *ж* aversion, disgust

відразливий *прикм* repulsive

відразу *присл* straight away

відривати (*док* **відірвати**) *пер дс* to sever

відригувати (*док* **відригнути**) *непер дс* (*розм*) to burp, to belch

відрижка *ж* (*розм*) burp

відрізати (*док* **відрізати**) *пер дс* to cut off

відрізнятися (*док* **відрізнитися**) *непер дс* to differ, to vary

відрізок *ч* segment

відро *с* bucket, pail; **відро для сміття** bin

відродження *с* revival, rebirth

відроджувати (*док* **відродити**) *пер дс* to revive

відрядження *с* business trip

відсахуватися (*док* **відсахнутися**) *непер дс* (*відхилятися*) to recoil

відсипатися (*док* **відіспатися**) *непер дс* to sleep in

відскакувати (*док* **відскочити**) *непер дс* to jump away; (*відлітати*) to rebound

відсоткова ставка *ж* interest rate

відсоток *ч* per cent; (*прибуток від капіталу*) interest; (*кількість випадків*) incidence

відставання *с* lag

відставати (*док* **відстати**) *непер дс* to lag

відставка *ж* (*відхід від справ*) retirement; (*звільнення з посади*) resignation

відстань *ж* distance; **на відстані** remotely, distantly

відстоювати (*док* **відстояти**) *пер дс* (*захищати*) to defend; (*наполягати*) to assert

відстрочка *ж* delay; (*у засіданні суду*) adjournment

відступати (*док* **відступити**) *непер дс* to step back; (*військ*) to retreat

відсутній *прикм* absent ▷ *ч* absentee

відсутність *ж* absence; **відсутність зацікавленості** disinterest

відтак *присл* hence

відтворення *с* reproduction

відтворювати (*док* **відтворити**) *пер дс* to reproduce

відтепер *присл* henceforth

відтік *ч* outflow

відтінок *ч* shade, tint

відтоді *присл* since

відхилення *с* diversion, deviation

відхиляти (*док* **відхилити**) *пер дс* (*переміщати в якийсь бік*) to deflect; (*відкидати*) to reject, to turn down

відхилятися (*док* **відхилитися**) *непер дс* to deviate

відходити (*док* **відійти**) *непер дс* to move away, to retreat

відцентрова сушарка *ж* spin drier

відчай *ч* despair

відчайдушний *прикм* desperate, last-ditch

відчайдушно *присл* desperately

відчувати (*док* **відчути**) *пер дс* to feel; **відчувати огиду** to loathe, to detest

відчужений *прикм* estranged

відчутний *прикм* tangible, palpable

відчуття *с* sensation, feeling

відшкодовуваний *прикм* refundable

відшкодовувати (*док* **відшкодувати**) *пер дс* to reimburse

відшкодування *с* reimbursement

відшліфовувати (*док* **відшліфувати**) *пер дс* to hone

відшуковувати (*док* **відшукати**) *пер дс* to look up

відщепенець *ч* dropout

відьма *ж* witch; **полювання на відьом** witch-hunt

відьомство *с* witchcraft

віжки *ж, мн* reins

віз *ч* cart, wagon

віза *ж* visa

візерунок *ч* pattern

візерунчастий *прикм* patterned

візит *ч* visit

візитна картка *ж* business card

візок *ч* trolley; (*дитячий*) pram; **візок для покупок** shopping trolley; **дитячий візок** pushchair

візуалізувати *пер дс* to visualize

війна *ж* war; **світова війна** world war

війська *с, мн* troops

військова поліція *ж* military police

військовий *ч* serviceman ▷ *прикм* military; **військовий трибунал** court martial

військово-морський *прикм* naval; **військово-морський флот** navy

військово-повітряна база *ж* air base

військово-повітряний флот *ч* air force

військово-повітряні сили *мн ім* air force

військовополонений *ч* prisoner of war

вік *ч* age; **громадянин похилого віку** senior citizen; **золотий вік** golden age; **підлітковий вік** adolescence; **дуже розвинений як на свій вік** precocious; **середній вік** middle age; **похилий вік** old age

вікарій *ч* vicar

вікно *с* window; **спливаюче вікно** (*комп*) pop-up

вікова група *ж* age group

віковий *прикм* (*дуже старий*) ancient; (*пов'язаний з віком*) age; **віковий ценз** age limit

віконне скло *с* window pane

віконниці *ж, мн* shutters

вікторина *ж* quiz

віл *ч* ox

ВІЛ *ч* (*вірус імунодефіциту людини*) HIV

вілла *ж* villa

вільний *прикм* (*незайнятий*) free, vacant; (*просторий*) loose; **вільний графік** flexitime; **вільний ринок** free market;

вільний стиль (*у спорті*) freestyle; **вільний час** spare time

вільно *присл* freely

вільшанка *ж* robin

він *займ* he; (*у непрямому відмінку*) him

віндсерфінг *ч* windsurfing

вініл *ч* vinyl

вінок *ч* wreath

віолончеліст *ч* cellist

віолончель *ж* cello

ВІП-особа *ж* VIP

віра *ж* belief, faith; (*довіра*) credence

вірити (*док* **повірити**) *непер дс* to believe, to trust

вірменин (**вірменка**) *ч (ж)* Armenian

Вірменія *ж* Armenia

вірменська мова *ж* Armenian

вірменський *прикм* Armenian

вірний *прикм* loyal

вірність *ж* (*відданість*) loyalty

вірно *присл* faithfully

вірогідно *присл* arguably

віроломний *прикм* treacherous

віртуальна пам'ять *ж* virtual memory

віртуальна реальність *ж* virtual reality

віртуальний *прикм* virtual

віртуоз *ч* virtuoso

віртуозний *прикм* virtuoso

вірус *ч* virus

вірусний *прикм* viral

вірш *ч* poem, verse

вісім *числ* eight

вісімдесят *числ* eighty

вісімдесятий *числ* eightieth

вісімнадцятий *числ* eighteenth

вісімнадцять *числ* eighteen

вісімсот *числ* eight hundred

віск *ч* wax

віскі *ч* whisky; **шотландське віскі** Scotch; **солодове віскі** malt whisky

вісник *ч* herald, messenger

вістря *с* point, tip

вісь *ж* (*колеса, механізму*) axle; (*уявна, вісь симетрії*) axis

вітальня *ж* sitting room, living room

вітамін *ч* vitamin

вітання *с* greeting

вітати (*док* **привітати**) *пер дс* to greet, to welcome

вітер *ч* wind

вітерець *ч* breeze

вітраж *ч* stained glass

вітрило *с* sail

вітрильний спорт *ч* yachting

вітрильний човен *ч* sailing boat

вітрина *ж* (*вікно в крамниці*) shop window; (*скляна шафа*) showcase

вітряк *ч* windmill

вітряна віспа *ж* chickenpox

вітряний *прикм* windy

вітчим *ч* stepfather

віха *ж* milestone
вічний *прим* eternal, perpetual
вічність *ж* eternity
вічнозелений *прим* evergreen
вішак *ч* (*плічка*) hanger
вішати (*док* повісити) *пер дс* to hang; **вішати ярлик** (*безпідставно звинувачувати когось у чомусь*) to pigeonhole
вія *ж* eyelash
віяти (*док* повіяти) *непер дс* to blow
в'їжджати (*док* в'їхати) *непер дс* to move in
вказівний палець *ч* index finger, forefinger
вказувати (*док* вказати) *непер / пер дс* to point out, to indicate
вклад *ч* deposit
вкладатися (*док* вкластися) *непер дс* to put in
вклинювати (*док* вклинити) *пер дс* to wedge
вклонятися (*док* вклонитися) *непер дс* to bow
включати (*док* включити) *пер дс* to include, to incorporate
включений *прим* included
включення *с* inclusion
включно *присл* including
вкорінений *прим* ingrained
вкрай *присл* (*дуже*) utterly; (*повністю*) entirely
вкривати(ся) (*док* вкрити(ся)) *пер дс* to cover
вкриватися пухирями (*док* вкритися) *непер дс* to blister
вкритий *прим* covered
влада *ж* power; (*органи влади*) authorities
владний *прим* domineering; (*що демонструє владу*) authoritative
власний *прим* own
власник (власниця) *ч* (*ж*) owner, holder; **пайовий власник** stakeholder; **власник газетного кіоску** newsagent; **власник житла** home owner; **власник крамниці** shopkeeper; **власник пабу** publican; **власник похоронного бюро** undertaker; **власник страхового поліса** policyholder
власниця *ж* proprietress
власність *ж* (*майно*) property; (*володіння*) ownership; **приватна власність** private property
властивість *ж* (*якість, характерна риса*) property, characteristics
влаштовувати (*док* влаштувати) *пер дс* (*організовувати*) to arrange; (*задовольняти*) to suit; **влаштовувати різанину** to massacre
вливання *с* infusion
влітати (*док* влетіти) *непер дс* to fly in
вмикати (*док* увімкнути) *пер дс* to turn on, to switch on

вмирати (*док* вмерти) *непер дс* to die
вмираючий *прим* dying
вмілий *прим* skilled, good
вміння *с* skill
вміст *ч* contents
вмістище *с* container
вміщувати (*док* вмістити) *пер дс* to hold
вмовляти (*док* вмовити) *пер дс* to persuade
вмочати (*док* вмочити) *пер дс* to dip
внаслідок *прийм* owing to; **внаслідок чого** whereupon
внесок *ч* contribution; (*чергова виплата*) instalment; **страховий внесок** premium

 ключове слово

вниз *присл* **1** (*у напрямку до низу*) down, downwards
2 (*до гирла річки*) downstream
3 (*до підніжжя гори*) downhill
4 (*сходами*) downstairs

вносити зміни (*док* внести) *пер дс* to amend
ВНП *ч* (*валовий національний продукт*) GNP
внутрішній *прим* internal, inner; (*внутрішньовідомчий*) in-house; (*який стосується життя держави, установи*) interior; (*який стосується психічної діяльності людини*) inward; **внутрішній бік** inside; **внутрішній дворик** patio
внутрішньовенний *прим* intravenous
вовк *ч* wolf
вовна *ж* wool
вовняний *прим* woollen, woolly
вовняні вироби *ч, мн* woollens
вогкий *прим* soggy
вогкість *ж* dampness
вогнегасник *ч* fire extinguisher
вогненний *прим* fire; (*пристрасний*) fiery
вогнепальна зброя *ж* firearm
вода *ж* water
водень *ч* hydrogen
водити (*док* повести) *пер дс* (*керувати*) to drive; (*супроводжувати*) to conduct
водій *ч* driver, chauffeur; **водій вантажівки** lorry driver, truck driver; **водій таксі** taxi driver; **працювати водієм** to chauffeur
водіння в нетверезому стані *с* drink-driving
воднолижний спорт *ч* water-skiing
водовідвід *ч* drain
вододіл *ч* watershed
водойма *ж* pool
водолаз *ч* diver
Водолій *ч* Aquarius
водонепроникний *прим* watertight
водопостачання *с* water supply
водопровід *ч* plumbing

водорість _ж_ seaweed
водоспад _ч_ waterfall
водостічна труба _ж_ drainpipe
водяний _прикм_ aquatic
водянистий _прикм_ watery
воєнізований _прикм_ paramilitary
воєнний _прикм_ military; **воєнний стан** martial law; **воєнний час** wartime
воєнні дії _мн ім_ hostilities
возз'єднання _с_ reunification
возз'єднувати (_док_ **возз'єднати**) _пер дс_ to reunite
возз'єднуватися (_док_ **возз'єднатися**) _непер дс_ to reunite
воїн _ч_ warrior
войовничий _прикм_ militant, belligerent
вокал _ч_ vocals
вокаліст _ч_ vocalist
вокзал _ч_ railway station
волан _ч_ shuttlecock
волейбол _ч_ volleyball
волинка _ж_ bagpipes
волинщик _ч_ (_музикант, який грає на волинці_) piper
волове очко _с_ (_пташка_) wren
волога _ж_ moisture
вологий _прикм_ damp, moist
вологість _ж_ humidity
володіння _с_ possession
володіти _непер дс_ to own, to possess
волокно _с_ fibre
волоконна оптика _ж_ fibre optics
волоконно-оптичний _прикм_ fibre optics
волонтер (**волонтерка**) _ч_ (_ж_) volunteer
волосся _с_ hair
волоський горіх _ч_ walnut
волохатий _прикм_ hairy
волоцюга _ч_ tramp
вольт _ч_ volt
воля _ж_ will
вона _займ_ she; (_у непрямому відмінку_) her
вони _займ_ they; (_у непрямому відмінку_) them
воно _займ_ it
ворог _ч_ enemy
ворогувати _непер дс_ to antagonize
ворожий _прикм_ hostile
ворожість _ж_ animosity, hostility
ворожнеча _ж_ feud
ворона _ж_ crow
ворота _мн ім_ (_брама_) gate; (_прохід_) gateway; (_стійка воріт у футболі_) goalpost
воротар _ч_ goalkeeper
воскрешати (_док_ **воскресити**) _пер дс_ to resurrect
воскувати (_док_ **навоскувати**) _пер дс_ to wax
в основному _присл_ basically
востаннє _присл_ last

восьмий _числ_ eighth
восьминіг _ч_ octopus
вотум довіри _ч_ vote of confidence
вотум недовіри _ч_ vote of no confidence
вохра _ж_ ochre
вохристий _прикм_ ochre
воша _ж_ louse
воююча сторона _ж_ combatant
воюючий _прикм_ belligerent
впадати (_док_ **впасти**) _непер дс_ to fall into; (_у який-небудь стан_) to lapse; (_у сум, розпач_) to wallow; **впадати в розпач** to wallow in despair
впевнений confident, assured; **впевнений у собі** self-confident
впевненість _ж_ confidence, certainty; **впевненість у собі** self-confidence
вперед _присл_ forward
впертий _прикм_ stubborn
впізнаваний _прикм_ recognizable
впізнавати (_док_ **впізнати**) _пер дс_ to recognize
вплив _ч_ influence, impact; **центр впливу** powerhouse
впливати (_док_ **вплинути**) _непер дс_ to influence, to affect
впливова людина _ж_ mandarin
впливова фігура _ж_ power broker
впливовий _прикм_ influential
вплутувати (_док_ **вплутати**) _пер дс_ (_у погані справи_) to implicate
впольований _прикм_ caught
вправа _ж_ exercise
вправи для преса _ж, мн_ sit-up
вправи з обтяженням _ж, мн_ weight training
вправлятися _непер дс_ to exercise
вправний _прикм_ skilful; **вправний стрілець** marksman
вправно _присл_ skilfully
впритул _присл_ closely
впускати (_док_ **впустити**) _пер дс_ to let in
вражати (_док_ **вразити**) _пер дс_ to impress; (_здивувати_) to surprise; (_про хворобу, лихо_) to afflict
вражаючий _прикм_ impressive, striking
вражений _прикм_ impressed, astounded
враження _с_ impression
вразливий _прикм_ vulnerable, susceptible
врешті-решт _присл_ eventually
врізатися (_док_ **врізатися**) _непер дс_ to cut into
врожай _ч_ harvest; **давати врожай** to crop
вручати (_док_ **вручити**) _пер дс_ (_дарувати_) to present; (_передавати з рук у руки_) to hand
вручення _с_ presentation; **вручення призу** prize-giving

ключове слово

все *займ* all, everything
▷ *присл* **1** (*завжди*) all the time
2 (*досі*) still
3 (*тільки*) only; **все ще** still

всезнайко *ч* know-all, (*us*) know-it-all
вселяти (*док* **вселити**) *пер дс* to move in; (*почуття, ідеї*) to infuse; **вселяти шанобливий страх** to overawe
всеохопно *присл* comprehensively
всепоглинальний *прикм* consuming
всередині *присл* inside; (*країни*) inland
всередину *присл* inwards
всесвіт *ч* universe
всесвітньовідомий *прикм* world-famous
все-таки *спол* nevertheless
всиновлена дитина *ж* adopted child
всиновлювати (*док* **всиновити**) *пер дс* to adopt
всі *займ* everybody, all
всмоктування *с* absorption
вставати (*док* **встати**) *непер дс* (*підводитися*) to stand up; (*прокидатися*) to get up
вставляти (*док* **вставити**) *пер дс* to insert, to put in
вступ *ч* (*початкова частина*) introduction; (*до закладу*) admission; (*на посаду, до організації*) induction; **робити вступ** to preface
вступна частина *ж* opening
вступний *прикм* introductory
всупереч *прийм* notwithstanding
всюди *присл* around
втеча *ж* escape, getaway; (*з в'язниці*) breakout; **панічна втеча** stampede; **втеча від дійсності** escapism
втікати (*док* **втекти**) *непер дс* to escape
втікач *ч* fugitive; (*підліток, який утік із дому*) runaway
втілення *с* embodiment
втілювати (*док* **втілити**) *пер дс* to embody, to personify
втішний *прикм* comforting
втома *ж* fatigue
втомлений *прикм* tired
втомлювати (*док* **втомити**) *пер дс* to tire; (*набридати*) to bore
втомлюватися (*док* **втомитися**) *непер дс* to get tired
вторгатися (*док* **вторгнутися**) *непер дс* to invade
вторгнення *с* invasion, encroachment
втрата *ж* loss; (*чия-небудь смерть*) bereavement
втрачати (*док* **втратити**) *пер дс* to lose; (*право, повагу*) to forfeit
втручання *с* intervention, interference

втручатися (*док* **втрутитися**) *непер дс* to interfere, to intervene; (*у чужі справи*) to pry
втягати (*док* **втягнути**) *пер дс* to drag in; (*вплутувати*) to entangle
втягнений *прикм* (*у неприємності*) embroiled
вуаль *ж* veil
вугілля *с* coal
вугільна шахта *ж* coal mine
вуглевод *ч* carbohydrate
вуглеводень *ч* hydrocarbon
вуглекислий газ *ч* carbon dioxide
вуглецевий слід *ч* carbon footprint
вуглець *ч* carbon
вугор *ч* (*риба*) eel
вудка *ж* fishing rod
вуздечка *ж* bridle
вузол *ч* knot
вузьке коло *с* inner circle
вузький *прикм* narrow
вулик *ч* hive
вулиця *ж* street
вуличний ліхтар *ч* streetlamp
вуличний музикант *ч* busker
вулкан *ч* volcano
вулканічний *прикм* volcanic
вульгарний *прикм* vulgar
вундеркінд *ч* prodigy
вуса *ч, мн* (*людини*) moustache; (*тварини*) whiskers
вусик *ч* (*комахи*) antenna; (*злаків*) tendril
вухо *с* ear
вушний біль *ч* earache
вхід *ч* entrance, way in
вхідна плата *ж* admission charge, admission
вхідна пошта *ж* inbox
вхідні двері *мн ім* front door
входити (*док* **увійти**) *непер дс* to enter; (*до системи*) to log in; **входити знову** to re-enter
вчасний *прикм* timely
вчасно *присл* on time
вчинки *ч, мн* (*дивні або підозрілі*) goings-on
вчинок *ч* action, deed
вчиняти (*док* **вчинити**) *пер дс* to commit
вчора *присл* yesterday
вшановувати (*док* **вшанувати**) *пер дс* to fete; (*людину, річницю події*) to commemorate
вщухати (*док* **вщухнути**) *непер дс* to abate
в'яжучий засіб *ч* astringent
в'яз *ч* elm
в'язень *ч* prisoner, inmate
в'язка *ж* bundle
в'язниця *ж* prison, jail
в'янути (*док* **зів'янути**) *непер дс* to wilt

Г

габаритна висота *ж* headroom
габаритний ліхтар *ч* sidelight
Габон *ч* Gabon
гавань *ж* harbour
гавкати *(док* **гавкнути)** *непер дс* to bark
газ *ч (паливо)* gas; *(тканина)* gauze;
  отруювати газом to gas; **педаль газу**
  accelerator; **природний газ** natural gas;
  чадний газ carbon monoxide
газета *ж* newspaper, paper; *(офіційна
  урядова)* gazette
газетний папір *ч* newsprint
гази *ч, мн* fumes
газована вода *ж* sparkling water
газований *прикм (про напої)* fizzy
газова плита *ж* gas cooker
газон *ч* lawn
газонокосарка *ж* lawnmower, mower
Гаїті *невідм ім* Haiti
гай *ч* grove
Гайана *ж* Guyana
гайка *ж* nut
гайковий ключ *ч* spanner, wrench
галактика *ж* galaxy
галас *ж* racket, noise
галасливий *прикм* boisterous, rowdy
галерея *ж* gallery; **художня галерея** art
  gallery
галон *ч (англ галон - 4,54 л; амер 3,78 л)*
  gallon
галоп *ч* gallop; **легкий галоп** canter
галопувати *непер дс* to gallop
галузь *ж* branch, domain
галушка *ж* dumpling
галька *ж* pebble
гальмо *с* brake; **ручне гальмо** handbrake
гальмувати *(док* **загальмувати)** *пер дс*
  to brake
галюцинація *ж* hallucination
галюциногенний *прикм* psychedelic
галюцинувати *непер дс* to hallucinate
гамак *ч* hammock
гаманець *ч* wallet; *(жіночий)* purse;
  гаманець на ремінці bum bag

Гамбія *ж* Gambia
гамбургер *ч* hamburger
гамівна сорочка *ж* straitjacket
Гана *ж* Ghana
гангрена *ж* gangrene
гангстер *ч* gangster
гандбол *ч* handball
ганебний *прикм* disgraceful, shameful
ганієць **(ганійка)** *ч (ж)* Ghanaian
ганський *прикм* Ghanaian
ганчірка *ж* rag, cloth; **ганчірка для миття
  посуду** dishcloth
ганьба *ж* shame, disgrace
ганьбити *(док* **зганьбити)** *пер дс* to
  disgrace
гараж *ч* garage
гаразд *виг* all right, okay, OK
гарантія *ж* guarantee, warranty; *(захист)*
  safeguard
гарантований *прикм* guaranteed
гарантувати *пер дс* to guarantee;
  *(відшкодування збитків, покриття
  витрат)* to underwrite
гарбуз *ч* pumpkin
гардероб *ч* cloakroom
гармата *ж* cannon
гармонійний *прикм* harmonious
гармонічний *прикм (який стосується
  музичної гармонії)* harmonic
гармоніювати *непер дс* to harmonize
гармонія *ж* harmony
гарненький *прикм* pretty
гарненько *присл* prettily
гарний *прикм* nice, lovely
гарнізон *ч* garrison
гарнір *ч* garnish
гарнітура *ж* fitting; *(шрифту)* typeface;
  гарнітура для гучного зв'язку hands-free
  kit
гарчати *непер дс* to growl, to snarl
гарячий *прикм* hot
гарячка *ж* fever
гарячковий *прикм (який стосується
  гарячки)* feverish; *(збуджений,
  напружений)* feverish, hectic
гас *ч* kerosene
гасити *(док* **загасити)** *пер дс (вогонь)* to
  put out; *(сигарету)* to stub out; *(світло,
  свічку, вогонь)* to douse, to extinguish
гасло *с* motto, slogan
гачкуватий *прикм* hooked
гачок *ч* hook, peg; **гачок для плетіння**
  crochet
Гватемала *ж* Guatemala
гвинтівка *ж* rifle
Гвінея *ж* Guinea
гвоздика¹ *ж (квітка)* carnation
гвоздика² *ж (прянощі)* cloves
гедонізм *ч* hedonism
гектар *ч* hectare
гелій *ч* helium

гелікоптер ч helicopter
Гелловін ч Hallowe'en
гель ч gel; **гель для волосся** hair gel; **гель для душу** shower gel
геморой ч haemorrhoids, piles
гемофілія ж haemophilia; **хворий на гемофілію** haemophiliac
ген ч gene
генерал ч general
генеральна репетиція ж dress rehearsal
генеральне прибирання с spring-cleaning
генеральний план ч master plan
генеральний секретар ч secretary-general
генератор ч generator
генетика ж genetics
геній ч genius
геніталії мн ім genitals
генітальний прикм genital
генний прикм genetic
генномодифікований прикм genetically-modified
географічний прикм geographical
географія ж geography
геологічний прикм geological
геологія ж geology
геометричний прикм geometric
геометрія ж geometry
гепатит ч hepatitis
герань ж geranium
гербіцид ч weedkiller
геріатричний прикм geriatric
герметичний прикм hermetic, airtight
героїзм ч heroism
героїн ч heroin
героїня ж heroine
героїчний прикм heroic, valiant
герой ч (самовіддана людина) hero; (дійова особа) character
герпес ч herpes; (висип на губах) cold sore
герцог ч duke
герцогиня ж duchess
герцогство с duchy
гетеросексуальний прикм heterosexual
гето с ghetto
геть присл away
гиготіти непер дс to giggle
гидити (док **нагидити**) непер дс (розм) to shit
гидкий прикм loathsome, disgusting
гикавка ж hiccups
гикати непер дс to hiccup
гинути (док **загинути**) непер дс to perish
гирло с estuary
гіацинт ч hyacinth
гібрид ч hybrid
гігабайт ч gigabyte
гігантський прикм giant
гігієна ж hygiene
гігієнічна губна помада ж lip salve

гігієнічна прокладка ж sanitary towel, (us) sanitary napkin
гігієнічний прикм hygienic
гід ч guide
гідний прикм worthy, deserving; **гідний поваги** honourable
гідність ж dignity
гідравлічний прикм hydraulic
гідрокостюм ч wetsuit
гілка ж branch
гілочка ж twig
гімн ч anthem; **державний гімн** national anthem
гімназія ж grammar school
гімнаст ч gymnast
гімнастика ж gymnastics
гінеколог ч gynaecologist
гінекологія ж gynaecology
гіперактивний прикм hyperactive
гіпермаркет ч superstore
гіперпосилання с hyperlink
гіпертекст ч hypertext
гіпноз ч hypnosis
гіпнотизувати (док **загіпнотизувати**) пер дс to hypnotize
гіпнотичний прикм hypnotic
гіпопотам ч hippopotamus
гіпотеза ж hypothesis
гіпотетичний прикм hypothetical
гіркий прикм bitter
гірко присл bitterly
гірлянда ж garland
гірнича промисловість ж mining
гірська місцевість ж highlands
гірський велосипед ч mountain bike
гірчиця ж mustard
гірше присл worse
гірший прикм worse
гість ч guest
гітара ж guitar
гітарист ч guitarist
глава держави ч head of state
гладити (док **погладити**) пер дс to stroke
гладкий прикм (трохи) chubby; (надмірно) obese
глазур ж icing; (на посуді) glaze
глазурування с frosting
глазурувати (док **поглазурувати**) пер дс to glaze
гламурний прикм glamorous
глечик ч jug, pitcher
глибина ж depth
глибинний прикм underlying
глибока ущелина ж chasm
глибокий прикм deep
глибоко присл deeply
глина ж clay
глід ч hawthorn
глобалізація ж globalization
глобальне потепління с global warming

глобус *ч* globe

глосарій *ч* (*словник спеціальної лексики*) glossary

глузливий *прикм* mocking

глузування *с* mockery, jeering

глузувати *непер дс* to jeer

глухий *прикм* deaf; **глухий кут** (*у переговорах*) standoff, deadlock

глушина *ж* backwater

глушник *ч* silencer

глюкоза *ж* glucose

глютен *ч* gluten

глядач (**глядачка**) *ч* (*ж*) spectator, viewer

глядіти *пер дс* to look after

ГМО *абр* GM

гнатися (*док* **погнатися**) *непер дс* to chase, to go after

гниль *ж* rot

гнів *ч* anger, rage

гніздитися (*док* **загніздитися**) *непер дс* to nest

гніздо *с* nest

гній *ч* (*наслідок запалення*) pus; (*добриво*) manure, dung

гніт *ч* (*гноблення*) oppression

гнітючий *прикм* depressing

гноблений *прикм* oppressed

гном *ч* gnome

гнучкий *прикм* flexible, pliable

гобелен *ч* tapestry

гобой *ч* oboe

говірка *ж* (*діалект*) vernacular

говорити *непер дс* to speak, to talk; **говорити швидко й безладно** to splutter

година *ж* hour; **година пік** rush hour

години відвідування *ж, мн* visiting hours

годинник *ч* clock; (*наручний, кишеньковий*) watch; **електронний годинник** digital watch

годинникова стрілка *ж* hand (on a clock); **проти годинникової стрілки** anticlockwise

годувальник *ч* (*сім'ї*) breadwinner; earner

годувати (*док* **погодувати**) *пер дс* to feed

гойдалка *ж* seesaw

гойдати *пер дс* to rock

гойдатися (*док* **згорбити**) *непер дс* (*зверху вниз*) to sway; (*з одного боку в другий*) to bob

гол *ч* goal; **гол у власні ворота** own goal

голений *прикм* shaven

голий *прикм* nude, naked

голитися (*док* **поголитися**) *непер дс* to shave

голка *ж* needle

голландець *ч* Dutchman

Голландія *ж* Holland

голландка *ж* Dutchwoman

голландський *прикм* Dutch

голова *ж* (*частина тіла*) head ▷ *ч / ж* (*керівник установи, зборів*) chairman, chairwoman, chairperson ▷ *ч* (*сім'ї, племені*) patriarch

головна книга *ж* (*бухгалтерський термін*) ledger

головна подія *ж* highlight

головна роль *ж* lead

головний *прикм* principal, main; **головний бухгалтер** chief accountant; **головний офіс** head office

головним чином *присл* chiefly

головно *присл* primarily, mainly

головнокомандування *с* high command

головнокомандувач *ч* commander-in-chief

головоломка *ж* puzzle

головування *с* chairmanship

головувати *непер дс* to chair, to preside (over)

голод *ч* (*потреба в їжі*) hunger; (*стихійне лихо*) famine

голодний *прикм* hungry; **страшенно голодний** starving

голодування *с* (*акція протесту*) hunger strike

голос *ч* voice; **голос за кадром** voice-over

голосити *непер дс* to wail

голосний звук *ч* vowel

голосно *присл* loudly

голосова пошта *ж* voicemail, voice mail

голосування *с* voting, polling; **проводити голосування** (*таємне*) to ballot; **таємне голосування** secret ballot

голосувати (*док* **проголосувати**) *непер / пер дс* to vote ▷ *пер дс* (*на дорозі, подорожуючи автостопом*) to thumb

голуб *ч* pigeon, dove

гольф *ч* golf

гольф-клуб *ч* golf club

гомеопат *ч* homeopath

гомеопатичний *прикм* homeopathic

гомеопатія *ж* homeopathy

гомілка *ж* (*людини*) shin; (*тварини*) shank

гомін *ч* hubbub

гомосексуальний *прикм* homosexual, gay

гонг *ч* gong

Гондурас *ч* Honduras

гонитва *ж* chase

гоніння *с* persecution

гонка озброєнь *ж* arms race

гоночний автомобіль *ч* racing car

гончарні вироби *ч, мн* pottery

гонщик (**гонщиця**) *ч* (*ж*) racer, racing driver

гора *ж* mountain

горбити (*док* **згорбити**) *пер дс* to hunch

горбитися (*док* **згорбитися**) *непер дс* to stoop

гордий *прикм* proud

гордість *ж* pride

горе *с* grief; **велике горе** heartbreak

горизонт *ч* horizon

горизонтальний *прикм* horizontal
горила *ж* gorilla
горище *с* attic, loft
горілка¹ *ж* vodka
горілка² *ж (прилад)* burner
горіти *(док* **згоріти)** *непер дс* to burn
горіх *ч* nut
горіховий *прикм* nutty
горло *с* throat
гормон *ч* hormone
гормональний *прикм* hormonal
горн *ч* horn
горно *с* furnace
горобець *ч* sparrow
гороскоп *ч* horoscope
горох *ч* peas; **горох у стручках** mangetout
горошина *ж* pea
горщик *ч* pot; **горщик для квітів** plant pot;
дитячий горщик potty
госпіталізувати *пер дс* to hospitalize
господар *ч (на вечірці, святі)* host;
(власник) owner
господиня *ж (на вечірці, святі)* hostess
Господь *ч* God
гостинний *прикм* hospitable, welcoming
гостинність *ж* hospitality
гострий *прикм* sharp; *(на смак)* spicy;
(розум) incisive; *(про неприємний запах,
смак)* pungent
гостро *присл* acutely
готель *ч* hotel, inn
готичний *прикм* Gothic
готівка *ж* cash; **обіг готівки** cash flow
готовий *прикм* ready; *(зроблений,
закінчений, придатний для споживання)*
ready-made
готовність *ж* readiness
готування *с* cooking, cookery
готувати *(док* **приготувати)** *пер дс* to
prepare; *(куховарити)* to cook; **готувати
чернетку** to draft
готуватися *(док* **приготуватися)** *непер
дс* to prepare
гофрований *прикм* corrugated
гра *ж (змагання з можливою перемогою)*
game; *(заняття, поведінка)* play;
(акторська) acting; **телевізійна гра** game
show; **гра з м'ячем** ball game; **гра на
гроші** gambling; **рольова гра** role play;
чесна гра fair play
грабіжник *ч* robber; *(квартирний злодій)*
burglar
грабіжницький *прикм* extortionate
граблі *мн ім* rake; **розрівнювати
граблями** to rake
грабувати *(док* **пограбувати)** *пер дс*
to rob; *(мародерствувати)* to loot
гравець *ч* player
гравій *ч* gravel, grit
гравірувати *(док* **виграрувати)** *пер дс*
to engrave; *(як правило, кислотою)* to etch

гравітаційний *прикм* gravitational
град *ч* hail
градус за Фаренгейтом *ч* degree
Fahrenheit
градус за Цельсієм *ч* degree Celsius,
degree centigrade
грайливий *прикм* playful
гральна карта *ж* playing card
гральна приставка *ж* games console
гральне поле *с* playing field, pitch
гральний автомат *ч* slot machine, fruit
machine
грам *ч* gram
граматика *ж* grammar
граматичний *прикм* grammatical
гранат *ч* pomegranate
граната *ж* grenade
грандіозний *прикм* superb;
(претензійний) grandiose
гранж *ч (стиль музики та одягу)* grunge
граніт *ч* granite
гран-прі *ч* Grand Prix
грант *ч* grant
грати *(док* **зіграти)** *непер дс* to play; *(роль)*
to act
гратися *непер дс* to play
графиня *ж* countess
графік *ч* graph; **графік чергувань** roster
графіка *ж* graphics
графіт *ч* graphite
графіті *с* graffiti
графічний дизайн *ч* graphic design
графство *с* county
граційний *прикм* graceful
грація *ж* grace
гребінець *ч* comb
гребінь *ч (хвилі, гори)* crest
гребля *ж (споруда)* dam; weir
гребти *(док* **згребти)** *пер дс* to rake up
грейпфрут *ч* grapefruit
грек (грекиня) *ч (ж)* Greek
Гренландія *ж* Greenland
Греція *ж* Greece
грецька мова *ж* Greek
грецький *прикм* Greek
гречка *ж* buckwheat
гриб *ч* mushroom, fungus; **рости як гриби
після дощу** to mushroom
грибковий *прикм* fungal
грива *ж* mane
гривня *ж* hryvnia *(Ukrainian currency)*
грижа *ж* hernia
гризти *пер дс (голосно жувати)* to crunch;
(їсти маленькими шматочками) to nibble,
to gnaw
гризун *ч* rodent
гриль *ч* grill
гриміти *непер дс* to thunder; *(з шумом
рухатися)* to clatter
гримувальня *ж* dressing room
гримуча змія *ж* rattlesnake

грип ч flu, influenza; **пташиний грип** bird flu

гриф ч vulture

грілка ж hot-water bottle

грім ч thunder

грінка ж toast

грін-карта ж (*дозвіл на постійне проживання в деяких країнах*) green card

гріти (*док* **нагріти**) *пер дс* to heat

грітися (*док* **нагрітися**) *непер дс* to warm up; (*на сонці*) to bask

гріх ч sin

гробниця ж tomb

гроза ж thunderstorm

грозовий *прикм* thundery

громада ж (*об'єднання*) community; (*громадськість*) public

громадська думка ж public opinion

громадський *прикм* public, communal; **громадський транспорт** public transport, (*us*) public transportation; **громадський центр** community centre

громадські роботи *мн ім* (*кримінальне покарання*) community service

громадські споруди ж, *мн* (*будівлі, дороги та інші проекти*) public works

громадськість ж the public

громадянин (**громадянка**) ч (ж) citizen; **громадянин похилого віку** senior citizen

громадянство с citizenship

громадянська війна ж civil war

громадянський *прикм* civil

громадянські права *мн ім* civil rights

громити (*док* **розгромити**) *пер дс* to destroy, to smash (up)

громіздкий *прикм* bulky, cumbersome

громовий *прикм* thunderous

гротескний *прикм* grotesque

гроші *мн ім* money; **великі гроші** big money

грошовий мішок ч (*багата людина*) fat cat

грошовий переказ ч remittance

грубий *прикм* (*невихований*) rude; (*недороблений*) crude; (*жорсткий*) rough

грудень ч December

груди *мн ім* chest, breast

грудка ж lump; (*землі*) clod

грудкуватий *прикм* lumpy

грузин (**грузинка**) ч (ж) Georgian

грузинський *прикм* Georgian

Грузія ж Georgia

група ж group; (*дерев*) clump; (*людей, речей*) cluster; **оперативна група** (*військ*) task force; **група крові** blood group; **група новин** (*віртуальний обмін повідомленнями*) newsgroup; **група тиску** (*впливає на офіційні рішення*) wellies

груша ж pear

грюкати (*док* **грюкнути**) *непер дс* to slam

губа ж lip; **верхня губа** upper lip

губернатор ч governor

губити (*док* **загубити**) *пер дс* to lose

губка ж sponge

губна гармоніка ж mouth organ

губна помада ж lipstick

гувернантка ж governess

гудіти *непер дс* to hum; (*про сигнал*) to hoot

гудок ч horn

гудрон ч tar

гульня ж binge

гультяй ч rambler

гуляти (*док* **погуляти**) *непер дс* (*проходжуватися*) to walk; (*розважатися*) to party; (*витрачати гроші*) to binge

гуманізм ч humanism

гуманітарний *прикм* humanitarian

гуманний *прикм* humane

гумор ч humour; **почуття гумору** sense of humour

гупати (*док* **гупнути**) *непер дс* to bang

гуркіт ч rumble

гуркотіти *непер дс* to roar

гурман ч gourmet

гурт ч band

гуртожиток ч hostel

гуртом *присл* en masse

гуртуватися (*док* **згуртуватися**) *непер дс* to group

гуру ч guru

гусак ч goose

гусениця ж caterpillar

густий *прикм* thick, dense; (*про волосся, хутро*) bushy

густолистий *прикм* leafy

густонаселений *прикм* heavily populated

гучний *прикм* loud

гучно *присл* loudly

гучномовець ч loudspeaker

ґанок *ч* porch
ґвалтівник *ч* rapist
ґвалтувати (*док* зґвалтувати) *пер дс* to rape
ґрати *мн ім* bars
ґречний *прикм* polite
ґрунт *ч* (*верхній шар землі*) soil; (*підстава*) ground
ґудзик *ч* button
ґума *ж* rubber
ґумка *ж* (*матеріал; предмет для витирання написаного*) rubber; (*тонке кільце для зв'язування чогось*) rubber band
ґумова стрічка *ж* rubber band
ґумовий *прикм* rubber
ґумові рукавиці *ж, мн* rubber gloves
ґумові чоботи *ч, мн* wellingtons, wellies
ґуральня *ж* distillery

давати (*док* дати) *пер дс* to give; **давати раду** (*долати труднощі*) to contend with; **давати добро** (*дозволяти*) to okay; **давати дозвіл** (*на щось*) to license; **давати змогу** to enable; **давати освіту** to educate; **давати поштовх** to kick-start
давній *прикм* (*старовинний, дуже старий*) ancient; (*який довго існує*) long-standing
дайвінг *ч* diving
дайджест *ч* digest
далекий *прикм* distant, remote; (*про подорожі*) long-distance; (*про дальні перевезення*) long-haul
Далекий Схід *ч* Far East
далеко *присл* far
далекобійний *прикм* (*про зброю*) long-range
далекосяжний *прикм* far-reaching
далі *присл* (*на більшій відстані*) further; (*потім*) later; (*продовжуючи розпочате*) onward
дальтонік *ч* colour-blind
дамба *ж* causeway
данець (*данка*) *ч (ж)* Dane
дані *мн ім* data
Данія *ж* Denmark
данська мова *ж* Danish
данський *прикм* Danish
даремна витрата *ж* waste
даремний *прикм* useless, futile
даремність *ж* futility
даремно *присл* in vain
дартс *ч* darts
даруйте *виг* pardon
дарунок *ч* present, gift; **щедрий дарунок** bounty
дата *ж* date; **дата народження** date of birth
датувати *пер дс* to date; **датувати заднім числом** to backdate
датчик *ч* sensor
дах *ч* roof
дача *ж* holiday home
дбати про себе (*док* подбати) *непер дс* to fend for oneself

два *числ* two

двадцятий *числ* twentieth

двадцять *числ* twenty

дванадцятий *числ* twelfth

дванадцять *числ* twelve

DVD-диск *ч* DVD

DVD-плеєр *ч* DVD player

двері *мн ім* door

дверний проріз *ч* doorway

двигун *ч* engine; **реактивний двигун** jet engine

двір *ч* courtyard; *(великого приміщення або автозаправки)* forecourt; **задній двір** backyard

двісті *числ* two hundred

двічі *присл* twice

двобічний *прикм* two-way

двозначний *прикм* ambiguous; *(який дозволяє подвійне тлумачення)* double-edged

двозначність *ж* ambiguity

двокрапка *ж* colon

двомісний номер *ч (з одним ліжком)* double room; *(з двома ліжками)* twin room

двомовний *прикм* bilingual

двопартійний *прикм* bipartisan

дворецький *ч* butler

двоспальне ліжко *с (велике)* king-size bed; *(стандартне)* double bed

двосторонній *прикм (рух)* two-way; bilateral

двотижневий *прикм* fortnight

двоюрідний брат (двоюрідна сестра) *ч / ж* cousin

двоярусні ліжка *мн ім* bunk beds

дебет *ч* debit; **прямий дебет** direct debit

дебетова картка *ж* debit card

дебют *ч* debut

девальвація *ж* devaluation

девіантний *прикм* deviant

дев'яностий *числ* ninetieth

дев'яносто *числ* ninety

дев'ятий *числ* ninth

дев'ятнадцятий *числ* nineteenth

дев'ятнадцять *числ* nineteen

дев'ятсот *числ* nine hundred

дев'ять *числ* nine

дегенеративний *прикм* degenerate

деградація *ж* degradation

деградувати *непер дс* to degrade

дегустатор *ч* taster

дедалі *присл* increasingly

дезертир *ч* deserter

дезінфекційний засіб *ч* disinfectant

дезінфікувати *пер дс* to disinfect

дезінформація *ж* misinformation

дезодорант *ч* deodorant

дезорганізація *ж* disorganization

дезорієнтувати *пер дс* to disorient

деінсталювати *пер дс* to uninstall

декан *ч* dean

декваліфікуватися *непер дс* to deskill

декілька *числ* few, several

декламувати *пер дс* to recite

декор *ч* decor

декоративний *прикм* decorative, ornamental

декоратор *ч* decorator

декретна відпустка *ж* maternity leave

делегат *ч* delegate

делегація *ж* delegation

делегувати *пер дс* to delegate

делікатеси *ч, мн* delicatessen

делікатний *прикм* ticklish

делінквентний *прикм* delinquent

дельта *ж* delta

дельтапланеризм *ч* hang-gliding

дельфін *ч* dolphin

демагогія *ж* doublespeak

демілітаризувати *пер дс* to demilitarize

демобілізувати *пер дс* to demobilize

демократ *ч (член демократичної партії)* democrat

демократичний *прикм* democratic

демократія *ж* democracy

демон *ч* demon

демонічний *прикм* demonic

демонстратор *ч* demonstrator

демонстрація *ж* demonstration; *(розм)* demo

демонструвати *(док* **продемонструвати)** *пер дс* to demonstrate; **демонструвати вперше** *(про фільм, шоу)* to premiere

деморалізувати *пер дс* to demoralize

деморалізуючий *прикм* demoralizing

денді *ч* dandy

денне світло *с* daylight

денний *прикм* daytime

день *ч* day; **день виплати зарплатні** payday; **день народження** birthday; **перший день Нового року** New Year's Day; **день Святого Валентина** Valentine's Day

День матері *ч* Mother's Day

День сміху *ч* April Fools' Day

депортувати *пер дс* to deport

депресія *ж* depression

деревина *ж* wood, timber; **тверда деревина** hardwood

деревне вугілля *с* charcoal

дерево *с* tree; **червоне дерево** mahogany

деревоволокниста плита *ж* hardboard

дерев'яний *прикм* wooden

дерев'яні вироби *ч, мн* woodwork

дерев'яні духові інструменти *ч, мн* woodwind

дерен *ч* turf

держава *ж* state; **однонаціональна держава** nation-state

державна служба *ж* Civil Service

державний *прикм* national; **державний гімн** national anthem; **державний діяч** statesman; **державний переворот** coup (d'état); **державний сектор** public sector; **державний службовець** civil servant

державність *ж* statehood

дерматолог *ч* dermatologist

дертися (*док* **видертися**) *непер дс* to claw; (*нагору*) to clamber

десерт *ч* dessert

десертна ложка *ж* dessert spoon

деспотичний *прикм* autocratic

дестабілізувати *пер дс* to destabilize

десь *присл* somewhere

десятиборство *с* decathlon

десятий *числ* tenth

десятиліття *с* decade

десятковий *прикм* decimal; **десятковий дріб** decimal

десять *числ* ten

деталі *ж, мн* (*подробиці*) specifics

деталізувати *пер дс* to detail

деталь *ж* detail

детальний *прикм* detailed

детектив *ч* detective

детектор *ч* detector

детонувати *непер дс* to detonate

дефект *ч* defect

дефіс *ч* hyphen

дефіцит *ч* deficit; (*брак чогось*) deficiency, shortage

дефляційний *прикм* deflationary

дефляція *ж* deflation

деформувати *пер дс* to deform

деформуватися *непер дс* to deform

дехто *займ* some people

децентралізувати *пер дс* to decentralize

децибел *ч* decibel

дешевий *прикм* cheap

дещо *займ* something ▷ *присл* rather

деякий *займ* some

джаз *ч* jazz

джакузі *невідм ім* Jacuzzi

джемпер *ч* jumper

джентльмен *ч* gentleman

джерело *с* source; **джерело світла** light

джига *ж* (*танок*) jig

джин *ч* gin

джинси *мн ім* jeans, denims

джинсова тканина *ж* denim

джип *ч* Jeep®

GPS *абр* GPS

джміль *ч* bumblebee

джокер *ч* wild card

Джорджія *ж* Georgia

джунглі *мн ім* jungle

дзвеніти *непер дс* to jingle, to ring

дзвін *ч* bell; (*звук*) chime

дзвінок *ч* (*дверний*) doorbell; (*телефонна розмова*) call; (*звук, сигнал*) ring

дзвонити (*док* **подзвонити**) *непер дс* (*про дзвін, годинник*) to chime, to ring; (*дзвонити*) to call; (*про похоронний дзвін*) to toll; (*у дзвони*) to peal

дзвякати *непер дс* to ping

дзеркало *с* mirror; **дзеркало заднього огляду** rearview mirror; (*бічне*) wing mirror

дзеркальне відображення *с* mirror image

дзижчати *непер дс* to buzz, to whirr

дзьоб *ч* beak

дзьобати (*док* **дзьобнути**) *пер дс* to peck

дзюдо *с* judo

дзюрчати *непер дс* to gurgle

див. *абр* (*скорочення*), see

дивак (**дивачка**) *ч* (*ж*) eccentric

дивакуватий *прикм* weird, funny

диван *ч* sofa, couch; **розкладний диван** sofa bed

диверсант *ч* subversive

диверсійно-десантний загін *ч* commando

диверсія *ж* subversion

дивина *ж* oddity

дивитися (*док* **подивитися**) *непер дс* to look; (*спостерігати*) to watch; **сердито дивитися** to glower

дивіденд *ч* dividend

дивний *прикм* strange, odd; (*ексцентричний*) quirky; (*несповна розуму*) freaky

дивно *присл* strangely, oddly

диво *с* wonder, miracle

дивовижний *прикм* amazing, wonderful

дивувати (*док* **здивувати**) *пер дс* to surprise, to amaze

дивуватися (*док* **здивуватися**) *непер дс* to wonder, to marvel

дизайн *ч* design; **дизайн інтер'єру** interior design

дизайнер *ч* designer; **дизайнер інтер'єру** interior designer

дизайнерський *прикм* designer

дизельний двигун *ч* diesel engine

дикий *прикм* wild

диктант *ч* dictation

диктатор *ч* dictator; **військовий диктатор** warlord

диктатура *ж* dictatorship

диктор *ч* announcer, broadcaster; **диктор новин** newsreader

диктувати (*док* **продиктувати**) *пер дс* to dictate

дикун *ч* savage

дилема *с* dilemma

дилерський центр *ч* (*автомобільний*) dealership

дим *ч* smoke, fumes

димар *ч* chimney

диміти *непер дс* to smoke

динамізм *ч* dynamism

динаміка ж dynamic
динаміт ч dynamite
динамічний прикм dynamic
динамо с dynamo
династія ж dynasty
динозавр ч dinosaur
диня ж melon
диплом ч diploma; **диплом із відзнакою** honours degree
дипломат ч diplomat
дипломатичний прикм diplomatic
дипломатія ж diplomacy
дипломований прикм graduate
директива ж directive
директор ч principal; **виконавчий директор** managing director; **директор школи** headteacher; (чоловік) headmaster; (жінка) headmistress
директорство с directorship
дирекція ж directorate
диригент ч conductor
дирижабль ч airship
дисбаланс ч imbalance
дисертація ж dissertation
дисидентський прикм dissident
диск ч disk; **жорсткий диск** hard disk
дискваліфікувати пер дс to disqualify
диск-жокей ч disc jockey
дисковод ч disk drive
дискомфорт ч discomfort
дискотека ж disco
дискредитувати пер дс to discredit
дискримінаційний прикм discriminatory
дискримінація ж discrimination
дискусія ж debate
дислексія ж dyslexia
дистанційне керування с remote control
дистилювати пер дс to distil
дистриб'ютор ч distributor
дистриб'юторська фірма ж distributorship
дисципліна ж discipline
дисциплінарний прикм disciplinary
дисциплінований прикм disciplined
дитина ж child; (розм) kid
дитинство с childhood; **раннє дитинство** infancy
дитяче ліжко с cot
дитячий прикм childish; **дитячий басейн** paddling pool; **дитячий будинок** orphanage; **дитячий візок** pushchair; **дитячий віршик** nursery rhyme; **дитячий горщик** potty; **дитячий майданчик** playground; **дитячий садок** (від 1 до 5 років) nursery school, kindergarten; (від 4 до 7 років) infant school
диференціал ч (математичний термін) differential

дихальний прикм respiratory
дихальні шляхи мн ім airway
дихання с breathing
дихати (док дихнути) непер дс to breathe; **важко дихати** to pant
диявол ч devil
діабет ч diabetes
діабетик ч diabetic
діабетичний прикм diabetic
діагноз ч diagnosis; **ставити діагноз** to diagnose
діагностичний прикм diagnostic
діагональний прикм diagonal
діаграма ж diagram; **секторна діаграма** pie chart
діазепам ч Valium®
діалект ч dialect
діалог ч dialogue
діамант ч diamond
діаметр ч diameter
діапазон ч range
діапроектор ч overhead projector
діарея ж diarrhoea
діафрагма ж diaphragm
Діва ж Virgo
дівич-вечір ч hen night
дівоче прізвище с maiden name
дівчина ж girl; (заст) maiden
дівчинка з хлоп'ячими звичками ж tomboy
дід ч grandfather
ді-джей ч DJ
дідусь ч (розм) grand(d)ad; (пестливе) grandpa
дієвідмінювання с conjugation
дієвість ж efficacy
дієприкметник ч participle
дієслово с verb
дієта ж diet
дієтичний прикм diet
дієтолог ч nutritionist
діймати пер дс to bombard
дійсний прикм actual
дійсність ж reality
дійсно присл really, truly
ділити (док поділити) пер дс (на частини) to divide; (із кимось) to share; **ділити на чотири частини** to quarter; **ділити навпіл** to halve
ділова жінка ж (жінка, яка займається бізнесом) businesswoman; (для якої найголовніше - робота, кар'єра) career woman
ділова записка ж memo
діловий прикм businesslike; (робочий) business
ділові відносини мн ім dealings
ділянка ж (землі) tract; (галузь діяльності) field
дім ч home
діра ж hole; **чорна діра** black hole

дiставати (*док* **дiстати**) *пер дс* to get, to obtain

дiстатися (*док* **дiстатися**) *непер дс* to get

дiя *ж* action, act; **попереднi дiї** preliminary; **спонукати до дiй** to energize

дiяльнiсть *ж* activity

дiяти *непер дс* (*вчиняти*) to act; (*бути справним*) to function

для *прийм* for

дмухати (*док* **дмухнути**) *непер дс* to blow

ДНК *абр* DNA

 ключове слово

до *прийм* **1** (*перед*) before
2 (*про напрямок*) to
3 (*про часову межу*) till, until
4 (*про кiлькiсну межу*) as much as
5 (*менше*) under; **дiти до трьох рокiв** children under three
6 (*не бiльше*) up to
7 (*приблизно*) about, approximately
8 (*для вираження мети, призначення*) for, to

добавка *ж* additive

добирати (*док* **дiбрати**) *пер дс* (*закiнчувати збирати*) to finish gathering; (*вiдбирати*) to select, to cull

добиратися (*док* **добратися**) *непер дс* to reach

добiрний *прикм* select, first rate

доблесний *прикм* valiant, gallant

добранiч! *виг* good night!

добре *присл* well, fine ▷ *виг* all right

добривечiр! *виг* good evening!

добриво *с* fertilizer

добридень! *виг* good afternoon!

добрий *прикм* (*приязний*) kind; kindly; (*чудовий*) good

добрий вечiр! *виг* good evening!

добробут *ч* welfare

добровiльний *прикм* voluntary

добровiльно *присл* voluntarily

доброго ранку! *виг* good morning!

добродушний *прикм* genial

доброзичливець *ч* well-wisher

доброзичливий *прикм* benevolent, amiable

доброзичливiсть *ж* goodwill

доброзичливо *присл* kindly

доброта *ж* kindness, goodness

доброчесний *прикм* virtuous

доброчеснiсть *ж* virtue

добувати (*док* **добути**) *пер дс* to obtain

довгастий *прикм* oblong

довгий *прикм* long

довго *присл* long

довгожданий *прикм* long-awaited

довголiття *с* longevity

довгота *ж* longitude

довготелесий *прикм* lanky

довершений *прикм* (*досконалий*) perfect; (*майстерний*) accomplished

довжина *ж* length; **довжина хвилi** wavelength

довiдкова служба *ж* directory enquiries, (*us*) directory assistance

довiдкове бюро *с* enquiry desk, enquiries office

довiдковий *прикм* reference

довiдник *ч* handbook

довiдуватися (*док* **довiдатися**) *непер дс* (*питати*) to query, to inquire; (*дiзнаватися*) to learn, to find out

довiльний *прикм* arbitrary

довiра *ж* trust

довiрливий *прикм* trusting

довiрчий власник *ч* (*юр*) trustee

довiряти *пер дс* to entrust; **не довiряти** to mistrust

довiрятися (*док* **довiритися**) *непер дс* to confide

довiчний *прикм* lifelong

довкiлля *с* environment; **безпечний для довкiлля** eco-friendly

доводити (*док* **довести**) *непер / пер дс* to prove

довше *присл* longer

догана *ж* reprimand; **оголошувати догану** to reprimand

доглядати (*док* **доглянути**) *непер / пер дс* to care for ▷ *пер дс* (*хворого*) to nurse

доглядач *ч* caretaker

догляд за дитиною *ч* childcare

догляд за зовнiшнiстю *ч* grooming

догляд за малюком *ч* babysitting

догляд за обличчям *ч* facial

догляд за хворими *ч* nursing

доглянутий *прикм* (*про зовнiшнiсть*) groomed

догма *ж* dogma

догмат *ч* tenet

догматизм *ч* dogmatism

догматичний *прикм* dogmatic

договiр *ч* contract; **мирний договiр** treaty

договiрний *прикм* contractual

догоджати (*док* **догодити**) *непер дс* to please

догори *присл* upwards

додавати (*док* **додати**) *пер дс* to add

додатковий *прикм* additional, extra; **додатковий час** injury time, extra time

додатковi вибори *мн iм* by-election

додаток *ч* addition; (*до перiодичного видання*) supplement; (*до приладу*) add-on

додзвонювач *ч* caller

додому *присл* home

доза *ж* dose, dosage

дозвіл ч permission; (*документ*) permit; **дозвіл на роботу** work permit; **давати дозвіл** (*на щось*) to license
дозвілля с leisure
дозволений *прикм* permissible
дозволяти (*док* **дозволити**) *непер / пер дс* to allow, to let ▷ *пер дс* to sanction
доісторичний *прикм* prehistoric
доїти (*док* **подоїти**) *пер дс* to milk
док ч dock
доказ ч evidence, proof
докір ч reproach
докладати зусиль (*док* **докласти**) *пер дс* to endeavour
докорінний *прикм* radical
докоряти *непер дс* to rebuke, to reproach
докторський ступінь ч doctorate
доктрина ж doctrine
документ ч document
документальний *прикм* documentary; **документальний фільм** documentary
документація ж documentation
документи ч, *мн* documents
документувати *пер дс* to document
докучати *непер дс* to bother, to annoy
долар ч dollar
долати (*док* **подолати**) *пер дс* to overcome, to surmount; **долати перешкоди** to bridge
долина ж valley
долітати *непер дс* to reach one's ears; (*про звуки, пахощі*) to waft
долоня ж palm
доля ж fate, destiny; (*приреченість*) doom
домагатися *непер дс* (*прагнути*) to strive for; (*від інших*) to demand; (*чиєїсь прихильності*) to court; (*відповіді, реакції*) to elicit; (*про сексуальні домагання*) to molest
домашнє завдання с homework
домашній *прикм* (*побутовий*) household; (*виготовлений вдома*) home-made
домашня адреса ж home address
домашня сторінка ж home page
домашня тварина ж pet
доменне ім'я с domain name
домінантний *прикм* dominant
Домініканська Республіка ж Dominican Republic
доміно с domino; (*гра*) dominoes
домінування с dominance
домінувати *непер дс* to dominate
домінуючий *прикм* dominating
домішка ж impurity
домкрат ч jack
домовина ж coffin
домовласник ч houseowner
домовласниця ж landlady
домогосподарка ж housewife
домофон ч entry phone
до н. е. *абр* BC

донор ч donor
донорський *прикм* donor
доносити (*док* **донести**) *непер дс* (*видати когось*) to rat on (sb), to inform on (sb)
донощик ч grass
допит ч interrogation
допитливий *прикм* inquisitive, inquiring
допитувати (*док* **допитати**) *непер / пер дс* to interrogate
до побачення! *виг* goodbye!
доповідати (*док* **доповісти**) *непер дс* to report
доповнення с complement
доповнювати (*док* **доповнити**) *пер дс* to complement, to supplement
допологовий *прикм* antenatal
допомагати (*док* **допомогти**) *непер дс* to help, to assist
допомога ж help, aid; **перша допомога** first aid; **швидка допомога** ambulance; **юридична допомога** (*бідним*) legal aid
допускати (*док* **допустити**) *пер дс* to admit; (*дозволяти*) to permit
дорадчий *прикм* advisory
доречний *прикм* relevant, pertinent
дорівнювати *непер / пер дс* to equal
доріжка ж walkway; **бігова доріжка** (*тренажер*) treadmill
дорікати (*док* **дорікнути**) *непер дс* to reproach
дорога ж road
дорогий *прикм* (*коштовний*) expensive, costly; (*милий*) dear; **надмірно дорогий** overpriced
дороговказ ч signpost
дорожити *непер дс* to treasure, to value
дорожній знак ч road sign
дорожній чек ч traveller's cheque
дорожні роботи *мн ім* roadworks
дорожня карта ж road map
дорожня торба ж holdall
дорослий *прикм* adult, grown-up; **ставати дорослим** to mature, to grow up
доручати (*док* **доручити**) *пер дс* to commission sb to do sth, to assign sth to sb
доручення с (*розпорядження, завдання*) commission; (*дрібне*) errand; **за дорученням** by proxy
досвід ч experience; **досвід роботи** work experience
досвідчений *прикм* experienced, seasoned
досить *присл* enough; (*із прикметником або прислівником*) quite
досконалий *прикм* perfect, consummate
досконалість ж perfection
досконало *присл* perfectly
дослівно *присл* verbatim
дослідження с research
досліджувати (*док* **дослідити**) *пер дс* to explore, to examine

дослідник ч explorer

дослідницький *прикм* investigative, exploratory

доставка ж delivery

доставляти (*док* **доставити**) *пер дс* to deliver

достатній *прикм* sufficient, ample

достатність ж sufficiency

достатньо *присл* enough

достаток ч (*заможність*) prosperity, affluence; (*велика кількість чогось*) abundance

достигати (*док* **достигнути**) *непер дс* to ripen

достиглий *прикм* ripe

достовірний *прикм* trustworthy

достойний *прикм* decent

достроковий *прикм* ahead of time

доступ ч access, admittance

доступний *прикм* (*наявний*) available; (*за ціною*) affordable

доступність ж (*наявність*) availability; (*за ціною*) affordability

досьє с dossier

досягати (*док* **досягти**) *непер дс* to achieve, to accomplish; **досягати рекордного рівня** to peak; **досягати шляхом обману** to rig

досягнення с achievement, accomplishment

дотеп ч jest

дотепер *присл* hitherto

дотепний *прикм* witty

дотепність ж wit

дотримання с adherence, compliance

дотримуватися (*док* **дотриматися**) *непер дс* to adhere to

дохід ч revenue, income

доцільний *прикм* expedient

доцільність ж expediency

дочірня компанія ж subsidiary

дочка ж daughter

дошка ж board, plank; (*підлоги або настилу*) floorboard; **дошка для серфінгу** surfboard; **дошка оголошень** bulletin board, noticeboard

дощ ч rain; (*злива*) shower; **кислотний дощ** acid rain; **крапля дощу** raindrop

дощити *непер дс* to rain

дощовий *прикм* rainy

драбина ж ladder; (*складана*) stepladder

дражливий *прикм* annoying

дражнити *пер дс* to tease, to provoke

дракон ч dragon

драконівський *прикм* draconian

драма ж drama

драматичний *прикм* dramatic

драматург ч playwright, dramatist

драпірувати *пер дс* to drape

дратівливий *прикм* irritable

дратувати (*док* **роздратувати**) *пер дс* to annoy, to exasperate

дратуватися (*док* **роздратуватися**) *непер дс* to get irritated

дрейф ч drift

дрейфувати *непер дс* to drift

дренаж ч drainage

дресирувальник ч handler

дресирувати (*док* **видресирувати**) *пер дс* to train

дриль ч drill

дрібний *прикм* (*неважливий*) petty; (*маленький*) small

дрібниця ж trifle; **дрібниці** trivia

дрібномасштабний *прикм* small-scale

дріжджі *мн ім* yeast

дрізд ч thrush

дрімати (*док* **задрімати**) *непер дс* to doze, to snooze

дрімота ж snooze

дріт ч wire

дробовик ч shotgun

дрова *мн ім* firewood

дросель ч choke, throttle

дротик ч javelin

друг (*подруга*) ч (ж) friend; **друг за листуванням** penfriend, pen pal

другий *числ* second; **другий клас** (*про якість, цінність*) second class; **другий поверх** first floor

другорядний *прикм* secondary

другосортний *прикм* second-rate, second-class

дружба ж friendship

дружина ж wife

дружинник ч vigilante

дружка ж bridesmaid

дружній *прикм* amicable

друкарська машинка ж typewriter

друкарська помилка ж misprint

друкований документ ч print

друкувати (*док* **надрукувати**) *пер дс* (*видруковувати*) to print; (*на друкарській машинці чи на клавіатурі*) to type

друшляк ч colander

дрючок ч club

дряпати (*док* **подряпати**) *пер дс* to scratch, to scrape; **дряпати кігтями** to claw

дуб ч oak

дубльований *прикм* (*виконаний удруге*) duplicate; (*про фільм*) dubbed

дублювати (*док* **продублювати**) *пер дс* to duplicate

дуга ж arc

дуель ж duel

дует ч (*музичний твір*) duet; (*виконавці*) duo

дуже *присл* very

дужий *прикм* strong, burly

дужка ж (*розділовий знак, кругла*) parenthesis

дужки ж, *мн* brackets; **фігурні дужки** brace

думати (*док* **подумати**) *непер дс* to think

думка *ж* thought; (*точка зору*) opinion
дупа *ж* (*розм*) bum
дурень *ч* fool
дурисвіт *ч* crook
дурний *прикм* silly, stupid
дух *ч* spirit, ethos
духівництво *с* clergy
духовий оркестр *ч* brass band
духовний *прикм* spiritual
душ *ч* shower
душа *ж* soul
душити (*док* **задушити**) *пер дс* to strangle,
to throttle
дюжина *ж* dozen
дюйм *ч* inch
дюна *ж* dune
дядько *ч* uncle
дякувати (*док* **подякувати**) *непер дс*
to thank
дякую! *виг* thanks!
дятел *ч* woodpecker

евакуатор *ч* breakdown truck, breakdown
van
евакуйований *ч* evacuee
евакуювати *пер дс* to evacuate
евкаліпт *ч* eucalyptus
еволюційний *прикм* evolutionary
еволюціонувати *непер дс* to evolve
еволюція *ж* evolution
евфемізм *ч* euphemism
егалітарний *прикм* egalitarian
егоїзм *ч* egoism, self-interest
егоїстичний *прикм* selfish; (*який
претендує на всю увагу іншої людини*)
possessive
егоцентричний *прикм* self-centred
едикт *ч* edict
езотеричний *прикм* esoteric
ейфорійний *прикм* euphoric
ейфорія *ж* euphoria
Еквадор *ч* Ecuador
екватор *ч* equator
Екваторіальна Гвінея *ж* Equatorial
Guinea
еквівалент *ч* equivalent
екзальтований *прикм* ecstatic
екзаменатор *ч* examiner
екзема *ж* eczema
екземпляр *ч* specimen
екзотичний *прикм* exotic
екіпаж *ч* crew; **член екіпажу** crewman
еклектичний *прикм* eclectic
еколог *ч* ecologist
екологічний *прикм* ecological
екологічно чистий *прикм* (*безпечний
для довкілля*) environmentally friendly;
(*продукт*) organic
екологія *ж* ecology
економити (*док* **зекономити**) *непер / пер
дс* to economize ▷ *пер дс* to save
економіка *ж* economy; (*навчальна
дисципліна*) economics
економіст *ч* economist
економічний *прикм* economic
економ-клас *ч* economy class

економний *прикм* economical; (*ощадливий*) sparing
екосистема *ж* ecosystem
екран *ч* screen
екранізація *ж* adaptation
екранний *прикм* on-screen
ексклюзивний *прикм* exclusive
екскурсія *ж* excursion
експедиція *ж* expedition
експеримент *ч* experiment
експериментальний *прикм* experimental
експерт *ч* expert, specialist
експертна група *ж* panel
експлуатація *ж* exploitation
експлуатувати *пер дс* to exploit
експонат *ч* exhibit
експонент *ч* exhibitor
експорт *ч* export
експортер *ч* exporter
експортувати *пер дс* to export
експрес *ч* (*потяг*) express
екстравагантний *прикм* extravagant
екстраверт *ч* extrovert
екстравертний *прикм* extrovert
екстрасенсорний *прикм* psychic
екстремізм *ч* extremism
екстреміст *ч* extremist
екстремістський *прикм* extremist
ексцентричний *прикм* eccentric
ексцентричність *ж* eccentricity
еластична стрічка *ж* elastic band
еластичний *прикм* stretchy, elastic
еластичність *ж* elasticity
еластопласт *ч* Elastoplast®
елегантний *прикм* elegant, smart
електорат *ч* electorate
електрик *ч* electrician
електрика *ж* electricity; **статична електрика** static
електрифікація *ж* electrification
електрифікувати *пер дс* to electrify
електрична ковдра *ж* electric blanket
електричне коло *с* circuit
електричний *прикм* electrical, electric; **електричний заряд** charge; **електричний інструмент** machine tool; **електричний стілець** electric chair
електрод *ч* electrode
електромагнітний *прикм* electromagnetic
електрон *ч* electron
електроніка *ж* electronics
електронна книга *ж* e-book
електронна комерція *ж* e-commerce
електронна пошта *ж* email
електронний *прикм* electronic; **електронний бізнес** e-business; **електронний годинник** digital watch; **електронний квиток** e-ticket
електропроводка *ж* wiring

електростанція *ж* power station
електрощиток *ч* fuse box
елемент *ч* element
елементарний *прикм* elementary, rudimentary
еліта *ж* elite
елітаризм *ч* elitism
елітарний *прикм* elitist
елітний *прикм* elite; (*про дорогу продукцію та послуги*) upmarket
ель *ч* ale
емаль *ж* enamel
емансипувати *непер / пер дс* to emancipate
ембарго *с* embargo; **накладати ембарго** to embargo
емблема *ж* emblem
ембріон *ч* embryo
ембріональний *прикм* embryonic
емігрант *ч* emigrant
емігрувати *непер дс* to emigrate
емоційний *прикм* emotional, soulful
емоція *ж* emotion
емпіричний *прикм* empirical
емульсія *ж* emulsion
ендемічний *прикм* endemic
енергійний *прикм* energetic, vigorous
енергійність *ж* vigour
енергійно *присл* busily
енергія *ж* energy
ензим *ч* enzyme
ентузіазм *ч* enthusiasm
ентузіаст *ч* enthusiast
енциклопедія *ж* encyclopaedia
епідемія *ж* epidemic
епізод *ч* episode
епілепсія *ж* epilepsy
епілептичний *прикм* epileptic; **епілептичний напад** epileptic fit
епос *ч* epic
епоха *ж* epoch
ера *ж* era
Еритрея *ж* Eritrea
ерозія *ж* erosion
еротичний *прикм* erotic
ескадрон *ч* squadron; **ескадрон смерті** death squad
ескалатор *ч* escalator
ескалоп *ч* escalope
ескапістський *прикм* escapist
ескіз *ч* sketch
ескорт *ч* escort
есмінець *ч* destroyer
естафета *ж* relay
естетичний *прикм* aesthetic
естонець (естонка) *ч (ж)* Estonian
Естонія *ж* Estonia
естонська мова *ж* Estonian
естонський *прикм* Estonian
естрагон *ч* tarragon
естроген *ч* oestrogen

етап *ч* stage, phase
етика *ж* ethics
етикет *ч* etiquette
етикетка *ж* label, tag
етнічний *прикм* ethnic
ефективний *прикм* effective; (*дієвий,
    вправний*) efficient
ефективність *ж* efficiency
ефективно *присл* efficiently, effectively
ефектний *прикм* spectacular
ефіоп (**ефіопка**) *ч (ж)* Ethiopian
Ефіопія *ж* Ethiopia
ефіопський *прикм* Ethiopian
ешафот *ч* scaffold
ешелон *ч* (*група людей*) echelon

Євангеліє *с* Gospel
єврейська Пасха *ж* Passover
єврейський *прикм* Jewish
євро *ч* euro
Європа *ж* Europe
європеєць (**європейка**) *ч (ж)* European
європейський *прикм* European
Євросоюз *ч* European Union, EU
Єгипет *ч* Egypt
єгипетський *прикм* Egyptian
єгиптянин (**єгиптянка**) *ч (ж)* Egyptian
єдиний *прикм* (*один*) one, only, single;
    (*об'єднаний*) united, unified
єдність *ж* unity
Ємен *ч* Yemen
єна *ж* yen
єнот *ч* raccoon
єпископ *ч* bishop
єресь *ж* heresy

жаба *ж* frog, toad
жаданий *прикм* coveted
жадати *пер дс* to desire, to crave
жадібний *прикм* (*до грошей, їжі*) greedy; (*до читання*) avid
жадібність *ж* greed
жайворонок *ч* lark
жалити (*док* вжалити) *пер дс* to sting
жалісний *прикм* pathetic, pitiful
жалість *ж* pity
жаліти (*док* пожаліти) *непер / пер дс* to pity
жало *с* sting
жалоба *ж* mourning; **бути в жалобі** mourn
жалобний *прикм* mournful
жалюгідний *прикм* pitiful, miserable; (*про вбогий вигляд*) seedy
жалюзі *невідм ім* Venetian blind
жанр *ч* genre
жаргон *ч* jargon
жаростійкий *прикм* ovenproof
жарт *ч* joke
жартівник *ч* joker
жартувати (*док* пожартувати) *непер дс* to joke; (*розм*) to kid
жасмин *ч* jasmine
жах *ч* horror, terror
жахати (*док* вжахнути) *пер дс* to terrify, to horrify
жахатися (*док* вжахнутися) *непер дс* to dread
жахіття *с* nightmare
жахливий *прикм* terrible, awful
жахливо *присл* (*страшно*) terribly; (*страшенно, надзвичайно*) blatantly
жбурляти (*док* жбурнути) *непер / пер дс* to fling, to throw
жвавий *прикм* lively, animated
жвавість *ж* vitality
жебрак *ч* beggar
жебрати *непер дс* to scrounge
жевріти *непер дс* to glow
желе *с* jelly
жердина *ж* pole

жердинка *ж* perch
жереб *ч* lot
жеребець *ч* stallion
жеребитися (*док* ожеребитися) *непер дс* to foal
жертва *ж* sacrifice; (*потерпілий*) victim; **робити жертвою** to victimize; **жертва обману** dupe; **жертви** *ж, мн* (*кількість загиблих*) death toll; **жертва обману** dupe; **приносити в жертву** to sacrifice
жертви *ж, мн* (*кількість загиблих*) death toll
жертводавець *ч* benefactor
жертвувати (*док* пожертвувати) *пер дс* (*дарувати*) to donate; (*відмовлятися від чогось*) to sacrifice
жертовний *прикм* sacrificial
жест *ч* gesture; **показувати жестом** to motion
жестикулювати *непер дс* to gesture
жетон *ч* token
живий *прикм* alive, live
живити *пер дс* to nourish
живіт *ч* belly; (*офіц*) abdomen
живлення *с* (*харчування*) nutrition; (*енергозабезпечення*) power supply
живопліт *ч* hedge
жилавий *прикм* sinewy; (*стрункий і міцний*) wiry
жилет *ч* waistcoat
жимолость *ж* honeysuckle
жир *ч* fat
жираф *ч* giraffe
жирний *прикм* (*про їжу*) fatty
жити *непер дс* to live
житло *с* accommodation, (*us*) accommodations; (*офіц, літ*) dwelling; (*тимчасове*) lodging; **власник житла** home owner
житловий *прикм* residential
жито *с* rye
життєвий цикл *ч* life cycle
життєздатний *прикм* viable
життєрадісний *прикм* cheerful, sanguine
життєрадісність *ж* (*перен*) buoyancy
життєствердний *прикм* life-affirming, uplifting
життя *с* life; **усе життя** lifetime; **спосіб життя** way of life; **стиль життя** lifestyle; **тривалість життя** lifespan
жінка *ж* woman, female
жінка-військовослужбовець *ж* servicewoman
жінка-керівник *ж* manageress
жінка-листоноша *ж* postwoman
жінка-поліцейський *ж* police officer, policewoman
жіноча білизна *ж* lingerie
жіночий *прикм* female, feminine; **жіночий монастир** convent; **жіночий рух** women's movement; **жіночий туалет** ladies' (toilet)

жіночність ж femininity
жлоб ч (вульг) thug
жменька ж (невелика кількість) handful
жмут ч (волосся, сіна) wisp; (невелика в'язка чогось) bunch
жовтень ч October
жовтець ч buttercup
жовтий прикм yellow; (про сигнал світлофора) amber
жовток ч yolk
жовтувато-коричневий прикм buff
жовтяниця ж jaundice
жовч ж bile
жовчний камінь ч gallstone
жовчний міхур ч gall bladder
жоден займ no one, none, nobody; (з двох) neither
жокей ч jockey
жолоб ч chute
жолобок ч groove
жолудь ч acorn
жонглер ч juggler
жоржина ж dahlia
жорсткий прикм tough; (строгий) rigid; (про волосся) wiry; **жорсткий диск** hard disk
жорстокий прикм cruel, brutal
жорстокість ж cruelty, savagery
жриця ж priestess
жувальна ґумка ж bubble gum, chewing gum
жувати (док пожувати) пер дс to chew, to munch
жуйка ж chewing gum
жук ч beetle
журавель ч crane
журавлина ж cranberry
журі с jury
журливий прикм melancholy, sad
журнал ч magazine; (науковий) journal
журналіст (журналістка) ч (ж) journalist
журналістика ж journalism
журналістський прикм journalistic
журнальний столик ч coffee table**

З

 ключове слово

з прийм 1 (про місце) from
2 (зсередини) out of
3 (про час: з певного часу) from, (: починаючи з) since; (: про майбутнє) beginning with
4 (про взаємодію) with
5 (про матеріал) of
6 (про причину) for
7 (після) after

○ **ключове слово**

за прийм 1 (про місцезнаходження: позаду) behind; (: по той бік) across, over
2 (про час) during, within, in
3 (згідно з) according to, under, by
4 (замість) for, instead of
5 (після) after; **за винятком** excluding; **за умови що** providing

забаганка ж whim
забарвлення с colouring
забезпечений прикм well-off
забезпечувати (док забезпечити) пер дс (постачати) to provide; (гарантувати) to ensure; **забезпечувати виконання** (закону примусовим шляхом) to enforce
забивати (док забити) пер дс (тварину на м'ясо) to butcher; (забруднювати) to clog
забирати (док забрати) пер дс to take away
забиратися (док забратися) непер дс to clear off
забитий прикм (повністю заповнений або переповнений) jammed; (заляканий) browbeaten
заблудити(ся) док непер дс to lose one's way
забобон ч superstition
забобонний прикм superstitious

заболочена земля ж wetland
заборгованість ж debt, arrears
заборона ж prohibition, ban
заборонений прикм forbidden, prohibited; (законами, звичаями) illicit
забороняти (док заборонити) пер дс to prohibit, to forbid
забортний прикм (розташований на зовнішній частині судна чи літака) outboard
забруднений прикм polluted
забруднення с pollution
забруднювати (док забруднити) пер дс to pollute, to contaminate
забруднювач ч polluter
забруднююча речовина ж pollutant
забувати (док забути) непер / пер дс to forget
забудова міста ж town planning
забудовник ч developer
забудькуватий прикм forgetful
забутий прикм forgotten
забуття с oblivion
заважати (док завадити) непер дс (створювати незручності) to disturb; (перешкоджати) to prevent; (щось побачити або почути) to obscure
завантаження с download
завантажувати (док завантажити) пер дс (наповнювати вантажем) to load; (з Інтернету) to download
заварювати (док заварити) пер дс (чай, каву) to brew
завдавати (док завдати) пер дс to inflict, to cause; **завдавати ударів** to buffet
завдання с task, assignment
завеликий прикм oversize
завершення с completion
завершувати (док завершити) пер дс to complete
завжди присл always
завзятий прикм ardent, enthusiastic
завзяття с enthusiasm, zeal
завидний прикм enviable
за винятком прийм excluding, excepting
зависати (док зависнути) непер дс (про комп'ютер) to crash; **зависати в повітрі** to hover
завмирати (док завмерти) непер дс to freeze
завод ч factory; **очисний завод** refinery
заводити (док завести) пер дс to lead; (за допомогою ручного управління) to crank; (запроваджувати) to introduce; (механізм) to start
заводний прикм (механізм) clockwork; (механічний) wind-up
завойовник ч conqueror
завойовувати (док завоювати) пер дс to conquer

заволодівати (док заволодіти) непер дс (думками, свідомістю) to obsess; (брати у володіння) to take possession; (схоплювати) to seize
заворушення с unrest
завоювання с conquest
завтра присл tomorrow
завуальований прикм veiled
зав'язаний прикм knotted
зав'язувати (док зав'язати) пер дс to tie
загадка ж riddle, enigma
загадковий прикм enigmatic, cryptic
загалом присл altogether, generally
загальна анестезія ж general anaesthetic
загальне право ч (правова система) common law
загальний прикм general, total; **загальний рахунок** joint account; **загальний страйк** general strike
загальні вибори мн ім general election
загальні знання мн ім general knowledge
загальновідомий прикм well-known; (який зайшов у приказку) proverbial
загальновідомо присл famously
загальнонаціональний прикм nationwide
загальноосвітня школа ж comprehensive school
загальноприйнята річ ж orthodoxy
загальноприйнятий прикм conventional, orthodox; **не загальноприйнятий** unorthodox
загарбник ч invader
загартовувати (док загартувати) пер дс to steel, to conquer
загартовуватися (док загартуватися) непер дс to harden
загибель ж death; (судна, експедиції) loss
загін ч brigade; (військ) platoon; (поліції) squad
заглушувати (док заглушити) пер дс to muffle; (про почуття) to stifle
заголовок ч (розділу, параграфа) heading; (статті в газеті чи журналі) headline; **дати заголовок** to headline
загороджувальний вогонь ч barrage
загороджувати (док загородити) пер дс to obstruct
загортати (док загорнути) пер дс to wrap, to wrap up
загострений прикм pointed
загострювати (док загострити) пер дс to sharpen; (хворобу, ситуацію) to exacerbate
загострюватися (док загостритися) непер дс (про почуття, розуміння) to sharpen
загоюватися (док загоїтися) непер дс to heal
заграбастувати (док заграбастати) пер дс (розм) to hog

заграва́ти[1] *непер дс* (*залицятися*) to flirt

заграва́ти[2] (*док* **загра́ти**) *пер дс* (*музичне*) to strike up

загро́жувати *непер дс* to threaten

загро́за *ж* threat

загро́зливий *прикм* threatening

загу́блений *прикм* lost

зад *ч* (*розм*) behind, backside

задато́к *ч* advance

задимле́ний *прикм* smoky

зади́ханий *прикм* breathless

задиха́тися (*док* **задихну́тися**) *непер дс* to suffocate, to choke

за́дник *ч* backdrop

за́дній *прикм* rear, back; **за́дня части́на** back; **за́дній двір** backyard; **за́дній прохід** anus; **за́дній хід** reverse

за́дня кімна́та *ж* backroom

задові́льний *прикм* satisfactory

задово́лений *прикм* (*чимось конкретно*) pleased; (*чимось конкретно або всім*) satisfied, content

задово́леність *ж* contentment

задово́лення *с* satisfaction; (*насолода*) enjoyment, pleasure; **отри́мувати задово́лення** to enjoy, to relish

задовольня́ти (*док* **задовольни́ти**) *пер дс* to satisfy, to gratify

задри́паний *прикм* (*розм*) sleazy

задріма́ти (*док* *непер дс* to doze off

заду́м *ч* plan

задумли́вий *прикм* thoughtful

задушли́вий *прикм* stifling; (*від спеки*) sweltering; (*спекотний і вологий*) sultry

за́єць *ч* hare

заже́рений *прикм* sad

зазви́чай *присл* normally, usually

заздалегі́дь *присл* beforehand

за́здрити *непер дс* to envy

за́здрісний *прикм* envious

за́здрість *ж* envy

зазнава́ти (*док* **зазна́ти**) *пер дс* (*пізнавати на власному досвіді*) to undergo; (*про біль, стрес*) to suffer; (*збитків, втрат*) to incur

заінтриго́ваний *прикм* intrigued

заїка́ння *с* stammer, stutter

заїка́тися (*док* **заїкну́тися**) *непер дс* to stammer, to stutter

за́йвий *прикм* superfluous

займа́тися[1] *непер дс* (*робити щось*) to be engaged in; **займа́тися плагіа́том** to plagiarize

займа́тися[2] (*док* **зайня́тися**) *непер дс* (*спалахувати*) to catch fire

займе́нник *ч* pronoun

займи́стий *прикм* flammable

за́йнятий *прикм* busy

за́йнятість *ж* employment

закарбо́ваний *прикм* engraved

закарбо́вуватися (*док* **закарбува́тися**) *непер дс* to imprint

закипа́ти (*док* **закипі́ти**) *непер дс* to begin to boil

закі́нчений *прикм* finished

закі́нчення *с* ending

закі́нчувати (*док* **закі́нчити**) *пер дс* to finish, to finalize; **закі́нчувати навча́льний за́клад** to graduate

закі́нчуватися (*док* **закі́нчитися**) *непер дс* to end; (*про продукти, товар*) to run out

закла́дка *ж* bookmark

заклина́ння *с* spell

закодо́ваний *прикм* coded

зако́лка для воло́сся *ж* hairgrip

зако́лот *ч* (*повстання*) rebellion; (*за участю військових*) mutiny

зако́н *ч* law; **видава́ти зако́н** to legislate

зако́нний *прикм* legal, lawful

зако́нність *ж* legality, legitimacy

законода́вець *ч* legislator, lawmaker

законода́вство *с* legislation

законода́вча вла́да *ж* legislature

законода́вчий *прикм* legislative

законопрое́кт *ч* bill

законослухня́ний *прикм* law-abiding

закордо́нний *прикм* abroad, overseas

закоре́нений *прикм* confirmed

закоха́тися (*док* **закоха́тися**) *непер дс* to fall in love, to fall for

закрива́влювати (*док* **закрива́вити**) *пер дс* to bloody

закрива́ти (*док* **закри́ти**) *пер дс* to close, to shut; (*ліквідувати*) to shut down; (*замикати*) to lock

закри́тий *прикм* closed

закри́ття *с* closure; (*підприємства*) shutdown

закрі́плений *прикм* fixed

закрі́пляти (*док* **закрі́пити**) *пер дс* to fasten; (*за кимось, чимось*) to allot; (*у законі*) to enshrine

закру́глений *прикм* rounded

заку́ска *ж* (*легка*) snack; (*перед основною стравою*) starter

за́ла *ж* hall; (*глядацька*) auditorium; **за́ла ви́льоту** departure lounge; **за́ла засі́дань** boardroom; **за́ла суду́** courtroom; **за́ла чека́ння** waiting room

зал гра́льних автома́тів *ч* amusement arcade

зале́жати *непер дс* (*бути в залежності; зумовлюватися*) to depend

зале́жна краї́на *ж* dependency

зале́жний *прикм* dependent

зале́жність *ж* dependence

залиця́льник *ч* admirer

залиша́ти (*док* **залиши́ти**) *пер дс* to leave, to abandon

залиша́тися (*док* **залиши́тися**) *непер дс* to remain; (*продовжувати перебування*) to stay

залишковий *прикм* residual
залишок *ч* rest; *(у математиці)* remainder, residue ▷ *ч, мн (продуктів)* leftovers; *(руїни)* remains
залізний *прикм* iron
залізниця *ж* railway, *(US)* railroad
залізничний переїзд *ч* level crossing, *(US)* grade crossing
залізо *с* iron; **зварювальне залізо** wrought iron
залучати *(док* **залучити***) пер дс* to involve, to draw into
залучений *прикм* involved
заляканий *прикм (боязкий)* frightened; *(той, якого залякали)* intimidated
залякування *с* intimidation
залякувати *(док* **залякати***) пер дс* to intimidate
заляпувати брудом *(док* **заляпати***) пер дс* to muddy
замазка *ж* plaster
замалий *прикм* skimpy
заманювати *(док* **заманити***) пер дс* to lure, to entice
замах *ч* attempt
замбієць (**замбійка**) *ч (ж)* Zambian
замбійський *прикм* Zambian
Замбія *ж* Zambia
замерзати *(док* **замерзнути***) непер дс* to freeze
заметіль *ж* snowstorm
замикати *(док* **замкнути***) пер дс* to lock; *(на навісний замок)* to padlock
замислений *прикм* thoughtful, reflective
замишляти *(док* **замислити***) пер дс* to intend; *(щось недобре)* to scheme
заміна *ж* replacement, substitute
замінник цукру *ч* sweetener
замінювати *(док* **замінити***) пер дс* to replace
заміняти *(док* **замінити***) пер дс* to substitute; *(на новіше)* to supersede
замість *прийм* instead of
замітати *(док* **замести***) пер дс (мітлою, віником)* to sweep; *(заносити снігом)* to cover with
замкнений *прикм* locked; *(про людину)* reserved
замковий камінь *ч (арки або склепіння)* keystone
замовкати *(док* **замовкнути***) непер дс* to shut up
замовчувати *пер дс* to conceal, to withhold
заможний *прикм* wealthy, well-to-do
замо́к *ч* lock
за́мок *ч* castle
за́мок із піску *ч* sandcastle
замолодий *прикм* green
заморожений *прикм* frozen
заморожувати *(док* **заморозити***) пер дс* to freeze

заморський *прикм* overseas
замріяний *прикм* dreamy
замша *ж* suede
занедбаний *прикм* neglected, desolate
занедбаність *ж* neglect
занедбувати *(док* **занедбати***) пер дс* to neglect
занепадницький *прикм* decadent
занепокоєний *прикм* concerned, anxious
занепокоєння *с* concern, anxiety
занехаяний *прикм (брудний)* squalid; *(позбавлений догляду)* neglected
занижувати *(док* **занизити***) пер дс* to understate
занімілий *прикм* numb
заново *присл* anew, afresh
заносити *(док* **занести***) пер дс (про машину)* to skid
зануда *ч / ж* bore
занурення *с* dive
занурювати *(док* **занурити***) пер дс* to submerge; to immerse
занурюватися *(док* **зануритися***) непер дс* to dive, to submerge
заняття *с (справа)* occupation; *(урок)* lesson
заохочення *с* encouragement
заохочувальний *прикм* encouraging
заохочувати *(док* **заохотити***) пер дс* to encourage
заочний курс *ч* correspondence course
заощадження *мн ім (кошти)* savings ▷ *с (процес)* saving
заощаджувати *(док* **заощадити***) пер дс* to save up
запалений *прикм* inflamed
запалення *с* inflammation
запальний *прикм (мед)* inflammatory; *(палкий)* passionate
запальничка *ж (cigarette)* lighter
запально *присл* ardently, passionately
запалювальна бомба *ж* incendiary
запалювальний *прикм* incendiary
запалювання *с* ignition
запалювати *(док* **запалити***) пер дс* to ignite; *(підпалювати)* to set on fire; *(почуття)* to inflame; **запалювати світло** to turn on the light; **запалювати знову** *(почуття, інтереси)* to rekindle
запаморочення *с* vertigo
запаморочливий *прикм* dizzy
запам'ятовувати *(док* **запам'ятати***) пер дс* to memorize
запас *ч* stock, reserve; *(провіанту)* cache; **поповнювати запас** to restock; **резервний запас** buffer
запасати *(док* **запасти́***) пер дс* to hoard, to store
запасатися *(док* **запастися***) непер дс* to stock up
запасна деталь *ж* spare part

запасна шина *ж* spare tyre

запасне колесо *с* spare wheel

запасний *прикм* spare; **запасний квиток** stand-by ticket

запах *ч* smell, odour

запашний *прикм* aromatic, perfumed

запевнення *с* assurance

запевняти (*док* **запевнити**) *пер дс* to assure

запеклий *прикм* bitter

заперечення *с* (*незгода*) objection; (*невизнання*) denial

заперечувати (*док* **заперечити**) *непер / пер дс* to deny ▷ *непер дс* to object, to dissent

запечатувати (*док* **запечатати**) *пер дс* to seal

запечений *прикм* baked

запилений *прикм* dusty

запис *ч* record, recording

записаний *прикм* recorded

записка *ж* note

записник *ч* notebook

записувати (*док* **записати**) *пер дс* to write down; (*занотовувати*) to note down

запит *ч* inquiry

запитувана ціна *ж* asking price

запитувати (*док* **запитати**) *непер дс* to ask, to inquire

запитувач *ч* questioner

запізнілий *прикм* belated

запліднювати (*док* **запліднити**) *пер дс* to fertilize

заплутаний *прикм* tangled; (*складний*) complicated, tricky

заплутаність *ж* entanglement

заплутувати (*док* **заплутати**) *пер дс* to entangle

заплутуватися (*док* **заплутатися**) *непер дс* to get entangled

запобігання *с* prevention

запобігати (*док* **запобігти**) *непер дс* to prevent

запобіжник *ч* fuse

заповідати (*док* **заповісти**) *пер дс* to bequeath

заповідник *ч* (*природний*) reserve; (*для охорони тварин*) sanctuary

заповіт *ч* will, testament; **виконавець заповіту** executor

заповнений *прикм* (*людьми*) busy; (*про бланк*) completed; **заповнений ущерть** full up

заповненість *ж* occupancy

заповнювати (*док* **заповнити**) *пер дс* (*робити повним*) to fill; (*бланк*) to fill in

запонки *ж, мн* cufflinks

запор *ч* constipation

започатковувати (*док* **започаткувати**) *пер дс* to initiate

заправка до салату *ж* salad dressing; (*із оцтом*) vinaigrette

заправляти (*док* **заправити**) *пер дс* (*сорочку*) to tuck in; (*пальним*) to refuel; (*страву*) to season

заправна станція *ж* petrol station

запроваджувати (*док* **запровадити**) *пер дс* to introduce; **запроваджувати нововведення** to innovate

запрошення *с* invitation

запрошувати (*док* **запросити**) *пер дс* to invite

запускати (*док* **запустити**) *пер дс* (*в роботу*) to launch

зап'ястя *с* wrist

заражати (*док* **заразити**) *пер дс* (*інфекцією*) to infect

зараження *с* infection

зараз *присл* currently

заразний *прикм* catching

зараховувати (*док* **зарахувати**) *пер дс* (*на навчання*) to enrol; (*на рахунок*) to credit

зареєстрований *прикм* registered

заробітки *ч, мн* earnings

заробітна плата *ж* salary, wage; **чиста зарплатня** take-home pay

заробляти (*док* **заробити**) *пер дс* to earn

зарозумілий *прикм* arrogant, (*розм*) stuck-up

зарозумілість *ж* conceit, arrogance

зарослий *прикм* overgrown

зарості *ж, мн* thicket

зарум'янитися *док непер дс* to flush

заручатися (*док* **заручитися**) *непер дс* (*домовлятися про одруження*) to become engaged

заручник *ч* hostage

заряджати (*док* **зарядити**) *пер дс* to charge

зарядка *ж* exercise

зарядний пристрій *ч* charger

засвідчувати (*док* **засвідчити**) *непер / пер дс* to attest ▷ *пер дс* to certify

засипати (*док* **засипати**) *пер дс* (*питаннями, проблемами, скаргами*) to deluge

засіб *ч* (*спосіб дії*) means; (*знаряддя дії*) remedy; **зараження крові** blood poisoning; **засіб від комах** insect repellent; **засіб для зняття лаку з нігтів** nail-polish remover; **засіб для миття посуду** cleanser; **засіб досягнення мети** leverage; **засіб проти обмерзання** de-icer; **заспокійливий засіб** sedative; **стримувальний засіб** deterrent

засідання *с* meeting

засідка *ж* ambush

заслін пікетників *ч* picket line

заслуга *ж* merit

заслуговувати (*док* **заслужити**) *пер дс* to deserve, to merit

засмага ж suntan, tan
засмагати (*док* **засмагнути**) *непер дс*
to sunbathe
засмаглий *прикм* sunburnt
засмучений *прикм* upset, frustrated
засмучувати (*док* **засмутити**) *пер дс*
to sadden, to upset
засніжений *прикм* snowy
заснований *прикм* founded
засновник ч founder
заснування с establishment
засоби до існування *мн ім* living,
livelihood
засоби масової інформації ч, *мн* mass
media
засоби наочності ч, *мн* visual aid
засовувати (*док* **засунути**) *пер дс* to push
in; (*запихати*) to thrust
заспокійливий *прикм* restful;
заспокійливий засіб sedative
заспокоєний *прикм* reassured
заспокоєння с reassurance; (*під дією
ліків*) sedation
заспокоювати (*док* **заспокоїти**) *пер дс*
to calm, to soothe; (*запевняти*) to reassure;
(*примиряти*) to placate; (*вгамовувати*)
to hush
застава¹ ж (*майна*) mortgage; (*грошова*)
bail
застава² ж (*контрольно-пропускний
пункт*) outpost
заставка ж screensaver
заставляти¹ (*док* **заставити**) *пер дс*
(*захаращувати*) to clutter
заставляти² (*док* **заставити**) *пер
дс* (*віддавати під заставу*) to pawn;
(*нерухомість*) to mortgage
застарівати (*док* **застаріти**) *непер дс*
to date, to become obsolete
застарілий *прикм* obsolete, outdated
застеляти (*док* **застелити**) *пер дс*
to cover; (*килимом*) to carpet
застереження с warning
застережний *прикм* warning
застерігати (*док* **застерегти**) *пер дс*
to warn
застібати (*док* **застібнути**) *пер дс* to do
up, to fasten; (*на блискавку*) to zip;
(*пряжку*) to buckle
застібка ж clasp, fastening
застібка-блискавка ж zip
застійний *прикм* stagnant
застосовувати (*док* **застосувати**) *пер дс*
to apply, to use; (*статтю закону*) to invoke
застрахований *прикм* insured
застрелювати (*док* **застрелити**) *пер дс*
to shoot
застряглий *прикм* bogged down
застуда ж cold
застуджуватися (*док* **застудитися**)
непер дс to catch a cold

заступник ч deputy; (*захисник*) defender;
заступник керівника deputy head
засув ч bolt
засуджений *прикм* (*до страти*)
condemned ▷ ч convict
засудження с conviction; (*звинувачення*)
denunciation
засуджувати (*док* **засудити**) *пер дс*
(*критикувати*) to criticize; (*висловлювати
різкий осуд*) to deplore; (*ухвалювати
судовий вирок*) to sentence
затаювати (*док* **затаїти**) *пер дс* to harbour
затемнений *прикм* darkened
затемнення с (*астрономічне явище*)
eclipse
затемнювати (*док* **затемнити**) *пер дс*
to darken
затикати (*док* **заткнути**) *пер дс* to plug
затискати (*док* **затиснути**) *пер дс*
to clamp
затискач ч clip
затискувати (*док* **затиснути**) *пер дс*
to clutch
затихати (*док* **затихнути**) *непер дс*
to subside, to abate
затишний *прикм* cosy, snug
затишшя с lull
затінок ч shade
затіняти (*док* **затінити**) *пер дс* to shadow
затока ж bay, gulf
затонулий *прикм* sunken
затоплювати (*док* **затопити**) *пер дс*
to flood
затор ч congestion, traffic jam
затриманий *прикм* delayed; (*взятий під
варту*) detained ▷ ч detainee
затримка ж delay, holdup
затримувати (*док* **затримати**) *пер дс*
(*заарештовувати*) to detain; (*залишати
на якийсь час*) to hold up; (*про роботу
поліції, митниці*) to impound
затримуватися (*док* **затриматися**) *непер
дс* (*докладно спинятися*) to dwell; (*бути
десь довше, ніж планувалося*) to linger
затьмарювати (*док* **затьмарити**) *пер дс*
to cloud, to overshadow
затяжний *прикм* protracted
зауваження с remark, comment;
несуттєве зауваження quibble; **гостре
зауваження** put-down
зауважувати (*док* **зауважити**) *непер / пер
дс* to notice ▷ *непер дс* to remark, to note;
(*робити зауваження комусь*) to reprimand
захват ч ecstasy
захворювання с disease
захисний *прикм* protective, defensive
захисник ч defender, protector; **захисник
довкілля** environmentalist
захисні окуляри *мн ім* goggles
захист ч protection, defence
захисток ч refuge

захищати (*док* **захистити**) *пер дс*
to protect, to defend; (*від світла*) to shade
захищений *прикм* (*від небезпеки, нападу*)
defended; (*законом від знищення або
пошкодження*) protected; (*убезпечений від
чогось*) immune
захід[1] *ч* (*сторона світу*) west; **захід сонця**
sunset; **південний захід** southwest;
північний захід northwest
захід[2] *ч* (*подія*) event
західний *прикм* western, west;
(*найчастіше про вітер*) westerly
заходити (*док* **зайти**) *непер дс* to get in;
(*про сонце*) to set
захоплений *прикм* enthusiastic, rapturous
захоплення *с* (*стан людини*) admiration
захопливий *прикм* (*дивовижний*)
breathtaking; (*який поглинає*) fascinating
захоплювати (*док* **захопити**) *пер дс*
(*брати із собою*) to take; (*викрадати*)
to capture, to hijack; (*зачаровувати*)
to fascinate; (*окуповувати*) to overrun
захоплюватися (*док* **захопитися**) *непер
дс* to admire
зациклений *прикм* obsessive
зацікавлений *прикм* interested, keen
зацікавленість *ж* interest
заціпенілий *прикм* stupefied
заціпеніння *с* stiffness; (*шок*)
consternation
зачароване коло *с* vicious circle
зачарований *прикм* spellbound,
fascinated
зачаровувати (*док* **зачарувати**) *пер дс*
to charm, to enchant
зачарування *с* charm
зачиняти (*док* **зачинити**) *пер дс* to close
зачіпатися (*док* **зачепитися**) *непер дс*
(*наштовхнутися на щось*) to snag
зачіска *ж* hairstyle; (*розм*) hairdo; **зачіска
«їжачок»** crew cut
зашморг *ч* noose
заява *ж* statement, declaration;
(*твердження, виступ*) pronouncement
заявляти (*док* **заявити**) *непер / пер
дс* (*про права, претензії*) to claim;
(*проголошувати*) to declare ▷ *пер дс*
(*звичайно без підстав*) to allege; **заявляти
знову** to restate
заякорити *док пер дс* to anchor
заякоритися *док непер дс* to anchor
заяложений *прикм* greasy; (*банальний*)
hackneyed
збагачення *с* enrichment
збагачувати (*док* **збагатити**) *пер дс*
to enrich
збагнути *док пер дс* to grasp,
to understand
збентеження *с* embarrassment
збереження *с* preservation, conservation
зберігання *с* storage

зберігати (*док* **зберегти**) *пер дс*
(*тримати*) to keep; (*підтримувати*)
to preserve; (*уникати втрат*) to save
зберігач *ч* (*музею*) curator
збивалка *ж* whisk
збивати (*док* **збити**) *пер дс* (*вчиняти
наїзд*) to run over; (*вершки, крем*) to whip;
(*заплутувати*) to confuse
збирати (*док* **зібрати**) *пер дс* to gather;
(*квіти, плоди*) to pick; (*з поверхні*) to skim;
(*підтримку, силу, енергію*) to muster;
збирати врожай to harvest; **збирати по
крихтах** (*інформацію*) to glean
збиратися (*док* **зібратися**) *непер дс*
to gather; (*зустрічатися з друзями*)
to meet up; (*разом*) to congregate;
(*готуватися*) to get ready
збирач *ч* collector; (*фруктів, бавовни*)
picker
збиток *ч* damage
збіг *ч* coincidence
збігати (*док* **збігти**) *непер дс* (*спускатися*)
to go down; (*виливатися*) to boil over
збігатися (*док* **збігтися**) *непер дс* (*у часі*)
to coincide
збіднювати (*док* **збіднити**) *пер дс*
to impoverish
збільшений *прикм* magnified
збільшення *с* (*зростання*) increase;
(*за допомогою оптичних приладів*)
magnification
збільшувальна лінза *ж* zoom lens
збільшувальне скло *с* magnifying glass
збільшувати (*док* **збільшити**) *пер дс*
to increase; (*розширювати*) to enlarge;
(*за допомогою оптичних приладів*)
to magnify
збільшуватися (*док* **збільшитися**) *непер
дс* to enlarge; (*зростати*) to mount up;
(*раптово й стрімко*) to surge
збір *ч* toll; (*мито, податок*) levy; **збір
коштів** fund-raising
зближення *с* convergence
збовтувати (*док* **збовтати**) *пер дс*
to shake
збожеволілий *прикм* mad, insane; (*від
горя*) distraught
збоку *присл* sideways
збори *мн ім* meeting, gathering; (*зустріч*)
assembly; (*військові, спортивні*) training
camp
збоченець *ч* pervert
збочення *с* perversion
збройні сили *мн ім* armed forces
зброя *ж* weapon; **склад зброї** armoury
збуджений *прикм* excited
збудження *с* excitement
збуджувати *пер дс* to excite; (*викликати
піднесений стан*) to thrill
збудливий *прикм* (*який легко
збуджується*) excitable

збунтуватися *док непер дс* to revolt, to mutiny

зважати (*док* **зважити**) *непер дс* to mind

зважувати (*док* **зважити**) *пер дс* to weigh

звалюватися (*док* **звалитися**) *непер дс* to fall down; (*обвалюватися*) to collapse

звання *с* rank

зварювати (*док* **зварити**) *пер дс* (*метал*) to weld

зведена сестра *ж* stepsister

зведений брат *ч* stepbrother

зведення *с* (*стисле повідомлення*) summary, run-down; (*законів*) code; (*будівництво*) erection

звеличувати (*док* **звеличити**) *пер дс* to exalt

звернення *с* (*офіц*) address; (*з проханням*) appeal; (*до якихось дій*) recourse

звертати (*док* **звернути**) *непер дс* to turn aside; (*повертати*) to swerve; **звертати увагу** to pay attention, to heed

звертатися (*док* **звернутися**) *непер дс* to appeal

зверху *присл* above

звиватися *непер дс* to twist; (*про річку, дорогу*) to meander

звивистий *прикм* tortuous, sinuous

звикати (*док* **звикнути**) *непер дс* to accustom

звиклий *прикм* accustomed

звинувачений *прикм* accused ▷ *ч* (*іменник*) defendant

звинувачення *с* accusation, charge; **взаємні звинувачення** recrimination

звинувачувати (*док* **звинуватити**) *пер дс* to accuse, to blame

звисати *непер дс* to hang down, to dangle

звичай *ч* custom

звичайне явище *с* commonplace

звичайний *прикм* ordinary, usual; (*без особливих подій*) uneventful

звичайно *присл* usually; (*безсумнівно*) of course

звичка *ж* habit

звичний *прикм* habitual, customary

звідки *присл* where

звідси *присл* from here; (*внаслідок*) hence

звідти *присл* from there

звільнений *прикм* free; (*від роботи*) dismissed; (*від обов'язку*) exempt

звільнення *с* release, liberation; (*з роботи*) dismissal

звільняти (*док* **звільнити**) *пер дс* (*з-під арешту*) to free; (*приміщення*) to vacate; (*з роботи*) to dismiss, to lay off; **звільняти умовно-достроково** to parole

звільнятися (*док* **звільнитися**) *непер дс* to quit

звір *ч* beast

звірство *с* atrocity

звістка *ж* news

звіт *ч* account, report

зводити (*док* **звести**) *пер дс* to put up; (*з'єднувати*) to bring together; (*понижувати*) to reduce; **зводити наклеп** to slander; **зводити нанівець** to negate

зволікати *непер / пер дс* to delay

зволожувати (*док* **зволожити**) *пер дс* to moisturize

зволожувач *ч* moisturizer

зворотна реакція *ж* (*на закон, тенденцію*) backlash

зворотна скісна риска *ж* backslash

зворотне твердження *с* converse

зворотний *прикм* reverse; **зворотний бік** downside; **зворотний відлік** countdown; **зворотний квиток** return

зворушливий *прикм* moving, touching

зворушливість *ж* pathos

звужувати (*док* **звузити**) *пер дс* to narrow, to taper

звужуватися (*док* **звузитися**) *непер дс* to narrow, to taper

звук *ч* sound

звуковий *прикм* audio

звучати *непер дс* to sound

звучний *прикм* resonant, resounding

зв'язаний *прикм* bound, connected

зв'язка *ж* bunch; (*анатомічний термін*) ligament

зв'язки з громадськістю *мн ім* public relations

зв'язок *ч* connection, bond

зв'язувати (*док* **зв'язати**) *пер дс* to bind, to link

зв'язуватися (*док* **зв'язатися**) *непер дс* to associate

згадка *ж* mention; (*спогад*) recollection

згадування *с* reference

згадувати (*док* **згадати**) *непер / пер дс* (*відтворювати в пам'яті*) to remember, to recall; (*побіжно називати*) to refer to, to mention

зганьблений *прикм* disgraced

зганяти (*док* **зігнати**) *пер дс* to round up

зґвалтування *с* rape

згин *ч* fold

згинати (*док* **зігнути**) *пер дс* to bend; (*коліно, руку*) to flex

згинатися (*док* **зігнутися**) *непер дс* to bend, to curve; **згинатися дугою** to arch

згідно з *прийм* according to

згода *ж* consent, assent

згоджуватися (*док* **згодитися**) *непер дс* to consent, to assent

згодний *прикм* agreeable

згодом *присл* later on; (*після певної події*) afterwards

зголоднілий *прикм* hungry

згорблений *прикм* hunched

згори *присл* from above

згорілий *прикм* burnt-out

згортатися (*док* **згорнутися**) *непер дс* to roll up; (*про кров, білок*) to clot

згоряння *с* combustion

згоряти (*док* **згоріти**) *непер дс* to burn down

зграя *ж* flock

згрібати (*док* **згребти**) *пер дс* to shovel

згрупований *прикм* clustered

згубний *прикм* pernicious, destructive

згуртований *прикм* cohesive

згуртованість *ж* cohesion

згуртовувати (*док* **згуртувати**) *пер дс* to unite, to rally

згуртовуватися (*док* **згуртуватися**) *непер дс* to unite, to rally

згущувати (*док* **згустити**) *пер дс* to thicken

згущуватися (*док* **згуститися**) *непер дс* to thicken

здаватися[1] (*док* **здатися**) *непер дс* (*припиняти опір*) to surrender

здаватися[2] (*док* **здатися**) *непер дс* (*вважатися*) to seem

здавна *присл* traditionally

здаля *присл* afar

здатний *прикм* able, capable

здатність *ж* (*спроможність*) ability, capability; (*придатність*) capacity

здебільшого *присл* mainly, principally

здивований *прикм* amazed, surprised

здивування *с* amazement, surprise

здібність *ж* capability, ability

здійматися (*док* **здійнятися**) *непер дс* (*підніматися*) to rise; (*про літак*) to take off; (*про хвилі*) to billow

здійсне́нний *прикм* realizable, practicable

здійснення *с* (*виконання*) accomplishment; (*втілення надій, планів*) realization, fruition

здійснювати (*док* **здійснити**) *пер дс* (*виконувати*) to carry out; (*втілювати*) to fulfil, to realize; **здійснювати круїз** to cruise

здійснюватися (*док* **здійснитися**) *непер дс* to come true

здобич *ж* prey; (*знайдене поліцією або вкрадене*) haul

здобувати (*док* **здобути**) *пер дс* to gain, to obtain

здобуття *с* obtaining

здогад *ч* guess

здогадуватися (*док* **здогадатися**) *непер дс* to guess

здорова їжа *ж* health food

здоровий *прикм* healthy, sound; (*великий*) bouncing; **здоровий глузд** common sense

здоров'я *с* health; (*фізичне й психологічне*) well-being

здригатися (*док* **здригнутися**) *непер дс* to shudder; (*від болю*) to flinch

зебра *ж* zebra

зелений *прикм* green; (*повний зелених насаджень*) leafy

зелень *ж* (*декоративні рослини*) greenery; (*овочі*) greens

землевласник *ч* landowner

землеробство *с* farming

землетрус *ч* earthquake

земля *ж* land, ground

земна куля *ж* globe

земне *с* mundane

земний *прикм* earthly; (*буденний*) mundane

земноводний *прикм* amphibious

зеніт *ч* zenith

зерно *с* corn, grain

зернятко *с* pip

з'єднання *с* joint; (*підключення*) connection; **широкосмугове з'єднання** broadband

з'єднувати (*док* **з'єднати**) *пер дс* to link, to connect

з'єднуватися (*док* **з'єднатися**) *непер дс* to join, to link

зима *ж* winter

зимові види спорту *мн ім* winter sports

зимородок *ч* kingfisher

зиск *ч* profit

зичити *непер дс* to wish

зібраний *прикм* (*організований*) self-disciplined; (*зосереджений*) concentrated; (*який зібрали*) collected

зігрівати (*док* **зігріти**) *пер дс* to warm

зігріватися (*док* **зігрітися**) *непер дс* to warm

зізнаватися (*док* **зізнатися**) *непер дс* to confess; (*розм*) to own up

зізнання *с* confession

зілля *с* (*напій*) potion

Зімбабве *с* Zimbabwe

зімбабвієць (*зімбабвійка*) *ч* (*ж*) Zimbabwean

зімбабвійський *прикм* Zimbabwean

зім'ятий *прикм* creased

зіниця *ж* (*ока*) pupil

zip-файл *ч* zip file

зіпсований *прикм* (*гнилий*) rotten; (*розпещений*) spoilt

зір *ч* eyesight, sight; **точка зору** point of view

зірка *ж* star

зірочка *ж* (*знак* *****) asterisk

зіставлення *с* comparison, juxtaposition

зіставляти (*док* **зіставити**) *пер дс* to compare, to juxtapose

зіткнення *с* collision

зітхання *с* sigh

зітхати (*док* **зітхнути**) *непер дс* to sigh

зішкрібати (*док* **зішкребти**) *пер дс* to scrape

зіштовхуватися (*док* **зіштовхнутися**) *непер дс* to collide

зіщулюватися (*док* зіщулитися) *непер дс* (*від дискомфорту*) to cringe; (*про людину або тварину*) to huddle

з'їзд *ч* (*зустріч представників*) congress; (*політ*) rally; (*спуск*) descent

злагода *ж* (*взаєморозуміння між людьми*) rapport; (*взаємна домовленість*) accord

злаки *мн ім* cereal

зламаний *прикм* broken

злива *ж* downpour; (*раптова*) spate

зливатися (*док* злитися) *непер дс* to merge

зливний отвір *ч* plughole

зливок *ч* (*золота, срібла*) bullion

злиденний *прикм* destitute

злидні *мн ім* misery, poverty

злий *прикм* evil

злиття *с* merger

зліва *присл* left

злісний *прикм* malicious, venomous

злість *ж* spite

зліт *ч* takeoff

злітати (*док* злетіти) *непер дс* to take off; (*про ціну*) to rocket

злітно-посадкова смуга *ж* runway, airstrip

зло *с* evil

злоба *ж* malice

зловживання *с* misuse

зловживати *непер дс* to misuse

зловісний *прикм* sinister

зловтішатися *непер дс* to gloat

зловтішний *прикм* spiteful

злодій *ч* thief; **кишеньковий злодій** pickpocket

злостивий *прикм* malicious, spiteful

злочин *ч* crime, offence

злочинець *ч* criminal, outlaw; **страшний злочинець** villain

злочинний *прикм* criminal; **злочинний світ** underworld

злощасний *прикм* ill-fated

злоякісний *прикм* malignant

змагання *с* contest, competition; **учасник змагання** competitor

змагатися (*док* позмагатися) *непер дс* to compete, to vie

змазка *ж* lubricant

змащений *прикм* (*жиром*) greased; (*олією*) oiled

змащувати (*док* змастити) *пер дс* (*олією*) to oil; (*жиром*) to grease; (*олією або жиром*) to lubricate

зменшений *прикм* diminished, reduced

зменшення *с* decrease, reduction

зменшувати (*док* зменшити) *пер дс* to reduce, to lessen

зменшуватися (*док* зменшитися) *непер дс* to diminish, to decrease; (*в обсязі*) to shrink

змерзлий *прикм* cold

зминати (*док* зім'яти) *пер дс* to crush

зміна *ж* change; (*робоча*) shift; **різка зміна** sea change; **зміна маршруту** diversion; **зміна часових поясів** jetlag; **постійна зміна** (*стану*) flux

змінна величина *ж* variable

змінний *прикм* alternate; **змінний струм** AC

змінювати (*док* змінити) *пер дс* to change, to transform; **змінювати маршрут** to divert

зміст *ч* content, contents

змістовний *прикм* meaningful

зміцнення *с* reinforcement, strengthening

зміцнювальний *прикм* bracing

зміцнювати (*док* зміцнити) *пер дс* to strengthen; (*консолідувати*) to consolidate

зміцнюватися (*док* зміцнитися) *непер дс* to become stronger

змішаний *прикм* mixed

змішувати (*док* змішати) *пер дс* to mix; (*поєднувати*) to combine

змішуватися (*док* змішатися) *непер дс* to mix

зміщений хребець *ч* slipped disc

зміщувати (*док* змістити) *пер дс* to displace

змія *ж* snake

змова *ж* conspiracy, plot; **організовувати змову** to plot

змовлятися (*док* змовитися) *непер дс* (*влаштовувати змову*) to conspire

змовник *ч* conspirator, plotter

змоклий *прикм* soaked

зморений *прикм* exhausted, weary

зморшка *ж* wrinkle

зморщений *прикм* wrinkled

змочувати (*док* змочити) *пер дс* to moisten, to wet

змучений *прикм* exhausted, worn-out

змушувати (*док* змусити) *пер дс* to force, to compel

зм'якшувати (*док* зм'якшити) *пер дс* to soften

зм'якшуватися (*док* зм'якшитися) *непер дс* to soften

зносити (*док* знести) *пер дс* (*руйнувати*) to demolish, to knock down

знавець *ч* expert

знайомий *прикм* familiar ▷ *ч* acquaintance

знак *ч* sign, mark; **знак 'За кермом учень'** L-plates; **знак оклику** exclamation mark, (us) exclamation point; **знак питання** question mark; **знак рівності** equal sign; **номерний знак** number plate, (us) license plate; **робити знак** (*рукою, пальцем*) to beckon

знаменитий *прикм* famous, celebrated

знаменитість *ж* celebrity

знання *с* knowledge

знаряддя *с* instrument, implement
знати *пер дс* to know
знаходити (*док* знайти) *пер дс* to find
значення *с* meaning; (*важливість*) importance
значний *прикм* considerable; (*великий*) substantial
значно *присл* considerably
значною мірою *присл* substantially
значок *ч* badge
значущість *ж* significance
знеболювальне *с* painkiller
зневага *ж* contempt, disdain
зневажати (*док* зневажити) *пер дс* to despise; (*умовності, традиції, владу*) to flout
зневажливий *прикм* dismissive, scornful
зневіра *ж* disappointment
зневоднений *прикм* dehydrated
зневоднювати (*док* зневоднити) *пер дс* to dehydrate
знежирене молоко *с* skimmed milk
знервований *прикм* stressed
знесення *с* (*приміщення*) demolition
знесилений *прикм* run-down
знесилення *с* exhaustion
знецінювати (*док* знецінити) *пер дс* to devalue
знецінюватися (*док* знецінитися) *непер дс* to devalue
зниження *с* lowering; (*кількості*) decrease; **тенденція до зниження** downtrend
знижка *ж* discount, rebate; **робити знижку** to discount
знижувати (*док* знизити) *пер дс* to lower, to reduce
знижуватися (*док* знизитися) *непер дс* to go down
знизу *присл* (*перебувати*) below; (*рухатися*) from below
знизувати плечима (*док* знизати) *непер дс* to shrug
зникати (*док* зникнути) *непер дс* to disappear, to vanish
зниклий *прикм* missing, gone
зникнення *с* disappearance
знищення *с* destruction
знищувати (*док* знищити) *пер дс* to destroy, to annihilate
знімок *ч* scan; **миттєвий знімок** snapshot
знічений *прикм* jaded
знічувати (*док* знітити) *пер дс* to confound
зніяковіння *с* confusion
знову *присл* again, more
зношений *прикм* worn, shabby
знуджений *прикм* bored
зобов'язання *с* obligation
зобов'язувати (*док* зобов'язати) *пер дс* to oblige, to bind

зображати (*док* зобразити) *пер дс* to depict, to portray; (*на фото, малюнку*) to picture; **зображати жестами** to mime
зображення *с* (*образ*) image; (*процес; картина, фільм тощо*) representation, portrayal
зовні *присл* outside; (*на вигляд*) outwardly
зовнішній *прикм* outside, external; **зовнішній бік** outside; **зовнішній вигляд** appearance, look
зовнішність *ж* appearance
зодіак *ч* zodiac
зозуля *ж* cuckoo
зойк *ч* yell
золота жила *ж* goldmine
золотий *прикм* golden; **золотий вік** golden age
золотисто-каштановий *прикм* auburn
золотити (*док* позолотити) *пер дс* to gild
золото *с* gold
зомлівати (*док* зомліти) *непер дс* to faint
зона *ж* zone; **зона безпеки** safe area, safe haven; **часова зона** time zone
зоологія *ж* zoology
зоопарк *ч* zoo
зоровий *прикм* visual
зосереджений *прикм* concentrated, centred
зосереджуватися (*док* зосередитися) *непер дс* to focus
зошит *ч* notebook; **робочий зошит** (*з навчальними вправами*) workbook
зрада *ж* betrayal, treachery; (*державна*) treason
зраджувати (*док* зрадити) *пер дс* to betray; **зраджувати своєму слову** to renege
зрадник *ч* traitor
зрадницький *прикм* treacherous
зразковий *прикм* model, exemplary
зразок *ч* (*узор, модель*) pattern; (*окрема річ з низки однакових*) sample; (*типовий предмет*) specimen; **зразок для наслідування** role model
зранку *присл* in the morning
зрешечений *прикм* riddled
зривати (*док* зірвати) *пер дс* (*квіти, фрукти, листя*) to pluck; (*переговори, плани*) to frustrate; (*план, спробу, злочин*) to foil
зрідка *присл* occasionally
зрікатися (*док* зректися) *непер дс* (*людини*) to disown; (*слів, заяви*) to retract
зрілий *прикм* (*про плоди, злаки*) ripe; (*про людину, твори*) mature
зрілість *ж* (*про плоди, злаки*) ripeness; (*про людину, твори*) maturity; (*про чоловіків*) manhood; (*про жінок*) womanhood; **статева зрілість** puberty
зріст *ч* height
зроблений *прикм* done

зрозумілий *прикм* understandable, intelligible

зростання *с* increase, gain

зростати (*док* **зрости**) *непер дс* to grow up; **швидко зростати** (*про економіку, бізнес*) to boom

зрошувати *пер дс* to irrigate

зручний *прикм* (*комфортний*) comfortable; (*сприятливий*) convenient

зручність *ж* convenience

зручно *присл* (*комфортно*) comfortably; (*сприятливо*) conveniently

зручності *мн ім* amenities

зрячий *прикм* sighted

зсередини *присл* from within

зсихатися (*док* **зсохнутися**) *непер дс* to shrivel

зуб *ч* tooth; **зуб мудрості** wisdom tooth

зубна нитка *ж* dental floss

зубна паста *ж* toothpaste

зубна щітка *ж* toothbrush

зубний *прикм* dental; **зубний біль** toothache

зубні протези *ч, мн* dentures

зубочистка *ж* toothpick

зубрити (*док* **визубрити**) *пер дс* to swot

зубчик *ч* (*пестливе*) tooth; (*часнику*) clove

зумовлювати (*док* **зумовити**) *пер дс* to cause

зупинка *ж* stop, halt; (*мертва точка*) standstill; **зупинка в дорозі** stopover

зупинятися (*док* **зупинитися**) *непер дс* to stop

зусилля *с* effort; **спільні зусилля** synergy

зустріч *ж* meeting; (*несподівана*) encounter; (*після тривалої розлуки*) reunion

зустрічатися (*док* **зустрітися**) *непер дс* to meet; (*збиратися разом*) to get together; (*ходити на побачення*) to date

зухвалий *прикм* (*нахабний*) impudent, insolent

зшивати (*док* **зшити**) *пер дс* to sew up, to stitch

зяблик *ч* finch

з'являтися (*док* **з'явитися**) *непер дс* to appear, to show up; (*виникати*) to emerge; **з'являтися знову** to reappear

з'ясовувати (*док* **з'ясувати**) *пер дс* to ascertain, to find out

зять *ч* (*чоловік доньки*) son-in-law; (*чоловік сестри*) brother-in-law

i

🔵 **ключове слово**

і (= **й**) *спол* **1** and; **мій друг і я** my friend and I; **і ось показався ліс** and then a forest came into sight
2: і... і... both... and...
▷ *част* **1** (*також*) too; **і він пішов до театру** he went to the theatre too
2 (*у заперечненні*) either; **і він не прийшов** he didn't come either
3 (*навіть*) even; **він і сам не радий** even he himself is not pleased

іврит *ч* Hebrew

ігнорувати *пер дс* to ignore, to defy

іграшка *ж* toy

ідеал *ч* ideal

ідеалізм *ч* idealism

ідеалізувати *пер дс* to idealize

ідеалістичний *прикм* idealistic

ідеальний *прикм* ideal

ідеально *присл* ideally

ідентичний *прикм* identical

ідеологічний *прикм* ideological

ідеологія *ж* ideology

ідея *ж* idea

ідилічний *прикм* idyllic

ідіот *ч* idiot

ідіотський *прикм* idiotic

ієрархічний *прикм* hierarchical

ієрархія *ж* hierarchy

ізольований *прикм* isolated

ізолювати *пер дс* (*одну людину від інших*) to isolate; (*мех*) to insulate

ізоляція *ж* insulation

Ізраїль *ч* Israel

ізраїльський *прикм* Israeli

ізраїльтянин (**ізраїльтянка**) *ч (ж)* Israeli

ікло *с* fang

ікона *ж* icon

ікра *ж* (*риб*) caviar; (*риб, земноводних*) spawn

ілюзія ж illusion; (*помилкова ідея, віра*) delusion; **руйнувати ілюзії** to disillusion
ілюстрація ж illustration
ілюстрований *прикм* illustrated
ілюструвати (*док* **проілюструвати**) *пер дс* to illustrate
імбир ч ginger
іменник ч noun
імідж ч image
імітація ж imitation
імітувати (*док* **зімітувати**) *пер дс* to imitate
імла ж mist, haze
іммігрант (**іммігрантка**) ч (ж) immigrant
імміграція ж immigration
імовірний *прикм* probable, likely
імовірність ж likelihood, probability
імовірно *присл* presumably
імператор ч emperor
імператриця ж empress
імперіалізм ч imperialism
імперіаліст ч imperialist
імперіалістичний *прикм* imperialist
імперія ж empire
імперський *прикм* imperial
імпічмент ч impeachment
імплантат ч implant
імплантувати *пер дс* to implant
імпозантний *прикм* imposing
імпорт ч import
імпортер ч importer
імпортувати *пер дс* to import
імпресіоніст ч impressionist
імпровізований *прикм* impromptu
імпровізувати (*док* **зімпровізувати**) *непер / пер дс* to improvise
імпульс ч impulse
імпульсивний *прикм* impulsive
імунізувати *пер дс* to immunize
імунітет ч immunity
імунний ж immune
ім'я с name; (*офіц: ім'я або ім'я та прізвище*) forename; **від імені** on behalf of
інавгураційний *прикм* inaugural
інакодумець ч maverick
інакше *присл* otherwise, alternatively
інвалід ч invalid
інвалідний візок ч wheelchair
інвалідність ж disability
інвентаризація ж inventory
інвестиція ж investment
інвестор ч investor
інвестувати *пер дс* to invest
інгалятор ч inhaler
інгредієнт ч ingredient
індивідуалізм ч individualism
індивідуальний *прикм* individual, personal
індивідуальність ж individuality
індикатор ч indicator
індичка ж turkey

індіанець ч Native American
індієць (**індійка**) ч (ж) Indian
індійський *прикм* Indian
Індійський океан ч Indian Ocean
Індія ж India
індонезієць (**індонезійка**) ч (ж) Indonesian
індонезійський *прикм* Indonesian
Індонезія ж Indonesia
індуїзм ч Hinduism
індуїст ч Hindu
індуїстський *прикм* Hindu
індустріалізований *прикм* industrialized
індустріалізувати *пер дс* to industrialize
інертність ж inertia
ін'єкція ж injection; **підшкірна ін'єкція** hypodermic
інженер ч engineer
інженер-будівельник ч structural engineer
інжир ч fig
ініціали ч, мн initials
ініціатива ж initiative
інколи *присл* sometimes
інкримінувати *пер дс* to incriminate
інкрустований *прикм* inlaid
інновація ж innovation
іноземець (**іноземка**) ч (ж) foreigner
іноземний *прикм* foreign
інсектицид ч insecticide
інспектор ч inspector; (*дорожнього руху*) traffic warden; controller
інспекція ж inspectorate
інстинкт ч instinct
інстинктивний *прикм* instinctive
інститут ч institute
інституційний *прикм* institutional
інструктор ч instructor
інструктувати (*док* **проінструктувати**) *пер дс* (*офіц*) to instruct
інструкції ж, мн instructions
інструкція ж instruction
інструмент ч instrument, tool; **електричний інструмент** machine tool; **музичний інструмент** musical instrument
інструментальний твір ч instrumental
інсулін ч insulin
інсценувати *пер дс* to dramatize
інтегрувати *пер дс* to integrate
інтегруватися *непер дс* to integrate
інтелект ч intellect, intelligence; **штучний інтелект** artificial intelligence
інтелектуал ч intellectual
інтелектуальний *прикм* intellectual
інтелігенція ж intelligentsia
інтенсивна терапія ж intensive care
інтенсивний *прикм* intensive
інтерактивний *прикм* interactive
інтервал ч interval; (*міжрядковий*) spacing
інтерв'ю с interview
інтерв'юер ч interviewer

інтерес ч interest; **кровний інтерес** vested interest

інтер'єр ч interior

Інтернет ч Internet; **користувач Інтернету** Internet user

інтернет-кафе с Internet café, cybercafé

інтернувати пер дс to intern

інтерпретація ж interpretation

інтонація ж intonation

інтранет ч intranet

інтрига ж intrigue

інтригувати непер дс to intrigue

інтригуючий прикм intriguing

інтуїтивний прикм intuitive

інтуїція ж intuition

інфекційний прикм contagious, infectious

інфекція ж infection

інфінітив ч infinitive

інфляційний прикм inflationary

інфляція ж inflation

інформативний прикм informative

інформатор ч informer, informant

інформаційне агентство с news agency

інформаційне повідомлення с bulletin

інформаційний бюлетень ч newsletter

інформаційні технології мн ім information technology, IT

інформація ж information

інформування с informing; (надання викривальних даних) whistle-blowing

інформувати (док **поінформувати**) пер дс to inform

інфраструктура ж infrastructure

інфрачервоний прикм infrared

інцидент ч (офіц) incident

інший прикм other; **між іншим** incidentally, by the way

іншомовний прикм (який розмовляє іноземною мовою) foreign-language speaker; (про середовище) non-native, foreign

іон ч ion

іподром ч racecourse

іпотека ж mortgage

Ірак ч Iraq

іракський прикм Iraqi

Іран ч Iran

іранець (**іранка**) ч (ж) Iranian

іранський прикм Iranian

іржа ж rust

іржавий прикм rusty

іржавіти (док **зіржавіти**) непер дс to rust

іриска ж toffee

ірландець ч Irishman

Ірландія ж Ireland, Eire

ірландка ж Irishwoman

ірландська мова ж Irish

ірландський прикм Irish

іронізувати (док **зіронізувати**) непер дс to snipe

іронічний прикм ironic

іронія ж irony; **за іронією долі** ironically

ірраціональний прикм irrational

іскра ж spark

іскритися непер дс to spark

іслам ч Islam

ісламський прикм Islamic

Ісландія ж Iceland

ісландська мова ж Icelandic

ісландський прикм Icelandic

існування с existence

існувати непер дс to exist; **існувати паралельно** to parallel

існуючий прикм existing

іспанець ч Spaniard

Іспанія ж Spain

іспанська мова ж Spanish

іспанський прикм Spanish

іспит ч (офіц) examination, exam; (із водіння) driving test; **усний іспит** oral

істерика ж hysterics

істеричний прикм hysterical

істерія ж hysteria

історик ч historian

історичний прикм (який відбувся в минулому) historical; (знаменний) historic

історія ж (наука) history; (оповідання) story; **історія успіху** success story

істота ж creature, being

Ісус ч Jesus

італієць (**італійка**) ч (ж) Italian

італійська мова ж Italian

італійський прикм Italian

Італія ж Italy

і т. д. абр etc

іти (док **піти**) непер дс to go; (відбуватися) to go on; (іти за) to follow; (на прогулянку) to go out; (хитаючись) to stagger; (про дощ) to rain; (про сніг) to snow; (про мокрий сніг) to sleet; **іти навшпиньках** to tiptoe; **іти юрбою** to troop; **іти на спад** to wane; **іти навпомацки** to grope

іудаїзм ч Judaism

іудей ч Jew

їдальня ж (*кімната*) dining room; (*заклад*) canteen

їдець ч eater

їдкий *прикм* caustic

їжа ж food; **низькоякісна їжа** junk food; **прийом їжі** meal

їжак ч hedgehog

їзда ж (*на машині*) driving, drive; (*верхи*) ride; (*на велосипеді*) cycling

їздити *непер дс* to go; (*на машині*) to drive; (*верхи*) to ride; (*на велосипеді*) to cycle

її *займ* (*перед іменником*) her; (*без іменника*) hers

їсти (*док з'їсти*) *непер / пер дс* to eat; **їсти жадібно** to gobble

їстівний *прикм* edible

їх *займ* them

їхати (*док* **поїхати**) *непер дс* to go; (*на машині*) to drive; (*верхи*) to ride; (*на велосипеді*) to cycle; **їхати автобусом** to bus; **їхати накатом** (*з вимкненим мотором або без педалей*) to coast

їхній *займ* (*перед іменником*) their; (*без іменника*) theirs

йога ж yoga

його *займ* him; (*що належить йому*) his

йогурт ч yoghurt

йод ч iodine

йо-йо *невідм ім* yo-yo

йорданець (**йорданка**) ч (*ж*) Jordanian

Йорданія ж Jordan

йорданський *прикм* Jordanian

йти (*док* **піти**) *непер дс* to go

К

кабан ч (*вепр*) boar; (*самець свині*) hog
кабаре с cabaret
кабачок ч marrow; (*цукіні*) courgette
кабель ч cable
кабельне телебачення с cable television
кабіна ж cabin, booth; **кабіна пілота** cockpit
кабінет ч office
каблучка ж ring
кабріолет ч convertible
кава ж coffee; **кава без кофеїну** decaffeinated coffee
кавалер (*розм*) boyfriend
кавалерія ж cavalry
кавер-версія ж cover version
каверзний *прикм* tricky
Кавказ ч Caucasus
кавник ч coffeepot
кавове зерня с coffee bean
кавун ч watermelon
кав'ярня ж café, coffee shop
кадет ч cadet
кадр ч (*фільму*) shot
кадри ч, мн (*працівники*) staff
кадрове забезпечення с staffing
кажан ч bat
казан ч cauldron
казарми ж, мн barracks
казати (*док* **сказати**) *пер дс* to say, to tell
казах (**казашка**) ч (ж) Kazakh
Казахстан ч Kazakhstan
казахський *прикм* Kazakh
казино с casino
казка ж fairy tale
казковий *прикм* fairy
казус ч incident
какао с cocoa
кактус ч cactus
кал ч faeces
каламбур ч pun
калейдоскоп ч kaleidoscope
календар ч calendar
калина ж guelder rose

калібр ч calibre
калібрувати (*док* **відкалібрувати**) *пер дс* to calibrate
каліграфічний *прикм* calligraphic
калій ч potassium
калічити (*док* **скалічити**) *пер дс* to cripple
калорійний *прикм* high-calorie
калорійність ж calorific value
калорія ж calorie
калька ж tracing paper
калькулятор ч calculator; **кишеньковий калькулятор** pocket calculator
кальмар ч squid
кальцій ч calcium
калюжа ж puddle
калякати (*док* **накалякати**) *пер дс* to scribble
камбала ж plaice
Камбоджа ж Cambodia
камбоджієць (**камбоджійка**) ч (ж) Cambodian
камбоджійський *прикм* Cambodian
камбуз ч galley
каменяр ч mason
камера ж chamber; (*апарат*) camera; (*в'язнична*) cell; (*покришка колеса*) inner tube; **камера системи безпеки** security camera; **камера схову** left-luggage office
камерафон ч camera phone
камерний (*муз*) chamber
Камерун ч Cameroon
камін ч fireplace
камінь ч stone, rock; **камінь спотикання** sticking point, stumbling block
кампанія ж campaign; (*похід*) crusade; **учасник кампанії** campaigner
кампус ч campus
камуфляж ч camouflage
кам'яна кладка ж masonry
кам'янистий *прикм* stony, rocky
кам'яні уламки мн ім rubble
канабіс ч cannabis
Канада ж Canada
канадець (**канадка**) ч (ж) Canadian
канадський *прикм* Canadian
канал ч channel, canal; **торговий канал** shopping channel
каналізація ж sewer
канапа ж (*диван*) settee
канапка ж (*бутерброд*) sandwich
Канари мн ім Canaries
канарка ж canary
канат ч rope; (*у цирку*) tightrope
канва ж canvas
кандидат ч candidate, nominee
кандидатура ж candidacy
канібалізм ч cannibalism
канікули мн ім holiday; (*короткі канікули*) half-term
каністра ж canister
каное с canoe

канцелярська кнопка ж drawing pin
канцелярська робота ж paperwork
канцелярський *прикм* office;
  канцелярський магазин stationer
канцлер Державної скарбниці ч
  Chancellor of the Exchequer
канцтовари *мн ім* stationery
каньйон ч canyon
капати (*док* **капнути**) *непер дс* to drip
капела ж choir
капелан ч chaplain
капелюх ч hat
каперс ч caper
капець ч slipper
капіляр ч capillary
капітал ч capital; **обіговий капітал**
  working capital; **ризиковий капітал**
  venture capital
капіталізм ч capitalism
капіталіст ч capitalist; **венчурний**
  капіталіст venture capitalist
капіталістичний *прикм* capitalist
капітальний *прикм* (*важливий, значний*)
  major; (*ґрунтовний, детальний*) thorough
капітан ч captain; **звання капітана**
  captaincy
капітулювати *непер дс* to capitulate
каплиця ж chapel
капор ч bonnet
капосний *прикм* mischievous
капостити (*док* **накапостити**) *непер дс*
  (*розм*) to spite
капот ч bonnet
капрал ч corporal
капсула ж capsule
каптур ч hood
капуста ж cabbage
кара ж penalty
каральний *прикм* punitive
каральні заходи ч, *мн* crackdown
карамель ж caramel
карантин ч quarantine; **утримувати на**
  карантині to quarantine
караоке с karaoke
карась ч carp
карат ч carat
карате с karate
карати (*док* **покарати**) *пер дс* to punish,
  to penalize
карафа ж carafe
карбувати (*док* **викарбувати**) *пер дс*
  to mint
карбюратор ч carburettor
кардиган ч cardigan
кардинал ч cardinal
кардіограма ж cardiogram
кардіостимулятор ч pacemaker
кар'єр ч quarry; (*гірнича справа*) pit
кар'єра ж career
Карибське море с Caribbean
карибський *прикм* Caribbean, West Indian

Карибські острови *мн ім* Caribbean,
  West Indies
карий *прикм* (*про очі*) brown; (*про коня*)
  bay
карикатура ж caricature
карі *невідм* ч curry
каркас ч frame
карколомний *прикм* breakneck
карлик ч dwarf
карликовий *прикм* dwarf
карлючки ж, *мн* scribble, doodle;
  малювати карлючки to doodle
карма ж karma
карнавал ч carnival
карниз ч curtain rail
карний *прикм* criminal
кароокий *прикм* brown-eyed
карта ж (*зображення земної поверхні*) map;
  (*гральна*) card; **карта вин** wine list; **карта**
  міста street map; **карта пам'яті** memory
  card; **складати карту** to chart, to map
картати (*док* **покартати**) *пер дс* to scold
картатий *прикм* checked
карт-бланш ч (*повна свобода дій*) carte
  blanche
картель ч cartel
картина ж picture, painting; (*написана*
  олією) oil painting
картинка-пазл ж jigsaw
картка ж (*магнітна картка* swipe card;
  картка поповнення top-up card
картка-ключ ж key card
картковий таксофон ч cardphone
картон ч cardboard
картоплечистка ж potato peeler
картопля ж potato; **картопля фрі** chips;
  печена картопля baked potato
картопляне пюре с mashed potatoes
карусель ж merry-go-round, carousel
каса ж (*скриня з грішми*) till; (*квиткова*)
  ticket office; **театральна каса** box office
касета ж cassette
касир ч cashier; (*у банку*) teller
каскад ч cascade
каскадер ч stuntman
касовий апарат ч cash register
каста ж caste
каструвати (*док* **скаструвати**) *пер дс*
  to castrate
каструля ж saucepan, pan
каталізатор ч catalyst
каталітичний *прикм* catalytic;
  каталітичний конвертер catalytic
  converter
каталог ч catalogue
каталонський *прикм* Catalan
катання на ковзанах с ice-skating,
  skating
катання на лижах с skiing
катання на роликах с rollerskating
катапульта ж catapult

катар ч catarrh
Катар ч Qatar
катаракта ж cataract
катастрофа ж disaster, catastrophe
катастрофічний прикм disastrous, catastrophic
кататися непер дс (на коні, велосипеді, у транспорті) to ride; (на лижах) to ski; (на ковзанах) to skate
категоричний прикм categorical
категорично присл categorically
категорія ж category, class
катер ч cruiser
католик (католичка) ч (ж) Catholic
католицизм ч Catholicism
католицтво с Catholicism
католицький прикм Catholic
катувати пер дс to torture
кафе с café, snack bar
кафедра ж (проповідника) pulpit; (для читання лекцій) lectern; (в університеті) department
кафетерій ч cafeteria
кахлі мн ми tiles
качалка ж rolling pin
качати (док **викачати**) пер дс to pump
качка ж duck
каша ж porridge
кашель ч cough
кашемір ч cashmere
кашляти (док **кашлянути**) непер дс to cough
каштан ч chestnut
каштановий прикм chestnut
каятися (док **покаятися**) непер дс to repent
каяття с remorse, repentance
квадрат ч square
квадратний прикм square; **квадратний корінь** square root
квакати (док **квакнути**) непер дс to croak
кваліфікаційний турнір ч qualifier
кваліфікація ж qualification
кваліфікований прикм qualified
кваліфікувати пер дс to qualify
квантовий прикм quantum
квапитися (док **поквапитися**) непер дс to hurry up
квапливий прикм hasty, hurried
квартал ч block
квартет ч quartet
квартира ж apartment, flat
квартирант ч lodger, tenant
квартира-студія ж studio flat, (us) studio apartment
кварц ч quartz
квасоля ж bean; **стручкова квасоля** haricot; **спаржева квасоля** (вигна) black-eyed peas
кватирка ж small window
квиткова каса ж booking office

квиток ч ticket; **електронний квиток** e-ticket; **запасний квиток** stand-by ticket; **зворотний квиток** return; **квиток в один бік** one-way ticket, single ticket; **квиток на автобус** bus ticket
квітень ч April
квітка ж flower; **польова квітка** wild flower
квітнути непер дс to flower, to blossom
квітучий прикм flowering, in bloom
кволий прикм feeble
квота ж quota
кебаб ч kebab
кегельбан ч bowling alley
кегельбан-автомат ч tenpin bowling
кедр ч cedar
кекс ч cake
келих для вина ч wineglass
кельт ч Celt
кельтський прикм Celtic
кемпінг ч campsite
кенгуру ч / ж kangaroo
кенієць (кенійка) ч (ж) Kenyan
кенійський прикм Kenyan
Кенія ж Kenya
кепка ж cap
кепкувати (док **покепкувати**) непер дс to sneer
кепський прикм bad, nasty
кераміка ж ceramic
керамічний прикм ceramic
керівний прикм governing
керівник ч leader, head
керівництво с management, leadership; (рекомендації, вказівки) guidance
кермо с (автомобіля) steering wheel; (велосипеда, мотоцикла) handlebars
керування с administration; **погане керування** mismanagement
керувати непер дс to manage; (правити) to govern; (транспортним засобом) to steer; **погано керувати** to mismanage
кетчер ч (у бейсболі) catcher
кетчуп ч ketchup
кефаль ж mullet
кеш'ю ч cashew
кивати (док **кивнути**) непер дс to nod
кидати (док **кинути**) пер дс to throw; (відмовлятися від звички) to give up; (залишати) to forsake; (у кого-небудь чимось) to pelt
кидатися (док **кинутися**) непер дс to throw oneself; (мчати) to dash
кийок ч baton
килим ч carpet
килимове покриття с fitted carpet
килимок ч rug; **килимок для мишки** mouse mat
кинджал ч dagger
кинутий прикм derelict
кипарис ч cypress

кипіти *непер дс* to bubble, to boil; *(всередині від злості)* to seethe

кип'ятити *(док* скип'ятити*)* *пер дс* to boil

киргиз (киргизка) *ч (ж)* Kirghiz

Киргизія *ж* Kyrgyzstan

киргизька мова *ж* Kirghiz

киргизький *прим* Kirghiz

кирилиця *ж* Cyrillic alphabet

кисень *ч* oxygen

кислий *прим* sour

кисло-солодкий *прим* sweet and sour

кислота *ж* acid

кислотний *прим* acidic; **кислотний дощ** acid rain

кислотно-лужний баланс *ч* pH

кисть *ж* hand

кит *ч* whale

китаєць (китаянка) *ч (ж)* Chinese

Китай *ч* China

китайська мова *ж* Chinese

китайський *прим* Chinese

кишеньковий *прим* pocket; **кишеньковий злодій** pickpocket; **кишеньковий калькулятор** pocket calculator

кишенькові гроші *мн ім* pocket money

кишеня *ж* pocket

кишіти *непер дс* to teem

кишка *ж* bowel; **товста кишка** colon

кишківник *ч* bowels, gut

кишковий *прим* intestinal

кібер-злочин *ч* cybercrime

кібер-простір *ч* cyberspace

ківі¹ *невідм ім (птах)* kiwi

ківі² *невідм ім (фрукт)* kiwi

кіготь *ч* claw

кілобайт *ч* kilobyte

кіловат *ч* kilowatt

кілогерц *ч* kilohertz

кілограм *ч* kilogram

кілометр *ч* kilometre

кілт *ч* kilt

кіль *ч* keel

кільватер *ч* wake

кілька¹ *ч займ* some

кілька² *ж (риба)* sprat

кількісний *прим* quantitative

кількість *ж* quantity; **велика кількість** multitude, large number

кільце *с* ring, hoop; *(мотузки)* coil

кільцева дорога *ж* ring road

кімната *ж* room; **кімната відпочинку** lounge; **кімната для гостей** spare room; **кімната для примірювання** fitting room

кімнатна рослина *ж* pot plant

кінематографічний *прим* cinematic

кінець *ч* end, finish

кінний *прим (що стосується кінного спорту)* equestrian; *(який пересувається на конях)* mounted; **кінна поліція** mounted police

кінні перегони *мн ім* horse racing

кінозірка *ж* film star

кінозйомка *ж* filming

кінорежисер *ч* film-maker, film director

кіностудія *ж* film studio

кінотеатр *ч* cinema

кінофільм *ч* motion picture

кінохроніка *ж* newsreel

кінська сила *ж* horsepower

кінський *прим* equine

кінцевий користувач *ч* end user

кінцевий продукт *ч* end product

кінцевий результат *ч* end result

кінцівка *ж (твору)* ending; *(ноги й руки)* limb

кінчик *ч* tip

кінь *ч* horse

кіоск *ч* kiosk

Кіпр *ч* Cyprus

кіпріот (кіпріотка) *ч (ж)* Cypriot

кіпрський *прим* Cypriot

кір *ч* measles

кіста *ж* cyst

кістка *ж* bone; **виймати кістки** to bone

кістковий мозок *ч* bone marrow

кістлявий *прим* bony

кісточка *ж* ankle; *(у плодах)* stone; **без кісточки** pitted

кіт (кішка) *ч (ж)* cat

кітч *ч* kitsch

клавіатура *ж* keyboard

клавіша *ж* key; **гаряча клавіша** hot key; **функціональна клавіша** *(комп)* function key

клавішна панель *ж* keypad

кладовище *с* graveyard

клан *ч* clan

кланятися *(док* вклонитися*)* *непер дс* to bow

клапан *ч* valve

клаптик *ч* patch

клаптиковий *прим* patchwork

кларет *ч (вино)* claret

кларнет *ч* clarinet

клас *ч* class; **вищий клас** *(соціальний стан)* upper class; **другий клас** *(про якість, цінність)* second class; **середній клас** middle-class

класика *ж* classic

класифікація *ж* classification

класифікувати *пер дс* to classify

класицизм *ч* classicism

класичний *прим* classical

класна дошка *ж* blackboard

класна кімната *ж* classroom

класний *прим* class; *(стильний)* classy

класовий *прим* class

класти *(док* покласти*)* *пер дс* to put, to lay; **класти в банк** to deposit

клаустрофобний *прим* claustrophobic

клацання *с* click

клацати (*док* **клацнути**) *непер дс* to click; **клацати правою кнопкою мишки** to right-click; **двічі клацати кнопкою мишки** to double-click; **клацати лівою кнопкою мишки** to left-click

клеїти (*док* **приклеїти**) *пер дс* to glue

клей *ч* glue

клейка речовина *ж* adhesive

клейка стрічка *ж* Sellotape®

клейкий *прикм* adhesive

клементина *ж* clementine

клен *ч* maple

клерикальний *прикм* clerical

клерк *ч* clerk

кликати (*док* **покликати**) *пер дс* to call

клієнт *ч* client

клієнтура *ж* clientele, customers

кліка *ж* clique

клімат *ч* climate

кліматичний *прикм* climatic

кліматичні зміни *мн ім* climate change

клініка *ж* clinic

клінічний *прикм* clinical

кліпати (*док* **кліпнути**) *непер дс* to blink

клітина (*док* **ж** cell; **стовбурова клітина** stem cell

клітинний *прикм* cellular

клітка *ж* cage

клітковина *ж* fibre

кліше *с* cliché

клішня *ж* (*краба, лобстера*) pincer; (*іншої тварини*) claw

клон *ч* clone

клонувати *пер дс* to clone

клопіт *ч* trouble, bother

клопотання *с* petition

клопотатися (*док* **поклопотатися**) *непер дс* (*просити*) to solicit; (*турбуватися про когось*) to worry

клоун *ч* clown

клуб *ч* club; (*приміщення*) clubhouse

клубок *ч* ball

ключ *ч* key

ключиця *ж* collarbone

ключі від автомобіля *ч, мн* car keys

ключка *ж* (*для гри у гольф*) golf club; (*для гри у хокей*) hockey stick; **коротка ключка** putter

кляп *ч* gag

км/год *абр* km/h

кмин *ч* cumin

кмітливий *прикм* clever, quick-witted

кмітливість *ж* cleverness

книга *ж* book; **книга в м'якій обкладинці** paperback; **книга коміксів** comic book; **книжка у твердій палітурці** hardback; **кулінарна книга** cookbook, cookery book

книгарня *ж* bookshop

книжка *ж* book; **книжка-розкладачка** pop-up book

кнопка *ж* button

княгиня *ж* princess

князівство *с* principality

князь *ч* prince

коаліція *ж* coalition

кобальт *ч* cobalt

кобила *ж* mare

кобра *ж* cobra

коваль *ч* blacksmith

кований *прикм* forged

ковбаса *ж* sausage

ковбой *ч* cowboy

ковдра *ж* blanket; **стьобана ковдра** quilt

ковзани *ч, мн* skates

ковзанка *ж* skating rink, ice rink

ковтати (*док* **ковтнути**) *пер дс* to swallow; (*з'їсти або випити щось швидко*) to down

ковток *ч* swallow; (*невелика кількість рідини або їжі*) mouthful; **великий ковток** (*ковтальний рух*) gulp

ковточок *ч* sip

код додзвонювання *ч* prefix (*for making phone calls*)

кодекс *ч* code

кодування *с* coding

кодувати (*док* **закодувати**) *пер дс* to code, to encode

коефіцієнт інтелектуальності *ч* IQ

кожен *займ* every; (*з двох*) either

коза *ж* goat

козак *ч* Cossack

Козеріг *ч* Capricorn

козир *ч* trump

козирі *ч, мн* trumps

койка *ж* bunk

кокаїн *ч* cocaine

кока-кола *ж* Coke®

кокетливий *прикм* flirty

кокні *невідм ім* Cockney

кокон *ч* cocoon

кокосовий горіх *ч* coconut

кокс *ч* coke

коктейль *ч* cocktail; **молочний коктейль** milkshake

кола *ж* cola

колаж *ч* collage

колба електричної лампи *ж* light bulb

колготи *мн ім* tights

колега *ч / ж* colleague; (*на аналогічній посаді в іншій установі або країні*) counterpart

коледж *ч* college

колектив *ч* collective

колекціонер *ч* collector

колекція *ж* collection

колесо *с* wheel

коли[1] *присл* when

коли[2] *спол* when, as

коливатися *непер дс* (*рухатися з боку в бік*) to oscillate; (*змінюватися*) to fluctuate

коли-небудь *присл* ever

колиска *ж* cradle

колискова *ж* lullaby

колись *присл* sometime

колихатися (*док* **колихнутися**) *непер дс* to sway

колишній *прикм* former, ex-; **колишній чоловік** ex-husband

колишня дружина *ж* ex-wife

колі *ч / ж* collie

коліна *мн ім* lap

колінна чашечка *ж* kneecap

коліно *с* knee; **ударити коліном** to knee

колір *ч* colour; **колір обличчя** complexion

колісниця *ж* chariot

колія *ж* track

коло¹ *с* circle

коло² *прийм* around

колода *ж* log

колодязь *ч* well

колона *ж* column, pillar

колоніалізм *ч* colonialism

колоніальний *прикм* colonial

колонізувати *пер дс* to colonize

колоніст *ч* colonist

колонія *ж* colony

колорит *ч* colour(ing)

колосальний *прикм* mammoth, colossal

колоти (*док* **вколоти**) *пер дс* to prick

колумбієць (**колумбійка**) *ч* (*ж*) Colombian

колумбійський *прикм* Colombian

Колумбія *ж* Colombia

кол-центр *ч* call centre

кольорова гама *ж* colour scheme

кольорове телебачення *с* colour television

кольоровий *прикм* colour

колючий *прикм* prickly, thorny; **колючий дріт** barbed wire

колядка *ж* carol

кома¹ *ж* (*несвідомий стан*) coma

кома² *ж* (*розділовий знак*) comma

команда *ж* (*група людей*) team; (*наказ*) signal

командир *ч* commander

командувати *непер дс* to command; (*порядкувати, розпоряджатися*) to boss around

командувач *ч* commanding officer

комар *ч* mosquito, midge

комаха *ж* insect

комбайн *ч* combine harvester; (*кухонний*) food processor

комбінезон *ч* overalls

комедійний серіал *ч* sitcom

комедія *ж* comedy

комендантська година *ж* curfew

коментар *ч* comment, commentary

коментатор *ч* commentator

коментувати (*док* **прокоментувати**) *пер дс* to comment; (*бути коментатором*) to commentate

комерціалізація *ж* commercialism

комерційний аргумент *ч* (*на користь придбання товару*) selling point

комета *ж* comet

комік *ч* comic, comedian

комікс *ч* comic strip

комір *ч* collar

комірчина *ж* closet

комісія *ж* commission

комітет *ч* committee

комічний *прикм* comic

комод *ч* chest of drawers

комора *ж* (*для продуктів*) larder; (*для побутового приладдя*) utility room

компакт-диск *ч* compact disc, CD; **компакт-диск для зчитування інформації** CD-ROM

компактний *прикм* compact

компанія *ж* company; (*група*) cohort

компаньйон (*діловий*) partner; (*товариш*) companion

компас *ч* compass

компенсація *ж* compensation; (*покриття витрат*) reimbursement

компенсувати *пер дс* to compensate, to refund; to recompense

компетентний *прикм* competent

компетенція *ж* competence

компілювати *пер дс* to compile

компіляція *ж* compilation

комплекс *ч* complex; **торговий комплекс** shopping mall

комплексний *прикм* comprehensive

комплект *ч* kit; **комплект одягу** outfit

колекція *ж* figure

комплімент *ч* compliment

композитор *ч* composer

композиція *ж* composition; **заголовна композиція** title track

компонент *ч* component

компост *ч* compost

компот *ч* compote

компрометувати (*док* **скомпрометувати**) *пер дс* to compromise

компрометуючий *прикм* compromising

компроміс *ч* compromise, trade-off

комп'ютер *ч* computer; (*потужніший за ПК*) workstation; **настільний комп'ютер** desktop; **персональний комп'ютер** personal computer

комп'ютеризований *прикм* computerized

комп'ютеризувати *пер дс* to computerize

комп'ютерна гра *ж* computer game

комп'ютерна наука *ж* computer science

комп'ютерний *прикм* computer

комуна *ж* commune

комунізм *ч* communism

комуніст *ч* communist

комуністичний *прикм* communist

комфорт *ч* comfort

комюніке *с* communiqué

конвалія ж lily of the valley

конвеєр ч production line; **складальний конвеєр** assembly line

конвеєрна стрічка ж conveyor belt

конвеєрний транспортер ч carousel

конверт ч envelope

конвертер ч converter

конвертований прикм convertible

конвой ч convoy

конгломерат ч conglomerate

Конго невідм ім Congo

конгрес ч congress

конденсат ч condensation

кондитер ч (який виготовляє цукерки) confectioner; (який займається печивом) pastry chef

кондитерський прикм confectionery

кондиціонер ч air conditioner; **кондиціонер для волосся** conditioner

кондиціювання повітря с air conditioning

кондомініум ч (спільне володіння нерухомістю) condominium

кондор ч condor

кондуктор ч ticket collector, ticket inspector; **кондуктор автобуса** bus conductor

коник ч grasshopper

коник-гойдалка ч rocking horse

конкретний прикм particular

конкур ч show jumping

конкурент ч competitor

конкурентний прикм competitive

конкуренція ж competition

конкурс ч contest

конкурувати непер дс to compete, to rival

конкуруючий прикм competing

коноплі мн ім hemp

консалтингова компанія ж consultancy

консенсус ч consensus

консервант ч preservative

консервативний прикм conservative, stuffy

консерватизм ч conservatism

консерви мн ім tinned food

консервна банка ж tin

консервний ніж ч tin opener, can opener

консервований прикм tinned

консервувати (док законсервувати) пер дс to preserve

консорціум ч consortium

конспект ч summary

конституційний прикм constitutional

конституція ж constitution

конструктивний прикм constructive

конструктор ч (фахівець) constructor; (іграшка) building set

консул ч consul

консульство с consulate

консульський прикм consular

консультант ч consultant

консультативний прикм consultative

консультація ж consultation

контакт ч contact

контактні лінзи ж, мн contact lenses

контейнер ч container

контекст ч context

контингент ч contingent

континент ч continent

континентальний прикм continental; **континентальний сніданок** continental breakfast

континуум ч continuum

контрабанда ч smuggling

контрабандист ч smuggler

контрабас ч double bass

контракт ч contract

контраст ч contrast

контратакувати пер дс to counterattack

контрацептив ч contraceptive

контрацепція ж contraception

контролер ч inspector

контроль ч control; **контроль якості** quality control

контрольно-пропускний пункт ч checkpoint

контролювати (док проконтролювати) пер дс to control

контрпродуктивний прикм counterproductive

контур ч contour

конус ч cone

конфедерація ж confederation

конферансьє ч / ж compere

конференція ж conference

конфесія ж religion; (релігійна деномінація) confession

конфеті с confetti

конфіденційний прикм confidential

конфіденційність ж confidence

конфіденційно присл confidentially

конфіскувати пер дс to confiscate

конфлікт ч conflict

конформізм ч conformism

конфронтаційний прикм confrontational

конфронтація ж confrontation

концентраційний табір ч concentration camp

концентрація ж concentration

концентрований прикм concentrated

концентруватися (док сконцентруватися) непер дс to concentrate

концептуальний прикм conceptual

концерн ч concern

концерт ч (виступ) concert; (музичний твір) concerto; **сольний концерт** recital

кончина ж death, demise

коньяк ч cognac

конюшина ж clover

конюшня ж stable

кооператив ч cooperative

координата *ж* coordinate

координувати *пер дс* to coordinate

копалина *ж* mineral

копати (*док* **викопати**) *непер / пер дс* to dig

копач *ч* digger

копито *с* hoof

копійка *ж* kopiyka

копіювати (*док* **скопіювати**) *пер дс* (*робити копію*) to copy; (*передражнювати*) to mock

копія *ж* copy

копчена риба *ж* kipper

копчений *прикм* smoked; **копчений лосось** smoked salmon

корабель *ч* ship; **військовий корабель** warship; **космічний корабель** spaceship

кораблетроща *ж* shipwreck

корал *ч* coral

Коран *ч* Koran, Quran

кордон *ч* border, boundary; (*поліції, транспорту*) cordon

кореєць (**кореянка**) *ч* (*ж*) Korean

корейська мова *ж* Korean

корейський *прикм* Korean

коректор *ч* proofreader

коректувати (*док* **скоректувати**) *пер дс* (*виправляти*) to correct; (*текст*) to proofread

кореневий *прикм* root

кореспондент *ч* correspondent

Корея *ж* Korea

коридор *ч* corridor, hallway

корисливий *прикм* mercenary

корисний *прикм* useful, beneficial; (*для здоров'я*) healthy; (*що використовується як знаряддя*) instrumental

користатися (*док* **скористатися**) *непер дс* (*чимось у своїх інтересах*) to capitalize

користуватися (*док* **скористатися**) *непер дс* to use; (*правами*) to exercise; **користуватися лічильником** to meter

користувач *ч* user; **користувач Інтернету** Internet user

корито *с* trough

кориця *ж* cinnamon

коричневий *прикм* brown

коріандр *ч* coriander

корінний *прикм* (*місцевий*) indigenous; (*докорінний*) radical

корінь *ч* root; **квадратний корінь** square root; **пускати коріння** to root

корм *ч* feed

корнет *ч* cornet

коробка *ж* box; (*для їжі, продуктів*) tub; **коробка передач** gearbox

корова *ж* cow

корозія *ж* corrosion

корок *ч* cork

королева *ж* queen

королівство *с* kingdom

королівська високість *ж* Royal Highness

королівська родина *ж* royal family

королівський *прикм* royal

король *ч* king

корона *ж* crown

коронарний *прикм* coronary

коронація *ж* coronation

коронер *ч* (*слідчий у справах насильницької та раптової смерті*) coroner

коронувати *пер дс* to crown

короп *ч* carp

короткий *прикм* short; (*стислий*) brief

коротко *присл* briefly

короткозорий *прикм* near-sighted, short-sighted

короткометражний фільм *ч* short film

короткотерміновий *прикм* short-term

корпоративний *прикм* corporate

корпорація *ж* corporation

корпус *ч* (*тулуб*) body; (*тех*) frame; (*будівля*) building; (*корабля*) hull

корт *ч* court

кортіти (*док* **закортіти**) *непер дс* to want sth very much

корупція *ж* corruption

корчитися (*док* **скорчитися**) *непер дс* to writhe

коса¹ *ж* (*зачіска*) plait

коса² *ж* (*знаряддя праці*) scythe

косити (*док* **скосити**) *пер дс* to mow

косметика *ж* cosmetics

косметична хірургія *ж* cosmetic surgery

косметичний *прикм* cosmetic

космічна станція *ж* space station

космічний *прикм* cosmic; **космічний корабель** spaceship; **космічний простір** outer space

космонавт *ч* astronaut

космополітичний *прикм* cosmopolitan

космос *ч* space

Косово *с* Kosovo

косогір *ч* hillside

косоокість *ж* squint

Коста-Рика *ж* Costa Rica

костюм *ч* suit; (*сценічний*) costume

костюмований *прикм* costume

косяк *ч* (*риби*) shoal

котедж *ч* cottage

котел *ч* boiler

котити *пер дс* to roll, to wheel

котитися *непер дс* (*повільно їхати*) to trundle

котлета *ж* cutlet

 ключове слово

котрий (*ж* **котра**, *с* **котре**, *мн* **котрі**) *займ*
   1 (*про тварин і неістот*) which, that
   2 (*про людей*) who, that

котушка ж reel, spool
кофеїн ч caffeine
кофта ж cardigan
коханий ч lover ▷ *прикм* beloved
коханка ж mistress
кохання c love
кохати *пер дс* to love
кочівник ч nomad
кочовий *прикм* nomadic
кошеня c kitten
кошерний *прикм* kosher
кошик ч basket
кошмар ч nightmare
кошти *мн ім* funds, means
коштовний камінь ч jewel, gem
коштовний метал ч precious metal
коштовність ж jewel
кошторис ч estimate
коштувати *непер / пер дс* to cost
краб ч crab
краватка ж tie
краватка-метелик ж bow tie
кравець ч tailor
крадений *прикм* stolen; (*розмовне*) bent
крадіжка ж theft; **крадіжка зі зломом** burglary; **крадіжка особистих даних** identity theft
крадькома *присл* secretly
краєвид ч landscape, scenery
країна ж country; **країна, що розвивається** developing country
країни Перської затоки ж, *мн* Gulf States
країни третього світу ж, *мн* Third World
край ч edge; (*межа*) side; (*прірви*) brink; (*віддалена від центру частина*) fringe; **передній край** (*центр діяльності*) cutting edge
крайній *прикм* extreme; (*надзвичайний*) utmost; **крайній нападник** winger; **крайній термін** deadline, time limit
крайність ж extreme
крам ч goods
крамниця ж shop; **тютюнова крамниця** tobacconist
кран¹ ч (*водопровідний, газовий*) tap
кран² ч (*підйомний механізм*) crane
крапелька ж droplet
крапка ж full stop, dot; **крапка з комою** semi-colon
крапля ж drop; **крапля дощу** raindrop; **очні краплі** eye drops
краса ж beauty
красивий *прикм* beautiful
красиво *присл* beautifully
красномовний *прикм* eloquent
красномовство c eloquence
краснуха ж German measles
красти (*док* вкрасти) *непер / пер дс* to steal
крастися *непер дс* to creep (about), to sneak (about)

красунчик ч knockout; (*на постері*) pin-up
кратне число c multiple
крах ч crash, meltdown
краще *присл* better
кращий *прикм* (*за іншого*) better; preferable
креветка ж (*прісноводна*) prawn; (*морська*) shrimp
кредит ч credit; (*позика*) loan; **споживчий кредит** consumer credit
кредитна картка ж credit card
кредитний рейтинг ч credit rating
кредитор ч creditor
кредо c creed
крейда ж chalk
крекер ч cracker
кректати *непер дс* (*від болю, напруження*) to groan
крем ч cream; **крем для взуття** shoe polish; **крем для гоління** shaving cream; **заварний крем** custard; **тональний крем** foundation
крематорій ч crematorium
кремезний *прикм* sturdy, chunky
кремнієва мікросхема ж silicon chip
кремній ч silicon
креольська мова ж Creole
креслення c drawing
креслити (*док* накреслити) *пер дс* to draw; **креслити наново** to redraw
креслярська дошка ж drawing board
креслярська кнопка ж thumbtack
крес-салат ч cress
крещендо c crescendo
кривавий *прикм* bloody, gory
кривий *прикм* curved, crooked
кривитися (*док* скривитися) *непер дс* to grimace
кривляння c antics
кривобокий *прикм* lopsided
крига ч ice
крижаний *прикм* icy, freezing
криза ж crisis
крик ч scream, shout
крикет ч cricket
крикливий *прикм* blatant; (*надто яскравий*) gaudy
крилатий *прикм* winged
крило c wing
Крим ч Crimea
кримінальний *прикм* criminal; **кримінальний авторитет** godfather
кримський *прикм* Crimean
кримчанин (кримчанка) ч (*ж*) Crimean
криниця ж well
крипта ж crypt
криси *мн ім* brim
кристал ч crystal
кристалізувати (*док* скристалізувати) *пер дс* to crystallize

кристалізуватися (*док* **скристалізуватися**) *непер дс* to crystallize
критерій *ч* criterion
критий *прикм* covered
критик *ч* critic
критика *ж* criticism; (*детальний аналіз*) critique
критикувати (*док* **розкритикувати**) *пер дс* to criticize
критичний *прикм* critical; **критичний стан** breaking point
крихітний *прикм* tiny
крихкий *прикм* fragile, brittle
крихта *ж* crumb
криця *ж* steel
кричати (*док* **крикнути**) *непер / пер дс* to shout; (*голосно вимагати*) to clamour ▷ *непер дс* to yell
кришка *ж* lid
кришталевий *прикм* crystal
кришталево чистий *прикм* crystal clear
крізь *прийм* through
крім *прийм* (*на додачу*) besides; (*за винятком*) except; **крім того** additionally
кріп *ч* dill
крісельний підйомник *ч* chairlift
крісло *с* armchair, easy chair
крісло-гойдалка *с* rocking chair
кріт *ч* mole
кров *ж* blood; **аналіз крові** blood test; **група крові** blood group
кровити *непер дс* to bleed
крововилив *ч* haemorrhage
кровожерний *прикм* bloodthirsty, murderous
кровоносна судина *ж* blood vessel
кровообіг *ч* (*мед*) circulation
кровопролиття *с* bloodshed
кровотеча *ж* bleeding
кров'яний тиск *ч* blood pressure
крок *ч* footstep, pace; **великий крок** stride
кроква *ж* rafter
крокет *ч* croquet
крокодил *ч* crocodile
крокувати *непер дс* to step, to pace
крокус *ч* crocus
кролик *ч* rabbit; (*у мові дітей*) bunny; (*хутро*) cony; **піддослідний кролик** guinea pig
кропива *ж* nettle
кросворд *ч* crossword
кросівки *ж, мн* sneakers, trainers
крохмаль *ч* starch
круасан *ч* croissant
круглий *прикм* circular, round; **круглий стіл** round table
кружляти *непер дс* to whirl
круїз *ч* cruise; **здійснювати круїз** to cruise
крук *ч* raven
крупи *мн ім* (*зерна*) cereals
крупний план *ч* close-up

крутий *прикм* (*про підйом*) steep; (*раптовий*) sudden; (*про яйце*) hard-boiled; (*оригінальний*) cool
крутити *пер дс* to twist
крутитися *непер дс* to turn; (*навколо чогось*) to revolve
ксенофобія *ж* xenophobia
ксенофобський *прикм* xenophobic
ксилофон *ч* xylophone
куб *ч* cube
Куба *ж* Cuba
кубик льоду *ч* ice cube
кубинець (**кубинка**) *ч (ж)* Cuban
кубинський *прикм* Cuban
кубічний *прикм* cubic
кубок світу *ч* World Cup
кубометр *ч* cubic meter
Кувейт *ч* Kuwait
кувейтський *прикм* Kuwaiti

 ключове слово

куди *присл* (*у яке місце*) where, where to; (*у якому напрямку*) where, which way; **куди ти поклав мою ручку?** where did you put my pen?; **я не знаю, куди він пішов** I don't know where he went to; **куди мені треба повернути: праворуч чи ліворуч?** which way should I turn – right or left? ▷ *част* (*значно, незрівнянно*) much, much more, far; **його будинок куди більший за наш!** his house is much bigger than ours!

куди-небудь *присл* anywhere
кудись *присл* somewhere
кудлатий *прикм* shaggy
куйовдити (*док* **скуйовдити**) *пер дс* to ruffle
кукурікати *непер дс* to crow
кукурудза *ж* maize; **солодка кукурудза** sweetcorn
кукурудзяне борошно *с* cornflour
кукурудзяні пластівці *мн ім* cornflakes
кулак *ч* fist
кулемет *ч* machine gun
куленепробивний *прикм* bulletproof
кулінарний *прикм* culinary
кулон *ч* pendant
кульбаба *ж* dandelion
кульгавий *прикм* lame
кульгати *непер дс* to limp
кулька *ж* pellet; (*густої, клейкої речовини*) blob
кулькова ручка *ж* ballpoint, Biro®
кульмінаційний момент *ч* climax
кульмінація *ж* culmination
кульмінувати *непер дс* to culminate
культура *ж* culture
культурний *прикм* cultural; (*освічений*) cultured

куля ж (*частина набою*) bullet; (*геометричне тіло*) ball
кумедний *прикм* amusing, funny
кумир ч idol
кунжут ч sesame
купа ж heap, pile; **складати в купу** to pile
купальний костюм ч swimming costume
купальний халат ч bathrobe
купальник ч bathing suit, swimsuit
купатися (*док* **скупатися**) *непер дс* to bathe
купе с compartment
купівельна спроможність ж purchasing power
куплений *прикм* bought
купон ч coupon
купувати (*док* **купити**) *пер дс* to buy, to purchase
купюра ж (*банкнота*) note
курд ч Kurd
Курдистан ч Kurdistan
курдський *прикм* Kurdish
курець ч smoker
кур'єр ч courier; **відправляти кур'єром** to courier
курирувати *пер дс* to curate
куріпка ж partridge
курйозний *прикм* curious, strange
курка ж hen
курорт ч resort
курс ч course; **валютний курс** rate of exchange; **курс валют** exchange rate; **курс тренування** training course
курсив ч italics
курсивний *прикм* italic
курсова робота ж course work
курсор ч cursor
курсувати *непер дс* to shuttle
куртка ж jacket
курча с chicken
курятина ж chicken
кусати (*док* **вкусити**) *пер дс* to bite
кусачки *мн ім* clippers
кут ч corner; (*у геометрії, астрономії*) angle; **глухий кут** (*у переговорах*) standoff, deadlock; **прямий кут** right angle
кутастий *прикм* angular
кухар ч cook
кухня ж kitchen; (*якоїсь країни*) cuisine
кухоль ч mug
кухонний рушник ч tea towel
кучерик ч curl
кучерявий *прикм* curly
куштувати (*док* **скуштувати**) *пер дс* to taste, to sample
кущ ч bush, shrub

Л

лабети *мн ім* clutch
лабіринт ч labyrinth; (*парковий*) maze
лабораторія ж laboratory, lab
лава¹ ж (*меблі*) bench
лава² ж (*вулканічна*) lava
лаванда ж lavender
лавина ж avalanche
лавірувати *непер дс* to manoeuvre
лавр ч laurel
лавровий лист ч bay leaf
лагер ч lager
лагідний *прикм* affectionate
лагодити (*док* **полагодити**) *пер дс* to mend, to fix
лагуна ж lagoon
лад ч (*державний*) regime; (*порядок*) order; (*злагода*) harmony; (*тональність*) tune
ладан ч incense
ладен *прикм* (*згоден*) ready
ладнати *непер дс* to get on
лазарет ч infirmary
лазер ч laser
лазити *непер дс* to climb
лазівка ж (*у законі*) loophole
лазня ж baths
лайка ж swearword, curse
лайкра ж Lycra
лайливий *прикм* abusive
лайм ч lime
лайнер ч liner; **повітряний лайнер** airliner; **реактивний лайнер** jumbo jet
лак ч lacquer, varnish; **лак для волосся** hairspray; **лак для нігтів** nail polish, nail varnish
лаконічний *прикм* laconic
лакувати (*док* **полакувати**) *пер дс* to varnish
лама ч (*буддійський чернець*) lama
Ла-Манш ч English Channel
ламати (*док* **зламати**) *пер дс* to break; (*знищувати*) to destroy; (*різко змінювати*) to transform
ламатися (*док* **зламатися**) *непер дс* to break down

лампа *ж* lamp
ландшафт *ч* landscape
ланка *ж* link
ланцюг *ч* chain
ланцюгова реакція *ж* chain reaction
ланч *ч* lunch
Лаос *ч* Laos
лапа *ж* paw
лапки *мн ім* quotation marks, inverted commas
ларингіт *ч* laryngitis
ласка[1] *ж* (*хижа тварина*) weasel
ласка[2] *ж* (*послуга*) favour
ласкавий *прикм* affectionate
ласкаво просимо! *виг* welcome!
ласощі *мн ім* sweets
ласти *ч, мн* flippers
ластівка *ж* swallow
ластовиння *с* freckles
ласун (**ласунка**) *ч* (*ж*) food-lover
латаний *прикм* patched
латати (*док* **залатати**) *пер дс* to patch
латвієць (**латвійка**) *ч* (*ж*) Latvian
латвійський *прикм* Latvian
Латвія *ж* Latvia
латина *ж* Latin
латиноамериканський *прикм* Latin American
Латинська Америка *ж* Latin America
латиська мова *ж* Latvian
латунь *ж* brass
лауреат *ч* prizewinner
лахміття *с* rags
лацкан *ч* lapel
лаяти (*док* **налаяти**) *пер дс* to scold, to berate
лаятися (*док* **вилаятися**) *непер дс* to swear, to curse
лаятися (*док* **полаятися**) *непер дс* to quarrel
лебідка[1] *ж* (*самиця лебедя*) female swan
лебідка[2] *ж* (*прилад*) winch, hoist
лебідь *ч* swan
лев *ч* lion
Лев *ч* Leo
левиця *ж* lioness
легалізація *ж* legalization
легальний *прикм* legal
легенда *ж* legend
легендарний *прикм* legendary
легеня *ж* lung
легіон *ч* legion
легітимний *прикм* legitimate
легка атлетика *ж* athletics
легка вага *ж* (*у спорті*) lightweight
легкий *прикм* (*про вагу*) light; (*нескладний*) easy, effortless
легко *присл* easily
легкоатлет (**легкоатлетка**) *ч* (*ж*) athlete
легковажний *прикм* (*нерозсудливий, поверховий*) thoughtless; (*несерйозний*) shallow

легковажно *присл* casually
легковірний *прикм* gullible
легкозаймистий *прикм* inflammable
ледачий *прикм* lazy, idle
ледве *присл* hardly
леді *ж* lady
ледь *присл* barely, scarcely
лежати *непер дс* to lie; **лежати в основі** to underlie
лезо *с* blade; **лезо бритви** razor blade
лейкемія *ж* leukaemia
лейтенант *ч* lieutenant
лексика *ж* vocabulary
лекція *ж* lecture
лелека *ч / ж* stork
леопард *ч* leopard
лесбійка *ж* lesbian
лесбійський *прикм* lesbian
лестити (*док* **полестити**) *непер дс* to flatter
лестощі *мн ім* flattery
летіти (*док* **полетіти**) *непер дс* to fly
лижі *ж, мн* ski
лижний *прикм* ski
лижник (**лижниця**) *ч* (*ж*) skier
лижня *ж* piste
лизати (*док* **лизнути**) *пер дс* to lick
лимон *ч* lemon
лимонад *ч* lemonade
линяти *непер дс* (*про тварин, птахів*) to moult
липа *ж* linden
липень *ч* July
липкий *прикм* sticky
липнути (*док* **прилипнути**) *непер дс* to stick to
лисий *прикм* bald
лисиця *ж* fox
лисіючий *прикм* balding
лискучий *прикм* glossy, shiny
лист *ч* letter; **відкритий лист** open letter
листівка *ж* (*поштова*) postcard; (*вітальна*) greetings card
листкове тісто *с* puff pastry
листок *ч* (*рослини*) leaf
листоноша *ч / ж* postman
листопад *ч* November
листування *с* correspondence; **друг за листуванням** penfriend, pen pal
листуватися *непер дс* to correspond with
листя *с* leaves, foliage
Литва *ж* Lithuania
литець (**литовка**) *ч* (*ж*) Lithuanian
литовська мова *ж* Lithuanian
литовський *прикм* Lithuanian
лихвар *ч* pawnbroker
лихо *с* trouble; (*біда, трагедія*) calamity
лиховісний *прикм* ominous
лицар *ч* knight

лицарське звання *с* knighthood
лицемір *ч* hypocrite
лицемірний *прикм* hypocritical
лицемірство *с* hypocrisy
лицьовий *прикм* facial
личинка *ж* larva, maggot
личити *непер дс* (*пасувати*) to suit
лишайник *ч* lichen
лише *спол* only
лібералізм *ч* liberalism
лібералізувати *пер дс* to liberalize
лібералізувати *непер дс* to liberalize
ліберальний *прикм* liberal
лібєрієць (**ліберійка**) *ч* (*ж*) Liberian
ліберійський *прикм* Liberian
Ліберія *ж* Liberia
ліберо *ч* (*у футболі*) sweeper
Ліван *ч* Lebanon
ліванець (**ліванка**) *ч* (*ж*) Lebanese
ліванський *прикм* Lebanese
лівий *прикм* (*той, що зліва*) left-hand; (*ліберальний*) left-wing ▷ *ч* left; (*член лівого крила партії*) left-winger; **лівий бік** left
лівієць (**лівійка**) *ч* (*ж*) Libyan
лівійський *прикм* Libyan
Лівія *ж* Libya
ліворуч *присл* left
ліга *ж* league
лідер *ч* leader; (*під час змагання*) front-runner
лідирувати *непер дс* to be in the lead
ліжко *с* bed; **односпальне ліжко** single bed
лійка *ж* (*кухонна*) funnel; (*садова*) watering can
лікар (**лікарка**) *ч* (*ж*) doctor; (*терапевт*) physician; (*особливо невропатолог, психіатр*) therapist; **клінічний лікар** clinician; **практикуючий лікар** practitioner
лікарня *ж* hospital
лікарняний *ч* sick leave ▷ *прикм* hospital
лікарський *прикм* medicinal
лікарський препарат *ч* pharmaceutical
ліквідатор *ч* liquidator
ліквідація *ж* (*організації, підприємства*) dissolution
ліквідність *ж* liquidity
ліквідовувати (*док* **ліквідувати**) *пер дс* to liquidate
лікер *ч* liqueur
ліки *мн ім* medicine, medication
лікоть *ч* elbow; **підштовхувати ліктем** (*щоб привернути увагу*) to nudge; **штовхати ліктем** to elbow
лікувальний *прикм* therapeutic
лікування *с* treatment; **лікування алкоголізму та наркоманії** detox
лілея *ж* lily
лімерик *ч* (*п'ятирядковий жартівливий вірш*) limerick
лімузин *ч* limousine

лімфовузол *ч* gland
лінгафонний кабінет *ч* language laboratory
лінгвіст *ч* linguist
лінгвістичний *прикм* linguistic
лінза *ж* lens
лінійка *ж* ruler
лінійний *прикм* linear
лінія *ж* line; **гаряча лінія** hotline; **лінія електропередачі** power line; **лінія партії** party line; **лінія фронту** front line; **товарна лінія** product line
лінк *ч* hot link
лінкор *ч* battleship
лінолеум *ч* lino
лінчувати *пер дс* to lynch
ліпити *пер дс* to sculpt
ліплення *с* moulding
ліричний *прикм* lyrical
ліс *ч* forest, wood; **тропічний ліс** rainforest
лісистий *прикм* wooded
лісівник *ч* forester
лісництво *с* forestry
лісовий *прикм* forest, woodland
лісозаготівля *ж* logging
лісоруб *ч* lumberjack
літак *ч* aircraft, plane; **військовий літак** warplane; **перевезення літаками** airlift; **перевозити літаками** to airlift; **реактивний літак** jet
літера *ж* letter; **велика літера** letter
література *ж* literature
літературний *прикм* literary
літній[1] *прикм* (*немолодий*) elderly
літній[2] *прикм* (*який буває влітку*) summer
літні канікули *мн ім* summer holidays
літня пора *ж* summertime
літо *с* summer; **середина літа** midsummer
літопис *ч* chronicle
літр *ч* litre
ліфт *ч* lift
ліхтар *ч* lantern
ліхтарик *ч* torch, flashlight
ліхтарний стовп *ч* lamppost
Ліхтенштейн *ч* Liechtenstein
ліцензія *ж* licence
ліцензований *прикм* licensed
лічба *ж* count
лічильник *ч* meter; **користуватися лічильником** to meter; **лічильник на парковці** parking meter; **лічильник пробігу** mileometer, (*US*) odometer
ліщина *ж* hazel
лляне полотно *с* linen
лляний *прикм* linen
лобі *с* lobby
лобіст *ч* lobbyist
лобіювати *пер дс* to lobby
лобове скло *с* windscreen, (*US*) windshield
лобстер *ч* lobster

ловити (*док* **зловити**) *пер дс* to catch; **ловити в пастку** to trap; **ловити рибу** to fish; **ловити сіткою** to net

логіка *ж* logic

логічне обґрунтування *с* rationale

логічний *прикм* logical

логотип *ч* logo

ложа *ж* (*театральна*) box; (*масонська*) lodge

ложка *ж* (*предмет*) spoon; (*кількість*) spoonful; **чайна ложка** teaspoon

лоза *ж* wicker

локалізація *ж* localization

локалізований *прикм* localized

локомотив *ч* locomotive

локон *ч* lock

локшина *ж* London

ломбард *ч* pawnshop

ломиніс *ч* (*рослина*) clematis

Лондон *ч* London

лопата *ж* (*совкова*) shovel; (*штикова*) spade

лопатися (*док* **лопнутися**) *непер дс* to burst

лопатка *ж* shoulder blade; (*для насипання чогось*) scoop

лорд *ч* lord

лосини *мн ім* leggings

лоскотати *пер дс* to tickle

лосось *ч* salmon; **копчений лосось** smoked salmon

лось *ч* elk

лосьйон *ч* lotion; **лосьйон для засмаги** suntan lotion; **лосьйон після гоління** aftershave; **лосьйон після засмаги** aftersun lotion; **очисний лосьйон** cleansing lotion

лотерея *ж* lottery, raffle; **розіграти в лотереї** to raffle

лоша *с* (*чоловічої або жіночої статі*) foal; (*чоловічої статі*) colt

лояльний *прикм* loyal

луг *ч* (*лука*) meadow

лужний *прикм* alkaline

лук *ч* bow

лукавий *прикм* cunning, wily

лукавити *непер дс* to be cunning

луна *ж* echo; **відбиватися луною** to echo

лупа́ *ж* dandruff

лу́па *ж* (*збільшувальне скло*) magnifying glass

лупцювати (*док* **відлупцювати**) *пер дс* to thrash

луска *ж* scale

лусочка *ж* (*чогось*) flake

лущити (*док* **облущити**) *пер дс* to shell

льодовик *ч* glacier

льодяник на паличці *ч* lolly, lollipop

льотчик *ч* pilot

льотчик-випробувач *ч* test pilot

льох *ч* cellar

любий (**люба**) *ч* (*ж*) sweetheart, darling ▷ *прикм* dear, darling

любитель *ч* amateur

любительський *прикм* amateur

любити *пер дс* to love; (*захоплюватися чимось*) to be fond of sth; **любити до нестями** to dote on

люблячий *прикм* loving

любов *ж* love

люб'язний *прикм* (*ввічливий*) courteous; (*готовий допомогти*) accommodating

люб'язність *ж* courtesy, politeness

люди *мн ім* people; **люди похилого віку** elderly people

людина *ж* person

людино-година *ж* man-hour

людиноподібна мавпа *ж* ape

людожер *ч* cannibal

людство *с* mankind, humanity

людська істота *ж* human being

людська природа *ж* human nature

людський *прикм* human

людські ресурси *мн ім* human resources

людяний *прикм* humane

Люксембург *ч* Luxembourg

люлька[1] *ж* (*для паління*) pipe

люлька[2] *ж* (*колиска*; *підвісний поміст для роботи на висоті*) cradle

люстерко *ж* mirror

люстра *ж* chandelier

лютеранин (**лютеранка**) *ч* (*ж*) Lutheran

лютеранство *с* Lutheranism

лютий[1] *прикм* fierce, ferocious

лютий[2] *ч* February

лютувати *непер дс* (*про бурю, вогонь, епідемію*) to rage

лють *ж* fury, rage

лягати (*док* **лягти**) *непер дс* to lie

лякати (*док* **злякати**) *пер дс* to frighten, to scare

лялька *ж* doll; (*маріонетка*) puppet

ляпсус *ч* blunder

ляскати (*док* **ляснути**) *пер дс* to spank, to slap

M

мабуть *присл* maybe
мавпа *ж* monkey
мавпувати (*док* **змавпувати**) *пер дс*
to ape
Маврикій *ч* Mauritius
Мавританія *ж* Mauritania
магазин *ч* (*крамниця*) shop; (*для патронів*)
magazine; **магазин безмитної торгівлі**
duty-free shop; **магазин взуття** shoe shop;
магазин подарунків gift shop; **магазин
садівництва** garden centre; **м'ясний
магазин** butcher; **овочевий магазин**
greengrocer
магазинна крадіжка *ж* shoplifting
магістр *ч* masters (degree); **ступінь
магістра** master's degree
магістраль *ж* main road, highway
магістрат *ч* magistrate
магістратура *ж* master's degree course;
(*us*) graduate school
магічний *прикм* magical
магія *ж* magic
магнат *ч* magnate, tycoon
магнетизм *ч* magnetism
магнетичний *прикм* magnetic
магній *ч* magnesium
магніт *ч* magnet
магнітне поле *с* magnetic field
магнітофон *ч* tape recorder, recorder
магнолія *ж* magnolia
Мадагаскар *ч* Madagascar
мадам *ж* madam
маестро *ч* maestro
маєток *ч* mansion, estate
мажор *ч* (*муз*) major key
мажорний *прикм* (*муз*) major; (*бадьорий,
радісний*) cheerful
мазати (*док* **мазнути**) *пер дс* to smear
▷ (*док* **промазати**) *непер дс* (*не влучити*)
to fail to hit
мазок *ч* smear
мазь *ж* ointment
майбутнє *с* future
майбутній *прикм* future, upcoming

майдан *ч* square
майданчик *ч* site; **будівельний
майданчик** building site; **дитячий
майданчик** playground; **штрафний
майданчик** penalty area
майже *присл* almost; **майже не** hardly
майка *ч* vest
майно *с* property, belongings
майонез *ч* mayonnaise
майор *ч* (*військ*) major
майоран *ч* marjoram
майстер *ч* (*керівник ділянки виробництва*)
foreman; (*електрик, слюсар тощо*)
tradesman; (*своєї справи*) whizz
майстерний *прикм* masterly
майстерність *ж* (*уміння,
досвідченість*) mastery; (*уміння,
вправність*) craftsmanship; (*висока
якість, досконалість*) artistry, finesse
майстерня *ж* workshop
мак *ч* poppy
макарони *мн ім* macaroni
македонець (**македонка**) *ч* (*ж*)
Macedonian
Македонія *ж* Macedonia
македонська мова *ж* Macedonian
макінтош *ч* mac
макіяж *ч* make-up
маклерська фірма *ж* brokerage
макрель *ж* mackerel
максимальний *прикм* maximum
максимізувати *пер дс* to maximize
максимум *ч* maximum
макулатура *ж* scrap paper
Малаві *невідм ім* Malawi
малайзієць (**малайзійка**) *ч* (*ж*) Malaysian
малайзійський *прикм* Malaysian
Малайзія *ж* Malaysia
малайський *прикм* Malay
маленький *прикм* little
малий *прикм* little, small ▷ *ч* lad, boy
малина *ж* raspberry
малиновий *прикм* raspberry; (*колір*)
crimson

○ **ключове слово**

мало *присл* (*небагато: з іменниками в
однині*) little, not much; (: *з іменниками
в множині*) few; **мало радості** little joy;
мало води not much water; **мало людей**
few people; **мало** *присл* little; **ми мало його бачимо** we
see little of him
▷ *як прис* it is not enough…; **цього мало**
this is not enough

малобюджетний *прикм* low-budget
маловідомий *прикм* little-known
малозабезпечений *прикм* indigent
малозначущість *ж* insignificance

малойморівний *прикм* unlikely

малолітній *прикм* (замолодий для чогось) underage; (юний, незрілий) juvenile

малонаселений *прикм* sparsely populated

малорухливий *прикм* sedentary

мальовнича місцевість *ж* beauty spot

мальовничий *прикм* picturesque, scenic

Мальта *ж* Malta

мальтієць (мальтійка) *ч (ж)* Maltese

мальтійська мова *ж* Maltese

мальтійський *прикм* Maltese

малювати (док **намалювати**) *пер дс* to draw; (фарбами) to paint; **малювати карлючки** to doodle

малюк хижака *ч* cub

малюнок *ч* drawing

маля *с* baby; (віком від 1 до 3 років) toddler

маляр *ч* painter

малярія *ж* malaria

малярство *с* painting

мама *ж* mum

мамонт *ч* mammoth

манго *с* mango

мандарин *ч* mandarin, tangerine

мандат *ч* mandate

мандрівний *прикм* travelling; (кочовий) roving

мандрівник *ч* traveller

маневр *ч* manoeuvre

манеж *ч* (для верхової їзди) riding school; (цирковий) arena; (дитячий) travel cot

манекен *ч* dummy

манера *ж* manner

манери *ж, мн* manners

манжет *ч* cuff

манити *пер дс* (кликати) to beckon; (вабити) to attract

маніакальний *прикм* manic

манікюр *ч* manicure

маніпулювати *непер дс* to manipulate

маніпулятивний *прикм* manipulative

манірний *прикм* mannered

маніфест *ч* manifesto

манія *ж* mania, craze

маніяк *ч* maniac

манні крупи *мн ім* semolina

мантія *ж* (плащ) cloak; (університетська, суддівська) robe

мантра *ж* mantra

манускрипт *ч* manuscript

маорі[1] *ч / ж* (представник і представниця народності) Maori

маорі[2] *ж* (мова) Maori

маорійський *прикм* Maori

маразм *ч* idiocy

маракуя *ж* passion fruit

марафон *ч* marathon

марафонський *прикм* marathon

маргарин *ч* margarine

маргаритка *ж* daisy

маргіналізувати *пер дс* to marginalize

маринад *ч* marinade

маринований *прикм* pickled

маринувати (док **замаринувати**) *пер дс* to marinade, to marinate

марити *непер дс* (мріяти) to dream; (у непритомності) to be delirious

марихуана *ж* marijuana

марка *ж* (товару) brand; (поштова) stamp

маркер[1] *ч* (фломастер) marker, highlighter

маркер[2] *ч* (протоколіст рахунку гри) scorer

маркетинг *ч* marketing

маркетолог *ч* marketing expert

марксіз *ч* marquis

марксизм *ч* Marxism

марксист *ч* Marxist

марксистський *прикм* Marxist

маркувати (док **помаркувати**) *пер дс* to mark, to tag

мармелад *ч* marmalade

мармур *ч* marble

марний *прикм* vain, fruitless

марніти (док **змарніти**) *непер дс* to wither

марно *присл* uselessly

марнославний *прикм* vain

марнослав'я *с* vanity

марнотратний *прикм* wasteful

марнотратник *ч* spendthrift, spender

марнотратство *с* extravagance

марнувати (док **змарнувати**) *пер дс* to waste, to misspend

мародерствувати *непер дс* to pillage

марокканець (марокканка) *ч (ж)* Moroccan

марокканський *прикм* Moroccan

Марокко *с* Morocco

марудний *прикм* troublesome

марципан *ч* marzipan

марш *ч* march

маршал *ч* marshal

марширувати *непер дс* to march, to parade

маршрут *ч* route, itinerary; **зміна маршруту** diversion; **змінювати маршрут** to divert

маса *ж* mass, bulk; (безліч) a great deal

масаж *ч* massage

масажувати *пер дс* to massage

масивний *прикм* massive

маска *ж* mask

маскарад *ч* masquerade

маскарадний костюм *ч* fancy dress

маскування *с* disguise

маскувати (док **замаскувати**) *пер дс* to disguise; (військ) to camouflage

маскуватися (док **замаскуватися**) *непер дс* to put on a mask; (військ) to camouflage

маскулінність *ж* masculinity

масло *с* butter

маслоробка *ж* churn

мас-медіа *невідм ім* mass media
масний *прикм* oily, greasy
масове виробництво *с* mass production
масовий *прикм* mass
мастило *с* grease
масть ж (*тварини*) colour (of animal's coat); (*у картах*) suit
масштаб ч scale
масштабний *прикм* large-scale
мат¹ ч (*у шахах*) checkmate
мат² ч (*розм: лайка*) strong language
математик ч mathematician
математика ж mathematics, maths
математичний *прикм* mathematical
материк ч mainland
материнство *с* motherhood, maternity
материнський *прикм* (*який стосується матері*) maternal; (*такий, як у матері*) motherly
матеріал ч material
матеріалізм ч materialism
матеріальний *прикм* (*речовий, предметний*) material; (*грошовий*) financial
мати¹ ж mother; **мати-одиначка** single mother; **хрещена мати** godmother
мати² *пер дс* to have; **мати на увазі** to mean; (*думати про щось*) to have in mind; (*натякати*) to imply
матка ж (*орган*) uterus, womb; (*у бджіл*) queen bee; **шийка матки** cervix
матовий *прикм* (*колір, фарба, поверхня*) matt; (*непрозорий*) opaque
матрац ч mattress
матриця ж matrix
матріархат ч matriarchy
матрос ч sailor
матуся ж mummy
матч ч match; **матч на своєму полі** home match; **матч на чужому полі** away match; **матч-реванш** rematch; **футбольний матч** football match
мафія ж Mafia
махати (*док* **махнути**) *непер дс* to wave
махінація ж manipulation
мачете ч machete
мачо ч macho
мачуха ж stepmother
машинальний *прикм* automatic
машиністка ж typist
машинобудування *с* engineering
машинопис ч typing
маяк ч lighthouse
маятник ч pendulum
маячня ч nonsense
меблі *мн ім* furniture
мебльований *прикм* furnished
меблювати *пер дс* to furnish
мегабайт ч megabyte
мегаполіс ч metropolis
мед ч honey

медаліст ч medallist
медаль ж medal; **золота медаль** gold medal
медальйон ч locket; (*розм*) medallion
медик ч medic
медикамент ч medicine
медитація ж meditation
медицина ж medicine
медична шина ж splint
медичний *прикм* medical
медовий місяць ч honeymoon
медсестра ж nurse
медуза ж jellyfish
межа ж limit, borderline; **нижня межа** rock bottom
межовий *прикм* borderline
межувати *непер дс* to border
мейнфрейм ч (*комп'ютер звичайних розмірів*) mainframe
Мекка ж Mecca
Мексика ж Mexico
мексиканець (**мексиканка**) ч (ж) Mexican
мексиканський *прикм* Mexican
меланхолійний *прикм* melancholy
меланхолік ч melancholic
мелений *прикм* ground
меліорація ж land reclamation
меліорувати *пер дс* to reclaim
мелодійний *прикм* melodic
мелодія ж melody, tune
мелодрама ж melodrama; (*мильна опера*) soap opera
мелодраматичний *прикм* melodramatic
меморіал ч memorial
меморіальний *прикм* memorial; commemorative
мемуари *мн ім* memoirs
мензурка ж beaker
менінгіт ч meningitis
менопауза ж menopause
менструація ж menstruation
менструювати *непер дс* to menstruate
менталітет ч mentality
менше *присл* less, fewer
менший *прикм* minor, lesser; (*молодший*) younger
меншина ж minority
меншість ж minority
меншовартість ж inferiority
меню *с* menu
мер ч mayor
мережа ж network; (*Інтернет*) Web
мереживний *прикм* lacy
мереживо *с* lace
мерехтіти *непер дс* to shimmer, to gleam
мерзнути (*док* **змерзнути**) *непер дс* to feel cold
мерзотник ч scum
меридіан ч meridian
мерин ч gelding
мерія ж town hall

меркнути (*док* **змеркнути**) *непер дс* (*темнішати*) to grow dark; (*втрачати силу, значення*) to wane

мертва точка *ж* deadlock

мертва хватка *ж* stranglehold

мертвий *прикм* dead; **мертвий сезон** low season

мертвонароджений *прикм* stillborn

меса *ж* Mass

Месія *ч* Messiah

мести (*док* **підмести**) *пер дс* to sweep

мета *ж* purpose, aim

метаболізм *ч* metabolism

метаболічний *прикм* metabolic

метал *ч* metal

металевий *прикм* metallic

метаморфоза *ж* metamorphosis

метан *ч* methane

метасимвол *ч* (*в інформатиці*) wild card

метати (*док* **метнути**) *пер дс* to pitch

метатися *непер дс* to rush about

метафізичний *прикм* metaphysical

метафора *ж* metaphor

метафоричний *прикм* metaphorical

метелик *ч* butterfly

метеор *ч* meteor

метеорит *ч* meteorite

метеорологічний *прикм* meteorological

метляти *непер дс* (*хвостом*) to wag

метод *ч* method

методист *ч* methodologist; (*релігійне*) Methodist

методичний *прикм* methodical

методологія *ж* methodology

метр *ч* metre

метричний *прикм* metric

метро *с* underground, subway

метушитися *непер дс* to fuss, to bustle

метушливий *прикм* fussy

метушня *ж* fuss, bustle

механізм *ч* mechanism

механізувати *пер дс* to mechanize

механік *ч* mechanic; (*автомобільний*) motor mechanic

механічний *прикм* mechanical

меч *ч* sword

мечеть *ж* mosque

мешканець (**мешканка**) *ч* (*ж*) (*той, хто мешкає в певній країні чи місті*) resident, inhabitant; (*той, хто мешкає в певному будинку чи кімнаті*) occupier, occupant

мешкати *непер дс* to live, to reside; **мешкати разом** (*не вступаючи в шлюб*) to cohabit

мжичка *ж* drizzle

ми *займ* (*у називному відмінку*) we; (*у непрямих відмінках*) us

мигдалик *ч* tonsil

мигдаль *ч* almond

мигтіння *с* flicker, glimmer

мигтіти *непер дс* to flicker, to glimmer

мийний засіб *ч* detergent

милий *прикм* cute, nice ▷ *ч* / *ж* (**мила**) darling

милити (*док* **намилити**) *пер дс* to soap

милиця *ж* crutch

милість *ж* mercy

мило *с* soap

милозвучний *прикм* harmonious

милосердя *с* mercy

милостивий *прикм* gracious

милостиня *ж* handout

милувати (*док* **помилувати**) *пер дс* to pardon

милуватися *непер дс* to admire

мильниця *ж* soap dish

миля *ж* mile

мимовільний *прикм* involuntary, unwitting

мимоволі *присл* involuntarily

мимохідь *присл* in passing

мимохіть *присл* unintentionally

мимрити *непер* / *пер дс* to mumble

минати (*док* **минути**) *непер* / *пер дс* to go by ▷ *непер дс* (*тільки про час*) to elapse

минуле *с* past

минулий *прикм* past; (*найближчий у часі*) last; **минулого четверга** last Thursday

минущий *прикм* passing

мир *ч* peace

миритися (*док* **помиритися**) *непер дс* to condone

мирний *прикм* peaceful; **мирний договір** treaty; **мирний час** peacetime

миротворець *ч* peacekeeper

миротворчий *прикм* peacekeeping

миршавий *прикм* (*слабий, хворобливий*) feeble; (*непривабливий*) mangy

миряни *ч, мн* laity

мис *ч* cape

миска *ж* bowl

мисливець *ч* hunter

мисливський будиночок *ч* lodge

мислитель *ч* thinker

мислити *непер дс* to think

мистецтво *с* art; (*майстерність*) prowess; **вид мистецтва** art form; **витвір мистецтва** work of art

мистецький *прикм* artistic

митарство *с* hardship

митець *ч* artist

мити (*док* **помити**) *пер дс* to wash; (*шваброю*) to mop

митник *ч* customs officer

митниця *ж* customs

мито *с* (*збір*) duty

миттєвий *прикм* (*який триває мить*) momentary; (*швидкий, раптовий*) instantaneous, instant; **миттєвий знімок** snapshot

миттєво *присл* momentarily, promptly

миття посуду *с* washing-up

мить ж instant, moment
миша ж mouse; (*у множині*) mice
миш'як ч arsenic
мігрант ч migrant
міграція ж migration
мігрень ж migraine
мігрувати *непер дс* to migrate
мігруючий *прикм* migrant
мідний *прикм* copper
мідь ж copper

 ключове слово

між *прийм* **1** (*між двома*) between
2 (*поміж, серед*) among, amongst; **між
першою та другою годинами** between
one and two o'clock; **між студентами
ширилися новітні ідеї** new ideas spread
among the students; **між іншим** by the way,
incidentally

міждержавний *прикм* interstate
міжконтинентальний *прикм*
intercontinental
міжнародна компанія ж multinational
міжнародний *прикм* international
міжнародні відносини *мн ім*
international relations
міжособистісний *прикм* interpersonal
мізерний *прикм* miserable
мізинець ч little finger
мій *займ* (*із іменником*) my; (*без іменника*)
mine
мікроавтобус ч minibus
мікроб ч germ, microbe
мікрокосм ч microcosm
мікрокредит ч microcredit
мікроорганізм ч microorganism
мікропроцесор ч microprocessor
мікроскоп ч microscope
мікроскопічний *прикм* microscopic
мікротаксі с minicab
мікрофон ч microphone; (*слухавки*)
mouthpiece
мікрохвильова піч ж microwave
мікрочип ч microchip
мікс ч mix
міксер ч mixer
мікстура ж mixture; **мікстура від кашлю**
cough mixture
міленіум ч millennium
міліграм ч milligram
мілілітр ч millilitre
міліметр ч millimetre
міліметровий папір ч graph paper
мілкий *прикм* shallow
міль ж moth
мільйон ч million
мільйонер ч millionaire
мільйонний *прикм* millionth
мільярд ч billion

мільярдер ч billionaire
мім ч mimic
міміка ж facial expression
міна¹ ж (*вираз обличчя*) face, expression
міна² ж (*військ*) mine
мінерал ч mineral
мінеральна вода ж mineral water
мінеральний *прикм* mineral
мініатюра ж miniature
мініатюрний *прикм* miniature, diminutive;
(*про жінку*) petite
міні-бар ч minibar
міні-готель ч bed and breakfast, B&B
мінімалізм ч minimalism
мінімаліст ч minimalist
мінімалістський *прикм* minimalist
мінімальний *прикм* minimal, minimum
мінімум ч minimum
міні-спідниця ж miniskirt
міністерство с ministry
міністерський *прикм* ministerial
міністр ч minister
мінливий *прикм* changeable, variable
мінне поле с minefield
міномет ч mortar
мінор ч (*муз*) minor key
мінорний *прикм* (*муз*) minor; (*сумний*) sad
міношукач ч mine detector
мінувати (*док* **замінувати**) *пер дс* to mine
мінус ч minus
мінятися *непер дс* to change, to vary
міра ж measure; (*межа*) limit
міраж ч mirage
мірило с measure
міріади *мн ім* myriad
міркування с consideration,
contemplation
міркувати *непер дс* to consider,
to contemplate
мірошник ч miller
міряти (*док* **поміряти**) *пер дс* to measure
міс ж Miss
місити (*док* **замісити**) *пер дс* to knead
місіонер ч missionary
місіонерський *прикм* missionary
місіс ж Mrs
місія ж mission
міст ч bridge
містер ч Mr, mister
містик ч mystic
містити *пер дс* (*в собі*) to include,
to contain
містифікувати *пер дс* to mystify
містицизм ч mysticism
містичний *прикм* mystical
місто с (*велике*) city; (*невелике*) town;
рідне місто hometown
місце с place; (*вільний простір*) room; (*в
театрі, кіно*) seat; (*місцевість*) locality;
(*простір*) space; **місця** (*для сидіння*)
seating; **на місці** on-the-spot; **місце**

відпочинку amenity; **місце в проході** aisle seat; **місце зустрічі** meeting place; **місце народження** place of birth, birthplace; **місце отримання багажу** baggage reclaim; **місце проведення** venue; **місце роботи** workplace; **місце стоянки** (*автомобіля*) parking place; (*човна*) mooring; **перше місце** first place, lead

місцева влада *ж* local government

місцевий *прикм* local; **місцевий анестетик** local anaesthetic; **місцевий час** local time

місцевість *ж* (*район*) locality; (*говорячи про природні особливості*) terrain; **дика місцевість** wilderness; **лісиста місцевість** woodland; **сільська місцевість** countryside, country

місцезнаходження *с* location; (*приблизне*) whereabouts

міська рада *ж* (*великого міста*) city council; (*невеликого міста*) town council

міський *прикм* town, city

місяць *ч* (*календарний*) month

Місяць *ч* (*небесне світило*) Moon; **повний місяць** full moon

місячне сяйво *с* moonlight

місячний *прикм* (*пов'язаний із Місяцем*) lunar; (*пов'язаний із календарним місяцем*) monthly

мітенки *ж, мн* mitten

мітинг *ч* rally

мітингувати *непер дс* to hold a rally

мітла *ж* broom

міф *ч* myth

міфічний *прикм* mythical

міфологія *ж* mythology

міхур *ч* bladder

міцний *прикм* strong; (*здоровий*) robust; (*який не псується*) durable

міцно *присл* strongly

мішаний *прикм* mixed

мішень *ж* target

мішечок *ч* small bag, pouch

мішковина *ж* sacking

мішок *ч* sack

мішура *ж* tinsel

мла *ж* mist, haze

млин *ч* mill; (*вітряк*) windmill

млинець *ч* pancake

млинок *ч* hand mill; (*для кави, перцю*) grinder; **млинок для перцю** peppermill

мліти (*док* **зімліти**) *непер дс* (*непритомніти*) to faint; (*знемагати*) to languish

млявий *прикм* (*апатичний*) apathetic; (*позбавлений жвавості*) languid, sluggish

млявість *ж* apathy, lethargy

MMS *абр* MMS

множення *с* multiplication

множина *ж* plural

множити (*док* **помножити**) *пер дс* (*матем*) to multiply; (*збільшувати*) to increase

мобілізувати *пер дс* to mobilize

мобілізуватися *непер дс* to mobilize

мобільний *прикм* mobile; **мобільний телефон** mobile phone, (*us*) cell phone

мов¹ *спол* like, as

мов² *част* as if

мова *ж* language; **друга мова** (*нерідна, яку вживають на роботі або в навчанні*) second language; **мова жестів** sign language; **мова тіла** body language; **рідна мова** mother tongue

мовлення *с* speech

мовознавець *ч* linguist

мовознавство *с* linguistics

мовчазний *прикм* (*неговіркий*) taciturn; (*безмовний*) silent; (*який не супроводжують словами*) tacit; **мовчазна згода** tacit support

могила *ж* grave

могильна плита *ж* gravestone

могти (*док* **змогти**) *непер дс* (*мати змогу*) can; (*мати дозвіл*) may

могутній *прикм* powerful, mighty

мода *ж* fashion

модель *ж* model

моделювати (*док* **змоделювати**) *пер дс* to model

модем *ч* modem

модернізм *ч* modernism

модерністський *прикм* modernist

модний *прикм* fashionable

модуль *ч* module

може *присл* maybe

можливий *прикм* (*здійсненний*) possible; (*ймовірний*) probable; (*який можна зрозуміти, уявити*) conceivable; **робити все можливе** to do one's utmost

можливість *ж* possibility; (*сприятлива*) opportunity; **можливість підключення** connectivity

можливо *присл* perhaps, maybe

мозаїка *ж* mosaic

Мозамбік *ч* Mozambique

мозковий центр *ч* think-tank

мозок *ч* brain

мокнути (*док* **змокнути**) *непер дс* (*ставати мокрим*) to get wet

мокрий *прикм* wet

молдавський *прикм* Moldovan

Молдова *ж* Moldova

молдованин (**молдованка**) *ч* (*ж*) Moldovan

молекула *ж* molecule

молекулярний *прикм* molecular

молитва *ж* prayer

молитися (*док* **помолитися**) *непер дс* to pray

молитовник *ч* prayer book

молодець! *виг* well done!
молодий *прикм* young
молодіжний *прикм* youth; **молодіжний готель** youth hostel; **молодіжний клуб** youth club
молодість *ж* youth
молодший *прикм* (*за віком*) younger; (*за рангом*) junior
молодь *ж* youth, young people
моложавий *прикм* young-looking
молоко *с* milk; **ультрапастеризоване молоко** UHT milk
молоти (*док* **змолоти**) *пер дс* to grind, to mill
молоток *ч* hammer; **дерев'яний молоток** mallet
молочарня *ж* dairy
молочна суміш *ж* baby milk
молочний *прикм* milk; (*про колір, аромат*) milky; (*який стосується будь-якої молочної продукції*) dairy; **молочний коктейль** milkshake; **молочний шоколад** milk chocolate
молочні продукти *ч, мн* dairy products, dairy produce
мольберт *ч* easel
молюск *ч* shellfish; (*двостулковий*) mussel; **їстівний молюск** clam
момент *ч* moment; **найяскравіший момент** high point; **поворотний момент** turning point
Монако *с* Monaco
монарх *ч* monarch, sovereign
монархістський *прикм* monarchist
монархія *ж* monarchy
монастир *ч* monastery; (*абатство*) abbey; **жіночий монастир** convent
монгол *ч* Mongolian
Монголія *ж* Mongolia
монгольська мова *ж* Mongolian
монгольський *прикм* Mongolian
монета *ж* coin
монетаризм *ч* monetarism
монетаристський *прикм* monetarist
монетна система *ж* coinage
монетний двір *ч* mint
монітор *ч* monitor
моногамія *ж* monogamy
моногамний *прикм* monogamous
монолітний *прикм* monolithic
монолог *ч* monologue
монополізувати *пер дс* to monopolize
монополія *ж* monopoly
монотонний *прикм* monotonous
монофонічний *прикм* mono
монтаж *ч* (*тех*) mounting; (*фільму*) montage
монумент *ч* monument
мопед *ч* moped
мораль *ж* (*повчання, висновок*) moral; (*система норм*) morality

моральний *прикм* moral, ethical
моральні принципи *ч, мн* morals; (*про сумніви в моральній правоті*) scruples
мораторій *ч* moratorium
морг *ч* morgue, mortuary
моргати (*док* **моргнути**) *непер дс* to wink
морда *ж* (*тварини*) muzzle; (*про людину*) mug
море *с* sea
мореплавання *с* sailing
мореплавний *прикм* nautical
морепродукт *ч* seafood
морж *ч* walrus
морква *ж* carrot
морожений *прикм* frozen
мороз *ч* frost
морозиво *с* ice cream; **морозиво на паличці** ice lolly
морозильна камера *ж* freezer
морозний *прикм* frosty
морозостійкий *прикм* hardy
морок *ч* darkness, gloom
морочити (*док* **заморочити**) *пер дс* (*розм: завдавати клопоту*) to cause trouble; (*дурити*) to deceive
морська вода *ж* sea water
морська свинка *ж* guinea pig
морська хвороба *ж* travel sickness
морське дно *с* seabed
морське узбережжя *с* seashore, seaside
морський *прикм* sea; (*мореплавний*) marine
морський собака *ч* (*акула*) dogfish
морфін *ч* morphine
морщитися (*док* **зморщитися**) *непер дс* to wince
моряк *ч* sailor, seaman
мостити (*док* **вимостити**) *пер дс* (*бруківкою, бетоном*) to pave
мотель *ч* motel
мотив *ч* motive
мотивація *ж* motivation
мотивований *прикм* motivated
мотлох *ч* junk, clutter
мотор *ч* motor
моторизований *прикм* motorized
моторний човен *ч* motorboat
моторошний *прикм* terrifying
мотоцикл *ч* motorcycle, motorbike
мотоцикліст *ч* motorcyclist
мотузка *ж* rope, string; **мотузка для білизни** washing line, clothes line
мох *ч* moss
мочити (*док* **намочити**) *пер дс* to soak, to drench
мочитися (*док* **помочитися**) *непер дс* to pee
мочка *ж* earlobe
MP3 плеєр *ч* MP3 player
MP4 плеєр *ч* MP4 player
мрійник *ч* dreamer

мрія *ж* dream
мріяти *непер дс* to dream
мружитися *непер дс* to squint
мряка *ж* drizzle
мрячити *непер дс* to drizzle
мстивий *прикм* vindictive, vengeful
мститися (*док* **помститися**) *непер дс*
  to avenge, to retaliate (for)
мудрий *прикм* wise
мудрість *ж* wisdom
мужній *прикм* courageous
мужньо *присл* courageously
музей *ч* museum
музика *ж* music; **музика до фільму**
  soundtrack; **народна музика** folk music
музикант *ч* musician
музична група *ж* band
музичний *прикм* musical; **музичний**
  інструмент musical instrument
мука *ж* torment, anguish
мул[1] *ч* (*тварина*) mule
мул[2] *ч* (*намул*) silt
мультимедіа *мн ім* multimedia
мультимільйонер *ч* multi-millionaire
мультиплікаційний фільм *ч* cartoon
мульча *ж* mulch
муляр *ч* bricklayer
мумія *ж* (*забальзамоване мертве тіло*)
  mummy
муніципальне житло *с* council house
муніципальний *прикм* municipal
мур *ч* wall
мураха *ж* ant
муркотати *непер дс* (*про котів*) to purr
  ▷ *пер дс* (*мурмотати*) to mutter
мус *ч* mousse
мусити *непер дс* must, to have to
мускатний горіх *ч* nutmeg
муслін *ч* muslin
мусон *ч* monsoon
мусульманин (**мусульманка**) *ч* (*ж*)
  Muslim, Moslem
мусульманський *прикм* Muslim, Moslem
мутант *ч* mutant
мутний *прикм* dull, muddy
муха *ж* fly
мученик *ч* martyr
мучити *пер дс* to torment, to rack
мучитися *непер дс* to suffer
мчати (*док* **помчати**) *непер дс* to rush;
  (*швидко їхати*) to speed
мюзикл *ч* musical
мюслі *мн ім* muesli
м'яз *ч* muscle
м'язовий *прикм* muscular
м'який *прикм* soft
м'якнути (*док* **зм'якнути**) *непер дс*
  to soften
М'янма *ж* Myanmar
м'ясний *прикм* meaty; **м'ясний магазин**
  butcher

м'ясник *ч* butcher
м'ясо *с* meat; **червоне м'ясо** red meat
м'ята *ж* mint; **перцева м'ята** peppermint
м'яти (*док* **зім'яти**) *пер дс* to crumple
м'яч *ч* ball; **футбольний м'яч** football

H

◯ ключове слово

на *прийм* **1** (*на поверхні*) on, upon; **книжка лежить на столі** the book is on the table; **він заліз мамі на коліна** he climbed up on his Mum's knee
2 (*позначення регіону*) in; **на Кіпрі** in Cyprus; **на Кавказі** in the Caucasus
3 (*позначення планети, річки, дороги*) on; **чи є життя на Марсі?** is there life on Mars?; **місто на Темзі** a town on the Thames
4 (*позначення закладів, занять*) at; **працювати на заводі** to work at the factory
5 (*у позначенні напрямку*) to, towards; **дорога на Лондон** the road to London
6 (*у позначенні часу*) on, at; **на третій день** on the third day; **на даний момент** at this point; **на Великдень** at Easter
7 (*у позначенні терміну*) for; **він поїхав на місяць** he has gone for a month **8** (*про крайній термін*) by; **це треба зробити на третю годину** it has to be done by three o'clock
9 (*у позначенні множення та ділення*) by; **помножити три на два** to multiply three by two
10 (*ділити на частини*) in, into, to; **рвати на шматки** to tear (in)to pieces
▷ *част* (*розм*) here you are; **дай, будь ласка, ручку! – на!** give me a pen, please! – here you are!

набагато *присл* much
набережна *ж* quay
набивати (*док* **набити**) *пер дс* to fill with
набивка *ж* padding
набирати (*док* **набрати**) *пер дс* (*брати*) to gather; (*досягати потрібного ступеня, кількості*) to gain; (*працівників*) to recruit
набитий *прикм* packed, crowded
набір *ч* (*комплект*) set; (*працівників*) hiring, recruitment

наближатися (*док* **наблизитися**) *непер дс* to approach
наболілий *прикм* (*який болить*) painful; (*давно назрілий*) troublesome
набридати *непер дс* (*ставати нудним*) to bore; (*турбувати*) to bother; (*постійно турбувати когось*) to harass
набряк *ч* tumour
набувати (*док* **набути**) *пер дс* to acquire
набувач *ч* acquirer
наважуватися (*док* **наважитися**) *непер дс* to dare, to venture
навантажений *прикм* loaded, laden
навантаження *с* load; (*робоче*) workload
навернений *ч* convert
навесні *присл* in spring
навздогін *присл* after
навиворіт *присл* inside out
нависати (*док* **нависнути**) *непер дс* to overhang; (*про хмари*) to lower; (*виникати, загрожувати*) to loom
навичка *ж* skill
навігація *ж* navigation
на відміну від *присл* unlike
на відстані *присл* remotely, distantly
навідуватися (*док* **навідатися**) *непер дс* to visit; (*розм*) to drop in
навіжений *прикм* crazy
навіки *присл* forever
навіть *част* even
навіщо *присл* why
навіювати (*док* **навіяти**) *пер дс* to evoke
навколишній *прикм* surrounding; (*про довкілля*) environmental
навколо *прийм* around ▷ *присл* round
навкруги *присл* around
навмисний *прикм* intentional, deliberate
навмисно *присл* intentionally, deliberately
наводнювати (*док* **наводнити**) *пер дс* to inundate, to flood
наволочка *ж* pillowcase
навпаки *присл* conversely, vice versa
навпіл *присл* in two, in half
навпомацки *присл* by touch
навпростець *присл* directly
навпроти *присл* opposite
навряд чи *присл* hardly
навушники *ч, мн* headphones, earphones; (*з мікрофоном*) headset
навчальна програма *ж* curriculum
навчальний *прикм* educational; **навчальний рік** academic year
навчання *с* teaching, tuition; (*у майстра*) apprenticeship; **навчання в школі** schooling
навчати (*док* **навчити**) *пер дс* to teach
навчатися *непер дс* to study
навшпиньки *присл* on tiptoe
нав'язливий *прикм* (*настирливий*) obtrusive; (*про мелодію, думку*) haunting
нагадування *с* reminder

нагадувати (*док* **нагадати**) *непер / пер дс* to remind

нагальний *прикм* pressing, urgent

нагинатися (*док* **нагнутися**) *непер дс* to bend down

нагірний *прикм* upland

нагляд *ч* supervision, control

наглядати *непер дс* to supervise, to oversee

наглядач *ч* supervisor; **наглядач у в'язниці** prison officer

наглядова служба *ж* watchdog

наглядовий *прикм* supervisory

наголос *ч* stress, emphasis

наголошувати (*док* **наголосити**) *непер / пер дс* to stress ▷ *пер дс* to accentuate

нагорі *присл* above; (*на верхньому поверсі*) upstairs

нагорода *ж* award

нагороджувати (*док* **нагородити**) *пер дс* to award; (*винагороджувати*) to reward

нагрудник *ч* bib

⬤ **ключове слово**

над *прийм* **1** (*вище*) above, over; **над рівнем моря** above sea level

2 (*для вираження найвищої міри порівняння*) over, beyond; **вона любить музику над усе** she loves music over everything else; **це над мої сили** it is beyond my power

3 (*вказує на об'єкт дії*) at, over; **працювати над чимось** to work at something; **засинати над книгою** to fall asleep over a book

4 on, upon; **змилосердитися над кимось** to take pity on someone

надавати¹ *док пер дс* (*давати багато*) to give

надавати² (*док* **надати**) *пер дс* (*право*) to grant; (*розподіляти*) to allot; **надавати право** to entitle

надалі *присл* henceforth

надання *с* (*постачання чогось*) provision; (*виділення чогось*) allotment

надбання *с* (*придбання, здобуття*) acquisition; (*досягнення*) achievement

надворі *присл* outdoors

надгробок *ч* tombstone

наддержава *ж* superpower

надзвичайний *прикм* (*винятковий*) extraordinary; (*незвичайний*) unusual; **надзвичайний стан** emergency

надзвичайно *присл* extremely, exceedingly

надзвуковий *прикм* supersonic

надихати (*док* **надихнути**) *пер дс* to inspire

надихаючий *прикм* inspirational

надійний *прикм* reliable, trustworthy; (*безпечний у використанні*) foolproof

надійно *присл* safely

наділяти (*док* **наділити**) *пер дс* to endow; (*владою*) to confer; (*повноваженнями*) to authorize

надія *ж* hope; **єдина надія** lifeline

надлишок *ч* (*те, що залишається*) surplus; (*те, що перевищує потреби*) excess; **надлишок виробничих потужностей** overcapacity

надмір *ч* excess, surplus

надмірний *прикм* excessive

надмірно *присл* excessively, overly

надміцний *прикм* heavy-duty

на добраніч! *виг* good night!

надокучати (*док* **надокучити**) *непер дс* to bore

надолужувати (*док* **надолужити**) *непер дс* to catch up

надомне виробництво *с* cottage industry

надписувати (*док* **надписати**) *непер дс* to inscribe

надприродний *прикм* supernatural

надсилання повідомлень *с* messaging

надсилати (*док* **надіслати**) *пер дс* to send; (*поштою*) to mail, to post

надто *присл* too, too much

надувати (*док* **надути**) *пер дс* (*повітрям*) to inflate

надуватися (*док* **надутися**) *непер дс* (*повітрям*) to inflate

надувний *прикм* inflatable

надуживати *непер дс* to overindulge (in)

надуманий *прикм* far-fetched

надшвидкісний *прикм* ultrafast

на жаль *присл* unfortunately; alas (*офіц*)

нажаханий *прикм* terrified

наждачний папір *ч* sandpaper

наживка *ж* bait

назавжди *присл* forever

назад *присл* back, backwards

назва *ж* name; (*книги*) title

наздоганяти (*док* **наздогнати**) *пер дс* to catch up

наземний *прикм* terrestrial

називати (*док* **назвати**) *пер дс* to call, to name; (*твір*) to title

називний *прикм* nominative

назовні *присл* out, outside

назустріч *присл* towards

наївний *прикм* naive

найбільше *присл* most

найближчий *прикм* nearest, immediate

найважливіший *прикм* prime, primary

найвищий *прикм* highest, supreme

найгірше *с* (the) worst

найгірший *прикм* worst; **найгірший період** nadir

найкращий *прикм* best, superlative
найманець *ч* mercenary
наймання *с* hire, renting
наймати (*док* **найняти**) *пер дс* (*у різних значеннях*) to hire; (*людей*) to employ; (*приміщення*) to rent
найменший *прикм* least; (*за зростом, розміром*) smallest; (*за віком*) youngest
наймолодший *прикм* youngest
найнижчий *прикм* lowest; (*про зріст*) shortest
найстарший *прикм* eldest
наказ *ч* order, command
наказовий *прикм* imperative
наказувати (*док* **наказати**) *непер дс* (*віддавати наказ*) to order, to command; (*віддавати розпорядження*) to tell
накачувати (*док* **накачати**) *пер дс* to pump up
накидатися (*док* **накинутися**) *непер дс* to pounce
наклад *ч* edition
накладати (*док* **накласти**) *пер дс* to lay, to put; (*одну річ на іншу*) to superimpose; (*обов'язок, обмеження, штраф*) to impose; (*перекривати щось чимось*) to overlap; **накладати вето** to veto; **накладати ембарго** to embargo
накладатися (*док* **накластися**) *непер дс* (*перекриватися*) to overlap
наклейка *ж* sticker
наклеп *ч* (*усний*) slander; (*письмовий*) libel; **зводити наклеп** to slander
наклепник *ч* detractor, slanderer
наклеювати (*док* **наклеїти**) *пер дс* to glue, to paste; (*марку*) to stamp
накопичення *с* accumulation; (*про фінанси*) accrual
накопичувати (*док* **накопичити**) *пер дс* to accumulate
накопичуватися (*док* **накопичитися**) *непер дс* to accumulate
накривати (*док* **накрити**) *пер дс* to cover
налагоджувати (*док* **налагодити**) *пер дс* to adjust
налаштований *прикм* (*до чогось*) disposed
належати *непер дс* to belong
належний *прикм* (*що є власністю*) belonging to; (*відповідний*) due, proper
належним чином *присл* rightly, duly
наляканий *прикм* scared, frightened
намагання *с* endeavour, attempt
намагатися *непер дс* to endeavour, to try
намазувати (*док* **намазати**) *пер дс* to spread, to smear; **намазувати маслом** to butter
намацувати (*док* **намацати**) *пер дс* to fumble
намет *ч* tent
намистина *ж* bead
намисто *с* necklace

намір *ч* intention, intent
намічений *прикм* intended
намордник *ч* muzzle; **одягати намордник** to muzzle
наодинці *присл* in private
наочний *прикм* (*очевидний*) graphic; (*типовий*) illustrative
напад *ч* attack, assault; (*болю, емоцій*) pang; (*хвороби*) bout; **збройний напад** holdup; **епілептичний напад** epileptic fit; **повітряний напад** air raid, air strike; **серцевий напад** heart attack
нападати (*док* **напасти**) *непер дс* to attack, to assault; (*про почуття*) to seize
нападник *ч* assailant, attacker; **крайній нападник** winger
напам'ять *присл* by heart
напевно *присл* for sure, definitely
наперед *присл* (*уперед*) forward, ahead; (*заздалегідь*) in advance
напередодні *присл* yesterday, on the evening of
наперсток *ч* thimble
напилок *ч* file
напис *ч* inscription, lettering
напівдорозі *присл* midway, halfway
напівзруйнований *прикм* dilapidated
напівкваліфікований *прикм* semiskilled
напівпансіон *ч* half board
напівпровідник *ч* semiconductor
напівпрозорий *прикм* translucent
напіврозвалений *прикм* ramshackle
напівсвідомий *прикм* semiconscious
напідпитку *присл* tipsy
напій *ч* drink, beverage; **безалкогольний напій** soft drink; **спиртні напої** spirits
наплив *ч* influx
наповнювати (*док* **наповнити**) *пер дс* to fill; (*поступово поширюватися*) to pervade; **наповнювати ароматом** to scent; **наповнювати пахощами** to perfume
наповнювач *ч* filler
напоказ *присл* ostentatiously, for show
наполегливий *прикм* (*завзятий, непохитний*) persistent; (*вимогливий*) insistent; (*впевнений у вимаганні, запитуванні*) assertive
наполегливість *ж* persistence, perseverance
наполегливо *присл* persistently
наполовину *присл* half
наполягання *с* insistence
наполягати (*док* **наполягти**) *непер дс* to insist
направлення *с* referral
наприкінці *присл* in the end
наприклад *присл* for instance, for example
напрокат *присл* for rent, for hire
напруга *ж* strain, tension; (*електрична*) voltage

напружений *прикм* tense; *(фізично складний)* strenuous; *(про стосунки)* strained; *(про роботу)* intensive; *(про нерви)* highly strung; *(про фінансовий стан)* stringent

напруження *с* tension, pressure

напружувати *(док* **напружити)** *пер дс* to strain

напрям *ч (лінія руху, розташування)* direction; *(течія)* trend

напрямок *ч* direction

нарада *ж* meeting

наражати на небезпеку *(док* **наразити)** *пер дс* to jeopardize

наразі *присл* presently

наречена *ж (в день весілля)* bride; *(після заручин)* fiancée

наречений *ч (в день весілля)* bridegroom; *(після заручин)* fiancé

нарешті *присл* lastly, finally

нарив *ч* abscess

нарис *ч* essay

нарівно *присл* fifty-fifty

наріжний камінь *ч* cornerstone, bedrock

нарізати *(док* **нарізати)** *пер дс* to cut, to slice; **нарізати кубиками** to cube, to dice

наркозалежність *ж* addiction

наркоман *ч* (drug) addict

наркотик *ч* narcotic, drug; **торгувати наркотиками** to deal

народ *ч* people, nation

народження *с* birth; **дата народження** date of birth; **день народження** birthday

народжуваність *ж* birth rate

народжувати *(док* **народити)** *пер дс* to give birth

народжуватися *(док* **народитися)** *непер дс* to be born

народний *прикм* national

наростати *(док* **нарости)** *непер дс* to increase, to accrue

нарощування *с* rise, increase

наручники *ч, мн* handcuffs; **одягати наручники** to handcuff

нарцис *ч* daffodil

наряджений *прикм* dressed up

насамкінець *присл* in the end

на самоті *присл* in private, privately

насамперед *присл* first of all

населення *с* population; *(маси)* populace

населяти *(док* **населити)** *пер дс* to populate, to inhabit

насилля *с (застосування сили)* violence; *(примус)* coercion

насильницький *прикм* forcible, violent

насип *ч* embankment

насичення *с* saturation

насичувати *(док* **наситити)** *пер дс* to saturate; to imbue *(офіц)*

насіння *с* seeds

наскільки *присл* as far as

наслідок *ч, мн* result, outcome; *(негативний)* repercussion, fallout; *(ускладнення)* implication

наслідувати *пер дс* to imitate

насміхатися *непер дс* to mock, to jeer, to sneer

насмішка *ж* mockery, jeering

наснага *ж* inspiration

наснажувати *(док* **наснажити)** *пер дс* to inspire

насолода *ж* pleasure

насолоджуватися *(док* **насолодитися)** *непер дс* to enjoy, to revel in

насос *ч* pump

наспівувати *пер дс* to sing; **наспівувати впівголоса** to croon

насправді *присл* in fact, actually

наставати *(док* **настати)** *непер дс* to begin

наставляти *пер дс (давати поради)* to mentor

наставник *ч* mentor

настанова *ж* instructions; *(директива керівних органів)* directive

настирливий *прикм* obtrusive

настільки *присл* insomuch (as)

настільна гра *ж* board game

настільний *прикм* table; **настільний комп'ютер** desktop; **настільний теніс** table tennis

настінний розпис *ч* mural

настрій *ч* mood, frame of mind

настроювати *(док* **настроїти)** *пер дс (муз інструмент)* to tune; *(проти когось)* to turn (against)

наступ *ч* offensive, attack

наступати *(док* **наступити)** *непер дс (ногою)* to step on; *(наближатися)* to advance

наступний *прикм* next, following

наступник *ч* successor

натиск *ч* rush, attack

НАТО *абр* NATO

натовп *ч* crowd; *(збунтований)* rabble, mob

натомість *присл* instead

натренований *прикм* trained

натрій *ч* sodium

натураліст *ч* naturalist

натуральний *прикм* natural, genuine

натхнення *с* inspiration

натюрморт *ч* still life

натяк *ч* hint, clue; **непрямий натяк** innuendo

натякати *(док* **натякнути)** *непер дс* to hint, to allude

наука *ж* science

наукова фантастика *ж* science fiction, sci-fi

науковець *ч (у галузі точних і природничих наук)* scientist; *(у галузі гуманітарних наук)* scholar

науковий *прикм* scientific

науково-дослідний *прикм* research

нафарбований *прикм* (про макіяж) made-up

нафта *ж* oil, petroleum; **сира нафта** crude oil

нафтовий *прикм* oil

нафтопровід *ч* oil pipeline

нафтохімічний продукт *ч* petrochemical

нахаба *ч / ж* (частіше про хлопця або чоловіка) lout

нахабний *прикм* impudent, brazen

нахабство *с* impudence; gall (розм)

нахиляти (док **нахилити**) *пер дс* to lean, to tilt

нахилятися (док **нахилитися**) *непер дс* to incline, to lean

нацизм *ч* Nazism

нацист (**нацистка**) *ч* (ж) Nazi

націнка *ж* surcharge

націоналізм *ч* nationalism

націоналізувати *пер дс* to nationalize

націоналіст (**націоналістка**) *ч* (ж) nationalist

націоналістичний *прикм* (пов'язаний з прагненням незалежності) nationalist; (шовіністичний) nationalistic

національний *прикм* national, public

національність *ж* ethnic origin

нація *ж* nation

наче *спол* as if, as though ▷ *част* like

начинка *ж* (для фарширування) stuffing, filling

начитаний *прикм* well-read, erudite

начитаність *ж* erudition

наш *займ* (перед іменником) our; (без іменника) ours

нашаровувати *пер дс* to layer

нашвидкуруч *присл* quickly, hurriedly

нашийник *ч* collar

наштовхуватися *непер дс* (ударитися) to bump; (зустрічатися з чимось) to come across

нащадок *ч* descendant

на щастя *присл* luckily, fortunately

нащо *присл* what for, why

наявний *прикм* on hand, available

наявність *ж* availability, presence

н. е. *абр* AD

🔵 **ключове слово**

не *част* **1** (у загальному випадку) not **2** (з герундієм) without **3** (в узагальненні чи особливому запереченні) no; **він не дурень** he is no fool; **він не писав (жодних) листів** he didn't write any letters **4** (при вищому ступені порівняння) no, not (any); **не ... і не ...** neither ... nor...

неабиякий *прикм* unusual, remarkable

неапетитний *прикм* unappetizing

небажаний *прикм* undesirable, unwanted

небажання *с* reluctance, unwillingness

небайдужий *прикм* not indifferent

небачений *прикм* unprecedented

небезпека *ж* danger; **наражати на небезпеку** hazard

небезпечний *прикм* dangerous, hazardous; **небезпечний для життя** life-threatening

небеса *мн ім* heaven

небесний *прикм* celestial; (неземний, божественний) heavenly

неблагонадійна особа *ж* security risk

небо *с* sky; (небеса) heaven; **під відкритим небом** open-air; **просто неба** out-of-doors, outdoor

небокрай *ч* (обрій) horizon; (небо) sky

небувалий *прикм* unprecedented, all-time

небуття *с* non-existence

невагомий *прикм* weightless

невагомість *ж* weightlessness

неважливий *прикм* unimportant

невартий *прикм* unworthy

невблаганний *прикм* inexorable

неввічливий *прикм* impolite, rude

невдалий *прикм* unsuccessful; abortive (офіц); **невдалий початок** false start

невдаха *ч / ж* underdog

невдача *ж* failure, setback; (нещасний випадок) mishap; (провал) flop

невдовзі *присл* shortly

невдоволення *с* dissatisfaction, discontent

невдячний *прикм* ungrateful

невеликий *прикм* small

невже *част* really

невигідний *прикм* (що не дає прибутку) unprofitable; (несприятливий) disadvantageous

невидимий *прикм* invisible

невизначений *прикм* (неясний) indefinite, vague; (точно не встановлений, не прописаний) unspecified

невизначено *присл* indefinitely

невикористовуваний *прикм* unused

невиліковний *прикм* incurable

невимовний *прикм* unspeakable; (який не можна виразити словами) untold

невинний *прикм* innocent; (як дитина) childlike; (формула вироку) not guilty

невинність *ж* innocence

невинно *присл* innocently

невиправданий *прикм* unjustified, unwarranted

невирішений *прикм* unsettled, undecided

невисловлений *прикм* unspoken

невідворотний *прикм* inevitable, inescapable

невід'ємний *прикм* (*внутрішній*) inherent; (*суттєвий*) integral

невідкладний *прикм* urgent, pressing

невідомий *прикм* unknown, unidentified

невідомість *ж* (*відсутність звісток*) uncertainty; (*непомітне існування*) obscurity

невідповідний *прикм* (*недостатній*) inadequate; (*який не годиться для чогось*) inappropriate

невідповідність *ж* disparity

невірний *прикм* disloyal, unfaithful

невістка *ж* (*дружина брата*) sister-in-law; (*дружина сина*) daughter-in-law

невловний *прикм* elusive, intangible

невпевнений *прикм* uncertain, unsure; **невпевнений у собі** diffident

невпевненість *ж* diffidence, uncertainty

невпізнанний *прикм* unrecognizable

неврастенік *ч* neurotic

неврівноважений *прикм* unbalanced

невроз *ч* neurosis

неврологічний *прикм* neurological

невротичний *прикм* neurotic

невтішний *прикм* unfavourable

невтомний *прикм* tireless

невтручання *с* non-interference; (*держави в бізнесі*) laissez-faire

негайний *прикм* immediate

негайно *присл* immediately, instantly

негарантований *прикм* unsecured

негативний *прикм* negative

негідний *прикм* (*непридатний*) unfit; (*недостойний*) unworthy

негліже *с* negligee

негнучкий *прикм* inflexible

неголений *прикм* unshaven

негуманний *прикм* inhumane

недавній *прикм* recent

недбалий *прикм* negligent, careless

недбалість *ж* carelessness, negligence; (*професійна*) malpractice

недбальство *с* negligence

недвозначний *прикм* unambiguous

недійсний *прикм* invalid, void

неділя *ж* Sunday

недобрий *прикм* unkind

недоброзичливий *прикм* malevolent

недоброзичливість *ж* ill will

недовитрачати *непер дс* (*витрачати менше, ніж було заплановано чи можливо*) to underspend

недовіра *ж* distrust, disbelief

недовірливий *прикм* incredulous, distrustful

недогледіти *непер / пер дс* to overlook

недогляд *ч* oversight

недоїдання *с* malnutrition

недолік *ч* shortcoming, disadvantage; (*у роботі*) fault, failing

недооцінювати (*док* **недооцінити**) *пер дс* to underestimate, to undervalue

недоречний *прикм* incongruous; (*невчасний*) inopportune, untimely; (*не по суті*) irrelevant

недоречність *ж* irrelevance

недорогий *прикм* inexpensive

недосвідчений *прикм* inexperienced

недосвідченість *ж* inexperience

недосконалий *прикм* imperfect

недосконалість *ж* imperfection

недосмажений *прикм* rare

недостатній *прикм* insufficient, meagre, scarce

недостатність *ж* insufficiency, inadequacy; **серцева недостатність** heart failure

недоступний *прикм* inaccessible; (*відсутній*) unavailable

недоторканний *прикм* untouchable

недоцільний *прикм* (*офіц*) inexpedient

недруг *ч* enemy, foe (*письм*)

недружній *прикм* unfriendly

недуга *ж* illness, ailment

недужий *прикм* ailing

неетильований *прикм* (*про бензин*) unleaded

неетичний *прикм* unethical

неефективний *прикм* inefficient

неживий *прикм* inanimate, lifeless

нежирний *прикм* (*про косметику*) non-greasy; (*про їжу*) low-fat

незабутній *прикм* unforgettable

незавершений *прикм* incomplete, unfinished; (*який перебуває в розгляді*) pending

незадовільний *прикм* unsatisfactory

незадоволений *прикм* dissatisfied, discontented

незадоволення *с* discontent, dissatisfaction

незайманий (**незаймана**) *ч* (*ж*) virgin ▷ *прикм* virgin

незаконний *прикм* illegal, unlawful

незалежний *прикм* independent, self-sufficient

незалежність *ж* independence

незамінний *прикм* irreplaceable, indispensable

незаможний *прикм* poor

незаперечний *прикм* undeniable, indisputable

незаселений *прикм* uninhabited

незахищений *прикм* unprotected, exposed

незахищеність *ж* exposure

незачеплений *прикм* unaffected, untouched

незбагненний *прикм* inconceivable

незважаючи на *прийм* despite

незвичайний *прикм* exceptional, unusual

незвичайно *присл* unusually
незворотний *прикм* irreversible
незворушний *прикм* unmoved
незв'язний *прикм* disjointed
незгода *ж* disagreement, discord
незграбний *прикм* clumsy
нездатний *прикм* unable, incapable
нездатність *ж* inability
нездійснений *прикм* unfulfilled
нездійсненний *прикм* unworkable
нездоровий *прикм* (*слабкий*) unhealthy; (*хворий*) unwell
неземний *прикм* ethereal, heavenly
незіпсований *прикм* unspoiled
незліченний *прикм* countless, innumerable
незмінний *прикм* invariable, unchanging
незмінно *присл* invariably
незнайомець *ч* stranger
незнайомий *прикм* unfamiliar, strange
незначний *прикм* insignificant, unimportant
незрівня́нний *прикм* unparalleled, incomparable
незрілий *прикм* unripe; (*про людину*) immature
незрозумілий *прикм* incomprehensible
незручний *прикм* (*місце, становище*) uncomfortable; (*обставини*) inconvenient, awkward
незручність *ж* inconvenience
неіснуючий *прикм* non-existent
неїстівний *прикм* inedible
нейлон *ч* nylon
нейлоновий *прикм* nylon
неймовірний *прикм* incredible, unbelievable
нейрон *ч* neuron
нейтралізувати *пер дс* to neutralize, to counteract
нейтральний *прикм* neutral; **нейтральна смуга** (*військ*) no-man's land
нейтрон *ч* neutron
некваліфікований *прикм* unskilled, unqualified; (*про працю*) menial
неквапливий *прикм* leisurely, slow
некомерційний *прикм* non-profit
некомпетентний *прикм* incompetent
некомпетентність *ж* incompetence
неконституційний *прикм* unconstitutional
неконтрольований *прикм* uncontrolled
некролог *ч* obituary
нектар *ч* nectar
нектарин *ч* nectarine
некурець *ч* non-smoker, nonsmoker
нелегальний *прикм* illegal, unlawful
нелогічний *прикм* illogical
нелюдяний *прикм* inhuman

○ **ключове слово**

немає (= **нема**) **1** *як прис* not; **його немає вдома** he is not at home; **у нас немає часу** we do not have time
2 (*з ім в одн*) there is no...,
3 (*з ім у мн*) there are no...; **тут немає квитків** there are no tickets here

неминуче *присл* inevitably
неминучий *прикм* inevitable, unavoidable
неминучість *ж* inevitability
неміцний *прикм* weak; (*про тканину та ін.*) flimsy
немічний *прикм* infirm; (*хворий*) sick
немовля *с* baby, infant
немодний *прикм* unfashionable
неможливий *прикм* impossible
ненавидіти *пер дс* to hate
ненависть *ж* hatred
ненавмисний *прикм* unintentional; **ненавмисне вбивство** manslaughter
ненавмисно *присл* unintentionally, inadvertently
ненав'язливий *прикм* unobtrusive
ненадійний *прикм* unreliable, insecure
ненадовго *присл* awhile
неназваний *прикм* unnamed
ненаписаний *прикм* unwritten
ненасильницький *прикм* non-violent
ненаситний *прикм* insatiable, voracious
ненормальний *прикм* abnormal; (*психічно хворий*) insane
необґрунтований *прикм* groundless, unfounded
необдуманий *прикм* rash, thoughtless
необмежений *прикм* unlimited, unrestricted
необов'язковий *прикм* optional
необроблений *прикм* raw
необхідний *прикм* necessary; **робити необхідним** to necessitate
необхідність *ж* necessity
неоголошений *прикм* unannounced
неодноразовий *прикм* repeated
неодноразово *присл* repeatedly
неоднорідний *прикм* patchy
неодружений *прикм* unmarried
неозброєний *прикм* unarmed
неон *ч* neon
неоновий *прикм* neon
неоподатковуваний *прикм* tax-free
неопублікований *прикм* unpublished
неорганізований *прикм* disorganized
неорганічний *прикм* inorganic
неосвічений *прикм* ignorant
неосвіченість *ж* ignorance
неослабний *прикм* unrelenting, persistent
неофіційний *прикм* unofficial
неохайний *прикм* messy, untidy
неохоче *присл* reluctantly

неохочий *прикм* reluctant

Непал *ч* Nepal

непарний *прикм* odd

непереборний *прикм* irresistible, overpowering

неперевершений *прикм* unsurpassed, unbeaten

непередбачений *прикм* unforeseen; **непередбачена обставина** contingency

непередбачуваний *прикм* unpredictable

непереконаний *прикм* unconvinced

непереконливий *прикм* inconclusive, unconvincing

непереможений *прикм* unbeaten

непереможний *прикм* invincible

неперервний *прикм* continuous, uninterrupted

неперервність *ж* continuity

неперехідний *прикм* (*про дієслово*) intransitive

неписьменний *прикм* illiterate ▷ *ч* illiterate person

непідготований *прикм* unprepared

непідтверджений *прикм* unconfirmed

неплатоспроможний *прикм* insolvent

неплатоспроможність *ж* insolvency

неповага *ж* disrespect

неповний *прикм* incomplete

неповнолітній *прикм* underage ▷ *ч* (*ж*) (**неповнолітня**) minor

непов'язаний *прикм* unrelated

неподалік *присл* nearby

непокора *ж* disobedience

непомильний *прикм* infallible

непомітний *прикм* (*поступовий*) imperceptible; (*звичайний*) ordinary; (*тихий, непримітний*) low-key

непомічений *прикм* unnoticed

непоправний *прикм* irrecoverable, irreparable

непопулярний *прикм* unpopular

непорозуміння *с* misunderstanding

непослідовний *прикм* (*непостійний*) inconsistent; (*нечіткий, неорганізований*) incoherent

непослідовність *ж* inconsistency

непостійний *прикм* changeable, fickle

непоступливий *прикм* intractable

непотріб *ч* (*розм*) trash

непотрібний *прикм* unnecessary, needless

непохитний *прикм* firm, adamant

непояснéнний *прикм* inexplicable

неправдивий *прикм* untruthful, false

неправильний *прикм* incorrect, wrong; (*у граматиці*) irregular

неправомірний *прикм* (*незаконний*) illegal; (*невідповідний*) improper

непрактичний *прикм* impractical

непретензійний *прикм* unpretentious

неприбутковий *прикм* unprofitable

непривабливий *прикм* unattractive

непридатний *прикм* unsuitable, unfit

неприємний *прикм* unpleasant, obnoxious; (*гидкий*) nasty; (*похмурий*) grim

неприйнятний *прикм* unacceptable

непримиренний *прикм* irreconcilable

неприродний *прикм* unnatural

непристойний *прикм* indecent, obscene

непристойність *ж* indecency

непритомний *прикм* unconscious

непритомніти (*док* **знепритомніти**) *непер дс* to lose consciousness, to faint

неприхильний *прикм* ill-disposed

неприхований *прикм* undisguised, overt

неприязнь *ж* enmity, hostility

непробудно *присл* soundly

непродуктивний *прикм* unproductive

непроминальний *прикм* everlasting

непромокальний *прикм* showerproof, waterproof

непропорційний *прикм* disproportionate

непрофесійний *прикм* unprofessional

непрофесіонал *ч* amateur, lay person

непрохідний *прикм* impenetrable

непрямий *прикм* indirect, oblique

нерв *ч* nerve

нервовий *прикм* nervous; (*розм*) jittery; **нервовий зрив** nervous breakdown; **нервова система** nervous system

нервування *с* jitters

нереалістичний *прикм* unrealistic

нержавіюча сталь *ж* stainless steel

нерівний *прикм* (*неоднаковий*) unequal; (*про поверхню*) uneven

нерівність *ж* (*прав, можливостей*) inequality

нерівноправний *прикм* unequal

нерішучий *прикм* indecisive, hesitant

нерішучість *ж* indecision

нерозбірливий *прикм* (*про почерк*) illegible; (*незрозумілий*) unintelligible; (*невибагливий*) indiscriminate

нерозв'язаний *прикм* (*про проблему, справу*) unresolved, unsolved

нерозв'язний *прикм* insoluble

нерозголошуваний *прикм* undisclosed

нероздільний *прикм* inseparable

нерозкаяний *прикм* unrepentant

нерозпроданий *прикм* unsold

нерозривно *присл* inextricably

нерозрізнéнний *прикм* indistinguishable

нерозсудливий *прикм* thoughtless

нерозумний *прикм* unwise

нерозчинний *прикм* insoluble

нерухомий *прикм* motionless, immobile; **нерухоме майно** property

нерухомість¹ *ж* (*відсутність рухів*) immobility

нерухомість² *ж* (*майно*) property; real estate

несамовитий *прикм* delirious, frantic

несанкціонований *прикм* unauthorized

несезонний *прикм* off-season
нескінче́нний *прикм* endless
нескінче́нність *ж* infinity
неслухняний *прикм* naughty, disobedient
неспівмірний *прикм* disparate
несплата *ж* non-payment
несплачений *прикм* unpaid
несподіваний *прикм* unexpected
несподівано *присл* unexpectedly, suddenly
неспокійний *прикм* restless
несправедливий *прикм* unjust, unfair
несправедливість *ж* injustice
несправедливо *присл* unjustly
несправжній *прикм* unreal
несправний *прикм* (*зламаний*) broken; (*неякісний*) defective
несприятливий *прикм* unfavourable, adverse
неспроможний *прикм* incapable, unable; (*позбавлений доказовості*) untenable
нестабільний *прикм* unstable
нестабільність *ж* instability
несталий *прикм* changeable, volatile
нестандартний *прикм* non-standard, non-typical
нестача *ж* lack
нестерпний *прикм* unbearable, intolerable
нестерпно *присл* intolerably
нести *пер дс* to carry; (*відповідальність*) to bear; (*яйця*) to lay
нестися *непер дс* to rush; (*про птахів*) to lay eggs
нестійкий *прикм* unsteady
нестриманість *ж* abandon
нестримний *прикм* (*неконтрольований*) uncontrollable; (*дуже сильний, який неможливо спинити*) unstoppable
несумісний *прикм* incompatible
несуттєвий *прикм* immaterial
несхвалення *с* disapproval
несхильний *прикм* unwilling
несхожий *прикм* dissimilar, unlike
нетактовний *прикм* tactless
нетбол *ч* netball
нетерпимий *прикм* intolerant
нетерпимість *ж* intolerance
нетерпіння *с* impatience
нетерпляче *присл* impatiently
нетерплячий *прикм* impatient
нетовариський *прикм* unfriendly; (*стриманий, відлюдний*) reserved
неторканий *прикм* untouched
неточний *прикм* inaccurate
неточність *ж* inaccuracy
нетрадиційний *прикм* non-traditional, unconventional
нетримання *с* incontinence
нетрі *мн ім* slum
неуважний *прикм* inattentive; (*до інших*) inconsiderate

неупереджений *прикм* unprejudiced, impartial; (*про світогляд*) open-minded
неупередженість *ж* impartiality
неушкоджений *прикм* unharmed, unhurt
неформальний *прикм* informal
нефрит *ч* jade
нехарактерний *прикм* uncharacteristic
нехтувати (*док* **знехтувати**) *непер / пер дс* to neglect, to disregard
нецивілізований *прикм* uncivilized
нецікавий *прикм* uninteresting
нечастий *прикм* infrequent
нечесний *прикм* dishonest; (*про гру*) unfair
нечесність *ж* dishonesty
нечистий *прикм* unclean, impure; (*нечесний*) dishonest
нечуваний *прикм* unheard of
нечулий *прикм* (*байдужий*) unsympathetic; (*безсердечний*) heartless
нечутливий *прикм* insensitive
нешанобливий *прикм* disrespectful, irreverent
нешкідливий *прикм* harmless, innocuous
нещадний *прикм* ruthless, merciless
нещасливий *прикм* unhappy, unfortunate
нещасний *прикм* unlucky
нещастя *с* misfortune, bad luck
нещирий *прикм* insincere
нещодавно *присл* recently, lately
неякісний *прикм* poor, shoddy
неясний *прикм* vague; (*незрозумілий*) obscure
неясність *ж* (*нечіткість*) vagueness; (*незрозумілість*) obscurity
неясно *присл* (*неточно, нечітко*) vaguely; (*нечітко; про вигляд, звук*) obscurely
нижній *прикм* lower, bottom; **нижній поверх** downstairs
нижче *присл* below
низ *ч* (*нижня частина чогось; дно*) bottom; (*нижня частина чогось*) lower part
низина *ж* (*рівнинна частина суходолу*) lowlands; (*низька місцевість*) low place
низка *ж* string, chain
низхідний *прикм* descending
низький *прикм* low
низько *присл* low
низькооплачуваний *прикм* (*недостатньо оплачуваний*) underpaid; (*який заробляє мало*) low-paid
низькопробний *прикм* of low standard
низькотехнологічний *прикм* low-tech
нині *присл* at present, now
нинішній *прикм* present-day, current
нирка *ж* kidney
нитка *ж* thread
нишком *присл* secretly, stealthily
нишпорити *непер дс* to rummage
нищити (*док* **знищити**) *пер дс* to destroy
нищівний *прикм* destructive, crushing

ключове слово

ні *част* no, not, not any; **ні … ні** neither … nor

ніби *спол* as if, as though ▷ *част* like
нівелювати (*док* знівелювати) *пер дс* to level
нівечити (*док* знівечити) *пер дс* to spoil, to damage
Нігер *ч* Niger
нігерієць (**нігерійка**) *ч* (*ж*) Nigerian
нігерійський *прикм* Nigerian
Нігерія *ж* Nigeria
ніготь *ч* nail; (*на руці*) fingernail; (*на нозі*) toenail
ніде́ *присл* nowhere
Нідерланди *мн ім* Netherlands
нідерландська мова *ж* Dutch
ніж[1] *ч* knife; **ударити ножем** to knife; **складаний ніж** penknife
ніж[2] *спол* than
ніжка *ж* leg
ніжний *прикм* tender, delicate
ніжно *присл* (*про спосіб дії*) tenderly, gently; (*про почуття*) dearly
нізащо *присл* (*ніколи*) never; (*безпідставно*) for no reason, for nothing
ніздря *ж* nostril
Нікарагуа *ж* Nicaragua
нікарагуанець (**нікарагуанка**) *ч* (*ж*) Nicaraguan
нікарагуанський *прикм* Nicaraguan
нікель *ч* nickel
ніко́ли *присл* never
нікотин *ч* nicotine
нікудишній *прикм* useless
нікчемний *прикм* worthless
німб *ч* halo
німець (**німкеня**) *ч* (*ж*) German
німецька мова *ж* German
німецький *прикм* German
Німеччина *ж* Germany
німий *прикм* (*через сильне враження*) speechless; (*роль без слів*) walk-on
ніс *ч* nose
нісенітниця *ж* nonsense
нітрат *ч* nitrate
ніхто *займ* (*жоден взагалі*) nobody, no one; (*жоден із групи*) none
ніч *ж* night
нічий *займ* no one's, nobody's
нічия *ж* (*спорт*) draw, tie
нічний *прикм* night; (*про тварин і рослини*) nocturnal
нічого собі! *виг* (*для вираження здивування, симпатії*) gee!
ніша *ж* niche, alcove
ніщо *займ* nothing
ніякий *прикм* (*для заперечення*) no; (*поганий*) no good at all

ніяковий *прикм* awkward, embarrassed
НЛО *абр* UFO
Нова Зеландія *ж* New Zealand
новатор *ч* innovator
новаторський *прикм* innovative, pioneering
нова хвиля *ж* new wave
новачок *ч* newcomer
новела *ж* short story
новизна *ж* novelty
новий *прикм* new; (*свіжий*) fresh; (*досі незнаний, оригінальний*) novel
Новий рік *ч* New Year; **переддень нового року** New Year's Eve
новини *мн ім* news; **останні новини** (*передача*) update; (*теле- або радіопередача*) newscast; **випуск новин** roundup; **відділ новин** (*у редакції*) newsroom
новітній *прикм* state-of-the-art
новозеландець (**новозеландка**) *ч* (*ж*) New Zealander
новонабутий *прикм* new-found
новонароджений *прикм* newborn
новорічна ялинка *ж* Christmas tree
нога *ж* leg
ножиці *мн ім* scissors; (*садові*) shears
нокаут *ч* knockout
нокаутувати *пер дс* to knock out
номер *ч* number; (*у готелі*) room; **номер мобільного телефону** mobile number; **серійний номер** serial number
номерний *прикм* number; **номерний знак** number plate; (*us*) license plate
номінальний *прикм* nominal; **номінальна вартість** face value
нора *ж* (*житло тварини*) burrow; (*приміщення, кімната*) den
Норвегія *ж* Norway
норвежець (**норвежка**) *ч* (*ж*) Norwegian
норвезька мова *ж* Norwegian
норвезький *прикм* Norwegian
нордичний *прикм* Nordic
норка *ж* mink
норма *ж* norm, standard
нормалізувати *пер дс* to normalize
нормальний *прикм* normal; (*розм*) okay; (*психічно здоровий*) sane
нормальність *ж* normality
нормативний *прикм* normative
норми поведінки *ж*, *мн* code of conduct
нормування *с* (*обмеження продажу дефіцитних продуктів*) rationing
норовливий *прикм* (*про людину*) obstinate; (*про тварину*) restive
носити *пер дс* (*предмети*) to carry, to bear; (*одяг*) to wear
носитися *непер дс* (*бігати*) to scamper
носій *ч* carrier, bearer; **носій мови** native speaker

носовий *прикм* nasal; **носова пазуха**
sinus; **носова хустинка** hankie
носоріг *ч* rhinoceros
ностальгійний *прикм* nostalgic
ностальгія *ж* nostalgia
нота *ж* note
нотаріус *ч* notary public
ноутбук *ч* laptop
ноу-хау *с* (*розм*) know-how
ночувати (*док* **переночувати**) *непер дс*
to sleep the night
ноші *мн ім* stretcher

◯ **ключове слово**

ну *виг* **1** well, now
2 (*для спонукання до дії*) come on
▷ *част* well, why, now

нудист (**нудистка**) *ч* (*ж*) nudist
нудити (*док* **знудити**) *пер дс* (*про нудьгу*)
to feel bored; (*викликати нудоту*) to sicken
▷ *непер дс* (*про відчуття відрази*) to feel
sick
нудний *прикм* boring, tedious
нудота *ж* nausea
нудотний *прикм* sickening
нудьга *ж* boredom
нужденний *прикм* needy
нуль *ч* zero, nought ▷ *числ* (*нічого*) nil
нульовий *прикм* zero; (*рахунок у*
футболі) goalless
нут *ч* chickpea
нюанс *ч* nuance
нюх *ч* (*відчуття*) sense of smell; (*інтуїція*)
flair
нюхати (*док* **понюхати**) *пер дс* to smell
нянька *ж* nanny
няня *ж* (*яка працює, коли батьки на*
роботі) babysitter; (*яка працює, коли*
батьки відпочивають) childminder

О

о *прийм* at
оазис *ч* oasis
об *прийм* against; (*про час*) at
обабіч *присл* on both sides
обачно *присл* cautiously
оббивка *ж* upholstery
оббирати (*док* **обібрати**) *пер дс*
(*обчищувати, грабувати*) to clean out;
(*грабувати*) to rob
оббитий *прикм* (*тканиною*) upholstered
обвал *ч* collapse; (*ґрунту, гірської породи*)
landslide; (*у печері, шахті*) cave-in
обварювати (*док* **обварити**) *пер дс*
to scald
обварюватися (*док* **обваритися**) *непер*
дс (*окропом чи парою*) to scald
обвинувач *ч* prosecutor
обвинувачений (**обвинувачена**) *ч* (*ж*)
defendant
обвинувачення *с* accusation; (*сторона*
в судовому процесі) prosecution;
(*обвинувальний акт*) indictment
обвинувачувати (*док* **обвинуватити**)
пер дс to accuse
обвисати (*док* **обвиснути**) *непер дс*
to sag
обвислий *прикм* flabby
обвуглений *прикм* charred
обвуглюватися (*док* **обвуглитися**)
непер дс to char
обганяти (*док* **обігнати**) *пер дс* (*людину,*
машину) to overtake; (*у перегонах*) to lap
обгинати (*док* **обігнути**) *пер дс*
(*обминати щось на шляху*) to round
обговорення *с* discussion
обговорювати (*док* **обговорити**) *пер дс*
to discuss, to debate
обгороджувати (*док* **обгородити**) *пер дс*
to enclose; (*парканом*) to fence
обгортати (*док* **обгорнути**) *пер дс* to wrap
up, to envelop
обгортка *ж* wrapper
обґрунтований *прикм* substantiated,
reasoned

обґрунтовувати (*док* **обґрунтувати**) *пер дс* to motivate

обдарований *прикм* blessed, gifted

обдивлятися (*док* **обдивитися**) *непер дс* to look round

обдуманий *прикм* considered

обдумувати (*док* **обдумати**) *пер дс* to consider, to think (over)

обдурювати (*док* **обдурити**) *пер дс* to deceive, to cheat

обезголовлювати (*док* **обезголовити**) *пер дс* to decapitate

обеззброювати (*док* **обеззброїти**) *пер дс* to disarm

обережний *прикм* careful, cautious

обережність *ж* care, caution

обережно *присл* carefully, cautiously

оберіг *ч* amulet

оберігати (*док* **оберегти**) *пер дс* to guard, to protect

оберт *ч* turn, rotation

обертальний *прикм* rotary

обертання *с* rotation

обертати (*док* **обернути**) *пер дс* (*навколо осі*) to rotate, to spin; (*спрямовувати в інший бік*) to turn

обертатися (*док* **обернутися**) *непер дс* (*навколо осі*) to rotate, to spin; (*повертатися в інший бік*) to turn; **обертатися в товаристві** to mingle; **обертатися за орбітою** to orbit

обертом *присл* tupsy-turvy

Об'єднане Королівство *с* United Kingdom, UK

об'єднаний *прикм* united; (*про зусилля, напад*) combined

Об'єднані Арабські Емірати *мн ім* United Arab Emirates

об'єднання *с* (*спілка*) association, union; (*поєднання в єдине ціле*) unification

об'єднувати (*док* **об'єднати**) *пер дс* to unite, to ally; **об'єднувати в пари** to pair; **об'єднувати в спільний фонд** to pool

об'єднуватися (*док* **об'єднатися**) *непер дс* to unite, to unify

об'єкт *ч* object

об'єктивний *прикм* unbiased, impartial

об'ємний *прикм* (*тривимірний*) three-dimensional

обидва *числ* both

обирати (*док* **обрати**) *пер дс* (*голосуванням*) to elect, to vote for; (*вибирати*) to choose, to select; **обирати найкраще** to cherry-pick

обіг *ч* (*використання, вжиток*) circulation; (*фінанси*) turnover

обігравати (*док* **обіграти**) *пер дс* to beat, to win

обігрівати (*док* **обігріти**) *пер дс* to warm, to heat

обігрівач *ч* heater

обід *ч* dinner; **святковий обід** dinner party

обідати (*док* **пообідати**) *непер дс* to dine, to have dinner; (*їсти вдень*) to lunch

обідній *прикм* dinner; **обідній стіл** dining table

обідок *ч* rim

обізнаний *прикм* (*який добре знається на чомусь*) well-informed; (*експерт*) expert

обізнаність *ж* erudition

обіймати (*док* **обійняти**) *пер дс* to embrace, to hug

обійми *мн ім* embrace, hug

обірваний *прикм* interrupted; (*одягнений у лахміття*) ragged

обітниця *ж* vow

обіцянка *ж* promise

обіцяти (*док* **пообіцяти**) *пер дс* to promise

об'їдатися (*док* **об'їстися**) *непер дс* to gorge oneself, to overeat

об'їзд *ч* detour

об'їзний шлях *ч* side road

обкладинка *ж* cover

обкурений *прикм* (*розм: під дією наркотиків*) stoned

обладнаний *прикм* equipped

обладнання *с* equipment

обладнувати (*док* **обладнати**) *пер дс* to equip

область *ж* oblast (*administrative region in Ukraine*)

облаштування *с* arrangement

обличчя *с* face; **вираз обличчя** countenance; **нове обличчя** new face

облік *ч* (*бухгалтерський*) accounting

облога *ж* siege

облягати (*док* **облягти**) *пер дс* (*оточувати*) to encircle, to beset; (*про одяг*) to fit closely

облягаючий *прикм* fitted

облямівка *ж* trimming

обмазувати (*док* **обмазати**) *пер дс* to daub

обмаль *присл* insufficiently, not enough

обман *ч* deception, hoax; **жертва обману** dupe

обманювати (*док* **обманути**) *пер дс* to deceive, to dupe

обмахувати (*док* **обмахнути**) *пер дс* to fan

обмежений *прикм* limited, restricted; (*про людину*) narrow-minded, insular; (*про інтереси*) parochial; (*фінансово*) strapped; **обмежений випуск** limited edition

обмеження *с* limitation, restriction

обмежувальний *прикм* restrictive; **обмежувальні заходи** clampdown

обмежувати (*док* **обмежити**) *пер дс* to limit, to restrain

обмін *ч* exchange; **пункт обміну валют** bureau de change

обмінювати (*док* **обміняти**) *пер дс*
to change, to exchange
обмінюватися (*док* **обмінятися**) *непер
дс* to exchange, to swap
обмірковування *с* deliberation
обмірковувати (*док* **обміркувати**) *непер
дс* to think over, to meditate
обмовляти (*док* **обмовити**) *пер дс*
to denigrate; (*у пресі*) to libel
обмотувати (*док* **обмотати**) *пер дс* to wind
обмундирування *с* uniform
обмурований *прикм* walled
обов'язковий *прикм* mandatory,
obligatory
обов'язково *присл* necessarily
обов'язок *ч* duty, obligation
обожнення *с* idolization
обожнювати *пер дс* to adore, to idolize
оболонка *ж* (*анатомічний термін*)
membrane; (*покриття*) cover
обопільний *прикм* mutual, reciprocal
оборка *ж* frill, ruffle
оборона *ж* defence
обороняти (*док* **оборонити**) *пер дс*
to defend
обпалювати (*док* **обпалити**) *пер дс*
to scorch
ображати (*док* **образити**) *пер дс* to offend,
to insult; (*юр*) to abuse
ображений *прикм* aggrieved, offended
образ *ч* (*імідж*) image; (*ікона*) icon
образа *ж* offence, insult; (*юр*) abuse
образливий *прикм* (*що ображає*)
offensive, insulting
образність *ж* imagery
образотворче мистецтво *с* fine art
обранець *ч* choice
обраний *прикм* chosen; (*під час виборів*)
elected, selected
обрій *ч* horizon, skyline
обробка даних *ж* data processing
обробляти (*док* **обробити**) *пер
дс* to process; (*землю*) to cultivate;
обробляти землю to farm; **обробляти
на верстаті** to machine
обрубок *ч* stump
обруч *ч* hoop
обручка *ж* wedding ring
обряд *ч* ritual, ceremony
обсерваторія *ж* observatory
обслуговування *с* maintenance,
servicing
обслуговувати (*док* **обслужити**) *пер дс*
to serve, to attend
обставина *ж* circumstance;
непередбачена обставина contingency
обстановка *ж* (*умови*) situation,
atmosphere
обстеження *с* examination
обстежувати (*док* **обстежити**) *пер дс*
to examine, to inspect

обстоювати (*док* **обстояти**) *пер дс*
to defend
обступати (*док* **обступити**) *пер дс*
to surround
обсяг *ч* volume, amount
обтислий *прикм* skin-tight
обтічний *прикм* streamlined
обтягати (*док* **обтягнути**) *пер дс* (*про
одяг*) to fit closely; (*про меблі*) to upholster
обтяжений *прикм* burdened
обтяжливий *прикм* burdensome,
onerous
обтяжувати (*док* **обтяжити**) *пер дс*
to burden
обумовлювати (*док* **обумовити**) *пер дс*
(*зумовлювати*) to cause; (*обговорювати
умови*) to stipulate
обурений *прикм* indignant
обурення *с* indignation, resentment
обурливий *прикм* outrageous, shocking
обурювати (*док* **обурити**) *пер дс*
to outrage, to gall
обурюватися (*док* **обуритися**) *непер дс*
to resent
обхват *ч* girth
обхідний *прикм* roundabout, (*us*) traffic
circle
обходити (*док* **обійти**) *пер дс* to bypass;
(*правило, обмеження*) to circumvent, to get
round
обходитися (*док* **обійтися**) *непер дс*
(*без чогось*) to do without; (*коштувати*)
to cost, to come to
обчислювальний *прикм* computational
обчислювати (*док* **обчислити**) *пер дс*
to calculate
обшук *ч* search; **ордер на обшук** search
warrant
обшукувати (*док* **обшукати**) *пер дс*
to search; (*частіше для пограбування*)
to rifle
овальний *прикм* oval
овація *ж* ovation
овдовіти *док непер дс* (*про жінку*)
to become a widow; (*про чоловіка*)
to become a widower
Овен *ч* Aries
овес *ч* oats
овечий *прикм* ovine, sheep's
оволодівати (*док* **оволодіти**) *непер дс*
to capture; (*про почуття*) to seize; (*про
знання*) to master
овоч *ч* vegetable
овочевий *прикм* vegetable; **овочевий
магазин** greengrocer
огида *ж* disgust, revulsion; **відчувати
огиду** to loathe, to detest
огидний *прикм* disgusting
огидно *присл* hideously
огірок *ч* cucumber
оглушливий *прикм* deafening

оглушувати (*док* **оглушити**) *пер дс*
to deafen

огляд *ч* (*перегляд*) viewing; (*обстеження*)
examination, inspection; (*короткий
виклад*) review, survey; **стислий огляд**
synopsis; **медичний огляд** medical,
physical

оглядати (*док* **оглянути**) *пер дс*
(*обстежувати*) to examine, to inspect;
(*перевіряти й ремонтувати*)
to overhaul; **оглядати цікаві місця**
to go sightseeing

оглядач *ч* (*телепрограм, фільмів, книг*)
reviewer; (*поточних подій*) columnist

оголений *прикм* nude, naked

оголеність *ж* nudity

оголошення *с* advert; (*розм*) ad

оголошувати (*док* **оголосити**) *пер дс*
to announce; (*війну*) to proclaim; (*через
Інтернет*) to post; **оголошувати догану**
to reprimand; **оголошувати поза законом**
to outlaw

оголяти (*док* **оголити**) *пер дс* to strip,
to uncover

огорнутий *прикм* steeped

огороджена територія *ж* compound

огорожа *ж* fence, railings

огрядний *прикм* fat, stout

одвічний *прикм* primordial

одеколон *ч* cologne

одержимий *прикм* obsessed

одержимість *ж* obsession

одержувати (*док* **одержати**) *пер дс*
to receive

одержувач *ч* recipient; (*грошей*) payee

 ключове слово

один (*ж* **одна**, *с* **одне**, *мн* **одні**) *числ* one
▷ *прикм* (*самотній*) alone, single
▷ *займ* 1 (*той самий*) the same
2 (*якийсь*) a, an, one

одинадцятий *числ* eleventh

одинадцять *числ* eleven

одинак *ч* loner

одиниця *ж* unit; (*цифра*) one

одиночний *прикм* one-man, individual

одіссея *ж* odyssey

одкровення *с* eye-opener

однак *спол* but, however ▷ *присл* (*усе-
таки*) nevertheless

однаковий *прикм* the same, identical;
(*рівний*) equal

однаково *присл* equally

однина *ж* singular

однобічний *прикм* unilateral; (*про рух*)
one-way

однозначний *прикм* (*безсумнівний*)
single-digit; (*який позначається однією
цифрою*) unequivocal

однойменний *прикм* eponymous

однокласник (**однокласниця**) *ч* (*ж*)
classmate

одноліток *ч* peer

одноразовий *прикм* (*про посуд та ін*)
disposable

однорідний *прикм* uniform

однорідність *ж* uniformity

одностайний *прикм* unanimous

одностайність *ж* unanimity

односторонній *прикм* one-sided,
unilateral

одночасний *прикм* simultaneous

одночасно *присл* simultaneously

одружений *прикм* married

одруження *с* marriage

одружуватися (*док* **одружитися**) *непер
дс* to marry

одужання *с* recovery

одужувати (*док* **одужати**) *непер дс*
to recover

одурювати (*док* **одурити**) *пер дс*
to deceive, to trick

одяг *ч* clothes, clothing; **комплект одягу**
outfit; **чоловічий одяг** menswear

одягати (*док* **одягти**) *пер дс* (*когось*)
to dress; (*якийсь*) to put on

одягатися (*док* **одягтися**) *непер дс*
to dress (oneself)

одягнений *прикм* clothed; **одягнений
в уніформу** uniformed

ожеледь *ж* black ice

оживляти (*док* **оживити**) *пер дс*
to resuscitate, to bring back to life;
оживляти в пам'яті to relive

ожина *ж* blackberry

ожиріння *с* obesity

озадок *ч* (*задня частина туші*) rump

озбросний *прикм* armed

озброєння *с* armaments, weaponry

озброювати (*док* **озброїти**) *пер дс* to arm
(with)

оздоблення *с* decoration

озеро *с* lake

ознайомлювати (*док* **ознайомити**) *пер
дс* to familiarize, to acquaint

ознайомлюватися (*док* **ознайомитися**)
непер дс to familiarize oneself, to become
acquainted

ознака *ж* sign, indication

означати *пер дс* to mean

означений артикль *ч* definite article

озон *ч* ozone

океан *ч* ocean

Океанія *ж* Oceania

окис *ч* oxide

окислювати (*док* **окислити**) *пер дс*
to oxidize

окислюватися (*док* **окислитися**) *непер
дс* to oxidize

око *с* eye

околиця _ж (передмістя)_ suburb; _(округа)_ neighbourhood, vicinity; **на околиці** uptown

околичний _прикм (розташований на околиці)_ uptown

окремий _прикм_ individual, separate

окремо _присл_ apart, separately

окреслювати _(док_ **окреслити)** _пер дс_ to outline

округлий _прикм_ rounded

окружність _ж_ circumference

оксамит _ч_ velvet

окуліст _ч_ ophthalmologist

окультизм _ч_ occultism

окуляри _мн ім_ glasses, spectacles; **сонцезахисні окуляри** sunglasses

окунь _ч_ bass

окупація _ж_ occupation

окупувати _пер дс_ to occupy

оленина _ж_ venison

олень _ч_ deer; **північний олень** reindeer; **олень-самець** stag

оливка _ж_ olive

оливкова олія _ж_ olive oil

оливкове дерево _с_ olive tree

олівець _ч_ pencil

Олімпійські ігри _мн ім_ Olympic Games®

олія _ж_ oil; **олія для засмаги** suntan oil

олово _ж_ tin

Ольстер _ч_ Ulster

Оман _ч_ Oman

омана _ж_ fallacy, delusion

оманливий _прикм_ misleading, deceptive

омела _ж_ mistletoe

оминання _с_ avoidance

оминати _(док_ **оминути)** _пер дс_ to omit

омлет _ч_ omelette

омолоджувати _(док_ **омолодити)** to rejuvenate

омонім _ч_ homonym

он-лайн _присл_ online

оновлення _с_ renewal, renovation; _(інтер'єру, обладнання)_ refurbishment

оновлювати _(док_ **оновити)** _пер дс_ _(ремонтувати, заміняти)_ to renew; _(модернізувати)_ to modernize, to update

онук _ч_ grandson, grandchild

онуки _ч / ж, мн_ grandchildren

онучка _ж_ granddaughter, grandchild

ООН _абр_ UN

опади _мн ім_ rainfall

опалення _с_ heating

опановувати _(док_ **опанувати)** _пер дс_ _(про знання, навички)_ to master; _(про думки, почуття)_ to overcome; _(емоції)_ to harness

опера _ж_ opera

оператор _ч_ operator; _(кіно)_ cameraman

операційна система _ж_ operating system

операція _ж_ operation; _(грошова)_ transaction

оперення _с_ plumage

оперний _прикм_ operatic; **оперний театр** opera house

оперувати _(док_ **прооперувати)** _пер дс_ to operate

опиратися _непер дс_ to lean on; _(протидіяти)_ to oppose, to resist

опис _ч_ description

описовий _прикм_ descriptive

описувати _(док_ **описати)** _пер дс_ to describe

опитування _с_ poll

опитувати _(док_ **опитати)** _пер дс_ to question; _(проводити опитування багатьох людей)_ to survey, to poll

опитувач _ч_ pollster

опівдні _присл_ at noon

опівночі _присл_ at midnight

опій _ч_ opium

опік _ч_ burn; _(окропом чи парою)_ scald; **отримувати опік** to burn; **сонячний опік** sunburn

опіка _ж_ custody

опікун _ч_ guardian

опір _ч_ resistance, opposition

оплакувати _(док_ **оплакати)** _пер дс_ to bemoan, to lament

оплата _ж_ payment, fee

оплески _мн ім_ applause; **бурхливі оплески** _(стоячи)_ standing ovation

оповідання _с_ story, tale

оповідати _(док_ **оповісти)** _непер / пер дс_ to tell, to narrate

оповідач _ч_ storyteller

оповідь _ж_ narrative, story

оподаткований _прикм_ taxable

оподатковувати _(док_ **оподаткувати)** _дс_ to tax, to impose taxes on

оподаткування _с_ taxation

ополіскувач _ч_ rinse

ополоник _ч_ ladle

ополченець _ч_ militiaman

ополчення _с_ militia

опонент _ч_ opponent

опора _ж (підтримка)_ support; _(основа, фундамент)_ footing; **точка опори** foothold

опортуніст _ч_ opportunist

опортуністичний _прикм_ opportunistic

опосередкований _прикм_ indirect

опосередковано _присл_ indirectly

опрацьовувати _(док_ **опрацювати)** _пер дс_ to work up

опритомнювати _(док_ **опритомніти)** _непер дс_ to recover consciousness

опромінення _с_ irradiation

опромінювати _(док_ **опромінити)** _пер дс_ to irradiate

оптик _ч_ optician

оптика _ж_ optics

оптимальний _прикм_ optimum

оптимізм ч optimism
оптимізувати *пер дс* to optimize
оптиміст (оптимістка) ч *(ж)* optimist
оптимістичний *прикм (сповнений оптимізму)* optimistic; *(життєрадісний)* upbeat
оптичний *прикм* optical
оптовий *прикм* wholesale; **оптова торгівля** wholesale
оптовик ч wholesaler
оптом *присл* wholesale
опудало с scarecrow
опус ч *(муз)* opus
опускати *(док* **опустити)** *пер дс* to lower, to put down
опускатися (опуститися) *непер дс* to lower, to put down
оранжевий *прикм* orange
оранжерея ж conservatory
орати *(док* **зорати)** *непер / пер дс* to plough
оратор ч orator, speaker
орбіта ж orbit
орбітальний *прикм* orbital
оргазм ч orgasm
орга́н ч *(муз)* organ
о́рган ч *(частина тіла; установа; видання)* organ
організатор ч organizer
організаторський *прикм* organizational
організаційний *прикм* organizing
організація ж organization
Організація Об'єднаних Націй ж United Nations
організм ч organism
організована злочинність ж organized crime
організований *прикм* organized
організованість ж self-discipline
організовувати *(док* **організувати)** *пер дс* to organize; *(засновувати)* to establish; **організовувати змову** to plot
органіст ч organist
органічний *прикм* organic; *(природний)* natural
орден ч medal
ордер ч order, warrant; **ордер на обшук** search warrant
ореган ч oregano
орел ч eagle
оренда ж *(землі, нерухомості)* lease, rental; *(житла)* tenancy; **оренда авто** car rental
орендар ч tenant
орендна плата ж rental, rent
орендована машина ж hired car
орендований *прикм (земля, нерухомість)* leased; *(житло)* rented
орендувати *пер дс* to rent; *(займати)* to occupy

оригінал ч original
орієнтація ж orientation
орієнтир ч *(на місцевості)* landmark; *(взірець)* reference point, benchmark; *(покажчик)* guide
орієнтований *прикм* oriented
оркестр ч orchestra; **симфонічний оркестр** symphony orchestra
оркестровий *прикм* orchestral
оркестровка ж orchestration
орнамент ч ornament
орний *прикм* arable
ортодоксальний *прикм* orthodox
ортодоксальність ж orthodoxy
орудувати *непер дс* to wield, to handle
орфографія ж spelling
орхідея ж orchid
оса ж wasp
осад ч sediment
освистувати *(док* **освистати)** *пер дс* to boo
освіжати *(док* **освіжити)** *пер дс* to refresh
освіжувальний *прикм* refreshing
освіжувати *(док* **освіжити)** *пер дс* to freshen up
освіта ж education; **давати освіту** to educate
освітлений *прикм* illuminated
освітлення с lighting, illumination
освітлювати *пер дс* to illuminate, to light up
освічений *прикм* educated, enlightened
освячувати *(док* **освятити)** *пер дс* to consecrate
осел ч donkey
оселедець ч herring
осередддя с centre
осередок ч centre, heart
осетрина ж sturgeon
осика ж aspen
осипа́тися *(док* **оси́патися)** *непер дс (про листя, плоди, насіння)* to fall; *(руйнуючись, обвалюватися)* to crumble
осідати *(док* **осісти)** *непер дс* to settle down
осінь ж autumn
оскаржувати *(док* **оскаржити)** *пер дс* to appeal
осквернити *(док* **осквернити)** *пер дс* to desecrate
осколок ч splinter
ослаблювати *(док* **ослабити)** *пер дс* to weaken; *(про наслідок хвороби)* to debilitate
ослаблюватися *(док* **ослабитися)** *непер дс* to weaken
осліплювати *(док* **осліпити)** *пер дс* to blind
основа ж basis, foundation ▷ *мн ім* basics, fundamentals

основний *прикм* (*який є основою чогось*) basic, fundamental; (*головний*) main, principal; **основний напрямок** mainstream; **основний принцип** ground rule

основоположний *прикм* underlying

особа *ж* person, individual; **перша особа** first person

особистий *прикм* personal, individual; **особистий рекорд** personal best

особистість *ж* personality

особисто *присл* personally

особливий *прикм* special

особливість *ж* feature

особливо *присл* particularly; (*надзвичайно*) especially; (*спеціально*) specially

осока *ж* sedge

останній *прикм* (*завершальний; найважливіший*) last; (*найновіший*) latest; (*з двох названих*) latter

остаточний *прикм* (*кінцевий*) final, eventual; (*вирішальний*) conclusive; (*який не підлягає змінам*) irrevocable

остаточно *присл* finally, definitively; **остаточно вирішувати** to clinch

острів *ч* island; **безлюдний острів** desert island

острів'янин *ч* islander

осуд *ч* condemnation

осуджувати (*док* **осудити**) *пер дс* to censure, to denounce

осушувати (*док* **осушити**) *пер дс* to drain

отже *спол* (*таким чином*) thus; (*тому, через те*) therefore, consequently

отороче́ний *прикм* fringed

ототожнювати (*док* **ототожнити**) *пер дс* to identify

оточений *прикм* surrounded, enclosed

оточення *с* (*середовище, люди*) environment, surroundings, milieu; (*обстановка*) setting

оточувати (*док* **оточити**) *пер дс* (*оповивати*) to enclose; (*виявляти певне ставлення, бути біля когось*) to surround; (*військ*) to surround, to encircle

отримувати (*док* **отримати**) *пер дс* to get, to receive; **отримувати задоволення** to enjoy; **отримувати користь** to benefit; **отримувати опік** to burn; **отримувати очко** to score; **отримувати прибуток** to profit

отримувач *ч* recipient

отруйний *прикм* poisonous; (*тваринного походження*) venomous

отрута *ж* poison; (*тваринного походження*) venom

отруювати (*док* **отруїти**) *пер дс* to poison; **отруювати газом** to gas

отямлюватися (*док* **отямитися**) *непер дс* to come round

офіс *ч* office; **головний офіс** head office

офісний *прикм* office

офіцер *ч* officer; **офіцер поліції** police officer

офіціант *ч* waiter

офіціантка *ж* waitress

офіційний *прикм* official; **офіційний вихідний** bank holiday

оформлювати (*док* **оформити**) *пер дс* (*приводити у відповідність до вимог*) to formalize; (*узаконювати*) to legalize

офорт *ч* etching

охайний *прикм* neat, tidy

охайно *присл* neatly

охолоджувати (*док* **охолодити**) *пер дс* to cool; (*остуджувати або заморожувати в холодильнику*) to chill, to refrigerate; (*запал, завзяття*) to dampen

охоплювати (*док* **охопити**) *пер дс* (*у різних значеннях*) to envelop; (*включати в себе*) to include, to embrace; (*про почуття, події*) to overwhelm

охорона *ж* guard, security

охоронець *ч* (*особистий*) bodyguard; (*який охороняє будівлі, людей*) security guard; (*офісу або школи*) custodian

охороняти *пер дс* to guard

охоче *присл* readily, willingly

охочий *прикм* willing

охрещувати (*док* **охрестити**) *пер дс* (*хрестити*) to baptize, to christen; (*давати прізвисько*) to dub

оцет *ч* vinegar

оцінка *ж* (*оцінювання*) valuation, assessment; (*думка, міркування*) estimate, estimation; (*шкільна*) mark

оцінювати (*док* **оцінити**) *пер дс* (*визначати вартість, ціну*) to evaluate, to rate; (*висловлювати думку*) to assess, to estimate; (*кваліфікувати*) to qualify

оцінювач *ч* assessor

очевидець (**очевидиця**) *ч (ж)* eyewitness

очевидний *прикм* obvious, evident

очевидно *присл* obviously, evidently

очерет *ч* cane, reed

очисний *прикм* purifying; **очисний завод** refinery; **очисний лосьйон** cleansing lotion

очищати (*док* **очистити**) *пер дс* (*робити чистим, витирати*) to clean, to clear; (*від забруднення, від гріхів*) to purify

очищений *прикм* purified

очищувач скла *ч* windscreen wiper, (*us*) windshield wiper

очікування *с* (*чекання*) waiting; (*сподівання*) expectation, expectancy; **очікування виклику** (*телефонна послуга*) call waiting

очікувати *непер / пер дс* to expect

очко *с* score; **отримувати очко** to score

очне яблуко *с* eyeball

очолювати (*док* **очолити**) *пер дс* to head
ошатний *прикм* elegant
ошукувати (*док* **ошукати**) *пер*
   дс (*вводити в оману*) to deceive;
   (*отримувати гроші шляхом шахрайства*)
   to swindle
ощадливий *прикм* thrifty, frugal;
   ощадлива людина saver
ощадливість *ж* thrift

паб *ч* pub
павич *ч* peacock
павільйон *ч* pavilion
павук *ч* spider
павутина *ж* (*у кімнаті*) cobweb, web
пагорб *ч* hill
пагористий *прикм* hilly
пагорок *ч* hump
падати (*док* **впасти**) *непер дс* to fall,
   to drop; (*зменшуватися*) to decline
падіння *с* fall, drop; (*раптова втрата*
   становища, статусу) downfall
падуб *ч* holly
паєтка *ж* sequin
пайок *ч* ration; **видавати пайок** (*за*
   картками через дефіцит) to ration
пакет *ч* packet, pack; **пакет із ручками**
   carrier bag
пакет-саше *ч* sachet
Пакистан *ч* Pakistan
пакистанець (**пакистанка**) *ч* (*ж*) Pakistani
пакистанський *прикм* Pakistani
пакт *ч* pact
пакувальний матеріал *ч* packing
пакувальник *ч* packer
пакувати (*док* **спакувати**) *пер дс* to pack
пакунок *ч* parcel, package
палата *ж* (*державна установа*) chamber,
   house; (*в лікарні*) ward
палати *непер дс* to blaze; (*про обличчя*)
   to glow
палац *ч* palace
палаючий *прикм* flaming
Палестина *ж* Palestine
палестинець (**палестинка**) *ч* (*ж*)
   Palestinian
палестинський *прикм* Palestinian
палець *ч* (*руки*) finger; (*ноги*) toe; **великий**
   палець руки thumb; **відбиток пальця**
   fingerprint; **торкатися пальцями** to finger
паливо *с* fuel
палити[1] *пер дс* to burn; (*цигарку*) to smoke
палити[2] *пер дс* (*з вогнепальної зброї*)
   to fire

палиця ж stick; (*посох*) staff
паличник ч stick insect
паління с smoking
палітра ж palette
палкий *прикм* (*про прагнення, бажання*) ardent; (*про почуття*) passionate; (*дискусія*) heated
паломництво с pilgrimage
палуба ж deck
пальма ж palm
пальне с fuel
пальто с coat, overcoat
палючий *прикм* burning
паляниця ж loaf
паморочитися (*док* **запаморочитися**) *непер дс* to feel dizzy
памфлет ч pamphlet
пам'ятати *пер дс* to remember
пам'ятний *прикм* memorable
пам'ятник ч monument
пам'ятні речі ж, мн (*пов'язані з історичними особами чи подіями*) memorabilia
пам'ять ж memory
пан ч (*чоловік*) gentleman; (*ввічливе звертання*) Sir; (*перед прізвищем*) Mr
Панама ж Panama
панацея ж panacea
панда ж panda
панель ж panel; **панель інструментів** toolbar; **сенсорна панель** touch pad
панельна обшивка ж panelling
пані ж (*жінка*) lady; (*ввічливе звертання*) Madam, Miss; (*перед прізвищем*) Mrs, Miss, Ms
панівний *прикм* prevailing, predominant
паніка ж panic
панікувати *непер дс* to panic
панк ч punk
панна ж (*дівчина*) young lady; (*ввічливе звертання*) Miss
панорама ж panorama
панорамний *прикм* panoramic
пансіон ч guesthouse
пантеон ч pantheon
пантера ж panther
пантоміма ж pantomime, mime
панувати *непер дс* to rule, to reign
панцир ч shell
панчоха ж stocking
Папа Римський ч pope
паперовий *прикм* paper
папір ч paper
папірець ч slip
папка ж file
папороть ж fern
паприка ж paprika
папський *прикм* papal
папуга ч і ж parrot; **хвилястий папуга** budgerigar, budgie

пара¹ ж pair; (*рівня*) match; (*подружжя, наречені*) couple
пара² ж (*стан води*) steam; (*видимі випаровування*) vapour
парагваєць (**парагвайка**) ч (ж) Paraguayan
Парагвай ч Paraguay
парагвайський *прикм* Paraguayan
параграф ч paragraph
парад ч parade
парадокс ч paradox
парадоксальний *прикм* paradoxical
паразит ч parasite
паразитний *прикм* parasitic
паралель ж parallel
паралельний *прикм* parallel
паралізований *прикм* paralysed
паралізувати *пер дс* to paralyse
параліч ч paralysis
парамедик ч paramedic
параноїдальний *прикм* paranoid
параноя ж paranoia
парасолька ж umbrella
парафін ч paraffin
парафія ж (*церковна*) parish
парафіяни ч, мн congregation
парашут ч parachute; **стрибати з парашутом** to parachute
парашутист-десантник ч paratrooper
парі с betting
парк ч park; (*сукупність транспортних засобів*) fleet
паркан ч fence
парковка ж parking
паркуватися (*док* **припаркуватися**) *непер дс* to park
парламент ч parliament
парламентар ч parliamentarian
парламентський *прикм* parliamentary
пармезан ч Parmesan
парний *прикм* twin
парниковий газ ч greenhouse gas
парниковий ефект ч greenhouse effect
паровоз ч locomotive, steam engine
пародіювати (*док* **спародіювати**) *пер дс* to mimic, to parody
пародія ж parody
пароль ч password
пароплав ч steamer
паросток ч sprout, shoot
партер ч (*у театрі*) stalls
партизан ч guerrilla
партитура ж score
партійна політика ж party politics
партія ж party; (*продукції*) batch; **партія товару** shipment
Партія зелених ж Green
партнер ч partner, associate
партнерство с partnership
парувати¹ *непер дс* (*виділяти пару*) to steam

парувати² _пер дс_ (об'єднувати в пари)
to pair

парусина _ж_ canvas

парфуми _мн ім_ perfume

пасажир _ч_ passenger; **безквитковий
пасажир** stowaway

пасажирський _прикм_ passenger

пасербиця _ж_ stepdaughter

пасивний _прикм_ passive

пасинок _ч_ stepson

пасмо _с_ (волосся) strand

пасовище _с_ pasture, grassland

пасок _ч_ belt; (безпеки) seatbelt, safety belt

паспорт _ч_ passport

паста _ж_ paste

пастель _ж_ crayon

пастельний _прикм_ pastel

пастеризований _прикм_ pasteurized

пастернак _ч_ parsnip

пасти _пер дс_ to graze, to tend; **пасти
задніх** (розм) to lag behind

пастирський _прикм_ pastoral

пастися _непер дс_ to graze

пастка _ж_ trap

пастор _ч_ pastor

пастух _ч_ shepherd

пасувати¹ _непер дс_ (годитися,
відповідати) to fit, to suit

пасувати² _непер дс_ (перед чимось)
to shirk

патент _ч_ patent

патентований _прикм_ proprietary

патентувати (док **запатентувати**) _пер дс_
to patent

патока _ж_ treacle

патологічний _прикм_ pathological, morbid

патологія _ж_ pathology

патологоанатом _ч_ pathologist

патріарх _ч_ patriarch

патріархальний _прикм_ patriarchal

патріархат _ч_ (панування чоловіків у
суспільстві) patriarchy

патріот _ч_ patriot

патріотизм _ч_ patriotism

патріотичний _прикм_ patriotic

патрон _ч_ cartridge

патрубок _ч_ nozzle

патруль _ч_ patrol

патрульна машина _ж_ patrol car

патрулювати _пер дс_ to patrol

пауза _ж_ pause; **робити паузу** to pause

пафос _ч_ pathos

пах _ч_ groin

пахва _ж_ armpit

пахнути _непер дс_ to smell of

пахощі _мн ім_ aroma, fragrance;
наповнювати пахощами to perfume

пацифізм _ч_ pacifism

пацифіст _ч_ pacifist

пацифістський _прикм_ pacifist

пацієнт _ч_ patient

пашотниця _ж_ eggcup

ПДВ _абр_ VAT

певен _прикм_ sure

певний _прикм_ certain, particular; **певна
кількість** some

певно _присл_ definitely, surely

педагог _ч_ educator

педаль _ж_ pedal; **педаль газу** accelerator

педантичний _прикм_ pedantic

педикюр _ч_ pedicure

педіатр _ч_ paediatrician

педіатрія _ж_ paediatrics

педофіл _ч_ paedophile

педофілія _ж_ paedophilia

пейджер _ч_ pager

пейзаж _ч_ scenery

пекар _ч_ baker

пекарня _ж_ bakery

Пекін _ч_ Beijing

пекінес _ч_ Pekinese

пекло _с_ hell

пекти (док **спекти**) _пер дс_ to bake ▷ _непер
дс_ to be hot

пекучий _прикм_ burning; (нагальний) urgent

пелікан _ч_ pelican

пелюстка _ж_ petal

пелюшка _ж_ nappy

пенал _ч_ pencil case

пензель _ч_ paintbrush

пеніс _ч_ penis

пенітенціарний _прикм_ penal

пеніцилін _ч_ penicillin

пенні _ж_ penny

пенсіонер (**пенсіонерка**) _ч (ж)_ pensioner,
retired person

пенсія _ж_ pension

пентхаус _ч_ penthouse

первісний _прикм_ (первинний,
початковий) initial, primal; (про ранню
стадію еволюції) primitive

перебивати (док **перебити**) _пер дс_
to interrupt; (оратора запитаннями,
викриками, зауваженнями) to heckle

перебіжчик _ч_ defector

перебій _ч_ stoppage, interruption

перебільшений _прикм_ exaggerated

перебільшення _с_ exaggeration,
overstatement

перебільшувати (док **перебільшити**)
непер / пер дс to exaggerate ▷ _пер дс_
to overstate

перебування _с_ stay; **перебування на
посаді** tenure

перебудова _ж_ reconstruction,
reorganization

перевага _ж_ advantage; (вищість,
привілей) superiority; (користь) benefit;
(фора) head start

переважати (док **переважити**) _пер
дс_ (кількісно) to outnumber ▷ _непер дс_
to prevail

переважно *присл* mainly, chiefly

переважувати (*док* **переважити**) *пер дс* (*зважувати наново*) to weigh again; (*мати більшу вагу*) to outweigh

перевантажувати (*док* **перевантажити**) *пер дс* (*з одного судна на інше*) to transship; (*надмірно навантажувати*) to overload

перевдягання *с* (*дитяча гра*) dressing-up

перевдягатися (*док* **перевдягтися**) *непер дс* to change

перевезення *с* transportation, transit; **перевезення вантажів** shipping; **перевезення літаками** airlift

перевернутий *прикм* reverse, upside down

перевертати (*док* **перевернути**) *пер дс* (*на другий бік*) to turn over; (*змінювати на протилежне*) to reverse, to invert

перевершувати (*док* **перевершити**) *пер дс* to surpass, to outdo

перевидавати (*док* **перевидати**) *пер дс* to reprint

перевидання *с* reissue

перевищувати (*док* **перевищити**) *пер дс* to exceed, to surpass

перевірений *прикм* verified; (*про людину, механізм*) reliable

перевірка *ж* (*контроль*) inspection, check; (*ревізія*) revision

перевіряти (*док* **перевірити**) *пер дс* (*контролювати*) to verify, to check; (*обстежувати*) to inspect; (*рахунки*) to audit; (*випробовувати*) to test; **перевіряти повторно** to double-check

переводити (*док* **перевести**) *пер дс* (*з одного місця в інше*) to transfer; (*в іншу систему вимірів*) to convert

перевозити (*док* **перевезти**) *пер дс* to transport, to carry; (*кораблем*) to ship; (*поромом*) to ferry; (*літаком*) to airlift

переглядати (*док* **переглянути**) *пер дс* (*змінювати, повторювати*) to revise; (*ознайомлюватися*) to look through; (*розглядати знову, змінювати*) to reconsider; **переглядати повторно** to re-examine

переговори *мн ім* negotiations; **проводити переговори** to negotiate; **стіл переговорів** negotiating table

переговорний пристрій *ч* intercom

перегони *мн ім* (*вид змагань*) racing; (*окреме змагання*) race; **перегони по бездоріжжю** cross-country

перегороджувати (*док* **перегородити**) *пер дс* (*розділяти приміщення*) to partition

перегородка *ж* partition

перегрівати (*док* **перегріти**) *пер дс* to overheat

перегріватися (*док* **перегрітися**) *непер дс* to become overheated

перегруповувати (*док* **перегрупувати**) *пер дс* to regroup

перегруповуватися (*док* **перегрупуватися**) *непер дс* to regroup

перед *ч* front

 КЛЮЧОВЕ СЛОВО

перед *прийм* **1** (*у позначенні місця*) before, in front of

2 (*для вираження часу*) before

3 (*у присутності*) in front of, before

4 (*у порівнянні з кимось*) compared to

5 (*стосовно, відносно*) before, towards

передавати (*док* **передати**) *пер дс* (*віддавати, вручати*) to pass, to consign; (*відтворювати*) to convey; (*повідомлення*) to relay; (*знання, інформацію*) to impart; (*заражати інфекцією; поширювати через канали зв'язку*) to transmit; (*повноваження, обов'язки*) to devolve; **передавати по телебаченню** to televise

передавач *ч* sender; (*юр*) transferor; (*апарат*) transmitter

передача *ж* (*дія*) transfer; transmission; (*повноважень, обов'язків*) devolution; (*по радіо, ТБ*) broadcast, programme; (*механізм*) gear; **інтерактивна передача** phone-in; **передача повноважень** handover

передбачати (*док* **передбачити**) *пер дс* to foresee, to predict

передбачливість *ж* foresight; (*обережність*) prudence

передбачуваний *прикм* predictable, foreseeable

передвіщати (*док* **передвістити**) *пер дс* to bode, to herald

передвоєнний *прикм* pre-war

передгір'я *с* foothills

переддень *ч* (*день перед якоюсь подією*) eve; (*певний період перед подією*) run-up; **переддень нового року** New Year's Eve

передзвонювати (*док* **передзвонити**) *пер дс* to call back, to phone back

передишка *ж* breathing space

передмістя *с* outskirts, suburbs

передмова *ж* preface, foreword

передній *прикм* front; **передній край** (*центр діяльності*) cutting edge; **передній план** (*картини*) foreground; (*найважливіше в чомусь*) forefront

передня фара *ж* headlamp

передова стаття *ж* leading article, editorial

передовий *прикм* foremost, advanced

передостанній *прикм* penultimate

передплата *ж* subscription

передплатний *прикм* subscription
передплатник *ч* subscriber
передплачений *прикм* subscribed
передпліччя *с* forearm
передувати *непер дс* to precede
передумова *ж* prerequisite, precondition
передчасний *прикм* premature, untimely
передчуття *с* premonition
переживати (*док* **пережити**) *пер дс*
(*когось*) to outlive; (*відчувати щось*)
to experience; (*зазнавати щось*)
to suffer; (*відчувати хвилювання, неспокій*) to worry
пережиток *ч* survival, relic
перезаряджати (*док* **перезарядити**) *пер дс* to recharge
переїдати (*док* **переїсти**) *непер / пер дс*
to overeat
переїжджати (*док* **переїхати**) *непер дс*
to move
перейменовувати (*док*
перейменувати) *пер дс* to rename
перейми *мн ім* (*мед*) contractions
переказ *ч* (*дія*) retelling; (*легенда*) legend;
(*пересилання грошей*) remittance;
поштовий переказ postal order
перекидати (*док* **перекинути**) *пер дс*
to overturn; (*про човен*) to keel over
перекидатися (*док* **перекинутися**)
непер дс to overturn; (*у повітрі*) to turn a
somersault; (*про човен*) to keel over
переклад *ч* (*письмовий*) translation;
(*усний*) interpretation
перекладати (*док* **перекласти**) *пер дс*
(*на інше місце*) to replace; (*на іншу мову
письмово*) to translate; (*на іншу мову усно*)
to interpret; (*щось чимось*) to sandwich
перекладач *ч* (*письмовий*) translator;
(*усний*) interpreter
переклик *ч* roll call
перекликатися *непер дс* to call out to one
another
переконаний *прикм* convinced
переконання *с* conviction
переконливий *прикм* convincing,
persuasive
переконструйовувати (*док*
переконструювати) *пер дс* to redesign
переконувати (*док* **переконати**) *пер дс*
to convince, to persuade
перекручений *прикм* (*скручений*) twisted;
(*викривлений*) distorted, perverted
перекручення *с* (*фактів*) distortion,
misrepresentation
перекручувати (*док* **перекрутити**) *пер
дс* (*скручувати*) to twist; (*викривляти
факти*) to distort, to skew
переливання *с* pouring over;
переливання крові blood transfusion
переливати (*док* **перелити**) *пер дс*
to pour over; (*кров*) to transfuse
перелік *ч* list; **складати перелік** to list

перелом *ч* break, fracture
переляк *ч* fright, shock
переляканий *прикм* frightened, scared
перелякати *пер дс* to frighten, to startle
перемагати (*док* **перемогти**) *пер дс*
to win; (*труднощі*) to overcome
перемир'я *с* truce
переміщати (*док* **перемістити**) *пер дс*
to move, to relocate
переміщатися (*док* **переміститися**)
непер дс to shift
переміщена особа *ж* displaced person
переміщення *с* transfer
переміщувати (*док* **перемістити**) *пер дс*
to shift, to transfer
перемога *ж* victory
переможець *ч* winner; (*той, хто
отримав приз*) prizewinner
переможний *прикм* triumphant, victorious
перемотувати (*док* **перемотати**) *пер дс*
to rewind
перенаселений *прикм* overpopulated
перенаселення *с* overpopulation
переносний *прикм* (*алегоричний*)
figurative
переобирати (*док* **переобрати**) *пер дс*
to re-elect
переорієнтовувати (*док*
переорієнтувати) *пер дс* to redirect
переосмислення *с* rethinking,
reconsideration
переосмислювати (*док*
переосмислити) *пер дс* to reconsider
переоцінка *ж* reassessment, revaluation
переоцінювати (*док* **переоцінити**)
пер дс (*оцінювати надто високо*)
to overestimate, to overvalue; (*оцінювати
заново*) to revalue, to reassess
перепел *ч* quail
перепис *ч* inventory; (*населення*) census
переписувати (*док* **переписати**) *пер дс*
(*робити копію*) to copy; (*писати заново*)
to rewrite; (*робити опис*) to make a list
перепливати (*док* **перепливти**) *пер дс*
(*про людину*) to swim across; (*про човен*)
to sail across
переплітати (*док* **переплести**) *пер дс*
to intertwine, to interweave
переплітатися (*док* **переплестися**)
непер дс to intertwine, to interweave
переплутувати (*док* **переплутати**) *пер
дс* (*приймати одне за інше*) to confuse,
to mix up
переповнений *прикм* crowded,
overcrowded
переповнювати (*док* **переповнити**) *пер
дс* to overcrowd
переполох *ч* stir
перепочинок *ч* rest, respite
перепрацьовуватися (*док*
перепрацюватися) *непер дс* to overwork

перепродаж ч resale
перепродувати (*док* **перепродати**) *пер дс* to resell
перепрошувати (*док* **перепросити**) *пер дс* to apologize
перепустка ж pass, permit
перерахунок ч re-calculation; (*голосів на виборах*) recount
перерва ж interval, break; (*в роботі комітету, суду, уряду*) recess
переривання с (*переривання*) interruption; (*зупинення чогось*) termination
переривати (*док* **перервати**) *пер дс* (*про нитку та інше*) to break, to tear; (*у розмові*) to interrupt
переробка ж (*зміна*) alteration; (*тех*) reprocessing; (*відходів*) recycling
переробляти (*док* **переробити**) *пер дс* to remake, to redo; (*піддавати обробці*) to process
перерозподіляти (*док* **перерозподілити**) *пер дс* to redistribute, to reallocate
переселення с migration, resettlement
переселяти (*док* **переселити**) *пер дс* to resettle
переселятися (*док* **переселитися**) *непер дс* to resettle, to migrate
пересилювати (*док* **пересилити**) *пер дс* to overpower
пересичений *прикм* saturated
пересичення с surfeit, glut
пересичувати (*док* **переситити**) *пер дс* to saturate, to glut
переслідування с (*погоня*) pursuit; (*гоніння*) persecution; (*судове*) prosecution
переслідувати *пер дс* (*гнатися*) to pursue; (*утискати*) to persecute; (*не давати проходу*) to hound; (*про думки, страх*) to haunt
переслідувач ч pursuer
пересмажений *прикм* overdone
пересмажувати (*док* **пересмажити**) *пер дс* to overdo
пересохлий *прикм* parched
переставляти (*док* **переставити**) *пер дс* (*пересувати*) to move; (*змінювати порядок чогось, дату, час*) to rearrange; (*уряд*) to reshuffle
перестаратися *непер дс* to overdo
перестрибувати (*док* **перестрибнути**) *непер / пер дс* to leap, to jump over; (*спираючись рукою*) to vault
пересування с movement, moving
пересувати (*док* **пересунути**) *пер дс* to move
пересуватися *непер дс* to travel, to move on
пересувний *прикм* mobile, transportable

перетворення с transformation, conversion; (*несподівана зміна*) metamorphosis
перетворювати (*док* **перетворити**) *пер дс* to transform, to convert; (*реформувати*) to reform
перетворюватися (*док* **перетворитися**) *непер дс* to turn
перетелефонувати *непер дс* to ring back, to call back
перетинати (*док* **перетнути**) *пер дс* to intersect, to cross; (*перегороджувати*) to block up; **перетинати вздовж і впоперек** to criss-cross
перетравлювати (*док* **перетравити**) *пер дс* to digest
перетягувати (*док* **перетягти**) *пер дс* to pull, to drag
переустатковувати (*док* **переустаткувати**) *пер дс* to re-equip, to refit
перефразовувати (*док* **перефразувати**) *пер дс* to paraphrase
перехитровувати (*док* **перехитрувати**) *пер дс* to outwit
перехід ч transition, passage; **підземний перехід** subway, underpass; **пішохідний перехід** pedestrian crossing
перехідний *прикм* transitional; (*про дієслово*) transitive
переходити (*док* **перейти**) *пер дс* (*дорогу, міст*) to cross ▷ *непер дс* (*приступати до чогось*) to proceed; (*в інший стан*) to develop; **переходити вбрід** to wade
перехожий ч passer-by
перехоплення с (*спортивний термін*) tackle
перехоплювати (*док* **перехопити**) *пер дс* to intercept; (*спортивний термін*) to tackle ▷ *непер дс* (*швидко їсти*) to snack
перехрестя с crossroads, intersection
перець ч pepper; **солодкий перець** red pepper; **червоний перець** chilli; **чорний перець** black pepper
перешкода ж obstacle, hindrance, impediment; (*затримка*) hitch; (*спорт*) hurdle; (*непередбачувана*) snag; hassle
перешкоджати (*док* **перешкодити**) *непер дс* to prevent, to obstruct
перило с banisters, railing
периметр ч perimeter
периферійний *прикм* peripheral, fringe; **периферійний пристрій** peripheral
периферія ж periphery
період ч period; **найгірший період** nadir
періодичний *прикм* periodic, intermittent; **періодичне видання** periodical
перлина ж pearl
перлистий *прикм* pearl
перо с feather

перпендикулярний *прикм* perpendicular

персик *ч* peach

персонаж *ч* character

персонал *ч* personnel, staff; **торговий персонал** sales force

персональний *прикм* personal; **персональний комп'ютер** personal computer

перспектива *ж* prospect

перспективний *прикм* promising, up-and-coming

перський *прикм* Persian

Перу *невідм ім* Peru

перуанець (перуанка) *ч (ж)* Peruvian

перуанський *прикм* Peruvian

перука *ж* wig

перукар *ч (чоловічий)* barber; *(жіночий)* hairdresser

перукарня *ж (чоловіча)* barber's shop; *(жіноча)* hairdressing saloon

перфекціоніст *ч* perfectionist

перш за все *присл* first of all

перший *числ* first; *(згаданий раніше)* the former; *(який відкриває подію, сезон тощо)* opening; **перший поверх** ground floor

перш ніж *спол* before

першокласний *прикм* first-class, first-rate

першокурсник *ч* fresher, freshman

першосортний *прикм* best quality

першочерговий *прикм (найважливіший)* paramount; *(нагальний)* top priority

песимізм *ч* pessimism

песиміст *ч* pessimist

песимістичний *прикм* pessimistic

пестити *пер дс* to caress; *(дитину)* to pet

пестицид *ч* pesticide

петиція *ж* petition

петля *ж* loop; *(для ґудзика)* buttonhole

петрушка *ж* parsley

печатка *ж* seal, stamp

печений *прикм* baked, roasted; **печена картопля** baked potato

печеня *ж* stew

печера *ж* cave, cavern

печиво *с* biscuit; **розсипчасте печиво** shortcrust pastry

печінка *ж* liver

печія *ж* heartburn

п'єдестал *ч* pedestal

п'єса *ж* play

пиво *с* beer

пивовар *ч* brewer

пивоварний завод *ч* brewery

пил *ч* dust; **витирати пил** to dust

пила *ж* saw

пилок *ч* pollen

пиломатеріали *мн ім* lumber

пилосос *ч* vacuum cleaner, Hoover®

пилососити *пер дс* to vacuum, to hoover

пилочка для нігтів *ж* nailfile

пильний¹ *прикм (уважний)* attentive; *(насторожений)* vigilant, watchful

пильний² *прикм* dusty

пильно *присл (уважно)* alertly

пиляти *пер дс* to saw

пиріг *ч* pie

пирхати *непер дс* to snort

писанка *ж* Ukrainian Easter egg

писати *(док написати) непер / пер дс* to write; **писати SMS-повідомлення** to text; **писати крейдою** to chalk

письменний *прикм* literate

письменник *ч* writer

письменність *ж* literacy

письмовий *прикм* written; **письмовий стіл** desk

питальний *прикм* interrogative

питання *с* question, query; *(проблема)* issue

питати *(док спитати) непер / пер дс* to ask, to enquire

пити *(док випити) пер дс* to drink; **пити маленькими ковтками** to sip

питна вода *ж* drinking water

пихатий *прикм* pompous, haughty

пихкати *непер дс (урочисто дихати)* to puff, to pant; *(про транспорт)* to chug

пишатися *непер дс* to be proud

пищати *непер дс* to squeak

пияцтво *с* alcoholism

пиячити *непер дс* to drink heavily

піаніно *с* piano

піаніст *ч* pianist

піарник *ч (розм)* spin doctor

півгодини *ж* half-hour

Південна Америка *ж* South America

Південна Африка *ж* South Africa

Південна Корея *ж* South Korea

південний *прикм* south, southern; **південний захід** southwest; **південний схід** southeast

Південний полюс *ч* South Pole

південноамериканський *прикм* South American

південноафриканський *прикм* South African

південно-західний *прикм* southwest, southwestern

південно-східний *прикм* southeast, southeastern

південь *ч* south

півень *ч* cockerel

півколо *с* semicircle

півкуля *ж* hemisphere

півмісяць *ч* crescent

півник *ч* cockerel

північ¹ *ж (12-а година ночі)* midnight

північ² *ж (сторона світу)* north

Північна Америка *ж* North America

Північна Африка *ж* North Africa

Північна Ірландія *ж* Northern Ireland

Північна Корея *ж* North Korea
Північне море *с* North Sea
Північне полярне коло *с* Arctic Circle
північний *прикм* north, northern;
північний захід northwest; **північний**
олень reindeer; **північний схід**
northeast
Північний Льодовитий океан *ч* Arctic
Ocean
Північний полюс *ч* North Pole
північноамериканський *прикм* North
American
північноафриканський *прикм* North
African
північно-західний *прикм* northwest,
northwestern
північно-східний *прикм* northeast,
northeastern
півострів *ч* peninsula
півфінал *ч* semifinal
півціни *ж* half-price
пігмент *ч* pigment
пігулка *ж* pill, tablet

 ключове слово

під *прийм* **1** *(внизу, вниз)* under, below
2 *(біля, близько чогось)* near, at
3 *(приблизно)* about
4 *(про час)* towards
5 *(напередодні)* on the eve of
6 *(заставу, розписку)* on, against
7 *(про призначення приміщення)* for;
їм потрібно приміщення під офіс
they need premises for an office

підбадьорливий *прикм* cheery
підбадьорювати *(док* **підбадьорити)**
пер дс to encourage
підбивати *(док* **підбити)** *пер дс (одяг)*
to hem; *(військ)* to disable; *(підсумки)*
to summarize, to sum up
підбори *ч, мн* heels
підборіддя *с* chin
підбурливий *прикм* inciting
підбурювання *с* incitement
підбурювати *(док* **підбурити)** *пер дс*
(до поганих вчинків) to incite; to instigate
підбурювач *ч* instigator
підвал *ч* basement
підвалина *ж* foundation
підвечірок *ч* high tea
підвищення *с* rise, increase; **підвищення**
на посаді promotion
підвищувати *(док* **підвищити)** *пер дс*
to raise, to increase; **підвищувати на**
посаді to promote, to elevate
підвищуватися *(док* **підвищитися)**
непер дс to rise, to increase; **стрімко**
підвищуватися to soar
підвіконня *с* windowsill, sill

підвішений *прикм* hung; *(про стан*
невпевності) in suspense
підводка для очей *ж* eyeliner
підводна течія *ж* undercurrent
підводне плавання *с* scuba diving
підганяти *пер дс (квапити)* to hustle;
(припасовувати, узгоджувати) to adjust
підглядати *непер дс* to spy, to peep
підголівник *ч* headrest
підготовчий *прикм* preparatory
піддавати *пер дс (чомусь)* (*док* **піддати)**
to subject; *(ногою)* to kick; **піддавати**
остракізму to ostracize
піддаватися *(док* **піддатися)** *непер дс*
to give in, to submit
піддашок *ч (звис покрівлі)* eaves
піддослідний кролик *ч* guinea pig
підзаголовок *ч* subtitle
підземний *прикм* underground;
підземний перехід subway, underpass
підігрівати *(док* **підігріти)** *пер дс* to warm
up, to heat up
підіймати *(док* **підняти)** *пер дс* to raise,
to lift
підійматися *(док* **піднятися)** *непер дс*
to rise, to get up; *(на гору)* to climb
підйом *ч* rise; *(економічний)* boom
підйомник *ч* elevator, lift; *(для лижників)*
ski lift
підказка *ж* clue, hint
підкладка *ж* lining
підключати *(док* **підключити)** *пер*
дс to connect; *(до джерела енергії за*
допомогою вилки) to plug in; *(залучати)*
to get involved
підкова *ж* horseshoe
підковувати *(док* **підкувати)** *пер дс*
to shoe
підколінне сухожилля *с* hamstring
підкомітет *ч* subcommittee
підкоряти *(док* **підкорити)** *пер дс*
to subdue, to submit; *(силою)* to surrender;
(викликати захоплення) to win
підкорятися *непер дс*
to submit (to); to surrender (to)
підкреслювати *(док* **підкреслити)** *пер*
дс (проводити лінію, наголошувати)
to underline; *(наголошувати)* to emphasize
підкріплення *с* strengthening, fortifying;
(військ) reinforcements
підкріплювати *(док* **підкріпити)** *пер дс*
to support; *(доказами)* to substantiate
підкуповувати *(док* **підкупити)** *пер дс*
(про хабарі) to corrupt
підлеглий *прикм* subordinate ▷ *ч*
subordinate
підлива *ж* gravy
підлість *ж (властивість)* meanness;
(підлий вчинок) dirty trick
підлітковий *прикм* teenage; **підлітковий**
вік adolescence, teens

підліток ч adolescent, teenager
підлога ж floor; *(матеріал)* flooring
піднебіння с palate
піднесений *прикм (про душевний стан)* animated, exalted
піднімати *(док підняти) пер дс* to raise, to lift
підніматися *(док піднятися) непер дс (рухатися вгору)* to go up; *(сходами)* to go upstairs; *(підводитися; вставати з ліжка)* to rise, to get up
підозра ж suspicion
підозрілий *прикм* suspicious
підозріло *присл* suspiciously
підозрюваний ч suspect
підозрювати *пер дс* to suspect
підошва ж sole
підпал ч arson
підпалювати *(док підпалити) пер дс* to burn
підпилювати *(док підпиляти) пер дс* to file
підпис ч signature
підписання с signing
підписувати *(док підписати) пер дс* to sign; *(підписувати власноруч)* to autograph
підписуватися *(док підписатися) непер дс* to sign
підприємець ч entrepreneur
підприємливий *прикм* enterprising
підприємницький *прикм* entrepreneurial
підприємство с enterprise
підрахований *прикм* calculated
підрахунок с *(лічба шляхом додавання)* calculation; *(будь-яким математичним способом)* count
підривати *(док підірвати) пер дс (руйнувати вибухом)* to blow up, to explode; *(шкодити)* to harm; *(послаблювати щось діями)* to undermine
підривний *прикм (шкідницький)* subversive
підрізати *(док підрізати) пер дс* to cut, to clip
підробіток ч second job
підробка ж *(про документ)* forgery; *(фальшивка)* fake
підроблювати *(док підробити) пер дс* to forge
підробляти *(док підробити) пер дс (фальсифікувати)* to counterfeit; to forge ▷ *непер дс (мати додаткову роботу)* to earn extra money ▷ *непер дс (ввечері або вночі)* to moonlight
підробний *прикм* false, fake
підрозділ ч subdivision
підручник ч textbook
підрядник ч contractor
підсвідомий *прикм* subconscious
підсвідомість ж subconscious

підсилювати *(док підсилити) пер дс* to strengthen, to intensify
підсилюватися *(док підсилитися) непер дс* to strengthen, to intensify
підсилювач ч amplifier
підслуховувати *(док підслухати) непер дс* to eavesdrop ▷ *пер дс* to overhear
підсмажений *прикм* fried; *(у духовці)* roasted; *(на грилі)* grilled
підсмажувати *пер дс* to fry; *(на вогні)* to roast; to grill; *(хліб)* to toast
підсолоджувати *(док підсолодити) пер дс* to sweeten
підставка ж stand; *(під чашку)* coaster
підставна особа ж figurehead
підстрибувати *(док підстрибнути) непер дс* to jump, to hop
підстригати *(док підстригти) пер дс* to trim
підстрижений *прикм* clipped
підступний *прикм* crafty
підсумовувати *(док підсумувати) пер дс (підбивати підсумок)* to recap
підсумок ч *(сума)* sum, total number; *(результат)* summary, result; **проміжний підсумок** subtotal
підтвердження с confirmation; *(одержання чогось)* acknowledgement
підтверджувати *(док підтвердити) пер дс* to confirm, to validate; *(одержання)* to acknowledge; **підтверджувати знову** to reaffirm; **підтверджувати повторно** to reassert
підтекст ч implication
підтримка ж support, backing
підтримувати *(док підтримати) пер дс* to support; *(порядок, листування)* to keep up; *(кандидатуру, думку)* to back up
підтягати *(док підтягнути) пер дс (затягувати тугіше)* to tighten; *(ближче)* to pull up
підтягування с pulling
підтяжка ж *(пластична операція)* tuck
підтяжки *мн ім* braces
підфарбовувати *(док підфарбувати) пер дс* to dye, to tint
підходити *(док підійти) непер дс (наближатися)* to approach, to come up
підшлункова залоза ж pancreas
підштовхувати *(док підштовхнути) пер дс (спонукати)* to urge; to push; **підштовхувати ліктем** *(щоб привернути увагу)* to nudge
піжама ж pyjamas
пізнавальний *прикм* informative
пізнавати *(док пізнати) пер дс (осягати розумом)* to get to know
пізнання с knowledge, perception
пізній *прикм* late; *(який відбувається пізно ввечері)* late-night
пізніше *присл* later

пізно *прислівник* late

пік *ч* peak, pinnacle; **година пік** rush hour

пікантний *прикм* piquant; (*непристойний*) racy

пікетувати *пер дс* to picket

піклування *с* care

піклуватися *непер дс* to look after, to take care of

пікнік *ч* picnic; **влаштовувати пікнік** to picnic

піксель *ч* pixel

пілатес *ч* Pilates

пілот *ч* pilot

пілотований *прикм* manned

пільга *ж* privilege; (*податкова*) exemption

піна *ж* foam; (*для ванни*) bubble bath; (*для гоління*) shaving foam; (*на каві, пиві*) froth

пінгвін *ч* penguin

пінитися *непер дс* to foam, to froth

PIN-код *ч* PIN

пінцет *ч* tweezers

піонер *ч* pioneer

піраміда *ж* pyramid

пірат *ч* pirate

піратство *с* piracy

пірнати (*док* **пірнути**) *непер дс* to plunge

пірс *ч* pier

пірсинг *ч* piercing

після *прийм* after ▷ *присл* (*згодом*) later; **після того як** after

післядипломна освіта *ч* further education

післязавтра *присл* the day after tomorrow

післямова *ж* preface

пісня *ж* song

пісняр *ч* songwriter

пісок *ч* sand

пісочниця *ж* sandpit

піст *ч* Lent

пістолет *ч* pistol, handgun

пістоль *ч* pistol

піт *ч* sweat

пітніти (*док* **спітніти**) *непер дс* to sweat

пітон *ч* python

піхва *ж* vagina

піхви *мн ім* sheath

піхота *ж* infantry; **морський піхотинець** marine

піца *ж* pizza

піч *ж* oven; (*для сушіння або випалу*) kiln

пічка *ж* stove

пішак *ч* pawn

піший туризм *ч* (*подорож*) backpacking; (*довгі прогулянки за містом*) hiking

піший турист *ч* backpacker

пішохід *ч* pedestrian

пішохідна зона *ж* pedestrian precinct, (*us*) pedestrian area

пішохідний *прикм* pedestrian; **пішохідний перехід** pedestrian crossing; **пішохідний туризм** hiking

піщана дюна *ж* sand dune

піщаний *прикм* (*який складається з піску*) sand; (*вкритий піском*) sandy

піщаник *ч* sandstone

піщанка *ж* gerbil

ПК *абр* (*персональний комп'ютер*) PC

плавання *с* swimming

плавати *непер дс* to swim; (*на поверхні*) to float; (*човном*) to sail; **плавати з трубкою та маскою** to snorkel

плавець¹ *ч* (*той, хто пливе*) swimmer

плавець² *ч* (*риби*) fin

плавки *мн ім* swimming trunks

плавний *прикм* smooth; (*про лінії, рухи*) fluid

плавучість *ж* buoyancy

плагіат *ч* plagiarism; **займатися плагіатом** to plagiarize

плазма *ж* plasma

плазувати *непер дс* to creep, to grovel

плакат *ч* poster, placard

плакати (*док* **заплакати**) *непер дс* to cry, to weep

плакатися *непер дс* to complain

план *ч* plan; (*схема*) layout; (*детальний*) blueprint; **передній план** foreground, forefront; **план міста** street plan

планер *ч* glider

планеризм *ч* gliding

планета *ж* planet; **планета Земля** Earth

планетний *прикм* planetary

плантатор *ч* planter

плантація *ж* plantation

планування *с* planning

планувати (*док* **спланувати**) *пер дс* to plan

плаский *прикм* flat

пластик *ч* plastic

пластиковий пакет *ч* plastic bag

пластир *ч* plaster, Band-Aid®

пластична хірургія *ж* plastic surgery

пластівці *мн* cereal

пластмаса *ж* plastic

плата *ж* payment; (*що стягується*) charge; **плата за проїзд** fare

платина *ж* platinum

платити (*док* **заплатити**) *непер / пер дс* to pay

платівка *ж* LP, record

платіжна відомість *ж* payroll

платник *ч* payer

платня *ж* (*робітникам*) wages; (*службовцям*) salary

плато *с* plateau

платонічний *прикм* Platonic

платоспроможний *прикм* solvent

платоспроможність *ж* solvency

платформа *ж* platform

плацебо *с* placebo

плацента *ж* placenta

плащ ч raincoat
плей-оф ч play-off
плекати *пер дс (виховувати; також про думку, мрію)* to cherish; *(годувати, ростити)* to nurture
племінник ч nephew
племінниця ж niece
плем'я с tribe
пленарне засідання с plenum
плескати *непер дс (про хвилі)* to splash; *(у долоні)* to applaud
плескатися *непер дс* to splash
плескіт ч splash
плесо с *(ріки)* reach
плести *(док* **сплести***) пер дс* to knit
плестися *непер дс (повільно, важко йти)* to plod; *(сплітатися)* to interlace
плетіння с knitting
плече с shoulder
плита ж *(з каменю)* slab
плівка ж tape
плід ч fruit; *(мед)* foetus
плідний *прикм* fruitful, prolific
плінтус ч skirting board
плісирований *прикм* pleated
пліснява ж mould
пліт ч raft
плітка¹ ж *(чутка)* gossip
плітка² ж *(риба)* dace
пліткувати *непер дс* to gossip
пломба ж seal; *(зубна)* filling
плоскогубці *мн ім* pliers
плоть ж flesh
площа ж *(територія)* area; *(простір)* space; *(майдан)* square
площина ж plane
плуг ч plough
плутаний *прикм (суперечливий, неясний)* confusing; *(який заплутався)* confused
плутанина ж confusion, mix-up
плутати *(док* **сплутати***) пер дс* to confuse
плутоній ч plutonium
плювати *(док* **плюнути***) непер дс* to spit
плюралізм ч pluralism
плюралістичний *прикм* pluralist
плюс ч plus
плюхатися *(док* **плюхнутися***) непер дс* to flop
плющ ч ivy
пляж ч beach
пляма ж spot, stain; *(на репутації)* taint, blemish
плямистий *прикм* spotted
плямовідник ч stain remover
плямувати *пер дс* to stain; *(репутацію)* to smear
пляшка ж bottle
пневмонія ж pneumonia

КЛЮЧОВЕ СЛОВО

по *прийм* **1** *(на поверхні)* on
2 *(уздовж)* along; *(всій поверхні)* all along
3 *(у межах чогось)* through, over
4 *(за допомогою)* on; **розмовляти по телефону** to talk on the phone; **що показують по телебаченню?** what do they show on the television?; **передавати що-небудь по радіо / телебаченню** to broadcast/televise sth
5 *(відправлятися за чимось)* for; **посилати по лікаря** to send for a doctor; **піти по воду** to go to get (some) water
6 *(після)* on, after; **по прибутті** on one's arrival; **по війні** after the war
7 *(про одиничність предметів)*: **мама дала всім по яблуку** Mum gave them each an apple; **ми купили по одній книжці** we bought a book each
8 *(вказує на межу, міру)* up to, to, till; **я зайнятий по горло** *(розм)* I am up to my eyes in work; **він по вуха закоханий у неї** he is head over heels in love with her; **працювати з понеділка по п'ятницю** to work Monday to Friday
9 *(у позначенні ціни)*: **по два фунти за штуку** two pounds each
10 *(у позначенні кількості)*: **по двоє / троє** in twos/threes

побачення с rendezvous; **до побачення!** goodbye!
побитий *прикм* beaten
побічний ефект ч side effect
побічний продукт ч by-product
поблажливий *прикм (милостивий, м'який)* indulgent, lenient; *(прихильно-зверхній)* condescending, patronizing
поблажливість ж indulgence
поблизу *присл* near, close by
побожний *прикм* devout, pious; **побожна людина** devotee
побожність ж piety
поборник ч advocate
побоювання с apprehension, misgiving
побратим ч sworn brother
повага ж respect, regard; **гідний поваги** honourable
поважати *пер дс* to respect
поважний *прикм (про вигляд)* imposing, impressive; *(гідний поваги)* respectable
повалити *пер дс* to throw down; *(позбавити влади)* to overthrow
поведінка ж behaviour
поведінковий *прикм* behavioural
повернення с return
повертати *(док* **повернути***) пер дс (віддавати назад)* to return, to give back ▷ *непер дс (звертати)* to turn; *(змінити*

напрямок) to veer; **повертати собі** *(втрачене)* to reclaim

повертатися *(док* **повернутися)** *непер дс (прийти, приїхати назад)* to come back, to return; *(обертатися)* to turn around; *(до попереднього стану, поведінки, системи)* to revert

поверх *ч* floor; **верхній поверх** upstairs; **другий поверх** first floor; **нижній поверх** downstairs; **перший поверх** ground floor

поверхня *ж* surface; **варочна поверхня** hob

поверховий *прикм (неглибокий, неґрунтовний)* superficial; *(незначний)* sketchy

повзти *(док* **поповзти)** *непер дс* to crawl

повинен *прикм* must, have to; **я повинен виконати це завдання сьогодні** I must/ have to complete this task today

повідомлення *с* message, notification; *(звістки)* communication; *(конфіденційне)* tip-off; **текстові повідомлення** text messaging

повідомляти *(док* **повідомити)** *пер дс* to inform

повіка *ж* eyelid

повільний *прикм* slow

повільно *присл* slowly

повінь *ж* flood

повітря *с* air; **свіже повітря** fresh air

повітряна куля *ж* balloon

повітряна подушка *ж* airbag

повітряний *прикм* air, aerial; **повітряний змій** kite; **повітряний лайнер** airliner; **повітряний напад** air raid, air strike; **повітряний простір** airspace

повія *ж* prostitute

повний *прикм (цілий, весь)* complete; *(наповнений)* full; *(огрядний)* stout; **повний місяць** full moon

повністю *присл* fully, completely

повноваження *с* authority, power; **передача повноважень** handover

повномасштабний *прикм* full-scale

повнорозмірний *прикм* full-size

повноцінний *прикм* full-blown, fully fledged

поводитися *(док* **повестися)** *непер дс* to behave; **погано себе поводити** to misbehave

поводок *ч* leash

повоєнний *прикм* post-war

поворот *ч* turn, turning

повставати *(док* **повстати)** *непер дс* to rebel, to revolt

повстанець *ч* insurgent

повстання *с* rebellion, uprising

повсюдний *прикм* universal

повсюдно *присл* universally

повсякденний *прикм* daily, day-to-day

повторення *с* repetition, recurrence

повторний *прикм* repeated

повторно *присл* once more

повторюваний *прикм* repetitive, recurring

повторювати *(док* **повторити)** *пер дс* to repeat; **повторювати, як папуга** to parrot

повторюватися *(док* **повторитися)** *непер дс* to recur

повчальний *прикм* instructive

пов'язаний *прикм* related, associated

пов'язка *ж* bandage

пов'язувати *(док* **пов'язати)** *пер дс (зв'язувати)* to tie; *(поєднувати)* to connect, to couple; *(асоціювати)* to associate

поганий *прикм* bad

поганка *ж (гриб)* toadstool

поганський *прикм* pagan

погашення боргу *с* repayment

погіршувати *(док* **погіршити)** *пер дс* to worsen; *(стан, проблему)* to aggravate

погіршуватися *(док* **погіршитися)** *непер дс* to deteriorate, to worsen

поглиблювати *(док* **поглибити)** *пер дс* to deepen; *(дно затоки, річки)* to dredge

поглинання *с* absorption; *(злиття компаній)* takeover

поглинати *(док* **поглинути)** *пер дс (вбирати в себе)* to absorb; *(жадібно з'їдати)* to engulf; *(брати під контроль)* to take over

поглинутий *прикм* absorbed; *(зайнятий)* wrapped up

поглинутість *ж* preoccupation

погляд *ч* look; *(точка зору)* view; *(лютий, ворожий або пильний)* glare; **швидкий погляд** glimpse

погода *ж* weather; **прогноз погоди** weather forecast

погоджений *прикм* agreed

погоджуватися *(док* **погодитися)** *непер дс* to agree; *(давати згоду)* to consent; **не погоджуватися** to disagree

пограбування *с* robbery; *(зі зломом)* burglary

погрожувати *непер дс* to threaten, to menace

подавати *(док* **подати)** *пер дс* to give, to present; *(на стіл)* to serve; *(на розгляд)* to submit; *(заяву)* to apply; *(сигнал)* to signal; **подавати клопотання** to petition

подарунок *ч* present, gift

податкова декларація *ж* tax return

податкова знижка *ж* tax credit

податкова пільга *ж* tax break

податковий рік *ч* tax year

податок *ч* tax; **зменшення податку** tax relief; **ухиляння від сплати податків** tax evasion; **платник податків** taxpayer

подача ж (*заяви*) presenting; (*тех*) feed; (*спорт*) serve

подвиг ч exploit, feat

подвійний *прикм* double, dual; **подвійний стандарт** double standard

подвір'я с yard

подвоєння с doubling

подвоювати (*док* **подвоїти**) *пер дс* to double

подертий *прикм* tattered

подив ч astonishment; (*викликаний чимось дивним*) wonder

поділ ч (*нижній край одягу*) hem; (*низина*) lowland

поділ ч division, sharing

подіум ч (*підвищення, підставка*) podium; (*на показах моди*) catwalk

подія ж event

подкаст ч podcast

подобатися (*док* **сподобатися**) *непер дс* to like

подовжувати (*док* **подовжити**) *пер дс* to lengthen, to prolong

подовжуватися (*док* **подовжитися**) *непер дс* to lengthen, to be extended

подовжувач ч extension cable

подорож ч trip, journey; (*морем*) cruise, voyage; **одноденна подорож** day trip

подорожування с travelling

подорожувати *непер дс* to travel

подразник ч irritant

подробиці ж, *мн* details, particulars

подруга ж friend; (*кохана*) girlfriend

по-друге *присл* secondly

подружитися *непер дс* to make friends with, to befriend

подружній *прикм* marital

подряпина ж scratch

подушка ж pillow; (*диванна*) cushion

подяка ж gratitude, thanks

поезія ж poetry

поет ч poet

поетичний *прикм* poetic

поєднання с combination

поєднуватися (*док* **поєднатися**) *непер дс* to combine, to unite

пожвавлювати (*док* **пожвавити**) *пер дс* to enliven, to animate

пожежа ж fire; **лісова пожежа** wildfire

пожежна бригада ж fire brigade, (*us*) fire department

пожежна машина ж fire engine

пожежна сигналізація ж smoke alarm

пожежна тривога ж fire alarm

пожежний вихід ч fire escape

пожежник ч firefighter

пожертва ж (*благодійний внесок*) donation; (*цільовий недоторканний капітал*) endowment

поживна речовина ж nutrient

поживний *прикм* nutritious, nourishing

пожинати плоди *пер дс* to reap

пожирати *пер дс* to devour

поза¹ ж pose, posture

поза² *прийм* (*зовні*) outside; (*за межами*) beyond; (*понад*) above

позаду *присл* behind

позаурочний *прикм* after-school

позаштатний *прикм* freelance

позаштатно *присл* freelance

позбавлений *прикм* devoid (of), bereft (of)

позбавлення с deprivation

позбавляти (*док* **позбавити**) *пер дс* to deprive; **позбавляти права користування** to foreclose

позбавлятися (*док* **позбавитися**) *непер дс* to get rid of

позиватися *непер дс* to sue

позивач ч (*юр*) plaintiff, complainant

позика ж loan

позиковий відсоток ч lending rate

позикодавець ч lender

позитивний *прикм* positive, favourable

позиція ж position; (*ставлення*) attitude

позичальник ч (*той, хто позичає в когось*) borrower; (*той, хто позичає комусь*) lender

позичання с (*у когось*) borrowing; (*комусь*) lending

позичати (*док* **позичити**) *пер дс* (*у когось*) to borrow; (*комусь*) to lend, to loan

позіхати (*док* **позіхнути**) *непер дс* to yawn

позначати (*док* **позначити**) *пер дс* to mark

позначення с designation

позначка ж (*запис*) note; (*мітка*) mark; tick

позолочений *прикм* gold-plated, gilded

позувати *непер дс* (*намагатися вразити*) to pose, to posture

поінформований *прикм* informed

покажчик ч index

показ ч show, display

показний *прикм* ostentatious, flashy

показник ч index

показувати (*док* **показати**) *непер / пер дс* to show ▷ *пер дс* (*демонструвати*) to display; (*час, швидкість*) to clock; **показувати жестом** to motion

покарання с punishment; (*тілесне*) corporal punishment; **покарання довічним ув'язненням** life sentence

покер ч poker

поки *спол* (*в той час як*) while; (*доти, поки*) till

покида́ти (*док* **покинути**) *пер дс* to leave

покинутий *прикм* left; (*самотній*) abandoned; (*без догляду, уваги*) forlorn

покійний *прикм* late, deceased

покірний *прикм* obedient; (*безвольний*) submissive

покладатися (*док* **покластися**) *непер дс* (*на когось або щось*) to rely on; (*довіритися*) to trust

покликання с vocation, calling
поклонятися непер дс to worship, to adore
покоївка ж maid, chambermaid
покоління с generation
поколювати пер дс to tingle
покора ж obedience; (безвольність) submission
покращення с improvement
покривало с bedspread
покривати пер дс (накривати) to cover; (шаром речовини) to coat; (сплачувати борги) to pay off
покриття с covering; (боргів) discharge; (фарбою) coating
покришка ж tyre
покровитель ч patron
покупець ч buyer, purchaser; (клієнт) customer
полароїдний прикм Polaroid
поле с field; **поле бою** battlefield; **поле для гольфу** golf course
полегшення с relief
полегшувати (док **полегшити**) пер дс to facilitate; (біль) to relieve, to alleviate; (спрощувати) to simplify
полеміка с polemic
поливати (док **полити**) пер дс to water; **поливати зі шланга** to hose
полиця ж shelf
поліестер ч polyester
поліетилен ч polythene
поліетиленовий пакет ч polythene bag
полінезієць (**полінезійка**) ч (ж) Polynesian
полінезійська мова ж Polynesian
полінезійський прикм Polynesian
Полінезія ж Polynesia
поліненасичений прикм polyunsaturated
поліомієліт ч polio
поліпшення с improvement
поліпшувати (док **поліпшити**) пер дс to improve, to enhance
поліроль ч polish
полірувати пер дс to polish
політ ч flight
політизувати пер дс to politicize
політик ч politician
політика ж politics; (лінія поведінки) policy
політична економія ж political economy
політичний прикм political
політкоректний прикм politically correct
політкоректність ж political correctness
політолог ч political scientist
політологія ж political science
поліцейський прикм police officer; (розм) cop; **поліцейський відділок** police station
поліція ж police, police force
полк ч regiment
полковий прикм regimental
полковник ч colonel

поло с polo
половина ж half
половинний прикм half
пологи мн ім childbirth
пологовий прикм maternity; **пологовий будинок** maternity hospital
полон ч captivity
полонений прикм captive
полоскання с rinse
полоскати пер дс to rinse
полоти (док **сполоти**) пер дс to weed
полохливий прикм fearful
полудень ч noon, midday
полум'я с flame; (сліпуче) blaze
полуниця ж strawberry
полька¹ ж (національність) Pole, Polish woman
полька² ж (танок) polka
польська мова ж Polish
польський прикм Polish
Польща ж Poland
полювання с hunting
полювати (док **вполювати**) непер / пер дс to hunt; (полювання одних тварин на інших) to prey; **незаконно полювати** to poach
поляк ч Pole
полярний прикм polar
помах ч wave; (крил) flap
померлий прикм deceased ▷ ч deceased
помилка ж mistake; error
помилковий прикм mistaken, erroneous, wrong
помилково присл mistakenly
помилування с pardon
помилятися (док **помилитися**) непер дс to make mistakes, to be wrong
поміж прийм among
помірний прикм moderate, temperate
помірність ж moderation
помітний прикм noticeable, conspicuous
помічати (док **помітити**) пер дс to notice
помічник ч helper, assistant
помішувати пер дс to stir
помножувати (док **помножити**) пер дс to multiply
помста ж revenge, vengeance
пом'якшений прикм subdued
пом'якшувальний прикм (обставини) mitigating; (що сприяє м'якості) emollient
пом'якшувати (док **пом'якшити**) пер дс (удар) to soften, to cushion; (покарання) to mitigate
пом'якшуватися (док **пом'якшитися**) непер дс to soften
понаднормовий час ч overtime
понеділок ч Monday
поні ч pony
поновлення с renewal; (у правах) reinstatement

поновлювати (*док* **поновити**) *пер дс* to renew, to renovate; (*у правах*) to reinstate

по-новому *присл* anew, in a different way

поношений *прикм* shabby; (*з чужого плеча*) cast-off

понурий *прикм* downcast, depressed

пончик *ч* doughnut

поняття *с* concept, notion

пообідній час *ч* afternoon

поп *ч* pop

попереджати (*док* **попередити**) *пер дс* to notify; (*застерігати*) to warn; (*про небезпеку*) to alert

попередження *с* notification, warning

попереджувальний *прикм* cautionary, warning

попередник *ч* predecessor, forerunner

попередній *прикм* previous; (*підготовчий*) preliminary; tentative; (*зроблений заздалегідь*) advance; **попередній перегляд** (*фільму, виставки*) preview

попереду *присл* ahead

по-перше *присл* firstly

попіл *ч* ash

Попільна середа *ж* (*перший день Великого посту в католиків*) Ash Wednesday

попільничка *ж* ashtray

попкорн *ч* popcorn

поплавець *ч* float

поплескувати *пер дс* to pat

поповнювати (*док* **поповнити**) *пер дс* to fill up, to replenish; **поповнювати запас** to restock

поправка *ж* (*виправлення*) amendment; (*про здоров'я*) recovery

поправляти (*док* **поправити**) *пер дс* (*виправляти*) to correct; (*ремонтувати*) to repair; (*регулювати*) to adjust

популяризувати *пер дс* to popularize

популярний *прикм* popular; (*на який є добрий попит*) best-selling

популярність *ж* popularity; (*визнання*) renown

популярно *присл* popularly

попурі *с* medley

попутник *ч* hitchhiker

порада *ж* advice

поразка *ж* defeat

поранений *прикм* injured; (*у битві*) wounded ▷ *ч* wounded man

порепаний *прикм* chapped, cracked

пори *ж, мн* (*у шкірі, у речовині*) pores

пористий *прикм* porous

порівну *прикм* fifty-fifty

порівнювати (*док* **порівняти**) *пер дс* to compare

порівняльний *прикм* comparative

порівняний *прикм* comparative

порівняння *с* comparison

порівняно *присл* comparatively

поріг *ч* threshold, doorstep; (*ріки*) rapids

поріз *ч* cut; (*глибокий*) wound

порізатися *непер дс* to cut

по-різному *присл* variously

порічки *ж, мн* redcurrant

порно *с* (*розм*) porn

порнографічний *прикм* pornographic

порнографія *ж* pornography

порода *ж* breed

породжувати (*док* **породити**) *пер дс* to generate; (*почуття, атмосферу*) to engender

породистий *прикм* thoroughbred, pedigree

порожнеча *ж* emptiness; (*фізичний термін*) vacuum

порожнина *ж* cavity

порожній *прикм* empty, void; (*з порожниною всередині*) hollow

пором *ч* ferry

порошковий *прикм* powder

порошок *ч* powder

порт *ч* port; (*комп*) **послідовний порт** serial port

портвейн *ч* port

портрет *ч* portrait

португалець (**португалка**) *ч* (*ж*) Portuguese

Португалія *ж* Portugal

португальська мова *ж* Portuguese

португальський *прикм* Portuguese

портфель *ч* briefcase; (*шкільний*) schoolbag

портфоліо *с* portfolio

портьє *ч* porter

поруч *присл* (*дуже близько*) near, close; (*безпосередньо один біля одного*) next to, abreast

поручитель *ч* guarantor

поруччя *с* railing

порушення *с* (*закону, домовленості, обіцянки*) breach; (*закону, правила*) infringement, violation; (*фізіологічне*) impairment

порушник *ч* intruder; **порушник спокою** troublemaker

порушувати (*док* **порушити**) *пер дс* (*порядок, тишу*) to break; (*закон, правило*) to infringe, to violate; (*суперечити чомусь*) to contravene

порцеляна *ж* china, porcelain

порція *ж* portion, serving

поршень *ч* piston

порядний *прикм* decent

порядок денний *ч* agenda

порятунок *ч* rescue

посада *ж* position, office; **перебування на посаді** tenure; **підвищення на посаді** promotion; **підвищувати на посаді** to promote

посадковий талон ч boarding card, boarding pass

посадовець ч official

посвідчення водія с driving licence

посвідчення особи с identification, ID

посвячений прикм (у таємницю) privy (to)

поселенець ч settler

посеред прийм amid, in the middle of

посередник ч mediator, intermediary, go-between; **виступати посередником** to mediate

посередній прикм mediocre

посередність ж mediocrity

посилання с (на когось, щось) reference

посилка ч parcel

посилювати (док посилити) пер дс to strengthen, to intensify; (підкріплювати) to reinforce

посилюватися (док посилитися) непер дс to intensify, to become stronger

посібник ч manual

посковзнутися непер дс to slip

послаблювати (док послабити) пер дс (зменшувати силу) to weaken; (попускати) to loosen; (негативно впливати) to impair

послаблюватися (док послабитися) непер дс (втрачати силу) to weaken; (ставати менш тугим) to loosen

посланець ч messenger

послід ч (пташиний) droppings

послідовний прикм consecutive; (несуперечливий, логічний) consistent; coherent

послідовник ч follower

послідовність ж succession, sequence; (логічність) consistency

послужливий прикм obliging

посмертний прикм posthumous

посміхатися (док посміхнутися) непер дс to smile; **самовдоволено посміхатися** to smirk

посмішка ж smile

посміюватися непер дс to chuckle

посол ч ambassador

посольство с embassy

поспіх ч haste

поспіхом присл hastily

поспішати (док поспішити) непер дс to rush, to hurry

поспішний прикм hasty

пост ч post

постава ж posture

поставний[1] прикм (ставний) well-built

поставний[2] прикм (ціна) deliverable

постанова ж decision; (ухвала більшості) resolution; (розпорядження уряду) ruling

постановка ж (вистави, фільму) production

постачальник ч supplier; **постачальник продуктів харчування** caterer; **постачальник послуг** service provider

постачання с supply

постачати пер дс to supply

постити(ся) непер дс to fast

постійний прикм constant; (незмінний) permanent

постійно присл (безупинно) constantly; (незмінно) permanently

постільна білизна ж bedclothes, bed linen, bedding

постмодерністський прикм post-modern

постраждалий ч victim

постріл ч (gun)shot

постскриптум ч postscript

постукувати пер дс to tap

постулювати пер дс to postulate

поступатися (док поступитися) непер дс to yield; (відступати назад чи вбік) to give way

поступка ж concession

поступовий прикм gradual

поступово присл gradually

посудомийна машина ж dishwasher

посуха ж drought

посушливий прикм arid

посягати непер дс to encroach; (вчиняти замах) to attempt

потайливий прикм secretive

потенціал ч potential

потенційний прикм potential, prospective

потерпілий ч victim

потік ч stream, current; **стрімкий потік** torrent

потім присл (згодом) then; (після того) afterwards

поточний прикм current; (в перебігу) ongoing; **поточний рахунок** current account

потреба ж need; **особливі потреби** (освітні потреби дітей з вадами розвитку) special needs

потребувати непер дс to need

по-третє присл thirdly

потрійний прикм triple

потрісканий прикм cracked

потрошити пер дс to gut

потрясіння с (докорінні зміни) upheaval; shock

потужний прикм powerful

потяг ч train; (прагнення) inclination; craving; (сильне бажання) urge

потягатися (док потягнутися) непер дс to stretch

пофарбований прикм coloured

похвала ж praise; (визнання) accolade

похвальний прикм praiseworthy, commendable

похилий вік ч old age

похитуватися непер дс to stagger

похід ч trek, expedition; (військ) campaign

похідне ліжко с camp bed

похідний *прикм* marching
похідний *прикм* derivative
похмілля *с* hangover
похмурий *прикм* gloomy, sullen; (*в поганому настрої*) moody; (*про кольори*) sombre; (*безрадісний*) bleak
походжати *непер дс* to walk; (*прогулюватися*) to stroll
походження *с* origin; (*родовід*) parentage
походити *непер дс* (*брати початок*) to come from; (*бути результатом*) to be the result
похорон *ч* funeral; (*погребіння*) burial
похоронне бюро *с* funeral parlour
похресник *ч* godson
похресниця *ж* god-daughter
поцілунок *ч* kiss
почасти *присл* (*не цілком*) partly; (*певною мірою*) somewhat
початківець *ч* (*у навчанні*) beginner; (*новачок*) newcomer
початковий *прикм* (*елементарний*) elementary; initial
початок *ч* beginning; (*інституції, діяльності*) inception; initiation; **невдалий початок** false start
почерк *ч* handwriting
почесний *прикм* (*гідний пошани*) honourable; (*на знак пошани*) honorary
починати (*док* **почати**) *пер дс* to start, to commence
починатися (*док* **початися**) *непер дс* to start, to commence
почуватися *непер дс* to feel
почуття *с* (*емоція*) feeling; sense; **почуття гумору** sense of humour
пошана *ж* respect; esteem (*офіц*)
поширений *прикм* prevalent, widespread
поширювати (*док* **поширити**) *пер дс* to spread, to circulate; (*розширювати, сприяти зростанню*) to expand; (*про ідеї, почуття*) to permeate
поширюватися (*док* **поширитися**) *непер дс* to spread, to circulate; (*розростатися*) to expand; (*про ідеї, почуття*) to permeate
пошкоджений *прикм* damaged, defective
пошкодження *с* damage
пошкоджувати (*док* **пошкодити**) *пер дс* to damage
пошта *ж* post, mail; (*відділення*) post office
поштовий *прикм* post, postal; **поштовий індекс** postcode; (*us*) zip code; **поштовий переказ** postal order; **поштова марка** post stamp; **поштова скринька** mailbox, letter box
поштовх *ч* push; (*підземний*) tremor; (*заохочення*) incitement; (*тех: імпульс*) momentum; (*привід*) stirring; **давати поштовх** to kick-start
пошук *ч* search, quest
пошукова група *ж* search party

поява *ж* (*офіц*) advent; appearance; **повторна поява** reappearance
пояснення *с* explanation
пояснювальний *прикм* explanatory
пояснювати (*док* **пояснити**) *пер дс* to explain; (*прояснювати*) to clarify; (*мотивувати*) to account for
прабаба *ж* great-grandmother
права людини *мн ім* human rights
правда *ж* truth; (*справедливість*) justice; **правда життя** fact of life; **правду кажучи** admittedly
правдивий *прикм* truthful, true
правдоподібний *прикм* believable, plausible
праведний *прикм* righteous
правець *ч* tetanus
правий *прикм* right, right-hand ▷ *ч* (*людина правих поглядів*) right-winger; **права рука** (*головний помічник*) right-hand man; **праве крило** right wing
правило *с* rule; **правила дорожнього руху** Highway Code; **правила професійної етики** code of practice
правильний *прикм* (*без помилок*) correct; (*відповідний*) right
правильно *присл* correctly, right
правитель *ч* ruler
правити[1] *непер / пер дс* (*володарювати*) to rule, to govern; (*спрямовувати рух чогось*) to direct
правити[2] *пер дс* (*виправляти помилки*) to correct
правління *с* (*влада*) government; (*керівництво*) management; (*рада директорів*) board
правлячий *прикм* ruling
право *с* right; (*наука*) law; (*на соціальну допомогу, відпустку*) entitlement
правобічний рух *ч* right-hand drive
правовий *прикм* legal
правомірний *прикм* rightful, lawful, legitimate
правоохоронні органи *мн ім* law-enforcement
правопорушення *с* offence; (*дрібне*) delinquency
правопорушник *ч* offender; (*неповнолітній*) delinquent
православний (**православна**) *ч* (*ж*) Orthodox Christian
прагматизм *ч* pragmatism
прагматичний *прикм* pragmatic
прагнення *с* aspiration
прагнути *пер дс* to aim for, to strive for, to aspire to
прадавній *прикм* ancient
прадід *ч* great-grandfather
прайм-тайм *ч* (*найкращий ефірний час*) prime time
прайс-лист *ч* price list

практика _ж_ practice
практикант _ч_ trainee
практикувати _пер дс_ to practise
практичний _прикм_ practical; (_набутий через досвід_) hands-on; (_приземлений_) down-to-earth
практичність _ж_ practicality
практично _присл_ practically, virtually
пральна машина _ж_ washing machine
пральний порошок _ч_ soap powder, washing powder
прання _с_ washing
прапор _ч_ flag
прапорець _ч_ (_трикутний_) pennant
праска _ж_ iron
прасувальна дошка _ж_ ironing board
прасування _с_ ironing
прасувати (_док_ **випрасувати**) _пер дс_ to iron
працездатний _прикм_ able-bodied
працемісткий _прикм_ laborious
працівник _ч_ worker; (_службовець_) employee; **рядові працівники** rank and file
працювати _непер дс_ to work; **тимчасово працювати** to temp; **тяжко працювати** to toil; **працювати водієм** to chauffeur
працюючий _прикм_ working
праця _ж_ work, labour; **важка стомлива праця** slog; **одноманітна праця** treadmill; **ринок праці** labour market
превентивний _прикм_ preventive
предмет _ч_ object, thing; (_навчальна дисципліна_) subject; **основи предмета** fundamentals; **предмет першої необхідності** essential
предок _ч_ ancestor
представляти (_док_ **представити**) _пер дс_ to represent
представник _ч_ representative, spokesperson; (_теорії, напряму_) exponent
представництво _с_ representation
представницький _прикм_ representative
представницькі витрати _мн ім_ expense account
представниця _ж_ spokeswoman
предтеча _ч і ж_ precursor, forerunner
презентація _ж_ presentation; (_товару під час продажу_) sales pitch
презерватив _ч_ condom
президент _ч_ president; **новообраний президент** president-elect
президентство _с_ presidency
президентський _прикм_ presidential
презирливий _прикм_ contemptuous
презирство _с_ contempt, scorn
презумпція _ж_ presumption
прекрасний _прикм_ beautiful; (_гідний захоплення_) admirable
прелюдія _ж_ prelude
прем'єра _ж_ premiere, first night

прем'єр-міністр _ч_ prime minister, premier
прем'єрство _с_ premiership
премія _ж_ (_працівникам, переважно з нагоди свята_) bonus; (_нагорода_) prize
прерія _ж_ prairie
прерогатива _ж_ prerogative
преса _ж_ press
пресвітеріанець (**пресвітеріанка**) _ч (ж)_ Presbyterian
пресвітеріанський _прикм_ Presbyterian
прес-конференція _ж_ press conference, news conference
прес-пап'є _с_ paperweight
прес-реліз _ч_ press release
прес-секретар _ч_ press secretary
престиж _ч_ prestige
престижний _прикм_ prestigious, sought-after
претендент _ч_ contender, challenger; (_заявник_) applicant
претендувати _непер дс_ to aspire (to)
претензійний _прикм_ pretentious, ostentatious
претензія _ж_ pretension, claim
прецедент _ч_ precedent; (_судова справа_) test case

⬤ **КЛЮЧОВЕ СЛОВО**

при _прийм_ **1** (_біля_) by, near, at, close to, when (+ _gerund_); **при дорозі** by the road; **при вході** at the entrance
2 (_у присутності_) in the presence of, before; **при мені** in my presence
3 (_про перебування чи наявність чогось у когось_): **бути при владі** to be in power; **бути при грошах** (_про багату людину_) to be in the money; (_мати гроші_) to have some money
4 (_для позначення супровідних обставин_) by; **при денному світлі** by daylight; **при свічках** by candlelight

прибережний _прикм_ coastal; offshore
прибивати (_док_ **прибити**) _пер дс_ (_цвяхами_) to nail
прибиральник _ч_ cleaner
прибиральниця _ж_ cleaning lady
прибирати (_док_ **прибрати**) _пер дс_ to clear, to tidy; (_прикрасити_) to decorate
прибій _ч_ surf
прибічник _ч_ (_прихильник_) supporter; (_поборник_) advocate; **прибічник існуючого ладу** loyalist
приблизний _прикм_ approximate, rough; ballpark (_розм_); **приблизний відповідник** approximation
приблизно _присл_ about, approximately; (_у поєднанні з датами_) circa
прибувати (_док_ **прибути**) _непер дс_ to arrive

прибулий ч comer

прибутковий прикм profitable; (вигідний) lucrative; profit-making; **прибуткова справа** moneymaker

прибуток ч profit; **розмір прибутку** profit margin; **отримувати прибуток** to profit

прибуття с arrival

привабливий прикм attractive, appealing; (любий) lovable

привабливість ж attractiveness, allure

приваблювати (док **привабити**) пер дс to attract

приватизувати пер дс to privatize

приватний прикм private; **приватний детектив** private detective; **приватний сектор** private sector

привертати (док **привернути**) пер дс (погляд, увагу) to rivet; to attract

привид ч ghost

привілей ч privilege

привілейований прикм (наділений привілеями) privileged; (пільговий) preferential

привітання с (під час зустрічі) greeting, salutation; (з якоїсь нагоди) congratulations

привітний прикм affable

привласнення с appropriation

привласнювати (док **привласнити**) пер дс to appropriate

приводити в дію пер дс to activate

приводити в рух пер дс to drive, to propel

прив'язувати (док **прив'язати**) пер дс to tie; (мотузкою) to rope; (тварину) to tether

пригладжувати пер дс to smooth

приглушений прикм muted

пригнічений прикм subdued; (хворобливо) depressed

пригнічувати пер дс to depress

пригода ж adventure

приголомшений прикм stunned, aghast

приголомшливий прикм stunning, staggering

приголомшувати (док **приголомшити**) пер дс to stun

приголосний ч consonant

пригортатися (док **пригорнутися**) непер дс to nestle

приготований прикм prepared, ready

приготування с preparation ▷ мн ім preparations, arrangements

придатний прикм fit, suitable; (застосовний) applicable; (до вживання) usable

придбання с acquisition, purchase

придбати пер дс to acquire, to purchase

придворний ч courtier ▷ прикм court

придорожній прикм roadside

придуркуватий прикм half-witted, soft-headed

придушувати (док **придушити**) пер дс (зупинити жорстоку поведінку, опозицію) to quell; to stifle; (повстання, розвиток, діяльність) to suppress

приєднаний прикм affiliated, attached; (про територію) annexed

приєднувати (док **приєднати**) пер дс to add, to join

приєднуватися (док **приєднатися**) непер дс to join, to affiliate; **приєднуватися знову** to rejoin

приємний прикм pleasant, enjoyable

приз ч prize

призвичаюватися (док **призвичаїтися**) непер дс to get accustomed

приземкуватий прикм squat

приземлений прикм down-to-earth

приземлення с landing, touchdown

приземлятися (док **приземлитися**) непер дс to land

призначати (док **призначити**) пер дс to appoint; (на посаду) to fix; (ліки) to prescribe; (час) to schedule; (кошти) to earmark; **призначати іншу дату** to reschedule

призначений прикм appointed; **призначена особа** appointee

призначення с appointment; (ціни) fixing; (ліків) prescription; (мета) purpose

призов ч conscription

призовник ч conscript

призупинення с suspension

приймати (док **прийняти**) пер дс to accept; (на службу тощо) to admit; **приймати надмірну дозу** to overdose

прийменник ч preposition

прийнятний прикм acceptable

прийняття с reception; (пропозиції) acceptance

прийом ч reception; (в організацію) admission; (у лікаря) appointment; (спосіб) way, method; **прийом їжі** meal

прийомний прикм (узятий на виховання) foster; (всиновлений) adopted; (про батьків) adoptive

приказка ж proverb, saying

прикидатися (док **прикинутися**) непер дс to pretend, to feign

приклад ч example

прикладний прикм applied

приклеювати (док **приклеїти**) пер дс to glue

прикмета ж sign; (провісник) omen

прикметник ч adjective

прикраса ж ornament, decoration

прикрашати (док **прикрасити**) пер дс to decorate, to embellish; (страву) to garnish; **прикрашати гірляндами** to festoon

прикрашений *прикм* decorated

прикрий *прикм* regrettable; *(який не виправдав сподівань)* disappointing

прикріплювати *(док* **прикріпити)** *пер дс* to fasten, to attach

прикрість *ж* nuisance, annoyance; *(невдоволення)* discontent

прикручувати *(док* **прикрутити)** *пер дс* to screw

прилавок *ч* counter

прилад *ч (офіц)* appliance; instrument

приладдя *с (інструмент)* utensil; *(набір інструментів)* equipment

прилиплий *прикм* adherent

прилягати *непер дс (знаходитися)* to adjoin

примадонна *ж* diva, prima donna

приманка *ж* decoy, lure

примара *ж* ghost, phantom

примарний *прикм* ghostly, phantom

примат *ч* primate

применшення *с* understatement

применшувати *(док* **применшити)** *пер дс* to belittle

примирення *с (після сварки)* reconciliation; *(терпимість)* conciliation

примирливий *прикм* conciliatory

примиряти *(док* **примирити)** *пер дс (розсварених)* to reconcile; *(залагоджувати)* to appease

примірник *ч* copy

приміряти *(док* **приміряти)** *пер дс* to try on

приміський *прикм* suburban; **приміська зона** commuter belt

примітивний *прикм* primitive

примітка *ж* note; *(внизу сторінки)* footnote; **робити примітки** to note

приміщення *с* premises

примула *ж* primrose

примус¹ *ч (примушування)* compulsion

примус² *ч (нагрівальний прилад)* primus stove

примусовий *прикм* compulsory

примушувати *(док* **примусити)** *пер дс* to force, to coerce

примха *ж (забаганка)* whim; *(несерйозне захоплення)* fad

примхливий *прикм* whimsical

принаймні *присл* at least

приналежність *ж* belonging; *(до певної групи)* affiliation

приниження *с* humiliation, indignity

принижувати *(док* **принизити)** *пер дс (ганьбити)* to humiliate; *(ображати)* to snub; *(ганити)* to disparage

принижуватися *(док* **принизитися)** *непер дс (до чогось)* to condescend

принизливий *прикм (нищівний)* humiliating; *(зневажливий)* derogatory; *(ганебний)* demeaning

приносити *(док* **принести)** *пер дс* to bring; **приносити в жертву** to sacrifice

принтер *ч* printer

принц *ч* prince

принцеса *ж* princess

принцип *ч* principle; **основний принцип** ground rule

принциповий *прикм* principled

припаркований *прикм* parked

припинення *с (тимчасове)* suspension; cessation; **припинення регулювання** deregulation

припиняти *(док* **припинити)** *пер дс* to stop; *(тимчасово)* to suspend; *(угоду)* to terminate; **припинення регулювання** to deregulate

припинятися *(док* **припинитися)** *непер дс* to end, to cease; *(про угоду)* to terminate

приписуваний *прикм* attributable

приписувати *(док* **приписати)** *пер дс (вважати властивим комусь)* to ascribe, to attribute

приплив *ч (морський)* rising tide; high water; *(ніжності)* surge

приплинний *прикм* tidal

приправа *ж* seasoning, flavouring; *(сушені трави)* dried herbs

приправлений *прикм* flavoured, seasoned

припускати *(док* **припустити)** *пер дс* to assume, to presume

припускаючи *спол* assuming

припущення *с* assumption

приречений *прикм* doomed, fated

прирівнювати *(док* **прирівняти)** *пер дс* to equate

прирікати *(док* **приректи)** *пер дс* to doom

приріст *ч* increase; **приріст капіталу** capital gains

природа *ж* nature; **незаймана природа** the wild

природжений *прикм* innate

природний *прикм* natural; **природний газ** natural gas

природнича історія *ж* natural history

природні ресурси *мн ім* natural resources

природно *присл* naturally

приручати *(док* **приручити)** *пер дс* to tame; to domesticate

присадкуватий *прикм* stocky

присвята *ж* dedication

присвячений *прикм* dedicated

присвячувати *(док* **присвятити)** *пер дс* to devote, to dedicate

присідати *(док* **присісти)** *непер дс* to squat, to crouch

прискорення *с* acceleration, speeding up

прискорювати *(док* **прискорити)** *пер дс (збільшувати швидкість)* to accelerate, to speed up; *(наближати настання)* to hasten, to precipitate

прискорюватися (*док* **прискоритися**) *непер дс* to accelerate, to speed up
прислівник *ч* adverb
прислів'я *с* proverb
прислухатися (*док* **прислухатися**) *непер дс* to listen
присоромлений *прикм* ashamed
присоромлювати (*док* **присоромити**) *пер дс* to shame
приспів *ч* refrain
пристань *ж* (*причал*) quay; (*пірс*) pier; (*мол*) jetty
пристойність *ж* (*про поведінку*) decency
пристосований *прикм* adapted; (*припасований*) adjusted
пристосовувати (*док* **пристосувати**) *пер дс* to adjust, to adapt
пристосовуватися (*док* **пристосуватися**) *непер дс* to adjust, to adapt; **пристосовуватися заново** to readjust
пристосування *с* (*дія, стан*) adaptation, adjustment
пристрасть *ж* passion, fervour
пристрій *ч* device, apparatus; **периферійний пристрій** peripheral; **портативний пристрій** portable
присутній *прикм* present
присутність *ж* presence
присяга *ж* oath
присягати (*док* **присягнути**) *непер дс* to vow, to pledge
присяжний *ч* juror
притаманний *прикм* intrinsic
притулок *ч* refuge, shelter; (*заклад*) asylum; **політичний притулок** political asylum
притупляти (*док* **притупити**) *пер дс* to blunt
притча *ж* parable
прихильний *прикм* favourable
прихильник *ч* supporter, sympathizer; **стійкий прихильник** stalwart; **прихильник твердої лінії або політики** hardliner; **прихильник елітаризму** elitist
прихильність *ж* favour; (*доброзичливість*) benevolence
прихований *прикм* (*неявний*) hidden; (*невиявлений*) latent
приховування *с* concealment; (*злочину*) cover-up
приховувати (*док* **приховати**) *пер дс* to hide, to conceal
приходити (*док* **прийти**) *непер дс* to come
причал *ч* (*місце стоянки судна*) berth, moorage; (*місце для розвантаження/навантаження*) wharf
причалювати (*док* **причалити**) *непер / пер дс* to moor
причетний *прикм* involved; (*до злочину, неприємностей*) implicated

причина *ж* cause, reason; **причина невдачі** undoing
причіп *ч* trailer
пришвидшуватися (*док* **пришвидшитися**) *непер дс* to speed up
пришити *пер дс* to sew; (*застрелити*) to zap
пришпилювати (*док* **пришпилити**) *пер дс* to pin, to tack
прищ *ч* pimple; (*розм*) zit
прищавий *прикм* pimpled, spotty
прищеплювати (*док* **прищепити**) *пер дс* to inoculate, to vaccinate
прищіпка *ж* clothes peg, (*us*) clothespin
приязний *прикм* friendly, amicable
приятель *ч* friend, buddy; **щирий приятель** crony
прізвисько *с* nickname; (*друге, вигадане ім'я*) alias
прізвище *с* surname
пріоритет *ч* priority, precedence
прірва *ж* abyss; (*значна відмінність*) gulf
прісний *прикм* (*про воду*) fresh; (*несмачний через брак солі*) bland
прісноводний *прикм* freshwater
про *прийм* (*стосовно, щодо*) about, of, concerning
пробація *ж* (*вид умовного засудження*) probation
пробачати (*док* **пробачити**) *пер дс* to forgive
пробіг *ч* run
пробірка *ж* test tube
пробка *ж* (*з коркового дерева*) cork; (*з будь-якого матеріалу*) stopper; (*для ванни*) plug; (*на дорозі*) traffic jam
проблема *ж* problem, trouble
проблематичний *прикм* problematic
проблемний *прикм* problematic
пробний *прикм* trial, test
пробувати (*док* **спробувати**) *пер дс* to try, to attempt
пробудження *с* awakening
пробуджувати (*док* **пробудити**) *пер дс* to wake, to awaken
пробуджуватися (*док* **пробудитися**) *непер дс* to wake up, to awake
провайдер *ч* (*Інтернет*) provider, ISP
провалюватися (*док* **провалитися**) *непер дс* to fall through; (*зазнавати невдачі*) to fail
провидець *ч* visionary
провидіння *с* foresight
провидницький *прикм* visionary
провина *ж* fault, blame; (*юр*) guilt
провідний *прикм* leading
провінційний *прикм* provincial
провінція *ж* province
провітрюваний *прикм* aired, ventilated
провітрювання *с* airing, ventilation

провітрювати (*док* **провітрити**) *пер дс* to air, to ventilate

проводжати (*док* **провести**) *пер дс* (*додому*) to accompany

проводити (*док* **провести**) *пер дс* (*час*) to spend; (*організовувати, вести*) to conduct; **проводити голосування** (*таємне*) to ballot; **проводити переговори** to negotiate

провозити (*док* **провезти**) *пер дс* to convey, to transport; (*контрабандою*) to smuggle

провокаційний *прикм* provocative

провокація *ж* provocation

провокувати (*док* **спровокувати**) *пер дс* to provoke

провулок *ч* side street, lane

прогинатися (*док* **прогнутися**) *непер дс* (*від ваги, тиску*) to sag; (*руйнуватися, валитися*) to cave in

прогноз *ч* forecast, prediction, prognosis; **прогноз погоди** weather forecast

прогнозист *ч* forecaster

прогнозувати *пер дс* to project

проголошення *с* proclamation

проголошувати (*док* **проголосити**) *пер дс* to proclaim, to pronounce

програвати (*док* **програти**) *непер / пер дс* to lose

програвач *ч* record player; **програвач компакт-дисків** CD player

програма *ж* programme; (*комп*) program; (*навчальна*) syllabus, curriculum

програміст *ч* programmer

програмне забезпечення *с* software

програмування *с* programming

програмувати (*док* **запрограмувати**) *пер дс* to program

прогрес *ч* progress

прогресивний *прикм* progressive

прогульник *ч* truant

прогулювати (*док* **прогуляти**) *непер / пер дс* to play truant, to skive

прогулюватися (*док* **прогулятися**) *непер дс* to stroll

прогулянка *ж* walk, stroll

продавати (*док* **продати**) *пер дс* to sell; **продавати вроздріб** to retail; **продаватися краще** (*порівняно з іншим продуктом*) to outsell

продавець *ч* shop assistant, salesman; **продавець книг** bookseller; **продавщиця** saleswoman

продаж *ч* sale

проділ *ч* (*у волоссі*) parting

продовжений *прикм* prolonged

продовження *с* continuation, extension; (*книжки*) sequel; (*фільму*) follow-up

продовжувати (*док* **продовжити**) *пер дс* to continue, to go on; (*робити щось*) to keep

продовжуватися (*док* **продовжитися**) *непер дс* to continue, to last

продуктивний *прикм* productive

продуктивність *ж* productivity, efficiency

продукти харчування *ч, мн* foodstuff

продюсер *ч* producer

проект *ч* project, design; (*документа*) draft

проектор *ч* projector

проектувальник *ч* designer

проектувати (*док* **спроектувати**) *пер дс* to plan, to design

прожектор *ч* searchlight, spotlight

проживання *с* residence

прожилка *ж* vein; (*вузька смужка*) streak

прожитковий рівень *ч* cost of living

прожогом *присл* (*дуже швидко*) rashly; (*не думаючи про наслідки*) headlong

проза *ж* prose

прозаїчний *прикм* (*буденний*) prosaic, pedestrian

прозивати (*док* **прозвати**) *пер дс* to nickname

прозорий *прикм* transparent, see-through

проїзд *ч* driveway

прокат авто *ч* car hire

прокидатися (*док* **прокинутися**) *непер дс* to wake up

прокладка *ж* (*гігієнічний засіб*) sanitary pad

проклятий *прикм* cursed, damned

прокол *ч* puncture; (*помилка*) blunder

проколотий *прикм* pierced

проколювати (*док* **проколоти**) *пер дс* to pierce, to puncture

прокручувати (*док* **прокрутити**) *пер дс* (*на екрані комп'ютера*) to scroll

прокурор *ч* prosecutor

проливати (*док* **пролити**) *пер дс* to shed

проливатися (*док* **пролитися**) *непер дс* to be spilled, to be shed

проливний *прикм* torrential

пролісок *ч* bluebell

пролог *ч* prologue

промах *ч* miss; (*помилка*) blunder, slip

променад *ч* promenade

промивати мізки *пер дс* to brainwash

промисловець *ч* industrialist

промисловий *прикм* industrial

промисловість *ж* industry; **важка промисловість** heavy industry

проміжний *прикм* intermediate

проміжок *ч* interval, space; (*часу, місця*) span

промінь *ч* ray, beam

промова *ж* speech; **запальна промова** pep talk

промовець *ч* speaker

промокати[1] (*док* **промокнути**) *непер дс* (*ставати мокрим*) to get wet; (*про тканину*) to not be waterproof

промокати² (*док* **промокнýти**) *пер дс* (*серветкою, тканиною*) to blot
промоклий *прикм* sodden, saturated
пронизаний *прикм* penetrated
пронизливий *прикм* piercing, penetrating, shrill
пронизливо *присл* shrilly, sharply
проникати (*док* **проникнути**) *непер дс* to penetrate; (*в контексті політики і шпіонажу*) to infiltrate
проникливий *прикм* (*який глибоко розуміє суть*) shrewd, astute; (*пильний, спостережливий*) searching, discerning
проникливість *ж* insight
проноситися (*док* **пронестися**) *непер дс* to rush
проносне *с* laxative
пропаганда *ж* propaganda
пропагувати *пер дс* (*підтримувати, рекомендувати щось*) to advocate
пропелер *ч* propeller
проповідник *ч* preacher
проповідувати *пер дс* to preach
проповідь *ж* sermon
пропозиція *ж* (*готовність щось зробити*) proposal; (*ділова*) proposal; **спеціальна пропозиція** special offer
пропонувати (*док* **запропонувати**) *пер дс* (*виявляти готовність*) to offer; (*висловлювати пропозицію*) to propose; (*радити*) to suggest; **пропонувати вищу ціну** to outbid
пропорційний *прикм* proportional
пропорційно *присл* proportionally, pro rata
пропорція *ж* proportion
пропуск *ч* (*незаповнене місце*) blank; (*документ*) pass; (*недогляд*) omission
пропускати (*док* **пропустити**) *пер дс* (*дозволити пройти*) to pass; (*залишити без уваги*) to miss, to skip; (*рідину*) to leak; (*оминути*) to omit
прораховуватися (*док* **прорахуватися**) *непер дс* to miscalculate
прорив *ч* break; (*військ; успіх*) breakthrough
прорізáтися (*док* **прорізатися**) *непер дс* (*про зуби*) to teethe
пророк *ч* prophet
проростати (*док* **прорости**) *непер дс* to sprout
пророцтво *с* prophecy
пророчий *прикм* prophetic
проростання *с* sprouting
пророщувати (*док* **проростити**) to sprout
просвітлення *с* enlightenment
просвічувати (*док* **просвітити**) (*давати знання*) to enlighten
просити (*док* **попросити**) *непер / пер дс* to ask, to request

просівати (*док* **просіяти**) *пер дс* to sieve, to sift
просіка *ж* opening
прослуховування *с* (*музикантів, співаків*) audition
прослуховувати (*док* **прослухати**) *пер дс* to listen; (*актора, музиканта*) to audition
просо *с* millet
просочуватися (*док* **просочитися**) *непер дс* to seep in, to leak out
проспект *ч* (*вулиця*) avenue; (*план видання; рекламний буклет*) prospectus
простата *ж* prostate
простежувати (*док* **простежити**) *пер дс* to trace, to track
простий *прикм* (*легкий*) easy; (*нескладний*) simple; uncomplicated; (*звичайний*) plain; (*сільський*) rustic; **прості люди** grass roots
простирадло *с* sheet
простій *ч* downtime
простір *ч* space, expanse; **космічний простір** outer space; **повітряний простір** airspace
просто *присл* simply; (*тільки*) merely, just
простодушний *прикм* simple-hearted
просто неба *присл* out-of-doors, outdoors
просторий *прикм* spacious, roomy
просторовий *прикм* spatial
простота *ж* simplicity
простромлювати (*док* **простромити**) *пер дс* to pierce
проступок *ч* offence; (*дрібний злочин*) misdemeanour
простягати (*док* **простягнути**) *пер дс* to reach out
простягатися (*док* **простягнутися**) *непер дс* to stretch, to extend
просування *с* advancement, progress; (*на роботі*) promotion; **просування вперед** advancement
просувати (*док* **просунути**) *пер дс* to move forward; (*на роботі*) to promote
просуватися (*док* **просунутися**) *непер дс* (*розвиватися*) to advance; (*рухатися*) to move; **обережно просуватися** (*про транспорт*) to nose (forward)
просунутий *прикм* advanced
проте *спол* however, though
протеже *ч і ж* protégé
протеїн *ч* protein
протектор *ч* protector; (*на шині, взутті*) tread
протекціоністський *прикм* protectionist
протест *ч* protest; **гнівний протест** outcry
протестант *ч* Protestant
протестантський *прикм* Protestant
протестувальник *ч* protester
протестувати *непер дс* to protest
проти *прийм* against; (*навпроти*) opposite to

протигаз ч gas mask
протидіяти непер дс to counteract
протизаконний прикм unlawful, illegal
протизаплідний прикм contraceptive
протилежна стать ж opposite sex
протилежний прикм opposite, contrary
протилежність ж opposite; (повна, цілковита) antithesis
протиотрута ж antidote
протиратися (док **протертися**) непер дс (про одяг) to fray; to wear through
протиріччя с contradiction
протискатися (док **протиснутися**) непер дс to squeeze in
протиставляти (док **протиставити**) пер дс (спрямовувати проти) to oppose; (порівнювати, зіставляти) to contrast
протистояти непер дс to resist, to stand against
протока ж strait
протокол ч record; (засідання) minutes; protocol
протоколювати пер дс to minute, to record
протон ч proton
прототип ч prototype
протяг ч draught
протягом прийм during; (упродовж) throughout
професійний прикм professional, occupational; (навчальний заклад) vocational
професійно присл professionally
професіонал ч professional
професіоналізм ч professionalism
професія ж profession, occupation
професор ч professor
профіль ч profile; (переріз; типові риси) cross-section
профспілка ч trade union
прохання с request; (петиція) petition
прохід ч passage, pass; (між рядами) aisle; passageway
проходити (док **пройти**) непер / пер дс to pass, to go past; **проходити реєстрацію** to check in
прохолодний прикм cool; (про погоду) chilly; (про напій) refreshing
процвітання с prosperity
процвітати непер дс to thrive, to flourish
процедура ж procedure
процент ч percentage, per cent
процес ч process; **судовий процес** proceedings
процесія ж procession
процесор ч processor
процесуальний прикм procedural
прочанин ч pilgrim
прочісувати (док **прочесати**) пер дс (ретельно шукати) to mop up

прочухан ч (розм: побої) thrashing; (нагінка) dressing-down
прощальний прикм parting, farewell
прощення с forgiveness
прояв ч manifestation, display
проявляти (док **проявити**) пер дс to show, to display, to manifest; (фотокартки) to develop
проясюватися (док **проясюнитися**) непер дс to brighten
пружина ж spring
пружний прикм elastic, resilient
пряжа ж (нитки) yarn
пряжка ж buckle
прямий прикм straight, upright; (відвертий) straightforward; direct; **прямий дебет** direct debit; **прямий кут** right angle
прямо присл (безпосередньо) directly, straight; (вертикально) upright; (навпростець) straight on
псалом ч hymn
псевдонім ч pseudonym
психіатр ч psychiatrist; (розм) shrink
психіатрична клініка ж psychiatric hospital
психіатричний прикм psychiatric
психіатрія ж psychiatry
психічно хворий прикм psychotic
психоаналіз ч psychoanalysis
психоаналітик ч psychoanalyst
психоз ч psychosis
психолог ч psychologist
психологічний прикм psychological
психологія ж psychology
психопат ч psychopath
психотерапевт ч psychotherapist
психотерапія ж psychotherapy
псувати (док **зіпсувати**) пер дс to spoil, to mar; (недбало робити) to botch; **псувати справу** to bungle
псуватися (док **зіпсуватися**) непер дс to deteriorate; (гнити) to rot; to go bad
птах ч bird
пташеня с (яке оперилося) fledgling
пташник ч (приміщення) aviary
птиця ж poultry
пуанти ч, мн ballet shoes
публікація ж publication
публікувати (док **опублікувати**) пер дс to publish
публічний прикм public
пуголовок ч tadpole
пудель ч poodle
пудинг ч pudding
пудрениця ж compact (for makeup)
пудрити пер дс to powder
Пуерто-Рико ж Puerto Rico
пуловер ч pullover
пульс ч pulse
пульсувати непер дс to throb, to pulse

пункт *ч* point; *(статті, угоди)* article, item, clause; **спостережний пункт** vantage point, lookout; **пункт обміну валют** bureau de change; **пункт призначення** destination
пунктирний *прикм* dotted
пунктуальний *прикм* punctual
пунктуація *ж* punctuation
пунш *ч* punch
пупок *ч* navel; *(розм)* belly button
пурист *ч* purist
пуристський *прикм* purist
пуританин *ч* puritan
пуританський *прикм* puritanical
пурхати *непер дс* to flit
пускати *(док* **пустити)** *пер дс (відпускати)* to let go; **пускати коріння** to root
пустеля *ж* desert
пустир *ч* wasteland
пустувати *непер дс* to play around, to mess about
путівник *ч* guidebook
пух *ч* down, fluff
пухир *ч* blister, swelling
пухлина *ж* tumour
пухнастий *прикм (вкритий пухом; м'який)* fluffy; *(вкритий хутром)* furry
пучка *ж (кінчик пальця)* fingertip; *(щіпка)* pinch
пхати *пер дс* to push
пхикати *непер дс* to whimper
пшениця *ж* wheat
пюре *с* puree; **робити пюре** to puree
п'явка *ж* leech
п'яний *прикм* drunk
п'янкий *прикм* heady
п'ята *ж* heel
п'ятдесят *числ* fifty
п'ятдесятий *числ* fiftieth
п'ятиборство *с* pentathlon
п'ятий *числ* fifth
п'ятірка *ж* five; *(банкнота)* fiver
п'ятнадцятий *числ* fifteenth
п'ятнадцять *числ* fifteen
п'ятниця *ж* Friday
п'ятсот *числ* five hundred
п'ять *числ* five**

р

раб *ч* slave
рабин *ч* rabbi
рабство *с* slavery
равлик *ч* snail
рагу *с* casserole
рада *ж* council; **член ради** councillor
Рада Безпеки *ж* Security Council
радар *ч* radar
радий *прикм* glad
радикалізм *ч* radicalism
радикальний *прикм* radical, drastic
радити *(док* **порадити)** *непер / пер дс* to advise, to counsel
радитися *(док* **порадитися)** *непер дс* to consult, to confer
радіатор *ч* radiator
радіація *ж* radiation
радіо *с* radio; **цифрове радіо** digital radio
радіоактивний *прикм* radioactive
радіоактивні опади *мн ім* fallout
радіозв'язок *ч* radiocommunication
радіокерований *прикм* radio-controlled
радіомовлення *с* broadcasting
радіостанція *ж* radio station
радіохвилі *ж, мн* airwaves
радісний *прикм* joyful
радість *ж* joy; **безмежна радість** elation
радіти *непер дс* to rejoice
радіус *ч* radius
радник *ч* adviser, counsellor
раз[1] *присл* once
раз[2] *спол (розм)* if
разом *присл* together; *(разом із)* along with
разючий *прикм* striking, stunning
рай *ч* paradise, heaven
райдужка *ж (ока)* iris
район *ч* area; *(адміністративний)* district
Рак *ч* Cancer
рак[1] *ч (зоол)* crayfish
рак[2] *ч (мед)* cancer
ракета *ж (тех)* rocket; *(тех)* missile
ракетка *ж* racket
раковий[1] *прикм (зоол)* crayfish
раковий[2] *прикм (мед)* cancerous

раковина _ж_ sink
ракурс _ч_ perspective
рама _ж_ frame; (_автомобільна_) carriage, chassis
Рамадан _ч_ Ramadan
рамки _мн ім_ framework; **часові рамки** timescale
рана _ж_ wound
ранець _ч_ satchel
ранити (_док_ **поранити**) _пер дс_ to wound
раніше _присл_ earlier; (_до певного моменту_) before; (_колись_) previously, formerly
ранній _прикм_ early
рано _присл_ early
ранок _ч_ morning
ранчо _с_ ranch; **господар ранчо** rancher
рапортувати (_док_ **відрапортувати**) _непер дс_ to report
рапс _ч_ rape
раптовий _прикм_ sudden, abrupt
раптово _присл_ suddenly, abruptly
раритет _ч_ rarity
раритетний _прикм_ rare
раса _ж_ race
расизм _ч_ racism
расист (**расистка**) _ч (ж)_ racist
расистський _прикм_ racist
расовий _прикм_ racial; **расові відносини** race relations
ратифікація _ж_ ratification
ратифікувати _пер дс_ to ratify
раунд _ч_ (_переговорів, змагань_) round
рафінад _ч_ lump sugar
рахувати (_док_ **порахувати**) _пер дс_ to count
рахунок _ч_ account; (_документ_) bill; (_накладна, фактура_) invoice; **банківський рахунок** bank account; **виставляти рахунок** to bill; **загальний рахунок** joint account; **поточний рахунок** current account
раціон _ч_ diet
раціоналізація _ж_ rationalization
раціоналіст _ч_ rationalist
раціоналістичний _прикм_ rationalist
рація _ж_ (_прилад_) walkie-talkie
рваний _прикм_ ragged
рвати (_док_ **порвати**) _пер дс_ to tear; (_на маленькі шматочки_) to shred
рватися (_док_ **порватися**) _непер дс_ to tear
рвонутися _непер дс_ to rush
реабілітувати _пер дс_ to rehabilitate
реагувати (_док_ **зреагувати**) _непер дс_ to react; **реагувати занадто гостро** to overreact
реагуючий _прикм_ (_про хімічні речовини_) reactive
реактивний _прикм_ (_тех_) jet; **реактивний двигун** jet engine; **реактивний лайнер** jumbo jet; **реактивний літак** jet

реактор _ч_ reactor; **ядерний реактор** nuclear reactor
реакційний _прикм_ reactionary
реакція _ж_ reaction
реалізація _ж_ realization
реалізм _ч_ realism
реаліст _ч_ realist
реалістичний _прикм_ realistic
реальний _прикм_ real; (_здійсненний_) practicable; **реальне життя** real life
реальність _ж_ reality
ребрендинг _ч_ (_зміна образу товару_) rebranding
ребро _с_ rib
ребус _ч_ puzzle
реванш _ч_ revenge
ревізор _ч_ inspector, examiner
ревізувати _пер дс_ to examine, to inspect
ревінь _ч_ rhubarb
ревматизм _ч_ rheumatism
ревнивий _прикм_ jealous
ревнощі _мн ім_ jealousy
ревнувати (_док_ **приревнувати**) _пер дс_ to be jealous (of)
револьвер _ч_ revolver
революційний _прикм_ revolutionary
революціонер _ч_ revolutionary
революціонізувати _пер дс_ to revolutionize
революція _ж_ revolution
ревти _непер дс_ to roar; (_про тварин_) to bellow
ревю _ч_ revue
регата _ж_ regatta
регбі _с_ rugby
регенерація _ж_ regeneration
регіон _ч_ region
регіональний _прикм_ regional
регіт _ч_ laughter
регресувати _непер дс_ to regress
регульований _прикм_ adjustable
регулювання _с_ regulation, control; **регулювання народжуваності** birth control
регулювати (_док_ **врегулювати**) _пер дс_ to regulate
регулярний _прикм_ regular; **регулярний рейс** scheduled flight
регулярно _присл_ regularly
регулятор _ч_ regulator
редагувати (_док_ **поредагувати**) _пер дс_ to edit
редактор _ч_ editor
редакційний _прикм_ editorial
редакція _ж_ (_колектив_) editorial staff; (_приміщення_) editorial office; (_варіант твору_) version
редиска _ж_ radish
редколегія _ж_ editorial staff
редька _ж_ (black) radish
реєстр _ч_ register

реєстрація _ж_ registration; **проходити реєстрацію** to check in

реєструвати (_док_ **зареєструвати**) _пер дс_ to register

реєструватися (_док_ **зареєструватися**) _непер дс_ to check in

режим _ч_ (_політ_) regime; (_усталений порядок_) routine; (_роботи машин тощо_) mode; **режим роботи** (_графік_) schedule; (_години роботи_) opening hours

режисер _ч_ director; (_театр_) stage director

резерв _ч_ backup

резервний _прикм_ backup; **резервний запас** _ч_ backup

резервуар _ч_ reservoir

резервувати (_док_ **зарезервувати**) _пер дс_ to reserve

резиденція _ж_ mansion; (_велика_) palace

резолюція _ж_ resolution

резонанс _ч_ response, reaction

резонансний _прикм_ resonance; (_про подію_) high-profile

резонувати _непер дс_ to resonate

результат _ч_ result; (_наслідок_) consequence; (_позитивний наслідок_) payoff

результативний _прикм_ successful, effective

резюме _с_ curriculum vitae, CV

резюмувати _пер дс_ to summarize

реінкарнація _ж_ reincarnation

рейд _ч_ raid

рейка _ж_ (_колії_) rail

рейс _ч_ flight; **регулярний рейс** scheduled flight; **чартерний рейс** charter flight

рейтинг _ч_ rating

реквієм _ч_ requiem

рекет _ч_ racketeers; (_діяльність_) racketeering

реклама _ж_ advertising, publicity; **надокучлива реклама** hype; **ненав'язлива реклама** soft sell

рекламний _прикм_ advertising, promotional; **рекламний вкладиш** insert; **рекламний ролик** commercial; **рекламний щит** billboard; **рекламна пауза** commercial break; **рекламне оголошення** advertisement

рекламодавець _ч_ advertiser

рекламувати (_док_ **прорекламувати**) _пер дс_ to advertise, to publicize

рекомендація _ж_ recommendation; (_рекомендаційний лист_) testimonial; (_порада_) advice

рекомендувати (_док_ **порекомендувати**) _пер дс_ to recommend

рекорд _ч_ record; **особистий рекорд** personal best

рекордний _прикм_ record, record-breaking

ректор _ч_ (_університету_) chancellor, rector

релаксаційний _прикм_ relaxing

релігійний _прикм_ religious

релігія _ж_ religion

реліквія _ж_ relic

рельєф _ч_ relief

ремесло _с_ (_професія_) trade; (_уміння_) handicraft

ремікс _ч_ remix

ремінець _ч_ strap; **годинника** watch strap

ремінь _ч_ belt ▷ _вн ім_ (_безпеки_) seatbelt, safety belt

ремісія _ж_ (_ослаблення хвороби_) remission

ремісник _ч_ craftsman, artisan

ремонт _ч_ repair

ремонтувати (_док_ **відремонтувати**) _пер дс_ to repair

ренегат _ч_ renegade

Ренесанс _ч_ Renaissance

рентабельний _прикм_ profitable

рентген _ч_ X-ray

реорганізація _ж_ reorganization, rearrangement; (_докорінна_) shake-up

реорганізовувати (_док_ **реорганізувати**) _пер дс_ to reorganize, to rearrange

реп _ч_ (_муз_) rap

репарації _ж, мн_ reparations

репатріювати _пер дс_ to repatriate

репелент _ч_ (_засіб, що відлякує комах_) repellent

репер _ч_ (_виконавець репу_) rapper

репертуар _ч_ repertoire

репетирувати _пер дс_ to rehearse

репетиція _ж_ rehearsal

репетувати _непер дс_ to cry out

репліка _ж_ remark

репортаж _ч_ reporting, coverage

репортер _ч_ reporter

репресивний _прикм_ repressive

репресія _ж_ repression

реприза _ж_ reprise

репродуктивний _прикм_ reproductive

репродукція _ж_ reproduction

рептилія _ж_ reptile

репутація _ж_ reputation

реслінг _ч_ wrestling

респектабельний _прикм_ respectable

респондент _ч_ respondent

республіка _ж_ republic

республіканець _ч_ republican

республіканський _прикм_ republican

реставратор _ч_ restorer

реставрація _ж_ restoration, renovation

реставрувати _пер дс_ to restore, to repair

ресторан _ч_ restaurant; (_маленький_) brasserie

ресторатор _ч_ restaurateur

реструктурувати _пер дс_ to restructure

ресурс _ч_ resource

ретельний _прикм_ thorough, meticulous

ретельність _ж_ carefulness, diligence

ретельно _присл_ thoroughly

ретроспектива _ж_ retrospective

ретроспективний епізод ч flashback
ретушувати (*док* **заретушувати**) *пер дс*
to retouch
реферат ч report, paper
референдум ч referendum
рефері ч referee, umpire
рефлекс ч reflex
реформа ж reform
реформатор ч reformer
реформістський *прикм* reformist
реформувати *пер дс* to reform
рецензія ж review
рецензувати (*док* **прорецензувати**) *пер*
дс to review
рецепт ч (*кулінарний*; *спосіб досягнення*
мети) recipe; (*мед*) prescription
рецидив ч (*мед*) relapse, recurrence; (*юр*)
second offence
речення с sentence; (*частина складного*
речення) clause
речовий *прикм* material
речовина ж substance
решетити (*док* **зрешетити**) *пер дс*
(*кулями*) to riddle
решето с sieve
решта ж rest; (*гроші*) change
рештки мн ім scraps, remnants
риба ж fish; **ловити рибу** to fish
рибалка ч (*вудкою*) angler; fisherman
рибальство с fishing
риба-меч ж swordfish
Риби мн ім Pisces
риболовля ж fishing; (*вудкою*) angling
риболовне судно с fishing boat
ридати *непер дс* to sob
ризик ч risk
ризикований *прикм* risky
ризикувати (*док* **ризикнути**) *непер дс*
to risk
рима ж rhyme
римейк ч remake
римо-католик ч Roman Catholic
римо-католицький *прикм* Roman Catholic
римський *прикм* Roman
римувати (*док* **заримувати**) *непер / пер*
дс to rhyme
рингтон ч ring tone
ринкові чинники ч, мн market factors
ринок ч market; (*місце*) marketplace;
(*цінних паперів*) stock market; **відкритий**
ринок open market; **вільний ринок**
free market; **ринок праці** labour market;
частка ринку market share; **чорний ринок**
black market
рипіти *непер дс* to creak
рис ч rice
риса ж (*лінія*) line; (*особливість*) feature;
(*характеру*) trait; **характерна риса**
peculiarity
рити (*док* **вирити**) *пер дс* to hollow out;
рити нору to burrow

ритися *непер дс* to dig; (*у книжках,*
документах, минулому) to delve
ритм ч rhythm, beat
ритм-енд-блюз ч R&B
ритмічний *прикм* rhythmic
риторика ж rhetoric
риторичний *прикм* rhetorical
ритуал ч ritual
риф ч reef
риштування с scaffolding
рів ч moat, ditch; **стічний рів** gutter
рівень ч level; **рівень життя** standard of
living; **рівень моря** sea level; **рівень землі**
ground level
рівний *прикм* (*однаковий*) alike, similar;
(*гладенький, плаский*) smooth, flat
рівнина ж plain
рівність ж equality
рівновага ж balance
рівнодення с equinox
рівнозначний *прикм* equivalent
рівномірний *прикм* even, equal
рівноправний *прикм* equal
рівноцінний *прикм* equivalent
рівня ч і ж (*розм*) equal
рівняння с equation
ріг ч (*тварини; муз інструмент*) horn
рід ч family; (*у граматиці*) gender;
(*біологічний*) genus
рідина ж liquid, fluid
рідкий *прикм* (*який перебуває в стані*
рідини) liquid; (*водянистий*) watery;
(*негустий*) runny
рідкісний *прикм* rare, uncommon
рідкість ж rarity
рідко *присл* rarely, seldom
рідний *прикм* native; **рідна мова** mother
tongue
рідня ж relatives
рідшати (*док* **порідшати**) *непер дс* (*рідко*
траплятися) to become rare
ріжок ч horn; (*для морозива*) cone
різати (*док* **порізати**) *пер дс* to cut;
(*ножицями*) to snip
Різдво с Christmas; **день Різдва** Christmas
Day
різкий *прикм* (*помітний*) sharp;
(*пронизливий*) strident
різко *присл* sharply, abruptly
різний *прикм* different
різниця ж difference
різнобічний *прикм* many-sided
різновид ч variety
різноманітний *прикм* diverse, various
різноманітність с diversity, variety
різноманіття с multiformity
різня ж slaughter
різьбити *пер дс* to carve
різьбяр ч carver
різьбярський виріб ч carving
рій ч swarm

рік ч year; **навчальний рік** academic year; **фінансовий рік** fiscal year, financial year; **світловий рік** light year; **шкільні роки** schooldays; **юнацькі роки** boyhood

ріпа ж turnip

ріст ч growth

річ ж thing; **речі** stuff; **необхідна річ** requisite

річка ж river

річковий прикм river

річний прикм annual, yearly; (який триває рік) year-long

річниця ж anniversary; **річниця весілля** wedding anniversary

рішення с decision; (постанова зборів) resolution; (задачі, проблеми) solution; **ухвалення рішень** decision-making

рішуче присл decidedly

рішучий прикм resolute, decisive

рішучість ж resolve, determination

РК-дисплей ч (рідкокристалічний дисплей) LCD

робити (док зробити) пер дс (виготовляти, виробляти) to make; (виконувати, діяти) to do; **робити висновок** to conclude; **робити внесок** to contribute; **робити ескіз** to sketch; **робити комплімент** to compliment; **робити манікюр** to manicure; **робити ставку** to bet; **робити фотокопію** to photocopy; **робити аборт** to abort; **робити банкрутом** to bankrupt; **робити висновок** to deduce, to infer; **робити вступ** to preface; **робити знак** (рукою, пальцем) to beckon; **робити знижку** to discount; **робити необхідним** to necessitate; **робити паузу** to pause; **робити примітки** to note; **робити успіхи** to progress; **робити хімічну завивку** to perm

робітник ч workman, labourer

робот ч robot

робота ж work, job; (заняття) engagement; (механізму) functioning, running; **хатня робота** housework; **режим роботи** (графік) schedule; (години роботи) opening hours; **соціальна робота** social work

роботодавець ч employer

робочий прикм work, working; **робоча сила** workforce; **робоче місце** workspace; **робочий день** workday; **робочий клас** working-class

родзинка ж raisin, sultana

родимка ж mole

родина ж family; **розширена родина** (з трьох і більше поколінь) extended family

родич ч, **родичка** ч (ж) relative; **найближчий родич** next of kin

родовий прикм ancestral; (характерний для певного типу) generic

родовище с deposit, field; **родовище нафти** oilfield

родовід ч genealogy; (тварини) pedigree

рододендрон ч rhododendron

родючий прикм fertile

рожевий прикм pink

розбивати (док розбити) пер дс to break, to smash; **розбивати вщент** (супротивників, опонентів) to rout

розбиватися (док розбитися) непер дс to shatter; (на групи) to divide; (про літак) to crash; **розбиватися на друзки** to shatter

розбирати (док розібрати) пер дс to take apart; (на частини) to dismantle

розбитий прикм broken; (втомлений) jaded

розбіжність ж discrepancy

розбій ч robbery

розбірливий прикм (вибагливий) fastidious; (про почерк) legible

розвага ж entertainment

розважальний прикм (шоу) entertaining; (з забавами) recreational

розважати (док розважити) пер дс to amuse, to entertain

розважливий прикм prudent

розважливість ж prudence

розвал ч breakdown; (занепад) collapse

розвалений прикм ruined

розвантажувати (док розвантажити) пер дс to unload

розведений прикм diluted

розвивати (док розвинути) пер дс to develop

розвинений прикм developed; **розвинений не за віком** precocious

розвиток ч development, progress

розвідка ж (військова) reconnaissance; (державна структура) intelligence service; (корисних копалин) exploration

розвідник ч (військовий термін) scout; (агент розвідки) intelligence agent

розвідувальне управління с secret service

розвіювати (док розвіяти) пер дс to dispel

розводити (док розвести) пер дс (у різні боки) to pull apart; (про рідину) to dilute; (тварин) to breed

розворот ч (машиною) U-turn

розв'язка ж (у романі) dénouement; (завершення) outcome

розв'язний прикм cheeky, pert

розв'язувати (док розв'язати) пер дс to untie; (вирішувати проблему, питання) to settle; (розпочати) to unleash

розгадка ж solution, answer

розгладжувати (док розгладити) пер дс (робити гладеньким) to smooth out; (розрівнювати) to flatten

розгляд ч (*експертиза, огляд*) examination
розглядати (*док* **розглянути**) *пер дс*
to consider; (*повторно*) to reconsider;
to examine
розгніваний *прикм* irate, enraged
розголошення *с* disclosure
розголошувати (*док* **розголосити**) *пер*
дс (*таємницю*) to divulge, to disclose
розгортання *с* (*військ*) deployment
розгортати (*док* **розгорнути**) *пер дс*
to unwrap; (*розвивати*) to develop;
розгортати війська to deploy troops
розгортатися (*док* **розгорнутися**)
непер дс to unfold, to unroll; (*набирати*
широкого розмаху) to expand
розграбовувати (*док* **розграбувати**) *пер*
дс to plunder
розгром ч (*поразка*) defeat; (*руйнування*)
devastation
розгублений *прикм* confused;
(*спантеличений*) perplexed
роздавальний апарат ч dispenser
роздавати (*док* **роздати**) *пер дс*
to distribute, to give out
роздирати (*док* **роздерти**) *пер дс* to tear up
розділ ч chapter; (*розділення*) division
розділовий знак ч punctuation mark
розділяти (*док* **розділити**) *пер дс*
to divide, to separate
розділятися (*док* **розділитися**) *непер дс*
to divide, to separate
роздоріжжя *с* crossroads
роздратований *прикм* irritated, annoyed
роздратування *с* irritation
роздрібний *прикм* retail; **роздрібна ціна**
retail price; **роздрібний продаж** retail;
роздрібний торговець retailer
роздруківка ж printout
роздутий *прикм* bloated
роздягальня ж changing room
роздягатися (*док* **роздягнутися**) *непер*
дс to take off one's clothes; (*до спідньої*
білизни) to undress, to strip
роздягнений *прикм* undressed
розетка ж socket; (*прикраса та в*
ботаніці) rosette
роз'єднаний *прикм* disconnected
роз'єднувати (*док* **роз'єднати**) *пер дс*
to disconnect
роззброєння *с* disarmament
роззброювати (*док* **роззброїти**) *пер дс*
to disarm
роз'їдати (*док* **роз'їсти**) *пер дс* to erode
розквіт ч heyday, prime
розкиданий *прикм* scattered, strewn
розкидати (*док* **розкидати**) *пер дс*
to scatter
розкинутися *непер дс* (*простягнутися*)
spread out; (*невимушено лягти або*
сісти) to sprawl
розкіш ж luxury

розкішний *прикм* luxurious, sumptuous
розклад ч schedule, timetable
розкладатися (*док* **розкластися**) *непер*
дс to decay; (*перегнивати*) to decompose
розкол ч split
розколювати (*док* **розколоти**) *пер дс*
to split
розколюватися (*док* **розколотися**)
непер дс to split, to splinter
розкопувати (*док* **розкопати**) *пер*
дс to dig out; (*проводити розкопки*)
to excavate
розкривати (*док* **розкрити**) *пер*
дс (*відкривати*) to open; (*оголяти*)
to bare, to uncover; (*виявляти*) to reveal;
(*викривати*) to disclose
розкутий *прикм* uninhibited
розлад ч disorder; **розлад шлунка**
indigestion
розливати (*док* **розлити**) *пер дс* to spill
розливатися (*док* **розлитися**) *непер дс*
to spill; (*через край*) to overflow
розлогий *прикм* spacious
розлучатися (*док* **розлучитися**) *непер дс*
to divorce, to part
розлучений *прикм* divorced
розлучення *с* divorce
розлючений *прикм* furious, livid
розлючувати (*док* **розлютити**) *пер дс*
to infuriate, to enrage
розмазувати (*док* **розмазати**) *пер дс*
to smudge
розмаїття *с* variety
розмарин ч rosemary
розмахувати *непер дс* to swing; (*зброєю*)
to brandish
розминати (*док* **розім'яти**) *пер дс* (*тісто*,
м'яку речовину) to knead; (*картоплю*)
to mash
розминка ж warm-up
розмір ч size; (*грошової суми*) amount;
(*міра, ступінь*) scale ▷ ч, мн (*величина*)
measurements, dimensions
розмірений *прикм* measured
розмірковувати *непер дс* to reflect (on),
to ponder
розміщення *с* placement; (*посад,*
грошових сум) allocation
розміщувати (*док* **розмістити**) *пер*
дс (*розташовувати*) to place; (*людей*)
to accommodate; (*кошти*) to allocate
розмножуватися (*док* **розмножитися**)
непер дс (*збільшуватися кількісно*)
to proliferate, to multiply; (*про тварин*)
to breed
розмова ж talk, conversation
розмовляти *непер дс* to talk (to), to speak
(to)
розмовний *прикм* colloquial,
conversational
розмовник ч phrasebook

розорений *прим* broke (*розм*)
розосереджений *прим* dispersed
розпадатися (*док* **розпастися**) *непер дс*
to fall apart, to disintegrate, to crumble
розпаковувати (*док* **розпакувати**) *пер дс* to unpack
розпалювати (*док* **розпалити**) *пер дс*
to light; (*посилювати*) to inflame
розпарований *прим* (*про неоднакові речі*) odd
розпач *ч* desperation, despair; **впадати в розпач** to wallow in despair
розпечений *прим* red-hot
розпилювати¹ (*док* **розпиляти**) *пер дс*
(*рідину*) to spray
розпилювати² (*док* **розпиляти**) *пер дс*
(*дерево*) to saw up
розпилювач *ч* sprinkler
розпинання *с* (*на хресті*) crucifixion
розпинати (*док* **розіп'яти**) *пер дс* (*на хресті*) to crucify
розпитувати (*док* **розпитати**) *пер дс*
to question; (*випитувати*) to quiz
розпізнавання *с* recognition
розпізнавати (*док* **розпізнати**) *пер дс*
to identify
розплавлений *прим* melted; (*метал*) molten
розпливчастість *ж* vagueness
розповідати (*док* **розповісти**) *пер дс*
to tell, to recount
розповідь *ж* (*дія*) narration; (*історія*) story
розповсюджений *прим* widespread
розповсюджувати (*док* **розповсюдити**) *пер дс* to distribute; (*інформацію*) to disseminate
розповсюджуватися *непер дс*
to spread, to expand
розподіл *ч* (*на частки*) distribution; (*бюджету*) allocation; **розподіл влади** power-sharing
розподіляти (*док* **розподілити**) *пер дс*
to distribute, to allocate
розпорядник *ч* organizer; (*на святі*) master of ceremonies
розпочинати (*док* **розпочати**) *пер дс*
to begin, to start
розпродаж *ч* sale
розпроданий *прим* sold out
розпродувати (*док* **розпродати**) *пер дс*
to sell out, to sell off
розпускати (*док* **розпустити**) *пер дс*
(*розформовувати*) to disband; (*присутніх*) to dismiss
розпусний *прим* dissolute
розп'яття *с* crucifix
розрада *ж* solace
розрадник *ч* comforter
розраховувати (*док* **розрахувати**) *пер дс* to calculate, to compute ▷ *непер дс* (*на когось*) to rely on, to count on

розрахунок *ч* calculation
розрив *ч* tear, rupture
розривати (*док* **розірвати**) *пер дс* to tear ▷ *непер / пер дс* (*стосунки*) to rupture
розріджувати (*док* **розрідити**) *пер дс*
to thin
розріджуватися (*док* **розрідитися**) *непер дс* to thin
розріз *ч* cut; (*на одязі*) slit
розрізати (*док* **розрізати**) *пер дс* to cut (up); (*поздовж*) to slit
розрізняти (*док* **розрізнити**) *пер дс*
to distinguish, to differentiate
розробляти (*док* **розробити**) *пер дс*
(*тему, питання*) to develop, to work out; (*нову техніку тощо*) to devise
розростання *с* growth, expansion
розряджати (*док* **розрядити**) *пер дс*
(*електричну батарею*) to discharge; (*ситуацію*) to defuse
розрядка *ж* (*спад напруженості*) relaxation; (*про батарейку*) discharging
розсерджений *прим* angry, disgruntled
розсилати (*док* **розіслати**) *пер дс* to send out
розсипчастий *прим* crumbly
розсіювання *с* scattering
розсіювати *пер дс* to disperse
розсіюватися *непер дс* to disperse
розсіяний склероз *ч* multiple sclerosis
розслаблений *прим* relaxed
розслаблятися (*док* **розслабитися**) *непер дс* to relax
розслідування *с* investigation
розслідувати *пер дс* to investigate
розставання *с* parting
розставатися (*док* **розстатися**) *непер дс*
to part, to split up
розстібати (*док* **розстібнути**) *пер дс*
to undo; (*блискавку*) to unzip
розсувати (*док* **розсунути**) *пер дс*
to move apart
розсуватися (*док* **розсунутися**) *непер дс*
to move apart
розсуд *ч* (*рішення, висновок*) discretion
розсудливий *прим* reasonable
розсудливо *присл* reasonably
розташований *прим* situated, located
розташування *с* location
розтин *ч* autopsy, postmortem
розтинати (*док* **розітнути**) *пер дс* to cut; (*анатомувати*) to dissect
розтирання *с* rubbing
розтоплювати (*док* **розтопити**) *пер дс*
to melt
розтринькувати (*док* **розтринькати**) *пер дс* (*розм*) to squander
розтягнення *с* (*дія*) stretching; (*пошкодження сухожилля, зв'язки*) sprain
розтягнутий *прим* stretched; (*дуже довгий*) lengthy

розтягувати (*док* **розтягнути**) *пер дс*
to stretch; **розтягувати слова** to drawl
розум *ч* mind
розуміння *с* understanding
розуміти (*док* **зрозуміти**) *пер дс*
to understand; **неправильно розуміти**
to misunderstand
розумний *прикм* intelligent, clever;
(*доцільний*) rational
розумовий *прикм* mental
розходження *с* divergence
розходитися (*док* **розійтися**) *непер*
дс to part; (*у поглядах*) to dissent;
(*відрізнятися*) to diverge
розчарований *прикм* (*у сподіваннях*)
disappointed; (*у ідеалах*) disillusioned
розчарованість *ж* disillusionment
розчаровувати (*док* **розчарувати**) *пер*
дс to disappoint
розчарування *с* (*у сподіваннях*)
disappointment; (*у ідеалах*)
disenchantment
розчинний *прикм* soluble
розчинник *ч* solvent
розчиняти[1] (*док* **розчинити**) *пер дс*
(*відчиняти, розкривати*) to open
розчиняти[2] (*док* **розчинити**) *пер дс*
(*робити розчин*) to dissolve
розчищати *пер дс* to clear
розчищення *с* clearance
розчісувати (*док* **розчесати**) *пер дс*
to comb
розчленовувати (*док* **розчленувати**)
пер дс to dismember
розширення *с* widening, expansion
розширювати (*док* **розширити**) *пер дс*
to widen, to expand
розширюватися (*док* **розширитися**)
непер дс to widen, to expand
розшифровувати (*док* **розшифрувати**)
пер дс to decipher, to decode
розшукувати *пер дс* (*по слідах*) to track;
to search
роз'яснювати (*док* **роз'яснити**) *пер дс*
to expound, to explain
роїтися *непер дс* to swarm
рок-н-рол *ч* rock and roll
ролик *ч* roller
ролики *ч, мн* rollerskates
роль *ж* role, part; **епізодична роль** cameo
ром *ч* rum
роман *ч* (*твір*) novel; (*любовні стосунки*)
romance, love affair
романіст *ч* novelist
романський *прикм* (*про мови*) Romance;
(*про архітектуру*) Romanesque
романтизм *ч* romanticism
романтик *ч* romantic
романтичний *прикм* romantic
романтичність *ж* romanticism
ромашка *ж* camomile

ромб *ч* rhombus, diamond
роса *ж* dew
російська мова *ж* Russian
російський *прикм* Russian
Росія *ж* Russia
росіянин (**росіянка**) *ч* (*ж*) Russian
рослина *ж* plant; **лікарські рослини**
medicinal plants
рослинний *прикм* vegetable
рослинність *ж* vegetation
рости (*док* **вирости**) *непер дс* to grow;
рости як гриби to mushroom
ростити (*док* **виростити**) *пер дс* (*дітей*)
to bring up
рот *ч* mouth
роумінг *ч* roaming
рояліст *ч* royalist
ртуть *ж* mercury
рубати (*док* **порубати**) *пер дс* to hack,
to chop
рубець *ч* scar
рубін *ч* ruby
рубль *ч* rouble
руда *ж* ore
рудий *прикм* red-haired
руїна *ж* ruin, wreck
руйнівний *прикм* destructive; (*про*
хворобу) crippling; **руйнівна дія** ravages
руйнування *с* destruction, ruin
руйнувати (*док* **зруйнувати**) *пер дс*
to destroy, to wreck; **руйнувати ілюзії**
to disillusion
рука *ж* arm; (*кисть*) hand; **права рука**
(*головний помічник*) right-hand man
рукав *ч* sleeve
рукавичка *ж* glove; **кухонна рукавичка**
oven glove; **рукавички з крагами** gauntlet
рукопис *ч* manuscript
рукостискання *с* handshake
рулет *ч* (*кулінарний виріб*) roll
рулетка *ж* (*гра*) roulette; (*для*
вимірювання) tape measure
рулон *ч* roll
румун (**румунка**) *ч* (*ж*) Romanian
Румунія *ж* Romania
румунська мова *ж* Romanian
румунський *прикм* Romanian
рум'яна *мн ім* blusher
рум'янець *ч* flush
рум'яний *прикм* rosy, ruddy
русалка *ж* mermaid
русявий *прикм* light-brown
рутина *ж* routine
рутинна робота *ж* chore
рух *ч* motion, movement; (*транспортний*)
traffic; **жіночий рух** women's movement;
сповільнений рух slow motion
рухатися *непер дс* to move; (*вперед*)
to advance
рухливий *прикм* movable, mobile
рухомий *прикм* flexible

ручка ж (*предметів*) handle; (*дверей*) doorknob, door handle; (*для письма*) pen; **дверна ручка** door handle

ручний *прикм* (*про працю*) manual; (*про вироби*) handmade; (*про тварин*) tame; (*багаж*) hand luggage; hand-held

рушійний *прикм* driving; **рушійна сила** propulsion

рушник ч towel; (*для витирання посуду*) dish towel; (*для обличчя*) face cloth

рушниця ж gun

рюкзак ч backpack, rucksack

рябчик ч grouse

ряд ч row; **швидкісний ряд** (*на трасі*) fast lane

рясний *прикм* abundant, rich

рятівник ч saviour

рятувальний *прикм* life-saving; **рятувальний жилет** life jacket; **рятувальний пояс** lifebelt; **рятувальний човен** lifeboat

рятувальник (**рятувальниця**) ч (ж) rescuer; (*на воді*) lifeguard

рятування с rescue; (*майна*) salvage

рятувати (*док* **врятувати**) *пер дс* to save, to rescue; (*майно*) to salvage

сабо с clog

саботаж ч sabotage

саботажник ч saboteur

саботувати *непер / пер дс* to sabotage

саван ч shroud

савана ж savannah

сага ж saga

сад ч garden

садиба ж homestead

садистський *прикм* sadistic

садити (*док* **посадити**) *пер дс* (*пропонувати сісти*) to offer a seat; (*рослини*) to plant

садівник ч gardener

садівництво с gardening

садівницький *прикм* horticultural

сажа ж soot

саксофон ч saxophone

саксофоніст ч saxophonist

салат ч (*рослина*) lettuce; (*страва*) salad

салон ч (*пасажирський*) cabin; (*косметичний*) salon; **салон краси** beauty salon

сальса ж salsa

сальто-мортале с somersault; **робити сальто** to somersault

салют ч salute

салямі ж salami

 ключове слово

сам *займ* **1** (*1 ос одн*) myself
2 (*1 ос мн*) ourselves
3 (*2 ос одн*) yourself
4 (*2 ос мн*) yourselves
5 (*3 ос одн ч*) himself
6 (*3 ос одн ж*) herself
7 (*3 ос мн*) themselves
8 (*особисто*) personally
9 (*один; самотній*) alone

самі *займ* ourselves

саміт ч summit

самітник ч recluse

самітницький *прикм* reclusive
самовдоволений *прикм* smug, complacent
самовдоволеність *ж* complacency
самовизначення *с* self-determination
самовідданий *прикм* selfless
самовпевнений *прикм* presumptuous
самоврядний *прикм* self-governing
самоврядування *с* self-government
самогубство *с* suicide
самодопомога *ж* self-help
самодостатність *ж* self-sufficiency
самозахист *ч* self-defence
самозваний *прикм* self-styled
самоконтроль *ч* self-control
самолюбство *с* ego
самообслуговування *с* self-service
самоосвіта *ж* self-study
самооцінка *ж* self-esteem
самоочевидний *прикм* self-evident
самоповага *ж* self-respect
самопроголошений *прикм* self-proclaimed
саморегулювання *с* self-regulation
самосвідомість *ж* self-consciousness
самостійний *прикм* independent
самостійність *ж* independence
самотній *прикм* solitary
самотність *ж* solitude
сандаля *ж* sandal
сани *мн ім* (*ручні*) toboggan; (*упряжні*) sleigh
санітар *ч* male nurse
санітарна обробка *ж* sanitation
санітарний *прикм* sanitary
санки *мн ім* sledge, (*US*) sled
санкціонувати *пер дс* to sanction
санкція *ж* sanction
Сан-Марино *невідм ім* San Marino
санний спорт *ч* tobogganing
сантехнік *ч* plumber
сантиметр *ч* centimetre
сапа *ж* hoe
сапати *пер дс* to hoe
сапфір *ч* sapphire
сарай *ч* shed, barn
сарана *ж* locust
сарафан *ч* sundress
сардина *ж* sardine
сардонічний *прикм* sardonic
сарі *с* sari
сарказм *ч* sarcasm
саркастичний *прикм* sarcastic
сатана *ч* Satan
сатанинський *прикм* satanic
сатира *ж* satire
сатиричний *прикм* satirical
Саудівська Аравія *ж* Saudi Arabia
саудівський *прикм* Saudi Arabian, Saudi
сауна *ж* sauna
сафарі *с* safari

Сахара *ж* Sahara
свавільний *прикм* wayward
сваволя *ж* (*деспотизм*) despotism; (*самовілля*) wilfulness
Свазіленд *ч* Swaziland
сварити (*док* **насварити**) *пер дс* to scold; (*розм*) to tell off
сваритися (*док* **посваритися**) *непер дс* to quarrel
сварка *ж* quarrel; (*розм*) scrap
сварливий *прикм* quarrelsome
свекор *ч* (*батько чоловіка*) father-in-law
свекруха *ж* (*мати чоловіка*) mother-in-law
свербіти *непер дс* to itch
сверблячий *прикм* (*розм*) itchy
свердлити *пер дс* to drill, to bore
светр *ч* sweater; **светр-гольф** polo-neck sweater
свинець *ч* lead
свинина *ж* pork; **відбивна зі свинини** pork chop
свинка *ж* (*мед*) mumps
свиноматка *ж* sow
свиня *ж* pig
свистіти (*док* **свиснути**) *непер дс* to whistle
свисток *ч* whistle
свита *ж* (*короля, відомої людини*) entourage
свідок *ч* witness, bystander; (*на весіллі*) best man; **свідок Єгови** Jehovah's Witness; **бути свідком чогось** to witness
свідомий *прикм* conscious
свідомість *ж* consciousness
свідоцтво *с* certificate; **свідоцтво про народження** birth certificate; **свідоцтво про шлюб** marriage certificate
свідчення *с* witnessing; (*під присягою*) testimony
свідчити *непер / пер дс* (*бути свідком*) to witness; (*під присягою*) to testify
свіжий *прикм* fresh; **свіже повітря** fresh air

⭕ **ключове слово**

свій (*ж* **своя**, *с* **своє**, *мн* **свої**) *займ* **1** (*1 ос одн*) my
2 (*3 ос одн*) his, her, its
3 (*1 ос мн*) our
4 (*2 ос одн і мн*) your
5 (*3 ос мн*) their
▷ *прикм* (*власний*) one's own
▷ *ім* (*близький*) one's family and friends; **він свій, йому можна довіряти** he is our friend, you can trust him; **своя людина** one of us

свійська птиця *ж* fowl
світ *ч* (*всесвіт*) world; (*суспільство*) society; **реальний світ** real world
світанок *ч* dawn

світило с (*небесне тіло*) celestial body; (*знаменитість*) luminary
світіння с glow
світлий прикм light
світло с light; **червоне світло** red light
світлофор ч traffic lights
світовий прикм world; (*глобальний*) global
світогляд ч world view
світський прикм (*мирський*) secular; (*який не належить до духовенства*) lay
свічка ж candle; (*тонка*) taper; **свічка запалювання** spark plug
свічник ч candlestick
свобода ж freedom, liberty; **свобода дій** leeway, scope
своєрідний прикм peculiar
святий прикм (*пов'язаний з Богом, релігію*) holy; (*небесний заступник*) saint; (*священний*) sacred
Святий вечір ч Christmas Eve
святиня ж shrine
святість ж (*притаманна святому*) sanctity; (*звертання до патріарха, Папи Римського*) Holiness
святковий прикм holiday, festive; **святковий обід** dinner party
святкування с celebration
святкувати пер дс to celebrate
свято с holiday, festival
священик ч priest, minister
священний прикм sacred, holy; **священна книга** scripture
священство с priesthood

⭕ **ключове слово**

себе займ **1** (*1 ос одн*) myself
2 (*1 ос мн*) ourselves
3 (*2 ос одн*) yourself
4 (*2 ос мн*) yourselves
5 (*3 ос одн ч*) himself; **він вимогливий до себе** he asks a lot of himself
6 (*3 ос одн ж*) herself; **вона звинувачує себе** she blames herself
7 (*3 ос одн с*) itself
8 (*3 ос мн*) themselves
9 (*стосовно будь-якої особи*) oneself; **сказати про себе** (*не вголос*) to say to oneself; **іти до себе** (*додому*) to go home; (*до своєї кімнати*) to go to one's room; **"до себе"** "pull"; **"від себе"** "push"

сегрегація ж segregation
сезон ч season; **мертвий сезон** low season; **розпал сезону** high season
сезонний прикм seasonal
сейсмічний прикм seismic
сейф ч safe; **депозитарний сейф** safe deposit box
секрет ч secret; **секрет фірми** trade secret
секретар ч secretary

секретаріат ч secretariat
секретарський прикм secretarial
секретний прикм secret; (*інформація*) classified; (*під прикриттям*) undercover
секретність ж secrecy
сексизм ч sexism
сексист ч sexist
секс-символ ч sex symbol
сексуальність ж sexuality
секта ж sect
сектор ч sector; **приватний сектор** private sector
секунда ж second
секундомір ч stopwatch
секція ж section
селезінка ж spleen
селера ж celery
селитися (*док* **оселитися**) непер дс to settle
селище с settlement, village
село с village
селянин ч peasant
селянство с peasantry
семантика ж semantics
семестр ч term, semester
семінар ч seminar
семітський прикм Semitic
сенат ч Senate
Сенегал ч Senegal
сенегалець ч Senegalese
сенегальський прикм Senegalese
сенс ч (*значення*) sense, meaning; (*доцільність, користь*) point
сенсаційний прикм sensational
сенсорний прикм sensory; **сенсорна панель** touch pad
сентенція ж maxim
сентиментальний прикм sentimental; (*розм*) soppy
сепаратизм ч separatism
сепаратист ч separatist
сепаратистський прикм separatist
септичний прикм septic
сер ч sir
серб (**сербка**) ч (ж) Serbian
Сербія ж Serbia
сербська мова ж Serbian
сербський прикм Serbian
сервант ч sideboard
сервер ч server
серветка ж serviette, napkin
сервіз ч set
сервірувати пер дс to lay the table
сердечний прикм cordial, warm-hearted
сердити (*док* **розсердити**) пер дс to anger
сердитий прикм angry, cross
серед прийм among
середа ж Wednesday
Середземне море с Mediterranean
середземноморський прикм Mediterranean

середина _ж_ middle; **середина літа** midsummer

середній _прикм_ average, medium; (_про освіту дітей 11-18 років_) secondary; (_про товари, послуги_) mid-range; **середній вік** middle age; **середній клас** middle-class

середньовічний _прикм_ mediaeval

Середньовіччя _с_ Middle Ages

середньотерміновий _прикм_ medium-term

сережка _ж_ earring

сержант _ч_ sergeant

серіал _ч_ serial

серійний _прикм_ serial; **серійний номер** serial number

серія _ж_ series

серйозний _прикм_ serious, earnest; (_діловий_) no-nonsense

серйозно _присл_ seriously, earnestly

серп _ч_ sickle

серпень _ч_ August

сертифікат _ч_ certificate

серфер _ч_ surfer

серфінг _ч_ surfing

серце _с_ heart; **біль у серці** heartache

серцебиття _с_ heartbeat

серцевий _прикм_ cardiac; **серцевий напад** heart attack; **серцева недостатність** heart failure

серцевина _ж_ core

серцево-судинний _прикм_ cardiovascular

сесія _ж_ session

сестра _ж_ sister

сетер _ч_ setter

сеча _ж_ urine; **випускати сечу** to urinate

сечовий _прикм_ urinary; **сечовий міхур** bladder

Сибір _ч_ Siberia

сивий _прикм_ grey-haired

сивіти _непер дс_ to go grey

сивка _ж_ (_птах_) plover

сигара _ж_ cigar

сигарета _ж_ cigarette

сигнал _ч_ signal; («_зайнято_») engaged tone; (_будильника_) alarm call; (_дзвінка_) ringtone; (_про небезпеку_) SOS

сигналити _непер дс_ (_про автомобіль_) to honk, to hoot

сигналізація _ж_ signalling system; (_про небезпеку_) alarm

сигнальний _прикм_ signal; (_про небезпеку_) alarm; **сигнальний вогонь** beacon

сидіння _с_ (_місце_) seat; (_дія_) sitting

сидіти _непер дс_ to sit

сидр _ч_ cider

сикх _ч_ Sikh

сикхізм _ч_ Sikhism

сикхський _прикм_ Sikh

сила _ж_ strength, force; (_тех_) power; (_волі_) willpower; (_мистецька виразність_) verve; **сила тяжіння** gravity

силікон _ч_ silicone

силоміць _присл_ by force, forcibly

силует _ч_ silhouette

сильний _прикм_ strong; (_потужний_) powerful

сильно _присл_ strongly, powerfully

символ _ч_ symbol

символізм _ч_ symbolism

символізувати _пер дс_ to symbolize

символічний _прикм_ symbolic

симетричний _прикм_ symmetrical

симетрія _ж_ symmetry

симпатизувати _непер дс_ to sympathize

симпатія _ж_ liking

симпозіум _ч_ symposium

симптом _ч_ symptom

симптоматичний _прикм_ symptomatic

симулювати _пер дс_ to simulate

симуляція _ж_ simulation

симфонічний оркестр _ч_ symphony orchestra

симфонія _ж_ symphony

син _ч_ son

синагога _ж_ synagogue

синдикат _ч_ syndicate

синдром _ч_ syndrome; **синдром Дауна** Down's syndrome

синець _ч_ bruise

синій _прикм_ dark blue

синонім _ч_ synonym

синонімічний _прикм_ synonymous

синтез _ч_ synthesis

синтезатор _ч_ synthesizer

синтезувати _пер дс_ to synthesize

синтетичний _прикм_ synthetic

синхронізувати _пер дс_ to synchronize

сипати (_док_ **насипати**) _пер дс_ to pour

сиплий _прикм_ husky

сир _ч_ (_твердий_) cheese; (_домашній_) cottage cheese

сирена _ж_ siren

сирий _прикм_ (_вологий_) wet; (_неприготований_) raw

сирієць (**сирійка**) _ч_ (_ж_) Syrian

сирійський _прикм_ Syrian

Сирія _ж_ Syria

сироватка _ж_ (_у біології та медицині_) serum; (_молочна_) whey

сироп _ч_ syrup

сирота _ч / ж_ orphan

система _ж_ system; (_відеоспостереження_) CCTV; (_пошукова_) search engine

систематичний _прикм_ systematic

системний _прикм_ systemic; **системний аналітик** systems analyst

ситий _прикм_ full

ситний _прикм_ substantial

ситуація _ж_ situation

сифон _ч_ siphon

сицилійський _прикм_ Sicilian

сідало _с_ roost

сідати (*док* **сісти**) *непер дс* to sit down; (*про птахів, комах*) to alight; (*на поїзд, корабель, літак*) to board; **сідати на автобус** to catch a bus

сідло *с* saddle

сідниці *ж, мн* buttocks

сік *ч* juice; (*рослин*) sap

сікти (*док* **посікти**) *пер дс* (*ножем*) to chop up

сіль *ж* salt

сільський *прикм* rural; **сільська місцевість** countryside, country; **сільське господарство** agriculture

сільськогосподарський *прикм* agricultural; **сільськогосподарська культура** crop; **сільськогосподарський шкідник** pest

сільце *с* (*для птахів і тварин*) snare

сім *числ* seven

сімдесят *числ* seventy

сімдесятий *числ* seventieth

SIM-карта *ж* SIM card

сімнадцятий *числ* seventeenth

сімнадцять *числ* seventeen

сімсот *числ* seven hundred

сім'я *ж* family

сіно *с* hay; **стіг сіна** haystack

сіоніст *ч* Zionist

сірий *прикм* grey

сірка *ж* sulphur

сірник *ч* match

сітка *ж* net; grid

сітківка *ж* retina

січень *ч* January

сіяти (*док* **посіяти**) *пер дс* to seed, to sow

скажений *прикм* (*божевільний*) mad; (*нестримний у гніві*) furious

скажено *присл* madly

сказ *ч* rabies; (*переносне значення*) rage, madness

скакати *непер дс* to jump, to leap; (*скакати через скакалку*) to skip; (*на одній нозі*) to hop

скалічений *прикм* disabled

скалка *ж* sliver, splinter

скальп *ч* scalp

скальпель *ч* scalpel

скам'янілість *ж* fossil

скандал *ч* scandal

скандальний *прикм* scandalous, shocking

Скандинавія *ж* Scandinavia

скандинавський *прикм* Scandinavian

скандування *с* chant

сканер *ч* scanner

скарб *ч* treasure

скарбник *ч* treasurer

скарбничка *ж* piggybank, moneybox

скарга *ж* complaint

скаржитися (*док* **поскаржитися**) *непер дс* to complain

скасовувати (*док* **скасувати**) *пер дс* to annul, to cancel; **скасовувати закон** to repeal a law

скасування *с* (*офіц: закону, ухвали*) revocation; (: *анулювання*) abolition

скатертина *ж* tablecloth

сквош *ч* squash

скейтборд *ч* skateboard

скейтбординг *ч* skateboarding

скелелазіння *с* rock climbing

скелет *ч* skeleton

скелетний *прикм* skeletal

скеля *ж* rock; (*круча*) cliff

скелястий *прикм* mountainous, rocky

скептик *ч* sceptic

скептицизм *ч* scepticism

скептичний *прикм* sceptical

скибка *ж* slice; (*груба*) chunk

скиглити *непер дс* to whine

скидати *пер дс* to drop; (*одяг*) to take off; (*листя*) to shed

скипілий *прикм* boiled

скільки *займ* (*перед необчислюваними іменниками*) how much; (*перед обчислюваними іменниками*) how many

скільки-небудь *займ* any

скінхед *ч* skinhead

скіпка *ж* chip

скісна риска *ж* forward slash

склад[1] *ч* (*приміщення*) warehouse, storehouse; (*сукупність людей*) staff; (*сукупність елементів*) composition; **склад зброї** armoury

склад[2] *ч* (*частина слова*) syllable

складаний *прикм* folding; **складаний ніж** penknife

складати (*док* **скласти**) *пер дс* to put together; (*про суми, цифри*) to add up; (*утворювати щось*) to constitute, to form; (*вірш, музику*) to compose; **складати в купу** to pile; **складати карту** to chart, to map; **складати перелік** to list

складатися *непер дс* (*утворюватися*) to form; **складатися з** to comprise, to consist of

складений *прикм* (*з кількох частин*) compound; (*про підручник, твір*) compiled

складка *ж* crease, fold

складний *прикм* elaborate; (*непростий*) complicated; (*з кількох частин*) composite, compound; (*заплутаний*) intricate

складність *ж* complexity, intricacy

складова *ж* component

складовий *прикм* constituent

склеювати (*док* **склеїти**) *пер дс* to glue together

скликати (*док* **скликати**) *пер дс* (*збори*) to convene

скло *с* glass

скловолокно *с* fibreglass

склоочисник *ч* (*автомобіля*) wiper

скляний *прикм* glass; (*погляд, очі*) glazed

склянка *ж* glass

скнара *ч / ж* miser

скоба *ж* clamp, brace

сковорідка *ж* frying pan

сковувати (*док* **скувати**) *пер дс* to chain, to shackle

скорботний *прикм* sorrowful, mournful

скоринка *ж* crust

скоріше *присл* sooner

скоро *присл* soon

скороминущий *прикм* fleeting, transient

скорочення *с* reduction, cutback; (*абревіатура*) abbreviation

скорочувати (*док* **скоротити**) *пер дс* to shorten; (*слова, назви*) to abbreviate; (*витрати*) to retrench

скорочуватися (*док* **скоротитися**) *непер дс* (*коротшати*) to shorten; (*спадати*) to dwindle; (*зменшуватися*) to contract

скорпіон *ч* scorpion

Скорпіон *ч* Scorpio

скочуватися (*док* **скотитися**) *непер дс* to roll down; to slide

скоювати (*док* **скоїти**) *пер дс* commit, to perpetrate

скрадатися *непер дс* to prowl, to steal

скраю *присл* at the end

скрегіт *ч* gritting, grinding

скретч-картка *ж* scratch card

скриня *ж* chest; (*металева*) coffer

скрипаль (**скрипалька**) *ч (ж)* violinist; (*виконавець народної музики*) fiddler

скрипіти *непер дс* to squeal, to screech

скрипка *ж* violin; (*на якій виконують народну музику*) fiddle

скрізь *присл* everywhere

скріпка *ж* paperclip

скріплювати (*док* **скріпити**) *пер дс* to fasten (together); (*печаткою*) to seal; (*печаткою, підписом*) affix

скромний *прикм* modest; (*простий*) humble

скромність *ж* modesty, humility

скрута *ж* difficulty

скручений *прикм* rolled-up

скручувати (*док* **скрутити**) *пер дс* (*крутити, повертати*) to twist; (*у рулет*) to roll up

скуйовджений *прикм* ruffled

скульптор *ч* sculptor

скульптура *ж* sculpture

скупий *прикм* stingy; (*стриманий*) reserved

скупчуватися (*док* **скупчитися**) *непер дс* to cluster, to flock

скутер *ч* scooter

скутий *прикм* constrained, inhibited

слабак *ч* (*розм*) weakling

слабкий *прикм* weak; (*про звук, світло*) faint

слабкість *ж* weakness; (*про звук, світло*) faintness

слабнути *непер дс* to weaken

слабоалкогольний *прикм* low-alcohol

слабоумство *с* dementia

слабшати *непер дс* to weaken

слава *ж* glory, fame; (*репутація*) reputation; (*пошана*) kudos; **погана слава** notoriety

славетний *прикм* renowned; (*знаменитий*) celebrated, famous

славнозвісний *прикм* famous

слайд *ч* slide; (*діапозитив*) transparency

слалом *ч* slalom

сланець *ч* slate

сленг *ч* slang

слива *ж* plum

слиз *ч* slime; (*що виділяється в організмі*) mucus

слизький *прикм* slippery; (*вкритий слизом*) slimy

слимак *ч* slug; (*боязка, нерішуча людина*) wimp

слина *ж* saliva, spit

слід *ч* track; (*ніг*) footprint

слідчий *ч* investigator

сліпий *прикм* blind

сліпо *присл* blindly

сліпучий *прикм* dazzling, blinding

словак (**словачка**) *ч (ж)* Slovak

словацька мова *ж* Slovak

словацький *прикм* Slovak

Словаччина *ж* Slovakia

словенець (**словенка**) *ч (ж)* Slovenian

Словенія *ж* Slovenia

словенська мова *ж* Slovenian

словенський *прикм* Slovenian

словесний *прикм* verbal

словник *ч* dictionary

словниковий запас *ч* vocabulary

слово *с* word; **розтягувати слова** to drawl; **модне слово** buzzword; **пусті слова** hot air; **слова пісні** lyric

слововживиток *ч* word usage

слов'янин *ч* Slav

слон *ч* elephant

слонова кістка *ж* ivory

слуга *ч / ж* servant

служба *ж* service; (*заклад*) department, branch; **служби невідкладної допомоги** emergency services

службовий *прикм* service; (*у граматиці*) auxiliary; **службовий автомобіль** company car; **службове приміщення** staffroom

служитель *ч* servant; attendant

служити *непер дс* to serve

слух *ч* hearing

слухавка *ж* receiver

слухати (*док* **послухати**) *пер дс* to listen

слухатися (*док* **послухатися**) *непер дс* to obey

слухач ч listener

слухняний прикм obedient

слуховий прикм auditory, aural; **слуховий апарат** hearing aid

сльоза ж tear

сльозогінний газ ч tear gas

слюсар ч locksmith; (водопровідник) plumber

смаглявий прикм tawny

смажений прикм (у духовці чи на вогні) roast, roasted; (на сковороді) fried

смажити пер дс (на сковороді) to fry; (у духовці чи на вогні) to roast; **смажити барбекю** to barbecue; **смажити у фритюрі** to deep-fry

смайлик ч emoticon; (розм) smiley

смак ч (відчуття) taste; (властивість їжі) taste, flavour

смакувати непер дс to taste ▷ пер дс to savour

смарагд ч emerald

смартфон ч smart phone; (кишеньковий комп'ютер) BlackBerry®

смачний прикм delicious, tasty

смердіти непер дс to stink

смердючий прикм stinking, smelly

смертельний прикм deadly, lethal; (про рану) fatal

смертельно присл mortally, lethally

смертний прикм mortal; **смертний вирок** death sentence; **смертна кара** capital punishment, death penalty

смертність ж death rate, mortality

смерть ж death; (від нещасного випадку) fatality

смерч ч tornado, whirlwind

сметана ж sour cream

смикати (док смикнути) непер / пер дс (тягнути) to tug

смикатися (док смикнутися) непер дс to twitch, to fidget

сміливий прикм brave, daring

сміливість ж courage, audacity

сміти (док посміти) непер дс to dare

смітник ч dump; (урна) dustbin; (урни на вулицях) litter bin

сміттєзвалище с rubbish dump

сміттєспалювач ч incinerator

сміття с rubbish; (яке викидають перехожі) litter

сміттяр ч dustman

сміх ч laugh

сміховинно присл ridiculously

смішний прикм funny, amusing; (який сприймається з насмішкою) laughable

сміятися (док засміятися) непер дс to laugh

смог ч smog

смокінг ч dinner jacket, tuxedo

смоктати пер дс to suck

смола ж resin

сморід ч stink

смородина ж currant; **чорна смородина** blackcurrant

смс с SMS

смуга ж stripe; (злітно-посадкова) airstrip; (територія) zone; **смуга пропускання** (тех) bandwidth

смугастий прикм striped, stripy

смужка ж strip; **тонка смужка** pinstripe

смуток ч sorrow

снайпер ч sniper

снаряд ч projectile, missile

снитися (док наснитися) непер дс (з'явитися комусь уві сні) to appear (to sb) in a dream

сніг ч snow; (з дощем) sleet; **талий сніг** slush

сніговий прикм snow; **снігова баба** snowman

снігоочисник ж snowplough

снігопад ч snowfall

снігур ч bullfinch

СНІД абр AIDS

сніданок ч breakfast; **європейський сніданок** continental breakfast

сніжинка ж snowflake

сніжка ж snowball

сноб ч snob

снобізм ч snobbery

снодійне с sleeping pill

снодійний прикм soporific

сноуборд ч snowboard

сноубординг ч snowboarding

снукер ч snooker

собака ч dog; **собака-поводир** guide dog; **мисливський собака** hound

собачий прикм dog-like

собівартість ж cost price

собор ч cathedral

сова ж owl

соватися непер дс to squirm, to fidget

совість ж conscience

совок ч shovel, scoop; (для сміття) dustpan; (садовий) trowel

сода ж soda

сокира ж axe

сокирка ж (маленька сокира) hatchet

сокіл ч falcon

соковижималка ж juicer

соковитий прикм juicy, succulent

солдат ч soldier

солити (док посолити) пер дс to salt; (док засолити) (консервувати) to pickle

солідарність ж solidarity

солідний прикм (поважний) respectable, reputable; (міцний, масивний) massive

соління мн ім pickles

соліст ч soloist

соло с solo

соловей ч nightingale

солод ч malt

солодке *c* sweet
солодкий *прикм* sweet
солодощі *мн ім* sweets
солома *ж* straw
соломинка *ж* straw
солоний *прикм* salty
сольний *прикм* solo
солярій *ч* solarium, tanning salon
Сомалі *невідм ім* Somalia
сомалієць (**сомалійка**) *ч (ж)* Somali
сомалійська мова *ж* Somali
сомалійський *прикм* Somali
сон *ч* (*стан*) sleep; (*сновидіння*) dream
соната *ж* sonata
сонет *ч* sonnet
сонечко *c* (*комаха*) ladybird, (*us*) ladybug
сонливий *прикм* drowsy
сонний *прикм* sleepy; (*млявий, якому бракує енергії*) lethargic
сонце *c* sun; **захід сонця** sunset; **схід сонця** sunrise
сонцестояння *c* solstice
сонячний *прикм* (*повний сонця*) sunny; (*який стосується сонця*) solar; **сонячна енергія** solar power; **сонячна система** solar system; **сонячне світло** sunlight, sunshine; **сонячний опік** sunburn; **сонячний удар** sunstroke
соняшник *ч* sunflower
сопілка *ж* (*муз*) recorder
сопрано *c* soprano
сорок *числ* forty
сорока *ж* magpie
сороковий *числ* fortieth
сором *ч* shame
соромити *пер дс* to shame
соромливий *прикм* diffident
сором'язливий *прикм* shy, self-conscious
сорочка *ж* shirt
сорт *ч* (*різновид*) variety; (*характер чогось*) kind, sort
сосна *ж* pine
сосок *ч* nipple
сотий *числ* hundredth
соус *ч* sauce
соціал-демократичний *прикм* social democratic
соціалізм *ч* socialism
соціаліст *ч* socialist
соціалістичний *прикм* socialist
соціальний *прикм* social; **соціальний захист** social security; **соціальний працівник** social worker; **соціальне становище** social status, walk of life
соціально-економічний *прикм* socio-economic
соціально-політичний *прикм* socio-political
соціологія *ж* sociology
сочевиця *ж* lentil
сочитися *непер дс* to ooze, to trickle

союз *ч* union
союзний *прикм* allied
союзник *ч* ally
соя *ж* soya, soya bean; **соєвий соус** soy sauce
спагеті *мн ім* spaghetti
спад *ч* recession; downturn; downswing
спадати (*док* **спасти**) *непер дс* (*падати*) to fall down; (*зменшуватися*) to diminish, to abate, to lower; **спадати каскадом** to cascade
спадковий *прикм* hereditary
спадковість *ж* heredity
спадкоємець *ч* heir; **спадкоємець престолу** Crown Prince
спадкоємиця *ж* heiress
спадок *ч* heritage
спадщина *ж* inheritance, legacy
спазм *ч* spasm
спакований *прикм* packed
спалах *ч* (*вогню*) flash; (*епідемії*) outbreak; (*роздратування*) tantrum
спалахувати (*док* **спалахнути**) *непер дс* (*загорятися*) to blaze up; (*про світло*) to flash
спальний *прикм* sleeping; **спальне місце** berth; **спальний вагон** sleeping car; **спальний мішок** sleeping bag
спальня *ж* bedroom; (*спільна в школі-інтернаті*) dormitory
спалювати (*док* **спалити**) *пер дс* to burn
спам *ч* spam
спанієль *ч* spaniel
спантеличений *прикм* bewildered; (*той, що заплутався*) puzzled
спантеличувати (*док* **спантеличити**) *пер дс* to bewilder, to baffle
спаржа *ж* asparagus
спартанський *прикм* Spartan
спасіння *c* salvation
спати *непер дс* to sleep
спекотний *прикм* hot, scorching
спектр *ч* spectrum
спекулянт *ч* speculator
спекулятивний *прикм* speculative
спекуляція *ж* profiteering
сперечатися (*док* **посперечатися**) *непер дс* to argue
сперма *ж* sperm, semen
спецефект *ч* special effect
специфікація *ж* specification
специфічний *прикм* specific
спеціалізуватися *непер дс* to specialize
спеціальний *прикм* special, specialized; **спеціальний уповноважений** commissioner
спеціальність *ж* speciality, (*us*) specialty
спеції *ж, мн* spices
спина *ж* back; **біль у спині** backache, back pain

спинний *прикм* spinal; **спинний мозок** spinal cord

спиртні напої *мн ім* spirits

спис *ч* spear

список *ч* list; **чорний список** hit list; **список покупок** shopping list; **чорний список** blacklist

спиця *ж* (*в'язальна*) knitting needle; (*колеса*) spoke

спів *ч* singing

співавтор *ч* co-author

співак *ч* singer

співати *непер / пер дс* to sing; (*виводити трелі, щебетати*) to warble

співвідносити (*док* **співвіднести**) *пер дс* to correlate

співвідноситися (*док* **співвіднестися**) *непер дс* to correlate

співвідношення *с* correlation; (*кількісне співвідношення*) ratio

співвітчизник *ч* compatriot

співдружність *ж* commonwealth

співмешканець (**співмешканка**) *ч* (*ж*) (*позашлюбний*) cohabitee; (*по кімнаті*) roommate

співпрацювати *непер дс* to cooperate, to collaborate

співпраця *ж* cooperation

співробітник *ч* collaborator

співробітництво *с* collaboration

співставляти (*док* **співставити**) *пер дс* to collate

співучасник *ч* accomplice

співучасть *ж* (*у злочині*) complicity

співчувати *непер дс* to sympathize

співчутливий *прикм* sympathetic

співчуття *с* sympathy, compassion

спідниця *ж* skirt

спідометр *ч* speedometer

спілка *ж* union; (*людей однієї професії*) guild

спілкування *с* communication

спілкуватися (*док* **поспілкуватися**) *непер дс* (*обмінюватися думками*) to communicate (with); (*проводити час разом*) to socialize (with)

спільний *прикм* joint, common; (*взаємний*) mutual; (*про роботу двох чи більше осіб або груп*) collaborative

спіраль *ж* spiral

спірний *прикм* debatable, controversial

спітнілий *прикм* sweaty

сплав¹ *ч* (*металів*) alloy; (*сплавлена маса*) fusion

сплав² *ч* (*лісу*) float

сплачений *прикм* paid

спливаюче вікно *с* (*комп*) pop-up

сповідальня *ж* confessional

сповільнювати (*док* **сповільнити**) *пер дс* to slow down

сповільнюватися (*док* **сповільнитися**) *непер дс* to slow down

сповіщати (*док* **сповістити**) *непер / пер дс* to inform, to notify

сповнений *прикм* full; (*проблем, турбот, ризику*) fraught

спогад *ч* memory

споглядати *непер / пер дс* to contemplate, to observe

сподіваний *прикм* hoped-for

сподівання *с* hope

сподіватися *непер дс* to hope

споживання *с* consumption

споживати (*док* **спожити**) *пер дс* to consume

споживач *ч* consumer

споживчий *прикм* consumer; **споживчий кредит** consumer credit

спокій *ч* calm, composure

спокійний *прикм* calm; (*людина, характер*) even-tempered; (*тон, фарба*) sober, subdued

споконвічний *прикм* (*який існує споконвіку*) primordial; (*вічний*) eternal

спокуса *ж* temptation

спокусливий *прикм* tempting, seductive

спокутування *с* redemption

спокушати (*док* **спокусити**) *пер дс* to tempt, to seduce

Сполучені Штати Америки *мн ім* United States of America

спонсор *ч* sponsor, backer

спонсорство *с* sponsorship

спонсорувати (*док* **проспонсорувати**) *пер дс* to sponsor

спонтанний *прикм* spontaneous

спонтанність *ж* spontaneity

спонукання *с* incentive, stimulus

спонукати *непер дс* to induce, to motivate; **спонукати до дій** to energize

спора *ж* spore

спорадичний *прикм* sporadic

спорідненість *ж* (*спільне походження*) kinship; (*схожість, співзвучність*) affinity

спорожняти (*док* **спорожнити**) *пер дс* to empty

спорт *ч* sport

спортзал *ч* gym

спортивний *прикм* (*який стосується спорту*) sporting; (*про вигляд*) athletic; **спортивний костюм** tracksuit; **спортивний одяг** sportswear; **спортивний автомобіль** sports car

спортсмен (**спортсменка**) *ч* (*ж*) athlete, sportsman, sportswoman

споруда *ж* (*велична*) edifice

споруджувати (*док* **спорудити**) *пер дс* to construct

спосіб *ч* way; mode; **спосіб життя** way of life

спостереження *с* observation; (*нагляд*) surveillance

спостережливий *прикм* observant

спостерігати (*док* **спостерегти**) *пер дс* to observe

спостерігач *ч* observer, onlooker

спотворення *с* disfiguration

спотворювати (*док* **спотворити**) *пер дс* to disfigure, to deface

спотикатися (*док* **спіткнутися**) *непер дс* to trip, to stumble

спочатку *присл* (*спершу*) first, from the beginning; (*раніше*) before, formerly, previously

справа *ж* (*питання, ситуація, заняття*) affair; (*мета діяльності*) cause; (*питання, предмет*) matter; (*судова*) case; (*бізнес*) undertaking, business; **стан справ** state of affairs

справді *присл* actually, really

справедливий *прикм* fair

справедливість *ж* (*якість, засада*) justice; (*неупередженість*) fairness

справедливо *присл* justly; (*неупереджено*) fairly

справжній *прикм* (*істинний*) true, real, genuine; (*щирий*) sheer; (*не штучний, не підробний*) bona fide; (*для підсилення сказаного*) veritable

спрага *ж* thirst

спраглий *прикм* (*який дуже хоче пити*) thirsty; (*якому бракує води, вологи*) parched

спрей *ч* spray

сприйнятливий *прикм* receptive

сприйняття *с* perception

спринт *ч* sprint

спринтер *ч* sprinter

спритний *прикм* (*швидкий*) nimble, quick

спричиняти (*док* **спричинити**) *пер дс* to cause, to result in

сприяння *с* assistance

сприяти (*док* **посприяти**) *непер дс* to assist, to facilitate

сприятливий *прикм* conducive, favourable

спроба *ж* attempt, try; **ризикована спроба** venture

спростовувати (*док* **спростувати**) *пер дс* to disprove, to refute

спрощений *прикм* simplified

спрощення *с* simplification

спрощувати (*док* **спростити**) *пер дс* (*робити менш складним*) to simplify; (*робити більш дієвим*) to streamline

спрямовувати (*док* **спрямувати**) *пер дс* to direct, to aim; (*фінанси в певне річище*) to channel

спускатися (*док* **спуститися**) *непер дс* to descend, to come down

спусковий гачок *ч* trigger

спустошений *прикм* devastated

спустошення *с* (*руйнувати*) devastation, desolation

спустошливий *прикм* devastating

спустошувати (*док* **спустошити**) *пер дс* (*руйнувати*) to devastate, to ravage

спухлий *прикм* swollen

сп'янілий *прикм* intoxicated, drunk

срібло *с* silver

сріблястий *прикм* silvery, silver

ссавець *ч* mammal

стабілізувати *пер дс* to stabilize

стабілізуватися *непер дс* to stabilize

стабільний *прикм* stable

стабільність *ж* stability

ставати (*док* **стати**) *непер дс* (*зупинятися*) to stop; (*вставати*) to stand; (*робитися*) to become; (*на коліна*) to kneel; **ставати дибки** (*про тварину і про обурення людини*) to rear; **ставати дорослим** to mature, to grow up

ставити (*док* **поставити**) *пер дс* (*розміщувати*) to put, to place; (*встановлювати*) to install; (*на сцені*) to stage; (*фільм, п'єсу*) to produce; (*робити ставку*) to wager; **ставити на карту** to stake; **ставити діагноз** to diagnose; **ставити когось на місце** (*у переносному значенні*) to take down; **ставити питання** to ask questions; **ставити позначку** to tick

ставитися (*док* **поставитися**) *непер дс* to treat; **ставитися зневажливо** patronize; **погано ставитися** to ill-treat

ставка *ж* (*тарифу, податку*) rate; (*закладу, парі*) bet; **базова ставка** prime rate

ставлення *с* (*поводження; трактування*) treatment; (*позиція*) attitude

ставок *ч* pond

стадіон *ч* stadium

стадо *с* herd

сталь *ж* steel

стамеска *ж* chisel

стан *ч* condition, state; **душевний стан** state of mind; **воєнний стан** martial law; **критичний стан** breaking point; **надзвичайний стан** emergency; **стан справ** state of affairs; **сімейний стан** marital status

стандарт *ч* standard; **подвійний стандарт** double standard

стандартизувати *пер дс* to standardize

стандартний *прикм* standard; **стандартна настройка** (*комп*) default setting

становити *пер дс* (*бути*) to be; (*дорівнювати за значенням, кількістю*) to amount to

станція *ж* station

старанний *прикм* diligent

старечий *прикм* senile

старий *прикм* old

старіння *с* ageing

старість *ж* old age

старіючий *прикм* ageing

старовинний *прикм* (*давній*) old; (*який стосується давнини*) old-time; **старовинна річ** antique

стародавній *прикм* ancient

стародавність *ж* antiquity

старомодний *прикм* old-fashioned, old-style

староста *ч* (*сільський*) village elder; (*церковний*) churchwarden; (*класу*) prefect

старт *ч* start, launch; **старт космічного корабля** lift-off

старший *прикм* (*за віком*) elder; (*за рангом*) senior ▷ *мн ім* (*люди старшого віку*) elder

старшинство *с* seniority

статевий *прикм* sexual; **статевий акт** (*офіц*) sexual intercourse; **статева зрілість** puberty

статечний *прикм* (*розсудливо-серйозний*) staid; (*який справляє враження*) imposing; (*надійний*) solid

статистик *ч* statistician

статистика *ж* statistics

статистичний *прикм* statistical

статичний *прикм* static

статки *мн ім* means

статок *ч* (*матеріальна забезпеченість*) wealth, prosperity

статура *ж* physique

статус *ч* status

статус-кво *ч* status quo

статут *ч* statute

статуя *ж* statue

стать *ж* sex; **чоловіча стать** male

ствердження *с* (*упевнена заява, підтвердження*) assertion; (*твердження*) statement

стверджувати (*док* **ствердити**) *пер дс* (*заявляти*) to state; (*підтверджувати, доводити достовірність*) to affirm

ствердний *прикм* affirmative

створення *с* (*творча праця*) creation; (*формування, утворення*) formation

створювати (*док* **створити**) *пер дс* to create, to make; (*засновувати*) to generate, to establish; (*нові слова, вислови*) to coin

стебло *с* stem, stalk

стегно *с* (*від таза до коліна*) thigh; (*зовнішня частина таза*) hip; (*частина туші*) leg

стежити *непер дс* to watch; (*переслідувати*) to follow; (*піклуватися*) to look after

стежка *ж* path, track

стейк *ч* steak

стеля *ж* ceiling

стенографія *ж* shorthand

стенокардія *ж* angina

степ *ч* steppe

степлер *ч* stapler

стерегти *пер дс* to guard, to watch

стерегтися *непер дс* to beware

стереопрогравач *ч* stereo

стереотип *ч* stereotype

стереотипний *прикм* stereotypical

стерилізувати *пер дс* to sterilize

стерильний *прикм* sterile

стерлінг *ч* sterling

стерно *с* rudder

стерня *ж* stubble

стероїд *ч* steroid

стерпний *прикм* bearable, tolerable

стиглий *прикм* ripe

стигнути¹ (*док* **достигнути**) *непер дс* (*зріти*) to ripen

стигнути² (*док* **вистигнути**) *непер дс* (*охолоджуватися*) to get cold

стик *ч* (*з'єднання*) joint; (*зіткнення*) junction

стикатися (*док* **зіткнутися**) *непер дс* (*вступати в протиріччя*) to clash; (*дотикатися*) to touch; (*зустрічатися*) to encounter

стилізація *ж* pastiche

стилізований *прикм* stylized

стиліст *ч* stylist

стилістичний *прикм* stylistic

стиль *ч* style, class; **вільний стиль** (*у спорті*) freestyle; **стиль життя** lifestyle

стильний *прикм* stylish, classy

стимул *ч* stimulus, incentive

стимулювати *пер дс* to stimulate

стимулюючий *прикм* stimulative

стимулятор *ч* stimulant

стипендія *ж* scholarship

стирати (*док* **стерти**) *пер дс* (*пил*) to wipe off; (*написане*) to erase

стискання *с* pressing; (*рукою*) grip

стискати (*док* **стиснути**) *пер дс* to press, to squeeze; (*міцно тримати чи обіймати*) to clasp; (*повітря, рідину*) to compress; (*кулаки, зуби*) to clench

стислий *прикм* brief, concise; (*занадто*) terse

стихийний *прикм* hushed

стібок *ч* stitch

стіг *ч* (*сіна, соломи*) stack

стіл *ч* table; **журнальний столик** coffee table; **круглий стіл** round table; **обідній стіл** dining table; **письмовий стіл** desk; **стіл переговорів** negotiating table

стілець *ч* chair; **електричний стілець** electric chair

стіна *ж* wall

стічні води *мн ім* sewage

сто *числ* hundred

стовбур *ч* trunk

стовбурова клітина *ж* stem cell

стовп *ч* post, pylon; (*диму, вогню*) belch

стогнати *непер дс* to moan

столиця *ж* capital

століття *с* century
столовий *прикм* table; **столова ложка** tablespoon; **столове вино** table wine; **столові прибори** cutlery
столяр *ч* joiner
стоматолог *ч* dentist
стоматологія *ж* dentistry
стомливий *прикм* tiresome
стоп-сигнал *ч* brake light
сторінка *ж* page
сторіччя *с* century
сторож *ч* watchman
сторона *ж* side
сторонній *ч* outsider ▷ *прикм* outside
стосовно *прикм* regarding
стосуватися *непер дс* to pertain, to have to do with
стосунок *ч* relation; (*причетність до чогось*) relevance; **товариські стосунки** companionship
стоянка *ж* (*зупинка*) stop; (*автомобілів*) parking
стояти *непер дс* to stand
стоячий *прикм* standing; (*про воду*) stagnant
страдницький *прикм* pained, anguished
страждання *с* suffering, distress
страждати *непер дс* to suffer
страйк *ч* strike; walkout; **сидячий страйк** sit-in; **загальний страйк** general strike
страйкар *ч* striker
страйкувати *непер дс* to strike
Страсна п'ятниця *ж* Good Friday
страта *ж* execution
стратег *ч* strategist
стратегічний *прикм* strategic
стратегія *ж* strategy
страус *ч* ostrich
страх *ч* fear; (*тривога*) angst
страхітливий *прикм* (*що викликає жах*) terrific, horrific; (*мерзенний, огидний*) terrible, horrible, fearful
страховий *прикм* insurance; **страховий поліс** insurance policy; **страховий сертифікат** insurance certificate; **страховий внесок** premium; **страхова компанія** insurance company
страхування *с* insurance; **страхування життя** life insurance
страхуватися (*док застрахуватися*) *непер дс* to insure oneself
страхувач *ч* underwriter
страчувати (*док стратити*) *пер дс* to execute
страшний *прикм* terrible; frightful; **страшний злочинець** villain
стрес *ч* stress
стрибати (*док стрибнути*) *непер дс* to jump, to leap, to spring; (*на одній нозі*) to hop; (*в розмові*) to skip; **стрибати з парашутом** to parachute

стрибок *ч* jump; (*різке підвищення*) upsurge; **стрибок у висоту** high jump; **стрибок у довжину** long jump; **стрибок із жердиною** pole vault
стривожений *прикм* alarmed; (*стурбований*) disturbed
стригти *пер дс* to cut; (*овець*) to shear
стрижень *ч* (*ось*) rod; (*центральна частина*) core, heart
стрижка *ж* (*зачіска*) haircut; (*овець*) shearing
стриманий *прикм* (*у поводженні*) restrained, reserved; (*замкнутий*) discreet
стриманість *ж* restraint
стримуваний *прикм* pent-up
стримування *с* check, restraint
стримувати (*док стримати*) *пер дс* to restrain; (*почуття, емоції*) to repress; to curb
стриптизер *ч* (*ж*) stripper
стріла *ж* arrow
стрілець *ч* shooter; **вправний стрілець** marksman
Стрілець *ч* Sagittarius; **вправний стрілець** marksman
стрілка *ж* arrow
стрілянина *ж* shooting; (*обмін пострілами*) shoot-out
стрімкий *прикм* (*схил*) steep, precipitous; (*рух*) rapid
стрічка *ж* ribbon; (*для волосся*) hairband; (*орденська*) sash
строгий *прикм* strict, rigid; (*простий, без прикрас*) austere
строкатий *прикм* (*неоднорідний*) motley; (*різнокольоровий*) jazzy
строфа *ж* stanza
стругальний верстат *ч* (*інструмент*) plane
стругати (*док вистругати*) *пер дс* to plane, to shave
стругачка *ж* (*для олівців*) sharpener; pencil sharpener
структура *ж* structure
структурний *прикм* structural
структурувати *пер дс* to structure
струм *ч* current; **змінний струм** AC; **постійний струм** DC
струмінь *ч* spurt
струмок *ч* stream, brook
струна *ж* string
стрункий *прикм* slim, slender
струп *ч* scab
струс *ч* shaking; (*мозку*) concussion
стручок *ч* pod
студент *ч* student; (*бакалаврату*) undergraduate; (*зрілого віку*) mature student
студентський *прикм* student, student's
студія *ж* studio
стук *ч* knock, tap

стукати (*док* **постукати**) *непер дс* to knock; (*гупати*) to bang

стукіт *ч* knock, tap

ступінь *ч* degree, extent; **ступінь магістра** master's degree

ступня *ж* foot ▷ *ж, мн* feet

стурбований *прикм* worried, apprehensive

стюард (**стюардеса**) *ч* (*ж*) flight attendant

стягувати (*док* **стягнути**) *пер дс* to pull off; (*перев'язом*) to bind; (*в одне місце*) to collect; (*податок, збір*) to levy

суб'єктивний *прикм* subjective

субкультура *ж* subculture

субота *ж* Saturday

субпідрядник *ч* subcontractor

субсидіювати *пер дс* to subsidize

субсидія *ж* subsidy

субтитри *ч, мн* subtitles

сувенір *ч* souvenir, memento

суверенітет *ч* sovereignty

суверенний *прикм* sovereign

сувій *ч* scroll

суворий *прикм* severe; (*про людину*) grim, rough; (*про клімат*) rigorous

суворість *ж* severity

суворо *присл* strictly

суглоб *ч* joint; **суглоб пальця** knuckle

суд *ч* court; **будівля суду** courthouse; **викликати до суду** to subpoena

Судан *ч* Sudan

суданець (**суданка**) *ч* (*ж*) Sudanese

суданський *прикм* Sudanese

суддя *ч* judge; **третейський суддя** arbiter

судження *с* judgement

судити *непер / пер дс* to judge ▷ *пер дс* (*бути рефері*) to referee; (*спортивні змагання*) to umpire; **судити військово-польовим судом** to court martial

судно *с* craft; (*корабель або великий човен*) vessel

суднобудівництво *с* shipbuilding

судовий *прикм* judicial; **судовий процес** proceedings; **судова влада** judiciary; **судова заборона** injunction; **судова помилка** miscarriage of justice; **судова справа** lawsuit; **судова суперечка** litigation; **судове засідання** trial; **судове переслідування** proceeding

судово-медичний *прикм* forensic

судома *ж* cramp; (*корчі*) convulsion

сузір'я *с* constellation

суїцидний *прикм* suicidal

сукня *ж* dress, frock; (*вечірня*) gown

сукупний *прикм* (*об'єднаний*) aggregate; (*зумовлений об'єднанням*) cumulative

султан *ч* sultan

сульфат *ч* sulphate

сума *ж* sum, amount

сумісний *прикм* compatible; (*спільний*) joint, combined

суміш *ж* mixture, blend

суміщати (*док* **сумістити**) *пер дс* to combine; (*робити кілька справ одночасно*) to juggle

сумка *ж* bag; (*у тварин*) pouch

сумлінний *прикм* conscientious

сумління *с* conscience

сумний *прикм* sad, mournful; (*тужливий*) rueful

сумнів *ч* doubt; (*підозра*) qualm

сумніватися (*док* **засумніватися**) *непер дс* to doubt; (*в комусь або чомусь*) to distrust

сумнівний *прикм* doubtful; (*підозрілий*) dubious; (*небездоганний*) questionable

сумно *присл* sadly

сумнозвісний *прикм* infamous, notorious

сумо *невідм ім* sumo

сумувати *непер дс* (*бути сумним*) to be sad; (*за кимось*) to miss

сум'яття *с* turmoil

суп *ч* soup

суперечити *непер дс* to contradict; to contravene

суперечка *ж* argument, dispute; (*розм*) row

суперечливий *прикм* (*який викликає суперечки*) controversial; (*неузгоджений*) contradictory

суперзірка *ж* superstar

суперкомп'ютер *ч* supercomputer

супермаркет *ч* supermarket

суперник (**суперниця**) *ч* (*ж*) rival, competitor

суперництво *с* rivalry, competition

супитися (*док* **насупитися**) *непер дс* (*зосереджено*) to frown; (*сердито*) to scowl

супроводжувати (*док* **супроводити**) *пер дс* (*офіц*) to accompany, to escort; (*іти, показуючи шлях*) to usher

супротивний *прикм* (*докорінно відмінний*) opposing, opposite; (*несприятливий*) adverse

супротивник *ч* opponent, adversary

супутник *ч* companion; (*тех*) satellite

супутниковий *прикм* satellite; **супутникова антена** satellite dish; **супутникова навігація** satnav

сурогатний *прикм* surrogate; **сурогатна мати** surrogate mother

сусід *ч* neighbour

сусідній *прикм* neighbouring, adjacent

сусідство *с* neighbourhood

суспільний лад *ч* social order

суспільство *с* society

сутичка *ж* skirmish, scuffle

сутінки *мн ім* twilight, dusk ▷ *ч, мн* gloom

суттєвий *прикм* essential, substantive

суттєво *присл* essentially

сутулитися *непер дс* to slouch

суть *ж* essence, gist

суфле *c* soufflé

сухар *ч* rusk; **панірувальні сухарі** breadcrumbs

сухий *прикм* dry; **сухий пайок** packed lunch

сухожилля *c* tendon

сухопутний *прикм* (*про подорож*) overland; (*тварини, рослини*) land

суцільний *прикм* (*безперервний, послідовний*) solid; (*одне ціле*) one-piece

сучасний *прикм* contemporary, modern; **сучасні мови** modern languages

сучасник *ч* contemporary

сушарка *ж* dryer; draining board, (*us*) drainboard

сушити (*док* **висушити**) *пер дс* to dry

сфера *ж* sphere; (*галузь*) realm; **сфера послуг** service industry

схвалений *прикм* approved

схвалення *c* approval, acceptance

схвальний *прикм* approving; **схвальний вигук** cheer

схвалювати (*док* **схвалити**) *пер дс* to approve, to sanction; **не схвалювати** to disapprove

схвильований *прикм* worried, agitated; (*збуджений*) excited

схема *ж* scheme, layout; (*таблиця*) chart; (*план*) outline

схиблений *прикм* mad, crazy

схил *ч* slope, slant; **схил гори** mountainside

схильний *прикм* inclined, prone

схильність *ж* inclination

схиляти (*док* **схилити**) *пер дс* to incline, to bias

схилятися (*док* **схилитися**) *непер дс* (*вниз; перед чимось*) to bend; to slant

Схід *ч* (*східні країни*) the East

схід¹ *ч* (*сторона світу*) east; **південний схід** southeast; **північний схід** northeast

схід² *ч* (*небесного світила*) rise; (*схід сонця*) sunrise

східний *прикм* east, eastern; (*про напрямок, вітер*) easterly

схлипування *c* sobbing

схлипувати (*док* **схлипнути**) *непер дс* to sob

схованка *ж* hiding place, stash

сховище *c* storehouse

сходження *c* ascent

сходи *мн ім* staircase, stairs

сходинка *ж* step

сходити (*док* **зійти**) *непер дс* (*вгору*) to ascend; (*вниз*) to descend

сходитися (*док* **зійтися**) *непер дс* (*зустрічатися*) to meet; (*збігатися*) to coincide; (*про лінії, дороги, транспорт, людей*) to converge

схожий *прикм* similar, alike

схожість *ж* similarity, resemblance

схудлий *прикм* skinny

сцена *ж* scene; (*театральна*) stage; **на сцені** onstage

сценарист *ч* screenwriter

сценарій *ч* script; **писати сценарій** to script

США *абр* USA, US

сьогоденний *прикм* modern-day

сьогодення *c* present

сьогодні *присл* today; **сьогодні ввечері** tonight

сьомий *числ* seventh; **сьома частина** seventh

сьорбання *c* sipping

сьорбати (*док* **сьорбнути**) *пер дс* to sip

сюжет *ч* plot

сюжетна лінія *ж* storyline

сюрприз *ч* surprise

сюрреалістичний *прикм* surreal

сяйво *c* radiance

сяючий *прикм* radiant, shining

сяяння *c* radiance

сяяти *непер дс* to shine; (*зокрема про усмішку*) to beam

T

3 (*так собі*) so-so
4 (*без причини, без мети*) for no reason
5 (*без наслідків*) just like that
6 (*вставне слово*) thus; **хай буде так** so be it; **вона все робить не так** she does everything wrong; **тут щось не так** something is wrong here; **і так і сяк** this way and that way
▷ *част* 1 (*стверджувальна*) yes
2 (*підсилювальна*) so, then
▷ *спол* 1 (*але, проте*) but
2 (*тому*) so; **так званий** so-called; **так само** similarly

такий *займ* so, such; **такий самий** same; **такий ... як** as … as
такий-то *займ* so-and-so
таким чином *присл* so, thereby
також *присл* also, too; (*у запереченні*) either
таксист *ч* taxi driver
таксі *с* taxi; (*розм*) cab
таксофон *ч* phonebox
такт *ч* tact
тактика *ж* tactics *мн ім*
тактичний *прикм* tactical
тактовний *прикм* tactful
талан *ч* luck
талановитий *прикм* talented, gifted
талант *ч* talent
талія *ж* waist
тальк *ч* talcum powder
там *присл* there
тампон *ч* swab; (*предмет жіночої гігієни*) tampon
танго *с* tango
тандем *ч* tandem
танець *ч* dance; **танці** dancing
танзанієць (**танзанійка**) *ч* (*ж*) Tanzanian
танзанійський *прикм* Tanzanian
Танзанія *ж* Tanzania
танк *ч* tank
танкер *ч* tanker; (*нафтовоз*) oil tanker
танути (*док* **розтанути**) *непер дс* to melt; (*розмерзатися*) to thaw
танцювальна зала *ж* ballroom
танцювальний майданчик *ч* dance floor
танцювати (*док* **станцювати**) *непер / пер дс* to dance
танцюрист (**танцюристка**) *ч* (*ж*) dancer
таранити (*док* **протаранити**) *пер дс* to ram
тарган *ч* cockroach
тариф *ч* tariff
тарілка *ж* plate
тарілки *ж, мн* (*муз*) cymbals
таріль *ж* platter
Тасманія *ж* Tasmania
тасьма *ж* braid
тато *ч* (*розм*) dad

ключове слово

та *спол* 1 (*єднальний*) and; **сестра та брат** sister and brother
2 (*протиставний*) but; **він обіцяв прийти, та не прийшов** he promised to come but he didn't
▷ *част* but, why!; **та де там!** but no!; **та це ж вона!** why, it's her!; **та і** *ін.* et al.

табір *ч* camp
таблиця *ж* table
табличка *ж* plate
табло *с* scoreboard
таблоїд *ч* tabloid
табу *с* taboo
табурет *ч* stool
тавро *с* brand
таврувати (*док* **затаврувати**) *пер дс* to brand
Таджикистан *ч* Tajikistan
таємний *прикм* secret, covert
таємниця *ж* secret
таємничий *прикм* mysterious
таємничість *ж* mystique
таємно *присл* secretly
таз¹ *ч* (*посудина*) basin
таз² *ч* (*анатомія*) pelvis
тазовий *прикм* (*анатомія*) pelvic
Таїланд *ч* Thailand
таїландець (**таїландка**) *ч* (*ж*) Thai
таїландська мова *ж* Thai
таїландський *прикм* Thai
Таїті *невідм ім* Tahiti
тайванець *ч* Taiwanese
тайванський *прикм* Taiwanese
Тайвань *ч* Taiwan
таймер *ч* timer
тайфун *ч* typhoon

 ключове слово

так *присл* 1 (*у такий спосіб*) like this, thus
2 (*настільки*) so

татусь ч (*розм*) daddy

татуювання с tattoo

татуювати *пер дс* to tattoo

тація ж tray

тачка ж wheelbarrow

тварина ж animal; (*про жорстоку, грубу людину*) brute; **чистокровна тварина** thoroughbred

тваринник ч breeder

тверде тіло с solid

твердження с statement

твердий *прикм* (*не м'який*) hard; (*не рідкий*) solid; (*тугий, негнучкий*) stiff; (*непохитний*) steely; **тверда валюта** hard currency; **тверде тіло** solid

твердиня ж stronghold

тверднути (*док* **затверднути**) *непер дс* to harden

тверезий *прикм* sober

твід ч tweed

твій *займ* (*перед іменником*) your; (*без іменника*) yours

творець ч creator

творчий *прикм* creative

театр ч theatre; **оперний театр** opera house

театральний *прикм* theatrical; **театральна каса** box office

теза ж thesis

тезаурус ч thesaurus

текст ч text

текстиль ч textile

текстовий с text

текстура ж texture

текти (*док* **потекти**) *непер дс* to flow; **текти цівкою** to dribble

телебачення с television; **передавати по телебаченню** to televise

телевізор ч TV, television; (*розм*) telly

телеграма ж telegram

телеграф ч telegraph

телекомунікації ж, мн telecommunications

телемаркетинг ч telemarketing

телепатичний *прикм* telepathic

телепатія ж telepathy

телерадіомовлення с broadcasting

телескоп ч telescope

телефон ч phone, telephone; (*гарячої лінії*) helpline; **автомобільний телефон** car phone; **мобільний телефон** mobile phone, (*us*) cell phone

телефонний *прикм* phone; **телефонна будка** call box; **телефонна картка** phonecard; **телефонний дзвінок** phone call; **телефонний довідник** phone book; **телефонний номер** phone number; **телефонна конференція** conference call; **телефонний код** prefix; **телефонна книга** phone book; **телефонна трубка** handset

телефонувати (*док* **зателефонувати**) *непер дс* to telephone, to phone

Телець ч Taurus

теля с calf

телятина ж veal

тема ж theme, subject; (*книги, лекції, фільму*) subject matter

тематичний *прикм* subject

темний *прикм* dark

темниця ж dungeon

темніти *непер дс* to darken

темно-бордовий *прикм* maroon

темно-синій *прикм* navy

темп ч tempo

темперамент ч temperament

темпераментний *прикм* temperamental

температура ж temperature; **температура замерзання** freezing point

темрява ж dark, darkness

тенденція ж (*напрям*) trend; (*схильність*) tendency; **тенденція до зниження** downtrend

тендітний *прикм* (*ніжний, м'який*) tender, soft; (*крихкий*) fragile, delicate

теніс ч tennis; **настільний теніс** table tennis

тенісист ч tennis player

теніска ж polo shirt

тенісна ракетка ж tennis racket

тенісний корт ч tennis court

тенор ч tenor

теноровий *прикм* tenor

теолог ч theologian

теологія ж theology

теоретик ч theorist

теоретичний *прикм* theoretical

теоретично *присл* theoretically

теорія ж theory

тепер *присл* now

теплий *прикм* warm; (*про одяг*) thermal

теплиця ж greenhouse

тепло с heat, warmth

тепловий *прикм* thermal

теплуватий *прикм* lukewarm, tepid

теракота ж terracotta

теракт ч terrorist attack

терапевт ч therapist

терапія ж therapy

теревенити *непер дс* to chatter

терези мн ім scales

Терези мн ім Libra

тер'єр ч terrier

територіальний *прикм* territorial

територія ж territory, area

термін ч term; (*придатності*) expiry date; **крайній термін** deadline, time limit; **термін експлуатації** lifespan

термінал ч terminal

терміновий *прикм* urgent

термінологія ж terminology

термометр ч thermometer

термос ч Thermos®

термостат ч thermostat

тернистий *прикм* thorny

тероризм *ч* terrorism

тероризувати *пер дс* to terrorize

терорист *ч* terrorist

терорист-смертник *ч* suicide bomber

терпимість *ж* tolerance

терпіння *с* patience

терпіти *непер / пер дс* to endure, to tolerate

терпкий *прикм* tart

терплячий *прикм* patient

терти *(док* **потерти)** *пер дс* to rub; *(на тертці)* to grate; *(шкребти)* to scrub

тертка *ж* grater

тертя *с* friction

тесля *ч* carpenter

теслярство *с* carpentry

тест *ч* test

тестування *с* testing

тестувати *(док* **протестувати)** *пер дс* to test

тесть *ч (батько дружини)* father-in-law

технік *ч* technician

техніка *ж* technique

технічна підтримка *ж* technical support

технічний *прикм* technical

техно *с* techno

технологічний *прикм* technological

технологія *ж* technology

теща *ж (мати дружини)* mother-in-law

ти *займ (одн)* you

Тибет *ч* Tibet

тибетець **(тибетка)** *ч (ж)* Tibetan

тибетська мова *ж* Tibetan

тибетський *прикм* Tibetan

тигр *ч* tiger

тиждень *ч* week

тижневик *ч* weekly

тик[1] *ч (мед)* tic

тик[2] *ч (дерево)* teak

тикати *(док* **ткнути)** *непер / пер дс (простромляти)* to poke, to prod

тил *ч* rear

тимчасовий *прикм* temporary; **тимчасовий працівник** temp

тимчасово *присл* temporarily

тим часом *присл* meanwhile

тинятися *непер дс* to idle; *(без мети)* to loiter

тип *ч* type

типовий *прикм* typical

тирада *ж* tirade

тиран *ч* tyrant

тиранія *ж* tyranny

тирса *ж* sawdust

тис *ч* yew

тиск *ч* pressure

тиснути *(док* **натиснути)** *непер / пер дс* to press; *(бути тісним)* to be tight

тиснява *ж* crush

тисяча *числ* thousand

тисячний *числ* thousandth

титан *ч (метал)* titanium

титулований *прикм* titled

тиф *ч* typhoid

тихий *прикм* quiet; *(безшумний)* silent

Тихий океан *ч* Pacific Ocean

тихо! *виг* hush!

тихо *присл* quietly; *(безшумно)* silently

тиша *ж* silence

тікати *(док* **втекти)** *непер дс* to run away; *(з в'язниці)* to escape

тілесний *прикм* bodily

тіло *с* body

🔵 **КЛЮЧОВЕ СЛОВО**

тільки *присл (щойно)* just, only just; **ти тут давно? – ні, тільки увійшла** have you been here for a long time? – no, I've just come in

▷ *част* **1** *(всього лише)* only, merely; **зараз тільки третя година** it's only three o'clock now; **вона тільки хотіла спитати** she only wanted to ask

2 *(не враховуючи інших)* alone; **справа була не тільки в оцінці** it wasn't the mark alone; **тільки за цей рік інфляція зросла на 1%** inflation has increased by 1% this year alone

3 *(виключно)* only, solely; **тільки для вас** only for you

4 *(у вираженні погрози)* just; **тільки писни!** just open your mouth!

▷ *спол* **1** *(одразу ж)* as soon as

2 *(а, але, проте, однак)* but, only, except that

тінистий *прикм* shady, shadowy

тіні *мн ім (для повік)* eye shadow

тінь *ж* shadow

тісний *прикм (про одяг, взуття)* tight; *(близький)* close, intimate; *(про приміщення)* cramped

тісто *с* dough; *(рідке)* batter

тітка *ж* aunt

тітонька *ж (розм)* auntie

тішити *(док* **потішити)** *пер дс* to please

тканина *ж* textile, fabric; *(організму)* tissue

ткати *(док* **виткати)** *пер дс* to weave

ткач *ч* weaver

тліти *(док* **зітліти)** *непер дс* to smoulder

тло *с* background

тлумачення *с* interpretation

тлумачити *(док* **витлумачити)** *пер дс* to interpret; **неправильно тлумачити** to misinterpret

тобто *спол* that is, i.e.

товар *ч* product, commodity ▷ *ч, мн* goods, merchandise; **партія товару** shipment; **партія товарів** consignment; **споживчі товари** consumer goods

товариство *с* society, fellowship
товариський *прикм* sociable, friendly; **товариські стосунки** companionship
товариш *ч* mate, (*us*) buddy; **товариш по команді** team-mate; **шкільний товариш** school friend
товарна лінія *ж* product line
товпитися *непер дс* to crowd
товстий *прикм* (*про людину*) stout, fat; (*про губи, пальці*) thick
товщина *ж* thickness
Того *невідм ім* Togo
тоді *присл* then; **тоді як** whereas, while

 ключове слово

той (*ж* та, *с* те, *мн* ті) *займ* **1** (*одн*) that; (*мн*) those
2 (*не цей, інший*) the other one
3 (*який потрібен*): **це саме та людина, яка потрібна нашій компанії** this is the right person for our company; (*у запереченні*) **я зайшов не в той будинок** I called at the wrong house;
4: **у той чи інший спосіб** somehow or other, by some means or other

токсикоз *ч* (*вагітних*) morning sickness
токсин *ч* toxin
токсичний *прикм* toxic
ток-шоу *с* chat show, talk show
толерантний *прикм* tolerant
том *ч* volume
томат *ч* tomato
томатний соус *ч* tomato sauce
томитися *непер дс* (*страждати*) to languish
тому *присл* therefore
тому *присл* ago
тому що *спол* because
тон *ч* tone; (*муз*) key
тональний крем *ч* foundation
Тонга *ж* Tonga
тонзиліт *ч* tonsillitis
тонік *ч* (*напій*) tonic; (*косметичний засіб*) toner
тонкий *прикм* thin, fine; (*витончений*) subtle, delicate
тонна *ж* tonne
тонований *прикм* tinted
тонути (*док* втонути) *непер дс* (*іти на дно*) to sink; (*гинути від утоплення*) to drown
топ-модель *ж* supermodel
топограф *ч* surveyor
тополя *ж* poplar
торба *ж* bag
торгівля *ж* trade, commerce
торговельний *прикм* trade, commercial; **торговельний автомат** vending machine; **торговельний банк** merchant bank;

торговельний центр shopping centre, mall; **торговельна точка** outlet
торговець *ч* dealer, trader; (*забороненим товаром*) trafficker; (*наркотиками*) drug dealer; (*рибою*) fishmonger
торговий *прикм* trade, commercial; **торгова марка** trademark; **торгова назва** brand name; **торговий представник** rep; **торговий канал** shopping channel; **торговий комплекс** shopping mall
торгувати *непер дс* to trade; (*розносячи товари*) to peddle; **торгувати наркотиками** to deal
торкатися (*док* торкнутися) *непер дс* to touch; **торкатися пальцями** to finger
торнадо *с* tornado
торохтіти *непер дс* to rattle
торочки *ж, мн* fringe
торпеда *ж* torpedo
торпедувати *пер дс* to torpedo
торс *ч* torso
торт *ч* cake
тортури *мн ім* torture
торф *ч* peat
тост *ч* toast
тостер *ч* toaster
тоталітарний *прикм* totalitarian
тотем *ч* totem
точка *ж* point; (*плямка, цяточка*) spot, dot; (*зору*) viewpoint; **точка замерзання** freezing point; **точка зору** point of view; **точка опори** foothold
точний *прикм* exact, precise; (*правильний*) accurate
точність *ж* accuracy, precision
точно *присл* exactly, precisely
трава *ж* grass; (*лікарська рослина*) herb ▷ *ж, мн* (*лікарські та приправи*) herb
травень *ч* May
травка *ж* (*розм: трава; марихуана*) grass
травлення *с* digestion
травма *ж* (*душевна*) trauma; (*фізична*) injury
травматичний *прикм* traumatic
травмований *прикм* injured, hurt
травмувати *пер дс* (*душевно*) to traumatize; (*фізично*) to injure
травний *прикм* digestive
травоїдний *прикм* herbivorous
трав'яний *прикм* herbal
трав'янистий *прикм* (*порослий травою*) grassy; (*що нагадує траву*) herbaceous
трагедія *ж* tragedy
трагічний *прикм* tragic
традиційний *прикм* traditional
традиціоналіст *ч* traditionalist
традиція *ж* tradition
траєкторія *ж* trajectory
трактат *ч* treatise
трактор *ч* tractor
трамвай *ч* tram

трамплін *ч* springboard; *(засіб для досягнення мети)* stepping stone
транзистор *ч* transistor
транзит *ч* transit
транзитний *прикм* transit
транквілізатор *ч* tranquillizer
транс *ч* trance
трансвестит *ч* transvestite
транслювати *пер дс* to broadcast
трансплантат *ч* transplant
трансплантувати *пер дс* to transplant
транспорт *ч* transport; **громадський транспорт** public transport, *(us)* public transportation
транспортер *ч* carrier
транспортний засіб *ч* vehicle
транспортний рух *ч* traffic
транспортувати *пер дс* to transport
транссексуальний *прикм* transgender
транш *ч* tranche
траншея *ж* trench
траплятися *(док* **трапитися)** *непер дс* to happen, to occur
траса *ж* highway
траулер *ч* trawler
трафарет *ч* stencil, template

⬤ **ключове слово**

треба *як прис (необхідно, слід)*: **треба допомогти йому** it is necessary to help him; **треба, щоб він прийшов вчасно** he must come on time; **мені / йому треба закінчити роботу** I/he must finish the job; **треба бути обережним** one/you should be careful; **нам треба йти** we have to go; **вам треба піти до лікаря** you should (ought to) see a doctor; **їй треба більше вчитися** she needs to study more; **тобі допомогти? – не треба!** can I help you? – there's no need!

трек *ч* racetrack; *(композиція)* track
тремтіти *непер дс* to tremble, to shiver; *(про голос)* to quaver; **дрібно тремтіти** to quiver
тремтячий *прикм* shaky
тренер *ч* coach, trainer
тренування *с* training
тренувати *пер дс* to coach
тренуватися *непер дс* to train
третейський суддя *ч* arbiter
третій *числ* third
третьорядний *прикм* tertiary
три *числ* three
трибуна *ж (оратора)* tribune; *(на стадіоні)* stand, grandstand
трибунал *ч* tribunal; **військовий трибунал** court martial
тривалий *прикм* long, long-lasting
тривалість *ж* duration; **імовірна тривалість життя** life expectancy;

тривалість життя span; **тривалість життя** lifespan
тривати *непер / пер дс* to last, to continue
тривимірний *прикм* three-dimensional
тривога *ж (сигнал про небезпеку)* alarm; *(занепокоєння)* anxiety, worry; *(сигнал)* alarm, warning; **фальшива тривога** false alarm
тривожити *(док* **стривожити)** *пер дс* to alarm
тривожний *прикм* alarming
тридцятий *числ* thirtieth
тридцять *числ* thirty
трико *с* leotard
триколісний велосипед *ч* tricycle
трикотаж *ч* jersey
трикутний *прикм* triangular
трикутник *ч* triangle
трилер *ч* thriller
трилогія *ж* trilogy
тримати *пер дс* to hold, to keep
триматися *непер дс* to hold on; *(дотримуватися)* to keep to; *(на поверхні)* to float; *(подалі)* to keep out; *(зберігатися)* to linger
тринадцятий *числ* thirteenth
тринадцять *числ* thirteen
триніжок *ч* tripod
триста *числ* three hundred
тритон *ч* newt
трійнята *мн ім* triplets
тріо *с* trio
тріпотіти *непер дс* to flutter
тріска¹ *ж (скіпка)* chip, splinter
тріска² *ж (зоол)* cod
тріскатися *(док* **потріскатися)** *непер дс* to crack
тріумф *ч* triumph
тріумфуючий *прикм* triumphant
тріщати *непер дс* to crackle
тріщина *ж* crack
тромб *ч* clot
тромбоз вінцевих судин *ч* coronary
тромбон *ч* trombone
трон *ч* throne
тропіки *мн ім* tropics
тропічний *прикм* tropical; **тропічний ліс** rainforest
тростина *ж* cane
тротуар *ч* pavement, *(us)* sidewalk
трофей *ч* trophy
трохи *присл* slightly, a little
троянда *ж* rose
труба *ж* pipe; *(муз)* trumpet; **труби** tubing, piping
трубач *ч* trumpeter
трубка *ж* tube; **телефонна трубка** handset
трубопровід *ч* pipeline; **перекачувати трубопроводом** pipe
трубчастий *прикм* tubular
труднощі *мн* difficulties

трудоголік ч workaholic

труїти (*док* **отруїти**) *пер дс* to poison

труп ч dead body, corpse

трупа ж troupe

труси *мн ім* underpants; (*жіночі або дитячі*) panties

труситися *непер дс* to shake, to tremble

трюк ч trick, stunt

трюфель ч truffle

трясовина ж quagmire

трясти *пер дс* to shake; (*на нерівній дорозі*) to jolt

трястися *непер дс* to shake; (*від холоду*) to shiver

туалет ч toilet, loo (*розм*); **жіночий туалет** ladies' (toilet); **чоловічий туалет** gents' (toilet)

туалетний папір ч toilet paper

туалетний столик ч dressing table

туберкульоз ч tuberculosis

туга ж sorrow, grief

тугий *прикм* tight

тужити *непер дс* to grieve

туз ч ace

тулитися (*док* **притулитися**) *непер дс* to snuggle

туман ч fog

туманний *прикм* misty, foggy

тумбочка ж bedside table

тунель ч tunnel

тунець ч tuna

туніка ж tunic

Туніс ч Tunisia

тунісець (**туніска**) ч (*ж*) Tunisian

туніський *прикм* Tunisian

тупати (*док* **тупнути**) *непер дс* to stamp

тупий *прикм* (*розм*) blunt; (*біль*) dull; (*нерозумний*) stupid

тупик ч dead end

тур ч (*подорож*) tour; (*із гідом*) guided tour

турбіна ж turbine

турботливий *прикм* caring

турбувати (*док* **потурбувати**) *пер дс* to disturb, to bother

турбуватися (*док* **стурбуватися**) *непер дс* to bother, to worry

турбулентність ж turbulence

турецька мова ж Turkish

турецький *прикм* Turkish

Туреччина ж Turkey

туризм ч tourism; **пішохідний туризм** hiking

турист ч tourist; (*учасник турпоходу*) camper

туристична агенція ж travel agency

туристична стоянка ж camping

туристичне страхування с travel insurance

турне с tour

турнікет ч turnstile

турнір ч tournament

турок (**туркеня**) ч (*ж*) Turk

туроператор ч tour operator

тут *присл* here

туш ж (*для вій*) mascara

туша ж carcass

тушкувати (*док* **стушкувати**) *пер дс* to stew

тхір ч ferret

тьмяний *прикм* dim, dull

тьмяніти *непер дс* (*про очі, зовнішній вигляд*) to dull

тьху! *виг* ugh!

тюбик ч tube

тюк ч bale

тюлень ч seal

тюльпан ч tulip

тютюн ч tobacco; **нюхальний тютюн** snuff

тютюнова крамниця ж tobacconist

тяганина ж (*зволікання, бюрократизм*) red tape

тягар ч burden

тягти (*док* **потягти**) *пер дс* (*переміщувати, волочити*) to draw, to pull ▷ *непер / пер дс* (*зволікати*) to put off

тягтися *непер дс* (*простягатися*) to stretch out; (*тривати*) to last, to linger

тяжіння с attraction; (*фіз*) gravitation; **сила тяжіння** gravity

тяжіти *непер дс* (*фіз*) to gravitate; (*нависати*) to hang over

тяжкий *прикм* (*про вагу*) heavy; (*важкий, складний*) hard; (*серйозний*) serious; (*сповнений труднощів*) trying; (*який викликає стрес*) stressful; **тяжка втрата** bereavement

У

у (= в) *прийм* (*десь, в чомусь*) in; (*напрям, зміна положення*) into, to; (*у когось*) with; (*в установі*) at

убивця ч / ж murderer, killer; (*найманий*) assassin

убік *присл* aside

увага ж attention; **вартий уваги** notable; **звертати увагу** to pay attention, to heed; **центр уваги** focus of attention, limelight; **увага!** attention!

уважний *прикм* attentive; (*турботливий*) mindful

увертюра ж overture

увімкнений *прикм* on; (*про електричні прилади*) plugged in

увічнювати (*док* увічнити) *пер дс* (*в пам'яті*) to immortalise; (*зберігати непорушним*) to perpetuate

ув'язнення с imprisonment; **довічне ув'язнення** life imprisonment

ув'язнювати (*док* ув'язнити) *пер дс* to imprison

Уганда ж Uganda

угандієць (**угандійка**) ч (ж) Ugandan

угандійський *прикм* Ugandan

угода ж agreement; **укладати угоду** to contract

угорець (**угорка**) ч (ж) Hungarian

угорський *прикм* Hungarian

Угорщина ж Hungary

угруповання с grouping

удаваний *прикм* feigned, false

удавання с pretence

удаватися (*док* удатися) *непер дс* (*успішно завершувати*) to succeed; (*вживати якихось заходів*) to resort

удар ч blow, strike; (*ногою*) kick; (*військ*) attack

ударні інструменти ч, мн percussion

ударяти (*док* ударити) *непер дс* to hit; **ударяти головою** to butt

удвічі *присл* twice

удосконалення с improvement

удосконалювати (*док* удосконалити) *пер дс* to improve

удостоювати (*док* удостоїти) *пер дс* to honour

Уельс ч Wales

уельська мова ж Welsh

Уельський *прикм* Welsh

уживаний *прикм* (*що вже був у вжитку*) secondhand; (*поширений*) commonly used

узагальнений *прикм* generalized

узагальнення с generalization

узагальнювати (*док* узагальнити) *пер дс* to generalize

узаконювати (*док* узаконити) *пер дс* to legalize

Узбекистан ч Uzbekistan

узбережжя с shore, coast

узбіччя с roadside

узгодженість ж coherence

узгодження с coordination

узгоджувати (*док* узгодити) *пер дс* to coordinate

узурпувати *пер дс* to usurp

укладати (*док* укласти) *пер дс* (*речі*) to pack up; (*у купу*) to pile; (*волосся*) to style; **укладати угоду** to contract

укол ч prick; (*ін'єкція*) injection

укорінений *прикм* rooted

украдливий *прикм* insinuating

Україна ж Ukraine

українець (**українка**) ч (ж) Ukrainian

українська мова ж Ukrainian

український *прикм* Ukrainian

украй *присл* extremely

укріплювати (*док* укріпити) *пер дс* to reinforce, to strengthen

укус ч bite

уламок ч (*відламаний шматок*) fragment; (*під час аварії*) wreckage; (*зуба*) stub ▷ *мн* *ім* debris

улесливий *прикм* flattering

улещувати *пер дс* to cajole

ультиматум ч ultimatum

ультразвук ч ultrasound

ультрамодний *прикм* trendy

ультрафіолетовий *прикм* ultraviolet

улюблений *прикм* favourite

умивальник ч washbasin

умирати (*док* умерти) *непер дс* to die

умисний *прикм* intentional, wilful

умілий *прикм* skilful, proficient

уміння с skill, competence

умова ж condition ▷ *мн* *ім* terms

умовляння с persuasion

умовляти (*док* умовити) *пер дс* to persuade; (*ласкою, лестощами*) to coax

умовний *прикм* conditional

умовність ж convention

уникати (*док* уникнути) *непер дс* to avoid, to elude

уникнення с avoidance

універ ч (розм) uni
універмаг ч department store
університет ч university
університетський прикм collegiate
унікальний прикм unique
унісекс ч unisex
унітарний прикм unitary
уночі присл at night
унція ж ounce
уособлення с incarnation, personification
уособлювати (док уособити) пер дс
to epitomize, to typify
упаковка ж wrapping, packaging
упаковувати (док упакувати) пер дс
to encase, to crate
упереджений прикм (про особу)
prejudiced; (про твердження, думку)
preconceived
упередження с prejudice
упертий прикм stubborn, obstinate
упиратися (док упертися) непер дс
(наполягати на своєму) to be obstinate
упіймати пер дс to catch
уповільнювати (док уповільнити) пер
дс to slow down
уповноважений прикм authorized
▷ ч commissioner; **спеціальний
уповноважений** commissioner
уповноваження с authorization,
empowerment
уповноважувати (док уповноважити)
пер дс to authorize, to empower
уподібнювати (док уподібнити) пер дс
to liken
упокорювати (док упокорити) пер дс
to subdue
упорядкований прикм orderly
упорядковувати (док упорядкувати)
пер дс to arrange, to order
управлінський прикм administrative,
managerial
ура! виг hooray!
ураган ч hurricane
ураження с (рана, поранення)
wound; (рана, поріз) gash; **ураження
електричним струмом** electric shock
уран ч uranium
урбанізація ж urbanization
урегулювання с settlement
уривок ч (відокремлена частина) fragment;
(музичний, письмовий) passage; (книги,
промови) extract, excerpt ▷ ч, мн snippet
уривчастий прикм jerky
урівноважений прикм steady, balanced
урівноваженість ж balance, steadiness
урізноманітнювати (док
урізноманітнити) пер дс to diversify
урна ж (для сміття) litter box; (з прахом
померлого) urn
уродженець (уродженка) ч (ж) native
урожайність ж yield

урок ч lesson
урочистий прикм solemn
уругваєць (уругвайка) ч (ж) Uruguayan
Уругвай ч Uruguay
уругвайський прикм Uruguayan
уряд ч government
усамітнений прикм lonesome
усамітнення с seclusion, solitude
усвідомлювати (док усвідомити) пер
дс (бути свідомим чогось) to realize;
(осягати суть) to perceive
усередині присл inside
усиновлення с adoption
усиновлювати (док усиновити) пер дс
to adopt
усівати (док усіяти) пер дс to dot
ускладнення с complication
ускладнювати (док ускладнити) пер дс
to complicate
усміхнений прикм smiling
усмішка ж smile
усний прикм oral; **усний іспит** oral
успадковувати (док успадкувати) пер
дс to inherit
успіх ч success; **робити успіхи** to progress
успішний прикм successful
успішно присл successfully
усталений прикм established
установа ж institution
установлювати (док установити) пер
дс (обладнання) to install; (визначати)
to determine
устаткування с (видаткові матеріали)
equipment; (обладнання) facilities
устриця ж oyster
усувати (док усунути) пер дс to remove;
(з посади) to fire (sb)
утамовувати (док утамувати) пер дс
(зупиняти) to stop; (спрагу) to quench;
(голод) to satisfy; (біль) to lull
утискати пер дс to oppress
утихомирювати (док утихомирити) пер
дс to pacify
утікач ч runaway
утішати (док утішити) пер дс to comfort;
to console
утопічний прикм utopian
утопія ж utopia
уточнювати (док уточнити) непер / пер
дс to specify
утриманець ч dependant
утримання[1] с (засоби до існування)
allowance; (робочого стану чогось)
upkeep; **утримання під вартою** detention
утримання[2] с (відрахування) deduction
утримання[3] с (від чогось) abstinence
утримувати[1] пер дс (забезпечувати
засобами для існування) to maintain
утримувати[2] (док утримати) пер дс
(відраховувати) to deduct; (зберігати)
to retain; (від здійснення чогось) to deter

утримуватися *непер дс (стримувати себе від чогось)* to refrain from, to eschew

ухвалення *с* approval; **ухвалення рішень** decision-making

ухвалювати *пер дс (вирішувати)* to decide, to resolve; **ухвалювати закон** to enact a law

ухиляння *с (від виконання чогось)* evasion

ухилятися *(док ухилитися) непер дс (уникати)* to avoid, to evade; *(від удару)* to duck

учасник (учасниця) *ч (ж)* participant; *(змагання)* contestant; *(переговорів)* negotiator; **учасник змагання** competitor; **учасник кампанії** campaigner; **учасник торгів** *(покупець)* bidder

участь *ж* participation, involvement

учений *ч* scientist ▷ *прикм* learned; scholarly

учениця *ж* pupil, schoolgirl

учень *ч* pupil, schoolboy; *(у майстра)* apprentice; *(послідовник)* disciple; **учні** schoolchildren

учитель (учителька) *ч (ж)* (school) teacher

учити *(док навчити) пер дс (когось)* to teach, to instruct, to train; *(док вивчити) (щось)* to learn, to study

учитися *(док навчитися) непер дс* to learn, to study

ушкодження *с (тілесне)* harm; lesion

ушкоджувати *(док ушкодити) пер дс* to hurt, to injure

ущелина *ж* ravine

ущипливий *прикм* biting

уява *ж* imagination

уявлення *с* idea, notion; **хибне уявлення** misconception

уявляти *(док уявити) пер дс* to imagine; to conceive; **уявляти собі** to envisage

уявний *прикм* imaginary, fictitious

ф

фабрика *ж* factory

фабрикувати *пер дс* to fabricate

фаворитизм *ч* favouritism

фагот *ч* bassoon

фазан *ч* pheasant

факс *ч* fax

факт *ч* fact

фактичний *прикм (відповідний за суттю)* virtual; *(справжній)* actual; *(який відповідає дійсності)* factual

фальсифікація *ж* falsification

фальсифікувати *пер дс* to falsify

фальшивий *прикм* counterfeit, false

фанатизм *ч (надмірна відданість)* fanaticism; *(нетерпимість)* bigotry

фанатик *ч* bigot, fanatic

фанатичний *прикм* fanatical, bigoted

фанера *ж* plywood

фанк *ч (музичний стиль)* funk

фан-клуб *ч* fan club

фантазія *ж* fantasy

фантазувати *непер дс* to fantasize, to dream

фантастичний *прикм* fantastic

фантом *ч* phantom

фанфара *ж* fanfare

фара *ж* headlight

фарба *ж* paint; *(для волосся, тканин)* dye; **олійна фарба** oil paint

фарбувати *пер дс* to paint; *(волосся, тканину)* to dye

Фарерські острови *мн ім* Faroe Islands

фармацевт *ч* pharmacist

фармацевтичний *прикм* pharmaceutical

фарс *ч* farce

фарсовий *прикм* farcical

фартух *ч* apron

фарш *ч* mince

фасад *ч* facade

фаст-фуд *ч* fast food

фасувати *пер дс* to package

фатальний *прикм* fatal, fateful

фауна *ж* fauna

фахівець *ч* specialist

федералізм ч federalism
федералістський прикм federalist
федеральний прикм federal
федеративний прикм federated
федерація ж federation
феєрверк ч (видовище) fireworks; (піротехніка) firework
феєрія ж (вистава) extravaganza
фелонія ж (тяжкий злочин) felony
фемінізм ч feminism
феміністка ч feminist
феміністський прикм feminist
фен ч hairdryer
феноменальний прикм phenomenal
фенхель ч fennel
феодалізм ч feudalism
феодальний прикм feudal
ферма ж farm
фермер ч farmer
фермерство с farming
фестиваль ч festival
фетр ч felt
фехтування с fencing
фея ж fairy
фіалка ж violet
Фіджі невідм ім Fiji
фізик ч physicist
фізика ж physics
фізичний прикм physical
фізіологія ж physiology
фізіотерапевт ч physiotherapist
фізіотерапія ж physiotherapy
філармонічний прикм philharmonic
філе с fillet
філіппінець (філіппінка) ч (ж) Filipino
філіппінський прикм Filipino, Philippine
філія ж affiliate
філософ ч philosopher
філософія ж philosophy
філософський прикм philosophical
фільм ч film; **документальний фільм** documentary
фільтр ч filter
фільтрувати пер дс to filter
фін (фінка) ч (ж) Finn
фінал ч (вирішальна гра) final; (заключна дія) finale
фіналіст ч finalist
фінанси мн ім finance
фінансист ч financier
фінансовий прикм financial
фінансування с funding
фінансувати пер дс to finance
Фінляндія ж Finland
фінська мова ж Finnish
фінський прикм Finnish
фіолетовий прикм purple
фірма ж firm
фірмовий прикм (брендовий) branded
фіскальний прикм fiscal
фламандський прикм Flemish

фламенко невідм ім flamenco
фламінго ч flamingo
фланель ж flannel
флейта ж flute
флірт ч flirt
фломастер ч felt tip, felt-tip pen
флора ж flora
флот ч fleet; **військово-морський флот** navy
флуоресцентний прикм fluorescent
фляга ж flask, canteen
фобія ж phobia
фойє с foyer
фокус ч focus
фокус-група ж focus group
фокусний прикм focal
фокусник ч magician, conjurer
фол ч foul
фоліант ч tome
фольга ж foil, tinfoil
фольклор ч folklore
фондова біржа ж stock exchange
фондовий індекс ч share index
фонтан ч fountain
форель ж trout
форма ж form; (одяг) uniform; **шкільна форма** school uniform
формальний прикм (офіційний) formal; (номінальний) token
формальність ж formality
формально присл (офіційно) formally; (номінально, позірно) technically
формат ч format
форматувати пер дс to format
формувати пер дс to form, to shape
формула ж formula
формулювання с wording
формулювати пер дс to formulate, to phrase
форт ч fort
фортеця ж fortress
форум ч forum
фосфат ч phosphate
фосфор ч phosphorus
фото с photo
фотоальбом ч photo album
фотограф ч photographer
фотографічний прикм photographic
фотографія ж photography
фотографувати (док сфотографувати) пер дс to photograph
фотокартка ж photograph
фотокопіювальна машина ж photocopier
фотокопія ж photocopy
фотон ч photon
фраза ж phrase
фракційний прикм factional
фракція ж faction
франк ч franc
Франція ж France

француженка ж Frenchwoman
француз ч Frenchman
французька мова ж French
французький прикм French
фрахт ч freight
фрахтувати пер дс to charter
фрегат ч frigate
фреон ч freon, CFC
фреска ж fresco
фривольний прикм frivolous
фрикаделька ж meatball
фронтальний прикм frontal
фрукт ч fruit
фруктовий прикм fruit; (про аромат, присмак) fruity; **фруктовий сад** orchard; **фруктовий салат** fruit salad; **фруктовий сік** fruit juice
фторид ч fluoride
фуксія ж fuchsia
фундамент ч foundations мн
фундаменталізм ч fundamentalism
фундаментально присл fundamentally
фундук ч hazelnut
фунікулер ч cable car
функціональний прикм functional
функціонувати непер дс to function; **неправильно функціонувати** to malfunction
функція ж function
фунт ч (одиниця ваги) pound; **фунт стерлінгів** pound sterling
фураж ч fodder
фургон ч van
фурункул ч boil
футбол ч football; **американський футбол** American football
футболіст ч football player, footballer
футболка ж T-shirt, tee-shirt
футуристичний прикм futuristic
фюзеляж ч fuselage

хабар ч bribe, kickback
хабарництво с bribery

 ключове слово

хай (= **нехай**) част **1** (у наказовому способі): **хай він прийде вранці** let him come in the morning; **хай буде так!** so be it!; **хай буде по-твоєму** have it your way **2** (гаразд, добре) all right, okay
▷ спол (навіть, хоч і) though, even if; **хай цей підручник і не новий, але дуже корисний** though this textbook isn't new, it is very useful; **хай листівка і прийде з запізненням, але їй буде приємно** even if the card arrives later she'll like it

хакер ч hacker
халат ч dressing gown, robe
халупа ж hut, shanty
хандрити непер дс to mope
ханжа ч / ж hypocrite
хапати (док **схопити**) пер дс (за руку) to grab, to grasp; (відбирати, висмикувати) to snatch
характер ч character, nature
характеризувати пер дс to characterize
характеристика ж (визначальна риса) characteristic; (опис) characterization; (письмова) reference
характерний прикм characteristic, typical; **характерна риса** peculiarity
харизма ж charisma
харизматичний прикм charismatic
харчі мн ім provisions, food
харчовий прикм (пов'язаний із харчами) food; (пов'язаний із харчуванням) dietary; **харчове отруєння** food poisoning
хатина ж hut
хатня робітниця ж housekeeper
хвалений прикм glorified
хвалити (док **похвалити**) пер дс to praise
хвалитися непер дс to boast
хвилина ж minute

хвилювання *с* (*збудження*) agitation; (*хвилі на воді*) rough water
хвилюватися *непер дс* to worry
хвилюючий *прикм* exciting
хвиля *ж* wave
хвилястий *прикм* wavy; **хвилястий папуга** budgerigar, budgie
хвіст *ч* tail
хвойний *прикм* conifer
хворий *ч* sick person, patient ▷ *прикм* sick, ill; (*про частину тіла*) diseased; **хворий на гемофілію** haemophiliac
хвороба *ж* illness, disease; **хвороба Альцгеймера** Alzheimer's disease
хворобливий *прикм* sickly
хворобливість *ж* ill health
хедж-фонд *ч* hedge fund
херес *ч* sherry
хет-трик *ч* (*три голи, які один гравець забив протягом однієї гри*) hat-trick
хетчбек *ч* hatchback
хибний *прикм* mistaken, wrong; (*свідомо викривлений*) perverse
хижак *ч* predator
хижий *прикм* predatory; **хижі звірі** carnivores; **хижі птахи** birds of prey
хизування *с* show-off
хизуватися *непер дс* to show off, to flaunt; (*вихвалятися*) to boast
хилитися *непер дс* to lean
химерний *прикм* quaint, fanciful
хисткий *прикм* unsteady, wobbly
хитання *с* swing
хитатися *непер дс* to reel, to wobble
хиткий *прикм* unsteady, rickety
хитрий *прикм* sly, cunning
хитрість *ж* (*прийом, витівка*) trick; (*риса*) cunning
хитрощі *мн ім* ploy
хід *ч* (*перебіг чогось*) course; (*рух*) motion
хімік *ч* chemist
хімікат *ч* chemical
хіміотерапія *ж* chemotherapy
хімічна завивка *ж* perm
хімія *ж* chemistry
хімчистка *ж* dry cleaner; **чистити в хімчистці** to dry-clean
хіпі *ч / ж* hippie
хіп-хоп *ч* hip-hop
хірург *ч* surgeon
хірургічний *прикм* surgical
хірургія *ж* surgery
хлинути *непер дс* to gush
хліб *ч* bread; **чорний хліб** brown bread
хлібниця *ж* bread bin
хлопати *непер дс* to flap
хлопець *ч* boy; (*розм*) bloke, guy
хлоп'ячий *прикм* boy's; (*характерний для хлопця*) boyish
хлор *ч* chlorine
хлорид *ч* chloride

хлюпати *непер / пер дс* to splatter
хмара *ж* cloud
хмарний *прикм* cloudy
хмарочос *ч* skyscraper
хобі *с* hobby
хобот *ч* trunk
ховати *пер дс* to hide, to conceal; (*покійника*) to bury
ховатися (*док* заховатися) *непер дс* to hide; **ховатися в засідці** to lurk
хода *ж* walk
ходити *непер дс* to go, to walk; (*навшпиньки*) to tiptoe; (*тихо, м'якими кроками*) to pad
ходовий *прикм* (*тех*) running; (*про товар*) marketable
хокей *ч* hockey; **хокей із шайбою** ice hockey
холера *ж* cholera
холестерин *ч* cholesterol
холістичний *прикм* holistic
холодильник *ч* refrigerator, fridge
холодний *прикм* cold, chilly
холоднокровний *прикм* cold-blooded
холодок *ч* (*від страху, хвилювання*) chill
холостяк *ч* bachelor
хом'як *ч* hamster
хор *ч* choir
хорват (**хорватка**) *ч* (*ж*) Croatian
Хорватія *ж* Croatia
хорватська мова *ж* Croatian
хорватський *прикм* Croatian
хореограф *ч* choreographer
хореографія *ж* choreography
хоробрий *прикм* courageous
хоробрість *ж* courage, bravery
хоровий *прикм* choral
хорт *ч* greyhound
хоспіс *ч* hospice
хот-дог *ч* hot dog
хотіти *непер / пер дс* to wish, to want

 КЛЮЧОВЕ СЛОВО

хоч¹ *спол* **1** (*незважаючи на те, що*) although; **хоч я й образився, я допоможу тобі** although I am hurt, I'll help you **2** (*до такого ступеня, що*) even if; **він не погодиться, хоч до ранку проси** he won't agree, even if you keep asking all night **3 хоч ..., хоч ...** either ... or ...; **їдь хоч сьогодні, хоч через місяць** either go today or in a month's time
4: **хоча й** albeit

КЛЮЧОВЕ СЛОВО

хоч² *част* **1** (*принаймні, в усякому разі*) at least; **підвези його хоч до станції** take him to the station at least; **зрозумій хоч ти** you of all people should understand

2 (*наприклад*) for example; **візьми хоч Марію: вона працює весь час** take Maria, for example, she works all the time

храм ч temple
хребет ч (*анатомічний термін*) spine, backbone; (*гірський*) range, ridge
хребець ч vertebra
хрест ч cross
хрестити пер дс (*здійснювати обряд хрещення*) to baptise; (*робити хресне знамення*) to cross
хрестоматійний прикм hackneyed
хрещена мати ж godmother
хрещений батько ч godfather
хрещеник ч godson
хрещениця ж goddaughter
хрещення с baptism, christening
хризантема ж chrysanthemum
хрипіти непер / пер дс (*говорити хрипко*) to croak; (*видавати хрипіння*) to wheeze
хрипкий прикм hoarse
християнин ч Christian
християнство с Christianity
християнський прикм Christian
Христос ч Christ
хрін ч horseradish
хром ч chrome, chromium
хроніка ж chronicle
хронічний прикм chronic
хронологічний прикм chronological
хропти (*док* **захропти**) непер дс to snore
хрумтіти непер дс to crunch
хрусткий прикм crispy, crunchy
хрящ ч cartilage
хтивість ж lust

 КЛЮЧОВЕ СЛОВО

хто займ **1** (*питальний : у називному відмінку*) who; **хто там?** who is there? (*: в об'єктному відмінку*) whom, which
2 (*відносний*) who, that; **хто б не... no** matter who, whoever; **кого б він не спитав...** whomever he asked; **хто б це не був...** whoever it may be ...
3 (*при зіставленні*) some

 КЛЮЧОВЕ СЛОВО

хто-небудь займ **1** somebody, someone
2 (*будь-хто, у питаннях, при запереченні*) anybody, anyone
3 (*будь-хто, як правило, при запереченні*) any

 КЛЮЧОВЕ СЛОВО

хтось займ **1** somebody, someone
2 (*у питаннях*) anybody, anyone; **хтонебудь інший** anybody else

худий прикм thin, lean
худоба ж livestock; **велика рогата худоба** cattle
художнє училище с art school
художник (**художниця**) ч (ж) (*маляр*) painter; (*митець*) artist
художник-мультиплікатор ч cartoonist
художній прикм artistic; **художня галерея** art gallery
худющий прикм scrawny
хуліган ч hooligan
хуліганство с hooliganism
хунта ж junta
хуртовина ж snowstorm, blizzard
хустка ж (*яка носиться на плечах*) shawl; (*головний убір*) headscarf
хусточка ж (*носова*) handkerchief
хутір ч hamlet
хутро с fur

цап-відбувайло ч scapegoat; **робити цапом-відбувайлом** to scapegoat
цар ч tsar
царський *прикм* regal
цвинтар ч cemetery
цвіркун ч cricket
цвісти (*док* **зацвісти**) *непер дс* to blossom, to bloom
цвіт ч blossom
цвях ч nail
цвяшок ч (*на прикрасах*) stud

 ключове слово

це *займ* **1** (*вказівний*) this, that
2 (*зв'язка в присудку*) is
3 (*підмет*) it, this, that
▷ *част* (*підсилювальна*): **це він в усьому винен** he is the one to blame for everything

цегла ж brick
цедра ж zest

 ключове слово

цей (*ж* ця, *с* це, *мн* ці) *займ* **1** (*одн*) this, that
2 (*мн*) these, those

целюліт ч cellulite
цемент ч cement
цензор ч censor
цензура ж censorship
цензурувати *пер дс* to censor
цент ч cent
центр ч centre; (*подій, уваги, діяльності*) hub; **центр зайнятості** job centre; **центр міста** downtown, city centre; **виставковий центр** visitor centre; **громадський центр** community centre; **міський центр** city centre; **торгівельний центр** mall; **центр впливу** powerhouse; **центр уваги** focal point
централізувати *пер дс* to centralize
Центральна Америка ж Central America

центральний *прикм* central; **центральний нападаючий** centre-forward; **центральне становище** centre stage
Центральноафриканська республіка ж Central African Republic
центристський *прикм* centrist
церемоніальний *прикм* ceremonial
церемоніймейстер ч master of ceremonies
церемонія ж ceremony
церква ж church
церковний *прикм* ecclesiastical
церковнослужитель ч cleric
цибулина ж bulb
цибуля ж onion; **зелена цибуля** spring onion; **цибуля-порей** leek; **цибуля-шалот** shallot
цивілізація ж civilization
цивілізований *прикм* civilized
цивілізувати *пер дс* to civilize
цивільний *прикм* civilian; civil; **цивільна особа** civilian
циган (**циганка**) ч (ж) Gypsy
цигарка ж cigarette; (*розм*) fag
цикл ч cycle
циклічний *прикм* cyclical
циклон ч cyclone
циліндр ч cylinder
цинізм ч cynicism
цинік ч cynic
цинічний *прикм* cynical
цинк ч zinc
цирк ч circus
циркуляр ч circular
цитадель ж stronghold
цитата ж quote, quotation
цитрусовий *прикм* citrus
цитувати (*док* **процитувати**) *пер дс* to quote, to cite
циферблат ч dial
цифра ж figure, number
цифровий *прикм* digital; **цифровий фотоапарат** digital camera; **цифрове телебачення** digital television
ці *займ* these
ціанід ч cyanide
цікавий *прикм* interesting, curious; (*розм*) nosy
цікавити (*док* **зацікавити**) *пер дс* to interest
цікавитися (*док* **поцікавитися**) *непер дс* to wonder
цікавість ж curiosity
цікаво *присл* interestingly
цілеспрямований *прикм* purposeful
цілий *прикм* entire; **одне ціле** whole
цілитель ч healer
цілитися *непер дс* to aim
цілісність ж entirety
цілковитий *прикм* complete, absolute

цілком *присл* absolutely, completely
цілорічний *прикм* year-round
цілуватися (*док* **поцілуватися**) *непер дс* to kiss
ціль *ж* target
цільний *прикм* (*суцільний*) solid; whole
ціна *ж* price, cost
цінний *прикм* valuable, costly; (*дорогий*) expensive
цінник *ч* price tag
цінність *ж* value, worth; **цінності** (*коштовності*) valuables
цінувати *пер дс* (*шанувати*) to appreciate, to value
ціпеніти *непер дс* to freeze
ціпок *ч* walking stick
цукерка *ж* sweet, candy; **м'ятна цукерка** peppermint
цукіні *невідм ім* zucchini
цукор *ч* sugar
цукрова вата *ж* candyfloss
цукрова пудра *ж* icing sugar
цунамі *с* tsunami, tidal wave
цуценя *с* puppy, pup
цятка *ж* spot
цяцьки *ж, мн* (*прикраси*) bling

чавити *пер дс* to squeeze
чавун *ч* cast iron
чавунний *прикм* cast iron
чагарник *ч* bush
Чад *ч* Chad
чадний газ *ч* carbon monoxide
чай *ч* tea
чайка *ж* seagull
чайний пакетик *ч* tea bag
чайник *ч* (*для нагрівання води*) kettle; (*для заварювання чаю*) teapot
чайник-термос *ч* urn
чайові *мн ім* tips
чаклувати *непер дс* to practise witchcraft
чаклун *ч* wizard
чапля *ж* heron
чарівний *прикм* magic; (*привабливий*) charming, enchanting
чарівник *ч* magician, sorcerer, wizard
чарівність *ж* glamour
чартерний рейс *ч* charter flight
час *ч* time; (*у граматиці*) tense; **місцевий час** local time; **час за Гринвічем** GMT
часник *ч* garlic
часопис *ч* periodical
частий *прикм* frequent
частина *ж* part; (*військова*) unit
частка *ж* share; (*маленька частина*) fraction; **левова частка** lion's share; **частка ринку** market share
частковий *прикм* partial
частково *присл* partially
часто *присл* often
частота *ж* frequency
частувати *пер дс* to ply (with)
чат *ч* chatroom
чаша *ж* bowl
чашка *ж* cup; **чайна чашка** teacup
чвалати *непер дс* (*повільно йти*) to drag oneself along
чверть *ж* quarter
чебрець *ч* thyme
чек *ч* (*касовий талон*) receipt; (*банківський*) cheque; **чекова книжка** chequebook

чекати (док **зачекати**) пер дс to wait
чемпіон ч champion
чемпіонат ч championship
чепурний прикм neat; (тільки про людей) smart
червень ч June
Червоне море с Red Sea
червоний прикм red; **червоне дерево** mahogany; **червоний перець** chilli
Червоний Хрест ч Red Cross
червоніти (док **почервоніти**) непер дс to blush
червонуватий прикм reddish
черв'як ч worm
черга ж (порядок) turn; (у магазині) queue
черевик ч shoe; (високий) boot
черевний прикм coeliac, abdominal

 ключове слово

через прийм 1 (упоперек) across; **через річку** across the river
2 (про причину) due to, because of; **це трапилося через тебе** it happened because of you; **матч відкладено через несприятливі погодні умови** the match is postponed due to adverse weather conditions
3 (крізь щось) through
4 (про маршрут) via; **їхати до Лондона через Париж** to go to London via Paris
5 (за допомогою) by means of, through
6 (про часовий проміжок) in, after
7 (при повторенні чогось після певних проміжків часу) every; **вживайте ліки через чотири години** use the medicine every four hours

череп ч skull
черепаха ж tortoise; (морська) turtle
черепиця ж tile
черлідер ч (член танцювальної групи підтримки спортивної команди) cheerleader
чернець ч monk
черниця ж nun
черствий прикм stale; (про людину) hard-hearted
чесний прикм honest; **чесна гра** fair play
чеснота ж virtue
честолюбний прикм ambitious, high-flying
честь ж honour
чеська мова ж Czech
Чеська Республіка ж Czech Republic
чеський прикм Czech
четвер ч Thursday
четвертий числ fourth
четвірка ж (цифра) four; (група з чотирьох осіб або предметів) foursome
чех (**чешка**) ч (ж) Czech

чехарда ж (гра) leapfrog; (плутанина) confusion
чечітка ж tap-dancing
Чечня ж Chechnya

 ключове слово

чи спол 1 (при однорідних членах і підрядних частинах) or
2 (тобто) or
3 (на початку підрядної частини) whether, if
▷ част (у питальних реченнях, не перекладається): **чи зможете ви зробити це сьогодні?** will you be able to do this today?

чизбургер ч cheeseburger
чий займ whose

ключове слово

чийсь (ж **чиясь**, с **чиєсь**, мн **чиїсь**) займ
1 somebody's, someone's
2 (будь-чий) anyone's

Чилі невідм ім Chile
чилієць (**чилійка**) ч (ж) Chilean
чилійський прикм Chilean
чималий прикм (значний) considerable; (досить великий) sizeable
чинний прикм acting; (який має юрид силу) valid, effective; **чинний закон** valid law; **чинний президент** the acting president
чинник ч factor; (рушій) driving force
чинність ж validity
чип ч chip
чипси мн ім crisps
численний прикм numerous; (масовий) massed
число с number; (дата) date; **середнє число** average, mean
числовий прикм numerical
чистий прикм clean; (справжній) pure, sheer; (про вагу, прибуток) net
чистити (док **почистити**) пер дс to clean; to cleanse; (щіткою) to brush; (картоплю та ін.) to peel; **чистити в хімчистці** to dry-clean
чистка ж clean-up; **проводити чистку** to purge
чистота ж cleanliness; (без домішок) purity
читабельний прикм readable
читання с reading
читати (док **прочитати**) непер / пер дс to read; (вголос) to read out; (по губах) to lip-read; **читати лекцію** to lecture
читач (**читачка**) ч (ж) reader; **читачі** readership
чищення с cleaning

чіплятися *непер дс* to grapple, to cling, to clench; *(діставати)* to hassle
чіткий *прикм (визначений)* clear-cut; *(виразний)* distinct; *(точний)* exact
член *ч* member; **член екіпажу** crewman; **член-засновник** founder member; **член ради** councillor
членство *с* membership
членська картка *ж* membership card
ЧМ *абр (частотна модуляція)* FM
човгати *непер дс* to shuffle
човен *ч* boat; **човен на веслах** rowing boat; **підводний човен** submarine
чоло *с* forehead, brow
чоловік *ч* man, person; *(у подружжі)* husband; **колишній чоловік** ex-husband
чоловічий *прикм* masculine; **чоловічий одяг** menswear; **чоловічий туалет** gents' (toilet); **чоловіча стать** male
чому *присл* why
чорний *прикм* black
чорнило *с* ink
чорнити *пер дс* to blacken
чорниця *ж* blueberry
чорно-білий *прикм* black and white
чорнобривці *ч, мн* marigold
чорнослив *ч* prune
чортополох *ч* thistle
чотири *числ* four
чотирикутний *прикм* rectangular
чотирикутник *ч* rectangle
чотириразовий *прикм* quadruple
чотириста *числ* four hundred
чотирнадцятий *числ* fourteenth
чотирнадцять *числ* fourteen
чохол *ч* cover, case
чубик *ч* fringe
чудний *прикм* strange, odd
чудовий *прикм* wonderful; *(відмінний)* excellent; *(розкішний)* magnificent; *(прекрасний)* fine; *(чарівний)* delightful
чудовисько *с* monster
чудово *присл* wonderfully, beautifully
чудодійний *прикм* miracle
чужоземний *прикм* alien
чуйний *прикм* sensitive, responsive
чулий *прикм* sensitive, tactful
Чумацький Шлях *ч* Milky Way
чути *непер / пер дс* to hear
чутка *ж* rumour
чутливий *прикм* sensitive; *(вразливий)* touchy
чутливість *ж* sensibility
чутний *прикм* audible
чуттєвий *прикм* sensuous
чухати *(док* **почухати)** *пер дс* to scratch
чхати *(док* **чхнути)** *непер дс* to sneeze

шабат *ч* Sabbath
шаблон *ч* template
шаблонний *прикм* commonplace
шабля *ж* sabre
шайба *ж (прокладка під гайку)* washer; *(у хокеї)* puck
шале *с* chalet
шалений *прикм (лютий)* furious; *(дуже сильний)* frenzied
шаленіти *непер дс* to go crazy; *(буйствувати)* to rampage
шаленство *с* rage
шаль *ж* shawl
шаман *ч* shaman
шампанське *с* champagne
шампунь *ч* shampoo
шампур *ч* skewer
шанобливий *прикм* respectful
шанований *прикм* respected
шановний *прикм* reputable; *(у звертаннях)* dear
шанс *ч* chance
шантаж *ч* blackmail
шантажувати *пер дс* to blackmail
шанувальник *ч* admirer
шанування *с* reverence
шанувати *пер дс* to revere
шапка *ж* hat
шапочка для душу *ж* shower cap
шар *ч* layer; *(фарби)* coat
шарада *ж* charade
шарм *ч* charm
шарпати *непер / пер дс (смикати)* to pull; *(турбувати, тривожити)* to harass
шарф *ч* scarf
шатл *ч* shuttle
шафа *ж* wardrobe; **книжкова шафа** bookcase
шафка з замком *ж* locker
шафка з шухлядами *ж* filing cabinet
шафран *ч* saffron
шахи *мн ім* chess
шахрай *ч* cheater, swindler
шахрайство *с* fraud

шахрайський *прим* fraudulent
шахраювати *непер дс* to cheat
шахта *ж* mine
шахтар *ч* miner
шашки *мн ім* draughts
швабра *ж* mop
швед (**шведка**) *ч (ж)* Swede
шведська мова *ж* Swedish
шведський *прим* Swedish
швейна машина *ж* sewing machine
швейцар *ч* doorman
швейцарець (**швейцарка**) *ч (ж)* Swiss
Швейцарія *ж* Switzerland
швейцарський *прим* Swiss
Швеція *ж* Sweden
швидкий *прим* quick, fast; **швидка допомога** ambulance
швидкісний *прим* high-speed; **швидкісний ряд** (*на трасі*) fast lane
швидкість *ж* speed, rate
швидко *присл* quickly, fast
швидкозшивач *ч* folder
швидкоплинний *прим* fleeting
шеврон *ч* chevron
шедевр *ч* masterpiece
шезлонг *ч* deckchair
шейх *ч* sheikh
шелестіти *непер дс* to rustle
шепіт *ч* murmur
шепотіти *непер / пер дс* to whisper
шербет *ч* sorbet
шеренга *ж* rank
шериф *ч* sheriff
шестикутний *прим* hexagonal
шестикутник *ч* hexagon
шеф *ч* (*розм*) boss, chief
шеф-кухар *ч* chef
шибеник *ч* (*розм*) brat
шибка *ж* pane
шизофренік *ч* schizophrenic
шизофренія *ж* schizophrenia
шиїтський *прим* Shiite
шийка матки *ж* cervix
шик *ч* chic
шикарний *прим* (*вишуканий*) chic; (*розкішний*) plush
шикувати[1] *непер дс* (*розм: жити з шиком*) to live in style
шикувати[2] *пер дс* (*вишиковувати*) to rank
шикуватися (*док* **вишикуватися**) *непер дс* to rank
шимпанзе *ч / ж* chimpanzee
шина *ж* tyre
шип *ч* (*рослини або тварини*) thorn
шипіти *непер дс* to hiss; to fizz
шипучий *прим* sparkling
ширина *ж* width, breadth
широкий *прим* broad, wide
широко *присл* broadly, widely
широкоекранний *прим* widescreen

широкомасштабний *прим* wide-ranging
широкосмугове з'єднання *с* broadband
широта *ж* latitude
шити (*док* **пошити**) *непер / пер дс* to sew
шиття *с* sewing
шифон *ч* chiffon
шия *ж* neck
шістдесят *числ* sixty
шістдесятий *числ* sixtieth
шістнадцятий *числ* sixteenth
шістнадцять *числ* sixteen
шістсот *числ* six hundred
шість *числ* six
шкала *ж* scale; **часова шкала** timeline
шкандибати *непер дс* to totter
шкаралупа *ж* shell
шкарпетка *ж* sock
шквал *ч* gust
шкварчати *непер дс* to sizzle
шкідливий *прим* harmful
шкільний *прим* school; **шкільний товариш** school friend; **шкільна форма** school uniform; **шкільні роки** schooldays
шкіпер *ч* skipper
шкіра *ж* skin; (*матеріал*) leather
шкірка *ж* (*овочів та фруктів*) peel; (*фрукта*) rind

⭕ **ключове слово**

шкода́ *як прис* **1** (*про співчуття*): **мені його шкода** I am sorry for him; **мені його так шкода** I feel so sorry for him
2 (*про прикрість через втрату чогось*) it's a pity, it's a shame; **шкода від'їздити** it's a pity/it's a shame to leave
3 (*про небажання витрачати, віддавати*) to grudge; **мені шкода часу / грошей** I grudge the time/money; **якщо вам не шкода грошей** if you have money to spare/waste
4 (*марно, даремно: розм*) it's useless, it's fruitless

шкóда *ж* (*втрата, збиток*) harm, damage
шкодувати (*док* **пошкодувати**) *непер дс* to regret
школа *ж* school; (*для вивчення іноземних мов*) language school; (*школа-інтернат*) boarding school; **школа бізнесу** business school; **початкова школа** primary school, elementary school; **приватна школа** public school, private school; **середня школа** (*для дітей 11-18 років*) secondary school
школяр *ч* schoolchild
шкрябати *пер дс* to scrawl
шкура *ж* (*тварини*) hide
шкутильгати *непер дс* to hobble
шланг *ч* hose, hosepipe

шлунковий *прикм* gastric

шлунок *ч* stomach; **біль у шлунку** stomachache; **розлад шлунка** indigestion

шлюб *ч* marriage

шлюпка *ж* dinghy

шлях *ч* way, pathway; **водний шлях** waterway

шляхетний *прикм* noble

шляхта *ж* nobility

шматок *ч* piece; (*відірваного або відламаного*) scrap; **великий шматок** hunk

шматочок *ч* morsel, shred

шнур *ч* cord; (*електричний*) flex

шнурок *ч* shoe lace

шов *ч* seam

шовініст *ч* chauvinist

шовк *ч* silk

шовковистий *прикм* silky

шок *ч* shock

шоколад *ч* chocolate; **молочний шоколад** milk chocolate

шокувати *пер дс* to shock

шокуючий *прикм* shocking

шолом *ч* helmet; **Великий шолом** Grand Slam

шорсткий *прикм* rough

шорти *мн ім* shorts

шостий *числ* sixth

шотландець *ч* Scotsman, Scot

Шотландія *ж* Scotland

шотландка¹ *ж* (*мешканка Шотландії*) Scotswoman, Scot

шотландка² *ж* (*картата тканина*) plaid

шотландський *прикм* Scots, Scottish

шоу-бізнес *ч* show business

шпалери *мн ім* wallpaper; **обклеювати шпалерами** to wallpaper

шпатель *ч* spatula

шпигувати *непер дс* to spy

шпигун *ч* spy

шпигунство *с* espionage, spying

шпиль *ч* spire, steeple

шпилька *ж* pin

шпильки *ж, мн* (*підбори*) stiletto

шпинат *ч* spinach

шприц *ч* syringe

шрапнель *ж* shrapnel

шрифт *ч* font

Шрі-Ланка *ж* Sri Lanka

штаб-квартира *ж* headquarters, HQ

штамп *ч* stamp; (*печатка*) rubber stamp

штампувати *пер дс* to stamp; (*закони, плани*) to rubber stamp

штани *мн ім* trousers

штатний *прикм* regular; (*працівник*) salaried; **штатний співробітник** (*у політ організаціях та журналістиці*) staffer

штепсельна вилка *ж* plug

штовханина *ж* crush, hustle

штовхати (*док* **штовхнути**) *пер дс* to push, to jostle; (*спонукати*) to instigate, to incite

штовхатися *непер дс* to push one another, to jostle; **штовхатися ліктями** to elbow

штопати *пер дс* to darn

штопор *ч* corkscrew

штора *ж* curtain

штормівка *ж* cagoule

штраф *ч* fine

штрафний майданчик *ч* penalty area

штрафувати *пер дс* to fine

штрих-код *ч* bar code

штукатурити *пер дс* to plaster

штурвал *ч* helm

штурман *ч* navigator

штучний *прикм* (*рукотворний*) artificial; (*надуманий, несправжній*) far-fetched; **штучний інтелект** artificial intelligence

шуба *ж* fur coat

шукати *пер дс* to look for, to search for; (*прагнути, домагатися*) to seek; (*у комп'ютері або в Інтернеті*) to browse

шукач *ч* searcher, seeker; **шукач пригод** adventurer

шульга *ч / ж* left-hander

шум *ч* noise; (*галас*) din

шумний *прикм* noisy

шунтування *с* bypass

шуруп *ч* screw

шухляда *ж* drawer

щасливий *прикм* happy; joyous; *(якому таланить)* lucky

щасливо *присл* happily

щастя *с* happiness; **на щастя** *(вставне слово)* thankfully, fortunately

ще *присл (досі)* still; *(у запереченні)* yet; *(більше)* more

щебетати *непер дс* to warble

щебінь *ч* broken stone

щедрий *прикм* generous; **щедрий дарунок** bounty

щедрість *ж* generosity

щедро *присл* generously

щелепа *ж* jaw

щеплення *с* inoculation

щетина *ж* stubble, bristle

щипавка *ж* earwig

щипати *(док вщипнути)* *пер дс* to pinch

щирий *прикм* sincere; *(чесний)* honest; *(про друга)* bosom; **щирий приятель** crony

щирість *ж* sincerity; *(чесність)* honesty

щиро *присл* sincerely; *(чесно)* honestly

щиросердий *прикм* wholehearted

щит *ч* shield; **розподільний щит** switchboard

щитоподібна залоза *ж* thyroid

щілина *ж* chink, slit; *(для вкидання монет)* slot

щільність *ж* density

щітка *ж* brush

 ключове слово

що *займ* **1** *(відносний і питальний)* what, which
2 *(сполучне слово в складних реченнях)* which, that
3 *(чому, з якої причини)* why, how
▷ *спол* that

 ключове слово

щоб *спол* **1** *(виражає мету)* in order to, so that
2 *(виражає бажаність, перекладається суб'єктним інфінітивом)*: **я хочу, щоб вона прийшла** I want her to come
3 *(виражає можливість)*: **не може бути, щоб він так учинив** it can't be possible that he could have acted like that
▷ *част* **1** *(виражає побажання)*: **щоб вона захворіла!** I hope she gets ill!
2 *(виражає вимогу)*: **щоб я цього більше не чув!** I never want to hear that again!

щогла *ж* mast

щогодини *присл* hourly

щогодинний *прикм* hourly

щоденний *прикм* daily, everyday

щоденник *ч* diary

щоденно *присл* daily

щодо *прийм* considering

щойно *присл* just, newly

щока *ж* cheek

щоквартальний *прикм* quarterly

щоквартальник *ч* quarterly

щомісячний *прикм* monthly

щомісячник *ч* monthly

що-небудь *займ* anything

щонічний *прикм* nightly

щорічний *прикм* annual, yearly

щорічник *ч* annual

щорічно *присл (раз на рік)* annually; *(за рік)* per annum

щороку *присл* yearly

щось *займ* something

щотижневий *прикм* weekly

щука *ж* pike

щупальце *с* tentacle

щур *ч* rat

Ю Я

ювелір _ч_ jeweller
ювелірний магазин _ч_ jeweller's
ювелірні вироби _ч, мн_ jewellery
ювілей _ч_ jubilee
юнак _ч_ youth
юнацький _прикм_ adolescent; **юнацькі роки** boyhood
юрба _ж_ crowd; **юрби** droves _мн_
юридичний _прикм_ legal; **юридичний факультет** law school; **юридична допомога** (_бідним_) legal aid
юрисдикція _ж_ jurisdiction
юрист _ч_ lawyer
юрмитися _непер дс_ to throng

я _займ_ I; (_у непрямому відмінку_) me
яблуко _с_ apple
явище _с_ phenomenon
явка _ж_ presence, attendance
явний _прикм_ evident, obvious
явно _присл_ evidently, obviously
ягня _с_ lamb
ягода _ж_ berry
ядерний _прикм_ nuclear; **ядерний реактор** nuclear reactor
ядро _с_ (_горіха_) kernel; (_атома, клітини_) nucleus
яєчний білок _ч_ egg white
яєчний жовток _ч_ egg yolk
яєчник _ч_ ovary
язик _ч_ tongue
яйце _с_ egg

 ключове слово

як _присл_ **1** (_яким чином_) how; **як ви себе почуваєте?** how do you feel?; **як справи?** how are you?
2 (_відносний_) as; **я зробив, як ти просив** I did as you asked
3 (_у питаннях про ім'я, назву_) what; **як тебе звуть?** what is your name?; **як називається ця книга?** what is the title of that book?
4 (_для вираження обурення, здивування_) what; **як шкода!** what a pity/shame!
▷ _спол_ **1** (_при порівнянні_) as, like; **як раніше** as before; **м'який, як вата** as soft as cotton wool; **він одягнений, як волоцюга** he is dressed like a tramp
2 (_як тільки_) as soon as
3 (_коли_) when; **як закінчиш, зателефонуй мені** phone me when you finish
4 (_відтоді як_) since; **минуло два роки, як вона зникла** two years have passed since she disappeared
5 (_у ролі_) as; **він дуже корисний як консультант** he is very useful as a consultant

ключове слово

якби *спол* **1** (*у тому випадку, коли*) if; **якщо вона прийде, дай їй цього листа** if she comes, give her this letter **2** (*про умовну дію*) if; **якби я міг, то допоміг би тобі** if I could, I would help you
▷ *част* (*для вираження сильного бажання*) if only; **якби він тільки прийшов!** if only he would come!

 ключове слово

який *займ* **1** (*питальний*) what, which, what kind of; **який колір тобі подобається?** what colour do you like?; **яка сьогодні погода?** what's the weather like today?; **які книжки ти читаєш?** what kind of books do you read? **2** (*відносний: про людей*) who (whom; (: *про істот і неістот в обмежувальних реченнях*) that; (: *про тварин і предмети*) which; **дитина, яка їсть морозиво** the child who is eating the ice-cream; **особа, з якою я розмовляв** the person to whom I was speaking; **скажи, яка книга цікавіша** tell me which book is more interesting; **скажи мені, у якому місті знаходиться Колізей** tell me which city the Coliseum is in **3** (*в окличних реченнях*): **яка несподіванка!** what a surprise!; **який він розумний!** how clever he is! **4** (*для заперечення при риторичних питаннях*) what kind of ...?; **який він директор?** what kind of director is he?

який-небудь *займ* any
якір *ч* anchor; **ставати на якір** to berth
якісний *прикм* qualitative
якість *ж* quality
якнайдалі *присл* furthest
якось *присл* somehow
якщо *спол* if; (*якщо не*) unless
ялина *ж* fir, spruce
ялинка *ж* fir tree
ялівець *ч* juniper
яловичина *ж* beef
ямайський *прикм* Jamaican
японець (**японка**) *ч* (*ж*) Japanese
Японія *ж* Japan
японська мова *ж* Japanese
японський *прикм* Japanese
яр *ч* gully, ravine
ярд *ч* yard
ярлик *ч* label, tab; **вішати ярлик** (*безпідставно звинувачувати*) to pigeonhole
ярмарок *ч* funfair, fair
ярус *ч* tier

яскравий *прикм* bright; (*блискучий*) brilliant
яскраво-червоний *прикм* scarlet
ясла *мн ім* (*дитячі*) nursery, crèche
ясний *прикм* clear; explicit
ясність *ж* clarity
ясно *присл* clearly
ясновидющий *прикм* clairvoyant
яструб *ч* hawk
яхта *ж* yacht
яхтсмен *ч* yachtsman
ячмінь *ч* barley
ящик *ч* crate
ящірка *ж* lizard

Phrasefinder

Розмовник

TOPICS | ТЕМИ

MEETING PEOPLE | **ЗНАЙОМСТВО**

Hello!	Вітаю!
Good evening!	Добрий вечір!
Good night!	Надобраніч!
Goodbye!	До побачення!
What's your name?	Як вас звати?
My name is ...	Мене звати ...
This is ...	Це ...
my wife.	*моя дружина.*
my husband.	*мій чоловік.*
my partner.	*мій партнер.*
Where are you from?	Звідки ви?
I come from ...	Я з ...
How are you?	Як справи?
Fine, thanks.	Добре, дякую.
And you?	А у вас?
Do you speak English?	Ви розмовляєте англійською?
I don't understand Ukrainian.	Я не розумію українську.
Thanks very much!	Дуже дякую!

Asking the Way	**Як пройти**
Where is the nearest ...?	Де знаходиться найближчий (найближча) ... ?
How do I get to ...?	Як дістатися до ... ?
Is it far?	Це далеко?
How far is it from here?	Це далеко звідси?
Is this the right way to ...?	Я правильно йду до ... ?
I'm lost.	Я заблукав (заблукала).
Can you show me on the map?	Ви можете показати мені це на карті?
You have to turn round.	Вам треба піти у зворотньому напрямку.
Go straight on.	Йдіть прямо.
Turn left/right.	Поверніть ліворуч (праворуч).
Take the second street on the left/right.	Прямуйте другою вулицею зліва (справа).

Car Hire	**Оренда автомобіля**
I want to hire ...	Я хочу взяти в оренду ...
a car.	*автомобіль.*
a moped.	*мопед.*
a motorbike.	*мотоцикл.*
How much is it for ...?	Скільки це коштує за...?
one day	*один день*
a week	*тиждень*
What is included in the price?	Що включає ціна?

I'd like a child seat for a ...-year-old child.

Я б хотів (хотіла) дитяче крісло для ...-річної дитини.

What do I do if I have an accident/if I break down?

Що я маю робити у випадку аварії (поломки)?

Breakdowns | Поломки

My car has broken down.	Моя машина зламалася.
Where is the next garage?	Де найближча СТО?
The exhaust	*Вихлопна труба*
The gearbox	*Коробка передач*
The windscreen	*Вітрове скло*
... is broken.	... зламалася/розбилося.
The brakes	*Гальма*
The headlights	*Фари*
The windscreen wipers	*"Двірники"*
... are not working.	... не працюють.
The battery is flat.	Акумулятор розрядився.
The car won't start.	Машина не заводиться.
The engine is overheating.	Двигун перегрівся.
I have a flat tyre.	У мене спустило колесо.
Can you repair it?	Ви можете його відремонтувати?
When will the car be ready?	Коли машина буде готова?

Parking | Паркування

Can I park here?	Я можу тут припаркуватися?
Do I need to buy a (car-parking) ticket?	Мені треба купувати (паркувальний) квиток?

Where is the ticket machine?	Де квитковий автомат?
The ticket machine isn't working.	Квитковий автомат не працює.

Petrol Station | Автозаправка

Where is the nearest petrol station?	Де найближча автозаправка?
Fill it up, please.	Заправте, будь ласка.
50 pounds worth of...	На 50 фунтів...
diesel.	*дизпалива.*
(unleaded) economy petrol.	*неетилованого бензину.*
premium unleaded.	*неетилованого преміум.*
Pump number ... please.	Колонка номер ..., будь ласка.
Please check ...	Перевірте, будь ласка, ...
the tyre pressure.	*тиск у шинах.*
the oil.	*мастило.*
the water.	*охолоджуючу рідину.*

Accident | Аварія

Please call ...	Подзвоніть, будь ласка...
the police.	*в поліцію.*
an ambulance.	*у швидку.*
Here are my insurance details.	Це дані мого страхового полісу.
Give me your insurance details, please.	Дайте, будь ласка, дані вашого страхового полісу.
Can you be a witness for me?	Ви можете бути моїм свідком?

You were driving too fast.	Ви їхали занадто швидко.
It wasn't your right of way.	Ви не мали права тут проїжджати.

Travelling by Car | Подорож автомобілем

What's the best route to …?	Який найкращий маршрут до … ?
I'd like a motorway tax sticker …	Я б хотів (хотіла) наклейку для проїзду по маґістралі…
for a week.	*на тиждень.*
for a year.	*на рік.*
Do you have a road map of this area?	У вас є карта доріг цього району?

Cycling | Їзда на велосипеді

Where is the cycle path to …?	Де велосипедна доріжка до … ?
Can I keep my bike here?	Можна залишити велосипед тут?
My bike has been stolen.	Мій велосипед викрали.
Where is the nearest bike repair shop?	Де найближча велосипедна майстерня?
The brakes	*Гальма*
The gears	*Привід*
… aren't working.	…не працюють (не працює).
The chain is broken.	Ланцюжок зламався.
I've got a flat tyre.	У мене спустило колесо.
I need a puncture repair kit.	Мені потрібен набір для ремонту колеса.

Train	**Подорож потягом**
How much is ...?	Скільки коштує…?
a single	*квиток в один кінець*
a return	*квиток в обидва кінці*
A single to ..., please.	Будь ласка, квиток в один кінець до …
I would like to travel first/second class.	Я б хотів (хотіла) поїхати першим (другим) класом.
Two returns to ..., please.	Будь ласка, квиток в обидва кінці до …
Is there a reduction ...?	Чи є знижка…?
for students	*для студентів*
for pensioners	*для пенсіонерів*
for children	*для дітей*
with this pass	*за цим посвідченням*
I'd like to reserve a seat on the train to ... please.	Я б хотів (хотіла) забронювати квиток на потяг до…
I want to book a sleeper to ...	Я хочу замовити спальне місце до …
When is the next train to ...?	Коли наступний потяг до … ?
Is there a supplement to pay?	Чи є додаткова платня?
Do I need to change?	Мені потрібно пересідати на інший потяг?
Where do I change?	Де мені потрібно пересісти на інший потяг?

Which platform does the train for ... leave from?	З якої платформи відходить потяг до ... ?
Is this the train for ...?	Це потяг до ... ?
Excuse me, that's my seat.	Пробачте, це моє місце.
I have a reservation.	У мене броня.
Is this seat free?	Це місце вільне?
Please let me know when we get to ...	Повідомте мені, будь ласка, коли ми приїдемо до ...
Where is the buffet car?	Де вагон-ресторан?
Where is coach number ...?	Де ... вагон?

Ferry	**Пором**
Is there a ferry to ...?	Це пором до ... ?
When is the next/first/last ferry to ...?	Коли наступний (перший, останній) пором до ... ?
How much is it for a camper/car with ... people?	Скільки коштує проїзд для автофургону (машини) з ... людьми?
How long does the crossing take?	Скільки триває переправа?
Where is ...?	Де...?
the restaurant	*ресторан*
the bar	*бар*
the duty-free shop	*магазин безмитної торгівлі*
Where is cabin number ...?	Де каюта номер ... ?
Do you have anything for seasickness?	У вас є щось від морської хвороби?

Plane | Подорож літаком

Where is ...?	Де знаходиться…?
the taxi rank	*стоянка таксі*
the bus stop	*автобусна зупинка*
the information office	*довідкове бюро*
Where do I check in for the flight to ...?	Де реєструватися на рейс до … ?
Which gate for the flight to ...?	Який вихід на рейс до … ?
When is the latest I can check in?	Коли закінчується реєстрація?
When does boarding begin?	Коли починається посадка?
Window/aisle, please.	Місце біля вікна (проходу), будь ласка.
I've lost my boarding pass/my ticket.	Я загубив (загубила) свій посадковий талон (квиток).
Where is the luggage for the flight from ...?	Де багаж рейсу з… ?
My luggage hasn't arrived.	Мій багаж не прибув.

Local Public Transport | Місцевий суспільний транспорт

How do I get to ...?	Як дістатися до… ?
Where is the bus station?	Де автобусна зупинка?
Where is the nearest ...?	Де найближча…?
bus stop	*автобусна зупинка*
underground station	*станція метро*
A ticket to..., please.	Квиток до… , будь ласка.

Is there a reduction ...?	Чи є знижка ...?
for students	*для студентів*
for pensioners	*для пенсіонерів*
for children	*для дітей*
for unemployed people	*для безробітних*
with this pass	*за цим посвідченням*
How does the (ticket) machine work?	Як працює цей квитковий автомат?
Do you have a map of the underground?	У вас є карта метро?
Please tell me when to get off.	Підкажіть, коли мені виходити.
What is the next stop?	Яка зупинка наступна?

Taxi	**Таксі**
Where can I get a taxi?	Де можна взяти таксі?
Call me a taxi, please.	Викличте мені таксі, будь ласка.
To the airport/station, please.	В аеропорт (на станцію), будь ласка.
To this address, please.	За цією адресою, будь ласка.
I'm in a hurry.	Я поспішаю.
How much is it?	Скільки це коштує?
I need a receipt.	Мені потрібен чек.
Keep the change.	Решту залиште.
Stop here, please.	Зупиніться тут, будь ласка.

Camping	Проживання в наметах
Is there a campsite here?	Є десь поблизу наметове містечко?
We'd like a site for ...	Нам потрібне місце для ...
a tent.	*намету.*
a caravan.	*фургона.*
We'd like to stay one night/... nights.	Ми б хотіли залишится на одну ніч (... ночей).
How much is it per night?	Скільки коштує проживання за ніч?
Where are ...?	Де знаходиться...?
the toilets	*туалет*
the showers	*душ*
Where is ...?	Де знаходиться...
the site office	*офіс містечка?*
Can we camp/park here overnight?	Ми можемо розташуватися табором (поставити на стоянку автомобіль) на всю ніч?

Self-Catering	Самообслуговування
Where do we get the key for the apartment/house?	Де можна взяти ключі від квартири (будинку)?
Do we have to pay extra for electricity/gas?	Треба додатково платити за електрику (газ)?
How does the heating work?	Як працює опалення?
Who do I contact if there are any problems?	До кого можна звертатися, якщо виникнуть проблеми?

We need ...	Нам потрібен (потрібно)...
a second key.	*другий ключ.*
more sheets.	*більше простирадл.*
The gas has run out.	Газ закінчився.
There is no electricity.	Немає електрики.
Do we have to clean the apartment/the house before we leave?	Чи треба прибирати квартиру (дім) перед від'їздом?

Hotel | В готелі

Do you have a ... for tonight?	У вас є...?
single room	*одномісний номер*
double room	*двомісний номер*
Do you have a room ...?	У вас є номер...?
with bath	*з ванною*
with shower	*з душем*
I want to stay for one night/ ... nights.	Я хочу залишитися на одну ніч (... ночей).
I booked a room in the name of ...	Я замовив (замовила) кімнату на ім'я ...
I'd like another room.	Я б хотів (хотіла) іншу кімнату.
What time is breakfast?	О котрій годині сніданок?
Can I have breakfast in my room?	Я можу замовити сніданок у номер?
Where is ...?	Де знаходиться...?
the gym/the swimming pool	*спортивна зала (басейн)*
I'd like an alarm call for tomorrow morning at ...	Розбудіть мене, будь ласка, завтра о...

I'd like to get these things washed/cleaned.

Мені потрібно випрати (почистити) ці речі.

Please bring me ...

Принесіть мені, будь ласка, ...

The... doesn't work.

... не працює.

Room number ...

Номер ...

Are there any messages for me?

Для мене є повідомлення?

I'd like …	Я б хотів (хотіла) …
Do you have …?	У вас є … ?
Do you have this …?	У вас є це … ?
in another size	*іншого розміру*
in another colour	*іншого кольору*
I take size …	Я візьму … розмір.
My feet are a size 5½.	Розмір мого взуття - 5½.
I'll take it.	Я беру це.
Do you have anything else?	У вас є ще щось?
That's too expensive.	Це занадто дорого.
I'm just looking.	Я просто дивлюся.
Do you take credit cards?	Ви приймаєте кредитні картки?

Food shopping | Покупка продуктів харчування

Where is the nearest …?	Де найближчий…?
supermarket	*супермаркет*
baker's	*хлібна крамниця*
butcher's	*м'ясна крамниця*
Where is the market?	Де ринок?
When is the market on?	Коли працює ринок?
a kilo/pound of …	кілограм/фунт…
200 grams of …	200 грамів…
… slices of …	… шматочків…
a litre of …	літр…
a bottle/packet of …	пляшку (пакет)…

Post Office | Пошта

Where is the nearest post office?	Де знаходиться найближче поштове відділення?
When does the post office open?	Коли відкривається поштове відділення?
Where can I buy stamps?	Де можна придбати марки?
I'd like ... stamps for postcards/letters to Britain/the United States.	Мені потрібно ... марки (марок) для листівки (листа) до Британії (Сполучених Штатів).
I'd like to send ...	Я б хотів (хотіла) надіслати...
this letter.	*цього листа.*
this parcel.	*цю посилку.*
by airmail/express mail/registered mail	авіапоштою (експрес-поштою, рекомендованою поштою).
Is there any mail for me?	Є лист для мене?
Where is the nearest postbox?	Де найближча поштова скринька?

Photos | Фотографії

My memory card is full.	Моя карта пам'яті повна.
Where can I buy a camera?	Де можна купити фотоапарат?
Can I print my digital photos here?	Я можу роздрукувати тут свої цифрові фотографії?

How much do the photos cost?	Скільки коштують фотографії?
Could you take a photo of us, please?	Сфотографуйте нас, будь ласка!

Sightseeing	Огляд визначних місць
Where is the tourist office?	Де знаходиться туристичне бюро?
Do you have any leaflets about ...?	У вас є якісь листівки про … ?
Are there any sightseeing tours of the town?	Є якісь екскурсії з оглядом визначних місць цього міста?
When is ... open?	Коли … відчинений (відчинена)?
the museum	*музей*
the church	*церква*
the castle	*замок*
How much does it cost to get in?	Скільки коштує вхід?
Are there any reductions ...?	Чи є знижки…?
for students	*для студентів*
for children	*для дітей*
for pensioners	*для пенсіонерів*
for unemployed people	*для безробітних*
Is there a guided tour in English?	Чи є екскурсія англійською?
Can I take photos here?	Можна тут фотографувати?
Can I film here?	Можна тут знімати?

Entertainment	Розваги
What is there to do here?	Чим тут можна зайнятися?
Where can we ...?	Куди можна піти…?
go dancing	*потанцювати*
hear live music	*послухати живу музику*

Where is there ...?	Де є…?
a nice bar	*гарний бар*
a good club	*хороший клуб*
What's on tonight ...?	Що сьогодні ввечері йде…?
at the cinema	*в кінотеатрі*
at the theatre	*в театрі*
at the opera	*в опері*
at the concert hall	*в концертній залі*
Where can I buy tickets for ...?	Де можна придбати квитки…?
the theatre	*в театр*
the concert	*на концерт*
the opera	*в оперу*
the ballet	*на балет*
How much is it to get in?	Скільки коштує вхід?
I'd like a ticket/... tickets for ...	Дайте, будь ласка, квиток (квитки) на…
Are there any reductions ...?	Чи є знижки…?
for children	*для студентів*
for pensioners	*для дітей*
for students	*для пенсіонерів*
for unemployed people	*для безробітних*

At the Beach | На пляжі

Where is the nearest beach?	Де найближчий пляж?
Is it safe to swim here?	Тут безпечно купатися?
Is the water deep?	Тут глибоко?
Is there a lifeguard?	Тут є рятувальник?

Where can you ...?	Де можна…?
go surfing	*зайнятися серфінгом*
go waterskiing	*покататися на водних лижах*
go diving	*зайнятися дайвінгом*
go paragliding	*зайнятися парапланеризмом*
I'd like to hire ...	Я б хотів (хотіла) взяти напрокат…
a deckchair.	*шезлонг.*
a sunshade.	*парасольку.*
a surfboard.	*дошку для серфінгу.*
a jet-ski.	*водяний мотоцикл.*
a rowing boat.	*весловий човен.*
a pedal boat.	*водяний велосипед.*

Sport | Спорт

Where can we ...?	Де можна…?
play tennis/golf	*пограти в теніс (гольф)*
go swimming	*зайнятися плаванням*
go riding	*зайнятися верховою їздою*
go fishing	*зайнятися рибною ловлею*
How much is it per hour?	Скільки це коштує за годину?
Where can I book a court?	Де можна замовити корт?
Where can I hire rackets?	Де можна взяти напрокат ракетки?
Where can I hire a rowing boat/a pedal boat?	Де можна взяти напрокат весловий човен (водяний велосипед)?
Do you need a fishing permit?	Вам потрібен дозвіл на рибну ловлю?

Skiing	**Катання на лижах**
Where can I hire skiing equipment?	Де можна взяти напрокат лижну екіпіровку та інвентар?
I'd like to hire ...	Я б хотів (хотіла) взяти напрокат…
downhill skis.	*гірські лижі.*
cross-country skis.	*бігові лижі.*
ski boots.	*лижні черевики.*
ski poles.	*лижні палки.*
Can you tighten my bindings, please?	Підтягніть мені, будь ласка, кріплення.
Where can I buy a ski pass?	Де можна придбати гірськолижний абонемент?
I'd like a ski pass ...	Дайте, будь ласка, абонемент на…
for a day.	*один день.*
for five days.	*п'ять днів.*
for a week.	*на тиждень.*
How much is a ski pass?	Скільки коштує абонемент?
When does the first/last chair-lift leave?	Коли відходить перший (останній) крісельний підйомник?
Do you have a map of the ski runs?	У вас є карта лижних трас?
Where are the beginners' slopes?	Де схил для початківців?
How difficult is this slope?	Це складний схил?
Is there a ski school?	Тут є лижна школа?

What's the weather forecast for today?	Який на сьогодні прогноз погоди?
What is the snow like?	Який сніг?
Is there a danger of avalanches?	Чи є загроза сходження лавин?

A table for ... people, please.	Стіл на ... , будь ласка.
The ... please.	Дайте, будь ласка...
menu	*меню.*
wine list	*винну карту.*
What do you recommend?	Що ви порекомендуєте?
Do you have ...?	Ви подаєте...?
any vegetarian dishes	*вегетаріанські страви*
children's portions	*дитячі порції*
Does that contain ...?	У цій страві є...?
peanuts	*арахіс*
alcohol	*алкоголь*
Can you bring (more) ... please?	Принесіть, будь ласка, ще...
I'll have ...	Я візьму...
The bill, please.	Рахунок, будь ласка.
All together, please.	Порахуйте разом, будь ласка.
Separate bills, please.	Окремі рахунки, будь ласка.
Keep the change.	Решти не треба.
This isn't what I ordered.	Це не те, що я замовляв (замовляла).
The bill is wrong.	У рахунку помилка.
The food is cold/too salty.	Їжа холодна (надто солона).

Where can I make a phone call?	Де я можу подзвонити?
Hello.	Алло!
This is …	Це …
Who's speaking, please?	З ким я розмовляю?
Can I speak to Mr/Ms …, please?	Можна … до телефону?
I'll phone back later.	Я передзвоню пізніше.
Can you text me your answer?	Ви можете відповісти мені СМС-повідомленням?
Where can I charge my mobile (phone)?	Де можна зарядити телефон?
I need a new battery.	Мені потрібна нова батарея.
Where can I buy a top-up card?	Де можна придбати картку поповнення?
I can't get a network.	Мій телефон не ловить мережу.

Passport/Customs	**Паспортний контроль (на митниці)**
Here is ...	Ось…
my passport.	*мій паспорт.*
my identity card.	*моє посвідчення особи.*
my driving licence.	*мої водійські права.*
Here are my vehicle documents.	Це документи на машину.
This is a present.	Це подарунок.
This is for my own personal use.	Я буду використовувати це для особистих потреб.

At the Bank	**У банку**
Where can I change money?	Де можна обміняти гроші?
Is there a bank/bureau de change here?	Тут є банк (пункт обміну валюти)?
When is the bank open?	Коли працює банк?
I'd like ... pounds.	Мені потрібно … фунтів.
I'd like to cash these traveller's cheques.	Я хочу отримати гроші за цими дорожніми чеками.
What's the commission?	Яка комісія?
Can I use my card to get cash?	Я можу отримати готівку з цієї картки?
Is there a cash machine here?	Тут є банкомат?
The cash machine swallowed my card.	Банкомат не віддає мою картку.

Repairs	**Ремонт**
Where can I get this repaired?	Де можна це відремонтувати?

Can you repair ...?	Ви можете відремонтувати…?
these shoes	*ці черевики*
this watch	*цей годинник*
How much will the repairs cost?	Скільки буде коштувати ремонт?

Emergency Services — Екстрені служби

Help!	Допоможіть!
Fire!	Пожежа!
Please call ...	Викличте, будь ласка…
the emergency doctor.	*лікаря швидкої допомоги.*
the fire brigade.	*пожежників.*
the police.	*поліцію.*
I need to make an urgent phone call.	Мені потрібно терміново зателефонувати.
I need an interpreter.	Мені потрібен перекладач.
Where is the police station?	Де знаходиться поліцейський відділок?
Where is the hospital?	Де знаходиться лікарня?
I want to report a theft.	Я хочу повідомити про крадіжку.
... has been stolen.	… вкрали.
There's been an accident.	Стався нещасний випадок.
There are ... people injured.	… людей постраждали.
I've been ...	Мене (на мене)…
robbed.	*пограбували.*
attacked.	*напали.*
I'd like to phone my embassy.	Я хочу зателефонувати в посольство.

Pharmacy	**Аптека**
Where is the nearest pharmacy?	Де знаходиться найближча аптека?
Which pharmacy provides emergency service?	В якій аптеці надають екстрені послуги?
I'd like something ...	Дайте, будь ласка, щось...
for diarrhoea.	*від діареї.*
for a temperature.	*від температури.*
for travel sickness.	*від морської хвороби.*
for a headache.	*від головного болю.*
for a cold.	*від застуди.*
I'd like ...	Дайте, будь ласка, ...
plasters.	*пластирі.*
a bandage.	*бинт.*
some paracetamol.	*парацетамол.*
I can't take ...	Я не можу приймати (не переношу)...
aspirin.	*аспірин.*
penicillin.	*пеніцилін.*
Is it safe to give to children?	Це безпечно давати дітям?

At the Doctor's	**На прийомі у лікаря**
I need a doctor.	Мені потрібен лікар.
Where is casualty?	Де знаходиться відділення інтенсивної терапії?
I have a pain here.	У мене болить тут.
I feel ...	Мені...
hot.	*жарко.*
cold.	*холодно.*
I feel sick.	Мене нудить.

I feel dizzy.	У мене в голові паморочиться.
I'm allergic to ...	У мене алергія на…
I am ...	Я…
pregnant.	*вагітна.*
diabetic.	*діабетик.*
I'm on this medication.	Я приймаю ці ліки.
My blood group is ...	У мене … група крові.

At the Hospital | В лікарні

Which ward is ... in?	В якій палаті … ?
When are visiting hours?	Які тут години відвідування?
I'd like to speak to ...	Я б хотів (хотіла) поговорити з…
a doctor.	*лікарем.*
a nurse.	*медичною сестрою.*
When will I be discharged?	Коли мене випишуть?

At the Dentist's | На прийомі у стоматолога

I need a dentist.	Мені потрібен стоматолог.
This tooth hurts.	Болить цей зуб.
One of my fillings has fallen out.	У мене випала пломба.
I have an abscess.	У мене нарив.
Can you repair my dentures?	Ви можете відремонтувати мій зубний протез?
I need a receipt for the insurance.	Мені потрібен чек для отримання страховки.

Business Travel | Ділова поїздка

I'd like to arrange a meeting with ...	Я б хотів (хотіла) організувати зустріч з…
I have an appointment with Mr/Ms ...	У мене призначена зустріч з паном (пані) …
Here is my card.	Ось моя візитка.
I work for ...	Я працюю на…
How do I get to ...?	Як дістатися до…?
your office	*вашого офісу*
Mr/Ms ...'s office	*офісу пана (пані) …*
I need an interpreter.	Мені потрібен перекладач.
May I use ...?	Можна скористуватися…?
your phone/computer/desk	*вашим телефоном (комп'ютером, столом)*
Do you have an Internet connection/Wi-Fi?	У вас є Інтернет (Wi-Fi)?

Disabled Travellers | Подорож людей з обмеженими можливостями

Is it possible to visit ... with a wheelchair?	Можна відвідувати … з інвалідною коляскою?
Where is the wheelchair-accessible entrance?	Де вхід для інвалідів?
Is your hotel accessible to wheelchairs?	У вашому готелі передбачено прийом гостей-інвалідів?
I need a room ...	Мені потрібен номер…
on the ground floor.	*на першому поверсі.*
with wheelchair access.	*в який можна потрапити на інвалідній колясці.*

Do you have a lift for wheelchairs?	У вас є ліфт для інвалідів?
Where is the disabled toilet?	Де знаходиться туалет для інвалідів?
Can you help me get on/off please?	Допоможіть мені, будь ласка, це вдягти (зняти).

Travelling with children | Подорож з дітьми

Is it OK to bring children here?	Сюди можна приводити дітей?
Is there a reduction for children?	Є знижка для дітей?
Do you have children's portions?	У вас є дитячі порції?
Do you have ...?	У вас є...?
a high chair	*високий стілець*
a cot	*дитяче ліжко*
a child's seat	*дитячий стільчик*
Where can I change the baby?	Де можна перевдягнути малюка?
Where can I breast-feed the baby?	Де можна погодувати малюка грудьми?
Can you warm this up, please?	Підігрійте це, будь ласка.
What is there for children to do?	Чим можна зайняти дітей?
Where is the nearest playground?	Де найближчий ігровий майданчик?
Is there a child-minding service?	Де служба по догляду за дітьми?

I'd like to make a complaint.	Я хочу подати скаргу.
To whom can I complain?	Кому я можу поскаржитися?
I'd like to speak to the manager, please.	Я хочу поговорити з менеджером.
The light	*Світла*
The heating	*Опалення*
The shower	*Душ*
... doesn't work.	...немає (не працює).
The room is ...	Номер…
dirty.	*брудний.*
too small.	*занадто маленький.*
The room is too cold.	Номер занадто холодний.
Can you clean the room, please?	Будь ласка, приберіть цей номер.
Can you turn down the TV/the radio, please?	Зробіть, будь ласка, тихіше телевізор (радіо).
The food is ...	Їжа…
cold.	*холодна.*
too salty	*занадто солона.*
This isn't what I ordered.	Це не те, що я замовляв (замовляла).
We've been waiting for a very long time.	Ми чекали дуже довго.
The bill is wrong.	У рахунку помилка.
I want my money back.	Поверніть мені гроші.
I'd like to exchange this.	Я хочу це поміняти.
I'm not satisfied with this.	Мене це не влаштовує.

a

abnormal [æbˈnɔːməl] *adj* (*frml*) ненормальний

abnormality [ˌæbnɔːˈmælɪtɪ] *n* (*frml*) аномалія *f*

aboard [əˈbɔːd] *prep* на борту

abolish [əˈbɒlɪʃ] *vt* скасовувати (*perf* скасувати)

abolition [ˌæbəˈlɪʃən] *n* скасування *nt*

abominable [əˈbɒmɪnəbəl] *adj* огидний

Aboriginal [ˌæbəˈrɪdʒɪnəl] *n* австралійський абориген (австралійська аборигенка) *m(f)*

Aborigine [ˌæbəˈrɪdʒɪnɪ] *n* абориген (аборигенка) *m(f)*

abort [əˈbɔːt] *vt* (*frml*) робити аборт

abortive [əˈbɔːtɪv] *adj* (*frml*) невдалий

abound [əˈbaʊnd] *vi* (*frml*) бути у великій кількості

KEYWORD

a [eɪ; ə] (*before vowel and silent h* **an**) *indef art* **1**: **a book** книга; **an apple** яблуко; **she's a student** вона студентка

2 (*instead of the number "one"*): **a week ago** тиждень тому; **a hundred/thousand pounds** сто/ тисяча фунтів

3 (*in expressing time*) за, в, на; **3 a day/week** 3 на день/на тиждень; **10 km an hour** 10 км на годину

4 (*in expressing prices*): **30p a kilo** 30 пенсів кілограм; **£5 a person** 5 фунтів з людини

abandon [əˈbændən] *vt* залишати (*perf* залишити) ▷ *n* нестриманість *f*

abandoned [əˈbændənd] *adj* покинутий

abandonment [əˈbændənmənt] *n* відмова *f*

abate [əˈbeɪt] *vi* (*frml*) вщухати (*perf* вщухнути)

abbreviate [əˈbriːvɪeɪt] *vt* скорочувати (*perf* скоротити)

abbreviation [əˌbriːvɪˈeɪʃən] *n* абревіатура *f*

abdomen [ˈæbdəmən; æbˈdəʊ-] *n* (*frml*) живіт *m*

abdominal [æbˈdɒmɪnəl] *adj* (*frml*) черевний

abduct [æbˈdʌkt] *vt* викрадати (*perf* викрасти)

aberration [ˌæbəˈreɪʃən] *n* (*frml*) відхилення від норми *nt*

ability [əˈbɪlɪtɪ] *n* здатність *f*

abject [ˈæbdʒekt] *adj* жалюгідний; **abject poverty** страшна бідність *f*

ablaze [əˈbleɪz] *adj* сяючий; **to set ablaze** підпалювати (*perf* підпалити)

able [ˈeɪbl] *adj* здатний

able-bodied [ˌeɪbəlˈbɒdɪd] *adj* працездатний

ably [ˈeɪblɪ] *adv* вправно

KEYWORD

about [əˈbaʊt] *adv* **1** (= *approximately*: *referring to time, price etc.*) близько, приблизно; **at about two (o'clock)** близько другої (години); **I've just about finished** я майже закінчив

2 (*approximately: referring to height, size etc.*) приблизно; **the room is about 10 metres wide** кімната приблизно з 10 м завширшки; **she is about your age** вона приблизно вашого віку

3 (*referring to place*) близько, поблизу; **to leave things lying about** розкидати речі повсюди; **to run/walk about** бігати/ходити навколо

4: **to be about to do** збиратися (*perf* зібратися); **he was about to go to bed** він збирався йти спати

▷ *prep* **1** (*relating to*): **a book about London** книга про Лондон; **what is it about?** про що це?; **what** *or* **how about doing …?** як щодо…?

2 (*referring to place*) по; **to walk about the town** гуляти містом (по місту); **her clothes were scattered about the room** її одяг було розкидано по кімнаті

above [əˈbʌv] *prep* над

abrasive [əˈbreɪsɪv] *adj* грубий

abreast [əˈbrest] *adv* поруч

abroad [əˈbrɔːd] *adv* за кордоном

abrupt [əˈbrʌpt] *adj* раптовий

abruptly [əˈbrʌptlɪ] *adv* раптово

abscess [ˈæbses; -sɪs] *n* нарив *m*

absence [ˈæbsəns] *n* відсутність *f*

absent [ˈæbsənt] *adj* відсутній

absentee [ˌæbsənˈtiː] *n* відсутній (відсутня) *m(f)* ▷ *adj* відсутній

absent-minded [ˌæbsəntˈmaɪndɪd] *adj* неуважний

absolute ['æbsəlu:t] adj абсолютний ▷ n
абсолют m

absolutely [,æbsə'lu:tlɪ] adv цілком

absorb [əb'zɔ:b] vt поглинати (perf
поглинути)

absorbed [əb'zɔ:bd] adj поглинутий

absorbent [əb'zɔ:bənt] adj який вбирає
вологу

absorbing [əb'zɔ:bɪŋ] adj захопливий

absorption [əb'zɔ:pʃən] n всмоктування nt

abstain [əb'steɪn] vi (frml) утримуватися
(perf утриматися)

abstinence ['æbstɪnəns] n утримання nt

abstract ['æbstrækt] adj абстрактний ▷ n
абстракція f

abstraction [æb'strækʃən] n (frml)
абстрактне поняття nt

absurd [əb'sɜ:d] adj безглуздий

Abu Dhabi ['æbu: 'dɑ:bɪ] n Абу-Дабі n ind

abundance [ə'bʌndəns] n велика кількість
f; **to be in abundance** бути у великій
кількості

abundant [ə'bʌndənt] adj багатий (на
щось)

abyss [ə'bɪs] n (liter) безодня f

AC [eɪ si:] n змінний струм m

academic [,ækə'demɪk] adj академічний
▷ n учений m

academic year [,ækə'demɪk jɪə] n
навчальний рік m

academy [ə'kædəmɪ] n академія f

accelerate [æk'seləˌreɪt] vt, vi
прискорювати(ся)

acceleration [æk,selə'reɪʃən] n
прискорення nt

accelerator [æk'seləˌreɪtə] n педаль газу f

accent ['æksənt] n акцент m

accentuate [æk'sentʃueɪt] vt
наголошувати (perf наголосити)

accept [ək'sept] vt, vi приймати (perf
прийняти)

acceptable [ək'septəbl] adj прийнятний

acceptance [ək'septəns] n прийняття nt

accepted [ək'septɪd] adj
загальноприйнятий

access ['ækses] vt мати доступ ▷ n
доступ m

accessible [ək'sesəbl] adj доступний

accessory [ək'sesərɪ] n аксесуар m

accident ['æksɪdənt] n (= mishap) аварія f;
(= something unplanned) випадковість f

accidental [,æksɪ'dentl] adj випадковий

accidentally [,æksɪ'dentəlɪ] adv випадково

accident and emergency ['æksɪdənt
ənd ɪ'mɜ:dʒnsɪ] n відділення швидкої та
невідкладної допомоги nt

accident insurance ['æksɪdənt
ɪn'ʃʊərəns] n страхування від нещасних
випадків nt

acclaim [ə'kleɪm] vt (frml) гучно вітати (perf
похвалити) ▷ n (frml) схвалення nt

accolade ['ækəleɪd] n (frml) похвала f

accommodate [ə'kɒməˌdeɪt] vt
розміщувати (perf розмістити)

accommodating [ə'kɒmədeɪtɪŋ] adj
люб'язний

accommodation [ə,kɒmə'deɪʃən], (US)
accommodations npl житло nt

accompaniment [ə'kʌmpənɪmənt] n
акомпанемент m

accompany [ə'kʌmpənɪ; ə'kʌmpnɪ] vt
(frml) супроводжувати

accomplice [ə'kʌmplɪs; ə'kʌm-] n
співучасник m

accomplish [ə'kʌmplɪʃ] vt досягати (perf
досягти)

accomplished [ə'kʌmplɪʃt] adj (frml)
довершений

accomplishment [ə'kʌmplɪʃmənt] n
досягнення nt

accord [ə'kɔ:d] n угода f

accordingly [ə'kɔ:dɪŋlɪ] adv відповідно

according to [ə'kɔ:dɪŋ tə] prep (= as reported
by) відповідно до, згідно з

accordion [ə'kɔ:dɪən] n акордеон m

account [ə'kaʊnt] n (at bank) рахунок m;
(= report) звіт m; **account for** [ə'kaʊnt fɔ:]
vt пояснювати (perf пояснити)

accountable [ə'kaʊntəbl] adj
відповідальний

accountancy [ə'kaʊntənsɪ] n
бухгалтерський облік m

accountant [ə'kaʊntənt] n бухгалтер m

accounting [ə'kaʊntɪŋ] n бухгалтерський
облік m

account number [ə'kaʊnt 'nʌmbə] n
номер рахунку m

accredit [ə'kredɪt] vt (frml) акредитувати

accrual [ə'kru:əl] n накопичення nt

accrue [ə'kru:] vt, vi наростати (perf
нарости)

accumulate [ə'kju:mjʊleɪt] vt, vi
накопичувати (ся) (perf накопичити(ся))

accumulation [ə,kju:mjʊ'leɪʃən] n
накопичення nt

accuracy ['ækjʊrəsɪ] n точність f

accurate ['ækjərɪt] adj точний

accurately ['ækjərɪtlɪ] adv точно

accusation [,ækjʊ'zeɪʃən] n
обинувачення nt

accuse [ə'kju:z] vt звинувачувати (perf
звинувутити)

accused [ə'kju:zd] n обвинувачений m,
обвинувачена f

accustom [ə'kʌstəm] vt (frml) звикати (perf
звикнути)

accustomed [ə'kʌstəmd] adj звиклий; **to
be accustomed to sth** бути звиклим до
чогось

ace [eɪs] n туз m

ache [eɪk] vi боліти (perf заболіти) ▷ n біль m

achieve [ə'tʃi:v] vt досягати (perf досягти)

achievement [əˈtʃiːvmənt] n досягнення nt

acid [ˈæsɪd] n кислота f

acidic [əˈsɪdɪk] adj кислотний

acid rain [ˈæsɪd reɪn] n кислотний дощ m

acknowledge [ækˈnɒlɪdʒ] vt (frml) визнавати (perf визнати)

acknowledgement [əkˈnɒlɪdʒmənt] n підтвердження nt

acne [ˈækni] n акне nt

acorn [ˈeɪkɔːn] n жолудь m

acoustic [əˈkuːstɪk] adj акустичний ▷ n акустика f

acquaint [əˈkweɪnt] vt (frml) ознайомлювати(ся) (perf ознайомити(ся))

acquaintance [əˈkweɪntəns] n знайомий (знайома) m(f)

acquainted [əˈkweɪntɪd] adj (frml) обізнаний

acquire [əˈkwaɪə] vt (frml) придбати perf

acquirer [əˈkwaɪərə] n набувач m

acquisition [ˌækwɪˈzɪʃən] n придбання nt

acquit [əˈkwɪt] vt виправдовувати (perf виправдати)

acquittal [əˈkwɪtəl] n виправдання nt

acre [ˈeɪkə] n акр m

acrobat [ˈækrəˌbæt] n акробат (акробатка) m(f)

acronym [ˈækrənɪm] n акронім m

across [əˈkrɒs] prep через

acrylic [əˈkrɪlɪk] n акрилове волокно nt

act [ækt] vi (= take action) діяти (perf вдіяти); (= play a part) грати роль (perf зіграти роль) ▷ n дія f

acting [ˈæktɪŋ] n гра f ▷ adj чинний

action [ˈækʃən] n дія f

activate [ˈæktɪˌveɪt] vt активувати

active [ˈæktɪv] adj активний

activity [ækˈtɪvɪti] n діяльність f

actor [ˈæktə] n актор m

actress [ˈæktrɪs] n актриса f

actual [ˈæktʃʊəl] adj дійсний

actually [ˈæktʃʊəli] adv насправді

acumen [əˈkjuːmən] n кмітливість f

acupuncture [ˈækjʊˌpʌŋktʃə] n акупунктура f

acute [əˈkjuːt] adj гострий

acutely [əˈkjuːtli] adv гостро

AD [eɪ diː] abbr нашої ери

ad [æd] n (inf) оголошення nt

adamant [ˈædəmənt] adj непохитний

adapt [əˈdæpt] vi пристосовуватися

adaptable [əˈdæptəbəl] adj який легко пристосовується

adaptation [ˌædæpˈteɪʃən] n екранізація f

adapted [əˈdæptɪd] adj пристосований

adaptor [əˈdæptə] n адаптер m

add [æd] vt додавати (perf додати); **add up** [æd ʌp] vt складати (perf скласти)

added [ˈædɪd] adj додатковий

addict [ˈædɪkt] n наркоман m

addicted [əˈdɪktɪd] adj залежний

addiction [əˈdɪkʃən] n наркозалежність f

addictive [əˈdɪktɪv] adj який викликає залежність

additional [əˈdɪʃənl] adj додатковий

additionally [əˈdɪʃənəli] adv (frml) крім того; **additionally, you can pay online** крім того, ви можете заплатити в режимі он-лайн

additive [ˈædɪtɪv] n добавка f

add-on [ˈædɒn] n додаток m (до приладу)

address [əˈdrɛs] n (where you live) адреса f; (= speech) звернення nt ▷ vt адресувати

address book [əˈdrɛs bʊk] n адресна книга f

adept [əˈdɛpt] adj досвідчений

adequacy [ˈædɪkwəsi] n адекватність f

adequate [ˈædɪkwət] adj відповідний

adhere [ədˈhɪə] vi дотримуватися (perf дотриматися)

adherence [ədˈhɪərəns] n дотримання nt

adhesive [ədˈhiːsɪv] n клейка речовина f ▷ adj клейкий

ad hoc [æd hɒk] adj створений для конкретного випадку

adjacent [əˈdʒeɪsnt] adj сусідній

adjective [ˈædʒɪktɪv] n прикметник m

adjoin [əˈdʒɔɪn] vt (frml) прилягати (знаходитися)

adjourn [əˈdʒɜːn] vt, vi відкладати (perf відкласти)

adjournment [əˈdʒɜːnmənt] n відстрочка f

adjust [əˈdʒʌst] vt, vi пристосовуватися

adjustable [əˈdʒʌstəbl] adj регульований

adjustment [əˈdʒʌstmənt] n пристосування nt

administer [ədˈmɪnɪstə] vt керувати

administration [ədˌmɪnɪˈstreɪʃən] n керування nt

administrative [ədˈmɪnɪˌstrətɪv] adj адміністративний

administrator [ədˈmɪnɪˌstreɪtə] n адміністратор m

admirable [ˈædmɪrəbəl] adj прекрасний

admiral [ˈædmərəl] n адмірал m

admiration [ˌædməˈreɪʃən] n захоплення nt

admire [ədˈmaɪə] vt захоплюватися

admirer [ədˈmaɪərə] n шанувальник (шанувальниця) m(f)

admission [ədˈmɪʃən] n (entry) вступ m; (acknowledging) визнання nt; (= entrance fee) вхідна плата f

admit [ədˈmɪt] vt, vi (= confess) допускати (perf допустити) ▷ vt (= allow in) приймати (perf прийняти)

admittance [ədˈmɪtns] n доступ m

admittedly [ədˈmɪtɪdli] adv правду кажучи

adolescence [ˌædəˈlɛsəns] n підлітковий вік m

adolescent [ˌædəˈlɛsnt] n підліток m ▷ adj юнацький

adopt [əˈdɒpt] vt усиновлювати (perf усиновити)

adopted [əˈdɒptɪd] adj прийомний

adoption [əˈdɒpʃən] n усиновлення nt

adoptive [əˈdɒptɪv] adj прийомний

adorable [əˈdɔːrəb əl] adj чудовий

adoration [ˌædɔːˈreɪʃən] n обожнення nt

adore [əˈdɔː] vt обожнювати

adoring [əˈdɔːrɪŋ] adj захоплений

adorn [əˈdɔːn] vt прикрашати (perf прикрасити)

adrenalin [əˈdrɛnəlɪn] n адреналін m

Adriatic [ˌeɪdrɪˈætɪk] adj адріатичний

Adriatic Sea [ˌeɪdrɪˈætɪk siː] n Адріатичне море nt

adrift [əˈdrɪft] adj який пливе за течією

adult [ˈædʌlt; əˈdʌlt] n дорослий ▷ adj дорослий

adult education [ˈædʌlt ˌɛdjʊˈkeɪʃən] n освіта для дорослих f

adulthood [ˈædʌltˌhʊd] n зрілість f

advance [ədˈvɑːns] n аванс m ▷ vi наступати (perf наступити); просуватися (perf просунутися) (прогрес у знаннях) ▷ adj попередній (зроблений заздалегідь)

advanced [ədˈvɑːnst] adj передовий

advancement [ədˈvɑːnsmənt] n просування вперед nt

advantage [ədˈvɑːntɪdʒ] n перевага f

advantageous [ˌædvənˈteɪdʒəs] adj вигідний

advent [ˈædvɛnt; -vənt] n (frml) поява f

adventure [ədˈvɛntʃə] n пригода f

adventurer [ədˈvɛntʃərə] n шукач пригод (шукачка пригод) m(f)

adventurous [ədˈvɛntʃərəs] adj ризиковий

adverb [ˈædvɜːb] n прислівник m

adversarial [ˌædvəˈsɛərɪəl] adj (frml) антагоністичний

adversary [ˈædvəsərɪ] n супротивник m

adverse [ˈædvɜːs] adj несприятливий

adversity [ədˈvɜːsɪtɪ] n скрута f

advert [ˈædvɜːt] n оголошення nt

advertise [ˈædvəˌtaɪz] vt, vi рекламувати (perf розрекламувати)

advertisement [ədˈvɜːtɪsmənt; -tɪz-] n (written) рекламне оголошення nt

advertiser [ˈædvəˌtaɪzə] n рекламодавець m

advertising [ˈædvəˌtaɪzɪŋ] n реклама f

advice [ədˈvaɪs] n порада f

advisable [ədˈvaɪzəbl] adj (frml) доцільний

advise [ədˈvaɪz] vt радити (perf порадити)

adviser [ədˈvaɪzə] n радник (радниця) m(f)

advisory [ədˈvaɪzərɪ] adj (frml) дорадчий

advocacy [ˈædvəkəsɪ] n пропаганда f

advocate [ˈædvəkeɪt] vt (frml) пропагувати ▷ n [ˈædvəkɪt] (frml) прибічник (прибічниця) m(f)

aerial [ˈɛərɪəl] n антена f ▷ adj повітряний

aerobic [ɛəˈrəʊbɪk] adj: **aerobic exercises** вправи з аеробіки fpl

aerobics [ɛəˈrəʊbɪks] n аеробіка f

aerodynamic [ˌɛərəʊdaɪˈnæmɪk] adj аеродинамічний

aeroplane [ˈɛərəpleɪn] n аероплан m

aerosol [ˈɛərəˌsɒl] n аерозоль m

aerospace [ˈɛərəʊspeɪs] n авіаційно-космічна галузь f; **the aerospace industry** аерокосмічна промисловість f

aesthetic [iːsˈθɛtɪk] adj естетичний

affable [ˈæfəbəl] adj привітний

affair [əˈfɛə] n справа f

affect [əˈfɛkt] vt впливати (perf вплинути)

affection [əˈfɛkʃən] n прихильність f

affectionate [əˈfɛkʃənɪt] adj ласкавий

affiliate [əˈfɪlɪeɪt] n (frml) філія f

affiliated [əˈfɪlɪeɪtɪd] adj (frml) приєднаний

affiliation [əˌfɪlɪˈeɪʃən] n (frml) приналежність f (до певної групи)

affinity [əˈfɪnɪtɪ] n спорідненість f

affirm [əˈfɜːm] vt (frml) стверджувати (perf ствердити)

affirmative [əˈfɜːmətɪv] adj (frml) ствердний

afflict [əˈflɪkt] vt (frml) вражати (perf вразити) (про хворобу, лихо)

affliction [əˈflɪkʃən] n (frml) недуга f

affluence [ˈæflʊəns] n (frml) достаток m

affluent [ˈæflʊənt] adj заможний ▷ npl заможні (заможна) m(f)

afford [əˈfɔːd] vt дозволяти собі (perf дозволити собі)

affordable [əˈfɔːdəbl] adj доступний

affront [əˈfrʌnt] vt (frml) ображати (perf образити) ▷ n образа f

Afghan [ˈæfɡæn; -ɡən] adj афганський ▷ n афганець (афганка) m(f)

Afghanistan [æfˈɡænɪˌstɑːn; -ˌstæn] n Афганістан m

afloat [əˈfləʊt] adv на плаву

afoot [əˈfʊt] adj у процесі підготовки

aforementioned [əˈfɔːmɛnʃənd] adj (frml) вищезгаданий

afraid [əˈfreɪd] adj наляканий

afresh [əˈfrɛʃ] adv заново

Africa [ˈæfrɪkə] n Африка f

African [ˈæfrɪkən] adj африканський ▷ n африканець (африканка) m(f)

African-American [ˌæfrɪkənəˈmɛrɪkən] n афроамериканець (афроамериканка) m(f) ▷ adj афроамериканський

Afrikaans [ˌæfrɪˈkɑːns; -ˈkɑːnz] n африканс f

Afrikaner [ˌæfrɪˈkɑːnə] n африканер m

Afro [ˈæfrəʊ] adj африканський

Afro-Caribbean [ˌæfrəʊˌkærəˈbiːən] adj афрокарибський

aft [ɑːft] adv у кормовій частині

after [ˈɑːftə] conj після того як ▷ prep (= later than) після; (= in pursuit of) за

after-hours [ˌɑːftərˈaʊəz] adj після закриття; **after-hours childcare** група продовженого дня

aftermath [ˈɑːftəmɑːθ] n наслідки mpl

afternoon [ˌɑːftəˈnuːn] n пообідній час m

afters [ˈɑːftəz] npl (inf) десерт m

after-school [ˈɑːftəskuːl] adj позаурочний

aftershave [ˈɑːftəˌʃeɪv] n лосьйон після гоління m

afterwards [ˈɑːftəwədz] adv згодом

again [əˈɡɛn; əˈɡeɪn] adv знову

against [əˈɡɛnst; əˈɡeɪnst] prep (= touching) об; (= in opposition to) проти

age [eɪdʒ] n вік m

aged [ˈeɪdʒɪd] adj похилого віку

age group [eɪdʒ ɡruːp] n вікова група f

ageing [ˈeɪdʒɪŋ] adj старіючий ▷ n старіння nt

age limit [eɪdʒ ˈlɪmɪt] n віковий ценз m

agency [ˈeɪdʒənsɪ] n агентство nt

agenda [əˈdʒɛndə] n порядок денний m

agent [ˈeɪdʒənt] n агент m

age-old [ˌeɪdʒˈəʊld] adj (written) прадавній

aggravate [ˈæɡrəˌveɪt] vt погіршувати (perf погіршити)

aggregate [ˈæɡrɪɡət] adj сукупний

aggression [əˈɡrɛʃən] n агресія f

aggressive [əˈɡrɛsɪv] adj агресивний

aggressor [əˈɡrɛsə] n агресор m

aggrieved [əˈɡriːvd] adj ображений

aghast [əˈɡɑːst] adj (frml) приголомшений

agile [ˈædʒaɪl] adj рухливий

agitated [ˈædʒɪˌteɪtɪd] adj схвильований

agitation [ˌædʒɪˈteɪʃən] n хвилювання nt

AGM [eɪ dʒiː ɛm] abbr загальні річні збори npl

ago [əˈɡəʊ] adv тому

agonize [ˈæɡəˌnaɪz] vi мучитися (perf намучитися)

agonizing [ˈæɡənaɪzɪŋ] adj нестерпний

agree [əˈɡriː] vt, vi погоджувати(ся)

agreeable [əˈɡriːəbəl] adj приємний

agreed [əˈɡriːd] adj погоджений

agreement [əˈɡriːmənt] n угода f

agricultural [ˌæɡrɪˈkʌltʃərəl] adj сільськогосподарський

agriculture [ˈæɡrɪˌkʌltʃə] n сільське господарство nt

ahead [əˈhɛd] adv попереду

aid [eɪd] n допомога f

aide [eɪd] n помічник (помічниця) m(f)

AIDS [eɪdz] n СНІД m

ailing [ˈeɪlɪŋ] adj недужий; **ailing business** бізнес у поганому стані

ailment [ˈeɪlmənt] n нездужання nt

aim [eɪm] n мета f ▷ vt прагнути

aimless [ˈeɪmləs] adj безцільний

air [ɛə] n повітря nt

airbag [ˈeəbæɡ] n повітряна подушка f

air base [ˈeə beɪs] n військово-повітряна база f

airborne [ˈɛəˌbɔːn] adj який перебуває в повітрі

air-conditioned [ˌɛəkənˈdɪʃənd] adj провітрюваний

air conditioning [ɛə kənˈdɪʃənɪŋ] n кондиціювання повітря nt

aircraft [ˈɛəˌkrɑːft] n літак m

aircraft carrier [ˈɛəˌkrɑːft ˈkærɪə] n авіаносець m

airfield [ˈɛəˌfiːld] n аеродром m

air force [ɛə fɔːs] n військово-повітряні сили pl

air hostess [ɛə ˈhəʊstɪs] n (old) стюардеса f

airlift [ˈɛəˌlɪft] n перевезення літаками nt ▷ vt перевозити літаками

airline [ˈɛəˌlaɪn] n авіакомпанія f

airliner [ˈɛəˌlaɪnə] n повітряний лайнер m

airmail [ˈɛəˌmeɪl] n авіапошта f

airman [ˈɛəmən] n пілот m

airport [ˈɛəˌpɔːt] n аеропорт m

airport tax [ˈɛəˌpɔːt tæks] n аеропортний збір m

air power [ɛə ˈpaʊə] n військово-повітряні сили npl

air rage [ɛə reɪdʒ] n хуліганство в повітрі nt

air raid [ɛə reɪd] n повітряний напад m

airship [ˈɛəʃɪp] n дирижабль m

airsick [ˈɛəˌsɪk] adj той, хто страждає на повітряну хворобу

airspace [ˈɛəˌspeɪs] n повітряний простір m

air strike [ɛə straɪk] n повітряний напад m

airstrip [ˈɛəstrɪp] n злітно-посадкова смуга f

airtight [ˈɛəˌtaɪt] adj герметичний

air traffic controller [ɛə ˈtræfɪk kənˈtrəʊlə] n авіадиспетчер m

airwaves [ˈɛəweɪvz] npl: **the airwaves** радіохвилі

airway [ˈɛəweɪ] n дихальні шляхи npl

airy [ˈɛərɪ] adj повний повітря

aisle [aɪl] n прохід m

akin [əˈkɪn] adj (frml) схожий; **to be akin to sth** бути схожим на

alarm [əˈlɑːm] n (= apprehension) тривога f; (= warning sound or device) сигналізація f ▷ vt тривожити (perf стривожити)

alarm clock [əˈlɑːm klɒk] n будильник m

alarmed [əˈlɑːmd] adj стривожений

alarming [əˈlɑːmɪŋ] adj тривожний

alas [əˈlæs] adv (frml) на жаль

Albania [ælˈbeɪnɪə] n Албанія f

Albanian [ælˈbeɪnɪən] adj албанський ▷ n (= person) албанець (албанка) m(f); (= language) албанська мова f

albeit [ɔːlˈbiːɪt] adv (frml) хоча й; **she smiled, albeit nervously** вона посміхалася, хоча й нервово

album [ˈælbəm] n альбом m

alcohol [ˈælkəˌhɒl] n алкоголь m

alcohol-free [ˈælkəˌhɒlfriː] *adj*
безалкогольний

alcoholic [ˌælkəˈhɒlɪk] *adj* алкогольний ▷ *n*
алкоголік *m*

alcoholism [ˈælkəhɒlɪzəm] *n* алкоголізм *m*

alcove [ˈælkəʊv] *n* ніша *f*

ale [eɪl] *n* ель *m*

alert [əˈlɜːt] *adj* пильний ▷ *vt*
попереджувати про небезпеку (*perf*
попередити про небезпеку) ▷ *n* тривога *f*

A levels [ˈeɪˌlevəlz] *npl* кваліфікаційні
іспити *mpl*

● **A LEVELS**

● Кваліфікаційні іспити з трьох предметів
● для школярів віком 17-18 років. Вибір
● предметів зумовлено спеціальністю, яку
● випускники хочуть отримати в
● майбутньому. За результатами цих
● іспитів відбувається набір до
● університетів.

algae [ˈældʒiː] *n* водорість *f*

algebra [ˈældʒɪbrə] *n* алгебра *f*

Algeria [ælˈdʒɪərɪə] *n* Алжир *m*

Algerian [ælˈdʒɪərɪən] *adj* алжирський ▷ *n*
алжирець (алжирка) *m(f)*

alias [ˈeɪlɪəs] *n* вигадане ім'я *nt*, прізвисько
nt ▷ *prep* під прізвиськом

alibi [ˈælɪˌbaɪ] *n* алібі *nt*

alien [ˈeɪljən; ˈeɪlɪən] *n* (*frml*) іноземець
(іноземка) *m(f)* ▷ *adj* (*frml*) чужоземний

alight [əˈlaɪt] *adj* палаючий ▷ *vi* (*liter*) сідати
(*perf* сісти) (*про птахів, комах*); **to be alight**
палати

align [əˈlaɪn] *vt* об'єднуватися (*perf*
об'єднатися)

alignment [əˈlaɪnmənt] *n* регулювання *nt*

alike [əˈlaɪk] *adj* схожий

alive [əˈlaɪv] *adj* живий

alkaline [ˈælkəlaɪn] *adj* лужний

 KEYWORD

all [ɔːl] *adj* цілий, весь; **all day** цілий день;
all night цілу ніч; **all five stayed** всі п'ятеро
залишилися; **all the books** всі книги; **all
the time** весь час
▷ *pron* 1 все; **I ate it all, I ate all of it** я все
з'їв; **all of us stayed** ми всі залишилися;
we all sat down ми всі сіли; **is that all?** це
все?
2 (*in phrases*): **above all** передусім; **after all**
врешті-решт; **all in all** загалом; **not at all**
(*in answer to question*) аж ніяк *or* зовсім ні; (*in
answer to thanks*) нема за що; **I'm not at all
tired** я зовсім не втомився
▷ *adv*: **I am all alone** я зовсім сам; **I did it all
by myself** я все зробив сам; **it's not as
hard as all that** це не так і важко; **all the**

more/better тим більше/краще; **I have all
but finished** я майже закінчив; **the score is
two all** рахунок - два-два

Allah [ˈælə] *n* Аллах *m*

allay [əˈleɪ] *vt* (*frml*) заспокоювати (*perf*
заспокоїти)

allegation [ˌælɪˈɡeɪʃən] *n* заява *f*

allege [əˈledʒ] *vt* (*frml*) заявляти (*perf*
заявити) (*звичайно без підстав*)

alleged [əˈledʒd] *adj* (*frml*) уявний

allegiance [əˈliːdʒəns] *n* відданість *f*

allergic [əˈlɜːdʒɪk] *adj* алергічний

allergy [ˈælədʒɪ] *n* алергія *f*

alleviate [əˈliːvɪeɪt] *vt* (*frml*) полегшувати
(*perf* полегшити)

alley [ˈælɪ] *n* алея *f*

alliance [əˈlaɪəns] *n* альянс *m*

allied [əˈlaɪd] *adj* союзний

alligator [ˈælɪˌɡeɪtə] *n* алігатор *m*

allocate [ˈæləkeɪt] *vt* розподіляти (*perf*
розподілити)

allocation [ˌæləˈkeɪʃən] *n* розподіл *m*

allot [əˈlɒt] *vt* надавати (*perf* надати)

allow [əˈlaʊ] *vt* дозволяти (*perf* дозволити)

alloy [ˈælɔɪ] *n* сплав *m*

all right [ɔːl raɪt] *adv* (*inf*) все гаразд ▷ *adj*
(*inf*) добре

all-star [ˈɔːlˌstɑː] *adj* за участю тільки
зірок

all-time [ˈɔːlˌtaɪm] *adj* небувалий

allude [əˈluːd] *vi* (*frml*) натякати (*perf*
натякнути)

allure [əˈlʊə] *n* привабливість *f*

alluring [əˈlʊərɪŋ] *adj* привабливий

allusion [əˈluːʒən] *n* натяк *m*

ally [ˈælaɪ] *n* союзник *m* ▷ *vt* [əˈlaɪ]
об'єднуватися (*perf* об'єднатися)

almond [ˈɑːmənd] *n* мигдаль *m*

almost [ˈɔːlməʊst] *adv* майже

aloft [əˈlɒft] *adv* (*liter*) вгорі

alone [əˈləʊn] *adj* сам

along [əˈlɒŋ] *prep* вздовж ▷ *adv* разом із

alongside [əˌlɒŋˈsaɪd] *prep* вздовж

aloof [əˈluːf] *adj* відчужений

aloud [əˈlaʊd] *adv* вголос

alphabet [ˈælfəˌbet] *n* абетка *f*

alphabetical [ˌælfəˈbetɪkəl] *adj*
алфавітний

alpine [ˈælpaɪn] *adj* альпійський

Alps [ælps] *npl* Альпи *pl*

already [ɔːlˈredɪ] *adv* вже

also [ˈɔːlsəʊ] *adv* також

altar [ˈɔːltə] *n* вівтар *m*

alter [ˈɔːltə] *vt*, *vi* змінювати (*perf* змінити)

alteration [ˌɔːltəˈreɪʃən] *n* зміна *f*

alternate [ɔːlˈtɜːnɪt] *adj* змінний

alternative [ɔːlˈtɜːnətɪv] *adj*
альтернативний ▷ *n* альтернатива *f*

alternatively [ɔːlˈtɜːnətɪvlɪ] *adv* інакше,
як варіант

although [ɔːlˈðəʊ] *conj* (*in contrast*) хоча і;
(= *even though*) хоча

altitude [ˈæltɪˌtjuːd] *n* висота над рівнем
моря *f*

altogether [ˌɔːltəˈɡɛðə; ˈɔːltəˌɡɛðə] *adv*
разом, загалом

altruism [ˈæltrʊˌɪzəm] *n* альтруїзм *m*

aluminium [ˌæljʊˈmɪnɪəm], (US)
aluminum [əˈluːmɪnəm] *n* алюміній *m*

alumnus [əˈlʌmnəs] *n* випускник
(випускниця) *m(f)*

always [ˈɔːlweɪz; -wɪz] *adv* завжди

Alzheimer's (disease) [ˈælts'haɪməz
(dɪˈziːz)] *n* хвороба Альцгеймера *f*

AM [eɪ ɛm] *abbr* амплітудна модуляція *f*

a.m. [eɪ ɛm] *abbr* до полудня

amalgam [əˈmælgəm] *n* суміш *f*

amalgamate [əˈmælgəˌmeɪt] *vt, vi*
з'єднуватися (*perf* з'єднатися)

amass [əˈmæs] *vt* накопичувати (*perf*
накопичити)

amateur [ˈæmətə] *n* любитель *m* ⊳ *adj*
любительський

amaze [əˈmeɪz] *vt* дивувати (*perf* здивувати)

amazed [əˈmeɪzd] *adj* здивований

amazement [əˈmeɪzmənt] *n*
здивування *nt*

amazing [əˈmeɪzɪŋ] *adj* дивовижний

ambassador [æmˈbæsədə] *n* посол *m*

amber [ˈæmbə] *n* бурштин *m* ⊳ *adj* жовтий
(*про сигнал світлофора*)

ambiguity [ˌæmbɪˈɡjuːɪtɪ] *n* двозначність *f*

ambiguous [æmˈbɪɡjʊəs] *adj* двозначний

ambition [æmˈbɪʃən] *n* мета *f*

ambitious [æmˈbɪʃəs] *adj* честолюбний

ambivalent [æmˈbɪvələnt] *adj*
суперечливий (*про почуття, ставлення*)

ambulance [ˈæmbjʊləns] *n* швидка
допомога *f*

ambush [ˈæmbʊʃ] *vt* нападати із засідки
(*perf* напасти із засідки)

amenable [əˈmiːnəbəl] *adj* відповідальний

amend [əˈmɛnd] *vt* вносити зміни (*perf*
внести зміни)

amendment [əˈmɛndmənt] *n* поправка *f*

amenities [əˈmiːnɪtɪz] *npl* зручності *pl*

amenity [əˈmiːnɪtɪ] *n* місце відпочинку *nt*

America [əˈmɛrɪkə] *n* Америка *f*

American [əˈmɛrɪkən] *adj* американський
⊳ *n* американець (американка) *m(f)*

American football [əˈmɛrɪkən ˈfʊtˌbɔːl] *n*
американський футбол *m*

amiable [ˈeɪmɪəbəl] *adj* (*written*)
доброзичливий

amicable [ˈæmɪkəbəl] *adj* дружній

amid [əˈmɪd] *prep* посеред

amino acid [əˈmiːnəʊ ˈæsɪd] *n*
амінокислота *f*

amiss [əˈmɪs] *adj* поганий

ammonia [əˈməʊnɪə] *n* аміак *m*

amnesia [æmˈniːzɪə] *n* амнезія *f*

amnesty [ˈæmnɪstɪ] *n* амністія *f*

among [əˈmʌŋ] *prep* (= *surrounded by*) поміж;
(= *between*) серед

amortize [əˈmɔːˌtaɪz] *vt* сплачувати борг
частинами (*perf* сплатити борг частинами)

amount [əˈmaʊnt] *n* обсяг *m* ⊳ *vi*
становити

amp [æmp] *n* ампер *m*

ampere [ˈæmpɛə] *n* ампер *m*

amphetamine [æmˈfɛtəˌmiːn] *n*
амфетамін *m*

amphibious [æmˈfɪbɪəs] *adj* земноводний

ample [ˈæmpəl] *adj* достатній

amplifier [ˈæmplɪˌfaɪə] *n* підсилювач *m*

amplify [ˈæmplɪfaɪ] *vt* підсилювати (*perf*
підсилити)

amputate [ˈæmpjʊteɪt] *vt* ампутувати

amuse [əˈmjuːz] *vt* розважати (*perf*
розважити)

amused [əˈmjuːzd] *adj* веселий

amusement [əˈmjuːzmənt] *n* здивування
nt (*приємне*)

amusement arcade [əˈmjuːzmənt
ɑːˈkeɪd] *n* зал гральних автоматів *m*

amusing [əˈmjuːzɪŋ] *adj* кумедний

an [æn] *det* неозначений артикль;
вживається перед іменниками на а, е, і, о,
або и.

anaemia [əˈniːmɪə] *n* анемія *f*

anaemic, (US) **anemic** [əˈniːmɪk] *adj*
анемічний

anaesthetic, (US) **anesthetic**
[ˌænɪsˈθɛtɪk] *n* анестезуючий засіб *m*

anal [ˈeɪnəl] *adj* анальний

analogous [əˈnæləɡəs] *adj* (*frml*)
аналогічний

analogue [ˈænəlɒɡ] *adj* аналоговий ⊳ *n*
(*frml*) аналог *m*

analogy [əˈnælədʒɪ] *n* аналогія *f*

analyse [ˈænəˌlaɪz] *vt* аналізувати (*perf*
проаналізувати)

analysis [əˈnælɪsɪs] (*pl* **analyses**) *n*
аналіз *m*

analyst [ˈænəlɪst] *n* аналітик *m*

analytical [ˌænəˈlɪtɪkəl] *adj* аналітичний

analyze [ˈænəlaɪz] *vt* (US) = **analyse**

anarchism [ˈænəkɪzəm] *n* анархізм *m*

anarchist [ˈænəkɪst] *adj* анархічний

anarchy [ˈænəkɪ] *n* анархія *f*

anatomical [ˌænəˈtɒmɪkəl] *adj*
анатомічний

anatomy [əˈnætəmɪ] *n* анатомія *f*

ancestor [ˈænsɛstə] *n* предок *m*

ancestral [ænˈsɛstrəl] *adj* родовий

ancestry [ˈænsɛstrɪ] *n* родовід *nt*

anchor [ˈæŋkə] *n* якір *m* ⊳ *vt, vi*
заякорити(ся) *perf*

anchorage [ˈæŋkərɪdʒ] *n* якірна стоянка *f*

anchovy [ˈæntʃəvɪ] *n* анчоус *m*

ancient [ˈeɪnʃənt] *adj* стародавній

ancillary [ænˈsɪlərɪ] *adj* допоміжний

and [ænd; ənd; ən] *conj* і

Andes ['ændi:z] *npl* Анди *pl*

Andorra [æn'dɔ:rə] *n* Андорра *f*

anecdotal [ˌænɪk'dəʊtəl] *adj* безсистемний

anecdote ['ænɪkdəʊt] *n* анекдот *m*

anemic [ə'ni:mɪk] *adj* (US) = **anaemic**

anesthetic [ˌænɪs'θetɪk] *n* (US)
= **anaesthetic**

anew [ə'nju:] *adv* (*written*) по-новому

angel ['eɪndʒəl] *n* ангел *m*

angelic [æn'dʒelɪk] *adj* ангельський

anger ['æŋɡə] *n* гнів *m* ▷ *vt* сердити (*perf*
розсердити)

angina [æn'dʒaɪnə] *n* стенокардія *f*

angle ['æŋɡl] *n* кут *m*

angler ['æŋɡlə] *n* рибалка *f*

angling ['æŋɡlɪŋ] *n* вудіння *nt*, риболовля *f*

Angola [æŋ'ɡəʊlə] *n* Ангола *f*

Angolan [æŋ'ɡəʊlən] *adj* ангольський ▷ *n*
анголець (анголка) *m(f)*

angry ['æŋɡrɪ] *adj* сердитий

angst [æŋst] *n* страх *m*

anguish ['æŋɡwɪʃ] *n* (*written*) мука *f*

anguished ['æŋɡwɪʃt] *adj* (*written*)
страдницький

angular ['æŋɡjʊlə] *adj* кутастий

animal ['ænɪməl] *n* тварина *f*

animate ['ænɪmət] *adj* живий ▷ *vt*
['ænɪmeɪt] пожвавлювати (*perf* пожвавити)

animated ['ænɪˌmeɪtɪd] *adj* жвавий

animation [ˌænɪ'meɪʃən] *n* анімація *f*

animosity [ˌænɪ'mɒsɪtɪ] *n* ворожість *f*

aniseed ['ænɪˌsi:d] *n* аніс *m*

ankle ['æŋkl] *n* щиколотка *f*

annex ['æneks] *vt* анексувати

annihilate [ə'naɪɪleɪt] *vt* знищувати (*perf*
знищити)

anniversary [ˌænɪ'vɜ:sərɪ] *n* річниця *f*

annotate ['ænəʊteɪt] *vt* робити примітки
(*perf* зробити примітки)

announce [ə'naʊns] *vt* оголошувати (*perf*
оголосити)

announcement [ə'naʊnsmənt] *n*
повідомлення *nt*

announcer [ə'naʊnsə] *n* диктор *m*

annoy [ə'nɔɪ] *vt* дратувати (*perf*
роздратувати)

annoyance [ə'nɔɪəns] *n* прикрість *f*

annoyed [ə'nɔɪd] *adj* роздратований

annoying [ə'nɔɪɪŋ] *adj* дражливий

annual ['ænjʊəl] *adj* щорічний ▷ *n*
щорічник *m*

annually ['ænjʊəlɪ] *adv* щорічно

annul [ə'nʌl] *vt* анулювати

anomaly [ə'nɒməlɪ] *n* (*frml*) аномалія *f*

anonymous [ə'nɒnɪməs] *adj* анонімний

anorak ['ænəˌræk] *n* анорак *m*

anorexia [ˌænə'reksɪə] *n* анорексія *f*

anorexic [ˌænə'reksɪk] *adj* анорексичний
▷ *n* який страждає на анорексію

another [ə'nʌðə] *det* ще один

answer ['ɑ:nsə] *n* відповідь *f* ▷ *vt, vi*
відповідати (*perf* відповісти)

answering machine ['ɑ:nsərɪŋ mə'ʃi:n] *n*
автовідповідач *m*

answerphone ['ɑ:nsəfəʊn] *n*
автовідповідач *m*

ant [ænt] *n* мураха *f*

antagonism [æn'tæɡəˌnɪzəm] *n*
ворожнеча *f*

antagonist [æn'tæɡənɪst] *n* суперник
(суперниця) *m(f)*

antagonize [æn'tæɡəˌnaɪz] *vt* ворогувати

Antarctic [æn'tɑ:ktɪk] *n* Антарктика *f*

Antarctica [æn'tɑ:ktɪkə] *n* Антарктида *f*

antelope ['æntɪˌləʊp] *n* антилопа *f*

antenatal [ˌæntɪ'neɪtl] *adj* допологовий

antenna [æn'tenə] (*pl* **antennae** or
antennas) *n* вусик *m* (*комахи*)

anthem ['ænθəm] *n* гімн *m*

anthology [æn'θɒlədʒɪ] *n* антологія *f*

anthropology [ˌænθrə'pɒlədʒɪ] *n*
антропологія *f*

antibiotic [ˌæntɪbaɪ'ɒtɪk] *n* антибіотик *m*

antibody ['æntɪˌbɒdɪ] *n* антитіло *nt*

anticipate [æn'tɪsɪˌpeɪt] *vt* передбачати
(*perf* передбачити)

anticipation [ænˌtɪsɪ'peɪʃən] *n*
очікування *nt*

anticlockwise [ˌæntɪ'klɒk͵waɪz] *adv* проти
годинникової стрілки

antics ['æntɪks] *npl* кривляння *ntpl*

antidepressant [ˌæntɪdɪ'presnt] *n*
антидепресант *m*

antidote ['æntɪˌdəʊt] *n* протиотрута *f*

antifreeze ['æntɪˌfri:z] *n* антифриз *m*

antihistamine [ˌæntɪ'hɪstə͵mi:n; -mɪn] *n*
антигістамін *m*

antipathy [æn'tɪpəθɪ] *n* (*frml*) антипатія *f*

antiperspirant [ˌæntɪ'pɜ:spərənt] *n*
антиперспірант *m*

antiquated ['æntɪkweɪtɪd] *adj* застарілий

antique [æn'ti:k] *n* старовинна річ *f*

antique shop [æn'ti:k ʃɒp] *n* антикварний
магазин *m*

antiquity [æn'tɪkwɪtɪ] *n* стародавність *f*

antiseptic [ˌæntɪ'septɪk] *n* антисептик *m*

antisocial [ˌæntɪ'səʊʃəl] *adj* недружній

antithesis [æn'tɪθəsɪs] (*pl* **antitheses**) *n*
(*frml*) протилежність *m*

anti-virus [ˌæntɪ'vaɪrəs] *adj* антивірусний

anus ['eɪnəs] *n* задній прохід *m*

anxiety [æŋ'zaɪɪtɪ] *n* тривога *f*

anxious ['æŋkʃəs] *adj* який палко бажає

KEYWORD

any ['enɪ] *adj* **1** (*in questions etc.*): **have you
any butter/children?** чи є у вас масло/
діти?; **do you have any questions?** чи є у
вас якісь питання?; **if there are any
tickets left** якщо ще залишилися квитки

2 (with negative): **I haven't any bread/books** у мене немає хліба/книжок; **I didn't buy any newspapers** я не купив газет
3 (no matter which) будь-який; **any colour will do** будь-який колір згодиться
4 (in phrases): **in any case** у кожному випадку; **any day now** у будь-який день; **at any moment** у будь-який момент; **at any rate** у кожному разі; (anyhow) так чи інакше; **any time** (at any moment) у будь-який момент; (whenever) у будь-який час; (as response) нема за що
▷ pron **1** (in questions etc.): **I need some money, have you got any?** мені потрібні гроші, у вас є?; **can any of you sing?** чи хтось із вас уміє співати?
2 (with negative) жоден; **I haven't any (of those)** у мене немає жодного
3 (no matter which one(s)) будь-який; **take any you like** візьміть будь-який, який вам подобається
▷ adv **1** (in questions etc.): **do you want any more soup?** хочете ще супу?; **are you feeling any better?** ви почуваєтеся краще?
2 (with negative): **I can't hear him any more** я вже не чую його; **don't wait any longer** не чекайте вже; **he isn't any better** йому не стає краще

anybody ['ɛnɪˌbɒdɪ; -bədɪ] pron хто-небудь
anyhow ['ɛnɪˌhaʊ] adv так чи інакше
anymore [ˌɛnɪˈmɔː] adv більше не
anyone ['ɛnɪˌwʌn; -wən] pron хто-небудь
anything ['ɛnɪˌθɪŋ] pron що-небудь
anytime ['ɛnɪˌtaɪm] adv будь-коли
anyway ['ɛnɪˌweɪ] adv в будь-якому разі
anywhere ['ɛnɪˌwɛə] adv будь-де
apart [əˈpɑːt] adv (= distant) окремо; (= to pieces) на частини
apart from [əˈpɑːt frɒm] prep крім
apartment [əˈpɑːtmənt] n квартира f
apathetic [ˌæpəˈθɛtɪk] adj байдужий
apathy ['æpəθɪ] n байдужість f
ape [eɪp] n людиноподібна мавпа f
aperitif [æˌpɛrɪˈtiːf] n аперитив m
aperture ['æpətʃə] n (frml) апертура f
apex ['eɪpɛks] n верхівка f, вершина f
apiece [əˈpiːs] adv на кожного
apocalypse [əˈpɒkəlɪps] n апокаліпсис m
apologetic [əˌpɒləˈdʒɛtɪk] adj який приносить вибачення; **to be apologetic** перепрошувати
apologize [əˈpɒləˌdʒaɪz] vi перепрошувати
apology [əˈpɒlədʒɪ] n вибачення nt
apostrophe [əˈpɒstrəfɪ] n апостроф m
appal [əˈpɔːl] vt лякати (perf налякати)
appalled [əˈpɔːld] adj наляканий
appalling [əˈpɔːlɪŋ] adj жахливий
apparatus [ˌæpəˈreɪtəs; -ˈrɑːtəs; æpəˌreɪtəs] n апарат m
apparel [əˈpærəl] n (frml) одяг m

apparent [əˈpærənt; əˈpɛər-] adj очевидний
apparently [əˈpærəntlɪ; əˈpɛər-] adv очевидно
appeal [əˈpiːl] n звернення nt ▷ vi звертатися
appealing [əˈpiːlɪŋ] adj привабливий
appear [əˈpɪə] vb +complement з'являтися
appearance [əˈpɪərəns] n поява f
appease [əˈpiːz] vt примиряти (perf примирити)
appeasement [əˈpiːzmənt] n (frml) примирення nt
appendicitis [əˌpɛndɪˈsaɪtɪs] n апендицит m
appendix [əˈpɛndɪks] (pl **appendixes**) n апендикс m
appetite ['æpɪˌtaɪt] n апетит m
appetizing ['æpɪˌtaɪzɪŋ] adj апетитний
applaud [əˈplɔːd] vt, vi аплодувати (perf зааплодувати)
applause [əˈplɔːz] n оплески pl
apple ['æpl] n яблуко nt
apple pie ['æpl paɪ] n яблучний пиріг m
applet ['æplɪt] n аплет m
appliance [əˈplaɪəns] n (frml) прилад m
applicable [əˈplɪkəbəl] adj придатний
applicant ['æplɪkənt] n претендент m
application [ˌæplɪˈkeɪʃən] n заява f
application form [ˌæplɪˈkeɪʃn fɔːm] n бланк заяви m
applied [əˈplaɪd] adj прикладний
apply [əˈplaɪ] vt, vi подавати заяву (perf подати заяву)
appoint [əˈpɔɪnt] vt призначати (perf призначити)
appointed [əˈpɔɪntɪd] adj призначений
appointee [əˌpɔɪnˈtiː] n (frml) призначена особа f
appointment [əˈpɔɪntmənt] n призначення nt; прийом m (у лікаря)
appraisal [əˈpreɪzəl] n оцінка f
appraise [əˈpreɪz] vt (frml) оцінювати (perf оцінити)
appreciate [əˈpriːʃɪˌeɪt; -sɪ-] vt цінувати (perf оцінити)
appreciation [əˌpriːʃɪˈeɪʃən] n висока оцінка f
appreciative [əˈpriːʃətɪv] adj вдячний
apprehend [ˌæprɪˈhɛnd] vt (frml) затримувати (perf затримати)
apprehension [ˌæprɪˈhɛnʃən] n (frml) побоювання nt
apprehensive [ˌæprɪˈhɛnsɪv] adj стурбований
apprentice [əˈprɛntɪs] n учень m
apprenticeship [əˈprɛntɪsʃɪp] n навчання nt (у майстра)
approach [əˈprəʊtʃ] vt, vi підходити (perf підійти)
appropriate [əˈprəʊprɪɪt] adj відповідний
approval [əˈpruːvl] n схвалення nt

approve [ə'pru:v] vi схвалювати (perf схвалити)

approved [ə'pru:vd] adj схвалений

approximate [ə'prɒksɪmɪt] adj приблизний

approximately [ə'prɒksɪmɪtlɪ] adv приблизно

approximation [ə,prɒksɪ'meɪʃən] n приблизний відповідник m

apricot ['eɪprɪ,kɒt] n абрикоса f

April ['eɪprəl] n квітень m

April Fools' Day ['eɪprəl fu:lz deɪ] n День сміху m

apron ['eɪprən] n фартух m

apt [æpt] adj доречний

aptitude ['æptɪtju:d] n здібність f

aquamarine [,ækwəmə'ri:n] n аквамарин m

aquarium [ə'kwɛərɪəm] n акваріум m

Aquarius [ə'kwɛərɪəs] n Водолій m

aquatic [ə'kwætɪk] adj водяний

Arab ['ærəb] adj арабський ⊳ n араб (арабка) m(f)

Arabic ['ærəbɪk] n арабська мова f ⊳ adj арабський

arable ['ærəbəl] adj орний

arbiter ['ɑ:bɪtə] n (frml) третейський суддя m

arbitrary ['ɑ:bɪtrɪ] adj довільний

arbitration [,ɑ:bɪ'treɪʃən] n арбітраж m

arc [ɑ:k] n дуга f

arcane [ɑ:'keɪn] adj (frml) загадковий

arch [ɑ:tʃ] n арка f ⊳ vt, vi згинати(ся) дугою (perf зігнути(ся) дугою)

archaeologist [,ɑ:kɪ'ɒlədʒɪst] n археолог m

archaeology [,ɑ:kɪ'ɒlədʒɪ] n археологія f

archaic [ɑ:'keɪɪk] adj застарілий

arched [ɑ:tʃt] adj арковий

archetypal [,ɑ:kɪ'taɪpəl] adj (frml) типовий

archetype ['ɑ:kɪtaɪp] n (frml) взірець m

architect ['ɑ:kɪ,tɛkt] n архітектор m

architectural [,ɑ:kɪ'tɛktʃərəl] adj архітектурний

architecture ['ɑ:kɪ,tɛktʃə] n архітектура f

archive ['ɑ:kaɪv] n архів m

Arctic ['ɑ:ktɪk] n Арктика f

arctic ['ɑ:ktɪk] adj (inf) арктичний

Arctic Circle ['ɑ:ktɪk 'sɜ:kəl] n Північне полярне коло nt

Arctic Ocean ['ɑ:ktɪk 'əʊʃən] n Північний Льодовитий океан m

ardent ['ɑ:d ənt] adj палкий

arduous ['ɑ:dʒʊəs] adj важкий (складний)

area ['ɛərɪə] n район m

area code ['ɛərɪə kəʊd] n (US) = **dialling code**

arena [ə'ri:nə] n арена f

Argentina [,ɑ:dʒən'ti:nə] n Аргентина f

Argentinian [,ɑ:dʒən'tɪnɪən] adj аргентинський ⊳ n аргентинець (аргентинка) m(f)

arguably ['ɑ:gjʊəblɪ] adv вірогідно

argue ['ɑ:gju:] vi сперечатися

argument ['ɑ:gjʊmənt] n суперечка f

aria ['ɑ:rɪə] n арія f

arid ['ærɪd] adj посушливий

Aries ['ɛəri:z] n Овен m

arise [ə'raɪz] (pres sing **arises**, pres part **arising**, pt **arose**, pp **arisen**) vi виникати (perf виникнути)

aristocracy [,ærɪ'stɒkrəsɪ] n аристократія f

aristocrat [ə'rɪstəkræt] n аристократ (аристократка) m(f)

aristocratic [ə,rɪstə'krætɪk] adj аристократичний

arithmetic [ə'rɪθmɪtɪk] n арифметика f

arm [ɑ:m] n рука f

armaments ['ɑ:məmənts] npl озброєння nt

armchair ['ɑ:m,tʃɛə] n крісло nt

armed [ɑ:md] adj озброєний

armed forces [ɑ:md 'fɔ:sɪz] npl збройні сили npl

Armenia [ɑ:'mi:nɪə] n Вірменія f

Armenian [ɑ:'mi:nɪən] adj вірменський ⊳ n (= person) вірменин (вірменка) m(f); (= language) вірменська мова f

armour, (US) **armor** ['ɑ:mə] n броня f

armoured, (US) **armored** ['ɑ:məd] adj броньований

armoury, (US) **armory** ['ɑ:mərɪ] n (= resources) арсенал m; (= place) склад зброї m

armpit ['ɑ:m,pɪt] n пахва f

arms race [ɑ:mz reɪs] n гонка озброєнь f

army ['ɑ:mɪ] n армія f

aroma [ə'rəʊmə] n пахощі pl

aromatherapy [ə,rəʊmə'θɛrəpɪ] n ароматерапія f

aromatic [,ærə'mætɪk] adj запашний

arose [ə'rəʊz] pt of **arise**

around [ə'raʊnd] adv навкруги ⊳ prep (= surrounding) навколо; (= all over) всюди; (= near to) приблизно

arouse [ə'raʊz] vt викликати (perf викликати) (реакцію)

arrange [ə'reɪndʒ] vt (= plan) влаштовувати (perf влаштувати); (= order) упорядковувати (perf упорядкувати)

arrangement [ə'reɪndʒmənt] n приготування nt

array [ə'reɪ] n безліч f

arrears [ə'rɪəz] npl заборгованість f

arrest [ə'rɛst] n арешт m ⊳ vt арештовувати (perf арештувати)

arrival [ə'raɪvl] n прибуття nt

arrive [ə'raɪv] vi прибувати (perf прибути)

arrogant ['ærəgənt] adj зарозумілий

arrow ['ærəʊ] n (= weapon) стріла f; (= sign) стрілка f

arsenal ['ɑ:s ənəl] n арсенал m

arson ['ɑ:sn] n підпал m

art [ɑ:t] n мистецтво nt

artefact ['ɑːtɪfækt] n артефакт m
artery ['ɑːtərɪ] n артерія f
art form [ɑːt fɔːm] n вид мистецтва m
artful ['ɑːtfʊl] adj спритний
art gallery [ɑːt 'gælərɪ] n художня галерея f
arthritic [ɑː'θrɪtɪk] adj артритний
arthritis [ɑː'θraɪtɪs] n артрит m
artichoke ['ɑːtɪˌtʃəʊk] n артишок m
article ['ɑːtɪkl] n стаття f
articulate [ɑː'tɪkjʊlət] adj який ясно висловлює свої думки ▷ vt [ɑː'tɪkjʊleɪt] (frml) чітко висловлювати (perf чітко висловити)
articulated [ɑː'tɪkjʊˌleɪtɪd] adj зчленований
artificial [ˌɑːtɪ'fɪʃəl] adj штучний
artificial intelligence [ˌɑːtɪ'fɪʃəl ɪn'telɪdʒəns] n штучний інтелект m
artillery [ɑː'tɪlərɪ] n артилерія f
artisan [ˌɑːtɪzæn] n ремісник m
artist ['ɑːtɪst] n художник (художниця) m(f)
artistic [ɑː'tɪstɪk] adj мистецький
artistry ['ɑːtɪstrɪ] n майстерність f
art school [ɑːt skuːl] n художнє училище nt
artwork ['ɑːtwɜːk] n ілюстрація f

⊙ **KEYWORD**

as [æz; əz] conj **1** (referring to time) коли, як, ніж; **he came in as I was leaving** він прийшов, коли я виходив; **as the years went by** з роками; **as from tomorrow** починаючи від завтра
2 (in comparisons): **as big as** такий же великий, як; **twice as big as** удвічі більший, ніж; **as white as snow** білий як сніг; **as much money/many books as** стільки ж грошей/книг, скільки...; **as soon as** як тільки; **as soon as possible** якомога швидше
3 (since, because) оскільки
4 (referring to manner, way) як; **do as you wish** робіть як хочете; **as she said** як вона сказала
5 (concerning): **as for** or **to** щодо
6: **as if** or **though** ніби; **he looked as if he had been ill** він виглядав так, ніби нездужав
▷ prep (in the capacity of): **he works as a driver/waiter** він працює водієм/офіціантом; **as chairman of the company, he ...** як голова компанії, він...; see also **long; same; such; well**

asap ['eɪsæp; eɪ es eɪ piː] abbr якомога швидше
asbestos [æs'bɛstɒs] n азбест m
ascend [ə'sɛnd] vt (written) сходити (perf зійти) (вгору)
ascending [ə'sɛndɪŋ] adj висхідний
ascent [ə'sɛnt] n сходження nt
ascertain [ˌæsə'teɪn] vt (frml) з'ясовувати (perf з'ясувати)
ascribe [ə'skraɪb] vt (frml) приписувати (perf приписати) (вважати наслідком)
ash [æʃ] n попіл m
ashamed [ə'ʃeɪmd] adj присоромлений
ashore [ə'ʃɔː] adv на берег
ashtray ['æʃˌtreɪ] n попільничка f
Ash Wednesday [æʃ 'wɛnzdɪ] n Попільна середа f

⊛ **ASH WEDNESDAY**

⊛
⊛ Попільна середа в християнських
⊛ церквах західного обряду – перший день
⊛ Великого посту.

Asia ['eɪʃə; 'eɪʒə] n Азія f
Asian ['eɪʃən; 'eɪʒən] adj азійський ▷ n азіат (азіатка) m(f)
aside [ə'saɪd] adv убік
ask [ɑːsk] vt запитувати (perf запитати); **ask for** [ɑːsk fɔː] vt (= request) просити (perf попросити)
asking price ['ɑːskɪŋ praɪs] n запитувана ціна f
asleep [ə'sliːp] adj той, що спить
asparagus [ə'spærəgəs] n спаржа f
aspect ['æspɛkt] n аспект m
aspen ['æspən] n осика f
aspiration [ˌæspɪ'reɪʃən] n прагнення nt
aspire [ə'spaɪə] vi прагнути; **to aspire to sth** прагнути до чогось
aspirin ['æsprɪn] n аспірин m
aspiring [ə'spaɪərɪŋ] adj початкуючий
assail [ə'seɪl] vt (written) гостро критикувати (perf гостро розкритикувати)
assailant [ə'seɪlənt] n (frml) нападник (нападниця) m(f)
assassin [ə'sæsɪn] n убивця m/f
assassinate [ə'sæsɪneɪt] vt вбивати (perf вбити) (як правило, відомих політичних діячів)
assault [ə'sɔːlt] n напад m ▷ vt нападати (perf напасти)
assemble [ə'sɛmbəl] vt, vi збирати(ся) (perf зібрати(ся))
assembly [ə'sɛmblɪ] n збори pl
assembly line [ə'sɛmblɪ laɪn] n складальний конвеєр m
assent [ə'sɛnt] n згода f ▷ vi згоджуватися (perf згодитися)
assert [ə'sɜːt] vt (frml) відстоювати (perf відстояти)
assertive [ə'sɜːtɪv] adj наполегливий
assess [ə'sɛs] vt оцінювати (perf оцінити)
assessment [ə'sɛsmənt] n оцінка f
assessor [ə'sɛsə] n оцінювач (оцінювачка) m(f)

asset ['æset] *n* цінність *f*

assiduous [ə'sɪdjuəs] *adj* старанний

assign [ə'saɪn] *vt* доручати (*perf* доручити)

assignment [ə'saɪnmənt] *n* завдання *nt*

assimilate [ə'sɪmɪleɪt] *vt, vi* асимілювати(ся)

assist [ə'sɪst] *vt* допомагати (*perf* допомогти)

assistance [ə'sɪstəns] *n* допомога *f*

assistant [ə'sɪstənt] *n* помічник *m*

associate [ə'səʊʃɪɪt] *adj* асоційований ▷ *n* партнер *m* ▷ *vi* [ə'səʊʃɪeɪt] зв'язуватися (*perf* зв'язатися) ▷ *vt* пов'язувати (*perf* пов'язати)

associated [ə'səʊʃɪeɪtɪd] *adj* пов'язаний

association [ə,səʊsɪ'eɪʃən; -ʃɪ-] *n* асоціація *f*

assorted [ə'sɔːtɪd] *adj* різноманітний

assortment [ə'sɔːtmənt] *n* асортимент *m*

assume [ə'sjuːm] *vt* припускати (*perf* припустити)

assuming [ə'sjuːmɪŋ] *conj* припускаючи; **assuming the world doesn't end tomorrow** ... припускаючи, що світ завтра не закінчиться ...

assumption [ə'sʌmpʃən] *n* припущення *nt*

assurance [ə'ʃʊərəns] *n* запевнення *nt*

assure [ə'ʃʊə] *vt* запевнити (*perf* запевнити)

assured [ə'ʃʊəd] *adj* впевнений

asterisk ['æstərɪsk] *n* зірочка *f* (*знак* *)

asteroid ['æstərɔɪd] *n* астероїд *m*

asthma ['æsmə] *n* астма *f*

asthmatic [æs'mætɪk] *n* астматик (астматичка) *m(f)*

astonish [ə'stɒnɪʃ] *vt* дивувати (*perf* здивувати)

astonished [ə'stɒnɪʃt] *adj* здивований

astonishing [ə'stɒnɪʃɪŋ] *adj* дивовижний

astonishment [ə'stɒnɪʃmənt] *n* здивування *nt*

astound [ə'staʊnd] *vt* вражати (*perf* вразити)

astounded [ə'staʊndɪd] *adj* вражений

astounding [ə'staʊndɪŋ] *adj* вражаючий

astral ['æstrəl] *adj* (*frml*) астральний

astringent [ə'strɪndʒənt] *n* в'яжучий засіб *m*

astrologer [ə'strɒlədʒə] *n* астролог *m*

astrology [ə'strɒlədʒɪ] *n* астрологія *f*

astronaut ['æstrənɔːt] *n* астронавт *m*

astronomer [ə'strɒnəmə] *n* астроном *m*

astronomical [,æstrə'nɒmɪkəl] *adj* астрономічний

astronomy [ə'strɒnəmɪ] *n* астрономія *f*

astute [ə'stjuːt] *adj* проникливий

asylum [ə'saɪləm] *n* притулок *m*

asylum seeker [ə'saɪləm 'siːkə] *n* шукач притулку *m*

○ **KEYWORD**

at [æt] *prep* **1** (*referring to position*) у (в), на; **at school** у школі; **at the theatre** у театрі; **at a concert** на концерті; **at the station** на вокзалі; **at the top** нагорі; **at home** вдома; **they are sitting at the table** вони сидять за столом; **at my friend's (house)** у мого друга (вдома); **at the doctor's** у лікаря **2** (*referring to direction*) на; **to look at** дивитися на; **to throw sth at sb** (*stone*) кидати чимось у когось **3** (*referring to time*): **at four o'clock** о четвертій годині; **at half past two** о пів на третю; **at a quarter to two** за чверть друга; **at a quarter past two** о чверть по другій; **at dawn** на світанку; **at night** вночі; **at Christmas** на Різдво; **at lunch** за обідом; **at times** часом **4** (*referring to rates*): **at one pound a kilo** один фунт за кілограм; **two at a time** по двоє; **at fifty km/h** зі швидкістю п'ятдесят кілометрів на годину; **at full speed** на повній швидкості **5** (*referring to manner*): **at a stroke** одним махом; **at peace** мирно **6** (*referring to activity*): **to be at home/work** бути вдома/на роботі; **to play at cowboys** грати в ковбоїв; **to be good at doing** добре вміти (*perf* щось робити) **7** (*referring to cause*): **he is surprised/annoyed at sth** він здивований/ роздратований чимось; **I am surprised at you** ви мене дивуєте; **I stayed at his suggestion** я залишився на його запрошення **8** (*@ symbol*) соба(ч)ка, мавпа

ate [eɪt] *pt of* **eat**

atheist ['eɪθɪɪst] *n* атеїст *m*

athlete ['æθliːt] *n* спортсмен (спортсменка) *m(f)*

athletic [æθ'letɪk] *adj* спортивний

athletics [æθ'letɪks] *n* атлетика *f*

Atlantic Ocean [ət'læntɪk 'əʊʃən] *n* Атлантичний океан *m*

atlas ['ætləs] *n* атлас *m*

at least [ət liːst] *adv* принаймні

atmosphere ['ætməs,fɪə] *n* атмосфера *f*

atmospheric [,ætməs'ferɪk] *adj* атмосферний

atom ['ætəm] *n* атом *m*

atom bomb ['ætəm bɒm] *n* атомна бомба *f*

atomic [ə'tɒmɪk] *adj* атомний

atop [ə'tɒp] *prep* (*liter*) над

atrocious [ə'trəʊʃəs] *adj* жахливий

atrocity [ə'trɒsɪtɪ] *n* звірство *nt*

attach [ə'tætʃ] *vt* приєднувати (*perf* приєднати)

attached [ə'tætʃt] *adj* приєднаний

attachment [ə'tætʃmənt] *n* відданість *f*

attack [ə'tæk] *n* напад *m* ▷ *vt, vi* нападати (*perf* напасти)

attacker [ə'tækə] *n* нападник (нападниця) *m(f)*

attain [əˈteɪn] vt (frml) здобувати (perf здобути)

attainment [əˈteɪnmənt] n (frml) здобуття nt

attempt [əˈtɛmpt] n спроба f ▷ vt пробувати (perf спробувати)

attempted [əˈtɛmptɪd] adj який є спробою

attend [əˈtɛnd] vt відвідувати (perf відвідати)

attendance [əˈtɛndəns] n відвідування nt

attendant [əˈtɛndənt] n служитель (служителька) m(f)

attention [əˈtɛnʃən] n увага f

attentive [əˈtɛntɪv] adj уважний

attest [əˈtɛst] vt, vi (frml) засвідчувати (perf засвідчити)

attic [ˈætɪk] n горище nt

attitude [ˈætɪˌtjuːd] n ставлення nt

attorney [əˈtɜːnɪ] n (US) прокурор m

attract [əˈtrækt] vt приваблювати (perf привабити)

attraction [əˈtrækʃən] n тяжіння nt; (= place) визначне місце nt

attractive [əˈtræktɪv] adj привабливий

attributable [əˈtrɪbjʊtəbl] adj приписуваний

attribute [əˈtrɪbjuːt] vt приписувати (perf приписати) ▷ n [ˈætrɪbjuːt] властивість f

attrition [əˈtrɪʃən] n знесилення nt (ворога)

aubergine [ˈəʊbəˌʒiːn] n баклажан m

auburn [ˈɔːbən] adj золотисто-каштановий

auction [ˈɔːkʃən] n аукціон m ▷ vt виставляти на аукціон (perf виставити на аукціон)

auctioneer [ˌɔːkʃəˈnɪə] n аукціоніст m

audacious [ɔːˈdeɪʃəs] adj сміливий

audacity [ɔːˈdæsɪtɪ] n сміливість f

audible [ˈɔːdɪbl] adj чутний

audience [ˈɔːdɪəns] n аудиторія f

audio [ˈɔːdɪˌəʊ] adj звуковий; **audio tape** аудіоплівка f

audiovisual [ˌɔːdɪəʊˈvɪzjʊəl] adj аудіовізуальний

audit [ˈɔːdɪt] n аудит m ▷ vt перевіряти (perf перевірити)

audition [ɔːˈdɪʃən] n прослуховування nt ▷ vt, vi прослуховувати (perf прослухати) (актора, музиканта)

auditor [ˈɔːdɪtə] n аудитор m

auditorium [ˌɔːdɪˈtɔːrɪəm] n зала f (глядацька)

augment [ɔːɡˈmɛnt] vt (frml) збільшувати (perf збільшити)

August [ˈɔːɡəst] n серпень m

aunt [ɑːnt] n тітка f

auntie [ˈɑːntɪ] n (inf) тітонька f

au pair [əʊ ˈpɛə] n помічниця по господарству f

aura [ˈɔːrə] n аура f

aural [ˈɔːrəl] adj слуховий

austere [ɔːˈstɪə] adj строгий (простий, без прикрас)

austerity [ɒˈstɛrɪtɪ] n суворість f

Australasia [ˌɒstrəˈleɪzɪə] n Австралія і Океанія f

Australia [ɒˈstreɪlɪə] n Австралія f

Australian [ɒˈstreɪlɪən] adj австралійський ▷ n (= person) австралієць (австралійка) m(f)

Austria [ˈɒstrɪə] n Австрія f

Austrian [ˈɒstrɪən] adj австрійський ▷ n (= person) австрієць (австрійка) m(f)

authentic [ɔːˈθɛntɪk] adj справжній

author [ˈɔːθə] n автор m

authoritarian [ɔːˌθɒrɪˈtɛərɪən] adj авторитарний

authoritative [ɔːˈθɒrɪtətɪv] adj владний

authorities [ɔːˈθɒrɪtɪz] npl влада f; **the authorities** влада

authorize [ˈɔːθəˌraɪz] vt уповноважувати (perf уповноважити)

autism [ˈɔːtɪzəm] n аутизм m

auto [ˈɔːtəʊ] n автомобіль m

autobiographical [ˌɔːtəʊbaɪəˈɡræfɪkəl] adj автобіографічний

autobiography [ˌɔːtəʊbaɪˈɒɡrəfɪ; ˌɔːtəbaɪ-] n автобіографія f

autocratic [ˌɔːtəˈkrætɪk] adj деспотичний

autograph [ˈɔːtəˌɡrɑːf; -ˌɡræf] n автограф m ▷ vt підписувати власноруч (perf підписати власноруч)

automate [ˈɔːtəˌmeɪt] vt автоматизувати

automated [ˈɔːtəmeɪtɪd] adj автоматизований

automatic [ˌɔːtəˈmætɪk] adj автоматичний

automatically [ˌɔːtəˈmætɪklɪ] adv автоматично

automobile [ˈɔːtəməˌbiːl] n автомобіль m

automotive [ˌɔːtəˈməʊtɪv] adj автомобільний

autonomous [ɔːˈtɒnəməs] adj автономний

autonomy [ɔːˈtɒnəmɪ] n автономія f

autopsy [ˈɔːtɒpsɪ] n розтин m

autumn [ˈɔːtəm] n осінь f

auxiliary [ɔːɡˈzɪljərɪ] n помічник (помічниця) m(f)

availability [əˌveɪləˈbɪlɪtɪ] n доступність f

available [əˈveɪləbl] adj доступний

avalanche [ˈævəˌlɑːntʃ] n лавина f

avant-garde [ˌævɒɲˈɡɑːd] adj авангардний

avenge [əˈvɛndʒ] vt мститися (perf помститися)

avenue [ˈævɪˌnjuː] n проспект m

average [ˈævərɪdʒ; ˈævrɪdʒ] adj середній ▷ n середнє число nt ▷ vt становити в середньому

averse [əˈvɜːs] adj (frml) несхильний; **to not be averse to sth** бути не проти чогось

aversion [əˈvɜːʃən] n відраза f

avert [əˈvɜːt] vt запобігати (perf запобігти)

aviary [ˈeɪvɪərɪ] n пташник m (приміщення)

aviation [ˌeɪvɪˈeɪʃən] n авіація f

avid [ˈævɪd] adj жадібний

avocado [ˌævəˈkɑːdəʊ] n авокадо nt

avoid [əˈvɔɪd] *vt* уникати (*perf* уникнути)

avoidance [əˈvɔɪdəns] *n* уникнення *nt*

avowed [əˈvaʊd] *adj* (*frml*) який відкрито визнає

await [əˈweɪt] *vt* (*frml*) очікувати

awake [əˈweɪk] *adj* бадьорий ▷ *vt, vi* (*liter*) прокидатися

awaken [əˈweɪkən] *vt* (*liter*) пробуджувати (*perf* пробудити)

awakening [əˈweɪkənɪŋ] *n* пробудження *nt*

award [əˈwɔːd] *n* нагорода *f* ▷ *vt* нагороджувати (*perf* нагородити)

aware [əˈwɛə] *adj* обізнаний

away [əˈweɪ] *adv* (*in distance*) геть; (*put*) віддалік

away match [əˈweɪ mætʃ] *n* матч на чужому полі *m*

awe [ɔː] *n* благоговіння *nt* ▷ *vt* викликати благоговіння (*perf* викликати благоговіння)

awesome [ˈɔːsəm] *adj* страхітливий

awful [ˈɔːfʊl] *adj* жахливий

awfully [ˈɔːfəlɪ; ˈɔːflɪ] *adv* надзвичайно

awhile [əˈwaɪl] *adv* ненадовго

awkward [ˈɔːkwəd] *adj* незручний

axe, (*US*) **ax** [æks] *n* сокира *f*

axis [ˈæksɪs] (*pl* **axes**) *n* вісь *f*

axle [ˈæksəl] *n* вісь *f*

Azerbaijan [ˌæzəbaɪˈdʒɑːn] *n* Азербайджан *m*

Azerbaijani [ˌæzəbaɪˈdʒɑːnɪ] *adj* азербайджанський ▷ *n* азербайджанець (азербайджанка) *m(f)*

b

BA [biː eɪ] *abbr* бакалавр *m*

babble [ˈbæbəl] *vt, vi* бурмотіти (*perf* пробурмотіти) ▷ *n* гомін *m*

baby [ˈbeɪbɪ] *n* маля *nt*

baby carriage [ˈbeɪbɪ ˈkærɪdʒ] *n* (*US*) = **pram**

baby milk [ˈbeɪbɪ mɪlk] *n* молочна суміш *f*

baby's bottle [ˈbeɪbiːz ˈbɒtl] *n* пляшечка для дитячого харчування *f*

babysit [ˈbeɪbɪsɪt] *vt, vi* доглядати за малюком (*perf* доглянути)

babysitter [ˈbeɪbɪsɪtə] *n* няня *f*

babysitting [ˈbeɪbɪsɪtɪŋ] *n* догляд за малюком *m*

baby wipe [ˈbeɪbɪ waɪp] *n* волога серветка для догляду за малям *f*

bachelor [ˈbætʃələ; ˈbætʃlə] *n* холостяк *m*

back [bæk] *adj* задній ▷ *adv* назад ▷ *n* (= *part of body*) спина *f*; (= *rear*) задній бік *m* ▷ *vi* відступати (*perf* відступити); **back out** [bæk aʊt] *vi* ухилятися (*perf* ухилитися); **back up** [bæk ʌp] *vt* підтримувати (*perf* підтримати)

backache [ˈbækˌeɪk] *n* біль у спині *m*

backbone [ˈbækˌbəʊn] *n* хребет *m*

backdate [ˌbækˈdeɪt] *vt* датувати заднім числом

backdrop [ˈbækdrɒp] *n* задник *m*

backer [ˈbækə] *n* спонсор *m*

backfire [ˌbækˈfaɪə] *vi* (*fig*) давати протилежний результат

background [ˈbækˌɡraʊnd] *n* тло *nt*

backing [ˈbækɪŋ] *n* підтримка *f*

backlash [ˈbæklæʃ] *n* зворотна реакція *f* (на закон, тенденцію)

backlog [ˈbæklɒɡ] *n* невиконані роботи *fpl*

backpack [ˈbækˌpæk] *n* рюкзак *m*

backpacker [ˈbækˌpækə] *n* піший турист *m*

backpacking [ˈbækˌpækɪŋ] *n* пiший туризм *m*

back pain [bæk peɪn] *n* біль у спині *m*

backroom [ˈbækrʊm] *n* задня кімната *f*

backside [ˌbækˈsaɪd] *n* (*inf*) зад *m*

backslash ['bæk,slæʃ] n зворотна скісна риска f

backstage [,bæk'steɪdʒ] adv за лаштунками

backstroke ['bæk,strəʊk] n плавання на спині nt

backup ['bækʌp] n резерв m

backward ['bækwəd] adj назад; **she walked away without a backward glance** вона пішла, не озираючись назад

backwards ['bækwədz] adv (in direction) назад; (= back to front) навпаки

backwater ['bækwɔ:tə] n глушина f

backyard [,bæk'jɑ:d] n задній двір m

bacon ['beɪkən] n бекон m

bacteria [bæk'tɪərɪə] npl бактерія f

bacterial [bæk'tɪərɪəl] adj бактеріальний

bad [bæd] adj (= unpleasant) поганий; (= wicked) шкідливий

bad debt [bæd dɛt] n безнадійний борг m

badge [bædʒ] n значок m

badger ['bædʒə] n борсук m ▷ vt докучати

badly ['bædlɪ] adv погано

badminton ['bædmɪntən] n бадмінтон m

bad-tempered [bæd'tɛmpəd] adj злий

baffle ['bæfəl] vt спантеличувати (perf спантеличити)

baffled ['bæfld] adj спантеличений

bag [bæg] n сумка f

baggage ['bægɪdʒ] n багаж m

baggy ['bægɪ] adj безформний

bagpipes ['bæg,paɪps] npl волинка f

Bahamas [bə'hɑ:məz] npl Багамські острови mpl

Bahrain [bɑ:'reɪn] n Бахрейн m

bail [beɪl] n застава f

bait [beɪt] n наживка f ▷ vt насаджувати наживку на гачок

bake [beɪk] vt, vi пекти (perf спекти)

baked [beɪkt] adj запечений

baked potato [beɪkt pə'teɪtəʊ] (pl **baked potatoes**) n печена картопля f

baker ['beɪkə] n пекар m

bakery ['beɪkərɪ] n пекарня f

baking ['beɪkɪŋ] n випікання nt

baking powder ['beɪkɪŋ 'paʊdə] n сода для випікання f

balance ['bæləns] n баланс m ▷ vt, vi балансувати

balanced ['bælənst] adj виважений

balance of power ['bæləns əv 'paʊə] n баланс сил m

balance sheet ['bæləns ʃi:t] n балансовий звіт m

balcony ['bælkənɪ] n балкон m

bald [bɔ:ld] adj лисий

balding ['bɔ:ldɪŋ] adj лисіючий

bale [beɪl] n тюк m ▷ vt складати в тюки

balk [bɔ:k] vi відкидати (perf відкинути)

Balkan ['bɔ:lkən] adj балканський

ball [bɔ:l] n (for playing with) м'яч m; (= dance) бал m

ballad ['bæləd] n балада f

ballast ['bæləst] n баласт m

ballerina [,bælə'ri:nə] n балерина f

ballet ['bæleɪ; bæ'leɪ] n балет m

ballet dancer ['bæleɪ 'dɑ:nsə] n артист балету m

ballet shoes ['bæleɪ ʃu:z] npl пуанти mpl

ball game ['bɔ:l geɪm] n гра з м'ячем f

balloon [bə'lu:n] n повітряна куля f ▷ vi збільшуватися (perf збільшитися)

ballot ['bælət] n таємне голосування nt ▷ vt проводити голосування (perf провести голосування) (таємне)

ballot box ['bælət bʊks] n виборча урна f

ballpark ['bɔ:lpɑ:k] n бейсбольний стадіон m ▷ adj приблизний

ballpoint ['bɔ:lpɔɪnt] n кулькова ручка f

ballroom ['bɔ:lrʊm] n танцювальна зала f

ballroom dancing ['bɔ:lrʊm 'dɑ:nsɪŋ] n бальні танці mpl

balm [bɑ:m] n бальзам m

bamboo [bæm'bu:] n бамбук m

ban [bæn] n заборона f ▷ vt забороняти (perf заборонити)

banal [bə'nɑ:l] adj банальний

banana [bə'nɑ:nə] n банан m

band [bænd] n (group of musicians) музична група f; (= strip) гурт m

bandage ['bændɪdʒ] n бинт m ▷ vt бинтувати (perf забинтувати)

Band-Aid® ['bændeɪd] n (US) пластир m

B&B [bi: ən bi:] n міні-готель m

bandit ['bændɪt] n бандит m

bandwidth ['bændwɪdθ] n смуга пропускання f

bang [bæŋ] n вибух m ▷ vi гупати (perf гупнути)

Bangladesh [,bɑ:ŋglə'dɛʃ; ,bæŋ-] n Бангладеш m

Bangladeshi [,bɑ:ŋglə'dɛʃi:; ,bæŋ-] adj бангладеський ▷ n (= person) бангладешець (бангладешка) m(f)

bangs ['bæŋz] n (US) = **fringe**

banish ['bænɪʃ] vt виганяти (perf вигнати)

banister ['bænɪstə] n перило nt

banjo ['bændʒəʊ] (pl **banjos**) n банджо nt

bank [bæŋk] n (beside river) берег m; (for money) банк m ▷ vi тримати гроші в банку ▷ vt класти гроші в банк

bank account [bæŋk ə'kaʊnt] n банківський рахунок m

bank balance [bæŋk 'bæləns] n банківський баланс m

bank charges [bæŋk 'tʃɑ:dʒɪz] npl банківські витрати fpl

banker ['bæŋkə] n банкір m

bank holiday [bæŋk 'hɒlɪdeɪ] n офіційний вихідний m

banking ['bæŋkɪŋ] n банківська справа f

banknote ['bæŋk,nəʊt] n банкнота f

bankrupt ['bæŋkrʌpt; -rəpt] *adj* банкрут *m* ▷ *n* банкрут *m* ▷ *vt* робити банкрутом (*perf* зробити банкрутом)

bankruptcy ['bæŋkrʌptsɪ] *n* банкрутство *nt*

bank statement [bæŋk 'steɪtmənt] *n* банківський витяг *m*

banned [bænd] *adj* заборонений

banner ['bænə] *n* плакат *m*

banner ad ['bænər æd] *n* банерна реклама *f*

banquet ['bæŋkwɪt] *n* бенкет *m*

banter ['bæntə] *n* жарт *m*

baptism ['bæptɪzəm] *n* хрещення *nt*

bar [ba:] *n* (*metal or wooden*) брусок *m*; (= *pub*) бар *m* ▷ *vt* зачиняти на засув

Barbados [ba:'beɪdəʊs; -dəʊz; -dɒs] *n* Барбадос *m*

barbaric [ba:'bærɪk] *adj* варварський

barbarism ['ba:bərɪzəm] *n* варварство *nt*

barbecue ['ba:bɪ,kju:] *n* барбекю *nt* ▷ *vt* смажити барбекю (*perf* підсмажити барбекю)

barbed [ba:bd] *adj* гострий (*жарт, зауваження, коментар*)

barbed wire [ba:bd 'waɪə] *n* колючий дріт *m*

barbeque ['ba:bɪ,kju:] *n* барбекю *nt*

barber ['ba:bə] *n* перукар *m*

bar code [ba: kəʊd] *n* штрих-код *m*

bare [bɛə] *adj* (= *naked*) голий; (= *empty*) порожній ▷ *vt* оголяти (*perf* оголити)

barefoot ['bɛə,fʊt] *adj* босий ▷ *adv* босоніж

barely ['bɛəlɪ] *adv* ледь

bargain ['ba:gɪn] *n* вигідна покупка *f*

barge [ba:dʒ] *n* баржа *f* ▷ *vi* (*inf*) вдиратися (*perf* вдертися)

baritone ['bærɪtəʊn] *n* баритон *m*

bark [ba:k] *vi* гавкати (*perf* гавкнути)

barley ['ba:lɪ] *n* ячмінь *m*

barn [ba:n] *n* сарай *m*

barometer [bə'rɒmɪtə] *n* барометр *m*

baron ['bærən] *n* барон *m*

baroque [bə'rɒk] *adj* бароковий

barracks ['bærəks] *n* казарми *fpl*

barrage ['bæra:ʒ] *n* загороджувальний вогонь *m* ▷ *vt* завалювати (*проханнями, скаргами*)

barrel ['bærəl] *n* барель *m*

barren ['bærən] *adj* безплідний

barricade [,bærɪ'keɪd] *n* барикада *f* ▷ *vt* барикадувати (*perf* забарикадувати)

barrier ['bærɪə] *n* бар'єр *m*

barring ['ba:rɪŋ] *prep* за винятком

barter ['ba:tə] *vt, vi* обмінювати (*perf* обміняти)

base [beɪs] *n* основа *f*

baseball ['beɪs,bɔ:l] *n* бейсбол *m*

baseball cap ['beɪs,bɔ:l kæp] *n* бейсболка *f*

based [beɪst] *adj* заснований

baseline ['beɪslaɪn] *n* задня лінія майданчика

basement ['beɪsmənt] *n* підвальне приміщення *nt*

bases ['beɪsi:z] *pl of* **basis**

bash [bæʃ] *n* (*inf*) бенкет *m* ▷ *vt* (*inf*) сильно бити (*perf* сильно побити)

basic ['beɪsɪk] *adj* основний

basically ['beɪsɪklɪ] *adv* в основному

basics ['beɪsɪks] *npl* основи *pl*

basil ['bæzl] *n* базилік *m*

basilica [bə'zɪlɪkə] *n* базиліка *f*

basin ['beɪsn] *n* таз *m*

basis ['beɪsɪs] (*pl* **bases**) *n* основа *f*

bask [ba:sk] *vi* грітися (*perf* погрітися) (*на сонці*)

basket ['ba:skɪt] *n* кошик *m*

basketball ['ba:skɪt,bɔ:l] *n* баскетбол *m*

Basque [bæsk; ba:sk] *adj* баскський ▷ *n* (= *person*) баск *m*; (= *language*) баскська мова *f*

bass [beɪs] *n* бас *m* ▷ *adj* басовий

bass drum [beɪs drʌm] *n* турецький барабан *m*

bassist ['beɪsɪst] *n* басист *m*

bassoon [bə'su:n] *n* фагот *m*

bastion ['bæstɪən] *n* (*frml*) твердиня *f*

bat [bæt] *n* (*for games*) ракетка *f*; (= *animal*) кажан *m* ▷ *vi* бити битою (*perf* вдарити битою)

batch [bætʃ] *n* партія *f* (*продукції*)

bath [ba:θ] *n* ванна *f*

bathe [beɪð] *vi* (*frml*) купатися (*perf* скупатися)

bathing suit ['beɪðɪŋ su:t] *n* купальник *m*

bathrobe ['ba:θ,rəʊb] *n* купальний халат *m*

bathroom ['ba:θ,ru:m; -,rʊm] *n* ванна кімната *f*

baths [ba:θz] *npl* лазня *f*

bath towel [ba:θ 'taʊəl] *n* банний рушник *m*

bathtub ['ba:θ,tʌb] *n* ванна *f*

baton ['bætɒn] *n* кийок *m*

batsman ['bætsmən] *n* той, хто відбиває м'яч (*у крикеті*)

battalion [bə'tæljən] *n* батальйон *m*

batter ['bætə] *n* рідке тісто *nt*

battered ['bætəd] *adj* зношений

battery ['bætərɪ] *n* батарейка *f*

battle ['bætl] *n* битва *f*

battlefield ['bætl,fi:ld] *n* поле бою *nt*

battleship ['bætl,ʃɪp] *n* лінкор *m*

bay [beɪ] *n* затока *f* ▷ *vi* вимагати (*криком*)

bay leaf [beɪ li:f] *n* лавровий лист *m*

bayonet ['beɪənət] *n* багнет *m*

bazaar [bə'za:] *n* базар *m*

BC [bi: si:] *abbr* до н. е.

 KEYWORD

be [bi:] (*pres sing* **is**, *pres part* **being**, *pt* **was** *or* **were**, *pp* **been**) *aux vb* **1** (*with present participle, forming continuous tenses*): **what**

are you doing? що ви робите?; **it is raining** іде дощ; **they're working tomorrow** вони працюють завтра; **the house is being built** будинок будують; **I've been waiting for you for ages** я чекаю на вас уже цілу вічність

2 (with pp, forming passives): **he was killed** його вбито; **the box had been opened** коробку відкрито; **the thief was nowhere to be seen** злодія ніде не було видно

3 (in tag questions): **she's back again, is she?** вона повернулася, чи не так or хіба ні?; **she is pretty, isn't she?** вона гарненька, чи не так or хіба ні?

4 (to +infin): **the house is to be sold** будинок мають продати; **you're to be congratulated for all your work** вас треба привітати за вашу роботу; **he's not to open it** він не повинен відкривати це

▷ vb + complement **1** (in present tense): **he is English** він англієць; (in past/future tense) бути; **he was a doctor** він був лікарем; **she is going to be very tall** вона буде дуже високою; **I'm tired** я втомився; **I was hot/ cold** мені було холодно/жарко; **two and two are four** два і два буде чотири; **she's tall/pretty** вона висока/гарненька; **be careful!** будьте обережні!; **be quiet!** тихо!

2 (of health): **how are you?** як ви почуваєтесь?; **I'm better now** мені вже краще

3 (of age): **how old are you?** скільки тобі років?; **I'm sixteen (years old)** мені шістнадцять років

4 (cost): **how much is the wine?** скільки коштує вино?; **that'll be £5.75, please** маєте заплатити 5,75 фунтів

▷ vi **1** (exist) бути, існувати; **there are people who ...** є люди, котрі...; **there is one drug that ...** є одні ліки, що...; **is there a God?** чи існує Бог?

2 (occur) бувати, траплятися; **there are frequent accidents on this road** на цій дорозі часто трапляються аварії; **be that as it may** як би там не було; **so be it** хай буде так

3 (referring to place): **I won't be here tomorrow** мене тут не буде завтра; **the book is on the table** книга на столі; **there are pictures on the wall** на стіні картини; **Edinburgh is in Scotland** Единбург у Шотландії; **there is someone in the house** у будинку хтось є; **we've not been here for ages** ми тут не були вже сто років

4 (referring to movement) бути; **where have you been?** де ви були?; **I've been to the post office** я був на пошті

▷ impers vb **1** (referring to time): **it's five o'clock (now)** зараз п'ята година; **it's the 28th of April (today)** сьогодні 28 квітня

2 (referring to distance, weather: in present

tense): **it's 10 km to the village** до села десять кілометрів; **it's hot/cold (today)** сьогодні жарко/холодно; (: in past/future tense) **it was very windy yesterday** вчора було дуже вітряно; **it will be sunny tomorrow** завтра буде сонячно

3 (emphatic): **it's (only) me/the postman** це (всього-на-всього) я/листоноша; **it was Maria who paid the bill** це Марія сплатила рахунок

beach [biːtʃ] n пляж m ▷ vt витягати на берег

beacon ['biːkən] n сигнальний вогонь m

bead [biːd] n намистина f

beak [biːk] n дзьоб m

beaker ['biːkə] n мензурка f

beam [biːm] n промінь m ▷ vt, vi (written) сяяти (perf засяяти) (зокрема про посмішку)

bean [biːn] n квасоля f

beansprouts ['biːnsprəʊts] npl пророщені бобові npl

bear [bɛə] n ведмідь m ▷ vt (liter) нести (perf принести)

bearable ['bɛərəbəl] adj стерпний

beard [bɪəd] n борода f

bearded ['bɪədɪd] adj бородатий

bearer ['bɛərə] n той, хто приносить

beast [biːst] n (liter) звір m

beat [biːt] (pres sing **beats**, pres part **beating**, pt **beat**, pp **beaten**) n (= hit) бити (perf побити); (= defeat) обігравати (perf обіграти)

beaten-up [ˌbiːtən'ʌp] adj побитий (старий, у поганому стані)

beater ['biːtə] n збивалка f

beat-up ['biːtʌp] adj (inf) розбитий (старий, у поганому стані)

beautiful ['bjuːtɪfʊl] adj красивий

beautifully ['bjuːtɪflɪ] adv красиво

beauty ['bjuːtɪ] n краса f

beauty salon ['bjuːtɪ 'sælɒn] n салон краси m

beauty spot ['bjuːtɪ spɒt] n мальовнича місцевість f

beaver ['biːvə] n бобер m

because [bɪ'kɒz; -'kəz] conj тому що

beckon ['bɛkən] vt, vi робити знак (perf зробити знак) (рукою, пальцем)

become [bɪ'kʌm] vb +complement ставати (perf стати)

bed [bɛd] n ліжко nt

bed and breakfast [bɛd ənd 'brɛkfəst] n міні-готель m

bedclothes ['bɛdˌkləʊðz] npl постільна білизна f

bedding ['bɛdɪŋ] n постільний комплект m

bed linen [bɛd 'lɪnɪn] n постільна білизна f

bedrock ['bɛdrɒk] n наріжний камінь m

bedroom ['bɛdˌruːm; -ˌrʊm] n спальня f

bedside ['bɛdˌsaɪd] n місце біля ліжка

bedside lamp ['bɛd,saɪd læmp] *n* приліжкова лампа *f*

bedside table ['bɛd,saɪd 'teɪbl] *n* тумбочка *f*

bedsit ['bɛd,sɪt] *n* наймана однокімнатна квартира *f*

bedspread ['bɛd,sprɛd] *n* покривало *nt*

bedtime ['bɛd,taɪm] *n* час спати *m*

bee [biː] *n* бджола *f*

beech [biːtʃ] *n* бук *m*

beech tree [biːtʃ triː] *n* бук *m*

beef [biːf] *n* яловичина *f*

beefburger ['biːf,bɜːgə] *n* яловичий бургер *m*

beeper ['biːpə] *n* (*inf*) біпер *m*

beer [bɪə] *n* пиво *nt*

beetle ['biːtl] *n* жук *m*

beetroot ['biːt,ruːt] *n* буряк *m*

befall [bɪ'fɔːl] *vt* (*liter*) траплятися (*perf* трапитися)

befit [bɪ'fɪt] *vt* (*frml*) підходити (*perf* підійти) (*бути придатним до чогось*)

before [bɪ'fɔː] *adv* раніше ▷ *conj* перш ніж ▷ *prep* перед

beforehand [bɪ'fɔː,hænd] *adv* заздалегідь

befriend [bɪ'frɛnd] *vt* подружитися *perf*

beg [bɛg] *vt, vi* благати (*perf* ублагати)

beggar ['bɛgə] *n* жебрак *m*

begin [bɪ'gɪn] (*pres sing* **begins**, *pres part* **beginning**, *pt* **began**, *pp* **begun**) *vt* починати (*perf* почати)

beginner [bɪ'gɪnə] *n* початківець *m*

beginning [bɪ'gɪnɪŋ] *n* початок *m*

behave [bɪ'heɪv] *vi* (= *act*) поводитися ▷ *vt* (*yourself*) поводитися

behaviour, (US) **behavior** [bɪ'heɪvjə] *n* поведінка *f*

behavioural [bɪ'heɪvjərəl] *adj* поведінковий

behind [bɪ'haɪnd] *adv* позаду ▷ *n* зад *m* ▷ *prep* за

behold [bɪ'həʊld] *vt* (*liter*) споглядати (*perf* споглянути)

beige [beɪʒ] *adj* бежевий

Beijing ['beɪ'dʒɪŋ] *n* Пекін *m*

being ['biːɪŋ] *n* істота *f*

Belarus ['bɛlə,rʌs; -,rʊs] *n* Білорусь *f*

Belarussian [,bɛləʊ'rʌʃən; ,bjɛl-] *adj* білоруський ▷ *n* (= *person*) білорус (білоруска) *m(f)*; (= *language*) білоруська мова *f*

belated [bɪ'leɪtɪd] *adj* (*frml*) запізнілий

belch [bɛltʃ] *vi* відригувати (*perf* відригнути)

beleaguered [bɪ'liːgəd] *adj* (*frml*) який зазнає труднощів

Belgian ['bɛldʒən] *adj* бельгійський ▷ *n* бельгієць (бельгійка) *m(f)*

Belgium ['bɛldʒəm] *n* Бельгія *f*

belie [bɪ'laɪ] *vt* суперечити

belief [bɪ'liːf] *n* віра *f*

believable [bɪ'liːvəbəl] *adj* правдоподібний

believe [bɪ'liːv] *vt* (*frml*) вважати ▷ *vi* вірити (*perf* повірити)

believer [bɪ'liːvə] *n* прихильник (прихильниця) *m(f)*

belittle [bɪ'lɪtəl] *vt* применшувати (*perf* применшити)

bell [bɛl] *n* дзвін *m*

belligerent [bɪ'lɪdʒərənt] *adj* войовничий

bellow ['bɛləʊ] *vt, vi* ревти (*perf* проревти) (*про тварин, про голос*)

belly ['bɛlɪ] *n* живіт *m*

belly button ['bɛlɪ 'bʌtn] *n* (*inf*) пупок *m*

belong [bɪ'lɒŋ] *vi* (= *should be*) належати; бути власністю; (= *be a member*) бути частиною

belongings [bɪ'lɒŋɪŋz] *npl* майно *nt*

beloved [bɪ'lʌvɪd] *adj* коханий

below [bɪ'ləʊ] *adv* нижче ▷ *prep* під

belt [bɛlt] *n* ремінь *m* ▷ *vt* (*inf*) лупцювати (*perf* відлупцювати)

beltway ['bɛltweɪ] *n* (US) = **ring road**

bemoan [bɪ'məʊn] *vt* (*frml*) оплакувати (*perf* оплакати)

bemused [bɪ'mjuːzd] *adj* зніченний

bench [bɛntʃ] *n* лава *f*

benchmark ['bɛntʃmɑːk] *n* орієнтир *m*

bend [bɛnd] (*pres sing* **bends**, *pres part* **bending**, *pt, pp* **bent**) *n* вигин *m* ▷ *vi* згинатися; **bend down** [bɛnd daʊn] *vi* нагинатися (*perf* нагнутися); **bend over** [bɛnd 'əʊvə] *vi* схилятися (*perf* схилитися)

beneath [bɪ'niːθ] *prep* під

benefactor [,bɛnɪ'fæktə] *n* жертводавець *m*

beneficial [,bɛnɪ'fɪʃəl] *adj* корисний

beneficiary [,bɛnɪ'fɪʃərɪ] *n* особа, яка отримує вигоду *f*

benefit ['bɛnɪfɪt] *n* перевага *f* ▷ *vi* отримати користь

benevolent [bɪ'nɛvələnt] *adj* доброзичливий

benign [bɪ'naɪn] *adj* приязний

bent [bɛnt] *adj* (= *not straight*) вигнутий; (= *dishonest*) крадений ▷ *n* схильність *f*

bequeath [bɪ'kwiːð] *vt* (*frml*) заповідати (*perf* заповісти)

berate [bɪ'reɪt] *vt* (*frml*) лаяти (*perf* вилаяти)

bereaved [bɪ'riːvd] *adj* який втратив близьку людину

bereavement [bɪ'riːvmənt] *n* тяжка втрата *f*

bereft [bɪ'rɛft] *adj* (*frml*) позбавлений

beret ['bɛreɪ] *n* берет *m*

berry ['bɛrɪ] *n* ягода *f*

berth [bɜːθ] *n* спальне місце *nt* ▷ *vi* ставати на якір (*perf* стати на якір)

beset [bɪ'sɛt] (*pres sing* **besets**, *pres part* **besetting**, *pt, pp* **beset**) *vt* облягати (*perf* облягти) (*оточувати*)

beside [bɪ'saɪd] *prep* поруч із

besides [bɪ'saɪdz] *adv* крім того ▷ *prep* крім

besiege [bɪ'si:dʒ] vt оточувати (perf оточити)
best [bɛst] adj кращий ▷ adv найкращий
best-before date [ˌbɛstbɪ'fɔː deɪt] n вжити до
best man [bɛst mæn] n свідок на весіллі m
bestow [bɪ'stəʊ] vt (frml) нагороджувати (perf нагородити)
bestseller [ˌbɛst'sɛlə] n бестселер m
best-selling [ˈbɛstˌsɛlɪŋ] adj популярний
bet [bɛt] n ставка f ▷ vt (pres sing **bets**, pres part **betting**, pt, pp **bet**) робити ставку (perf зробити ставку)
betray [bɪ'treɪ] vt зраджувати (perf зрадити)
betrayal [bɪ'treɪəl] n зрада f
better [ˈbɛtə] adj кращий ▷ adv краще
between [bɪ'twi:n] prep між
beverage [ˈbɛvərɪdʒ] n (frml) напій m
beware [bɪ'wɛə] vi, vt стерегтися
bewildered [bɪ'wɪldəd] adj спантеличений
bewildering [bɪ'wɪldərɪŋ] adj який спантеличує
bewilderment [bɪ'wɪldəmənt] n зніяковіння nt
beyond [bɪ'jɒnd] prep за
bias [ˈbaɪəs] n прихильність f ▷ vt схиляти (perf схилити) (кого-небудь до чогось)
biased [ˈbaɪəst] adj упереджений
bib [bɪb] n нагрудник m
Bible [ˈbaɪbl] n Біблія f
biblical [ˈbɪblɪkəl] adj біблійний
bibliography [ˌbɪblɪ'ɒgrəfɪ] n бібліографія f
bicarbonate of soda [baɪˈkɑːbənət əv ˈsəʊdə] n харчова сода f
bicker [ˈbɪkə] vi сперечатися (perf посперечатися)
bicycle [ˈbaɪsɪkl] n велосипед m
bicycle pump [ˈbaɪsɪkl pʌmp] n велосипедний насос m
bid [bɪd] n ставка f ▷ vt, vi (pres sing **bids**, pres part **bidding**, pt **bid**, pp **bidden**) робити ставку (perf зробити ставку)
bidder [ˈbɪdə] n учасник торгів m (покупець) (f учасниця торгів)
bifocals [baɪˈfəʊklz] npl біфокальні окуляри pl
big [bɪg] adj великий
big city [bɪg ˈsɪtɪ] n велике місто nt
big deal [bɪg diːl] n (inf) велика справа f
big fish [bɪg fɪʃ] n (inf) велика шишка f (впливова людина)
bigger [ˈbɪgə] adj більший
bigheaded [ˈbɪgˌhɛdɪd] adj самовдоволений
big money [bɪg ˈmʌnɪ] n великі гроші npl
big name [bɪg neɪm] n знаменитість f
bigot [ˈbɪgət] n фанатик (фанатичка) m(f)
bigoted [ˈbɪgətɪd] adj фанатичний
bigotry [ˈbɪgətrɪ] n фанатизм m
big time [bɪg taɪm] adj (inf) високого рівня; **she's a big time politician** вона політик високого рівня

bike [baɪk] n (inf) велосипед m ▷ vi (inf) їхати на велосипеді (perf поїхати на велосипеді)
biker [ˈbaɪkə] n мотоцикліст m
bikini [bɪ'ki:nɪ] n бікіні nt
bilateral [ˌbaɪ'lætərəl] adj двосторонній
bile [baɪl] n жовч f
bilingual [baɪ'lɪŋgwəl] adj двомовний
bill [bɪl] n (= account) рахунок m ▷ vt виставляти рахунок (perf виставити рахунок)
billboard [ˈbɪlbɔːd] n рекламний щит m
billiards [ˈbɪljədz] npl більярд m
billion [ˈbɪljən] num мільярд m
billionaire [ˌbɪljə'nɛə] n мільярдер (мільярдерка) m(f)
billow [ˈbɪləʊ] vi здійматися (perf здійнятися)
bimonthly [baɪˈmʌnθlɪ] adj що виходить раз на два місяці
bin [bɪn] n відро для сміття nt
binary [ˈbaɪnərɪ] adj бінарний
binary code [ˈbaɪnərɪ kəʊd] n бінарний код m
bind [baɪnd] (pres sing **binds**, pres part **binding**, pt, pp **bound**) vt зв'язувати (perf зв'язати)
binder [ˈbaɪndə] n швидкозшивач m
binge [bɪndʒ] n (inf) гульня f ▷ vi (inf) гуляти (perf погуляти) (витрачати гроші)
bingo [ˈbɪŋgəʊ] n бінго nt
binoculars [bɪ'nɒkjʊləz; baɪ-] npl бінокль m
biochemical [ˌbaɪəʊˈkɛmɪkəl] adj біохімічний
biochemist [ˌbaɪəʊˈkɛmɪst] n біохімік m
biochemistry [ˌbaɪəʊˈkɛmɪstrɪ] n біохімія f
biodegradable [ˌbaɪəʊdɪˈgreɪdəbl] adj біорозкладний
biodiversity [ˌbaɪəʊdaɪˈvɜːsɪtɪ] n біологічна різноманітність f
biographer [baɪ'ɒgrəfə] n біограф m
biographical [ˌbaɪə'græfɪkəl] adj біографічний
biography [baɪ'ɒgrəfɪ] n біографія f
biological [ˌbaɪə'lɒdʒɪkl] adj біологічний
biology [baɪ'ɒlədʒɪ] n біологія f
biometric [ˌbaɪəʊˈmɛtrɪk] adj біометричний
biopsy [ˈbaɪɒpsɪ] n біопсія f
biosphere [ˈbaɪəsfɪə] n біосфера f
biotechnology [ˌbaɪəʊtɛkˈnɒlədʒɪ] n біотехнологія f
bipartisan [ˌbaɪpɑːtɪ'zæn] adj (frml) двопартійний
birch [bɜːtʃ] n береза f
bird [bɜːd] n птах m
bird flu [bɜːd fluː] n пташиний грип m
bird of prey [bɜːd əv preɪ] n хижий птах m
birdwatching [ˈbɜːdˌwɒtʃɪŋ] n спостереження за птахами nt
Biro® [ˈbaɪrəʊ] n кулькова ручка f
birth [bɜːθ] n народження nt

birth certificate [bɜːθ səˈtɪfɪkɪt] *n* свідоцтво про народження *nt*

birthday [ˈbɜːθˌdeɪ] *n* день народження *m*

birthplace [ˈbɜːθˌpleɪs] *n* (*written*) місце народження *nt*

birth rate [bɜːθ reɪt] *n* народжуваність *f*

biscuit [ˈbɪskɪt] *n* печиво *nt*

bisexual [ˌbaɪˈsɛkʃʊəl] *adj* бісексуальний

bistro [ˈbiːstrəʊ] *n* бістро *nt*

bit [bɪt] *n* шматок *m*

bitch [bɪtʃ] *vi* (*inf*) скиглити (*perf* поскиглити) (*жалітися*)

bite [baɪt] *n* укус *m* ⊳ *vt, vi* (*pres sing* **bites**, *pres part* **biting**, *pt* **bit**, *pp* **bitten**) кусати (*perf* кусити)

biting [ˈbaɪtɪŋ] *adj* різкий

bitmap [ˈbɪtˌmæp] *n* бітова карта *f*

bitter [ˈbɪtə] *adj* запеклий

bitterly [ˈbɪtəlɪ] *adv* гірко

bizarre [bɪˈzɑː] *adj* дивний

black [blæk] *adj* чорний

black and white [blæk ən waɪt] *adj* чорно-білий

blackberry [ˈblækbərɪ] *n* ожина *f*

blackbird [ˈblækˌbɜːd] *n* дрізд *m*

blackboard [ˈblækˌbɔːd] *n* класна дошка *f*

black coffee [blæk ˈkɒfɪ] *n* чорна кава *f*

blackcurrant [ˌblækˈkʌrənt] *n* чорна смородина *f*

blacken [ˈblækən] *vt, vi* чорнити (*perf* зачорнити)

black hole [blæk həʊl] *n* чорна діра *f*

black ice [blæk aɪs] *n* ожеледь *f*

blacklist [ˈblækˌlɪst] *n* чорний список *m* ⊳ *vt* заносити до чорного списку

blackmail [ˈblækˌmeɪl] *n* шантаж *m* ⊳ *vt* шантажувати

black market [blæk ˈmɑːkɪt] *n* чорний ринок *m*

blackness [ˈblæknɪs] *n* (*liter*) темрява *f*

blackout [ˈblækaʊt] *n* затемнення *nt*

black pepper [blæk ˈpɛpə] *n* чорний перець *m*

blacksmith [ˈblæksmɪθ] *n* коваль *m*

bladder [ˈblædə] *n* сечовий міхур *m*

blade [bleɪd] *n* лезо *nt*

blame [bleɪm] *vt* звинувачувати (*perf* звинуватити) ⊳ *n* провина *f*

blanch [blɑːntʃ] *vi* блідніти (*perf* зблідніти)

bland [blænd] *adj* безликий

blank [blæŋk] *adj* чистий ⊳ *n* пропуск *m*

blank cheque, (*US*) **blank check** [blæŋk tʃɛk] *n* карт-бланш *m*

blanket [ˈblæŋkɪt] *n* ковдра *f* ⊳ *adj* повний ⊳ *vt* вкривати (*perf* вкрити)

blare [ˈblɛə] *vt, vi* вити (*perf* завити) (*видавати гучний звук*)

blasphemy [ˈblæsfəmɪ] *n* богохульство *nt*

blast [blɑːst] *n* вибух *m* ⊳ *vt* підривати (*perf* підірвати)

blatant [ˈbleɪtənt] *adj* вульгарний

blatantly [ˈbleɪtəntlɪ] *adv* жахливо

blaze [bleɪz] *n* полум'я *nt* ⊳ *vi* палати (*perf* запалати)

blazer [ˈbleɪzə] *n* блейзер *m*

blazing [ˈbleɪzɪŋ] *adj* палючий

bleach [bliːtʃ] *n* відбілювач *m* ⊳ *vt* відбілювати (*perf* відбілити)

bleached [bliːtʃt] *adj* знебарвлений

bleak [bliːk] *adj* похмурий

bleed [bliːd] (*pres sing* **bleeds**, *pres part* **bleeding**, *pt, pp* **bled**) *vi* кровити

bleep [bliːp] *n* короткий високочастотний звуковий сигнал

blemish [ˈblɛmɪʃ] *n* пляма *f* ⊳ *vt* псувати (*perf* зіпсувати)

blend [blɛnd] *vt, vi* змішувати (*perf* змішати) ⊳ *n* суміш *f*

blender [ˈblɛndə] *n* блендер *m*

bless [blɛs] *vt* благословляти (*perf* благословити)

blessed [ˈblɛsɪd] *adj* благословенний

blessing [ˈblɛsɪŋ] *n* благословення *nt*

blight [blaɪt] *n* загибель *f* ⊳ *vt* руйнувати (*perf* зруйнувати)

blind [blaɪnd] *adj* сліпий ⊳ *vt* осліплювати (*perf* осліпити)

blindfold [ˈblaɪndˌfəʊld] *n* пов'язка на очах *f* ⊳ *vt* зав'язувати очі (*perf* зав'язати)

blinding [ˈblaɪndɪŋ] *adj* сліпучий

blindly [ˈblaɪndlɪ] *adv* сліпо

bling [blɪŋ] *n* (*inf*) цяцьки *fpl* (*прикраси*)

blink [blɪŋk] *vt, vi* кліпати

blip [blɪp] *n* зображення на екрані радара

bliss [blɪs] *n* блаженство *nt*

blissful [ˈblɪsfʊl] *adj* щасливий

blister [ˈblɪstə] *n* пухир *m* ⊳ *vt, vi* вкриватися пухирями (*perf* вкритися пухирями)

blistering [ˈblɪstərɪŋ] *adj* дуже гарячий

blithe [blaɪð] *adj* безтурботний

blitz [blɪts] *vt* бомбувати

blizzard [ˈblɪzəd] *n* хуртовина *f*

bloated [ˈbləʊtɪd] *adj* роздутий

blob [blɒb] *n* (*inf*) маленька кулька *f* (*густої, клейкої речовини*)

bloc [blɒk] *n* блок *m*

block [blɒk] *n* (= *rectangular piece*) блок *m*; (= *buildings*) квартал *m*; (= *obstruction*) перешкода *f* ⊳ *vt* блокувати (*perf* заблокувати)

blockade [blɒˈkeɪd] *n* блокада *f* ⊳ *vt* блокувати (*perf* заблокувати)

blockage [ˈblɒkɪdʒ] *n* блокування *nt*

blockbuster [ˈblɒkbʌstə] *n* (*inf*) блокбастер *m*

blocked [ˈblɒkt] *adj* блокований

blog [blɒg] *n* блог *m* ⊳ *vt* писати в блозі (*perf* записати)

blogosphere [ˈblɒgəˌsfɪə] *n* блогосфера *f*

bloke [bləʊk] *n* (*inf*) хлопець *m*

blonde [blɒnd] *adj* білявий ⊳ *n* блондинка *f*

blood [blʌd] n кров f
blood group [blʌd gru:p] n група крові f
blood poisoning [blʌd 'pɔɪznɪŋ] n заражена крові nt
blood pressure [blʌd 'preʃə] n кров'яний тиск m
bloodshed ['blʌdʃed] n кровопролиття nt
bloodstream ['blʌdstri:m] n кровообіг m
blood test [blʌd test] n аналіз крові m
blood vessel [blʌd 'vesəl] n кровоносна судина f
bloody ['blʌdɪ] vt закривавлювати (perf закривавити)
bloom [blu:m] n (liter) цвіт m ▷ vi цвісти (perf зацвісти)
blossom ['blɒsəm] n цвіт m ▷ vi цвісти (perf зацвісти)
blot [blɒt] n пляма f ▷ vt промокати (perf промокнути) (серветкою, тканиною)
blouse [blaʊz] n блузка f
blow [bləʊ] (pres sing **blows**, pres part **blowing**, pt **blew**, pp **blown**) n удар m ▷ vi (wind) віяти (perf повіяти) ▷ vt (person) дмухати (perf дмухнути); **blow up** [bləʊ ʌp] vt, vi підривати (perf підірвати)
bludgeon ['blʌdʒən] vt бити дрючком (perf побити дрючком)
blue [blu:] adj синій
bluebell ['blu:bel] n пролісок m
blueberry ['blu:bərɪ; -brɪ] n чорниця f
blue-collar [ˌblu:'kɒlə] adj синій комірець (робітник)
blueprint ['blu:prɪnt] n план m
blues [blu:z] npl блюз m
bluff [blʌf] n блеф m ▷ vt, vi блефувати
blunder ['blʌndə] n промах m ▷ vi вчиняти дурницю
blunt [blʌnt] adj тупий ▷ vt притупляти (perf притупити)
blur [blɜ:] n розпливчастість f
blurt [blɜ:t] vt бовкати (perf бовкнути)
blush [blʌʃ] vi червоніти (perf почервоніти)
blusher ['blʌʃə] n рум'яна pl
bluster ['blʌstə] vt, vi погрожувати
boar [bɔ:] n кабан m
board [bɔ:d] n (directors) правління nt; (of wood or plastic) дошка f ▷ vt (frml) сідати (perf сісти) (на поїзд, корабель, літак)
boarder ['bɔ:də] n вихованець інтернату m
board game [bɔ:d geɪm] n настільна гра f
boarding school ['bɔ:dɪŋ sku:l] n школа-інтернат f
boardroom ['bɔ:dru:m] n зала засідань f
boast [bəʊst] vi хизуватися
boat [bəʊt] n човен m
boating ['bəʊtɪŋ] n прогулянка на човні f
boat people [bəʊt 'pi:pəl] npl емігранти, що нелегально потрапляють до іншої країни на човнах
bob [bɒb] vi гойдатися
bobby pin ['bɒbɪ pɪn] n (US) = **hairgrip**

bode [bəʊd] vi (frml) передвіщати (perf передвістити)
bodily ['bɒdɪlɪ] adj тілесний
body ['bɒdɪ] n тіло nt
bodybuilding ['bɒdɪˌbɪldɪŋ] n бодібілдинг m
bodyguard ['bɒdɪˌɡɑ:d] n охоронець m
body language ['bɒdɪ 'læŋɡwɪdʒ] n мова тіла f
bog [bɒɡ] n болото nt
bogey ['bəʊɡɪ] n примара f
bogged down [bɒɡd daʊn] adj застряглий
bogus ['bəʊɡəs] adj підробний
bohemian [bəʊ'hi:mɪən] adj богемний
boil [bɔɪl] vt (food) варити (perf зварити) ▷ vi (water) кип'ятити (perf скип'ятити) ▷ n фурункул m; **boil over** [bɔɪl 'əʊvə] vi збігати (perf збігти)
boiled [bɔɪld] adj варений
boiled egg [bɔɪld eɡ] n варене яйце nt
boiler ['bɔɪlə] n котел m
boiling ['bɔɪlɪŋ] adj киплячий
boisterous ['bɔɪstərəs] adj галасливий
bold [bəʊld] adj сміливий
Bolivia [bə'lɪvɪə] n Болівія f
Bolivian [bə'lɪvɪən] adj болівійський ▷ n (= person) болівієць (болівійка) m(f)
bolster ['bəʊlstə] vt посилювати (perf посилити) ▷ n валик m (подушка)
bolt [bəʊlt] n болт m ▷ vi тікати (perf утекти)
bomb [bɒm] n бомба f ▷ vt бомбардувати
bombard [bɒm'bɑ:d] vt діймати (perf дійняти)
bombardment [ˌbɒm'bɑ:dmənt] n бомбардування nt
bombing ['bɒmɪŋ] n бомбардування nt
bombshell ['bɒmˌʃel] n бомба f (приголомшлива новина)
bona fide ['bəʊnə 'faɪdɪ] adj (frml) справжній
bonanza [bə'nænzə] n процвітання nt
bond [bɒnd] n зв'язок m
bondage ['bɒndɪdʒ] n рабство nt
bone [bəʊn] n кістка f ▷ vt виймати кістки (perf вийняти кістки)
bone dry [bəʊn draɪ] adj абсолютно сухий
bone marrow [bəʊn 'mærəʊ] n кістковий мозок m
bonfire ['bɒnˌfaɪə] n багаття nt
bonnet ['bɒnɪt] n (car) капот m; (= hat) капор m
bonus ['bəʊnəs] n бонус m
bony ['bəʊnɪ] adj кістлявий
boo [bu:] vt, vi освистувати (perf освистати)
book [bʊk] n книжка f ▷ vt бронювати (perf забронювати)
bookcase ['bʊkˌkeɪs] n книжкова шафа f
booking ['bʊkɪŋ] n бронювання nt
bookkeeper ['bʊkˌki:pə] n бухгалтер m
bookkeeping ['bʊkˌki:pɪŋ] n бухгалтерський облік m

booklet ['bʊklɪt] n буклет m
bookmaker ['bʊkmeɪkə] n букмекер m
bookmark ['bʊkˌmɑːk] n закладка f
bookseller ['bʊksɛlə] n продавець книг m
bookshelf ['bʊkʃɛlf] n книжкова полиця f
bookshop ['bʊkʃɒp] n книгарня f
boom [buːm] n бум m ▷ vi швидко зростати
(perf швидко зрости) (про економіку, бізнес)
boon [buːn] n благо nt
boost [buːst] vt підвищувати (perf
підвищити)
booster ['buːstə] n помічник m (щось, що
збільшує позитивну якість чогось)
boot [buːt] n (= footwear) черевик m ▷ vt, vi
бити чоботом
booth [buːθ] n будка f
bootleg ['buːtlɛg] adj нелегальний
booze [buːz] n (inf) випивка f ▷ vi (inf)
пиячити
border ['bɔːdə] n кордон m ▷ vt межувати
borderline ['bɔːdəˌlaɪn] n межа f ▷ adj
межовий
bore [bɔː] vt надокучати (perf надокучити);
свердлити (perf просвердлити); (= to drill)
▷ n зануда f/m
bored [bɔːd] adj знуджений
boredom ['bɔːdəm] n нудьга f
boring ['bɔːrɪŋ] adj нудний
born [bɔːn] adj природжений
borough ['bʌrə] n містечко або район із
самоврядуванням
borrow ['bɒrəʊ] vt позичати (perf позичити)
borrower ['bɒrəʊə] n позичальник m (у
когось) (f позичальниця)
borrowing ['bɒrəʊɪŋ] n позичання nt (у
когось)
Bosnia ['bɒznɪə] n Боснія f
Bosnia-Herzegovina
[ˌbɒznɪəhɜːtsəɡəʊˈviːnə] n Боснія і
Герцоговина f
Bosnian ['bɒznɪən] adj боснійський ▷ n
(= person) боснієць (боснійка) m(f)
bosom ['bʊzəm] adj щирий (друг)
boss [bɒs] n бос m; **boss around** [bɒs
əˈraʊnd] vt командувати
bossy ['bɒsɪ] adj який любить
командувати
botanical [bəˈtænɪkəl] adj ботанічний
botanist ['bɒtənɪst] n ботанік m
botany ['bɒtənɪ] n ботаніка f
botch [bɒtʃ] vt (inf) псувати (perf зіпсувати)
(недбало робити)
both [bəʊθ] det обидва ▷ pron i... i...
bother ['bɒðə] vt, vi турбувати(ся) ▷ n
клопіт m
Botswana [bʊˈtʃwɑːnə; bʊtˈswɑːnə; bɒt-] n
Ботсвана f
bottle ['bɒtl] n пляшка f ▷ vt розливати в
пляшки
bottle bank ['bɒtl bæŋk] n контейнер для
збору склотари m

bottle-opener ['bɒtlˈəʊpənə] n
відкривачка для пляшок f
bottom ['bɒtəm] adj нижній ▷ n (= lowest
part) низ m; (= part of body) сідниці fpl
bottom line ['bɒtəm laɪn] n підсумок m
bought [bɔːt] adj куплений
bouillon cube ['buːjɒn kjuːb] n (US)
= stock cube
boulder ['bəʊldə] n валун m
boulevard ['buːləvɑːd] n бульвар m
bounce [baʊns] vt, vi підстрибувати (perf
підстрибнути)
bouncing ['baʊnsɪŋ] adj здоровий
bouncy ['baʊnsɪ] adj жвавий
bound [baʊnd] pt, pp of **bind**
boundary ['baʊndərɪ; -drɪ] n кордон m
bounty ['baʊntɪ] n (liter) щедрий дарунок m
bouquet ['buːkeɪ] n букет m
bourbon ['bɜːbən] n бурбон (сорт віскі)
bourgeois [bʊəˈʒwɑː] adj буржуазний
bout ['baʊt] n напад m (хвороби)
boutique [buːˈtiːk] n бутик m
bow¹ [bəʊ] n (= weapon) лук m; (= knot)
бант m
bow² [baʊ] vi вклонятися (perf вклонитися)
bowel ['baʊəl] n кишка f
bowels ['baʊəlz] npl кишечник m
bower ['baʊə] n (liter) альтанка f
bowl [bəʊl] n чаша f
bowling ['bəʊlɪŋ] n боулінг m
bowling alley ['bəʊlɪŋ ˈælɪ] n кегельбан m
bow tie [bəʊ taɪ] n краватка-метелик f
box [bɒks] n коробка f
boxer ['bɒksə] n боксер m
boxer shorts ['bɒksə ʃɔːts] npl сімейні
труси pl
boxing ['bɒksɪŋ] n бокс m
Boxing Day ['bɒksɪŋ deɪ] n День
подарунків m

● **BOXING DAY**
●
● Перший день після Різдва, святковий
● день. Буквально назва перекладається
● як «день коробок». Вона походить від
● звичаю дарувати подарунки, запаковані
● в різдвяні коробки, поштарям та іншим
● працівникам, котрі надають послуги
● вдома у замовника.

box office [bɒks ˈɒfɪs] n театральна каса f
boy [bɔɪ] n хлопчик m
boycott ['bɔɪkɒt] vt бойкотувати
boyfriend ['bɔɪˌfrɛnd] n кавалер m
(хлопець)
boyhood ['bɔɪhʊd] n юнацькі роки npl
boyish ['bɔɪɪʃ] adj хлоп'ячий
bra [brɑː] n бюстгальтер m
brace [breɪs] n скоба f (ортодонтична);
фігурна дужка f ▷ vt збиратися з духом
(perf зібратися з духом)

bracelet ['breislit] n браслет m
braces ['breisiz] npl (for trousers) підтяжки pl
bracing ['breisiŋ] adj зміцнювальний
bracket ['brækət] n категорія f ▷ vt ставити поруч (perf поставити поруч)
brackets ['brækits] npl дужки fpl
brag [bræg] vi хвалитися (perf похвалитися)
braid [breid] n тасьма f
brain [brein] n мозок m
brainchild ['breintʃaild] n задум m
brainwash ['breinwɒʃ] vt промивати мізки (perf промити мізки)
brainy ['breini] adj (inf) кмітливий
brake [breik] n гальмо nt ▷ vt, vi гальмувати
brake light [breik lait] n стоп-сигнал m
bran [bræn] n висівки pl
branch [brɑːntʃ] n гілка f
brand [brænd] n марка f ▷ vt таврувати (perf затаврувати)
branded ['brændid] adj фірмовий
brandish ['brændiʃ] vt розмахувати (зброєю)
brand name [brænd neim] n торгова марка f
brand-new [brænd'njuː] adj абсолютно новий
brandy ['brændi] n бренді m
brash [bræʃ] adj зухвалий
brass [brɑːs] n латунь f
brass band [brɑːs bænd] n духовий оркестр m
brasserie ['bræsəri] n маленький ресторан m
brat [bræt] n (inf) шибеник m
bravado [brə'vɑːdəʊ] n бравада f
brave [breiv] adj сміливий ▷ vt (written) мужньо зустрічати
bravery ['breivəri] n хоробрість f
brawl [brɔːl] n бійка f
brazen ['breizən] adj нахабний
Brazil [brə'zil] n Бразилія f
Brazilian [brə'ziljən] adj бразильський ▷ n бразилець (бразилійка) m(f)
breach [briːtʃ] vt порушувати (perf порушити) (закон, домовленість, обіцянку) ▷ n порушення nt (закону, домовленості, обіцянки)
bread [brɛd] n хліб m
bread and butter [brɛd ən 'bʌtə] n засоби до існування npl
bread bin [brɛd bin] n хлібниця f
breadcrumbs ['brɛd,krʌmz] npl панірувальні сухарі m
bread roll [brɛd rəʊl] n булочка f
breadth [brɛdθ] n ширина f
breadwinner ['brɛdwinə] n годувальник (годувальниця) m(f) (сім'ї)
break [breik] (pres sing **breaks**, pres part **breaking**, pt **broke**, pp **broken**) n перелом m ▷ vt, vi (= smash) розбивати (perf розбити); (= stop working) ламати (perf зламати);

break down [breik daʊn] vi ламатися (perf зламатися); **break in** [breik in] vi вдиратися (perf вдертися); **break up** [breik ʌp] vt, vi розбивати(ся) (perf розбити(ся))
breakaway ['breikə,wei] adj який відколовся
breakdown ['breik,daʊn] n аварія f
breakdown truck ['breik,daʊn trʌk] n евакуатор m
breakdown van ['breik,daʊn væn] n евакуатор m
breaker ['breikə] n бурун m
breakfast ['brɛkfəst] n сніданок m
breaking point ['breikiŋ pɔint] n критичний стан m
breakneck ['breiknɛk] adj карколомний
breakout ['breik,aʊt] n втеча f (з в'язниці)
breakthrough ['breik,θruː] n прорив m
breakup ['breik,ʌp] n розвал m
breast [brɛst] n груди fpl
breast-feed ['brɛst,fiːd] vt, vi годувати грудьми
breaststroke ['brɛst,strəʊk] n брас m
breath [brɛθ] n дихання nt
Breathalyser® ['brɛθə,laizə] n алкотестер m
breathe [briːð] vt, vi дихати; **breathe in** [briːð in] vi вдихати (perf вдихнути); **breathe out** [briːð aʊt] vi видихати (perf видихнути)
breather ['briːðə] n (inf) перепочинок m
breathing ['briːðiŋ] n дихання nt
breathing space ['briːðiŋ speis] n передишка f
breathless ['brɛθləs] adj задиханий
breathtaking ['brɛθteikiŋ] adj вражаючий
breed [briːd] n порода f ▷ vt розводити (perf розвести) (вирощувати рослини або тварин)
breeder ['briːdə] n тваринник (тваринниця) m(f)
breeding ['briːdiŋ] n вихованість f
breeze [briːz] n вітерець m ▷ vi влітати (perf влетіти)
breezy ['briːzi] adj веселий
brew [bruː] vt заварювати (perf заварити) (чай, каву) ▷ n напій m
brewer ['bruːə] n пивовар m
brewery ['bruːəri] n пивоварний завод m
bribe [braib] vt підкупати m ▷ n хабар m
bribery ['braibəri] n хабарництво nt
brick [brik] n цегла f
bricklayer ['brik,leiə] n муляр m
bridal ['braidəl] adj весільний
bride [braid] n наречена f
bridegroom ['braid,gruːm; -,grʊm] n наречений m
bridesmaid ['braidz,meid] n дружка f
bridge [bridʒ] n міст m ▷ vt долати перешкоди (perf здолати перешкоди)
bridle ['braidəl] n вуздечка f

brief [bri:f] adj короткий ▷ vt інформувати (perf поінформувати) ▷ n завдання nt (доручення)

briefcase ['bri:f,keɪs] n портфель m

briefing ['bri:fɪŋ] n брифінг m

briefly ['bri:flɪ] adv коротко

briefs [bri:fs] npl труси pl

brigade [brɪ'geɪd] n загін m

bright [braɪt] adj (colour) яскравий; (= shining) блискучий

brighten ['braɪtən] vi прояснюватися (perf про919снитися)

brilliant ['brɪljənt] adj визначний

brim [brɪm] n криси npl ▷ vi наповнюватися по вінця

bring [brɪŋ] (pressing brings, pres part bringing, pt, pp brought) vt приносити (perf принести); **bring back** [brɪŋ bæk] vt повертати (perf повернути); **bring forward** [brɪŋ 'fɔːwəd] vt висувати (perf висунути); **bring up** [brɪŋ ʌp] vt виховувати (perf виховати)

brink [brɪŋk] n край m (прірви); **on the brink of collapse** на межі обвалу

brisk [brɪsk] adj жвавий

bristle ['brɪsəl] n щетина f

Britain ['brɪtn] n Велика Британія f

British ['brɪtɪʃ] adj британський ▷ npl британці mpl

Briton ['brɪtən] n (frml) британець (британка) m(f)

brittle ['brɪtəl] adj крихкий

broach [brəʊtʃ] vt оголошувати (perf оголосити); **to broach a subject** розпочинати обговорення

broad [brɔːd] adj широкий

broadband ['brɔːd,bænd] n широкосмугове з'єднання nt

broad bean [brɔːd biːn] n боби mpl

broadcast ['brɔːd,kɑːst] n передача f ▷ vt, vi транслювати

broadcaster ['brɔːdkɑːstə] n диктор m

broadcasting ['brɔːdkɑːstɪŋ] n телерадіомовлення nt

broaden ['brɔːdən] vi розширюватися (perf розширитися)

broadly ['brɔːdlɪ] adv загалом

broad-minded [brɔːd'maɪndɪd] adj з широким світоглядом

broccoli ['brɒkəlɪ] n броколі f

brochure ['brəʊʃjʊə; -ʃə] n брошура f

broke [brəʊk] adj (inf) розорений

broken ['brəʊkən] adj зламаний

broken down ['brəʊkən daʊn] adj розбитий

broker ['brəʊkə] n брокер m ▷ vt бути посередником

brokerage ['brəʊkərɪdʒ] n маклерська фірма f

bronchitis [brɒŋ'kaɪtɪs] n бронхіт m

bronze [brɒnz] n бронза f

bronze medal [brɒnz 'mɛdəl] n бронзова медаль f

brooch [brəʊtʃ] n брошка f

brood [bruːd] n виводок f ▷ vi розмірковувати (часто з сумом)

brooding ['bruːdɪŋ] adj (liter) гнітючий

brook [brʊk] n струмок m

broom [bruːm; brʊm] n мітла f

broth [brɒθ] n бульйон m

brother ['brʌðə] n брат m

brotherhood ['brʌðə,hʊd] n братерство nt

brother-in-law ['brʌðə ɪn lɔː] n зять m

brought [brɔːt] pt, pp of **bring**

brow ['braʊ] n чоло nt

brown [braʊn] adj коричневий

brown bread [braʊn brɛd] n чорний хліб m

brownie ['braʊnɪ] n шоколадне тістечко з горіхами nt

brown rice [braʊn raɪs] n неочищений рис m

browse [braʊz] vi переглядати (perf переглянути) ▷ vt, vi шукати (у комп'ютері або в Інтернеті)

browser ['braʊzə] n браузер m

bruise [bruːz] n синець m

brush [brʌʃ] n пензель m ▷ vt чистити щіткою (perf почистити)

brusque [brʌsk] adj безцеремонний

Brussels sprouts ['brʌslz spraʊts] npl брюссельська капуста f

brutal ['bruːtl] adj жорстокий

brutality [bruː'tælɪtɪ] n брутальність f

brute [bruːt] n тварина f (про жорстоку, грубу людину)

bubble ['bʌbl] n бульбашка f ▷ vi кипіти (perf закипіти)

bubble bath ['bʌbl bɑːθ] n піна для ванни f

bubble gum ['bʌbl gʌm] n жувальна ґумка f

bubbly ['bʌblɪ] adj бадьорий

buck [bʌk] vi брикати (ся) (perf брикнути (ся))

bucket ['bʌkɪt] n відро nt

buckle ['bʌkl] n пряжка f ▷ vi підкошуватися (perf підкоситися) ▷ vt застібати (perf застібнути) (пряжку)

bud [bʌd] n брунька f

Buddha ['bʊdə] n Будда m

Buddhism ['bʊdɪzəm] n буддизм f

Buddhist ['bʊdɪst] adj буддистський ▷ n буддист m

budding ['bʌdɪŋ] adj багатонадійний

buddy ['bʌdɪ] n (US) = **mate** приятель m

budge [bʌdʒ] vt, vi ворушитися (perf поворушитися)

budgerigar ['bʌdʒərɪ,gɑː] n хвилястий папуга m

budget ['bʌdʒɪt] n бюджет m ▷ adj малобюджетний

budgetary ['bʌdʒɪtərɪ] adj (frml) бюджетний

budgie ['bʌdʒɪ] n (inf) хвилястий папуга m
buff [bʌf] adj жовтувато-коричневий ▷ n (inf) знавець m
buffalo ['bʌfə,ləʊ] (pl **buffalo** or **buffaloes**) n буйвіл m
buffer ['bʌfə] n резервний запас m ▷ vt захищати (perf захистити)
buffet[1] ['bʊfeɪ] n буфет m
buffet[2] ['bʌfɪt] vt завдавати ударів (perf завдати ударів)
buffet car ['bʊfeɪ kɑː] n вагон-буфет m
bug [bʌg] n (inf: = insect) жук m ▷ vt таємно прослуховувати
bugged ['bʌgd] adj з підслуховуючим пристроєм
buggy ['bʌgɪ] n легкий дитячий візок m
build [bɪld] vt (pres sing **builds**, pres part **building**, pt, pp **built**) будувати (perf побудувати)
builder ['bɪldə] n будівельник (будівельниця) m(f)
building ['bɪldɪŋ] n будівля f
building block ['bɪldɪŋ blɒk] n структурна одиниця f
building site ['bɪldɪŋ saɪt] n будівельний майданчик m
building society ['bɪldɪŋ sə,saɪətɪ] n будівельне товариство nt

● **BUILDING SOCIETY**
●
● Будівельні товариства, або іпотечні
● банки. Створені задля іпотечного
● житлового кредитування, вони
● функціонували водночас і як ощадні
● банки. За останні роки спектр
● банківських послуг у цих установах
● значно розширився.

build-up ['bɪldʌp] n нарощування nt
built-in ['bɪlt,ɪn] adj вбудований
bulb [bʌlb] n (plant) цибулина f; (electric) лампа f
Bulgaria [bʌl'gɛərɪə; bʊl-] n Болгарія f
Bulgarian [bʌl'gɛərɪən; bʊl-] adj болгарський ▷ n (= person) болгарин (болгарка) m(f); (= language) болгарська мова f
bulge [bʌldʒ] vi випинатися (perf випнутися) ▷ n випуклість f
bulimia [bju:'lɪmɪə] n булімія f
bulimic [bu:'lɪmɪk] adj який страждає на булімію
bulk [bʌlk] n (written) маса f
bulkhead ['bʌlkhɛd] n (Tech) перегородка f
bulky ['bʌlkɪ] adj громіздкий
bull [bʊl] n бик m
bulldoze ['bʊl,dəʊz] vt розчищати бульдозером (perf розчистити бульдозером)
bulldozer ['bʊl,dəʊzə] n бульдозер m

bullet ['bʊlɪt] n куля f
bulletin ['bʊlɪtɪn] n інформаційне повідомлення nt
bulletin board ['bʊlɪtɪn bɔːd] n дошка оголошень f
bulletproof ['bʊlɪtpruːf] adj куленепробивний
bullion ['bʊlɪən] n зливок m (золота, срібла)
bullish ['bʊlɪʃ] adj який розраховує на підвищення цін (на біржі)
bullock ['bʊlək] n кастрований бичок m
bully ['bʊlɪ] n хуліган m ▷ vt чіплятися
bum [bʌm] n (inf) дупа f ▷ adj (inf) кепський ▷ vt (inf) випрошувати (perf випросити)
bum bag [bʌm bæg] n гаманець на ремінці m
bumblebee ['bʌmbl,biː] n джміль m
bump [bʌmp] n удар m ▷ vt, vi наштовхуватися (perf наштовхнутися) (ударитися); **bump into** [bʌmp 'ɪntuː; 'ɪntə] vt (inf) врізатися в
bumper ['bʌmpə] n бампер m ▷ adj рясний
bumpy ['bʌmpɪ] adj вибоїстий
bun [bʌn] n булочка f
bunch [bʌntʃ] n (inf) зв'язка f
bundle ['bʌndəl] n в'язка f ▷ vt пхати (perf запхати)
bungalow ['bʌŋgə,ləʊ] n бунгало nt
bungee jumping ['bʌndʒɪ 'dʒʌmpɪŋ] n банджи-джампінг m
bungle ['bʌŋgəl] vt псувати справу (perf зіпсувати справу)
bunion ['bʌnjən] n бурсит великого пальця стопи m
bunk [bʌŋk] n койка f
bunk beds [bʌŋk bɛdz] npl двоярусні ліжка ntpl
bunker ['bʌŋkə] n бункер m
bunny ['bʌnɪ] n (inf) кролик m (у мові дітей)
buoy [bɔɪ; 'buːɪ] n буй m
buoyancy ['bɔɪənsɪ] n плавучість f; (= cheerfulness) життєрадісність f
buoyant ['bɔɪənt] adj життєрадісний
burden ['bɜːdn] n тягар m ▷ vt обтяжувати (perf обтяжити)
burdened ['bɜːdənd] adj обтяжений
bureau ['bjʊərəʊ] (pl **bureaux**) n бюро nt
bureaucracy [bjʊə'rɒkrəsɪ] n бюрократія f
bureaucrat ['bjʊərəkræt] n бюрократ (бюрократка) m(f)
bureaucratic [,bjʊərə'krætɪk] adj бюрократичний
bureau de change ['bjʊərəʊ də 'ʃɒnʒ] n пункт обміну валют m
bureaux ['bjʊərəʊz] pl of **bureau**
burgeon ['bɜːdʒən] vi (liter) проростати (perf прорости)
burger ['bɜːgə] n бургер m
burglar ['bɜːglə] n грабіжник m
burglar alarm ['bɜːglə ə'lɑːm] n сигналізація f

burglary ['bɜːglərɪ] n крадіжка зі зломом f
burgle ['bɜːgl] vt здійснювати крадіжку зі зломом (perf здійснити)
burgundy ['bɜːgəndɪ] adj бордовий
burial ['bɛrɪəl] n похорон m
burly ['bɜːlɪ] adj дужий
burn [bɜːn] (pres sing **burns**, pres part **burning**, pt, pp **burned** or **burnt**) n опік m ▷ vi (= be on fire) горіти (perf згоріти) ▷ vt (= damage with fire) підпалювати (perf підпалити); (yourself) отримати опік; **burn down** [bɜːn daʊn] vt згоріти
burned-out [ˌbɜːndˈaʊt] adj (fire) згорілий; (= exhausted) змучений
burner ['bɜːnə] n пальник m
burning ['bɜːnɪŋ] adj (= very hot) пекучий; (= passionate) палкий
burnt-out [ˌbɜːntˈaʊt] adj згорілий
burp [bɜːp] n відрижка f ▷ vi відригувати
burrow ['bʌrəʊ] n нора f ▷ vi рити нору (perf вирити нору)
burst [bɜːst] (pres sing **bursts**, pres part **bursting**, pt, pp **burst**) vt, vi лопатися
bursting ['bɜːstɪŋ] adj переповнений
bury ['bɛrɪ] vt ховати (perf поховати)
bus [bʌs] n автобус m ▷ vt, vi їхати автобусом (perf поїхати автобусом)
bus conductor [bʌs kənˈdʌktə] n кондуктор автобуса m
bush [bʊʃ] n (= cluster of shrubs) чагарник m; (= shrub) кущ m
bushy ['bʊʃɪ] adj густий (про волосся, хутро)
busily ['bɪzɪlɪ] adv енергійно
business ['bɪznɪs] n бізнес m
business card ['bɪznɪs kɑːd] n візитна картка f
business class ['bɪznɪs klɑːs] adj бізнес-клас m; **she bought business class tickets** вона купила квитки бізнес-класу
business hours ['bɪznɪs aʊəz] npl години роботи npl
businesslike ['bɪznɪslaɪk] adj діловий
businessman ['bɪznɪsˌmæn; -mən] n бізнесмен m
business plan ['bɪznɪs plæn] n бізнес-план m
business school ['bɪznɪs skuːl] n школа бізнесу f
businesswoman ['bɪznɪsˌwʊmən] n ділова жінка f
busker ['bʌskə] n вуличний музикант m
bus station [bʌs ˈsteɪʃn] n автобусна станція f
bus stop [bʌs stɒp] n автобусна зупинка f
bust [bʌst] n бюст m ▷ vt (inf) ламати (perf зламати)
bus ticket [bʌs ˈtɪkɪt] n квиток на автобус m
bustle ['bʌsəl] vi метушитися ▷ n метушня f
busy ['bɪzɪ] adj (person) зайнятий; (place) заповнений ▷ vt займатися (perf зайнятися)

busy signal ['bɪzɪ 'sɪgnəl] n сигнал зайнято m

 KEYWORD

but [bʌt] conj **1** (yet) але; (in contrast) але, а; **he's not very bright, but he's hard-working** він не дуже розумний, але старанний; **I'm tired but Paul isn't** я втомився, а Пол ні
2 (however) але, проте; **I'd love to come, but I'm busy** я прийшов би з радістю, але я зайнятий
3 (showing disagreement, surprise etc.) та; **but that's fantastic!** та це ж неймовірно! ▷ prep (apart from, except): **no-one but him can do it** ніхто, крім нього, не може цього зробити; **nothing but trouble/bad luck** самі неприємності/нещастя; **but for you/ your help** якби не ви/ваша допомога; **I'll do anything but that** я зроблю все, що завгодно, тільки не це ▷ adv (just, only): **she's but a child** вона ж лише дитина; **had I but known** якби я тільки знав; **I can but try** я можу хіба спробувати; **the work is all but finished** роботу майже закінчено

butcher ['bʊtʃə] n (= person) м'ясник m; (= shop) м'ясний магазин n ▷ vt забивати (perf забити) (тварину на м'ясо)
butler ['bʌtlə] n дворецький m
butt [bʌt] vt ударяти головою (perf ударити головою)
butter ['bʌtə] n масло nt ▷ vt намазувати маслом (perf намазати маслом)
buttercup ['bʌtəˌkʌp] n жовтець m
butterfly ['bʌtəˌflaɪ] n метелик m
buttocks ['bʌtəks] npl сідниці fpl
button ['bʌtn] n кнопка f
buttonhole ['bʌtənˌhəʊl] n петля f (для ґудзика)
buttress ['bʌtrəs] n опора f (елемент споруди)
buy [baɪ] (pres sing **buys**, pres part **buying**, pt, pp **bought**) vt купувати (perf купити)
buyer ['baɪə] n покупець m
buyout ['baɪˌaʊt] n викуп m
buzz [bʌz] vi дзижчати
buzzer ['bʌzə] n дзвінок m
buzzword ['bʌzwɜːd] n модне слівце nt

 KEYWORD

by [baɪ] prep **1** (referring to cause, agent): **he was killed by lightning** його вбило блискавкою; **a painting by Van Gogh** картина Ван Гога; **it's by Shakespeare** це Шекспір
2 (referring to manner, means): **by bus/train** автобусом/потягом; **by car** машиною; **by**

phone по телефону; **to pay by cheque** платити (*perf* заплатити) (*чеком*); **by moonlight** при місячному світлі; **by candlelight** при свічках; **by working constantly, he...** завдяки наполегливій роботі, він ...

3 (*via, through*) через, крізь; **by the back door** через задні двері; **by land/sea** суходолом/морем

4 (*close to*) біля; **the house is by the river** будинок розташовано біля річки; **a holiday by the sea** відпустка на морі

5 (*past*) повз; **she rushed by me** вона промчала повз мене

6 (*not later than*) на; **by four o'clock** на четверту годину; **by the time I got here it was too late** на той час, коли я сюди діставсь, було вже надто пізно

7 (*during*): **by day** удень; **by night** уночі

8 (*amount*): **to sell by the metre/kilo** продавати на метр/кілограм; **she is paid by the hour** їй платять погодинно

9 (*Math, measure*) на; **to multiply/divide by three** множити (*perf* помножити) на три, ділити (*perf* поділити) на три; **a room three metres by four** кімната три на чотири метри

10 (*according to*) за; **to play by the rules** грати за правилами; **it's all right by me** я не заперечую; **by law** за законом

11: **(all) by oneself** (*alone*) (геть) сам; (*unaided*) сам; **I did it all by myself** я зробив усе сам; **he was standing by himself** він стояв сам

12: **by the way** до речі, між іншим
▷ *adv* **1** *see* **pass**
2: **by and by** незабаром; **by and large** загалом

bye [baɪ] *excl* (*inf*) бувай!
bye-bye [ˌbaɪˈbaɪ] *excl* (*inf*) бувай здоров!
by-election [ˈbaɪɪlɛkʃən] *n* додаткові вибори *npl*
bygone [ˈbaɪɡɒn] *adj* минулий
bypass [ˈbaɪˌpɑːs] *n* шунтування *nt* ▷ *vt* (= *avoid*) нехтувати (*perf* знехтувати); (= *go past or round*) обходити (*perf* обійти)
by-product [ˈbaɪˌprɒdʌkt] *n* побічний продукт *m*
bystander [ˈbaɪstændə] *n* свідок *m*
byte [ˈbaɪt] *n* байт *m*

C

cab [kæb] *n* таксі *nt*
cabaret [ˈkæbəreɪ] *n* кабаре *nt*
cabbage [ˈkæbɪdʒ] *n* капуста *f*
cabbie [ˈkæbɪ] *n* (*inf*) таксист *m*
cabin [ˈkæbɪn] *n* салон *m*
cabin crew [ˈkæbɪn kruː] *n* бригада бортпровідників *f*
cabinet [ˈkæbɪnɪt] *n* кабінет *m*
cable [ˈkeɪbl] *n* кабель *m*
cable car [ˈkeɪbl kɑː] *n* фунікулер *m*
cable television [ˈkeɪbl ˈtɛlɪˌvɪʒn] *n* кабельне телебачення *nt*
cache [kæʃ] *n* запас *m*
cactus [ˈkæktəs] (*pl* **cacti**) *n* кактус *m*
caddie [ˈkædɪ] *n* хлопчик, що підносить ключки та м'ячі під час гри в гольф *m*
cadet [kəˈdɛt] *n* кадет *m*
café [ˈkæfeɪ; ˈkæfɪ] *n* кав'ярня *f*
cafeteria [ˌkæfɪˈtɪərɪə] *n* кафетерій *m*
caffeine [ˈkæfiːn] *n* кофеїн *m*
cage [keɪdʒ] *n* клітка *f*
caged [keɪdʒd] *adj* який сидить у клітці
cagoule [kəˈɡuːl] *n* штурмівка *f*
cajole [kəˈdʒəʊl] *vt* улещувати (*perf* улестити)
cake [keɪk] *n* торт *m*
calamity [kəˈlæmɪtɪ] *n* (*frml*) лихо *nt*
calcium [ˈkælsɪəm] *n* кальцій *m*
calculate [ˈkælkjʊˌleɪt] *vt* розраховувати (*perf* розрахувати)
calculated [ˈkælkjʊleɪtɪd] *adj* підрахований
calculating [ˈkælkjʊleɪtɪŋ] *adj* розважливий
calculation [ˌkælkjʊˈleɪʃən] *n* розрахунок *m*
calculator [ˈkælkjʊˌleɪtə] *n* калькулятор *m*
calendar [ˈkælɪndə] *n* календар *m*
calf [kɑːf] (*pl* **calves**) *n* (= *young cow*) теля *nt*; (*leg*) литка *f*
calibrate [ˈkælɪˌbreɪt] *vt* калібрувати (*perf* відкалібрувати)

calibre, (US) **caliber** ['kælɪbə] n діаметр m, калібр m

call [kɔːl] n дзвінок m ▷ vt (= name) називати (perf назвати) ▷ vt, vi (= shout) кликати (perf покликати); (= telephone) телефонувати (perf зателефонувати); **call back** [kɔːl bæk] vt передзвонювати (perf передзвонити); **call for** [kɔːl fɔː] vt, vi заходити по (perf зайти по); **call off** [kɔːl ɒf] vt скасовувати (perf скасувати)

call box [kɔːl bɒks] n телефонна будка f

call centre [kɔːl 'sɛntə] n кол-центр m

caller ['kɔːlə] n додзвонювач m

calling ['kɔːlɪŋ] n покликання nt

callous ['kæləs] adj безсердечний

call waiting [kɔːl 'weɪtɪŋ] n очікування виклику nt (телефонна послуга)

calm [kɑːm] adj спокійний ▷ vi заспокоювати (perf заспокоїти); **calm down** [kɑːm daʊn] vt, vi заспокоювати (perf заспокоїти)

calorie ['kælərɪ] n калорія f

calves [kɑːvz] pl of **calf**

Cambodia [kæm'bəʊdɪə] n Камбоджа f

Cambodian [kæm'bəʊdɪən] adj камбоджійський ▷ n (= person) камбоджієць (камбоджійка) m(f)

camcorder ['kæm,kɔːdə] n відеокамера f

came [keɪm] pt of **come**

camel ['kæməl] n верблюд m

cameo ['kæmɪəʊ] n епізодична роль f

camera ['kæmərə; 'kæmrə] n камера f

cameraman ['kæmərə,mæn; 'kæmrə-] n оператор m

camera phone ['kæmərəfəʊn] n камерафон m

Cameroon [,kæmə'ruːn; 'kæmə,ruːn] n Камерун m

camomile ['kæmə,maɪl] n ромашка f

camouflage ['kæmə,flɑːʒ] n камуфляж m ▷ vt маскувати(ся) (perf замаскувати(ся))

camp [kæmp] n табір m ▷ vi ставати табором (perf стати табором) ▷ adj (inf) манірний

campaign [kæm'peɪn] n кампанія f

campaigner [kæm'peɪnə] n учасник кампанії (учасниця кампанії) m(f)

camp bed [kæmp bɛd] n похідне ліжко nt

camped [kæmpt] adj які розташувалися табором

camper ['kæmpə] n турист m

camping ['kæmpɪŋ] n туристична стоянка f

campsite ['kæmp,saɪt] n кемпінг m

campus ['kæmpəs] n кампус m

can¹ [kæn] n (for food, drink) бляшанка f

can² [kæn] (negative **cannot** or **can't**, conditional, pt **could**) aux vb **1** (be able to) могти (perf змогти); **you can do it** ви можете це зробити; **I'll help you all I can** я допоможу вам усім, чим зможу; **I can't go on any longer** я більше не можу; **I can't see/hear you** я не бачу/чую вас; **she couldn't sleep that night** тієї ночі вона не могла спати

2 (know how to) вміти; **I can swim** я вмію плавати; **can you speak Ukrainian?** ви говорите українською?

3 (may) могти (perf змогти); **can I use your phone?** можна скориститися вашим телефоном?; **could I have a word with you?** чи можна з вами поговорити?; **you can smoke if you like** ви можете закурити, якщо хочете; **can I help you with that?** чи можу я вам у цьому допомогти?

4 (expressing disbelief, puzzlement): **it can't be true!** (цього) не може бути!; **what CAN he want?** чого ж він хоче?

5 (expressing possibility, suggestion etc.): **he could be in the library** він може бути or можливо, він у бібліотеці; **she could have been delayed** можливо, її щось затримало

Canada ['kænədə] n Канада f

Canadian [kə'neɪdɪən] adj канадський ▷ n канадець (канадка) m(f)

canal [kə'næl] n канал m

Canaries [kə'nɛərɪːz] npl Канари pl

canary [kə'nɛərɪ] n канарок m

cancel ['kænsl] vt, vi скасовувати (perf скасувати)

cancellation [,kænsɪ'leɪʃən] n скасування nt

Cancer ['kænsə] n (= sign of zodiac) Рак m

cancer ['kænsə] n (= illness) рак m

cancerous ['kænsərəs] adj раковий

candid ['kændɪd] adj відвертий

candidacy ['kændɪdəsɪ] n кандидатура f

candidate ['kændɪ,deɪt; -dɪt] n кандидат m

candle ['kændl] n свічка f

candlestick ['kændl,stɪk] n свічник m

candour, (US) **candor** ['kændə] n щирість f

candy ['kændɪ] n (US) = **sweets**

candyfloss ['kændɪ,flɒs] n цукрова вата f

cane [keɪn] n тростина f

canine ['keɪnaɪn] adj собачий

canister ['kænɪstə] n каністра f

canned [kænd] adj записаний на плівку

cannibal ['kænɪbəl] n людожер m

cannibalism ['kænɪbəˌlɪzəm] n канібалізм m

cannon ['kænən] n гармата f

canny ['kænɪ] adj кмітливий

canoe [kə'nuː] n каное nt

canoeing [kə'nuːɪŋ] n веслування на каное nt

can opener [kæn 'əʊpənə] n консервний ключ m

canopy ['kænəpɪ] n балдахін m

canteen [kæn'ti:n] n (= eating place) їдальня f; (= drinking bottle) фляга f

canter ['kæntə] vi їхати легким галопом

canvas ['kænvəs] n парусина f

canvass ['kænvəs] vi агітувати (perf загітувати)

canyon ['kænjən] n каньйон m

cap [kæp] n кепка f

capability [ˌkeɪpə'bɪlɪtɪ] n здатність f

capable ['keɪpəbl] adj здатний

capacity [kə'pæsɪtɪ] n здатність f

cape [keɪp] n мис m

caper ['keɪpə] n каперс m

capillary [kə'pɪlərɪ] n капіляр m

capital ['kæpɪtl] n (= money) капітал m; (= city) столиця f; (= letter) велика літера f

capital gains ['kæpɪtl ɡeɪnz] npl приріст капіталу m

capitalism ['kæpɪtəˌlɪzəm] n капіталізм m

capitalist ['kæpɪtəlɪst] adj капіталістичний ▷ n капіталіст (капіталістка) m(f)

capitalize ['kæpɪtəlaɪz] vi користуватися (perf скористатися) (чимось у своїх інтересах)

capital punishment ['kæpɪtl 'pʌnɪʃmənt] n смертна кара f

capitulate [kə'pɪtjʊleɪt] vi капітулювати

Capricorn ['kæprɪˌkɔːn] n Козеріг m

capsize [kæp'saɪz] vt, vi перевертати (perf перевернути)

capsule ['kæpsjuːl] n капсула f

captain ['kæptɪn] n капітан m ▷ vt бути капітаном

captaincy ['kæptənsɪ] n звання капітана nt

caption ['kæpʃən] n супроводжувальний підпис m

captivate ['kæptɪˌveɪt] vt захоплювати (perf захопити)

captive ['kæptɪv] adj (liter) полонений

captivity [kæp'tɪvɪtɪ] n полон m

captor ['kæptə] n той, хто захопив когось у полон

capture ['kæptʃə] vt захоплювати (perf захопити)

car [kɑː] n авто nt

carafe [kə'ræf; -'rɑːf] n карафа f

car alarm [kɑː ə'lɑːm] n автомобільна сигналізація f

caramel ['kærəməl; -ˌmɛl] n карамель f

carat ['kærət] n карат m

caravan ['kærəˌvæn] n будинок на колесах m

carbohydrate [ˌkɑːbəʊ'haɪdreɪt] n вуглевод m

carbon ['kɑːbən] n вуглець m

carbon dioxide ['kɑːbən daɪ'ɒksaɪd] n вуглекислий газ m

carbon footprint ['kɑːbən 'fʊtˌprɪnt] n вуглецевий слід m

carbon monoxide ['kɑːbən mɒ'nɒksaɪd] n чадний газ m

car boot sale [kɑː buːt seɪl] n розпродаж уживаних речей m

CAR BOOT SALE

- Буквально означає «продаж із багажника». Так називають розпродаж речей, що вже були у вжитку. Їх виставляють у багажниках авто чи на столах. Розпродаж відбувається на автостоянках, у полі чи в будь-якому іншому відкритому місці.

carburettor, (US) **carburetor** [ˌkɑːbjʊ'rɛtə; 'kɑːbjʊˌrɛtə; -bə-] n карбюратор m

carcass ['kɑːkəs] n туша f

card [kɑːd] n (= greetings card) листівка f; (= stiff paper) картка f; (= playing card) карта f

cardboard ['kɑːdˌbɔːd] n картон m

cardiac ['kɑːdɪæk] adj серцевий

cardigan ['kɑːdɪɡən] n кардиган m

cardinal ['kɑːdɪnəl] n кардинал m ▷ adj (frml) головний

cardiovascular [ˌkɑːdɪəʊ'væskjʊlə] adj серцево-судинний

cardphone ['kɑːdfəʊn] n картковий таксофон m

care [kɛə] n піклування nt ▷ vi (= be concerned) вважати важливим; (= look after, care for) піклуватися про

career [kə'rɪə] n кар'єра f ▷ vi нестися (perf понестися) (швидко рухатися)

career woman [kə'rɪə 'wʊmən] n ділова жінка f

carefree ['kɛəˌfriː] adj безтурботний

careful ['kɛəfʊl] adj обережний

carefully ['kɛəfʊlɪ] adv обережно

careless ['kɛəlɪs] adj легковажний

carer ['kɛərə] n той, хто доглядає за хворим

caress [kə'rɛs] vt (written) пестити (perf попестити) (гладити)

caretaker ['kɛəˌteɪkə] n доглядач m

car ferry [kɑː 'fɛrɪ] n автомобільний пором m

cargo ['kɑːɡəʊ] (pl cargoes) n вантаж m

car hire [kɑː haɪə] n прокат авто m

Caribbean [ˌkærɪ'biːən; kə'rɪbɪən] n; Карибське море nt

caricature ['kærɪkətʃʊə] n карикатура f ▷ vt зображати в карикатурному вигляді

caring ['kɛərɪŋ] adj турботливий

car insurance [kɑː ɪn'ʃʊərəns] n автострахування nt

car keys [kɑː kiːz] npl ключі від автомобіля mpl

carnage ['kɑːnɪdʒ] n (liter) різня f

carnation [kɑː'neɪʃən] n гвоздика f

carnival ['kɑːnɪvl] n карнавал m

carol ['kærəl] n колядка f

carousel [ˌkærə'sɛl] n (= conveyer) конвеєрний транспортер m; (= merry-go-round) карусель f

carp [kɑ:p] n короп m
car park [kɑ: pɑ:k] n автостоянка f
carpenter ['kɑ:pɪntə] n тесля m
carpentry ['kɑ:pɪntrɪ] n теслярство nt
carpet ['kɑ:pɪt] n килим m ▷ vt застеляти (perf застелити) (килимом)
car phone [kɑ: fəʊn] n автомобільний телефон m
carpool ['kɑ:pu:l] n домовленість між власниками машин підвозити одне одного на роботу або дітей до школи
car rental [kɑ: 'rɛntl] n оренда авто f
carriage ['kærɪdʒ] n вагон m
carrier ['kærɪə] n транспортер m
carrier bag ['kærɪə bæg] n пакет із ручками m
carrot ['kærət] n морква f
carry ['kærɪ] vt нести; **carry on** ['kærɪ ɒn] vt продовжувати (perf продовжити); **carry out** ['kærɪ aʊt] vt виконувати (perf виконати)
carrycot ['kærɪˌkɒt] n переносне дитяче ліжко nt
cart [kɑ:t] n віз m ▷ vt (inf) перевозити (perf перевезти)
carte blanche [kɑ:t blɑ:nʃ] n карт-бланш m
cartel [kɑ:'tɛl] n картель m
cartilage ['kɑ:tɪlɪdʒ] n хрящ m
carton ['kɑ:tn] n пакет m
cartoon [kɑ:'tu:n] n (= drawing) карикатура f; (= film) мультиплікаційний фільм m
cartoonist [kɑ:'tu:nɪst] n художник-мультиплікатор m
cartridge ['kɑ:trɪdʒ] n патрон m
carve [kɑ:v] vt, vi різьбити
carver ['kɑ:və] n різьбяр m
carving ['kɑ:vɪŋ] n різьбярський виріб m
car wash [kɑ: wɒʃ] n автомийка f
cascade [kæs'keɪd] n (liter) каскад m ▷ vi спадати каскадом
case [keɪs] n (= situation) випадок m; (= container) чохол m
case study [keɪs 'stʌdɪ] n аналіз проблеми m
cash [kæʃ] n готівка f ▷ vt отримувати гроші за чеком
cash dispenser [kæʃ dɪ'spɛnsə] n банкомат m
cashew ['kæʃu:; kæ'ʃu:] n кеш'ю nt
cash flow [kæʃ fləʊ] n обіг готівки m
cashier [kæ'ʃɪə] n касир m
cashmere ['kæʃmɪə] n кашемір m
cash register [kæʃ 'rɛdʒɪstə] n касовий апарат m
casino [kə'si:nəʊ] n казино nt
casserole ['kæsəˌrəʊl] n запіканка f
cassette [kæ'sɛt] n касета f
cast [kɑ:st] n акторський склад m
caste [kɑ:st] n каста f
castigate ['kæstɪgeɪt] vt (frml) бичувати

cast iron [kɑ:st 'aɪən] n чавун m ▷ adj чавунний
castle ['kɑ:sl] n замок m
cast-off ['kɑ:st,ɒf] adj поношений
castrate [kæ'streɪt] vt каструвати
casual ['kæʒjʊəl] adj легковажний
casually ['kæʒjʊəlɪ] adv легковажно
casualty ['kæʒjʊəltɪ] n жертва f
cat [kæt] n кіт (кішка) m(f)
Catalan ['kætələn] adj каталонський
catalogue, (US) **catalog** ['kætə,lɒg] n каталог m
catalyst ['kætəlɪst] n каталізатор m
catalytic [,kætə'lɪtɪk] adj каталітичний
catalytic converter [,kætə'lɪtɪk kən'vɜ:tə] n каталітичний конвертер m
catapult ['kætə,pʌlt] n катапульта f
cataract ['kætə,rækt] n (in eye) катаракта f
catarrh [kə'tɑ:] n катар m
catastrophe [kə'tæstrəfɪ] n катастрофа f
catastrophic [,kætə'strɒfɪk] adj катастрофічний
catch [kætʃ] (pres sing **catches**, pres part **catching**, pt, pp **caught**) vt (ball) ловити (perf зловити); (bus, train) сідати на (perf сісти на); (illness) захворіти на; **catch up** [kætʃ ʌp] vi наздоганяти (perf наздогнати)
catcher ['kætʃə] n кетчер m (у бейсболі)
catching ['kætʃɪŋ] adj заразний
catchy ['kætʃɪ] adj який легко запам'ятовується
categorical [,kætɪ'gɒrɪkəl] adj категоричний
categorize ['kætɪgəraɪz] vt розподіляти за категоріями
category ['kætɪgərɪ] n категорія f
cater ['keɪtə] vi догоджати (perf догодити); **to cater for sth** призначатися для
caterer ['keɪtərə] n постачальник продуктів харчування m
catering ['keɪtərɪŋ] n ресторанне обслуговування nt
caterpillar ['kætə,pɪlə] n гусениця f
cathedral [kə'θi:drəl] n собор m
Catholicism [kə'θɒlɪsɪzəm] n католицтво nt
cattle ['kætl] npl велика рогата худоба f
catwalk ['kætwɔ:k] n подіум m
Caucasian [kɔ:'keɪzɪən] adj (frml) білий (про людину європеоїдної раси) ▷ n біла людина f
Caucasus ['kɔ:kəsəs] n Кавказ m
cauldron ['kɔ:ldrən] n казан m
cauliflower ['kɒlɪ,flaʊə] n цвітна капуста f
cause [kɔ:z] n (event) причина f; (= aim) справа f ▷ vt спричинити (perf спричинити)
causeway ['kɔ:zweɪ] n дамба f
caustic ['kɔ:stɪk] adj їдкий
caution ['kɔ:ʃən] n обережність f ▷ vt, vi застерігати (perf застерегти)
cautionary ['kɔ:ʃənərɪ] adj попереджувальний

cautious ['kɔːʃəs] *adj* обережний

cautiously ['kɔːʃəslɪ] *adv* обережно

cavalier [,kævə'lɪə] *adj* безцеремонний

cavalry ['kævəlrɪ] *n* кавалерія *f*

cave [keɪv] *n* печера *f*

cave-in ['keɪvɪn] *n* обвал *m* (*у печері, шахті*)

cavern ['kævən] *n* печера *f*

cavernous ['kævənəs] *adj* схожий на печеру

caviar ['kævɪɑː] *n* ікра *f* (*риб*)

cavity ['kævɪtɪ] *n* (*fml*) порожнина *f*

CCTV [si: si: ti: vi:] *abbr* система відеоспостереження *f*

CD [si: di:] *n* компакт-диск *m*

CD burner [si: di: 'bɜːnə] *n* пристрій для запису компакт-дисків *m*

CD player [si: di: 'pleɪə] *n* програвач компакт-дисків *m*

CD-ROM [si: di: 'rɒm] *n* компакт-диск для зчитування *m*

cease [siːs] *vi* (*fml*) припиняти(ся) (*perf* припинити(ся))

ceasefire ['siːs,faɪə] *n* перемир'я *nt*

cedar ['siːdə] *n* кедр *m*

cede [siːd] *vt* (*fml*) поступатися (*perf* поступитися) (*віддавати щось*)

ceiling ['siːlɪŋ] *n* стеля *f*

celebrate ['sɛlɪ,breɪt] *vt, vi* святкувати

celebrated ['sɛlɪbreɪtɪd] *adj* знаменитий

celebration [,sɛlɪ'breɪʃən] *n* святкування *nt*

celebrity [sɪ'lɛbrɪtɪ] *n* знаменитість *f*

celery ['sɛlərɪ] *n* селера *f*

celestial [sɪ'lɛstɪəl] *adj* (*liter*) небесний

celibacy ['sɛlɪbəsɪ] *n* безлюбність *f*

celibate ['sɛlɪbət] *adj* який дав обітницю безлюбності

cell [sɛl] *n* клітина *f*; камера *f* (*тюремна*)

cellar ['sɛlə] *n* льох *m*

cellist ['tʃɛlɪst] *n* віолончеліст (віолончелістка) *m(f)*

cello ['tʃɛləʊ] *n* віолончель *f*

cell phone [sɛl fəʊn] *n* (*US*) = **mobile phone**

cellular ['sɛljʊlə] *adj* клітинний

cellulite ['sɛljʊlaɪt] *n* целюліт *m*

Celsius ['sɛlsɪəs] *adj* за Цельсієм

Celt [kɛlt] *n* кельт (кельтка) *m(f)*

Celtic ['kɛltɪk] *adj* кельтський

cement [sɪ'mɛnt] *n* цемент *m* ▷ *vt* зміцнювати (*perf* зміцнити)

cemetery ['sɛmɪtrɪ] *n* цвинтар *m*

censor ['sɛnsə] *vt* цензурувати ▷ *n* цензор *m*

censorship ['sɛnsəʃɪp] *n* цензура *f*

censure ['sɛnʃə] *vt* (*fml*) осуджувати (*perf* осудити)

census ['sɛnsəs] *n* перепис населення *m*

cent [sɛnt] *n* цент *m*

centenary [sɛn'tiːnərɪ] *n* сторіччя *nt*

centimetre, (*US*) **centimeter** ['sɛntɪ,miːtə] *n* сантиметр *m*

central ['sɛntrəl] *adj* центральний

Central African Republic ['sɛntrəl 'æfrɪkən rɪ'pʌblɪk] *n* Центральноафриканська Республіка *f*

Central America ['sɛntrəl ə'mɛrɪkə] *n* Центральна Америка *f*

central heating ['sɛntrəl 'hiːtɪŋ] *n* центральне опалення *nt*

centralize ['sɛntrə,laɪz] *vt* централізувати

centre, (*US*) **center** ['sɛntə] *n* центр *m*

centred ['sɛntəd] *adj* зосереджений

centre-forward [,sɛntə'fɔːwəd] *n* центральний нападаючий (центральна нападаюча) *m(f)*

centrepiece, (*US*) **centerpiece** ['sɛntəpiːs] *n* осердя *nt*

centre stage ['sɛntə steɪdʒ] *n* центральне становище *nt*

centrist ['sɛntrɪst] *adj* центристський

century ['sɛntʃərɪ] *n* століття *nt*

CEO [si: i: əʊ] *abbr* генеральний директор *m*

ceramic [sɪ'ræmɪk] *adj* керамічний ▷ *n* кераміка *f*

cereal ['sɪərɪəl] *n* (= *breakfast food*) пластівці *pl*; (= *plants*) злаки *pl*

cerebral ['sɛrɪbrəl] *adj* (*fml*) інтелектуальний

ceremonial [,sɛrɪ'məʊnɪəl] *adj* церемоніальний

ceremony ['sɛrɪmənɪ] *n* церемонія *f*

certain ['sɜːtn] *adj* певний

certainly ['sɜːtnlɪ] *adv* безумовно

certainty ['sɜːtntɪ] *n* впевненість *f*

certificate [sə'tɪfɪkɪt] *n* сертифікат *m*

certify ['sɜːtɪ,faɪ] *vt* засвідчувати (*perf* засвідчити)

cervical ['sɜːvɪkəl] *adj* який стосується шийки матки

cervix ['sɜːvɪks] *n* шийка матки *f*

cessation [sɛ'seɪʃən] *n* (*fml*) припинення *nt*

cf. [si: ɛf] *abbr* див. (*скорочення*)

CFC [si: ɛf si:] *n* фреон *m*

Chad [tʃæd] *n* Чад *m*

chain [tʃeɪn] *n* ланцюг *m*

chained [tʃeɪnd] *adj* скутий

chain reaction [tʃeɪn rɪ'ækʃən] *n* ланцюгова реакція *f*

chair [tʃɛə] *n* (= *seat*) стілець *m* ▷ *vt* головувати

chairlift ['tʃɛə,lɪft] *n* крісельний підйомник *m*

chairman ['tʃɛəmən] *n* голова *m/f*

chairmanship ['tʃɛəmənʃɪp] *n* головування *nt*

chairperson ['tʃɛəpɜːsən] *n* голова *m/f*

chairwoman ['tʃɛəwʊmən] *n* голова *f* (*зборів, організації*)

chalet ['ʃæleɪ] *n* шале *nt*

chalk [tʃɔːk] *n* крейда *f* ▷ *vt* писати крейдою (*perf* написати крейдою)

challenge ['tʃælɪndʒ] *n* виклик *m* ▷ *vt* кидати виклик (*perf* кинути виклик)

challenger ['tʃælɪndʒə] *n* претендент *m*
challenging ['tʃælɪndʒɪŋ] *adj* складний
chamber ['tʃeɪmbə] *n* зала засідань *f*
chambermaid ['tʃeɪmbə,meɪd] *n*
покоївка *f*
champagne [ʃæm'peɪn] *n* шампанське *nt*
champion ['tʃæmpɪən] *n* чемпіон *m* ▷ *vt*
відстоювати (*perf* відстояти) (*щось або когось*)
championship ['tʃæmpɪənʃɪp] *n*
чемпіонат *m*
chance [tʃɑːns] *n* шанс *m* ▷ *adj* випадковий
Chancellor of the Exchequer
[,tʃɑːnsələr əv ðɪ ɪks'tʃɛkə] *n* канцлер
Державної скарбниці *m*

* **CHANCELLOR OF THE EXCHEQUER**
*
* канцлер Державної скарбниці. У
* Великобританії на нього покладено
* також обов'язки міністра фінансів.

chandelier [ʃændə'lɪə] *n* люстра *f*
change [tʃeɪndʒ] *n* (= *alteration*) зміна *f*;
(= *money*) решта *f* ▷ *vi* (= *put on different clothes*) перевдягати(ся) (*perf*
перевдягти(ся)) ▷ *vt, vi* (= *become different*)
змінюватися (*perf* змінитися)
changeable ['tʃeɪndʒəbəl] *adj* мінливий
changing room ['tʃeɪndʒɪŋ rʊm] *n*
роздягальня *f*
channel ['tʃænl] *n* канал *m* ▷ *vt*
спрямовувати (*perf* спрямувати) (*фінанси в певне річище*)
chant [tʃɑːnt] *n* скандування *nt*
chaos ['keɪɒs] *n* безлад *m*
chaotic [keɪ'ɒtɪk] *adj* безладний
chap [tʃæp] *n* (*inf*) хлопець *m*
chapel ['tʃæpl] *n* каплиця *f*
chaplain ['tʃæplɪn] *n* капелан *m*
chapped [tʃæpt] *adj* порепаний
chapter ['tʃæptə] *n* глава *f*
char [tʃɑː] *vt, vi* обвуглюватися (*perf*
обвуглитися)
character ['kærɪktə] *n* (= *personality*)
характер *m*; (*in story or film*) персонаж *m*
characteristic [,kærɪktə'rɪstɪk] *n*
характеристика *f*
characterization [,kærɪktəraɪ'zeɪʃən] *n*
характеризування *nt*
characterize ['kærɪktəraɪz] *vt* (*frml*)
характеризувати (*perf* охарактеризувати);
to be characterized by sth
характеризуватися чимось
character recognition ['kærɪktə
,rɛkəg'nɪʃ ən] *n* розпізнавання символів *nt*
charade [ʃə'rɑːd] *n* шарада *f*
charcoal ['tʃɑː,kəʊl] *n* деревне вугілля *nt*
charge [tʃɑːdʒ] *n* (= *price*) плата *f*; (*crime*)
звинувачення *nt*; (*electrical*) електричний
заряд *m* ▷ *vt, vi* (= *ask to pay*) виставляти

рахунок (*perf* виставити рахунок) ▷ *vt*
(*police*) висувати обвинувачення (*perf*
висунути обвинувачення); (*battery*)
заряджати (*perf* зарядити)
chargeable ['tʃɑːdʒəbəl] *adj* (*frml*) який
підлягає сплаті
charged [tʃɑːdʒd] *adj* напружений
charger ['tʃɑːdʒə] *n* зарядний пристрій *m*
chariot ['tʃærɪət] *n* колісниця *f*
charisma [kə'rɪzmə] *n* харизма *f*
charismatic [,kærɪz'mætɪk] *adj*
харизматичний
charitable ['tʃærɪtəbəl] *adj* благодійний
charity ['tʃærɪtɪ] *n* благодійна організація *f*

* **CHARITY SHOP**
*
* благодійна крамниця. У таких крамницях
* працюють волонтери, продаючи
* вживаний одяг, старі книги, предмети
* домашнього вжитку. Виторг передають у
* благодійні організації, які ці крамниці
* підтримують.

charity shop ['tʃærɪtɪ ʃɒp] *n* благодійна
крамниця *f*
charm [tʃɑːm] *n* шарм *m* ▷ *vt* зачаровувати
(*perf* зачарувати)
charmed [tʃɑːmd] *adj* (*written*) чарівний
charming ['tʃɑːmɪŋ] *adj* чарівний
charred [tʃɑːd] *adj* обвуглений
chart [tʃɑːt] *n* схема *f* ▷ *vt* складати карту
(*perf* скласти карту)
charter ['tʃɑːtə] *n* статут *m* ▷ *vt* фрахтувати
(*perf* зафрахтувати)
chartered ['tʃɑːtəd] *adj* дипломований
chase [tʃeɪs] *n* гонитва *f* ▷ *vt* гнатися
chaser ['tʃeɪsə] *n* алкогольний напій, яким
запивають інший алкогольний напій
chasm ['kæzəm] *n* глибока ущелина *f*
chassis ['ʃæsɪ] *n* рама *f* (*у транспорті*)
chat [tʃæt] *n* балачка *f* ▷ *vi* балакати (*perf*
побалакати)
chatroom ['tʃæt,ruːm; -,rʊm] *n* чат *m*
chat show [tʃæt ʃəʊ] *n* ток-шоу *nt*
chatter ['tʃætə] *vi* теревенити (*perf*
потеревенити)
chauffeur ['ʃəʊfə; ʃəʊ'fɜː] *n* водій *m* ▷ *vt*
працювати водієм
chauvinist ['ʃəʊvɪ,nɪst] *n* шовініст *m*
cheap [tʃiːp] *adj* дешевий
cheat [tʃiːt] *n* шахрай *m* ▷ *vi* шахраювати
Chechnya ['tʃetʃnjə] *n* Чечня *f*
check [tʃɛk] *n* перевірка *f* ▷ *vt, vi* перевіряти
(*perf* перевірити); **check in** [tʃɛk ɪn] *vi*
реєструватися (*perf* зареєструватися);
check out [tʃɛk aʊt] *vi* виписуватися (*perf*
виписатися)
checked [tʃɛkt] *adj* картатий
checker ['tʃɛkə] *n* контролер *m*
checkers ['tʃɛkəz] *n* (*US*) = **draughts**

checking account ['tʃekɪŋ ə'kaʊnt] n (US) = **current account**

checklist ['tʃek,lɪst] n список m

check off [tʃek ɔf] vt (US) = **tick off**

checkout ['tʃekaʊt] n каса f

checkpoint ['tʃek,pɔɪnt] n контрольно-пропускний пункт m

check-up ['tʃekʌp] n огляд m

cheddar ['tʃedə] n чедер m (сир)

cheek [tʃiːk] n щока f

cheekbone ['tʃiːk,bəʊn] n вилиця f

cheeky ['tʃiːki] adj зухвалий

cheer [tʃɪə] n схвальний вигук m ▷ vt, vi вітати вигуками (perf привітати вигуками)

cheerful ['tʃɪəful] adj радісний

cheerio! ['tʃɪərɪ'əʊ] excl (inf) бувай!

cheerleader ['tʃɪəli:də] n черлідер m (член танцювальної групи підтримки спортивної команди)

cheers! [tʃɪəz] excl будьмо!

cheery ['tʃɪəri] adj підбадьорливий

cheese [tʃiːz] n сир m

cheeseburger ['tʃiːzbɜːgə] n чизбургер m

chef [ʃef] n шеф-кухар m

chemical ['kemɪkl] n хімікат m

chemist ['kemɪst] n (= person) хімік m; (= shop) аптека f

chemistry ['kemɪstri] n хімія f

chemotherapy [,kiːməʊ'θerəpi] n хіміотерапія f

cheque, (US) **check** [tʃek] n чек m

chequebook, (US) **checkbook** ['tʃek,bʊk] n чекова книжка f

cherish ['tʃerɪʃ] vt плекати (perf виплекати)

cherry ['tʃeri] n вишня f

cherry-pick ['tʃeri,pɪk] vt обирати найкраще (perf обрати найкраще)

chess [tʃes] n шахи pl

chest [tʃest] n (= part of body) груди pl; (= box) скриня f

chestnut ['tʃes,nʌt] n каштан m ▷ adj каштановий

chest of drawers [tʃest əv drɔːz] n комод m

chevron ['ʃevrən] n шеврон m

chew [tʃuː] vt, vi жувати (perf пожувати)

chewing gum ['tʃuːɪŋ gʌm] n жувальна ґумка f

chic [ʃiːk] adj шикарний ▷ n шик m

chick [tʃɪk] n пташеня nt

chicken ['tʃɪkɪn] n (= bird) курча nt; (= meat) курятина f

chickenpox ['tʃɪkɪn,pɒks] n вітряна віспа f

chickpea ['tʃɪk,piː] n нут m

chief [tʃiːf] adj головний m ▷ n керівник m

chiefly ['tʃiːfli] adv головним чином

chiffon ['ʃɪfɒn] n шифон m

child [tʃaɪld] n (pl **children**) дитина f

childbirth ['tʃaɪld,bɜːθ] n пологи npl

childcare ['tʃaɪld,keə] n догляд за дитиною m

childhood ['tʃaɪldhʊd] n дитинство nt

childish ['tʃaɪldɪʃ] adj дитячий

childless ['tʃaɪldləs] adj бездітний

childlike ['tʃaɪld,laɪk] adj невинний (про поведінку)

childminder ['tʃaɪld,maɪndə] n няня f

children ['tʃɪldrən] pl of **child**

Chile ['tʃɪli] n Чилі n ind

Chilean ['tʃɪliən] adj чилійський ▷ n чилієць (чилійка) m(f)

chill [tʃɪl] vt, vi охолоджувати (perf охолодити) ▷ adj холодний ▷ n холодок m (від страху, хвилювання)

chilli ['tʃɪli] n стручковий перець m

chilling ['tʃɪlɪŋ] adj страшний

chilly ['tʃɪli] adj холодний

chime [tʃaɪm] vt, vi дзвонити (perf подзвонити) (про дзвін, годинник) ▷ n дзвін m (звук)

chimney ['tʃɪmni] n димар m

chimpanzee [,tʃɪmpæn'ziː] n шимпанзе m/f

chin [tʃɪn] n підборіддя nt

China ['tʃaɪnə] n Китай m

china ['tʃaɪnə] n порцеляна f

Chinese [tʃaɪ'niːz] adj китайський ▷ n (= person) китаєць (китаянка) m(f) ▷ n (= language) китайська мова f

chink [tʃɪŋk] n щілина f

chip [tʃɪp] n (= small piece) скіпка f; (electronic) чип m ▷ vt надколювати (perf надколоти); **chip in** vi **club together**

chips [tʃɪps] npl (= potatoes) картопля фрі f

chiropodist [kɪ'rɒpədɪst] n подолог m

chisel ['tʃɪzl] n стамеска f ▷ vt вирізати (perf вирізати)

chives [tʃaɪvz] npl цибуля-різанець m

chloride ['klɔːraɪd] n хлорид m

chlorine ['klɔːriːn] n хлор m

chocolate ['tʃɒkəlɪt; 'tʃɒklɪt; -lət] n шоколад m

choice [tʃɔɪs] n вибір m

choir [kwaɪə] n хор m

choke [tʃəʊk] vt, vi задихатися ▷ n дросель m

cholera ['kɒlərə] n холера f

cholesterol [kə'lestə,rɒl] n холестерин m

choose [tʃuːz] (pres sing **chooses**, pres part **choosing**, pt **chose**, pp **chosen**) vt, vi обирати (perf обрати)

chop [tʃɒp] n відбивна f ▷ vt рубати (perf нарубати)

chopper ['tʃɒpə] n (inf) вертоліт m

chopsticks ['tʃɒpstɪks] npl палички для їжі fpl

choral ['kɔːrəl] adj хоровий

chord [kɔːd] n акорд m

chore [tʃɔː] n рутинна робота f

choreograph ['kɒriəgrɑːf] vt, vi ставити танець або балет

choreographer [,kɒri'ɒgrəfə] n хореограф m

choreography [ˌkɒrɪˈɒɡrəfɪ] *n*
хореографія *f*

chorus [ˈkɔːrəs] *n* приспів *m* ▷ *vt* (*written*)
говорити або співати хором

Christ [kraɪst] *N* Христос *m*

christen [ˈkrɪsən] *vt* хрестити (*perf*
похрестити)

Christian [ˈkrɪstʃən] *adj* християнський ▷ *n*
християнин *m*

Christianity [ˌkrɪstɪˈænɪtɪ] *n*
християнство *nt*

Christmas [ˈkrɪsməs] *n* Різдво *nt*

● **CHRISTMAS PUDDING**
●
● різдвяний пудинг. Щедро начинений
сухофруктами кекс, який готують на парі.

Christmas card [ˈkrɪsməs kɑːd] *n*
різдвяна листівка *f*

Christmas Day [ˈkrɪsməs deɪ] *n* день
Різдва *m*

Christmas Eve [ˈkrɪsməs iːv] *n* Святий
Вечір *m*

Christmas tree [ˈkrɪsməs triː] *n* новорічна
ялинка *f*

chrome [krəʊm] *n* хром *m*

chromium [ˈkrəʊmɪəm] *n* хром *m*

chronic [ˈkrɒnɪk] *adj* хронічний

chronicle [ˈkrɒnɪkəl] *vt* вести хроніку ▷ *n*
хроніка *f*

chronological [ˌkrɒnəˈlɒdʒɪkəl] *adj*
хронологічний

chrysanthemum [krɪˈsænθəməm] *n*
хризантема *f*

chubby [ˈtʃʌbɪ] *adj* гладкий

chuck [tʃʌk] *n* (*inf*) жбурляти (*perf* жбурнути)

chuckle [ˈtʃʌkəl] *vi* посміюватися

chug [tʃʌɡ] *vi* пихкати

chunk [tʃʌŋk] *n* шматок *m*

chunky [ˈtʃʌŋkɪ] *adj* кремезний

church [tʃɜːtʃ] *n* церква *f*

churn [tʃɜːn] *n* маслоробка *f* ▷ *vt*
збовтувати (*perf* збовтати) ▷ *vi* нудити (*perf*
знудити)

chute [ʃuːt] *n* жолоб *m*

chutney [ˈtʃʌtnɪ] *n* чатні (*пряний соус до
м'яса та сиру*)

cider [ˈsaɪdə] *n* сидр *m*

cigar [sɪˈɡɑː] *n* сигара *f*

cigarette [ˌsɪɡəˈrɛt] *n* сигарета *f*

cigarette lighter [ˌsɪɡəˈrɛt ˈlaɪtə] *n*
запальничка *f*

cinema [ˈsɪnɪmə] *n* кінотеатр *m*

cinematic [ˌsɪnɪˈmætɪk] *adj*
кінематографічний

cinnamon [ˈsɪnəmən] *n* кориця *f*

circa [ˈsɜːkə] *prep* (*frml*) приблизно; **the
house is quite old, circa 17th century**
будинок досить старий, приблизно
17-го сторіччя

circle [ˈsɜːkl] *n* коло *nt* ▷ *vt, vi* оточувати (*perf*
оточити)

circuit [ˈsɜːkɪt] *n* електричне коло *nt*

circular [ˈsɜːkjʊlə] *adj* круглий ▷ *n*
циркуляр *m*

circulate [ˈsɜːkjʊleɪt] *vt, vi* поширювати(ся)
(*perf* поширити(ся))

circulation [ˌsɜːkjʊˈleɪʃən] *n* обіг *m*; (*of
blood*) кровообіг *m*

circumference [səˈkʌmfrəns] *n*
окружність *f*

circumstances [ˈsɜːkəmstənsɪz] *npl*
обставини *fpl*

circumvent [ˌsɜːkəmˈvɛnt] *vt* (*frml*)
обходити (*perf* обійти) (*правило, обмеження*)

circus [ˈsɜːkəs] *n* цирк *m*

citation [saɪˈteɪʃən] *n* подяка за
хоробрість (*документ*)

cite [saɪt] *vt* (*frml*) цитувати (*perf*
процитувати)

citizen [ˈsɪtɪzn] *n* громадянин *m*

citizenship [ˈsɪtɪzən,ʃɪp] *n* громадянство *nt*

citrus [ˈsɪtrəs] *adj* цитрусовий

city [ˈsɪtɪ] *n* місто *nt*

● **THE CITY**
●
● район Лондона, його фінансовий центр.

city centre [ˈsɪtɪ ˈsɛntə] *n* центр міста *m*

civic [ˈsɪvɪk] *adj* міський

civil [ˈsɪvəl] *adj* громадянський

civilian [sɪˈvɪljən] *adj* цивільний ▷ *n*
цивільна особа *f*

civilization [ˌsɪvɪlaɪˈzeɪʃən] *n* цивілізація *f*

civilize [ˈsɪvɪlaɪz] *vt* цивілізувати

civilized [ˈsɪvɪlaɪzd] *adj* цивілізований

civil rights [ˈsɪvl raɪts] *npl* громадянські
права *pl*

civil servant [ˈsɪvl ˈsɜːvnt] *n* урядовець *m*

Civil Service [ˈsɪvəl ˈsɜːvɪs] *n* державна
служба *f*

civil war [ˈsɪvl wɔː] *n* громадянська війна *f*

clad [klæd] *adj* (*liter*) вдягнений

claim [kleɪm] *n* заява *f* ▷ *vt* заявляти (*perf*
заявити)

claim form [kleɪm fɔːm] *n* бланк
претензії *m*

clairvoyant [ˌkleəˈvɔɪənt] *adj*
ясновидющий

clam [klæm] *n* їстівний молюск *m*

clamber [ˈklæmbə] *vi* дертися (*perf*
видертися) (*нагору*)

clamour, (*US*) **clamor** [ˈklæmə] *vi* кричати
(*perf* прокричати) (*голосно вимагати*)

clamp [klæmp] *n* скоба *f* ▷ *vt* затискати
(*perf* затиснути)

clampdown [ˈklæmp,daʊn] *n*
обмежувальні заходи *mpl*

clan [klæn] *n* клан *m*

clandestine [klænˈdɛstɪn] *adj* (*frml*) таємний

clap [klæp] *vt, vi* плескати ▷ *n* удар *m*

claret ['klærət] *n* кларет *m* (вино)

clarify ['klærɪ,faɪ] *vt* (*frml*) пояснювати (*perf* пояснити)

clarinet [,klærɪ'nɛt] *n* кларнет *m*

clarity ['klærɪtɪ] *n* ясність *f*

clash [klæʃ] *vi* стикатися (*perf* зіткнутися)

clasp [klɑ:sp] *n* застібка *f* ▷ *vt* стискати (*perf* стиснути)

class [klɑ:s] *n* (*general*) клас *m*; (= *style*) стиль *m*

classic ['klæsɪk] *adj* взірцевий ▷ *n* класика *f*

classical ['klæsɪkl] *adj* класичний

classification [,klæsɪfɪ'keɪʃən] *n* класифікація *f*

classified ['klæsɪfaɪd] *adj* секретний

classified ad ['klæsɪfaɪd æd] *n* маленьке оголошення в газеті

classify ['klæsɪfaɪ] *vt* класифікувати

classless ['klɑ:slɪs] *adj* безкласовий

classmate ['klɑ:s,meɪt] *n* однокласник (однокласниця) *m(f)*

classroom ['klɑ:s,ru:m; -,rʊm] *n* класна кімната *f*

classroom assistant ['klɑ:srʊm ə'sɪstənt] *n* помічник викладача

classy ['klɑ:sɪ] *adj* (*inf*) класний (стильний)

clatter ['klætə] *vi* гриміти (*perf* загриміти) (з шумом рухатися)

clause [klɔ:z] *n* пункт *m*; речення *nt* (частина складного речення)

claustrophobic [,klɔ:strə'fəʊbɪk; ,klɒs-] *adj* клаустрофобний

claw [klɔ:] *n* кіготь *m* ▷ *vi* дряпати кігтями (*perf* дряпнути кігтями), дертися (*perf* видертися)

clay [kleɪ] *n* глина *f*

clean [kli:n] *adj* чистий ▷ *vt* чистити (*perf* почистити)

cleaner ['kli:nə] *n* прибиральник *m*

cleaning ['kli:nɪŋ] *n* прибирання *nt*

cleaning lady ['kli:nɪŋ 'leɪdɪ] *n* прибиральниця *f*

cleanliness ['klɛnlɪnəs] *n* чистота *f*

cleanse [klɛnz] *vt* чистити (*perf* очистити)

cleanser ['klɛnzə] *n* засіб для миття *m*

cleansing lotion ['klɛnzɪŋ 'ləʊʃən] *n* очисний лосьйон *m*

clean-up ['kli:n,ʌp] *n* чистка *f*

clear [klɪə] *adj* (= *easily seen or understood*) ясний; (= *see-through*) прозорий; (= *unobstructed*) вільний ▷ *vt* прибирати (*perf* прибрати); **clear off** [klɪə ɒf] *vi* (*inf*) забиратися; **clear up** [klɪə ʌp] *vi* прибирати (*perf* прибрати)

clearance ['klɪərəns] *n* розчищення *nt*

clear-cut [,klɪə'kʌt] *adj* чіткий

clearing ['klɪərɪŋ] *n* просіка *f*

clearly ['klɪəlɪ] *adv* ясно

clematis ['klɛmətɪs] *n* ломиніс *m* (рослина)

clementine ['klɛmən,ti:n; -,taɪn] *n* клементина *f*

clench [klɛntʃ] *vt, vi* стискати (*perf* стиснути) (кулаки, зуби)

clergy ['klɜ:dʒɪ] *npl* духівництво *nt*

clergyman ['klɜ:dʒɪmən] *n* священик *m*

cleric ['klɛrɪk] *n* церковнослужитель *m*

clerical ['klɛrɪkəl] *adj* клерикальний

clerk [klɑ:rk] *n* клерк *m*

clever ['klɛvə] *adj* розумний

cliché ['kli:ʃeɪ] *n* кліше *nt*

click [klɪk] *n* клацання *nt* ▷ *vt, vi* клацати (*perf* клацнути)

clickable ['klɪkəbəl] *adj* який активізується клацанням миші

client ['klaɪənt] *n* клієнт *m*

clientele [,klaɪən'tɛl] *n* клієнтура *f*

cliff [klɪf] *n* скеля *f*

climate ['klaɪmɪt] *n* клімат *m*

climate change ['klaɪmɪt tʃeɪndʒ] *n* кліматичні зміни *pl*

climatic [klaɪ'mætɪk] *adj* кліматичний

climax ['klaɪmæks] *n* кульмінаційний момент *m* ▷ *vi, vt* доходити до кульмінаційного моменту

climb [klaɪm] *vt, vi* вилізати (*perf* вилізти)

climber ['klaɪmə] *n* альпініст *m*

climbing ['klaɪmɪŋ] *n* альпінізм *m*

clinch [klɪntʃ] *vt* остаточно вирішувати (*perf* остаточно вирішити)

cling [klɪŋ] (*pres sing* **clings**, *pres part* **clinging**, *pt, pp* **clung**) *vi* чіплятися (*perf* вчепитися)

clinic ['klɪnɪk] *n* клініка *f*

clinical ['klɪnɪkəl] *adj* клінічний

clinician [klɪ'nɪʃən] *n* клінічний лікар *m*

clip [klɪp] *n* затискач *m* ▷ *vt, vi* скріплювати (*perf* скріпити); (= *cut off*) підрізати (*perf* підрізати)

clipboard ['klɪpbɔ:d] *n* планшет із затискачем для паперу; (*Comput*) буфер обміну *m*

clipped [klɪpt] *adj* підстрижений

clipper ['klɪpə] *npl* кусачки *npl*

clippers ['klɪpəz] *npl* кусачки *pl*

clipping ['klɪpɪŋ] *n* вирізка *f* (з газети)

clique [kli:k] *n* кліка *f* (угруповання)

cloak [kləʊk] *n* мантія *f*

cloakroom ['kləʊk,ru:m; -,rʊm] *n* гардероб *m*

clock [klɒk] *n* годинник *m* ▷ *vt* показувати (*perf* показати) (час, швидкість)

clockwise ['klɒk,waɪz] *adv* за годинниковою стрілкою

clockwork ['klɒkwɜ:k] *adj* заводний (механізм)

clog [klɒg] *n* сабо *nt* ▷ *vt* забивати (*perf* забити) (забруднювати)

clone [kləʊn] *n* клон *m* ▷ *vt* клонувати

close[1] [kləʊs] *adj* близький ▷ *adv* поруч

close[2] [kləʊz] *vt* зачиняти (*perf* зачинити)

close by [kləʊs baɪ] *adj* поблизу

closed [kləʊzd] *adj* закритий

closed-circuit [ˌkləʊzdˈsɜːkɪt] *adj* відеоспостереження *nt*; **closed-circuit television camera** камера відеоспостереження

closely [ˈkləʊslɪ] *adv* впритул

closet [ˈklɒzɪt] *n* (*old*) комірчина *f*

close-up [ˈkləʊsʌp] *n* крупний план *m*

closing time [ˈkləʊzɪŋ taɪm] *n* час закриття *m*

closure [ˈkləʊʒə] *n* закриття *nt*

clot [klɒt] *n* тромб *m* ▷ *vi* згортатися (*perf* згорнутися) (*про кров, білок*)

cloth [klɒθ] *n* (= *material*) тканина *f*; (*for cleaning*) ганчірка *f*

clothed [kləʊðd] *adj* одягнений

clothes [kləʊðz] *npl* одяг *m*

clothes line [kləʊðz laɪn] *n* мотузка для білизни *f*

clothes peg [kləʊðz pɛg], (*US*) **clothespin** [ˈkləʊðzpɪn] *n* прищіпка *f*

clothing [ˈkləʊðɪŋ] *n* одяг *m*

cloud [klaʊd] *n* хмара *f* ▷ *vt* затьмарювати (*perf* затьмарити)

cloudy [ˈklaʊdɪ] *adj* хмарно

clout [ˈklaʊt] *vt* (*inf*) ударяти (*perf* ударити)

clove [kləʊv] *n* гвоздика *f*

clown [klaʊn] *n* клоун *m*

club [klʌb] *n* (= *organization*) клуб *m*; (= *stick*) дрючок *m*; **club together** [klʌb təˈgɛðə] *vi* влаштовувати складчину (*perf* влаштувати складчину)

clubhouse [ˈklʌbhaʊs] *n* клуб *m*

clue [kluː] *n* підказка *f*

clump [klʌmp] *n* група *f* (*дерев*)

clumsy [ˈklʌmzɪ] *adj* незграбний

clung [klʌŋ] *pt, pp of* **cling**

cluster [ˈklʌstə] *n* група (*людей, речей*) ▷ *vi* збиратися групами (*perf* зібратися в групи)

clustered [ˈklʌstəd] *adj* згрупований

clutch [klʌtʃ] *n* лабети *pl* ▷ *vt* затискувати (*perf* затиснути)

clutter [ˈklʌtə] *n* мотлох *m*

coach [kəʊtʃ] *n* (= *trainer*) тренер *m*; (= *bus*) пасажирський автобус *m* ▷ *vt* тренувати

coal [kəʊl] *n* вугілля *nt*

coalition [ˌkəʊəˈlɪʃ ən] *n* коаліція *f*

coal mine [kəʊl maɪn] *n* вугільна шахта *f*

coarse [kɔːs] *adj* грубий

coast [kəʊst] *n* берег *m* ▷ *vi* їхати накатом (*з вимкненим мотором або без педалей*)

coastal [ˈkəʊstəl] *adj* береговий

coaster [ˈkəʊstə] *n* підставка *f* (*під чашку*)

coastguard [ˈkəʊstˌgɑːd] *n* берегова охорона *f*

coastline [ˈkəʊstlaɪn] *n* берегова лінія *f*

coat [kəʊt] *n* пальто *nt*; шар *m* (*фарби*) ▷ *vt* покривати (*perf* покрити) (*шаром речовини*)

coathanger [ˈkəʊtˌhæŋə] *n* вішалка *f*

coating [ˈkəʊtɪŋ] *n* покриття *nt* (*про фарбу*)

co-author [ˌkəʊˈɔːθə] *n* співавтор (співавторка) *m(f)*

coax [kəʊks] *vt* умовляти (*perf* умовити)

cobalt [ˈkəʊbɔːlt] *n* кобальт *m*

cobbled [ˈkɒbəld] *adj* брукований

cobblestone [ˈkɒbəlstəʊn] *n* бруківка *f*

cobra [ˈkəʊbrə] *n* кобра *f*

cobweb [ˈkɒbˌwɛb] *n* павутина *f*

cock [kɒk] *n* півень *m*

cockerel [ˈkɒkərəl; ˈkɒkrəl] *n* півник *m*

Cockney [ˈkɒknɪ] *n* кокні *m/f*

● COCKNEY
●
● так називають вихідців зі східного
● району Лондона. Вони розмовляють
● особливим діалектом англійської;
● словом «кокні» позначають також цей
● діалект.

cockpit [ˈkɒkˌpɪt] *n* кокпіт *m*

cockroach [ˈkɒkˌrəʊtʃ] *n* тарган *m*

cocktail [ˈkɒkˌteɪl] *n* коктейль *m*

cocky [ˈkɒkɪ] *adj* (*inf*) зухвалий

cocoa [ˈkəʊkəʊ] *n* какао *nt*

coconut [ˈkəʊkəˌnʌt] *n* кокосовий горіх *m*

cocoon [kəˈkuːn] *n* кокон *m* ▷ *vt* ізолювати

cod [kɒd] *n* тріска *f*

code [kəʊd] *n* кодекс *m* ▷ *vt* кодувати (*perf* закодувати)

coded [ˈkəʊdɪd] *adj* закодований

code of conduct [kəʊd əv ˈkɒndʌkt] *n* норми поведінки *fpl*

code of practice [kəʊd əv ˈpræktɪs] *n* правила професійної етики *npl*

coding [ˈkəʊdɪŋ] *n* кодування *nt*

coerce [kəʊˈɜːs] *vt* (*frml*) примушувати (*perf* примусити)

coercion [kəʊˈɜːʃ ən] *n* примус *m*

coercive [kəʊˈɜːsɪv] *adj* примусовий

coffee [ˈkɒfɪ] *n* кава *f*

coffee bean [ˈkɒfɪ biːn] *n* кавове зерня *nt*

coffeepot [ˈkɒfɪˌpɒt] *n* кавник *m*

coffee shop [ˈkɒfɪ ʃɒp] *n* кав'ярня *f*

coffee table [ˈkɒfɪ ˈteɪbl] *n* кавовий столик *m*

coffer [ˈkɒfə] *n* (*old*) скриня *f* (*для грошей, коштовностей*)

coffin [ˈkɒfɪn] *n* домовина *f*

cognac [ˈkɒnjæk] *n* коньяк *m*

cohabit [kəʊˈhæbɪt] *vi* (*frml*) мешкати разом (*не вступаючи в шлюб*)

coherence [kəʊˈhɪərəns] *n* узгодженість *f*

coherent [kəʊˈhɪərənt] *adj* послідовний

cohesion [kəʊˈhiːʒən] *n* згуртованість *f*

cohesive [kəʊˈhiːsɪv] *adj* згуртований

cohort [ˈkəʊhɔːt] *n* компанія *f*

coil [kɔɪl] *n* кільце *nt* (*мотузки*)

coin [kɔɪn] *n* монета *f* ▷ *vt* створювати (*perf* створити) (*нові слова, вислови*)

coinage [ˈkɔɪnɪdʒ] *n* монетна система *f*

coincide [ˌkəʊɪnˈsaɪd] vi збігатися
coincidence [kəʊˈɪnsɪdəns] n збіг m
coincidental [ˌkəʊɪnsɪˈdɛntəl] adj випадковий
coincidentally [ˌkəʊɪnsɪˈdɛntəlɪ] adv випадково
Coke® [kəʊk] n кока-кола f
coke [kəʊk] n кокс m
cola [ˈkəʊlə] n кола f
colander [ˈkɒləndə; ˈkʌl-] n друшляк m
cold [kəʊld] adj (weather) холодний; (person) змерзлий ▷ n застуда f
cold-blooded [ˌkəʊldˈblʌdɪd] adj холоднокровний
cold call [kəʊld kɔːl] n холодний дзвінок (телефонний дзвінок або візит продавця до потенційного покупця без попередньої домовленості)
cold sore [kəʊld sɔː] n герпес m
coleslaw [ˈkəʊlˌslɔː] n салат із капусти m
collaborate [kəˈlæbəˌreɪt] vi співпрацювати
collaboration [kəˌlæbəˈreɪʃən] n співробітництво nt
collaborative [kəˈlæbərətɪv] adj (frml) спільний (про роботу двох чи більше осіб або груп)
collaborator [kəˈlæbəreɪtə] n співробітник (співробітниця) m(f)
collage [kɒˈlɑːʒ] n колаж m
collapse [kəˈlæps] vi звалюватися (perf звалитися)
collar [ˈkɒlə] n (garment) комір m; (pet) нашийник m
collarbone [ˈkɒləˌbəʊn] n ключиця f
collate [kɒˈleɪt] vt співставляти (perf співставити)
collateral [kəˈlætərəl] n (frml) застава f
collateral damage [kəˈlætərəl ˈdæmɪdʒ] n супутні втрати npl (ненавмисні ушкодження, завдані під час воєнної операції)
colleague [ˈkɒliːɡ] n колега m/f
collect [kəˈlɛkt] vt (= gather) збирати (perf зібрати); (person) забирати з (perf забрати з)
collected [kəˈlɛktɪd] adj зібраний
collection [kəˈlɛkʃən] n колекція f
collective [kəˈlɛktɪv] adj спільний ▷ n колектив m
collector [kəˈlɛktə] n колекціонер m
college [ˈkɒlɪdʒ] n коледж m
collegiate [kəˈliːdʒɪət] adj університетський
collide [kəˈlaɪd] vi зіштовхуватися (perf зіштовхнутися)
collie [ˈkɒlɪ] n колі m/f
colliery [ˈkɒljərɪ] n шахта f
collision [kəˈlɪʒən] n зіткнення nt
colloquial [kəˈləʊkwɪəl] adj розмовний
collusion [kəˈluːʒən] n (frml) змова f
cologne [kəˈləʊn] n одеколон m

Colombia [kəˈlɒmbɪə] n Колумбія f
Colombian [kəˈlɒmbɪən] adj колумбійський ▷ n колумбієць (колумбійка) m(f)
colon [ˈkəʊlən] n (= punctuation mark) двокрапка f; (= part of large intestine) товста кишка f
colonel [ˈkɜːnl] n полковник m
colonial [kəˈləʊnɪəl] adj колоніальний
colonialism [kəˈləʊnɪəlɪzəm] n колоніалізм m
colonist [ˈkɒlənɪst] n колоніст (колоністка) m(f)
colonize [ˈkɒləˌnaɪz] vt колонізувати
colony [ˈkɒlənɪ] n колонія f
colossal [kəˈlɒsəl] adj колосальний
colour, (US) **color** [ˈkʌlə] n колір m
coloured, (US) **colored** [ˈkʌləd] adj пофарбований
colourful, (US) **colorful** [ˈkʌləfʊl] adj барвистий
colouring, (US) **coloring** [ˈkʌlərɪŋ] n забарвлення nt
colour scheme, (US) **color scheme** [ˈkʌlə skiːm] n кольорова гама f
colt [kəʊlt] n лоша nt
column [ˈkɒləm] n колона f
columnist [ˈkɒləmɪst] n оглядач (оглядачка) m(f)
coma [ˈkəʊmə] n кома f
comb [kəʊm] n гребінець m ▷ vt розчісувати (perf розчесати)
combat [ˈkɒmbæt] n бій m ▷ vt боротися
combatant [ˈkɒmbətənt] n воююча сторона f
combative [ˈkɒmbətɪv] adj войовничий
combination [ˌkɒmbɪˈneɪʃən] n поєднання nt
combine [kəmˈbaɪn] vt, vi змішувати (perf змішати)
combined [kəmˈbaɪnd] adj об'єднаний (про зусилля, напад)
combustion [kəmˈbʌstʃən] n згоряння nt

 KEYWORD

come [kʌm] (pres sing **comes**, pres part **coming**, pt **came**, pp **come**) vi **1** (move towards: on foot) підходити (perf підійти); (: by transport) під'їжджати (perf під'їхати); **to come running** підбігати (perf підбігти) **2** (arrive: on foot) приходити (perf прийти); (: by transport) приїжджати (perf приїхати); **he came running to tell us** він прибіг сказати нам; **are you coming to my party?** ви прийдете на мою вечірку?; **I've only come for an hour** я зайшов лиш на годину
3 (reach) доходити (perf дійти); **to come to** (power, decision, conclusion) приходити (perf прийти) (до)

4 (*occur*): **an idea came to me** мені спало на думку таке

5 (*be, become*): **to come into being** виникати (*perf* виникнути); **to come loose** входити (*perf* відійти); **I've come to like him** він став мені подобатися

come about *vi*: **how did it come about?** як це сталося?; **it came about through ...** це сталося через ...

come across *vt inseparable* випадково зустрітися/натрапити

come away *vi* (*leave*) іти (*perf* піти); (*come off*) відриватися (*perf* відірватися)

come back *vi* повертатися (*perf* повернутися)

come by *vt inseparable* досягати (*perf* досягти)

come down *vi* (*price*) спадати (*perf* спасти); **the tree came down in the storm** дерево повалило бурею; **the building will have to come down soon** будинок мали скоро зносити

come forward *vi* (*volunteer*) зголошуватися (*perf* зголоситися)

come from *vt inseparable*: **she comes from India** вона з Індії

come in *vi* (*person*) входити (*perf* увійти); **to come in on** (*deal etc.*) вступати (*perf* вступити); **where does he come in?** яка його роль?

come in for *vt inseparable* отримувати (*perf* отримати) (*свою частку*)

come into *vt inseparable* (*fashion*) входити (*perf* увійти) (*в моду*); (*money*) отримувати (*perf* отримати) (*спадок*)

come off *vi* (*button*) відриватися (*perf* відірватися); (*handle*) відламуватися (*perf* відламатися); (*can be removed*) знімний; (*attempt*) вдаватися (*perf* вдатися)

come on *vi* (*work etc.*) вправлятися з роботою; (*lights etc.*) загорятися (*perf* загорітися); **come on!** ну!, давайте!

come out *vi* виходити (*perf* вийти); (*stain*) виводитися (*perf* вивестися)

come round *vi* отямлюватися (*perf* отямитися)

come to *vi* = **come round**

come up *vi* (*sun*) сходити (*perf* зійти); (*event*) стати предметом обговорень, привернути увагу; (*questions*) поставати (*perf* постати); **something important has come up** сталося щось важливе

come up against *vt inseparable* стикатися (*perf* зіткнутися) з чимось

come up with *vt inseparable* (*idea, solution*) пропонувати (*perf* запропонувати)

come upon *vt inseparable* висувати (*perf* висунути) вимоги

comeback ['kʌmbæk] *n* повернення *nt*
comedian [kə'miːdɪən] *n* комік *m*

comedy ['kɒmɪdɪ] *n* комедія *f*
comer ['kʌmə] *n* прибулий (прибула) *m(f)*
comet ['kɒmɪt] *n* комета *f*
comfort ['kʌmfət] *n* комфорт *m* ▷ *vt* утішати (*perf* утішити)
comfortable ['kʌmftəbl; 'kʌmfətəbl] *adj* зручний
comfortably ['kʌmftəblɪ] *adv* зручно
comforter ['kʌmfətə] *n* розрадник (розрадниця) *m(f)*
comforting ['kʌmfətɪŋ] *adj* втішний
comfy ['kʌmfɪ] *adj* (*inf*) зручний
comic ['kɒmɪk] *n* комік *m* ▷ *adj* комічний
comical ['kɒmɪk əl] *adj* комічний
comic book ['kɒmɪk bʊk] *n* книга коміксів *f*
comic strip ['kɒmɪk strɪp] *n* комікс *m*
coming ['kʌmɪŋ] *adj* наступний
comma ['kɒmə] *n* кома *f*
command [kə'mɑːnd] *n* (*mainly written*) наказ *m* ▷ *vt* (*written*) наказувати (*perf* наказати)
commandant ['kɒməndænt] *n* командир *m*
commander-in-chief [kə,mɑːndəɪn'tʃiːf] *n* головнокомандувач *m*
commanding [kə'mɑːndɪŋ] *adj* панівний
commanding officer [kə'mɑːndɪŋ 'ɒfɪsə] *n* командувач *m*
commando [kə'mɑːndəʊ] *n* диверсійно-десантний загін *m*
commemorate [kə'mɛmə,reɪt] *vt* вшановувати (*perf* вшанувати) (*людину, річницю події*)
commemorative [kə'mɛmərətɪv] *adj* меморіальний
commence [kə'mɛns] *vt, vi* (*frml*) починати(ся) (*perf* почати(ся))
commencement [kə'mɛnsmənt] *n* (*frml*) початок *m*
commend [kə'mɛnd] *vt* (*frml*) хвалити (*perf* похвалити)
commendable [kə'mɛndəbəl] *adj* (*frml*) похвальний
comment ['kɒmɛnt] *n* коментар *m* ▷ *vi* коментувати (*perf* прокоментувати)
commentary ['kɒməntərɪ; -trɪ] *n* коментар *m*
commentate ['kɒmənteɪt] *vi* коментувати (*perf* прокоментувати)
commentator ['kɒmən,teɪtə] *n* коментатор *m*
commerce ['kɒmɜːs] *n* торгівля *f*
commercial [kə'mɜːʃəl] *n* рекламний ролик *m* ▷ *adj* торговельний
commercial break [kə'mɜːʃəl breɪk] *n* рекламна пауза *f*
commercialism [kə'mɜːʃəlɪzəm] *n* комерціалізація *f*
commission [kə'mɪʃən] *n* доручення *nt* ▷ *vt* доручати (*perf* доручити)

commissioner [kəˈmɪʃənə] *n* спеціальний уповноважений (спеціальна уповноважена) *m(f)*

commit [kəˈmɪt] *vt* вчиняти (*perf* вчинити)

commitment [kəˈmɪtmənt] *n* відданість *f*

committee [kəˈmɪtɪ] *n* комітет *m*

commodity [kəˈmɒdɪtɪ] *n* товар *m*

common [ˈkɒmən] *adj* поширений

> ● COMMONS
> ●
> ● одна з палат британського парламенту,
> ● у ній засідає 650 виборних членів
> ● парламенту.

commoner [ˈkɒmənə] *n* проста людина *f* (*не аристократ*)

common law [ˈkɒmən lɔː] *n* загальне право (*правова система*)

commonplace [ˈkɒmənpleɪs] *adj* звичайне явище *nt*; **mobile phones have become commonplace** мобільні телефони стали звичайним явищем.

common sense [ˈkɒmən sɛns] *n* здоровий глузд *m*

commotion [kəˈməʊʃən] *n* метушня *f*

communal [ˈkɒmjʊnəl] *adj* громадський

commune [ˈkɒmjuːn] *n* комуна *f*

communicate [kəˈmjuːnɪˌkeɪt] *vi* спілкуватися

communication [kəˌmjuːnɪˈkeɪʃən] *n* спілкування *nt*

communion [kəˈmjuːnjən] *n* єдність *f*

communiqué [kəˈmjuːnɪkeɪ] *n* (*frml*) комюніке *nt*

communism [ˈkɒmjʊˌnɪzəm] *n* комунізм *m*

communist [ˈkɒmjʊnɪst] *adj* комуністичний ▷ *n* комуніст *m*

community [kəˈmjuːnɪtɪ] *n* громада *f*

community centre [kəˈmjuːnɪtɪ ˈsɛntə] *n* громадський центр *m*

community service [kəˈmjuːnɪtɪ ˈsɜːvɪs] *n* громадські роботи *npl* (*кримінальне покарання*)

> ● COMMUNITY PAYBACK
> ●
> ● громадські роботи. Деяким порушникам
> ● закону замінюють ув'язнення на таку
> ● форму покарання.

commute [kəˈmjuːt] *vi* щоденно їздити на роботу на велику відстань

commuter [kəˈmjuːtə] *n* регулярний пасажир *m*

commuter belt [kəˈmjuːtə bɛlt] *n* приміська зона *f*

compact [ˌkəmˈpækt] *adj* компактний ▷ *n* пудрениця *f*

compact disc [ˈkɒmpækt dɪsk] *n* компакт-диск *m*

companion [kəmˈpænjən] *n* супутник *m*

companionship [kəmˈpænjənʃɪp] *n* товариські стосунки *npl*

company [ˈkʌmpənɪ] *n* компанія *f*

company car [ˈkʌmpənɪ kɑː] *n* службове авто *nt*

comparable [ˈkɒmpərəbl] *adj* порівняний

comparative [kəmˈpærətɪv] *adj* порівняний

comparatively [kəmˈpærətɪvlɪ] *adv* порівняно

compare [kəmˈpɛə] *vt* порівнювати (*perf* порівняти)

comparison [kəmˈpærɪsn] *n* порівняння *nt*

compartment [kəmˈpɑːtmənt] *n* купе *nt*

compass [ˈkʌmpəs] *n* компас *m*

compassion [kəmˈpæʃən] *n* співчуття *nt*

compassionate [kəmˈpæʃənət] *adj* співчутливий

compatible [kəmˈpætəbl] *adj* сумісний

compatriot [kəmˈpætrɪət] *n* співвітчизник (співвітчизниця) *m(f)*

compel [kəmˈpɛl] *vt* змушувати (*perf* змусити)

compelling [kəmˈpɛlɪŋ] *adj* незаперечний

compensate [ˈkɒmpɛnˌseɪt] *vt* компенсувати

compensation [ˌkɒmpɛnˈseɪʃən] *n* компенсація *f*

compere [ˈkɒmpɛə] *n* конферансьє *m/f*

compete [kəmˈpiːt] *vi* змагатися

competence [ˈkɒmpɪtəns] *n* уміння *nt*

competent [ˈkɒmpɪtənt] *adj* компетентний

competing [kəmˈpiːtɪŋ] *adj* конкуруючий

competition [ˌkɒmpɪˈtɪʃən] *n* (*rivalry*) конкуренція *f*; (*contest*) змагання *nt*

competitive [kəmˈpɛtɪtɪv] *adj* конкурентний

competitor [kəmˈpɛtɪtə] *n* (= *rival*) конкурент *m*; (= *contestant*) учасник змагання *m*

compilation [ˌkɒmpɪˈleɪʃən] *n* компіляція *f*

compile [kəmˈpaɪl] *vt* компілювати

complacency [kəmˈpleɪsənsɪ] *n* самовдоволеність *f*

complacent [kəmˈpleɪsənt] *adj* самовдоволений

complain [kəmˈpleɪn] *vt, vi* скаржитися

complaint [kəmˈpleɪnt] *n* скарга *f*

complement [ˈkɒmplɪmɛnt] *vt* доповнювати (*perf* доповнити) ▷ *n* [ˈkɒmplɪmənt] доповнення *nt*

complementary [ˌkɒmplɪˈmɛntərɪ; -trɪ] *adj* (*frml*) взаємодоповнювальний

complete [kəmˈpliːt] *adj* повний

completely [kəmˈpliːtlɪ] *adv* цілком

complex [ˈkɒmplɛks] *adj* складний ▷ *n* комплекс *m*

complexion [kəmˈplɛkʃən] *n* колір обличчя *m*

complexity [kəmˈplɛksɪtɪ] *n* складність *f*

compliance [kəm'plaɪəns] n (frml) дотримання nt

complicate ['kɒmplɪˌkeɪt] vt ускладнювати (perf ускладнити)

complicated ['kɒmplɪˌkeɪtɪd] adj заплутаний

complication [ˌkɒmplɪ'keɪʃən] n ускладнення nt

complicity [kəm'plɪsɪtɪ] n (frml) співучасть f (у злочині)

compliment ['kɒmplɪmɛnt] n комплімент m ▷ vt ['kɒmplɪˌmɛnt] робити комплімент (perf зробити комплімент)

complimentary [ˌkɒmplɪ'mɛntərɪ; -trɪ] adj схвальний

comply [kəm'plaɪ] vi виконувати (perf виконати) (прохання, вимогу)

component [kəm'pəʊnənt] adj складовий ▷ n складова f

compose [kəm'pəʊz] vt складати (perf скласти); **to be composed of sth** складатися з

composer [kəm'pəʊzə] n композитор m

composite ['kɒmpəzɪt] adj складний (який складається з частин)

composition [ˌkɒmpə'zɪʃən] n склад m

compost ['kɒmpɒst] n компост m ▷ vt переробляти на компост

composure [kəm'pəʊʒə] n (frml) спокій m

compound ['kɒmpaʊnd] n огороджена територія f ▷ adj складений ▷ vt [kəm'paʊnd] ускладнювати (perf ускладнити)

comprehend [ˌkɒmprɪ'hɛnd] vt (frml) розуміти (perf зрозуміти)

comprehension [ˌkɒmprɪ'hɛnʃən] n (frml) сприйняття nt

comprehensive [ˌkɒmprɪ'hɛnsɪv] adj комплексний

comprehensively [ˌkɒmprɪ'hɛnsɪvlɪ] adv всеохопно

comprehensive school [ˌkɒmprɪ'hɛnsɪv ˌskuːl] n загальноосвітня школа f

• **COMPREHENSIVE SCHOOL**
•
• загальноосвітня школа. У
• Великобританії це державна школа для
• дітей віком від 11 до 16 років.

compress [kəm'prɛs] vt, vi стискувати (perf стиснути)

comprise [kəm'praɪz] vt (frml) складатися з

compromise ['kɒmprəˌmaɪz] n компроміс m ▷ vi доходити компромісу (perf дійти компромісу)

compromising ['kɒmprəmaɪzɪŋ] adj компрометуючий

comptroller [kən'trəʊlə] n головний бухгалтер m

compulsion [kəm'pʌlʃən] n непереборний потяг m

compulsive [kəm'pʌlsɪv] adj який відчуває непереборний потяг

compulsory [kəm'pʌlsərɪ] adj обов'язковий

computational [ˌkɒmpjʊ'teɪʃənəl] adj обчислювальний

compute [kəm'pjuːt] vt обчислювати (perf обчислити)

computer [kəm'pjuːtə] n комп'ютер m

computer game [kəm'pjuːtə ɡeɪm] n комп'ютерна гра f

computerize [kəm'pjuːtəraɪz] vt комп'ютеризувати

computerized [kəm'pjuːtəraɪzd] adj комп'ютеризований

computer-literate [kəmˌpjuːtə'lɪtərɪt] adj який уміє користуватися комп'ютером

computer science [kəm'pjuːtə 'saɪəns] n комп'ютерна наука f

computing [kəm'pjuːtɪŋ] n робота з комп'ютером f ▷ adj комп'ютерний

comrade ['kɒmreɪd] n (liter) товариш m

con [kɒn] vt (inf) видурювати (perf видурити) ▷ n (inf) шахрайство nt

conceal [kən'siːl] vt ховати (perf заховати)

concealment [kən'siːlmənt] n приховування nt

concede [kən'siːd] vt визнавати (perf визнати)

conceit [kən'siːt] n зарозумілість f

conceivable [kən'siːvəbəl] adj можливий

conceive [kən'siːv] vi уявляти (perf уявити); **to conceive of sth** уявляти собі

concentrate ['kɒnsənˌtreɪt] vi концентруватися

concentrated ['kɒnsəntreɪtɪd] adj концентрований

concentration [ˌkɒnsən'treɪʃən] n концентрація f

concentration camp [ˌkɒnsən'treɪʃən kæmp] n концентраційний табір m

concept ['kɒnsɛpt] n поняття nt

conception [kən'sɛpʃən] n уявлення nt

conceptual [kən'sɛptʃʊəl] adj концептуальний

concern [kən'sɜːn] n занепокоєння nt

concerned [kən'sɜːnd] adj занепокоєний

concerning [kən'sɜːnɪŋ] prep (frml) щодо

concert ['kɒnsət] n концерт m

concerted [kən'sɜːtɪd] adj погоджений

concerto [kən'tʃɛətəʊ] n концерт m (музичний твір)

concession [kən'sɛʃən] n поступка f

conciliation [kənˌsɪlɪ'eɪʃən] n примирення nt

conciliatory [kən'sɪlɪətərɪ] adj примирливий

concise [kən'saɪs] adj стислий

conclude [kən'kluːd] vt робити висновок (perf зробити висновок)

conclusion [kən'kluːʒən] n висновок m

conclusive [kən'klu:sɪv] *adj* остаточний

concoct [kən'kɒkt] *vt* вигадувати (*perf* вигадати) (*сюжет, пояснення*)

concoction [kən'kɒkʃən] *n* суміш f

concrete ['kɒnkri:t] *n* бетон m ▷ *adj* конкретний ▷ *vt* бетонувати (*perf* забетонувати)

concur [kən'kɜ:] *vi* (*frml*) погоджуватися (*perf* погодитися)

concurrent [kən'kʌrənt] *adj* одночасний

concussion [kən'kʌʃən] *n* струс m

condemn [kən'dɛm] *vt* засуджувати (*perf* засудити)

condemnation [kɒndɛm'neɪʃən] *n* осуд m

condemned [kən'dɛmd] *adj* засуджений (*до страти*)

condensation [kɒndɛn'seɪʃən] *n* конденсат m

condense [kən'dɛns] *vt* стисло викладати (*perf* стисло викласти)

condescend [kɒndɪ'sɛnd] *vt* принижуватися (*perf* принизитися) (*до чогось*)

condescending [kɒndɪ'sɛndɪŋ] *adj* поблажливий

condition [kən'dɪʃən] *n* стан m; (*frml*) умова f

conditional [kən'dɪʃənl] *adj* умовний

conditioner [kən'dɪʃənə] *n* кондиціонер для волосся m

condolence [kən'dəʊləns] *n* співчуття nt

condom ['kɒndɒm; 'kɒndəm] *n* презерватив m

condominium [kɒndə'mɪnɪəm] *n* кондомініум m (*спільне володіння нерухомістю*)

condone [kən'dəʊn] *vt* миритися (*perf* змиритися) (*з чимось*)

condor ['kɒndɔ:] *n* кондор m

conducive [kən'dju:sɪv] *adj* сприятливий; **conducive to doing sth/conducive to sth** сприятливий для чогось

conduct [kən'dʌkt] *vt* проводити (*perf* провести)

conductor [kən'dʌktə] *n* диригент m

conduit ['kɒndjʊɪt] *n* трубопровід m

cone [kəʊn] *n* конус m; ріжок m (*для морозива*)

confederate [kən'fɛdərət] *n* союзник m

confederation [kən,fɛdə'reɪʃən] *n* конфедерація f

confer [kən'fɜ:] *vi* радитися (*perf* порадитися)

conference ['kɒnfərəns; -frəns] *n* конференція f

conference call ['kɒnfrəns kɔ:l] *n* телефонна конференція f

confess [kən'fɛs] *vt, vi* зізнаватися

confessed [kən'fɛst] *adj* який зізнався в чомусь

confession [kən'fɛʃən] *n* зізнання nt

confessional [kən'fɛʃənəl] *n* сповідальня f

confetti [kən'fɛtɪ] *n* конфеті nt

confide [kən'faɪd] *vi* довіряти (*perf* довірити)

confidence ['kɒnfɪdəns] *n* (= *trust*) довіра f; (= *self-assurance*) впевненість f; (= *secret*) конфіденційність f

confident ['kɒnfɪdənt] *adj* впевнений

confidential [kɒnfɪ'dɛnʃəl] *adj* конфіденційний

confidentially [kɒnfɪ'dɛnʃəlɪ] *adv* конфіденційно

configuration [kən,fɪgʊ'reɪʃən] *n* (*frml*) розташування nt

configure [kən'fɪgə] *vt* формувати (*perf* сформувати)

confine [kən'faɪn] *vt* обмежувати (*perf* обмежити)

confined [kən'faɪnd] *adj* обмежений; **to be confined to sth** бути обмеженим чимось

confinement [kən'faɪnmənt] *n* ув'язнення nt

confirm [kən'fɜ:m] *vt* підтверджувати (*perf* підтвердити)

confirmation [kɒnfə'meɪʃən] *n* підтвердження nt

confirmed [kən'fɜ:md] *adj* закоренілий

confiscate ['kɒnfɪ,skeɪt] *vt* конфіскувати

conflict ['kɒnflɪkt] *n* конфлікт m

conform [kən'fɔ:m] *vi* відповідати (*perf* відповісти) (*законам, нормам*)

conformity [kən'fɔ:mɪtɪ] *n* відповідність f

confound [kɒn'faʊnd] *vt* бентежити (*perf* збентежити)

confront [kən'frʌnt] *vt* стикатися (*perf* зіткнутися (*з труднощами*)

confrontation [kɒnfrʌn'teɪʃən] *n* конфронтація f

confrontational [kɒnfrʌn'teɪʃənəl] *adj* конфронтаційний

confuse [kən'fju:z] *vt* плутати (*perf* сплутати)

confused [kən'fju:zd] *adj* розгублений

confusing [kən'fju:zɪŋ] *adj* складний

confusion [kən'fju:ʒən] *n* плутанина f

congenial [kən'dʒi:nɪəl] *adj* (*frml*) приємний

congested [kən'dʒɛstɪd] *adj* перенаселений

congestion [kən'dʒɛstʃən] *n* затор m

conglomerate [kən'glɒmərət] *n* конгломерат m

Congo ['kɒŋgəʊ] *n* Конго *n ind*

congratulate [kən'grætjʊ,leɪt] *vt* вітати (*perf* привітати)

congratulations [kən,grætjʊ'leɪʃənz] *npl* привітання *ntpl*

congregate ['kɒŋgrɪgeɪt] *vi* збиратися (*perf* зібратися) (*разом*)

congregation [kɒŋgrɪ'geɪʃən] *n* парафіяни *mpl*

congress ['kɒngrɛs] n конгрес m

conifer ['kəʊnɪfə; 'kɒn-] n хвойне дерево nt

conjecture [kən'dʒɛktʃə] n (frml) припущення nt ▷ vt, vi (frml) припускати (perf припустити)

conjugation [ˌkɒndʒʊ'geɪʃən] n дієвідмінювання nt

conjunction [kən'dʒʌŋkʃən] n (frml) збіг m

conjure ['kʌndʒə] vt чаклувати (perf начаклувати)

conjurer ['kʌndʒərə] n фокусник m

connect [kə'nɛkt] vt, vi з'єднувати (perf з'єднати)

connected [kə'nɛktɪd] adj пов'язаний

connection [kə'nɛkʃən] n зв'язок m

connectivity [ˌkɒnɛk'tɪvətɪ] n можливість підключення f

connoisseur [ˌkɒnə'sɜː] n знавець m

connotation [ˌkɒnə'teɪʃən] n підтекст m

conquer ['kɒŋkə] vt завойовувати (perf завоювати)

conqueror ['kɒŋkərə] n завойовник (завойовниця) m(f)

conquest ['kɒŋkwɛst] n завоювання nt

conscience ['kɒnʃəns] n сумління nt

conscientious [ˌkɒnʃɪ'ɛnʃəs] adj сумлінний

conscious ['kɒnʃəs] adj свідомий

consciousness ['kɒnʃəsnɪs] n свідомість f

conscript ['kɒnskrɪpt] n призовник m ▷ vt призивати на військову службу

conscription [kən'skrɪpʃən] n призов m

consecrate ['kɒnsɪkreɪt] vt освячувати (perf освятити)

consecutive [kən'sɛkjʊtɪv] adj послідовний

consensus [kən'sɛnsəs] n консенсус m

consent [kən'sɛnt] n (frml) згода f ▷ vt, vi (frml) погоджуватися (perf погодитися)

consequence ['kɒnsɪkwəns] n послідовність f

consequent ['kɒnsɪkwənt] adj (frml) послідовний

consequently ['kɒnsɪkwəntlɪ] adv (frml) отже

conservation [ˌkɒnsə'veɪʃən] n збереження nt

conservationist [ˌkɒnsə'veɪʃənɪst] n активний борець за охорону природи та історичних пам'яток

conservatism [kən'sɜːvətɪzəm] n консерватизм m

conservative [kən'sɜːvətɪv] adj консервативний

conservatory [kən'sɜːvətrɪ] n оранжерея f

conserve ['kɒnsɜːv] vt зберігати (perf зберегти)

consider [kən'sɪdə] vt вважати

considerable [kən'sɪdərəbəl] adj (frml) значний

considerate [kən'sɪdərɪt] adj тактовний

consideration [kənˌsɪdə'reɪʃən] n розгляд m

considered [kən'sɪdəd] adj обдуманий

considering [kən'sɪdərɪŋ] prep щодо

consign [kən'saɪn] vt (frml) передавати (perf передати)

consignment [kən'saɪnmənt] n партія товарів f

consist [kən'sɪst] vi складатися з; **to consist of sth | to consist of doing sth** складатися з

consistency [kən'sɪstənsɪ] n послідовність f

consistent [kən'sɪstənt] adj послідовний

console [kən'səʊl] vt утішати (perf утішити)

consolidate [kən'sɒlɪdeɪt] vt зміцнювати (perf зміцнити)

consonant ['kɒnsənənt] n приголосний m

consort [kən'sɔːt] vi (frml) спілкуватися; **to consort with sb** водити компанію

consortium [kən'sɔːtɪəm] n консорціум m

conspicuous [kən'spɪkjʊəs] adj помітний

conspiracy [kən'spɪrəsɪ] n змова f

conspirator [kən'spɪrətə] n змовник (змовниця) m(f)

conspire [kən'spaɪə] vt, vi змовлятися (perf змовитися) (влаштовувати змову)

constant ['kɒnstənt] adj постійний

constantly ['kɒnstəntlɪ] adv постійно

constellation [ˌkɒnstə'leɪʃən] n сузір'я nt

consternation [ˌkɒnstə'neɪʃən] n (frml) заціпеніння nt

constipated ['kɒnstɪˌpeɪtɪd] adj той, що страждає від закрепу

constipation [ˌkɒnstɪ'peɪʃən] n запор m

constituency [kən'stɪtjʊənsɪ] n виборчий округ m

constituent [kən'stɪtjʊənt] n виборець m ▷ adj (frml) складовий

constitute ['kɒnstɪtjuːt] vt складати (perf скласти)

constitution [ˌkɒnstɪ'tjuːʃən] n конституція f

constitutional [ˌkɒnstɪ'tjuːʃənəl] adj конституційний

constrain [kən'streɪn] vt (frml) обмежувати (perf обмежити)

constraint [kən'streɪnt] n обмеження nt

constrict [kən'strɪkt] vt, vi стискати (perf стиснути)

construct [kən'strʌkt] vt будувати (perf збудувати)

construction [kən'strʌkʃən] n будівництво nt

constructive [kən'strʌktɪv] adj конструктивний

construe [kən'struː] vt (frml) тлумачити (perf витлумачити)

consul ['kɒnsl] n консул m

consular ['kɒnsjʊlə] adj консульський

consulate ['kɒnsjʊlɪt] n консульство nt

consult [kənˈsʌlt] vt, vi звертатися за консультацією

consultancy [kənˈsʌltənsɪ] n консалтингова компанія f

consultant [kənˈsʌltnt] n консультант m

consultation [ˌkɒnsəlˈteɪʃən] n нарада f

consultative [kənˈsʌltətɪv] adj консультативний

consumable [kənˈsjuːməbəl] adj споживчий

consume [kənˈsjuːm] vt (frml) споживати (perf спожити)

consumer [kənˈsjuːmə] n споживач

consumer credit [kənˈsjuːmə ˈkrɛdɪt] n споживчий кредит m

consumer goods [kənˈsjuːmə gʊdz] npl споживчі товари npl

consuming [kənˈsjuːmɪŋ] adj всепоглинальний

consummate [ˈkɒnsəmeɪt] adj (frml) досконалий ▷ vt (frml) консумувати

consumption [kənˈsʌmpʃən] n споживання nt

contact [ˈkɒntækt] n контакт m ▷ vt зв'язуватися ▷ adj контактний

contact lens [ˈkɒntækt lɛnz] n контактна лінза f

contagious [kənˈteɪdʒəs] adj інфекційний

contain [kənˈteɪn] vt містити

container [kənˈteɪnə] n вмістище nt

contaminate [kənˈtæmɪneɪt] vt забруднювати (perf забруднити)

contemplate [ˈkɒntəmpleɪt] vt обмірковуватиperf

contemporary [kənˈtɛmprərɪ] adj сучасний ▷ n сучасник (сучасниця) m(f)

contempt [kənˈtɛmpt] n зневага f

contemptuous [kənˈtɛmptʊəs] adj презирливий

contend [kənˈtɛnd] vi боротися; **to contend with sth** боротися проти

contender [kənˈtɛndə] n суперник (суперниця) m(f)

content [kənˈtɛnt] adj задоволений

contented [kənˈtɛntɪd] adj задоволений

contention [kənˈtɛnʃən] n твердження nt

contentious [kənˈtɛnʃəs] adj (frml) спірний

contentment [kənˈtɛntmənt] n задоволеність f

contents [ˈkɒntɛnts] npl вміст m

contest [ˈkɒntɛst] n змагання nt ▷ vt [kənˈtɛst] оскаржувати (perf оскаржити)

contestant [kənˈtɛstənt] n учасник змагання (учасниця змагання) m(f)

context [ˈkɒntɛkst] n контекст m

continent [ˈkɒntɪnənt] n континент m

continental breakfast [ˌkɒntɪnɛntəl ˈbrɛkfəst] n європейський сніданок m

● **CONTINENTAL BREAKFAST**

● європейський сніданок. Складається з
● хліба, масла й джему. Його пропонують
● у готелях замість традиційного сніданку
● з бекону та яєчні.

contingency [kənˈtɪndʒənsɪ] n (frml) непередбачена обставина f ▷ adj (frml) аварійний

contingent [kənˈtɪndʒənt] n (frml) контингент m

continual [kənˈtɪnjʊəl] adj безперервний

continually [kənˈtɪnjʊəlɪ] adv безперервно

continuation [kənˌtɪnjʊˈeɪʃən] n продовження n

continue [kənˈtɪnjuː] vt продовжувати (perf продовжити) ▷ vi тривати

continuity [ˌkɒntɪˈnjuːɪtɪ] n неперервність f

continuous [kənˈtɪnjʊəs] adj безперервний

continuum [kənˈtɪnjʊəm] n (frml) континуум m

contort [kənˈtɔːt] vt, vi викривляти (perf викривити)

contour [ˈkɒntʊə] n (liter) контур m

contraception [ˌkɒntrəˈsɛpʃən] n контрацепція f

contraceptive [ˌkɒntrəˈsɛptɪv] n контрацептив m ▷ adj протизаплідний

contract [ˈkɒntrækt] n контракт m ▷ vi [kənˈtrækt] скорочуватися (perf скоротитися) ▷ vt (frml) укладати угоду (perf укласти угоду)

contraction [kənˈtrækʃən] n перейми npl (медичний термін)

contractor [kənˈtræktə; kənˈtræk-] n підрядник m

contractual [kənˈtræktʊəl] adj (frml) договірний

contradict [ˌkɒntrəˈdɪkt] vt суперечити

contradiction [ˌkɒntrəˈdɪkʃən] n протиріччя nt

contradictory [ˌkɒntrəˈdɪktərɪ] adj суперечливий

contrary [ˈkɒntrərɪ] n протилежність f ▷ adj протилежний

contrast [ˈkɒntrɑːst] n контраст m ▷ vt [kənˈtrɑːst] протиставляти (perf протиставити)

contravene [ˌkɒntrəˈviːn] vt (frml) порушувати (perf порушити)

contribute [kənˈtrɪbjuːt] vi робити внесок (perf зробити внесок)

contribution [ˌkɒntrɪˈbjuːʃən] n внесок m

contributor [kənˈtrɪbjʊtə] n чинник m

contrive [kənˈtraɪv] vt (frml) вигадувати (perf вигадати)

contrived [kənˈtraɪvd] adj удаваний

control [kən'trəʊl] n контроль m ▷ vt контролювати

controller [kən'trəʊlə] n інспектор m

controversial [ˌkɒntrə'vɜːʃəl] adj скандальний

controversy ['kɒntrəvɜːsɪ] n суперечка f

conundrum [kə'nʌndrəm] n (frml) загадка f

convalesce [ˌkɒnvə'les] vi (frml) видужувати (perf видужати)

convalescence [ˌkɒnvə'lesəns] n (frml) видужування nt

convene [kən'viːn] vt, vi (frml) скликáти (perf склúкати) (збори)

convenience [kən'viːnɪəns] n зручність f; вигода f (зручність)

convenient [kən'viːnɪənt] adj зручний

convention [kən'venʃən] n умовність f

conventional [kən'venʃənl] adj загальноприйнятий

converge [kən'vɜːdʒ] vi сходитися (perf зійтися) (про лінії, дороги, транспорт, людей); **to converge on sth** стікатися до

convergence [kən'vɜːdʒəns] n (frml) зближення nt

conversation [ˌkɒnvə'seɪʃən] n бесіда f

conversational [ˌkɒnvə'seɪʃənəl] adj розмовний

converse [kən'vɜːs] vt, vi (frml) розмовляти ▷ n ['kɒnvɜːs] (frml) зворотне твердження nt

conversely ['kɒnvɜːslɪ] adv (frml) навпаки

conversion [kən'vɜːʃən] n перетворення nt

convert [kən'vɜːt] vt, vi перетворювати (perf перетворити) ▷ n ['kɒnvɜːt] навернений (навернена) m(f)

converter [kən'vɜːtə] n конвертер m

convertible [kən'vɜːtəbl] adj конвертований ▷ n кабріолет m

convey [kən'veɪ] vt передавати (perf передати)

conveyor belt [kən'veɪə belt] n конвеєрна стрічка f

convict [kən'vɪkt] vt визнавати винним (perf визнати винним) ▷ n ['kɒnvɪkt] засуджений (засуджена) m(f)

conviction [kən'vɪkʃən] n переконання nt

convince [kən'vɪns] vt переконувати (perf переконати)

convinced [kən'vɪnst] adj переконаний

convincing [kən'vɪnsɪŋ] adj переконливий

convoy ['kɒnvɔɪ] n конвой m

convulsion [kən'vʌlʃən] n судома f

cook [kʊk] n кухар m ▷ vt, vi готувати

cookbook ['kʊk,bʊk] n книга рецептів f

cooker ['kʊkə] n плита f

cookery ['kʊkərɪ] n готування nt

cookery book ['kʊkərɪ bʊk] n книга рецептів f

cookie ['kʊkɪ] n (US) = **biscuit**

cooking ['kʊkɪŋ] n готування nt

cool [kuːl] adj (= slightly cold) прохолодний; (inf: = stylish) крутий

cooler ['kuːlə] n холодильник m

cooperate [kəʊ'ɒpəreɪt] vi співпрацювати

cooperation [kəʊ,ɒpə'reɪʃən] n співпраця f

cooperative [kəʊ'ɒpərətɪv] n кооператив m ▷ adj який співпрацює

coordinate [kəʊ'ɔːdɪˌneɪt] vt узгоджувати (perf узгодити) ▷ n [kəʊ'ɔːdɪnət] координата f

coordination [kəʊˌɔːdɪ'neɪʒən] n узгодження nt

cop [kɒp] n (inf) поліцейський m

cope [kəʊp] vi долати (perf подолати)

copious ['kəʊpɪəs] adj багатий (на щось)

copper ['kɒpə] n (metal) мідь f ▷ adj (liter) мідний

copy ['kɒpɪ] n (= duplicate) копія f; (publication) примірник m ▷ vt копіювати (perf скопіювати)

copyright ['kɒpɪˌraɪt] n авторське право nt

coral ['kɒrəl] n корал m

cord [kɔːd] n шнур m

cordial ['kɔːdɪəl] adj (frml) сердечний

cordless ['kɔːdlɪs] adj бездротовий

cordon ['kɔːdən] n кордон m (поліції, транспорту)

corduroy ['kɔːdəˌrɔɪ; ˌkɔːdə'rɔɪ] n вельвет m

core [kɔː] n серцевина f ▷ vt виріза́ти серцевину

coriander [ˌkɒrɪ'ændə] n коріандр m

cork [kɔːk] n пробка f

corkscrew ['kɔːk,skruː] n штопор m

corn [kɔːn] n зерно nt

corner ['kɔːnə] n кут m ▷ vt заганяти в кут

cornerstone ['kɔːnəstəʊn] n (frml) наріжний камінь m

cornet ['kɔːnɪt] n корнет m

cornflakes ['kɔːn,fleɪks] npl кукурудзяні пластівці pl

cornflour ['kɔːn,flaʊə] n кукурудзяне борошно nt

corny ['kɔːnɪ] adj банальний

coronary ['kɒrənərɪ] adj коронарний ▷ n тромбоз вінцевих судин m

coronation [ˌkɒrə'neɪʃən] n коронація f

coroner ['kɒrənə] n коронер m (слідчий у справах насильницької та раптової смерті)

corporal ['kɔːpərəl; -prəl] n капрал m

corporal punishment ['kɔːprəl 'pʌnɪʃmənt] n тілесне покарання nt

corporate ['kɔːpərɪt] adj корпоративний

corporation [ˌkɔːpə'reɪʃən] n корпорація f

corps [kɔː] (pl **corps**) n корпус m (військовий)

corpse [kɔːps] n труп m

correct [kə'rekt] adj (frml) правильний ▷ vt виправляти (perf виправити)

correction [kə'rekʃən] n виправлення nt

corrective [kə'rektɪv] adj виправний

correctly [kə'rektlɪ] adv правильно

correlate ['kɒrəleɪt] vi (frml)
співвідносити(ся) (perf співвіднести(ся))
correlation [,kɒrə'leɪʃ ən] n (frml)
співвідношення nt
correspond [,kɒrɪ'spɒnd] vi відповідати
correspondence [,kɒrɪ'spɒndəns] n
листування nt
correspondence course [,kɒrɪ'spɒndəns
kɔ:s] n заочний курс m
correspondent [,kɒrɪ'spɒndənt] n
кореспондент m
correspondingly [,kɒrɪ'spɒndɪŋlɪ] adv
відповідно
corridor ['kɒrɪ,dɔ:] n коридор m
corroborate [kə'rɒbəreɪt] vt (frml)
підтверджувати (perf підтвердити)
corrosion [kə'rəʊʒən] n корозія f
corrugated ['kɒrəgeɪtɪd] adj гофрований
corrupt [kə'rʌpt] adj продажний ▷ vt, vi
підкуповувати (perf підкупити) (про хабарі)
corruption [kə'rʌpʃən] n корупція f
cosmetic [kɒz'metɪk] n косметика f ▷ adj
косметичний
cosmetics [kɒz'metɪks] npl косметика f
cosmetic surgery [kɒz'metɪk 'sɜ:dʒərɪ] n
косметична хірургія f
cosmic ['kɒzmɪk] adj космічний
cosmopolitan [,kɒzmə'pɒlɪtən] adj
космополітичний
cosmos ['kɒzmɒs] n (liter) всесвіт m
cost [kɒst] (pres sing **costs**, pres part **costing**,
pt, pp **cost**) n вартість f ▷ vt коштувати
co-star ['kəʊstɑ:] n актор чи акторка, що
виступає в парі з зіркою
Costa Rica ['kɒstə 'ri:kə] n Коста-Рика f
cost-effective [,kɒstɪ'fektɪv] adj
рентабельний
costly ['kɒstlɪ] adj дорогий
cost of living [kɒst əv 'lɪvɪŋ] n
прожитковий рівень m
costume ['kɒstju:m] n костюм m ▷ adj
костюмований
cosy, (US) **cozy** ['kəʊzɪ] adj затишний
cot [kɒt] n дитяче ліжко nt
cottage ['kɒtɪdʒ] n котедж m
cottage cheese ['kɒtɪdʒ tʃi:z] n сир m
cottage industry ['kɒtɪdʒ 'ɪndəstrɪ] n
надомне виробництво nt
cotton ['kɒtn] n (= cloth) бавовна f;
(= thread) нитка f
cotton bud ['kɒtn bʌd] n ватна паличка f
cotton candy ['kɒtn 'kændɪ] n (US)
= candyfloss
cotton wool ['kɒtn wʊl] n вата f
couch [kaʊtʃ] n диван m
couchette [ku:'ʃet] n спальне місце nt
cough [kɒf] n кашель m ▷ vi кашляти
cough mixture [kɒf 'mɪkstʃə] n мікстура
від кашлю f
could [kʊd] modal aux vb могти (perf змогти)
council ['kaʊnsəl] n рада f

council estate ['kaʊnsəl ɪ'steɪt] n
муніципальний житловий мікрорайон m

council house ['kaʊnsəl haʊs] n
муніципальне житло nt
councillor ['kaʊnsələ] n член ради
counsel ['kaʊnsəl] n (frml) порада f ▷ vt
(frml) радити (perf порадити)
counselling ['kaʊnsəlɪŋ] n консультація f
counsellor ['kaʊnsələ] (US) **counselor** n
радник (радниця) m(f)
count [kaʊnt] vi (= say numbers in order)
рахувати (perf порахувати) ▷ vt (= add up)
рахувати (perf порахувати) ▷ n підрахунок nt;
count on [kaʊnt ɒn] vt розраховувати на
countdown ['kaʊntdaʊn] n зворотний
відлік m
countenance ['kaʊntɪnəns] vt (frml)
схвалювати (perf схвалити) ▷ n (frml) вираз
обличчя m
counter ['kaʊntə] n вітрина f ▷ vt, vi
протидіяти
counteract [,kaʊntər'ækt] vt
нейтралізувати
counterattack ['kaʊntərə,tæk] vi
контратакувати
counterfeit ['kaʊntə,fɪt] adj фальшивий
▷ vt підробляти (perf підробити)
(фальсифікувати)
counterpart ['kaʊntəpɑ:t] n колега m/f
(на аналогічній посаді в іншій установі або
країні)
counterproductive [,kaʊntəprə'dʌktɪv]
adj контрпродуктивний
countess ['kaʊntɪs] n графиня f
countless ['kaʊntləs] adj незлічéнний
country ['kʌntrɪ] n (= nation) країна f;
(= countryside) сільська місцевість f
country club ['kʌntrɪ klʌb] n заміський
клуб
countryman ['kʌntrɪmən] n співвітчизник
(співвітчизниця) m(f)
countryside ['kʌntrɪ,saɪd] n сільська
місцевість f
county ['kaʊntɪ] n графство nt

coup [ku:] n державний переворот m

coup d'état [ku: deɪˈtɑ:] n державний переворот m

coupé [ˈku:peɪ] n чотиримісний автомобіль з двома дверцятами

couple [ˈkʌpl] n пара f ▷ det два ▷ vt пов'язувати (perf пов'язати)

coupon [ˈku:pɒn] n купон m

courage [ˈkʌrɪdʒ] n хоробрість f

courageous [kəˈreɪdʒəs] adj хоробрий

courgette [kʊəˈʒɛt] n кабачок m

courier [ˈkʊərɪə] n кур'єр m ▷ vt відправляти кур'єром (perf відправити кур'єром)

course [kɔ:s] n курс m

course book [kɔ:s bʊk] n підручник m

course work [kɔ:s wɜ:k] n курсова робота f

court [kɔ:t] n (law) суд m; (tennis) корт m ▷ vt домагатися (perf домогтися) (чиєїсь прихильності)

courteous [ˈkɜ:tɪəs] adj ввічливий

courtesy [ˈkɜ:tɪsɪ] n (frml) ввічливість f ▷ adj безкоштовний

courthouse [ˈkɔ:thaʊs] n будівля суду f

courtier [ˈkɔ:tɪə] n придворний (придворна) m(f)

court martial [kɔ:t ˈmɑ:ʃəl] (pl **court martials**) n військовий трибунал m ▷ vt судити військово-польовим судом (perf засудити військово-польовим судом)

courtroom [ˈkɔ:trʊm] n зала суду f

courtyard [ˈkɔ:tjɑ:d] n двір m

cousin [ˈkʌzn] n двоюрідний брат m

couture [ku:ˈtjʊə] n (frml) виготовлення одягу високого класу

cove [kəʊv] n бухта f (маленька)

covenant [ˈkʌvənənt] n угода f

cover [ˈkʌvə] n чохол m ▷ vt накривати (perf накрити)

coverage [ˈkʌvərɪdʒ] n репортаж m

cover charge [ˈkʌvə tʃɑ:dʒ] n плата за вхід f

covered [ˈkʌvəd] adj критий

covering [ˈkʌvərɪŋ] n покриття nt

covert [ˈkʌvət] adj (frml) таємний

cover-up [ˈkʌvər,ʌp] n приховування nt (злочину)

cover version [ˈkʌvə ˈvɜ:ʃən] n кавер-версія f

covet [ˈkʌvɪt] vt (frml) жадати (perf зажадати)

coveted [ˈkʌvɪtɪd] adj жаданий

cow [kaʊ] n корова f

coward [ˈkaʊəd] n боягуз m

cowardice [ˈkaʊədɪs] n боягузтво nt

cowardly [ˈkaʊədlɪ] adj боязкий

cowboy [ˈkaʊˌbɔɪ] n ковбой m

crab [kræb] n краб m

crack [kræk] n (= gap) щілина f; (= line) тріщина f ▷ vt, vi тріскатися ▷ adj першокласний

crackdown [ˈkrækdaʊn] n каральні заходи mpl

cracked [krækt] adj потрісканий

cracker [ˈkrækə] n крекер m

crackle [ˈkrækəl] vi тріщати

cradle [ˈkreɪdl] n колиска f ▷ vt обережно тримати

craft [krɑ:ft] n судно nt ▷ vt виготовляти вручну (perf виготовити вручну)

craftsman [ˈkrɑ:ftsmən] n ремісник m

craftsmanship [ˈkrɑ:ftsmənʃɪp] n майстерність f

crafty [ˈkrɑ:ftɪ] adj підступний

cram [kræm] vt, vi набивати (perf набити)

crammed [kræmd] adj набитий

cramp [kræmp] n судома f

cramped [kræmpt] adj тісний (про приміщення)

cranberry [ˈkrænbərɪ; -brɪ] n журавлина f

crane [kreɪn] n (= bird) журавель m; (= machine) кран m ▷ vt, vi витягати шию

crank [kræŋk] n (inf) дивак (дивачка) m(f) ▷ vt заводити (perf завести) (за допомогою ручного управління)

crash [kræʃ] n (= accident) аварія f; (= noise) тріск m ▷ vi (Comput) зависати (perf зависнути) ▷ vt, vi (= have a collision) врізатися

crass [kræs] adj дурний

crate [kreɪt] n ящик m ▷ vt упаковувати (perf упакувати) (в ящики)

crater [ˈkreɪtə] n вирва f (від снаряда)

crave [kreɪv] vt жадати (perf зажадати)

crawl [krɔ:l] vi повзти

crayfish [ˈkreɪˌfɪʃ] n річковий рак m

crayon [ˈkreɪən; -ɒn] n пастель f

craze [kreɪz] n манія f

crazed [kreɪzd] adj (written) божевільний

crazy [ˈkreɪzɪ] adj (inf) божевільний

creak [kri:k] vi рипіти (perf порипіти)

cream [kri:m] adj вершковий ▷ n вершки pl

creamy [ˈkri:mɪ] adj вершковий

crease [kri:s] n складка f

creased [kri:st] adj зім'ятий

create [kri:ˈeɪt] vt створювати (perf створити)

creation [kri:ˈeɪʃən] n створення nt

creative [kri:ˈeɪtɪv] adj творчий

creator [kri:ˈeɪtə] n творець m

creature [ˈkri:tʃə] n істота f

crèche [krɛʃ] n ясла npl (дитячі)

credence [ˈkri:dəns] n (frml) віра f

credentials [krɪˈdɛnʃəlz] npl рекомендації fpl

credibility [ˌkrɛdɪˈbɪlɪtɪ] n довіра f

credible [ˈkrɛdɪbl] adj гідний довіри

credit [ˈkrɛdɪt] n кредит m ▷ vt зараховувати (perf зарахувати) (на рахунок)

creditable [ˈkrɛdɪtəbəl] adj похвальний

credit card [ˈkrɛdɪt kɑ:d] n кредитна картка f

creditor ['krɛdɪtə] n кредитор (кредиторка) m(f)

credit rating ['krɛdɪt 'reɪtɪŋ] n кредитний рейтинг m

creed [kri:d] n (frml) кредо nt

creep [kri:p] (pres sing **creeps**, pres part **creeping**, pt, pp **crept**) vi (person) крастися (perf прокрастися); (animal) плазувати

creepy ['kri:pɪ] adj (inf) моторошний

cremate [krɪ'meɪt] vt спалювати тіла померлих

crematorium [ˌkrɛmə'tɔ:rɪəm] (pl **crematoria**) n крематорій m

creole ['kri:əʊl] n креольська мова f

crept [krɛpt] pt, pp of **creep**

crescendo [krɪ'ʃɛndəʊ] n крещендо nt

crescent ['krɛsənt] n півмісяць m

cress [krɛs] n крес-салат m

crest [krɛst] n гребінь m (хвилі, гори)

crevice ['krɛvɪs] n щілина f

crew [kru:] n екіпаж m ⊳ vt, vi бути членом команди

crew cut [kru: kʌt] n зачіска «їжачок» f

crewman ['kru:mən] n член екіпажу m

cricket ['krɪkɪt] n (= game) крикет m; (= insect) цвіркун m

cricketer ['krɪkɪtə] n гравець у крикет m

crime [kraɪm] n злочин m

criminal ['krɪmɪnl] adj злочинний ⊳ n злочинець m

crimson ['krɪmzən] adj малиновий (колір)

cringe [krɪndʒ] vi зіщулюватися (perf зіщулитися) (від дискомфорту)

cripple ['krɪpl] vt калічити (perf покалічити)

crippling ['krɪplɪŋ] adj руйнівний (про хворобу)

crisis ['kraɪsɪs] (pl **crises**) n криза f

crisp [krɪsp] adj хрусткий ⊳ vt, vi хрумтіти

crisps [krɪsps] npl чипси pl

crispy ['krɪspɪ] adj хрусткий

criss-cross ['krɪskrɒs] vt перетинати вздовж і впоперек (perf перетнути вздовж і впоперек)

criterion [kraɪ'tɪərɪən] (pl **criteria**) n критерій m

critic ['krɪtɪk] n критик m

critical ['krɪtɪkl] adj критичний

criticism ['krɪtɪ,sɪzəm] n критика f

criticize ['krɪtɪ,saɪz] vt критикувати

critique [krɪ'ti:k] n (frml) критика f

croak [krəʊk] vi квакати (perf квакнути) ⊳ vt хрипіти (perf прохрипіти)

Croatia [krəʊ'eɪʃə] n Хорватія f

Croatian [krəʊ'eɪʃən] adj хорватський ⊳ n (= person) хорват (хорватка) m(f); (= language) хорватська мова f

crochet ['krəʊʃeɪ; -ʃɪ] vt, vi в'язальний гачок m

crocodile ['krɒkə,daɪl] n крокодил m

crocus ['krəʊkəs] n крокус m

croissant ['kwæsɑ̃] n круасан m

crony ['krəʊnɪ] n (inf) щирий приятель (щира приятелька) m(f)

crook [krʊk] n (inf) дурисвіт m ⊳ vt згинати (perf зігнути)

crooked ['krʊkɪd] adj кривий

croon [kru:n] vi наспівувати впівголоса (perf наспівати впівголоса)

crop [krɒp] n сільськогосподарська культура f ⊳ vi давати врожай (perf дати врожай)

croquet ['krəʊkeɪ] n крокет m

cross [krɒs] adj сердитий n хрест m ⊳ vt перетинати (perf перетнути); **cross out** [krɒs aʊt] vt викреслювати (perf викреслити)

cross-border [ˌkrɒs'bɔ:də] adj міжнародний

cross-country ['krɒs'kʌntrɪ] n перегони по бездоріжжю nt

cross-examine [ˌkrɒsɪg'zæmɪn] vt піддавати перехресному допиту

crossing ['krɒsɪŋ] n перепливання nt

crossover ['krɒsəʊvə] n поєднання стилів nt (у музиці, моді)

cross-reference [ˌkrɒs'rɛfərəns] n перехресне посилання nt

crossroads ['krɒs,rəʊdz] n перехрестя nt

cross-section ['krɒs,sɛkʃən] n профіль m (переріз; типові риси)

crosswalk ['krɒswɔ:k] n (US) = **pelican crossing**

crossword ['krɒs,wɜ:d] n кросворд m

crotch [krɒtʃ] n промежина f

crouch [kraʊtʃ] vi присідати (perf присісти); **crouch down** [kraʊtʃ daʊn] vi присідати (perf присісти)

crow [krəʊ] n ворона f ⊳ vi кукурікати (perf прокукурікати)

crowd [kraʊd] n натовп m ⊳ vi товпитися (perf стовпитися)

crowded ['kraʊdɪd] adj переповнений

crown [kraʊn] n корона f ⊳ vt коронувати

Crown Prince ['kraʊn 'prɪns] n спадкоємець престолу m

crucial ['kru:ʃəl] adj вирішальний

crucifix ['kru:sɪfɪks] n розп'яття nt

crucifixion [ˌkru:sɪ'fɪkʃən] n розпинання nt (на хресті)

crucify ['kru:sɪfaɪ] vt розпинати (perf розіпнути) (на хресті)

crude [kru:d] adj грубий

crude oil [kru:d ɔɪl] n сира нафта f

cruel ['kru:əl] adj жорстокий

cruelty ['kru:əltɪ] n жорстокість f

cruise [kru:z] n круїз m ⊳ vt, vi здійснювати круїз (perf здійснити круїз)

cruiser ['kru:zə] n катер m

crumb [krʌm] n крихта f

crumble ['krʌmbəl] vt, vi розпадатися (perf розпастися)

crumbly ['krʌmblɪ] adj розсипчастий

crumple ['krʌmpəl] vt, vi м'яти (perf зім'яти)

crunch [krʌntʃ] vt, vi гризти (perf розгризти)

crunchy ['krʌntʃɪ] adj хрусткий

crusade [kru:'seɪd] n кампанія f ▷ vi боротися

crusader [kru:'seɪdə] n борець m (за певні ідеї)

crush [krʌʃ] vt зминати (perf зім'яти) ▷ n тиснява f

crushing ['krʌʃɪŋ] adj нищівний

crust [krʌst] n скоринка f

crusty ['krʌstɪ] adj вкритий скоринкою

crutch [krʌtʃ] n милиця f

crux [krʌks] n важке питання; **the crux of the matter** суть справи

cry [kraɪ] n крик m ▷ vi плакати (perf заплакати)

crypt [krɪpt] n крипта f

cryptic ['krɪptɪk] adj загадковий

crystal ['krɪstl] n кристал m

crystal clear ['krɪstl 'klɪə] adj кришталево чистий

crystallize ['krɪstəlaɪz] vt, vi кристалізувати(ся) (perf викристалізувати(ся))

cub [kʌb] n малюк хижака m

Cuba ['kju:bə] n Куба f

Cuban ['kju:bən] adj кубинський ▷ n кубинець (кубинка) m(f)

cube [kju:b] n куб m ▷ vt нарізати кубиками (perf нарізати кубиками)

cubic ['kju:bɪk] adj кубічний

cubicle ['kju:bɪkəl] n кабіна f (душова або пляжна)

cuckoo ['kʊku:] n зозуля f

cucumber ['kju:ˌkʌmbə] n огірок m

cuddle ['kʌdl] n обійми ▷ vt обнімати (perf обняти)

cuddly ['kʌdəlɪ] adj такий, якого хочеться обійняти

cue [kju:] n натяк m ▷ vt давати сигнал (дати сигнал) m(f) (до виступу, виходу на сцену)

cuff [kʌf] n манжет m

cufflinks ['kʌflɪŋks] npl запонки fpl

cuisine [kwɪ'zi:n] n кухня f (якоїсь країни)

culinary ['kʌlɪnərɪ] adj (frml) кулінарний

cull [kʌl] vt добирати (perf дібрати)

culminate ['kʌlmɪneɪt] vi кульмінувати

culmination [ˌkʌlmɪ'neɪʃən] n кульмінація f

culprit ['kʌlprɪt] n винуватець m

cultivate ['kʌltɪveɪt] vt обробляти (perf обробити) (землю)

cultivated ['kʌltɪveɪtɪd] adj (frml) витончений

cultural ['kʌltʃərəl] adj культурний

culture ['kʌltʃə] n культура f

cultured ['kʌltʃəd] adj культурний

cumbersome ['kʌmbəsəm] adj громіздкий

cumin ['kʌmɪn] n кмин m

cumulative ['kju:mjʊlətɪv] adj сукупний

cunning ['kʌnɪŋ] adj хитрий ▷ n хитрість f

cup [kʌp] n чашка f

cupboard ['kʌbəd] n буфет m

curable ['kjʊərəbəl] adj виліковний

curate ['kjʊərɪt] n вікарій m ▷ vt курирувати

curator [kjʊ'reɪtə] n збирач m (музею)

curb [kɜːb] n обмеження nt ▷ vt стримувати (perf стримати)

cure [kjʊə] n ліки pl ▷ vt виліковувати (perf вилікувати)

curfew ['kɜːfju:] n комендантська година f

curiosity [ˌkjʊərɪ'ɒsɪtɪ] n цікавість f

curious ['kjʊərɪəs] adj цікавий

curl [kɜːl] n кучер m (волосся) ▷ vt, vi витися (про волосся)

curlers ['kɜːləz] npl бігуді pl

curly ['kɜːlɪ] adj кучерявий

currant ['kʌrənt] n смородина f

currency ['kʌrənsɪ] n валюта f

current ['kʌrənt] adj поточний ▷ n (= flow) потік m; (electric) струм m

current account ['kʌrənt ə'kaʊnt] n поточний рахунок m

current affairs ['kʌrənt ə'fɛəz] npl актуальні події pl

currently ['kʌrəntlɪ] adv зараз

curriculum [kə'rɪkjʊləm] (pl **curricula**) n навчальна програма f

curriculum vitae [kə'rɪkjʊləm 'vi:taɪ] n резюме nt

curry ['kʌrɪ] n карі (страва)

curry powder ['kʌrɪ 'paʊdə] n приправа карі f

curse [kɜːs] n (written) лайка f ▷ vi (written) лаятися (perf вилаятися)

cursed [kɜːst] adj проклятий

cursor ['kɜːsə] n курсор m

curt [kɜːt] adj різкий

curtail [kɜː'teɪl] vt (frml) скорочувати (perf скоротити)

curtain ['kɜːtn] n штора f

curve [kɜːv] n вигин m ▷ vt, vi згинати(ся) (perf зігнути(ся))

curved [kɜːvd] adj вигнутий

cushion ['kʊʃən] n подушка f ▷ vt пом'якшувати (perf пом'якшити) (удар)

custard ['kʌstəd] n солодкий соус m

custodian [kʌ'stəʊdɪən] n охоронець m (офісу або школи)

custody ['kʌstədɪ] n опіка f

custom ['kʌstəm] n звичай m

customary ['kʌstəmərɪ] adj (frml) звичний

customer ['kʌstəmə] n покупець m

customize ['kʌstəmaɪz] vt пристосовувати (perf пристосувати)

customized ['kʌstəmaɪzd] adj виготовлений на замовлення

customs ['kʌstəmz] npl митниця f

customs officer ['kʌstəmz 'ɒfɪsə] n митник m

cut [kʌt] (*pres sing* **cuts**, *pres part* **cutting**, *pt, pp* **cut**) *n* поріз *m* ▷ *vt, vi* (= *chop or slice*) різати (*perf* порізати) ▷ *vt* (*yourself*) порізатися; **cut down** [kʌt daʊn] *vi* зменшувати (*perf* зменшити); **cut off** [kʌt ɒf] *vt* відрізати; **cut up** [kʌt ʌp] *vt* розрізати

cutback [ˈkʌtˌbæk] *n* скорочення *nt*

cute [kjuːt] *adj* (*inf*) милий

cutlery [ˈkʌtlərɪ] *n* столові прибори *mpl*

cutlet [ˈkʌtlɪt] *n* котлета *f*

cut-off [ˈkʌtɒf] *n* переривання *nt*

cut-price [ˌkʌtˈpraɪs] *adj* який продається за зниженою ціною

cutter [ˈkʌtə] *n* різець *m*

cut-throat [ˈkʌtθrəʊt] *adj* нещадний

cutting [ˈkʌtɪŋ] *n* (= *press cutting*) вирізка *f* ▷ *adj* ущипливий

cutting edge [ˈkʌtɪŋ ɛdʒ] *n* передній край *m* (*центр діяльності*) ▷ *adj* передовий

CV [siː viː] *abbr* резюме *nt*

cyanide [ˈsaɪəˌnaɪd] *n* ціанід *m*

cybercafé [ˈsaɪbəˌkæfeɪ; -ˌkæfɪ] *n* інтернет-кафе *f*

cybercrime [ˈsaɪbəˌkraɪm] *n* кіберзлочин *m*

cyberspace [ˈsaɪbəˌspeɪs] *n* кібер-простір *m*

cycle [ˈsaɪkl] *n* (= *bicycle*) велосипед *m*; (= *series of events*) цикл *m* ▷ *vi* їздити на велосипеді

cycle lane [ˈsaɪkl leɪn] *n* велосипедна смуга *f*

cycle path [ˈsaɪkl pɑːθ] *n* велодоріжка *f*

cyclical [ˈsɪklɪkəl] *adj* циклічний

cycling [ˈsaɪklɪŋ] *n* їзда на велосипеді *f*

cyclist [ˈsaɪklɪst] *n* велосипедист (велосипедистка) *m(f)*

cyclone [ˈsaɪkləʊn] *n* циклон *m*

cylinder [ˈsɪlɪndə] *n* циліндр *m*

cymbals [ˈsɪmblz] *npl* тарілки *fpl*

cynic [ˈsɪnɪk] *n* цинік *m*

cynical [ˈsɪnɪkəl] *adj* цинічний

cynicism [ˈsɪnɪsɪzəm] *n* цинізм *m*

cypress [ˈsaɪprəs] *n* кипарис *m*

Cypriot [ˈsɪprɪət] *adj* кіпрський ▷ *n* кіпріот (кіпріотка) *m(f)*

Cyprus [ˈsaɪprəs] *n* Кіпр *m*

cyst [sɪst] *n* кіста *f*

cystitis [sɪˈstaɪtɪs] *n* цистит *m*

Czech [tʃɛk] *adj* чеський ▷ *n* (= *person*) чех (чешка) *m(f)*; (= *language*) чеська мова *f*

Czech Republic [tʃɛk rɪˈpʌblɪk] *n* Чеська Республіка *f*

dab [dæb] *vt* злегка торкатися ▷ *n* (*inf*) крихта *f* (*трохи чогось*)

dabble [ˈdæbəl] *vi* займатися чимось непрофесійно

dace [deɪs] *n* плітка *f* (*риба*)

dad [dæd] *n* (*inf*) тато *m*

daddy [ˈdædɪ] *n* (*inf*) татусь *m*

daffodil [ˈdæfədɪl] *n* нарцис *m*

daft [dɑːft] *adj* дурний

dagger [ˈdægə] *n* кинджал *m*

dahlia [ˈdeɪlɪə] *n* жоржина *f*

daily [ˈdeɪlɪ] *adj* щоденний ▷ *adv* щоденно

dainty [ˈdeɪntɪ] *adj* витончений

dairy [ˈdɛərɪ] *n* молочарня *f* ▷ *adj* молочний

dairy produce [ˈdɛərɪ ˈprɒdjuːs] *n* молочні продукти *mpl*

dairy products [ˈdɛərɪ ˈprɒdʌkts] *npl* молочні продукти *mpl*

daisy [ˈdeɪzɪ] *n* маргаритка *f*

dam [dæm] *n* гребля *f*

damage [ˈdæmɪdʒ] *n* пошкодження *nt* ▷ *vt* пошкоджувати (*perf* пошкодити)

damn [dæm] *vt* засуджувати (*perf* засудити) (*критикувати*)

damning [ˈdæmɪŋ] *adj* викривальний

damp [dæmp] *adj* вологий ▷ *n* волога *f*

dampen [ˈdæmpən] *vt* охолоджувати (*perf* охолодити) (*запал, завзяття*)

dampness [ˈdæmpnɪs] *n* вогкість *f*

dance [dɑːns] *n* танець *m* ▷ *vi* танцювати (*perf* станцювати)

dance floor [dɑːns flɔː] *n* танцювальний майданчик *m*

dancer [ˈdɑːnsə] *n* танцюрист (танцюристка) *m(f)*

dancing [ˈdɑːnsɪŋ] *n* танці *mpl*

dandelion [ˈdændɪˌlaɪən] *n* кульбаба *f*

dandruff [ˈdændrəf] *n* лупа *f*

dandy [ˈdændɪ] *n* денді *m*

Dane [deɪn] *n* данець (данка) *m(f)*

danger [ˈdeɪndʒə] *n* небезпека *f*

dangerous [ˈdeɪndʒərəs] *adj* небезпечний

dangle ['dæŋgəl] vt, vi звисати

Danish ['deɪnɪʃ] adj данський ▷ n (= language) данська мова f

dare [dɛə] vt сміти (perf посміти) ▷ n виклик m

daring ['dɛərɪŋ] adj сміливий

dark [dɑːk] adj темний ▷ n темрява f

darken ['dɑːkən] vt, vi темніти (perf потемніти)

darkened ['dɑːkənd] adj затемнений

darkness ['dɑːknɪs] n темрява f

darkroom ['dɑːkrʊm] n темна кімната f (для проявлення фотоплівки)

darling ['dɑːlɪŋ] n любий (люба) m(f) ▷ adj (inf) любий

darn [dɑːn] vt штопати (perf заштопати)

dart [dɑːt] n протик m ▷ vi (written) кидатися (perf кинутися)

darts [dɑːts] n (= game) дартс m

dash [dæʃ] vi мчати (perf помчати)

dashboard ['dæʃ,bɔːd] n панель приладів f

dashing ['dæʃɪŋ] adj (old) стильний

data ['deɪtə; 'dɑːtə] npl дані pl

database ['deɪtə,beɪs] n база даних f

data processing ['deɪtə 'prəʊsɛsɪŋ] n обробка даних f

date [deɪt] n дата f ▷ vi застарівати (perf застаріти) ▷ vt датувати

dated ['deɪtɪd] adj застарілий

date of birth [deɪt əv bɜːθ] n дата народження f

daub [dɔːb] vt обмазувати (perf обмазати)

daughter ['dɔːtə] n дочка f

daughter-in-law ['dɔːtə ɪn lɔː] n невістка f

daunting ['dɔːntɪŋ] adj який лякає

dawn [dɔːn] n світанок m

day [deɪ] n (= period of 24 hours) доба f; (= daytime) день m

day care [deɪ kɛə] n денний догляд за літніми й хворими людьми

daydream ['deɪ,driːm] vi мріяти (perf помріяти) ▷ n мрії fpl

daylight ['deɪ,laɪt] n денне світло nt

day off [deɪ ɒf] n вихідний m

day return [deɪ rɪ'tɜːn] n зворотний квиток на той самий день m

daytime ['deɪ,taɪm] n денний час m ▷ adj денний

day-to-day [,deɪtə'deɪ] adj повсякденний

day trip [deɪ trɪp] n одноденна подорож f

daze [deɪz] n подив m

dazed [deɪzd] adj приголомшений

dazzle ['dæzəl] vt вражати (perf вразити) ▷ n блиск m

dazzling ['dæzlɪŋ] adj сліпучий

DC [diː siː] n постійний струм m

dead [dɛd] adj мертвий ▷ adv точно

dead end [dɛd ɛnd] n тупик m

deadline ['dɛd,laɪn] n крайній термін m

deadlock ['dɛdlɒk] n мертва точка f

deadlocked ['dɛdlɒkt] adj який зайшов у глухий кут

deadly ['dɛdlɪ] adj смертельний

deaf [dɛf] adj глухий

deafen ['dɛfən] vt оглушувати (perf оглушити)

deafening ['dɛfnɪŋ] adj оглушливий

deal [diːl] n справа f ▷ vt, vi (pres sing **deals**, pres part **dealing**, pt, pp **dealt**) (= distribute) роздавати (perf роздати); (= trade) торгувати; **deal with** [diːl wɪð] vt мати справу з

dealer ['diːlə] n торговець m

dealership ['diːləʃɪp] n дилерський центр m (автомобільний)

dealings ['diːlɪŋz] npl ділові відносини npl

dealt [dɛlt] pt, pp of **deal**

dean [diːn] n декан m

dear [dɪə] adj (friend) любий; (inf: = expensive) дорогий ▷ n дорогий (дорога) m(f)

dearly ['dɪəlɪ] adv (frml) ніжно

death [dɛθ] n смерть f

deathly ['dɛθlɪ] adv (liter) смертельно ▷ adj (liter) смертельний

death penalty [dɛθ 'pɛnəltɪ] n смертна кара f

death rate [dɛθ reɪt] n смертність f

death row [dɛθ rəʊ] n камери смертників fpl

death sentence [dɛθ 'sɛntəns] n смертний вирок m

death squad [dɛθ skwɒd] n ескадрон смерті m

death toll [dɛθ təʊl] n жертви fpl (кількість загиблих)

debacle [deɪ'bɑːkəl] n розгром m

debatable [dɪ'beɪtəbəl] adj спірний

debate [dɪ'beɪt] n дискусія f ▷ vt обговорювати (perf обговорити)

debenture [dɪ'bɛntʃə] n боргове зобов'язання n

debilitate [dɪ'bɪlɪteɪt] vt (frml) ослаблювати (perf ослабити) (про наслідок хвороби)

debit ['dɛbɪt] n дебет m ▷ vt стягати з поточного рахунка (perf стягнути з поточного рахунка)

debit card ['dɛbɪt kɑːd] n дебетова картка f

debris ['deɪbrɪ] n уламки mpl

debt [dɛt] n заборгованість f

debt burden [dɛt 'bɜːdən] n тягар заборгованості m

debtor ['dɛtə] n боржник (боржниця) m(f)

debug [diː'bʌg] vt налагоджувати (perf налагодити)

debut ['deɪbjuː] n дебют m

decade ['dɛkeɪd; dɪ'keɪd] n десятиліття nt

decadent ['dɛkədənt] adj занепадницький

decaffeinated [dɪ'kæfɪneɪtɪd] adj без кофеїну

decaffeinated coffee кава без кофеїну f

decapitate [dɪ'kæpɪteɪt] vt (frml) обезголовлювати (perf обезголовити)

decathlon [dɪ'kæθlɒn] n десятиборство nt

decay [dɪ'keɪ] vi розкладатися

deceased [dɪ'si:st] n померлий (померла) m(f) ▷ adj (frml) померлий

deceit [dɪ'si:t] n брехня f

deceitful [dɪ'si:tfʊl] adj брехливий

deceive [dɪ'si:v] vt обманювати (perf обманути)

December [dɪ'sɛmbə] n грудень m

decency ['di:sənsɪ] n пристойність f (про поведінку)

decent ['di:snt] adj достойний

decentralize [di:'sɛntrəlaɪz] vt децентралізувати

deception [dɪ'sɛpʃən] n обман m

deceptive [dɪ'sɛptɪv] adj оманливий

decibel ['dɛsɪbɛl] n децибел m

decide [dɪ'saɪd] vt вирішувати (perf вирішити)

decided [dɪ'saɪdɪd] adj безсумнівний

decidedly [dɪ'saɪdɪdlɪ] adv безперечно

decimal ['dɛsɪməl] adj десятковий ▷ n десятковий дріб m

decimal point ['dɛsɪməl pɔɪnt] n крапка в десятковому дробі

decimate ['dɛsɪˌmeɪt] vt винищувати (perf винищити)

decipher [dɪ'saɪfə] vt розшифровувати (perf розшифрувати)

decision [dɪ'sɪʒən] n рішення nt

decision-making [dɪ'sɪʒənˌmeɪkɪŋ] n ухвалення рішень nt

decisive [dɪ'saɪsɪv] adj рішучий

deck [dɛk] n палуба f

deckchair ['dɛkˌtʃɛə] n шезлонг m

declaration [ˌdɛklə'reɪʃ ən] n заява f

declare [dɪ'klɛə] vt (written) заявляти (perf заявити)

decline [dɪ'klaɪn] vi зменшуватися (perf зменшитися) ▷ n зменшення nt

decode [di:'kəʊd] vt розшифровувати (perf розшифрувати)

decompose [ˌdi:kəm'pəʊz] vt, vi розкладатися (perf розкластися) (перегнивати)

decor ['deɪkɔ:] n декор m

decorate ['dɛkəˌreɪt] vt прикрашати (perf прикрасити)

decoration [ˌdɛkə'reɪʃən] n оздоблення nt, прикраса f

decorative ['dɛkərətɪv] adj декоративний

decorator ['dɛkəˌreɪtə] n декоратор m

decoy ['di:kɔɪ] n приманка f

decrease ['di:kri:s] n зниження nt ▷ vt, vi [di:'kri:s] зменшувати(ся)

decree [dɪ'kri:] n постанова f ▷ vt видавати указ (perf видати указ)

dedicate ['dɛdɪˌkeɪt] vt присвячувати (perf присвятити)

dedicated ['dɛdɪˌkeɪtɪd] adj присвячений

dedication [ˌdɛdɪ'keɪʃən] n присвята f

deduce [dɪ'dju:s] vt робити висновок (perf зробити висновок)

deduct [dɪ'dʌkt] vt віднімати (perf відняти)

deed [di:d] n (liter) вчинок m

deem [di:m] vt вважати

deep [di:p] adj глибокий

deepen ['di:pən] vt, vi посилювати(ся) (perf посилити(ся))

deep-fry [di:p'fraɪ] vt смажити у фритюрі

deeply ['di:plɪ] adv глибоко

deep-seated [ˌdi:p'si:tɪd] adj укорінений

deer [dɪə] (pl **deer**) n олень m

deface [dɪ'feɪs] vt псувати (perf зіпсувати)

de facto [deɪ 'fæktəʊ] adj (frml) фактичний

default [dɪ'fɔ:lt] vi не виконувати своїх зобов'язань ▷ adj стандартний; **to default on sth** не виконувати своїх зобов'язань

defeat [dɪ'fi:t] n поразка f ▷ vt перемагати (perf перемогти)

defect ['di:fɛkt] n вада f

defective [dɪ'fɛktɪv] adj пошкоджений

defector [dɪ'fɛktə] n перебіжчик (перебіжчиця) m(f)

defence, (US) **defense** [dɪ'fɛns] n захист m

defend [dɪ'fɛnd] vt захищати (perf захистити)

defendant [dɪ'fɛndənt] n обвинувачений m, обвинувачена f

defender [dɪ'fɛndə] n захисник m

defensive [dɪ'fɛnsɪv] adj захисний

defer [dɪ'fɜ:] vt відкладати (perf відкласти) (якісь дії)

deference ['dɛfərəns] n повага f

defiance [dɪ'faɪəns] n виклик m

defiant [dɪ'faɪənt] adj зухвалий

deficiency [dɪ'fɪʃənsɪ] n брак m (нестача)

deficient [dɪ'fɪʃənt] adj (frml) недостатній

deficit ['dɛfɪsɪt; dɪ'fɪsɪt] n дефіцит m

define [dɪ'faɪn] vt визначати (perf визначити)

definite ['dɛfɪnɪt] adj визначений

definite article ['dɛfɪnɪt 'ɑ:tɪkəl] n означений артикль m

definitely ['dɛfɪnɪtlɪ] adv напевно

definition [ˌdɛfɪ'nɪʃən] n визначення nt

definitive [dɪ'fɪnɪtɪv] adj остаточний

deflate [dɪ'fleɪt] vt ставити когось на місце (perf поставити когось на місце) (у переносному значенні)

deflation [dɪ'fleɪʃən] n дефляція f

deflationary [dɪ'fleɪʃənərɪ] adj дефляційний

deflect [dɪ'flɛkt] vt відхиляти (perf відхилити)

deforest [di:'fɒrɪst] vt вирубувати ліси (perf вирубати ліси)

deform [dɪ'fɔ:m] vt деформувати

deformity [dɪ'fɔ:mɪtɪ] n вада m (фізичний недолік)

defraud [dɪ'frɔ:d] vt виманювати (perf виманити) (щось у когось)

deft [dɛft] *adj* (*written*) вправний

defunct [dɪ'fʌŋkt] *adj* вимерлий

defuse [di:'fju:z] *vt* розряджати (*perf* розрядити) (*ситуацію*)

defy [dɪ'faɪ] *vt* ігнорувати

degenerate [dɪ'dʒɛnəreɪt] *vi* вироджуватися (*perf* виродитися) ▷ *adj* [dɪ'dʒɛnərɪt] дегенеративний

degradation [ˌdɛɡrə'deɪʃ ən] *n* деградація *f*

degrade [dɪ'ɡreɪd] *vt* деградувати

degree [dɪ'ɡri:] *n* ступінь *m*

degree Celsius [dɪ'ɡri: 'sɛlsɪəs] *n* градус за Цельсієм *m*

degree centigrade [dɪ'ɡri: 'sɛntɪɡreɪd] *n* градус за Цельсієм *m*

degree Fahrenheit [dɪ'ɡri: 'færənhaɪt] *n* градус за Фаренгейтом *m*

dehydrate [ˌdi:haɪ'dreɪt] *vt* зневоднювати (*perf* зневоднити)

dehydrated [di:haɪ'dreɪtɪd] *adj* зневоднений

de-icer [di:'aɪsə] *n* засіб проти обмерзання *m*

deity ['deɪɪtɪ] *n* (*frml*) божество *nt*

delay [dɪ'leɪ] *n* затримка *f* ▷ *vt* відкладати (*perf* відкласти)

delayed [dɪ'leɪd] *adj* затриманий

delegate ['dɛlɪɡɪt] *n* делегат *m* ▷ *vt* ['dɛlɪˌɡeɪt] делегувати

delegation [ˌdɛlɪ'ɡeɪʃən] *n* делегація *f*

delete [dɪ'li:t] *vt* видаляти (*perf* видалити)

deliberate [dɪ'lɪbərɪt] *adj* навмисний ▷ *vt*, *vi* [dɪ'lɪbəreɪt] обмірковувати (*perf* обміркувати)

deliberately [dɪ'lɪbərətlɪ] *adv* навмисне

deliberation [dɪˌlɪbə'reɪʃən] *n* обмірковування *nt*

delicacy ['dɛlɪkəsɪ] *n* витонченість *f*

delicate ['dɛlɪkɪt] *adj* ніжний

delicatessen [ˌdɛlɪkə'tɛsən] *n* делікатеси *mpl*

delicious [dɪ'lɪʃəs] *adj* смачний

delight [dɪ'laɪt] *n* задоволення *nt* ▷ *vt* захоплювати(ся) (*perf* захопити(ся)) (*тішити*)

delighted [dɪ'laɪtɪd] *adj* задоволений

delightful [dɪ'laɪtfʊl] *adj* чудовий

delinquency [dɪ'lɪŋkwənsɪ] *n* правопорушення *nt*

delinquent [dɪ'lɪŋkwənt] *adj* делінквентний

delirious [dɪ'lɪrɪəs] *adj* шалений

delist [dɪ'lɪst] *vt* знімати акції з котирування

deliver [dɪ'lɪvə] *vt* доставляти (*perf* доставити)

delivery [dɪ'lɪvərɪ] *n* доставка *f*

delta ['dɛltə] *n* дельта *f*

delude [dɪ'lu:d] *vt* обманювати (*perf* обманути); **to delude oneself** обманювати себе

deluge ['dɛlju:dʒ] *n* потік *m* ▷ *vt* засипáти (*perf* засипати) (*питаннями, проблемами, скаргами*)

delusion [dɪ'lu:ʒ ən] *n* ілюзія *f*

deluxe [də'lʌks] *adj* розкішний

delve [dɛlv] *vi* ритися (*у книжках, документах, минулому*)

demand [dɪ'ma:nd] *n* вимога *f* ▷ *vt* вимагати

demanding [dɪ'ma:ndɪŋ] *adj* вимогливий

demeaning [dɪ'mi:nɪŋ] *adj* принизливий

demeanour, (*US*) **demeanor** [dɪ'mi:nə] *n* (*frml*) поведінка *f*

dementia [dɪ'mɛnʃɪə] *n* слабоумство *nt*

demilitarize [di:'mɪlɪtəˌraɪz] *vt* демілітаризувати

demise [dɪ'maɪz] *n* (*frml*) кончина *f*

demo ['dɛməʊ] *n* (*inf*) демонстрація *f*

demobilize [di:'məʊbɪlaɪz] *vt*, *vi* демобілізувати

democracy [dɪ'mɒkrəsɪ] *n* демократія *f*

democrat ['dɛməkræt] *n* демократ *m* (*член демократичної партії*) (*f* демократка)

democratic [ˌdɛmə'krætɪk] *adj* демократичний

demolish [dɪ'mɒlɪʃ] *vt* зносити (*perf* знести)

demolition [ˌdɛmə'lɪʃ ən] *n* знесення *nt* (*приміщення*)

demon ['di:mən] *n* демон *m*

demonic [dɪ'mɒnɪk] *adj* демонічний

demonstrate ['dɛmənˌstreɪt] *vt* демонструвати (*perf* продемонструвати)

demonstration [ˌdɛmən'streɪʃən] *n* демонстрація *f*

demonstrator ['dɛmənˌstreɪtə] *n* демонстрант *m*

demoralize [dɪ'mɒrəlaɪz] *vt* деморалізувати

demoralizing [dɪ'mɒrəlaɪzɪŋ] *adj* деморалізуючий

demote [dɪ'məʊt] *vt* понижувати на посаді

den [dɛn] *n* нора *f*

denial [dɪ'naɪəl] *n* заперечення *nt*

denigrate ['dɛnɪɡreɪt] *vt* обмовляти (*perf* обмовити)

denim ['dɛnɪm] *n* джинсова тканина *f*

denims ['dɛnɪmz] *npl* джинси *pl*

Denmark ['dɛnma:k] *n* Данія *f*

denomination [dɪˌnɒmɪ'neɪʃ ən] *n* конфесія *f*

denote [dɪ'nəʊt] *vt* (*frml*) означати

denounce [dɪ'naʊns] *vt* осуджувати (*perf* осудити)

dense [dɛns] *adj* густий

density ['dɛnsɪtɪ] *n* щільність *f*

dent [dɛnt] *n* вибоїна *f* ▷ *vt* вдавлювати (*perf* вдавити)

dental ['dɛntl] *adj* зубний

dental floss ['dɛntl flɒs] *n* зубна нитка *f*

dentist ['dɛntɪst] *n* зубний лікар *m*

dentistry ['dɛntɪstrɪ] n стоматологія f
dentures ['dɛntʃəz] npl зубні протези mpl
denunciation [dɪ,nʌnsɪ'eɪʃən] n засудження nt
deny [dɪ'naɪ] vt заперечувати (perf заперечити)
deodorant [di:'əʊdərənt] n дезодорант m
depart [dɪ'pɑ:t] vi від'їжджати (perf від'їхати)
department [dɪ'pɑ:tmənt] n відділ m
departmental [,di:pɑ:t'mɛntəl] adj відомчий
department store [dɪ'pɑ:tmənt stɔ:] n універсальний магазин m
departure [dɪ'pɑ:tʃə] n від'їзд m
departure lounge [dɪ'pɑ:tʃə laʊndʒ] n зал вильоту m
depend [dɪ'pɛnd] vi залежати
dependable [dɪ'pɛndəbəl] adj надійний
dependant [dɪ'pɛndənt] n (frml) утриманець (утриманка) m(f)
dependence [dɪ'pɛndəns] n залежність f
dependency [dɪ'pɛndənsɪ] n залежна країна f
depict [dɪ'pɪkt] vt зображати (perf зобразити)
depiction [dɪ'pɪkʃən] n зображення nt
deplete [dɪ'pli:t] vt (frml) виснажувати (perf виснажити)
deplorable [dɪ'plɔ:rəbəl] adj (frml) жалюгідний
deplore [dɪ'plɔ:] vt (frml) засуджувати (perf засудити)
deploy [dɪ'plɔɪ] vt розгортати (perf розгорнути) (війська)
deployment [dɪ'plɔɪmənt] n розгортання nt (військ)
deport [dɪ'pɔ:t] vt депортувати
depose [dɪ'pəʊz] vt усувати (perf усунути)
deposit [dɪ'pɒzɪt] n вклад m ▷ vt класти в банк (perf покласти в банк)
depreciate [dɪ'pri:ʃɪeɪt] vt, vi знецінювати(ся) (perf знецінити(ся))
depress [dɪ'prɛs] vt пригнічувати (perf пригнітити)
depressed [dɪ'prɛst] adj пригнічений
depressing [dɪ'prɛsɪŋ] adj гнітючий
depression [dɪ'prɛʃən] n депресія f
deprivation [,dɛprɪ'veɪʃən] n позбавлення nt
deprive [dɪ'praɪv] vt позбавляти (perf позбавити)
deprived [dɪ'praɪvd] adj бідний (який живе у злиднях)
depth [dɛpθ] n глибина f
deputy ['dɛpjʊtɪ] n заступник m
deputy head ['dɛpjʊtɪ hɛd] n заступник керівника m
derail [di:'reɪl] vt зривати (perf зірвати) (переговори, плани)
deranged [dɪ'reɪndʒd] adj божевільний

deregulate [di:'rɛgjʊ,leɪt] vt припиняти регулювання (perf припинити регулювання)
deregulation [,di:rɛgjʊ'leɪʃən] n припинення регулювання nt
derelict ['dɛrɪlɪkt] adj кинутий ▷ n (frml) безпритульний m (бомж) (f безпритульна)
deride [dɪ'raɪd] vt (frml) висміювати (perf висміяти)
derision [dɪ'rɪʒən] n висміювання nt
derisive [dɪ'raɪsɪv] adj іронічний
derivative [dɪ'rɪvətɪv] n похідне nt (утворене від чогось)
derive [dɪ'raɪv] vt (frml) отримувати (perf отримати)
dermatologist [,dɜ:mə'tɒlədʒɪst] n дерматолог m
derogatory [dɪ'rɒgətərɪ] adj принизливий
descend [dɪ'sɛnd] vt, vi (frml) спускатися (perf спуститися)
descendant [dɪ'sɛndənt] n нащадок m
descended [dɪ'sɛndɪd] adj який є нащадком
descent [dɪ'sɛnt] n зниження nt
describe [dɪ'skraɪb] vt описувати (perf описати)
description [dɪ'skrɪpʃən] n опис m
descriptive [dɪ'skrɪptɪv] adj описовий
desecrate ['dɛsɪkreɪt] vt оскверняти (perf осквернити)
desert ['dɛzət] n пустеля f
deserter [dɪ'zɜ:tə] n дезертир m
desert island ['dɛzət 'aɪlənd] n безлюдний острів m
deserve [dɪ'zɜ:v] vt заслуговувати (perf заслужити)
deserving [dɪ'zɜ:vɪŋ] adj гідний
design [dɪ'zaɪn] n дизайн m ▷ vt проектувати (perf спроектувати)
designate ['dɛzɪg,neɪt] vt визначати (perf визначити)
designation [,dɛzɪg'neɪʃən] n (frml) позначення nt
designer [dɪ'zaɪnə] n дизайнер m ▷ adj дизайнерський
desirable [dɪ'zaɪərəbəl] adj бажаний
desire [dɪ'zaɪə] n бажання nt ▷ vt бажати
desk [dɛsk] n письмовий стіл m
deskill [dɪ'skɪl] vt декваліфікуватися
desktop ['dɛsk,tɒp] adj настільний ▷ n настільний комп'ютер m
desolate ['dɛsələt] adj занедбаний
desolation [,dɛsə'leɪʃən] n спустошення nt
despair [dɪ'spɛə] n відчай m ▷ vi впадати в розпач (perf впасти в розпач)
desperate ['dɛspərɪt; -prɪt] adj відчайдушний
desperately ['dɛspərɪtlɪ] adv відчайдушно
desperation [,dɛspə'reɪʃən] n розпач m
despicable ['dɛspɪkəbəl] adj огидний
despise [dɪ'spaɪz] vt зневажати (perf зневажити)

despite [dɪ'spaɪt] *prep* незважаючи на
despondent [dɪ'spɒndənt] *adj* пригнічений
dessert [dɪ'zɜ:t] *n* десерт *m*
dessert spoon [dɪ'zɜ:t spu:n] *n* десертна ложка *f*
destabilize [diː'steɪbəlaɪz] *vt* дестабілізувати
destination [ˌdestɪ'neɪʃən] *n* пункт призначення *m*
destined ['destɪnd] *adj* призначений
destiny ['destɪnɪ] *n* доля *f*
destitute ['destɪˌtju:t] *adj* злиденний
destroy [dɪ'strɔɪ] *vt* знищувати (*perf* знищити)
destroyer [dɪ'strɔɪə] *n* есмінець *m*
destruction [dɪ'strʌkʃən] *n* знищення *nt*
destructive [dɪ'strʌktɪv] *adj* руйнівний
detach [dɪ'tætʃ] *vt, vi* (*frml*) відділяти(ся) (*perf* відділити(ся))
detached [dɪ'tætʃt] *adj* окремий
detached house [dɪ'tætʃt haʊs] *n* окремий будинок *m*
detachment [dɪ'tætʃmənt] *n* неупередженість *f*
detail ['di:teɪl] *n* деталь *f* ▷ *vt* деталізувати
detailed ['di:teɪld] *adj* детальний
detain [dɪ'teɪn] *vt* (*frml*) затримувати (*perf* затримати) (*підозрюваного*)
detainee [ˌdi:teɪ'ni:] *n* затриманий (затримана) *m(f)*
detect [dɪ'tekt] *vt* виявляти (*perf* виявити)
detection [dɪ'tekʃən] *n* виявлення *nt*
detective [dɪ'tektɪv] *n* детектив *m*
detector [dɪ'tektə] *n* детектор *m*
detente [deɪ'tɑ:nt] *n* (*frml*) розрядка *f* (*спад напруги*)
detention [dɪ'tenʃən] *n* утримання під вартою *nt*

● **DETENTION**

● Форма покарання в британських
● школах: дітей, котрі порушили
● дисципліну, можуть затримати в школі
● після уроків.

deter [dɪ'tɜ:] *vt* утримувати (*perf* утримати) (*від здійснення чогось*)
detergent [dɪ'tɜ:dʒənt] *n* мийний засіб *m*
deteriorate [dɪ'tɪərɪəˌreɪt] *vi* погіршуватися
determination [dɪˌtɜ:mɪ'neɪʃən] *n* рішучість *f*
determine [dɪ'tɜ:mɪn] *vt* (*frml*) визначати (*perf* визначити)
determined [dɪ'tɜ:mɪnd] *adj* рішучий
deterrence [dɪ'terəns] *n* запобігання *nt*
deterrent [dɪ'terənt] *n* стримувальний засіб *m*
detest [dɪ'test] *vt* відчувати огиду (*perf* відчути огиду)

detonate ['detəneɪt] *vt, vi* детонувати
detour ['di:tʊə] *n* об'їзд *m*
detox ['di:tɒks] *n* лікування алкоголізму та наркоманії *nt*
detract [dɪ'trækt] *vi* применшувати (*perf* применшити)
detractor [dɪ'træktə] *n* наклепник (наклепниця) *m(f)*
detrimental [ˌdetrɪ'mentəl] *adj* шкідливий
devaluation [di:ˌvælju:'eɪʃən] *n* девальвація *f*
devalue [di:'vælju:] *vt* знецінювати (*perf* знецінити)
devastate ['devəˌsteɪt] *vt* спустошувати (*perf* спустошити)
devastated ['devəˌsteɪtɪd] *adj* спустошений
devastating ['devəˌsteɪtɪŋ] *adj* спустошливий
devastation [ˌdevə'steɪʃən] *n* спустошення *nt*
develop [dɪ'veləp] *vt* розвивати (*perf* розвинути) ▷ *vi* удосконалювати (*perf* удосконалити)
developed [dɪ'veləpt] *adj* розвинений
developer [dɪ'veləpə] *n* забудовник *m*
developing [dɪ'veləpɪŋ] *adj* що розвивається
developing country [dɪ'veləpɪŋ 'kʌntrɪ] *n* країна, що розвивається *f*
development [dɪ'veləpmənt] *n* розвиток *m*
developmental [dɪˌveləp'mentəl] *adj* пов'язаний з розвитком
deviant ['di:vɪənt] *adj* девіантний
deviate ['di:vɪeɪt] *vi* відхилятися (*perf* відхилитися)
deviation [ˌdi:vɪ'eɪʃən] *n* відхилення *nt*
device [dɪ'vaɪs] *n* пристрій *m*
devil ['devl] *n* диявол *m*
devious ['di:vɪəs] *adj* нечесний
devise [dɪ'vaɪz] *vt* розробляти (*perf* розробити)
devoid [dɪ'vɔɪd] *adj* (*frml*) позбавлений; **to be devoid of sth** бути позбавленим чогось
devolution [ˌdi:və'lu:ʃən] *n* передача *f* (*повноважень, обов'язків*)
devolve [dɪ'vɒlv] *vt, vi* передавати (*perf* передати) (*повноваження, обов'язки*)
devote [dɪ'vəʊt] *vt* присвячувати (*perf* присвятити) (*час, себе, свою енергію*)
devoted [dɪ'vəʊtɪd] *adj* відданий
devotee [ˌdevə'ti:] *n* шанувальник (шанувальниця) *m(f)*
devotion [dɪ'vəʊʃən] *n* захоплення *nt*
devour [dɪ'vaʊə] *vt* пожирати (*perf* пожерти)
devout [dɪ'vaʊt] *adj* побожний ▷ *npl* побожна людина *f*
dew [dju:] *n* роса *f*
diabetes [ˌdaɪə'bi:tɪs; -ti:z] *n* діабет *m*

diabetic [ˌdaɪə'bɛtɪk] *adj* діабетичний ▷ *n* діабетик *m*

diagnose ['daɪəgnəuz] *vt* ставити діагноз (*perf* поставити діагноз)

diagnosis [ˌdaɪəg'nəusɪs] (*pl* **diagnoses**) *n* діагноз *m*

diagnostic [ˌdaɪəg'nɒstɪk] *adj* діагностичний

diagonal [daɪ'ægənl] *adj* діагональний

diagram ['daɪəˌgræm] *n* діаграма *f*

dial ['daɪəl; daɪl] *vt, vi* набирати номер (*perf* набрати номер) ▷ *n* циферблат *m*

dialect ['daɪəˌlɛkt] *n* діалект *m*

dialling code ['daɪəlɪŋ kəud] *n* код додзвонювання *m*

dialling tone ['daɪəlɪŋ təun] *n* довгий гудок у телефоні *m*

dialogue ['daɪəˌlɒg] *n* діалог *m*

diameter [daɪ'æmɪtə] *n* діаметр *m*

diamond ['daɪəmənd] *n* (= *jewel*) діамант *m*; (= *shape*) ромб *m*

diaper ['daɪəpə] *n* (*US*) = **nappy**

diaphragm ['daɪəfræm] *n* діафрагма *f*

diarrhoea, (*US*) **diarrhea** [ˌdaɪə'rɪə] *n* діарея *f*

diary ['daɪərɪ] *n* щоденник *m*

dice [daɪs] *npl* гра в кості *f* ▷ *vt* нарізати кубиками (*perf* нарізати кубиками)

dictate [dɪk'teɪt] *vt* диктувати (*perf* продиктувати)

dictation [dɪk'teɪʃən] *n* диктант *m*

dictator [dɪk'teɪtə] *n* диктатор *m*

dictatorship [dɪk'teɪtəʃɪp] *n* диктатура *f*

dictionary ['dɪkʃənərɪ; -ʃənrɪ] *n* словник *m*

die [daɪ] *vi* умирати (*perf* вмерти)

diesel ['diːzl] *n* дизельне пальне *nt*

diesel engine ['diːzl 'ɛndʒɪn] *n* дизельний двигун *m*

diet ['daɪət] *n* дієта *f* ▷ *vi* бути на дієті (*perf* побути на дієті) ▷ *adj* дієтичний

dietary ['daɪətərɪ] *adj* харчовий

dieter ['daɪətə] *n* той, хто дотримується дієти

differ ['dɪfə] *vi* відрізнятися (*perf* відрізнитися)

difference ['dɪfərəns; 'dɪfrəns] *n* різниця *f*

different ['dɪfərənt; 'dɪfrənt] *adj* різний

differential [ˌdɪfə'rɛnʃəl] *n* диференціал *m* (*математичний термін*)

differentiate [ˌdɪfə'rɛnʃɪeɪt] *vt, vi* розрізняти (*perf* розрізнити)

difficult ['dɪfɪklt] *adj* важкий

difficulty ['dɪfɪkltɪ] *n* труднощі *pl*

diffident ['dɪfɪdənt] *adj* соромливий

diffuse [dɪ'fjuːz] *vt, vi* (*written*) поширювати (ся) (*perf* поширити (ся))

dig [dɪg] *vt, vi* (*pres sing* **digs**, *pres part* **digging**, *pt, pp* **dug**) копати (*perf* викопати)

digest [dɪ'dʒɛst; daɪ-] *vt, vi* перетравлювати (*perf* перетравити) ▷ *n* [ˈdaɪdʒɛst] дайджест *m*

digestion [dɪ'dʒɛstʃən; daɪ-] *n* травлення *nt*

digestive [dɪ'dʒɛstɪv; daɪ-] *adj* травний

digger ['dɪgə] *n* копач *m*

digit ['dɪdʒɪt] *n* цифра *f*

digital ['dɪdʒɪtl] *adj* цифровий

digital camera ['dɪdʒɪtl 'kæmərə] *n* цифровий фотоапарат *m*

digital radio ['dɪdʒɪtl 'reɪdɪəu] *n* цифрове радіо *nt*

digital television ['dɪdʒɪtl ˌtɛlɪ'vɪʒn] *n* цифрове телебачення *nt*

digital watch ['dɪdʒɪtl wɒtʃ] *n* електронний годинник *m*

dignified ['dɪgnɪˌfaɪd] *adj* статечний

dignitary ['dɪgnɪtərɪ] *n* високопосадовець *m*

dignity ['dɪgnɪtɪ] *n* гідність *f*

dilapidated [dɪ'læpɪdeɪtɪd] *adj* напівзруйнований

dilate [dɪ'leɪt] *vt, vi* розширювати(ся) (*perf* розширити(ся))

dilemma [dɪ'lɛmə; daɪ-] *n* дилема *f*

diligent ['dɪlɪdʒənt] *adj* старанний

dill [dɪl] *n* кріп *m*

dilute [daɪ'luːt] *vt, vi* розводити (*perf* розвести) ▷ *adj* розведений

dim [dɪm] *adj* тьмяний ▷ *vt, vi* затемнювати (*perf* затемнити)

dimension [dɪ'mɛnʃən] *n* вимір *m*

diminish [dɪ'mɪnɪʃ] *vt, vi* зменшувати (*perf* зменшити)

diminutive [dɪ'mɪnjutɪv] *adj* мініатюрний

din [dɪn] *n* шум *m*

dine [daɪn] *vi* (*frml*) обідати (*perf* пообідати)

diner ['daɪnə] *n* (*US*) їдальня *f*

dinghy ['dɪŋɪ] *n* шлюпка *f*

dingy ['dɪndʒɪ] *adj* брудний

dining car ['daɪnɪŋ kɑː] *n* вагон-ресторан *m*

dining room ['daɪnɪŋ rum] *n* їдальня *f*

dining table ['daɪnɪŋ 'teɪbəl] *n* обідній стіл *m*

dinner ['dɪnə] *n* обід *m*

dinner jacket ['dɪnə 'dʒækɪt] *n* смокінг *m*

dinner party ['dɪnə 'pɑːtɪ] *n* святковий обід *m*

dinner time ['dɪnə taɪm] *n* обідній час *m*

dinosaur ['daɪnəˌsɔː] *n* динозавр *m*

dip [dɪp] *n* соус *m* ▷ *vt* вмочати (*perf* вмочити)

diploma [dɪ'pləumə] *n* диплом *m*

diplomacy [dɪ'pləuməsɪ] *n* дипломатія *f*

diplomat ['dɪpləˌmæt] *n* дипломат *m*

diplomatic [ˌdɪplə'mætɪk] *adj* дипломатичний

dipstick ['dɪpˌstɪk] *n* вимірювальний стрижень *m*

dire ['daɪə] *adj* жахливий

direct [dɪ'rɛkt; daɪ-] *vt* спрямовувати (*perf* спрямувати) ▷ *adj* прямий

direct debit [dɪ'rɛkt 'dɛbɪt] *n* прямий дебет *m*

direction [dɪˈrɛkʃən; daɪ-] n (= way) напрям m

directions [dɪˈrɛkʃənz; daɪ-] npl (= instructions) вказівки fpl

directive [dɪˈrɛktɪv; daɪ-] n директива f

directly [dɪˈrɛktlɪ; daɪ-] adv прямо

director [dɪˈrɛktə; daɪ-] n режисер m

directorate [dɪˈrɛktərɪt; daɪ-] n дирекція f

directorship [dɪˈrɛktəʃɪp; daɪ-] n директорство nt

directory [dɪˈrɛktərɪ; -trɪ; daɪ-] n довідник m

directory enquiries [dɪˈrɛktərɪ ɪnˈkwaɪərɪz], (US) **directory assistance** [dɪˈrɛktərɪ əˈsɪstəns] npl довідкова служба f

dirt [dɜːt] n бруд m

dirty [ˈdɜːtɪ] adj брудний ▷ vt бруднити (perf забруднити)

dirty trick [ˈdɜːtɪ trɪk] n підлість f

disability [ˌdɪsəˈbɪlɪtɪ] n інвалідність f

disable [dɪˈseɪbəl] vt калічити (perf покалічити)

disabled [dɪˈseɪbld] adj скалічений

disadvantage [ˌdɪsədˈvɑːntɪdʒ] n недолік m

disadvantaged [ˌdɪsədˈvæntɪdʒd] adj незаможний

disaffected [ˌdɪsəˈfɛktɪd] adj незадоволений

disagree [ˌdɪsəˈɡriː] vi не погоджуватися

disagreement [ˌdɪsəˈɡriːmənt] n незгода f

disallow [ˌdɪsəˈlaʊ] vt заперечувати (perf заперечити)

disappear [ˌdɪsəˈpɪə] vi зникати (perf зникнути)

disappearance [ˌdɪsəˈpɪərəns] n зникнення nt

disappoint [ˌdɪsəˈpɔɪnt] vt розчаровувати (perf розчарувати)

disappointed [ˌdɪsəˈpɔɪntɪd] adj розчарований

disappointing [ˌdɪsəˈpɔɪntɪŋ] adj невтішний

disappointment [ˌdɪsəˈpɔɪntmənt] n розчарування nt

disapproval [ˌdɪsəˈpruːvəl] n несхвалення nt

disapprove [ˌdɪsəˈpruːv] vi не схвалювати (perf не схвалити)

disarm [dɪsˈɑːm] vt роззброювати (perf роззброїти)

disarmament [ˌdɪsˈɑːməmənt] n роззброєння nt

disarray [ˌdɪsəˈreɪ] n безладдя nt

disaster [dɪˈzɑːstə] n катастрофа f

disastrous [dɪˈzɑːstrəs] adj катастрофічний

disband [ˌdɪsˈbænd] vt, vi розпускати (perf розпустити) (розформовувати)

disbelief [ˌdɪsbɪˈliːf] n недовіра f

disc [dɪsk] n диск m

discard [dɪsˈkɑːd] vt відкидати (perf відкинути)

discern [dɪˈsɜːn] vt (frml) розпізнавати (perf розпізнати)

discernible [dɪˈsɜːnəbəl] adj (frml) видимий

discerning [dɪˈsɜːnɪŋ] adj проникливий

discharge [dɪsˈtʃɑːdʒ] vt виписувати (perf виписати) (з лікарні)

disciple [dɪˈsaɪpəl] n учень (учениця) m(f)

disciplinary [ˈdɪsɪˌplɪnərɪ] adj дисциплінарний

discipline [ˈdɪsɪplɪn] n дисципліна f ▷ vt накладати дисциплінарне стягнення

disciplined [ˈdɪsɪplɪnd] adj дисциплінований

disc jockey [dɪsk ˈdʒɒkɪ] n диск-жокей m

disclaimer [dɪsˈkleɪmə] n (frml) відмова f (від права на що-небудь)

disclose [dɪsˈkləʊz] vt розкривати (perf розкрити)

disclosure [dɪsˈkləʊʒə] n розголошення nt

disco [ˈdɪskəʊ] n дискотека f

discomfort [dɪsˈkʌmfət] n дискомфорт m

disconcerting [ˌdɪskənˈsɜːtɪŋ] adj бентежний

disconnect [ˌdɪskəˈnɛkt] vt відключати (perf відключити)

disconnected [ˌdɪskəˈnɛktɪd] adj роз'єднаний

discontent [ˌdɪskənˈtɛnt] n прикрість f

discontinue [ˌdɪskənˈtɪnjuː] vt (frml) припиняти (perf припинити)

discord [ˈdɪskɔːd] n (liter) незгода f

discount [ˈdɪskaʊnt] n знижка f ▷ vt [dɪsˈkaʊnt] робити знижку (perf зробити знижку)

discourage [dɪsˈkʌrɪdʒ] vt перешкоджати (perf перешкодити)

discouragement [dɪsˈkʌrɪdʒmənt] n відмовляння nt

discourse [ˈdɪskɔːs] n міркування nt (письмове або усне)

discover [dɪsˈkʌvə] vt виявляти (perf виявити)

discovery [dɪsˈkʌvərɪ] n відкриття nt (виявлення)

discredit [dɪsˈkrɛdɪt] vt дискредитувати

discreet [dɪsˈkriːt] adj стриманий

discrepancy [dɪsˈkrɛpənsɪ] n розбіжність f

discretion [dɪsˈkrɛʃən] n (frml) розсуд m

discretionary [dɪsˈkrɛʃənərɪ] adj наданий на власний розсуд

discriminate [dɪˈskrɪmɪneɪt] vi розрізняти (perf розрізнити)

discrimination [dɪˌskrɪmɪˈneɪʃən] n дискримінація f

discriminatory [dɪˈskrɪmɪnətərɪ] adj дискримінаційний

discursive [dɪˈskɜːsɪv] adj (frml) безладний (про мову, стиль)

discuss [dɪ'skʌs] vt обговорювати (*perf* обговорити)

discussion [dɪ'skʌʃən] n обговорення nt

disdain [dɪs'deɪn] n зневага ▷ vt зневажати (*perf* зневажити)

disease [dɪ'ziːz] n хвороба f

diseased [dɪ'ziːzd] adj хворий

disenchanted [,dɪsɪn'tʃæntɪd] adj розчарований

disenchantment [,dɪsɪn'tʃɑːntmənt] n розчарування nt

disenfranchise [dɪsɪn'fræntʃaɪz] vt позбавляти права голосу

disengage [,dɪsɪn'geɪdʒ] vt, vi роз'єднувати (*perf* роз'єднати)

disfigure [dɪs'fɪgə] vt спотворювати (*perf* спотворити)

disgrace [dɪs'greɪs] n ганьба f ▷ vt ганьбити (*perf* зганьбити)

disgraced [dɪs'greɪst] adj зганьблений

disgraceful [dɪs'greɪsfʊl] adj ганебний

disgruntled [dɪs'grʌntəld] adj розсерджений

disguise [dɪs'gaɪz] vt маскувати ▷ n маскування nt

disgust [dɪs'gʌst] n відраза f ▷ vt викликати огиду (*perf* викликати огиду)

disgusted [dɪs'gʌstɪd] adj що відчуває огиду

disgusting [dɪs'gʌstɪŋ] adj огидний

dish [dɪʃ] n страва f

dishcloth ['dɪʃ,klɒθ] n ганчірка для миття посуду f

disheartened [dɪs'hɑːtənd] adj зажурений

disheartening [dɪs'hɑːtənɪŋ] adj сумний

dishonest [dɪs'ɒnɪst] adj нечесний

dishonesty [dɪs'ɒnɪstɪ] n нечесність f

dish towel [dɪʃ 'taʊəl] n рушник для витирання посуду m

dishwasher ['dɪʃ,wɒʃə] n посудомийна машина f

disillusion [,dɪsɪ'luːʒən] vt руйнувати ілюзії (*perf* зруйнувати ілюзії)

disillusioned [,dɪsɪ'luːʒənd] adj розчарований

disillusionment [,dɪsɪ'luːʒənmənt] n розчарованість f

disinfect [,dɪsɪn'fɛkt] vt дезінфікувати

disinfectant [,dɪsɪn'fɛktənt] n дезінфікуючий засіб m

disintegrate [dɪs'ɪntɪgreɪt] vi розпадатися (*perf* розпастися)

disinterest [dɪs'ɪntrəst] n відсутність зацікавленості f

disinterested [dɪs'ɪntrəstɪd] adj неупереджений

disjointed [dɪs'dʒɔɪntɪd] adj незв'язний

disk [dɪsk] n диск m

disk drive [dɪsk draɪv] n дисковод m

dislike [dɪs'laɪk] vt відчувати відразу ▷ n неприязнь f

dislocate ['dɪslə,keɪt] vt вивихнути *perf*

dislocation [,dɪslə'keɪʃən] n безлад m

dislodge [dɪs'lɒdʒ] vt зміщувати (*perf* змістити)

disloyal [dɪs'lɔɪəl] adj зрадницький

disloyalty [dɪs'lɔɪəltɪ] n зрада f

dismal ['dɪzməl] adj похмурий

dismantle [dɪs'mæntəl] vt розбирати (*perf* розібрати) (*на частини*)

dismay [,dɪs'meɪ] n (*frml*) страх m

dismember [dɪs'mɛmbə] vt розчленовувати (*perf* розчленувати)

dismiss [dɪs'mɪs] vt звільняти (*perf* звільнити)

dismissal [dɪs'mɪsəl] n звільнення nt (*з роботи*)

dismissive [dɪs'mɪsɪv] adj зневажливий

disobedience [,dɪsə'biːdɪəns] n непокора f

disobedient [,dɪsə'biːdɪənt] adj неслухняний

disobey [,dɪsə'beɪ] vt, vi не підкорятися

disorder [,dɪs'ɔːdə] n розлад m

disorderly [,dɪs'ɔːdəlɪ] adj (*frml*) безладний

disorganization [dɪs,ɔːgənaɪ'zeɪʃən] n дезорганізація f

disorganized [dɪs'ɔːgə,naɪzd] adj неорганізований

disorient [dɪs'ɔːrɪent] vt дезорієнтувати

disown [dɪs'əʊn] vt зрікатися (*perf* зректися)

disparage [dɪ'spærɪdʒ] vt (*frml*) принижувати (*perf* принизити)

disparaging [dɪ'spærɪdʒɪŋ] adj принизливий

disparate ['dɪspərət] adj (*frml*) неспівмірний

disparity [dɪ'spærɪtɪ] n (*frml*) невідповідність f

dispatch [dɪ'spætʃ] vt (*frml*) відправляти (*perf* відправити)

dispel [dɪ'spɛl] vt розвіювати (*perf* розвіяти)

dispensable [dɪ'spɛnsəbəl] adj неістотний

dispense [dɪ'spɛns] vt (*frml*) розподіляти (*perf* розподілити)

dispenser [dɪ'spɛnsə] n роздавальний апарат m

disperse [dɪ'spɜːs] vt, vi розповсюджувати (*perf* розповсюдити)

dispersed [dɪ'spɜːst] adj розосереджений

displace [dɪs'pleɪs] vt витісняти (*perf* витіснити)

displaced person [dɪs'pleɪst 'pɜːsən] n переміщена особа f

displacement [dɪs'pleɪsmənt] n (*frml*) переміщення nt

display [dɪ'spleɪ] vt показувати (*perf* показати) ▷ n показ m

displeasure [dɪs'plɛʒə] n невдоволення nt

disposable [dɪ'spəʊzəbəl] adj одноразовий

disposed [dɪ'spəʊzd] adj (*frml*) налаштований (*до чогось*)

disposition [,dɪspə'zɪʃən] n характер m

disproportionate [ˌdɪsprə'pɔːʃənət] *adj* непропорційний

disprove [dɪs'pruːv] *vt* спростовувати (*perf* спростувати)

dispute [dɪ'spjuːt] *n* суперечка *f* ▷ *vt* заперечувати (*perf* заперечити)

disqualify [dɪs'kwɒlɪˌfaɪ] *vt* дискваліфіковувати (*perf* дискваліфікувати)

disquiet [dɪs'kwaɪət] *n* (*frml*) тривога *f*

disregard [ˌdɪsrɪ'gɑːd] *vt* нехтувати (*perf* знехтувати)

disrespect [ˌdɪsrɪ'spɛkt] *n* неповага *f*

disrupt [dɪs'rʌpt] *vt* підривати (*perf* підірвати)

disruption [dɪs'rʌpʃən] *n* перебій *m*

disruptive [dɪs'rʌptɪv] *adj* підривний

dissatisfaction [dɪsˌsætɪs'fækʃən] *n* незадоволення *nt*

dissatisfied [dɪs'sætɪsˌfaɪd] *adj* незадоволений

dissect [dɪ'sɛkt] *vt* розтинати (*perf* розітнути)

disseminate [dɪ'sɛmɪˌneɪt] *vt* (*frml*) розповсюджувати (*perf* розповсюдити)

dissent [dɪ'sɛnt] *n* незгода *f* ▷ *vi* (*frml*) заперечувати (*perf* заперечити)

dissenter [dɪ'sɛntə] *n* інакодумець *m*

dissertation [ˌdɪsə'teɪʃən] *n* дисертація *f*

dissident ['dɪsɪdənt] *adj* дисидентський

dissimilar [dɪ'sɪmɪlə] *adj* несхожий

dissipate ['dɪsɪˌpeɪt] *vt, vi* (*frml*) розсіювати(ся) (*perf* розсіяти(ся))

dissociate [dɪ'səʊʃɪeɪt] *vt* відмежовуватися (*perf* відмежуватися)

dissolution [ˌdɪsə'luːʃən] *n* (*frml*) ліквідація *f* (*організації, підприємства*)

dissolve [dɪ'zɒlv] *vt, vi* розчиняти (*perf* розчинити)

dissuade [dɪ'sweɪd] *vt* (*frml*) відмовляти (*perf* відмовити) (*відраджувати*)

distance ['dɪstəns] *n* відстань *f*

distant ['dɪstənt] *adj* віддалений

distantly ['dɪstəntlɪ] *adv* (*liter*) віддалено

distaste [dɪs'teɪst] *n* відраза *f*

distasteful [dɪs'teɪstfʊl] *adj* огидний

distil, (*US*) **distill** [dɪ'stɪl] *vt* дистилювати

distillery [dɪ'stɪlərɪ] *n* ґуральня *f*

distinct [dɪ'stɪŋkt] *adj* відмінний (*інакший*)

distinction [dɪ'stɪŋkʃən] *n* відмінність *f*

distinctive [dɪ'stɪŋktɪv] *adj* характерний

distinguish [dɪ'stɪŋgwɪʃ] *vt, vi* розрізняти (*perf* розрізнити)

distinguished [dɪ'stɪŋgwɪʃt] *adj* видатний

distort [dɪ'stɔːt] *vt* викривляти (*perf* викривити)

distortion [dɪ'stɔːʃən] *n* перекручення *nt*

distract [dɪ'strækt] *vt* відволікати (*perf* відволікти)

distracted [dɪ'stræktɪd] *adj* розгублений

distracting [dɪs'træktɪŋ] *adj* який відволікає

distraction [dɪ'strækʃən] *n* те, що відволікає

distraught [dɪ'strɔːt] *adj* збожеволілий (*від горя*)

distress [dɪ'strɛs] *n* страждання *nt* ▷ *vt* мучити (*perf* замучити)

distressed [dɪ'strɛst] *adj* який страждає

distribute [dɪ'strɪbjuːt] *vt* розповсюджувати (*perf* розповсюдити)

distributed [dɪ'strɪbjuːtɪd] *adj* розповсюджений

distribution [ˌdɪstrɪ'bjuːʃən] *n* розподіл *m*

distributor [dɪ'strɪbjuːtə] *n* дистриб'ютор *m*

distributorship [dɪ'strɪbjuːtəˌʃɪp] *n* дистриб'юторська фірма *f*

district ['dɪstrɪkt] *n* район *m*

distrust [dɪs'trʌst] *vt* сумніватися (*в комусь або чомусь*)

disturb [dɪ'stɜːb] *vt* турбувати (*perf* потурбувати)

disturbance [dɪ'stɜːbəns] *n* заворушення *nt*

disturbed [dɪ'stɜːbd] *adj* стривожений

disturbing [dɪ'stɜːbɪŋ] *adj* який непокоїть

disused [dɪs'juːzd] *adj* який більше не використовується

ditch [dɪtʃ] *vt* рити ▷ *n* рів *m*

dither ['dɪðə] *vi* вагатися

diva ['diːvə] *n* примадонна *f*

dive [daɪv] *vi* занурюватися ▷ *n* занурення *nt*

diver ['daɪvə] *n* водолаз *m*

diverge [daɪ'vɜːdʒ] *vi* розходитися (*perf* розійтися) (*відрізнятися*)

divergence [daɪ'vɜːdʒəns] *n* (*frml*) розходження *nt*

divergent [daɪ'vɜːdʒənt] *adj* (*frml*) який розходиться

diverse [daɪ'vɜːs] *adj* різноманітний

diversify [daɪ'vɜːsɪˌfaɪ] *vt, vi* урізноманітнювати (*perf* урізноманітнити)

diversion [daɪ'vɜːʃən] *n* (= *deviation*) відхилення *nt*; (= *distraction*) відвертання *nt*; (= *detour*) зміна маршруту *f*

diversionary [daɪ'vɜːʃənərɪ] *adj* який відволікає увагу

diversity [daɪ'vɜːsɪtɪ] *n* різноманітність *f*

divert [daɪ'vɜːt] *vt, vi* змінювати маршрут (*perf* змінити маршрут)

divide [dɪ'vaɪd] *vt* (*number*) ділити (*perf* поділити); (*object*) розділяти (*perf* розділити) ▷ *n* поділ *m*

dividend ['dɪvɪˌdɛnd] *n* дивіденд *m*

divine [dɪ'vaɪn] *adj* божественний

diving ['daɪvɪŋ] *n* дайвінг *m*

diving board ['daɪvɪŋ bɔːd] *n* трамплін *m*

divinity [dɪ'vɪnɪtɪ] *n* богослов'я *nt*

division [dɪ'vɪʒən] *n* поділ *m*

divisional [dɪ'vɪʒənəl] *adj* який стосується відділу

divisive [dɪ'vaɪsɪv] *adj* який викликає розбіжності

divorce [dɪˈvɔːs] *n* розлучення *nt*
divorced [dɪˈvɔːst] *adj* розлучений
divulge [daɪˈvʌldʒ] *vt* (*frml*) розголошувати (*perf* розголосити) (*таємницю*)
DIY [diː aɪ waɪ] *abbr* зроби сам
dizzy [ˈdɪzɪ] *adj* запаморочливий
DJ [diː dʒeɪ] *abbr* ді-джей *m*
DNA [diː ɛn eɪ] *n* ДНК

 KEYWORD

do [duː] (*pres sing* **does**, *pres part* **doing**, *pt* **did**, *pp* **done**) *aux vb* **1** (*in negative constructions and questions*): **I don't understand** я не розумію; **she doesn't want it** вона не хоче цього; **didn't you know?** хіба ви не знали?; **what do you think?** що ви думаєте?
2 (*for emphasis*): **she does look rather pale** вона справді виглядає дуже блідою; **oh do shut up!** та замовкни вже!
3 (*in polite expressions*): прошу, будь ласка; **do sit down/help yourself** прошу, сідайте/пригощайтеся; **do take care!** будь ласка, бережи себе!
4 (*used to avoid repeating vb*): **she swims better than I do** вона краще плаває, ніж я; **do you read newspapers? — yes, I do/no, I don't** ви читаєте газети? - так (читаю)/ні (не читаю); **she lives in Glasgow — so do I** вона живе в Глазго - я теж; **she didn't like it and neither did we** йому це не сподобалося, як і нам; **who made this mess? — I did** хто тут так насмітив? - це я; **he asked me to help him and I did** він попросив мене допомогти йому, і я допоміг
5 (*in tag questions*): **you like him, don't you?** він вам подобається, чи не так?; **I don't know him, do I?** я не знаю його, чи не так? **or** правда?
▷ *vt* **1** робити (*perf* зробити); **what are you doing tonight?** що ви робите сьогодні ввечері?; **I've got nothing to do** мені нічого робити; **what can I do for you?** що я можу зробити для вас?; **we're doing "Othello" at school** (*studying*) ми вивчаємо "Отелло" в школі; (*performing*) ми граємо виставу "Отелло" в школі; **to do one's teeth** чистити (*perf* почистити) зуби; **to do one's hair** зачісуватися (*perf* зачесатися); **to do the washing-up** мити (*perf* помити) посуд
2 (*Aut etc.*): **the car was doing 100 (km/h)** машина їхала на швидкості 100 км/год.; **we've done 200 km already** ми вже проїхали 200 км; **he can do 200 km/h in that car** цією машиною він може їхати на швидкості 200 км/год
▷ *vi* **1** (*act, behave*): робити (*perf* зробити); **do as I do** робіть, як я; **you did well to react so quickly** ти мододець, що так швидко зреагував

2 (*get on, fare*): **he's doing well/badly at school** він добре/погано вчиться; **the firm is doing well** фірма працює добре; **how do you do?** Здрастуйте
3 (*be suitable*) годитися (*perf* згодитися); **will it do?** це годиться?
4 (*be sufficient*) вистачати (*perf* вистачити); **will ten pounds do?** десять фунтів вистачить?; **that'll do** цього достатньо; **that'll do!** (*in annoyance*) досить!; **to make do (with)** задовольнятися (*perf* задовольнитися)
▷ *n* (*inf*): **we're having a bit of a do on Saturday** у нас буде вечірка в суботу; **it was a formal do** це був офіційний прийом
do away with *vt inseparable* (*abolish*) позбуватися (*perf* позбутися)
do up *vt* (*laces*) зашнуровувати (*perf* зашнурувати); (*dress, buttons*) застібати (*perf* застібнути); (*room, house*) прибирати (*perf* прибрати)
do with *vt inseparable*: **I could do with a drink** я випив би чогось; **I could do with some help** допомога мені була б не зайва; **what has it got to do with you?** як це вас стосується?; **I won't have anything to do with it** я не хочу мати до цього жодного стосунку; **it has to do with money** це пов'язано з грішми
do without *vt inseparable* обходитися (*perf* обійтися) (*без*)

docile [ˈdəʊsaɪl] *adj* слухняний
dock [dɒk] *n* док *m* ▷ *vt, vi* ставити судно в док
doctor [ˈdɒktə] *n* лікар *m* ▷ *vt* фальсифікувати (*perf* сфальсифікувати)
doctorate [ˈdɒktərət] *n* докторський ступінь *m*
doctrinal [dɒkˈtraɪnəl] *adj* (*frml*) який стосується доктрини
doctrine [ˈdɒktrɪn] *n* доктрина *f*
document [ˈdɒkjʊmənt] *n* документ *m* ▷ *vt* [ˈdɒkjʊmənt] документувати (*perf* задокументувати)
documentary [ˌdɒkjʊˈmɛntərɪ; -trɪ] *n* документальний фільм *m* ▷ *adj* документальний
documentation [ˌdɒkjʊmɛnˈteɪʃən] *n* документація *f*
dodge [dɒdʒ] *vi* ухилятися (*perf* ухилитися)
dodger [ˈdɒdʒə] *n* шахрай (шахрайка) *m(f)*
dog [dɒg] *n* собака *m* ▷ *vt* переслідувати
dogfish [ˈdɒgfɪʃ] *n* морський собака *m* (*акула*)
dogged [ˈdɒgɪd] *adj* упертий
dogma [ˈdɒgmə] *n* догма *f*
dogmatic [dɒgˈmætɪk] *adj* догматичний
dogmatism [ˈdɒgmətɪzəm] *n* догматизм *m*
dole [dəʊl] *n* допомога через безробіття
doll [dɒl] *n* лялька *f*

dollar ['dɒlə] n долар m

dolphin ['dɒlfɪn] n дельфін m

domain [də'meɪn] n (frml) галузь f

domain name [də'meɪn neɪm] n доменне ім'я nt

dome [dəʊm] n баня f (опуклий дах)

domestic [də'mɛstɪk] adj внутрішній

domesticate [də'mɛstɪkeɪt] vt приручати (perf приручити) (тварину)

dominance ['dɒmɪnəns] n домінування nt

dominant ['dɒmɪnənt] adj домінантний

dominate ['dɒmɪneɪt] vt, vi домінувати

dominating ['dɒmɪneɪtɪŋ] adj домінуючий

Dominican Republic [də'mɪnɪkən rɪ'pʌblɪk] n Домініканська Республіка f

domino ['dɒmɪˌnəʊ] (pl **dominoes**) n доміно nt

dominoes ['dɒmɪˌnəʊz] n (= game) доміно nt

donate [dəʊ'neɪt] vt жертвувати (perf пожертвувати)

donation [dəʊ'neɪʃən] n пожертва f

donkey ['dɒŋkɪ] n осел m

donor ['dəʊnə] n донор m ▷ adj донорський

doodle ['du:d əl] n карлючки fpl ▷ vi малювати карлючки

doom [du:m] n доля f ▷ vt прірікати (perf приректи)

doomed [du:md] adj приречений

door [dɔ:] n двері pl

doorbell ['dɔ:ˌbɛl] n дверний дзвінок m

door handle [dɔ: 'hændl] n дверна ручка f

doorman ['dɔ:ˌmæn; -mən] n швейцар m

doorstep ['dɔ:ˌstɛp] n поріг m

doorway ['dɔ:weɪ] n дверний проріз m

dope [dəʊp] vt давати наркотик

dormant ['dɔ:mənt] adj бездіяльний

dormitory ['dɔ:mɪtərɪ; -trɪ] n спальня f

dosage ['dəʊsɪdʒ] n доза f

dose [dəʊs] n доза f

dossier ['dɒsɪeɪ] n досьє nt

dot [dɒt] n крапка f ▷ vt усівати (perf усіяти)

dot-com ['dɒtˌkɒm] n компанія, яка продає товари або послуги через Інтернет

dote [dəʊt] vi любити до нестями (perf полюбити до нестями)

doting ['dəʊtɪŋ] adj який любить до нестями

dotted ['dɒtɪd] adj пунктирний

double ['dʌbl] vt, vi подвоювати (perf подвоїти) ▷ adj подвійний

double bass ['dʌbl beɪs] n контрабас m

double-check [,dʌbl'tʃɛk] vt, vi перевіряти повторно (perf перевірити повторно)

double-click [,dʌbl'klɪk] vt двічі клацати (perf двічі клацнути) (кнопкою миші)

double-decker [,dʌbl'dɛkə] n двоповерховий автобус m

double-edged [,dʌbl'ɛdʒd] adj двозначний (який допускає подвійне тлумачення)

double glazing ['dʌbl 'gleɪzɪŋ] n подвійне скління nt

doublespeak ['dʌblˌspi:k] n демагогія f

double standard ['dʌbl 'stændəd] n подвійний стандарт m

doubly ['dʌblɪ] adv удвічі

doubt [daʊt] vt сумніватися ▷ n сумнів m

doubtful ['daʊtfʊl] adj сумнівний

doubtless ['daʊtləs] adv безперечно

dough [dəʊ] n тісто nt

doughnut ['dəʊnʌt] n пончик m

dour [dʊə] adj суворий

douse [daʊs] vt гасити (perf погасити)

dove [dʌv] n голуб m

down [daʊn] adv вниз ▷ vt ковтати (perf ковтнути) ▷ n пух m

down-and-out [,daʊnən'aʊt] adj розорений

downfall ['daʊnfɔ:l] n падіння nt

downgrade [,daʊn'greɪd] vt знижувати (perf знизити)

downhill [,daʊn'hɪl] adv вниз

download ['daʊnˌləʊd] n завантаження nt ▷ vt завантажувати (perf завантажити)

downloadable [,daʊn'ləʊdəbəl] adj який може бути завантажений

down payment [daʊn 'peɪmənt] n аванс m

downplay [,daʊn'pleɪ] vt недооцінювати (perf недооцінити)

downpour ['daʊnˌpɔ:] n злива f

downright ['daʊnraɪt] adv явно

downside ['daʊnˌsaɪd] n зворотний бік m

Down's syndrome [daʊnz 'sɪndrəʊm] n синдром Дауна m

downstairs ['daʊn'stɛəz] adv вниз ▷ adj нижній ▷ n нижній поверх m

downstream [,daʊn'stri:m] adv вниз за течією

downswing ['daʊnswɪŋ] n спад m

downtime ['daʊnˌtaɪm] n простій m

down-to-earth [,daʊntə'ɜ:θ] adj практичний

downtown ['daʊn'taʊn] n (US) центр міста m

downtrend ['daʊntrɛnd] n тенденція до зниження f

downturn ['daʊntɜ:n] n спад m

downward ['daʊnwəd] adj спрямований вниз

downwards ['daʊnwədz] adv вниз

doze [dəʊz] vi дрімати (perf задрімати); **doze off** [dəʊz ɒf] vi задрімати

dozen ['dʌzn] num дюжина f

drab [dræb] adj понурий

draconian [drə'kəʊnɪən] adj драконівський

draft [drɑ:ft] n (= first version) проект m ▷ vt готувати чернетку (perf приготувати чернетку)

drag [dræg] vt тягти (perf потягти) ▷ n перешкода f

dragon ['drægən] n дракон m
dragonfly ['drægən,flaɪ] n бабка f
drain [dreɪn] vt, vi осушувати (perf осушити) ▷ n водовідвід m
drainage ['dreɪnɪdʒ] n дренаж m
draining board ['dreɪnɪŋ bɔːd], (US) **drainboard** ['dreɪnbɔːd] n сушарка f
drainpipe ['dreɪn,paɪp] n водостічна труба f
drama ['drɑːmə] n драма f
dramatic [drə'mætɪk] adj драматичний
dramatist ['dræmətɪst] n драматург m
dramatize ['dræmətaɪz] vt інсценувати
drank [dræŋk] pt of **drink**
drape [dreɪp] vt драпірувати (perf задрапірувати)
drastic ['dræstɪk] adj радикальний
draught, (US) **draft** [drɑːft] n протяг m
draughts [drɑːfts] npl шашки pl
draw [drɔː] (pres sing **draws**, pres part **drawing**, pt **drew**, pp **drawn**) vi (= move) наближатися; (picture) малювати (perf намалювати) ▷ vt (in game) залучати (perf залучити)
drawback ['drɔːˌbæk] n недолік m
drawer ['drɔːə] n шухляда f
drawing ['drɔːɪŋ] n малюнок m
drawing board ['drɔːɪŋ bɔːd] n креслярська дошка f
drawing pin ['drɔːɪŋ pɪn] n канцелярська кнопка f
drawl [drɔːl] vt, vi розтягувати слова (perf розтягнути слова)
drawn-out ['drɔːnˈaʊt] adj тривалий
dread [drɛd] vt жахатися (perf жахнутися) ▷ n жах m
dreaded ['drɛdɪd] adj страшний
dreadful ['drɛdfʊl] adj жахливий
dream [driːm] vt, vi (pres sing **dreams**, pres part **dreaming**, pt, pp **dreamed** or **dreamt**) мріяти ▷ n мрія f ▷ adj мрія f
dreamer ['driːmə] n мрійник (мрійниця) m(f)
dreamy ['driːmɪ] adj замріяний
dreary ['drɪərɪ] adj похмурий
dredge [drɛdʒ] vt поглиблювати (perf поглибити) (дно затоки, річки)
drench [drɛntʃ] vt мочити (perf намочити)
dress [drɛs] n сукня f ▷ vt, vi вдягати(ся) (perf вдягти(ся)); **dress up** [drɛs ʌp] vi вбиратися (perf вбратися)
dressage ['drɛsɑːʒ] n об'їжджання коней nt
dressed [drɛst] adj вдягнений
dressed up [drɛst ʌp] adj наряджений
dresser ['drɛsə] n комод m
dressing ['drɛsɪŋ] n приправа f (до салату)
dressing gown ['drɛsɪŋ ɡaʊn] n халат m
dressing room ['drɛsɪŋ rʊm] n гримувальна f
dressing table ['drɛsɪŋ 'teɪbl] n туалетний столик m

dressing-up [ˌdrɛsɪŋ'ʌp] n перевдягання nt (дитяча гра)
dress rehearsal [drɛs rɪ'hɜːsəl] n генеральна репетиція f
dribble ['drɪbəl] vt, vi текти цівкою (perf потекти цівкою)
dried [draɪd] adj висушений
drift [drɪft] vi дрейфувати ▷ n дрейф m
drill [drɪl] vt, vi свердлити ▷ n дриль m
drink [drɪŋk] vt, vi (pres sing **drinks**, pres part **drinking**, pt **drank**, pp **drunk**) пити (perf випити) ▷ n напій m
drink-driving ['drɪŋk'draɪvɪŋ] n водіння в нетверезому стані nt
drinker ['drɪŋkə] n той, хто п'є
drinking water ['drɪŋkɪŋ 'wɔːtə] n питна вода f
drip [drɪp] vi капати ▷ n крапля f
drive [draɪv] n їзда f ▷ vt, vi водити
drive-by ['draɪvbaɪ] adj озброєний напад із автомобіля, що проїжджає поряд
drive-in ['draɪvɪn] n ресторан або кінотеатр, що обслуговує клієнта в автомобілі
driver ['draɪvə] n водій m
drive-through ['draɪvˌθruː] adj обладнаний для обслуговування клієнта в автомобілі
driveway ['draɪvˌweɪ] n проїзд m
driving ['draɪvɪŋ] adj рушійний
driving instructor ['draɪvɪŋ ɪn'strʌktə] n інструктор з водіння m
driving lesson ['draɪvɪŋ 'lɛsn] n урок водіння m
driving licence ['draɪvɪŋ 'laɪsəns] n посвідчення водія
driving test ['draɪvɪŋ tɛst] n іспит із водіння m
drizzle ['drɪzl] n мряка f ▷ vi мрячити
drone [drəʊn] vi дзижчати (perf задзижчати)
drool [druːl] vi захоплюватися (perf захопитися)
droop [druːp] vi опускати(ся) (perf опустити(ся))
drop [drɒp] n падіння nt ▷ vt, vi падати (perf упасти)
droplet ['drɒplət] n крапелька f
dropout ['drɒp,aʊt] n відщепенець (відщепенка) m(f); виключений m (зі школи, коледжу) (виключена); виключений (виключена) m(f) (зі школи, коледжу)
droppings ['drɒpɪŋz] npl послід m (пташиний)
drought [draʊt] n посуха f
droves [drəʊvz] npl юрби fpl
drown [draʊn] vt, vi тонути (perf утонути)
drowsy ['draʊzɪ] adj сонливий
drug [drʌg] n ліки pl

drugstore ['drʌg,stɔ:] n аптека f (у США)

* **DRUGSTORE**
*
* аптека. Американські аптеки поєднують
* у собі аптеки й кафе Там продають не
* лише ліки, а й косметичні засоби, напої
* та закуски.

drum [drʌm] n барабан m ▷ vt, vi
барабанити (perf побарабанити)

drummer ['drʌmə] n барабанник m

drumming ['drʌmɪŋ] n гра на барабанах

drunk [drʌŋk] adj п'яний

drunken ['drʌŋkən] adj п'яний

dry [draɪ] vt сушити (perf висушити) ▷ vi
сохнути (perf висохнути) ▷ adj сухий

dry-clean [draɪ'kli:n] vt чистити в
хімчистці (perf почистити в хімчистці)

dry-cleaner [,draɪ'kli:nə] n хімчистка f

dry-cleaning [,draɪ'kli:nɪŋ] n
хімчистка f

dryer ['draɪə] n сушарка f

dry run [draɪ rʌn] n репетиція f

dual ['dju:əl] adj подвійний

dual carriageway ['dju:əl 'kærɪdʒ,weɪ] n
дорога з багаторядовим рухом

dub [dʌb] vt охрещувати (perf охрестити)
(давати назву)

dubbed [dʌbt] adj дубльований

dubious ['dju:bɪəs] adj сумнівний

duchess ['dʌtʃɪs] n герцогиня f

duchy ['dʌtʃɪ] n герцогство nt

duck [dʌk] n качка f ▷ vi ухилятися (perf
ухилитися)

duct [dʌkt] n трубопровід m

dud [dʌd] adj (inf) непридатний

due [dju:] adj належний

duel ['dju:əl] n дуель f

duet [dju:'ɛt] n дует m

due to [dju: tʊ] prep через

dug [dʌg] pt, pp of **dig**

duke [dju:k] n герцог m

dull [dʌl] adj (colour) тьмяний; (= boring)
нецікавий ▷ vt, vi тьмяніти (perf потьмяніти)
(про очі, зовнішній вигляд)

duly ['dju:lɪ] adv належним чином

dummy ['dʌmɪ] n манекен m

dump [dʌmp] n смітник m ▷ vt (inf)
викидати (perf викинути)

dumpling ['dʌmplɪŋ] n галушка f

dune [dju:n] n дюна f

dung [dʌŋ] n гній m (кінський, коров'ячий)

dungarees [,dʌŋgə'ri:z] npl комбінезон m

dungeon ['dʌndʒən] n темниця f

duo ['dju:əʊ] n дует m

dupe [dju:p] vt обманювати (perf обманути)
▷ n жертва обману f

duplex ['dju:plɛks] n (US) = **semi-detached
house**

duplicate ['dju:plɪkeɪt] vt дублювати
(perf продублювати) ▷ adj ['dju:plɪkət]
дубльований

duplication [,dju:plɪ'keɪʃən] n
подвоєння nt

durable ['djʊərəbəl] adj міцний

duration [djʊ'reɪʃən] n тривалість f

during ['djʊərɪŋ] prep протягом

dusk [dʌsk] n сутінки pl

dust [dʌst] n пил m ▷ vt, vi витирати пил
(perf витерти пил)

dustbin ['dʌst,bɪn] n смітник m

dustman ['dʌstmən] n сміттяр m

dustpan ['dʌst,pæn] n совок для сміття m

dusty ['dʌstɪ] adj запилений

Dutch [dʌtʃ] adj голландський ▷ n
(= language) нідерландська мова f

Dutchman ['dʌtʃmən] n голландець m

Dutchwoman ['dʌtʃwʊmən] n голландка f

dutiful ['dju:tɪfʊl] adj старанний

duty ['dju:tɪ] n обов'язок m

duty-free ['dju:tɪ,fri:] adj безмитний ▷ n
безмитні товари mpl

duty-free shop [,dju:tɪ'fri: ʃʊp] n магазин
безмитної торгівлі m

duvet ['du:veɪ] n пухова ковдра f

DVD [di: vi: 'di:] n DVD-диск m

DVD burner [di: vi: di: 'bɜ:nə] n
записувальний пристрій для DVD-дисків m

DVD player [di: vi: di: 'pleɪə] n DVD-
плеєр m

dwarf [dwɔ:f] (pl **dwarves**) n карлик m ▷ adj
карликовий ▷ vt створювати враження
меншого розміру

dwell [dwɛl] (pres sing **dwells**, pres part
dwelling, pt, pp **dwelled** or **dwelt**) vi
затримуватися (perf затриматися) (докладно
спинятися)

dweller ['dwɛlə] n мешканець (мешканка)
m(f)

dwindle ['dwɪndəl] vi скорочуватися (perf
скоротитися)

dye [daɪ] n фарба f ▷ vt фарбувати

dynamic [daɪ'næmɪk] adj динамічний ▷ n
динаміка f

dynamism ['daɪnəmɪzəm] n динамізм m

dynamite ['daɪnəmaɪt] n динаміт m

dynamo ['daɪnəməʊ] n динамо nt

dynasty ['dɪnəstɪ] n династія f

dyslexia [dɪs'lɛksɪə] n дислексія f

dyslexic [dɪs'lɛksɪk] adj нездатний до
читання

e

each [i:tʃ] *det* кожен ▷ *pron* кожний
eager ['i:gə] *adj* який палко жадає чогось;
  to be eager to do sth палко жадати чогось
eagle ['i:gl] *n* орел *m*
ear [ɪə] *n* вухо *nt*
earache ['ɪərˌeɪk] *n* вушний біль *m*
eardrum ['ɪəˌdrʌm] *n* барабанна
  перетинка *f*
earlier ['ɜːlɪə] *adv* раніше
earlobe ['ɪəˌləʊb] *n* мочка *f*
early ['ɜːlɪ] *adj* ранній ▷ *adv* рано
early warning ['ɜːlɪ 'wɔːnɪŋ] *adj* раннє
  оповіщення *nt*; **early warning system**
  система раннього оповіщення
earmark ['ɪəmˌɑːk] *vt* призначати (*perf*
  призначити) (*кошти для певної мети*)
earn [ɜːn] *vt* заробляти (*perf* заробити)
earner ['ɜːnə] *n* годувальник (годувальниця)
  m(f); **wage earner** наіманий працівник
earnest ['ɜːnɪst] *adj* серйозний
earnestly ['ɜːnɪstlɪ] *adv* серйозно
earnings ['ɜːnɪŋz] *npl* заробітки *mpl*
earphone ['ɪəfəʊn] *n* навушник *m*; **she
  bought new earphones for her iPhone®**
  вона купила нові навушники для свого
  айфона
earphones ['ɪəˌfəʊnz] *npl* навушники *pl*
earplugs ['ɪəˌplʌgz] *npl* беруші *pl*
earring ['ɪəˌrɪŋ] *n* сережка *f*
earth [ɜːθ] *n* (= *soil*) ґрунт *m*; (= *planet*)
  планета Земля *f*
earthly ['ɜːθlɪ] *adj* земний
earthquake ['ɜːθˌkweɪk] *n* землетрус *m*
earthy ['ɜːθɪ] *adj* приземлений
earwig ['ɪəˌwɪg] *n* щипавка *f*
ease [i:z] *vt, vi* послаблювати(ся) (*perf*
  послабити(ся))
easel ['i:z əl] *n* мольберт *m*
easily ['i:zɪlɪ] *adv* легко
east [i:st] *adj* східний ▷ *adv* на схід ▷ *n* схід *m*
eastbound ['i:stˌbaʊnd] *adj* (*frml*) у
  східному напрямку

Easter ['i:stə] *n* Великдень *m*
Easter egg ['i:stə εg] *n* великоднє яйце *nt*
easterly ['i:stəlɪ] *adj* східний
eastern ['i:stən] *adj* східний
eastward ['i:stwəd] *adv* на схід
easy ['i:zɪ] *adj* простий
easy chair ['i:zɪ tʃεə] *n* крісло *nt*
easy-going ['i:zɪˈgəʊɪŋ] *adj* безтурботний
eat [i:t] (*pres sing* **eats**, *pres part* **eating**, *pt*
  ate, *pp* **eaten**) *vt, vi* їсти (*perf* з'їсти)
eater ['i:tə] *n* їдець *m*
eaves [i:vz] *npl* піддашшок *m* (*звис покрівлі*)
eavesdrop ['i:vzdrɒp] *vi* підслуховувати
  (*perf* підслухати)
ebb [εb] *vi* відступати (*perf* відступити) (*про
  морський відплив*)
e-book ['i:ˌbʊk] *n* електронна книга *f*
ebullient [ɪˈbʌlɪənt] *adj* (*frml*) сповнений
  ентузіазму
e-business ['i:ˌbɪznɪs] *n* електронний
  бізнес *m*
eccentric [ɪkˈsεntrɪk] *adj* ексцентричний
eccentricity [ˌεksεnˈtrɪsɪtɪ] *n*
  ексцентричність *f*
ecclesiastical [ɪˌkliːzɪˈæstɪkəl] *adj*
  церковний
echelon ['εʃəlɒn] *n* (*frml*) ешелон *m* (*група
  людей*)
echo ['εkəʊ] (*pl* **echoes**) *n* луна *f* ▷ *vi*
  відбиватися луною (*perf* відбитися луною)
  ▷ *vt* наслідувати
eclectic [ɪˈklεktɪk] *adj* (*frml*) еклектичний
eclipse [ɪˈklɪps] *n* затемнення *nt*
  (*астрономічне явище*) ▷ *vt* затьмарювати
  (*perf* затьмарити)
ecofriendly ['i:kəʊˌfrεndlɪ] *adj* екологічний
ecological [ˌi:kəˈlɒdʒɪkl] *adj* екологічний
ecologist [ɪˈkɒlədʒɪst] *n* еколог *m*
ecology [ɪˈkɒlədʒɪ] *n* екологія *f*
e-commerce [ˌi:ˈkɒmɜːs] *n* електронна
  комерція *f*
economic [ˌi:kəˈnɒmɪk; ˌεkə-] *adj*
  економічний
economical [ˌi:kəˈnɒmɪkl; ˌεkə-] *adj*
  економний
economics [ˌi:kəˈnɒmɪks; ˌεkə-] *n*
  економіка *f*
economist [ɪˈkɒnəmɪst] *n* економіст *m*
economize [ɪˈkɒnəˌmaɪz] *vi* економити
economy [ɪˈkɒnəmɪ] *n* економіка *f*
economy class [ɪˈkɒnəmɪ klɑːs] *n*
  економ-клас *m* ▷ *adj* економ-клас
ecosystem ['i:kəʊsɪstəm] *n* екосистема *f*
ecstasy ['εkstəsɪ] *n* (= *rapture*) захват *m*
ecstatic [εkˈstætɪk] *adj* екзальтований
Ecuador ['εkwəˌdɔː] *n* Еквадор *m*
eczema ['εksɪmə; ɪgˈziːmə] *n* екзема *f*
edge [εdʒ] *n* край *m* ▷ *vi* просуватися (*perf*
  просунутися) (*повільно*)
edged [εdʒd] *adj* оточений
edgy ['εdʒɪ] *adj* (*inf*) роздратований

edible ['ɛdɪbl] adj їстівний
edict ['iːdɪkt] n (frml) едикт m
edifice ['ɛdɪfɪs] n (frml) споруда f (величина)
edit ['ɛdɪt] vt редагувати (perf відредагувати)
edition [ɪ'dɪʃən] n видання nt
editor ['ɛdɪtə] n редактор m
editorial [,ɛdɪ'tɔːrɪəl] adj редакційний ▷ n передова стаття f
educate ['ɛdʒʊkeɪt] vt давати освіту (perf дати освіту)
educated ['ɛdʒʊ,keɪtɪd] adj освічений
education [,ɛdʒʊ'keɪʃən] n освіта f
educational [,ɛdʒʊ'keɪʃən] adj навчальний
educator ['ɛdʒʊkeɪtə] n (frml) педагог m
eel [iːl] n вугор m
eerie ['ɪərɪ] adj моторошний
effect [ɪ'fɛkt] n результат m
effective [ɪ'fɛktɪv] adj ефективний
effectively [ɪ'fɛktɪvlɪ] adv ефективно
efficacy ['ɛfɪkəsɪ] n (frml) дієвість f
efficiency [ɪ'fɪʃənsɪ] n ефективність f
efficient [ɪ'fɪʃənt] adj ефективний
efficiently [ɪ'fɪʃəntlɪ] adv ефективно
effort ['ɛfət] n зусилля nt
effortless ['ɛfətləs] adj легкий
e.g. [iː dʒiː] abbr наприклад
egalitarian [ɪ,gælɪ'tɛərɪən] adj (frml) егалітарний
egg [ɛg] n яйце nt
eggcup [ɛg,kʌp] n пашотниця f
eggplant ['ɛg,plɑːnt] n (US) = **aubergine**
egg white [ɛg waɪt] n яєчний білок m
egg yolk [ɛg jəʊk] n яєчний жовток m
ego ['iːgəʊ] n самолюбство nt
Egypt ['iːdʒɪpt] n Єгипет m
Egyptian [ɪ'dʒɪpʃən] adj єгипетський ▷ n єгиптянин (єгиптянка) m(f)
eight [eɪt] num вісім
eighteen ['eɪ'tiːn] num вісімнадцять
eighteenth ['eɪ'tiːnθ] adj вісімнадцятий
eighth [eɪtθ] adj восьмий ▷ n восьма частина f
eightieth ['eɪtɪəθ] adj вісімдесятий
eighty ['eɪtɪ] num вісімдесят
Eire ['ɛərə] n Республіка Ірландія f
either ['aɪðə; 'iːðə] det (= one of two things) будь-який; (= each) кожен ▷ adv також ▷ pron обидва
either ... or ['aɪðə; iːðə ɔː] conj або...або
eject [ɪ'dʒɛkt] vt виганяти (perf вигнати)
elaborate [ɪ'læbərət] adj складний
elapse [ɪ'læps] vi (frml) минати (perf минути) (про час)
elastic [ɪ'læstɪk] n ґумка f ▷ adj еластичний
elastic band [ɪ'læstɪk bænd] n еластична стрічка f
elasticity [,ɛlæ'stɪsətɪ] n еластичність f
Elastoplast® [ɪ'læstə,plɑːst] n еластопласт m
elated [ɪ'leɪtɪd] adj у піднесеному настрої
elation [ɪ'leɪʃən] n безмежна радість f

elbow ['ɛlbəʊ] n лікоть m ▷ vt штовхати ліктем (perf штовхнути ліктем)
elder ['ɛldə] adj старший ▷ n (frml) старші npl (люди старшого віку)
elderly ['ɛldəlɪ] adj літній
eldest ['ɛldɪst] adj найстарший
elect [ɪ'lɛkt] vt обирати (perf обрати)
election [ɪ'lɛkʃən] n вибори pl
elector [ɪ'lɛktə] n виборець m
electoral [ɪ'lɛktərəl] adj виборчий
electorate [ɪ'lɛktərɪt] n електорат m
electric [ɪ'lɛktrɪk] adj електричний
electrical [ɪ'lɛktrɪkl] adj електричний
electric blanket [ɪ'lɛktrɪk 'blæŋkɪt] n електрична ковдра f
electric chair [ɪ'lɛktrɪk tʃɛə] n електричний стілець m
electrician [ɪlɛk'trɪʃən; ,iːlɛk-] n електрик m
electricity [ɪlɛk'trɪsɪtɪ; ,iːlɛk-] n електрика f
electric shock [ɪ'lɛktrɪk ʃɒk] n ураження електричним струмом nt
electrification [ɪ,lɛktrɪfɪ'keɪʃ ən] n електрифікація f
electrify [ɪ'lɛktrɪfaɪ] vt електрифікувати
electrocute [ɪ'lɛktrə,kjuːt] vt вбивати електричним струмом (perf вбити електричним струмом)
electrode [ɪ'lɛktrəʊd] n електрод m
electromagnetic [ɪ,lɛktrəʊmæg'nɛtɪk] adj електромагнітний
electron [ɪ'lɛktrɒn] n електрон m
electronic [ɪlɛk'trɒnɪk; ,iːlɛk-] adj електронний
electronics [ɪlɛk'trɒnɪks; ,iːlɛk-] n електроніка f
elegant ['ɛlɪgənt] adj елегантний
element ['ɛlɪmənt] n елемент m
elementary [,ɛlɪ'mɛntərɪ] adj елементарний
elementary school [,ɛlɪ'mɛntərɪ skuːl] n (US) початкова школа f
elephant ['ɛlɪfənt] n слон m
elevate ['ɛlɪveɪt] vt (frml) підвищувати (perf підвищити) (на посаді)
elevation [,ɛlɪ'veɪʃən] n висота f (над рівнем моря)
elevator ['ɛlɪveɪtə] n (US) = **lift**
eleven [ɪ'lɛvn] num одинадцять
eleventh [ɪ'lɛvnθ] adj одинадцятий
elicit [ɪ'lɪsɪt] vt домагатися (perf домогтися) (відповіді, реакції)
eligible ['ɛlɪdʒɪb əl] adj придатний
eliminate [ɪ'lɪmɪ,neɪt] vt (frml) ліквідувати
elite [ɪ'liːt] n еліта f ▷ adj елітний
elitism [ɪ'liːtɪzəm] n елітаризм m
elitist [ɪ'liːtɪst] adj елітарний ▷ n прихильник елітаризму (прихильниця елітаризму) m(f)
elm [ɛlm] n в'яз m
eloquent ['ɛləkwənt] adj красномовний

else [ɛls] *adv* ще

elsewhere [ˌɛls'wɛə] *adv* в інше місце

elude [ɪ'lu:d] *vt* уникати (*perf* уникнути)

elusive [ɪ'lu:sɪv] *adj* невловний

email [ˈi:meɪl] *n* електронна пошта *f* ▷ *vt* надсилати електронною поштою

email address [ˈi:meɪl ə'drɛs] *n* адреса електронної пошти *f*

emanate [ˈɛmə(neɪt] *vt, vi* (*frml*) випромінювати(ся)

emancipate [ɪ'mænsɪpeɪt] *vt* (*frml*) емансипувати

embankment [ɪm'bæŋkmənt] *n* насип *m*

embargo [ɪm'ba:gəʊ] (*pl* **embargoes**) *n* ембарго *nt* ▷ *vt* накладати ембарго (*perf* накласти ембарго)

embark [ɪm'ba:k] *vi* братися (*perf* взятися) (*за що-небудь*)

embarrass [ɪm'bærəs] *vt* бентежити (*perf* збентежити)

embarrassed [ˌɪm'bærəst] *adj* збентежений

embarrassing [ɪm'bærəsɪŋ] *adj* бентежний

embarrassment [ɪm'bærəsmənt] *n* збентеження *nt*

embassy [ˈɛmbəsɪ] *n* посольство *nt*

embattled [ɪm'bætəld] *adj* який зіштовхнувся з труднощами

embed [ɪm'bɛd] *vt* врізатися (*perf* врізатися)

embellish [ɪm'bɛlɪʃ] *vt* прикрашати (*perf* прикрасити)

embezzle [ɪm'bɛzəl] *vt* привласнювати (*perf* привласнити)

emblem [ˈɛmbləm] *n* емблема *f*

embodiment [ɪm'bɒdɪmənt] *n* (*frml*) втілення *nt*

embody [ɪm'bɒdɪ] *vt* втілювати (*perf* втілити)

embrace [ɪm'breɪs] *vt, vi* обіймати (*perf* обійняти)

embroider [ɪm'brɔɪdə] *vt* вишивати (*perf* вишити)

embroidery [ɪm'brɔɪdərɪ] *n* вишивка *f*

embroiled [ɪm'brɔɪld] *adj* втягнений (у неприємності)

embryo [ˈɛmbrɪəʊ] *n* ембріон *m*

embryonic [ˌɛmbrɪ'ɒnɪk] *adj* (*frml*) ембріональний

emerald [ˈɛmərəld] *n* смарагд *m*

emerge [ɪ'mɜ:dʒ] *vi* з'являтися (*perf* з'явитися)

emergence [ɪ'mɜ:dʒəns] *n* поява *f*

emergency [ɪ'mɜ:dʒənsɪ] *n* надзвичайний стан *m* ▷ *adj* невідкладний

emergency brake [ɪ'mɜ:dʒənsɪ breɪk] *n* (*US*) = **handbrake**

emergency exit [ɪ'mɜ:dʒənsɪ 'ɛksɪt] *n* аварійний вихід *m*

emergency landing [ɪ'mɜ:dʒənsɪ 'lændɪŋ] *n* аварійна посадка *f*

emergency services [ɪ'mɜ:dʒənsɪ 'sɜ:vɪsɪz] *n* служби невідкладної допомоги *fpl*

emigrant [ˈɛmɪgrənt] *n* емігрант (емігрантка) *m(f)*

emigrate [ˈɛmɪˌgreɪt] *vi* емігрувати

eminence [ˈɛmɪnəns] *n* високе становище *nt*

eminent [ˈɛmɪnənt] *adj* знаменитий

eminently [ˈɛmɪnəntlɪ] *adv* надзвичайно

emission [ɪ'mɪʃən] *n* (*frml*) викид *m* (*газу, радіації*)

emit [ɪ'mɪt] *vt* (*frml*) випускати (*perf* випустити) (*про тепло, газ, світло, запах*)

emoticon [ɪ'məʊtɪkɒn] *n* смайлик *m*

emotion [ɪ'məʊfən] *n* емоція *f*

emotional [ɪ'məʊfənl] *adj* емоційний

emotive [ɪ'məʊtɪv] *adj* хвилюючий

empathy [ˈɛmpəθɪ] *n* співчуття *nt*

emperor [ˈɛmpərə] *n* імператор *m*

emphasis [ˈɛmfəsɪs] (*pl* **emphases**) *n* наголос *m*

emphasize [ˈɛmfəˌsaɪz] *vt* наголошувати (*perf* наголосити)

emphatic [ɪm'fætɪk] *adj* виразний

emphatically [ɪm'fætɪkəlɪ] *adv* рішуче

empire [ˈɛmpaɪə] *n* імперія *f*

empirical [ɪm'pɪrɪkəl] *adj* емпіричний

employ [ɪm'plɔɪ] *vt* наймати (*perf* найняти)

employee [ɛm'plɔɪi:, ˌɛmplɔɪˈi:] *n* працівник *m*

employer [ɪm'plɔɪə] *n* роботодавець *m*

employment [ɪm'plɔɪmənt] *n* зайнятість *f*

employment agency [ɪm'plɔɪmənt 'eɪdʒənsɪ] *n* бюро працевлаштування *nt*

empower [ɪm'paʊə] *vt* (*frml*) уповноважувати (*perf* уповноважити)

empowerment [ɪm'paʊəmənt] *n* уповноваження *nt*

empress [ˈɛmprɪs] *n* імператриця *f*

emptiness [ˈɛmptɪnəs] *n* порожнеча *f*

empty [ˈɛmptɪ] *adj* порожній ▷ *vt* спорожняти (*perf* спорожнити) ▷ *n* порожня тара *f*

empty-handed [ˌɛmptɪˈhændɪd] *adj* з порожніми руками

emulate [ˈɛmjʊleɪt] *vt* (*frml*) наслідувати

emulsion [ɪ'mʌlʃən] *n* емульсія *f*

enable [ɪn'eɪbl] *vt* давати змогу (*perf* дати змогу)

enact [ɪn'ækt] *vt* ухвалювати (*perf* ухвалити) (*закон*); **to enact a law** приймати закон

enactment [ɪn'æktmənt] *n* ухвалення *nt* (*закону*)

enamel [ɪ'næməl] *n* емаль *f*

encapsulate [ɪn'kæpsjʊleɪt] *vt* стисло викладати

encase [ɪn'keɪs] *vt* упаковувати (*perf* упакувати)

enchant [ɪn'tʃɑ:nt] *vt* зачаровувати (*perf* зачарувати)

enchanting [ɪnˈtʃɑːntɪŋ] adj чарівний

encircle [ɪnˈsɜːkəl] vt оточувати (perf оточити)

enclave [ˈɛnkleɪv] n анклав m

enclose [ɪnˈkləʊz] vt оточувати (perf оточити)

enclosure [ɪnˈkləʊʒə] n огороджене місце nt

encode [ɪnˈkəʊd] vt кодувати (perf закодувати)

encompass [ɪnˈkʌmpəs] vt містити в собі

encore [ˈɒŋkɔː] n біс (прохання повторити виступ); **the band played three encores** ансамбль тричі грав на біс

encounter [ɪnˈkaʊntə] vt стикатися (perf зіткнутися) (з проблемами, труднощами) ▷ n зустріч f (несподівана)

encourage [ɪnˈkʌrɪdʒ] vt заохочувати (perf заохотити)

encouragement [ɪnˈkʌrɪdʒmənt] n заохочення nt

encouraging [ɪnˈkʌrɪdʒɪŋ] adj заохочувальний

encroach [ɪnˈkrəʊtʃ] vi (fml) посягати (perf посягнути)

encroachment [ɪnˈkrəʊtʃmənt] n (fml) вторгнення nt

encyclopaedia [ɛnˌsaɪkləʊˈpiːdɪə] n енциклопедія f

encyclopedia [ɪnˌsaɪkləˈpiːdɪə] n енциклопедія f

end [ɛnd] n кінець m ▷ vi закінчуватися (perf закінчитися)

endanger [ɪnˈdeɪndʒə] vt загрожувати

endear [ɪnˈdɪə] vt змусити полюбити

endearing [ɪnˈdɪərɪŋ] adj привабливий

endeavour, (US) **endeavor** [ɪnˈdɛvə] vi (fml) докладати зусиль (perf докласти зусиль) ▷ n намагання nt

endemic [ɛnˈdɛmɪk] adj (fml) ендемічний

ending [ˈɛndɪŋ] n закінчення nt

endless [ˈɛndlɪs] adj нескінченний

endorse [ɪnˈdɔːs] vt схвалювати (perf схвалити)

endorsement [ɪnˈdɔːsmənt] n схвалення nt

endow [ɪnˈdaʊ] vt наділяти (perf наділити)

endowment [ɪnˈdaʊmənt] n пожертва f

end product [ɛnd ˈprɒdʌkt] n кінцевий продукт m

end result [ɛnd rɪˈzʌlt] n кінцевий результат m

endurance [ɪnˈdjʊərəns] n витривалість f

endure [ɪnˈdjʊə] vt терпіти

end user [ɛnd ˈjuːzə] n кінцевий користувач m

enemy [ˈɛnəmɪ] n ворог m

energetic [ˌɛnəˈdʒɛtɪk] adj енергійний

energize [ˈɛnədʒaɪz] vt спонукати до дій

energy [ˈɛnədʒɪ] n енергія f

enforce [ɪnˈfɔːs] vt забезпечувати виконання (perf забезпечити виконання) (закону примусовим шляхом)

enforcement [ɪnˈfɔːsmənt] n примусове забезпечення виконання (закону)

engage [ɪnˈgeɪdʒ] vi (fml) займатися (perf зайнятися) (певною діяльністю)

engaged [ɪnˈgeɪdʒd] adj (fml) зайнятий

engaged tone [ɪnˈgeɪdʒd təʊn] n сигнал «зайнято»

engagement [ɪnˈgeɪdʒmənt] n зобов'язання nt

engagement ring [ɪnˈgeɪdʒmənt rɪŋ] n обручка f

engaging [ɪnˈgeɪdʒɪŋ] adj привабливий

engender [ɪnˈdʒɛndə] vt (fml) породжувати (perf породити) (почуття, атмосферу)

engine [ˈɛndʒɪn] n (train) паровоз m; (= machine) двигун m

engineer [ˌɛndʒɪˈnɪə] n інженер m ▷ vt проектувати (perf спроектувати) (складати проект)

engineering [ˌɛndʒɪˈnɪərɪŋ] n машинобудування nt

England [ˈɪŋglənd] n Англія f

English [ˈɪŋglɪʃ] adj англійський ▷ n (= language) англійська мова f

Englishman [ˈɪŋglɪʃmən] n англієць m

Englishwoman [ˈɪŋglɪʃwʊmən] n англійка f

engrave [ɪnˈgreɪv] vt гравіювати (perf виграв ювати)

engraved [ɪnˈgreɪvd] adj закарбований

engrossed [ɪnˈgrəʊst] adj поглинутий

engulf [ɪnˈgʌlf] vt поглинати (perf поглинути)

enhance [ɪnˈhɑːns] vt поліпшувати (perf поліпшити)

enhancement [ɪnˈhɑːnsmənt] n (fml) покращання nt

enigma [ɪˈnɪgmə] n загадка f

enigmatic [ˌɛnɪgˈmætɪk] adj загадковий

enjoy [ɪnˈdʒɔɪ] vt насолоджуватися (perf насолодитися)

enjoyable [ɪnˈdʒɔɪəbl] adj приємний

enjoyment [ɪnˈdʒɔɪmənt] n задоволення nt

enlarge [ɪnˈlɑːdʒ] vt, vi збільшувати (perf збільшити)

enlargement [ɪnˈlɑːdʒmənt] n розширення nt

enlighten [ɪnˈlaɪtən] vt (fml) просвічувати (perf просвітити) (давати знання)

enlightened [ɪnˈlaɪtənd] adj освічений

enlightenment [ɪnˈlaɪtənmənt] n просвітлення nt

enlist [ɪnˈlɪst] vt, vi вступати на військову службу

enliven [ɪnˈlaɪvən] vt пожвавлювати (perf пожвавити)

en masse [ˌɒnˈmæs] adv гуртом

enmity ['enmɪtɪ] n ворожість f
enormity [ɪ'nɔ:mɪtɪ] n величезність f
enormous [ɪ'nɔ:məs] adj величезний
enough [ɪ'nʌf] det досить ▷ pron достатньо
enquire [ɪn'kwaɪə] vt, vi (frml) запитувати (perf запитати)
enquiry [ɪn'kwaɪərɪ] n запит m
enrage [ɪn'reɪdʒ] vt розлючувати (perf розлютити)
enrich [ɪn'rɪtʃ] vt збагачувати (perf збагатити)
enrichment [ɪn'rɪtʃmənt] n збагачення nt
enrol, (US) **enroll** [ɪn'rəʊl] vt, vi зараховувати (perf зарахувати) (на навчання)
ensemble [ɒn'sɒmbəl] n ансамбль m
enshrine [ɪn'ʃraɪn] vt закріпляти (perf закріпити) (у законі)
ensign ['ens ən] n прапор m (кормовий)
ensue [ɪn'sju:] vi випливати (бути наслідком чогось)
ensuing [ɪn'sju:ɪŋ] adj наступний
ensure [ɛn'ʃʊə; -'ʃɔ:] vt (frml) забезпечувати (perf забезпечити)
entail [ɪn'teɪl] vt (frml) спричиняти (perf спричинити)
entangle [ɪn'tæŋɡəl] vt заплутувати (perf заплутати)
entangled [ɪn'tæŋɡəld] adj заплутаний
entanglement [ɪn'tæŋg əlmənt] n ускладнення nt, заплутаність f
enter ['entə] vt, vi (frml) входити (perf увійти)
enterprise ['entəpraɪz] n підприємство nt
enterprising ['entəpraɪzɪŋ] adj підприємливий
entertain [ˌentə'teɪn] vt, vi розважати (perf розважити)
entertainer [ˌentə'teɪnə] n конферансьє m
entertaining [ˌentə'teɪnɪŋ] adj розважальний
entertainment [ˌentə'teɪnmənt] n розвага f
enthral [ɪn'θrɔ:l] vt зачаровувати (perf зачарувати)
enthuse [ɪn'θju:z] vi захоплюватися (perf захопитися)
enthusiasm [ɪn'θju:zɪˌæzəm] n ентузіазм m
enthusiast [ɪn'θju:zɪæst] n ентузіаст (ентузіастка) m(f)
enthusiastic [ɪnˌθju:zɪ'æstɪk] adj захоплений
entice [ɪn'taɪs] vt заманювати (perf заманити)
enticing [ɪn'taɪsɪŋ] adj спокусливий
entire [ɪn'taɪə] adj цілий
entirely [ɪn'taɪəlɪ] adv повністю
entirety [ɪn'taɪərɪtɪ] n цілісність f; **in sth's entirety** повністю
entitle [ɪn'taɪtəl] vt надавати право (perf надати право)

entitlement [ɪn'taɪtəlmənt] n (frml) право nt (на соціальну допомогу, відпустку)
entity ['entɪtɪ] n (frml) об'єкт m
entourage ['ɒntʊrɑ:ʒ] n свита f
entrance ['entrəns] n вхід m
entrance fee ['entrəns fi:] n плата за вхід m
entrance hall ['entrəns hɔ:l] n вестибюль m
entrench [ɪn'trentʃ] vt укріплювати (perf укріпити)
entrepreneur [ˌɒntrəprə'nɜ:] n підприємець m
entrepreneurial [ˌɒntrəprə'nɜ:rɪəl] adj підприємницький
entrust [ɪn'trʌst] vt доручати (perf доручити)
entry ['entrɪ] n вступ m
entry-level ['entrɪlevəl] adj молодшої моделі
entry phone ['entrɪ fəʊn] n домофон m
envelop [ɪn'veləp] vt обгортати (perf обгорнути)
envelope ['envəˌləʊp; 'ɒn-] n конверт m
enviable ['envɪəbəl] adj завидний
envious ['envɪəs] adj заздрісний
environment [ɪn'vaɪrənmənt] n довкілля nt
environmental [ɪnˌvaɪrən'mentəl] adj навколишній
environmentalist [ɪnˌvaɪərən'mentəlɪst] n захисник довкілля (захисниця довкілля) m(f)
environmentally friendly [ɪnˌvaɪərən'mentəlɪ 'frendlɪ] adj екологічно чистий
envisage [ɪn'vɪzɪdʒ] vt уявляти собі (perf уявити собі)
envision [ɪn'vɪʒən] vt (liter) передбачати (perf передбачити)
envoy ['envɔɪ] n уповноважений (уповноважена) m(f)
envy ['envɪ] n заздрість f ▷ vt заздрити
enzyme ['enzaɪm] n ензим m
epic ['epɪk] n епос m
epidemic [ˌepɪ'demɪk] n епідемія f
epilepsy ['epɪlepsɪ] n епілепсія f
epileptic [ˌepɪ'leptɪk] adj епілептичний
epileptic fit [ˌepɪ'leptɪk fɪt] n епілептичний напад m
episode ['epɪˌsəʊd] n епізод m
epitome [ɪ'pɪtəmɪ] n (frml) уособлення nt
epitomize [ɪ'pɪtəmaɪz] vt уособлювати (perf уособити)
epoch ['i:pɒk] n епоха f
eponymous [ɪ'pɒnɪməs] adj (frml) однойменний
equal ['i:kwəl] adj рівний ▷ vt дорівнювати ▷ n рівня m/f
equality [ɪ'kwɒlɪtɪ] n рівність f
equalize ['i:kwəˌlaɪz] vt вирівнювати (perf вирівняти)

equally [ˈiːkwəlɪ] *adv* однаково
equal sign [ˈiːkwəl saɪn] *n* знак рівності *m*
equate [ɪˈkweɪt] *vt, vi* прирівнювати (*perf* прирівняти)
equation [ɪˈkweɪʒən; -ʃən] *n* рівняння *nt*
equator [ɪˈkweɪtə] *n* екватор *m*
Equatorial Guinea [ˌɛkwəˈtɔːrɪəl ˈgɪnɪ] *n* Екваторіальна Гвінея *f*
equestrian [ɪˈkwɛstrɪən] *adj* кінний
equilibrium [ˌiːkwɪˈlɪbrɪəm] *n* (*frml*) рівновага *f*
equine [ˈɛkwaɪn] *adj* кінський
equip [ɪˈkwɪp] *vt* обладнувати (*perf* обладнати)
equipment [ɪˈkwɪpmənt] *n* обладнання *nt*
equipped [ɪˈkwɪpt] *adj* обладнаний
equitable [ˈɛkwɪtəbəl] *adj* справедливий
equivalent [ɪˈkwɪvələnt] *n* еквівалент *m*
era [ˈɪərə] *n* ера *f*
eradicate [ɪˈrædɪkeɪt] *vt* (*frml*) викорінювати (*perf* викорінити)
erase [ɪˈreɪz] *vt* стирати (*perf* стерти)
erect [ɪˈrɛkt] *vt* (*frml*) споруджувати (*perf* спорудити) ▷ *adj* прямий
Eritrea [ˌɛrɪˈtreɪə] *n* Еритрея *f*
erode [ɪˈrəʊd] *vt, vi* роз'їдати (*perf* роз'їсти)
erosion [ɪˈrəʊʒən] *n* ерозія *f*
err [ɜː] *vi* (*frml*) помилятися (*perf* помилитися)
errand [ˈɛrənd] *n* доручення *nt*
erratic [ɪˈrætɪk] *adj* мінливий
erroneous [ɪˈrəʊnɪəs] *adj* помилковий
error [ˈɛrə] *n* помилка *f*
erstwhile [ˈɜːstˌwaɪl] *adj* (*frml*) колишній
erupt [ɪˈrʌpt] *vi* вивергати(ся) (*perf* вивергнути(ся))
escalate [ˈɛskəˌleɪt] *vt, vi* посилювати(ся) (*perf* посилити(ся))
escalator [ˈɛskəˌleɪtə] *n* ескалатор *m*
escape [ɪˈskeɪp] *n* втеча *f* ▷ *vi* втікати (*perf* втекти)
escapism [ɪˈskeɪpɪzəm] *n* втеча від дійсності *f*
escapist [ɪˈskeɪpɪst] *adj* ескапістський
eschew [ɪsˈtʃuː] *vt* (*frml*) утримуватися (*perf* утриматися) (*від чогось*)
escort [ɪsˈkɔːt] *vt* супроводжувати ▷ *n* [ˈɛskɔːt] ескорт *m*
esoteric [ˌiːsəʊˈtɛrɪk] *adj* (*frml*) езотеричний
especially [ɪˈspɛʃəlɪ] *adv* особливо
espionage [ˈɛspɪəˌnɑːʒ; ˌɛspɪəˈnɑːʒ] *n* (*frml*) шпигунство *nt*
espouse [ɪˈspaʊz] *vt* (*frml*) підтримувати (*perf* підтримати)
essay [ˈɛseɪ] *n* нарис *m*
essence [ˈɛs əns] *n* суть *f*
essential [ɪˈsɛnʃəl] *adj* істотний ▷ *n* предмет першої необхідності *m*
essentially [ɪˈsɛnʃəlɪ] *adv* (*frml*) істотно
establish [ɪˈstæblɪʃ] *vt* запроваджувати (*perf* запровадити)

established [ɪˈstæblɪʃt] *adj* визнаний
establishment [ɪˈstæblɪʃmənt] *n* (*frml*) заснування *nt*
estate [ɪˈsteɪt] *n* маєток *m*
estate agent [ɪˈsteɪt ˈeɪdʒənt] *n* агент із продажу нерухомості *m*
estate car [ɪˈsteɪt kɑː] *n* автомобіль типу «універсал» *m*
esteem [ɪˈstiːm] *n* (*frml*) повага *f*
estimate *n* [ˈɛstɪmət] оцінка *f* ▷ *vt* [ˈɛstɪˌmeɪt] оцінювати (*perf* оцінити)
estimation [ˌɛstɪˈmeɪʃ ən] *n* (*frml*) оцінка *f* (*судження*); розрахунок *m*
Estonia [ɛˈstəʊnɪə] *n* Естонія *f*
Estonian [ɛˈstəʊnɪən] *adj* естонський ▷ *n* (= *person*) естонець (естонка) *m(f)*; (= *language*) естонська мова *f*
estranged [ɪˈstreɪndʒd] *adj* (*frml*) який живе окремо (*про чоловіка або дружину*)
estrogen [ˈɛstrədʒən] *n* (*US*) = **oestrogen**
estuary [ˈɛstjʊrɪ] *n* гирло *nt*
et al. [ɛt æl] *abbr* та ін.
etc. [ɪtˈsɛtrə] *abbr* і т. д.
etch [ɛtʃ] *vt* гравіювати (*perf* виграіювати)
etching [ˈɛtʃɪŋ] *n* офорт *m*
eternal [ɪˈtɜːnl] *adj* вічний
eternity [ɪˈtɜːnɪtɪ] *n* вічність *f*
ethereal [ɪˈθɪərɪəl] *adj* (*frml*) неземний
ethical [ˈɛθɪkl] *adj* моральний
ethics [ˈɛθɪks] *npl* етика *f*
Ethiopia [ˌiːθɪˈəʊpɪə] *n* Ефіопія *f*
Ethiopian [ˌiːθɪˈəʊpɪən] *adj* ефіопський ▷ *n* ефіоп (ефіопка) *m(f)*
ethnic [ˈɛθnɪk] *adj* етнічний
ethos [ˈiːθɒs] *n* (*frml*) дух *m*
etiquette [ˈɛtɪkɛt] *n* етикет *m*
EU [iː juː] *n* Євросоюз *m*
eucalyptus [ˌjuːkəˈlɪptəs] *n* евкаліпт *m*
euphemism [ˈjuːfəmɪzəm] *n* евфемізм *m*
euphoria [juːˈfɔːrɪə] *n* ейфорія *f*
euphoric [juːˈfɒrɪk] *adj* ейфорійний
euro [ˈjʊərəʊ] *n* євро *m*
Europe [ˈjʊərəp] *n* Європа *f*
European [ˌjʊərəˈpiːən] *adj* європейський ▷ *n* європеєць (європейка) *m(f)*
European Union [ˌjʊərəˈpiːən ˈjuːnjən] *n* Євросоюз *m*
evacuate [ɪˈvækjʊˌeɪt] *vt, vi* евакуювати
evacuee [ɪˌvækjʊˈiː] *n* евакуйований (евакуйована) *m(f)*
evade [ɪˈveɪd] *vt* ухилятися (*perf* ухилитися) (*від виконання чогось*)
evaluate [ɪˈvæljʊeɪt] *vt* оцінювати (*perf* оцінити)
evaporate [ɪˈvæpəreɪt] *vt, vi* випаровувати(ся) (*perf* випарувати (ся))
evasion [ɪˈveɪʒən] *n* ухиляння *nt* (*від виконання чогось*)
evasive [ɪˈveɪsɪv] *adj* який ухиляється
eve [iːv] *n* переддень *m*

even ['i:vn] *adj* (*number*) парний; (= *flat and smooth*) рівний ▷ *adv* навіть

evening ['i:vnɪŋ] *n* вечір *m*

evening class ['i:vnɪŋ klɑ:s] *n* вечірнє заняття *nt*

evening dress ['i:vnɪŋ drɛs] *n* вечірня сукня *f*

event [ɪ'vɛnt] *n* подія *f*

eventful [ɪ'vɛntful] *adj* багатий на події

eventual [ɪ'vɛntʃʊəl] *adj* остаточний

eventuality [ɪ,vɛntʃʊ'ælɪtɪ] *n* (*frml*) випадковість *f*

eventually [ɪ'vɛntʃʊəlɪ] *adv* врешті-решт

ever ['ɛvə] *adv* коли-небудь

evergreen ['ɛvəgri:n] *n* вічнозелена рослина *f*

 KEYWORD

every ['ɛvrɪ] *adj* **1** (*each, all*): **every one of them** кожен із них; **every shop in the town was closed** усі крамниці в місті були зачинені
2 (*all possible*) всілякі, усі можливі; **we wish you every success** ми вам бажаємо всіляких успіхів; **I gave you every assistance** я допомагав вам, як тільки міг; **I tried every option** я випробував усі можливі варіанти; **I have every confidence in him** я цілковито впевнений у ньому; **he's every bit as clever as his brother** він такий самий розумний, як і його брат
3 (*showing recurrence*) кожен/кожна; **every week** кожен тиждень, щотижня; **every other car** кожна друга машина; **she visits me every other/third day** вона приходить до мене кожного/щодва дні; **every now and then** час від часу

everybody ['ɛvrɪ,bɒdɪ] *pron* всі

everyday ['ɛvrɪdeɪ] *adj* щоденний

everyone ['ɛvrɪ,wʌn; -wən] *pron* всі

everything ['ɛvrɪθɪŋ] *pron* все

everywhere ['ɛvrɪ,wɛə] *adv* скрізь

evict [ɪ'vɪkt] *vt* виселяти (*perf* виселити)

eviction [ɪ'vɪkʃən] *n* виселення *nt*

evidence ['ɛvɪdəns] *n* доказ *m*

evident ['ɛvɪdənt] *adj* очевидний

evidently ['ɛvɪdəntlɪ] *adv* очевидно

evil ['i:vl] *adj* злий ▷ *n* зло *nt*

evocative [ɪ'vɒkətɪv] *adj* (*frml*) який викликає приємні почуття

evoke [ɪ'vəʊk] *vt* (*frml*) викликати (*perf* викликати) (*почуття, спогади*)

evolution [,i:və'lu:ʃən] *n* еволюція *f*

evolutionary [,i:və'lu:ʃənərɪ] *adj* еволюційний

evolve [ɪ'vɒlv] *vi* еволюціонувати

ewe [ju:] *n* вівця *f*

exacerbate [ɪg'zæsəbeɪt] *vt* (*frml*) загострювати (*perf* загострити) (*хворобу, ситуацію*)

exact [ɪg'zækt] *adj* точний ▷ *vt* (*frml*) домагатися (*perf* домогтися) (*вибачення за щось*)

exacting [ɪg'zæktɪŋ] *adj* вимогливий

exactly [ɪg'zæktlɪ] *adv* точно

exaggerate [ɪg'zædʒə,reɪt] *vt, vi* перебільшувати (*perf* перебільшити)

exaggerated [ɪg'zædʒəreɪtɪd] *adj* перебільшений

exaggeration [ɪg'zædʒə,reɪʃən] *n* перебільшення *nt*

exalt [ɪg'zɔ:lt] *vt* (*frml*) звеличувати (*perf* звеличити)

exalted [ɪg'zɔ:ltɪd] *adj* (*frml*) високий (*про становище*)

exam [ɪg'zæm] *n* іспит *m*

examination [ɪg,zæmɪ'neɪʃən] *n* (*frml*) іспит *m*

examine [ɪg'zæmɪn] *vt* досліджувати (*perf* дослідити)

examiner [ɪg'zæmɪnə] *n* екзаменатор *m*

example [ɪg'zɑ:mpl] *n* приклад *m*

exasperate [ɪg'zɑ:spəreɪt] *vt* дратувати (*perf* роздратувати)

exasperated [ɪg'zɑ:spəreɪtɪd] *adj* роздратований

excavate ['ɛkskəveɪt] *vt* розкопувати (*perf* розкопати) (*проводити розкопки*)

exceed [ɪk'si:d] *vt* (*frml*) перевищувати (*perf* перевищити)

exceedingly [ɪk'si:dɪŋlɪ] *adv* (*old*) надзвичайно

excel [ɪk'sɛl] *vi* вирізняти (ся) (*perf* вирізнити (ся))

excellence ['ɛksələns] *n* висока майстерність

Excellency ['ɛksələnsɪ] *n* високоповажність *f* (*звертання до найвищих офіційних осіб*)

excellent ['ɛksələnt] *adj* відмінний

except [ɪk'sɛpt] *prep* крім

excepted [ɪk'sɛptɪd] *adv* (*frml*) за винятком; **this man excepted, they were a nice group** за винятком цього чоловіка, вони були гарною компанією

excepting [ɪk'sɛptɪŋ] *prep* (*frml*) за винятком

exception [ɪk'sɛpʃən] *n* виняток *m*

exceptional [ɪk'sɛpʃənl] *adj* винятковий

excerpt ['ɛksɜ:pt] *n* уривок *m*

excess ['ɛksɛs] *n* надмір *m* ▷ *adj* зайвий

excess baggage ['ɛksɛs 'bægɪdʒ] *n* надлишок багажу *m*

excessive [ɪk'sɛsɪv] *adj* надмірний

exchange [ɪks'tʃeɪndʒ] *vt* обмінюватися (*perf* обмінятися)

exchange rate [ɪks'tʃeɪndʒ reɪt] *n* курс валют *m*

excise ['ɛksaɪz] *n* акциз *m*

excitable [ɪk'saɪtəbəl] *adj* збудливий (*який легко збуджується*)

excite [ɪkˈsaɪt] *vt* збуджувати (*perf* збудити)

excited [ɪkˈsaɪtɪd] *adj* піднесений

excitement [ɪkˈsaɪtmənt] *n* збудження *nt*

exciting [ɪkˈsaɪtɪŋ] *adj* захопливий

exclaim [ɪkˈskleɪm] *vt* вигукувати (*perf* вигукнути)

exclamation [ˌekskləˈmeɪʃən] *n* вигук *m*

exclamation mark [ˌekskləˈmeɪʃən mɑːk], (US) **exclamation point** *n* знак оклику *m*

exclude [ɪkˈskluːd] *vt* виключати (*perf* виключити)

excluding [ɪkˈskluːdɪŋ] *prep* за винятком

exclusion [ɪkˈskluːʒ ən] *n* виключення *nt*

exclusive [ɪkˈskluːsɪv] *adj* ексклюзивний

exclusively [ɪkˈskluːsɪvlɪ] *adv* виключно

excrete [ɪkˈskriːt] *vt* (*frml*) виділяти з організму

excruciating [ɪkˈskruːʃɪeɪtɪŋ] *adj* нестерпний

excursion [ɪkˈskɜːʃən] *n* екскурсія *f*

excuse *n* [ɪkˈskjuːs] виправдання *nt* ▷ *vt* [ɪkˈskjuːz] вибачати (*perf* вибачити)

execute [ˈeksɪˌkjuːt] *vt* страчувати (*perf* стратити)

execution [ˌeksɪˈkjuːʃən] *n* страта *f*

executive [ɪgˈzekjʊtɪv] *n* виконавчий ▷ *adj* організаційний

executor [ɪgˈzekjʊtə] *n* виконавець заповіту *m*

exemplary [ɪgˈzemplərɪ] *adj* зразковий

exemplify [ɪgˈzemplɪfaɪ] *vt* (*frml*) бути прикладом

exempt [ɪgˈzempt] *adj* звільнений (*від обов'язку*)

exercise [ˈeksəˌsaɪz] *n* (= *school work*) вправа *f*; (*frml: physical*) зарядка *f* ▷ *vi* вправлятися ▷ *vt* (*frml*) користуватися (*perf* скористатися) (*правами, владою*)

exert [ɪgˈzɜːt] *vt* (*frml*) чинити тиск

exhale [eksˈheɪl] *vi* (*frml*) видихати (*perf* видихнути)

exhaust [ɪgˈzɔːst] *n* (= *pipe*) вихлопна труба *f*; (*fumes*) вихлопні гази *npl* ▷ *vt* виснажувати (*perf* виснажити)

exhausted [ɪgˈzɔːstɪd] *adj* виснажений

exhaust fumes [ɪgˈzɔːst fjuːmz] *npl* вихлопні гази *pl*

exhaustion [ɪgˈzɔːstʃən] *n* виснаження *nt*

exhaustive [ɪgˈzɔːstɪv] *adj* вичерпний

exhibit [ɪgˈzɪbɪt] *vt* (*frml*) проявляти (*perf* проявити) (*почуття, риси характеру, якості*) ▷ *n* експонат *m*

exhibition [ˌeksɪˈbɪʃən] *n* виставка *f*

exhibitor [ɪgˈzɪbɪtə] *n* експонент *m*

exhilarating [ɪgˈzɪləreɪtɪŋ] *adj* який веселить

exhilaration [ɪgˌzɪləˈreɪʃən] *n* веселість *f*

exhort [ɪgˈzɔːt] *vt* (*frml*) спонукати (*perf* спонукнути)

ex-husband [eksˈhʌzbənd] *n* колишній чоловік *m*

exile [ˈegzaɪl; ˈeksaɪl] *n* вигнання *nt* ▷ *vt* висилати (*perf* вислати) (*у вигнання*)

exist [ɪgˈzɪst] *vi* існувати

existence [ɪgˈzɪstəns] *n* існування *nt*

existing [ɪgˈzɪstɪŋ] *adj* існуючий

exit [ˈeksɪt] *n* вихід *m* ▷ *vt, vi* (*frml*) виходити (*perf* вийти)

exit visa [ˈeksɪt ˈviːzə] *n* виїзна віза *f*

exodus [ˈeksədəs] *n* масовий від'їзд (*людей із певного місця*)

exorbitant [ɪgˈzɔːbɪtənt] *adj* надмірний

exotic [ɪgˈzɒtɪk] *adj* екзотичний

expand [ɪkˈspænd] *vt, vi* розширювати(ся) (*perf* розширити(ся))

expanse [ɪkˈspæns] *n* простір *m*

expansion [ɪkˈspænʃən] *n* розширення *nt*

expatriate [eksˈpætrɪət] *n* емігрант (емігрантка) *m(f)*

expect [ɪkˈspekt] *vt* очікувати

expectancy [ɪkˈspektənsɪ] *n* очікування *nt*

expectant [ɪkˈspektənt] *adj* який очікує

expectation [ˌekspekˈteɪʃən] *n* сподівання *nt*

expediency [ɪkˈspiːdɪənsɪ] *n* (*frml*) доцільність *f*

expedient [ɪkˈspiːdɪənt] *n* засіб для досягнення мети ▷ *adj* доцільний

expedition [ˌekspɪˈdɪʃən] *n* експедиція *f*

expel [ɪkˈspel] *vt* виключати (*perf* виключити) (*з навчального закладу, колективу*)

expend [ɪkˈspend] *vt* (*frml*) витрачати (*perf* витратити)

expenditure [ɪkˈspendɪtʃə] *n* (*frml*) витрата *f*

expense [ɪkˈspens] *n* ціна *f*

expense account [ɪkˈspens əˈkaʊnt] *n* представницькі витрати *npl*

expenses [ɪkˈspensɪz] *npl* витрати *pl*

expensive [ɪkˈspensɪv] *adj* дорогий

experience [ɪkˈspɪərɪəns] *n* досвід *m*

experienced [ɪkˈspɪərɪənst] *adj* досвідчений

experiment [ɪkˈsperɪmənt] *n* експеримент *m*

experimental [ɪkˌsperɪˈmentəl] *adj* експериментальний

expert [ˈekspɜːt] *n* експерт *m*

expertise [ˌekspɜːˈtiːz] *n* компетенція *f*

expire [ɪkˈspaɪə] *vi* (= *run out*) закінчуватися (*perf* закінчитися)

expiry date [ɪkˈspaɪərɪ deɪt] *n* термін придатності *m*

explain [ɪkˈspleɪn] *vt* пояснювати (*perf* пояснити)

explanation [ˌekspləˈneɪʃən] *n* пояснення *nt*

explanatory [ɪkˈsplænətərɪ] *adj* (*frml*) пояснювальний

explicit [ɪkˈsplɪsɪt] *adj* ясний

explode [ɪkˈspləʊd] *vi* вибухати (*perf* вибухнути)

exploit [ɪkˈsplɔɪt] vt експлуатувати ▷ n [ˈɛksplɔɪt] подвиг m

exploitation [ˌɛksplɔɪˈteɪʃən] n експлуатація f

exploratory [ɪkˈsplɒrətərɪ] adj дослідницький

explore [ɪkˈsplɔː] vt, vi досліджувати (perf дослідити)

explorer [ɪkˈsplɔːrə] n дослідник m

explosion [ɪkˈspləʊʒən] n вибух m

explosive [ɪkˈspləʊsɪv] n вибухова речовина f ▷ adj вибуховий

expo [ˈɛkspəʊ] n виставка f (досягнень промисловості, науки, культури)

exponent [ɪkˈspəʊnənt] n (fml) представник m (теорії, напряму) (f представниця)

export [ˈɛkspɔːt] n експорт m ▷ vt, vi [ɪksˈpɔːt] експортувати

exportable [ɪkˈspɔːtəb əl] adj придатний для експорту

exporter [ˈɛkspɔːtə] n експортер m

expose [ɪkˈspəʊz] vt викривати (perf викрити)

exposed [ɪkˈspəʊzd] adj відкритий

exposition [ˌɛkspəˈzɪʃən] n (fml) виклад m

exposure [ɪkˈspəʊʒə] n незахищеність f

expound [ɪkˈspaʊnd] vt (fml) роз'яснювати (perf роз'яснити)

express [ɪkˈsprɛs] vt виражати (perf виразити) ▷ n експрес m (потяг)

expression [ɪkˈsprɛʃən] n вираження nt

expressive [ɪkˈsprɛsɪv] adj виразний

expulsion [ɪkˈspʌlʃən] n виключення nt (зі школи, організації)

exquisite [ɪkˈskwɪzɪt] adj витончений

extend [ɪkˈstɛnd] vi простягати(ся) (perf простягнути(ся))

extended [ɪkˈstɛndɪd] adj тривалий

extended family [ɪkˈstɛndɪd ˈfæmlɪ] n розширена родина f (батьки, дорослі діти та їх сім'ї)

extension [ɪkˈstɛnʃən] n розширення nt

extension cable [ɪkˈstɛnʃən ˈkeɪbl] n подовжувач m

extensive [ɪkˈstɛnsɪv] adj величезний

extensively [ɪkˈstɛnsɪvlɪ] adv широко

extent [ɪkˈstɛnt] n ступінь m

exterior [ɪkˈstɪərɪə] adj зовнішній ▷ n зовнішній вигляд m

exterminate [ɪkˈstɜːmɪneɪt] vt винищувати (perf винищити)

external [ɪkˈstɜːnl] adj зовнішній

extinct [ɪkˈstɪŋkt] adj вимерлий

extinction [ɪkˈstɪŋkʃən] n вимирання nt

extinguish [ɪkˈstɪŋgwɪʃ] vt (fml) гасити (perf погасити)

extinguisher [ɪkˈstɪŋgwɪʃə] n вогнегасник m

extol, (US) **extoll** [ɪkˈstəʊl] vt вихваляти

extortion [ɪkˈstɔːʃən] n вимагання nt

extortionate [ɪkˈstɔːʃənɪt] adj грабіжницький

extra [ˈɛkstrə] adj додатковий ▷ adv особливо ▷ n націнка

extract [ɪkˈstrækt] vt видобувати (perf видобути) ▷ n [ˈɛkstrækt] уривок m

extradite [ˈɛkstrədaɪt] vt (fml) здійснювати екстрадицію

extraordinary [ɪkˈstrɔːdnrɪ; -dnərɪ] adj надзвичайний

extra time [ˈɛkstrə taɪm] n додатковий час m

extravagance [ɪkˈstrævəgəns] n марнотратство m

extravagant [ɪkˈstrævɪgənt] adj екстравагантний

extravaganza [ɪkˌstrævəˈgænzə] n буфонада f

extreme [ɪkˈstriːm] adj крайній ▷ n крайність f

extremely [ɪkˈstriːmlɪ] adv украй

extremism [ɪkˈstriːmɪzəm] n екстремізм m

extremist [ɪkˈstriːmɪst] n екстреміст m ▷ adj екстремістський

extrovert [ˈɛkstrəvɜːt] adj екстравертний ▷ n екстраверт m

exuberance [ɪgˈzjuːbərəns] n життєрадісність f

exuberant [ɪgˈzjuːbərənt] adj життєрадісний

exude [ɪgˈzjuːd] vt, vi (fml) випромінювати(ся)

ex-wife [ɛksˈwaɪf] n колишня дружина f

eye [aɪ] n око nt ▷ vt розглядати (perf порозглядати) (уважно дивитися)

eyeball [ˈaɪbɔːl] n очне яблуко nt ▷ vt (inf) витріщатися (perf витріщитися)

eyebrow [ˈaɪˌbraʊ] n брова f

eye-catching [ˈaɪkætʃɪŋ] adj привабливий

eye drops [aɪ drɒps] npl очні краплі pl

eyelash [ˈaɪˌlæʃ] n вія f

eyelid [ˈaɪˌlɪd] n повіка f

eyeliner [ˈaɪˌlaɪnə] n підводка для очей f

eye-opener [ˈaɪəʊpənə] n (inf) одкровення nt

eye shadow [aɪˈʃædəʊ] n тіні для повік pl

eyesight [ˈaɪˌsaɪt] n зір m

eyesore [ˈaɪsɔː] n більмо на оці nt (фразеологізм)

eyewitness [ˈaɪˌwɪtnɪs] n свідок m

fable ['feɪbəl] n байка f

fabric ['fæbrɪk] n тканина f

fabricate ['fæbrɪkeɪt] vt фабрикувати (*perf* сфабрикувати)

fabulous ['fæbjʊləs] adj (*inf*) дивовижний

facade [fə'sɑːd] n фасад m

face [feɪs] n обличчя nt ▷ vt бути зверненим до

face cloth [feɪs klɒθ] n рушничок для обличчя m

faceless ['feɪsləs] adj безликий

facet ['fæsɪt] n аспект m

face value [feɪs 'væljuː] n номінальна вартість f

facial ['feɪʃəl] adj лицьовий ▷ n догляд за обличчям m

facilitate [fə'sɪlɪteɪt] vt сприяти (*perf* посприяти)

facilitator [fə'sɪlɪteɪtə] n (*frml*) посередник (посередниця) m(f)

facilities [fə'sɪlɪtɪz] npl устаткування nt

facility [fə'sɪlɪtɪ] n вигоди fpl; **recreational facilities** місця відпочинку й розваг

fact [fækt] n факт m

fact-finding ['fæktfaɪndɪŋ] adj розслідування обставин nt; **a UN fact-finding mission** дипломатична місія ООН з рослідування обставин чогось

faction ['fækʃən] n фракція f

factional ['fækʃənəl] adj фракційний

fact of life [fækt əv laɪf] n правда життя f

factor ['fæktə] n чинник m

factory ['fæktərɪ] n фабрика f

fact sheet [fækt ʃiːt] n короткий документ з інформацією на певну тему

factual ['fæktʃʊəl] adj фактичний

faculty ['fækəltɪ] n здібність f

fad [fæd] n примха f

fade [feɪd] vt, vi бляknути

faeces, (US) **feces** ['fiːsiːz] n (*frml*) кал m

fail [feɪl] vt, vi зазнавати невдачі

failing ['feɪlɪŋ] n недолік m

failure ['feɪljə] n невдача f

faint [feɪnt] adj слабкий ▷ vi зомлівати (*perf* зомліти)

fair [fɛə] adj (= *just*) справедливий; (= *blond*) білявий ▷ n ярмарок m

fairground ['fɛə,graʊnd] n ярмаркова площа f

fairly ['fɛəlɪ] adv досить

fairness ['fɛənɪs] n справедливість f

fair play [fɛə pleɪ] n чесна гра f

fairway ['fɛəweɪ] n коротка трава на полі для гри в гольф

fairy ['fɛərɪ] n фея f

fairy tale ['fɛərɪ teɪl] n казка f

faith [feɪθ] n віра f

faithful ['feɪθfʊl] adj вірний

faithfully ['feɪθfʊlɪ] adv вірно

fake [feɪk] adj підробний ▷ n підробка f ▷ vt підробляти (*perf* підробити) (*фальсифікувати*)

fall [fɔːl] n падіння nt ▷ vi (*pres sing* **falls**, *pres part* **falling**, *pt* **fell**, *pp* **fallen**) падати; **fall down** [fɔːl daʊn] vi падати вниз; **fall for** [fɔːl fɔː] vt закохуватися; **fall out** [fɔːl aʊt] vi випадати

fallacy ['fæləsɪ] n хибний погляд m

fallout ['fɔːlaʊt] n радіоактивні опади npl; наслідок m (*негативний*)

false [fɔːls] adj хибний

false alarm [fɔːls ə'lɑːm] n фальшива тривога f

false start [fɔːls stɑːt] n невдалий початок m

falsify ['fɔːlsɪfaɪ] vt фальсифікувати (*perf* сфальсифікувати)

falter ['fɔːltə] vi слабнути (*perf* ослабнути) (*про тенденцію або явище*)

fame [feɪm] n слава f

famed [feɪmd] adj славнозвісний

familiar [fə'mɪlɪə] adj знайомий

familiarize [fə'mɪljəraɪz] vt ознайомлювати (ся) (*perf* ознайомити (ся))

family ['fæmɪlɪ; 'fæmlɪ] n сім'я f

famine ['fæmɪn] n голод m

famous ['feɪməs] adj знаменитий

famously ['feɪməslɪ] adv загальновідомо

fan [fæn] n прихильник m ▷ vt обмахувати (*perf* обмахнути)

fanatic [fə'nætɪk] n фанатик m

fanatical [fə'nætɪk əl] adj фанатичний

fan belt [fæn bɛlt] n ремінь вентилятора m

fancier ['fænsɪə] n знавець m

fanciful ['fænsɪfʊl] adj химерний

fan club [fæn klʌb] n фан-клуб m

fancy ['fænsɪ] adj фантастичний; (*decorative*) прикрашений ▷ vt (*inf*) хотіти

fancy dress ['fænsɪ drɛs] n маскарадний костюм m

fanfare ['fænfɛə] n фанфара f

fang [fæŋ] n ікло nt

fantasize ['fæntəsaɪz] vi фантазувати (perf пофантазувати)

fantastic [fæn'tæstɪk] adj (inf) фантастичний

fantasy ['fæntəsɪ] n фантазія ▷ adj уявний

fanzine ['fænziːn] n журнал фанатів чогось, створюваний фанатами

FAQ [ef eɪ kjuː] abbr часті запитання ntpl

far [fɑː] adj далекий ▷ adv далеко

faraway [ˌfɑːrə'weɪ] adj далекий

farce [fɑːs] n фарс m

farcical ['fɑːsɪkəl] adj фарсовий

fare [feə] n плата за проїзд f ▷ vi поживати (про рівень успішності)

Far East [fɑː iːst] n Далекий Схід m

farewell! [feə'wel] excl бувайте!

far-fetched [ˌfɑː'fetʃt] adj штучний

farm [fɑːm] n ферма f ▷ vt, vi обробляти землю (perf обробити землю)

farmer ['fɑːmə] n фермер m

farmhouse ['fɑːmˌhaʊs] n фермерський будинок m

farming ['fɑːmɪŋ] n фермерство nt

farmland ['fɑːmlænd] n земля, придатна для обробки f

farmyard ['fɑːmjɑːd] n двір ферми m

Faroe Islands ['feərəʊ 'aɪləndz] npl Фарерські острови mpl

far off [ˌfɑːr 'ɒf] adj далекий

far out [fɑːr aʊt] adj (inf) віддалений

far-reaching [ˌfɑː'riːtʃɪŋ] adj далекосяжний

fascinate ['fæsɪneɪt] vt захоплювати (perf захопити (зачаровувати)

fascinated ['fæsɪneɪtɪd] adj зачарований

fascinating ['fæsɪˌneɪtɪŋ] adj захопливий

fascination [ˌfæsɪ'neɪʃən] n зачарування nt

fashion ['fæʃən] n мода f

fashionable ['fæʃənəbəl] adj модний

fast [fɑːst] adj швидкий ▷ adv швидко ▷ vi постити(ся) (perf попостити(ся))

fasten ['fɑːsən] vt, vi застібати (perf застебнути); **to fasten the seatbelt** пристібнути пасок безпеки

fastening ['fɑːsənɪŋ] n застібка f

fast food [fɑːst fuːd] n фаст-фуд m

fastidious [fæ'stɪdɪəs] adj вимогливий

fast lane [fɑːst leɪn] n швидкісний ряд m (на трасі)

fast track [fɑːst træk] n найкоротший шлях (до мети) m ▷ vt прискорювати (perf прискорити)

fat [fæt] adj огрядний ▷ n жир m

fatal ['feɪtl] adj фатальний

fatality [fə'tælɪtɪ] n (frml) смерть f (від нещасного випадку)

fat cat [fæt kæt] n (inf) грошовий мішок m (багата людина)

fate [feɪt] n доля f

fated ['feɪtɪd] adj приречений

fateful ['feɪtfʊl] adj фатальний

father ['fɑːðə] n батько m

fatherhood ['fɑːðəhʊd] n батьківство nt

father-in-law ['fɑːðə ɪn lɔː] n (wife's father) тесть m; (husband's father) свекор m

fatherland ['fɑːðəlænd] n батьківщина f

fatigue [fə'tiːg] n втома f

fattening ['fætənɪŋ] adj який спричиняє ожиріння

fatty ['fætɪ] adj жирний

faucet ['fɔːsɪt] n (US) = **tap**

fault [fɔːlt] n провина f ▷ vt засуджувати (perf засудити)

faultless ['fɔːltləs] adj бездоганний

faulty ['fɔːltɪ] adj несправний

fauna ['fɔːnə] n фауна f

favour, (US) **favor** ['feɪvə] n прихильність f

favourable, (US) **favorable** ['feɪvərəbəl] adj прихильний

favourite, (US) **favorite** ['feɪvərɪt; 'feɪvrɪt] adj улюблений ▷ n улюбленець m, улюблениця f

favouritism, (US) **favoritism** ['feɪvrɪtɪzəm] n фаворитизм m

fax [fæks] n факс m ▷ vt передавати факсом

fear [fɪə] n страх m ▷ vt боятися

fearful ['fɪəfʊl] adj (frml) наляканий

fearless ['fɪələs] adj безстрашний

fearsome ['fɪəsəm] adj страшний

feasible ['fiːzəbl] adj можливий

feast [fiːst] n бенкет m ▷ vi насолоджуватися (perf насолодитися)

feat [fiːt] n подвиг m

feather ['feðə] n перо nt

feathered ['feðəd] adj вкритий пір'ям

featherweight ['feðəweɪt] n напівлегка вага (у боксі)

feature ['fiːtʃə] n особливість f ▷ vt виконувати головну роль (perf виконати головну роль)

February ['februərɪ] n лютий m

feces ['fiːsiːz] npl (US) = **faeces**

fed [fed] pt, pp of **feed**

federal ['fedərəl] adj федеральний

federalism ['fedərəlɪzəm] n федералізм m

federalist ['fedərəlɪst] adj федералістський

federated ['fedəreɪtɪd] adj федеративний

federation [ˌfedə'reɪʃən] n федерація f

fed up [fed ʌp] adj (inf) незадоволений

fee [fiː] n платня f

feeble ['fiːbl] adj кволий

feed [fiːd] vt (pres sing **feeds**, pres part **feeding**, pt, pp **fed**) годувати ▷ n корм m

feedback ['fiːdˌbæk] n відгук m

feeder ['fiːdə] n допоміжний

feel [fiːl] vt (pres sing **feels**, pres part **feeling**, pt, pp **felt**) (= touch) відчувати ▷ vb +complement (= have a particular feeling) почуватися

feel-good ['fiːlgʊd] adj оптимістичний

feeling ['fiːlɪŋ] n почуття nt

feign [feɪn] vt (frml) прикидатися (perf прикинутися)

feisty ['faɪstɪ] adj відважний

fell [fel] pt of **fall**

fellowship ['feləʊʃɪp] n товариство nt

felony ['felənɪ] n фелонія f (тяжкий злочин)

felt [felt] n фетр m

felt-tip ['felt,tɪp] n фломастер m

female ['fiːmeɪl] adj жіночий ▷ n жінка f

feminine ['femɪnɪn] adj жіночий

femininity [,femɪ'nɪnɪtɪ] n жіночість f

feminism ['femɪnɪzəm] n фемінізм m

feminist ['femɪnɪst] n фемініст m, феміністка f ▷ adj феміністський

fen [fen] n болото nt

fence [fens] n паркан m ▷ vt обгороджувати (perf обгородити)

fencing ['fensɪŋ] n фехтування nt

fend [fend] vi дбати про себе (perf подбати про себе)

fender ['fendə] n (US) = **mudguard**

fennel ['fenl] n фенхель m

ferment ['fɜː,ment] n хвилювання nt

fern [fɜːn] n папороть f

ferocious [fə'rəʊʃəs] adj лютий

ferocity [fə'rɒsɪtɪ] n жорстокість f

ferret ['ferɪt] n тхір m

ferry ['ferɪ] n пором m ▷ vt перевозити (perf перевезти)

fertile ['fɜːtaɪl] adj родючий

fertilize ['fɜːtɪlaɪz] vt запліднювати (perf запліднити)

fertilizer ['fɜːtɪ,laɪzə] n добриво nt

fervent ['fɜːvənt] adj палкий

fervour, (US) **fervor** ['fɜːvə] n (frml) пристрасть f

fester ['festə] vi мучити (perf замучити) (про ситуацію, проблему, почуття)

festival ['festɪvl] n фестиваль m

festive ['festɪv] adj святковий

festivity [fes'tɪvɪtɪ] n святкування nt

festoon [fes'tuːn] vt прикрашати гірляндами (perf прикрасити гірляндами)

fetch [fetʃ] vt принести

fete [feɪt] vt вшановувати (perf вшанувати)

feud [fjuːd] n ворожнеча f

feudal ['fjuːdl] adj феодальний

feudalism ['fjuːdəlɪzəm] n феодалізм m

fever ['fiːvə] n гарячка f

feverish ['fiːvərɪʃ] adj гарячковий

few [fjuː] adj кілька ▷ pron декілька

fewer [fjuːə] adj менше

fiancé [fɪ'ɒnseɪ] n наречений m

fiancée [fɪ'ɒnseɪ] n наречена f

fiasco [fɪ'æskəʊ] n невдача f

fibre, (US) **fiber** ['faɪbə] n волокно nt

fibreglass, (US) **fiberglass** ['faɪbə,glɑːs] n скловолокно nt

fibre optics ['faɪbə' ɒptɪks] n волоконна оптика f ▷ adj волоконно-оптичний

fickle ['fɪkəl] adj непостійний

fiction ['fɪkʃən] n белетристика f

fictional ['fɪkʃənəl] adj вигаданий

fictitious [fɪk'tɪʃəs] adj вигаданий

fiddle ['fɪdəl] vi вертіти в руках (perf повертіти в руках) ▷ n скрипка f; **to fiddle with sth** вертіти щось у руках

fiddler ['fɪdlə] n скрипаль (скрипалька) m(f)

fidelity [fɪ'delɪtɪ] n (frml) вірність f

fidget ['fɪdʒɪt] vi вертіти (perf повертіти); **fidget with sth** вертіти щось у руках

field [fiːld] n поле nt ▷ vi зловити м'яч і відкинути його своєму гравцю (у бейсболі, крикеті)

fielder ['fiːldə] n польовий гравець (у бейсболі, крикеті)

fierce [fɪəs] adj лютий

fiery ['faɪərɪ] adj (liter) вогненний

fifteen ['fɪf'tiːn] num п'ятнадцять

fifteenth ['fɪf'tiːnθ] adj п'ятнадцятий

fifth [fɪfθ] adj п'ятий

fiftieth ['fɪftɪəθ] adj п'ятдесятий; **today is her fiftieth day as Prime Minister** сьогодні її п'ятдесятий день на посаді прем'єр-міністра

fifty ['fɪftɪ] num п'ятдесят

fifty-fifty ['fɪftɪ,fɪftɪ] adj (inf) порівну ▷ adv (inf) нарівно

fig [fɪg] n інжир m

fight [faɪt] (pres sing **fights**, pres part **fighting**, pt, pp **fought**) n боротьба f ▷ vt, vi боротися

fighter ['faɪtə] n винищувач m

fighting ['faɪtɪŋ] n сутичка f

figurative ['fɪgərətɪv] adj переносний (алегоричний)

figure ['fɪgə; 'fɪgjər] n цифра f; **figure out** [fɪgə aʊt] vt (inf) зрозуміти

figurehead ['fɪgəhed] n підставна особа f

Fiji ['fiːdʒiː; fiː'dʒiː] n Фіджі n ind

file [faɪl] n (for documents) папка f; (= tool) напилок m ▷ vt (document) архівувати; (object) підпилювати

filing cabinet ['faɪlɪŋ 'kæbɪnɪt] n шафка з шухлядами f

Filipino [,fɪlɪ'piːnəʊ] adj філіппінський ▷ n філіппінець (філіппінка) m(f)

fill [fɪl] vt, vi заповнювати; **fill in** [fɪl ɪn] vt заповнювати; **fill up** [fɪl ʌp] vt наповнювати

filler ['fɪlə] n наповнювач m

fillet ['fɪlɪt] n філе nt ▷ vt готувати філе

filling ['fɪlɪŋ] n пломба f (зубна) ▷ adj ситний

film [fɪlm] n фільм m

filming ['fɪlmɪŋ] n кінозйомка f

film-maker ['fɪlm,meɪkə] n кінорежисер m

film star [fɪlm stɑː] n кінозірка f

filter ['fɪltə] n фільтр m ▷ vt фільтрувати

filth [fɪlθ] n бруд m

filthy ['fɪlθɪ] adj брудний

fin [fɪn] n плавець m (риби)

final ['faɪnl] adj остаточний ▷ n фінал m

finale [fɪ'nɑːlɪ] n фінал m

finalist ['faɪnəlɪst] n фіналіст (фіналістка) m(f)

finalize ['faɪnəˌlaɪz] vt закінчити

finally ['faɪnəlɪ] adv нарешті

finance [fɪˈnæns; ˈfaɪnæns] n фінанси pl ▷ vt фінансувати

financial [fɪˈnænʃəl; faɪ-] adj фінансовий

financial year [fɪˈnænʃəl jɪə] n фінансовий рік m

financier [fɪˈnænsɪə] n фінансист (фінансистка) m(f)

finch [fɪntʃ] n зяблик m

find [faɪnd] vt (pres sing **finds**, pres part **finding**, pt, pp **found** [faʊnd]) знаходити; **find out** [faɪnd aʊt] vt з'ясовувати

finder ['faɪndə] n людина, яка знайшла щось

finding ['faɪndɪŋ] n отримані дані

fine [faɪn] adj (= thin) тонкий; (= sunny) чудовий; (= well or happy) добре ▷ n штраф m ▷ vt штрафувати (perf оштрафувати)

fine art [faɪn ɑːt] n образотворче мистецтво nt

finesse [fɪˈnɛs] n майстерність f

fine-tune [ˌfaɪnˈtjuːn] vt точно регулювати

finger ['fɪŋɡə] n палець m ▷ vt торкатися пальцями (perf торкнутися пальцями)

fingernail ['fɪŋɡəˌneɪl] n ніготь m

fingerprint ['fɪŋɡəˌprɪnt] n відбиток пальця m ▷ vt знімати відбитки пальців

fingertip ['fɪŋɡəˌtɪp] n пучка f (кінчик пальця)

finish ['fɪnɪʃ] n кінець m ▷ vi закінчувати

finished ['fɪnɪʃt] adj закінчений

finite ['faɪnaɪt] adj (frml) обмежений (який має межу)

Finland ['fɪnlənd] n Фінляндія f

Finn [fɪn] n фін (фінка) m(f)

Finnish ['fɪnɪʃ] adj фінський ▷ n (= language) фінська мова f

fir [fɜː] n ялина f

fire [faɪə] n пожежа f

fire alarm [faɪə əˈlɑːm] n пожежна тривога f

firearm ['faɪərˌɑːm] n (frml) вогнепальна зброя f

fire brigade ['faɪə brɪˈɡeɪd], (US) **fire department** n пожежна бригада f

fire engine [faɪə ˈɛndʒɪn] n пожежна машина f

fire escape ['faɪə ɪˈskeɪp] n пожежний вихід m

fire extinguisher [faɪə ɪkˈstɪŋɡwɪʃə] n вогнегасник m

firefighter ['faɪəˌfaɪtə] n пожежник m

fireman ['faɪəmən] n пожежник m

fireplace ['faɪəˌpleɪs] n камін m

firepower ['faɪəˌpaʊə] n вогнева міць f

firewall ['faɪəˌwɔːl] n брандмауер m

firewood ['faɪəˌwʊd] n дрова npl

firework ['faɪəˌwɜːk] n феєрверк m

fireworks ['faɪəˌwɜːks] npl феєрверки mpl

firm [fɜːm] adj твердий ▷ n фірма f

first [fɜːst] adj перший ▷ adv спочатку ▷ n перший

● **FIRST-CLASS POSTAGE**

● У Великобританії можна придбати
● поштові марки першого та другого класу.
● Листи з марками першого класу
● доставляють до місця призначення
● наступного ж дня.

first aid [fɜːst eɪd] n перша допомога f

first-aid kit [ˌfɜːstˈeɪd kɪt] n аптечка f

first-class ['fɜːstˈklɑːs] adj першокласний

first ever [fɜːst ˈɛvə] adj перший (у своєму роді); **first ever meeting** перша зустріч такого роду

first floor [fɜːst flɔː] n другий поверх m

first hand [fɜːst hænd] adj безпосередній (отриманий з перших рук)

firstly ['fɜːstlɪ] adv по-перше

first name [fɜːst neɪm] n ім'я nt

first night [fɜːst naɪt] n прем'єра f

first person [fɜːst ˈpɜːsən] n перша особа f

first-rate [ˌfɜːstˈreɪt] adj першокласний

fir tree [fɜː triː] n ялинка f

fiscal ['fɪskl] adj фіскальний

fiscal year ['fɪskl jɪə] n фінансовий рік m

fish [fɪʃ] n риба f ▷ vi ловити рибу

● **FISH AND CHIPS**

● смажена риба з картоплею фрі. Це
● традиційний британський фаст-фуд, що
● продається в окремих магазинах. Його
● можна з'їсти на місці в магазині або
● забрати з собою запакованим у
● пластикову тару чи паперовий пакет.

fisherman ['fɪʃəmən] n рибалка m

fishery ['fɪʃərɪ] n місця риболовлі

fishing ['fɪʃɪŋ] n рибальство m

fishing boat ['fɪʃɪŋ bəʊt] n рибoловне судно nt

fishing rod ['fɪʃɪŋ rɒd] n вудка f

fishing tackle ['fɪʃɪŋ ˈtækl] n приладдя для рибальства nt

fishmonger ['fɪʃˌmʌŋɡə] n торговець рибою m

fist [fɪst] n кулак m

fit [fɪt] adj придатний ▷ vt пасувати (perf припасувати); **fit in** [fɪt ɪn] vt бути спроможним

fitted ['fɪtɪd] adj облягаючий

fitted carpet ['fɪtɪd ˈkɑːpɪt] n килимове покриття nt

fitted kitchen ['fɪtɪd ˈkɪtʃɪn] n вбудована кухня f

fitted sheet ['fɪtɪd ʃi:t] n простирадло на ґумці nt

fitting ['fɪtɪŋ] n гарнітура f

fitting room ['fɪtɪŋ rʊm] n примірювальна кімната f

five [faɪv] num п'ять

fiver ['faɪvə] n (inf) п'ятірка f (банкнота)

fix [fɪks] vt (= mend) полагодити; (= attach) приєднати

fixed [fɪkst] adj закріплений

fixture ['fɪkstʃə] n арматура f (сантехніка, вбудовані меблі)

fizz [fɪz] vi шипіти (perf прошипіти зашипіти)

fizzy ['fɪzɪ] adj газований (про напої)

flabby ['flæbɪ] adj обвислий

flag [flæg] n прапор m ▷ vi слабшати (perf ослабнути послаблювати) (про ентузіазм, енергію)

flagrant ['fleɪgrənt] adj жахливий

flail [fleɪl] vt, vi розмахувати

flair ['fleə] n здібність f

flak [flæk] n (inf) прочухан m

flake [fleɪk] n лусочка f (чогось)

flamboyant [flæm'bɔɪənt] adj яскравий (помітний)

flame [fleɪm] n полум'я nt

flamenco [flə'mɛŋkəʊ] n фламенко n ind

flaming ['fleɪmɪŋ] adj палаючий

flamingo [flə'mɪŋgəʊ] n фламінго m

flammable ['flæməbl] adj займистий

flan [flæn] n відкритий пиріг із фруктами

flank [flæŋk] n бік m (тварини; частина м'ясної туші) ▷ vt розташовуватися з обох боків

flannel ['flænl] n фланель f

flap [flæp] vt, vi плескати ▷ n відкидне полотнище

flare ['fleə] n сигнальна ракета f

flare-up ['fleərʌp] n спалах m

flash [flæʃ] n спалах m ▷ vt, vi спалахувати

flashback ['flæʃbæk] n ретроспективний епізод m

flashlight ['flæʃlaɪt] n (US) ліхтарик m

flashy ['flæʃɪ] adj (inf) показний

flask [flɑ:sk] n фляга f

flat [flæt] adj плаский ▷ n квартира f

flat-screen ['flæt,skri:n] adj з пласким екраном

flatten ['flætən] vt, vi розгладжувати (perf розгладити)

flatter ['flætə] vt лестити

flattered ['flætəd] adj вдоволений

flattering ['flætərɪŋ] adj уподобливий

flaunt [flɔ:nt] vt хизуватися (perf похизуватися)

flavour, (US) **flavor** ['fleɪvə] n смак m

flavoured, (US) **flavored** ['fleɪvəd] adj приправлений

flavouring, (US) **flavoring** ['fleɪvərɪŋ] n приправа f

flaw [flɔ:] n вада f

flawed [flɔ:d] adj бракований

flawless ['flɔ:ləs] adj бездоганний

flea [fli:] n блоха f

flea market [fli: 'mɑ:kɪt] n блошиний ринок m

fleck [flɛk] n цятка f

fledgling ['flɛdʒlɪŋ] n пташеня nt (яке оперилося) ▷ adj недосвідчений

flee [fli:] (pres sing **flees**, pres part **fleeing**, pt, pp **fled**) vt, vi (written) тікати (perf втекти)

fleece [fli:s] n овеча вовна f ▷ vt (inf) обібрати (perf обібрати) (про гроші)

fleet [fli:t] n флот m

fleeting ['fli:tɪŋ] adj швидкоплинний

Flemish ['flɛmɪʃ] adj фламандський

flesh [flɛʃ] n плоть f

flex [flɛks] n шнур m ▷ vt згинати (perf зігнути)

flexible ['flɛksɪbl] adj гнучкий

flexitime ['flɛksɪ,taɪm] n вільний графік m

flick [flɪk] vt, vi злегка вдарити

flicker ['flɪkə] vi миготіти (perf помиготіти)

flight [flaɪt] n політ m

flight attendant [flaɪt ə'tɛndənt] n стюард (стюардеса) m(f)

flimsy ['flɪmzɪ] adj неміцний

flinch [flɪntʃ] vi здригатися (perf здригнутися)

fling [flɪŋ] vt (pres sing **flings**, pres part **flinging**, pt, pp **flung**) пожбурляти (perf пожбурляти) ▷ n (inf) короткий роман (стосунки)

flip [flɪp] vt клацати (perf клацнути)

flipchart ['flɪptʃɑ:t] n великі аркуші паперу на підставці для презентацій

flip-flops ['flɪp,flɒpz] npl в'єтнамки pl

flippers ['flɪpəz] npl ласти mpl

flirt [flɜ:t] n фліртувати ▷ vi фліртувати

flit [flɪt] vi пурхати (perf пурхнути)

float [fləʊt] vi (in the air) плавати (perf плисти); (on the surface) триматися на поверхні ▷ n поплавець m

flock [flɒk] n зграя f ▷ vi скупчуватися (perf скупчитися)

flood [flʌd] n повінь f ▷ vt, vi затоплювати (perf затопити)

flooding ['flʌdɪŋ] n повінь f

floodlight ['flʌd,laɪt] n прожектор m ▷ vt освітлювати прожектором

floor [flɔ:] n (= storey) поверх m; (room) підлога f ▷ vt приголомшувати (perf приголомшити) (загнати в глухий кут)

floorboard ['flɔ:bɔ:d] n дошка f (підлоги або настилу)

flooring ['flɔ:rɪŋ] n підлога f (матеріал)

flop [flɒp] n невдача f ▷ vi плюхатися (perf плюхнутися)

floppy ['flɒpɪ] adj який бовтається

flora ['flɔ:rə] npl (frml) флора f

floral ['flɔ:rəl] adj рослинний

florist ['flɒrɪst] n флорист m

flotation [fləʊ'teɪʃən] *n* заснування підприємства

flounder ['flaʊndə] *vi* борсатися (*у проблемах*)

flour ['flaʊə] *n* борошно *nt*

flourish ['flʌrɪʃ] *vi* процвітати

flout [flaʊt] *vt* зневажати (*perf* зневажити)

flow [fləʊ] *vi* текти

flow chart [fləʊ tʃɑːt] *n* графік послідовності операцій *m*

flower ['flaʊə] *n* квітка *f* ▷ *vi* квітнути

flowering ['flaʊərɪŋ] *n* розквіт *m* ▷ *adj* квітучий

flu [fluː] *n* грип *m*

fluctuate ['flʌktʊeɪt] *vi* коливатися

fluent ['fluːənt] *adj* вільний

fluff [flʌf] *n* пух *m* ▷ *vt* (*inf*) зазнавати невдачі (*perf* зазнати невдачі)

fluffy ['flʌfɪ] *adj* пухнастий

fluid ['fluːɪd] *n* (*frml*) рідина *f* ▷ *adj* плавний

fluke [fluːk] *n* (*inf*) щаслива випадковість *f*

flung [flʌŋ] *pt, pp of* **fling**

fluorescent [ˌflʊə'resnt] *adj* флуоресцентний

fluoride ['flʊəˌraɪd] *n* фторид *m*

flurry ['flʌrɪ] *n* шквал *m*

flush [flʌʃ] *n* рум'янець *m* ▷ *vi* вкритися рум'янцем

flushed [flʌʃt] *adj* схвильований

flute [fluːt] *n* флейта *f*

flutter ['flʌtə] *vt, vi* тріпотіти

flux [flʌks] *n* постійна зміна *f* (*стану*)

fly [flaɪ] *n* муха *f* ▷ *vi* літати (*perf* політати); **fly away** [flaɪ ə'weɪ] *vi* полетіти

flyer ['flaɪə] *n* льотчик *m*

FM [ˌɛf'ɛm] *abbr* ЧМ *abbr* (*частотна модуляція*)

foal [fəʊl] *n* лоша *nt* ▷ *vi* жеребитися (*perf* ожеребитися)

foam [fəʊm] *n* піна *f*

focal ['fəʊkəl] *adj* фокусний

focal point ['fəʊkəl pɔɪnt] *n* центр уваги *m*

focus ['fəʊkəs] *n* фокус *m* ▷ *vt, vi* зосереджувати(ся) (*perf* зосередити(ся))

focus group ['fəʊkəs gruːp] *n* фокус-група *f*

fodder ['fɒdə] *n* фураж *m*

foe [fəʊ] *n* (*written*) недруг *m*

foetus, (*US*) **fetus** ['fiːtəs] *n* плід *m*

fog [fɒg] *n* туман *m*

foggy ['fɒgɪ] *adj* туманний

fog light [fɒg laɪt] *n* протитуманна фара *f*

foil [fɔɪl] *n* фольга *f* ▷ *vt* зривати (*perf* зірвати) (*план, спробу, злочин*)

fold [fəʊld] *n* згин *m* ▷ *vt* згинати

folder ['fəʊldə] *n* швидкозшивач *m*

folding ['fəʊldɪŋ] *adj* складаний

foliage ['fəʊlɪɪdʒ] *n* листя *nt*

folk [fəʊk] *npl* народ *m* ▷ *adj* народний

folklore ['fəʊkˌlɔː] *n* фольклор *m*

folk music [fəʊk 'mjuːzɪk] *n* фольклорна музика *f*

follow ['fɒləʊ] *vt, vi* іти за

follower ['fɒləʊə] *n* послідовник (послідовниця) *m(f)*

following ['fɒləʊɪŋ] *adj* наступний

follow-on [ˌfɒləʊ'ɒn] *n* продовження *nt*

follow-through [ˌfɒləʊ'θruː] *n* завершення *nt*

follow-up ['fɒləʊˌʌp] *n* продовження *nt*

folly ['fɒlɪ] *n* безглуздя *nt*

fond [fɒnd] *adj* який любить щось; **to be fond of sth** любити щось

font [fɒnt] *n* шрифт *m*

food [fuːd] *n* їжа *f*

food chain [fuːd tʃeɪn] *n* харчовий ланцюг *m*

food poisoning [fuːd 'pɔɪzənɪŋ] *n* харчове отруєння *nt*

food processor [fuːd 'prəʊsesə] *n* комбайн *m*

foodstuff ['fuːdˌstʌf] *n* продукти харчування *mpl*

fool [fuːl] *n* дурень *m* ▷ *vt* обдурювати (*perf* обдурити)

foolish ['fuːlɪʃ] *adj* дурний

foolproof ['fuːlpruːf] *adj* надійний (*безпечний у використанні*)

foot [fʊt] (*pl* **feet**) *n* ступня *f*

● **FOOT**

● міра довжини, дорівнює 30,4 см.

footage ['fʊtɪdʒ] *n* відзнятий матеріал

football ['fʊtˌbɔːl] *n* (= *ball*) футбольний м'яч *m*; (= *game*) футбол *m*

footballer ['fʊtˌbɔːlə] *n* футболіст *m*

football match ['fʊtˌbɔːl mætʃ] *n* футбольний матч *m*

football player ['fʊtˌbɔːl 'pleɪə] *n* футболіст *m*

foothills ['fʊtˌhɪlz] *npl* передгір'я *nt*

foothold ['fʊtˌhəʊld] *n* точка опори *f*

footing ['fʊtɪŋ] *n* опора *f*

footnote ['fʊtnəʊt] *n* примітка *f*

footpath ['fʊtˌpɑːθ] *n* тротуар *m*

footprint ['fʊtˌprɪnt] *n* слід *m*

footstep ['fʊtˌstep] *n* крок *m*

footwear ['fʊtˌweə] *n* взуття *nt*

 KEYWORD

for [fɔː] *prep* **1** (*indicating destination*) для; (*indicating intention*) до; **the train for London/Paris** потяг до Лондона/Парижа; **he left for work** він поїхав на роботу; **he went for the paper/the doctor** він пішов по газету/по лікаря; **is this for me?** це мені/для мене?; **there's a letter for you** вам прийшов лист; **it's time for lunch/bed** час обідати/спати

2 (*indicating purpose*) для, за; **what's it for?**

для чого це?; **give it to me — what for?** дайте мені це – навіщо or нащо?; **to pray for peace** молитися (perf помолитися) за мир

3 (on behalf of, representing): **to speak for sb** говорити від імені когось; **MP for Brighton** депутат парламенту від Брайтона; **he works for the government** він працює на державній службі; **he works for a local firm** він працює на місцеву фірму; **I'll ask him for you** я попрошу його від вашого імені; **to do sth for sb** (on behalf of) робити (perf зробити) щось за когось

4 (because of) через; **for lack of funds** через брак коштів; **for this reason** через це; **for some reason, for whatever reason** з якоїсь причини; **for fear of being criticized** через страх критики; **to be famous for sth** бути відомим завдяки чомусь

5 (with regard to) як на; **it's cold for July** холодно як на липень; **he's tall for fourteen/for his age** він високий як на 14 років/як на свій вік; **a gift for languages** здібності до мов; **for everyone who voted yes, 50 voted no** на кожен голос "за" припадає 50 голосів "проти"

6 (in exchange for, in favour of) за; **I sold it for £5** я продав це за 5 фунтів; **I'm all for it** цілком підтримую

7 (referring to distance): **there are roadworks for five miles** вздовж десяти миль ведуться дорожні роботи; **to stretch for miles** простягатися (perf простягтися) на багато миль; **we walked for miles/for ten miles** ми пройшли багато миль/десять миль

8 (referring to time) на, впродовж; (in past) **he was away for 2 years** він від'їжджав на два роки, його не було два роки/впродовж двох років; (in future) **she will be away for a month** вона від'їжджає на місяць; **can you do it for tomorrow?** ви можете зробити це на завтра?; **it hasn't rained for 3 weeks** уже 3 тижні як не було дощу; **for hours** впродовж годин, годинами

9 (with infinitive clause): **it is not for me to decide** не мені це вирішувати; **there is still time for you to do it** у вас ще є час це зробити; **for this to be possible ...** щоб це стало можливим ...

10 (in spite of) попри; **for all his complaints** попри всі його скарги

11 (in phrases): **for the first/last time** вперше/ востаннє; **for the time being** поки ▷ conj (rather frml) оскільки

forage ['fɒrɪdʒ] vi розшукувати (perf розшукати); **to forage for sth** розшукувати

foray ['fɒreɪ] n спроба f

forbid [fə'bɪd] (pres sing **forbids**, pres part **forbidding**, pt **forbade**, pp **forbidden**) vt забороняти (perf заборонити)

forbidden [fə'bɪdn] adj заборонений

force [fɔːs] n сила f ▷ vt примушувати (perf примусити)

forced [fɔːst] adj примусовий

forceful ['fɔːsfʊl] adj переконливий

forcible ['fɔːsɪbl] adj насильницький

ford [fɔːd] n брід m

forearm ['fɔːrɑːm] n передпліччя nt

forecast ['fɔːˌkɑːst] n прогноз m ▷ vt передбачати (perf передбачити)

forecaster ['fɔːˌkɑːstə] n прогнозист m

foreclose [fɔːˈkləʊz] vi позбавляти права користування (perf позбавити права користування)

foreclosure [fɔːˈkləʊʒə] n позбавлення права викупу закладеного майна

forecourt ['fɔːkɔːt] n двір m (великого приміщення або автозаправки)

forefinger ['fɔːˌfɪŋɡə] n вказівний палець m

forefront ['fɔːfrʌnt] n передній план m

forego [fɔːˈɡəʊ] (pres sing **foregoes**, pres part **foregoing**, pt **forewent**, pp **foregone**) vt (frml) відмовлятися (perf відмовитися)

foreground ['fɔːˌɡraʊnd] n передній план m

forehead ['fɒrɪd; 'fɔːˌhɛd] n чоло nt

foreign ['fɒrɪn] adj іноземний

foreigner ['fɒrɪnə] n іноземець m

foreign exchanges [ˌfɒrɪn ɪksˈtʃeɪndʒɪz] npl іноземні фондові біржі

foreman ['fɔːmən] n бригадир m

foremost ['fɔːməʊst] adj передовий

forename ['fɔːneɪm] n (frml) ім'я nt

forensic [fəˈrɛnsɪk] adj судово-медичний

forerunner ['fɔːˌrʌnə] n попередник m

foresee [fɔːˈsiː] (pres sing **foresees**, pres part **foreseeing**, pt **foresaw**, pp **foreseen**) vt передбачати (perf передбачити)

foreseeable [fɔːˈsiːəbəl] adj передбачуваний

foresight ['fɔːsaɪt] n передбачливість f

forest ['fɒrɪst] n ліс m

forestall [fɔːˈstɔːl] vt запобігати (perf запобігти) (не допустити чогось)

forestry ['fɒrɪstrɪ] n лісництво nt

forever [fɔːˈrɛvə; fə-] adv назавжди

forewent [fɔːˈwɛnt] pt of **forego**

foreword ['fɔːwɜːd] n передмова f

forfeit ['fɔːfɪt] vt втрачати (perf втратити) ▷ n штраф m

forge [fɔːdʒ] vt підроблювати (perf підробити)

forgery ['fɔːdʒərɪ] n підробка f

forget [fəˈɡɛt] (pres sing **forgets**, pres part **forgetting**, pt **forgot**, pp **forgotten**) vt забувати (perf забути)

forgetful [fəˈɡɛtfʊl] adj забудькуватий

forgive [fəˈɡɪv] (pres sing **forgives**, pres part **forgiving**, pt **forgave**, pp **forgiven**) vt пробачати (perf пробачити)

forgiveness [fəˈɡɪvnɪs] n прощення nt

forgiving [fəˈɡɪvɪŋ] *adj* великодушний

forgotten [fəˈɡɒtn] *adj* забутий

fork [fɔːk] *n* виделка *f*

forlorn [fəˈlɔːn] *adj* (liter) покинутий (без догляду, уваги)

form [fɔːm] *n* форма *f*

formal [ˈfɔːməl] *adj* формальний

formality [fɔːˈmælɪtɪ] *n* формальність *f*

formalize [ˈfɔːməlaɪz] *vt* оформлювати (perf оформити)

format [ˈfɔːmæt] *n* формат *m* ▷ *vt* форматувати

formation [fɔːˈmeɪʃ ən] *n* створення *nt*

formative [ˈfɔːmətɪv] *adj* який стосується виховання; **formative years** роки становлення

former [ˈfɔːmə] *adj* колишній

formerly [ˈfɔːməlɪ] *adv* раніше

formidable [fəˈmɪdəbəl] *adj* надзвичайно важкий

formula [ˈfɔːmjʊlə] *n* формула *f*

formulate [ˈfɔːmjʊleɪt] *vt* формулювати (perf сформулювати)

forsake [fəˈseɪk] (pp **forsaken**, press sing **forsakes**, pres part **forsaking**, pt **forsook**) *vt* (liter) кидати (perf кинути) (залишати)

fort [fɔːt] *n* форт *m*

forthcoming [ˌfɔːθˈkʌmɪŋ] *adj* наступний

forthright [ˈfɔːˈraɪt] *adj* відвертий

fortieth [ˈfɔːtɪəθ] *adj* сороковий

fortify [ˈfɔːtɪfaɪ] *vt* укріплювати (perf укріпити)

fortnight [ˈfɔːtˌnaɪt] *n* два тижні

fortress [ˈfɔːtrəs] *n* фортеця *f*

fortunate [ˈfɔːtʃənɪt] *adj* щасливий

fortunately [ˈfɔːtʃənɪtlɪ] *adv* на щастя

fortune [ˈfɔːtʃən] *n* статок *m*

forty [ˈfɔːtɪ] *num* сорок

forum [ˈfɔːrəm] *n* форум *m*

forward [ˈfɔːwəd] *adv* вперед ▷ *vt* відправляти (perf відправити)

forward slash [ˈfɔːwəd slæʃ] *n* скісна риска *f*

fossil [ˈfɒsəl] *n* скам'янілість *f*

fossil fuel [ˈfɒsəl ˈfjuːəl] *n* викопне паливо *nt*

foster [ˈfɒstə] *vt* всиновлювати (чужу дитину) *adj* названий

foster child [ˈfɒstə tʃaɪld] (pl **foster children**) *n* вихованець (вихованка) *m(f)*

foul [faʊl] *adj* брудний ▷ *n* фол *m*

found [faʊnd] *pt, pp of* **find**

foundation [faʊnˈdeɪʃən] *n* підвалина *f*; (= basis) основа *f* ▷ *npl* фундамент *m*

foundations [faʊnˈdeɪʃənz] *npl* фундамент *m*

founded [ˈfaʊndɪd] *adj* заснований; **to be founded on sth** ґрунтуватися на чомусь

founder [ˈfaʊndə] *n* засновник (засновниця) *m(f)* ▷ *vi* провалюватися (perf провалитися) (про план)

founder member [ˈfaʊndə ˈmembə] *n* член-засновник *m*

founding [ˈfaʊndɪŋ] *adj* який стосується заснування

fountain [ˈfaʊntɪn] *n* фонтан *m*

fountain pen [ˈfaʊntɪn pen] *n* авторучка *f*

four [fɔː] *num* чотири

foursome [ˈfɔːsəm] *n* четвірка *f* (група з чотирьох осіб або предметів)

fourteen [ˈfɔːˈtiːn] *num* чотирнадцять

fourteenth [ˈfɔːˈtiːnθ] *adj* чотирнадцятий

fourth [fɔːθ] *adj* четвертий

four-wheel drive [ˈfɔːˌwiːl draɪv] *n* повний привод *m*

fowl [faʊl] *n* свійська птиця *f*

fox [fɒks] *n* лисиця *f*

foyer [ˈfɔɪə] *n* фойє *nt*

fraction [ˈfrækʃən] *n* частка *f* (маленька частина)

fractional [ˈfrækʃənəl] *adj* незначний

fracture [ˈfræktʃə] *n* перелом *m* ▷ *vt, vi* ламати(ся)

fragile [ˈfrædʒaɪl] *adj* тендітний

fragment [ˈfræɡmənt] *n* уламок *m*

fragrance [ˈfreɪɡrəns] *n* аромат *m*

fragrant [ˈfreɪɡrənt] *adj* ароматний

frail [freɪl] *adj* тендітний

frailty [ˈfreɪltɪ] *n* слабкість *f*

frame [freɪm] *n* рама *f* ▷ *vt* поміщати в рамку

frame of mind [freɪm əv maɪnd] *n* настрій *m*

framework [ˈfreɪmˌwɜːk] *n* рамки *npl*

franc [fræŋk] *n* франк *m*

France [frɑːns] *n* Франція *f*

franchise [ˈfræntʃaɪz] *n* договір франшизи *m*

frank [fræŋk] *adj* відвертий

frankly [ˈfræŋklɪ] *adv* відверто

frantic [ˈfræntɪk] *adj* несамовитий

fraud [frɔːd] *n* шахрайство *f*

fraudulent [ˈfrɔːdʒʊlənt] *adj* шахрайський

fraught [frɔːt] *adj* сповнений (проблем, турбот, ризику); **to be fraught with sth** повний чогось

fray [freɪ] *vt, vi* протирати(ся) (perf протерти(ся)) (про одяг)

freak [friːk] *adj* дивний ▷ *n* (inf) фанатик *m*

freckle [ˈfrekəl] *n* ластовиння *nt*

freckles [ˈfreklz] *npl* ластовиння *nt*

free [friː] *adj* (= at liberty) вільний; (= at no cost) безкоштовний ▷ *vt* звільняти (perf звільнити)

freebie [ˈfriːbɪ] *n* (inf) щось, отримане задарма

freedom [ˈfriːdəm] *n* свобода *f*

free kick [friː kɪk] *n* вільний удар *m*

freelance [ˈfriːˌlɑːns] *adj* позаштатний ▷ *adv* позаштатно

freely [ˈfriːlɪ] *adv* (= abundantly) щедро; (= without constraint) вільно

free market [fri: 'mɑ:kɪt] n вільний ринок m

free-range [ˌfri:'reɪndʒ] adj від свійської птиці або тварини, яка знаходиться на вільному вигулі

freestyle ['fri:staɪl] adj вільний стиль m (у спорті); **freestyle swimming** плавання вільним стилем

freeware ['fri:wɛə] n безкоштовне програмне забезпечення nt

freeway ['fri:weɪ] n (US) = **motorway**

freeze [fri:z] vt (food) заморожувати (perf заморозити) ▷ vi (water) замерзати (perf замерзнути)

freezer ['fri:zə] n морозильна камера f

freezing ['fri:zɪŋ] adj крижаний

freezing point ['fri:zɪŋ pɔɪnt] n температура замерзання f, точка замерзання f

freight [freɪt] n фрахт m

freighter ['freɪtə] n вантажне судно nt

French [frɛntʃ] adj французький ▷ n (= language) французька мова f

French beans [frɛntʃ bi:nz] npl спаржева квасоля f

French horn [frɛntʃ hɔ:n] n валторна f

Frenchman ['frɛntʃmən] n француз m

Frenchwoman ['frɛntʃwʊmən] n француженка f

frenetic [frɪ'nɛtɪk] adj шалений

frenzied ['frɛnzɪd] adj божевільний

frenzy ['frɛnzɪ] n шаленство nt

frequency ['fri:kwənsɪ] n частота f

frequent ['fri:kwənt] adj частий

fresco ['frɛskəʊ] n фреска f

fresh [frɛʃ] adj (air, food) свіжий; (water) прісний; свіжий; (= replacing something) новий

fresh air [frɛʃ ɛə] n свіже повітря nt

freshen up ['frɛʃən ʌp] vt освіжити

freshly ['frɛʃlɪ] adv нещодавно (щойно зроблений); **freshly baked bread** свіжовипечений хліб

freshman ['frɛʃmən] n (US) першокурсник (першокурсниця) m(f)

freshwater ['frɛʃˌwɔ:tə] adj прісноводний

freshwater fish ['frɛʃˌwɔ:tə fɪʃ] n прісноводна риба f

fret [frɛt] vi турбуватися

friar ['fraɪə] n чернець m

friction ['frɪkʃən] n тертя nt

Friday ['fraɪdɪ] n п'ятниця f

fridge [frɪdʒ] n холодильник m

fried [fraɪd] adj смажений

friend [frɛnd] n друг m

friendly ['frɛndlɪ] adj товариський

friendship ['frɛndʃɪp] n дружба f

frigate ['frɪɡət] n фрегат m

fright [fraɪt] n переляк m

frighten ['fraɪtn] vt налякати

frightened ['fraɪtənd] adj переляканий

frightening ['fraɪtnɪŋ] adj страшний

frill [frɪl] n оборка f

fringe [frɪndʒ] n (of hair) чубчик m; (= decorative border) торочки fpl; край m (віддалена від центру частина) ▷ adj периферійний

fringed [frɪndʒd] adj оторочений

frivolous ['frɪvələs] adj легковажний

frock [frɒk] n (old) сукня f

frog [frɒɡ] n жаба f

frolic ['frɒlɪk] vi пустувати

 KEYWORD

from [frɒm] prep **1** (indicating starting place, origin etc.) від; (from a person) від; **he is from Cyprus** він з Кіпру; **from London to Glasgow** з Лондона до Глазго; **a letter from my sister** лист від моєї сестри; **a quotation from Dickens** цитата з Діккенса; **to drink from the bottle** пити з пляшки; **where do you come from?** звідки ви? **2** (indicating movement: from inside) з; (: away from) від; (: off) від; (: from behind) з-за; **she ran from the house** вона вибігла з дому; **the car drove away from the house** машина від'їхала від будинку; **he took the magazine from the table** він узяв журнал зі столу; **they got up from the table** вони встали з-за столу **3** (indicating time) з, від; **from two o'clock to** or **until** or **till three (o'clock)** з другої до третьої години; **from January (to August)** з січня (по серпень) **4** (indicating distance: position) від; (: motion) з; **the hotel is one kilometre from the beach** готель розташовано за кілометр від пляжу; **we're still a long way from home** ми все ще далеко від дому **5** (indicating price, number etc.: range) від; **prices range from £10 to £50** ціни від 10 до 50 фунтів (: change) з; **the interest rate was increased from nine per cent to ten per cent** відсоткові ставки зросли з дев'яти до десяти процентів **6** (indicating difference) від; **to be different from sb/sth** відрізнятися від когось/чогось **7** (because of, on the basis of): **from what he says** з того, що він каже; **from what I understand ...** як я розумію, ...; **to act from conviction** діяти за переконанням; **he is weak from hunger** він ослаб від голоду

front [frʌnt] adj передній ▷ n перéд m

frontal ['frʌntəl] adj (frml) фронтальний

front door [frʌnt dɔ:] n вхідні двері npl

frontier ['frʌntɪə; frʌn'tɪə] n кордон m

front line [frʌnt laɪn] n лінія фронту f

front-page ['frʌntˌpeɪdʒ] adj розміщений на першій сторінці

front-runner [ˌfrʌntˈrʌnə] n лідер m (під час змагання)

frost [frɒst] n мороз m

frosting [ˈfrɒstɪŋ] n (US) глазурування nt

frosty [ˈfrɒstɪ] adj морозний

froth [frɒθ] n піна f ▷ vi пінитися (perf спінитися)

frown [fraʊn] vi супитися (perf насупитися)

frozen [ˈfrəʊzn] adj заморожений

frugal [ˈfruːɡəl] adj ощадливий

fruit [fruːt] n фрукт m

fruitful [ˈfruːtfʊl] adj плідний

fruition [fruˈɪʃən] n (frml) здійснення nt (надій, планів)

fruit juice [fruːt dʒuːs] n фруктовий сік m

fruitless [ˈfruːtləs] adj марний

fruit salad [fruːt ˈsæləd] n фруктовий салат m

fruity [ˈfruːtɪ] adj фруктовий (про аромат, присмак)

frustrate [frʌˈstreɪt] vt прикро вражати

frustrated [frʌˈstreɪtɪd] adj засмучений

frustrating [frʌˈstreɪtɪŋ] adj який прикро вражає

fry [fraɪ] (pres sing fries, pres part frying, pt, pp fried) vt смажити

frying pan [ˈfraɪɪŋ pæn] n сковорідка f

fuchsia [ˈfjuːʃə] n фуксія f

fudge [fʌdʒ] n вершкова помадка ▷ vt вигадувати (perf вигадати) (говорити неправду)

fuel [fjʊəl] n пальне nt ▷ vt розпалювати (perf розпалити) (погіршувати)

fugitive [ˈfjuːdʒɪtɪv] n втікач (втікачка) m(f)

fulfil, (US) **fulfill** [fʊlˈfɪl] vt виконувати (perf виконати)

fulfilment [fʊlˈfɪlmənt] n реалізація f, виконання nt

full [fʊl] adj повний

full-blown [ˌfʊlˈbləʊn] adj повноцінний

full-length [ˌfʊlˈleŋθ] adj повний (без скорочень); **full-length film** повнометражний фільм

full moon [fʊl muːn] n повний місяць m

full-page [ˌfʊlˈpeɪdʒ] adj на всю сторінку

full-scale [ˌfʊlˈskeɪl] adj повномасштабний

full-size [ˌfʊlˈsaɪz] adj повнорозмірний

full stop [fʊl stɒp] n крапка f

full-time [ˌfʊlˈtaɪm] adj зайнятий повний робочий день ▷ adv на повну ставку

full up [fʊl ʌp] adj заповнений ущерть; (inf) який пересичується

fully [ˈfʊlɪ] adv повністю

fully fledged [ˈfʊlɪ fledʒd] adj повноцінний

fumble [ˈfʌmbəl] vi намацувати (perf намацати)

fume [fjuːm] vt, vi дратуватися (perf роздратуватися) ▷ npl гази mpl

fun [fʌn] adj веселий ▷ n веселощі pl

function [ˈfʌŋkʃən] n функція f ▷ vi функціонувати

functional [ˈfʌŋkʃənəl] adj функціональний

function key [ˈfʌŋkʃən kiː] n функціональна клавіша f

fundamental [ˌfʌndəˈmɛntəl] adj основний

fundamentalism [ˌfʌndəˈmɛntəlɪzəm] n фундаменталізм m

fundamentally [ˌfʌndəˈmɛntəlɪ] adv фундаментально

fundamentals [ˌfʌndəˈmɛntəlz] npl основи fpl

funding [ˈfʌndɪŋ] n фінансування nt

fundraiser [ˈfʌndˌreɪzə] n акція зі збору коштів

fund-raising [ˈfʌndˌreɪzɪŋ] n збір коштів m

funds [fʌndz] npl кошти pl

funeral [ˈfjuːnərəl] n похорон m

funeral parlour, (US) **funeral parlor** [ˈfjuːnərəl ˈpɑːlə] n бюро ритуальних послуг nt

funfair [ˈfʌnˌfɛə] n ярмарок m

fungal [ˈfʌŋɡəl] adj грибковий

fungus [ˈfʌŋɡəs] (pl **fungi**) n гриб m

funk [fʌŋk] n фанк m (музичний стиль)

funky [ˈfʌŋkɪ] adj у стилі фанк

funnel [ˈfʌnl] n лійка f ▷ vi просочуватися (perf просочитися)

funny [ˈfʌnɪ] adj (= strange) дивакуватий; (= amusing) смішний

fur [fɜː] n хутро nt

fur coat [fɜː kəʊt] n шуба f

furious [ˈfjʊərɪəs] adj розлючений

furnace [ˈfɜːnɪs] n горно nt

furnish [ˈfɜːnɪʃ] vt умеблювати (perf умеблювати)

furnished [ˈfɜːnɪʃt] adj мебльований

furnishings [ˈfɜːnɪʃɪŋz] npl обстановка f (меблі та оздоби будинку)

furniture [ˈfɜːnɪtʃə] n меблі pl

furore [ˈfjʊərɔːr] n гнів m

furrow [ˈfʌrəʊ] n борозна f

furry [ˈfɜːrɪ] adj пухнастий

further [ˈfɜːðə] adj додатковий ▷ adv далі

further education [ˈfɜːðə ˌɛdʒʊˈkeɪʃən] n післядипломна освіта m

• FURTHER EDUCATION
•
• Середня спеціальна освіта, яку
• здобувають у коледжах. Навчання може
• проводитися на основі повного чи
• неповного денного курсу або ж у формі
• вечірніх курсів.

furthermore [ˌfɜːðəˈmɔː] adv (frml) більше того

furthest [ˈfɜːðɪst] adv якнайдалі

furtive [ˈfɜːtɪv] adj таємний

fury [ˈfjʊərɪ] n лють f

fuse, (US) **fuze** [fjuːz] n запобіжник m

fuse box, (US) **fuze box** [fjuːz bɒks] n
електричний щиток m

fuselage ['fjuːzəlɑːʒ] n фюзеляж m

fusion ['fjuːʒən] n сплав m

fuss [fʌs] n метушня f ▷ vi метушитися (perf
заметушитися)

fussy ['fʌsɪ] adj метушливий

futile ['fjuːtaɪl] adj даремний

futility [fjuːˈtɪlɪtɪ] n даремність f

future ['fjuːtʃə] adj майбутній ▷ n
майбутнє nt

futuristic [ˌfjuːtʃəˈrɪstɪk] adj
футуристичний

fuzzy ['fʌzɪ] adj кучерявий

g

Gabon [gəˈbɒn] n Габон m

gadget ['gædʒɪt] n пристрій m

gag [gæg] n кляп m ▷ vt вставляти кляп

gain [geɪn] n зростання nt ▷ vt здобувати
(perf здобути)

gait [geɪt] n (written) хода f

gala ['gɑːlə] n свято nt

galaxy ['gæləksɪ] n галактика f

gale [geɪl] n буря f

gall [gɔːl] n нахабство nt ▷ vt обурювати
(perf обурити)

gallant ['gælənt] adj (old) доблесний

gall bladder [gɔːl ˈblædə] n жовчний міхур m

gallery ['gælərɪ] n галерея f

galley ['gælɪ] n камбуз m

gallon ['gælən] n галон m (англ галон –
4,54 л; амер – 3,78 л)

gallop ['gæləp] n галоп m ▷ vi галопувати

gallstone ['gɔːlˌstəʊn] n жовчний камінь m

galore [gəˈlɔː] adj (inf) у великій кількості

galvanize ['gælvəˌnaɪz] vt пожвавлювати
(perf пожвавити)

Gambia ['gæmbɪə] n Гамбія f

gamble ['gæmbl] vt, vi вести ризиковану
гру ▷ n авантюра f

gambler ['gæmblə] n азартний гравець m

gambling ['gæmblɪŋ] n гра на гроші f

game [geɪm] n (imaginative) гра f; (with rules)
гра f

games console [geɪmz ˈkɒnsəʊl] n
гральна приставка f

game show [geɪm ʃəʊ] n телевізійна гра f

gang [gæŋ] n банда f

gangrene ['gæŋgriːn] n гангрена f

gangster ['gæŋstə] n гангстер m

gap [gæp] n проміжок m

gape [geɪp] vi витріщатися (perf витріщитися)

garage ['gærɑːʒ; -rɪdʒ] n (for repairs)
автомайстерня f; (= shelter for car) гараж m

garbage ['gɑːbɪdʒ] n (US) сміття nt

garbage can ['gɑːbɪdʒ kæn] n (US)
= dustbin

garbage collector [ˈgɑːbɪdʒ kəˈlɛktə] n
(US) = **dustman**

garbled [ˈgɑːbəld] adj перекручений
(неправильний)

garden [ˈgɑːdn] n сад m

garden centre [ˈgɑːdn ˈsɛntə] n магазин
садівництва m

gardener [ˈgɑːdnə] n садівник m

gardening [ˈgɑːdnɪŋ] n садівництво nt

gargle [ˈgɑːgəl] vi полоскати (perf
пополоскати) (горло)

garish [ˈgɛərɪʃ] adj занадто яскравий

garland [ˈgɑːlənd] n гірлянда f

garlic [ˈgɑːlɪk] n часник m

garment [ˈgɑːmənt] n предмет одягу m

garner [ˈgɑːnə] vt (frml) збирати (perf зібрати)

garnish [ˈgɑːnɪʃ] n гарнір m ▷ vt
прикрашати (perf прикрасити) (страву)

garrison [ˈgærɪsən] n гарнізон m ▷ vt
розміщувати гарнізон

gas [gæs] n газ m ▷ vt отруювати газом (perf
отруїти газом)

gas cooker [gæs ˈkʊkə] n газова плита f

gash [gæʃ] n поріз m (глибокий) ▷ vt
наносити глибоку рану; **a gash above his
right eye** глибока рана над правим оком

gasket [ˈgæskɪt] n прокладка f

gas mask [gæs mɑːsk] n протигаз m

gasoline [ˈgæsəliː] n (US) = **petrol**

gasp [gɑːsp] n утруднене дихання ▷ vi
задихатися (perf задихнутися) (через
несподіванку, захват або біль)

gas tank [gæs tæŋk] n (US) = **petrol tank**

gastric [ˈgæstrɪk] adj шлунковий

gate [geɪt] n ворота f

gateau [ˈgætəʊ] n пиріг m

gateway [ˈgeɪtˌweɪ] n ворота npl

gather [ˈgæðə] vt, vi збирати(ся)

gathering [ˈgæðərɪŋ] n збори npl

gaudy [ˈgɔːdɪ] adj крикливий (надто яскравий)

gauge [geɪdʒ] n вимірювальний прилад m
▷ vt вимірювати

gaunt [gɔːnt] adj схудлий

gauntlet [ˈgɔːntlɪt] n рукавички з крагами fpl

gave [geɪv] pt of **give**

gay [geɪ] adj гомосексуальний

gaze [geɪz] vi вдивлятися ▷ n (written)
пильний погляд

gazette [gəˈzɛt] n газета f

GCSE [dʒiː siː ɛs iː] n атестат про середню
освіту m

* **GCSE**
*
* атестат про середню освіту. Школярі
* складають іспити для отримання цього
* сертифіката у віці 15-16 років. Частина
* предметів, винесених на іспит, є
* обов'язковими, частина – вибірковими.
* Цей атестат не дає права на вступ до
* університету.

GDP [dʒiː diː piː] n ВВП m (валовий
внутрішній продукт)

gear [gɪə] n (in car or on bicycle) передача f;
(= clothes and equipment) приладдя m

gearbox [ˈgɪəbɒks] n коробка передач f

gear lever [gɪə ˈliːvə], (US) **gearshift**
[ˈgɪəʃɪft] n важіль перемикання передач m

gear stick [gɪə stɪk] n важіль перемикання
передач m

gee [dʒiː] excl (inf) нічого собі! (для
вираження здивування, симпатії)

geese [giːs] pl of **goose**

gel [dʒɛl] n гель m

gelding [ˈgɛldɪŋ] n мерин m

gem [dʒɛm] n коштовний камінь m

Gemini [ˈdʒɛmɪˌnaɪ; -ˌniː] n Близнюки pl

gender [ˈdʒɛndə] n рід m

gene [dʒiːn] n ген m

general [ˈdʒɛnərəl; ˈdʒɛnrəl] adj загальний
▷ n генерал m

general anaesthetic, (US) **general
anesthetic** [ˈdʒɛnərəl ˌænɪsˈθɛtɪk] n
загальна анестезія f

general election [ˈdʒɛnərəl ɪˈlɛkʃən] n
загальні вибори pl

generalization [ˌdʒɛnrəlaɪˈzeɪʃən] n
узагальнення nt

generalize [ˈdʒɛnrəˌlaɪz] vt, vi
узагальнювати (perf узагальнити)

generalized [ˈdʒɛnrəˌlaɪzd] adj
узагальнений

general knowledge [ˈdʒɛnərəl ˈnɒlɪdʒ] n
загальні знання ntpl

generally [ˈdʒɛnrəlɪ] adv взагалі

general public [ˈdʒɛnərəl ˈpʌblɪk] n
громадськість f; **the general public**
громадськість

general strike [ˈdʒɛnərəl straɪk] n
загальний страйк m

generate [ˈdʒɛnəˌreɪt] vt створювати (perf
створити)

generation [ˌdʒɛnəˈreɪʃən] n покоління nt

generator [ˈdʒɛnəˌreɪtə] n генератор m

generic [dʒɪˈnɛrɪk] adj родовий
(характерний для певного типу)

generosity [ˌdʒɛnəˈrɒsɪtɪ] n щедрість f

generous [ˈdʒɛnərəs; ˈdʒɛnrəs] adj щедрий

genetic [dʒɪˈnɛtɪk] adj генний

genetically-modified
[dʒɪˈnɛtɪklɪˈmɒdɪˌfaɪd] adj
генномодифікований

genetics [dʒɪˈnɛtɪks] n генетика f

genial [ˈdʒiːnɪəl] adj добродушний

genital [ˈdʒɛnɪtəl] adj генітальний

genitals [ˈdʒɛnɪtəlz] npl геніталії npl

genius [ˈdʒiːnɪəs; -njəs] n геній m

genre [ˈʒɒnrə] n (frml) жанр m

genteel [dʒɛnˈtiːl] adj шляхетний

gentle [ˈdʒɛntl] adj ніжний

gentleman [ˈdʒɛntlmən] n джентльмен m

gently [ˈdʒɛntlɪ] adv ніжно

gents [dʒɛnts] n чоловічий туалет m

genuine ['dʒɛnjʊɪn] adj справжній

genus ['dʒiːnəs] n рід m (біологічний)

geographical [ˌdʒiːə'ɡræfɪkəl] adj
географічний

geography [dʒɪ'ɒɡrəfɪ] n географія f

geological [ˌdʒiːə'lɒdʒɪkəl] adj геологічний

geology [dʒɪ'ɒlədʒɪ] n геологія f

geometric [ˌdʒiːə'mɛtrɪk] adj
геометричний

geometry [dʒɪ'ɒmɪtrɪ] n геометрія f

Georgia ['dʒɔːdʒə] n (= US state) Джорджія f;
(= country) Грузія f

Georgian ['dʒɔːdʒən] adj (= from Georgia)
грузинський ▷ n (= person) грузин (грузинка)
m(f)

geranium [dʒɪ'reɪnɪəm] n герань f

gerbil ['dʒɜːbɪl] n піщанка f

geriatric [ˌdʒɛrɪ'ætrɪk] adj геріатричний ▷ n
хвора літня людина f

germ [dʒɜːm] n мікроб m

German ['dʒɜːmən] adj німецький ▷ n
(= person) німець (німкеня) m(f); (= language)
німецька f

German measles ['dʒɜːmən 'miːzəlz] n
краснуха f

Germany ['dʒɜːmənɪ] n Німеччина f

germinate ['dʒɜːmɪneɪt] vt, vi проростати
(perf прорости)

gerund ['dʒɛrʌnd] n віддієслівний іменник,
що позначає дію або стан

gesture ['dʒɛstʃə] n жест m ▷ vi
жестикулювати

KEYWORD

get [ɡɛt] (pres sing **gets**, pres part **getting**, pt,
pp **got**, (US) pp **gotten**) vi **1** (become) ставати
(perf стати); **it's getting late** стає пізно; **to
get old** старіти (perf постаріти); **to get tired**
втомлюватися (perf втомитися); **to get cold**
мерзнути (perf змерзнути); **to get annoyed
easily** легко дратуватися; **he was getting
bored** він починав нудитися; **he gets
drunk every weekend** він напивається
кожні вихідні; (be) **he got killed** його вбито;
when do I get paid? коли мені заплатять?

2 (go): **to get to/from** діставатися дістатися
до/від; **how did you get here?** як ви сюди
потрапили?

3 (begin): **to get to know sb** познайомитися
з кимось; **I'm getting to like him** він
починає подобатися мені; **let's get
started** давайте почнемо

▷ modal aux vb: **you've got to do it** ви
мусите це зробити

▷ vt **1**: **to get sth done** робити (perf зробити)
щось; **to get the washing done** прати (perf
попрати); **to get the dishes done** мити (perf
помити) посуд; **to get the car started** or **to
start** заводити (perf завести) машину; **to**

get sb to do змушувати (perf змусити)
когось; **to get sb ready** збирати (perf
зібрати) когось; **to get sth ready** готувати
(perf приготувати) щось; **to get sb drunk**
напоювати (perf напоїти) когось; **she got
me into trouble** вона втягла мене в
неприємності

2 (obtain: permission, results) отримувати (perf
отримати); (= find: job, flat) знаходити (perf
знайти); (person: call) додзвонюватися (perf
додзвонитися); (pick up) підбирати (perf
підібрати); (= call out: doctor, plumber etc.)
викликати (perf викликати); (object: carry)
отримувати (perf отримати); (buy) придбати;
(deliver) доставляти (perf доставити); **we
must get him to hospital** ми мусимо
доставити його до лікарні; **do you think
we'll get the piano through the door?** як
ви гадаєте, ми пронесемо піаніно через
двері?; **I'll get the car** я піду візьму
машину; **can I get you something to
drink?** принести вам чогось випити?

3 (receive) отримувати (perf отримати); **to
get a reputation** зажити поганої
репутації; **what did you get for your
birthday?** що вам подарували на день
народження?

4 (grab) хапати (perf вхопити); (hit) **the
bullet got him in the leg** куля поцілила
йому в ногу

5 (catch, take): **we got a taxi** ми взяли таксі;
did she get her plane? вона встигла на
літак?; **what train are you getting?** яким
потягом ви їдете?; **where do I get the
train?** де мені сідати на потяг?

6 (understand) розуміти (perf зрозуміти);
(hear) чути (perf почути); **(do you) get it?** (inf)
(тобі) зрозуміло?; **I've got it!** Зрозуміло!;
I'm sorry, I didn't get your name
перепрошую, не почув, як вас звати

7 (have, possess): **how many children have
you got?** скільки у вас дітей?; **I've got very
little time** у мене дуже мало часу

get about vi (news) дізнаватися (perf
дізнатися); (go places) тепер я мало де буваю

get along vi: **to get along with** ладнати з
(perf кимось); = **get by**; **I'd better be
getting along** мабуть, мені вже час іти

get at vt inseparable (criticize) критикувати
(perf розкритикувати); (reach) діставатися
(perf дістатися)

get away vi (leave) їхати (perf поїхати);
(escape) втікати (perf втекти)

get away with vt inseparable: **he gets away
with everything** йому все сходить з рук

get back vi (return) повертатися (perf
повернутися)

▷ vt повертати (perf повернути)

get by vi (pass) минати (perf минути);
(manage): **to get by without** обходитися

(*perf* обійтися) без; **I will get by** (*manage*) я впораюся

get down vt (*depress*) засмучувати (*perf* засмутити)

▷ vi: **to get down from** злізати (*perf* злізти) з

get down to vt inseparable братися (*perf* взятися) до якоїсь справи

get in vi (*train*) сідати (*perf* сісти) в (*транспорт*); (*arrive home*) заходити (*perf* зайти); (*to concert, building*) проходити (*perf* пройти) в/на; **he got in by ten votes** він пройшов більшістю в десять голосів; **as soon as the bus arrived we all got in** щойно прибув автобус, ми сіли в нього

get into vt inseparable (*building*) заходити (*perf* зайти); (*vehicle*) сідати (*perf* сісти); (*clothes*) вдягатися (*perf* вдягтися) в; (*fight, argument*) встрягати (*perf* встрягти); (*university, college*) вступати (*perf* вступити); (*subj: train*) встигнути (*perf* встигнути) на; **to get into bed** лягати (*perf* лягти) в ліжко

get off vi (*escape*): **to get off lightly/with sth** легко відбуватися (*perf* відбутися)

▷ vt (*clothes*) скидати (*perf* скинути) з себе

▷ vt inseparable (*train, bus*) сходити (*perf* зійти) з; (*horse, bicycle*) зіскакувати (*perf* зіскочити) з

get on vi (*age*) старіти (*perf* постаріти); **how are you getting on?** як просуваються ваші справи?

get out vi (*leave*) виходити (*perf* вийти); (*socialize*) бувати на людях

get out of vt inseparable (*duty etc.*) позбуватися (*perf* позбутися)

get over vt inseparable (*illness*) долати (*perf* подолати)

get round vt inseparable (*law, rule*) обходити (*perf* обійти); (*fig: person*) обманювати (*perf* обманути)

get through vi (*Tel*) додзвонюватися (*perf* додзвонитися)

get through to vt inseparable (*Tel*) додзвонюватися (*perf* додзвонитися)

get together vi (*several people*) зустрічатися (*perf* зустрітися)

▷ vt (*people*) збирати (*perf* зібрати)

get up vi вставати (*perf* встати)

get up to vt inseparable (BRIT) викидати коники; **they're always getting up to mischief** вони завжди бешкетують

getaway ['gɛtəweɪ] n втеча f

get-together ['gɛtəgɛðə] n (*inf*) вечірка f

Ghana ['gɑːnə] n Гана f

Ghanaian [gɑː'neɪən] adj ганський ▷ n ганієць (ганійка) m(f)

ghastly ['gɑːstlɪ] adj (*inf*) огидний

ghetto ['gɛtəʊ] n гето nt

ghost [gəʊst] n привид m

ghostly ['gəʊstlɪ] adj примарний

giant ['dʒaɪənt] adj гігантський ▷ n велетень m

giddy ['gɪdɪ] adj який відчуває запаморочення; **to feel giddy** відчувати запаморочення

gift [gɪft] n дарунок m

gifted ['gɪftɪd] adj талановитий

gift voucher [gɪft 'vaʊtʃə] n подарунковий сертифікат m

gig [gɪg] n (*inf*) концерт m

gigabyte ['gɪgəbaɪt] n гігабайт m

gigantic [dʒaɪ'gæntɪk] adj величезний

giggle ['gɪgl] vi гиготіти

gild [gɪld] vt золотити (*perf* позолотити)

gilt [gɪlt] adj позолочений

gimmick ['gɪmɪk] n трюк m

gin [dʒɪn] n джин m

ginger ['dʒɪndʒə] adj рудий ▷ n імбир m

gingerly ['dʒɪndʒəlɪ] adv (*written*) обачно

giraffe [dʒɪ'rɑːf; -'ræf] n жираф m

girl [gɜːl] n дівчина f

girlfriend ['gɜːl‚frɛnd] n подруга f

girth [gɜːθ] n (*frml*) обхват m

gist [dʒɪst] n суть f; **the gist of** суть чогось

give [gɪv] (*pres sing* gives, *pres part* giving, *pt* gave, *pp* given) vt давати; **give back** [gɪv bæk] vt віддавати (*perf* віддати); **give in** [gɪv ɪn] vi здаватися (*perf* здатися); **give out** [gɪv aʊt] vt роздавати (*perf* роздати); **give up** [gɪv ʌp] vt припиняти (*perf* припинити)

giver ['gɪvə] n особа, яка дає щось

glacial ['gleɪsɪəl] adj крижаний

glacier ['glæsɪə; 'gleɪs-] n льодовик m

glad [glæd] adj радий

glamorous ['glæmərəs] adj гламурний

glamour ['glæmə] n чарівність f

glance [glɑːns] n швидкий погляд m ▷ vi глянути (*perf* поглянути)

gland [glænd] n лімфовузол m

glare [gleə] vi суворо дивитися ▷ n погляд m (*лютий, ворожий або пильний*)

glaring ['gleərɪŋ] adj разючий

glass [glɑːs] n (= *tumbler*) склянка f; (= *material*) скло nt

glasses ['glɑːsɪz] npl окуляри pl

glaze [gleɪz] n глазур f (*на посуді*) ▷ vt глазурувати

glazed [gleɪzd] adj скляний (*погляд, очі*)

gleam [gliːm] vi мерехтіти (*perf* замерехтіти) ▷ n відблиск m

glean [gliːn] vt збирати по крихтах (*інформацію*)

glee [gliː] n радість f

gleeful ['gliːfʊl] adj (*written*) радісний

glide [glaɪd] vi плавно рухатися

glider ['glaɪdə] n планер m

gliding ['glaɪdɪŋ] n планеризм m

glimmer ['glɪmə] vi миготіти (*perf* замигтіти) ▷ n миготіння nt

glimpse [glɪmps] n швидкий погляд m ▷ vt швидко поглянути

glint [glɪnt] vi (*written*) спалахувати (*perf* спалахнути) (*сяяти*) ▷ n (*written*) спалах m

glisten ['glɪsən] vi виблискувати
glitter ['glɪtə] vi блищати (perf заблищати)
▷ n блискітки fpl
glittering ['glɪtərɪŋ] adj блискучий
glitzy ['glɪtsɪ] adj привабливий
gloat [gləʊt] vi зловтішатися (perf позловтішатися)
global ['gləʊbl] adj світовий
globalization [ˌgləʊblaɪ'zeɪʃən] n глобалізація f
global warming ['gləʊbl 'wɔːmɪŋ] n глобальне потепління nt
globe [gləʊb] n земна куля f
gloom [gluːm] n сутінки mpl
gloomy ['gluːmɪ] adj похмурий
glorified ['glɔːrɪfaɪd] adj хвалений
glorify ['glɔːrɪfaɪ] vt вихваляти
glorious ['glɔːrɪəs] adj славетний
glory ['glɔːrɪ] n слава f
gloss [glɒs] n блиск m
glossary ['glɒsərɪ] n глосарій m (словничок спеціальної лексики)
glossy ['glɒsɪ] adj блискучий
glove [glʌv] n рукавичка f
glove compartment [glʌv kəm'pɑːtmənt] n бардачок m
glow [gləʊ] n світіння nt ▷ vi жевріти (perf зажевріти)
glower ['glaʊə] vi сердито дивитися (perf сердито подивитися)
glowing ['gləʊɪŋ] adj палкий
glucose ['gluːkəʊz, -kəʊs] n глюкоза f
glue [gluː] n клей m ▷ vt склеювати
glum [glʌm] adj похмурий
glut [glʌt] n пересичення nt ▷ vt пересичувати (perf переситити)
gluten ['gluːtn] n глютен m
GM [dʒiː ɛm] abbr ГМО
GMT [ˌdʒiːɛm'tiː] abbr час за Гринвічем m; **the game will start at 8 pm GMT** гра почнеться о 8 годині вечора за Гринвічем
gnaw [nɔː] vt, vi гризти (perf погризти)
gnome [nəʊm] n гном m
GNP [ˌdʒiːɛn'piː] n ВНП m (валовий національний продукт)

○ KEYWORD

go [gəʊ] (pres sing **goes**, pres part **going**, pt **went**, pp **gone**, pl **goes**) vi **1** (move, on foot) іти (perf піти), ходити; (travel, by transport) їхати (perf поїхати), їздити; **she went into the kitchen** вона пішла на кухню; **he often goes to China** він часто їздить до Китаю; **they are going to the theatre tonight** вони йдуть до театру сьогодні ввечері **2** (depart: on foot) іти (perf піти); (: by plane) летіти (perf полетіти); (: by train, car) їхати (perf поїхати); **the plane goes at 6a.m.** літак вилітає о шостій ранку; **the train/ bus goes at 6p.m.** потяг/ автобус відбуває

о шостій вечора; **I must go now** я вже мушу йти
3 (attend): **to go to** ходити до/в/на; **she doesn't go to lectures/school** вона не ходить на лекції/до школи; **she went to university** вона навчалася в університеті
4 (take part in activity): **to go dancing** іти (perf піти) потанцювати
5 (work): **is your watch going?** ваш годинник працює?; **the bell went** продзвенів дзвінок; **the DVD player was still going** DVD-програвач досі працював
6 (become): **to go pale** бліднути (perf збліднути); **to go mouldy** пліснявіти (perf спліснявіти)
7 (be sold) закінчуватися (perf закінчитися); **the books went for £10** книги розпродалися по 10 фунтів
8 (fit, suit): **to go with** пасувати до чогось
9 (be about to, intend to): **to go to do** збиратися (perf зібратися)
10 (time) минати (perf минути)
11 (event, activity) відбуватися (perf відбутися); **how did it go?** як усе було?
12 (be given) іти/передаватися на; **the proceeds will go to charity** прибуток буде передано на благодійність; **the job is to go to someone else** роботу отримає хтось інший
13 (break etc.): **the fuse went** запобіжник перегорів; **the leg of the chair went** ніжка стільця зламалася
14 (be placed): **the milk goes in the fridge** молоко тримають у холодильнику
▷ n **1** (try) пробувати (perf спробувати); **to have a go (at doing)** робити (perf зробити) спробу
2 (turn): **whose go is it?** (in board games) чий хід?
3 (move): **to be on the go** бути на ногах
go about vi (also: **go around**: rumour) ходити, точитися
go ahead vi (event) розпочинати (perf розпочати); **to go ahead with** (project) розпочинати (perf розпочати) проект; **may I begin? — yes, go ahead!** можна починати? – так, вперед!
go along vi супроводжувати; **to go along with sb** (accompany) йти (perf піти) з кимось; (agree) погоджуватися (perf погодитися) з кимось
go away vi (leave: on foot) іти (perf піти); (: by transport) їхати (perf поїхати); **go away and think about it for a while** йди й подумай про це
go back vi (return, go again) повертатися (perf повернутися); **we went back into the house** ми повернулися в дім; **I am never going back to her house again** ноги моєї більше не буде в її домі
go for vt inseparable (fetch, paper, doctor) піти

go in vi (enter) ховатися (perf заховитися); (attack) нападати (perf напасти); **that goes for me too** мене це стосується також

go in for vt inseparable (enter) займатися (perf зайнятися); (take up) вдаватися (perf вдатися) до

go into vt inseparable (enter) входити (perf увійти); (take up) займати (perf зайняти); **to go into detail** вдаватися в подробиці

go off vi (leave: on foot) іти (perf піти); (: by transport) їхати (perf поїхати); (food) псуватися (perf зіпсуватися); (bomb) вибухати (perf вибухнути); (gun) стріляти (perf вистрілити); (alarm) спрацьовувати (perf спрацювати); (event) відбуватися (perf відбутися); (lights) спалахувати (perf спалахнути)
▷ vt inseparable красти (perf вкрасти)

go on vi (discussion) вести далі; **to go on (doing)** (continue) продовжувати (perf продовжити); **life goes on** життя триває; **what's going on here?** що тут відбувається?; **we don't have enough evidence/information to go on** у нас немає достатніх доказів / інформації

go on with vt inseparable погоджуватися (perf погодитися)

go out vi (fire, light) гаснути (perf згаснути); (leave): **to go out of** виходити (perf вийти) з; **are you going out tonight?** ви підете кудись сьогодні ввечері?

go over vi переходити (perf перейти)
▷ vt inseparable перевищувати (perf перевищити)

go through vt inseparable (town etc.); (files, papers) вивчати (perf вивчити)

go up vi (ascend) підніматися (perf піднятися); (price, level, buildings) зростати (perf зрости)

go without vt inseparable обходитися (perf обійтися)

goad [gəʊd] vt дратувати (perf роздратувати)

goal [gəʊl] n гол m

goalkeeper ['gəʊl,kiːpə] n воротар m

goalless ['gəʊlləs] adj нульовий (рахунок у футболі); **goalless draw** нічия з нульовим рахунком

goalpost ['gəʊl,pəʊst] n ворота npl (стійка воріт у футболі)

goat [gəʊt] n коза f

gobble ['gɒbəl] vt їсти жадібно

go-between ['gəʊbɪtwiːn] n посередник (посередниця) m(f)

God [gɒd] n Бог m

goddess ['gɒdɛs] n богиня f

goggle ['gɒgəl] vi витріщати(ся) (perf витріщити(ся))

goggles ['gɒglz] npl захисні окуляри pl

goings-on [ˌgəʊɪŋz'ɒn] npl вчинки mpl (дивні або підозрілі)

gold [gəʊld] n золото nt

golden ['gəʊldən] adj золотий

golden age ['gəʊldən eɪdʒ] n золотий вік m

goldfish ['gəʊld,fɪʃ] n золота рибка f

gold medal [gəʊld 'mɛdəl] n золота медаль f

goldmine ['gəʊld,maɪn] n золота жила f

gold-plated ['gəʊld,pleɪtɪd] adj золочений

golf [gɒlf] n гольф m

golf ball [gɒlf bɔːl] n м'яч для гольфу m

golf club [gɒlf klʌb] n (= stick) ключка f; (= organization) гольф-клуб m

golf course [gɒlf kɔːs] n поле для гольфу nt

golfer ['gɒlfə] n гравець у гольф

golfing ['gɒlfɪŋ] adj для гри в гольф

gong [gɒŋ] n гонг m

good [gʊd] adj (= talented) вмілий; (= well-behaved) добрий; (= enjoyable) гарний

goodbye ['gʊd'baɪ] excl до побачення

good evening [gʊd 'iːvnɪŋ] excl (frml) добрий вечір

good-looking ['gʊd'lʊkɪŋ] adj гарний

good morning [gʊd 'mɔːnɪŋ] excl (frml) доброго ранку

good-natured ['gʊd'neɪtʃəd] adj доброзичливий

goodness ['gʊdnɪs] excl Господи ▷ n доброта f

goodnight [ˌgʊd'naɪt] excl на добраніч

goods [gʊdz] npl товари mpl

goodwill [ˌgʊd'wɪl] n доброзичливість f

goody ['gʊdɪ] n (inf) ласощі npl

google ['guːgl] vt, vi шукати в Інтернеті

goose [guːs] n (pl geese) гусак m

gooseberry ['gʊzbərɪ, -brɪ] n аґрус m

goose pimples [guːs 'pɪmplz] npl гусяча шкіра f

gore [gɔː] vt ранити (perf поранити) (рогами, іклами) ▷ n закипіла кров

gorge [gɔːdʒ] n вузька ущелина ▷ vt, vi об'їдатися (perf об'їстися)

gorgeous ['gɔːdʒəs] adj (inf) чудовий

gorilla [gə'rɪlə] n горила f

gory ['gɔːrɪ] adj кривавий

gossip ['gɒsɪp] n плітка f ▷ vi пліткувати

Gothic ['gɒθɪk] adj готичний

gouge [gaʊdʒ] vt видовбувати (perf видовбати)

gourmet ['gʊəmeɪ] adj вишуканий (про їжу) ▷ n гурман m(f)

govern ['gʌvən] vt керувати

governess ['gʌvənəs] n гувернантка f

governing ['gʌvənɪŋ] adj керівний

government ['gʌvənmənt; 'gʌvəmənt] n уряд m

governor ['gʌvənə] n губернатор m

gown ['gaʊn] n сукня f (вечірня)

GP [dʒi: pi:] abbr терапевт m
GPS [dʒi: pi: ɛs] abbr GPS
grab [græb] vt хапати (perf схопити)
grace [greɪs] n грація f ▷ vt (frml)
прикрашати (perf прикрасити)
graceful ['greɪsfʊl] adj граціозний
gracious ['greɪʃəs] adj (frml) милостивий
grade [greɪd] n якість f
grade crossing [greɪd 'krɒsɪŋ] n (US) =
level crossing
gradient ['greɪdɪənt] n похил m
gradual ['grædjʊəl] adj поступовий
gradually ['grædjʊəlɪ] adv поступово
graduate ['grædjʊɪt] n випускник m,
випускниця f ▷ vi ['grædjʊeɪt] закінчувати
навчальний заклад (perf закінчити
навчальний заклад)
graduate school ['grædjʊət sku:l] n (US)
магістратура f
graduation [,grædjʊ'eɪʃən] n випуск m
graffiti [græ'fi:tɪ] n графіті pl
graft [grɑːft] n трансплантат m ▷ vt
імплантувати
grain [greɪn] n (= tiny piece) зернятко nt;
(= seed of cereal plant) зерно nt
gram [græm] n грам m
grammar ['græmə] n граматика f
grammar school ['græmə ,sku:l] n
гімназія f

• GRAMMAR SCHOOL
•
• У Великобританії гімназії дають середню
• освіту. Їх небагато, учні вступають туди
• на конкурсній основі. У США **grammar**
• **school** називають початкові школи.

grammatical [grə'mætɪkl] adj
граматичний
gramme [græm] n грам m
grand [grænd] adj великий
grandchild ['græn,tʃaɪld] (pl
grandchildren) n онук m, онука f
granddad ['græn,dæd] n (inf) дідусь m
granddaughter ['græn,dɔːtə] n онучка f
grandeur ['grændʒə] n велич f
grandfather ['græn,fɑːðə] n' дід m
grandiose ['grændɪəʊs] adj грандіозний
grandma ['græn,mɑː] n (inf) бабуся f
grandmother ['græn,mʌðə] n бабуся f
grandpa ['græn,pɑː] n (inf) дідусь m
grandparents ['græn,pɛərənts] npl дідусь
і бабуся m/f
Grand Prix [grɒn pri:] n гран-прі m
Grand Slam [grænd 'slæm] adj Великий
шолом m; **her 39 Grand Slam titles** її 39
титулів чемпіонки турнірів Великого
шолома
grandson ['grænsʌn; 'grænd-] n онук m
grandstand ['grændstænd] n трибуна f (на
стадіоні)

granite ['grænɪt] n граніт m
granny ['grænɪ] n (inf) бабуся f
grant [grɑːnt] n грант m ▷ vt (frml) надавати
(perf надати)
grape [greɪp] n виноград m
grapefruit ['greɪp,fruːt] n грейпфрут m
grapevine ['greɪpvaɪn] n чутки fpl; **on the**
grapevine з чуток
graph [grɑːf; græf] n діаграма f
graphic ['græfɪk] adj наочний ▷ n
графіка f
graphic design ['græfɪk dɪ'zaɪn] n
графічний дизайн m
graphics ['græfɪks] n графіка f
graphite ['græfaɪt] n графіт m
graph paper ['grɑːf 'peɪpə] n міліметровий
папір m
grapple ['græpəl] vi боротися (з
проблемами, труднощами); **to grapple**
with sth намагатися вирішити
grasp [grɑːsp] vt хапати
grass [grɑːs] n (= plant) трава f; (= marijuana)
травка f; (inf: = informer) доносчик m
grasshopper ['grɑːs,hɒpə] n коник m
(комаха)
grassland ['grɑːslænd] n пасовище nt
grass roots [grɑːs ruːts] npl прості люди
npl
grassy ['grɑːsɪ] adj трав'янистий
grate [greɪt] vt терти (perf натерти) ▷ n
решітка на камінi
grateful ['greɪtfʊl] adj вдячний
grater ['greɪtə] n тертка f
gratify ['grætɪfaɪ] vt (frml) задовольняти
(perf задовольнити)
gratis ['grætɪs] adv безкоштовно
gratitude ['grætɪtjuːd] n вдячність f
gratuitous [grə'tjuːɪtəs] adj безпричинний
gratuity [grə'tjuːɪtɪ] n (frml) винагорода f
(грошова)
grave [greɪv] n могила f
gravel ['grævl] n гравій m
gravestone ['greɪv,stəʊn] n могильна
плита f
graveyard ['greɪv,jɑːd] n кладовище nt
gravitate ['grævɪteɪt] vi тяжіти
gravitational [,grævɪ'teɪʃənəl] adj
гравітаційний
gravity ['grævɪtɪ] n сила тяжіння f
gravy ['greɪvɪ] n підлива f
gray [greɪ] adj (US) = **grey**
graze [greɪz] vt, vi пасти(ся) (perf
попасти(ся)) ▷ n подряпина f
grease [griːs] n мастило nt ▷ vt змащувати
(perf змастити) (механізми)
greasy ['griːzɪ; -sɪ] adj жирний
great [greɪt] adj (= excellent) чудовий;
(= very important) величний; (= very large)
великий
Great Britain [greɪt 'brɪtn] n Велика
Британія f

● **GREAT BRITAIN**

● До складу Великобританії належать
● Англія, Шотландія та Уельс. Разом із
● Північною Ірландією ці країни утворюють
● **United Kingdom** – Сполучене
● Королівство (Великобританії і Північної
● Ірландії).

great-grandfather ['greɪt'græn,fɑ:ðə] *n* прадід *m*

great-grandmother ['greɪt'græn,mʌðə] *n* прабаба *f*

greatly ['greɪtlɪ] *adv* (*frml*) вельми

Greece [gri:s] *n* Греція *f*

greed [gri:d] *n* жадібність *f*

greedy ['gri:dɪ] *adj* жадібний

Greek [gri:k] *adj* грецький ▷ *n* (= *person*) грек (грекиня) *m(f)*; (= *language*) грецька *f*

Green [gri:n] *n* Партія зелених *f*

green [gri:n] *adj* (*in colour*) зелений; (= *inexperienced*) замолодий ▷ *n* галявина навколо лунки на полі для гольфу

green card [gri:n kɑ:d] *n* грін-карта *f* (*дозвіл на постійне проживання в деяких країнах*)

greenery ['gri:nərɪ] *n* зелень *f* (*декоративні рослини*)

greengrocer ['gri:n,grəʊsə] *n* овочевий магазин *m*

greenhouse ['gri:n,haʊs] *n* теплиця *f*

greenhouse effect ['gri:n,haʊs ɪ'fɛkt] *n* парниковий ефект *m*

greenhouse gas ['gri:n,haʊs gæs] *n* парниковий газ *m*

Greenland ['gri:nlənd] *n* Гренландія *f*

green salad [gri:n 'sæləd] *n* салат *m*

greet [gri:t] *vt* вітати

greeting ['gri:tɪŋ] *n* вітання *nt*

greetings card ['gri:tɪŋz kɑ:d] *n* листівка *f*

grenade [grɪ'neɪd] *n* граната *f*

grey [greɪ] *adj* сірий

grey-haired, (*US*) **gray-haired** [,greɪ'hɛəd] *adj* сивий

greyhound ['greɪhaʊnd] *n* хорт *m*

grid [grɪd] *n* сітка *f*

gridlock ['grɪdlɒk] *n* пробка *f* (*на дорозі*)

grief [gri:f] *n* горе *nt*

grievance ['gri:vəns] *n* образа *f*

grieve [gri:v] *vi* тужити

grievous ['gri:vəs] *adj* болісний (*сумний*)

grill [grɪl] *n* гриль *m* ▷ *vt* смажити

grille [grɪl] *n* ґрати *npl*

grilled [grɪld] *adj* підсмажений

grim [grɪm] *adj* неприємний

grimace [grɪ'meɪs] *vi* (*written*) кривитися (*perf* скривитися) (*від болю, роздратування, огиди*)

grime [graɪm] *n* бруд *m*

grimy ['graɪmɪ] *adj* брудний

grin [grɪn] *n* усмішка *f* ▷ *vi* посміхатися (*perf* посміхнутися)

grind [graɪnd] (*pres sing* **grinds**, *pres part* **grinding**, *pt*, *pp* **ground**) *vt* молоти ▷ *n* скрегіт *m*

grinder ['graɪndə] *n* млинок *m* (*для кави, перцю*)

grip [grɪp] *vt* хапати (*perf* схопити) ▷ *n* стискання *nt*

gripe [graɪp] *vi* (*inf*) плакатися

gripping ['grɪpɪŋ] *adj* захопливий

grisly ['grɪzlɪ] *adj* жахливий

grit [grɪt] *n* гравій *m* ▷ *vt* стискати (*perf* стиснути) (*зуби*)

gritty ['grɪtɪ] *adj* піщаний

groan [grəʊn] *vi* гарчати

grocer ['grəʊsə] *n* (= *person*) бакалійник *m*; (= *shop*) бакалія *f*

groceries ['grəʊsərɪz] *npl* харчі *mpl*

grocery ['grəʊsərɪ] *n* бакалійна крамниця *f*

groin [grɔɪn] *n* пах *m*

groom [gru:m; grʊm] *n* наречений *m* ▷ *vt* чистити коня

groomed [gru:md] *adj* доглянутий (*про зовнішність*)

grooming ['gru:mɪŋ] *n* догляд за зовнішністю *m*

groove [gru:v] *n* жолобок *m*

grope [grəʊp] *vi* йти навпомацки

gross [grəʊs] *adj* грубий ▷ *vt* отримувати валовий прибуток

gross domestic product [grəʊs də'mɛstɪk 'prɒdʌkt] *n* валовий внутрішній продукт *m*

grossly ['grəʊslɪ] *adv* грубо

gross national product [grəʊs 'næʃənəl 'prɒdʌkt] *n* валовий національний продукт *m*

grotesque [grəʊ'tɛsk] *adj* гротескний

ground [graʊnd] *n* земля *f*

ground floor [graʊnd flɔ:] *n* перший поверх *m*

grounding ['graʊndɪŋ] *n* основи предмета *npl*; **thorough grounding in mathematics** ретельна підготовка з основ математики

groundless ['graʊndləs] *adj* безпідставний

ground level [graʊnd 'lɛvəl] *n* рівень землі *m*; **to be at ground level** бути на рівні землі

ground rule [graʊnd ru:l] *n* основний принцип *m* (*на якому ґрунтуються майбутні дії*)

groundwork ['graʊndwɜ:k] *n* основа *f*

group [gru:p] *n* група *f*

grouping ['gru:pɪŋ] *n* угруповання *nt*

grouse [graʊs] *n* (= *bird*) рябчик *m*

grove [grəʊv] *n* гай *m*

grovel ['grɒvəl] *vi* плазувати

grow [grəʊ] (*pres sing* **grows**, *pres part* **growing**, *pt* **grew**, *pp* **grown**) *vt* вирощувати ▷ *vi* рости (*perf* вирости); **grow up** [grəʊ ʌp] *vt*, *vi* зростати

grower ['grəʊə] n садівник (садівниця) m(f)

growl [graʊl] vi гарчати

grown [grəʊn] adj дорослий

grown-up ['grəʊnʌp] n дорослий ▷ adj дорослий

growth [grəʊθ] n ріст m

grub [grʌb] n личинка f ▷ vi ритися (perf поритися)

grubby ['grʌbɪ] adj брудний

grudge [grʌdʒ] n недоброзичливість f

grudging ['grʌdʒɪŋ] adj скупий

gruelling, (US) **grueling** ['gru:əlɪŋ] adj виснажливий

gruesome ['gru:səm] adj жахливий

grumble ['grʌmbəl] vi бурчати (perf побурчати)

grumpy ['grʌmpɪ] adj сварливий

grunge [grʌndʒ] n гранж m (стиль музики та одягу)

grunt [grʌnt] vi кректати (perf крекнути)

guarantee [,gærən'ti:] n гарантія f ▷ vt гарантувати

guaranteed [,gærən'ti:d] adj гарантований

guarantor [,gærən'tɔ:] n поручитель (поручителька) m(f)

guard [gɑːd] n охорона f ▷ vt охороняти

guarded ['gɑːdɪd] adj обережний

guardian ['gɑːdɪən] n опікун (опікунка) m(f)

Guatemala [,gwɑːtə'mɑːlə] n Гватемала f

guerrilla [gə'rɪlə] n партизан (партизанка) m(f)

guess [gɛs] n здогадка f ▷ vt, vi здогадуватися

guest [gɛst] n гість m

guesthouse ['gɛst,haʊs] n пансіон m

guidance ['gaɪdəns] n керівництво nt (рекомендації, вказівки)

guide [gaɪd] n гід m ▷ vt бути провідником (на екскурсії)

guidebook ['gaɪd,bʊk] n путівник m

guide dog [gaɪd dɒg] n собака-поводир m

guided tour ['gaɪdɪd tʊə] n тур із гідом m

guideline ['gaɪdlaɪn] n директива f

guild [gɪld] n спілка f (людей однієї професії)

guilt [gɪlt] n провина f

guilty ['gɪltɪ] adj винний

guinea pig ['gɪnɪ pɪg] n (= person) піддослідний кролик m; (= animal) морська свинка f

guise [gaɪz] n вигляд m

guitar [gɪ'tɑː] n гітара f

guitarist [gɪ'tɑːrɪst] n гітарист (гітаристка) m(f)

gulf [gʌlf] n прірва f (значна відмінність); затока f

Gulf States [gʌlf steɪts] npl країни Перської затоки fpl

gullible ['gʌləbəl] adj легковірний

gully ['gʌlɪ] n балка f (яр)

gulp [gʌlp] vt жадібно ковтати ▷ n великий ковток m (повітря, напою, їжі)

gum [gʌm] n жуйка f

gun [gʌn] n пістолет m

gunfire ['gʌnfaɪə] n автоматний вогонь m

gunman ['gʌnmən] n озброєний бандит m

gunner ['gʌnə] n артилерист m

gunshot ['gʌnʃɒt] n постріл m

gurgle ['gɜːgəl] vi дзюрчати (perf задзюрчати)

guru ['guːruː] n гуру m

gush [gʌʃ] vt, vi хлинути perf ▷ n сильний потік m

gust [gʌst] n шквал m ▷ vi дути поривами

gut [gʌt] n кишечник m ▷ vt потрошити (perf випотрошити)

gutter ['gʌtə] n стічний рів m

guy [gaɪ] n (inf) хлопець m

Guyana [gaɪ'ænə] n Гайана f

gym [dʒɪm] n спортзал m

gymnast ['dʒɪmnæst] n гімнаст m

gymnastics [dʒɪm'næstɪks] n гімнастика f

gynaecologist, (US) **gynecologist** [,gaɪnɪ'kɒlədʒɪst] n гінеколог m

gynaecology, (US) **gynecology** [,gaɪnɪ'kɒlədʒɪ] n гінекологія f

Gypsy ['dʒɪpsɪ] n циган (циганка) m(f)

h

habit ['hæbɪt] *n* звичка *f*

habitat ['hæbɪtæt] *n* ареал *m* (*тварин, рослин*)

habitual [hə'bɪtʃʊəl] *adj* звичний

hack [hæk] *vt, vi* рубати

hacker ['hækə] *n* хакер *m*

haddock ['hædək] (*pl* **haddock**) *n* пікша *f*

haemophilia, (US) **hemophilia** [ˌhiːməˈfɪlɪə] *n* гемофілія *f*

haemophiliac [ˌhiːməˈfɪlɪæk] *n* хворий на гемофілію *m*

haemorrhage, (US) **hemorrhage** ['hɛmərɪdʒ] *n* крововилив *m*

haemorrhoids, (US) **hemorrhoids** ['hɛməˌrɔɪdz] *npl* геморой *m*

haggle ['hægl] *vi* суперечка *f*

hail [heɪl] *n* град *m* ▷ *vt* проголошувати (*perf* проголосити)

hair [hɛə] *n* волосся *nt*

hairband ['hɛəˌbænd] *n* стрічка для волосся *f*

hairbrush ['hɛəˌbrʌʃ] *n* щітка для волосся *f*

haircut ['hɛəˌkʌt] *n* стрижка *f*

hairdo ['hɛəˌduː] *n* (*inf*) зачіска *f*

hairdresser ['hɛəˌdrɛsə] *n* (= *person*) перукар *m*; (= *salon*) перукарня *f*

hairdryer ['hɛəˌdraɪə] *n* фен *m*

hair gel [hɛə dʒɛl] *n* гель для волосся *m*

hairgrip ['hɛəˌgrɪp] *n* заколка для волосся *f*

hairspray ['hɛəˌspreɪ] *n* лак для волосся *m*

hairstyle ['hɛəˌstaɪl] *n* зачіска *f*

hairy ['hɛərɪ] *adj* волохатий

Haiti ['heɪtɪ; hɑː'iːtɪ] *n* Гаїті *n ind*

half [hɑːf] (*pl* **halves**) *adj* половинний ▷ *adv* наполовину ▷ *n* половина *f*

half board [hɑːf bɔːd] *n* напівпансіон *m*

half-brother ['hɑːfˌbrʌðə] *n* брат по одному з батьків *m*

half-day [ˌhɑːf'deɪ] *n* неповний робочий день *m*

half-hearted [ˌhɑːf'hɑːtɪd] *adj* млявий

half-hour ['hɑːfˌaʊə] *n* півгодини *f*

half-price ['hɑːfˌpraɪs] *adj* за півціни ▷ *adv* за півціни ▷ *n* півціни *f*

half term [ˌhɑːf 'tɜːm] *n* короткі канікули в середині триместру

half-term ['hɑːfˌtɜːm] *n* канікули *pl*

half-time ['hɑːfˌtaɪm] *n* перерва між таймами *f*

halfway [ˌhɑːf'weɪ] *adv* на півдорозі

hall [hɔːl] *n* хол *m*

hallmark ['hɔːlˌmɑːk] *n* ознака *f*

hallowed ['hæləʊɪd] *adj* священний

Hallowe'en [ˌhæləʊ'iːn] *n* Гелловін *m*

hallucinate [hə'luːsɪneɪt] *vi* галюцинувати

hallucination [həˌluːsɪ'neɪʃən] *n* галюцинація *f*

hallway ['hɔːlˌweɪ] *n* коридор *m*

halo ['heɪləʊ] *n* німб *m*

halt [hɔːlt] *n* зупинка *f* ▷ *vt, vi* зупиняти(ся) (*perf* зупинити(ся))

halve [hɑːv] *vt, vi* ділити навпіл (*perf* поділити навпіл)

hamburger ['hæmˌbɜːgə] *n* гамбургер *m*

hamlet ['hæmlɪt] *n* хутір *m*

hammer ['hæmə] *n* молоток *m*

hammock ['hæmək] *n* гамак *m*

hamper ['hæmpə] *vt* перешкоджати (*perf* перешкодити) ▷ *n* кошик із ласощами

hamster ['hæmstə] *n* хом'як *m*

hamstring ['hæmstrɪŋ] *n* підколінне сухожилля *nt*

hand [hænd] *n* рука *f* ▷ *vt* вручати (*perf* вручити)

handbag ['hændˌbæg] *n* сумка *f*

handball ['hændˌbɔːl] *n* гандбол *m*

handbook ['hændˌbʊk] *n* довідник *m*

handbrake ['hændˌbreɪk] *n* ручне гальмо *nt*

handcuff ['hændkʌf] *vt* одягати наручники

handcuffs ['hændˌkʌfs] *npl* наручники *mpl*

handful ['hændfʊl] *n* жменька *f* (*невелика кількість*)

handgun ['hændgʌn] *n* пістолет *m*

hand-held ['hændhɛld] *adj* ручний

handicap ['hændɪkæp] *n* вада *f (фізична або розумова)* ▷ *vt* перешкоджати *(perf* перешкодити)

handkerchief ['hæŋkətʃɪf; -tʃiːf] *n* хусточка *f*

handle ['hændl] *n* ручка *f* ▷ *vt* керувати

handlebars ['hændlˌbɑːz] *npl* кермо *nt*

handler ['hændlə] *n* дресирувальник (дресирувальниця) *m(f)*; **dog handler** кінолог

hand luggage [hænd 'lʌgɪdʒ] *n* ручний багаж *m*

handmade [ˌhænd'meɪd] *adj* зроблений вручну

handout ['hændˌaʊt] *n* милостиня *f*

handover ['hændˌəʊvə] *n* передача повноважень *f*

handset ['hændsɛt] *n* телефонна трубка *f*

hands-free ['hændzˌfriː] *adj* з гучним зв'язком

hands-free kit [ˌhændz'friː kɪt] *n* гарнітура для гучного зв'язку *f*

handshake ['hændʃeɪk] *n* рукостискання *nt*

handsome ['hændsəm] *adj* привабливий

hands-on [ˌhændz'ɒn] *adj* практичний *(досвід, робота)*

hand-to-mouth [ˌhændtə'maʊθ] *adj* погано забезпечений

handwriting ['hændˌraɪtɪŋ] *n* почерк *m*

handwritten [ˌhænd'rɪtən] *adj* написаний від руки

handy ['hændɪ] *adj* корисний

hang [hæŋ] *(pres sing* **hangs**, *pres part* **hanging**, *pt, pp* **hung**) *vt* (= *attach*) повісити ▷ *vi* (= *be attached*) висіти; **hang on** [hæŋ ɒn] *vi* (*inf*) чекати *(perf* зачекати); **hang up** [hæŋ ʌp] *vi, vi* (*telephone*) повісити слухавку

hangar ['hæŋə] *n* ангар *m*

hanger ['hæŋə] *n* вішалка *f*

hang-gliding ['hæŋ'glaɪdɪŋ] *n* дельтапланеризм *m*

hangover ['hæŋˌəʊvə] *n* похмілля *nt*

hankie ['hæŋkɪ] *n* (*inf*) носова хустинка *f*

haphazard [ˌhæp'hæzəd] *adj* безсистемний

hapless ['hæpləs] *adj* (*frml*) безталанний

happen ['hæpən] *vi* траплятися *(perf* трапитися)

happening ['hæpənɪŋ] *n* випадок *m*

happily ['hæpɪlɪ] *adv* щасливо

happiness ['hæpɪnɪs] *n* щастя *nt*

happy ['hæpɪ] *adj* щасливий

harangue [hə'ræŋ] *vt* звертатися палко й пристрасно

harass ['hærəs] *vt* набридати *(perf* набриднути) *(постійно турбувати когось)*

harassed ['hærəst] *adj* виснажений

harassment ['hærəsmənt] *n* переслідування *nt*

harbour, *(US)* **harbor** ['hɑːbə] *n* гавань *f* ▷ *vt* затаювати *(perf* затаїти)

hard [hɑːd] *adj* (= *difficult*) складний; (= *solid*) твердий ▷ *adv* важко

hardback ['hɑːdˌbæk] *n* книжка у твердій палітурці *f*

hardboard ['hɑːdˌbɔːd] *n* деревноволокниста плита *f*

hard-boiled [ˌhɑːd'bɔɪld] *adj* крутий *(про яйце)*

hardcore [ˌhɑːdˌkɔː] *n* основне ядро *(групи)* *nt*

hard currency [hɑːd 'kʌrənsɪ] *n* тверда валюта *f*

hard disk [hɑːd dɪsk] *n* жорсткий диск *m*

harden ['hɑːdən] *vt, vi* твердіти *(perf* затвердіти)

hard-hitting [ˌhɑːd'hɪtɪŋ] *adj* сильний *(про доповідь, промову)*

hardline [ˌhɑːd'laɪn] *adj* безкомпромісний

hardliner [ˌhɑːd'laɪnə] *n* прихильник твердої лінії або політики

hardly ['hɑːdlɪ] *adv* (= *almost never*) майже не; (= *only just*) навряд чи

hard-pressed [ˌhɑːd'prɛst] *adj* який зазнає сильного тиску

hardship ['hɑːdʃɪp] *n* скрута *f (нестатки)*

hard shoulder [hɑːd 'ʃəʊldə] *n* узбіччя *nt*

hard up [hɑːd ʌp] *adj* (*inf*) бідний

hardware ['hɑːdˌwɛə] *n* обладнання *nt*

hardwood [hɑːd'dwʊd] *n* тверда деревина *f*

hardy ['hɑːdɪ] *adj* морозостійкий

hare [hɛə] *n* заєць *m*

harm [hɑːm] *n* шкода *f*; ушкодження *nt (тілесне)*

harmful ['hɑːmfʊl] *adj* шкідливий

harmless ['hɑːmlɪs] *adj* безпечний

harmonic [hɑː'mɒnɪk] *adj* гармонічний *(який стосується музичної гармонії)*

harmonious [hɑː'məʊnɪəs] *adj* гармонійний

harmonize ['hɑːmənaɪz] *vi* гармоніювати

harmony ['hɑːmənɪ] *n* гармонія *f*

harness ['hɑːnɪs] *vt* опановувати *(perf* опанувати) *(емоції)* ▷ *n* прив'язні ремені *npl*

harp [hɑːp] *n* арфа *f*

harrowing ['hærəʊɪŋ] *adj* жахливий

harry ['hærɪ] *vt* докучати *(perf* докучити)

harsh [hɑːʃ] *adj* суворий

harvest ['hɑːvɪst] *n* врожай *m* ▷ *vt* збирати врожай

has-been ['hæzbiːn] *n* людина, яка втратила колишню важливість

hassle ['hæsəl] *n* (*inf*) перешкода *f* ▷ *vt* (*inf*) чіплятися *(perf* причепитися) *(до когось)*

haste [heɪst] *n* поспіх *m*

hasten ['heɪsən] *vt* прискорювати *(perf* прискорити)

hastily ['heɪstɪlɪ] *adv* поспіхом

hasty ['heɪstɪ] *adj* поспішний

hat [hæt] *n* шапка *f*

hatch [hætʃ] vt, vi вилуплюватися (perf вилупитися) (з яйця) ▷ n люк m

hatchback ['hætʃˌbæk] n хетчбек m

hatchet ['hætʃɪt] n сокирка f

hate [heɪt] vt ненавидіти

hatred ['heɪtrɪd] n ненависть f

hat-trick ['hættrɪk] n хет-трик m (три голи, які один гравець забив протягом однієї гри)

haul [hɔːl] vt тягти (perf потягти) ▷ n здобич f (знайдене поліцією або вкрадене)

haunt [hɔːnt] vt переслідувати (про думки, страх) ▷ n улюблене місце

haunted ['hɔːntɪd] adj населений привидами

haunting ['hɔːntɪŋ] adj нав'язливий

KEYWORD

have [hæv] (pres sing **has**, pres part **having**, pt, pp **had**) aux vb **1**: **to have arrived** приїхати; **have you already eaten?** ти вже поїв?; **he has been kind to me** він був добрим до мене; **he has been promoted** він просунувся по службі; **has he told you?** він вам сказав?; **having finished** or **when he had finished** коли він закінчив

2 (in tag questions): **you've done it, haven't you?** ви зробили це, чи не так? хіба ні?

3 (in short answers and questions): **you've made a mistake — no I haven't/so I have** Ви помилилися — Ні, не помилився/Так, помилився; **we haven't paid — yes we have!** ми не заплатили — ні, заплатили!; **I've been there before, have you?** я вже був там, а ви?

▷ modal aux vb (be obliged): **to have (got) to do**: **I have (got) to finish this work** я мушу закінчити цю роботу; **I haven't got to wear glasses** мені не треба носити окуляри; **this has to be a mistake** це має бути якась помилка

▷ vt **1** (possess): **I** etc. **have** я маю/у мене є etc.; **he has (got) blue eyes/dark hair** у нього блакитні очі/темне волосся; **do you have** or **have you got a car?** у вас є машина?

2 (referring to meals etc.): **to have dinner** обідати (perf пообідати); **to have breakfast** снідати (perf поснідати); **to have a cigarette** викурювати (perf викурити) сигарету; **to have a glass of wine** випивати (perf випити) келих вина

3 (receive, obtain etc.): **may I have your address?** Ви не дасте мені свою адресу?; **you can have the book for £5** беріть книгу за 5 фунтів; **I must have the report by tomorrow** звіт має бути в мене завтра; **she is having a baby in March** вона має народити дитину в березні

4 (maintain, allow) дозволяти (perf дозволити);

I won't have it! я не дозволю цього!

5: **I am having my television repaired** мій телевізор саме в ремонті; **to have sb do** просити (perf попросити) когось; **he soon had them all laughing/working** він скоро змусив усіх сміятися / працювати

6 (experience, suffer): **I have flu/a headache** у мене грип/болить голова; **to have a cold** застуджуватися (perf застудитися); **she had her bag stolen** у неї вкрали сумку; **he had an operation** його прооперували

7 (+n): **to have a swim** плавати (perf поплавати); **to have a rest** відпочивати (perf відпочити); **let's have a look** давайте подивимося; **we are having a meeting/party tomorrow** у нас завтра збори/вечірка; **let me have a try** дозвольте мені спробувати

have out vt: **to have it out with sb** з'ясовувати (perf з'ясувати) стосунки з кимось; **she had her tooth out** їй вирвали зуб; **she had her tonsils/appendix out** їй видалили гланди/апендикс

haven ['heɪvən] n притулок m

havoc ['hævək] n спустошення nt

hawk [hɔːk] n яструб m

hawker ['hɔːkə] n вуличний торговець

hawthorn ['hɔːˌθɔːn] n глід m

hay [heɪ] n сіно nt

hay fever [heɪ 'fiːvə] n алергія на пилок f

haystack ['heɪˌstæk] n стіг сіна m

hazard ['hæzəd] n небезпека f ▷ vt наражати на небезпеку (perf наразити на небезпеку)

hazardous ['hæzədəs] adj небезпечний

hazard warning lights ['hæzəd 'wɔːnɪŋ laɪts] npl аварійні вогні pl

haze [heɪz] n імла f

hazel ['heɪzəl] n ліщина f

hazelnut ['heɪzlˌnʌt] n фундук m

hazy ['heɪzɪ] adj туманний

he [hiː] pron він

head [hɛd] n (= leader) керівник m; (= part of the body) голова f ▷ vt очолювати (perf очолити)

headache ['hɛdˌeɪk] n головний біль m

head count [hɛd kaʊnt] n підрахунок по головах

headhunt ['hɛdhʌnt] vt переманювати висококваліфікованих кадрів

headhunter ['hɛdhʌntə] n той, хто переманює професіоналів

heading ['hɛdɪŋ] n заголовок m

headlamp ['hɛdˌlæmp] n передня фара f

headlight ['hɛdˌlaɪt] n фара f

headline ['hɛdˌlaɪn] n заголовок m ▷ vt давати заголовок

headlong ['hɛdlɒŋ] adv прожогом

headmaster [ˌhɛdˈmɑːstə] n директор школи m (чоловік)

headmistress [ˌhɛdˈmɪstrɪs] n директор школи m (жінка)

head office [hɛd ˈɒfɪs] n головний офіс m

head of state [hɛd əv steɪt] n глава держави m

head-on [ˌhɛdˈɒn] adv передньою частиною

headphones [ˈhɛdˌfəʊnz] npl навушники pl

headquarters [ˌhɛdˈkwɔːtəz] npl штаб-квартира f

headrest [ˈhɛdrɛst] n підголівник m

headroom [ˈhɛdˌrʊm; -ˌruːm] n габаритна висота f

headscarf [ˈhɛdˌskɑːf] (pl **headscarves**) n хустка f

headset [ˈhɛdsɛt] n навушники pl

head start [hɛd stɑːt] n перевага f

headstrong [ˈhɛdstrɒŋ] adj упертий

headteacher [ˈhɛdˌtiːtʃə] n директор школи m

heady [ˈhɛdɪ] adj п'янкий

heal [hiːl] vi загоюватися (perf загоїтися)

healer [ˈhiːlə] n цілитель (цілителька) m(f)

health [hɛlθ] n здоров'я nt

health food [hɛlθ fuːd] n здорова їжа f

healthy [ˈhɛlθɪ] adj (= health-giving) корисний; (= in good health) здоровий

heap [hiːp] n купа f

hear [hɪə] (pres sing **hears**, pres part **hearing**, pt, pp **heard**) vt, vi чути

hearing [ˈhɪərɪŋ] n слух m

hearing aid [ˈhɪərɪŋ eɪd] n слуховий апарат m

heart [hɑːt] n серце nt

heartache [ˈhɑːteɪk] n біль у серці m

heart attack [hɑːt əˈtæk] n серцевий напад m

heartbeat [ˈhɑːtbiːt] n серцебиття nt

heartbreak [ˈhɑːtˌbreɪk] n велике горе nt

heartbreaking [ˈhɑːtˌbreɪkɪŋ] adj який викликає глибокий сум

heartbroken [ˈhɑːtˌbrəʊkən] adj вбитий горем

heartburn [ˈhɑːtˌbɜːn] n печія f

hearten [ˈhɑːtən] vt підбадьорювати (perf підбадьорити)

heart failure [hɑːt ˈfeɪljə] n серцева недостатність f

heartfelt [ˈhɑːtfɛlt] adj сердечний

hearth [hɑːθ] n плита під каміном

heartland [ˈhɑːtlænd] n серце країни (її головний економічний, промисловий, політичний регіон)

hearty [ˈhɑːtɪ] adj енергійний

heat [hiːt] n тепло nt ⊳ vt гріти (perf нагріти); **heat up** [hiːt ʌp] vt підігрівати (perf підігріти)

heated [ˈhiːtɪd] adj палкий (дискусія, сварка)

heater [ˈhiːtə] n обігрівач m

heather [ˈhɛðə] n верес m

heating [ˈhiːtɪŋ] n опалення nt

heave [hiːv] vt піднімати (perf підняти) (із зусиллям)

heaven [ˈhɛvn] n небеса pl

heavenly [ˈhɛvənlɪ] adj небесний (неземний, божественний)

heavily [ˈhɛvɪlɪ] adv сильно

heavy [ˈhɛvɪ] adj важкий

heavy-duty [ˌhɛvɪˈdjuːtɪ] adj надміцний

heavy-handed [ˌhɛvɪˈhændɪd] adj деспотичний

heavy industry [ˈhɛvɪ ˈɪndəstrɪ] n важка промисловість f

heavyweight [ˈhɛvɪˌweɪt] n боксер у важкій ваговій категорії m

Hebrew [ˈhiːbruː] n іврит m ⊳ adj єврейський

heckle [ˈhɛkəl] vt перебивати (perf перебити) (оратора запитаннями, викриками, зауваженнями)

hectare [ˈhɛktɛə] n гектар m

hectic [ˈhɛktɪk] adj гарячковий

hedge [hɛdʒ] n живопліт m ⊳ vi страхуватися (perf застрахуватися)

hedge fund [hɛdʒ fʌnd] n хедж-фонд m

hedgehog [ˈhɛdʒˌhɒg] n їжак m

hedgerow [ˈhɛdʒrəʊ] n живопліт m

hedonism [ˈhɛdənɪzəm] n (frml) гедонізм m

heed [hiːd] vt (frml) звертати увагу (perf звернути увагу)

heel [hiːl] n п'ята f

hefty [ˈhɛftɪ] adj (inf) чималий

height [haɪt] n зріст m

heighten [ˈhaɪtən] vt, vi підсилювати(ся) (perf підсилити(ся))

heir [ɛə] n спадкоємець m

heiress [ˈɛərɪs] n спадкоємиця f

helicopter [ˈhɛlɪˌkɒptə] n гелікоптер m

helipad [ˈhɛlɪˌpæd] n вертолітний майданчик m

helium [ˈhiːlɪəm] n гелій m

hell [hɛl] n пекло nt

hello [hʌˈləʊ] excl привіт! (inf)

helm [hɛlm] n штурвал m

helmet [ˈhɛlmɪt] n шолом m

help [hɛlp] n допомога f ⊳ vi допомагати (perf допомогти) ⊳ excl рятуйте!

helper [ˈhɛlpə] n помічник (помічниця) m(f)

helpful [ˈhɛlpfʊl] adj корисний

helpless [ˈhɛlpləs] adj безпорадний

helpline [ˈhɛlpˌlaɪn] n телефон гарячої лінії m

hem [hɛm] n підшитий край одягу m

hemisphere [ˈhɛmɪsfɪə] n півкуля f

hemophilia [ˌhiːməˈfɪlɪə] n (US) = **haemophilia**

hemorrhage [ˈhɛmərɪdʒ] n (US) = **haemorrhage**

hemorrhoids [ˈhɛmərɔɪdz] npl (US) = **haemorrhoids**

hemp [hɛmp] n коноплі npl

hen [hɛn] *n* курка *f*

hence [hɛns] *adv (frml)* відтак

henceforth [ˌhɛnsˈfɔːθ] *adv (frml)* відтепер

hen night [hɛn naɪt] *n* дівич-вечір *m*

hepatitis [ˌhɛpəˈtaɪtɪs] *n* гепатит *m*

her [hɜː; hə; ə] *det* її ▷ *pron* вона; **it's her** це вона

herald [ˈhɛrəld] *vt (frml)* передвіщати *(perf* передвістити*)* ▷ *n (frml)* вісник *m*

herb [hɜːb] *n* трави *fpl (лікарські та приправи)*

herbaceous [hɜːˈbeɪʃəs] *adj* трав'янистий

herbal [ˈhɜːbəl] *adj* трав'яний

herbal tea [ˈhɜːbl tiː] *n* трав'яний чай *m*

herbicide [ˈhɜːbɪsaɪd] *n* гербіцид *m*

herbivorous [hɜːˈbɪvərəs] *adj* травоїдний

herbs [hɜːbz] *npl* приправи *fpl*; **medicinal herbs** лікарські рослини

herd [hɜːd] *n* стадо *nt* ▷ *vt* вести групою

here [hɪə] *adv* тут

hereditary [hɪˈrɛdɪtərɪ; -trɪ] *adj* спадковий

heresy [ˈhɛrɪsɪ] *n* єресь *f*

heritage [ˈhɛrɪtɪdʒ] *n* спадок *m*

hermetic [hɜːˈmɛtɪk] *adj* герметичний

hermit [ˈhɜːmɪt] *n* відлюдник (відлюдниця) *m(f)*

hernia [ˈhɜːnɪə] *n* грижа *f*

hero [ˈhɪərəʊ] *(pl* **heroes***) n* герой *m*

heroic [hɪˈrəʊɪk] *adj* героїчний ▷ *npl* героїчна поведінка

heroine [ˈhɛrəʊɪn] *n* героїня *f*

heroism [ˈhɛrəʊɪzəm] *n* героїзм *m*

heron [ˈhɛrən] *n* чапля *f*

herpes [ˈhɜːpiːz] *n* герпес *m*

herring [ˈhɛrɪŋ] *n* оселедець *m*

hers [hɜːz] *pron* її

herself [həˈsɛlf] *pron* себе

hesitant [ˈhɛzɪtənt] *adj* нерішучий

hesitate [ˈhɛzɪˌteɪt] *vi* вагатися

hesitation [ˌhɛzɪˈteɪʃən] *n* вагання *nt*

hexagon [ˈhɛksəgən] *n* шестикутник *m*

hexagonal [hɛkˈsægənəl] *adj* шестикутний

hey [heɪ] *excl* агов!

heyday [ˈheɪdeɪ] *n* розквіт *m*

HGV [eɪtʃ dʒiː viː] *abbr* вантажівка *f*

hi [haɪ] *excl* привіт! *(inf)*

hiccup [ˈhɪkʌp] *n незначний спад або затримка* ▷ *vi* гикати; **hiccups** гикавка *f*

hidden [ˈhɪdn] *adj* прихований

hide [haɪd] *(pres sing* **hides**, *pres part* **hiding**, *pt* **hid**, *pp* **hidden***) n (feelings)* приховувати *(perf* приховати*); (object)* ховати *(perf* заховати*)* ▷ *vi (= conceal yourself)* ховатися *(perf* заховатися*)* ▷ *n* шкура *f (тварини)*

hide-and-seek [ˌhaɪdændˈsiːk] *n* гра в хованки *f*

hideous [ˈhɪdɪəs] *adj* огидний

hideously [ˈhɪdɪəslɪ] *adv* огидно

hiding place [ˈhaɪdɪŋ pleɪs] *n* схованка *f*

hierarchical [ˌhaɪərˈɑːkɪkəl] *adj* ієрархічний

hierarchy [ˈhaɪərɑːkɪ] *n* ієрархія *f*

hifi [ˈhaɪfaɪ] *n* Hi-Fi *m*

high [haɪ] *adj* високий ▷ *adv* високо

highchair [ˈhaɪˌtʃeə] *n* дитячий стільчик для годування *m*

high-class [ˌhaɪˈklɑːs] *adj* першокласний *(про якість, рівень)*

high command [haɪ kəˈmɑːnd] *n* головнокомандування *nt*

high-end [ˌhaɪˈɛnd] *adj* висококласний

higher education [haɪə ˌɛdʒʊˈkeɪʃən] *n* вища освіта *f*

high-flying [ˌhaɪˈflaɪɪŋ] *adj* честолюбний

high ground [ˈhaɪ ˌgraʊnd] *n достатні підстави*

high-heeled [ˈhaɪˌhiːld] *adj* на високих підборах

high heels [haɪ hiːlz] *npl* високі підбори *pl*

high jump [haɪ dʒʌmp] *n* стрибок у висоту *m*

highlands [ˈhaɪləndz] *npl* гірська місцевість *f*

highlight [ˈhaɪˌlaɪt] *n* головна подія *f* ▷ *vt* підкреслювати

highlighter [ˈhaɪˌlaɪtə] *n* маркер *m*

highly [ˈhaɪlɪ] *adv* вельми

Highness [ˈhaɪnəs] *n* Високість *f (титул)*

high-pitched [ˌhaɪˈpɪtʃt] *adj* високий *(звук)*

high point [haɪ pɔɪnt] *n* найяскравіший момент *m*

high-powered [ˌhaɪˈpaʊəd] *adj* потужний

high-profile [ˌhaɪˈprəʊfaɪl] *adj* резонансний *(про подію)*

high-ranking [ˈhaɪˌrænkɪŋ] *adj* високопосадовий

high-rise [ˈhaɪˌraɪz] *n* хмарочос *m*

high school [haɪ skuːl] *n* середня школа *f (середні та старші класи)*

＊ **HIGH SCHOOL**

＊

＊ У Британії діти відвідують середню
＊ школу з 11 до 18 років. У США школярі
＊ спочатку ходять у молодшу середню
＊ школу, а потім, з 14 до 18 років – у
＊ середню школу. Відвідування школи є
＊ обов'язковим до 16 років.

high season [haɪ ˈsiːzn] *n* розпал сезону *m*

high-tech [ˌhaɪˈtɛk] *adj* високотехнологічний

high technology [haɪ tɛkˈnɒlədʒɪ] *n* високі технології *pl*

high-up [ˌhaɪˈʌp] *n (inf)* шишка *f (inf: впливова особа)*

high water [haɪ ˈwɔːtə] *n* приплив *m*

highway [ˈhaɪweɪ] *n* магістраль *f*

Highway Code [ˈhaɪˌweɪ kəʊd] *n* правила дорожнього руху *pl*

hijack [ˈhaɪˌdʒæk] *vt* захоплювати *(perf* захопити*)*

hijacker [ˈhaɪˌdʒækə] n викрадач m

hike [haɪk] n прогулянка пішки f

hiking [ˈhaɪkɪŋ] n пішохідний туризм m

hilarious [hɪˈlɛərɪəs] adj смішний

hill [hɪl] n пагорб m

hillside [ˈhɪlˌsaɪd] n косогір m

hilltop [ˈhɪltɒp] n вершина пагорба f

hill-walking [ˈhɪlˌwɔːkɪŋ] n прогулянка пагорбами f

hilly [ˈhɪlɪ] adj пагористий

him [hɪm; ɪm] pron він

himself [hɪmˈsɛlf; ɪmˈsɛlf] pron себе

hind [ˈhaɪnd] adj задній (про ноги, лапи, колеса)

hinder [ˈhɪndə] vt перешкоджати (perf перешкодити)

hindrance [ˈhɪndrəns] n перешкода f

hindsight [ˈhaɪndˌsaɪt] n оцінка минулих подій

Hindu [ˈhɪnduː; hɪnˈduː] adj індуїстський ▷ n індуїст m

Hinduism [ˈhɪnduˌɪzəm] n індуїзм m

hinge [hɪndʒ] n петля f

hint [hɪnt] n натяк m ▷ vi натякати (perf натякнути)

hip [hɪp] n стегно nt ▷ adj (inf) просунутий

hip-hop [ˈhɪphɒp] n хіп-хоп m

hippie [ˈhɪpɪ] n хіпі m

hippo [ˈhɪpəʊ] (pl **hippos**) n (inf) бегемот m

hippopotamus [ˌhɪpəˈpɒtəməs] (pl **hippopotamuses** or **hippopotami**) n гіпопотам m

hire [ˈhaɪə] n наймання nt ▷ vt наймати (perf найняти)

his [hɪz; ɪz] det його ▷ pron його

Hispanic [hɪˈspænɪk] adj який стосується громадян США латиноамериканського походження

hiss [hɪs] vi шипіти (perf зашипіти)

historian [hɪˈstɔːrɪən] n історик m

historic [hɪˈstɒrɪk] adj історичний

historical [hɪˈstɒrɪkl] adj історичний

history [ˈhɪstərɪ; ˈhɪstrɪ] n історія f

hit [hɪt] n удар m ▷ vt (pres sing **hits**, pres part **hitting**) бити (perf побити)

hit-and-run [ˈhɪtəndˈrʌn] adj що стосується ДТП, винуватець якої втік з місця події

hitch [hɪtʃ] n перешкода f

hitchhike [ˈhɪtʃˌhaɪk] vi пересуватися автостопом

hitchhiker [ˈhɪtʃˌhaɪkə] n попутник m

hitchhiking [ˈhɪtʃˌhaɪkɪŋ] n пересування автостопом nt

hitherto [ˌhɪðəˈtuː] adv (frml) дотепер

hit list [hɪt lɪst] n чорний список m

hitter [ˈhɪtə] n спортсмен, який подає м'яч

HIV [ˌeɪtʃaɪˈviː] n ВІЛ (вірус імунодефіциту людини)

hive [haɪv] n вулик m

HIV-negative [eɪtʃ aɪ viː ˈnɛɡətɪv] adj з негативною реакцією на ВІЛ

HIV-positive [eɪtʃ aɪ viː ˈpɒzɪtɪv] adj з позитивною реакцією на ВІЛ

hoard [hɔːd] vt запасати(ся) (perf запасти(ся))

hoarse [hɔːs] adj хрипкий

hoax [həʊks] n обман m

hob [hɒb] n варочна поверхня f

hobble [ˈhɒbəl] vi шкутильгати

hobby [ˈhɒbɪ] n хобі nt

hockey [ˈhɒkɪ] n хокей m

hoe [həʊ] n сапа f ▷ vt сапати (perf посапати)

hog [hɒɡ] n кабан m ▷ vt (inf) заграбастувати (perf заграбастати)

hoist [hɔɪst] vt піднімати (perf підняти) ▷ n лебідка f (прилад)

hold [həʊld] (pres sing **holds**, pres part **holding**, pt, pp **held**) vt (= accommodate) вміщувати (perf вмістити); (in hands or arms) тримати; **hold on** [həʊld ɒn] vt, vi тримати(ся); **hold up** [həʊld ʌp] vt затримувати (perf затримати)

holdall [ˈhəʊldˌɔːl] n дорожня торба f

holder [ˈhəʊldə] n власник (власниця) m(f)

holdup [ˈhəʊldʌp] n (= delay) затримка f; (= armed robbery) збройний напад m

hole [həʊl] n діра f

holiday [ˈhɒlɪˌdeɪ; -dɪ] n канікули pl

holidaymaker [ˈhɒlɪdɪˌmeɪkə] n відпочивальник (відпочивальниця) m(f)

holistic [həʊˈlɪstɪk] adj (frml) холістичний

Holland [ˈhɒlənd] n Голландія f

holler [ˈhɒlə] vt, vi (inf) репетувати (perf зарепетувати)

hollow [ˈhɒləʊ] adj порожній ▷ vt прогинати (perf прогнути)

holly [ˈhɒlɪ] n падуб m

holocaust [ˈhɒləˌkɔːst] n винищення nt

holy [ˈhəʊlɪ] adj святий

homage [ˈhɒmɪdʒ] n шанування nt

home [həʊm] adv додому ▷ n дім m

home address [həʊm əˈdrɛs] n домашня адреса f

homecoming [ˈhəʊmkʌmɪŋ] n повернення додому

home-grown [ˌhəʊmˈɡrəʊn] adj вітчизняного виробництва

homeless [ˈhəʊmlɪs] adj безпритульний

homely [ˈhəʊmlɪ] adj затишний

home-made [ˈhəʊmˈmeɪd] adj домашній

home match [həʊm mætʃ] n матч на своєму полі m

homeopath [ˈhəʊmɪəʊˌpæθ] n гомеопат m

homeopathic [ˌhəʊmɪəʊˈpæθɪk] adj гомеопатичний

homeopathy [ˌhəʊmɪˈɒpəθɪ] n гомеопатія f

home owner [həʊm ˈəʊnə] n власник житла (власниця житла) m(f)

home page [həʊm peɪdʒ] n домашня сторінка f

homesick ['həʊm,sɪk] adj людина, що сумує за домом

homestead ['həʊm,stɛd] n садиба f (селянська)

home town [həʊm 'taʊn] n рідне місто nt

homework ['həʊm,wɜːk] n домашнє завдання nt

homicidal [,hɒmɪ'saɪdəl] adj одержимий думкою про вбивство

homicide ['hɒmɪ,saɪd] n вбивство nt

homogeneous [,hɒməʊ'dʒiːnɪəs] adj (frml) однорідний

homosexual [,hɒməʊ'sɛkʃʊəl] adj гомосексуальний

Honduras [hɒn'djʊərəs] n Гондурас m

hone [həʊn] vt точити (perf заточити)

honest ['ɒnɪst] adj щирий

honestly ['ɒnɪstlɪ] adv щиро

honesty ['ɒnɪstɪ] n щирість f

honey ['hʌnɪ] n мед m

honeymoon ['hʌnɪ,muːn] n медовий місяць m ▷ vi проводити медовий місяць

honeysuckle ['hʌnɪ,sʌkl] n жимолость f

honk [hɒŋk] vt, vi сигналити (perf посигналити) (про автомобіль)

honorary ['ɒnərərɪ] adj почесний

honour, (US) **honor** ['ɒnə] n честь f ▷ vt удостоювати (perf удостоїти)

honourable, (US) **honorable** ['ɒnərəbəl] adj гідний поваги

honours degree ['ɒnəz dɪ,griː] n диплом із відзнакою m

> ● **HONOURS DEGREE**
> ●
> ● приблизний відповідник українського
> ● диплома з відзнакою. Більшість
> ● студентів отримує саме такий диплом
> ● після закінчення університету; він має
> ● більшу вагомість, ніж звичайний диплом.

hood [hʊd] n каптур m

hooded ['hʊdɪd] adj з каптуром

hoof [huːf] (pl **hoofs** or **hooves**) n копито nt

hook [hʊk] n гачок m ▷ vt, vi чіпляти гачком

hooked [hʊkt] adj гачкуватий

hooligan ['huːlɪgən] n хуліган (хуліганка) m(f)

hooliganism ['huːlɪgənɪzəm] n хуліганство nt

hoop [huːp] n обруч m

hooray [huːˈreɪ] excl ура!

hoot [huːt] vt, vi сигналити (perf посигналити) (про автомобіль)

Hoover® ['huːvə] n пилосос m

hoover ['huːvə] vt, vi пилососити

hooves [huːvz] pl of **hoof**

hop [hɒp] vi (bird, animal) стрибати (perf стрибнути); (person) скакати на одній нозі

hope [həʊp] n надія f ▷ vt, vi сподіватися

hoped-for ['həʊpt,fɔː] adj сподіваний

hopeful ['həʊpfʊl] adj оптимістичний ▷ n людина, яка подає надії

hopefully ['həʊpfʊlɪ] adv сподіваюся (вставне слово)

hopeless ['həʊplɪs] adj безнадійний

hopper ['hɒpə] n бункер m

horde [hɔːd] n ватага f

horizon [hə'raɪzn] n горизонт m

horizontal [,hɒrɪ'zɒntl] adj горизонтальний

hormonal [hɔː'məʊnəl] adj гормональний

hormone ['hɔːməʊn] n гормон m

horn [hɔːn] n (= musical instrument) горн m; (animal) ріг m; (car) гудок m

horoscope ['hɒrə,skəʊp] n гороскоп m

horrendous [hɒ'rɛndəs] adj страхітливий

horrible ['hɒrəbl] adj (inf) страшний

horrid ['hɒrɪd] adj (inf) гидкий

horrific [hə'rɪfɪk] adj жахливий

horrify ['hɒrɪ,faɪ] vt жахати (perf нажахати)

horrifying ['hɒrɪ,faɪɪŋ] adj жахливий

horror ['hɒrə] n жах m

horror film ['hɒrə fɪlm] n фільм жахів m

horse [hɔːs] n кінь m

horseback ['hɔːs,bæk] n спина коня f ▷ adj верхи

horseman ['hɔːsmən] n вершник m

horsepower ['hɔːs,paʊə] n кінська сила f

horse racing [hɔːs 'reɪsɪŋ] n кінні перегони pl

horseradish ['hɔːs,rædɪʃ] n хрін m

horse riding [hɔːs 'raɪdɪŋ] n верхова їзда f

horseshoe ['hɔːs,ʃuː] n підкова f

horticultural [,hɔːtɪ'kʌltʃərəl] adj садівницький

horticulture ['hɔːtɪ,kʌltʃə] n садівництво nt

hose [həʊz] n шланг m ▷ vt поливати зі шланга (perf полити зі шланга)

hosepipe ['həʊz,paɪp] n шланг m

hospice ['hɒspɪs] n хоспіс m

hospitable ['hɒspɪtəbəl] adj гостинний

hospital ['hɒspɪtl] n лікарня f

hospitality [,hɒspɪ'tælɪtɪ] n гостинність f

hospitalize ['hɒspɪtə,laɪz] vt госпіталізувати

host [həʊst] n (party) господар m

hostage ['hɒstɪdʒ] n заручник m

hostel ['hɒstl] n гуртожиток m

hostess ['həʊstɪs] n господиня f (на вечірці, святі)

hostile ['hɒstaɪl] adj ворожий

hostility [hɒ'stɪlɪtɪ] n ворожість f; **hostilities** воєнні дії npl

hot [hɒt] adj гарячий

hot air [hɒt ɛə] n (inf) пусті слова npl

hot dog [hɒt dɒg] n хот-дог m

hotel [həʊˈtɛl] n готель m

hotelier [ˌhəʊˈtɛlɪə] n власник або управитель готелю

hot key [hɒt kiː] n гаряча клавіша f

hotline [ˈhɒtlaɪn] n гаряча лінія f

hot link [hɒt lɪŋk] n лінк m

hotly [ˈhɒtlɪ] adv запально

hot spot [hɒt spɒt] n (inf) місце розваг

hot-water bottle [ˌhɒtˈwɔːtə ˈbɒtl] n грілка f

hound [haʊnd] n мисливський собака m ▷ vt переслідувати (не давати проходу)

hour [aʊə] n година f

hourly [ˈaʊəlɪ] adj щогодинний ▷ adv щогодини

house [haʊs] n будинок m

■ **HOUSE OF LORDS**

● Палата Лордів. Британський парламент
● складається з двох палат: Палати
● громад, членів якої обирають, і Палати
● лордів, що зараз переживає період
● реформ. Донедавна вона формувалася
● не на виборчій основі.

house arrest [haʊs əˈrɛst] n домашній арешт m

household [ˈhaʊsˌhəʊld] n родина f

householder [ˈhaʊsˌhəʊldə] n домовласник (домовласниця) m(f)

housekeeper [ˈhaʊsˌkiːpə] n хатня робітниця f

housekeeping [ˈhaʊsˌkiːpɪŋ] n ведення домашнього господарства

house-to-house [ˌhaʊstəˈhaʊs] adj який включає всі будинки підряд

housewife [ˈhaʊswaɪf] n домогосподарка f

house wine [haʊs waɪn] n фірмове вино m

housework [ˈhaʊswɜːk] n хатня робота f

housing [ˈhaʊzɪŋ] n житло nt

hover [ˈhɒvə] vi зависати в повітрі (perf зависнути в повітрі)

hovercraft [ˈhɒvəˌkrɑːft] n транспортний засіб на повітряній подушці

KEYWORD

how [haʊ] adv **1** (in what way) як; **to know how to do** вміти; **how did you like the film?** як вам сподобався фільм?; **how are you?** як ви?, як ваші справи?
2: **how much milk/many people?** скільки молока/людей?; **how long?** як довго?, скільки часу?; **how old are you?** скільки вам років?; **how tall is he?** який він на зріст?; **how lovely/awful!** як чудово/жахливо!

however [haʊˈɛvə] adv проте

howl [haʊl] vi вити

HQ [eɪtʃ kjuː] abbr штаб-квартира f

hub [hʌb] n центр m (подій, уваги, діяльності)

hubcap [ˈhʌbˌkæp] n покришка f

huddle [ˈhʌdəl] vi зіщулюватися (perf зіщулитися) (про тіло людини або тварини) ▷ n купа f

hue [hjuː] n (liter) колір m

huff [hʌf] vi дратуватися (perf роздратуватися)

hug [hʌg] n обійми pl ▷ vt обіймати (perf обійняти)

huge [hjuːdʒ] adj величезний

hulk [hʌlk] n руїни fpl

hull [hʌl] n (ship) корпус m

hum [hʌm] vi гудіти

human [ˈhjuːmən] adj людський

human being [ˈhjuːmən ˈbiːɪŋ] n людська істота f

humane [ˌhjuːˈmeɪn] adj гуманний

humanism [ˈhjuːmənɪzəm] n гуманізм m

humanitarian [hjuːˌmænɪˈtɛərɪən] adj гуманітарний

humanity [hjuːˈmænɪtɪ] n людство nt

human nature [ˈhjuːmən ˈneɪtʃə] n людська природа f

human resources [ˈhjuːmən rɪˈzɔːsɪz] n людські ресурси npl; **human resources department** відділ кадрів

human rights [ˈhjuːmən raɪts] npl права людини pl

humble [ˈhʌmbl] adj скромний ▷ vt упокорювати (perf упокорити)

humid [ˈhjuːmɪd] adj вологий

humidity [hjuːˈmɪdɪtɪ] n вологість f

humiliate [hjuːˈmɪlɪeɪt] vt принижувати (perf принизити)

humiliating [hjuːˈmɪlɪeɪtɪŋ] adj принизливий

humiliation [hjuːˌmɪlɪˈeɪʃən] n приниження nt

humility [hjuːˈmɪlɪtɪ] n скромність f

humorous [ˈhjuːmərəs] adj кумедний

humour, (US) **humor** [ˈhjuːmə] n гумор m ▷ vt догоджати (perf догодити)

hump [hʌmp] n пагорок m

hunch [hʌntʃ] n (inf) передчуття nt ▷ vi горбити(ся) (perf згорбити(ся))

hunched [hʌntʃt] adj згорблений

hundred [ˈhʌndrəd] num сто

hundredth [ˈhʌndrədθ] adj сотий; **it was his hundredth birthday** це був його сотий день народження

hung [hʌŋ] adj підвішений

Hungarian [hʌŋˈgɛərɪən] adj угорський ▷ n (= person) угорець (угорка) m(f)

Hungary [ˈhʌŋgərɪ] n Угорщина f

hunger [ˈhʌŋgə] n голод m ▷ vi (frml) жадати

hunger strike [ˈhʌŋɡə straɪk] n
голодування nt (акція протесту)

hungry [ˈhʌŋɡrɪ] adj голодний

hung up [hʌŋ ʌp] adj (inf) схиблений

hunk [hʌŋk] n великий шматок m

hunt [hʌnt] vt, vi (animal) полювати (perf
вполювати) ▷ vi (= search) шукати (perf
відшукати)

hunter [ˈhʌntə] n мисливець m

hunting [ˈhʌntɪŋ] n полювання nt

huntsman [ˈhʌntsmən] n мисливець m

hurdle [ˈhɜːdl] n перешкода f ▷ vt, vi
перестрибувати через бар'єр

hurdler [ˈhɜːdlə] n бар'єрист (бар'єристка) m(f)

hurl [hɜːl] vt жбурляти (perf жбурнути)

hurricane [ˈhʌrɪkn; -keɪn] n ураган m

hurried [ˈhʌrɪd] adj квапливий

hurry [ˈhʌrɪ] n поспіх m ▷ vi поспішати;
hurry up [ˈhʌrɪ ʌp] vi квапитися

hurt [hɜːt] (pres sing **hurts**, pres part **hurting**,
pt, pp **hurt**) adj травмований ▷ vt
ушкоджувати (perf ушкодити)

hurtful [ˈhɜːtfʊl] adj болісний

hurtle [ˈhɜːtəl] vi нестися (perf понестися)
(мчати)

husband [ˈhʌzbənd] n чоловік m

hush [hʌʃ] excl тихо! ▷ n тиша f ▷ vt, vi
заспокоювати (perf заспокоїти),
вгамовувати (perf вгамувати)

hushed [hʌʃt] adj стихлий

husky [ˈhʌskɪ] adj сиплий

hustle [ˈhʌsəl] vt підганяти (perf підігнати)
(квапити) ▷ n штовханина f

hut [hʌt] n хатина f

hyacinth [ˈhaɪəsɪnθ] n гіацинт m

hybrid [ˈhaɪbrɪd] n гібрид m

hydraulic [haɪˈdrɒlɪk] adj гідравлічний

hydrocarbon [ˌhaɪdrəʊˈkɑːbən] n
вуглеводень m

hydrogen [ˈhaɪdrɪdʒən] n водень m

hygiene [ˈhaɪdʒiːn] n гігієна f

hygienic [haɪˈdʒiːnɪk] adj гігієнічний

hype [ˈhaɪp] n надокучлива реклама f

hyper [ˈhaɪpə] adj (inf) збуджений

hyperactive [ˌhaɪpərˈæktɪv] adj
гіперактивний

hyperlink [ˈhaɪpəˌlɪŋk] n гіперпосилання nt
▷ vt забезпечувати гіперпосиланнями

hypermarket [ˈhaɪpəˌmɑːkɪt] n
гіпермаркет m

hypertext [ˈhaɪpəˌtɛkst] n гіпертекст m

hyphen [ˈhaɪfn] n дефіс m

hypnosis [hɪpˈnəʊsɪs] n гіпноз m

hypnotic [hɪpˈnɒtɪk] adj гіпнотичний

hypnotize [ˈhɪpnətaɪz] vt гіпнотизувати
(perf загіпнотизувати)

hypocrisy [hɪˈpɒkrɪsɪ] n лицемірство nt

hypocrite [ˈhɪpəkrɪt] n лицемір
(лицемірка) m(f)

hypocritical [ˌhɪpəˈkrɪtɪkəl] adj
лицемірний

hypodermic [ˌhaɪpəˈdɜːmɪk] n підшкірна
ін'єкція f; **hypodermic needle** голка для
підшкірної ін'єкції

hypothesis [haɪˈpɒθɪsɪs] (pl **hypotheses**) n
(frml) гіпотеза f

hypothetical [ˌhaɪpəˈθɛtɪkəl] adj
гіпотетичний

hysteria [hɪˈstɪərɪə] n істерія f

hysterical [hɪˈstɛrɪkəl] adj істеричний

hysterics [hɪˈstɛrɪks] npl (inf) істерика f

I [aɪ] *pron* я

ice [aɪs] *n* крига *f* ▷ *vt покривати цукровою глазур'ю*

iceberg ['aɪsbɜːg] *n* айсберг *m*

ice cream [aɪs 'kriːm] *n* морозиво *nt*

ice cube [aɪs kjuːb] *n* кубик льоду *m*

iced ['aɪst] *adj з льодом*

ice hockey [aɪs 'hɒkɪ] *n* хокей із шайбою *m*

Iceland ['aɪslənd] *n* Ісландія *f*

Icelandic [aɪs'lændɪk] *adj* ісландський ▷ *n* (= *language*) ісландська мова *f*

ice lolly [aɪs 'lɒlɪ] *n* морозиво на паличці *nt*

ice rink [aɪs rɪŋk] *n* ковзанка *f*

ice skate [aɪs skeɪt] *n* ковзан *m*; **his ice skates were brand new** його ковзани були зовсім новісінькі

ice-skating ['aɪsˌskeɪtɪŋ] *n* катання на ковзанах *nt*

icicle ['aɪsɪkəl] *n* бурулька *f*

icing ['aɪsɪŋ] *n* глазур *f*

icing sugar ['aɪsɪŋ 'ʃʊgə] *n* цукрова пудра *f*

icon ['aɪkɒn] *n* ікона *f*

icy ['aɪsɪ] *adj* крижаний

ID [ˌaɪ'diː] *n* посвідчення особи *nt*

ID card [ˌaɪ'diː kɑːd] *n* посвідчення особи *nt*

idea [aɪ'dɪə] *n* ідея *f*

ideal [aɪ'dɪəl] *adj* ідеальний ▷ *n* ідеал *m*

idealism [aɪ'dɪəˌlɪzəm] *n* ідеалізм *m*

idealistic [ˌaɪdɪə'lɪstɪk] *adj* ідеалістичний

idealize [aɪ'dɪəlaɪz] *vt* ідеалізувати

ideally [aɪ'dɪəlɪ] *adv* ідеально

identical [aɪ'dɛntɪkl] *adj* ідентичний

identifiable [aɪˌdɛntɪ'faɪəbəl] *adj* який може бути ідентифікований

identification [aɪˌdɛntɪfɪ'keɪʃən] *n* посвідчення особи *nt*

identify [aɪ'dɛntɪˌfaɪ] *vt* розпізнавати (*perf* розпізнати)

identity [aɪ'dɛntɪtɪ] *n* самосвідомість *f*

identity card [aɪ'dɛntɪtɪ kɑːd] *n* посвідчення особи *nt*

identity theft [aɪ'dɛntɪtɪ θɛft] *n* крадіжка особистих даних *f*

ideological [ˌaɪdɪə'lɒdʒɪkəl] *adj* ідеологічний

ideology [ˌaɪdɪ'ɒlədʒɪ] *n* ідеологія *f*

idiosyncratic [ˌɪdɪəʊsɪn'krætɪk] *adj* своєрідний

idiot ['ɪdɪət] *n* ідіот *m*

idiotic [ˌɪdɪ'ɒtɪk] *adj* ідіотський

idle ['aɪdl] *adj* ледачий

idol ['aɪdəl] *n* кумир *m*

idolise ['aɪdəˌlaɪz] *vt* обожнювати (*perf* обожнити)

idyllic [aɪ'dɪlɪk] *adj* ідилічний

i.e. [aɪ iː] *abbr* тобто

🔘 **KEYWORD**

if [ɪf] *conj* **1** (*conditional use*) якщо/якби, чи; **if I finish early today, I will ring you** якщо я закінчу раніше сьогодні, я вам зателефоную; **if I were you (I would …)** на вашому місці я б…

2 (*whenever*) коли б не

3 (*although*): (**even**) **if** навіть якщо; **I'll get it done, (even) if it takes all night** я це зроблю, навіть якщо на це піде ціла ніч

4 (*whether*) чи; **I don't know if he is here** я не знаю, чи вона тут; **ask him if he can stay** запитайте його, чи він зможе лишитися

5: **if so/not** якщо так/ні; **if only** якби тільки; **if only I could** якби я тільки міг; *see also* **as**

ignite [ɪg'naɪt] *vt, vi* запалювати(ся) (*perf* запалити(ся))

ignition [ɪg'nɪʃən] *n* запалювання *nt*

ignorance ['ɪgnərəns] *n* неосвіченість *f*

ignorant ['ɪgnərənt] *adj* неосвічений

ignore [ɪg'nɔː] *vt* ігнорувати

ill [ɪl] *adj* хворий

illegal [ɪ'liːgl] *adj* незаконний

illegible [ɪ'lɛdʒɪbl] *adj* нерозбірливий

ill-fated [ˌɪl'feɪtɪd] *adj* злощасний

ill health [ɪl hɛlθ] *n* хворобливість *f*

illicit [ɪ'lɪsɪt] *adj* заборонений (*законами, звичаями*)

illiterate [ɪ'lɪtərɪt] *adj* неписьменний ▷ *n* неписьменний (неписьменна) *m(f)*

illness ['ɪlnɪs] *n* хвороба *f*

illogical [ɪ'lɒdʒɪkl] *adj* нелогічний

ill-treat [ɪl'triːt] *vt* погано ставитися

illuminate [ɪ'luːmɪneɪt] *vt* (*frml*) освітлювати (*perf* освітити)

illuminated [ɪ'luːmɪneɪtɪd] *adj* освітлений

illumination [ɪˌluːmɪ'neɪʃən] *n* (*frml*) освітлення *nt*

illusion [ɪ'luːʒən] *n* ілюзія *f*

illustrate ['ɪləstreɪt] *vt* ілюструвати (*perf* проілюструвати)

illustration [ˌɪlə'streɪʃən] *n* ілюстрація *f*

illustrious [ɪˈlʌstrɪəs] *adj* видатний

image [ˈɪmɪdʒ] *n* зображення *nt*

imagery [ˈɪmɪdʒərɪ] *n (frml)* образність *f*

imaginable [ɪˈmædʒɪnəbəl] *adj* який тільки можна уявити

imaginary [ɪˈmædʒɪnərɪ; -dʒɪnrɪ] *adj* уявний

imagination [ɪˌmædʒɪˈneɪʃən] *n* уява *f*

imaginative [ɪˈmædʒɪnətɪv] *adj* творчий; **an imaginative writer** наділений творчою уявою письменник

imagine [ɪˈmædʒɪn] *vt* уявляти *(perf* уявити)

imaging [ˈɪmɪdʒɪŋ] *n* отримання зображення *nt*

imbalance [ɪmˈbæləns] *n* дисбаланс *m*

imbue [ɪmˈbjuː] *vt (frml)* насичувати *(perf* насичити)

imitate [ˈɪmɪteɪt] *vt* імітувати

imitation [ˌɪmɪˈteɪʃən] *n* імітація *f* ▷ *adj* штучний

immaculate [ɪˈmækjʊlət] *adj* бездоганний

immaterial [ˌɪməˈtɪərɪəl] *adj* неістотний

immature [ˌɪməˈtjʊə; -ˈtʃʊə] *adj* незрілий

immediate [ɪˈmiːdɪət] *adj* негайний

immediately [ɪˈmiːdɪətlɪ] *adv* негайно

immense [ɪˈmɛns] *adj* величезний

immensely [ɪˈmɛnslɪ] *adv* надзвичайно

immerse [ɪˈmɜːs] *vt* занурювати *(perf* занурити)

immigrant [ˈɪmɪɡrənt] *n* іммігрант (іммігрантка) *m(f)*

immigration [ˌɪmɪˈɡreɪʃən] *n* імміграція *f*

imminent [ˈɪmɪnənt] *adj* неминучий

immobile [ɪˈməʊbaɪl] *adj* нерухомий

immoral [ɪˈmɒrəl] *adj* аморальний

immortal [ɪˈmɔːtəl] *adj* безсмертний

immortalise [ɪˈmɔːtəˌlaɪz] *vt (written)* увічнювати *(perf* увічнити)

immune [ɪˈmjuːn] *adj* захищений

immune system [ɪˈmjuːn ˈsɪstəm] *n* імунна система *f*

immunize [ˈɪmjʊˌnaɪz] *vt* імунізувати

impact [ˈɪmpækt] *n* вплив *m* ▷ *vt, vi* впливати *(perf* вплинути)

impair [ɪmˈpɛə] *vt (frml)* послаблювати *(perf* послабити)

impairment [ɪmˈpɛəmənt] *n* порушення *nt (фізіологічне);* **visual impairment** порушення зору

impart [ɪmˈpɑːt] *vt (frml)* передавати *(perf* передати) *(знання, інформацію)*

impartial [ɪmˈpɑːʃəl] *adj* неупереджений

impasse [æmˈpɑːs] *n* безвихідь *f*

impassioned [ɪmˈpæʃənd] *adj (written)* палкий

impassive [ɪmˈpæsɪv] *adj (written)* байдужий

impatience [ɪmˈpeɪʃəns] *n* нетерпіння *nt*

impatient [ɪmˈpeɪʃənt] *adj* нетерплячий

impatiently [ɪmˈpeɪʃəntlɪ] *adv* нетерпляче

impeach [ɪmˈpiːtʃ] *vt* вимагати імпічменту

impeachment [ɪmˈpiːtʃmənt] *n* імпічмент *m*

impeccable [ɪmˈpɛkəbəl] *adj* бездоганний

impede [ɪmˈpiːd] *vt (frml)* перешкоджати *(perf* перешкодити)

impediment [ɪmˈpɛdɪmənt] *n (frml)* перешкода *f*

impending [ɪmˈpɛndɪŋ] *adj (frml)* неминучий

impenetrable [ɪmˈpɛnɪtrəbəl] *adj* непрохідний

imperative [ɪmˈpɛrətɪv] *adj (frml)* обов'язковий ▷ *n (frml)* вимога *f (наказ, розпорядження)*

imperfect [ɪmˈpɜːfɪkt] *adj (frml)* недосконалий

imperfection [ˌɪmpəˈfɛkʃən] *n* недосконалість *f*

imperial [ɪmˈpɪərɪəl] *adj* імперський

imperialism [ɪmˈpɪərɪəlɪzəm] *n* імперіалізм *m*

imperialist [ɪmˈpɪərɪəlɪst] *adj* імперіалістичний ▷ *n* імперіаліст *m*

impersonal [ɪmˈpɜːsənl] *adj* безособовий

impersonate [ɪmˈpɜːsəneɪt] *vt* видавати себе за когось іншого

impertinent [ɪmˈpɜːtɪnənt] *adj* зухвалий

impetus [ˈɪmpɪtəs] *n* імпульс *m*

implacable [ɪmˈplækəbəl] *adj* непримиренний

implant [ɪmˈplɑːnt] *vt* імплантувати ▷ *n* імплантат *m*

implement [ˈɪmplɪmənt] *vt* забезпечувати виконання *(perf* забезпечити виконання) ▷ *n* [ˈɪmplɪmənt] *(frml)* знаряддя *nt*

implicate [ˈɪmplɪkeɪt] *vt* вплутувати *(perf* вплутати) *(у погані справи)*

implicated [ˈɪmplɪˌkeɪtɪd] *adj* причетний *(до злочину, неприємностей)*

implication [ˌɪmplɪˈkeɪʃən] *n* наслідок *m (як правило, негативний)*

implicit [ɪmˈplɪsɪt] *adj* прихований

implore [ɪmˈplɔː] *vt* благати *(perf* ублагати)

imply [ɪmˈplaɪ] *vt* мати на увазі

impolite [ˌɪmpəˈlaɪt] *adj* неввічливий

import [ˈɪmpɔːt] *n* імпорт *m* ▷ *vt* [ɪmˈpɔːt] імпортувати

importance [ɪmˈpɔːtns] *n* важливість *f*

important [ɪmˈpɔːtnt] *adj (person)* значний; *(matter)* важливий

importer [ɪmˈpɔːtə] *n* імпортер *m*

impose [ɪmˈpəʊz] *vt* накладати *(perf* накласти) *(обов'язок, обмеження, штраф)*

imposing [ɪmˈpəʊzɪŋ] *adj* імпозантний

impossible [ɪmˈpɒsəbl] *adj* неможливий

impotence [ˈɪmpətəns] *n* безсилля *nt*

impotent [ˈɪmpətənt] *adj* безсилий

impound [ɪmˈpaʊnd] *vt* затримувати *(perf* затримати) *(про роботу поліції, митниці)*

impoverish [ɪmˈpɒvərɪʃ] *vt* збіднювати *(perf* збіднити)

impractical [ɪm'præktɪkl] *adj*
непрактичний
impress [ɪm'prɛs] *vt, vi* вражати (*perf* вразити)
impressed [ɪm'prɛst] *adj* вражений
impression [ɪm'prɛʃən] *n* враження *nt*
impressionist [ɪm'prɛʃənɪst] *n*
імпресіоніст (імпресіоністка) *m(f)*
impressive [ɪm'prɛsɪv] *adj* вражаючий
imprint ['ɪmprɪnt] *n* відбиток *m* ▷ *vt*
закарбовуватися (*perf* закарбуватися)
imprison [ɪm'prɪzən] *vt* ув'язнювати (*perf*
ув'язнити)
imprisonment [ɪm'prɪzənmənt] *n*
ув'язнення *nt*
improbable [ɪm'prɒbəbl] *adj* неймовірний
impromptu [ɪm'prɒmptjuː] *adj*
імпровізований
improper [ɪm'prɒpə] *adj* (*frml*)
неправомірний
improve [ɪm'pruːv] *vt, vi* удосконалювати
(*perf* удосконалити)
improvement [ɪm'pruːvmənt] *n*
поліпшення *nt*
improvise ['ɪmprəvaɪz] *vi* імпровізувати
impudent ['ɪmpjʊdənt] *adj* (*frml*) зухвалий
impulse ['ɪmpʌls] *n* імпульс *m* ▷ *adj*
необдуманий
impulsive [ɪm'pʌlsɪv] *adj* імпульсивний
impure [ɪm'pjʊə] *adj* нечистий
impurity [ɪm'pjʊərɪtɪ] *n* домішка *f*

KEYWORD

in [ɪn] *prep* **1** (*indicating position*) в(у), на; **in
the house/garden** в хаті/в саду; **in the
street/Ukraine** на вулиці/в Україні; **in
London/Canada** в Лондоні/ Канаді; **in the
country** в селі; **in town** в місті; **in here**
тут; **in there** там
2 (*indicating motion*) у (в); **in the house/
room** в дім/у кімнату
3 (*indicating time, during*): **in spring/
summer/autumn/winter** навесні/влітку/
восени/взимку; **in the morning/
afternoon/evening** вранці/ вдень/увечері;
in the evenings вечорами; **at 4 o'clock in
the afternoon** о четвертій годині дня
4 (*indicating time: in the space of*) за, протягом;
(*: after a period of*) за, через; **I did it in 3 hours**
я зробив це за 3 години; **I'll see you in 2
weeks** побачимося за два тижні
5 (*indicating manner etc.*): **in a loud/quiet
voice** гучним/тихим голосом; **in English/
Russian** англійською/ російською (мовою)
6 (*wearing*) в (у); **the boy in the blue shirt**
хлопчик у блакитній сорочці
7 (*indicating circumstances*): **in the sun** на
сонці; **in the rain** під дощем; **in the shade**
у затінку; **a rise in prices** підвищення цін
8 (*indicating mood, state*) у (в); **in despair** у
відчаї

9 (*with ratios, numbers*): **one in ten
households** одне з десяти
домогосподарств; **20 pence in the pound**
20 пенсів з кожного фунта; **they lined up
in twos** вони вишикувалися по двоє;
a gradient of one in five градієнт один
до п'яти
10 (*referring to people, works*) в (у); **the
disease is common in children** це
захворювання часто трапляється у дітей;
in Dickens у Діккенса; **you have a good
friend in him** він хороший друг тобі
11 (*indicating profession etc.*): **to be in
publishing/advertising** займатися
видавництвом/рекламою; **to be in
teaching** займатися викладанням; **to be in
the army** служити в армії
12 (*with present participle*): **in saying this**
кажучи це; **in behaving like this, she …**
так поводячись, вона…
▷ *adv*: **to be in** (*train, ship, plane*) прибувати
(*perf* прибути); (*in fashion*) бути в моді; **is he
in today?** він є сьогодні?; **he is not in
today** його немає сьогодні; **he wasn't in
yesterday** його не було вчора; **he'll be in
later today** він прийде пізніше сьогодні;
to ask sb in запрошувати (*perf* запросити)
когось увійти; **to run/walk in** вбігати
(вбігти)/входити (увійти)
▷ *n*: **to know all the ins and outs** знати всі
ходи й виходи

inability [ˌɪnə'bɪlɪtɪ] *n* нездатність *f*
inaccessible [ˌɪnək'sɛsɪbəl] *adj*
недоступний
inaccuracy [ɪn'ækjʊrəsɪ] *n* неточність *f*
inaccurate [ɪn'ækjʊrɪt] *adj* неточний
inaction [ɪn'ækʃən] *n* бездіяльність *f*
inactive [ɪn'æktɪv] *adj* бездіяльний
inadequacy [ɪn'ædɪkwəsɪ] *n*
недостатність *f*
inadequate [ɪn'ædɪkwɪt] *adj*
невідповідний
inadvertent [ˌɪnəd'vɜːtənt] *adj*
ненавмисний
inadvertently [ˌɪnəd'vɜːtntlɪ] *adv*
ненавмисно
inappropriate [ˌɪnə'prəʊprɪət] *adj*
невідповідний
inaugural [ɪn'ɔːgjʊrəl] *adj* інавгураційний
inaugurate [ɪn'ɔːgjʊreɪt] *vt* урочисто
вводити на посаду
inbox ['ɪnbɒks] *n* вхідна пошта *f*
incapable [ɪn'keɪpəbəl] *adj* нездатний
incarcerate [ɪn'kɑːsəreɪt] *vt* (*frml*)
ув'язнювати (*perf* ув'язнити)
incarnation [ˌɪnkɑː'neɪʃən] *n*
уособлення *nt*
incendiary [ɪn'sɛndɪərɪ] *adj*
запалювальний ▷ *n* запалювальна бомба *f*
incense ['ɪnsɛns] *n* ладан *m*

incentive [ɪn'sɛntɪv] n стимул m
inception [ɪn'sɛpʃən] n (frml) початок m (інституції, діяльності)
incessant [ɪn'sɛsənt] adj безупинний
inch [ɪntʃ] n дюйм m ▷ vt, vi рухатися повільно

• **INCH**

• міра довжини, дорівнює 2,54 см

incidence ['ɪnsɪdəns] n відсоток m (кількість випадків)
incident ['ɪnsɪdənt] n (frml) інцидент m
incidental [ˌɪnsɪ'dɛntəl] adj випадковий
incidentally [ˌɪnsɪ'dɛntəlɪ] adv між іншим
incinerate [ɪn'sɪnəreɪt] vt спалювати (perf спалити)
incinerator [ɪn'sɪnəreɪtə] n сміттєспалювач m
incisive [ɪn'saɪsɪv] adj гострий (розум)
incite [ɪn'saɪt] vt підбурювати (perf підбурити) (до поганих вчинків)
incitement [ɪn'saɪtmənt] n підбурювання nt
inclination [ˌɪnklɪ'neɪʃən] n схильність f
incline ['ɪnklaɪn] n (frml) схил m ▷ vt [ɪn'klaɪn] (frml) схиляти(ся) (perf схилити(ся))
inclined [ɪn'klaɪnd] adj схильний
include [ɪn'kluːd] vt включати (perf включити)
included [ɪn'kluːdɪd] adj включений
including [ɪn'kluːdɪŋ] prep у тому числі
inclusion [ɪn'kluːʒən] n включення nt
inclusive [ɪn'kluːsɪv] adj який включає
incoherent [ˌɪnkəʊ'hɪərənt] adj непослідовний
income ['ɪnkʌm; 'ɪnkəm] n дохід m
income tax ['ɪnkəm tæks] n прибутковий податок m
incoming ['ɪn,kʌmɪŋ] adj вхідний
incomparable [ɪn'kɒmpərəbəl] adj незрівнянний
incompatible [ˌɪnkəm'pætɪbəl] adj несумісний
incompetence [ɪn'kɒmpɪtəns] n некомпетентність f
incompetent [ɪn'kɒmpɪtənt] adj некомпетентний
incomplete [ˌɪnkəm'pliːt] adj неповний
incomprehensible [ˌɪnkɒmprɪ'hɛnsəbəl] adj незрозумілий
inconceivable [ˌɪnkən'siːvəbəl] adj неймовірний
inconclusive [ˌɪnkən'kluːsɪv] adj непереконливий
incongruous [ɪn'kɒŋgrʊəs] adj (frml) недоречний
inconsiderate [ˌɪnkən'sɪdərət] adj неуважний (до інших)

inconsistency [ˌɪnkən'sɪstənsɪ] n непослідовність f
inconsistent [ˌɪnkən'sɪstənt] adj непослідовний
incontinence [ɪn'kɒntɪnəns] n нетримання nt
inconvenience [ˌɪnkən'viːnjəns; -'viːnɪəns] n незручність f ▷ vt завдавати незручностей
inconvenient [ˌɪnkən'viːnjənt; -'viːnɪənt] adj незручний
incorporate [ɪn'kɔːpəreɪt] vt (frml) включати (perf включити)
incorrect [ˌɪnkə'rɛkt] adj неправильний
increase ['ɪnkriːs] n підвищення nt ▷ vt, vi [ɪn'kriːs] підвищувати (perf підвищити)
increasingly [ɪn'kriːsɪŋlɪ] adv дедалі більше
incredible [ɪn'krɛdəbəl] adj неймовірний
incredulous [ɪn'krɛdjʊləs] adj недовірливий
increment ['ɪnkrɪmənt] n (frml) приріст m
incriminate [ɪn'krɪmɪˌneɪt] vt інкримінувати
incubate ['ɪnkjʊˌbeɪt] vt висиджувати (perf висидіти)
incumbent [ɪn'kʌmbənt] n (frml) посадовець m
incur [ɪn'kɜː] vt (written) зазнавати (perf зазнати) (збитків, втрат); **to incur debts** залізати в борги
incurable [ɪn'kjʊərəbəl] adj невиліковний
incursion [ɪn'kɜːʃən] n (frml) вторгнення nt
indebted [ɪn'dɛtɪd] adj вдячний
indecency [ɪn'diːsənsɪ] n непристойність f
indecent [ɪn'diːsənt] adj непристойний
indecision [ˌɪndɪ'sɪʒən] n нерішучість f
indecisive [ˌɪndɪ'saɪsɪv] adj нерішучий
indeed [ɪn'diːd] adv дійсно
indefinite [ɪn'dɛfɪnɪt] adj невизначений
indefinitely [ɪn'dɛfɪnətlɪ] adv невизначено
indemnify [ɪn'dɛmnɪfaɪ] vt (frml) відшкодовувати (perf відшкодувати)
indemnity [ɪn'dɛmnɪtɪ] n (frml) відшкодування nt
independence [ˌɪndɪ'pɛndəns] n незалежність f
independent [ˌɪndɪ'pɛndənt] adj незалежний
index ['ɪndɛks] n (in book) покажчик m; (= numerical scale) показник m ▷ vt укладати покажчик
index finger ['ɪndɛks 'fɪŋgə] n вказівний палець m
India ['ɪndɪə] n Індія f
Indian ['ɪndɪən] adj індійський ▷ n індієць (індійка) m(f)
Indian Ocean ['ɪndɪən 'əʊʃən] n Індійський океан m
indicate ['ɪndɪ,keɪt] vt вказувати (perf вказати)

indication [ˌɪndɪ'keɪʃən] n ознака f
indicative [ɪn'dɪkətɪv] adj (frml) який вказує
indicator ['ɪndɪ,keɪtə] n індикатор m
indict [ɪn'daɪt] vt *обвинувачувати за обвинувальним актом*
indictment [ɪn'daɪtmənt] n обвинувачення nt
indie ['ɪndɪ] adj у стилі інді
indifference [ɪn'dɪfrəns] n байдужість f
indifferent [ɪn'dɪfrənt] adj байдужий
indigenous [ɪn'dɪdʒɪnəs] adj (frml) корінний (*місцевий*)
indigestion [ˌɪndɪ'dʒestʃən] n розлад шлунка m
indignant [ɪn'dɪɡnənt] adj обурений
indignation [ˌɪndɪɡ'neɪʃən] n обурення nt
indignity [ɪn'dɪɡnɪtɪ] n (frml) приниження nt
indigo ['ɪndɪɡəʊ] adj кольору індиго
indirect [ˌɪndɪ'rɛkt] adj непрямий
indiscriminate [ˌɪndɪ'skrɪmɪnət] adj нерозбірливий
indispensable [ˌɪndɪ'spensəbəl] adj незамінний
indisputable [ˌɪndɪ'spju:təbəl] adj безперечний
indistinguishable [ˌɪndɪ'stɪŋɡwɪʃəbəl] adj нерозрізненний
individual [ˌɪndɪ'vɪdjʊəl] adj окремий ▷ n особа f
individualism [ˌɪndɪ'vɪdjʊəlɪzəm] n індивідуалізм m
individuality [ˌɪndɪvɪdjʊ'ælɪtɪ] n індивідуальність f
Indonesia [ˌɪndəʊ'ni:zɪə] n Індонезія f
Indonesian [ˌɪndəʊ'ni:zɪən] adj індонезійський ▷ n індонезієць (індонезійка) m(f)
indoor ['ɪn,dɔ:] adj закритий
indoors [ɪn'dɔ:z] adv у приміщенні
induce [ɪn'dju:s] vt спричиняти (perf спричинити)
inducement [ɪn'dju:smənt] n стимул m
induction [ɪn'dʌkʃən] n вступ m (*на посаду, до організації*)
indulge [ɪn'dʌldʒ] vt, vi робити приємність
indulgence [ɪn'dʌldʒəns] n поблажливість f
indulgent [ɪn'dʌldʒənt] adj поблажливий
industrial [ɪn'dʌstrɪəl] adj промисловий
industrial estate [ɪn'dʌstrɪəl ɪ'steɪt] n промислова нерухомість f
industrialist [ɪn'dʌstrɪəlɪst] n промисловець m
industrialize [ɪn'dʌstrɪə,laɪz] vt, vi індустріалізувати
industrialized [ɪn'dʌstrɪə,laɪzd] adj індустріалізований
industrial park [ɪn'dʌstrɪəl pɑ:k] n (US) = industrial estate

industrial relations [ɪn'dʌstrɪəl rɪ'leɪʃənz] npl виробничі відносини npl
industry ['ɪndəstrɪ] n промисловість f
inedible [ɪn'edɪbəl] adj неїстівний
ineffective [ˌɪnɪ'fektɪv] adj безрезультатний
ineffectual [ˌɪnɪ'fektʃʊəl] adj безрезультатний
inefficient [ˌɪnɪ'fɪʃənt] adj неефективний
inept [ɪn'ept] adj нездатний
inequality [ˌɪnɪ'kwɒlɪtɪ] n нерівність f
inert [ɪn'з:t] adj інертний
inertia [ɪn'з:ʃə] n інертність f
inescapable [ˌɪnɪ'skeɪpəbəl] adj невідворотний
inevitability [ɪn,evɪtə'bɪlɪtɪ] n неминучість f
inevitable [ɪn'evɪtəbl] adj неминучий ▷ n неминуче nt
inevitably [ɪn'evɪtəblɪ] adv неминуче
inexorable [ɪn'eksərəbəl] adj (frml) невблаганний
inexpensive [ˌɪnɪk'spensɪv] adj недорогий
inexperience [ˌɪnɪk'spɪərɪəns] n недосвідченість f
inexperienced [ˌɪnɪk'spɪərɪənst] adj недосвідчений
inexplicable [ˌɪnɪk'splɪkəbəl] adj непоясненний
inextricably [ˌɪnɪks'trɪkəblɪ] adv (frml) нерозривно
infallible [ɪn'fælɪbəl] adj непомильний
infamous ['ɪnfəməs] adj (frml) сумнозвісний
infancy ['ɪnfənsɪ] n раннє дитинство nt.
infant ['ɪnfənt] n (frml) немовля nt
infantry ['ɪnfəntrɪ] n піхота f
infant school ['ɪnfənt sku:l] n дитячий садок m

⬤ INFANT SCHOOL

⬤
⬤ підготовча школа. У Великобританії
⬤ таку школу відвідують діти віком від
⬤ 5 (іноді 4) до 7 років.

infect [ɪn'fekt] vt заражати (perf заразити) (*інфекцією*)
infection [ɪn'fekʃən] n інфекція f
infectious [ɪn'fekʃəs] adj інфекційний
infer [ɪn'fз:] vt робити висновок (perf зробити висновок)
inference ['ɪnfərəns] n висновок m
inferior [ɪn'fɪərɪə] adj поганий ▷ n підлеглий
inferno [ɪn'fз:nəʊ] n полум'я nt
infertile [ɪn'fз:taɪl] adj безплідний
infest [ɪn'fest] vt кишіти
infiltrate ['ɪnfɪl,treɪt] vt, vi проникати (perf проникнути) (*секретно*)
infinite ['ɪnfɪnɪt] adj безмежний

infinitive [ɪnˈfɪnɪtɪv] n інфінітив m

infinity [ɪnˈfɪnɪtɪ] n нескінченність f

infirm [ɪnˈfɜːm] adj (frml) немічний

infirmary [ɪnˈfɜːmərɪ] n лазарет m

inflame [ɪnˈfleɪm] vt розпалювати (perf розпалити) (настрої, почуття)

inflamed [ɪnˈfleɪmd] adj запалений

inflammable [ɪnˈflæməbəl] adj легкозаймистий

inflammation [ˌɪnfləˈmeɪʃən] n (frml) запалення nt

inflammatory [ɪnˈflæmətərɪ] adj підбурливий

inflatable [ɪnˈfleɪtəbl] adj надувний ▷ n надувний виріб m

inflate [ɪnˈfleɪt] vt, vi надувати(ся) (perf надути(ся))

inflation [ɪnˈfleɪʃən] n інфляція f

inflationary [ɪnˈfleɪʃənərɪ] adj інфляційний

inflection [ɪnˈflɛkʃən] n (written) інтонація f

inflexible [ɪnˈflɛksəbl] adj негнучкий

inflict [ɪnˈflɪkt] vt завдавати (perf завдати)

influence [ˈɪnfluəns] n вплив m ▷ vt впливати (perf вплинути)

influential [ˌɪnfluˈɛnʃəl] adj впливовий

influenza [ˌɪnfluˈɛnzə] n (frml) грип m

influx [ˈɪnflʌks] n наплив m

inform [ɪnˈfɔːm] vt повідомляти (perf повідомити)

informal [ɪnˈfɔːməl] adj неформальний

informant [ɪnˈfɔːmənt] n (frml) інформатор m

information [ˌɪnfəˈmeɪʃən] n інформація f

information office [ˌɪnfəˈmeɪʃən ˈɒfɪs] n інформаційне бюро nt

information technology [ˌɪnfəˈmeɪʃən tɛkˈnɒlədʒɪ] n інформаційні технології npl

informative [ɪnˈfɔːmətɪv] adj інформативний

informed [ɪnˈfɔːmd] adj поінформований

informer [ɪnˈfɔːmə] n інформатор m

infrared [ˌɪnfrəˈrɛd] adj інфрачервоний

infrastructure [ˈɪnfrəˌstrʌktʃə] n інфраструктура f

infrequent [ɪnˈfriːkwənt] adj нечастий

infringe [ɪnˈfrɪndʒ] vt порушувати (perf порушити) (закон, правило)

infringement [ɪnˈfrɪndʒmənt] n порушення nt (закону, правила)

infuriate [ɪnˈfjʊərɪˌeɪt] vt розлючувати (perf розлючити)

infuriating [ɪnˈfjʊərɪeɪtɪŋ] adj обурливий

infuse [ɪnˈfjuːz] vt (frml) вселяти (perf вселити) (почуття, ідеї)

infusion [ɪnˈfjuːʒən] n (frml) вливання nt

ingenious [ɪnˈdʒiːnjəs; -nɪəs] adj винахідливий

ingenuity [ˌɪndʒəˈnjuːɪtɪ] n винахідливість f

ingest [ɪnˈdʒɛst] vt ковтати (perf ковтнути)

ingrained [ɪnˈɡreɪnd] adj вкорінений

ingredient [ɪnˈɡriːdɪənt] n інгредієнт m

inhabit [ɪnˈhæbɪt] vt населяти (perf населити)

inhabitant [ɪnˈhæbɪtənt] n мешканець m

inhale [ɪnˈheɪl] vt, vi вдихати (perf вдихнути)

inhaler [ɪnˈheɪlə] n інгалятор m

inherent [ɪnˈhɛrənt] adj невід'ємний

inherit [ɪnˈhɛrɪt] vt успадковувати (perf успадкувати)

inheritance [ɪnˈhɛrɪtəns] n спадщина f

inhibit [ɪnˈhɪbɪt] vt перешкоджати (perf перешкодити)

inhibited [ɪnˈhɪbɪtɪd] adj скутий (позбавлений невимушеності)

inhibition [ˌɪnɪˈbɪʃən; ˌɪnhɪ-] n стримування nt

in-house [ˌɪnˈhaʊs] adj внутрішній (внутрішньовідомчий)

inhuman [ɪnˈhjuːmən] adj нелюдяний

inhumane [ˌɪnhjʊˈmeɪn] adj негуманний

initial [ɪˈnɪʃəl] adj початковий ▷ vt ставити ініціали (perf поставити ініціали) ▷ n ініціали mpl

initially [ɪˈnɪʃəlɪ] adv спочатку

initials [ɪˈnɪʃəlz] npl ініціали mpl

initiate [ɪˈnɪʃɪeɪt] vt започатковувати (perf започаткувати)

initiation [ɪnˌɪʃɪˈeɪʃən] n початок m

initiative [ɪˈnɪʃɪətɪv; -ˈnɪʃətɪv] n ініціатива f

inject [ɪnˈdʒɛkt] vt вводити (perf ввести)

injection [ɪnˈdʒɛkʃən] n ін'єкція f

injunction [ɪnˈdʒʌŋkʃən] n судова заборона f

injure [ˈɪndʒə] vt ранити (perf поранити)

injured [ˈɪndʒəd] adj поранений ▷ npl постраждалий (постраждала) m(f)

injury [ˈɪndʒərɪ] n травма f

injury time [ˈɪndʒərɪ taɪm] n додатковий час m

injustice [ɪnˈdʒʌstɪs] n несправедливість f

ink [ɪŋk] n чорнило nt

inlaid [ˌɪnˈleɪd] adj інкрустований

inland [ˈɪnlənd] adv всередині (країни) ▷ adj віддалений від моря

in-laws [ˈɪnlɔːz] npl рідня з боку чоловіка або дружини f

inlet [ˈɪnˌlɛt] n вузька затока f

inmate [ˈɪnˌmeɪt] n в'язень m

inn [ɪn] n (old) готель m

innate [ɪnˈeɪt] adj природжений

inner [ˈɪnə] adj внутрішній

inner circle [ˈɪnə ˈsɜːkəl] n вузьке коло nt

inner city [ˈɪnə ˈsɪtɪ] n бідні райони біля центру міста

inner tube [ˈɪnə tjuːb] n камера f

innocence [ˈɪnəsəns] n невинність f

innocent [ˈɪnəsənt] adj невинний

innocently [ˈɪnəsəntlɪ] adv невинно

innocuous [ɪˈnɒkjʊəs] adj (frml) нешкідливий

innovate ['ɪnəveɪt] vi запроваджувати нововведення (perf запровадити нововведення)

innovation [,ɪnə'veɪʃən] n інновація f

innovative ['ɪnə,veɪtɪv] adj новаторський

innovator ['ɪnəveɪtə] n новатор (новаторка) m(f)

innuendo [,ɪnju'ɛndəʊ] (pl innuendoes or innuendos) n непрямий натяк m

innumerable [ɪn'juːmərəbəl] adj (frml) незлічений

inordinate [ɪn'ɔːdɪnət] adj (frml) надмірний

inorganic [,ɪnɔː'gænɪk] adj неорганічний

input ['ɪn,pʊt] n внесок m ▷ vt вводити дані (perf ввести дані)

inquest ['ɪn,kwɛst] n розслідування nt

inquire [ɪn'kwaɪə] vt, vi (frml) питати (perf спитати)

inquiries office [ɪn'kwaɪərɪz 'ɒfɪs] n довідкове бюро nt

inquiring [ɪn'kwaɪərɪŋ] adj допитливий

inquiry [ɪn'kwaɪərɪ] n запит m

inquiry desk [ɪn'kwaɪərɪ dɛsk] n довідкове бюро nt

inquisitive [ɪn'kwɪzɪtɪv] adj допитливий

insane [ɪn'seɪn] adj божевільний

insanity [ɪn'sænɪtɪ] n божевілля nt

insatiable [ɪn'seɪʃəbəl] adj ненаситний

inscribe [ɪn'skraɪb] vt надписувати (perf надписати)

inscription [ɪn'skrɪpʃən] n напис m

insect ['ɪnsɛkt] n комаха f

insecticide [ɪn'sɛktɪsaɪd] n інсектицид m

insecure [,ɪnsɪ'kjʊə] adj невпевнений у собі

insensitive [ɪn'sɛnsɪtɪv] adj нечутливий

inseparable [ɪn'sɛpərəbəl] adj нероздільний

insert [ɪn'sɜːt] vt вставляти (perf вставити) ▷ n ['ɪnsɜːt] рекламний вкладиш m

in-service [,ɪn,sɜːvɪs] adj без відриву від виробництва

inshore [,ɪn'ʃɔː] adv біля берега

inside ['ɪn'saɪd] adv усередині ▷ n внутрішній бік m ▷ prep в

insider [,ɪn'saɪdə] n своя людина

insider trading [,ɪn'saɪdə 'treɪdɪŋ] n інсайдерні торговельні операції

insidious [ɪn'sɪdɪəs] adj підступний

insight ['ɪnsaɪt] n проникливість f

insignificance [,ɪnsɪg'nɪfɪkəns] n маловажність f

insignificant [,ɪnsɪg'nɪfɪkənt] adj незначний

insincere [,ɪnsɪn'sɪə] adj нещирий

insist [ɪn'sɪst] vt, vi наполягати (perf наполягти)

insistence [ɪn'sɪstəns] n наполягання nt

insistent [ɪn'sɪstənt] adj наполегливий

insolent ['ɪnsələnt] adj зухвалий

insoluble [ɪn'sɒljʊbəl] adj (= impossible to solve) нерозв'язний; (of a substance) нерозчинний

insolvency [ɪn'sɒlvənsɪ] n (frml) неплатоспроможність f

insolvent [ɪn'sɒlvənt] adj (frml) неплатоспроможний

insomnia [ɪn'sɒmnɪə] n безсоння nt

inspect [ɪn'spɛkt] vt перевіряти (perf перевірити)

inspector [ɪn'spɛktə] n інспектор m

inspectorate [ɪn'spɛktərət] n інспекція f

inspiration [,ɪnspɪ'reɪʃən] n натхнення nt

inspirational [,ɪnspɪ'reɪʃənəl] adj надихаючий

inspire [ɪn'spaɪə] vt надихати (perf надихнути)

inspiring [ɪn'spaɪərɪŋ] adj який надихає

instability [,ɪnstə'bɪlɪtɪ] n нестабільність f

install, (US) **instal** [ɪn'stɔːl] vt установлювати (perf установити) (обладнання)

installation [,ɪnstə'leɪʃən] n спеціальна споруда

instalment, (US) **installment** [ɪn'stɔːlmənt] n внесок m

instance ['ɪnstəns] n випадок m

instant ['ɪnstənt] adj миттєвий ▷ n мить f

instantaneous [,ɪnstən'teɪnɪəs] adj миттєвий

instantly ['ɪnstəntlɪ] adv негайно

instead [ɪn'stɛd] adv натомість

instead of [ɪn'stɛd ɒv; əv] prep замість

instigate ['ɪnstɪgeɪt] vt підбурювати (perf підбурити)

instigator ['ɪnstɪgeɪtə] n підбурювач (підбурювачка) m(f)

instil [ɪn'stɪl] vt прищеплювати (perf прищепити) (почуття, ідеї)

instinct ['ɪnstɪŋkt] n інстинкт m

instinctive [ɪn'stɪŋktɪv] adj інстинктивний

institute ['ɪnstɪ,tjuːt] n інститут m ▷ vt (frml) запроваджувати (perf запровадити) (започатковувати)

institution [,ɪnstɪ'tjuːʃən] n установа f

institutional [,ɪnstɪ'tjuːʃənəl] adj інституційний

institutionalize [,ɪnstɪ'tjuːʃnə,laɪz] vt госпіталізувати

instruct [ɪn'strʌkt] vt (frml) інструктувати

instruction [ɪn'strʌkʃən] n інструкція f

instructions [ɪn'strʌkʃənz] npl інструкції fpl

instructive [ɪn'strʌktɪv] adj повчальний

instructor [ɪn'strʌktə] n інструктор m

instrument ['ɪnstrəmənt] n (musical) інструмент m; (= tool) прилад m

instrumental [,ɪnstrə'mɛntəl] adj корисний ▷ n інструментальний твір m; **to be instrumental in sth** сприяти в чомусь

instrumentation [,ɪnstrəmɛn'teɪʃən] n апаратура f

insufficient [,ɪnsə'fɪʃənt] adj (frml) недостатній

insular ['ɪnsjʊlə] *adj* обмежений *(про людину)*

insulation [ˌɪnsjʊ'leɪʃən] *n* ізоляція *f*

insulin ['ɪnsjʊlɪn] *n* інсулін *m*

insult *n* [ɪn'sʌlt] образа *f* ▷ *vt* [ɪn'sʌlt] ображати *(perf* образити*)*

insulting [ɪn'sʌltɪŋ] *adj* образливий

insurance [ɪn'ʃʊərəns; -'ʃɔː-] *n* страхування *nt*

insurance certificate [ɪn'ʃʊərəns sə'tɪfɪkət] *n* страховий сертифікат *m*

insurance policy [ɪn'ʃʊərəns 'pɒlɪsɪ] *n* страховий поліс *m*

insure [ɪn'ʃʊə; -'ʃɔː] *vt, vi* страхувати(ся) *(perf* застрахувати(ся)*)*

insured [ɪn'ʃʊəd; -'ʃɔːd] *adj* застрахований

insurer [ɪn'ʃʊərə] *n* страхова компанія *f*

insurgency [ɪn'sɜːdʒənsɪ] *n (frml)* повстання *nt*

insurgent [ɪn'sɜːdʒənt] *n (frml)* повстанець *m*

insurrection [ˌɪnsə'rɛkʃən] *n (frml)* повстання *nt*

intact [ɪn'tækt] *adj* неушкоджений

intake ['ɪnˌteɪk] *n* споживання *nt*

intangible [ɪn'tændʒɪbəl] *adj* невловний ▷ *npl* нематеріальні цінності

integral [ɪn'tɛɡrəl] *adj* невід'ємний

integrate ['ɪntɪɡreɪt] *vt, vi* інтегрувати(ся)

integrated ['ɪntɪˌɡreɪtɪd] *adj* загальний *(доступний усім незалежно від раси, статі)*

integrity [ɪn'tɛɡrɪtɪ] *n* цілісність *f*

intellect ['ɪntɪˌlɛkt] *n* інтелект *m*

intellectual [ˌɪntɪ'lɛktʃʊəl] *adj* інтелектуальний ▷ *n* інтелектуал *m*

intelligence [ɪn'tɛlɪdʒəns] *n* інтелект *m*

intelligent [ɪn'tɛlɪdʒənt] *adj* розумний

intelligentsia [ɪnˌtɛlɪ'dʒɛntsɪə] *n* інтелігенція *f*

intelligible [ɪn'tɛlɪdʒɪbəl] *adj* зрозумілий

intend [ɪn'tɛnd] *vt, vi* мати намір

intended [ɪn'tɛndɪd] *adj* намічений

intense [ɪn'tɛns] *adj* сильний

intensify [ɪn'tɛnsɪfaɪ] *vt, vi* посилювати *(perf* посилити*)*

intensive [ɪn'tɛnsɪv] *adj* інтенсивний

intensive care [ɪn'tɛnsɪv kɛə] *n* інтенсивна терапія *f*

intensive care unit [ɪn'tɛnsɪv kɛə 'juːnɪt] *n* відділення інтенсивної терапії *nt*

intent [ɪn'tɛnt] *adj* сповнений рішучості ▷ *n (frml)* намір *m*

intention [ɪn'tɛnʃən] *n* намір *m*

intentional [ɪn'tɛnʃənl] *adj* навмисний

inter [ɪn'tɜː] *vt (frml)* ховати *(perf* поховати*)*

interact [ˌɪntər'ækt] *vi* взаємодіяти

interactive [ˌɪntər'æktɪv] *adj* інтерактивний

intercept [ˌɪntə'sɛpt] *vt* перехоплювати *(perf* перехопити*)*

interchange ['ɪntəˌtʃeɪndʒ] *n* обмін *m*

interchangeable [ˌɪntə'tʃeɪndʒəbəl] *adj* взаємозамінний

intercom ['ɪntəˌkɒm] *n* переговорний пристрій *m*

interconnection ['ɪntəˌkə'nɛkʃən] *n (frml)* взаємозв'язок *m*

intercontinental [ˌɪntəˌkɒntɪ'nɛntəl] *adj* міжконтинентальний

interdependence [ˌɪntədɪ'pɛndəns] *n* взаємозалежність *f*

interdependent [ˌɪntədɪ'pɛndənt] *adj* взаємозалежний

interest ['ɪntrɪst; -tərɪst] *n (= curiosity)* інтерес *m; (= money)* відсоток *m* ▷ *vt* цікавити *(perf* зацікавити*)*

interested ['ɪntrɪstɪd; -tərɪs-] *adj* зацікавлений

interest-free [ˌɪntrəst'friː] *adj* безвідсотковий

interesting ['ɪntrɪstɪŋ; -tərɪs-] *adj* цікавий

interestingly ['ɪntrəstɪŋlɪ] *adv* цікаво

interest rate ['ɪntrəst reɪt] *n* відсоткова ставка *f*

interface ['ɪntəfeɪs] *n* стик *m*

interfere [ˌɪntə'fɪə] *vi* втручатися *(perf* втрутитися*)*

interference [ˌɪntə'fɪərəns] *n* втручання *nt*

interim ['ɪntərɪm] *adj* тимчасовий

interior [ɪn'tɪərɪə] *n* інтер'єр *m* ▷ *adj* внутрішній

interior design [ɪn'tɪərɪə dɪ'zaɪn] *n* дизайн інтер'єру *m*

interior designer [ɪn'tɪərɪə dɪ'zaɪnə] *n* дизайнер інтер'єру *m*

interlock [ˌɪntə'lɒk] *vt, vi* з'єднувати(ся) *(perf* з'єднати(ся)*)*

interlude ['ɪntəˌluːd] *n* перерва *f*

intermediary [ˌɪntə'miːdɪərɪ] *n* посередник (посередниця) *m(f)*

intermediate [ˌɪntə'miːdɪɪt] *adj* проміжний

interminable [ɪn'tɜːmɪnəbəl] *adj* нескінчéнний

intermission [ˌɪntə'mɪʃən] *n* антракт *m*

intermittent [ˌɪntə'mɪtənt] *adj* періодичний

intern [ɪn'tɜːn] *vt* інтернувати

internal [ɪn'tɜːnl] *adj* внутрішній

international [ˌɪntə'næʃənl] *adj* міжнародний

international relations [ˌɪntə'næʃənəl rɪ'leɪʃənz] *npl* міжнародні відносини *npl*

internet ['ɪntəˌnɛt] *n* Інтернет *m*

internet café ['ɪntəˌnɛt 'kæfeɪ] *n* інтернет-кафе *nt*

internet user ['ɪntənɛt 'juːzə] *n* користувач Інтернету *m*

interpersonal [ˌɪntə'pɜːsənəl] *adj* міжособистісний

interpret [ɪn'tɜːprɪt] *vt* перекладати *(perf* перекласти*)*

interpretation [ɪnˌtɜːprɪ'teɪʃən] *n* тлумачення *nt*

interpreter [ɪnˈtɜːprɪtə] n перекладач m
interrogate [ɪnˈterəˌgeɪt] vt допитувати (perf допитати)
interrogation [ɪnˌterəˈgeɪʃən] n допит m
interrupt [ˌɪntəˈrʌpt] vt, vi переривати (perf перервати)
interruption [ˌɪntəˈrʌpʃən] n переривання nt
intersection [ˈɪntəsekʃən] n перехрестя nt
interspersed [ˌɪntəˈspɜːst] adj розкиданий
interstate [ˈɪntəˈsteɪt] adj міждержавний
▷ n автомагістраль між штатами
intertwine [ˌɪntəˈtwaɪn] vt, vi переплітати(ся) (perf переплести(ся))
interval [ˈɪntəvəl] n інтервал m
intervene [ˌɪntəˈviːn] vi втручатися (perf втрутитися)
intervening [ˌɪntəˈviːnɪŋ] adj перехідний
intervention [ˌɪntəˈvenʃən] n втручання nt
interview [ˈɪntəˌvjuː] n інтерв'ю nt ▷ vt брати нтерв'ю (perf взяти)
interviewee [ˌɪntəvjuːˈiː] n людина, яка дає інтерв'ю
interviewer [ˈɪntəˌvjuːə] n інтерв'юер m
interweave [ˌɪntəˈwiːv] vt, vi переплітати(ся) (perf переплести(ся))
intestinal [ˌɪntesˈtaɪnəl] adj кишковий
intimacy [ˈɪntɪməsɪ] n близькість f
intimate [ˈɪntɪmɪt] adj тісний ▷ vt [ˈɪntɪmeɪt] (frml) натякати (perf натякнути)
intimidate [ɪnˈtɪmɪˌdeɪt] vt залякувати (perf залякати)
intimidated [ɪnˈtɪmɪdeɪtɪd] adj заляканий
intimidating [ɪnˈtɪmɪdeɪtɪŋ] adj страшний
into [ˈɪntuː; ˈɪntə] prep (go, put) в (у)
intolerable [ɪnˈtɒlərəbəl] adj нестерпний
intolerance [ɪnˈtɒlərəns] n нетерпимість f
intolerant [ɪnˈtɒlərənt] adj нетерпимий
intone [ɪnˈtəʊn] vt (written) виконувати речитативом (perf виконати речитативом)
intoxicated [ɪnˈtɒksɪˌkeɪtɪd] adj (frml) сп'янілий
intractable [ɪnˈtræktəbəl] adj (frml) непоступливий
intranet [ˈɪntrəˌnet] n інтранет m
intransigent [ɪnˈtrænsɪdʒənt] adj (frml) непохитний
intransitive [ɪnˈtrænsɪtɪv] adj неперехідний (про дієслово)
intravenous [ˌɪntrəˈviːnəs] adj внутрішньовенний
intrepid [ɪnˈtrepɪd] adj безстрашний
intricacy [ˈɪntrɪkəsɪ] n складність f
intricate [ˈɪntrɪkət] adj складний
intrigue [ɪnˈtriːg] n інтрига f ▷ vt інтригувати (perf заінтригувати)
intrigued [ɪnˈtriːgd] adj заінтригований
intriguing [ɪnˈtriːgɪŋ] adj інтригуючий
intrinsic [ɪnˈtrɪnsɪk] adj (frml) притаманний
introduce [ˌɪntrəˈdjuːs] vt вводити (perf ввести)

introduction [ˌɪntrəˈdʌkʃən] n вступ m
introductory [ˌɪntrəˈdʌktərɪ] adj вступний
intrude [ɪnˈtruːd] vi втручатися (perf втрутитися)
intruder [ɪnˈtruːdə] n порушник m
intrusion [ɪnˈtruːʒən] n втручання nt
intrusive [ɪnˈtruːsɪv] adj нав'язливий
intuition [ˌɪntjʊˈɪʃən] n інтуїція f
intuitive [ɪnˈtjuːɪtɪv] adj інтуїтивний
inundate [ˈɪnʌndeɪt] vt наводнювати (perf наводнити)
invade [ɪnˈveɪd] vt, vi вторгатися (perf вторгнутися)
invader [ɪnˈveɪdə] n загарбник m
invalid [ˈɪnvəˌlɪd] n інвалід m ▷ adj [ɪnˈvælɪd] недійсний (який не має законної сили)
invaluable [ɪnˈvæljʊəbəl] adj безцінний
invariably [ɪnˈveərɪəblɪ] adv незмінно
invasion [ɪnˈveɪʒən] n вторгнення nt
invasive [ɪnˈveɪsɪv] adj який має тенденцію до поширення
invent [ɪnˈvent] vt винаходити (perf винайти)
invention [ɪnˈvenʃən] n винахід m
inventive [ɪnˈventɪv] adj винахідливий
inventor [ɪnˈventə] n винахідник m
inventory [ˈɪnvəntərɪ; -trɪ] n інвентаризація f
invert [ɪnˈvɜːt] vt (frml) перевертати (perf перевернути)
inverted commas [ɪnˈvɜːtɪd ˈkɒməz] npl лапки pl
invest [ɪnˈvest] vt, vi інвестувати
investigate [ɪnˈvestɪˌgeɪt] vt розслідувати
investigation [ɪnˌvestɪˈgeɪʃən] n розслідування nt
investigative [ɪnˈvestɪgətɪv] adj дослідницький
investigator [ɪnˈvestɪˌgeɪtə] n слідчий m
investment [ɪnˈvestmənt] n інвестиція f
investor [ɪnˈvestə] n інвестор m
invigilator [ɪnˈvɪdʒɪˌleɪtə] n спостерігач m
invigorating [ɪnˈvɪgəˌreɪtɪŋ] adj який наснажує
invincible [ɪnˈvɪnsɪbəl] adj непереможний
invisible [ɪnˈvɪzəbl] adj невидимий
invitation [ˌɪnvɪˈteɪʃən] n запрошення nt
invite [ɪnˈvaɪt] vt запрошувати (perf запросити) ▷ n (inf) запрошення nt
inviting [ɪnˈvaɪtɪŋ] adj привабливий
invoice [ˈɪnvɔɪs] n рахунок m ▷ vt виписувати рахунок (perf виписати рахунок)
invoke [ɪnˈvəʊk] vt застосовувати (perf застосувати) (статтю закону)
involuntary [ɪnˈvɒləntərɪ] adj ненавмисний
involve [ɪnˈvɒlv] vt залучати (perf залучити)
involved [ɪnˈvɒlvd] adj залучений
involvement [ɪnˈvɒlvmənt] n участь f
inward [ˈɪnwəd] adj внутрішній

inwards ['ɪnwədz] adv всередину
iodine ['aɪədiːn] n йод m
ion ['aɪən] n іон m
iPod® ['aɪˌpɒd] n ай-под m
IQ [aɪ kjuː] abbr коефіцієнт інтелектуального розвитку m
Iran [ɪˈrɑːn] n Іран m
Iranian [ɪˈreɪnɪən] adj іранський ▷ n (= person) іранець (іранка) m(f)
Iraq [ɪˈrɑːk] n Ірак m
Iraqi [ɪˈrɑːkɪ] adj іракський ▷ n (= person) мешканець Іраку m
irate [aɪˈreɪt] adj розгніваний
Ireland ['aɪələnd] n Ірландія f
iris ['aɪrɪs] (pl irises) n райдужна оболонка f
Irish ['aɪrɪʃ] adj ірландський ▷ n (= language) ірландська мова f
Irishman ['aɪrɪʃmən] n ірландець m
Irishwoman ['aɪrɪʃwʊmən] n ірландка f
iron ['aɪən] n (for pressing clothes) праска f; (= metal) залізо nt ▷ vt, vi прасувати ▷ adj залізний
ironic [aɪˈrɒnɪk] adj іронічний
ironically [aɪˈrɒnɪkəlɪ] adv за іронією долі
ironing ['aɪənɪŋ] n прасування nt
ironing board ['aɪənɪŋ bɔːd] n прасувальна дошка f
ironmonger ['aɪənˌmʌŋɡə] n продавець залізних виробів m
irony ['aɪrənɪ] n іронія f
irradiate [ɪˈreɪdɪˌeɪt] vt опромінювати (perf опромінити)
irrational [ɪˈræʃənəl] adj ірраціональний
irreconcilable [ɪˌrɛkənˈsaɪləbəl] adj (frml) несумісний
irregular [ɪˈrɛɡjʊlə] adj неправильний
irrelevance [ɪˈrɛlɪvəns] n недоречність f
irrelevant [ɪˈrɛlɪvənt] adj недоречний
irreparable [ɪˈrɛpərəbəl] adj (frml) непоправний
irresistible [ˌɪrɪˈzɪstɪbəl] adj непереборний
irresponsible [ˌɪrɪˈspɒnsəbəl] adj безвідповідальний
irreverent [ɪˈrɛvərənt] adj нешанобливий
irreversible [ˌɪrɪˈvɜːsɪbəl] adj незворотний
irrevocable [ɪˈrɛvəkəbəl] adj (frml) остаточний
irrigate ['ɪrɪɡeɪt] vt зрошувати (perf зросити)
irritable ['ɪrɪtəbl] adj дратівливий
irritant ['ɪrɪtənt] n (frml) подразник m
irritate ['ɪrɪteɪt] vt дратувати (perf роздратувати)
irritating ['ɪrɪteɪtɪŋ] adj дратівливий
irritation [ˌɪrɪˈteɪʃən] n роздратування nt
Islam ['ɪzlɑːm] n іслам m
Islamic [ɪzˈlɑːmɪk] adj ісламський
island ['aɪlənd] n острів m
islander ['aɪləndə] n острів'янин (острів'янка) m(f)
isle [aɪl] n острів m

isolate ['aɪsəleɪt] vt ізолювати
isolated ['aɪsəˌleɪtɪd] adj ізольований
isolation [ˌaɪsəˈleɪʃən] n самотність f
ISP [aɪ ɛs piː] abbr провайдер інтернет-послуг m
Israel ['ɪzreɪəl; -rɪəl] n Ізраїль m
Israeli [ɪzˈreɪlɪ] adj ізраїльський ▷ n (= person) ізраїльтянин (ізраїльтянка) m(f)
issue ['ɪʃjuː] n питання nt ▷ vt видавати (perf видати)
IT [aɪ tiː] abbr інформаційні технології pl

🔵 **KEYWORD**

it [ɪt] pron **1** (specific subject) це (: direct object) він (вона, воно), це; (: indirect object) він (вона, воно), це; (: after prep: +gen) він (вона, воно), це; (: +dat) він (вона, воно), це; (: +instr) він (вона, воно), це; (: +prp) він (вона, воно), це; **where is your car? — it's in the garage** де ваша машина? — вона в гаражі; **I like this hat, whose is it?** мені подобається цей капелюх, чий він?
2 (indirect object) він (вона, воно), це; **what kind of car is it? — it's a Lada** що це за машина? – це "Лада"; **who is it? — it's me** хто це? – це я
3 (after prep: +gen) він (вона, воно), це; (: +dat) він (вона, воно), це; (: +instr) він (вона, воно), це; (: +prp) він (вона, воно), це; **I spoke to him about it** я говорив із ним про це
4 (impersonal): **it's raining** іде дощ; **it's cold today** сьогодні холодно; **it's interesting that …** цікаво, що…; **it's 6 o'clock** зараз шоста година; **it's the 10th of August** сьогодні десяте серпня; **why is that …?** чому це так…?; **what is it?** (what's wrong) та що ж таке?

Italian [ɪˈtæljən] adj італійський ▷ n (= person) італієць (італійка) m(f); (= language) італійська мова f
italic [ɪˈtælɪk] adj курсивний
italics [ɪˈtælɪks] npl курсив m
Italy ['ɪtəlɪ] n Італія f
itch [ɪtʃ] vi свербіти
itchy ['ɪtʃɪ] adj (inf) сверблячий
item ['aɪtəm] n предмет m
itemize ['aɪtəmaɪz] vt складати перелік
itinerary [aɪˈtɪnərərɪ; ɪ-] n маршрут m
its [ɪts] det свій
itself [ɪtˈsɛlf] pron себе
ivory ['aɪvərɪ; -vrɪ] n слонова кістка f
ivy ['aɪvɪ] n плющ m

J

jab [dʒæb] n (= vaccination) щеплення nt; раптовий швидкий удар

jack [dʒæk] n домкрат m

jacket ['dʒækɪt] n куртка f

jacket potato ['dʒækɪt pə'teɪtəʊ] (pl **jacket potatoes**) n печена картопля f

jackpot ['dʒæk,pɒt] n великий куш m

Jacuzzi® [dʒə'ku:zɪ] n джакузі n ind

jade [dʒeɪd] n нефрит m

jaded ['dʒeɪdɪd] adj пересичений

jagged ['dʒægɪd] adj зубчастий

jail [dʒeɪl] n в'язниця f ▷ vt ув'язнювати (perf ув'язнити)

jam [dʒæm] n варення nt

Jamaican [dʒə'meɪkən] adj ямайський ▷ n (= person) мешканець Ямайки m

jam jar [dʒæm dʒɑ:] n банка для варення f

jammed [dʒæmd] adj забитий

jangle ['dʒæŋgəl] vt, vi брязкати (perf брязнути)

janitor ['dʒænɪtə] n прибиральник m

January ['dʒænjʊərɪ] n січень m

Japan [dʒə'pæn] n Японія f

Japanese [,dʒæpə'ni:z] adj японський ▷ npl (= people) японець (японка) m(f); (= language) японська мова f

jar [dʒɑ:] n банка f

jargon ['dʒɑ:gɒn] n жаргон m

jasmine ['dʒæsmɪn] n жасмин m

jaundice ['dʒɔ:ndɪs] n жовтяниця f

jaunty ['dʒɔ:ntɪ] adj жвавий

javelin ['dʒævlɪn] n дротик m

jaw [dʒɔ:] n щелепа f

jaw-dropping ['dʒɔ:drɒpɪŋ] adj (inf) приголомшливий

jazz [dʒæz] n джаз m

jazzy ['dʒæzɪ] adj строкатий

jealous ['dʒeləs] adj ревнивий

jealousy ['dʒeləsɪ] n ревнощі npl

jeans [dʒi:nz] npl джинси pl

Jeep® [dʒi:p] n джип m

jeer ['dʒɪə] vi глузувати (perf поглузувати) ▷ n глузування nt

Jehovah's Witness [dʒɪ'həʊvəz 'wɪtnəs] n свідок Єгови m

jelly ['dʒelɪ] n желе nt

jellyfish ['dʒelɪ,fɪʃ] n медуза f

jeopardize ['dʒepədaɪz] vt наражати на небезпеку (perf наразити на небезпеку)

jerk [dʒɜ:k] vt, vi смикати(ся) (perf смикнути(ся))

jerky ['dʒɜ:kɪ] adj уривчастий

jersey ['dʒɜ:zɪ] n (old) трикотаж m

jest [dʒest] n (frml) дотеп m

Jesus ['dʒi:zəs] n Ісус m

jet [dʒet] n реактивний літак m ▷ vi літати реактивним літаком

jet engine [dʒet 'endʒɪn] n реактивний двигун m

jetlag ['dʒetlæg] n зміна часових поясів f

jettison ['dʒetɪzən] vt відкидати (perf відкинути) (план, ідею)

jetty ['dʒetɪ] n пристань f

Jew [dʒu:] n іудей m

jewel ['dʒu:əl] n (= item of jewellery) коштовність f; (= precious stone) коштовний камінь m

jeweller, (US) **jeweler** ['dʒu:ələ] n (= person) ювелір m; (= shop) ювелірний магазин m

jewellery, (US) **jewelry** ['dʒu:əlrɪ] n ювелірні вироби mpl

Jewish ['dʒu:ɪʃ] adj єврейський

jibe ['dʒaɪb] n насмішка f ▷ vt (written) насміхатися

jig [dʒɪg] n джига f (танок) ▷ vi підстрибувати

jigsaw ['dʒɪg,sɔ:] n картинка-пазл f

jingle ['dʒɪŋgəl] vt, vi дзвеніти (perf подзвеніти)

jitters ['dʒɪtəz] npl (inf) нервування nt; **the jitters** нервове збудження

jittery ['dʒɪtərɪ] adj (inf) нервовий

job [dʒɒb] n робота f

job centre [dʒɒb 'sentə] n центр зайнятості m

job description [dʒɒb dɪ'skrɪpʃən] n перелік службових обов'язків

jobless ['dʒɒblɪs] adj безробітний

job share ['dʒɒb ʃeə] vi ділити робоче місце між кількома працівниками

jockey ['dʒɒkɪ] n жокей m

jog [dʒɒg] vi бігати підтюпцем

jogger ['dʒɒgə] n той, хто бігає підтюпцем

jogging ['dʒɒgɪŋ] n біг підтюпцем m

join [dʒɔɪn] vt, vi (= become a member of) приєднуватися (perf приєднатися); (= link) поєднувати(ся) (perf поєднати(ся))

joiner ['dʒɔɪnə] n столяр m

joint [dʒɔɪnt] adj спільний ▷ n (= join) з'єднання nt; (= meat) лопатка f, окіст m

joint account [dʒɔɪnt ə'kaʊnt] n спільний рахунок m

joke [dʒəʊk] n жарт m ▷ vi жартувати

joker ['dʒəʊkə] n жартівник (жартівниця) m(f)

jolly ['dʒɒlɪ] adj веселий

jolt [dʒəʊlt] vt, vi трясти(ся) (perf затрясти(ся))

Jordan ['dʒɔ:dn] n Йорданія f

Jordanian [dʒɔ:'deɪnɪən] adj йорданський ▷ n (= person) йорданець (йорданка) m(f)

jostle ['dʒɒsəl] vt штовхати(ся) (perf штовхнути(ся))

jot [dʒɒt] vt записувати (perf записати) (коротку нотатку)

jot down [dʒɒt daʊn] vt нотувати (perf занотувати)

jotter ['dʒɒtə] n блокнот m

journal ['dʒɜ:nəl] n журнал m (науковий)

journalism ['dʒɜ:n,lɪzəm] n журналістика f

journalist ['dʒɜ:nlɪst] n журналіст (журналістка) m(f)

journalistic [,dʒɜ:nə'lɪstɪk] adj журналістський

journey ['dʒɜ:nɪ] n подорож f ▷ vi (frml) подорожувати

joy [dʒɔɪ] n радість f

joyful ['dʒɔɪfʊl] adj (frml) радісний

joyous ['dʒɔɪəs] adj (liter) щасливий

joystick ['dʒɔɪˌstɪk] n джойстик m

jubilant ['dʒu:bɪlənt] adj радісний

jubilee [,dʒu:bɪ'li:] n ювілей m

Judaism ['dʒu:deɪɪzəm] n іудаїзм m

judge [dʒʌdʒ] n суддя m ▷ vt судити (perf засудити)

judgment ['dʒʌdʒmənt] n думка f

judicial [dʒu:'dɪʃəl] adj судовий

judiciary [dʒu:'dɪʃɪərɪ] n (frml) судова влада f

judicious [dʒu:'dɪʃəs] adj (frml) розважливий

judo ['dʒu:dəʊ] n дзюдо nt

jug [dʒʌg] n глечик m

juggle ['dʒʌgəl] vt суміщати (perf сумістити) (робити кілька справ одночасно)

juggler ['dʒʌglə] n жонглер m

juice [dʒu:s] n сік m

juicy ['dʒu:sɪ] adj соковитий

July [dʒu:'laɪ; dʒə-; dʒʊ-] n липень m

jumble ['dʒʌmbəl] n купа f

jumbo ['dʒʌmbəʊ] adj величезний ▷ n аеробус m

jumbo jet ['dʒʌmbəʊ dʒɛt] n реактивний лайнер m

jump [dʒʌmp] vt, vi стрибати (perf стрибнути)

jumper ['dʒʌmpə] n джемпер m

jump leads [dʒʌmp li:dz], (US) **jumper cables** npl дріт для запуску двигуна від зовнішнього джерела

junction ['dʒʌŋkʃən] n перехрестя nt

June [dʒu:n] n червень m

jungle ['dʒʌŋgl] n джунглі pl

junior ['dʒu:njə] adj молодший

juniper ['dʒu:nɪpə] n ялівець m

junk [dʒʌŋk] n мотлох m ▷ vt (inf) викидати (perf викинути) (зужиті, непотрібні речі)

junk food [dʒʌŋk fu:d] n низькоякісна їжа f

junk mail [dʒʌŋk meɪl] n небажана пошта f

junta ['dʒʌntə] n хунта f

jurisdiction [,dʒʊərɪs'dɪkʃən] n (frml) юрисдикція f

juror ['dʒʊərə] n присяжний m

jury ['dʒʊərɪ] nt

just [dʒʌst] adv щойно

justice ['dʒʌstɪs] n справедливість f

justifiable [,dʒʌstɪ'faɪəbəl] adj виправданий (який можна виправдати)

justification [,dʒʌstɪfɪ'keɪʃən] n виправдання nt

justified [,dʒʌstɪfaɪd] adj правомірний

justify ['dʒʌstɪˌfaɪ] vt виправдовувати (perf виправдати)

justly ['dʒʌstlɪ] adv справедливо

jut [dʒʌt] vi виступати (perf виступити) (видаватися)

juvenile ['dʒu:vəˌnaɪl] n (frml) неповнолітній (неповнолітня) m(f) ▷ adj підлітковий

juxtapose [,dʒʌkstə'pəʊz] vt (frml) зіставляти (perf зіставити)

juxtaposition [,dʒʌkstəpə'zɪʃən] n (frml) зіставлення nt

K

kangaroo [ˌkæŋgəˈruː] n кенгуру m/f
karaoke [ˌkɑːrəˈəʊkɪ] n караоке nt
karate [kəˈrɑːtɪ] n карате nt
karma [ˈkɑːmə] n карма f
Kazakhstan [ˌkɑːzɑːkˈstæn; -ˈstɑːn] n Казахстан m
kebab [kəˈbæb] n кебаб m
keel [kiːl] n кіль m
keen [kiːn] adj зацікавлений
keep [kiːp] (pres sing **keeps**, pres part **keeping**, pt, pp **kept**) vt (= store) тримати; (= continue) продовжувати (perf продовжити) ▷ vi (= stay in a particular position) триматися ▷ vb + complement (= stay in a particular condition) залишатися (perf залишитися); **keep out** [kiːp aʊt] vi триматися подалі; **keep up** [kiːp ʌp] vi підтримувати (perf підтримати)
keep-fit [ˈkiːpˌfɪt] n бути у формі
kennel [ˈkɛnl] n будка f
Kenya [ˈkɛnjə; ˈkiːnjə] n Кенія f
Kenyan [ˈkɛnjən; ˈkiːnjən] adj кенійський ▷ n (= person) кенієць (кенійка) m(f)
kerb [kɜːb] n бордюр m
kernel [ˈkɜːnəl] n ядро nt (горіха)
kerosene [ˈkɛrəˌsiːn] n (US) гас m
ketchup [ˈkɛtʃəp] n кетчуп m
kettle [ˈkɛtl] n чайник m
key [kiː] n (Comput, instrument) клавіша f; (for lock) ключ m ▷ adj головний
keyboard [ˈkiːˌbɔːd] n клавіатура f
key card [kiː kɑːd] n картка-ключ m
keynote [ˈkiːnəʊt] n провідна думка f
keypad [ˈkiːˌpæd] n клавішна панель f
keyring [ˈkiːˌrɪŋ] n брелок m
keystone [ˈkiːstəʊn] n замковий камінь m (арки або склепіння)
keystroke [ˈkiːstrəʊk] n натискання клавіші
khaki [ˈkɑːkɪ] n тканина захисного кольору
kick [kɪk] n удар m ▷ vt, vi ударяти ногою (perf ударити ногою); **kick off** [kɪk ɒf] vt, vi починати (perf почати)

kickback [ˈkɪkˌbæk] n хабар m
kick-off [ˈkɪkɒf] n початок m
kick-start [ˈkɪkˌstɑːt] vt давати поштовх (perf дати поштовх)
kid [kɪd] n (inf) дитина f ▷ vi (inf) жартувати
kidnap [ˈkɪdnæp] vt викрадати людей (perf викрасти людей)
kidney [ˈkɪdnɪ] n нирка f
kill [kɪl] vt, vi вбивати (perf вбити)
killer [ˈkɪlə] n вбивця m
kiln [kɪln] n піч f (для сушіння або випалу)
kilo [ˈkiːləʊ] n кілограм m
kilobyte [ˈkɪləbaɪt] n кілобайт m
kilogram [ˈkɪləgræm] n кілограм m
kilohertz [ˈkɪləhɜːts] n кілогерц m
kilometre, (US) **kilometer** [kɪˈlɒmɪtə; ˈkɪləˌmiːtə] n кілометр m
kilowatt [ˈkɪləwɒt] n кіловат m
kilt [kɪlt] n кілт m
kin [kɪn] npl (old) рідня f
kind [kaɪnd] adj добрий ▷ n різновид m
kindergarten [ˈkɪndəˌgɑːtən] n дитячий садок m
kindly [ˈkaɪndlɪ] adv доброзичливо ▷ adj добрий
kindness [ˈkaɪndnɪs] n доброта f
king [kɪŋ] n король m
kingdom [ˈkɪŋdəm] n королівство nt
kingfisher [ˈkɪŋˌfɪʃə] n зимородок m
kiosk [ˈkiːɒsk] n кіоск m
kipper [ˈkɪpə] n копчена риба f
kiss [kɪs] n поцілунок m ▷ vt, vi цілувати(ся) (perf поцілувати(ся))
kit [kɪt] n комплект m
kitchen [ˈkɪtʃɪn] n кухня f
kite [kaɪt] n повітряний змій m
kitsch [kɪtʃ] n кітч m
kitten [ˈkɪtn] n кошеня nt
kitty [ˈkɪtɪ] n спільна каса f
kiwi [ˈkiːwiː] n ківі m
kiwi fruit [ˈkiːwiː fruːt] n ківі m
km/h abbr км/год
knack [næk] n уміння nt
knapsack [ˈnæpˌsæk] n рюкзак m
knead [niːd] vt місити (perf замісити)
knee [niː] n коліно nt ▷ vt ударити коліном
kneecap [ˈniːˌkæp] n колінна чашечка f
kneel [niːl] (pres sing **kneels**, pres part **kneeling**, pt, pp **kneeled**, pt, pp **knelt**) vi ставати на коліна (perf стати на коліна); **kneel down** [niːl daʊn] vi ставати на коліна (perf стати на коліна)
knickers [ˈnɪkəz] npl панталони pl
knife [naɪf] (pl **knives**) n ніж m ▷ vt ударити ножем
knight [ˈnaɪt] n лицар m ▷ vt посвячувати в лицарі
knighthood [ˈnaɪthʊd] n лицарське звання nt
knit [nɪt] vt, vi плести (perf сплести)
knitting [ˈnɪtɪŋ] n в'язання nt

knitting needle ['nɪtɪŋ 'niːdl] n спиця f

knob [nɒb] n ручка f

knock [nɒk] n стук m ▷ vi стукати (perf стукнути); **knock down** [nɒk daʊn] vt зносити (perf знести); **knock out** [nɒk aʊt] vt нокаутувати

knockout ['nɒk‚aʊt] n нокаут m; (inf) красунчик (красуня) m(f) ▷ adj нищівний

knot [nɒt] n вузол m

know [nəʊ] (pres sing **knows**, pres part **knowing**, pt **knew**, pp **known**) vt (person) бути знайомим; (fact) знати

know-all ['nəʊ‚ɔːl], (US) **know-it-all** n (inf) всезнайко m

know-how ['nəʊ‚haʊ] n (inf) ноу-хау nt

knowingly ['nəʊɪŋlɪ] adv навмисно

knowledge ['nɒlɪdʒ] n знання nt

knowledgeable ['nɒlɪdʒəbl] adj обізнаний

knuckle ['nʌkəl] n суглоб пальця m

Koran [kɔːˈrɑːn] n Коран m

Korea [kəˈriːə] n Корея f

Korean [kəˈriːən] adj корейський ▷ n (= person) кореєць (кореянка) m(f); (= language) корейська мова f

kosher ['kəʊʃə] adj кошерний

Kosovo ['kɒsəvəʊ] n Косово nt

kudos ['kjuːdɒs] n слава f (пошана)

Kuwait [kʊˈweɪt] n Кувейт m

Kuwaiti [kʊˈweɪtɪ] adj кувейтський ▷ n (= person) кувейтець (кувейтка) m(f)

Kyrgyzstan ['kɪəgɪz‚stɑːn; -‚stæn] n Киргизія f

lab [læb] n лабораторія f

label ['leɪbl] n етикетка f ▷ vt відносити до якоїсь категорії

laboratory [ləˈbɒrətərɪ; -trɪ; 'læbrə‚tɔːrɪ] n лабораторія f

laborious [ləˈbɔːrɪəs] adj працемісткий

labor union ['leɪbə 'juːnjən] n (US) = **trade union**

labour, (US) **labor** ['leɪbə] n праця f

labourer, (US) **laborer** ['leɪbərə] n робітник m

labour force, (US) **labor force** ['leɪbə fɔːs] n робоча сила f

labour market ['leɪbə 'mɑːkɪt] n ринок праці m

labyrinth ['læbərɪnθ] n (liter) лабіринт m

lace [leɪs] n (= shoelace) шнурок m; (= cloth) мереживо nt

lack [læk] n нестача f ▷ vt, vi бракувати (perf забракнути) (не вистачати)

lacking ['lakɪŋ] adj позбавлений

lacklustre, (US) **lackluster** ['læklʌstə] adj без блиску

lacquer ['lækə] n лак m

lacy ['leɪsɪ] adj мереживний

lad [læd] n (inf) хлоп'яга m

ladder ['lædə] n драбина f

laden ['leɪdən] adj (liter) навантажений

ladies ['leɪdiːz] n жіночий туалет m

ladle ['leɪdl] n ополоник m

lady ['leɪdɪ] n леді f

ladybird ['leɪdɪ‚bɜːd], (US) **ladybug** ['leɪdɪbʌg] n сонечко nt (комаха)

lag [læg] vi відставати (perf відстати) ▷ n відставання nt

lag behind [læg bɪˈhaɪnd] vi пасти задніх

lager ['lɑːgə] n лагер m

lagoon [ləˈguːn] n лагуна f

laid [leɪd] pt, pp of **lay**

laid-back ['leɪdbæk] adj (inf) спокійний

laissez-faire [‚lɛseɪ 'fɛə] n невтручання nt (держави в бізнесі)

laity ['leɪtɪ] n миряни mpl
lake [leɪk] n озеро nt
lama ['lɑːmə] n лама m (буддійський монах)
lamb [læm] n ягня nt
lame [leɪm] adj кульгавий
lament [lə'mɛnt] vt (fml) оплакувати (perf оплакати) ▷ n (written) гіркі скарги fpl
lamp [læmp] n лампа f
lamppost ['læmp,pəʊst] n ліхтарний стовп m
lampshade ['læmp,ʃeɪd] n абажур m
lance [lɑːns] vt розрізати ланцетом (perf розрізати ланцетом)
land [lænd] n земля f ▷ vt, vi приземлятися (perf приземлятися)
landfill ['lænd,fɪl] n закопування сміття
landing ['lændɪŋ] n сходовий майданчик m
landlady ['lænd,leɪdɪ] n домовласниця f
landlord ['lænd,lɔːd] n домовласник m
landmark ['lænd,mɑːk] n орієнтир m
landowner ['lænd,əʊnə] n землевласник m
landscape ['lænd,skeɪp] n ландшафт m
landslide ['lænd,slaɪd] n перемога на виборах більшістю голосів f
lane [leɪn] n стежка f
language ['læŋgwɪdʒ] n мова f
language laboratory ['læŋgwɪdʒ lə'bɒrətərɪ] n лінгафонний кабінет m
language school ['læŋgwɪdʒ skuːl] n школа іноземних мов f
languid ['læŋgwɪd] adj (liter) млявий
languish ['læŋgwɪʃ] vi томитися (страждати)
lanky ['læŋkɪ] adj довготелесий
lantern ['læntən] n ліхтар m
Laos [laʊz; laʊs] n Лаос m
lap [læp] n коліна pl ▷ vt обганяти (perf обігнати) (у перегонах)
lapel [lə'pɛl] n лацкан m
lapse [læps] n ляпсус m ▷ vi впадати (perf впасти) (у який-небудь стан)
laptop ['læp,tɒp] n ноутбук m
larder ['lɑːdə] n комора f
large [lɑːdʒ] adj великий
largely ['lɑːdʒlɪ] adv значною мірою
large-scale [,lɑːdʒ'skeɪl] adj великомасштабний
lark [lɑːk] n жайворонок m
larva ['lɑːvə] (pl **larvae**) n личинка f
laryngitis [,lærɪn'dʒaɪtɪs] n ларингіт m
laser ['leɪzə] n лазер m
lash [læʃ] n вія f ▷ vt прив'язувати (perf прив'язати)
lass [læs] n дівчина f
last [lɑːst] adj (= coming after all others) останній; (= previous) попередній ▷ adv востаннє ▷ vi тривати
last-ditch [,lɑːst'dɪtʃ] adj відчайдушний
lasting ['lɑːstɪŋ] adj тривалий
lastly ['lɑːstlɪ] adv нарешті

latch [lætʃ] n засув m
late [leɪt] adv пізно ▷ adj (= after the proper time) пізній; (= dead) покійний
lately ['leɪtlɪ] adv нещодавно
late-night ['leɪtnaɪt] adj пізній (який відбувається пізно ввечері)
latent ['leɪtənt] adj прихований
later ['leɪtə] adv пізніше
lateral ['lætərəl] adj бічний
lathe [leɪð] n токарний верстат m
Latin ['lætɪn] n латина f
Latin America ['lætɪn ə'mɛrɪkə] n Латинська Америка f
Latin American ['lætɪn ə'mɛrɪkən] adj латиноамериканський
Latino [læ'tiːnəʊ] n громадянин США латиноамериканського походження
latitude ['lætɪ,tjuːd] n широта f
latter ['lætə] pron останній (з двох названих); **given those two options, I'd prefer the latter** з цих двох варіантів я б віддав перевагу останньому
latter-day ['lætə,deɪ] adj сучасний
lattice ['lætɪs] n ґрати npl
Latvia ['lætvɪə] n Латвія f
Latvian ['lætvɪən] adj латвійський ▷ n (= person) латвієць (латвійка) m(f); (= language) латиська f
laud [lɔːd] vt хвалити (perf похвалити)
laugh [lɑːf] n сміх m ▷ vi сміятися (perf розсміятися)
laughable ['lɑːfəbəl] adj смішний
laughter ['lɑːftə] n регіт m
launch [lɔːntʃ] vt запускати (perf запустити)
Launderette® [,lɔːndə'rɛt; lɔːn'drɛt] n пральня самообслуговування f
laundry ['lɔːndrɪ] n білизна для прання f
laurel ['lɒrəl] n лавр m
lava ['lɑːvə] n лава f
lavatory ['lævətərɪ; -trɪ] n вбиральня f
lavender ['lævəndə] n лаванда f
lavish ['lævɪʃ] adj марнотратний ▷ vt бути щедрим на щось
law [lɔː] n закон m
law-abiding ['lɔːəbaɪdɪŋ] adj законослухняний
law-enforcement ['lɔːɪn,fɔːsmənt] n правоохоронні органи npl
lawful ['lɔːfʊl] adj (fml) законний
lawless ['lɔːləs] adj протизаконний
lawmaker ['lɔːmeɪkə] n законодавець m
lawn [lɔːn] n газон m
lawnmower ['lɔːn,məʊə] n газонокосарка f
law school [lɔː skuːl] n юридичний факультет m
lawsuit ['lɔːsuːt] n (fml) судова справа f
lawyer ['lɔːjə; 'lɔɪə] n юрист m
lax [læks] adj слабкий
laxative ['læksətɪv] n проносне nt
lay [leɪ] vt (pres sing **lays**, pres part **laying**, pt, pp **laid**) (egg) нести (perf знести); (= put down)

класти (*perf* покласти) ▷ *adj* світський (який не належить до духовенства); **lay off** [leɪ ɒf] *vt* звільняти з роботи (*perf* звільнити з роботи)

layby ['leɪˌbaɪ] *n* придорожній майданчик *m*

layer ['leɪə] *n* шар *m* ▷ *vt* нашаровувати (*perf* нашарувати)

layered ['leɪəd] *adj* багатошаровий

layman ['leɪmən] *n* непрофесіонал *m*

layoff ['leɪɒf] *n* звільнення через відсутність роботи *nt*

layout ['leɪˌaʊt] *n* план *m*

lazy ['leɪzɪ] *adj* ледачий

lb [paʊnd] *n* фунт *m*

● **LB**

● Міра ваги, що дорівнює 0,454 кг.

LCD [ˌɛlsiːˈdiː] *n* РК-дисплей *m* (рідкокристалічний дисплей)

lead¹ [lɛd] *n* (= metal) свинець *m*

lead² [liːd] (*pres sing* **leads**, *pres part* **leading**, *pt, pp* **led**) *n* (in a play or film) головна роль *f*; (in a race or competition) перше місце *nt* ▷ *vt* вести (*perf* повести)

leader ['liːdə] *n* керівник *m*

leaderboard ['liːdəbɔːd] *n* таблиця лідерів (особливо в гольфі)

leadership ['liːdəʃɪp] *n* керівництво *nt*

lead-free [ˌlɛdˈfriː] *adj* який не містить свинцю

lead-in ['liːdˌɪn] *n* вступ *m*

leading ['liːdɪŋ] *adj* провідний

leading article ['liːdɪŋ ˈɑːtɪkəl] *n* передова стаття *f*

lead singer [ˌliːd ˈsɪŋə] *n* соліст *m*

leaf [liːf] (*pl* **leaves**) *n* листок *m*

leaflet ['liːflɪt] *n* буклет *m*

leafy ['liːfɪ] *adj* густолистий; зелений (повний зелених насаджень)

league [liːg] *n* ліга *f*

leak [liːk] *n* витік *m* ▷ *vi* пропускати (*perf* пропустити) рідину

leakage ['liːkɪdʒ] *n* витікання *nt*

lean [liːn] (*pres sing* **leans**, *pres part* **leaning**, *pt, pp* **leaned**, *pt, pp* **leant**) *vi* нахилятися (*perf* нахилитися) ▷ *adj* худий; **lean forward** [liːn ˈfɔːwəd] *vi* нахилятися вперед (*perf* нахилитися вперед); **lean on** [liːn ɒn] *vt* покладатися (*perf* покластися); **lean out** [liːn aʊt] *vi* висовуватися (*perf* висунутися)

leap [liːp] *vi* (*pres sing* **leaps**, *pres part* **leaping**, *pt* **leaped**, *pp* **leapt**) стрибати (*perf* стрибнути)

leapfrog ['liːpˌfrɒg] *n* чехарда *f* ▷ *vt, vi* перестрибувати (*perf* перестрибнути)

leap year [liːp jɪə] *n* високосний рік *m*

learn [lɜːn] (*pres sing* **learns**, *pres part* **learning**, *pt* **learned**, *pp* **learnt**) *vt* вчити (*perf* вивчити) ▷ *vi* вчитися (*perf* навчитися)

learned ['lɜːnɪd] *adj* учений

learner ['lɜːnə] *n* учень *m*

learner driver ['lɜːnə ˈdraɪvə] *n* той, хто вчиться керувати автомобілем

lease [liːs] *n* оренда *f* ▷ *vt* здавати (брати) в оренду (*perf* здати (взяти) в оренду)

leasehold ['liːsˌhəʊld] *adj* орендований

leash [liːʃ] *n* поводок *m*

least [liːst] *adj* найменший

leather ['lɛðə] *n* (material) шкіра *f*

leave [liːv] (*pres sing* **leaves**, *pres part* **leaving**, *pt, pp* **left**) *vt* (= let remain somewhere) залишати (*perf* залишити) ▷ *n* відпустка *f* ▷ *vt, vi* (place) іти (*perf* піти); **leave out** [liːv aʊt] *vt* не включати (*perf* не включити)

Lebanese [ˌlɛbəˈniːz] *adj* ліванський ▷ *n* (= person) ліванець (ліванка) *m(f)*

Lebanon ['lɛbənən] *n* Ліван *m*

lectern ['lɛktən] *n* кафедра *f* (для читання лекцій)

lecture ['lɛktʃə] *n* лекція *f* ▷ *vi* читати лекцію (*perf* прочитати лекцію)

lecturer ['lɛktʃərə] *n* викладач *m*

ledge [lɛdʒ] *n* виступ *m* (гори); підвіконня *nt*

ledger ['lɛdʒə] *n* головна книга *f* (бухгалтерський термін)

lee [liː] *n* (liter) захисток *m*

leech [liːtʃ] *n* п'явка *f*

leek [liːk] *n* цибуля-порей *f*

leeway ['liːweɪ] *n* свобода дій *f*

left [lɛft] *adj* залишений ▷ *adv* ліворуч ▷ *n* лівий бік *m*

left-click ['lɛftklɪk] *vi* клацати (*perf* клацнути) лівою кнопкою мишки

left-hand [ˌlɛftˈhænd] *adj* лівий

left-hand drive ['lɛftˌhænd draɪv] *n* лівобічний рух *m*

left-hander [ˌlɛftˈhændə] *n* шульга *m/f*

leftist ['lɛftɪst] *n* лівий *m* (член лівої партії) (f)ліва

left-justify [ˌlɛftˈdʒʌstɪfaɪ] *vt* вирівнювати за лівим полем (*perf* вирівняти за лівим полем

left luggage [lɛft ˈlʌgɪdʒ] *n* багаж у камері сховку *m*

left-luggage office [ˌlɛftˈlʌgɪdʒ ˈɒfɪs] *n* камера сховку *f*

leftover ['lɛftˌəʊvə] *adj* який залишився

leftovers ['lɛftˌəʊvəz] *npl* рештки *pl*, залишки *npl*

left-wing ['lɛftˌwɪŋ] *adj* лівий

left-winger [ˌlɛftˈwɪŋə] *n* лівий *m* (член лівого крила партії) (f)ліва

leg [lɛg] *n* (table, chair) ніжка *f*; (person, animal) нога *f*

legacy ['lɛgəsɪ] *n* спадщина *f*

legal ['liːgl] *adj* правовий

legal aid ['liːgəl eɪd] *n* юридична допомога *f* (бідним)

legality [lɪˈgælɪtɪ] *n* законність *f*

legalize ['li:gə,laɪz] vt узаконювати (perf узаконити)

legend ['ledʒənd] n легенда f

legendary ['ledʒəndərɪ] adj легендарний

leggings ['legɪŋz] npl лосини pl

legible ['ledʒəbl] adj розбірливий

legion ['li:dʒən] n легіон m

legislate ['ledʒɪsleɪt] vt, vi (frml) видавати закон (perf видати закон)

legislation [,ledʒɪs'leɪʃən] n (frml) законодавство nt

legislative ['ledʒɪslətɪv] adj (frml) законодавчий

legislator ['ledʒɪs,leɪtə] n (frml) законодавець m

legislature ['ledʒɪslətʃə] n (frml) законодавча влада f

legitimate [lɪ'dʒɪtəmət] adj законний

legitimize [lɪ'dʒɪtɪ,maɪz] vt (frml) узаконювати (perf узаконити)

leisure ['leʒə] n дозвілля nt

leisure centre ['leʒə 'sentə] n центр дозвілля m

leisurely ['leʒəlɪ] adj неквапливий

lemon ['lemən] n лимон m

lemonade [,lemə'neɪd] n лимонад m

lend [lend] (pres sing **lends**, pres part **lending**, pt, pp **lent**) vt (to somebody) позичати (perf позичити)

lender ['lendə] n позикодавець m

lending rate ['lendɪŋ reɪt] n позиковий відсоток m

length [leŋkθ; leŋθ] n довжина f

lengthen ['leŋθən] vt, vi подовжувати(ся) (perf подовжити(ся))

lengthy ['leŋθɪ] adj розтягнутий (дуже довгий)

lenient ['li:nɪənt] adj поблажливий

lens [lenz] n лінза f

Lent [lent] n піст m

lentils ['lentɪlz] npl сочевиця f

Leo ['li:əʊ] n Лев m

leopard ['lepəd] n леопард m

leotard ['lɪə,tɑ:d] n трико nt

lesbian ['lezbɪən] adj лесбійський ▷ n лесбіянка f

lesion ['li:ʒən] n ушкодження nt

less [les] adj менший ▷ adv менше ▷ pron менше

lessen ['lesən] vt, vi зменшувати(ся) (perf зменшити(ся))

lesser ['lesə] adj менший

lesson ['lesn] n урок m

lest [lest] conj (frml) щоб не

let [let] (pres sing **lets**, pres part **letting**, pt, pp **let**) vt дозволяти (perf дозволити); **let down** [let daʊn] vt розчаровувати (perf розчарувати); **let in** [let ɪn] vt впускати (perf впустити)

lethal ['li:θəl] adj смертельний

lethargic [lɪ'θɑ:dʒɪk] adj сонний

lethargy ['leθədʒɪ] n млявість f

letter ['letə] n (alphabet) літера f; (= message) лист m

letter box ['letə 'bɒks] n поштова скринька m

letterbox ['letə,bɒks] n поштова скринька f

lettering ['letərɪŋ] n напис m

lettuce ['letɪs] n салат-латук m

leukaemia, (US) **leukemia** [lu:'ki:mɪə] n лейкемія f

level ['levl] adj рівний ▷ n рівень m

level crossing ['levl 'krɒsɪŋ], (US) **grade crossing** n залізничний переїзд m

lever ['li:və] n важіль m ▷ vt пересувати важелем

leverage ['li:vərɪdʒ] n засіб досягнення мети m

levitate ['levɪteɪt] vt, vi підніматися в повітря (perf піднятися в повітря)

levy ['levɪ] n збір m (мито, податок) ▷ vt стягувати (perf стягнути) (податок, збір)

liability [,laɪə'bɪlɪtɪ] n джерело неприємностей nt

liable ['laɪəbl] adj схильний

liaise [lɪ'eɪz] vi підтримувати зв'язок

liaison [lɪ'eɪzɒn] n взаємодія f

liar ['laɪə] n брехун m

libel ['laɪbl] n наклеп m ▷ vt обмовляти (perf обмовити) (у пресі)

liberal ['lɪbərəl; 'lɪbrəl] adj ліберальний

liberalism ['lɪbərəlɪzəm] n лібералізм m

liberalize ['lɪbərəlaɪz] vt, vi лібералізувати(ся)

liberate ['lɪbəreɪt] vt звільняти (perf звільнити)

liberation [,lɪbə'reɪʃən] n звільнення nt

Liberia [laɪ'bɪərɪə] n Ліберія f

Liberian [laɪ'bɪərɪən] adj ліберійський ▷ n (= person) ліберієць (ліберійка) m(f)

libertarian [,lɪbə'tɛərɪən] adj (frml) який стосується боротьби за свободу думки та поведінки

liberty ['lɪbətɪ] n свобода f

Libra ['li:brə] n Терези pl

librarian [laɪ'brɛərɪən] n бібліотекар m

library ['laɪbrərɪ] n бібліотека f

Libya ['lɪbɪə] n Лівія f

Libyan ['lɪbɪən] adj лівійський ▷ n (= person) лівієць (лівійка) m(f)

lice [laɪs] pl of **louse**

licence, (US) **license** ['laɪsəns] n ліцензія f ▷ vt давати дозвіл (perf дати дозвіл) (на щось)

licensed ['laɪsənst] adj ліцензований

license plate [ˈlaɪsəns pleɪt] n (US)
= **number plate**
lichen [ˈlaɪkən] n лишайник m
lick [lɪk] vt лизати (perf лизнути)
lid [lɪd] n кришка f
lie [laɪ] n брехня f ▷ vi лежати (perf
полежати)
Liechtenstein [ˈlɪktən,staɪn] n
Ліхтенштейн m
lie-in [ˈlaɪɪn] n (inf) вилежування nt
lieu [luː] n (frml): **in lieu of sth** замість чогось
lieutenant [lɛfˈtɛnənt; luːˈtɛnənt] n
лейтенант m
life [laɪf] (pl **lives**) n життя nt
lifebelt [ˈlaɪf,bɛlt] n рятувальний пояс m
lifeboat [ˈlaɪf,bəʊt] n рятувальний човен m
life cycle [laɪf ˈsaɪkəl] n життєвий цикл m
life expectancy [laɪf ɪkˈspɛktənsɪ] n
імовірна тривалість життя f
lifeguard [ˈlaɪf,gɑːd] n рятувальник на
воді m
life imprisonment [laɪf ɪmˈprɪzənmənt]
n довічне ув'язнення nt
life jacket [laɪf ˈdʒækɪt] n рятувальний
жилет m
lifeless [ˈlaɪfləs] adj неживий
lifeline [ˈlaɪf,laɪn] n єдина надія f
lifelong [ˈlaɪf,lɒŋ] adj довічний
life preserver [laɪf prɪˈzɜːvəʳ] n (US)
= **lifebelt**
life-saving [ˈlaɪf,seɪvɪŋ] adj такий, що
рятує життя
life sentence [laɪf ˈsɛntəns] n покарання
довічним ув'язненням nt
lifespan [ˈlaɪfspæn] n (of a person)
тривалість життя f; (of an object) термін
експлуатації m
lifestyle [ˈlaɪf,staɪl] n стиль життя m ▷ adj
який стосується розкішного способу
життя
life-threatening [ˈlaɪfθrɛtənɪŋ] adj
небезпечний для життя
lifetime [ˈlaɪftaɪm] n усе життя nt
lift [lɪft] n (in a tall building) ліфт m ▷ vt
піднімати (perf підняти)
lift-off [ˈlɪft,ɒf] n старт космічного
корабля m
ligament [ˈlɪgəmənt] n зв'язка f
(анатомічний термін)
light [laɪt] adj (= pale, bright) світлий;
(= weighing little) легкий ▷ n (= lamp)
джерело світла nt; (sun) світло nt ▷ vt (pres
sing **lights**, pres part **lighting**, pt, pp **lit** or
lighted) запалювати (perf запалити)
light bulb [laɪt bʌlb] n колба електричної
лампи f
lighten [ˈlaɪtən] vt, vi освітлювати (perf
освітити)
lighter [ˈlaɪtə] n запальничка f
light-hearted [ˌlaɪtˈhɑːtɪd] adj
безтурботний

lighthouse [ˈlaɪt,haʊs] n маяк m
lighting [ˈlaɪtɪŋ] n освітлення nt
lightning [ˈlaɪtnɪŋ] n блискавка f ▷ adj
блискавичний
lightweight [ˈlaɪtweɪt] adj легкий (про
вагу) ▷ n легка вага f (у спорті)
light year [laɪt jɪə] n світловий рік m
likable [ˈlaɪkəbəl] adj милий
like [laɪk] adj (be) схожий ▷ prep як ▷ vt
(= enjoy) подобатися (perf сподобатися)
likelihood [ˈlaɪklɪhʊd] n імовірність f
likely [ˈlaɪklɪ] adj імовірний
like-minded [ˌlaɪkˈmaɪndɪd] adj який має
схожі погляди, інтереси
liken [ˈlaɪkən] vt уподібнювати (perf
уподібнити)
likeness [ˈlaɪknəs] n схожість f
likewise [ˈlaɪkwaɪz] adv також
liking [ˈlaɪkɪŋ] n симпатія f
lilac [ˈlaɪlək] adj бузковий ▷ n бузок m
lily [ˈlɪlɪ] n лілея f
lily of the valley [ˈlɪlɪ əv ðə ˈvælɪ] n
конвалія f
limb [lɪm] n кінцівка f (ноги й руки)
limbo [ˈlɪmbəʊ] n стан невизначеності m
lime [laɪm] n (= fruit) лайм m; (= substance)
вапно nt
limelight [ˈlaɪmlaɪt] n центр уваги m
limerick [ˈlɪmərɪk] n лімерик m
(п'ятирядковий жартівливий вірш)
limestone [ˈlaɪm,stəʊn] n вапняк m
limit [ˈlɪmɪt] n межа f ▷ vt обмежувати (perf
обмежити)
limitation [ˌlɪmɪˈteɪʃən] n обмеження nt
limited [ˈlɪmɪtɪd] adj обмежений
limited edition [ˈlɪmɪtɪd ɪˈdɪʃən] n
обмежений випуск m
limitless [ˈlɪmɪtləs] adj необмежений
limousine [ˈlɪmə,ziːn; ˌlɪməˈziːn] n
лімузин m
limp [lɪmp] vi кульгати
linden [ˈlɪndən] n липа f
line [laɪn] n лінія f
linear [ˈlɪnɪə] adj лінійний
linen [ˈlɪnɪn] n лляне полотно nt
liner [ˈlaɪnə] n лайнер m
linesman [ˈlaɪnzmən] n суддя на лінії
(спортивний термін)
line-up [ˈlaɪnʌp] n склад m (групи людей
або речей)
linger [ˈlɪŋgə] vi триматися (зберігатися)
linguist [ˈlɪŋgwɪst] n лінгвіст m
linguistic [lɪŋˈgwɪstɪk] adj лінгвістичний
lining [ˈlaɪnɪŋ] n підкладка f
link [lɪŋk] n зв'язок m ▷ vt з'єднувати (perf
з'єднати)
linkage [ˈlɪŋkɪdʒ] n взаємозв'язок m
link-up [ˈlɪŋkʌp] n з'єднання nt
lino [ˈlaɪnəʊ] n лінолеум m
lion [ˈlaɪən] n лев m
lioness [ˈlaɪənɪs] n левиця f

lion's share ['laɪənz ʃɛə] n левова частка f

lip [lɪp] n губа f

lip-read ['lɪp,ri:d] vi читати по губах (perf прочитати по губах)

lip salve [lɪp sælv] n гігієнічна губна помада f

lipstick ['lɪp,stɪk] n губна помада f

liqueur [lɪ'kjʊə] n лікер m

liquid ['lɪkwɪd] n рідина f ▷ adj рідкий

liquidate ['lɪkwɪdeɪt] vt ліквідувати

liquidator ['lɪkwɪdeɪtə] n ліквідатор m

liquidity [lɪ'kwɪdɪtɪ] n ліквідність f

liquidizer ['lɪkwɪ,daɪzə] n соковижималка f

list [lɪst] n перелік m ▷ vt складати перелік (perf скласти перелік)

listed company ['lɪstɪd 'kʌmpənɪ] n зареєстрована на біржі компанія f

listen ['lɪsn] vi (= pay attention) слухати (perf послухати); (= take heed) прислухатися (perf прислухатися)

listener ['lɪsnə] n слухач m

listing ['lɪstɪŋ] n перелік m

listless ['lɪstləs] adj млявий

lit [lɪt] pt, pp of **light**

litany ['lɪtənɪ] n довгий і нудний перелік чогось

literacy ['lɪtərəsɪ] n письменність f

literal ['lɪtərəl] adj буквальний

literally ['lɪtərəlɪ] adv буквально

literary ['lɪtərərɪ] adj літературний

literate ['lɪtərət] adj письменний

literature ['lɪtərɪtʃə; 'lɪtrɪ-] n література f

Lithuania [ˌlɪθjʊ'eɪnɪə] n Литва f

Lithuanian [ˌlɪθjʊ'eɪnɪən] adj литовський ▷ n (= person) литовець (литовка) m(f); (= language) литовська мова f

litigation [ˌlɪtɪ'geɪʃən] n судова суперечка f

litre, (US) **liter** ['li:tə] n літр m

litter ['lɪtə] n (= rubbish) сміття nt; (animals) виводок m

litter bin ['lɪtə bɪn] n смітник m

little ['lɪtl] adj маленький

little finger ['lɪtl 'fɪŋɡə] n мізинець m

live¹ [lɪv] vi (= be alive) жити; (= dwell) мешкати; **live on** [lɪv ɒn] vt жити на (певну суму грошей)

live² [laɪv] adj живий

live-in [ˌlɪv'ɪn] adj який веде спільне життя з кимось

livelihood ['laɪvlɪhʊd] n засоби до існування npl

lively ['laɪvlɪ] adj жвавий

liver ['lɪvə] n печінка f

livestock ['laɪvstɒk] n худоба f

livid ['lɪvɪd] adj (inf) розлючений

living ['lɪvɪŋ] n засоби до існування pl

living room ['lɪvɪŋ rʊm] n вітальня f

living standards ['lɪvɪŋ 'stændədz] npl рівень життя m

lizard ['lɪzəd] n ящірка f

load [ləʊd] vt вантажити (perf навантажити) ▷ n вантаж m

loaded ['ləʊdɪd] adj поставлений з метою отримати певну відповідь (про питання)

loaf [ləʊf] (pl **loaves**) n паляниця f

loan [ləʊn] vt позичати (perf позичити) ▷ n позика f

loath [ləʊθ] adj несхильний

loathe [ləʊð] vt відчувати відразу (perf відчути)

loathing ['ləʊðɪŋ] n ненависть f

lob [lɒb] vt високо підкидати

lobby ['lɒbɪ] vt, vi лобіювати ▷ n (pressure group) лобі nt; (room) вестибюль m

lobbyist ['lɒbɪɪst] n лобіст m

lobe [ləʊb] n мочка f

lobster ['lɒbstə] n лобстер m

local ['ləʊkl] adj місцевий

local anaesthetic, (US) **local anesthetic** ['ləʊkl ˌænɪs'θɛtɪk] n місцевий анестетик m

local government ['ləʊkl 'ɡʌvənmənt] n місцева влада f

locality [ləʊ'kælɪtɪ] n (frml) місцевість f

localized ['ləʊkəlaɪzd] adj локалізований

local time ['ləʊkəl taɪm] n місцевий час m

locate [ləʊ'keɪt] vt (frml) визначати місцезнаходження

located [ləʊ'keɪtɪd] adj (frml) розташований

location [ləʊ'keɪʃən] n розташування nt

lock [lɒk] vt замикати (perf замкнути) ▷ n (hair) локон m; (on door) замок m; **lock out** [lɒk aʊt] vt замкнути двері й не впускати

locked [lɒkt] adj замкнений

locker ['lɒkə] n шафка з замком f

locket ['lɒkɪt] n медальйон m

locksmith ['lɒk,smɪθ] n слюсар m

locomotive [ˌləʊkə'məʊtɪv] n (frml) локомотив m

locust ['ləʊkəst] n сарана f

lodge [lɒdʒ] n мисливський будиночок m

lodger ['lɒdʒə] n квартирант m

lodging ['lɒdʒɪŋ] n житло nt (тимчасове)

loft [lɒft] n горище nt

lofty ['lɒftɪ] adj величний

log [lɒɡ] n колода f ▷ vt реєструвати (perf зареєструвати); **log in** [lɒɡ ɪn] vi входити (perf вийти); **log off** [lɒɡ ɒf] vi виходити (perf вийти); **log on** [lɒɡ ɒn] vi входити (perf вийти); **log out** [lɒɡ aʊt] vi виходити (perf вийти)

logging ['lɒɡɪŋ] n лісозаготівля f

logic ['lɒdʒɪk] n логіка f

logical ['lɒdʒɪkl] adj логічний

logistic [lə'dʒɪstɪk] adj логістичний

logo ['ləʊɡəʊ; 'lɒɡ-] n логотип m

loiter ['lɔɪtə] vi тинятися (без мети)

lollipop ['lɒlɪ,pɒp] n льодяник на паличці m

lolly ['lɒlɪ] n льодяник на паличці m

London ['lʌndən] n Лондон m

lone [ləʊn] adj самотній

loneliness [ˈləʊnlɪnɪs] n самотність f

lonely [ˈləʊnlɪ] adj самотній

loner [ˈləʊnə] n одинак m (який уникає людей) (годиначка)

lonesome [ˈləʊnsəm] adj усамітнений

long [lɒŋ] vt, vi прагнути ▷ adv довго ▷ adj (in time) тривалий; (in distance) довгий

long-awaited [ˌlɒŋəˈweɪtɪd] adj довгоочікуваний

long-distance [ˌlɒŋˈdɪstəns] adj далекий (про подорожі)

longed-for [ˈlɒŋdfɔː] adj жаданий

longer [ˈlɒŋɡə] adv довше

longevity [lɒnˈdʒɛvɪtɪ] n (frml) довголіття nt

long-haul [ˌlɒŋˈhɔːl] adj далекий (про дальні перевезення)

longing [ˈlɒŋɪŋ] n палке бажання nt

longitude [ˈlɒndʒɪˌtjuːd; ˈlɒŋɡ-] n довгота f

long jump [lɒŋ dʒʌmp] n стрибок у довжину m

long-lasting [ˌlɒŋˈlɑːstɪŋ] adj тривалий

long-lost [ˈlɒŋlɒst] adj з яким давно не бачився

long-range [ˌlɒŋˈreɪndʒ] adj далекобійний (про зброю)

long-running [ˌlɒŋˈrʌnɪŋ] adj тривалий

long-standing [ˌlɒŋˈstændɪŋ] adj давній

long-suffering [ˌlɒŋˈsʌfərɪŋ] adj багатостраждальний

long-term [ˈlɒŋˌtɜːm] adj тривалий

long-time [ˈlɒŋˌtaɪm] adj давній

loo [luː] n (inf) туалет m

look [lʊk] vi (= regard) дивитися (perf подивитися) ▷ n погляд m ▷ vb +complement (= appear) виглядати; **look after** [lʊk ˈɑːftə] vt наглядати (perf наглянути); **look at** [lʊk æt] vi переглядати (perf переглянути); **look for** [lʊk fɔː] vt шукати (perf пошукати); **look round** [lʊk raʊnd] vt оглядати (perf оглянути); **look up** [lʊk ʌp] vt відшукувати (perf відшукати)

lookout [ˈlʊkaʊt] n спостережний пункт m

loom [luːm] vi нависати (perf нависнути)

loop [luːp] n петля f

loophole [ˈluːphəʊl] n лазівка f (у законі)

loose [luːs] adj (= not fixed) вільний; (= baggy) вільний

loose end [luːs ɛnd] n неясність f

loosen [ˈluːsən] vt послаблювати (perf послабити)

loot [luːt] vt, vi грабувати (perf пограбувати)

looter [ˈluːtə] n грабіжник (грабіжниця) m(f)

lopsided [ˌlɒpˈsaɪdɪd] adj кривобокий

lord [lɔːd] n лорд m

Lordship [ˈlɔːdʃɪp] n світлість m (звертання до лорда)

lore [lɔː] n перекази mpl (розповіді про минуле)

lorry [ˈlɒrɪ] n вантажівка f

lorry driver [ˈlɒrɪ ˈdraɪvə] n водій вантажівки m

lose [luːz] (pres sing **loses**, pres part **losing**, pt, pp **lost**) vt, vi програвати (perf програти); (= be deprived of) втрачати (perf втратити) ▷ vt (= misplace) губити (perf загубити)

loser [ˈluːzə] n той, що програв

loss [lɒs] n втрата f

lost [lɒst] adj загублений

lost property [lɒst ˈprɒpətɪ], (US) **lost and found** n бюро знахідок nt

lot [lɒt] n багато

lotion [ˈləʊʃən] n лосьйон m

lottery [ˈlɒtərɪ] n лотерея f

loud [laʊd] adj гучний

loudly [ˈlaʊdlɪ] adv гучно

loudspeaker [ˌlaʊdˈspiːkə] n гучномовець m

lounge [laʊndʒ] n кімната відпочинку f

louse [ˈlaʊs] n (pl **lice**) воша f

lousy [ˈlaʊzɪ] adj (inf) огидний

lout [ˈlaʊt] n нахаба m/f (частіше про хлопця або чоловіка)

lovable [ˈlʌvəbəl] adj привабливий

love [lʌv] vt (physically) кохати; (emotionally) любити ▷ n кохання nt, любов f

lovely [ˈlʌvlɪ] adj гарний

loving [ˈlʌvɪŋ] adj люблячий

low [ləʊ] adv низько ▷ adj низький

low-alcohol [ˈləʊˌælkəhɒl] adj слабоалкогольний

lower [ˈləʊə] vt опускати (perf опустити) ▷ adj нижній

low-fat [ˈləʊˌfæt] adj нежирний

low-key [ˌləʊˈkiː] adj непомітний

lowly [ˈləʊlɪ] adj який має низьке становище

low-paid [ˌləʊˈpeɪd] adj низькооплачуваний

low season [ləʊ ˈsiːzn] n мертвий сезон m

low-tech [ləʊ tɛk] adj низькотехнологічний

loyal [ˈlɔɪəl] adj відданий

loyalist [ˈlɔɪəlɪst] n прибічник існуючого ладу m

loyalty [ˈlɔɪəltɪ] n відданість f

LP [ˌɛlˈpiː] n платівка f (довгограюча)

L-plates [ˈɛlˌpleɪts] npl знак "За кермом учень"

lubricant ['lu:brɪkənt] n змазка f
lubricate ['lu:brɪkeɪt] vt (frml) змащувати (perf змастити)
lucid ['lu:sɪd] adj чіткий
luck [lʌk] n талан m
luckily ['lʌkɪlɪ] adv на щастя
lucky ['lʌkɪ] adj вдалий
lucrative ['lu:krətɪv] adj прибутковий
ludicrous ['lu:dɪkrəs] adj безглуздий
lug [lʌg] vt (inf) тягти (perf потягти)
luggage ['lʌgɪdʒ] n багаж m
luggage rack ['lʌgɪdʒ ræk] n багажна полиця f
lukewarm [,lu:k'wɔ:m] adj теплуватий
lull [lʌl] n затишшя nt ▷ vt заспокоювати (perf заспокоїти)
lullaby ['lʌləbaɪ] n колискова f
lumber ['lʌmbə] n пиломатеріали npl ▷ vi рухатися незgrably
lumberjack ['lʌmbədʒæk] n лісоруб m
luminary ['lu:mɪnərɪ] n (liter) світило nt (знаменитість)
luminous ['lu:mɪnəs] adj який світиться
lump [lʌmp] n грудка f
lump sum [lʌmp sʌm] n одноразова велика виплата
lumpy ['lʌmpɪ] adj грудкуватий
lunar ['lu:nə] adj місячний (пов'язаний із Місяцем)
lunatic ['lu:nətɪk] n (inf) божевільний m, божевільна f
lunch [lʌntʃ] n ланч m ▷ vi (frml) обідати (perf пообідати)
lunch break [lʌntʃ breɪk] n обідня перерва f
lunchtime ['lʌntʃ,taɪm] n час обіду m
lung [lʌŋ] n легеня f
lunge [lʌndʒ] vi кидатися (perf кинутися)
lurch [lɜ:tʃ] vi хилитися (perf схилитися)
lure ['ljʊə] vt заманювати (perf заманити) ▷ n приманка f
lurid ['ljʊərɪd] adj брутальний
lurk [lɜ:k] vi ховатися в засідці (perf заховатися в засідці)
luscious ['lʌʃəs] adj спокусливий
lush [lʌʃ] adj буйний
Luxembourg ['lʌksəm,bɜ:g] n Люксембург m
luxurious [lʌg'zjʊərɪəs] adj розкішний
luxury ['lʌkʃərɪ] n розкіш f ▷ adj розкішний
Lycra® ['laɪkrə] n лайкра f
lynch [lɪntʃ] vt лінчувати
lyric ['lɪrɪk] n слова пісні npl
lyrical ['lɪrɪkəl] adj ліричний
lyrics ['lɪrɪks] npl текст пісні m

m

mac [mæk] n макінтош m
macabre [mə'kɑ:brə] adj моторошний
macaroni [,mækə'rəʊnɪ] n макарони pl
machete [mə'ʃetɪ] n мачете m
machine [mə'ʃi:n] n пристрій m ▷ vt обробляти на верстаті (perf обробити на верстаті)
machine gun [mə'ʃi:n gʌn] n кулемет m
machinery [mə'ʃi:nərɪ] n обладнання nt
machine tool [mə'ʃi:n tu:l] n електричний інструмент m
machine washable [mə'ʃi:n 'wɒʃəbl] adj придатний для машинного прання
machinist [mə'ʃi:nɪst] n верстатник m
macho ['mætʃəʊ] adj (inf) мачо m; **he was very macho** він був справжній мачо
mackerel ['mækrəl] n макрель f
macro ['mækrəʊ] adj надзвичайно великий; **macro level** макрорівень
mad [mæd] adj (inf: = angry) лютий; (= mentally ill) божевільний
Madagascar [,mædə'gæskə] n Мадагаскар m
madam ['mædəm] n мадам f
madden ['mædən] vt розлючувати (perf розлютити)
made [meɪd] pt, pp of **make**
made-up [,meɪd'ʌp] adj нафарбований (про макіяж)
madly ['mædlɪ] adv скажено
madness ['mædnɪs] n божевілля nt
maestro ['maɪstrəʊ] n маестро m
Mafia ['mæfɪə] n мафія f
magazine [,mægə'zi:n] n (gun) магазин m; (= publication) журнал m
maggot ['mægət] n личинка f
magic ['mædʒɪk] n магія f ▷ adj чарівний
magical ['mædʒɪkəl] adj магічний
magician [mə'dʒɪʃən] n фокусник m
magistrate ['mædʒɪ,streɪt; -strɪt] n магістрат m
magnate ['mægneɪt] n магнат m

magnesium [mæg'ni:zɪəm] n магній m

magnet ['mægnɪt] n магніт m

magnetic [mæg'netɪk] adj магнетичний

magnetic field [mæg'netɪk fi:ld] n магнітне поле nt

magnetism ['mægnɪtɪzəm] n привабливість f

magnification [,mægnɪfɪ'keɪʃən] n збільшення nt

magnificent [mæg'nɪfɪsnt] adj чудовий

magnify ['mægnɪfaɪ] vt збільшувати (perf збільшити)

magnifying glass ['mægnɪfaɪɪŋ glɑ:s] n збільшувальне скло nt

magnitude ['mægnɪtju:d] n величина f

magnolia [mæg'nəʊlɪə] n магнолія f

magpie ['mægˌpaɪ] n сорока f

mahogany [mə'hɒgənɪ] n червоне дерево nt

maid [meɪd] n покоївка f

maiden ['meɪdən] n (liter) дівчина f ▷ adj перший (про рейс нового корабля, літака)

maiden name ['meɪdn neɪm] n дівоче прізвище nt

mail [meɪl] vt відправляти поштою ▷ n пошта f

mailbox ['meɪlˌbɒks] n (US) поштова скринька f

mailing list ['meɪlɪŋ lɪst] n список адресатів для розсилки m

mailman ['meɪlmæn] n (US) = **postman**

mail order [meɪl 'ɔ:də] n замовлення товарів поштою

maim [meɪm] vt калічити (perf скалічити)

main [meɪn] adj головний

main course [meɪn kɔ:s] n основна страва f

mainframe ['meɪnfreɪm] n мейнфрейм m (комп'ютер звичайних розмірів)

mainland ['meɪnlənd] n материк m

mainly ['meɪnlɪ] adv головним чином

main road [meɪn rəʊd] n магістраль f

mainstay ['meɪnsteɪ] n основа f

mainstream ['meɪnstri:m] n основний напрямок m

maintain [meɪn'teɪn] vt зберігати

maintenance ['meɪntɪnəns] n обслуговування nt

maize [meɪz] n кукурудза f

majestic [mə'dʒestɪk] adj величний

majesty ['mædʒɪstɪ] n величність f

major ['meɪdʒə] adj основний

majority [mə'dʒɒrɪtɪ] n більшість f

make [meɪk] vt (pres sing **makes**, pres part **making**, pt, pp **made**) (= carry out) робити (perf зробити); (= create) створювати (perf створити); (= force) змушувати (perf ▷ n марка f; **make up** [meɪk ʌp] vt складати (perf скласти)

makeover ['meɪkˌəʊvə] n оновлення nt

maker ['meɪkə] n виробник m

makeshift ['meɪkʃɪft] adj тимчасовий

making ['meɪkɪŋ] n створення nt

malaise [mæ'leɪz] n (frml) недуга f (суспільства, групи)

malaria [mə'leərɪə] n малярія f

Malawi [mə'lɑ:wɪ] n Малаві nt

Malay [mə'leɪ] adj малайський

Malaysia [mə'leɪzɪə] n Малайзія f

Malaysian [mə'leɪzɪən] n (= person) малайзієць (малайзійка) m(f) ▷ adj малайзійський

male [meɪl] n чоловік m ▷ adj чоловічої статі

male-dominated [,meɪl'dɒmɪneɪtɪd] adj той, у якому домінують чоловіки

malevolent [mə'levələnt] adj (frml) злостивий

malfunction [,mæl'fʌŋkʃən] vi (frml) неправильно функціонувати

malice ['mælɪs] n злоба f

malicious [mə'lɪʃəs] adj злий

malign [mə'laɪn] vt (frml) обмовляти (perf обмовити)

malignant [mə'lɪgnənt] adj злоякісний

mall [mɔ:l] n торгівельний центр m

mallet ['mælɪt] n дерев'яний молоток m

malnutrition [,mælnju:'trɪʃən] n недоїдання nt

malpractice [,mæl'præktɪs] n (frml) недбалість f (у виконанні службових обов'язків)

malt [mɔ:lt] n солод m

Malta ['mɔ:ltə] n Мальта f

Maltese [mɔ:l'ti:z] n (= language) мальтійська мова f; (= person) мальтієць (мальтійка) m(f) ▷ adj мальтійський

malt whisky [mɔ:lt 'wɪskɪ] n солодове віскі nt

mammal ['mæməl] n ссавець m

mammoth ['mæməθ] adj колосальний

man [mæn] (pl **men**) n чоловік m

manage ['mænɪdʒ] vt керувати

manageable ['mænɪdʒəbl] adj зручний

management ['mænɪdʒmənt] n керівництво nt

manager ['mænɪdʒə] n керівник m

manageress [,mænɪdʒə'res; 'mænɪdʒə,res] n жінка-керівник f

managerial [,mænɪ'dʒɪərɪəl] adj управлінський

managing director ['mænɪdʒɪŋ dɪ'rektə] n виконавчий директор m

mandarin ['mændərɪn] n (= fruit) мандарин m

mandate ['mændeɪt] n мандат m ▷ vt (frml) уповноважувати (perf уповноважити)

mandatory ['mændətərɪ] adj (frml) обов'язковий

mane [meɪn] n грива f

maneuver [mə'nu:və] vt, vi (US) = **manoeuvre**

mangetout [ˌmãʒ'tuː] *n* горох у стручках *m*

mangle ['mæŋɡəl] *vt* спотворювати (*perf* спотворити)

mango ['mæŋɡəʊ] (*pl* **mangoes**) *n* манго *nt*

manhood ['mænhʊd] *n* зрілість *f* (*про чоловіків*)

man-hour ['mænaʊə] *n* людино-година *f*

mania ['meɪnɪə] *n* манія *f*

maniac ['meɪnɪˌæk] *n* маніяк *m* ⊳ *adj* божевільний

manic ['mænɪk] *adj* маніакальний

manicure ['mænɪˌkjʊə] *vt* робити манікюр ⊳ *n* манікюр *m*

manifest ['mænɪˌfest] *adj* (*frml*) очевидний ⊳ *vt* (*frml*) проявляти(ся) (*perf* проявити(ся))

manifestation [ˌmænɪfe'steɪʃən] *n* (*frml*) прояв *m*

manifesto [ˌmænɪ'festəʊ] *n* маніфест *m*

manipulate [mə'nɪpjʊˌleɪt] *vt* маніпулювати

manipulative [mə'nɪpjʊlətɪv] *adj* маніпулятивний

mankind [ˌmæn'kaɪnd] *n* людство *nt*

manly ['mænlɪ] *adj* мужній

man-made ['mæn‚meɪd] *adj* створений людиною

manned [mnd] *adj* пілотований

manner ['mænə] *n* манера *f*

mannered ['mænəd] *adj* манірний

manners ['mænəz] *npl* манери *pl*

manoeuvre, (*US*) **maneuver** [mə'nuːvə] *vt, vi* маневрувати; (*adapt*) лавірувати ⊳ *npl* маневр *m*

manpower ['mæn‚paʊə] *n* робоча сила *f*

mansion ['mænʃən] *n* маєток *m*

manslaughter ['mænslɔːtə] *n* ненавмисне вбивство *nt*

mantelpiece ['mæntlˌpiːs] *n* камінна полиця *f*; *полиця на каміні*

mantle ['mæntəl] *n* (*written*) повноваження *nt*

mantra ['mæntrə] *n* мантра *f*

manual ['mænjʊəl] *n* посібник *m* ⊳ *adj* ручний (*праця*)

manufacture [ˌmænjʊ'fæktʃə] *vt* виробляти (*perf* виробити)

manufacturer [ˌmænjʊ'fæktʃərə] *n* виробник *m*

manure [mə'njʊə] *n* гній *m*

manuscript ['mænjʊˌskrɪpt] *n* манускрипт *m*

Manx [mæŋks] *adj* з острова Мен

many ['menɪ] *pron* багато ⊳ *det* багато

Maori ['maʊrɪ] *n* (= *language*) маорі *f* ⊳ *n* (= *person*) маорі *m/f* ⊳ *adj* маорійський

map [mæp] *n* карта *f* ⊳ *vt* складати карту (*perf* скласти карту)

maple ['meɪpl] *n* клен *m*

mar [mɑː] *vt* псувати (*perf* зіпсувати)

marathon ['mærəθən] *n* марафон *m* ⊳ *adj* марафонський

marble ['mɑːbl] *n* мармур *m*

March [mɑːtʃ] *n* березень *m*

march [mɑːtʃ] *vt, vi* марширувати ⊳ *n* марш *m*

mare [meə] *n* кобила *f*

margarine [ˌmɑːdʒə'riːn; ˌmɑːgə-] *n* маргарин *m*

margin ['mɑːdʒɪn] *n* різниця *f*

marginal ['mɑːdʒɪnəl] *adj* незначний

marginalize ['mɑːdʒɪnəlaɪz] *vt* маргіналізувати

marginally ['mɑːdʒɪnəlɪ] *adv* трохи

marigold ['mærɪˌɡəʊld] *n* чорнобривці *mpl*

marina [mə'riːnə] *n* причал *m*

marinade [ˌmærɪneɪd] *vt, vi* маринувати (*perf* замаринувати) ⊳ *n* маринад *m*

marinate ['mærɪˌneɪt] *vt, vi* маринувати (*perf* замаринувати)

marine [mə'riːn] *n* морський піхотинець *m* ⊳ *adj* морський

marital ['mærɪtəl] *adj* подружній

marital status ['mærɪtl 'steɪtəs] *n* (*frml*) сімейний стан *m*

maritime ['mærɪˌtaɪm] *adj* морський

marjoram ['mɑːdʒərəm] *n* майоран *m*

mark [mɑːk] *vt* (= *grade*) перевіряти (*perf* перевірити); (= *write something on*) позначати (*perf* позначити) ⊳ *n* (*dirty*) пляма *f*; (= *written or drawn shape*) знак *m*

marked [mɑːkt] *adj* помітний

marker ['mɑːkə] *n* позначка *f*

market ['mɑːkɪt] *n* ринок *m*

marketable ['mɑːkɪtəbəl] *adj* ходовий (*про товар*)

marketer ['mɑːkɪtə] *n* маркетолог *m*

market forces ['mɑːkɪt 'fɔːsɪz] *npl* ринкові чинники *mpl*

marketing ['mɑːkɪtɪŋ] *n* маркетинг *m*

marketplace ['mɑːkɪtˌpleɪs] *n* ринок *m*

market research ['mɑːkɪt rɪ'sɜːtʃ] *n* дослідження ринку *nt*

market share ['mɑːkɪt ʃeə] *n* частка ринку *f*

marksman ['mɑːksmən] *n* вправний стрілець *m*

marmalade ['mɑːməˌleɪd] *n* мармелад *m*

maroon [mə'ruːn] *adj* темно-бордовий ⊳ *vt* залишати на безлюдному острові

marquis ['mɑːkwɪs] *n* маркіз *m*

marriage ['mærɪdʒ] *n* шлюб *m*

marriage certificate ['mærɪdʒ sə'tɪfɪkət] *n* свідоцтво про шлюб *nt*

married ['mærɪd] *adj* одружений

marrow ['mærəʊ] *n* кабачок *m*

marry ['mærɪ] *vt, vi* одружуватися (*perf* одружитися)

marsh [mɑːʃ] *n* болото *nt*

marshal ['mɑːʃəl] *vt* шикувати (*perf* вишикувати) ⊳ *n* церемонімейстер *m*

martial ['mɑːʃəl] *adj* (*frml*) воєнний

martial art ['mɑːʃəl ɑːt] *n* бойове мистецтво *nt*

martial law ['mɑːʃəl lɔː] *n* воєнний стан *m*

martyr ['mɑːtə] *n* мученик *m* ▷ *vt* мучити (*perf* замучити) (*про мучеників*)

marvel ['mɑːvəl] *vi* дивуватися (*perf* здивуватися) ▷ *n* диво *nt*

marvellous, (US) **marvelous** ['mɑːvləs] *adj* дивовижний

Marxism ['mɑːksɪzəm] *n* марксизм *m*

Marxist ['mɑːksɪst] *adj* марксистський ▷ *n* марксист *m*

marzipan ['mɑːzɪˌpæn] *n* марципан *m*

mascara [mæˈskɑːrə] *n* туш *f* (*для вій*)

mascot ['mæskɒt] *n* оберіг *m*

masculine ['mæskjʊlɪn] *adj* чоловічий

masculinity [ˌmæskjʊˈlɪnɪtɪ] *n* маскулінність *f*

mash [mæʃ] *vt* розминати (*perf* розім'яти) (*їжу*)

mashed potatoes [mæʃt pəˈteɪtəʊz] *npl* картопляне пюре *nt*

mask [mɑːsk] *n* маска *f* ▷ *vt* приховувати (*perf* приховати)

masked [mɑːskt] *adj* у масці

mason ['meɪsən] *n* каменяр *m*

masonry ['meɪsənrɪ] *n* кам'яна кладка *f*

masquerade [ˌmæskəˈreɪd] *vi* прикидатися (*perf* прикинутися) (*удавати когось*) ▷ *n* маскарад *m*

Mass [mæs] *n* меса *f*

mass [mæs] *n* маса *f* ▷ *adj* масовий ▷ *vt*, *vi* збиратися (*perf* зібратися) докупи (*perf* зібрати(ся)) докупи

massacre ['mæsəkə] *n* бійня *f* ▷ *vt* влаштовувати різанину (*perf* влаштувати різанину)

massage ['mæsɑːʒ] *vt* масажувати (*perf* помасажувати)

massed [mæst] *adj* численний

massive ['mæsɪv] *adj* масивний

mass market [mæs 'mɑːkɪt] *n* ринок товарів масового виробництва ▷ *adj* масового попиту

mass media [mæs 'miːdɪə] *n* засоби масової інформації *mpl*

mass-produce [ˌmæsprəˈdjuːs] *vt* виготовляти масову продукцію

mass production [mæs prəˈdʌkʃən] *n* масове виробництво *nt*

mast [mɑːst] *n* щогла *f*

master ['mɑːstə] *n* господар *m* ▷ *vt* оволодівати (*perf* оволодіти)

mastermind ['mɑːstəmaɪnd] *vt* керувати ▷ *n* керівник *m* (*зокрема таємний, неофіційний*)

masterpiece ['mɑːstəˌpiːs] *n* шедевр *m*

master plan ['mɑːstə plæn] *n* генеральний план *m*

master's degree ['mɑːstəz drˈɡriː] *n* ступінь магістра *m*

mastery ['mɑːstərɪ] *n* майстерність *f*

mat [mæt] *n* підставка під гаряче *f*

match [mætʃ] *n* (= *game*) матч *m*; (*good*) пара *f*; (= *matchstick*) сірник *m* ▷ *vt*, *vi* пасувати

matched [mætʃt] *adj* які пасують один одному

matching ['mætʃɪŋ] *adj* відповідний

mate [meɪt] *n* (*inf*) товариш *m*

material [məˈtɪərɪəl] *n* (= *what something is made of*) матеріал *m*; (= *cloth*) тканина *f*

materialism [məˈtɪərɪəlɪzəm] *n* матеріалізм *m*

materialize [məˈtɪərɪəlaɪz] *vi* здійснювати(ся) (*perf* здійснити(ся))

maternal [məˈtɜːnəl] *adj* материнський

maternity [məˈtɜːnɪtɪ] *adj* пологовий

maternity hospital [məˈtɜːnɪtɪ ˈhɒspɪtəl] *n* пологовий будинок *m*

maternity leave [məˈtɜːnɪtɪ liːv] *n* декрет *m*

mathematical [ˌmæθəˈmætɪkl; ˌmæθˈmæt-] *adj* математичний

mathematician [ˌmæθəməˈtɪʃən] *n* математик *m*

mathematics [ˌmæθəˈmætɪks; ˌmæθˈmæt-] *n* математика *f*

maths [mæθs] *n* математика *f*

matinee ['mætɪˌneɪ] *n* денний сеанс, концерт або вистава

matrix ['meɪtrɪks] (*pl* **matrices**) *n* (*frml*) матриця *f*

matt [mt] *adj* матовий (*колір, фарба, поверхня*)

matter ['mætə] *n* справа *f* ▷ *vt*, *vi* мати значення

matter-of-fact [ˌmætəəvˈfækt] *adj* сухий (*про характер людини*)

mattress ['mætrɪs] *n* матрац *m*

mature [məˈtjʊə; -ˈtʃʊə] *adj* зрілий ▷ *vi* ставати дорослим (*perf* стати дорослим)

mature student [məˈtjʊə ˈstjuːdnt] *n* студент зрілого віку *m*

maturity [məˈtjʊərɪtɪ] *n* зрілість *f*

maul [mɔːl] *vt* калічити (*perf* скалічити)

Mauritania [ˌmɒrɪˈteɪnɪə] *n* Мавританія *f*

Mauritius [məˈrɪʃəs] *n* Маврикій *m*

mauve [məʊv] *adj* бузковий

maverick ['mævərɪk] *n* інакодумець *m*

maxim ['mæksɪm] *n* сентенція *f*

maximize ['mæksɪmaɪz] *vt* максимізувати

maximum ['mæksɪməm] *adj* максимальний ▷ *n* максимум *m*

May [meɪ] *n* травень *m*

may [meɪ] *modal aux vb* (*possibly*) могти; (= *be allowed to*) могти

maybe ['meɪˌbiː] *adv* можливо

mayhem ['meɪhɛm] *n* безлад *m*

mayonnaise [ˌmeɪəˈneɪz] *n* майонез *m*

mayor [mɛə] *n* мер *m*

maze [meɪz] *n* лабіринт *m*

me [miː] *pron* мене

meadow ['mɛdəʊ] *n* луг *m*

meagre, (US) **meager** ['miːgə] adj недостатній

meal [miːl] n прийом їжі m

mealtime ['miːl.taɪm] n час прийому їжі m

mean [miːn] adj злий, недоброзичливий ▷ vt (pres sing **means**, pres part **meaning**, pt, pp **meant**) (= signify) означати; (= be serious about) мати на увазі; (= intend) робити навмисно ▷ n середнє число nt

meander [mɪ'ændə] vi звиватися (про річку, дорогу)

meaning ['miːnɪŋ] n значення nt

meaningful ['miːnɪŋfʊl] adj змістовний

meaningless ['miːnɪŋləs] adj беззмістовний

means [miːnz] npl статки pl

meantime ['miːn.taɪm] adv тим часом

meanwhile ['miːn.waɪl] adv тим часом

measles ['miːzəlz] n кір m

measurable ['mɛʒərəbəl] adj (frml) вимірний

measure ['mɛʒə] vt вимірювати (perf виміряти) ▷ n (frml) міра f

measurement ['mɛʒəmənt] n вимірювання nt

measurements ['mɛʒəmənts] npl розміри mpl

meat [miːt] n м'ясо nt

meatball ['miːt.bɔːl] n фрикаделька f

meaty ['miːtɪ] adj м'ясний

Mecca ['mɛkə] n Мекка f

mechanic [mɪ'kænɪk] n механік m

mechanical [mɪ'kænɪkl] adj механічний

mechanism ['mɛkə.nɪzəm] n механізм m

mechanize ['mɛkənaɪz] vt механізувати

medal ['mɛdl] n медаль f

medallion [mɪ'dæljən] n медальйон m

medallist, (US) **medalist** ['mɛdəlɪst] n медаліст(ка) m(f)

meddle ['mɛdəl] vi втручатися (perf втрутитися)

media ['miːdɪə] npl of **medium**; засоби масової інформації pl

mediaeval [.mɛdɪ'iːvl] adj середньовічний

mediate ['miːdɪeɪt] vt, vi виступати посередником (perf виступити посередником)

medic ['mɛdɪk] n (inf) медик m

medical ['mɛdɪkl] adj медичний ▷ n медичний огляд m

medical certificate ['mɛdɪkl sə'tɪfɪkət] n медична довідка f

medication [.mɛdɪ'keɪʃən] n ліки npl

medicinal [mɛ'dɪsənəl] adj лікарський

medicine ['mɛdɪsɪn; 'mɛdsɪn] n медицина f

mediocre [.miːdɪ'əʊkə] adj посередній

mediocrity [.miːdɪ'ɒkrətɪ] n посередність f

meditate ['mɛdɪteɪt] vi обмірковувати (perf обміркувати)

meditation [.mɛdɪ'teɪʃən] n медитація f

Mediterranean [.mɛdɪtə'reɪnɪən] adj середземноморський ▷ n Середземне море nt

medium ['miːdɪəm] adj середній ▷ n засіб m

medium-sized ['miːdɪəm.saɪzd] adj середніх розмірів

medium-term ['miːdɪəm.tɜːm] n середньотерміновий; **medium-term economic prospects** середньотермінові економічні перспективи

medley ['mɛdlɪ] n попурі nt

meek [miːk] adj покірливий

meet [miːt] (pres sing **meets**, pres part **meeting**, pt, pp **met**) vt, vi зустрічати(ся) (perf зустріти(ся)); **meet up** [miːt ʌp] vi зустрічатися (perf зустрітися)

meeting ['miːtɪŋ] n зустріч f

meeting place ['miːtɪŋ pleɪs] n місце зустрічі nt

megabyte ['mɛgəbaɪt] n мегабайт m

melancholy ['mɛlənkɒlɪ] adj меланхолійний

mellow ['mɛləʊ] adj стиглий ▷ vt, vi зм'якшувати(ся) (perf зм'якшити(ся)) (про характер людини)

melodic [mɪ'lɒdɪk] adj мелодійний

melodrama ['mɛlədrɑːmə] n мелодрама f

melodramatic [.mɛlədrə'mætɪk] adj мелодраматичний

melody ['mɛlədɪ] n (frml) мелодія f

melon ['mɛlən] n диня f

melt [mɛlt] vt розтоплювати (perf розтопити) ▷ vi танути (perf розтанути)

meltdown ['mɛltdaʊn] n (of nuclear reactor) аварія на AEC f; (= collapse) крах m

melting pot ['mɛltɪŋ pɒt] n плавильний казан m (місце змішування різних людей та ідей)

member ['mɛmbə] n член (організації, спільноти) m

membership ['mɛmbəʃɪp] n членство nt

membership card ['mɛmbəʃɪp kɑːd] n членська картка f

membrane ['mɛmbreɪn] n оболонка f

memento [mɪ'mɛntəʊ] n сувенір m

memo ['mɛməʊ] n ділова записка f

memoirs ['mɛmwɑːz] npl мемуари npl

memorabilia [.mɛmərə'bɪlɪə] npl пам'ятні речі fpl (пов'язані з історичними особами чи подіями)

memorable ['mɛmərəbəl] adj пам'ятний

memorandum [.mɛmə'rændəm] (pl **memoranda**, pl **memorandums**) n директива f

memorial [mɪ'mɔːrɪəl] n меморіал m ▷ adj меморіальний

memorize ['mɛmə.raɪz] vt запам'ятовувати (perf запам'ятати)

memory ['mɛmərɪ] n (= ability to remember) пам'ять f; (= reminiscence) спогад m

memory card ['mɛməri kɑ:d] n карта
пам'яті f

men [mɛn] pl of **man**

menace ['mɛnɪs] n загроза f ▷ vt
загрожувати

menacing ['mɛnɪsɪŋ] adj загрозливий

mend [mɛnd] vt ремонтувати

menial ['mi:nɪəl] adj некваліфікований (про
працю)

meningitis [,mɛnɪn'dʒaɪtɪs] n менінгіт m

menopause ['mɛnəʊ,pɔ:z] n менопауза f

men's room [mɛnz ru:m] n (US) = **gents**

menstruate ['mɛnstrʊeɪt] vi (frml)
менструювати

menstruation [,mɛnstrʊ'eɪʃən] n
менструація f

menswear ['mɛnzwɛə] n чоловічий одяг m

mental ['mɛntl] adj розумовий

mentality [mɛn'tælɪtɪ] n менталітет m

mention ['mɛnʃən] vt згадувати (perf
згадати) ▷ n згадка f

mentor ['mɛntɔ:] n наставник m ▷ vt.
наставляти (давати поради)

menu ['mɛnju:] n меню nt

mercantile ['mз:kəntaɪl] adj (frml)
торгівельний

mercenary ['mз:sɪnərɪ] n найманець m
▷ adj корисливий

merchandise ['mз:tʃəndaɪz] n (frml)
товари mpl

merchant ['mз:tʃənt] n торговець m

merchant bank ['mз:tʃənt bæŋk] n
торговельний банк m

mercifully ['mз:sɪfʊlɪ] adv на щастя

merciless ['mз:sɪləs] adj безжальний

mercury ['mз:kjʊrɪ] n ртуть f

mercy ['mз:sɪ] n милосердя nt

mere [mɪə] adj усього лише

merely ['mɪəlɪ] adv просто (тільки)

merge [mз:dʒ] vt, vi зливати(ся) (perf
зити(ся))

merger ['mз:dʒə] n злиття nt

meringue [mə'ræŋ] n безе nt

merit ['mɛrɪt] n заслуга f ▷ vt (frml)
заслуговувати (perf заслужити)

mermaid ['mз:,meɪd] n русалка f

merrily ['mɛrɪlɪ] adv весело

merry ['mɛrɪ] adj (old) щасливий

merry-go-round ['mɛrɪgəʊ'raʊnd] n
карусель f

mesh [mɛʃ] n тенета f

mesmerize ['mɛzməraɪz] vt зачаровувати
(perf зачарувати)

mess [mɛs] n безлад m; **mess about**
[mɛs ə'baʊt] vi байдикувати; **mess up**
[mɛs ʌp] vt (inf) зіпсувати

message ['mɛsɪdʒ] n повідомлення nt ▷ vt,
vi відправляти повідомлення (perf
відправити повідомлення)

messaging ['mɛsɪdʒɪŋ] n надсилання
повідомлень nt

messenger ['mɛsɪndʒə] n посланець m

Messiah [mɪ'saɪə] n Месія m

messy ['mɛsɪ] adj безладний

metabolic [,mɛtə'bɒlɪk] adj метаболічний

metabolism [mɪ'tæbə,lɪzəm] n
метаболізм m

metal ['mɛtl] n метал m

metallic [mə'tælɪk] adj металевий

metamorphosis [,mɛtə'mɔ:fəsɪs] (pl
metamorphoses) n (frml) метаморфоза f

metaphor ['mɛtəfɔ:] n метафора f

metaphorical [,mɛtə'fɒrɪkəl] adj
метафоричний

metaphysical [,mɛtə'fɪzɪkəl] adj
метафізичний

meteor ['mi:tɪə] n метеор m

meteorite ['mi:tɪə,raɪt] n метеорит m

meteorological [,mi:tɪərə'lɒdʒɪkəl] adj
метеорологічний

meter ['mi:tə] n (gas, electricity)
вимірювальний прилад m ▷ vt
користуватися лічильником

methane ['mi:θeɪn] n метан m

method ['mɛθəd] n метод m

methodical [mɪ'θɒdɪkəl] adj методичний

methodology [,mɛθə'dɒlədʒɪ] n (frml)
методологія f

meticulous [mə'tɪkjʊləs] adj ретельний

metre, (US) **meter** ['mi:tə] n метр m

metric ['mɛtrɪk] adj метричний

metric ton ['mɛtrɪk tʌn] n тонна f

metro ['mɛtrəʊ] n метро nt

metropolis [mə'trɒpəlɪs] n мегаполіс m

metropolitan [,mɛtrə'pɒlɪtən] adj який
стосується великого міста

Mexican ['mɛksɪkən] adj мексиканський
▷ n (= person) мексиканець (мексиканка)
m(f)

Mexico ['mɛksɪ,kəʊ] n Мексика f, Мехіко n
ind

microbe ['maɪkrəʊb] n мікроб m

microchip ['maɪkrəʊ,tʃɪp] n мікрочип m

microcosm ['maɪkrəʊkɒzəm] n (frml)
мікрокосм m

microcredit ['maɪkrəʊ,krɛdɪt] n
мікрокредит m

microorganism [,maɪkrəʊ'ɔ:gənɪzəm] n
мікроорганізм m

microphone ['maɪkrə,fəʊn] n мікрофон m

microprocessor [,maɪkrəʊ'prəʊsɛsə] n
мікропроцесор m

microscope ['maɪkrə,skəʊp] n мікроскоп m

microscopic [,maɪkrə'skɒpɪk] adj
мікроскопічний

microwave ['maɪkrəʊ,weɪv] n
мікрохвильова піч f ▷ vt готувати або
розігрівати у мікрохвильовій печі

mid- [mɪd] adj серед-

midday ['mɪd'deɪ] n полудень m

middle ['mɪdl] n середина f

middle age ['mɪdəl eɪdʒ] n середній вік m

middle-aged ['mɪdl̩‚eɪdʒd] *adj* середнього віку

Middle Ages ['mɪdl̩ 'eɪdʒɪz] *npl* Середньовіччя *nt*

middle-class ['mɪdl̩‚klɑːs] *adj* середній клас *m*

Middle East ['mɪdl̩ iːst] *n* Близький Схід *m*

Middle Eastern ['mɪdəl 'iːstən] *adj* близькосхідний

middleman ['mɪdəlmæn] *n* посередник *m*

midge [mɪdʒ] *n* комар *m*

midnight ['mɪd‚naɪt] *n* північ *f*

mid-range ['mɪdreɪndʒ] *adj* середній (*про товари, послуги*)

midsummer [‚mɪd'sʌmə] *n* середина літа *f*

midway [‚mɪd'weɪ] *adv* на півдорозі

midweek [‚mɪd'wiːk] *adj* посеред тижня

midwife ['mɪd‚waɪf] (*pl* **midwives**) *n* акушерка *f*

might [maɪt] *modal aux vb* могти

mighty ['maɪti] *adj* (*liter*) могутній

migraine ['miːɡreɪn; 'maɪ-] *n* мігрень *f*

migrant ['maɪɡrənt] *adj* мігруючий ▷ *n* мігрант *m*

migrate [maɪ'ɡreɪt] *vi* мігрувати

migration [maɪ'ɡreɪʃən] *n* міграція *f*

mike [maɪk] *n* (*inf*) мікрофон *m*

mild [maɪld] *adj* помірний

mile [maɪl] *n* миля *f*

● **MILE**

● У Великобританії та Америці відстань
● вимірюють у милях, а не в кілометрах.
● Одна миля дорівнює 1 609 метрів.

---

mileage ['maɪlɪdʒ] *n* відстань у милях *f*

mileometer [maɪ'lɒmɪtə] *n* лічильник пробігу *m*

milestone ['maɪlstəʊn] *n* віха *f*

milieu ['miːljɜː] *n* (*frml*) оточення *nt*

militant ['mɪlɪtənt] *adj* войовничий

military ['mɪlɪtəri; -tri] *adj* військовий

military police ['mɪlɪtəri pə'liːs] *n* військова поліція *f*

militia [mɪ'lɪʃə] *n* ополчення *nt*

militiaman [mɪ'lɪʃəmən] *n* ополченець *m*

milk [mɪlk] *n* молоко *nt* ▷ *vt* доїти (*perf* подоїти)

milk chocolate [mɪlk 'tʃɒklət] *n* молочний шоколад *m*

milkshake ['mɪlkʃeɪk] *n* молочний коктейль *m*

milky ['mɪlki] *adj* молочний

Milky Way ['mɪlki weɪ] *n* Чумацький Шлях *m*

mill [mɪl] *n* млин *m* ▷ *vt* молоти (*perf* змолоти)

millennium [mɪ'lɛniəm] (*pl* **millennia**) *n* (*frml*) міленіум *m*

miller ['mɪlə] *n* мірошник *m*

millet ['mɪlɪt] *n* просо *nt*

milligram ['mɪlɪɡræm] *n* міліграм *m*

millilitre, (*US*) **milliliter** ['mɪlɪliːtə] *n* мілілітр *m*

millimetre, (*US*) **millimeter** ['mɪlɪ‚miːtə] *n* міліметр *m*

million ['mɪljən] *num* мільйон *m*

millionaire [‚mɪljə'nɛə] *n* мільйонер *m*

millionth ['mɪljənθ] *adj* мільйонний

mime [maɪm] *n* пантоміма *f* ▷ *vt, vi* зображувати жестами (*perf* зобразити жестами)

mimic ['mɪmɪk] *vt* пародіювати ▷ *n* мім *m*

mince [mɪns] *n* фарш *m* ▷ *vt* пропускати через м'ясорубку

mince pie [‚mɪns 'paɪ] *n* пиріжок із сухофруктами *m*

● **MINCE PIE**

● Пиріжок із сухофруктами. Буквально ця
● сполука означає «пиріжок із фаршем»,
● проте їх начиняють сухофруктами, а не
● м'ясом.

---

mind [maɪnd] *n* розум *m* ▷ *vt* зважати

minder ['maɪndə] *n* (*inf*) охоронець *m*

mindful ['maɪndfʊl] *adj* (*frml*) уважний (*турботливий*)

mindless ['maɪndləs] *adj* безглуздий

mine [maɪn] *n* шахта *f* ▷ *pron* мій ▷ *vt* видобувати (*perf* видобути) (*корисні копалини*)

minefield ['maɪnfiːld] *n* мінне поле *nt*

miner ['maɪnə] *n* шахтар *m*

mineral ['mɪnərəl; 'mɪnrəl] *adj* (= *of minerals*) мінеральний ▷ *n* мінерал *m*

mineral water ['mɪnərəl 'wɔːtə] *n* мінеральна вода *f*

mingle ['mɪŋɡəl] *vi* змішуватися (*perf* змішатися); (*in society*) бувати в товаристві

miniature ['mɪnɪtʃə] *adj* мініатюрний ▷ *n* мініатюра *f*

minibus ['mɪni‚bʌs] *n* мікроавтобус *m*

minicab ['mɪni‚kæb] *n* мікротаксі *nt*

● **MINICAB**

● Мікротаксі – різновид таксі, що менше
● регулюється законом. На відміну від
● традиційного чорного таксі, його
● викликають по телефону, а не
● зупиняють на вулиці.

---

minimal ['mɪnɪməl] *adj* мінімальний

minimalism ['mɪnɪmə‚lɪzəm] *n* мінімалізм *m*

minimalist ['mɪnɪməlɪst] *n* мінімаліст *m* ▷ *adj* мінімалістський

minimize ['mɪnɪ‚maɪz] *vt* зводити до мінімуму (*perf* звести до мінімуму)

minimum ['mɪnɪməm] *adj* мінімальний ▷ *n* мінімум *m*

mining ['maɪnɪŋ] *n* гірнича промисловість *f*

minister ['mɪnɪstə] *n* (= *member of the clergy*) священик *m*; (*government*) міністр *m*

ministerial [,mɪnɪ'stɪərɪəl] *adj* міністерський

ministry ['mɪnɪstrɪ] *n* (= *government department*) міністерство *nt*; (*Rel*) зобов'язання священика

mink [mɪŋk] *n* норка *f*

minor ['maɪnə] *adj* менший ▷ *n* неповнолітній

minority [maɪ'nɒrɪtɪ; mɪ–] *n* меншість *f*

mint [mɪnt] *n* (= *place where coins are made*) монетний двір *m*; (= *herb*) м'ята *f* ▷ *vt* карбувати (*perf* викарбувати)

minus ['maɪnəs] *prep* мінус ▷ *n* (*inf*) мінус *m*

minuscule ['mɪnɪskjuːl] *adj* крихітний

minute¹ [maɪ'njuːt] *adj* крихітний (*perf* запротоколювати)
протоколювати (*perf* запротоколювати)

minute² ['mɪnɪt] *n* хвилина *f*

miracle ['mɪrəkl] *n* диво *nt* ▷ *adj* чудодійний

miraculous [mɪ'rækjʊləs] *adj* дивовижний

mirror ['mɪrə] *n* дзеркало *nt* ▷ *vt* відображати (*perf* відобразити)

mirror image ['mɪrə' ɪmɪdʒ] *n* дзеркальне відображення *nt*

misbehave [,mɪsbɪ'heɪv] *vi* погано поводитися

miscalculate [,mɪs'kælkjʊleɪt] *vt, vi* прораховуватися (*perf* прорахуватися)

miscarriage [mɪs'kærɪdʒ] *n* викидень *m*

miscarriage of justice ['mɪskærɪdʒ əv 'dʒʌstɪs] *n* судова помилка *f*

miscellaneous [,mɪsə'leɪnɪəs] *adj* неоднорідний

mischief ['mɪstʃɪf] *n* витівка *f*

mischievous ['mɪstʃɪvəs] *adj* капосний

misconception [,mɪskən'sɛpʃən] *n* хибне уявлення *nt*

misconduct [,mɪs'kɒndʌkt] *n* неналежне виконання службових обов'язків

misdemeanour, (*US*) **misdemeanor** [,mɪsdɪ'miːnə] *n* (*frml*) провина *m/f*

miser ['maɪzə] *n* скнара *m*

miserable ['mɪzərəbl; 'mɪzrə–] *adj* нещасний

misery ['mɪzərɪ] *n* нещастя *nt*

misfit ['mɪsfɪt] *n* людина, не пристосована до життя

misfortune [mɪs'fɔːtʃən] *n* невдача *f*

misgiving [mɪs'gɪvɪŋ] *n* побоювання *nt*

misguided [mɪs'gaɪdɪd] *adj* помилковий

mishap ['mɪshæp] *n* невдача *f*

misinformation [,mɪsɪnfə'meɪʃən] *n* дезінформація *f*

misinterpret [,mɪsɪn'tɜːprɪt] *vt* неправильно витлумачувати (*perf* неправильно витлумачити)

misjudge [,mɪs'dʒʌdʒ] *vt* неправильно оцінювати

mislay [mɪs'leɪ] *vt* покласти не на місце

mislead [mɪs'liːd] *vt* вводити в оману (*perf* ввести в оману)

misleading [mɪs'liːdɪŋ] *adj* оманливий

mismanage [,mɪs'mænɪdʒ] *vt* погано керувати

mismanagement [,mɪs'mænɪdʒmənt] *n* погане керування *nt*

misplaced [,mɪs'pleɪst] *adj* невідповідний

misprint [mɪs,prɪnt] *n* друкарська помилка *f*

misrepresent [,mɪsrɛprɪ'zɛnt] *vt* викривляти (*perf* викривити)

Miss [mɪs] *n* міс *f*

miss [mɪs] *vt, vi* (= *fail to catch or to hit*) пропускати (*perf* пропустити) ▷ *vt* (= *fail to notice*) пропускати (*perf* пропустити); (*someone who is absent*) сумувати

missile ['mɪsaɪl] *n* ракета *f*

missing ['mɪsɪŋ] *adj* зниклий

mission ['mɪʃən] *n* місія *f*

missionary ['mɪʃənərɪ] *adj* місіонерський

mission statement ['mɪʃən 'steɪtmənt] *n* формулювання місії (загальна концепція діяльності)

misspend ['mɪs'spɛnd] *vt* марнувати (*perf* змарнувати)

mist [mɪst] *n* імла *f*

mistake [mɪ'steɪk] *n* помилка *f* ▷ *vt* помилятися (*perf* помилитися)

mistaken [mɪ'steɪkən] *adj* помилковий

mistakenly [mɪ'steɪkənlɪ] *adv* помилково

mister ['mɪstə] *n* (*inf*) містер *m*

mistletoe ['mɪsl,təʊ] *n* омела *f*

● **MISTLETOE**

● У Великобританії та США цю рослину
● використовують як різдвяну прикрасу. За
● звичаєм, під омелою цілуються закохані.

mistrust [,mɪs'trʌst] *n* недовіра *f* ▷ *vt* не довіряти

misty ['mɪstɪ] *adj* туманний

misunderstand [,mɪsʌndə'stænd] *vt, vi* неправильно розуміти (*perf* зрозуміти)

misunderstanding [,mɪsʌndə'stændɪŋ] *n* неправильне розуміння *nt*

misuse [,mɪs'juːs] *n* зловживання *nt* ▷ *vt* [mɪs'juːz] зловживати (*perf* зловжити)

mitigate ['mɪtɪgeɪt] *vt* (*frml*) пом'якшувати (*perf* пом'якшити)

mitigating ['mɪtɪgeɪtɪŋ] *adj* пом'якшувальний

mitten ['mɪtn] *n* мітенки *fpl*

mix [mɪks] *n* мікс *m* ▷ *vt, vi* змішувати (*perf* змішати); **mix up** [mɪks ʌp] *vt* плутати (*perf* переплутати)

mixed [mɪkst] *adj* мішаний

mixed salad [mɪkst 'sæləd] n салат зі
свіжих овочів m

mixed up [mɪkst ʌp] adj розгублений

mixer ['mɪksə] n міксер m

mixture ['mɪkstʃə] n суміш f

mix-up ['mɪksʌp] n (inf) плутанина f

MMS [ɛm ɛm ɛs] abbr MMS

moan [məʊn] vi стогнати (perf застогнати)

moat [məʊt] n рів m

mob [mɒb] n натовп m ▷ vt обступати (perf
обступити)

mobile ['məʊbaɪl] adj мобільний,
пересувний ▷ n мобільний телефон m

mobile home ['məʊbaɪl həʊm] n дім на
колесах m

mobile number ['məʊbaɪl 'nʌmbə] n
номер мобільного телефону m

mobile phone ['məʊbaɪl fəʊn], (US) **cell
phone** n мобільний телефон m

mobilize ['məʊbɪˌlaɪz] vt, vi
мобілізувати(ся)

mock [mɒk] vt копіювати (perf скопіювати)

mockery ['mɒkərɪ] n глузування nt

mocking ['mɒkɪŋ] adj глузливий

mod cons [mɒd kɒnz] npl (inf) усі вигоди fpl

mode [məʊd] n (frml) спосіб m

model ['mɒdl] adj зразковий ▷ n (= replica)
модель f; (= mannequin) манекен m ▷ vt
моделювати (perf змоделювати)

modem ['məʊdɛm] n модем m

moderate ['mɒdərɪt] adj помірний

moderation [ˌmɒdə'reɪʃən] n помірність f

modern ['mɒdən] adj сучасний

modern-day ['mɒdən'deɪ] adj сьогоденний

modernism ['mɒdənɪzəm] n модернізм m

modernist ['mɒdənɪst] adj модерністський

modernize ['mɒdəˌnaɪz] vt оновлювати
(perf оновити)

modern languages ['mɒdən
'læŋgwɪdʒɪz] npl сучасні мови fpl

modest ['mɒdɪst] adj скромний

modesty ['mɒdɪstɪ] n скромність f

modification [ˌmɒdɪfɪ'keɪʃən] n
удосконалення nt

modify ['mɒdɪˌfaɪ] vt удосконалювати (perf
удосконалити)

module ['mɒdjuːl] n модуль m

moist [mɔɪst] adj вологий

moisten ['mɔɪsən] vt змочувати (perf
змочити)

moisture ['mɔɪstʃə] n волога f

moisturize ['mɔɪstʃəraɪz] vt зволожувати
(perf зволожити)

moisturizer ['mɔɪstʃəˌraɪzə] n
зволожувач m

molding ['məʊldɪŋ] n (US) = **moulding**

Moldova [mɒl'dəʊvə] n Молдова f

Moldovan [mɒl'dəʊvən] adj молдавський
▷ n (= person) молдованин (молдованка) m(f)

mole [məʊl] n (= animal) кріт m; (= person)
шпигун m; (= dark spot) родимка f

molecular [mə'lɛkjʊlə] adj молекулярний

molecule ['mɒlɪˌkjuːl] n молекула f

molest [mə'lɛst] vt домагатися (про
сексуальні домагання)

molt [məʊlt] vi (US) = **moult**

molten ['məʊltən] adj розплавлений

mom [mɒm] n (US) = **mum**

moment ['məʊmənt] n момент m

momentarily ['məʊməntərəlɪ; -trɪlɪ] adv
(written) миттєво

momentary ['məʊməntərɪ; -trɪ] adj
миттєвий

momentous [məʊ'mɛntəs] adj пам'ятний

momentum [məʊ'mɛntəm] n поштовх m

Monaco ['mɒnəˌkəʊ; mə'nɑːkəʊ] n
Монако m

monarch ['mɒnək] n монарх m

monarchist ['mɒnəkɪst] adj
монархістський

monarchy ['mɒnəkɪ] n монархія f

monastery ['mɒnəstərɪ; -strɪ] n
монастир m

Monday ['mʌndɪ] n понеділок m

monetarism ['mʌnɪtərɪzəm] n
монетаризм m

monetarist ['mʌnɪtərɪst] adj
монетаристський

monetary ['mʌnɪtərɪ; -trɪ] adj валютний

money ['mʌnɪ] n гроші pl

money laundering ['mʌnɪ 'lɔːndərɪŋ] n
відмивання грошей nt

moneymaker ['mʌnɪˌmeɪkə] n прибуткова
справа f

Mongolia [mɒŋ'gəʊlɪə] n Монголія f

Mongolian [mɒŋ'gəʊlɪən] adj
монгольський ▷ n (= person) монгол m;
(= language) монгольська мова f

mongrel ['mʌŋgrəl] n нечистокровний
пес m

monitor ['mɒnɪtə] n монітор m ▷ vt
стежити

monk [mʌŋk] n чернець m

monkey ['mʌŋkɪ] n мавпа f

mono ['mɒnəʊ] adj монофонічний

monogamous [mə'nɒgəməs] adj
моногамний

monogamy [mə'nɒgəmɪ] n моногамія f

monolithic [ˌmɒnə'lɪθɪk] adj монолітний

monologue ['mɒnəlɒg] n монолог m

monopolize [mə'nɒpəlaɪz] vt
монополізувати

monopoly [mə'nɒpəlɪ] n монополія f

monotonous [mə'nɒtənəs] adj
монотонний

monsoon [mɒn'suːn] n мусон m

monster ['mɒnstə] n чудовисько nt ▷ adj
(inf) велетенський

monstrous ['mɒnstrəs] adj жахливий

month [mʌnθ] n місяць m

monthly ['mʌnθlɪ] adj щомісячний ▷ n
щомісячник m

monument ['mɒnjʊmənt] *n* монумент *m*
monumental [ˌmɒnjʊ'mɛntəl] *adj*
колосальний
mood [mu:d] *n* настрій *m*
moody ['mu:dɪ] *adj* похмурий
moon [mu:n] *n* місяць *m (небесне тіло)*
moonlight ['mu:nlaɪt] *n* місячне сяйво *nt*
▷ *vi* підробляти *(мати додаткову роботу)*
moor [mʊə, mɔː] *n* місцевість, що поросла
вересом ▷ *vt, vi* причалювати *(perf*
причалити)*
mooring ['mʊərɪŋ] *n* місце стоянки *nt*
(човна)
moorland ['mʊələnd] *n* місцевість, що
поросла вересом
moose [mu:s] *n* лось *m*
mop [mɒp] *n* швабра *f* ▷ *vt* мити *(perf*
помити) (шваброю)*; **mop up** [mɒp ʌp] *vt*
витирати *(perf* витерти)*
mope [məʊp] *vi* хандрити
moped ['məʊpɛd] *n* мопед *m*
moral ['mɒrəl] *adj* моральний ▷ *n* мораль *f*
morale [mɒ'rɑːl] *n* бойовий дух *m*
morality [mə'rælɪtɪ] *n* мораль *f*
morals ['mɒrəlz] *npl* моральні принципи *mpl*
moratorium [ˌmɒrə'tɔːrɪəm] *n*
мораторій *m*
morbid ['mɔːbɪd] *adj* патологічний

 KEYWORD

more [mɔːʳ] *adj* **1** (*greater in number etc.*)
більше; **I have more friends than enemies**
у мене більше друзів, ніж ворогів
2 (*additional*) ще; **do you want (some) more
tea?** хочете ще (трохи) чаю?; **is there any
more wine?** є ще вино?; **I have no** or **I
don't have any more money** у мене вже
немає грошей; **it'll take a few more weeks**
на це піде ще кілька тижнів
▷ *pron* **1** (*greater amount*): **more than ten**
більше ніж десять, понад десять; **we've
sold more than a hundred tickets** ми
продали понад сто квитків; **it costs more
than we expected** це коштує більше, ніж
ми сподівалися
2 (*further or additional amount*): **is there any
more?** ще є?; **there's no more** вже немає
нічого; **a little more** ще трохи; **many/
much more** набагато більше
▷ *adv* **1** (+*vb*) більше; **I like this picture
more** ця картина мені більше подобається
2: more dangerous/difficult (than)
небезпечніший/ важчий, ніж
3: more economically (than) економніше,
ніж; **more easily/quickly (than)** легше/
швидше, ніж; **more and more** (*excited,
friendly*) дедалі більше; **he grew to like her
more and more** вона подобалася йому
дедалі більше; **more or less** більш-менш;
she is more beautiful than ever вона

красивіша ніж будь-коли; **he loved her
more than ever** він любив її більше ніж
будь-коли; **the more ..., the better** що
більше, то краще; **once more** ще раз; **I'd
like to see more of you** я хотів би частіше
бачити тебе

morgue [mɔːg] *n* морг *m*
moribund ['mɒrɪbʌnd] *adj* (*frml*)
вмираючий
morning ['mɔːnɪŋ] *n* ранок *m*
morning sickness ['mɔːnɪŋ 'sɪknəs] *n*
токсикоз вагітних *m*
Moroccan [mə'rɒkən] *adj* марокканський
▷ *n* (= *person*) марокканець (марокканка) *m(f)*
Morocco [mə'rɒkəʊ] *n* Марокко *nt*
morphine ['mɔːfiːn] *n* морфін *m*
morse code [mɔːs kəʊd] *n* азбука Морзе *f*
morsel ['mɔːsəl] *n* шматочок *m*
mortal ['mɔːtəl] *adj* смертний ▷ *n* смертний
(смертна) *m(f)*
mortality [mɔː'tælɪtɪ] *n* смертність *f*
mortar ['mɔːtə] *n* (= *cannon*) міномет *m*; (*for
building*) цемент *m*
mortgage ['mɔːgɪdʒ] *n* іпотечна застава *f*
▷ *vt* заставляти *(perf* заставити)*
нерухомість *(perf* заставити)*
mortician [mɔː'tɪʃən] *n* (*US*) = **undertaker**
mortuary ['mɔːtʃʊərɪ] *n* морг *m*
mosaic [mə'zeɪɪk] *n* мозаїка *f*
Moslem ['mɒzləm] *adj* мусульманський ▷ *n*
(= *person*) мусульманин (мусульманка) *m(f)*
mosque [mɒsk] *n* мечеть *f*
mosquito [mə'skiːtəʊ] (*pl* **mosquitoes**) *n*
комар *m*
moss [mɒs] *n* мох *m*

 KEYWORD

most [məʊst] *adj* **1** (*almost all: countable
nouns*) більшість; (: *uncountable and collective
nouns*) більша частина; **most people/cars**
більшість людей/машин; **most milk** більша
частина молока; **in most cases** у більшості
випадків
2 (*largest, greatest*): **who has the most
money?** у кого найбільше грошей?; **this
book has attracted the most interest
among the critics** ця книга зацікавила
критиків найбільше
▷ *pron* (*greatest quantity, number: countable
nouns*) більшість; (: *uncountable and collective
nouns*) більша частина; **most of the
houses/her friends** більшість будинків/
більшість її друзів; **most of the cake**
більша частина торта; **do the most you
can** робіть усе, що можна; **I ate the most** я
з'їв найбільше; **to make the most of sth**
якнайкраще скористатися чимось; **at the
(very) most** щонайбільше
▷ *adv* (+*vb: with inanimate objects*) найбільше,

найбільш; (: *with animate objects*) найбільше, найбільш; (+*adv*) найбільш; (+*adj*) найбільш; **the most interesting/ expensive** найцікавіший/найдорожчий; **I liked him the most** він мені сподобався найбільш; **what do you value most, wealth or health?** що ви цінуєте найбільше – багатство чи здоров'я?

mostly ['məʊstlɪ] *adv* переважно
MOT [ɛm əʊ tiː] *abbr* Державний технічний огляд транспортних засобів

● **MOT**

● За законом, автомобілі, яким минуло
● понад три роки від дати випуску, щороку
● мають проходити техогляд.

motel [məʊˈtɛl] *n* мотель *m*
moth [mɒθ] *n* нічний метелик *m*
mother ['mʌðə] *n* мати *f*
motherhood ['mʌðəhʊd] *n* материнство *nt*
mother-in-law ['mʌðə ɪn lɔː] *n* (*husband's mother*) свекруха *f*; (*wife's mother*) теща *f*
motherland ['mʌðəlænd] *n* батьківщина *f*
motherly ['mʌðəlɪ] *adj* материнський
Mother's Day ['mʌðəz ˌdeɪ] *n* День матері *m*

● **MOTHER'S DAY**

● День матері. Його святкують у
● Великобританії у четверту неділю
● Великого посту. У цей день матері
● отримують вітання й подарунки.

mother tongue ['mʌðə tʌn] *n* рідна мова *f*
motif [məʊˈtiːf] *n* візерунок *m*
motion ['məʊʃən] *n* рух *m* ▷ *vt, vi* показувати жестом (*perf* показати жестом)
motionless ['məʊʃənlɪs] *adj* нерухомий
motion picture ['məʊʃən 'pɪktʃə] *n* кінофільм *m*
motivate ['məʊtɪveɪt] *vt* спонукати (*perf* спонукнути)
motivated ['məʊtɪˌveɪtɪd] *adj* мотивований
motivation [ˌməʊtɪ'veɪʃən] *n* мотивація *f*
motive ['məʊtɪv] *n* мотив *m*
motor ['məʊtə] *n* мотор *m*
motorbike ['məʊtəˌbaɪk] *n* мотоцикл *m*
motorboat ['məʊtəˌbəʊt] *n* моторний човен *m*
motorcycle ['məʊtəˌsaɪkl] *n* мотоцикл *m*
motorcyclist ['məʊtəˌsaɪklɪst] *n* мотоцикліст *m*
motoring ['məʊtərɪŋ] *adj* автомобільний
motorist ['məʊtərɪst] *n* водій *m*
motorized ['məʊtəˌraɪzd] *adj* моторизований

motor mechanic ['məʊtə məˈkænɪk] *n* механік *m*
motor racing ['məʊtə ˈreɪsɪŋ] *n* автомобільні перегони *pl*
motorway ['məʊtəˌweɪ] *n* траса *f*
motto ['mɒtəʊ] (*pl* **mottoes** or **mottos**) *n* гасло *nt*
mould, (US) **mold** [məʊld] *n* (= *shape*) форма *f*; (= *substance*) пліснява *f*
moulding, (US) **molding** ['məʊldɪŋ] *n* ліплення *nt*
mouldy, (US) **moldy** ['məʊldɪ] *adj* вкритий плісняою
moult, (US) **molt** [məʊlt] *vi* линяти (*perf* полиняти) (*про тварин, птахів*)
mound [maʊnd] *n* купа *f*
mount [maʊnt] *vt* організовувати (*perf* організувати) ▷ *n* гора *f*; **mount up** [maʊnt ʌp] *vi* збільшуватися (*perf* збільшитися)
mountain ['maʊntɪn] *n* гора *f*
mountain bike ['maʊntɪn baɪk] *n* гірський велосипед *m*
mountaineer [ˌmaʊntɪ'nɪə] *n* альпініст *m*
mountaineering [ˌmaʊntɪ'nɪərɪŋ] *n* альпінізм *m*
mountainous ['maʊntɪnəs] *adj* скелястий
mountainside ['maʊntɪnsaɪd] *n* схил *m*
mounted ['maʊntɪd] *adj* кінний
mourn [mɔːn] *vt, vi* бути в жалобі
mourner ['mɔːnə] *n* присутній на похороні
mournful ['mɔːnfəl] *adj* скорботний
mourning ['mɔːnɪŋ] *n* жалоба *f*
mouse [maʊs] *n* (= *animal*) миша *f*; (Comput) мишка *f*
mouse mat [maʊs mæt] *n* килимок для мишки *m*
mousse [muːs] *n* мус *m*
moustache [məˈstɑːʃ], (US) **mustache** ['mʌstæʃ] *n* вуса *mpl* (*людини*)
mouth [maʊθ] (*pl* **mouths**) *n* рот *m* ▷ беззвучно ворушити губами
mouthful ['maʊθfʊl] *n* ковток *m*
mouth organ [maʊθ 'ɔːgən] *n* губна гармоніка *f*
mouthpiece ['maʊθpiːs] *n* мікрофон *m* (*слухавки*)
mouthwash ['maʊθˌwɒʃ] *n* ополіскувач для рота *m*
movable ['muːvəbl] *adj* рухомий
move [muːv] *n* рух *m* ▷ *vt* (= *reposition*) пересувати (*perf* пересунути) ▷ *vi* (= *relocate*) переїжджати (*perf* переїхати); **move back** [muːv bæk] *vi* рухатися назад; **move forward** [muːv 'fɔːwəd] *vi* рухатися вперед; **move in** [muːv ɪn] *vi* в'їжджати (*perf* в'їхати)
movement ['muːvmənt] *n* рух *m*
movie ['muːvɪ] *n* (*inf*) фільм *m*
movie theater ['muːvɪ 'θɪətə] *n* (US) = cinema
moving ['muːvɪŋ] *adj* зворушливий

mow [məʊ] (pres sing **mows**, pres part **mowing**, pt **mowed**, pp **mown**) vt, vi косити (perf скосити)

mower ['məʊə] n газонокосарка f

Mozambique [,məʊzəm'bi:k] n Мозамбік m

MP3 player [,ɛmpi:'θri: 'pleɪə] n MP3 плеєр m

MP4 player [,ɛmpi:'fɔ: 'pleɪə] n MP4 плеєр m

mph [maɪlz pə aʊə] abbr миль на годину

Mr ['mɪstə] n містер m

Mrs ['mɪsɪz] n місіс f

MS [ɛm ɛs] abbr розсіяний склероз m

Ms [mɪz; məs] n міс f

• **Ms**

Це скорочення використовують
переважно на письмі замість **Miss** чи
Mrs. Воно не вказує, чи одружена жінка,
до якої звертаються.

KEYWORD

much [mʌtʃ] adj багато; **we haven't got much time/money** у нас не так і багато грошей/часу; **how much?** скільки?; **how much money do you need?** скільки грошей вам потрібно?; **he's spent so much money today** він витратив так багато грошей сьогодні; **I have as much money as you (do)** у мене стільки грошей, скільки й у вас; **I don't have as much time as you (do)** у мене немає стільки часу, як у вас ▷ pron багато; **much is still unclear** багато чого ще не зрозуміло; **there isn't much to do here** тут нема чого робити; **how much does it cost? — too much** скільки це коштує? – занадто дорого; **how much is it?** скільки це коштує? (inf)
▷ adv 1 (greatly, a great deal) дуже; **thank you very much** дуже вам дякую; **we are very much looking forward to your visit** ми дуже чекаємо на ваш приїзд; **he is very much a gentleman/politician** він справжній джентельмен/політик; **however much he tries** скільки б він не намагався; **I try to help as much as possible** or **as I can** я намагаюся допомогти, як тільки можна/чим можу; **I read as much as ever** я читаю стільки, скільки й завжди; **he is as much a member of the family as you** він такий самий член родини, як і ти
2 (by far) значно, набагато; **I'm much better now** мені вже значно краще or набагато краще; **it's much the biggest publishing company in Europe** це чи не найбільше видавництво Європи
3 (almost) майже; **the view today is much**

as it was 10 years ago краєвид зараз майже такий самий, який він був 10 років тому; **how are you feeling? — much the same** як ви почуваєтеся? – все так само

mucus ['mju:kəs] n слиз m

mud [mʌd] n бруд m

muddle ['mʌdl] n безлад m

muddy ['mʌdɪ] adj брудний ▷ vt заляпувати брудом (perf заляпати брудом)

mudguard ['mʌd,gɑ:d] n щит від бризок m

muesli ['mju:zlɪ] n мюслі pl

muffin ['mʌfɪn] n кекс m

muffle ['mʌfəl] vt заглушувати (perf заглушити)

mug [mʌg] n кухоль m ▷ vt нападати (perf напасти)

mugger ['mʌgə] n грабіжник m

mugging ['mʌgɪŋ] n напад з метою забрати гроші m

muggy ['mʌgɪ] adj вогкий і теплий (про погоду)

mulch [mʌltʃ] n мульча f

mule [mju:l] n мул m

mull [mʌl] vt обмірковувати (perf обміркувати)

mullet ['mʌlɪt] n кефаль f

multicultural [,mʌltɪ'kʌltʃərəl] adj багатокультурний

multilateral [,mʌltɪ'lætərəl] adj багатосторонній

multimedia [,mʌltɪ'mi:dɪə] n мультимедіа npl

multi-millionaire ['mʌltɪ,mɪljə'nɛə] n мультимільйонер m

multinational [,mʌltɪ'næʃənl] adj багатонаціональний ▷ n міжнародна компанія f

multiple ['mʌltɪpəl] adj численний ▷ n кратне число nt

multiple choice ['mʌltɪpəl tʃɔɪs] adj з кількома варіантами відповідей

multiple sclerosis [,mʌltɪpᵊl sklə'rəʊsɪs] n розсіяний склероз m

multiplication [,mʌltɪplɪ'keɪʃən] n множення nt

multiplicity [,mʌltɪ'plɪsɪtɪ] n (frml) різноманіття nt; **a multiplicity of errors** різноманіття помилок

multiply ['mʌltɪ,plaɪ] vt, vi помножувати (perf помножити)

multiracial [,mʌltɪ'reɪʃəl] adj багаторасовий

multitude ['mʌltɪtju:d] det безліч f ▷ n (written) юрба f; **there are a multitude of concert halls** тут є безліч концертних залів

mum [mʌm] n (inf) мама f

mumble ['mʌmbəl] vt, vi бурмотіти (perf пробурмотіти)

mummy ['mʌmɪ] n (inf: = mother) матуся f; (= preserved dead body) мумія f

mumps [mʌmps] *n* свинка *f* (хвороба)
munch [mʌntʃ] *vt, vi* жувати (*perf* пожувати)
mundane [mʌnˈdeɪn] *adj* земний
(*буденний*) ▷ *n* земне *nt*
municipal [mjuːˈnɪsɪpəl] *adj*
муніципальний
munitions [mjuːˈnɪʃənz] *npl* боєприпаси
npl
mural [ˈmjʊərəl] *n* настінний розпис *m*
murder [ˈmɜːdə] *n* вбивство *nt* ▷ *vt* вбивати
(*perf* вбити)
murderer [ˈmɜːdərə] *n* вбивця *m/f*
murderous [ˈmɜːdərəs] *adj* кровожерний
murky [ˈmɜːkɪ] *adj* похмурий
murmur [ˈmɜːmə] *vt* шепотіти (*perf*
прошепотіти) ▷ *n* шепіт *m*
muscle [ˈmʌsl] *n* м'яз *m*
muscular [ˈmʌskjʊlə] *adj* м'язовий
muse [mjuːz] *vt, vi* (*written*) розмірковувати
museum [mjuːˈzɪəm] *n* музей *m*
mushroom [ˈmʌʃruːm; -rʊm] *n* гриб *m* ▷ *vi*
рости як гриби після дощу
music [ˈmjuːzɪk] *n* музика *f*
musical [ˈmjuːzɪkl] *adj* музичний ▷ *n*
мюзикл *m*
musical instrument [ˈmjuːzɪkl
ˈɪnstrəmənt] *n* музичний інструмент *m*
musician [mjuːˈzɪʃən] *n* музикант *m*
Muslim [ˈmʊzlɪm; ˈmʌz-] *adj*
мусульманський ▷ *n* (= *person*) мусульманин
(мусульманка) *m(f)*
muslin [ˈmʌzlɪn] *n* муслін *m*
mussel [ˈmʌsl] *n* молюск *m*
must [mʌst] *modal aux vb* бути повинним
mustard [ˈmʌstəd] *n* гірчиця *f*
muster [ˈmʌstə] *vt* збирати (*perf* зібрати)
(*підтримку, силу, енергію*)
mutant [ˈmjuːtənt] *n* мутант *m*
mutate [mjuːˈteɪt] *vt, vi* видозмінювати(ся)
(*perf* видозмінити(ся))
muted [ˈmjuːtɪd] *adj* приглушений
mutilate [ˈmjuːtɪleɪt] *vt* калічити (*perf*
скалічити)
mutiny [ˈmjuːtɪnɪ] *n* заколот *m* ▷ *vi*
збунтуватися *perf*
mutter [ˈmʌtə] *vt, vi* бурмотіти
mutton [ˈmʌtn] *n* баранина *f*
mutual [ˈmjuːtʃʊəl] *adj* спільний
muzzle [ˈmʌzəl] *n* морда *f* ▷ *vt* одягати
намордник (*perf* одягти намордник)
my [maɪ] *det* мій
Myanmar [ˈmaɪænmɑː; ˈmjænmɑː] *n*
М'янма *f*
myriad [ˈmɪrɪəd] *det* міріади *npl*
myself [maɪˈsɛlf] *pron* себе
mysterious [mɪˈstɪərɪəs] *adj* таємничий
mystery [ˈmɪstərɪ] *n* таємниця *f* ▷ *adj*
таємний
mystic [ˈmɪstɪk] *n* містик *m*
mystical [ˈmɪstɪkəl] *adj* містичний
mysticism [ˈmɪstɪsɪzəm] *n* містицизм *m*

mystify [ˈmɪstɪˌfaɪ] *vt* містифікувати
mystique [mɪˈstiːk] *n* таємничість *f*
myth [mɪθ] *n* міф *m*
mythical [ˈmɪθɪkəl] *adj* міфічний
mythology [mɪˈθɒlədʒɪ] *n* міфологія *f*

n

nadir [ˈneɪdɪə] n (liter) найгірший період m

nag [næg] vt, vi чіплятися (perf причепитися)

nail [neɪl] n (metal) цвях m; (finger, toe) ніготь m ▷ vt прибивати цвяхами (perf прибити цвяхами)

nailbrush [ˈneɪlˌbrʌʃ] n щіточка для нігтів f

nailfile [ˈneɪlˌfaɪl] n пилочка для нігтів f

nail polish [neɪl ˈpɒlɪʃ] n лак для нігтів m

nail-polish remover [ˈneɪlpɒlɪʃ rɪˈmuːvə] n засіб для зняття лаку з нігтів

nail scissors [neɪl ˈsɪzəz] npl ножиці для нігтів pl

naive [naɪˈiːv] adj наївний

naked [ˈneɪkɪd] adj голий

name [neɪm] n ім'я nt

namely [ˈneɪmlɪ] adv а саме; **it was another colour, namely blue** це був інший колір, а саме блакитний

nanny [ˈnænɪ] n нянька f

nap [næp] n короткий сон удень m ▷ vi дрімати (perf подрімати)

napkin [ˈnæpkɪn] n серветка f

nappy [ˈnæpɪ] n пелюшка f

narcotic [naːˈkɒtɪk] n наркотик m ▷ adj снодійний

narrate [nəˈreɪt] vt (frml) оповідати (perf оповісти)

narrative [ˈnærətɪv] n оповідь f

narrow [ˈnærəʊ] adj вузький ▷ vi звужуватися (perf звузитися)

narrow-minded [ˈnærəʊˈmaɪndɪd] adj обмежений

nasal [ˈneɪzəl] adj носовий

nasty [ˈnaːstɪ] adj неприємний

nation [ˈneɪʃən] n народ m

national [ˈnæʃənəl] adj державний

national anthem [ˈnæʃənl ˈænθəm] n державний гімн m

nationalism [ˈnæʃənəˌlɪzəm; ˈnæʃnə-] n націоналізм m

nationalist [ˈnæʃənəlɪst] n націоналіст (націоналістка) m(f) ▷ adj націоналістичний (пов'язаний з прагненням незалежності)

nationalistic [ˌnæʃənəˈlɪstɪk] adj націоналістичний (шовіністичний); **nationalistic pride** націоналістична пиха

nationality [ˌnæʃəˈnælɪtɪ] n національність f

nationalize [ˈnæʃənəˌlaɪz; ˈnæʃnə-] vt націоналізувати

national park [ˈnæʃənl paːk] n національний парк m

nation-state [ˌneɪʃənˈsteɪt] n однонаціональна держава f

nationwide [ˌneɪʃənˈwaɪd] adj загальнонаціональний

native [ˈneɪtɪv] adj рідний ▷ n уродженець (уродженка) m(f)

Native American [ˈneɪtɪv əˈmɛrɪkən] n індіанець (індіанка) m(f)

native speaker [ˈneɪtɪv ˈspiːkə] n носій мови m

NATO [ˈneɪtəʊ] n НАТО

natural [ˈnætʃrəl; -tʃərəl] adj природний

natural gas [ˈnætʃrəl gæs] n природний газ m

natural history [ˈnætʃərəl ˈhɪstərɪ] n природнича історія f

naturalist [ˈnætʃrəlɪst; -tʃərəl-] n натураліст (натуралістка) m(f)

naturally [ˈnætʃrəlɪ; -tʃərə-] adv природно

natural resources [ˈnætʃrəl rɪˈzɔːsɪz] npl природні ресурси pl

nature [ˈneɪtʃə] n природа f

naughty [ˈnɔːtɪ] adj неслухняний

nausea [ˈnɔːzɪə; -sɪə] n нудота f

nautical [ˈnɔːtɪkəl] adj мореплавний

naval [ˈneɪvl] adj військово-морський

navel [ˈneɪvl] n пуп m

navigate [ˈnævɪgeɪt] vt, vi вести судно (perf провести судно)

navigation [ˌnævɪˈgeɪʃən] n навігація f

navigator [ˈnævɪgeɪtə] n штурман m

navy [ˈneɪvɪ] n військово-морський флот m ▷ adj темно-синій

NB [ɛn biː] abbr Увага f

near [nɪə] adj близький ▷ adv близько ▷ prep біля

nearby [ˈnɪəbaɪ] adj найближчий ▷ adv неподалік

nearly [ˈnɪəlɪ] adv приблизно

nearsighted [ˌnɪəˈsaɪtɪd] adj короткозорий

near-sighted [ˌnɪəˈsaɪtɪd] adj (US) короткозорий

neat [niːt] adj охайний

neatly [ˈniːtlɪ] adv охайно

necessarily [ˈnɛsɪsərɪlɪ; ˌnɛsɪˈsɛrɪlɪ] adv обов'язково

necessary [ˈnɛsɪsərɪ] adj необхідний

necessitate [nəˈsɛsɪteɪt] vt (frml) робити необхідним (perf зробити необхідним)

necessity [nɪˈsɛsɪtɪ] n необхідність f

neck [nɛk] n шия f

necklace [ˈnɛklɪs] n намисто nt

nectar ['nɛktə] n нектар m
nectarine ['nɛktərɪn] n нектарин m
need [niːd] n потреба f ▷ vt потребувати
needle ['niːdl] n голка f
needless ['niːdləs] adj непотрібний
needy ['niːdɪ] adj нужденний
negate [nɪ'geɪt] vt (frml) зводити нанівець
(perf звести нанівець)
negative ['nɛgətɪv] adj негативний ▷ n
заперечення nt
neglect [nɪ'glɛkt] n занедбаність f ▷ vt
занедбати perf
neglected [nɪ'glɛktɪd] adj занедбаний
negligence ['nɛglɪdʒəns] n (frml)
недбальство nt
negligent ['nɛglɪdʒənt] adj недбалий
negligible ['nɛglɪdʒɪbəl] adj незначний
negotiable [nɪ'gəʊʃəbəl] adj який підлягає
обговоренню
negotiate [nɪ'gəʊʃɪˌeɪt] vt, vi проводити
переговори (perf провести переговори)
negotiating table [nɪ'gəʊʃɪeɪtɪŋ 'teɪbəl] n
стіл переговорів m
negotiation [nɪˌgəʊʃɪ'eɪʃən] n переговори
npl
negotiations [nɪˌgəʊʃɪ'eɪʃənz] npl
переговори pl
negotiator [nɪ'gəʊʃɪˌeɪtə] n учасник
переговорів m
neighbour, (US) **neighbor** ['neɪbə] n сусід m
neighbourhood, (US) **neighborhood**
['neɪbəˌhʊd] n сусідство nt
neighbouring, (US) **neighboring**
['neɪbərɪŋ] adj сусідній
neither ['naɪðə; 'niːðə] conj ні ▷ pron жоден
▷ det жоден
neon ['niːɒn] n неон m ▷ adj неоновий
Nepal [nɪ'pɔːl] n Непал m
nephew ['nɛvjuː; 'nɛf-] n племінник m
nerve [nɜːv] n (in body) нерв m; (= courage)
хоробрість f
nerve-racking [nɜː'rækɪŋ] adj який діє
на нерви
nervous ['nɜːvəs] adj нервовий
nervous system ['nɜːvəs 'sɪstəm] n
нервова система f
nest [nɛst] n гніздо nt ▷ vi гніздитися (perf
загніздитися)
nestle ['nɛsəl] vt, vi пригортатися (perf
пригорнутися)
Net [nɛt] n (= internet) мережа f
net [nɛt] n сітка f ▷ adj чистий (про вагу,
прибуток) ▷ vt ловити сіткою (perf зловити
сіткою)
netball ['nɛtˌbɔːl] n нетбол m
Netherlands ['nɛðələndz] n Нідерланди pl
nettle ['nɛtl] n кропива f ▷ vt дратувати
(perf роздратувати)
network ['nɛtˌwɜːk] n мережа f ▷ vi
налагоджувати ділові зв'язки (perf
налагодити)

networking ['nɛtˌwɜːkɪŋ] n налагодження
ділових зв'язків
neural ['njʊərəl] adj нервовий
neurological [ˌnjʊərə'lɒdʒɪkəl] adj
неврологічний
neuron ['njʊərɒn] n нейрон m
neurosis [njʊə'rəʊsɪs] (pl **neuroses**) n
невроз m
neurotic [njʊ'rɒtɪk] adj невротичний ▷ n
неврастенік m
neutral ['njuːtrəl] adj нейтральний
neutralize ['njuːtrəlaɪz] vt нейтралізувати
neutron ['njuːtrɒn] n нейтрон m
never ['nɛvə] adv ніколи
never-ending [ˌnɛvə'ɛndɪŋ] adj
нескінченний
nevertheless [ˌnɛvəðə'lɛs] adv (frml)
все-таки
new [njuː] adj новий
New Age [njuː eɪdʒ] adj нетрадиційний (про
астрологію, альтернативну медицину і
m.ін.); **New Age activities** нетрадиційні
методи
newborn ['njuːˌbɔːn] adj новонароджений
newcomer ['njuːˌkʌmə] n новачок m
new face [njuː feɪs] n нове обличчя nt
new-found ['njuːfaʊnd] adj новонабутий
newly ['njuːlɪ] adv щойно
news [njuːz] n новини fpl
news agency [njuːz 'eɪdʒənsɪ] n
інформаційне агентство nt
newsagent ['njuːzˌeɪdʒənt] n власник
газетного кіоску m
newscast ['njuːzkɑːst] n останні новини
npl (теле- або радіопередача)
news conference [njuːz 'kɒnfrəns] n
прес-конференція f
newsgroup ['njuːzgruːp] n група новин f
(віртуальний обмін повідомленнями)
newsletter ['njuːzlɛtə] n інформаційний
бюлетень m
newspaper ['njuːzˌpeɪpə] n газета f
newsprint ['njuːzprɪnt] n газетний папір m
newsreader ['njuːzˌriːdə] n диктор
новин m
newsreel ['njuːzriːl] n кінохроніка f
newsroom ['njuːzruːm] n відділ новин m
(у редакції)
newt [njuːt] n тритон m
new wave [njuː weɪv] n нова хвиля f
(модна тенденція)
New Year [njuː jɪə] n Новий рік m
New Year's Day [njuː jɪəz deɪ] n перший
день Нового року m
New Year's Eve [njuː jɪəz iːv] n переддень
Нового року m
New Zealand [njuː 'ziːlənd] n Нова
Зеландія f
New Zealander [njuː 'ziːləndə] n (= person)
новозеландець (новозеландка) m(f)
next [nɛkst] adj наступний ▷ adv далі

next door [nɛkst dɔ:] adv поруч (про кімнату або приміщення)

next of kin [nɛkst əv kɪn] n (frml) найближчий родич m

next to [nɛkst tə] prep поруч

nibble ['nɪbəl] vt, vi гризти (perf згризти) (їсти маленькими шматочками)

Nicaragua [ˌnɪkə'rægjʊə] n Нікарагуа f

Nicaraguan [ˌnɪkə'rægjʊən; -gwən] adj нікарагуанський ▷ n (= person) нікарагуанець (нікарагуанка) m(f)

nice [naɪs] adj гарний

nicely ['naɪslɪ] adv добре

niche [ni:ʃ] n ніша f ▷ adj ніша f

nickel ['nɪkəl] n нікель m

nickname ['nɪk,neɪm] n прізвисько nt ▷ vt прозивати (perf прозвати)

nicotine ['nɪkə,ti:n] n нікотин m

niece [ni:s] n племінниця f

Niger [ni:'ʒɛə] n Нігер m

Nigeria [naɪ'dʒɪərɪə] n Нігерія f

Nigerian [naɪ'dʒɪərɪən] adj нігерійський ▷ n (= person) нігерієць (нігерійка) m(f)

night [naɪt] n ніч f

nightclub ['naɪt,klʌb] n нічний клуб m

nightdress ['naɪt,drɛs] n нічна сорочка f

nightlife ['naɪt,laɪf] n нічні розваги pl

nightly ['naɪtlɪ] adj щонічний

nightmare ['naɪt,mɛə] n страшний сон m

night school [naɪt sku:l] n вечірня школа f

night shift [naɪt ʃɪft] n нічна зміна f

nil [nɪl] n нуль m

nimble ['nɪmbəl] adj спритний

nine [naɪn] num дев'ять

nineteen [ˌnaɪn'ti:n] num дев'ятнадцять

nineteenth [ˌnaɪn'ti:nθ] adj дев'ятнадцятий

ninetieth ['naɪntɪəθ] adj дев'яностий; **it was her ninetieth birthday on Friday** у п'ятницю був її дев'яностий день народження

ninety ['naɪntɪ] num дев'яносто

ninth [naɪnθ] adj дев'ятий ▷ n одна дев'ята

nipple ['nɪpəl] n сосок m

nitrate ['naɪtreɪt] n нітрат m

nitrogen ['naɪtrədʒən] n азот m

◯ **KEYWORD**

no [nəʊ] (pl **noes**) adv (opposite of yes) ні; **are you coming? — no (I'm not)** ви прийдете? - ні (не прийду); **no, thank you** ні, дякую ▷ adj: (not any) **I have no money/time/ books** у мене немає грошей/книг; **it is of no importance at all** це не має жодного значення; **no system is totally fair** жодна система не є цілком справедливою; **"no entry"** "вхід заборонено"; **"no smoking"** "курити заборонено" ▷ n: **there were twenty noes** було двадцять голосів проти

---

nobility [nəʊ'bɪlɪtɪ] n шляхта f, аристократія f

noble ['nəʊbəl] adj шляхетний

nobody ['nəʊbədɪ] pron ніхто

no-confidence [ˌnəʊ'kɒnfɪdəns] n недовіра f

nocturnal [nɒk'tɜ:nəl] adj нічний

nod [nɒd] vt, vi кивати (perf кивнути)

node [nəʊd] n наріст m

noise [nɔɪz] n шум m

noisy ['nɔɪzɪ] adj шумний

nomad ['nəʊmæd] n кочівник m

nomadic [nəʊ'mædɪk] adj кочовий

no-man's land ['nəʊˌmænz,lænd] n нейтральна смуга f (військ)

nominal ['nɒmɪnəl] adj номінальний

nominate ['nɒmɪ,neɪt] vt призначати (perf призначити)

nomination [ˌnɒmɪ'neɪʃən] n призначення nt

nominee [ˌnɒmɪ'ni:] n кандидат (кандидатка) m(f)

nonchalant ['nɒnʃələnt] adj байдужий

none [nʌn] pron ніхто

non-executive [ˌnɒnɪg'zkjʊtɪv] adj без виконавчих повноважень

non-existent [ˌnɒnɪg'zɪstənt] adj неіснуючий

no-nonsense [ˌnəʊ'nɒnsəns] adj серйозний (діловий)

non-payment [ˌnɒn'peɪmənt] n несплата f

non-profit [ˌnɒn'prɒfɪt] adj некомерційний

non-proliferation [ˌnɒnprəʊlɪfə'reɪʃən] n нерозповсюдження nt (ядерної, хімічної зброї)

nonsense ['nɒnsəns] n нісенітниця f

nonsmoker [nɒn'sməʊkə] n некурець m

non-smoker [nɒn'sməʊkə] n некурець m

non-smoking [nɒn'sməʊkɪŋ] adj для некурців

non-stick [ˌnɒn'stɪk] adj антипригарний

non-stop [ˌnɒn'stɒp] adv без зупинки ▷ adj безупинний

non-violent [ˌnɒn'vaɪələnt] adj ненасильницький

noodle ['nu:dəl] npl локшина f

noodles ['nu:dlz] npl локшина f

noon [nu:n] n полудень m

no one ['nəʊwʌn] pron ніхто

noose [nu:s] n зашморг m

nor [nɔ:; nə] conj ні ... ні

Nordic ['nɔ:dɪk] adj нордичний

norm [nɔ:m] n норма f

normal ['nɔ:ml] adj нормальний

normality [nɔ:'mælɪtɪ] n нормальність f

normalize ['nɔ:mə,laɪz] vt, vi нормалізувати

normally ['nɔ:məlɪ] adv зазвичай

normative ['nɔ:mətɪv] adj (frml) нормативний

north [nɔːθ] adj північний ▷ adv на північ ▷ n північ f

North Africa [nɔːθ ˈæfrɪkə] n Північна Африка f

North African [nɔːθ ˈæfrɪkən] adj північноафриканський

North America [nɔːθ əˈmɛrɪkə] n Північна Америка f

North American [nɔːθ əˈmɛrɪkən] adj північноамериканський

northbound [ˈnɔːθˌbaʊnd] adj у північному напрямку

northeast [ˌnɔːθˈiːst; ˌnɔːˈriːst] n північний схід m ▷ adj північно-східний

north-eastern [ˌnɔːθˈiːstən] adj північно-східний

northerly [ˈnɔːðəlɪ] adj північний

northern [ˈnɔːðən] adj північний

Northern Ireland [ˈnɔːðən ˈaɪələnd] n Північна Ірландія f

North Korea [nɔːθ kəˈrɪə] n Північна Корея f

North Pole [nɔːθ pəʊl] n Північний полюс m

North Sea [nɔːθ siː] n Північне море nt

northward [ˈnɔːθwəd] adv на північ

northwest [ˌnɔːθˈwɛst; ˌnɔːˈwɛst] n північний захід m ▷ adj північно-західний

north-western [ˌnɔːθˈwɛstən] adj північно-західний

Norway [ˈnɔːˌweɪ] n Норвегія f

Norwegian [nɔːˈwiːdʒən] adj норвезький ▷ n (= person) норвежець (норвежка) m(f); (= language) норвезька мова f

nose [nəʊz] n ніс m ▷ vt, vi обережно просуватися (perf обережно просунутися) (про транспорт)

nosebleed [ˈnəʊzˌbliːd] n носова кровотеча f

nosedive [ˈnəʊzdaɪv] vi стрімко падати (perf стрімко впасти)

nostalgia [nɒˈstældʒə] n ностальгія f

nostalgic [nɒˈstældʒɪk] adj ностальгійний; **to be/feel nostalgic** відчувати ностальгію

nostril [ˈnɒstrɪl] n ніздря f

nosy [ˈnəʊzɪ] adj (inf) цікавий

not [nɒt] adv не

notable [ˈnəʊtəbəl] adj вартий уваги

notably [ˈnəʊtəblɪ] adv особливо

notch [nɒtʃ] n позначка f ▷ vt позначати (perf позначити)

note [nəʊt] n (musical) нота f; (= banknote) банкнота f; (= message) записка f ▷ vt зауважувати (perf зауважити); **note down** [nəʊt daʊn] vt записувати (perf записати)

notebook [ˈnəʊtˌbʊk] n записник m

noted [ˈnəʊtɪd] adj відомий

notepad [ˈnəʊtˌpæd] n блокнот m

notepaper [ˈnəʊtˌpeɪpə] n папір для письма m

nothing [ˈnʌθɪŋ] n ніщо

notice [ˈnəʊtɪs] n (= sign) табличка f; (= warning) попередження nt ▷ vt помічати (perf помітити)

noticeable [ˈnəʊtɪsəbl] adj помітний

noticeboard [ˈnəʊtɪsbɔːd] n дошка оголошень f

notification [ˌnəʊtɪfɪˈkeɪʃən] n повідомлення nt

notify [ˈnəʊtɪˌfaɪ] vt (frml) сповіщати (perf сповістити)

notion [ˈnəʊʃən] n уявлення nt

notoriety [ˌnəʊtəˈraɪətɪ] n погана слава f

notorious [nəʊˈtɔːrɪəs] adj сумнозвісний

notwithstanding [ˌnɒtwɪθˈstændɪŋ] prep (frml) всупереч

nought [nɔːt] n нуль m

noun [naʊn] n іменник m

nourish [ˈnʌrɪʃ] vt живити

nourishment [ˈnʌrɪʃmənt] n їжа f

novel [ˈnɒvl] n роман m (літ жанр) ▷ adj новий

novelist [ˈnɒvəlɪst] n романіст m

novelty [ˈnɒvəltɪ] n новизна f

November [nəʊˈvɛmbə] n листопад m

novice [ˈnɒvɪs] n новачок m

now [naʊ] adv тепер

nowadays [ˈnaʊəˌdeɪz] adv у наш час

nowhere [ˈnəʊˌwɛə] adv ніде

nozzle [ˈnɒzəl] n патрубок m

nuance [ˈnjuːɑːns] n нюанс m

nuclear [ˈnjuːklɪə] adj ядерний

nuclear fuel [ˈnjuːklɪə ˈfjuːəl] n ядерне паливо nt

nuclear reactor [ˈnjuːklɪə rɪˈæktə] n ядерний реактор m

nucleus [ˈnjuːklɪəs] (pl **nuclei**) n ядро nt (атома, клітини)

nude [njuːd] adj голий ▷ n оголена натура f

nudge [nʌdʒ] vt підштовхувати ліктем (perf підштовхнути ліктем) (щоб привернути увагу)

nudity [ˈnjuːdɪtɪ] n оголеність f

nuisance [ˈnjuːsəns] n прикрість f

numb [nʌm] adj занімілий

number [ˈnʌmbə] n цифра f

number plate [ˈnʌmbə pleɪt], (US) **license plate** n номерний знак m

numerical [njuːˈmɛrɪkəl] adj числовий

numerous [ˈnjuːmərəs] adj численний

nun [nʌn] n черниця f

nurse [nɜːs] n медсестра f ▷ vt доглядати (perf доглянути) (хворого)

nursery [ˈnɜːsərɪ] n ясла pl (дитячі)

nursery rhyme [ˈnɜːsəʳrɪ raɪm] n дитячий віршик m

nursery school [ˈnɜːsəʳrɪ skuːl] n дитячий садок m

nursing [ˈnɜːsɪŋ] n догляд за хворими m

nursing home [ˈnɜːsɪŋ həʊm] n приватна лікарня f

nurture ['nɜ:tʃə] vt (frml) плекати (perf виплекати)

nut [nʌt] n (metal) гайка f; (edible) горіх m

nut allergy [nʌt 'ælədʒɪ] n алергія на горіхи f

nutmeg ['nʌtmɛg] n мускатний горіх m

nutrient ['nju:trɪənt] n поживна речовина f

nutrition [nju:'trɪʃən] n живлення nt

nutritional [nju:'trɪʃənəl] adj поживний

nutritionist [nju:'trɪʃənɪst] n дієтолог m

nutritious [nju:'trɪʃəs] adj поживний

nutty ['nʌtɪ] adj горіховий

nylon ['naɪlɒn] n нейлон m

oak [əʊk] n дуб m

oar [ɔ:] n весло nt

oasis [əʊ'eɪsɪs] (pl **oases**) n оазис m

oath [əʊθ] n присяга f

oatmeal ['əʊt,mi:l] n вівсяне борошно nt

oats [əʊts] npl овес m

obedient [ə'bi:dɪənt] adj слухняний

obese [əʊ'bi:s] adj гладкий (товстий)

obey [ə'beɪ] vt, vi слухатися (perf послухатися)

obituary [ə'bɪtjʊərɪ] n некролог m

object ['ɒbdʒɪkt] n об'єкт m ▷ vt [əb'dʒɛkt] заперечувати (perf заперечити)

objection [əb'dʒɛkʃən] n заперечення nt

objective [əb'dʒɛktɪv] n мета f

obligation [,ɒblɪ'ɡeɪʃən] n обов'язок m

obligatory [ə'blɪɡətərɪ] adj обов'язковий

oblige [ə'blaɪdʒ] vt зобов'язувати (perf зобов'язати)

obliging [ə'blaɪdʒɪŋ] adj (old) послужливий

oblique [ə'bli:k] adj непрямий (прихований)

obliterate [ə'blɪtəreɪt] vt знищувати (perf знищити)

oblivion [ə'blɪvɪən] n забуття nt

oblivious [ə'blɪvɪəs] adj який не помічає

oblong ['ɒb,lɒŋ] adj довгастий

obnoxious [əb'nɒkʃəs] adj неприємний

oboe ['əʊbəʊ] n гобой m

obscure [əb'skjʊə] adj неясний (незрозумілий) ▷ vt заважати (perf завадити) (щось побачити або почути)

obscurity [əb'skjʊərətɪ] n невідомість f

observance [əb'zɜ:vəns] n дотримання nt

observant [əb'zɜ:vənt] adj спостережливий

observation [,ɒbzə'veɪʃən] n спостереження nt

observatory [əb'zɜ:vətərɪ; -trɪ] n обсерваторія f

observe [əb'zɜ:v] vt спостерігати (perf спостерегти)

observer [əb'zɜ:və] n спостерігач (спостерігачка) m(f)

obsess [əb'sɛs] *vt, vi* заволодівати (*perf* заволодіти) (*думками, свідомістю*)

obsessed [əb'sɛst] *adj* одержимий

obsession [əb'sɛʃən] *n* одержимість *f*

obsessive [əb'sɛsɪv] *adj* зациклений

obsolete ['ɒbsə,li:t, ,ɒbsə'li:t] *adj* застарілий

obstacle ['ɒbstəkl] *n* перешкода *f*

obstinate ['ɒbstɪnɪt] *adj* упертий

obstruct [əb'strʌkt] *vt* загороджувати (*perf* загородити)

obstruction [əb'strʌkʃən] *n* перешкода *f*

obtain [əb'teɪn] *vt* (*frml*) отримувати (*perf* отримати)

obtuse [əb'tju:s] *adj* тупий (*нерозумний*)

obvious ['ɒbvɪəs] *adj* очевидний

obviously ['ɒbvɪəslɪ] *adv* очевидно

occasion [ə'keɪʒən] *n* випадок *m*

occasional [ə'keɪʒənl] *adj* випадковий

occasionally [ə'keɪʒənəlɪ] *adv* зрідка

occult ['ɒkʌlt] *n* окультизм *m*

occupancy ['ɒkjʊpənsɪ] *n* (*frml*) заповненість *f*

occupant ['ɒkjʊpənt] *n* мешканець (мешканка) *m(f)*

occupation [,ɒkjʊ'peɪʃən] *n* (*=job*) професія *f*; (*country*) окупація *f*

occupational [,ɒkjʊ'peɪʃənəl] *adj* професійний

occupier ['ɒkjʊpaɪə] *n* (*frml*) мешканець (мешканка) *m(f)*

occupy ['ɒkjʊ,paɪ] *vt* орендувати

occur [ə'kɜ:] *vi* траплятися (*perf* трапитися)

occurrence [ə'kʌrəns] *n* (*frml*) випадок *m*

ocean ['əʊʃən] *n* океан *m*

Oceania [,əʊʃɪ'ɑːnɪə] *n* Океанія *f*

ochre, (*US*) **ocher** ['əʊkə] *adj* вохристий

o'clock [ə'klɒk] *adv* вживається для називання часу в годинах без зазначення хвилин

October [ɒk'təʊbə] *n* жовтень *m*

octopus ['ɒktəpəs] *n* восьминіг *m*

odd [ɒd] *adj* (*= strange*) дивний; (*= nonmatching*) розпарований; (*number*) непарний

oddity ['ɒdɪtɪ] *n* дивина *f*

oddly ['ɒdlɪ] *adv* дивно

odds [ɒdz] *npl* імовірність *f*

odds-on [,ɒdz'ɒn] *adj* (*inf*) безсумнівний

odometer [ɒ'dɒmɪtə] *n* (*US*) = **mileometer**

odour, (*US*) **odor** ['əʊdə] *n* запах *m*

odyssey ['ɒdɪsɪ] *n* (*liter*) одіссея *f*

oestrogen, (*US*) **estrogen** ['ɛstrədʒən] *n* естроген *m*

KEYWORD

of [ɒv; əv] *prep* **1** (*expressing belonging*): **the history of Ukraine** історія України; **a friend of ours** наш друг; **a boy of 10** десятилітній хлопчик; **that was kind of you** це було так мило з вашого боку!; **a man of great ability** людина з видатними здібностями; **the city of New York** місто Нью-Йорк; **south of London** на південь від Лондона

2 (*expressing quantity, amount, dates etc.*): **a kilo of flour** кілограм борошна; **how much of this material do you need?** скільки вам потрібно такої тканини?; **there were three of them** (*people*) їх було троє; (*objects*) їх було три; **three of us stayed** троє з нас залишилися; **the 5th of July** 5 липня; **on the 5th of July** 5-го липня

3 (*from, out of*) (*perfiз*): **the house is made of wood** дім зроблено з дерева

of course [əv 'kɔːs] *adv* звичайно (*безсумнівно*)

KEYWORD

off [ɒf] *adv* **1** (*referring to distance, time*): **it's a long way off** це далеко звідси; **the city is 5 miles off** до міста 5 миль; **the game is 3 days off** до гри залишилося три дні

2 (*departure*): **to go off to Paris/Italy** їхати (поїхати) до Парижа/ в Італію; **I must be off** мені час іти

3 (*removal*): **to take off one's hat/coat/clothes** знімати (*perf* зняти) (*капелюх/пальто/одяг*); **the button came off** ґудзик відірвався; **ten per cent off** (*Comm*) десять відсотків знижки

4: **to be off** (*on holiday*) бути у відпустці; **I'm off on Fridays** (*day off*) у п'ятницю в мене вихідний; **he was off on Friday** (*absent*) у п'ятницю його не було на роботі; **I have a day off** у мене вихідний/відгул; **to be off sick** бути на лікарняному

▷ *adj* (*not on*) вимкнений; (*tap*) закручений; (*disconnected*) роз'єднаний;

2 (*cancelled: meeting, match*) скасований; (*: agreement*) розірваний

3: **to go off** (*milk*) скисати (*perf* скиснути), (*cheese, meat*) псуватися (*perf* зіпсуватися)

4: **on the off chance** про всяк випадок; **off day** невдалий день

▷ *prep* **1** (*indicating motion*): **to fall off a cliff** упасти зі скелі

2 (*distant from*) віддалений від; **it's just off the M1** це неподалік від траси M1; **it's five km off the main road** це за п'ять кілометрів від шосе

3: **to be off meat** (*dislike*) розлюбити м'ясо

offal ['ɒfəl] *n* потрух *m*

off-balance [,ɒf'bæləns] *adj* який втратив рівновагу

off-duty [,ɒf'dju:tɪ] *adj* не при виконанні службових обов'язків

offence, (*US*) **offense** [ə'fɛns] *n* злочин *m*

offend [əˈfɛnd] vt, vi ображати (perf образити)

offender [əˈfɛndə] n правопорушник (правопорушниця) m(f)

offending [əˈfɛndɪŋ] adj образливий

offensive [əˈfɛnsɪv] adj образливий ▷ n наступ m

offer [ˈɒfə] n пропозиція f ▷ vt пропонувати (perf запропонувати)

offering [ˈɒfərɪŋ] n пропозиція f

office [ˈɒfɪs] n офіс m

office hours [ˈɒfɪs aʊəz] npl години роботи pl

officer [ˈɒfɪsə] n офіцер m

official [əˈfɪʃəl] adj офіційний

off-peak [ˈɒfˌpiːk] adv який відбувається не в годину пік ▷ adj який відбувається не в годину пік

off-season [ˈɒfˌsiːzn] adj несезонний m ▷ adv не в сезон

offset [ˈɒfˌsɛt] vt відшкодовувати (perf відшкодувати)

offshoot [ˈɒfʃuːt] n відгалуження nt

offshore [ˌɒfˈʃɔː] adj прибережний (розташований у прибережних водах)

offside [ˈɒfˈsaɪd] adj положення поза грою

offspring [ˈɒfsprɪŋ] n (frml) нащадок m

often [ˈɒfn; ˈɒftn] adv часто

oil [ɔɪl] n олія f ▷ vt змащувати (perf змастити)

oiled [ɔɪld] adj змащений

oilfield [ˈɔɪlfiːld] n родовище нафти nt

oil paint [ɔɪl peɪnt] n олійна фарба f

oil painting [ɔɪl ˈpeɪntɪŋ] n картина, написана олією f

oil refinery [ɔɪl rɪˈfaɪnərɪ] n нафтоочисний завод m

oil rig [ɔɪl rɪg] n обладнання для буріння свердловин

oil slick [ɔɪl slɪk] n нафтова пляма f

oil tanker [ɔɪl ˈtæŋkə] n танкер m (нафтовоз)

oil well [ɔɪl wɛl] n нафтова свердловина f

oily [ˈɔɪlɪ] adj масний

ointment [ˈɔɪntmənt] n мазь f

OK [ˌəʊˈkeɪ] excl гаразд

okay [ˌəʊˈkeɪ] excl гаразд ▷ adj (inf) нормальний ▷ vt (inf) давати добро f дати добро (дозволяти)

old [əʊld] adj (= aged) старий; (= made a long time ago) старовинний

old age [əʊld eɪdʒ] n похилий вік m

old-age pensioner [əʊldˈeɪdʒ ˈpɛnʃənə] n пенсіонер (пенсіонерка) m(f)

old-fashioned [ˈəʊldˈfæʃənd] adj старомодний

old-style [əʊldstaɪl] adj старомодний

old-time [ˈəʊldˌtaɪm] adj старовинний

olive [ˈɒlɪv] n (= fruit) оливка f; (= tree) оливкове дерево nt

olive oil [ˈɒlɪv ɔɪl] n оливкова олія f

Olympic Games® [əˈlɪmpɪk geɪmz] n Олімпійські ігри npl

Oman [əʊˈmaːn] n Оман m

omelette [ˈɒmlɪt] n омлет m

omen [ˈəʊmən] n прикмета f

ominous [ˈɒmɪnəs] adj лиховісний

omission [əʊˈmɪʃən] n оминання nt

omit [əʊˈmɪt] vt пропускати (perf пропустити) (оминати)

 KEYWORD

on [ɒn] prep 1 (position) на (: motion) на; **the book is on the table** книга на столі; **to put the book on the table** класти книгу на стіл; **on the left** зліва; **the house is on the main road** будинок стоїть біля шосе 2 (indicating means, method, condition etc.): **on foot** пішки; **on the train/plane** (go) потягом/літаком; (be) в потязі/у літаку; **on the telephone/radio/television** по телефону/по радіо/ по телевізору; **she's on the telephone** вона розмовляє по телефону; **to be on medication** сидіти на ліках; **to be on holiday/business** бути у відпустці/відрядженні 3 (referring to time): **on Friday** у п'ятницю; **on Fridays** щоп'ятниці; **on June 20th** 20-го червня; **a week on Friday** наступної п'ятниці, через тиждень; **on arrival** по приїзду; **on seeing this** бачачи це 4 (about, concerning) щодо, про, з; **information on train services** інформація щодо розкладу руху потягів; **a book on physics** книга з фізики ▷ adv 1 (referring to dress) на; **to have one's coat on** мати на собі пальто, бути в пальті; **what's she got on?** у чому вона була? (perf вдягнена); **she put her boots/gloves/hat on** вона взула чоботи/вдягла рукавички/ капелюх 2 (further, continuously) далі; **to walk on** іти (perf піти) (далі) ▷ adj 1 (functioning, in operation) увімкнений; (: tap) відкручений; **is the meeting still on?** (not cancelled) збори відбудуться?; **there's a good film on at the cinema** в кіно зараз іде гарний фільм 2: **that's not on!** (inf: of behaviour) так не годиться! так не можна!

on behalf of [ɒn bɪˈhɑːf ɒv; əv] prep від імені

once [wʌns] adv один раз

 KEYWORD

one [wʌn] n один; **one hundred and fifty** сто п'ятдесят; **one day there was a knock at the door** одного дня в двері постукали; **one by one** один за одним

▷ adj **1** (sole) єдиний; **the one book which ...** єдина книга, що ...

2 (same) один, той самий; **they all belong to the one family** вони всі з однієї сім'ї

▷ pron **1: I'm the one who told him** це я йому сказав; **this one** цей; **that one** той; **I've already got one** у мене вже є

2: one another один одному (одна одну, одне одного); **do you ever see one another?** ви бачитеся коли-небудь?; **the boys didn't dare look at one another** хлопчики не наважувалися подивитися один на одного

3 (impersonal): **one never knows** ніколи не знаєш напевно; **one has to do it** це треба зробити; **to cut one's finger** різати палець

one-man ['wʌn'mɔːn] adj який виконує одна людина

one-off ['wʌnɒf] n одноразовий

one-piece ['wʌn,piːs] adj суцільний (який складається з одного шматка або предмета)

onerous ['ɒnərəs] adj (frml) обтяжливий

one's [wʌnz] det чийсь

oneself [wʌn'self] pron себе

one-sided [,wʌn'saɪdɪd] adj односторонній (який здійснює переважно одна сторона)

one-time ['wʌntaɪm] adj колишній

one-to-one [,wʌntə'wʌn] adj індивідуальний

one-way ['wʌn,weɪ] adj однобічний (про рух); **one-way streets** вулиці з однобічним рухом

one-way ticket ['wʌn,weɪ 'tɪkɪt] n (US) квиток в один бік m

ongoing ['ɒngəʊɪŋ] adj поточний

onion ['ʌnjən] n цибуля f

online ['ɒn,laɪn] adj онлайн ▷ adv у мережі

onlooker ['ɒn,lʊkə] n спостерігач m

on-looker ['ɒn,lʊkə] n спостерігач (спостерігачка) m(f)

only ['əʊnlɪ] adj єдиний ▷ adv лише

on-screen ['ɒn'skriːn] adj екранний

onset ['ɒnset] n початок m (особливо чогось неприємного)

onshore [,ɒn'ʃɔː] adj прибережний

onslaught ['ɒnslɔːt] n натиск m

onstage [,ɒn'steɪdʒ] adv на сцені; **she walked slowly onstage** вона повільно вийшла на сцену

on-the-spot ['ɒnðə,spɒt] adj на місці (який відбувається тут-таки й відразу); **she was given an on-the-spot fine** їй виписали штраф на місці

onto ['ɒntʊ] prep (= on top of) на; (bus, train, plane) у

onus ['əʊnəs] n (frml) відповідальність m

onward ['ɒnwəd] adj подальший (про подорожі, поїздки, рейси); **onward flights to other towns** подальші рейси в інші міста

ooze [uːz] vt, vi сочитися (повільно витікати)

opaque [əʊ'peɪk] adj матовий (непрозорий)

open ['əʊpn] adj відкритий ▷ vt, vi (= make or be no longer closed) відкривати (perf відкрити); (shop, office) відкриватися (perf відкритися)

open-air ['əʊpən,eə] adj під відкритим небом nt; **it was an open-air concert** це був концерт під відкритим небом

open-door ['əʊpən,dɔː] adj відкритий; **open-door policy** політика відкритих дверей

open-ended [,əʊpən'endɪd] adj вільний

opener ['əʊpənə] n відкривачка f (консервний ніж)

opening ['əʊpənɪŋ] adj перший (який відкриває подію, сезон тощо); (= beginning) вступна частина f; (= hole) щілина f; (= vacancy) вакансія f

opening hours ['əʊpənɪŋ aʊəz] npl режим роботи m

open letter ['əʊpən 'letə] n відкритий лист m

openly ['əʊpnlɪ] adv відкрито

open market ['əʊpən 'mɑːkɪt] n відкритий ринок m

open-minded [,əʊpən'maɪndɪd] adj неупереджений (про світогляд)

open-plan [,əʊpən'plæn] adj який має відкрите планування, без перегородок

opera ['ɒpərə] n опера f

opera house ['ɒpərə haʊs] n оперний театр m

operate ['ɒpə,reɪt] vt, vi (business, organization) керувати (perf); (surgeon) оперувати (perf прооперувати)

operatic [,ɒpə'rætɪk] adj оперний

operating ['ɒpəreɪtɪŋ] adj поточний

operating system ['ɒpəreɪtɪŋ 'sɪstəm] n операційна система f

operating theatre ['ɒpəreɪtɪŋ 'θɪətə], (US) **operating room** n операційна для показових операцій

operation [,ɒpə'reɪʃən] n операція f

operational [,ɒpə'reɪʃənəl] adj у робочому стані

operative ['ɒpərətɪv] n (frml) верстатник (верстатниця) m(f)

operator ['ɒpə,reɪtə] n оператор m

opinion [ə'pɪnjən] n думка f

opinion poll [ə'pɪnjən pəʊl] n вивчення громадської думки nt

opium ['əʊpɪəm] n опій m

opponent [ə'pəʊnənt] n опонент m

opportunist [,ɒpə'tjuːnɪst] adj безпринципний ▷ n опортуніст (опортуністка) m(f)

opportunistic [,ɒpətjuː'nɪstɪk] adj опортуністичний

opportunity [,ɒpə'tjuːnɪtɪ] n можливість f

oppose [ə'pəʊz] vt опиратися

opposed [əˈpəʊzd] adj ворожий

opposing [əˈpəʊzɪŋ] adj супротивний

opposite [ˈɒpəzɪt; -sɪt] adj протилежний ▷ adv навпроти ▷ prep навпроти ▷ n протилежність f

opposite sex [ˈɒpəzɪt sɛks] n протилежна стать f

opposition [ˌɒpəˈzɪʃən] n опір m

oppress [əˈprɛs] vt утискати

oppressed [əˈprɛst] adj гноблений

oppression [əˈprɛʃən] n гніт m (гноблення)

oppressive [əˈprɛsɪv] adj деспотичний

opt [ɒpt] vt, vi вибирати (perf вибрати)

optic [ˈɒptɪk] adj зоровий

optical [ˈɒptɪkəl] adj оптичний

optician [ɒpˈtɪʃən] n оптик m

optics [ˈɒptɪks] n оптика f

optimism [ˈɒptɪˌmɪzəm] n оптимізм m

optimist [ˈɒptɪˌmɪst] n оптиміст (оптимістка) m(f)

optimistic [ˌɒptɪˈmɪstɪk] adj оптимістичний

optimize [ˈɒptɪmaɪz] vt (frml) оптимізувати

optimum [ˈɒptɪməm] adj (frml) оптимальний

option [ˈɒpʃən] n варіант m

optional [ˈɒpʃənəl] adj не обов'язковий

opt out [ɒpt aʊt] vi відмовлятися (perf відмовитися)

opulent [ˈɒpjʊlənt] adj (frml) розкішний

opus [ˈəʊpəs] n опус m (музичний термін)

or [ɔː] conj або

oral [ˈɔːrəl; ˈɒrəl] adj усний ▷ n усний іспит m

orange [ˈɒrɪndʒ] n (fruit) апельсин m

orange juice [ˈɒrɪndʒ dʒuːs] n апельсиновий сік m

oratory [ˈɒrətəri] n (frml) красномовство nt

orbit [ˈɔːbɪt] n орбіта f ▷ vt обертатися за орбітою

orbital [ˈɔːbɪtəl] adj орбітальний

orchard [ˈɔːtʃəd] n фруктовий сад m

orchestra [ˈɔːkɪstrə] n оркестр m

orchestral [ɔːˈkɛstrəl] adj оркестровий

orchestrate [ˈɔːkɪstreɪt] vt організовувати (perf організувати) (для досягнення власної мети)

orchestration [ˌɔːkɪsˈtreɪʃən] n оркестровка f

orchid [ˈɔːkɪd] n орхідея f

ordain [ɔːˈdeɪn] vt висвячувати (perf висвятити) (в духовний сан)

ordeal [ɔːˈdiːl] n тяжке випробування nt

order [ˈɔːdə] n наказ m ▷ vt наказувати (perf наказати)

order form [ˈɔːdə fɔːm] n бланк замовлення m

orderly [ˈɔːdəli] adj упорядкований ▷ n санітар (санітарка) m(f)

ordinance [ˈɔːdɪnəns] n (frml) постанова f

ordinarily [ˌɔːdəˈnɛrɪli] adv зазвичай

ordinary [ˈɔːdɪnri] adj звичайний

ordination [ˌɔːdɪˈneɪʃən] n висвячення nt (в духовний сан)

ordnance [ˈɔːdnəns] n (frml) боєприпаси npl

ore [ɔː] n руда f

oregano [ˌɒrɪˈɡɑːnəʊ] n ореган m

organ [ˈɔːɡən] n (= musical instrument) орган m; (= part of the body) орган m

organic [ɔːˈɡænɪk] adj органічний

organism [ˈɔːɡəˌnɪzəm] n організм m

organist [ˈɔːɡənɪst] n органіст (органістка) m(f)

organization [ˌɔːɡənaɪˈzeɪʃən] n організація f

organizational [ˌɔːɡənaɪˈzeɪʃənəl] adj організаторський

organize [ˈɔːɡəˌnaɪz] vt організовувати (perf організувати)

organized [ˈɔːɡənaɪzd] adj організований

organized crime [ˈɔːɡənaɪzd kraɪm] n організована злочинність f

organizer [ˈɔːɡənaɪzə] n організатор (організаторка) m(f)

Orient [ˈɔːrɪənt] n (liter) країни Сходу

orient [ˈɔːrɪɛnt] vt (frml) призвичаюватися (perf призвичаїтися)

oriental [ˌɔːrɪˈɛntl] adj східний

orientation [ˌɔːrɪənˈteɪʃən] n орієнтація f

oriented [ˈɔːrɪɛntɪd] adj орієнтований

origin [ˈɒrɪdʒɪn] n походження nt

original [əˈrɪdʒɪnl] adj початковий ▷ n оригінал m

originally [əˈrɪdʒɪnəli] adv спочатку

originate [əˈrɪdʒəneɪt] vt, vi (frml) створювати (perf створити)

ornament [ˈɔːnəmənt] n прикраса f

ornamental [ˌɔːnəˈmɛntəl] adj декоративний

ornate [ɔːˈneɪt] adj багато оздоблений

orphan [ˈɔːfən] n сирота m/f

orphanage [ˈɔːfənɪdʒ] n дитячий будинок m

orthodox [ˈɔːθədɒks] adj (= conventional) загальноприйнятий; (= Orthodox church) ортодоксальний

orthodoxy [ˈɔːθədɒksɪ] n (= accepted practice) загальноприйнята річ f; (= conformity) ортодоксальність f

oscillate [ˈɒsɪleɪt] vi (frml) коливатися

ostensible [ɒˈstɛnsəbəl] adj (frml) явний

ostentatious [ˌɒstɛnˈteɪʃəs] adj (frml) претензійний

ostracize [ˈɒstrəsaɪz] vt піддавати остракізму (perf піддати остракізму)

ostrich [ˈɒstrɪtʃ] n страус m

other [ˈʌðə] adj інший

otherwise [ˈʌðəˌwaɪz] adv інакше ▷ conj або

otter [ˈɒtə] n видра f

ought [ɔːt] modal aux vb виражає повинність

ounce [aʊns] *n* унція *f*

• **OUNCE**

• Міра ваги, що дорівнює 28, 349 гр.

our [aʊə] *det* наш
ours [aʊəz] *pron* наш
ourselves [aʊə'sɛlvz] *pron* себе; самі
oust ['aʊst] *vt* усувати (*perf* усунути)

 KEYWORD

out [aʊt] *adv* 1 (*not in*): **they're out in the garden** вони в саду; **out in the rain/snow** під дощем/снігом; **out here** тут; **out there** там; **to go out** виходити (*perf* вийти); **out loud** голосно, гучно
2 (*not at home, absent*): **he is out at the moment** його зараз немає вдома; **let's have a night out on Friday** давайте кудись підемо в п'ятницю ввечері
3 (*indicating distance*) від; **the boat was ten km out (from the shore)** корабель був за 10 кілометрів від берега
4 (*Sport*): **the ball is out** м'яч за межами поля
▷ *adj* 1: **to be out** (*unconscious*) бути непритомним; (*out of game*) бути поза грою; (*flowers*) розцвітати (*perf* розцвісти); (*news, secret*) ставати (*perf* стати) загальновідомим; (*fire, light, gas*) гаснути (*perf* згаснути); **to go out of fashion** виходити (*perf* вийти) з моди
2 (*finished*): **before the week was out** до кінця тижня
3: **to be out to do** (*intend*) намірятися (*perf* наміритися); **to be out in one's calculations** (*wrong*) помилятися (*perf* помилитися) з розрахунками
▷ *prep* 1 (*outside, beyond*) з (із) (зі); **to go out of the house** виходити (*perf* вийти) з дому; **to be out of danger** (*safe*) бути в безпеці
2 (*cause, motive*): **out of curiosity** з цікавості; **out of fear/joy/boredom** зі страху/з радості/з нудьги; **out of grief** з горя; **out of necessity** через необхідність
3 (*from, from among*) від
4 (*without*): **we are out of sugar/petrol etc.** у нас закінчився цукор/бензин *etc.*

outback ['aʊtbæk] *n* малонаселені райони Австралії
outbid [,aʊt'bɪd] *vt* пропонувати вищу ціну (*perf* запропонувати вищу ціну) (*на аукціоні*)
outboard ['aʊtbɔːd] *adj* забортний (*розташований на зовнішній частині судна чи літака*); **outboard motor** підвісний мотор
outbound ['aʊtbaʊnd] *adj* який вирушає
outbreak ['aʊtbreɪk] *n* раптовий початок *m*

outburst ['aʊtbɜːst] *n* спалах *m*
outcast ['aʊtkɑːst] *n* вигнанець (вигнанка) *m(f)*
outcome ['aʊtkʌm] *n* наслідок *m*
outcry ['aʊtkraɪ] *n* гнівний протест *m*
outdated [,aʊt'deɪtɪd] *adj* застарілий
outdo [,aʊt'duː] *vt* перевершувати (*perf* перевершити)
outdoor [aʊt'dɔː] *adj* просто неба
outdoors [,aʊt'dɔːz] *adv* надворі
outer ['aʊtə] *adj* зовнішній
outer space ['aʊtə speɪs] *n* космічний простір *m*
outfit ['aʊt,fɪt] *n* комплект одягу *m*
outflow ['aʊtfləʊ] *n* відтік *m*
outgoing ['aʊt,gəʊɪŋ] *adj* вихідний
outgrow [,aʊt'grəʊ] *vt* виростати (*perf* вирости) (*з одягу*)
outing ['aʊtɪŋ] *n* пікнік *m*
outlandish [aʊt'lændɪʃ] *adj* химерний (*дивний, незрозумілий*)
outlaw ['aʊtlɔː] *vt* оголошувати поза законом (*perf* оголосити поза законом) ▷ *n* (*old*) злочинець (злочинниця) *m(f)*
outlay ['aʊtleɪ] *n* витрати *npl*
outlet ['aʊtlɪt] *n* торговельна точка *f*
outline ['aʊt,laɪn] *n* схема *f* ▷ *vt* окреслювати (*perf* окреслити)
outlive [,aʊt'lɪv] *vt* переживати (*perf* пережити) (*когось*)
outlook ['aʊtlʊk] *n* плани на майбутнє
outlying ['aʊtlaɪɪŋ] *adj* віддалений
outnumber [,aʊt'nʌmbə] *vt* переважати (*perf* переважити) (*кількісно*)
out of date [aʊt ɒv deɪt] *adj* застарілий
out-of-doors ['aʊtɒv'dɔːz] *adv* просто неба
out-of-the-way [,aʊtəvðə'weɪ] *adj* віддалений
out of touch [aʊt əv tʌtʃ] *adj* відірваний (*від ситуації*)
out-of-town [,aʊtəv'taʊn] *adj* приміський
out of work [aʊt əv wɜːk] *adj* безробітний
outpace [,aʊt'peɪs] *vt* випереджати (*perf* випередити)
outpatient ['aʊtpeɪʃənt] *n* амбулаторний пацієнт (амбулаторна пацієнтка) *m(f)*
outperform [,aʊtpə'fɔːm] *vt* перевершувати (*perf* перевершити)
outplacement ['aʊt,pleɪsmənt] *n* працевлаштування звільнених *nt*
outpost ['aʊtpəʊst] *n* застава *f* (*контрольний пункт*)
output ['aʊtpʊt] *n* продуктивність *f*
outrage ['aʊtreɪdʒ] *vt* обурювати (*perf* обурити) ▷ *n* обурення *nt*
outrageous [aʊt'reɪdʒəs] *adj* обурливий
outright ['aʊtraɪt] *adj* відвертий
outsell [,aʊt'sɛl] *vt* продаватися краще (*порівняно з іншим продуктом*)
outset ['aʊt,sɛt] *n* початок *m*

outside ['aʊt'saɪd] *adj* зовнішній ▷ *adv* назовні ▷ *n* зовнішній бік *m* ▷ *prep* поза

outsider [,aʊt'saɪdə] *n* сторонній (стороння) *m(f)*

outsize ['aʊt,saɪz] *adj* нестандартний

outskirts ['aʊt,skɜːts] *npl* передмістя *nt*

outspoken [,aʊt'spəʊkən] *adj* відвертий

outstanding [,aʊt'stændɪŋ] *adj* видатний

outstandingly [,aʊt'stændɪŋlɪ] *adv* надзвичайно

outstretched [,aʊt'strɛtʃt] *adj* витягнутий (*простягнений*)

outstrip [,aʊt'strɪp] *vt* перевершувати (*perf* перевершити)

outwardly ['aʊtwədlɪ] *adv* зовні

outweigh [,aʊt'weɪ] *vt* (*frml*) переважувати (*perf* переважити) (*бути більш важливим*)

outwit [,aʊt'wɪt] *vt* перехитрувати (*perf* перехитрувати)

oval ['əʊvl] *adj* овальний

ovary ['əʊvərɪ] *n* яєчник *m*

ovation [əʊ'veɪʃən] *n* (*frml*) овація *f*

oven ['ʌvn] *n* піч *f*

oven glove ['ʌvⁿ glʌv] *n* кухонна рукавичка *f*

ovenproof ['ʌvn,pruːf] *adj* жаростійкий

○ **KEYWORD**

over ['əʊvəʳ] *adv* 1 (*across*): **to cross over** переходити (*perf* перейти); **over here** тут; **over there** там; **to ask sb over** (*to one's house*) запрошувати (*perf* запросити) когось у гості *or* до себе
2 (*indicating movement from upright*): **to knock/turn sth over** збивати (*perf* збити) щось, перекидати (*perf* перекинути) щось; **to fall over** падати (*perf* впасти); **to bend over** нагинатися (*perf* нагнутися)
3 (*finished*): **the game is over** гру завершено; **his life is over** його життя закінчилося
4 (*excessively*) понад, за
5 (*remaining, money, food etc.*): **there are 3 over** є три зайві
6: **all over** (*everywhere*) всюди; **over and over** (*again*) знов і знов
▷ *prep* 1 (*on top of*) на; (*above, in control of*) над
2 (*on/to the other side of*) через дорогу; **the pub over the road** паб через дорогу
3 (*more than*) понад, більше ніж; **she is over 40** їй за 40; **over and above** набагато більше, ніж
4 (*in the course of*) протягом, під час; **over the winter** впродовж зими, протягом зими; **let's discuss it over dinner** давайте обговоримо це за обідом; **the work is spread over two weeks** роботу розраховано на два тижні

overall [,əʊvər'ɔːl] *adv* загалом ▷ *adj* загальний

overall majority [,əʊvər,ɔːl mə'dʒɒrɪtɪ] *n* абсолютна більшість *f*

overalls [,əʊvər'ɔːlz] *npl* комбінезон *m*

overawe [,əʊvər'ɔː] *vt* вселяти шанобливий страх (*perf* вселити шанобливий страх)

overboard ['əʊvə,bɔːd] *adv* за борт *m*; **he fell overboard** він упав за борт

overcapacity [,əʊvəkə'pæsɪtɪ] *n* надлишок виробничих потужностей *m*

overcast ['əʊvə,kɑːst] *adj* хмарний

overcharge [,əʊvə'tʃɑːdʒ] *vt* завищувати ціну (*perf* завищити)

overcoat ['əʊvə,kəʊt] *n* пальто *nt*

overcome [,əʊvə'kʌm] *vt* долати (*perf* подолати)

overcrowded [,əʊvə'kraʊdɪd] *adj* переповнений

overcrowding [,əʊvə'kraʊdɪŋ] *n* перенаселення *nt*

overdo [,əʊvə'duː] *vt* перестаратися *perf*

overdone [,əʊvə'dʌn] *adj* пересмажений

overdose ['əʊvə,dəʊs] *vi* вживати надмірну дозу (*perf* вжити надмірну дозу)

overdraft ['əʊvə,drɑːft] *n* перевищення кредиту

overdrawn [,əʊvə'drɔːn] *adj* який перевищує ліміт кредиту

overdue [,əʊvə'djuː] *adj* запізнілий

overeat [,əʊvər'iːt] *vi* переїдати (*perf* переїсти)

overestimate [,əʊvər'ɛstɪ,meɪt] *vt* переоцінювати (*perf* переоцінити)

overflow [,əʊvə'fləʊ] *vt, vi* переливатися (*perf* перелитися) (*через край*) ▷ *n* ['əʊvəfləʊ] надлишок *m*

overgrown [,əʊvə'grəʊn] *adj* зарослий

overhang [,əʊvə'hæŋ] *vt* нависати (*perf* нависнути) ▷ *n* виступ *m* (*те, що виступає вперед, опуклість*)

overhead projector ['əʊvə,hɛd prə'dʒɛktə] *n* діапроектор *m*

overheads ['əʊvə,hɛdz] *npl* накладні витрати *pl*

overhear [,əʊvə'hɪə] *vt* підслуховувати (*perf* підслухати)

overheat [,əʊvə'hiːt] *vt, vi* перегрівати(ся) (*perf* перегрітися)

overheated [,əʊvə'hiːtɪd] *adj* розлючений

overjoyed [,əʊvə'dʒɔɪd] *adj* щасливий

overland ['əʊvə,lænd] *adj* сухопутний (*про подорож*)

overlap [,əʊvə'læp] *vt, vi* накладати(ся) (*perf* накласти(ся)) (*перекривати(ся)*)

overlay [,əʊvə'leɪ] *vt* покривати (*perf* покрити)

overleaf [,əʊvə'liːf] *adv* (*frml*) на звороті сторінки

overload [,əʊvə'ləʊd] *vt* перевантажувати (*perf* перевантажити)

overlook [ˌəʊvəˈlʊk] vt виходити на

overly [ˈəʊvəlɪ] adv надмірно

overnight [ˌəʊvəˈnaɪt] adv уночі

overpaid [ˌəʊvəˈpeɪd] adj який отримує надмірну платню

overpower [ˌəʊvəˈpaʊə] vt пересилювати (perf пересилити)

overpowering [ˌəʊvəˈpaʊərɪŋ] adj непереборний

overpriced [ˌəʊvəˈpraɪst] adj надмірно дорогий

overreact [ˌəʊvərɪˈækt] vi реагувати занадто гостро (perf відреагувати занадто гостро)

override [ˌəʊvəˈraɪd] vt переважувати (perf переважити) (бути більш важливим)

overriding [ˌəʊvəˈraɪdɪŋ] adj вирішальний

overrule [ˌəʊvəˈruːl] vt відхиляти (perf відхилити)

overrun [ˌəʊvəˈrʌn] vt захоплювати (perf захопити) (окуповувати)

overseas [ˌəʊvəˈsiːz] adv за кордоном ▷ adj заморський

oversee [ˌəʊvəˈsiː] vt наглядати

overshadow [ˌəʊvəˈʃædəʊ] vt затьмарювати (perf затьмарити)

oversight [ˈəʊvəˌsaɪt] n (= mistake) недогляд m

oversize [ˌəʊvəˈsaɪz] adj завеликий

oversleep [ˌəʊvəˈsliːp] vi проспати

overspend [ˌəʊvəˈspɛnd] vi витрачати забагато (perf витратити забагато) (про гроші)

overstate [ˌəʊvəˈsteɪt] vt перебільшувати (perf перебільшити)

overt [əʊˈvɜːt] adj неприхований

overtake [ˌəʊvəˈteɪk] vt, vi наздоганяти (perf наздогнати); обганяти (perf обігнати) (людину, машину)

overthrow [ˌəʊvəˈθrəʊ] vt повалити (позбавити влади)perf

overtime [ˈəʊvəˌtaɪm] n понаднормовий час m

overtone [ˈəʊvəˌtəʊn] n натяк m

overture [ˈəʊvəˌtʃʊə] n увертюра f

overturn [ˌəʊvəˈtɜːn] vt, vi перекидати(ся) (perf перекинути(ся))

overvalue [ˌəʊvəˈvæljuː] vt переоцінювати (perf переоцінити)

overview [ˈəʊvəˌvjuː] n огляд m

overweight [ˌəʊvəˈweɪt] adj що важить понад норму

overwhelm [ˌəʊvəˈwɛlm] vt охоплювати (perf охопити) (про почуття, події)

overwhelming [ˌəʊvəˈwɛlmɪŋ] adj непереборний

overwork [ˌəʊvəˈwɜːk] vt, vi перепрацьовувати(ся) (perf перепрацювати(ся))

overworked [ˌəʊvəˈwɜːkt] adj заяложений (банальний)

ovulate [ˈɒvjʊleɪt] vi овулювати

owe [əʊ] vt заборгувати

owing to [ˈəʊɪŋ tuː] prep внаслідок

owl [aʊl] n сова f

own [əʊn] adj власний ▷ vt володіти; **own up** [əʊn ʌp] vi зізнаватися (perf зізнатися)

owner [ˈəʊnə] n власник (власниця) m(f)

ownership [ˈəʊnəʃɪp] n власність f

own goal [əʊn ɡəʊl] n гол у власні ворота m

ox [ɒks] (pl **oxen**) n віл m

oxide [ˈɒksaɪd] n окис m

oxidize [ˈɒksɪdaɪz] vt, vi окислювати(ся) (perf окислити(ся))

oxygen [ˈɒksɪdʒən] n кисень m

oyster [ˈɔɪstə] n устриця f

ozone [ˈəʊzəʊn; əʊˈzəʊn] n озон m

ozone-friendly [ˌəʊzəʊnˈfrɛndlɪ] adj який не руйнує озонового шару

ozone layer [ˈəʊzəʊn ˈleɪə] n озоновий шар m

P

PA [pi: eɪ] abbr особистий помічник m

pace [peɪs] n (of walking or running) хід m; (= step) крок m ▷ vt, vi походжати

pacemaker ['peɪsˌmeɪkə] n кардіостимулятор m

Pacific Ocean [pə'sɪfɪk 'əʊʃən] n Тихий океан m

pacifism ['pæsɪfɪzəm] n пацифізм m

pacifist ['pæsɪˌfɪst] n пацифіст (пацифістка) m(f) ▷ adj пацифістський

pacify ['pæsɪˌfaɪ] vt утихомирювати (perf утихомирити)

pack [pæk] n пакет m ▷ vt пакувати (perf спакувати)

package ['pækɪdʒ] n пакунок m ▷ vt фасувати (perf розфасувати)

packaging ['pækɪdʒɪŋ] n упаковка f

packed [pækt] adj запакований

packed lunch [pækt lʌntʃ] n сухий пайок m

packer ['pækə] n пакувальник (пакувальниця) m(f)

packet ['pækɪt] n пакет m

packing ['pækɪŋ] n пакувальний матеріал m

pact [pkt] n пакт m

pad [pæd] n (of cushion, fingertips etc.) подушечка f; (notebook) блокнот m ▷ vi ходити (тихо, м'якими кроками)

padding ['pædɪŋ] n набивка f

paddle ['pædl] n весло nt ▷ vt (boat) гребти ▷ vi (= wade) йти по воді

paddling pool ['pædlɪŋ pu:l] n дитячий басейн m

paddock ['pædək] n вигін m

paddy ['pædɪ] n рисове поле nt

padlock ['pædˌlɒk] n навісний замок m ▷ vt замикати (perf замкнути) (на навісний замок)

paediatrician, (US) **pediatrician** [ˌpiːdɪə'trɪʃən] n педіатр m

paediatrics, (US) **pediatrics** [ˌpiːdɪ'ætrɪks] n педіатрія f

paedophilia [ˌpiːdə'fɪlɪə] n педофілія f

pagan ['peɪgən] adj поганський

page [peɪdʒ] n сторінка f ▷ vt отримати повідомлення з пейджера

pager ['peɪdʒə] n пейджер m

paid [peɪd] adj сплачений

pain [peɪn] n біль m ▷ vt засмучувати (perf засмутити)

pained [peɪnd] adj страдницький

painful ['peɪnfʊl] adj болючий

painfully ['peɪnfʊlɪ] adv нестерпно

painkiller ['peɪnˌkɪlə] n знеболювальне nt

painless ['peɪnləs] adj безболісний

painstaking ['peɪnzteɪkɪŋ] adj ретельний

paint [peɪnt] n фарба f ▷ vt, vi (wall, door) фарбувати (perf пофарбувати); (= make a picture of) малювати (perf намалювати)

paintbrush ['peɪntˌbrʌʃ] n пензлик m

painter ['peɪntə] n художник m

painting ['peɪntɪŋ] n картина f

pair [peə] n пара f ▷ vt об'єднувати в пари (perf об'єднати в пари)

Pakistan [ˌpɑːkɪ'stɑːn] n Пакистан m

Pakistani [ˌpɑːkɪ'stɑːnɪ] adj пакистанський ▷ n (= person) пакистанець (пакистанка) m(f)

pal [pæl] n (inf) приятель m

palace ['pælɪs] n палац m

palatable ['pælətəbəl] adj (frml) апетитний

palate ['pælət] n піднебіння nt

pale [peɪl] adj блідий ▷ vi бліднути (perf збліднути)

Palestine ['pælɪˌstaɪn] n Палестина f

Palestinian [ˌpælɪ'stɪnɪən] adj палестинський ▷ n (= person) палестинець (палестинка) m(f)

palette ['pælət] n палітра f

pall [pɔːl] n набридати (perf набриднути)

palm [pɑːm] n (hand) долоня f; (= tree) пальма f

palpable ['pælpəbəl] adj відчутний

pamper ['pæmpə] vt балувати (perf розбалувати)

pamphlet ['pæmflɪt] n памфлет m

pan [pæn] n каструля f ▷ vt (inf) громити (perf розгромити) (критикувати)

panacea [ˌpænə'siːə] n панацея f

panache [pə'næʃ] n блиск (про майстерність, талант); **to do something with panache** робити щось своєрідно

Panama [ˌpænə'mɑː; 'pænə,mɑː] n Панама f

pancake ['pænˌkeɪk] n млинець m

pancreas ['pæŋkrɪəs] n підшлункова залоза f

panda ['pændə] n панда f

pander ['pændə] vi догоджати (perf догодити)

pane [peɪn] n шибка f

panel ['pænəl] n (of people) експертна група f; (= board) панель f

panelling, (US) **paneling** ['pænəlɪŋ] n панельна оббивка nt

pang [pæŋ] n напад m (болю, емоцій)
panic ['pænɪk] n паніка f ▷ vt, vi панікувати
panorama [ˌpænə'rɑːmə] n панорама f
panoramic [ˌpænə'ræmɪk] adj панорамний
pant [pnt] vi важко дихати
pantheon ['pænθɪən] n (written) пантеон m
panther ['pænθə] n пантера f
pantomime ['pæntə,maɪm] n пантоміма f

◆ **PANTOMIME**

● Комедії з багатим музичним
● оформленням, написані за мотивами
● відомих казок, таких як «Попелюшка»,
● «Кіт у чоботях» та ін. Вони розраховані
● насамперед на дитячу аудиторію.
● Театри виставляють їх на Різдвяні свята.

pants [pænts] npl штани pl
papal ['peɪpəl] adj папський
paper ['peɪpə] n (= material) папір m;
(= newspaper) газета f
paperback ['peɪpə,bæk] n книга в м'якій
обкладинці f
paperclip ['peɪpə,klɪp] n скріпка f
paper round ['peɪpə raʊnd] n доставка
газет f
paperweight ['peɪpə,weɪt] n прес-пап'є nt
paperwork ['peɪpə,wɜːk] n канцелярська
робота f
paprika ['pæprɪkə; pæ'priː-] n паприка f
parable ['pærəbəl] n притча f
parachute ['pærə,ʃuːt] n парашут m ▷ vt, vi
стрибати з парашутом (perf стрибнути з
парашутом)
parade [pə'reɪd] n парад m ▷ vi
марширувати (perf промарширувати)
paradigm ['pærə,daɪm] n (fml) зразок m
paradise ['pærə,daɪs] n рай m
paradox ['pærədɒks] n парадокс m
paradoxical [ˌpærə'dɒksɪkəl] adj
парадоксальний
paraffin ['pærəfɪn] n парафін m
paragon ['pærəgən] n взірець m
paragraph ['pærə,grɑːf; -,græf] n
параграф m
Paraguay ['pærə,gwaɪ] n Парагвай m
Paraguayan [ˌpærə'gwaɪən] adj
парагвайський ▷ n (= person) парагваєць
(парагвайка) m(f)
parallel ['pærə,lɛl] adj паралельний ▷ n
паралель f ▷ vt існувати паралельно
paralyse ['pærə,laɪz] vt паралізувати
paralysed ['pærə,laɪzd] adj паралізований
paralysis [pə'ræləsɪs] n параліч m
paramedic [ˌpærə'mɛdɪk] n парамедик m
parameter [pə'ræmɪtə] n (fml) межа f
paramilitary [ˌpærə'mɪlɪtərɪ] adj
воєнізований
paramount ['pærəmaʊnt] adj
першочерговий

paranoia [ˌpærə'nɔɪə] n параноя f
paranoid ['pærənɔɪd] adj параноїдальний
paraphernalia [ˌpærəfə'neɪlɪə] n
приладдя nt
paraphrase ['pærəfreɪz] vt
перефразовувати (perf перефразувати) ▷ n
переказ m
paraplegic [ˌpærə'pliːdʒɪk] n хворий на
параліч нижніх кінцівок
parasite ['pærəsaɪt] n паразит m
parasitic [ˌpærə'sɪtɪk] adj паразитний
paratrooper ['pærə,truːpə] n парашутист-
десантник m
parcel ['pɑːsl] n пакунок m
parched [pɑːtʃt] adj (= dried up) пересохлий;
(= thirsty) спраглий
pardon ['pɑːdn] n помилування nt ▷ excl
даруйте ▷ vt милувати (perf помилувати)
parentage ['pɛərəntɪdʒ] n походження nt
(родовід)
parental [pə'rɛntəl] adj батьківський
parental leave [pə'rɛntəl liːv] n відпустка
для догляду за дитиною f
parenthesis [pə'rɛnθəsɪs] (pl parentheses)
n дужка f (розділовий знак, кругла)
parenthood ['pɛərənthʊd] n
батьківство nt
parenting ['pɛərəntɪŋ] n виховання
дітей nt
parents ['pɛərənts] npl батьки pl
parity ['pærɪtɪ] n (frml) рівність f
park [pɑːk] n парк m ▷ vt, vi паркуватися
(perf припаркуватися)
parked [pɑːkt] adj припаркований
parking ['pɑːkɪŋ] n парковка f
parking lot ['pɑːkɪŋ lɒt] n (US) = car park
parking meter ['pɑːkɪŋ 'miːtə] n
лічильник на парковці m
parking ticket ['pɑːkɪŋ 'tɪkɪt] n штраф за
порушення правил паркування m
parkland ['pɑːklænd] n парк m
parliament ['pɑːləmənt] n парламент m
parliamentarian [ˌpɑːləmɛn'tɛərɪən] n
парламентар m
parliamentary [ˌpɑːlə'mɛntərɪ] adj
парламентський
Parmesan [ˌpɑːmɪ'zæn] n пармезан m
parochial [pə'rəʊkɪəl] adj обмежений (про
інтереси)
parody ['pærədɪ] n пародія f ▷ vt
пародіювати (perf спародіювати)
parole [pə'rəʊl] n амністія f ▷ vt звільняти
умовно-достроково (perf звільнити
умовно-достроково)
parrot ['pærət] n папуга m ▷ vt повторювати,
як папуга (perf повторити, як папуга)
parsley ['pɑːslɪ] n петрушка f
parsnip ['pɑːsnɪp] n пастернак m
part [pɑːt] n частина f ▷ vt, vi розсувати(ся)
(perf розсунути(ся)); **part with** [pɑːt wɪð] vt
розлучитися з

partial ['pɑːʃəl] *adj* частковий

partially ['pɑːʃəlɪ] *adv* частково

participant [pɑːˈtɪsɪpənt] *n* учасник (учасниця) *m(f)*

participate [pɑːˈtɪsɪˌpeɪt] *vi* брати участь (*perf* взяти)

participle ['pɑːtɪsɪpəl] *n* дієприкметник *m*

particle ['pɑːtɪkəl] *n* частка *f*

particular [pəˈtɪkjʊlə] *adj* (= *specific*) певний; (= *fussy*) вибагливий

particularly [pəˈtɪkjʊləlɪ] *adv* особливо

particulars [pəˈtɪkjʊləz] *npl* подробиці *fpl*

parting ['pɑːtɪŋ] *n* (= *separation*) розставання *nt*; (*in hair*) проділ *m* ▷ *adj* прощальний

partisan [ˌpɑːtɪˈzæn] *adj* упереджений

partition [pɑːˈtɪʃən] *n* перегородка *f* ▷ *vt* перегороджувати (*perf* перегородити) (*розділяти приміщення*)

partly ['pɑːtlɪ] *adv* частково

partner ['pɑːtnə] *n* партнер *m* ▷ *vt* бути партнером (*як правило, у грі, танці*)

partnership ['pɑːtnəʃɪp] *n* партнерство *nt*

partridge ['pɑːtrɪdʒ] *n* куріпка *f*

part-time ['pɑːtˌtaɪm] *adj* з неповною зайнятістю ▷ *adv* на частині ставки

party ['pɑːtɪ] *n* (= *social event*) вечірка *f*; (= *group*) партія *f* ▷ *vi* гуляти (*perf* погуляти)

party line ['pɑːtɪ laɪn] *n* лінія партії *f*

party politics ['pɑːtɪ 'pɒlɪtɪks] *n* партійна політика *f*

pass [pɑːs] *n* (= *document*) перепустка *f*; (*mountain*) прохід *m*; (*in an examination or test*) успішне складення іспиту *nt* ▷ *vt* (= *hand*) передавати (*perf* передати); (= *go past*) проходити (*perf* пройти) ▷ *vt, vi* (*test*) проходити (*perf* пройти); **pass out** [pɑːs aʊt] *vi* знепритомніти *perf*

passage ['pæsɪdʒ] *n* (= *corridor*) прохід *m*; (= *excerpt*) уривок *m*

passageway ['pæsɪdʒweɪ] *n* прохід *m*

passenger ['pæsɪndʒə] *n* пасажир *m*

passer-by [ˌpɑːsəˈbaɪ] *n* перехожий (перехожа) *m(f)*

passing ['pɑːsɪŋ] *adj* минущий ▷ *n* смерть *f*

passionate ['pæʃənət] *adj* палкий

passion fruit ['pæʃən fruːt] *n* маракуя *f*

passive ['pæsɪv] *adj* пасивний

Passover ['pɑːsˌəʊvə] *n* єврейська Пасха *f*

passport ['pɑːspɔːt] *n* паспорт *m*

password ['pɑːsˌwɜːd] *n* пароль *m*

past [pɑːst] *adj* минулий ▷ *n* минуле *nt* ▷ *prep* (= *after*) після; (= *farther than*) за

pasta ['pæstə] *n* спагеті *pl*

paste [peɪst] *n* паста *f* ▷ *vt* (= *glue*) змащувати клеєм; наклеювати (*perf* приклеювати); (*on computer*) вставляти з буфера обміну (*perf* вставити)

pastel ['pæstəl] *adj* пастельний

pasteurized ['pæstəˌraɪzd] *adj* пастеризований

pastiche [pæˈstiːʃ] *n* (*frml*) стилізація *f*

pastime ['pɑːsˌtaɪm] *n* проведення часу *nt*

pastor ['pɑːstə] *n* пастор *m*

pastoral ['pɑːstərəl] *adj* пастирський

pastry ['peɪstrɪ] *n* випічка *f*

pasture ['pɑːstʃə] *n* пасовище *nt*

pat [pt] *vt* поплескувати (*perf* поплескати)

patch [pætʃ] *n* клаптик *m* ▷ *vt* латати (*perf* залатати)

patched [pætʃt] *adj* латаний

patchwork ['pætʃˌwɜːk] *adj* клаптиковий

patchy ['pætʃɪ] *adj* неоднорідний

patent ['pætənt] *n* патент *m* ▷ *vt* патентувати (*perf* запатентувати)

paternal [pəˈtɜːnəl] *adj* батьківський

paternity leave [pəˈtɜːnɪtɪ liːv] *n* відпустка по догляду за новонародженою дитиною для батька

path [pɑːθ] *n* стежка *f*

pathetic [pəˈθɛtɪk] *adj* (= *pitiful*) жалісний, жалюгідний

pathological [ˌpæθəˈlɒdʒɪkəl] *adj* патологічний

pathologist [pəˈθɒlədʒɪst] *n* патологоанатом *m*

pathology [pəˈθɒlədʒɪ] *n* патологія *f*

pathos ['peɪθɒs] *n* зворушливість *f*

pathway ['pɑːˌθweɪ] *n* стежка *f*, шлях *m*

patience ['peɪʃəns] *n* терпіння *nt*

patient ['peɪʃənt] *adj* терплячий ▷ *n* пацієнт *m*

patio ['pætɪˌəʊ] *n* внутрішній дворик *m*

patriarch ['peɪtrɪˌɑːk] *n* голова *m* (*сім'ї, племені*)

patriarchal [ˌpeɪtrɪˈɑːkəl] *adj* патріархальний

patriarchy [ˌpeɪtrɪˈɑːkɪ] *n* патріархат *m* (*панування чоловіків у суспільстві*)

patrician [pəˈtrɪʃən] *n* (*frml*) аристократ (аристократка) *m(f)*

patriot ['peɪtrɪət] *n* патріот (патріотка) *m(f)*

patriotic [ˌpætrɪˈɒtɪk] *adj* патріотичний

patriotism ['peɪtrɪətɪzəm] *n* патріотизм *m*

patrol [pəˈtrəʊl] *n* патруль *m* ▷ *vt* патрулювати

patrol car [pəˈtrəʊl kɑː] *n* патрульна машина *f*

patron ['peɪtrən] *n* покровитель (покровителька) *m(f)*

patronage ['pætrənɪdʒ] *n* сприяння *nt*

patronize ['pætrənaɪz] *vt* ставитися поблажливо (*perf* поставитися поблажливо)

patronizing ['pætrənaɪzɪŋ] *adj* поблажливий

patter ['pætə] *vi* барабанити (*часто й тихо*) ▷ *n* стукіт *m*

pattern ['pætən] *n* (= *scheme*) схема *f*; (*on fabric*) візерунок *m*

patterned ['pætənd] *adj* візерунчастий

pause [pɔːz] *n* пауза *f* ▷ *vi* робити паузу (*perf* зробити паузу)

pave [peɪv] vt мостити (perf вимостити) (бруківкою, бетоном)
pavement ['peɪvmənt] n тротуар m
pavilion [pə'vɪljən] n павільйон m
paw [pɔː] n лапа f
pawn [pɔːn] vt заставляти (perf заставити) (віддавати під заставу) ▷ n пішак m (фігура в шахах)
pawnbroker ['pɔːn,brəʊkə] n лихвар m
pay [peɪ] (pres sing **pays**, pres part **paying**, pt, pp **paid**) n плата f ▷ vt, vi платити (perf заплатити); **pay back** [peɪ bæk] vt повертати гроші (perf повернути)
payable ['peɪəbl] adj до сплати
payback ['peɪ,bæk] adj який стосується сплати боргу, позики
payday ['peɪ,deɪ] n день виплати зарплати
payee [,peɪ'iː] n (frml) одержувач m (грошей) (f одержувачка)
payer ['peɪə] n платник m
payment ['peɪmənt] n плата f
payoff ['peɪɒf] n результат m (позитивний наслідок)
payout ['peɪaʊt] n виплата f
payphone ['peɪ,fəʊn] n таксофон m
payroll ['peɪ,rəʊl] n платіжна відомість f
PC [pi: si:] n ПК m
PDF [pi: di: εf] n PDF
pea [piː] n горошина f
peace [piːs] n мир m
peaceful ['piːsfʊl] adj мирний
peacefully ['piːsfʊlɪ] adv тихо
peacekeeper ['piːs,kiːpə] n миротворець m
peacekeeping ['piːs,kiːpɪŋ] adj миротворчий
peacetime ['piːstaɪm] n мирний час m
peach [piːtʃ] n персик m
peacock ['piː,kɒk] n павич m
peak [piːk] n пік m ▷ adj рекордний ▷ vi досягати рекордного рівня (perf досягти рекордного рівня)
peak hours [piːk aʊəz] npl години пік
peal [piːl] vi дзвонити (perf задзвонити) (у дзвони)
peanut ['piː,nʌt] n арахіс m
peanut allergy ['piː,nʌt 'ælədʒɪ] n алергія на арахіс f
peanut butter ['piː,nʌt 'bʌtə] n арахісове масло nt
pear [pɛə] n груша f
pearl [pɜːl] n перлина f ▷ adj перлистий
peas [piːz] npl горох m
peasant ['pɛzənt] n селянин (селянка) m(f)
peasantry ['pɛzəntrɪ] n селянство nt
peat [piːt] n торф m
pebble ['pɛbl] n галька f
peck [pɛk] vt, vi дзьобати (perf дзьобнути)
peculiar [pɪ'kjuːlɪə] adj чудний
peculiarity [pɪ,kjuːlɪ'ærɪtɪ] n характерна риса f

pecuniary [pɪ'kjuːnɪərɪ] adj (frml) матеріальний
pedal ['pɛdl] n педаль f ▷ vt, vi їхати (perf поїхати) (на велосипеді)
pedantic [pɪ'dæntɪk] adj педантичний
peddle ['pɛdl] vt (old) торгувати, розносячи товари
pedestal ['pɛdɪstəl] n п'єдестал m
pedestrian [pɪ'dɛstrɪən] n пішохід m ▷ adj прозаїчний
pedestrian crossing [pə'dɛstrɪən 'krɒsɪŋ] n пішохідний перехід m
pedestrianized [pɪ'dɛstrɪə,naɪzd] adj пристосований для пішоходів
pedestrian precinct [pə'dɛstrɪən 'priːsɪŋkt], (US) **pedestrian area** [pə'dɛstrɪən 'ɛərɪə] n пішохідна зона f
pediatrician [,piːdɪə'trɪʃən] n (US) = **paediatrician**
pediatrics [,piːdɪ'ætrɪks] n (US) = **paediatrics**
pedigree ['pɛdɪ,griː] adj породистий ▷ n родовід m (тварини)
pee [piː] vi (inf) мочитися (perf помочитися) (про сечовипускання)
peek [piːk] vi підглядати (perf підгледіти)
peel [piːl] n шкірка f ▷ vt чистити
peep [piːp] vi підглядати (perf підгледіти)
peer ['pɪə] vi вдивлятися ▷ n одноліток m
peg [pɛg] n гачок m ▷ vt чіпляти прищіпками (perf причепити прищіпками)
Pekinese [,piːkə'niːz] n пекінес m
pelican ['pɛlɪkən] n пелікан m
pelican crossing ['pɛlɪkən 'krɒsɪŋ] n перехід із автоматичним світлофором m
pellet ['pɛlɪt] n кулька f
pelt [pɛlt] n шкура f ▷ vt кидати (perf кинути) (у кого-небудь чимось)
pelvic ['pɛlvɪk] adj тазовий (анатомічний термін)
pelvis ['pɛlvɪs] n таз m (анатомічний термін)
pen [pɛn] n ручка f ▷ vt (frml) писати (perf написати)
penal ['piːnəl] adj пенітенціарний
penalize ['piːnə,laɪz] vt карати (perf покарати)
penalty ['pɛnltɪ] n кара f
penalty area ['pɛnltɪ 'ɛərɪə] n штрафний майданчик m
pence [pɛns] pl of **penny**
penchant ['pɒnʃɒn] n (frml) схильність f
pencil ['pɛnsl] n олівець m
pencil case ['pɛnsl keɪs] n пенал m
pencil sharpener ['pɛnsl 'ʃɑːpənə] n стругачка f
pendant ['pɛndənt] n кулон m
pending ['pɛndɪŋ] adj (frml) незавершений (який перебуває на розгляді)
pendulum ['pɛndjʊləm] n маятник m
penetrate ['pɛnətreɪt] vt проникати (perf проникнути)

penetrating ['pɛnətreɪtɪŋ] *adj* пронизливий

penfriend ['pɛn,frɛnd] *n* друг за листуванням *m*

penguin ['pɛŋgwɪn] *n* пінгвін *m*

penicillin [,pɛnɪ'sɪlɪn] *n* пеніцилін *m*

peninsula [pɪ'nɪnsjʊlə] *n* півострів *m*

penis ['piːnɪs] *n* пеніс *m*

penknife ['pɛn,naɪf] (*pl* **penknives**) *n* складаний ніж *m*

pennant ['pɛnənt] *n* прапорець *m* (*трикутний*)

penniless ['pɛnɪləs] *adj* бідний (*без гроша*)

penny ['pɛnɪ] (*pl* **pennies** *or* **pence**) *n* пенні *m*

pen pal [pɛn pæl] *n* друг за листуванням (подруга за листуванням) *m(f)*

pension ['pɛnʃən] *n* пенсія *f*

pensioner ['pɛnʃənə] *n* пенсіонер *m*

pentathlon [pɛn'tæθlən] *n* п'ятиборство *nt*

penthouse ['pɛnthaʊs] *n* пентхаус *m*

pent-up [pɛnt'ʌp] *adj* стримуваний (*про емоції, енергію, силу*)

penultimate [pɪ'nʌltɪmɪt] *adj* (*frml*) передостанній

people ['piːpl] *npl* люди *pl*

pep [pɛp] *n* (*inf*) бадьорість *f*

pepper ['pɛpə] *n* (= *spice, vegetable*) перець *m* ▷ *vt* зрешетити *perf*

peppermill ['pɛpə,mɪl] *n* млинок для перцю *m*

peppermint ['pɛpə,mɪnt] *n* (*plant*) перцева м'ята *f*; (*sweet*) м'ятна цукерка *f*

pep talk [pɛp tɔːk] *n* (*inf*) запальна промова *f*

per [pɜː; pə] *prep* на

per annum [pər 'ænəm] *adv* щорічно

per capita [pə 'kæpɪtə] *adj* на душу населення

perceive [pə'siːv] *vt* усвідомлювати (*perf* усвідомити)

per cent [pɜː sɛnt] *n* відсоток *m*, процент *m*

percentage [pə'sɛntɪdʒ] *n* процентне співвідношення *nt*

perception [pə'sɛpʃən] *n* сприйняття *nt*

perceptive [pə'sɛptɪv] *adj* проникливий

perch [pɜːtʃ] *vi* присідати (*perf* присісти) (*на край або куток*) ▷ *n* жердинка *f*

percussion [pə'kʌʃən] *n* ударний інструмент *m*

perennial [pə'rɛnɪəl] *adj* споконвічний

perfect ['pɜːfɪkt] *adj* досконалий ▷ *vt* [pə'fɛkt] удосконалювати (*perf* удосконалити)

perfection [pə'fɛkʃən] *n* досконалість *f*

perfectionist [pə'fɛkʃənɪst] *n* перфекціоніст (перфекціоністка) *m(f)*

perfectly ['pɜːfɪktlɪ] *adv* досконало

perform [pə'fɔːm] *vt* виконувати (*perf* виконати)

performance [pə'fɔːməns] *n* виступ *m*

performer [pə'fɔːmə] *n* виконавець (виконавиця) *m(f)*

perfume ['pɜːfjuːm] *n* парфуми *pl* ▷ *vt* наповнювати пахощами (*perf* наповнити пахощами)

perfumed ['pɜːfjuːmd] *adj* запашний

perhaps [pə'hæps; præps] *adv* можливо

peril ['pɛrəl] *n* (*liter*) небезпека *f*

perilous ['pɛrələs] *adj* (*liter*) небезпечний

perimeter [pə'rɪmɪtə] *n* периметр *m*

period ['pɪərɪəd] *n* період *m* ▷ *adj* історичний (*про костюми, меблі, інструменти певної епохи*)

periodic [,pɪərɪ'ɒdɪk] *adj* періодичний

periodical [,pɪərɪ'ɒdɪkəl] *n* періодичне видання *nt*

peripheral [pə'rɪfərəl] *adj* другорядний ▷ *n* периферійний пристрій *m*

periphery [pə'rɪfərɪ] *n* (*frml*) периферія *f*

perish ['pɛrɪʃ] *vi* (*written*) гинути (*perf* загинути)

perjury ['pɜːdʒərɪ] *n* неправдиве свідчення *nt*

perk [pɜːk] *n* пільга *f*

perm [pɜːm] *n* хімічна завивка *f* ▷ *vt* робити хімічну завивку (*perf* зробити хімічну завивку)

permanent ['pɜːmənənt] *adj* постійний

permanently ['pɜːmənəntlɪ] *adv* постійно

permeate ['pɜːmɪeɪt] *vt* поширюватися (*perf* поширитися) (*про ідеї, підходи, почуття*)

permissible [pə'mɪsəbəl] *adj* дозволений

permission [pə'mɪʃən] *n* дозвіл *m*

permit ['pɜːmɪt] *n* дозвіл *m* ▷ *vt* [pə'mɪt] (*frml*) допускати (*perf* допустити) (*дозволяти*)

pernicious [pə'nɪʃəs] *adj* (*frml*) згубний

perpetrate ['pɜːpɪtreɪt] *vt* (*frml*) скоювати (*perf* скоїти); **to perpetrate a crime** скоювати злочин

perpetual [pə'pɛtʃʊəl] *adj* вічний

perpetuate [pə'pɛtʃʊeɪt] *vt* увічнювати (*perf* увічнити) (*особливо щось погане*)

perplexed [pə'plɛkst] *adj* розгублений (*спантеличений*)

persecute ['pɜːsɪ,kjuːt] *vt* переслідувати

persecution [,pɜːsɪ'kjuːʃən] *n* гоніння *nt*

perseverance [,pɜːsɪ'vɪərəns] *n* наполегливість *f*

persevere [,pɜːsɪ'vɪə] *vi* наполегливо домагатися

Persian ['pɜːʃən] *adj* перський

persist [pə'sɪst] *vi* продовжуватися (*perf* продовжитися) (*про щось небажане*)

persistence [pə'sɪstəns] *n* наполегливість *f*

persistent [pə'sɪstənt] *adj* наполегливий

persistently [pə'sɪstəntlɪ] *adv* наполегливо

person ['pɜːsn] *n* людина *f*

persona [pə'səʊnə] n (frml) імідж m
personal ['pɜːsənəl] adj персональний
personal assistant ['pɜːsənəl ə'sɪstənt] n особистий помічник m
personal best ['pɜːsənəl bɛst] n особистий рекорд m
personal computer ['pɜːsənəl kəm'pjuːtə] n персональний комп'ютер m
personality [,pɜːsə'nælɪtɪ] n (= individual) особистість f; (= celebrity) відома особа f
personalize ['pɜːsənəlaɪz] vt надписувати ім'я власника
personally ['pɜːsənəlɪ] adv особисто
personal organizer ['pɜːsənəl 'ɔːgənaɪzə] n щоденник m
personal stereo ['pɜːsənəl 'stɛrɪəʊ] n портативний плеєр m
personification [pə,sɒnɪfɪ'keɪʃən] n уособлення nt
personify [pə'sɒnɪfaɪ] vt втілювати (perf втілити)
personnel [,pɜːsə'nɛl] npl персонал m
perspective [pə'spɛktɪv] n перспектива f
perspiration [,pɜːspə'reɪʃən] n (frml) випаровування nt
persuade [pə'sweɪd] vt переконувати (perf переконати)
persuasion [pə'sweɪʒən] n умовляння nt
persuasive [pə'sweɪsɪv] adj переконливий
pertain [pə'teɪn] vi (frml) стосуватися
pertinent ['pɜːtɪnənt] adj (frml) доречний
Peru [pə'ruː] n Перу n ind
Peruvian [pə'ruːvɪən] adj перуанський ▷ n (= person) перуанець (перуанка) m(f)
pervade [pə'veɪd] vt (frml) наповнювати (perf наповнити)
pervasive [pə'veɪsɪv] adj (frml) повсюдний (особливо про щось погане)
perverse [pə'vɜːs] adj хибний
perversion [pə'vɜːʃən] n збочення nt
pervert [pə'vɜːt] vt (frml) спотворювати (perf спотворити) ▷ n ['pɜːvɜːt] збоченець (збоченка) m(f)
perverted [pə'vɜːtɪd] adj розпусний
pessimism ['pɛsɪmɪzəm] n песимізм m
pessimist ['pɛsɪmɪst] n песиміст m
pessimistic [,pɛsɪ,mɪstɪk] adj песимістичний
pest [pɛst] n (= insect) комаха-сільськогосподарський шкідник m
pester ['pɛstə] vt набридати (perf набриднути)
pesticide ['pɛstɪ,saɪd] n пестицид m
pet [pɛt] n домашня тварина f ▷ adj улюблений ▷ vt пестити (perf попестити)
petal ['pɛtəl] n пелюстка f
petite [pə'tiːt] adj мініатюрний (про жінку)
petition [pɪ'tɪʃən] n петиція f ▷ vt, vi подавати клопотання (perf подати клопотання)
petrified ['pɛtrɪ,faɪd] adj заціпенілий від страху

petrochemical [,pɛtrəʊ'kɛmɪkəl] n нафтохімічний продукт m
petrol ['pɛtrəl] n бензин m
petrol bomb ['pɛtrəl bɒm] n пляшка з запалювальною сумішшю
petroleum [pə'trəʊlɪəm] n нафта f
petrol station ['pɛtrəl 'steɪʃən] n заправна станція f
petrol tank ['pɛtrəl tæŋk] n бензобак m
petty ['pɛtɪ] adj дрібний (неважливий)
petty cash ['pɛtɪ kæʃ] n гроші для невеликих витрат, що зберігаються в офісі
petulant ['pɛtjʊlənt] adj дратівливий
pewter ['pjuːtə] n сплав олова зі свинцем
pH [,piː'eɪtʃ] n кислотно-лужний баланс m
phantom ['fæntəm] n (liter) фантом m ▷ adj примарний
pharmaceutical [,fɑːmə'suːtɪkəl] adj фармацевтичний
pharmacist ['fɑːməsɪst] n фармацевт m
pharmacy ['fɑːməsɪ] n аптека f
phase [feɪz] n етап m
PhD [piː eɪtʃ diː] n доктор філософії m
pheasant ['fɛznt] n фазан m
phenomenal [fɪ'nɒmɪnəl] adj феноменальний
phenomenon [fɪ'nɒmɪnən] (pl **phenomena**) n (frml) явище nt
philharmonic [,fɪlɑː'mɒnɪk] adj філармонічний
Philippine ['fɪlɪ,piːn] adj філіппінський
philosopher [fɪ'lɒsəfə] n філософ m
philosophical [,fɪlə'sɒfɪkəl] adj філософський
philosophy [fɪ'lɒsəfɪ] n філософія f
phobia ['fəʊbɪə] n фобія f
phone [fəʊn] n телефон m ▷ vt, vi телефонувати (perf зателефонувати); **phone back** [fəʊn bæk] vt передзвонювати (perf передзвонити)
phone bill [fəʊn bɪl] n рахунок за телефон m
phone book [fəʊn bʊk] n телефонна книга f
phonebook ['fəʊn,bʊk] n телефонний довідник m
phonebox ['fəʊn,bɒks] n таксофон m
phone call [fəʊn kɔːl] n телефонний дзвінок m
phonecard ['fəʊn,kɑːd] n телефонна картка f
phone-in ['fəʊn,ɪn] n інтерактивна передача f
phone number [fəʊn 'nʌmbə] n телефонний номер m
phosphate ['fɒsfeɪt] n фосфат m
phosphorus ['fɒsfərəs] n фосфор m
photo ['fəʊtəʊ] n фото nt
photo album ['fəʊtəʊ 'ælbəm] n фотоальбом m

photocopier ['fəʊtəʊ,kɒpɪə] *n* фотокопіювальна машина *f*

photocopy ['fəʊtəʊ,kɒpɪ] *n* фотокопія *f* ▷ *vt* робити фотокопію (*perf* зробити фотокопію)

photograph ['fəʊtə,grɑːf; -,græf] *n* фотокартка *f* ▷ *vt* фотографувати (*perf* сфотографувати)

photographer [fə'tɒgrəfə] *n* фотограф *m*

photographic [,fəʊtə'græfɪk] *adj* фотографічний

photography [fə'tɒgrəfɪ] *n* фотографія *f*

photon ['fəʊtɒn] *n* фотон *m*

phrase [freɪz] *n* фраза *f* ▷ *vt* формулювати (*perf* сформулювати)

phrasebook ['freɪz,bʊk] *n* розмовник *m*

physical ['fɪzɪkl] *adj* фізичний ▷ *n* медичний огляд *m*

physician [fɪ'zɪʃən] *n* (*frml*) лікар *m* (*терапевт*) (*f* лікарка)

physicist ['fɪzɪsɪst] *n* фізик *m*

physics ['fɪzɪks] *n* фізика *f*

physiology [,fɪzɪ'ɒlədʒɪ] *n* фізіологія *f*

physiotherapist [,fɪzɪəʊ'θerəpɪst] *n* фізіотерапевт *m*

physiotherapy [,fɪzɪəʊ'θerəpɪ] *n* фізіотерапія *f*

physique [fɪ'ziːk] *n* статура *f*

pianist ['pɪənɪst] *n* піаніст *m*

piano [pɪ'ænəʊ] *n* піаніно *nt*

pick [pɪk] *n* найкраща частина *f* ▷ *vt* (= *choose*) вибирати (*perf* вибрати); (= *pluck*) збирати (*perf* зібрати); **pick on** [pɪk ɒn] *vt* (*inf*) чіплятися; **pick out** [pɪk aʊt] *vt* обирати (*perf* обрати); **pick up** [pɪk ʌp] *vt* підіймати (*perf* підняти)

picker ['pɪkə] *n* збирач *m* (*фруктів, бавовни*) (*f* збиралка)

picket ['pɪkɪt] *vt, vi* пікетувати

picket line ['pɪkɪt laɪn] *n* заслін пікетників *m*

pickle ['pɪkl] *npl* соління *npl* ▷ *vt* солити (*perf* засолити)

pickled ['pɪkld] *adj* маринований

pickpocket ['pɪk,pɒkɪt] *n* кишеньковий злодій *m*

picnic ['pɪknɪk] *n* пікнік *m* ▷ *vi* влаштовувати пікнік (*perf* влаштувати пікнік)

pictorial [pɪk'tɔːrɪəl] *adj* ілюстрований

picture ['pɪktʃə] *n* картина *f* ▷ *vt* зображати (*perf* зобразити) (*на фото, малюнку*)

picture frame ['pɪktʃə freɪm] *n* рама *f*

picturesque [,pɪktʃə'resk] *adj* мальовничий

pie [paɪ] *n* пиріг *m*

piece [piːs] *n* шматок *m*

piecemeal ['piːsmiːl] *adj* уривчастий

pie chart [paɪ tʃɑːt] *n* секторна діаграма *f*

pier [pɪə] *n* пірс *m*

pierce [pɪəs] *vt* проколювати (*perf* проколоти)

pierced [pɪəst] *adj* проколотий

piercing ['pɪəsɪŋ] *n* пірсинг *m* ▷ *adj* пронизливий

piety ['paɪɪtɪ] *n* побожність *f*

pig [pɪg] *n* свиня *f*

pigeon ['pɪdʒɪn] *n* голуб *m*

pigeonhole ['pɪdʒɪn,həʊl] *n* секція шафи з кореспонденцією в організації ▷ *vt* вішати ярлик (*perf* повісити ярлик)

piggybank ['pɪgɪ,bæŋk] *n* скарбничка *f*

pigment ['pɪgmənt] *n* (*frml*) пігмент *m*

pigtail ['pɪg,teɪl] *n* коса (*зачіска*) *f*

pike [paɪk] *n* щука *f*

Pilates [pɪ'lɑːtiːz] *n* пілатес *m*

pile [paɪl] *n* купа *f* ▷ *vt* складати в купу (*perf* скласти в купу)

piles [paɪlz] *npl* геморой *m*

pile-up ['paɪlʌp] *n* велика аварія *f*

pilgrim ['pɪlgrɪm] *n* прочанин *m*

pilgrimage ['pɪlgrɪmɪdʒ] *n* паломництво *nt*

pill [pɪl] *n* пігулка *f*

pillage ['pɪlɪdʒ] *vt* мародерствувати

pillar ['pɪlə] *n* колона *f*

pillow ['pɪləʊ] *n* подушка *f*

pillowcase ['pɪləʊ,keɪs] *n* наволочка *f*

pilot ['paɪlət] *n* пілот *m* ▷ *vt* вести (*літак, судно*)

pilot light ['paɪlət laɪt] *n* малий пальник *m*

pimple ['pɪmpl] *n* прищ *m*

PIN [pɪn] *n* PIN-код *m*

pin [pɪn] *n* шпилька *f* ▷ *vt* пришпилювати (*perf* пришпилити)

pinafore ['pɪnə,fɔː] *n* фартух *m*

pincer ['pɪnsə] *n* клішня *f*

pinch [pɪntʃ] *vt* щипати (*perf* вщипнути)

pine [paɪn] *n* сосна *f* ▷ *vi* тужити (*perf* затужити)

pineapple ['paɪn,æpl] *n* ананас *m*

ping [pɪŋ] *vi* дзвякати (*perf* дзвякнути)

pink [pɪŋk] *adj* рожевий

pinkie ['pɪŋkɪ] *n* (*inf*) мізинець *m*

pinnacle ['pɪnɪkəl] *n* вершина *f* (*шпиляста*); пік *m*

pinpoint ['pɪn,pɔɪnt] *vt* визначати точно (*perf* визначити точно)

pinstripe ['pɪn,straɪp] *n* тонка смужка *f*

pint [paɪnt] *n* пінта *f*

- **PINT**

- Одна пінта дорівнює 0,568 л.

pin-up ['pɪn,ʌp] *n* красунчик *m* (*на постері*) (*f* красуня)

pioneer [,paɪə'nɪə] *n* піонер *m* ▷ *vt* бути ініціатором

pioneering [,paɪə'nɪərɪŋ] *adj* новаторський

pious ['paɪəs] *adj* побожний

pip [pɪp] *n* зернятко *nt*

pipe [paɪp] *n* (= *tube*) труба *f*; (*for smoking*) люлька *f* ▷ *vt* перекачувати трубопроводом (*perf* перекачати трубопроводом)

pipeline ['paɪp,laɪn] n трубопровід m
piper ['paɪpə] n волинщик m (музикант, який грає на волинці)
piping ['paɪpɪŋ] n труби fpl
piracy ['paɪrəsɪ] n піратство nt
pirate ['paɪrɪt] n пірат m
Pisces ['paɪsiːz; 'pɪ-] n Риби pl
piste [piːst] n лижня f
pistol ['pɪstl] n пістоль m
piston ['pɪstən] n поршень m
pit [pɪt] vt протистояти ▷ n кар'єр m
pitch [pɪtʃ] n (= sports ground) гральне поле nt; (sound) діапазон m ▷ vt метати (perf метнути)
pitcher ['pɪtʃə] n глечик m
pitfall ['pɪtfɔːl] n небезпека f
pitiful ['pɪtɪfʊl] adj жалісний
pitted ['pɪtɪd] adj без кісточки m (про плоди); **pitted olives** оливки без кісточок
pity ['pɪtɪ] n жалість f ▷ vt жаліти (perf пожаліти)
pivot ['pɪvət] n стрижень m
pivotal ['pɪvətəl] adj вирішальний
pixel ['pɪksl] n піксель m
pizza ['piːtsə] n піца f
placard ['plækɑːd] n плакат m
placate [plə'keɪt] vt (fml) заспокоювати (perf заспокоїти)
place [pleɪs] n місце nt ▷ vt розміщувати (perf розмістити)
placebo [plə'siːbəʊ] n плацебо nt
placement ['pleɪsmənt] n розміщення nt
place of birth [pleɪs ɒv; əv bɜːθ] n місце народження nt
placid ['plæsɪd] adj спокійний
plagiarism ['pleɪdʒərɪzəm] n плагіат m
plagiarize ['pleɪdʒəraɪz] vt займатися плагіатом
plague [pleɪg] vt мучити
plaice [pleɪs] n камбала f
plaid [pleɪd] n шотландка f (картата тканина)
plain [pleɪn] adj простий ▷ n рівнина f
plain chocolate [pleɪn 'tʃɒklət] n чистий шоколад m
plainly ['pleɪnlɪ] adv явно
plaintiff ['pleɪntɪf] n позивач (позивачка) m(f)
plaintive ['pleɪntɪv] adj (liter) журливий
plait [plæt] n коса (зачіска) f
plan [plæn] n план m ▷ vt, vi планувати (perf спланувати)
plane [pleɪn] n (= aeroplane) літак m; (= flat surface) площина f; (= tool) струальний верстат m
planet ['plænɪt] n планета f
planetary ['plænɪtərɪ] adj планетний
plank [plæŋk] n дошка f
planner ['plænə] n проектувальник (проектувальниця) m(f)
planning ['plænɪŋ] n планування nt

plant [plɑːnt] n (= factory) завод m; (= something that grows in the earth) рослина f ▷ vt садити (perf посадити) (рослину)
plantation [plɑːn'teɪʃən] n плантація f
planter ['plɑːntə] n плантатор m
plant pot [plɑːnt pɒt] n горщик m (для рослин)
plaque [plæk; plɑːk] n пам'ятна дошка f
plasma ['plæzmə] n плазма f
plasma screen ['plæzmə skriːn] n плазмовий монітор m
plasma TV ['plæzmə tiː viː] n плазмовий телевізор m
plaster ['plɑːstə] n (for walls and ceilings) замазка f; (= sticking plaster) пластир m ▷ vt штукатурити (perf поштукатурити)
plastered ['plɑːstəd] adj прилиплий
plastic ['plæstɪk; 'plɑːs-] n пластик m
plastic bag ['plæstɪk bæg] n пластиковий пакет m
plastic surgery ['plæstɪk 'sɜːdʒərɪ] n пластична хірургія f
plate [pleɪt] n тарілка f
plateau ['plætəʊ] n (pl **plateaux**) n плато nt
plated ['pleɪtɪd] adj вкритий металом (позолочений, посріблений)
platform ['plætfɔːm] n платформа f
platinum ['plætɪnəm] n платина f
platitude ['plætɪtjuːd] n банальність f
platonic [plə'tɒnɪk] adj платонічний
platoon [plə'tuːn] n загін m (військ)
platter ['plætə] n таріль f
plausible ['plɔːzɪbəl] adj правдоподібний
play [pleɪ] n п'єса f ▷ vi (children) гратися ▷ vt (musical instrument) грати
player ['pleɪə] n (of sport) гравець m; (of musical instrument) музикант m
playful ['pleɪfʊl] adj грайливий
playground ['pleɪ,graʊnd] n дитячий майданчик m
playgroup ['pleɪ,gruːp] n дошкільна група f
playing card ['pleɪɪŋ kɑːd] n гральна карта f
playing field ['pleɪɪŋ fiːld] n гральне поле nt
playlist ['pleɪlɪst] n список музичних творів, які транслює радіостанція
play-off ['pleɪɒf] n плей-оф m
PlayStation® ['pleɪ,steɪʃən] n гральна приставка f
playtime ['pleɪ,taɪm] n перерва f
playwright ['pleɪ,raɪt] n драматург m
plaza ['plɑːzə] n площа f (ринкова)
plea [pliː] n благання nt
plead [pliːd] vi благати
pleading ['pliːdɪŋ] adj благальний
pleasant ['plɛznt] adj приємний
please [pliːz] excl будь ласка! ▷ vt, vi тішити (perf потішити)
pleased [pliːzd] adj задоволений
pleasing ['pliːzɪŋ] adj приємний

pleasurable ['pleʒərəbəl] adj приємний

pleasure ['pleʒə] n задоволення nt

pleat [pli:t] n складка f

pleated ['pli:tɪd] adj плісирований

pledge [pledʒ] n зобов'язання nt ▷ vt присягатися (perf присягнути)

plentiful ['plentɪfʊl] adj багатий (який існує у великій кількості); **plentiful harvest** багатий урожай

plenty ['plentɪ] n безліч f

plenum ['pli:nəm] n пленарне засідання nt

plethora ['pleθərə] n (frml) надмір m

pliable ['plaɪəbəl] adj гнучкий

pliers ['plaɪəz] npl плоскогубці pl

plight [plaɪt] n скрута f

plod [plɒd] vi плестися (повільно, важко йти)

plot [plɒt] n (= piece of land) ділянка f; (= plan) змова f ▷ vt організовувати змову (perf організувати змову)

plotter ['plɒtə] n змовник (змовниця) m(f)

plough, (US) **plow** [plaʊ] n плуг m ▷ vt орати

plover ['plʌvə] n сивка f (птах)

ploy [plɔɪ] n хитрощі npl

pluck [plʌk] vt (written) зривати (perf зірвати) (квіти, фрукти, листя)

plug [plʌg] (electricity) n штепсельна вилка f; (= stopper) пробка f ▷ vt затикати (perf заткнути); **plug in** [plʌg ɪn] vt підключати (perf підключити)

plughole ['plʌg,həʊl] n зливний отвір m

plum [plʌm] n слива f

plumage ['plu:mɪdʒ] n оперення nt

plumb [plʌm] vt (liter) збагнути perf

plumber ['plʌmə] n слюсар m

plumbing ['plʌmɪŋ] n водопровід f

plume [plu:m] n стовп m (диму, вогню)

plummet ['plʌmɪt] vi стрімко падати (perf стрімко впасти)

plump [plʌmp] adj товстий

plunder ['plʌndə] vt (liter) розграбовувати (perf розграбувати)

plunge [plʌndʒ] vi пірнати (perf пірнути)

plural ['plʊərəl] n множина f

pluralism ['plʊərəlɪzəm] n (frml) плюралізм m

pluralist ['plʊərəlɪst] adj (frml) плюралістичний

plus [plʌs] n (inf) плюс m

plush [plʌʃ] adj шикарний

plutonium [plu:'təʊnɪəm] n плутоній m

ply ['plaɪ] vt частувати (perf почастувати)

plywood ['plaɪ,wʊd] n фанера f

p.m. [pi: ɛm] abbr час пополудні m

pneumatic drill [nju:'mætɪk drɪl] n пневматичне свердло nt

pneumonia [nju:'məʊnɪə] n пневмонія f

poach [pəʊtʃ] vt, vi незаконно полювати (perf незаконно вполювати)

poached [pəʊtʃt] adj (fish, animal, bird) вполюваний браконьєром; (eggs, fish) зварений

pocket ['pɒkɪt] n кишеня f ▷ adj кишеньковий ▷ vt привласнювати (perf привласнити)

pocket calculator ['pɒkɪt 'kælkjʊ,leɪtə] n кишеньковий калькулятор m

pocket money ['pɒkɪt 'mʌnɪ] n кишенькові гроші npl

pod [pɒd] n стручок m

podcast ['pɒd,ka:st] n подкаст m

podiatrist [pə'daɪətrɪst] n (US) = chiropodist

podium ['pəʊdɪəm] n подіум n

poem ['pəʊɪm] n вірш m

poet ['pəʊɪt] n поет m

poetic [pəʊ'ɛtɪk] adj поетичний

poetry ['pəʊɪtrɪ] n поезія f

poignant ['pɔɪnjənt] adj зворушливий

point [pɔɪnt] n (= something stated) ідея f; (needle, pin, knife) вістря nt; (in a game or sport) бал m ▷ vi вказувати (perf вказати); **point out** [pɔɪnt aʊt] vt вказувати (perf вказати)

point-blank [,pɔɪnt'blæŋk] adv категорично

pointed ['pɔɪntɪd] adj загострений

pointer ['pɔɪntə] n підказка f

pointless ['pɔɪntlɪs] adj недоцільний

point of view [,pɔɪnt əv 'vju:] n точка зору f

poise [pɔɪz] n урівноваженість f

poised [pɔɪzd] adj урівноважений

poison ['pɔɪzn] n отрута f ▷ vt труїти (perf отруїти)

poisonous ['pɔɪzənəs] adj отруйний

poke [pəʊk] vt ткнути

poker ['pəʊkə] n покер m

Poland ['pəʊlənd] n Польща f

polar ['pəʊlə] adj полярний

polar bear ['pəʊlə bɛə] n білий ведмідь m

polarize ['pəʊlə,raɪz] vt, vi розколювати (perf розколоти) (думку, людей)

Pole [pəʊl] n (= person) поляк (полька) m(f)

pole [pəʊl] n жердина f

polemic [pə'lɛmɪk] n полеміка f

pole position [pəʊl pə'zɪʃən] n поул-позиція f

pole vault [pəʊl vɔ:lt] n стрибок із жердиною m

police [pə'li:s] npl поліція f

police force [pə'li:s fɔ:s] n поліція f

policeman [pə'li:smən] n поліцейський m

police officer [pə'li:s 'ɒfɪsə] n офіцер поліції m

police station [pə'li:s 'steɪʃən] n поліцейський відділок m

policewoman [pə'li:swʊmən] n жінка-поліцейський f

policy ['pɒlɪsɪ] n політика f (лінія поведінки).

policyholder ['pɒlɪsɪhəʊldə] n власник страхового поліса (власниця страхового поліса) m(f)

policy-making ['pɒlɪsɪmeɪkɪŋ] n вироблення політичного курсу n

polio ['pəʊlɪəʊ] n поліомієліт m

Polish ['pəʊlɪʃ] adj польський ▷ n (= language) польська мова f

polish ['pɒlɪʃ] n поліроль f ▷ vt полірувати

polished ['pɒlɪʃt] adj вишуканий; блискучий (дуже високого рівня)

polite [pə'laɪt] adj ввічливий

politely [pə'laɪtlɪ] adv ввічливо

politeness [pə'laɪtnɪs] n ввічливість f

political [pə'lɪtɪkl] adj політичний

political asylum [pə'lɪtɪkəl ə'saɪləm] n політичний притулок m

political correctness [pə'lɪtɪkəl kə'rɛktnɪs] n політкоректність f

political economy [pə'lɪtɪkəl ɪ'kɒnəmɪ] n політична економія f

politically correct [pə'lɪtɪkəlɪ kə'rɛkt] adj політкоректний

political science [pə'lɪtɪkəl 'saɪəns] n політологія f

political scientist [pə'lɪtɪkəl 'saɪəntɪst] n політолог m

politician [ˌpɒlɪ'tɪʃən] n політик m

politicize [pə'lɪtɪsaɪz] vt політизувати

politics ['pɒlɪtɪks] n політика f

polka ['pɒlkə] n полька f (танок)

poll [pəʊl] n опитування nt ▷ vt опитувати (perf опитати)

pollen ['pɒlən] n пилок m

polling ['pəʊlɪŋ] n голосування nt

polling station ['pəʊlɪŋ 'steɪʃən] n виборча дільниця f

pollster ['pəʊlstə] n опитувач m

pollutant [pə'lu:tənt] n забруднююча речовина f

pollute [pə'lu:t] vt забруднювати (perf забруднити)

polluted [pə'lu:tɪd] adj забруднений

polluter [pə'lu:tə] n забруднювач m

pollution [pə'lu:ʃən] n забруднення nt

polo ['pəʊləʊ] n поло nt

polo-necked sweater ['pəʊləʊnɛkt 'swɛtə] n светр-гольф m

polo shirt ['pəʊləʊ ʃɜːt] n теніска f

polyester [ˌpɒlɪ'ɛstə] n поліестер m

Polynesia [ˌpɒlɪ'ni:ʒə; -ʒɪə] n Полінезія f

Polynesian [ˌpɒlɪ'ni:ʒən; -ʒɪən] adj полінезійський ▷ n (= person) полінезієць (полінезійка) m(f); (= language) полінезійська f

polythene ['pɒlɪθi:n] n поліетилен m

polythene bag ['pɒlɪθi:n bæg] n поліетиленовий пакет m

polyunsaturated [ˌpɒlɪʌn'sætʃəreɪtɪd] adj поліненасичений

pomegranate ['pɒmɪˌgrænɪt; 'pɒmˌgrænɪt] n гранат m

pomposity [pɒm'pɒsɪtɪ] n зарозумілість f

pompous ['pɒmpəs] adj пихатий

pond [pɒnd] n ставок m

ponder ['pɒndə] vt, vi обмірковувати (perf обміркувати)

ponderous ['pɒndərəs] adj важкий (про стиль)

pony ['pəʊnɪ] n поні m

ponytail ['pəʊnɪˌteɪl] n хвіст m (зачіска)

pony trekking ['pəʊnɪ 'trɛkɪŋ] n прогулянки верхи на поні fpl

poodle ['pu:dl] n пудель m

pool [pu:l] n (= resources) запас m; (water) водойма nt ▷ vt об'єднувати в спільний фонд (perf об'єднати в спільний фонд)

poor [pʊə; pɔ:] adj бідний

poorly ['pʊəlɪ; 'pɔ:-] adj хворий

pop [pɒp] n поп (музичний жанр) m(f); (sound) тріск m ▷ vi хлопати (perf хлопнути)

popcorn ['pɒpˌkɔ:n] n попкорн m

pope [pəʊp] n Папа Римський m

poplar ['pɒplə] n тополя f

poppy ['pɒpɪ] n мак m

populace ['pɒpjʊləs] n (frml) населення nt

popular ['pɒpjʊlə] adj популярний

popularity ['pɒpjʊlærɪtɪ] n популярність f

popularize ['pɒpjʊləraɪz] vt популяризувати

popularly ['pɒpjʊləlɪ] adv (inf) популярно; **popularly known as** відомий у народі як

populate ['pɒpjʊˌleɪt] vt населяти (perf населити)

population [ˌpɒpjʊ'leɪʃən] n населення nt

populous ['pɒpjʊləs] adj (frml) густонаселений

pop-up ['pɒpʌp] n спливне вікно nt ▷ adj книжка-розкладачка f

porcelain ['pɔ:səlɪn] n порцеляна f

porch [pɔ:tʃ] n ґанок m

pore [pɔ:] n пори fpl (у шкірі, у матеріалі) ▷ vi уважно вивчати (perf уважно вивчити)

porous ['pɔ:rəs] adj пористий

porridge ['pɒrɪdʒ] n каша f

port [pɔ:t] n (= drink) портвейн m; (for ships) порт m

portable ['pɔ:təbl] adj портативний ▷ n портативний пристрій m

porter ['pɔ:tə] n портьє m

portfolio [pɔ:t'fəʊlɪəʊ] n портфоліо nt

portion ['pɔ:ʃən] n порція f

portrait ['pɔ:trɪt; -treɪt] n портрет m

portray [pɔ:'treɪ] vt зображати (perf зобразити)

portrayal [pɔ:'treɪəl] n зображення nt

Portugal ['pɔ:tjʊgl] n Португалія f

Portuguese [ˌpɔ:tjʊ'gi:z] adj португальський ▷ npl (= people) португалець (португалка) m(f); (= language) португальська f

pose [pəʊz] vt являти собою (проблему, небезпеку) ▷ n поза f

posh [pɒʃ] adj (inf) шикарний

position [pə'zɪʃən] n позиція f; (frml) посада f

positive ['pɒzɪtɪv] adj позитивний

positively ['pɒzɪtɪvlɪ] adv безумовно

possess [pə'zɛs] vt володіти

possessed [pə'zɛst] adj одержимий

possession [pə'zɛʃən] n (frml) володіння nt; майно nt

possessive [pə'zɛsɪv] adj егоїстичний (який претендує на всю увагу іншої людини)

possibility [ˌpɒsɪ'bɪlɪtɪ] n можливість f

possible ['pɒsɪbl] adj можливий

possibly ['pɒsɪblɪ] adv можливо

post [pəʊst] n (= stake) стовп m; (= position) пост m; (= mail) пошта f ▷ vt відсилати (perf відіслати) поштою; оголошувати (perf оголосити) (через Інтернет); вивішувати (perf вивісити) (оголошення, знак)

postage ['pəʊstɪdʒ] n вартість пересилки f

postal ['pəʊstəl] adj поштовий

postal order ['pəʊstəl 'ɔːdə] n поштовий переказ m

postbox ['pəʊst,bɒks] n поштова скринька f

postcard ['pəʊst,kɑːd] n листівка f

postcode ['pəʊst,kəʊd] n поштовий індекс m

poster ['pəʊstə] n афіша f

postgraduate [pəʊst'ɡrædjʊɪt] n аспірант m ▷ adj аспірантський

posthumous ['pɒstjʊməs] adj посмертний

postman ['pəʊstmən] n листоноша m

postmark ['pəʊst,mɑːk] n поштова марка f

post-modern [ˌpəʊst'mɒdən] adj постмодерністський

postmortem [pəʊst'mɔːtəm] n розтин трупа m

post office [pəʊst 'ɒfɪs] n пошта f

postpone [pəʊst'pəʊn; pə'spəʊn] vt відкладати (perf відкласти)

postponement [pəʊst'pəʊnmənt] n відкладання nt (на пізніший час)

postscript ['pəʊstskrɪpt] n постскриптум m

postulate ['pɒstjʊleɪt] vt (frml) постулювати

posture ['pɒstʃə] n постава f ▷ vi (frml) ставати в позу (намагатися вразити)

post-war [ˌpəʊst'wɔː] adj повоєнний

postwoman ['pəʊstwʊmən] n листоноша f

pot [pɒt] n горщик m

potassium [pə'tæsɪəm] n калій m

potato [pə'teɪtəʊ] (pl **potatoes**) n картопля f

potato peeler [pə'teɪtəʊ 'piːlə] n картоплечистка f

potency ['pəʊtənsɪ] n сила f

potent ['pəʊtənt] adj могутній

potential [pə'tɛnʃəl] adj потенційний ▷ n потенціал m

pothole ['pɒt,həʊl] n вибоїна f

potion ['pəʊʃən] n зілля nt (напій)

pot plant [pɒt plɑːnt] n кімнатна рослина f

pottery ['pɒtərɪ] n гончарні вироби mpl

potty ['pɒtɪ] n дитячий горщик m

pouch [paʊtʃ] n мішечок m; сумка f (у тварин)

poultry ['pəʊltrɪ] npl птиця f

pounce [paʊns] vi накидатися (perf накинутися)

pound [paʊnd] n фунт m ▷ vt, vi лупцювати (perf відлупцювати)

POUND

Міра ваги, що дорівнює 0,454 кг.

pound sterling [paʊnd 'stɜːlɪŋ] n фунт стерлінгів m

pour [pɔː] vt лити (perf налити)

poverty ['pɒvətɪ] n бідність f

powder ['paʊdə] n порошок m ▷ vt пудрити (perf напудрити)

powdered ['paʊdəd] adj порошковий

power ['paʊə] n (= control) влада f; (= strength) сила f

power base ['paʊə beɪs] n політична опора f

power broker ['paʊə 'brəʊkə] n впливова фігура f

power cut ['paʊə kʌt] n відключення електроенергії nt

powerful ['paʊəfʊl] adj могутній

powerhouse ['paʊəhaʊs] n центр впливу m

powerless ['paʊələs] adj безсилий

power line ['paʊə laɪn] n лінія електропередачі f

power-sharing ['paʊə,ʃɛərɪŋ] n розподіл влади f

power station ['paʊə 'steɪʃən] n електростанція f

power steering ['paʊə 'stɪərɪŋ] n кермове управління з підсилювачем

practicable ['præktɪkəbəl] adj (frml) здійсненний

practical ['præktɪkl] adj практичний

practicality [ˌpræktɪ'kælɪtɪ] n практичність f

practically ['præktɪkəlɪ; -klɪ] adv практично

practice ['præktɪs] n (= custom) практика f; (= exercise) тренування nt

practise, (US) **practice** ['præktɪs] vt, vi практикувати nt

practitioner [præk'tɪʃənə] n (frml) практикуючий лікар (практикуюча лікарка) m(f)

pragmatic [præɡ'mætɪk] adj прагматичний

pragmatism ['præɡmətɪzəm] n (frml) прагматизм m

prairie ['preərɪ] *n* прерія *f*

praise [preɪz] *vt* хвалити (*perf* похвалити) ▷ *n* похвала *f*

pram [præm] *n* візок *m*

prank [præŋk] *n* (*old*) витівка *f*

prawn [prɔːn] *n* креветка *f*

pray [preɪ] *vt, vi* молитися (*perf* помолитися)

prayer [preə] *n* молитва *f*

preach [priːtʃ] *vt, vi* проповідувати

preacher ['priːtʃə] *n* проповідник (проповідниця) *m(f)*

precarious [prɪ'kɛərɪəs] *adj* ненадійний

precaution [prɪ'kɔːʃən] *n* обережність *f*

precede [prɪ'siːd] *vt* (*frml*) передувати

precedence ['prɛsɪdəns] *n* пріоритет *m*

precedent ['prɛsɪdənt] *n* (*frml*) прецедент *m*

preceding [prɪ'siːdɪŋ] *adj* попередній

precept ['priːsɛpt] *n* (*frml*) настанова *f*

precinct ['priːsɪŋkt] *n* огороджена територія *f*

precious ['prɛʃəs] *adj* цінний

precious metal ['prɛʃəs 'mɛtəl] *n* коштовний метал *m*

precipitate [prɪ'sɪpɪteɪt] *vt* (*frml*) прискорювати (*perf* прискорити) ▷ *adj* [prɪ'sɪpɪtɪt] (*frml*) поспішний

precipitous [prɪ'sɪpɪtəs] *adj* стрімкий

precise [prɪ'saɪs] *adj* точний

precisely [prɪ'saɪslɪ] *adv* точно

precision [prɪ'sɪʒən] *n* точність *f*

preclude [prɪ'kluːd] *vt* (*frml*) перешкоджати (*perf* перешкодити)

precocious [prɪ'kəʊʃəs] *adj* дуже розвинений як на свій вік

preconception [,priːkən'sɛpʃən] *n* заздалегідь сформована думка

precondition [,priːkən'dɪʃən] *n* (*frml*) передумова *f*

precursor [priː'kɜːsə] *n* предтеча *m/f*

predator ['prɛdətə] *n* хижак *m*

predatory ['prɛdətərɪ] *adj* хижий

predecessor ['priːdɪˌsɛsə] *n* попередник *m*

predicament [prɪ'dɪkəmənt] *n* скрута *f*

predict [prɪ'dɪkt] *vt* передбачати (*perf* передбачити)

predictable [prɪ'dɪktəbl] *adj* передбачуваний

prediction [prɪ'dɪkʃən] *n* прогноз *m*

predisposition [,priːdɪspə'zɪʃən] *n* (*frml*) схильність *f*

predominant [prɪ'dɒmɪnənt] *adj* домінантний

predominantly [prɪ'dɒmɪnəntlɪ] *adv* здебільшого

predominate [prɪ'dɒmɪneɪt] *vi* (*frml*) домінувати

pre-eminent [prɪ'ɛmɪnənt] *adj* (*frml*) видатний

pre-empt [prɪ'ɛmpt] *vt* запобігати (*perf* запобігти)

preface ['prɛfəs] *n* передмова *f* ▷ *vt* робити вступ (*perf* зробити вступ)

prefect ['priːfɛkt] *n* староста *m*

⁕ **PREFECT**
⁕
⁕ Староста школи. Старостами можуть
⁕ бути лише старшокласники. Вони
⁕ допомагають учителям підтримувати
⁕ дисципліну в школі.

prefer [prɪ'fɜː] *vt* віддавати перевагу (*perf* віддати)

preferable ['prɛfərəbəl] *adj* кращий

preferably ['prɛfərəblɪ; 'prɛfrəblɪ] *adv* бажано

preference ['prɛfərəns; 'prɛfrəns] *n* перевага *f*

preferential [,prɛfə'rɛnʃəl] *adj* привілейований

prefix ['priːfɪks] *n* телефонний код *m*

pregnancy ['prɛgnənsɪ] *n* вагітність *f*

pregnant ['prɛgnənt] *adj* вагітна

preheat [,priː'hiːt] *vt* попередньо розігрівати

prehistoric [,priːhɪ'stɒrɪk] *adj* доісторичний

prejudice ['prɛdʒʊdɪs] *n* упередження *nt* ▷ *vt* викликати упередження (*perf* викликати упередження)

prejudiced ['prɛdʒʊdɪst] *adj* упереджений

preliminary [prɪ'lɪmɪnərɪ] *adj* попередній (підготовчий) ▷ *n* попередні дії *npl* (підготовчі)

prelude ['prɛljuːd] *n* прелюдія *f*

premature [,prɛmə'tjʊə; 'prɛmə,tjʊə] *adj* передчасний

premier ['prɛmɪə] *n* прем'єр-міністр *m* ▷ *adj* головний

premiere ['prɛmɪˌɛə; 'prɛmɪə] *n* прем'єра *f* ▷ *vt, vi* демонструвати(ся) вперше (*perf* продемонструвати(ся) вперше) (про фільм, шоу)

premiership ['prɛmɪəʃɪp] *n* прем'єрство *nt*

premises ['prɛmɪsɪz] *npl* приміщення *pl*; територія *f* (приміщення з земельною ділянкою)

premium ['priːmɪəm] *n* страховий внесок *m* ▷ *adj* першосортний

premonition [,prɛmə'nɪʃən] *n* передчуття *nt*

preoccupation [prɪ,ɒkjʊ'peɪʃən] *n* поглинутість *f*

preoccupied [priː'ɒkjʊˌpaɪd] *adj* зайнятий

preoccupy [prɪ'ɒkjʊpaɪ] *vt* турбувати (*perf* стурбувати)

prepaid [priː'peɪd] *adj* передплачений

preparation [,prɛpə'reɪʃən] *n* приготування *nt* ▷ *npl* приготування *npl*

preparatory [prɪ'pærətərɪ] *adj* підготовчий

prepare [prɪ'pɛə] *vt, vi* готуватися(ся) (*perf* приготувати(ся))

prepared [prɪ'pɛəd] adj приготований

preposition [ˌprɛpə'zɪʃən] n прийменник m

preposterous [prɪ'pɒstərəs] adj безглуздий

prerequisite [ˌpriː'rɛkwɪzɪt] n передумова f

prerogative [prɪ'rɒgətɪv] n (frml) прерогатива f

prescribe [prɪ'skraɪb] vt призначати (perf призначити)

prescription [prɪ'skrɪpʃən] n рецепт m (медичний)

presence ['prɛzəns] n присутність f

present ['prɛzənt] adj присутній ▷ n (= current time) сьогодення nt; (= gift) дарунок m ▷ vt [prɪ'zɛnt] вручати (perf вручити)

presentation [ˌprɛzən'teɪʃən] n вручення nt

present-day [ˌprɛzənt'deɪ] adj нинішній

presenter [prɪ'zɛntə] n ведучий (ведуча) m(f)

presently ['prɛzəntlɪ] adv наразі

preservative [prɪ'zɜːvətɪv] n консервант m

preserve [prɪ'zɜːv] vt (= retain) зберігати (perf зберегти); (food) консервувати (perf законсервувати)

preside [prɪ'zaɪd] vi головувати

presidency ['prɛzɪdənsɪ] n президентство nt

president ['prɛzɪdənt] n президент m

president-elect [ˌprɛzɪdəntɪ'lɛkt] n новообраний президент m (який ще не вступив на посаду)

presidential [ˌprɛzɪ'dɛnʃəl] adj президентський

press [prɛs] n преса f ▷ vt тиснути (perf натиснути)

press conference [prɛs 'kɒnfrəns] n прес-конференція f

pressed [prɛst] adj якому бракує

pressing ['prɛsɪŋ] adj нагальний

press officer [prɛs 'ɒfɪsə] n менеджер зі зв'язів із громадськістю

press release [prɛs rɪ'liːs] n прес-реліз m

press secretary [prɛs 'sɛkrətərɪ] n прес-секретар m

press-up ['prɛsʌp] n віджимання nt (фізична вправа)

pressure ['prɛʃə] n тиск m ▷ vt тиснути (perf натиснути)

pressure group ['prɛʃə gruːp] n група тиску (впливає на офіційні рішення)

pressurized ['prɛʃəˌraɪzd] adj герметичний

prestige [prɛ'stiːʒ] n престиж m

prestigious [prɛ'stɪdʒəs] adj престижний

presumably [prɪ'zjuːməblɪ] adv імовірно

presume [prɪ'zjuːm] vt припускати (perf припустити)

presumption [prɪ'zʌmpʃən] n презумпція f

presumptuous [prɪ'zʌmptʃʊəs] adj самовпевнений

pre-tax [ˌpriː'tæks] adj до сплати податків

pretence, (US) **pretense** [prɪ'tɛns] n удавання nt

pretend [prɪ'tɛnd] vt прикидатися (perf прикинутися)

pretender [prɪ'tɛndə] n претендент (претендентка) m(f)

pretension [prɪ'tɛnʃən] n претензія f

pretentious [prɪ'tɛnʃəs] adj претензійний

pretext ['priːtɛkst] n вигаданий привід f

prettily ['prɪtɪlɪ] adv гарненько

pretty ['prɪtɪ] adj гарненький ▷ adv досить

prevail [prɪ'veɪl] vi переважати (perf переважити)

prevalent ['prɛvələnt] adj поширений

prevent [prɪ'vɛnt] vt запобігати (perf запобігти)

prevention [prɪ'vɛnʃən] n запобігання nt

preventive [prɪ'vɛntɪv] adj превентивний

preview ['priːvjuː] n попередній перегляд m (фільму, виставки)

previous ['priːvɪəs] adj попередній

previously ['priːvɪəslɪ] adv раніше

pre-war [ˌpriː'wɔː] adj довоєнний

prey [preɪ] n здобич f ▷ vi полювати (perf уполювати) (про полювання одних тварин на інших)

price [praɪs] n ціна f

priceless ['praɪsləs] adj безцінний

price list [praɪs lɪst] n прайс-ліст m

price tag [praɪs tæg] n (written) цінник m

prick [prɪk] vt колоти ▷ n укол m

prickly ['prɪklɪ] adj колючий

pride [praɪd] n гордість f

priestess ['priːstɛs] n жриця f

priesthood ['priːsthʊd] n священство nt

primacy ['praɪməsɪ] n (frml) верховенство nt

primal ['praɪməl] adj (frml) первісний

primarily ['praɪmərəlɪ] adv головним чином

primary ['praɪmərɪ] adj (frml) перший

primary school ['praɪmərɪ skuːl] n початкова школа f

primate ['praɪmeɪt] n примат m

prime [praɪm] adj найважливіший ▷ n розквіт m ▷ vt інструктувати (проінструктувати)

prime minister [praɪm 'mɪnɪstə] n прем'єр-міністр m

prime rate [praɪm reɪt] n базова ставка f

prime time [praɪm taɪm] n прайм-тайм m (найкращий ефірний час)

primitive ['prɪmɪtɪv] adj примітивний

primrose ['prɪmˌrəʊz] n примула f

prince [prɪns] n принц m

princess [prɪn'sɛs] n принцеса f

principal ['prɪnsɪpl] adj головний ▷ n директор m

principally ['prɪnsɪpəlɪ] adv здебільшого

principle ['prɪnsɪpl] n принцип m

principled ['prɪnsəpld] *adj* принциповий

print [prɪnt] *vt, vi* друкувати (*perf* надрукувати)

printer ['prɪntə] *n* (= *person*) працівник друкарні (працівниця друкарні) *m(f)*; (= *machine*) принтер *m*

printing ['prɪntɪŋ] *n* видання *nt* (*одночасно виданий наклад*)

printout ['prɪntaʊt] *n* роздруківка *f*

prior ['praɪə] *adj* попередній

prioritize [praɪ'ɒrɪtaɪz] *vt* визначати пріоритети (*perf* визначити пріоритети)

priority [praɪ'ɒrɪtɪ] *n* пріоритет *m*

priory ['praɪərɪ] *n* монастир *m* (*невеликий*)

prison ['prɪzn] *n* в'язниця *f*

prisoner ['prɪzənə] *n* в'язень *m*

prisoner of war ['prɪznər əv wɔ:] *n* військовополонений *m*

prison officer ['prɪzn 'ɒfɪsə] *n* наглядач у в'язниці *m*

pristine ['prɪstaɪn] *adj* (*frml*) чистий

privacy ['praɪvəsɪ; 'prɪvəsɪ] *n* усамітнення *nt*

private ['praɪvɪt] *adj* приватний

private enterprise ['praɪvɪt 'ɛntə,praɪz] *n* приватне підприємство *nt*

private eye ['praɪvət aɪ] *n* (*inf*) приватний детектив *m*

privately ['praɪvɪtlɪ] *adv* особисто

private property ['praɪvɪt 'prɒpətɪ] *n* приватна власність *f*

private school ['praɪvət sku:l] *n* приватна школа *f*

private sector ['praɪvət 'sɛktə] *n* приватний сектор *m*

privatize ['praɪvɪ,taɪz] *vt* приватизувати

privilege ['prɪvɪlɪdʒ] *n* привілей *m*

privileged ['prɪvɪlɪdʒd] *adj* привілейований

privy ['prɪvɪ] *adj* (*frml*) посвячений (*у таємницю*)

prize [praɪz] *n* приз *m* ▷ *vt* цінувати

prize-giving ['praɪz,gɪvɪŋ] *n* вручення призу *nt*

prizewinner ['praɪz,wɪnə] *n* переможець *m*

proactive [prəʊ'æktɪv] *adj* випереджальний

probability [,prɒbə'bɪlɪtɪ] *n* можливість *f*

probable ['prɒbəbl] *adj* можливий

probably ['prɒbəblɪ] *adv* можливо

probation [prə'beɪʃən] *n* пробація *f* (*вид умовного засудження*)

probation officer [prə'beɪʃən 'ɒfɪsə] *n* особа, яка наглядає за умовно засудженими

probe [prəʊb] *vi* розслідувати

problem ['prɒbləm] *n* проблема *f*

problematic [,prɒblə'mætɪk] *adj* проблематичний

procedural [prə'si:dʒərəl] *adj* (*frml*) процесуальний

procedure [prəʊ'si:dʒə] *n* процедура *f*

proceed [prə'si:d] *vt* переходити (*perf* перейти) (*братися до чогось*) ▷ *npl* виручка *f* (*витора*)

proceeding [prə'si:dɪŋ] *n* (*frml*) судове переслідування *nt*

proceedings [prə'si:dɪŋz] *npl* (*frml*) судовий процес *m*

proceeds ['prəʊsi:dz] *npl* збори *pl*

process ['prəʊsɛs] *n* процес *m*

procession [prə'sɛʃən] *n* процесія *f*

processor ['prəʊsɛsə] *n* процесор *m*

proclaim [prə'kleɪm] *vt* проголошувати (*perf* проголосити)

proclamation [,prɒklə'meɪʃən] *n* проголошення *nt*

procure [prə'kjʊə] *vt* (*frml*) добувати (*perf* добути)

procurement [prə'kjʊəmənt] *n* (*frml*) закупівля *f*

prod [prɒd] *vt* тикати (*perf* ткнути)

prodigious [prə'dɪdʒəs] *adj* (*liter*) дивовижний

prodigy ['prɒdɪdʒɪ] *n* вундеркінд *m*

produce [prə'dju:s] *vt* виробляти (*perf* виробити)

producer [prə'dju:sə] *n* продюсер *m*

product ['prɒdʌkt] *n* товар *m*

production [prə'dʌkʃən] *n* (= *manufacture*) виробництво *nt*; (= *staging*) постановка *f*

production line [prə'dʌkʃən laɪn] *n* конвеєр *m*

productive [prə'dʌktɪv] *adj* продуктивний

productivity [,prɒdʌk'tɪvɪtɪ] *n* продуктивність *f*

product line ['prɒdʌkt laɪn] *n* товарна лінія *f*

profess [prə'fɛs] *vt* (*frml*) прикидатися (*perf* прикинутися)

profession [prə'fɛʃən] *n* професія *f*

professional [prə'fɛʃənl] *adj* професійний ▷ *n* професіонал *m*

professionalism [prə'fɛʃənəlɪzəm] *n* професіоналізм *m*

professionally [prə'fɛʃənəlɪ] *adv* професійно

professor [prə'fɛsə] *n* професор *m*

proffer ['prɒfə] *vt* (*frml*) простягати (*perf* простягти)

proficiency [prə'fɪʃənsɪ] *n* уміння *nt*

proficient [prə'fɪʃənt] *adj* умілий

profile ['prəʊfaɪl] *n* профіль *m*

profit ['prɒfɪt] *n* прибуток *m* ▷ *vi* отримувати прибуток (*perf* отримати прибуток)

profitable ['prɒfɪtəbl] *adj* прибутковий

profiteering [,prɒfɪ'tɪərɪŋ] *n* спекуляція *f*

profit-making ['prɒfɪtmeɪkɪŋ] *adj* прибутковий

profit margin ['prɒfɪt 'mɑ:dʒɪn] *n* розмір прибутку *m*

profit-sharing [ˈprɒfɪtʃɛərɪŋ] *n* залучення працівників до участі в прибутках

profit-taking [ˈprɒfɪtteɪkɪŋ] *n* реалізація прибутку шляхом купівлі-продажу цінних паперів

profound [prəˈfaʊnd] *adj* надзвичайний

profusion [prəˈfjuːʒən] *n* (*frml*) безліч *f*

prognosis [prɒgˈnəʊsɪs] *n* (*frml*) прогноз *m*

program [ˈprəʊgræm] *n* програма *f* ▷ *vt* програмувати (*perf* запрограмувати)

programme [ˈprəʊgræm], (*US*) **program** [ˈprəʊgræm] *n* програма *f*

programmer [ˈprəʊgræmə] *n* програміст *m*

programming [ˈprəʊgræmɪŋ] *n* програмування *nt*

progress [ˈprəʊgrɛs] *n* прогрес *m* ▷ *vi* [prəˈgrɛs] робити успіхи (*perf* зробити успіхи)

progression [prəʊˈgrɛʃən] *n* розвиток *m*

progressive [prəˈgrɛsɪv] *adj* прогресивний

prohibit [prəˈhɪbɪt] *vt* (*frml*) забороняти (*perf* заборонити)

prohibited [prəˈhɪbɪtɪd] *adj* заборонений

prohibition [ˌprəʊɪˈbɪʃən] *n* заборона *f*

prohibitive [prəˈhɪbɪtɪv] *adj* (*frml*) непомірно високий (*про ціни, витрати*)

project [ˈprɒdʒɛkt] *n* проект *m* ▷ *vt* [prəˈdʒɛkt] прогнозувати

projection [prəˈdʒɛkʃən] *n* прогноз *m*

projector [prəˈdʒɛktə] *n* проектор *m*

proliferate [prəʊˈlɪfəreɪt] *vi* (*frml*) розмножуватися (*perf* розмножитися) (*збільшуватися кількісно*)

prolific [prəʊˈlɪfɪk] *adj* плідний

prologue [ˈprəʊlɒg], (*US*) **prolog** [ˈprəʊlɒg] *n* пролог *m*

prolong [prəʊˈlɒŋ] *vt* подовжувати (*perf* подовжити)

prolonged [prəʊˈlɒŋd] *adj* продовжений

prom [prɒm] *n* випускний вечір *m*

promenade [ˌprɒməˈnɑːd] *n* променад *m*

prominence [ˈprɒmɪnəns] *n* популярність *f*

prominent [ˈprɒmɪnənt] *adj* знаменитий

promise [ˈprɒmɪs] *n* обіцянка *f* ▷ *vt* обіцяти (*perf* пообіцяти)

promising [ˈprɒmɪsɪŋ] *adj* перспективний

promo [ˈprəʊməʊ] *n* (*inf*) рекламний ролик *m*

promote [prəˈməʊt] *vt* просувати (*perf* просунути); підвищувати на посаді (*perf* підвищити на посаді)

promoter [prəˈməʊtə] *n* агент *m* (*боксера, актора*)

promotion [prəˈməʊʃən] *n* просування *nt*, підвищення на посаді *nt*

promotional [prəˈməʊʃənəl] *adj* рекламний

prompt [prɒmpt] *adj* миттєвий ▷ *vt* підштовхувати (*perf* підштовхнути) (*спонукати*)

prompting [ˈprɒmptɪŋ] *n* спонукання *nt*

promptly [ˈprɒmptlɪ] *adv* миттєво

prone [prəʊn] *adj* схильний

pronoun [ˈprəʊnaʊn] *n* займенник *m*

pronounce [prəˈnaʊns] *vt* проголошувати (*perf* проголосити)

pronounced [prəˈnaʊnst] *adj* виражений

pronouncement [prəˈnaʊnsmənt] *n* заява *f* (*твердження, виступ*)

pronunciation [prəˌnʌnsɪˈeɪʃən] *n* вимова *f*

proof [pruːf] *n* (= *evidence*) доказ *m*; (*printed*) пробний відбиток *m*

proofread [ˈpruːfriːd] *vt, vi* вичитувати (*perf* вичитати) (*коректуру*)

prop [prɒp] *vt* підпирати (*perf* підперти) (*чимось*) ▷ *n* опора *f*

propaganda [ˌprɒpəˈgændə] *n* пропаганда *f*

propagate [ˈprɒpəgeɪt] *vt* (*frml*) пропагувати

propel [prəˈpɛl] *vt* приводити в рух (*perf* привести в рух)

propeller [prəˈpɛlə] *n* пропелер *m*

propensity [prəˈpɛnsɪtɪ] *n* (*frml*) схильність *f*

proper [ˈprɒpə] *adj* відповідний

properly [ˈprɒpəlɪ] *adv* відповідно

property [ˈprɒpətɪ] *n* (*frml*) власність *f*; (*frml*) нерухомість *f*

prophecy [ˈprɒfɪsɪ] *n* пророцтво *nt*

prophet [ˈprɒfɪt] *n* пророк (пророчиця) *m(f)*

prophetic [prəʊˈfɛtɪk] *adj* пророчий

proponent [prəˈpəʊnənt] *n* (*frml*) поборник (поборниця) *m(f)*

proportion [prəˈpɔːʃən] *n* (*frml*) пропорція *f*

proportional [prəˈpɔːʃənl] *adj* (*frml*) пропорційний

proposal [prəˈpəʊzl] *n* пропозиція *f*

propose [prəˈpəʊz] *vt* пропонувати (*perf* запропонувати)

proposition [ˌprɒpəˈzɪʃən] *n* пропозиція *f*

proprietary [prəˈpraɪətərɪ] *adj* (*frml*) патентований

proprietor [prəˈpraɪətə] *n* (*frml*) власник *m*

proprietress [prəˈpraɪətrɪs] *n* (*frml*) власниця *f*

propulsion [prəˈpʌlʃən] *n* (*frml*) рушійна сила *f*

pro rata [prəʊ ˈrɑːtə] *adv* (*frml*) пропорційно

prosaic [prəʊˈzeɪɪk] *adj* (*frml*) прозаїчний

prose [prəʊz] *n* проза *f*

prosecute [ˈprɒsɪkjuːt] *vt, vi* притягати до відповідальності (*perf* притягти)

prosecution [ˌprɒsɪˈkjuːʃən] *n* переслідування *nt* (*судове*)

prosecutor [ˈprɒsɪkjuːtə] *n* обвинувач *m*

prospect [ˈprɒspɛkt] *n* перспектива *f*

prospective [prəˈspɛktɪv] *adj* потенційний

prospectus [prəˈspɛktəs] *n* проспект *m*

prosper [ˈprɒspə] *vi* (*frml*) процвітати

prosperity [prɒˈspɛrɪtɪ] n процвітання nt
prosperous [ˈprɒspərəs] adj (frml)
заможний
prostate [ˈprɒsteɪt] n простата f
protagonist [prəʊˈtæɡənɪst] n (frml)
поборник (поборниця) m(f)
protect [prəˈtɛkt] vt захищати (perf
захистити)
protection [prəˈtɛkʃən] n захист m
protectionist [prəˈtɛkʃənɪst] adj
протекціоністський
protective [prəˈtɛktɪv] adj захисний
protector [prəˈtɛktə] n захисник
(захисниця) m(f)
protégé [ˈprɒtəʒeɪ] n протеже m/f
protein [ˈprəʊtiːn] n протеїн m
protest [ˈprəʊtɛst] n протест m ▷ vt, vi
[prəˈtɛst] протестувати
protester [prəˈtɛstə] n протестувальник
(протестувальниця) m(f)
protocol [ˈprəʊtəkɒl] n протокол m
(правила етикету)
proton [ˈprəʊtɒn] n протон m
prototype [ˈprəʊtəʊtaɪp] n прототип m
protracted [prəˈtræktɪd] adj (frml)
затяжний
protrude [prəˈtruːd] vi (frml) виступати (perf
виступити) (видаватися вперед)
proud [praʊd] adj гордий
prove [pruːv] vb +complement доводити (perf
довести) ▷ vt доводити (perf довести)
proverb [ˈprɒvɜːb] n прислів'я nt
proverbial [prəˈvɜːbɪəl] adj
загальновідомий (класичний
хрестоматійний приклад)
provide [prəˈvaɪd] vt забезпечувати (perf
забезпечити); **provide for** [prəˈvaɪd fɔː; fə]
vt забезпечувати (perf забезпечити)
provided [prəˈvaɪdɪd] conj за умови
providence [ˈprɒvɪdəns] n (liter)
провидіння nt
providing [prəˈvaɪdɪŋ] conj за умови що
province [ˈprɒvɪns] n провінція f
provincial [prəˈvɪnʃəl] adj провінційний
provision [prəˈvɪʒən] n надання nt
provisional [prəˈvɪʒənl] adj попередній
provocation [ˌprɒvəˈkeɪʃən] n провокація f
provocative [prəˈvɒkətɪv] adj
провокаційний
provoke [prəˈvəʊk] vt провокувати (perf
спровокувати)
prowess [ˈpraʊəs] n (frml) мистецтво nt
(майстерність)
prowl [praʊl] vi скрадатися
proximity [prɒkˈsɪmɪtɪ] n (frml) близькість f
proxy [ˈprɒksɪ] n доручення nt; **by proxy** за
дорученням (довіреністю)
prude [pruːd] n ханжа m/f
prudence [ˈpruːdəns] n (frml)
розважливість f
prudent [ˈpruːdənt] adj розважливий

prune [pruːn] n чорнослив m
pry [praɪ] vi втручатися (perf втрутитися)
pseudonym [ˈsjuːdəˌnɪm] n псевдонім m
psychedelic [ˌsaɪkəˈdɛlɪk] adj
галюциногенний
psychiatric [ˌsaɪkɪˈætrɪk] adj
психіатричний
psychiatrist [saɪˈkaɪətrɪst] n психіатр m
psychiatry [saɪˈkaɪətrɪ] n психіатрія f
psychic [ˈsaɪkɪk] adj екстрасенсорний
psychoanalysis [ˌsaɪkəʊəˈnælɪsɪs] n
психоаналіз m
psychoanalyst [ˌsaɪkəʊˈænəlɪst] n
психоаналітик m
psychological [ˌsaɪkəˈlɒdʒɪkl] adj
психологічний
psychologist [saɪˈkɒlədʒɪst] n психолог m
psychology [saɪˈkɒlədʒɪ] n психологія f
psychopath [ˈsaɪkəʊpæθ] n психопат
(психопатка) m(f)
psychosis [saɪˈkəʊsɪs] (pl **psychoses**) n
психоз m
psychotherapist [ˌsaɪkəʊˈθɛrəpɪst] n
психотерапевт m
psychotherapy [ˌsaɪkəʊˈθɛrəpɪ] n
психотерапія f
psychotic [saɪˈkɒtɪk] adj психічно хворий
PTO [piː tiː əʊ] abbr див. на звороті
puberty [ˈpjuːbətɪ] n статева зрілість f
public [ˈpʌblɪk] adj публічний ▷ n громада f
publication [ˌpʌblɪˈkeɪʃən] n публікація f
public company [ˈpʌblɪk ˈkʌmpənɪ] n
відкрита акціонерна компанія f
public holiday [ˈpʌblɪk ˈhɒlɪdeɪ] n
національне свято nt
publicist [ˈpʌblɪsɪst] n агент m (який
рекламує певних осіб, події)
publicity [pʌˈblɪsɪtɪ] n реклама f
publicize [ˈpʌblɪsaɪz] vt рекламувати (perf
прорекламувати)
public opinion [ˈpʌblɪk əˈpɪnjən] n
громадська думка f
public relations [ˈpʌblɪk rɪˈleɪʃənz] npl
зв'язки з громадськістю pl
public school [ˈpʌblɪk skuːl] n приватна
школа f
public sector [ˈpʌblɪk ˈsɛktə] n державний
сектор m
public service [ˈpʌblɪk ˈsɜːvɪs] n
громадські послуги (охорона здоров'я,
транспорт тощо)
public transport [ˈpʌblɪk ˈtrænspɔːt], (US)
public transportation [ˈpʌblɪk
ˌtrænspɔːˈteɪʃən] n громадський
транспорт m
public works [ˈpʌblɪk wɜːks] npl
громадські споруди fpl (будівлі, дороги та
інші проекти)
publish [ˈpʌblɪʃ] vt публікувати (perf
опублікувати)
publisher [ˈpʌblɪʃə] n видавництво nt

publishing [ˈpʌblɪʃɪŋ] *n* видавнича справа *f*

publishing house [ˈpʌblɪʃɪŋ haʊs] *n* видавництво *nt*

pudding [ˈpʊdɪŋ] *n* пудинг *m*

puddle [ˈpʌdl] *n* калюжа *f*

Puerto Rico [ˈpwɜːtəʊ ˈriːkəʊ; ˈpwɛə-] *n* Пуерто-Рико *n ind*

puff [pʌf] *vi* пускати клуби диму

puff pastry [pʌf ˈpeɪstrɪ] *n* листкове тісто *nt*

pull [pʊl] *vt, vi* тягти (*perf* потягти); **pull down** [pʊl daʊn] *n* зносити (*perf* знести); **pull out** [pʊl aʊt] *vi* виїжджати (*perf* виїхати); **pull up** [pʊl ʌp] *vi* зупинятися (*perf* зупинитися)

pullover [ˈpʊl̩əʊvə] *n* пуловер *m*

pulp [pʌlp] *n* м'яка маса ▷ *adj* бульварний (*про статтю, роман*)

pulpit [ˈpʊlpɪt] *n* кафедра *f* (*проповідника*)

pulsate [pʌlˈseɪt] *vi* тремтіти (*perf* затремтіти)

pulse [pʌls] *n* пульс *m* ▷ *vi* пульсувати

pulses [ˈpʌlsɪz] *npl* бобові *pl*

pump [pʌmp] *n* насос *m* ▷ *vt* качати (*perf* викачати); **pump up** [pʌmp ʌp] *vt* накачувати (*perf* накачати)

pumpkin [ˈpʌmpkɪn] *n* гарбуз *m*

pun [pʌn] *n* каламбур *m*

punch [pʌntʃ] *n* (= *blow*) удар *m*; (= *drink*) пунш *m* ▷ *vt* бити (*perf* побити)

punctual [ˈpʌŋktjʊəl] *adj* пунктуальний

punctuate [ˈpʌŋktʃʊeɪt] *vt* (*written*) переривати (*perf* перервати)

punctuation [ˌpʌŋktjʊˈeɪʃən] *n* пунктуація *f*

punctuation mark [ˌpʌŋktʃʊˈeɪʃən mɑːk] *n* розділовий знак *m*

puncture [ˈpʌŋktʃə] *n* прокол *m* ▷ *vt* проколювати (*perf* проколоти)

pundit [ˈpʌndɪt] *n* експерт *m*

pungent [ˈpʌndʒənt] *adj* гострий (*про неприємний запах, смак*)

punish [ˈpʌnɪʃ] *vt* карати (*perf* покарати)

punishing [ˈpʌnɪʃɪŋ] *adj* виснажливий

punishment [ˈpʌnɪʃmənt] *n* покарання *nt*

punitive [ˈpjuːnɪtɪv] *adj* (*frml*) каральний

Punjabi [pʌnˈdʒɑːbɪ] *adj* пенджабський

punk [pʌŋk] *n* панк *m*

pup [pʌp] *n* цуценя *nt*

pupil [ˈpjuːpl] *n* (= *schoolchild*) учень (учениця) *m(f)*; (*eye*) зіниця *f*

puppet [ˈpʌpɪt] *n* лялька *f*

puppy [ˈpʌpɪ] *n* цуценя *nt*

purchase [ˈpɜːtʃɪs] *vt* (*frml*) купувати (*perf* купити) ▷ *n* (*frml*) придбання *nt*

purchasing power [ˈpɜːtʃɪsɪŋ ˈpaʊə] *n* купівельна спроможність *f*

pure [pjʊə] *adj* чистий

puree [ˈpʊːrɪ] *n* пюре *nt* ▷ *vt* робити пюре (*perf* зробити пюре)

purely [ˈpjʊəlɪ] *adv* виключно

purge [pɜːdʒ] *vt* проводити чистку (*perf* провести чистку)

purify [ˈpjʊərɪfaɪ] *vt* очищати (*perf* очистити)

purist [ˈpjʊərɪst] *n* пурист (пуристка) *m(f)* ▷ *adj* пуристський

puritan [ˈpjʊərɪtən] *n* пуританин (пуританка) *m(f)* ▷ *adj* пуританський

puritanical [ˌpjʊərɪˈtænɪkəl] *adj* пуританський

purple [ˈpɜːpl] *adj* фіолетовий

purport [pəˈpɔːt] *vt* (*frml*) претендувати

purpose [ˈpɜːpəs] *n* мета *f*

purposeful [ˈpɜːpəsfʊl] *adj* цілеспрямований

purr [pɜː] *vi* муркотіти

purse [pɜːs] *n* гаманець *m*

pursue [pəˈsjuː] *vt* (*frml*) переслідувати; (*frml*) гнатися (*perf* погнатися)

pursuer [pəˈsjuːə] *n* (*frml*) переслідувач (переслідувачка) *m(f)*

pursuit [pəˈsjuːt] *n* переслідування *nt*

purveyor [pəˈveɪə] *n* (*frml*) постачальник (постачальниця) *m(f)*

pus [pʌs] *n* гній *m*

push [pʊʃ] *vt, vi* штовхати (*perf* штовхнути)

pushchair [ˈpʊʃtʃeə] *n* дитячий візок *m*

push-up [ˈpʊʃʌp] *n* (*US*) віджимання *nt* (*фізична вправа*)

put [pʊt] (*pres sing* **puts**, *pres part* **putting**, *pt, pp* **put**) *vt* класти (*perf* покласти); **put aside** [pʊt əˈsaɪd] *vt* відкладати (*perf* відкласти); **put away** [pʊt əˈweɪ] *vt* відкладати (*perf* відкласти); **put back** [pʊt bæk] *vt* повертати на місце (*perf* повернути на місце); **put forward** [pʊt ˈfɔːwəd] *vt* пропонувати (*perf* запропонувати); **put in** [pʊt ɪn] *vt* вкладати (*perf* вкласти); **put off** [pʊt ɒf] *vt* відкладати (*perf* відкласти); **put up** [pʊt ʌp] *vt* зводити (*perf* звести)

put-down [ˈpʊtdaʊn] *n* (*inf*) різке зауваження *nt*

putt [pʌt] *n* удар у гольфі, яким заганяють м'яч у лунку

putter [ˈpʌtə] *n* коротка ключка *f* (*для гольфа*)

puzzle [ˈpʌzl] *n* головоломка *f*

puzzled [ˈpʌzld] *adj* спантеличений

puzzling [ˈpʌzlɪŋ] *adj* спантеличливий

pyjamas [pəˈdʒɑːməz] *npl* піжама *f*

pylon [ˈpaɪlən] *n* стовп *m*

pyramid [ˈpɪrəmɪd] *n* піраміда *f*

python [ˈpaɪθən] *n* пітон *m*

q

Qatar [kæ'tɑː] *n* Катар *m*

quadruple ['kwɒdrʊpəl] *vt, vi* збільшувати(ся) вчетверо (*perf* збільшити(ся) вчетверо) ▷ *adj* чотириразовий

quagmire ['kwægmaɪə] *n* трясовина *f*

quail [kweɪl] *n* перепел *m*

quaint [kweɪnt] *adj* химерний

quake [kweɪk] *vi* труситися (*perf* труснутися)

qualification [ˌkwɒlɪfɪ'keɪʃən] *n* диплом *m*

qualified ['kwɒlɪˌfaɪd] *adj* кваліфікований

qualifier ['kwɒlɪfaɪə] *n* кваліфікаційний турнір *m*

qualify ['kwɒlɪˌfaɪ] *vt, vi* здобувати фах (*perf* здобути фах)

qualitative ['kwɒlɪtətɪv] *adj* (*frml*) якісний

quality ['kwɒlɪtɪ] *n* якість *f*

quality control ['kwɒlɪtɪ kən'trəʊl] *n* контроль якості *m*

quality time ['kwɒlɪtɪ taɪm] *n* вільний час, проведений з рідними або присвячений улюбленій справі

qualm [kwɑːm] *n* сумнів *m*

quantify ['kwɒntɪˌfaɪ] *vt, vi* визначати кількість (*perf* визначити кількість)

quantitative ['kwɒntɪtətɪv] *adj* (*frml*) кількісний

quantity ['kwɒntɪtɪ] *n* кількість *f*

quantum ['kwɒntəm] *adj* квантовий

quarantine ['kwɒrənˌtiːn] *n* карантин *m* ▷ *vt* утримувати на карантині

quarrel ['kwɒrəl] *n* сварка *f* ▷ *vi* сваритися (*perf* посваритися)

quarry ['kwɒrɪ] *n* кар'єр *m* ▷ *vt* видобувати (*perf* видобути)

quarter ['kwɔːtə] *n* чверть *f* ▷ *vt* ділити на чотири частини (*perf* поділити на чотири частини)

quarter final ['kwɔːtə 'faɪnl] *n* чверть фіналу *f*

quarterly ['kwɔːtəlɪ] *adj* щоквартальний ▷ *n* щоквартальник *m*

quartet [kwɔː'tɛt] *n* квартет *m*

quartz [kwɔːts] *n* кварц *m*

quash [kwɒʃ] *vt* скасовувати (*perf* скасувати)

quaver ['kweɪvə] *vi* тремтіти (*perf* затремтіти) (*про голос*)

quay [kiː] *n* набережна *f*

queen [kwiːn] *n* королева *f*

quell [kwɛl] *vt* придушувати (*perf* придушити) (*зупинити вияви насильства, опозицію*)

quench [kwɛntʃ] *vt* утамовувати (*perf* утамувати)

query ['kwɪərɪ] *n* питання *nt* ▷ *vt* довідуватися (*perf* довідатися)

quest [kwɛst] *n* (*liter*) пошуки *mpl*

question ['kwɛstʃən] *n* питання *nt* ▷ *vt* запитувати (*perf* запитати)

questionable ['kwɛstʃənəbəl] *adj* (*frml*) сумнівний

questioner ['kwɛstʃənər] *n* запитувач *m*

questioning ['kwɛstʃənɪŋ] *adj* (*written*) питальний

question mark ['kwɛstʃən mɑːk] *n* знак питання *m*

questionnaire [ˌkwɛstʃə'nɛə; ˌkɛs-] *n* анкета *f*

queue [kjuː] *n* черга *f* ▷ *vi* стояти в черзі

quibble ['kwɪbəl] *n* несуттєве зауваження *nt*

quick [kwɪk] *adj* швидкий

quicken ['kwɪkən] *vt, vi* прискорювати(ся) (*perf* прискорити(ся))

quickly ['kwɪklɪ] *adv* швидко

quiet ['kwaɪət] *adj* тихий

quietly ['kwaɪətlɪ] *adv* тихо

quilt [kwɪlt] *n* стьобана ковдра *f*

quintessential [ˌkwɪntɪ'sɛnʃəl] *adj* (*frml*) типовий

quip [kwɪp] *n* (*written*) дотеп *m*

quirk [kwɜːk] *n* примха *f* (*долі*)

quirky ['kwɜːkɪ] *adj* дивний

quit [kwɪt] (*pres sing* **quits**, *pres part* **quitting**, *pt, pp* **quit**) *vt, vi* (*inf*) звільнятися (*perf* звільнитися)

quite [kwaɪt] *adv* досить (*значною мірою*)

quiver ['kwɪvə] *vi* дрібно тремтіти (*perf* дрібно затремтіти)

quiz [kwɪz] *n* вікторина *f* ▷ *vt* розпитувати (*perf* розпитати)

quota ['kwəʊtə] *n* квота *f*

quotation [kwəʊ'teɪʃən] *n* цитата *f*

quotation marks [kwəʊ'teɪʃən mɑːks] *npl* лапки *pl*

quote [kwəʊt] *n* цитата *f* ▷ *vt, vi* цитувати (*perf* процитувати)

Quran [kɔː'rɑːn] *n* Коран *m*

r

rabbi ['ræbaɪ] n рабин m
rabbit ['ræbɪt] n кролик m
rabble ['ræbəl] n натовп m
rabies ['reɪbiːz] n сказ m
raccoon [rəˈkuːn] n енот m
race [reɪs] n (= speed contest) перегони pl; (= group of human beings) раса f ▷ vt, vi брати (perf взяти) участь у перегонах
racecourse ['reɪs,kɔːs] n іподром m
racehorse ['reɪs,hɔːs] n скаковий кінь m
racer ['reɪsə] n гонщик (гонщиця) m(f)
race relations [reɪs rɪˈleɪʃənz] npl расові відносини npl
racetrack ['reɪs,træk] n (US) трек m
racial ['reɪʃəl] adj расовий
racing ['reɪsɪŋ] n перегони npl
racing car ['reɪsɪŋ kɑː] n гоночний автомобіль m
racing driver ['reɪsɪŋ 'draɪvə] n гонщик (гонщиця) m(f)
racism ['reɪsɪzəm] n расизм m
racist ['reɪsɪst] adj расистський ▷ n расист (расистка) m(f)
rack [ræk] n вішалка f ▷ vt мучити (perf замучити)
racket ['rækɪt] n (= noise) галас m; (for tennis, squash or badminton) ракетка f
racketeering [,rækɪˈtɪərɪŋ] n рекет m
racy ['reɪsɪ] adj пікантний
radar ['reɪdɑː] n радар m
radiance ['reɪdɪəns] n сяяння nt, сяйво nt
radiant ['reɪdɪənt] adj сяючий
radiate ['reɪdɪeɪt] vi розходитися променями
radiation [,reɪdɪˈeɪʃən] n радіація f
radiator ['reɪdɪ,eɪtə] n радіатор m
radical ['rædɪkəl] adj докорінний
radicalism ['rædɪkəlɪzəm] n радикалізм m
radii ['reɪdɪaɪ] pl of **radius**
radio ['reɪdɪəʊ] n радіо nt
radioactive [,reɪdɪəʊˈæktɪv] adj радіоактивний

radio-controlled ['reɪdɪəʊˈkənˈtrəʊld] adj радіокерований
radio station ['reɪdɪəʊ 'steɪʃən] n радіостанція f
radish ['rædɪʃ] n редиска f
radius ['reɪdɪəs] n радіус m
raffle ['ræfl] n лотерея f ▷ vt розігрувати в лотереї (perf розіграти в лотереї)
raft [rɑːft] n пліт m
rafter ['rɑːftə] n кроква f
rag [ræg] n ганчірка f
rage [reɪdʒ] n гнів m ▷ vi лютувати (про бурю, вогонь, епідемію)
ragged ['rægɪd] adj обірваний (одягнений у лахміття)
raging ['reɪdʒɪŋ] adj бурхливий
raid [reɪd] n рейд m ▷ vt вчиняти (perf вчинити) наліт
rail [reɪl] n перило nt
railcard ['reɪl,kɑːd] n залізнична картка f
railing ['reɪlɪŋ] n поруччя nt
railings ['reɪlɪŋz] npl огорожа f
railroad ['reɪlrəʊd] n залізниця f ▷ vt примушувати (perf примусити)
railway ['reɪl,weɪ], (US) **railroad** ['reɪlrəʊd] n залізниця f ▷ vt примушувати (perf примусити)
railway station ['reɪlweɪ 'steɪʃən] n вокзал m
rain [reɪn] n дощ m ▷ vi дощити
rainbow ['reɪn,bəʊ] n веселка f
raincoat ['reɪn,kəʊt] n плащ m
raindrop ['reɪndrɒp] n крапля дощу f
rainfall ['reɪnfɔːl] n опади mpl
rainforest ['reɪn,fɒrɪst] n тропічний ліс m
rainy ['reɪnɪ] adj дощовий
raise [reɪz] vt піднімати (perf підняти)
raisin ['reɪzn] n родзинка f
rake [reɪk] n граблі pl ▷ vt розрівнювати граблями (perf розрівняти граблями)
rally ['rælɪ] n з'їзд m ▷ vt, vi згуртовувати(ся) (perf згуртувати(ся)) ▷ vi одужувати (perf одужати)
ram [ræm] n баран m ▷ vt таранити (perf протаранити)
Ramadan [,ræməˈdɑːn] n Рамадан m
ramble ['ræmbəl] n довга прогулянка пішки f ▷ vi прогулюватися (perf прогулятися)
rambler ['ræmblə] n гуляка m
rambling ['ræmblɪŋ] adj безладний, плутаний
ramification [,ræmɪfɪˈkeɪʃən] n наслідки npl (ускладнення)
ramp [ræmp] n схил m
rampage [ræmˈpeɪdʒ] vi шаленіти (буянити)
rampant ['ræmpənt] adj шалений
ramshackle ['ræmˌʃækəl] adj напіврозвалений
ranch [rɑːntʃ] n ранчо nt
rancher ['rɑːntʃə] n господар ранчо m
R&B [ɑːr ən biː] n ритм-енд-блюз m

R&D [ɑːr ən diː] *n* наукові дослідження та розробки

random ['rændəm] *adj* випадковий

rang [ræŋ] *pt, pp of* **ring**

range [reɪndʒ] *n* хребет *m* (гірський)

ranger ['reɪndʒə] *n* лісівник *m*

rank [ræŋk] *n* (= status) звання *nt*; (= row) шеренга *f* ▷ *vt, vi* шикувати(ся) (*perf* вишикувати(ся))

rank and file [ræŋk ənd faɪl] *n* рядові працівники *mpl*

rankings ['ræŋkɪŋz] *npl* рейтинги *mpl*

ransack ['rænsæk] *vt* обшукувати (*perf* обшукати)

ransom ['rænsəm] *n* викуп *m* ▷ *vt* викуповувати (*perf* викупити) (*платити викуп*)

rant [rænt] *vt, vi* говорити гучні слова

rap [ræp] *n* реп *m* (*музичний стиль*) ▷ *vi* виконувати в стилі реп ▷ *vt, vi* стукати (*perf* постукати)

rape [reɪp] *n* (= sexual attack) зґвалтування *nt*; (US: = plant) рапс *m* ▷ *vt* ґвалтувати (*perf* зґвалтувати)

rapid ['ræpɪd] *adj* швидкий

rapids ['ræpɪdz] *npl* поріг *m*

rapist ['reɪpɪst] *n* ґвалтівник *m*

rapper ['ræpə] *n* репер *m* (*виконавець репу*)

rapport [ræ'pɔː] *n* злагода *f*

rapture ['ræptʃə] *n* (liter) захоплення *nt*

rapturous ['ræptʃərəs] *adj* захоплений

rare [reə] *adj* (= uncommon) рідкісний; (= lightly cooked) недосмажений

rarely ['reəlɪ] *adv* рідко

rarity ['reərɪtɪ] *n* рідкість *f*

rash [ræʃ] *n* висип *m*

rasp [rɑːsp] *vt, vi* рипіти (*perf* рипнути)

raspberry ['rɑːzbərɪ; -brɪ] *n* малина *f*

rat [ræt] *n* щур *m* ▷ *vi* (inf) доносити (*perf* донести) (*видати когось*)

rate [reɪt] *n* швидкість *f* ▷ *vt* оцінювати (*perf* оцінити)

rate of exchange [reɪt ɒv; əv ɪks'tʃeɪndʒ] *n* валютний курс *m*

rather ['rɑːðə] *adv* дещо

ratification [ˌrætɪfɪ'keɪʃən] *n* ратифікація *f*

ratify ['rætɪˌfaɪ] *vt* ратифікувати

rating ['reɪtɪŋ] *n* рейтинг *m*

ratio ['reɪʃɪˌəʊ] *n* співвідношення *nt*

ration ['ræʃən] *n* пайок *m* ▷ *vt* видавати пайок (*perf* видати пайок) (*за картками через дефіцит*)

rational ['ræʃənl] *adj* розумний

rationale [ˌræʃə'nɑːl] *n* (frml) логічне обґрунтування *nt*

rationalist ['ræʃənəlɪst] *adj* раціоналістичний ▷ *n* раціоналіст (раціоналістка) *m(f)*

rationalize ['ræʃənəˌlaɪz] *vt* давати раціоналістичне пояснення

rationing ['ræʃənɪŋ] *n* нормування *nt* (*обмеження продажу дефіцитних продуктів*)

rattle ['rætl] *n* брязкіт *m* ▷ *vt, vi* торохтіти (*perf* заторохтіти)

rattlesnake ['rætlˌsneɪk] *n* гримуча змія *f*

raucous ['rɔːkəs] *adj* хрипкий

ravage ['rævɪdʒ] *vt* спустошувати (*perf* спустошити)

ravages ['rævɪdʒɪz] *npl* руйнівна дія *f*

rave [reɪv] *n* (inf) вечірка *f* ▷ *vt, vi* говорити безладно

raven ['reɪvn] *n* крук *m*

ravenous ['rævənəs] *adj* зголоднілий

ravine [rə'viːn] *n* ущелина *f*

raw [rɔː] *adj* необроблений

ray [reɪ] *n* промінь *m*

razor ['reɪzə] *n* бритва *f*

razor blade ['reɪzə bleɪd] *n* лезо бритви *nt*

reach [riːtʃ] *vt* (= arrive at) добиратися (*perf* добратися) ▷ *vi* (= stretch) досягати (*perf* досягнути)

reaches ['riːtʃɪz] *npl* плесо *nt* (*ріки*); (frml) простір *m*

react [rɪ'ækt] *vi* реагувати (*perf* зреагувати)

reaction [rɪ'ækʃən] *n* реакція *f*

reactionary [rɪ'ækʃənərɪ] *adj* реакційний

reactive [rɪ'æktɪv] *adj* хімічно активний (*про речовину*)

reactor [rɪ'æktə] *n* реактор *m*

read [riːd] (pres sing **reads**, pres part **reading**, pt, pp **read**) *vt, vi* читати (*perf* прочитати); **read out** [riːd aʊt] *vt* читати вголос

readable ['riːdəbl] *adj* читабельний

reader ['riːdə] *n* читач (читачка) *m(f)*

readership ['riːdəʃɪp] *n* читачі *mpl*

readily ['redɪlɪ] *adv* охоче

readiness ['redɪnəs] *n* готовність *f*

reading ['riːdɪŋ] *n* читання *nt*

readjust [ˌriːə'dʒʌst] *vi* пристосовуватися заново (*perf* пристосуватися заново)

readjustment [ˌriːə'dʒʌstmənt] *n* повторна адаптація *f*

ready ['redɪ] *adj* готовий ▷ *vt* (frml) готувати (*perf* підготувати)

ready-cooked ['redɪ'kʊkt] *adj* приготований

ready-made [ˌredɪ'meɪd] *adj* готовий

reaffirm [ˌriːə'fɜːm] *vt* (frml) підтверджувати знову (*perf* підтвердити знову)

real ['rɪəl] *adj* (= factual) справжній; (= authentic) справжній

real estate [riːl ɪ'steɪt] *n* нерухомість *f*

realignment [ˌriːə'laɪnmənt] *n* реорганізація *f*

realism ['rɪəlɪzəm] *n* реалізм *m*

realist ['rɪəlɪst] *n* реаліст (реалістка) *m(f)* ▷ *adj* реалістичний

realistic [ˌrɪə'lɪstɪk] *adj* реалістичний

realistically [ˌrɪə'lɪstɪkəlɪ] *adv* насправді

reality [rɪ'ælɪtɪ] *n* реальність *f*

reality TV [ri:ælɪtɪ ti:'vi:] *n* телепередачі реального жанру

realizable [ˈrɪəlaɪzəbəl] *adj (frml)* здійсне́нний

realize [ˈrɪəˌlaɪz] *vt, vi* усвідомлювати (*perf* усвідомити)

real life [ri:l laɪf] *n* реальне життя *nt*

reallocate [ˌri:ˈæləʊkeɪt] *vt* перерозподіляти (*perf* перерозподілити)

really [ˈrɪəlɪ] *adv* (= sincerely) справді; (= actually) справді

realm [rɛlm] *n (frml)* сфера *f (галузь)*

real-time [ˌri:lˈtaɪm] *adj* у режимі реального часу

real world [ri:l wɜːld] *n* реальний світ *m*

ream [ri:m] *n (inf)* купа *f*

reap [ri:p] *vt* пожинати плоди

reappear [ˌri:əˈpɪə] *vi* з'являтися знову (*perf* з'явитися знову)

reappearance [ˌri:əˈpɪərəns] *n* повторна поява *f*

rear [rɪə] *adj* задній ▷ *n* тил *m* ▷ *vi* ставати дибки (*perf* стати дибки) (*про тварину і про обурення людини*) ▷ *vt* виховувати (*perf* виховати)

rearrange [ˌri:əˈreɪndʒ] *vt* переставляти (*perf* переставити)

rearrangement [ˌri:əˈreɪndʒmənt] *n* реорганізація *f*

rear-view mirror [ˈrɪəvju: ˈmɪrə] *n* дзеркало заднього огляду *nt*

reason [ˈri:zn] *n* причина *f*

reasonable [ˈri:zənəbəl] *adj* розсудливий

reasonably [ˈri:zənəblɪ] *adv* розсудливо

reasoned [ˈri:zənd] *adj* обґрунтований

reasoning [ˈri:zənɪŋ] *n* міркування *nt*

reassert [ˌri:əˈsɜːt] *vt* підтверджувати повторно (*perf* підтвердити повторно)

reassess [ˌri:əˈsɛs] *vt* переоцінювати (*perf* переоцінити)

reassessment [ˌri:əˈsɛsmənt] *n* переоцінка *f*

reassurance [ˌri:əˈʃʊərəns] *n* заспокоєння *nt*

reassure [ˌri:əˈʃʊə] *vt* заспокоювати (*perf* заспокоїти)

reassured [ˌri:əˈʃʊəd] *adj* заспокоєний

reassuring [ˌri:əˈʃʊərɪŋ] *adj* заспокійливий

rebate [ˈri:beɪt] *n* знижка *f*

rebel [ˈrɛbəl] *n* бунтівник (бунтівниця) *m(f)* ▷ *vi* [rɪˈbɛl] повставати (*perf* повстати)

rebellion [rɪˈbɛljən] *n* повстання *nt*

rebellious [rɪˈbɛljəs] *adj* бунтарський

rebirth [ˌri:ˈbɜːθ] *n* відродження *nt*

rebound [rɪˈbaʊnd] *vi* відскакувати (*perf* відскочити) (*відбиватися від поверхні*)

rebrand [ri:ˈbrænd] *vt* змінювати вигляд чи назву товару

rebranding [ˌri:ˈbrændɪŋ] *n* ребрендинг *m* (*зміна образу товару*)

rebuff [rɪˈbʌf] *vt* категорично відмовляти(ся) (*perf* категорично відмовити(ся))

rebuild [ri:ˈbɪld] *vt* відбудовувати (*perf* відбудувати)

rebuke [rɪˈbju:k] *vt (frml)* докоряти (*perf* докорити)

recall [rɪˈkɔːl] *vt, vi* згадувати (*perf* згадати); викликати знову (*perf* викликати знову) (*повертати гравця в команду*) ▷ *n* [ˈri:kɔl] спогад *m*

recap [ˈri:kæp] *vt, vi* підсумовувати (*perf* підсумувати) (*підбивати підсумок*)

recapture [ˌri:ˈkæptʃə] *vt* відвойовувати (*perf* відвоювати)

recede [rɪˈsi:d] *vi* віддалятися (*perf* віддалитися)

receipt [rɪˈsi:t] *n* чек *m*

receive [rɪˈsi:v] *vt* отримувати (*perf* отримати)

receiver [rɪˈsi:və] *n (telephone)* слухавка *f;* (= person) ліквідатор підприємства *m*

recent [ˈri:snt] *adj* недавній

recently [ˈri:sntlɪ] *adv* нещодавно

reception [rɪˈsɛpʃən] *n* стійка адміністратора

receptionist [rɪˈsɛpʃənɪst] *n* адміністратор *m*

receptive [rɪˈsɛptɪv] *adj* сприйнятливий

recess [ˈri:sɛs] *n* перерва *f (в роботі комітету, суду, уряду)* ▷ *vi (frml)* робити перерву (*perf* зробити)

recession [rɪˈsɛʃən] *n* спад *m*

recessionary [rɪˈsɛʃənərɪ] *adj* пов'язаний із рецесією

recharge [ri:ˈtʃɑːdʒ] *vt* перезаряджати (*perf* перезарядити)

recipe [ˈrɛsɪpɪ] *n (for food)* рецепт *m* (*кулінарний*)

recipient [rɪˈsɪpɪənt] *n (frml)* отримувач *m*

reciprocal [rɪˈsɪprəkəl] *adj (frml)* обопільний

reciprocate [rɪˈsɪprəkeɪt] *vt, vi* відповідати взаємністю (*perf* відповісти взаємністю)

recital [rɪˈsaɪtəl] *n* сольний концерт *m*

recite [rɪˈsaɪt] *vt (inf)* декламувати (*perf* продекламувати)

reckless [ˈrɛkləs] *adj* недбалий

reckon [ˈrɛkən] *vt (inf)* вважати

reckoning [ˈrɛkənɪŋ] *n* розрахунок *m*

reclaim [rɪˈkleɪm] *vt* повертати собі (*perf* повернути собі) (*втрачене*); меліорувати

recline [rɪˈklaɪn] *vi* відкидатися назад (*perf* відкинутися)

reclining [rɪˈklaɪnɪŋ] *adj* з відкидною спинкою

recluse [rɪˈklu:s] *n* самітник (самітниця) *m(f)*

reclusive [rɪˈklu:sɪv] *adj* самітницький

recognition [ˌrɛkəɡˈnɪʃən] *n* розпізнавання *nt*

recognizable [ˈrɛkəg‚naɪzəbl] *adj*
впізнаваний

recognize [ˈrɛkəg‚naɪz] *vt* впізнавати (*perf*
впізнати)

recoil [rɪˈkɔɪl] *vi* відсахуватися (*perf*
відсахнутися) (*відхилятися*)

recollect [‚rɛkəˈlɛkt] *vt* згадувати (*perf*
згадати)

recollection [‚rɛkəˈlɛkʃən] *n* спогад *m*

recommend [‚rɛkəˈmɛnd] *vt*
рекомендувати (*perf* порекомендувати)

recommendation [‚rɛkəmɛnˈdeɪʃən] *n*
рекомендація *f*

recompense [ˈrɛkəmpɛns] *n* (*frml*)
відшкодування *nt* ▷ *vt* (*frml*) компенсувати

reconcile [ˈrɛkənsaɪl] *vt* примиряти (*perf*
примирити)

reconciliation [‚rɛkən‚sɪlɪˈeɪʃən] *n*
примирення *nt*

reconnaissance [rɪˈkɒnɪsəns] *n* розвідка *f*
(*військова*)

reconsider [‚riːkənˈsɪdə] *vt*, *vi* розглядати
(*perf* розглянути) повторно

reconstitute [riːˈkɒnstɪtjuːt] *vt*
реформувати; відновлювати (*perf*
відновити) (*продукт із концентрату*)

reconstruct [‚riːkənˈstrʌkt] *vt*
відновлювати (*perf* відновити)

reconstruction [‚riːkənˈstrʌkʃən] *n*
відновлення *nt*

reconvene [‚riːkənˈviːn] *vt*, *vi* знову
склика́ти (*perf* скликати)

record [ˈrɛkɔːd] *n* (= *written account*) запис *m*;
(= *best result ever*) рекорд *m* ▷ *vt* [rɪˈkɔːd]
записувати (*perf* записати)

record-breaking [ˈrɛkɔːdˈbreɪkɪŋ] *adj*
рекордний

recorded delivery [rɪˈkɔːdɪd dɪˈlɪvərɪ] *n*
рекомендоване поштове відправлення *nt*

recorder [rɪˈkɔːdə] *n* (= *musical instrument*)
блок-флейта *f*

recording [rɪˈkɔːdɪŋ] *n* запис *m*

record player [ˈrɛkɔːd ˈpleɪə] *n* програвач *m*

recount [rɪˈkaʊnt] *vt* розповідати (*perf*
розповісти)

recoup [rɪˈkuːp] *vt* відшкодувати (*perf*
відшкодувати)

recourse [rɪˈkɔːs] *n* (*frml*) ужиття *nt* (*якихось
заходів*)

recover [rɪˈkʌvə] *vi* одужувати (*perf*
одужати)

recovery [rɪˈkʌvərɪ] *n* одужання *nt*

recreate [ˈrɛkrɪeɪt] *vt* відтворювати (*perf*
відтворити)

recreation [‚rɛkrɪˈeɪʃən] *n* (= *pastime*)
відпочинок *m*; (= *reconstitution*)
відтворення *nt*

recreational [‚rɛkrɪˈeɪʃənəl] *adj*
розважальний

recrimination [rɪ‚krɪmɪˈneɪʃən] *n* взаємні
звинувачення *npl*

recruit [rɪˈkruːt] *vt* набирати (*perf* набрати)
(*працівників*)

recruitment [rɪˈkruːtmənt] *n*
вербування *nt*

rectangle [ˈrɛk‚tæŋgl] *n* чотирикутник *m*

rectangular [rɛkˈtæŋgjʊlə] *adj*
чотирикутний

rectify [ˈrɛktɪ‚faɪ] *vt* виправляти (*perf*
виправити)

recuperate [rɪˈkuːpəreɪt] *vi* видужувати
(*perf* видужати)

recur [rɪˈkɜː] *vi* повторюватися (*perf*
повторитися)

recurrence [rɪˈkʌrəns] *n* повторення *nt*

recurrent [rɪˈkʌrənt] *adj* періодичний

recurring [rɪˈkɜːrɪŋ] *adj* повторюваний

recycle [riːˈsaɪkl] *vt* повторно
використовувати (*perf* використати)

recycling [riːˈsaɪklɪŋ] *n* переробка
відходів *f*

red [rɛd] *adj* червоний

Red Cross [rɛd krɒs] *n* Червоний Хрест *m*

redcurrant [ˈrɛdˈkʌrənt] *n* порічки *fpl*

reddish [ˈrɛdɪʃ] *adj* червонуватий

redecorate [riːˈdɛkə‚reɪt] *vt*, *vi* проводити
косметичний ремонт приміщення (*perf*
провести)

redeem [rɪˈdiːm] *vt* виправляти (*perf*
виправити); (*frml*) виплачувати (*perf*
виплатити)

redeemable [rɪˈdiːməbəl] *adj* який можна
викупити

redefine [‚riːdɪˈfaɪn] *vt* переглядати (*perf*
переглянути) (*переоцінювати*)

redemption [rɪˈdɛmpʃən] *n* (*frml*)
виправлення *nt*; (*frml*) спокутування *nt*

redesign [‚riːdɪˈzaɪn] *vt*
переконструйовувати (*perf*
переконструювати)

redevelopment [‚riːdɪˈvɛləpmənt] *n*
перебудова *f*

red-haired [ˈrɛd‚hɛəd] *adj* рудий

redhead [ˈrɛd‚hɛd] *n* рудоволоса людина *f*

red-hot [‚rɛdˈhɒt] *adj* розпечений

redirect [‚riːdɪˈrɛkt] *vt* переорієнтовувати
(*perf* переорієнтувати)

rediscover [‚riːdɪˈskʌvə] *vt* відкривати
знову (*perf* відкрити знову)

redistribute [‚riːdɪˈstrɪbjuːt] *vt*
перерозподіляти (*perf* перерозподілити)

red light [rɛd laɪt] *n* червоне світло *nt*

red meat [rɛd miːt] *n* червоне м'ясо *nt*

redo [riːˈduː] *vt* переробляти (*perf*
переробити)

red pepper [rɛd ˈpɛpə] *n* солодкий
перець *m*

redraw [riːˈdrɔː] *vt* креслити заново (*perf*
накреслити заново)

redress [rɪˈdrɛs] *vt* (*frml*) відшкодовувати
(*perf* відшкодувати) ▷ *n* (*frml*)
відшкодування *nt*

Red Sea [rɛd si:] n Червоне море nt
red tape [rɛd teɪp] n тяганина f (зволікання, бюрократизм)
reduce [rɪ'dju:s] vt зменшувати (perf зменшити)
reduction [rɪ'dʌkʃən] n зменшення nt
redundancy [rɪ'dʌndənsɪ] n скорочення працівників
redundant [rɪ'dʌndənt] adj звільнений у зв'язку зі скороченням штату
red wine [rɛd waɪn] n червоне вино nt
reed [ri:d] n очерет m
reef [ri:f] n риф m
reek [ri:k] vi смердіти (perf засмердіти)
reel [ri:l; 'rɪəl] n котушка f ▷ vi хитатися (perf хитнутися)
re-elect [,ri:ɪ'lɛkt] vt переобирати (perf переобрати)
re-enter [,ri:'ɛntə] vt входити знову (perf увійти знову)
re-examine [ri:ɪg'zæmɪn] vt переглядати повторно (perf переглянути повторно) (для переоцінки)
refer [rɪ'fɜː] vi згадувати (perf згадати)
referee [,rɛfə'ri:] n реферí m ▷ vt, vi судити (бути рефері)
reference ['rɛfərəns; 'rɛfrəns] n згадування nt ▷ adj довідковий
reference number ['rɛfərəns; 'rɛfrəns 'nʌmbə] n номер посилання m
referendum [,rɛfə'rɛndəm] (pl **referenda** or **referendums**) n референдум m
referral [rɪ'fɜːrəl] n направлення nt
refill [ri:'fɪl] vt поповнювати (perf поповнити)
refine [rɪ'faɪn] vt очищати (perf очистити)
refined [rɪ'faɪnd] adj очищений
refinement [rɪ'faɪnmənt] n удосконалення nt
refinery [rɪ'faɪnərɪ] n очисний завод m
refit [,ri:'fɪt] vt переустатковувати (perf переустаткувати)
reflect [rɪ'flɛkt] vt відбивати (perf відбити)
reflection [rɪ'flɛkʃən] n відбиття nt
reflective [rɪ'flɛktɪv] adj (written) замислений; (frml) який відбиває
reflex ['ri:flɛks] n рефлекс m
reform [rɪ'fɔːm] n реформа f
reformation [,rɛfə'meɪʃən] n удосконалення nt
reformer [rɪ'fɔːmə] n реформатор (реформаторка) m(f)
reformist [rɪ'fɔːmɪst] adj реформістський
refrain [rɪ'freɪn] vi утримуватися (perf утриматися) ▷ n приспів m; **to refrain from sth | to refrain from doing sth** утримуватися від чогось
refresh [rɪ'frɛʃ] vt освіжати (perf освіжити)
refresher course [rɪ'frɛʃə kɔːs] n курси підвищення кваліфікації
refreshing [rɪ'frɛʃɪŋ] adj освіжувальний (засіб); свіжий (вітер)

refreshments [rɪ'frɛʃmənts] npl напої та закуски
refrigerate [rɪ'frɪdʒəreɪt] vt охолоджувати (perf охолодити)
refrigerator [rɪ'frɪdʒə,reɪtə] n холодильник m
refuel [ri:'fju:əl] vt, vi поповнювати запаси пального (perf поповнити)
refuge ['rɛfju:dʒ] n притулок m
refugee [,rɛfjʊ'dʒi:] n біженець (біженка) m(f)
refund ['ri:fʌnd] n компенсація f ▷ vt [rɪ'fʌnd] компенсувати
refundable [rɪ'fʌndəbəl] adj відшкодовуваний
refurbish [ri:'fɜːbɪʃ] vt оновлювати (perf оновити) (робити ремонт)
refurbishment [ri:'fɜːbɪʃmənt] n оновлення nt (інтер'єру, обладнання)
refusal [rɪ'fju:zl] n відмова f
refuse ['rɛfju:s] n сміття nt ▷ vt, vi [rɪ'fju:z] відмовляти (perf відмовити)
refute [rɪ'fju:t] vt (frml) спростовувати (perf спростувати)
regain [rɪ'ɡeɪn] vt повертати собі (perf повернути)
regal ['ri:ɡəl] adj царський
regard [rɪ'ɡɑːd] n повага f ▷ vt ставитися
regarding [rɪ'ɡɑːdɪŋ] prep стосовно
regatta [rɪ'ɡætə] n регата f
regenerate [rɪ'dʒɛnəreɪt] vt відновлювати (perf відновити)
reggae ['rɛɡeɪ] n регі (музичний жанр)
regime [reɪ'ʒi:m] n режим m
regiment ['rɛdʒɪmənt] n полк m
regimental [,rɛdʒɪ'mɛntəl] adj полковий
region ['ri:dʒən] n регіон m
regional ['ri:dʒənl] adj регіональний
register ['rɛdʒɪstə] n реєстр m ▷ vi реєструвати (perf зареєструвати)
registered ['rɛdʒɪstəd] adj зареєстрований
registration [,rɛdʒɪ'streɪʃən] n реєстрація f
registry ['rɛdʒstrɪ] n реєстр m
registry office ['rɛdʒɪstrɪ 'ɒfɪs] n відділ запису актів громадянського стану
regress [rɪ'ɡrɛs] vi (frml) регресувати
regret [rɪ'ɡrɛt] n шкода f ▷ vt шкодувати
regrettable [rɪ'ɡrɛtəbəl] adj (frml) прикрий
regroup [,ri:'ɡru:p] vt, vi перегруповувати(ся) (perf перегрупувати(ся))
regular ['rɛɡjʊlə] adj регулярний ▷ n постійний відвідувач (постійна відвідувачка) m(f)
regularly ['rɛɡjʊləlɪ] adv регулярно
regulate ['rɛɡjʊleɪt] vt регулювати (perf урегулювати)
regulation [,rɛɡjʊ'leɪʃən] n статут m
regulator ['rɛɡjʊ,leɪtə] n регулятор m
rehabilitate [,ri:hə'bɪlɪteɪt] vt реабілітувати
rehearsal [rɪ'hɜːsl] n репетиція f
rehearse [rɪ'hɜːs] vt, vi репетирувати

reign [reɪn] vi панувати (*perf* запанувати), правити

reigning ['reɪnɪŋ] adj чинний

reimburse [ˌriːɪmˈbɜːs] vt (*frml*) відшкодовувати (*perf* відшкодувати)

reimbursement [ˌriːɪmˈbɜːsmənt] n (*frml*) компенсація f

rein [reɪn] npl віжки fpl

reincarnation [ˌriːɪnkɑːˈneɪʃən] n реінкарнація f

reindeer ['reɪnˌdɪə] n північний олень m

reinforce [ˌriːɪnˈfɔːs] vt посилювати (*perf* посилити)

reinforcement [ˌriːɪnˈfɔːsmənt] n зміцнення nt

reinforcements [ˌriːɪnˈfɔːsmənts] npl підкріплення nt

reins [reɪnz] npl віжки fpl

reinstate [ˌriːɪnˈsteɪt] vt поновлювати (*perf* поновити) (*у правах*)

reinstatement [ˌriːɪnˈsteɪtmənt] n поновлення nt (*у правах*)

reissue [ˌriːˈɪʃuː] n перевидання nt

reiterate [riːˈɪtəreɪt] vt (*frml*) повторювати (*perf* повторити)

reject [rɪˈdʒɛkt] vt відхиляти (*perf* відхилити) ▷ n [ˈriːdʒɛkt] брак m (*продукція низької якості*)

rejoice [rɪˈdʒɔɪs] vt, vi радіти (*perf* зрадіти)

rejoin [ˌriːˈdʒɔɪn] vt приєднуватися (*perf* приєднатися) (*знову*)

rejuvenate [rɪˈdʒuːvəneɪt] vt омолоджувати(ся) (*perf* омолодити(ся))

rekindle [ˌriːˈkɪndəl] vt запалювати знову (*perf* запалити знову) (*почуття, інтереси, думки*)

relapse ['riːˌlæps] n повторення nt ▷ vi знову впадати в якийсь стан (*perf* впасти)

relate [rɪˈleɪt] vi стосуватися

related [rɪˈleɪtɪd] adj пов'язаний

relation [rɪˈleɪʃən] n стосунок m

relationship [rɪˈleɪʃənʃɪp] n відносини pl

relative ['rɛlətɪv] n родич (родичка) m(f) ▷ adj відносний

relatively ['rɛlətɪvlɪ] adv відносно

relativity [ˌrɛləˈtɪvɪtɪ] n відносність f

relaunch [ˌriːˈlɔːntʃ] vt поновлювати (*perf* поновити)

relax [rɪˈlæks] vt, vi розслабляти(ся) (*perf* розслабити(ся))

relaxation [ˌriːlækˈseɪʃən] n відпочинок m

relaxed [rɪˈlækst] adj розслаблений

relaxing [rɪˈlæksɪŋ] adj релаксаційний

relay ['riːleɪ] n естафета f ▷ vt транслювати; передавати (*perf* передати) (*повідомлення*)

release [rɪˈliːs] n звільнення nt ▷ vt випускати на волю (*perf* випустити на волю)

relegate ['rɛlɪˌgeɪt] vt переводити до нижчої категорії

relent [rɪˈlɛnt] vi поступатися (*perf* поступитися)

relentless [rɪˈlɛntləs] adj безперестанний

relevance ['rɛləvəns] n стосунок m (*причетність до чогось*)

relevant ['rɛlɪvənt] adj доречний

reliable [rɪˈlaɪəbl] adj надійний

reliance [rɪˈlaɪəns] n надія f

reliant [rɪˈlaɪənt] adj який покладається на щось

relic ['rɛlɪk] n (= *survival*) пережиток m; (= *sacred object*) реліквія f

relief [rɪˈliːf] n полегшення nt

relieve [rɪˈliːv] vt полегшувати (*perf* полегшити)

relieved [rɪˈliːvd] adj який відчув полегкість

religion [rɪˈlɪdʒən] n релігія f

religious [rɪˈlɪdʒəs] adj релігійний

relinquish [rɪˈlɪŋkwɪʃ] vt (*frml*) відмовлятися (*perf* відмовитися) (*від влади*)

relish ['rɛlɪʃ] vt отримувати задоволення (*perf* отримати задоволення)

relive [ˌriːˈlɪv] vt оживляти в пам'яті (*perf* оживити в пам'яті)

relocate [ˌriːləʊˈkeɪt] vt, vi переміщати (*perf* перемістити)

reluctant [rɪˈlʌktənt] adj неохочий

reluctantly [rɪˈlʌktəntlɪ] adv неохоче

rely [rɪˈlaɪ] vt покладатися (*perf* покластися) (*на когось або щось*)

rely on [rɪˈlaɪ ɒn] vt покладатися (*perf* покластися)

remain [rɪˈmeɪn] vb +complement залишатися (*perf* залишитися)

remainder [rɪˈmeɪndə] det залишки mpl

remaining [rɪˈmeɪnɪŋ] adj який залишився

remains [rɪˈmeɪnz] npl залишки mpl

remake ['riːˌmeɪk] n римейк m

remand [rɪˈmɑːnd] vt повертати під варту або на поруки ▷ n повернення на поруки або під варту

remark [rɪˈmɑːk] n зауваження nt ▷ vt, vi зауважувати (*perf* зауважити)

remarkable [rɪˈmɑːkəbl] adj чудовий

remarkably [rɪˈmɑːkəblɪ] adv чудово

remarry [ˌriːˈmærɪ] vi брати повторний шлюб (*perf* взяти)

rematch [ˌriːˈmætʃ] n матч-реванш m

remedy ['rɛmɪdɪ] n засіб m ▷ vt виправляти (*perf* виправити)

remember [rɪˈmɛmbə] vt, vi пам'ятати

remembrance [rɪˈmɛmbrəns] n (*frml*) пам'ять f

● REMEMBRANCE DAY

● День пам'яті у Великобританії припадає
● на найближчу до 11 листопада неділю. У
● цей день вшановують загиблих у двох
● світових війнах. Люди купують червоні
● паперові маки й носять їх у петлицях.
● Гроші з продажу маків ідуть на
● благодійність.

remind [rɪ'maɪnd] vt нагадувати (perf нагадати)

reminder [rɪ'maɪndə] n (written) нагадування nt

reminisce [ˌrɛmɪ'nɪs] vi (frml) поринати в спогади (perf поринути в спогади)

reminiscence [ˌrɛmɪ'nɪsəns] n (frml) спогад m

reminiscent [ˌrɛmɪ'nɪsənt] adj (frml) який нагадує

remission [rɪ'mɪʃən] n ремісія f (ослаблення хвороби)

remittance [rɪ'mɪtəns] n (frml) грошовий переказ m

remix ['riːmɪks] n ремікс m

remnant ['rɛmnənt] n залишки mpl (руїни)

remorse [rɪ'mɔːs] n каяття nt

remote [rɪ'məʊt] adj віддалений

remote control [rɪ'məʊt kən'trəʊl] n дистанційне керування nt

remotely [rɪ'məʊtlɪ] adv на відстані

removable [rɪ'muːvəbl] adj пересувний

removal [rɪ'muːvl] n видалення nt

removal van [rɪ'muːvl væn] n фургон для перевезення меблів

remove [rɪ'muːv] vt (written) видаляти (perf видалити)

removed [rɪ'muːvd] adj віддалений

remunerate [rɪ'mjuːnəreɪt] vt (frml) винагороджувати (perf винагородити)

remuneration [rɪˌmjuːnə'reɪʃən] n (frml) винагорода f

rename [ˌriː'neɪm] vt перейменовувати (perf перейменувати)

render ['rɛndə] vt приводити до певного стану (perf привести)

rendering ['rɛndərɪŋ] n виконання nt (літ або муз твору)

rendezvous ['rɒndɪˌvuː] n побачення nt

rendition [rɛn'dɪʃən] n виконання nt (літ або муз твору)

renegade ['rɛnɪgeɪd] n ренегат (ренегатка) m(f)

renege [rɪ'neɪg] vi зраджувати своєму слову (perf зрадити своєму слову)

renew [rɪ'njuː] vt поновлювати (perf поновити)

renewable [rɪ'njuːəbl] adj який може поновлюватися

renewal [rɪ'njuːəl] n відновлення nt

renounce [rɪ'naʊns] vt відмовлятися (perf відмовитися)

renovate ['rɛnəˌveɪt] vt ремонтувати (perf відремонтувати)

renown [rɪ'naʊn] n популярність f

renowned [rɪ'naʊnd] adj славетний

rent [rɛnt] n орендна плата f ▷ vt орендувати

rental ['rɛntl] n орендна плата f ▷ adj орендований

reopen [riː'əʊpən] vt, vi відкривати(ся) знову (perf відкрити(ся) знову)

reorganize [riːˈɔːgəˌnaɪz] vt реорганізовувати (perf реорганізувати)

rep [rɛp] n торговий представник m

repair [rɪ'pɛə] n ремонт m ▷ vt ремонтувати (perf відремонтувати)

repair kit [rɪ'pɛə kɪt] n ремонтний набір m

reparations [ˌrɛpə'reɪʃənz] npl репарації fpl

repatriate [ˌriː'pætrɪeɪt] vt репатріювати

repay [rɪ'peɪ] vt повертати борг (perf повернути борг)

repayment [rɪ'peɪmənt] n погашення боргу nt

repeal [rɪ'piːl] vt скасовувати (perf скасувати) (закон)

repeat [rɪ'piːt] n повторення nt ▷ vt повторювати (perf повторити) ▷ adj повторний

repeated [rɪ'piːtɪd] adj неодноразовий

repeatedly [rɪ'piːtɪdlɪ] adv неодноразово

repel [rɪ'pɛl] vt (frml) відбивати (perf відбити) (атаку)

repellent [rɪ'pɛlənt] adj (frml) огидний ▷ n репелент m (засіб, що відлякує комах)

repent [rɪ'pɛnt] vi каятися (perf покаятися)

repentance [rɪ'pɛntəns] n каяття nt

repentant [rɪ'pɛntənt] adj розкаяний

repercussion [ˌriːpə'kʌʃən] n (frml) наслідки mpl (негативні)

repercussions [ˌriːpə'kʌʃənz] npl (frml) наслідки mpl (негативні)

repertoire ['rɛpətwɑː] n репертуар m

repetition [ˌrɛpɪ'tɪʃən] n повторення nt

repetitive [rɪ'pɛtɪtɪv] adj повторюваний

replace [rɪ'pleɪs] vt замінювати (perf замінити)

replacement [rɪ'pleɪsmənt] n заміна f

replay n ['riːˌpleɪ] повторне відтворення nt ▷ vt [ˌriː'pleɪ] повторно відтворювати

replenish [rɪ'plɛnɪʃ] vt (frml) поповнювати (perf поповнити) (знову)

replica ['rɛplɪkə] n точна копія f

replicate ['rɛplɪkeɪt] vt (frml) повторювати (perf повторити) (робити щось удруге)

reply [rɪ'plaɪ] n відповідь f ▷ vi відповідати (perf відповісти)

report [rɪ'pɔːt] n (news) репортаж m; (school) звіт m ▷ vt доповідати (perf доповісти)

reportedly [rɪ'pɔːtɪdlɪ] adv (frml) як повідомляють

reporter [rɪ'pɔːtə] n репортер m

reporting [rɪ'pɔːtɪŋ] n репортаж m

repository [rɪ'pɒzɪtərɪ] n (frml) сховище nt

repossess [ˌriːpə'zɛs] vt вилучати за несплату

repossession [ˌriːpə'zɛʃən] n вилучення за борги

represent [ˌrɛprɪ'zɛnt] vt представляти (perf представити)

representation [ˌrɛprɪzɛn'teɪʃən] n представництво nt

representative [ˌreprɪ'zentətɪv] *adj*
представницький ⊳ *n* представник
(представниця) *m(f)*
repress [rɪ'pres] *vt* стримувати (*perf*
стримати) (*почуття, емоції*)
repressed [rɪ'prest] *adj* скутий
repression [rɪ'preʃən] *n* репресія *f*
repressive [rɪ'presɪv] *adj* репресивний
reprieve [rɪ'priːv] *vt* відкладати виконання
вироку (*perf* відкласти виконання вироку)
reprimand ['reprɪmænd] *vt* (*fml*)
оголошувати догану (*perf* оголосити догану)
reprint [riː'prɪnt] *vt* перевидавати (*perf*
перевидати) ⊳ *n* [ˈriːprɪnt] перевидання *nt*
reprisal [rɪ'praɪzəl] *n* удар у відповідь
reprise [rɪ'priːz] *n* реприза *f*
reproach [rɪ'prəʊtʃ] *vt* дорікати (*perf*
дорікнути) ⊳ *n* докір *m*
reproduce [ˌriːprə'djuːs] *vt* відтворювати
(*perf* відтворити)
reproduction [ˌriːprə'dʌkʃən] *n*
репродукція *f*
reproductive [ˌriːprə'dʌktɪv] *adj*
репродуктивний
reptile ['reptaɪl] *n* рептилія *f*
republic [rɪ'pʌblɪk] *n* республіка *f*
republican [rɪ'pʌblɪkən] *adj*
республіканський ⊳ *n* республіканець
(республіканка) *m(f)*
repudiate [rɪ'pjuːdɪeɪt] *vt* (*fml*)
відмовлятися (*perf* відмовитися)
repulsive [rɪ'pʌlsɪv] *adj* відразливий
reputable ['repjʊtəbl] *adj* шанований
reputation [ˌrepjʊ'teɪʃən] *n* репутація *f*
repute [rɪ'pjuːt] *vt* (*fml*) вважати
request [rɪ'kwest] *n* (*fml*) прохання *nt* ⊳ *vt*
(*fml*) просити (*perf* попросити)
requiem ['rekwɪˌem] *n* реквієм *m*
require [rɪ'kwaɪə] *vt* (*fml*) вимагати
requirement [rɪ'kwaɪəmənt] *n* вимога *f*
requisite ['rekwɪzɪt] *adj* (*fml*) необхідний
⊳ *n* (*fml*) необхідна річ *m*
re-run ['riːˌrʌn] *n* повторення *nt* (*якоїсь події
з минулого*)
resale ['riːˌseɪl] *n* перепродаж *m*
resat [riː'sæt] *pt, pp of* **resit**
reschedule [ˌriː'ʃedjuːl] *vt* призначати іншу
дату (*perf* призначити іншу дату)
rescind [rɪ'sɪnd] *vt* (*fml*) скасовувати (*perf*
скасувати)
rescue ['reskjuː] *n* порятунок *m* ⊳ *vt*
рятувати (*perf* врятувати)
research [rɪ'sɜːtʃ, 'riːsɜːtʃ] *n* дослідження *nt*
resell [ˌriː'sel] *vt, vi* перепродувати (*perf*
перепродати)
resemblance [rɪ'zembləns] *n* схожість *f*
resemble [rɪ'zembl] *vt* бути схожим
resent [rɪ'zent] *vt* обурюватися (*perf*
обуритися)
resentful [rɪ'zentfʊl] *adj* обурений
resentment [rɪ'zentmənt] *n* обурення *nt*

reservation [ˌrezə'veɪʃən] *n* сумнів *m*
reserve [rɪ'zɜːv] *n* (= *supply*) запас *m*;
(*nature*) заповідник *m* ⊳ *vt* заощаджувати
(*perf* заощадити)
reserved [rɪ'zɜːvd] *adj* стриманий
reservoir ['rezəˌvwɑː] *n* резервуар *m*
reset [ˌriː'set] *vt* знову встановлювати (*perf*
встановити)
resettle [riː'setl] *vt, vi* переселяти(ся) (*perf*
переселити(ся)) (*за допомогою уряду чи
певних організацій*)
resettlement [riː'setlmənt] *n*
переселення *nt*
reshape [ˌriː'ʃeɪp] *vt* надавати іншої
форми (*perf* надати)
reshuffle [ˌriː'ʃʌfəl] *vt* переставляти (*perf*
переставити) (*особливо про внутрішню
ротацію міністрів*)
reside [rɪ'zaɪd] *vi* (*fml*) мешкати
residence ['rezɪdəns] *n* (*fml*) житло *nt*
residency ['rezɪdənsɪ] *n* проживання *nt*
resident ['rezɪdənt] *n* мешканець
(мешканка) *m(f)* ⊳ *adj* який мешкає
residential [ˌrezɪ'denʃəl] *adj* житловий
residual [rɪ'zɪdjʊəl] *adj* залишковий
residue ['rezɪdjuː] *n* залишок *m*
resign [rɪ'zaɪn] *vi* відмовлятися від посади
(*perf* відмовитися)
resignation [ˌrezɪg'neɪʃən] *n* відставка *f*
resigned [rɪ'zaɪnd] *adj* покірний
resilient [rɪ'zɪlɪənt] *adj* пружний
resin ['rezɪn] *n* смола *f*
resist [rɪ'zɪst] *vt* опиратися
resistance [rɪ'zɪstəns] *n* опір *m*
resistant [rɪ'zɪstənt] *adj* який опирається
resit [riː'sɪt] (*pres sing* **resits**, *pres part*
resitting, *pt, pp* **resat**) *vt, vi* перескладати
іспит (*perf* перескласти)
resolute ['rezəluːt] *adj* (*fml*) непохитний
resolution [ˌrezə'luːʃən] *n* рішення *nt*
resolve [rɪ'zɒlv] *vt* (*fml*) вирішувати (*perf*
вирішити) ⊳ *n* (*fml*) рішучість *f*
resolved [rɪ'zɒlvd] *adj* (*fml*) рішучий
resonance ['rezənəns] *n* значення *nt*
resonant ['rezənənt] *adj* звучний
resonate ['rezəneɪt] *vi* резонувати
resort [rɪ'zɔːt] *n* курорт *m* ⊳ *vi* удаватися
(*perf* удатися) (*до чогось*); **resort to**
[rɪ'zɔːt tuː; tʊ; tə] *vi* вдаватися (*perf*
вдатися) до
resounding [rɪ'zaʊndɪŋ] *adj* звучний
resource [rɪ'zɔːs, -'sɔːs] *n* ресурс *m*
resourceful [rɪ'zɔːsfʊl] *adj* винахідливий
respect [rɪ'spekt] *n* повага *f* ⊳ *vt* поважати
respectable [rɪ'spektəbl] *adj* поважний
respected [rɪ'spektɪd] *adj* шанований
respectful [rɪ'spektfʊl] *adj* шанобливий
respective [rɪ'spektɪv] *adj* відповідний
respectively [rɪ'spektɪvlɪ] *adv* відповідно
respiratory ['respərətərɪ] *adj* дихальний
respite ['respaɪt] *n* (*fml*) перепочинок *m*

respond [rɪˈspɒnd] *vi* відповідати (*perf* відповісти)

respondent [rɪˈspɒndənt] *n* респондент (респондентка) *m(f)*

response [rɪˈspɒns] *n* відповідь *f*

responsibility [rɪˌspɒnsəˈbɪlɪtɪ] *n* відповідальність *f*

responsible [rɪˈspɒnsəbl] *adj* відповідальний

responsive [rɪˈspɒnsɪv] *adj* чуйний

rest [rɛst] *det* решта *f* ▷ *vt*, *vi* відпочивати (*perf* відпочити)

restart [riːˈstɑːt] *vt*, *vi* відновлювати(ся) (*perf* відновити(ся)) (*починати(ся) знову*)

restate [ˌriːˈsteɪt] *vt* (*fml*) заявляти знову (*perf* заявити знову)

restaurant [ˈrɛstəˌrɒŋ; ˈrɛstrɒŋ; -rɒnt] *n* ресторан *m*

restaurateur [ˌrɛstərəˈtɜː] *n* (*fml*) ресторатор *m*

rested [ˈrɛstɪd] *adj* відпочилий

restful [ˈrɛstful] *adj* заспокійливий

restless [ˈrɛstlɪs] *adj* неспокійний

restock [riːˈstɒk] *vt*, *vi* поповнювати запас (*perf* поповнити запас)

restore [rɪˈstɔː] *vt* відновлювати (*perf* відновити)

restrain [rɪˈstreɪn] *vt* стримувати (*perf* стримати)

restrained [rɪˈstreɪnd] *adj* стриманий

restraint [rɪˈstreɪnt] *n* обмеження *nt*

restrict [rɪˈstrɪkt] *vt* обмежувати (*perf* обмежити)

restricted [rɪˈstrɪktɪd] *adj* обмежений

restriction [rɪˈstrɪkʃən] *n* обмеження *nt*

restrictive [rɪˈstrɪktɪv] *adj* обмежувальний

restructure [riːˈstrʌktʃə] *vt* реструктурувати

result [rɪˈzʌlt] *n* результат *m* ▷ *vi* виникати внаслідок (*perf* виникнути внаслідок)

resultant [rɪˈzʌltənt] *adj* (*fml*) спричинений вищезгаданим

resume [rɪˈzjuːm] *vt*, *vi* (*fml*) відновлювати (*perf* відновити)

resurface [ˌriːˈsɜːfɪs] *vi* виринати (*perf* виринути) (*із забуття*)

resurgence [rɪˈsɜːdʒəns] *n* (*fml*) відродження *nt*

resurrect [ˌrɛzəˈrɛkt] *vt* воскрешати (*perf* воскресити)

resuscitate [rɪˈsʌsɪteɪt] *vt* оживляти (*perf* оживити)

retail [ˈriːteɪl] *n* роздрібний продаж *m* ▷ *vi* продавати вроздріб (*perf* продати вроздріб)

retailer [ˈriːteɪlə] *n* роздрібний торговець *m*

retailing [ˈriːteɪlɪŋ] *n* роздрібна торгівля *f*

retail price [ˈriːteɪl praɪs] *n* роздрібна ціна *f*

retain [rɪˈteɪn] *vt* (*fml*) зберігати (*perf* зберегти)

retainer [rɪˈteɪnə] *n* задаток *m*

retake [riːˈteɪk] *vt* захоплювати знову (*perf* захопити знову) (*відвоювати*)

retaliate [rɪˈtælɪeɪt] *vi* мститися (*perf* помститися)

retention [rɪˈtɛnʃən] *n* (*frml*) збереження *nt*

rethink [ˌriːˈθɪŋk] *vt* переосмислювати (*perf* переосмислити) ▷ *n* переосмислення *nt*

reticent [ˈrɛtɪsənt] *adj* небагатослівний

retina [ˈrɛtɪnə] *n* сітківка *f*

retire [rɪˈtaɪə] *vi* виходити на пенсію (*perf* вийти на пенсію)

retired [rɪˈtaɪəd] *adj* пенсіонер (пенсіонерка) *m(f)*

retiree [rɪˌtaɪəˈriː] *n* пенсіонер (пенсіонерка) *m(f)*

retirement [rɪˈtaɪəmənt] *n* відставка *f*

retort [rɪˈtɔːt] *vt* (*written*) відповідати гостро (*perf* відповісти гостро)

retrace [rɪˈtreɪs] *vt* повертатися (*perf* повернутися)

retract [rɪˈtrækt] *vt*, *vi* (*frml*) зрікатися (*perf* зректися) (*своїх слів*)

retrain [ˌriːˈtreɪn] *vt*, *vi* проходити перепідготовку (*perf* пройти)

retreat [rɪˈtriːt] *vi* відходити (*perf* відійти)

retrench [rɪˈtrɛntʃ] *vt* (*frml*) скорочувати (*perf* скоротити) (*витрати*)

retribution [ˌrɛtrɪˈbjuːʃən] *n* (*frml*) відплата *f* (*кара*)

retrieval [rɪˈtriːvəl] *n* відновлення *nt*

retrieve [rɪˈtriːv] *vt* діставати (*perf* дістати)

retro [ˈrɛtrəʊ] *adj* у стилі ретро

retrospective [ˌrɛtrəʊˈspɛktɪv] *n* ретроспектива *f*

return [rɪˈtɜːn] *n* (= *coming back*) повернення *nt*; (*on an investment*) прибуток *m*; (= *ticket*) зворотний квиток *m* ▷ *vt* (= *give back*) повертати (*perf* повернути) ▷ *vi* (= *go back*) повертатися (*perf* повернутися)

reunification [ˌriːjuːnɪfɪˈkeɪʃən] *n* возз'єднання *nt*

reunion [riːˈjuːnjən] *n* зустріч після тривалої розлуки *f*

reunite [ˌriːjuːˈnaɪt] *vt*, *vi* возз'єднувати(ся) (*perf* возз'єднати(ся))

reuse [riːˈjuːz] *vt* повторно використовувати (*perf* використати)

rev [rɛv] *vt*, *vi* збільшувати кількість обертів двигуна

revalue [riːˈvæljuː] *vt* переоцінювати (*perf* переоцінити)

revamp [riːˈvæmp] *vt* лагодити (*perf* полагодити)

reveal [rɪˈviːl] *vt* розкривати (*perf* розкрити)

revealing [rɪˈviːlɪŋ] *adj* викривальний

revel [ˈrɛvəl] *vi* насолоджуватися (*perf* насолодитися); **to revel in sth** насолоджуватися чимось

revelation [ˌrɛvəˈleɪʃən] *n* відкриття *nt*

revenge [rɪˈvɛndʒ] *n* помста *f* ▷ *vt* (*written*) мститися (*perf* помститися)

revenue ['revɪ,njuː] *n* прибуток *m*

reverberate [rɪ'vɜːbəreɪt] *vi* відбиватися (*perf* відбитися) (*особливо про звук*)

revere [rɪ'vɪə] *vt* (*frml*) шанувати

reverence ['revərəns] *n* (*frml*) шанування *nt*

reversal [rɪ'vɜːsəl] *n* повна зміна

reverse [rɪ'vɜːs] *n* задній хід *m* ▷ *vt* змінювати на протилежне ▷ *adj* зворотний

revert [rɪ'vɜːt] *vi* повертатися (*perf* повернутися) (*до попереднього стану, поведінки, системи*)

review [rɪ'vjuː] *n* розгляд *m* ▷ *vt* розглядати (*perf* розглянути) (*вивчати*)

reviewer [rɪ'vjuːə] *n* оглядач (оглядачка) *m(f)*

revise [rɪ'vaɪz] *vt* переглядати (*perf* переглянути)

revision [rɪ'vɪʒən] *n* перевірка *f*

revisit [,riː'vɪzɪt] *vt* відвідувати знову (*perf* відвідати)

revitalize [,riː'vaɪtə,laɪz] *vt* відновлювати (*perf* відновити)

revival [rɪ'vaɪvəl] *n* відновлення *nt*

revive [rɪ'vaɪv] *vt, vi* відроджувати (*perf* відродити)

revoke [rɪ'vəʊk] *vt* (*frml*) анулювати

revolt [rɪ'vəʊlt] *n* повстання *nt* ▷ *vi* повставати (*perf* повстати)

revolting [rɪ'vəʊltɪŋ] *adj* огидний

revolution [,revə'luːʃən] *n* революція *f*

revolutionary [,revə'luːʃənərɪ] *adj* революційний ▷ *n* революціонер (революціонерка) *m(f)*

revolutionize [,revə'luːʃə,naɪz] *vt* революціонізувати

revolve [rɪ'vɒlv] *vi* крутитися (*навколо чогось*) ▷ *vt, vi* обертати(ся)

revolver [rɪ'vɒlvə] *n* револьвер *m*

revue [rɪ'vjuː] *n* ревю *nt*

revulsion [rɪ'vʌlʃən] *n* огида *f*

reward [rɪ'wɔːd] *n* винагорода *f* ▷ *vt* винагороджувати (*perf* винагородити)

rewarding [rɪ'wɔːdɪŋ] *adj* вартий

rewind [riː'waɪnd] *vt, vi* перемотувати (*perf* перемотати)

rework [,riː'wɜːk] *vt* переробляти (*perf* переробити)

rewrite [riː'raɪt] *vt* переписувати (*perf* переписати)

rhetoric ['retərɪk] *n* риторика *f*

rhetorical [rɪ'tɒrɪkəl] *adj* риторичний

rheumatism ['ruːmə,tɪzəm] *n* ревматизм *m*

rhinoceros [raɪ'nɒsərəs] *n* носоріг *m*

rhododendron [,rəʊdə'dendrən] *n* рододендрон *m*

rhubarb ['ruːbɑːb] *n* ревінь *m*

rhyme [raɪm] *vi* римувати (*perf* заримувати) ▷ *n* рима *f*

rhythm ['rɪðəm] *n* ритм *m*

rhythmic ['rɪðmɪk] *adj* ритмічний

rib [rɪb] *n* ребро *nt*

ribbon ['rɪbn] *n* стрічка *f*

rice [raɪs] *n* рис *m*

rich [rɪtʃ] *adj* багатий ▷ *npl* багатії *mpl*

richly ['rɪtʃlɪ] *adv* багато (*розкішно*)

rickety ['rɪkɪtɪ] *adj* хиткий

rid [rɪd] *adj*: **to be rid of sth/sb** звільнитися від чогось когось

riddle ['rɪdəl] *n* загадка *f* ▷ *vt* решетити (*perf* зрешетити) (*кулями*)

riddled ['rɪdəld] *adj* зрешечений; пронизаний

ride [raɪd] (*pres sing* **rides**, *pres part* **riding**, *pt* **rode**, *pp* **ridden**) ▷ *n* їзда *f* ▷ *vt, vi* їхати

rider ['raɪdə] *n* (*on horse*) вершник *m*; (*on bicycle*) велосипедист *m*; (*on motorbike*) мотоцикліст *m*

ridge [rɪdʒ] *n* хребет *m* (*гірський*)

ridicule ['rɪdɪkjuːl] *vt* висміювати (*perf* висміяти)

ridiculous [rɪ'dɪkjʊləs] *adj* безглуздий

ridiculously [rɪ'dɪkjʊləslɪ] *adv* сміховинно

riding ['raɪdɪŋ] *n* верхова їзда *f*

rife ['raɪf] *adj* звичайний

riff [rɪf] *n* риф *m* (*повторювана фраза в джазі*)

rifle ['raɪfl] *n* гвинтівка *f* ▷ *vt, vi* обшукувати (*perf* обшукати) (*частіше для пограбування*)

rift [rɪft] *n* тріщина *f*

rig [rɪg] *n* бурова вишка *f* ▷ *vt* досягати шляхом обману (*perf* досягнути)

rigging ['rɪgɪŋ] *n* фальсифікація *f*

right [raɪt] *adj* (= *correct*) правильний; (*opposite of left*) правий ▷ *adv* правильно ▷ *n* дійсність *f*

right angle [raɪt 'æŋgl] *n* прямий кут *m*

right-click [,raɪt'klɪk] *vi* клацати (*perf* клацнути) правою кнопкою мишки

righteous ['raɪtʃəs] *adj* (*frml*) праведний

rightful ['raɪtfʊl] *adj* законний

right-hand ['raɪt,hænd] *adj* правий

right-hand drive ['raɪt,hænd draɪv] *n* правобічний рух *m*

right-hand man ['raɪt,hænd mæn] *n* права рука *f* (*головний помічник*)

rightly ['raɪtlɪ] *adv* належним чином

right of way [raɪt əv weɪ] *n* смуга відчуження *f*

right-wing ['raɪt,wɪŋ] *adj* правий ▷ *n* праве крило *nt*

right-winger [,raɪt'wɪŋə] *n* правий *m* (*людина правих поглядів*) (*f* права)

rigid ['rɪdʒɪd] *adj* жорсткий (*строгий*)

rigorous ['rɪgərəs] *adj* суворий

rigour, (US) rigor ['rɪgə] *npl* жорсткі умови *npl* ▷ *n* ретельність *f*

rim [rɪm] *n* обідок *m*

rimmed [rɪmd] *adj* з обідком

rind ['raɪnd] *n* шкірка *f* (*фрукта*)

ring [rɪŋ] (pres sing **rings**, pres part **ringing**, pt **rang**, pp **rung**) n каблучка f ▷ vt (= telephone) телефонувати ▷ vt, vi (bell) дзвонити ▷ vt, vi дзвонити (perf подзвонити); **ring back** [rɪŋ bæk] vt перетелефонувати; **ring up** [rɪŋ ʌp] vt телефонувати

ring binder [rɪŋ ˈbaɪndə] n архівна папка f

ring road [rɪŋ rəʊd] n кільцева дорога f

ringtone [ˈrɪŋˌtəʊn] n сигнал дзвінка m

rink [rɪŋk] n ковзанка f

rinse [rɪns] n полоскання nt ▷ vt полоскати

riot [ˈraɪət] n заколот m ▷ vi порушувати громадський порядок

riot police [ˈraɪət pəˈliːs] n поліція спеціального призначення

rip [rɪp] vt, vi рвати(ся) (perf порвати(ся)) ▷ n розріз m (дірка); **rip off** [rɪp ɒf] vt (inf) вимагати зависоку ціну; **rip up** [rɪp ʌp] vt розривати (perf розірвати)

ripe [raɪp] adj стиглий

ripen [ˈraɪpən] vt, vi стигнути (perf достигнути)

rip-off [ˈrɪpɒf] n (inf) шахрайство nt

ripple [ˈrɪpəl] n брижі fpl ▷ vt, vi брижитися (perf збрижитися)

rise [raɪz] (pres sing **rises**, pres part **rising**, pt **rose**, pp **risen**) n підвищення nt ▷ vi підійматися (perf піднятися)

risk [rɪsk] n ризик m ▷ vt, vi ризикувати (perf ризикнути)

risky [ˈrɪskɪ] adj ризикований

rite [raɪt] n обряд m

ritual [ˈrɪtjʊəl] n обряд m, ритуал m

rival [ˈraɪvl] n суперник (суперниця) m(f) ▷ vt конкурувати

rivalry [ˈraɪvəlrɪ] n суперництво nt

river [ˈrɪvə] n річка f

riverside [ˈrɪvəsaɪd] n берег річки m

rivet [ˈrɪvɪt] vt привертати (perf привернути) (погляд, увагу)

riveting [ˈrɪvɪtɪŋ] adj захопливий

road [rəʊd] n дорога f

roadblock [ˈrəʊdˌblɒk] n блокпост m

road map [rəʊd mæp] n дорожня карта f

road rage [rəʊd reɪdʒ] n агресивна поведінка на дорозі

roadside [ˈrəʊdˌsaɪd] n узбіччя nt

road sign [rəʊd saɪn] n дорожній знак m

road tax [rəʊd tæks] n податок на транспортний засіб m

roadworks [ˈrəʊdˌwɜːks] npl дорожні роботи pl

roam [rəʊm] vt, vi блукати (perf поблукати)

roaming [ˈrəʊmɪŋ] n роумінг m

roar [rɔː] vi (written) гуркотіти (perf прогуркотіти) ▷ vi ревти (perf заревти)

roaring [ˈrɔːrɪŋ] adj палаючий

roast [rəʊst] adj смажений ▷ vt смажити (perf посмажити) (у духовці або на вогні)

rob [rɒb] vt грабувати

robber [ˈrɒbə] n грабіжник m

robbery [ˈrɒbərɪ] n пограбування nt

robe [rəʊb] n (frml) мантія f; халат m

robin [ˈrɒbɪn] n вільшанка f

robot [ˈrəʊbɒt] n робот m

robust [rəʊˈbʌst] adj міцний (здоровий)

rock [rɒk] n (= material) скеля f; (= piece of rock) камінь m ▷ vt, vi гойдати(ся) (perf гойднути(ся))

rock and roll [rɒk ən rəʊl] n рок-н-рол m

rock bottom [rɒk ˈbɒtəm] n нижня межа f ▷ adj найнижчий (про ціну, рівень)

rock climbing [rɒk ˈklaɪmɪŋ] n скелелазіння nt

rocket [ˈrɒkɪt] n ракета f ▷ vi злітати (perf злетіти) (про ціну)

rock garden [rɒk ˈgɑːdən] n альпінарій m

rocking chair [ˈrɒkɪŋ tʃeə] n крісло-гойдалка f

rocking horse [ˈrɒkɪŋ hɔːs] n коник-гойдалка m

rocky [ˈrɒkɪ] adj кам'янистий

rod [rɒd] n стрижень m

rodent [ˈrəʊdnt] n гризун m

rogue [rəʊg] n шахрай (шахрайка) m(f) ▷ adj шахрайський

role [rəʊl] n роль f

role model [rəʊl ˈmɒdəl] n зразок для наслідування m

role play [ˈrəʊl ˌpleɪ] n рольова гра f

roll [rəʊl] n рулон m ▷ vt, vi скручувати (perf скрутити)

roll call [rəʊl kɔːl] n переклик (перевірка присутності)

rolled-up [ˌrəʊldˈʌp] adj скручений

roller [ˈrəʊlə] n ролик m

rollercoaster [ˈrəʊləˌkəʊstə] n американські гірки pl

rollerskates [ˈrəʊləˌskeɪts] npl ролики mpl

rollerskating [ˈrəʊləˌskeɪtɪŋ] n катання на роликах nt

rolling [ˈrəʊlɪŋ] adj розлогий

rolling pin [ˈrəʊlɪŋ pɪn] n качалка f

ROM [rɒm] n запам'ятовувальний пристрій

Roman [ˈrəʊmən] adj римський

romance [rəˈmæns] n (= love affair) роман m (любовні стосунки)

Romania [rəʊˈmeɪnɪə] n Румунія f

Romanian [rəʊˈmeɪnɪən] adj румунський ▷ n (= person) румун (румунка) m(f); (= language) румунська мова f

romantic [rəʊˈmæntɪk] adj романтичний ▷ n романтик m

romanticism [rəʊˈmæntɪsɪzəm] n (attitude) романтичність f; (movement) романтизм m

roof [ruːf] n дах m

rooftop [ˈruːftɒp] n дах m

rookie [ˈrʊkɪ] n (inf) новачок (новенька) m(f)

room [ruːm, rʊm] n (= section of a building) кімната f; (= space) місце nt

roommate ['ru:m,meit; 'rʊm-] *n*
співмешканець (співмешканка) *m(f)*

room service [ru:m; rʊm 'sɜ:vɪs] *n*
обслуговування номерів *nt*

roomy ['rʊmɪ] *adj* просторий

roost [ru:st] *n* сідало *nt* ▷ *vi* сідати на
сідало

root [ru:t] *n* корінь *m* ▷ *adj* кореневий ▷ *vt, vi*
пускати коріння (*perf* пустити коріння) ▷ *vi*
ритися (*perf* поритися)

rooted ['ru:tɪd] *adj* укорінений

rope [rəʊp] *n* мотузка *f* ▷ *vt* прив'язувати
(*perf* прив'язати) (*мотузкою*); **rope in** [rəʊp
ɪn] *vt* (*inf*) заохочувати (*perf* заохотити)

rose [rəʊz] *n* троянда *f*

rosé ['rəʊzeɪ] *n* рожеве вино *nt*

rosemary ['rəʊzmərɪ] *n* розмарин *m*

rosette [rəʊ'zet] *n* розетка *f* (*прикраса та в
ботаніці*)

roster ['rɒstə] *n* графік чергувань *m*

rosy ['rəʊzɪ] *adj* рум'яний

rot [rɒt] *vt, vi* псуватися (*perf* зіпсуватися)
▷ *n* гниль *f*

rotary ['rəʊtərɪ] *adj* обертальний

rotate [rəʊ'teɪt] *vt, vi* обертати(ся) (*perf*
обернути(ся))

rotation [rəʊ'teɪʃən] *n* обертання *nt*

rotor ['rəʊtə] *n* несучий гвинт

rotten ['rɒtn] *adj* зіпсований

rouble, (*US*) **ruble** ['ru:bəl] *n* рубль *m*

rough [rʌf] *adj* (*= not smooth*) шорсткий;
(*= not gentle*) неввічливий

roughly ['rʌflɪ] *adv* грубо

roulette [ru:'let] *n* рулетка *f*

round [raʊnd] *adj* круглий ▷ *n* (*= series*)
раунд *m*; (*= circle*) коло *nt* ▷ *prep* навколо
▷ *vt* обгинати (*perf* обігнути) (*обминати
щось на шляху*); **round up** [raʊnd ʌp] *vt*
зганяти (*perf* зігнати)

roundabout ['raʊndə,baʊt] *n* кільцева
транспортна розв'язка *f* ▷ *adj* обхідний;
непрямий (*алегоричний*)

rounded ['raʊndɪd] *adj* закруглений

round table [,raʊnd'teɪbəl] *n* круглий
стіл *m*

round trip [raʊnd trɪp] *n* поїздка в обидва
боки *f*

roundup ['raʊndʌp] *n* випуск новин *m*

rouse [raʊz] *vt, vi* (*liter*) будити (*perf*
розбудити)

rout ['raʊt] *vt* розбивати вщент (*perf* розбити
вщент)

route [ru:t] *n* маршрут *m* ▷ *vt* направляти
за певним маршрутом

routine [ru:'ti:n] *n* рутина *f* ▷ *adj* звичайний

routinely [ru:'ti:nlɪ] *adv* регулярно

roving ['rəʊvɪŋ] *adj* мандрівний

row¹ [rəʊ] *n* (*= line*) ряд *m* ▷ *vt, vi* (*in boat*)
веслувати

row² [raʊ] *n* (*= argument*) суперечка *f* ▷ *vi*
(*= argue*) сваритися

rowdy ['raʊdɪ] *adj* галасливий

rowing ['rəʊɪŋ] *n* веслування *f*

rowing boat ['rəʊɪŋ bəʊt] *n* шлюпка на
веслах *f*

royal ['rɔɪəl] *adj* королівський ▷ *n* (*inf*) член
королівської родини

royal family ['rɔɪəl 'fæmlɪ] *n* королівська
родина *f*

Royal Highness ['rɔɪəl 'haɪnəs] *n*
королівська високість *f*

royalist ['rɔɪəlɪst] *n* рояліст (роялістка) *m(f)*

royalty ['rɔɪəltɪ] *n* члени королівської
родини

rub [rʌb] *vt* терти ▷ *n* розтирання *nt*

rubber ['rʌbə] *n* (*= material*) гума *f*; (*= eraser*)
гумка *f*

rubber band ['rʌbə bænd] *n* гумова
стрічка *f*

rubber gloves ['rʌbə glʌvz] *npl* гумові
рукавиці *fpl*

rubber stamp ['rʌbə stæmp] *n* штамп *m*
(*печатка*) ▷ *vt* штампувати (*perf*
наштампувати) (*закони, плани*)

rubbish ['rʌbɪʃ] *adj* (*inf*) нікудишній ▷ *n*
сміття *nt*

rubbish dump ['rʌbɪʃ dʌmp] *n*
сміттєзвалище *nt*

rubble ['rʌbəl] *n* кам'яні уламки *mpl*

ruble ['ru:bəl] *n* (*US*) **= rouble**

ruby ['ru:bɪ] *n* рубін *m*

rucksack ['rʌk,sæk] *n* рюкзак *m*

rudder ['rʌdə] *n* стерно *nt*

ruddy ['rʌdɪ] *adj* рум'яний

rude [ru:d] *adj* грубий

rudimentary [,ru:dɪ'mentərɪ] *adj* (*frml*)
елементарний

rue [ru:] *vt* (*liter*) каятися (*perf* розкаятися)

rueful ['ru:fʊl] *adj* (*liter*) сумний

ruffle ['rʌfəl] *vt* куйовдити (*perf* скуйовдити)
▷ *n* оборка *f*

ruffled ['rʌfəld] *adj* скуйовджений

rug [rʌg] *n* килимок *m*

rugby ['rʌgbɪ] *n* регбі *nt*

rugged ['rʌgɪd] *adj* (*liter*) нерівний

ruin ['ru:ɪn] *n* руйнування *nt* ▷ *vt* псувати
(*perf* зіпсувати)

ruined ['ru:ɪnd] *adj* розвалений

rule [ru:l] *n* правило *nt* ▷ *vt, vi* правити; **rule
out** [ru:l aʊt] *vt* виключати (*perf* виключити)

rule of law [ru:l əv lɔ:] *n* (*frml*)
верховенство права *f*

ruler ['ru:lə] *n* (*= leader*) правитель *m*; (*for
measuring*) лінійка *f*

ruling ['ru:lɪŋ] *adj* правлячий ▷ *n*
постанова *f*

rum [rʌm] *n* ром *m*

rumble ['rʌmbəl] *n* гуркіт *m* ▷ *vi* гриміти
(*perf* прогриміти)

rumbling ['rʌmblɪŋ] *n* бурчання *nt*

rummage ['rʌmɪdʒ] *vi* ритися (*perf*
поритися) ▷ *n* пошуки *mpl*

rumour, (US) **rumor** ['ruːmə] n чутка f

rumoured ['ruːməd] vt бути відомим із чуток; **it is rumoured that...** ходять чутки, що...

run [rʌn] (pres sing **runs**, pres part **running**, pt **ran**, pp **run**) n пробіг m ▷ vi (= follow a particular course) проходити (perf пройти); (= move quickly) бігати (perf з'веі); **run away** vi тікати (perf втекти); **run out** [rʌn aʊt] vi закінчуватися (perf закінчитися); **run over** [rʌn 'əʊvə] vt збивати (perf збити)

runaway ['rʌnəweɪ] adj нестримний ▷ n утікач (утікачка) m(f)

run-down [,rʌn'daʊn] adj (inf) знесилений; занедбаний ▷ n (inf) зведення nt (стисле повідомлення)

run-in ['rʌnɪn] n (inf) сварка f

runner ['rʌnə] n бігун m

runner bean ['rʌnə biːn] n стручкова квасоля f

runner-up ['rʌnədər] n учасник або команда, які посіли друге місце

running ['rʌnɪŋ] n біг m

running mate ['rʌnɪŋ meɪt] n кандидат на посаду заступника, наприклад, на посаду віце-президента

runny ['rʌnɪ] adj рідкий (негустий)

run time [rʌn taɪm] n час виконання (комп'ютерної програми)

run-up ['rʌnʌp] n переддень m

runway ['rʌnweɪ] n злітно-посадкова смуга f

rupee [,ruː'piː] n рупія f

rupture ['rʌptʃə] n розрив m ▷ vt, vi розривати (perf розірвати)

rural ['rʊərəl] adj сільський

ruse [ruːz] n (frml) хитрість f

rush [rʌʃ] vi поспішати (perf поспішити) ▷ n поспіх m

rush hour [rʌʃ aʊə] n година пік f

rusk [rʌsk] n сухар m

Russia ['rʌʃə] n Росія f

Russian ['rʌʃən] n (= language) російська мова f; (= person) росіянин (росіянка) m(f) ▷ adj російський

rust [rʌst] n іржа f ▷ vi іржавіти (perf заіржавіти)

rustic ['rʌstɪk] adj простий (незіпсований; сільський)

rustle ['rʌsəl] vt, vi шелестіти (perf зашелестіти)

rusty ['rʌstɪ] adj іржавий

rut [rʌt] n рутина f

ruthless ['ruːθlɪs] adj безжалісний

rye [raɪ] n жито nt

S

sabbatical [sə'bætɪkəl] n творча відпустка (університетських викладачів)

sabotage ['sæbə,tɑːʒ] vt саботувати ▷ n саботаж m

saboteur [,sæbə'tɜː] n саботажник (саботажниця) m(f)

sabre, (US) **saber** ['seɪbə] n шабля f

sac [sk] n мішечок m

sachet ['sæʃeɪ] n пакет-саше m

sack [sæk] vt звільняти (perf звільнити) ▷ n (= bag) мішок m

sacking ['sækɪŋ] n мішковина f

sacred ['seɪkrɪd] adj священний

sacrifice ['sækrɪ,faɪs] n приносити в жертву (perf принести)

sacrificial [,sækrɪ'fɪʃəl] adj жертовний

sad [sæd] adj сумний

sadden ['sædən] vt засмучувати (perf засмутити)

saddle ['sædl] n сідло nt

saddlebag ['sædl,bæg] n сумка, прикріплена до сидіння велосипеда чи мотоцикла або до сідла коня

sadistic [sə'dɪstɪk] adj садистський

sadly ['sædlɪ] adv сумно

safari [sə'fɑːrɪ] n сафарі nt

safe [seɪf] n сейф m ▷ adj безпечний

safe area [seɪf 'ɛərɪə] n зона безпеки f

safe deposit box [seɪf dɪ'pɒzɪt bɒks] n депозитарний сейф m

safeguard ['seɪf,gɑːd] vt (frml) захищати (perf захистити) ▷ n гарантія f

safe haven [seɪf 'heɪvən] n зона безпеки f

safely ['seɪflɪ] adv надійно

safety ['seɪftɪ] n безпека f

safety belt ['seɪftɪ belt] n пасок безпеки m

safety net ['seɪftɪ nɛt] n страхування nt

safety pin ['seɪftɪ pɪn] n англійська шпилька f

saffron ['sæfrən] n шафран m

sag [sæg] vi обвисати (perf обвиснути)

saga ['sɑːgə] n сага f

Sagittarius [ˌsædʒɪˈtɛərɪəs] n Стрілець m

Sahara [səˈhɑːrə] n Сахара f

said [sɛd] pt, pp of **say**

sail [seɪl] vt, vi плисти ▷ n вітрило nt

sailing [ˈseɪlɪŋ] n мореплавання nt

sailing boat [ˈseɪlɪŋ bəʊt] n вітрильний човен m

sailor [ˈseɪlə] n моряк m

saint [seɪnt; sənt] n святий m

saintly [ˈseɪntlɪ] adj святий

salad [ˈsæləd] n салат m

salad dressing [ˈsæləd ˈdrɛsɪŋ] n заправка до салату f

salami [səˈlɑːmɪ] n салямі f

salaried [ˈsælərɪd] adj штатний (працівник)

salary [ˈsælərɪ] n заробітна плата f

sale [seɪl] n продаж m

sales assistant [seɪlz əˈsɪstənt] n асистент з продажу m

sales clerk [seɪlz klɑːrk] n (US) = **shop assistant**

sales force [seɪlz fɔːs] n торговий персонал m

salesman [ˈseɪlzmən] n продавець m

salesperson [ˈseɪlzpɜːsn] n продавець m

sales pitch [seɪlz pɪtʃ] n презентація f (товару під час продажу)

sales rep [seɪlz rɛp] n представник з питань продажу m

saleswoman [ˈseɪlzwʊmən] n продавець m

salient [ˈseɪlɪənt] adj (frml) основний

saliva [səˈlaɪvə] n слина f

sally [ˈsælɪ] n (liter) дотеп m

salmon [ˈsæmən] n лосось m

salon [ˈsælɒn] n салон m

saloon car [səˈluːn kɑː] n автомобіль типу седан для 4-6 пасажирів

salsa [ˈsælsə] n сальса f

salt [sɔːlt] n сіль f

saltwater [ˈsɔːltˌwɔːtə] adj морський

salty [ˈsɔːltɪ] adj солоний

salute [səˈluːt] vt, vi вітати (perf привітати)

salvage [ˈsælvɪdʒ] vt рятувати (perf врятувати) ▷ n рятування майна nt

salvation [sælˈveɪʃən] n порятунок nt

same [seɪm] adj той (такий) самий

sample [ˈsɑːmpl] n зразок m ▷ vt куштувати (perf скуштувати)

sampler [ˈsɑːmplə] n зразок m (візерунок)

sanction [ˈsæŋkʃən] vt дозволяти (perf дозволити)

sanctity [ˈsæŋktətɪ] n святість f

sanctuary [ˈsæŋktʃʊərɪ] n (= refuge) притулок m; (= nature reserve) заповідник m

sand [sænd] n пісок m

sandal [ˈsændl] n сандаля f

sandbox [ˈsændˌbɒks] n (US) = **sandpit**

sandcastle [ˈsændkɑːsl] n замок з піску m

sand dune [sænd djuːn] n піщана дюна f

sandpaper [ˈsændˌpeɪpə] n наждачний папір m

sandpit [ˈsændˌpɪt] n пісочниця f

sandstone [ˈsændˌstəʊn] n піщаник m

sandwich [ˈsænwɪdʒ; -wɪtʃ] n бутерброд m ▷ vt перекладати (perf перекласти) (щось чимось)

sandy [ˈsændɪ] adj піщаний

sane [seɪn] adj нормальний (психічно здоровий)

sang [sæŋ] pt of **sing**

sanguine [ˈsæŋgwɪn] adj життєрадісний

sanitary [ˈsænɪtərɪ] adj санітарний

sanitary towel [ˈsænɪtərɪ ˈtaʊəl], (US) **sanitary napkin** [ˈsænɪtərɪ ˈnæpkɪn] n гігієнічна прокладка f

sanitation [ˌsænɪˈteɪʃən] n санітарна обробка f

sanity [ˈsænətɪ] n здоровий глузд m

San Marino [ˌsæn məˈriːnəʊ] n Сан-Марино m

sap [sæp] vt виснажувати (perf виснажити) ▷ n сік m (рослин)

sapphire [ˈsæfaɪə] n сапфір m

sarcasm [ˈsɑːkæzəm] n сарказм m

sarcastic [sɑːˈkæstɪk] adj саркастичний

sardine [sɑːˈdiːn] n сардина f

sardonic [sɑːˈdɒnɪk] adj сардонічний

sari [ˈsɑːrɪ] n сарі nt ind

sash [sæʃ] n стрічка f (орденська)

sat [sæt] pt, pp of **sit**

Satan [ˈseɪtən] n сатана m

satanic [səˈtænɪk] adj сатанинський

satchel [ˈsætʃəl] n ранець m

satellite [ˈsætəlaɪt] n супутник m ▷ adj супутниковий

satellite dish [ˈsætəlaɪt dɪʃ] n супутникова антена f

satin [ˈsætɪn] n атлас m ▷ adj атласний

satire [ˈsætaɪə] n сатира f

satirical [səˈtɪrɪkəl] adj сатиричний

satisfaction [ˌsætɪsˈfækʃən] n задоволення nt

satisfactory [ˌsætɪsˈfæktərɪ; -trɪ] adj задовільний

satisfied [ˈsætɪsˌfaɪd] adj задоволений

satisfy [ˈsætɪsfaɪ] vt задовольняти (perf задовольнити)

satisfying [ˈsætɪsfaɪɪŋ] adj задовільний

satnav [ˈsætnæv] n супутникова навігація f

saturate [ˈsætʃʊreɪt] vt наповнювати (perf наповнити)

saturation [ˌsætʃʊˈreɪʃən] n насичення nt

Saturday [ˈsætədɪ] n субота f

● **SATURDAY JOB**

●

● суботній підробіток. Британські школярі
● в суботу не навчаються, тому багато
● підлітків влаштовуються підробляти у
● кафе чи магазин.

sauce [sɔːs] *n* соус *m*
saucepan ['sɔːspən] *n* каструля *f*
saucer ['sɔːsə] *n* блюдце *nt*
saucy ['sɔːsɪ] *adj* фривольний
Saudi ['sɔːdɪ; 'sau-] *n* (= person) мешканець Саудівської Аравії *m* ⊳ *adj* саудівський
Saudi Arabia ['sɔːdɪ ə'reɪbɪə] *n* Саудівська Аравія *f*
Saudi Arabian ['sɔːdɪ ə'reɪbɪən] *n* (= person) мешканець Саудівської Аравії *m* ⊳ *adj* саудівський
sauna ['sɔːnə] *n* сауна *f*
saunter ['sɔːntə] *vi* прогулюватися (*perf* прогулятися)
sausage ['sɒsɪdʒ] *n* ковбаса *f*
sauté ['səuteɪ] *vt* смажити в олії
savage ['sævɪdʒ] *adj* жорстокий ⊳ *n* дикун (дикунка) *m(f)* ⊳ *vt* роздирати (*perf* роздерти) (про напад тварини)
savagery ['sævɪdʒərɪ] *n* жорстокість *f*
savannah [sə'vænə] *n* савана *f*
save [seɪv] *vt* (money) зберігати (*perf* зберегти); (= rescue) рятувати (*perf* врятувати); **save up** [seɪv ʌp] *vi* заощаджувати (*perf* заощадити)
saver ['seɪvə] *n* ощадлива людина *f*
saving ['seɪvɪŋ] *n* заощадження *nt*
savings ['seɪvɪŋz] *npl* заощадження *pl*
saviour, (*US*) **savior** ['seɪvjə] *n* рятівник (рятівниця) *m(f)*
savour, (*US*) **savor** ['seɪvə] *vt* смакувати (*perf* посмакувати)
savoury, (*US*) **savory** ['seɪvərɪ] *adj* пікантний
saw [sɔː] *n* пила *f* ⊳ *vt, vi* пиляти (*perf* спиляти)
sawdust ['sɔːdʌst] *n* тирса *f*
saxophone ['sæksəfəun] *n* саксофон *m*
saxophonist [sæk'sɒfənɪst] *n* саксофоніст (саксофоністка) *m(f)*
say [seɪ] (*pres sing* **says**, *pres part* **saying**, *pt, pp* **said**) *vt* казати (*perf* сказати)
saying ['seɪɪŋ] *n* приказка *f*
scab [skb] *n* струп *m*
scaffold ['skæfəld] *n* (platform) ешафот *m*; (framework) риштування *nt*
scaffolding ['skæfəldɪŋ] *n* риштування *nt*
scald [skɔːld] *vt* обварювати(ся) (*perf* обварити(ся)) ⊳ *n* опік *m*
scale [skeɪl] *n* (fish, reptile) луска *f*; (for measuring) шкала *f* ⊳ *vt* (written) підніматися (*perf* піднятися) (на гору)
scales [skeɪlz] *npl* ваги *pl*
scallion ['skæljən] *n* (*US*) = **spring onion**
scallop ['skɒləp; 'skæl-] *n* ескалоп *m*
scalp [skælp] *n* скальп *m*
scalpel ['skælpəl] *n* скальпель *m*
scam [skæm] *n* (inf) афера *f*
scamper ['skæmpə] *vi* гасати (бігати)
scampi ['skæmpɪ] *npl* креветки, смажені в сухарях *pl*

scan [skæn] *vt* уважно розглядати ⊳ *n* знімок *m*
scandal ['skændl] *n* скандал *m*
scandalous ['skændələs] *adj* скандальний
Scandinavia [,skændɪ'neɪvɪə] *n* Скандинавія *f*
Scandinavian [,skændɪ'neɪvɪən] *adj* скандинавський
scanner ['skænə] *n* сканер *m*
scant [skænt] *adj* недостатній
scapegoat ['skeɪpgəut] *n* цап-відбувайло *m* ⊳ *vt* робити (*perf* зробити) цапом-відбувайлом
scar [skɑː] *n* рубець *m* ⊳ *vt* шрамувати (*perf* пошрамувати)
scarce [skeəs] *adj* недостатній
scarcely ['skeəslɪ] *adv* ледь
scarcity ['skeəsɪtɪ] *n* (frml) дефіцит *m*
scare [skeə] *vt* лякати (*perf* злякати) ⊳ *n* страх *m*
scarecrow ['skeə,krəu] *n* опудало *nt*
scared [skeəd] *adj* переляканий
scaremongering ['skeəmʌŋgərɪŋ] *n* залякування *nt*
scarf [skɑːf] (*pl* **scarves**) *n* шарф *m*
scarlet ['skɑːlɪt] *adj* яскраво-червоний
scary ['skeərɪ] *adj* страшний
scathing ['skeɪðɪŋ] *adj* нищівний
scatter ['skætə] *vt* розкидати (*perf* розкидати)
scattered ['skætəd] *adj* розкиданий
scattering ['skætərɪŋ] *n* розсіювання *nt*
scavenge ['skævɪndʒ] *vt, vi* ритися в смітті
scenario [sɪ'nɑːrɪəu] *n* сценарій *m*
scene [siːn] *n* сцена *f*
scenery ['siːnərɪ] *n* пейзаж *m*
scenic ['siːnɪk] *adj* мальовничий
scent [sɛnt] *n* пахощі *pl* ⊳ *vt* наповнювати ароматом (*perf* наповнити ароматом)
scented ['sɛntɪd] *adj* ароматний
sceptic, (*US*) **skeptic** ['skɛptɪk] *n* скептик *m*
sceptical, (*US*) **skeptical** ['skɛptɪkl] *adj* скептичний
scepticism, (*US*) **skepticism** ['skɛptɪsɪzəm] *n* скептицизм *m*
schedule ['ʃɛdjuːl; 'skɛdʒuəl] *n* розклад *m* ⊳ *vt* призначати (*perf* призначити) (час)
scheme [skiːm] *n* (= chart) схема *f*; (= plan) план *m* ⊳ *vt, vi* замишляти (*perf* замислити) (щось недобре)
schizophrenia [,skɪtsə'friːnɪə] *n* шизофренія *f*
schizophrenic [,skɪtsəu'frɛnɪk] *n* шизофренік *m*
scholar ['skɒlə] *n* (frml) науковець *m*
scholarly ['skɒləlɪ] *adj* учений
scholarship ['skɒləʃɪp] *n* стипендія *f*
scholastic [skə'læstɪk] *adj* (frml) шкільний
school [skuːl] *n* школа *f*
schoolbag ['skuːl,bæg] *n* портфель *m*

schoolbook ['sku:l,bʊk] n підручник m

schoolboy ['sku:l,bɔɪ] n учень m

schoolchild ['sku:ltʃaɪld] (pl **schoolchildren**) n школяр (школярка) m(f)

schooldays ['sku:ldeɪz] npl шкільні роки npl

school friend [sku:l frɛnd] n шкільний товариш (шкільна подруга) m(f)

schoolgirl ['sku:l,gɜ:l] n учениця f

schooling ['sku:lɪŋ] n навчання в школі nt

schoolteacher ['sku:l,ti:tʃə] n учитель m

school uniform [sku:l 'ju:nɪfɔ:m] n шкільна форма f

science ['saɪəns] n наука f

science fiction ['saɪəns 'fɪkʃən] n наукова фантастика f

scientific [,saɪən'tɪfɪk] adj науковий

scientist ['saɪəntɪst] n науковець m

sci-fi ['saɪˌfaɪ] n (inf) наукова фантастика f

scissors ['sɪzəz] npl ножиці pl

scoff [skɒf] vi висміювати (perf висміяти)

scold [skəʊld] vt картати (perf покартати)

scone [skɒn] n булочка f

scoop [sku:p] n лопатка f (для насипання чогось)

scooter ['sku:tə] n скутер m

scope [skəʊp] n свобода f (дій)

scorch [skɔ:tʃ] vt обпалювати (perf обпалити)

scorching ['skɔ:tʃɪŋ] adj (inf) спекотний

score [skɔ:] vt, vi отримати очко ▷ n (= music) партитура f; (in a game) очко nt

scoreboard ['skɔ:,bɔ:d] n табло nt

scorer ['skɔ:rə] n маркер m (протоколіст рахунку гри)

scorn [skɔ:n] n презирство nt ▷ vt зневажати (perf зневажити)

scornful ['skɔ:nfəl] adj зневажливий

Scorpio ['skɔ:pɪ,əʊ] n Скорпіон m

scorpion ['skɔ:pɪən] n скорпіон m

Scot [skɒt] n шотландець m

Scotch [skɒtʃ] n шотландське віскі nt

scotch [skɒtʃ] vt припиняти (perf припинити)

scot-free [,skɒt'fri:] adv безкарно

Scotland ['skɒtlənd] n Шотландія f

Scots [skɒts] adj шотландський

Scotsman ['skɒtsmən] n шотландець m

Scotswoman ['skɒts,wʊmən] n шотландка f

Scottish ['skɒtɪʃ] adj шотландський

scour ['skaʊə] vt прочісувати (perf прочесати) (ретельно шукати)

scourge [skɜ:dʒ] n лихо nt ▷ vt бити батогом

scout [skaʊt] n розвідник m ▷ vt, vi обшукувати (perf обшукати)

scowl [skaʊl] vi супитися (perf насупитися)

scramble ['skræmbəl] vi видиратися (perf видертися)

scrambled eggs ['skræmbld ɛgz] npl омлет m

scrap [skræp] vt викидати через непридатність (perf викинути) ▷ n (= fight) сварка f; (= small piece) шматочок m ▷ adj непотрібний (який можна здати на переробку)

scrapbook ['skræp,bʊk] n декоративний альбом m

scrape [skreɪp] vt зішкрібати (perf зішкребти); (= scratch) дряпати (perf подряпати)

scrapheap ['skræp,hi:p] n смітник m

scrap paper [skræp 'peɪpə] n макулатура f

scratch [skrætʃ] vt (something sharp) дряпати(ся) (perf подряпати(ся)) ▷ vt, vi (with nails) чухати ▷ n подряпина f

scratch card ['skrætʃ ,ka:d] n скретч-картка f

scrawl [skrɔ:l] vt шкрябати (perf нашкрябати) (писати нерозбірливо) ▷ n карлючки fpl

scrawny ['skrɔ:nɪ] adj худющий

scream [skri:m] vi пронизливо кричати (perf крикнути) ▷ n крик m

screech [skri:tʃ] vi скрипіти (perf проскрипіти)

screen [skri:n] vt демонструвати на екрані ▷ n екран m

screenplay ['skri:n,pleɪ] n сценарій m

screensaver ['skri:n,seɪvə] n заставка f

screenwriter ['skri:n,raɪtə] n сценарист (сценаристка) m(f)

screw [skru:] n шуруп m ▷ vt, vi прикручувати (perf прикрутити)

screwdriver ['skru:,draɪvə] n викрутка f

screwed up [skru:d ʌp] adj (inf) стурбований

scribble ['skrɪbl] vt, vi калякати (perf накалякати) ▷ n карлючки fpl

script [skrɪpt] n сценарій m ▷ vt писати сценарій (perf написати сценарій)

scripture ['skrɪptʃə] n священна книга f

scroll [skrəʊl] n сувій m ▷ vi прокручувати (perf прокрутити) (на екрані комп'ютера)

scrounge ['skraʊndʒ] vt, vi (inf) жебрати

scrub [skrʌb] vt терти

scruffy ['skrʌfɪ] adj брудний

scruple ['skru:pəl] n моральні принципи npl

scrupulous ['skru:pjʊləs] adj порядний

scrutinize ['skru:tɪnaɪz] vt ретельно досліджувати

scrutiny ['skru:tɪnɪ] n ретельне вивчення; **to be under constant scrutiny** бути під постійним наглядом

scuba diving ['sku:bə 'daɪvɪŋ] n підводне плавання nt

scuffle ['skʌfəl] n сутичка f

sculpt [skʌlpt] vt, vi ліпити (perf виліпити)

sculptor ['skʌlptə] n скульптор m

sculpture ['skʌlptʃə] n скульптура f

scum [skʌm] npl (inf) мерзотник (мерзотниця) m(f)

scurry ['skʌrɪ] vi (written) тікати (perf втекти)

scuttle ['skʌtəl] n швидко бігти

sea [siː] n море nt

seabed ['siːbɛd] n морське дно nt

sea change [siː tʃeɪndʒ] n різка зміна f

seafood ['siːfuːd] n морепродукт m

seafront ['siːfrʌnt] n приморська частина міста

seagull ['siːgʌl] n чайка f

seal [siːl] vt запечатувати (perf запечатати) ▷ n (on a document) печатка f; (= animal) тюлень m

sea level [siː 'lɛvl] n рівень моря m

seam [siːm] n шов m

seamless ['siːmləs] adj плавний

search [sɜːtʃ] vt, vi шукати ▷ n пошук m

search engine [sɜːtʃ 'ɛndʒɪn] n система пошуку f

searching ['sɜːtʃɪŋ] adj проникливий

searchlight ['sɜːtʃlaɪt] n прожектор m

search party [sɜːtʃ 'pɑːtɪ] n пошукова група f

search warrant [sɜːtʃ 'wɒrənt] n ордер на обшук m

searing ['sɪərɪŋ] adj пекучий

seashore ['siːʃɔː] n морське узбережжя nt

seasick ['siːsɪk] adj хворий на морську хворобу

seaside ['siːsaɪd] n приморська територія f

season ['siːzn] n сезон m

seasonal ['siːzənl] adj сезонний

seasoned ['siːzənd] adj досвідчений

seasoning ['siːzənɪŋ] n приправи fpl

season ticket ['siːzn 'tɪkɪt] n сезонний квиток m

seat [siːt] n (in election) місце nt; (for sitting on) сидіння nt ▷ n (written) сідати (perf сісти)

seatbelt ['siːtbɛlt] n пасок безпеки m

seating ['siːtɪŋ] n місця ntpl (для сидіння)

sea water [siː 'wɔːtə] n морська вода f

seaweed ['siːwiːd] n водорість f

secede [sɪ'siːd] vi відокремлюватися (perf відокремитися) (від організації або країни)

secession [sɪ'sɛʃən] n відокремлення nt

secessionist [sɪ'sɛʃənɪst] n сепаратист (сепаратистка) m(f)

secluded [sɪ'kluːdɪd] adj безлюдний

seclusion [sɪ'kluːʒən] n усамітнення f

second ['sɛkənd] n секунда f ▷ adj другий

secondary ['sɛkəndrɪ] adj другорядний; середній (про освіту дітей 11-18 років)

secondary school ['sɛkəndərɪ skuːl] n середня школа f

second best ['sɛkənd bɛst] adj другий найкращий

second class ['sɛkənd klɑːs] n другий клас m

second-class ['sɛkənd,klɑːs] adj другосортний

У Великій Британії можна придбати поштові марки першого та другого класу. Марки другого класу дешевші. Листи з такими марками доставляють за адресою за 2-3 дні.

secondhand ['sɛkənd,hænd] adj уживаний

second language ['sɛkənd 'læŋgwɪdʒ] n друга мова f (нерідна, яку вживають на роботі або в навчанні)

secondly ['sɛkəndlɪ] adv по-друге

second opinion ['sɛkənd ə'pɪnjən] n думка іншої людини

second-rate ['sɛkənd,reɪt] adj другосортний

second thought ['sɛkənd θɔːt] n додаткові роздуми

secrecy ['siːkrəsɪ] n секретність f

secret ['siːkrɪt] n секрет m ▷ adj секретний

secretarial [,sɛkrə'tɛərɪəl] adj секретарський

secretariat [,sɛkrə'tɛərɪæt] n секретаріат m

secretary ['sɛkrətrɪ] n секретар m

secretary-general [,'sɛkrətərɪ'dʒɛnərəl] n генеральний секретар m

secrete [sɪ'kriːt] vt виділяти (perf виділити) (про організм людини, тварини чи про рослину)

secretion [sɪ'kriːʃən] n виділення nt

secretive ['siːkrɪtɪv] adj потайливий

secretly ['siːkrɪtlɪ] adv таємно

secret police ['siːkrɪt pə'liːs] n таємна поліція f

secret service ['siːkrɪt 'sɜːvɪs] n розвідувальне управління nt

sect [sɛkt] n секта f

sectarian [sɛk'tɛərɪən] adj зумовлений міжрелігійними суперечностями

section ['sɛkʃən] n секція f ▷ vt ділити на частини (perf поділити)

sector ['sɛktə] n сектор m

secular ['sɛkjʊlə] adj світський (мирський)

secure [sɪ'kjʊə] adj безпечний ▷ vt (frml) здобувати (perf здобути)

security [sɪ'kjʊərɪtɪ] n охорона f

security camera [sɪ'kjʊərɪtɪ 'kæmərə] n камера системи безпеки f

Security Council [sɪ'kjʊərɪtɪ 'kaʊnsəl] n Рада Безпеки f

security guard [sɪ'kjʊərɪtɪ gɑːd] n охоронець m

security risk [sɪ'kjʊərɪtɪ rɪsk] n неблагонадійна особа f

sedan [sɪ'dæn] n (US) = **saloon car**

sedate [sɪ'deɪt] adj спокійний ▷ vt давати заспокійливе (perf дати заспокійливе)

sedation [sɪ'deɪʃən] n заспокоєння nt (під дією ліків); **to be under sedation** бути під дією заспокійливих препаратів

sedative ['sɛdətɪv] n заспокійливий засіб m
sedentary ['sɛdəntərɪ] adj малорухливий
sedge [sɛdʒ] n осока f
sediment ['sɛdɪmənt] n осад m
seduce [sɪ'djuːs] vt спокушати (perf спокусити)
seductive [sɪ'dʌktɪv] adj спокусливий
see [siː] (pres sing **sees**, pres part **seeing**, pt **saw**, pp **seen**) vt (= meet) бачитися (perf побачитися) ▷ vt, vi (with eyes) бачити (perf побачити)
seed [siːd] n зерно nt ▷ vt сіяти (perf засіяти)
seedling ['siːdlɪŋ] n паросток m
seedy ['siːdɪ] adj жалюгідний
seek [siːk] (pres sing **seeks**, pres part **seeking**, pt, pp **sought**) vt (frml) шукати
seeker ['siːkə] n шукач (шукачка) m(f)
seem [siːm] vb +complement здаватися (perf здатися)
seeming ['siːmɪŋ] adj (frml) удаваний
seemingly ['siːmɪŋlɪ] adv позірно
seep [siːp] vi просочуватися (perf просочитися)
seesaw ['siːˌsɔː] n гойдалка f
seethe [siːð] vi кипіти (perf закипіти) (всередині, від злості)
see-through ['siːˌθruː] adj прозорий
segment ['sɛgmənt] n частина f
segregate ['sɛgrɪgeɪt] vt ізолювати
segregated ['sɛgrɪgeɪtɪd] adj сегрегований (окремий для різних рас, статей, релігій)
segregation [ˌsɛgrɪ'geɪʃən] n сегрегація f
seismic ['saɪzmɪk] adj сейсмічний
seize [siːz] vt хапати (perf схопити)
seizure ['siːʒə] n апоплексичний удар m
seldom ['sɛldəm] adv рідко
select [sɪ'lɛkt] vt відбирати (perf відібрати) ▷ adj добірний
select committee [sɪ'lɛkt kə'mɪtɪ] n спеціальний комітет (британського парламенту)
selection [sɪ'lɛkʃən] n відбір m
selective [sɪ'lɛktɪv] adj вибірковий
self [sɛlf] (pl **selves**) n особистість f
self-adhesive [ˌsɛlfəd'hiːsɪv] adj клейкий
self-assured [ˌsɛlfə'ʃʊəd] adj самовпевнений
self-catering ['sɛlf'keɪtərɪŋ] n самообслуговування nt
self-centred, (US) **self-centered** ['sɛlf'sɛntəd] adj егоцентричний
self-confessed [ˌsɛlfkən'fɛst] adj відвертий
self-confidence ['sɛlf'kɒnfɪdəns] n впевненість у собі
self-confident [ˌsɛlf'kɒnfɪdənt] adj впевнений у собі
self-conscious ['sɛlf'kɒnʃəs] adj сором'язливий
self-contained ['sɛlf'kən'teɪnd] adj нетовариський

self-control ['sɛlfˌkən'trəʊl] n самоконтроль m
self-defence, (US) **self-defense** ['sɛlfˌdɪ'fɛns] n самозахист m
self-determination [ˌsɛlfdɪtɜːmɪ'neɪʃən] n самовизначення nt
self-discipline ['sɛlf'dɪsɪplɪn] n організованість f
self-employed [ˌsɛlfɪm'plɔɪd] adj приватний підприємець
self-esteem [ˌsɛlfɪ'stiːm] n самооцінка f
self-evident [ˌsɛlf'ɛvɪdənt] adj самоочевидний
self-explanatory [ˌsɛlfɪk'splænətərɪ] adj який не потребує пояснення
self-governing [ˌsɛlf'gʌvənɪŋ] adj самоврядний
self-government [ˌsɛlf'gʌvənmənt] n самоврядування nt
self-help [ˌsɛlf'hɛlp] n самодопомога f
self-image [ˌsɛlf'ɪmɪdʒ] n уявлення про самого себе
self-imposed [ˌsɛlfɪm'pəʊzd] adj добровільний
self-indulgence [ˌsɛlfɪn'dʌldʒəns] n потурання своїм бажанням
self-indulgent [ˌsɛlfɪn'dʌldʒənt] adj який потурає своїм бажанням
self-inflicted [ˌsɛlfɪn'flɪktɪd] adj заподіяний самому собі
self-interest [ˌsɛlf'ɪntrɛst] n егоїзм m
selfish ['sɛlfɪʃ] adj егоїстичний
selfless ['sɛlfləs] adj самовідданий
self-pity [ˌsɛlf'pɪtɪ] n жаль до самого себе
self-portrait [ˌsɛlf'pɔːtreɪt] n автопортрет m
self-proclaimed [ˌsɛlfprə'kleɪmd] adj самопроголошений
self-regulation [ˌsɛlfrɛgjʊ'leɪʃən] n саморегулювання nt
self-respect [ˌsɛlfrɪ'spɛkt] n самоповага f
self-service ['sɛlf'sɜːvɪs] adj самообслуговування nt
self-study [ˌsɛlf'stʌdɪ] n самоосвіта f
self-styled [ˌsɛlf'staɪld] adj самозваний
self-sufficiency [ˌsɛlfsə'fɪʃənsɪ] n самодостатність f
self-sufficient [ˌsɛlfsə'fɪʃənt] adj незалежний (про економіку та погляди)
sell [sɛl] (pres sing **sells**, pres part **selling**, pt, pp **sold**) vt продавати (perf продати); **sell off** [sɛl ɒf] vt розпродувати; **sell out** [sɛl aʊt] vi розпродавати (perf розпродати)
sell-by date ['sɛlbaɪ deɪt] n термін придатності m
seller ['sɛlə] n продавець m
selling point ['sɛlɪŋ pɔɪnt] n комерційний аргумент m (на користь придбання товару)
selling price ['sɛlɪŋ praɪs] n ціна продажу f
Sellotape® ['sɛləˌteɪp] n клейка стрічка f
selves [sɛlvz] pl of **self**

semantics [sɪˈmæntɪks] n семантика f
semblance [ˈsɛmbləns] n (frml) видимість f (фальшиве враження)
semen [ˈsiːmən] n сперма f
semester [sɪˈmɛstə] n семестр m
semi [ˈsɛmɪ] n (inf) половина двоквартирного будинку f

SEMI

Будинок, що має одну спільну стіну з сусіднім будинком. Багато британських родин мешкають у таких оселях: два двоповерхові будинки мають одну спільну стіну, але окремі входи і садки.

semicircle [ˈsɛmɪˌsɜːkl] n півколо nt
semi-colon [ˌsɛmɪˈkəʊlən] n крапка з комою f
semiconductor [ˌsɛmɪkənˈdʌktə] n напівпровідник m
semi-detached [ˌsɛmɪdɪˈtætʃt] n будинок, що має спільну стіну з іншим будинком
semi-detached house [sɛmɪdɪˈtætʃt haʊs] n будинок на двох власників m
semifinal [ˌsɛmɪˈfaɪnl] n півфінал m
seminal [ˈsɛmɪnəl] adj (frml) основоположний
seminar [ˈsɛmɪnɑː] n семінар m
semiskilled [ˌsɛmɪˈskɪld] adj напівкваліфікований
semi-skimmed milk [ˈsɛmɪskɪmd mɪlk] n знежирене молоко nt
Semitic [sɪˈmɪtɪk] adj семітський
Senate [ˈsɛnɪt] n сенат m
send [sɛnd] (pres sing **sends**, pres part **sending**, pt, pp **sent**) vt відправляти (perf відправити); **send back** [sɛnd bæk] vt відправляти назад; **send off** [sɛnd ɒf] vt відправляти поштою; **send out** [sɛnd aʊt] vt розсилати (perf розіслати)
sender [ˈsɛndə] n відправник m
Senegal [ˌsɛnɪˈɡɔːl] n Сенегал m
Senegalese [ˌsɛnɪɡəˈliːz] adj сенегальський
senile [ˈsiːnaɪl] adj старечий
senior [ˈsiːnjə] adj старший
senior citizen [ˈsiːnjə ˈsɪtɪzn] n громадянин похилого віку m
seniority [ˌsiːnɪˈɒrətɪ] n старшинство nt
sensation [sɛnˈseɪʃən] n відчуття nt
sensational [sɛnˈseɪʃənl] adj сенсаційний
sense [sɛns] n почуття nt
senseless [ˈsɛnslɪs] adj безглуздий
sense of humour [sɛns əv ˈhjuːmə] n почуття гумору nt
sensibility [ˌsɛnsɪˈbɪlətɪ] n чутливість f
sensible [ˈsɛnsɪbl] adj розумний
sensitive [ˈsɛnsɪtɪv] adj чутливий
sensor [ˈsɛnsə] n датчик m
sensory [ˈsɛnsərɪ] adj (frml) сенсорний
sensual [ˈsɛnʃʊəl] adj чуттєвий

sensuous [ˈsɛnsjʊəs] adj чуттєвий
sent [sɛnt] pt, pp of **send**
sentence [ˈsɛntəns] vt засуджувати (perf засудити) ▷ n (= punishment) вирок m; (= statement) речення nt
sentiment [ˈsɛntɪmənt] n ставлення nt
sentimental [ˌsɛntɪˈmɛntl] adj сентиментальний
sentry [ˈsɛntrɪ] n вартовий m
separate [ˈsɛpəreɪt] vt, vi розділяти (perf розділити) ▷ adj [ˈsɛprɪt] окремий
separated [ˈsɛpəreɪtɪd] adj який/яка живе окремо від дружини/чоловіка
separately [ˈsɛpərətlɪ] adv окремо
separation [ˌsɛpəˈreɪʃən] n відокремлення nt
separatism [ˈsɛpərətɪzəm] n сепаратизм m
separatist [ˈsɛpərətɪst] adj сепаратистський ▷ n сепаратист (сепаратистка) m(f)
September [sɛpˈtɛmbə] n вересень m
septic [ˈsɛptɪk] adj септичний
septic tank [ˈsɛptɪk tæŋk] n септичний резервуар m
sequel [ˈsiːkwəl] n продовження nt
sequence [ˈsiːkwəns] n послідовність f
sequin [ˈsiːkwɪn] n паетка f
Serbia [ˈsɜːbɪə] n Сербія f
Serbian [ˈsɜːbɪən] n (= language) сербська мова f; (= person) серб m, сербка f ▷ adj сербський
serenade [ˌsɛrɪˈneɪd] vt співати серенаду
serene [sɪˈriːn] adj тихий
sergeant [ˈsɑːdʒənt] n сержант m
serial [ˈsɪərɪəl] n серіал m ▷ adj серійний
serialization [ˌsɪərɪəlaɪˈzeɪʃən] n публікація книги частинами в періодиці
serialize [ˈsɪərɪəlaɪz] vt видавати або екранізувати твір частинами
serial number [ˈsɪərɪəl ˈnʌmbə] n серійний номер m
serial port [ˈsɪərɪəl pɔːt] n послідовний порт m
series [ˈsɪəriːz; -rɪz] n серія f
serious [ˈsɪərɪəs] adj серйозний
seriously [ˈsɪərɪəslɪ] adv серйозно
serum [ˈsɪərəm] n сироватка f (у біології та медицини)
servant [ˈsɜːvnt] n слуга (служниця) m(f)
serve [sɜːv] n подача f ▷ vt служити
server [ˈsɜːvə] n (of a computer network) сервер m; (= tennis player) гравець, що подає м'яч
service [ˈsɜːvɪs] n служба f ▷ vt обслуговувати (perf обслужити) ▷ adj службовий
service area [ˈsɜːvɪs ˈɛərɪə] n станція обслуговування на шосе f
service charge [ˈsɜːvɪs tʃɑːdʒ] n плата за послуги f

service industry ['sɜːvɪs 'ɪndəstrɪ] n
сфера послуг f
serviceman ['sɜːvɪs,mæn; -mən] n
військовий m
service provider ['sɜːvɪs prə'vaɪdə] n
постачальник послуг m
service station ['sɜːvɪs 'steɪʃən] n станція
технічного обслуговування f
servicewoman ['sɜːvɪs,wʊmən] n
жінка-військовий f
serviette [,sɜːvɪ'ɛt] n серветка f
serving ['sɜːvɪŋ] n порція f
sesame ['sɛsəmɪ] n кунжут m
session ['sɛʃən] n сесія f
set [sɛt] (pres sing **sets**, pres part **setting**, pt, pp
set) n набір m ▷ vt класти (perf покласти);
set off [sɛt ɒf] vi вирушати (perf вирушити);
set out [sɛt aʊt] vi вирушати (perf
вирушити)
setback ['sɛtbæk] n невдача f
set piece [sɛt piːs] n детально спланована
тактика військової операції чи гри
settee [sɛ'tiː] n диван m
setter ['sɛtə] n сетер m
setting ['sɛtɪŋ] n оточення nt (обстановка)
settle ['sɛtl] vt вирішувати (perf вирішити);
settle down ['sɛtl daʊn] vi осідати (perf
осісти)
settled ['sɛtəld] adj розмірений
settlement ['sɛtəlmənt] n
урегулювання nt
settler ['sɛtlə] n поселенець (поселенка)
m(f)
set-top box ['sɛt,tɒp bɒks] n цифрова
телевізійна приставка
set-up ['sɛtʌp] n (inf) лад m (спосіб
організації)
seven ['sɛvn] num сім
seventeen ['sɛvn'tiːn] num сімнадцять
seventeenth ['sɛvn'tiːnθ] adj сімнадцятий
seventh ['sɛvnθ] adj сьомий ▷ n сьома
частина f
seventieth ['sɛvəntɪəθ] adj сімдесятий; **it
was their seventieth anniversary** це була
їхня 70-та річниця
seventy ['sɛvntɪ] num сімдесят
sever ['sɛvə] vt (frml) відривати (perf
відірвати)
several ['sɛvrəl] det кілька ▷ pron кілька
severance ['sɛvərəns] adj вихідний (про
допомогу при звільненні працівників);
severance pay вихідна допомога
severe [sɪ'vɪə] adj суворий
sew [səʊ] (pres sing **sews**, pres part **sewing**, pt
sewed, pp **sewn**) vt, vi шити (perf пошити);
sew up [səʊ ʌp] vt зшивати (perf зшити)
sewage ['suːɪdʒ] n стічні води npl
sewer ['suːə] n каналізація f
sewing ['səʊɪŋ] n шиття nt
sewing machine ['səʊɪŋ mə'ʃiːn] n
швейна машина f

sex [sɛks] n стать f
sexism ['sɛksɪzəm] n сексизм m
sexist ['sɛksɪst] n сексист m
sex symbol [sɛks 'sɪmbəl] n секс-символ m
shabby ['ʃæbɪ] adj поношений
shack [ʃæk] n халупа f
shackle ['ʃækəl] vt (frml) сковувати (perf
скувати)
shade [ʃeɪd] n затінок m ▷ vt захищати (perf
захистити)
shadow ['ʃædəʊ] n тінь f ▷ vt затіняти (perf
затінити)
shadowy ['ʃædəʊɪ] adj тінистий
shady ['ʃeɪdɪ] adj тінистий
shaft [ʃɑːft] n шахта f
shaggy ['ʃægɪ] adj кудлатий
shake [ʃeɪk] (pres sing **shakes**, pres part
shaking, pt **shook**, pp **shaken**) vt (= move up
and down) трясти ▷ vi (= tremble) трястися
shaken ['ʃeɪkən] adj приголомшений
shake-up ['ʃeɪkʌp] n реорганізація f
shaky ['ʃeɪkɪ] adj тремтячий
shale [ʃeɪl] n сланець m
shall [ʃæl] modal aux vb вказує на майбутню
дію
shallot [ʃə'lɒt] n цибуля-шалот f
shallow ['ʃæləʊ] adj мілкий
shallows ['ʃæləʊz] npl мілина f; **the
shallows** мілина
sham [ʃæm] n удавання nt
shaman ['ʃeɪmən] n шаман m
shambles ['ʃæmblz] n безлад m
shame [ʃeɪm] n сором m ▷ vt соромити (perf
присоромити)
shameful ['ʃeɪmfʊl] adj ганебний
shameless ['ʃeɪmləs] adj безсоромний
shampoo [ʃæm'puː] n шампунь m ▷ vt
мити голову (perf помити)
shank [ʃæŋk] n (= shank) стрижень m;
(= shin) гомілка f
shanty ['ʃæntɪ] n халупа f
shape [ʃeɪp] n форма f ▷ vt формувати (perf
сформувати)
shaped [ʃeɪpt] adj який має певну форму
share [ʃɛə] n (= part) частка f ▷ vt ділити (perf
поділити); **share out** [ʃɛə aʊt] vt
розподіляти (perf розподілити)
shareholder ['ʃɛə,həʊldə] n акціонер m
shareholding ['ʃɛəhəʊldɪŋ] n частка у
статутному капіталі
share index [ʃɛər 'ɪndɛks] n фондовий
індекс m
shareware ['ʃɛəwɛə] n умовно-
безкоштовне програмне забезпечення
shark [ʃɑːk] n акула f
sharp [ʃɑːp] adj гострий
sharpen ['ʃɑːpən] vt, vi загострювати(ся)
(perf загострити(ся)) (про почуття,
розуміння); загострювати (perf загострити)
sharpener ['ʃɑːpənə] n стругачка f (для
олівців)

shatter ['ʃætə] vt, vi розбивати(ся) на друзки (perf розбити(ся) на друзки)
shattered ['ʃætəd] adj розбитий
shave [ʃeɪv] vt, vi голити(ся) (perf поголити(ся))
shaven ['ʃeɪvən] adj голений
shaver ['ʃeɪvə] n бритва f
shaving cream ['ʃeɪvɪŋ kriːm] n крем для гоління m
shaving foam ['ʃeɪvɪŋ fəʊm] n піна для гоління f
shawl [ʃɔːl] n шаль f
she [ʃiː] pron вона
shear ['ʃɪə] (pres sing **shears**, pres part **shearing**, pt **sheared**, pp **sheared** or **shorn**) vt стригти (perf постригти) (овець) ▷ npl ножиці npl (садові)
sheath [ʃiːθ] n піхви npl
shed [ʃed] n сарай m ▷ vt скидати (perf скинути) (листя)
sheen [ʃiːn] n блиск m
sheep [ʃiːp] (pl **sheep**) n вівця f
sheepdog ['ʃiːpˌdɒg] n вівчарка f
sheepish ['ʃiːpɪʃ] adj придуркуватий
sheepskin ['ʃiːpˌskɪn] n овеча шкура f
sheer [ʃɪə] adj справжній
sheet [ʃiːt] n (paper) аркуш m; (for bed) простирадло nt
sheikh [ʃeɪk] n шейх m
shelf [ʃelf] (pl **shelves**) n полиця f
shell [ʃel] n (animal) панцир f; (egg, nut) шкаралупа f ▷ vt лущити (perf розлущити)
shellfish ['ʃelˌfɪʃ] n молюск m
shelter ['ʃeltə] n притулок m ▷ vi ховатися (perf сховатися) ▷ vt захищати (perf захистити)
sheltered ['ʃeltəd] adj критий
shelve [ʃelv] vt відкладати (perf відкласти) (на деякий час або назавжди)
shepherd ['ʃepəd] n пастух m ▷ vt проводжати (perf провести)
sheriff ['ʃerɪf] n шериф m
sherry ['ʃerɪ] n херес m
shield [ʃiːld] n щит m ▷ vt захищати (perf захистити)
shift [ʃɪft] n зміна f ▷ vt, vi переміщувати(ся) (perf перемістити(ся))
shifting ['ʃɪftɪŋ] adj рухливий (який змінюється)
shifty ['ʃɪftɪ] adj (inf) хитрий
Shiite ['ʃiːaɪt] adj шиїтський
shimmer ['ʃɪmə] vi мерехтіти (perf замерехтіти)
shin [ʃɪn] n гомілка f
shine [ʃaɪn] (pres sing **shines**, pres part **shining**, pt, pp **shined** or **shone**) vi сяяти ▷ n блиск m
shingle ['ʃɪŋgəl] n галька f
shiny ['ʃaɪnɪ] adj блискучий
ship [ʃɪp] n корабель m ▷ vt перевозити (perf перевезти)

shipbuilding ['ʃɪpˌbɪldɪŋ] n суднобудівництво nt
shipment ['ʃɪpmənt] n партія товару f
shipping ['ʃɪpɪŋ] n перевезення вантажів nt
shipwreck ['ʃɪpˌrek] n корабельна аварія f
shipwrecked ['ʃɪpˌrekt] adj потерпілий у корабельній аварії
shipyard ['ʃɪpˌjaːd] n верф f
shirt [ʃɜːt] n сорочка f
shit [ʃɪt] vi (inf) гидити (perf нагидити)
shiver ['ʃɪvə] vi тремтіти
shoal [ʃəʊl] n косяк m (риби)
shock [ʃɒk] n шок m ▷ vt шокувати
shocking ['ʃɒkɪŋ] adj шокуючий
shock wave [ʃɒk weɪv] n вибухова хвиля f
shoddy ['ʃɒdɪ] adj неякісний
shoe [ʃuː] n черевик m ▷ vt підковувати (perf підкувати)
shoelace ['ʃuːˌleɪs] n шнурок m
shoe polish [ʃuː 'pɒlɪʃ] n крем для взуття m
shoe shop [ʃuː ʃɒp] n магазин взуття m
shoestring ['ʃuːˌstrɪŋ] adj малобюджетний
shone [ʃɒn] pt, pp of **shine**
shoot [ʃuːt] (pres sing **shoots**, pres part **shooting**, pt, pp **shot**) vt стріляти
shooter ['ʃuːtə] n стрілець m
shooting ['ʃuːtɪŋ] n стрілянина f
shoot-out ['ʃuːtaʊt] n стрілянина f
shop [ʃɒp] n магазин m
shop assistant [ʃɒp ə'sɪstənt] n продавець m
shopkeeper ['ʃɒpˌkiːpə] n найкоротший шлях m
shoplifting ['ʃɒpˌlɪftɪŋ] n магазинна крадіжка f
shopping ['ʃɒpɪŋ] n закупи npl
shopping bag ['ʃɒpɪŋ bæg] n торба для покупок f
shopping centre, (US) **shopping center** ['ʃɒpɪŋ 'sentə] n торгівельний центр m
shopping channel ['ʃɒpɪŋ 'tʃænəl] n торговий канал m
shopping list ['ʃɒpɪŋ lɪst] n список покупок m
shopping mall ['ʃɒpɪŋ mɔːl] n торговий комплекс m
shopping trolley ['ʃɒpɪŋ 'trɒlɪ] n візок для покупок m
shop window [ʃɒp 'wɪndəʊ] n вітрина f
shore [ʃɔː] n берег m
shoreline ['ʃɔːlaɪn] n берегова лінія f
shorn [ʃɔːn] pp of **shear**
short [ʃɔːt] adj короткий
shortage ['ʃɔːtɪdʒ] n брак m
short-change [ʃɔːt'tʃeɪndʒ] vt недодавати решту
shortcoming ['ʃɔːtˌkʌmɪŋ] n вада f
shortcrust pastry [ʃɔːtkrʌst 'peɪstrɪ] n печиво з пісочного тіста f
shortcut ['ʃɔːtˌkʌt] n найкоротший шлях m

shorten ['ʃɔːtən] vt, vi скорочувати (perf скоротити)

shortfall ['ʃɔːtfɔːl] n брак m

shorthand ['ʃɔːthænd] n стенографія f

shortlist ['ʃɔːtlɪst] n список відібраних кандидатів m

short-lived [ʃɔːt'lɪvd] adj скороминущий

shortly ['ʃɔːtlɪ] adv невдовзі

short-range [ʃɔːt'reɪndʒ] adj ближньої дії

shorts [ʃɔːts] npl шорти pl

short-sighted [ʃɔːt'saɪtɪd] adj короткозорий

short-sleeved [ʃɔːt,sliːvd] adj з короткими рукавами

short story [ʃɔːt 'stɔːrɪ] n новела f

short-term ['ʃɔːt,tɜːm] adj короткотерміновий

shot [ʃɒt] n постріл m

shotgun ['ʃɒt,ɡʌn] n дробовик m

should [ʃʊd] modal aux vb слід

shoulder ['ʃəʊldə] n плече nt ▷ vt брати на свої плечі (perf взяти на свої плечі)

shoulder blade ['ʃəʊldə bleɪd] n лопатка f

shout [ʃaʊt] n крик m ▷ vt, vi кричати (perf крикнути)

shove [ʃʌv] vt, vi штовхати (perf штовхнути)

shovel ['ʃʌvl] n лопата f ▷ vt згрібати (perf згребти)

show [ʃəʊ] (pres sing **shows**, pres part **showing**, pt **showed**, pp **shown**) vt показувати (perf показати) ▷ vt, vi (= let see) показувати (perf показати) ▷ n показ m; **show off** [ʃəʊ ɒf] vi хизуватися; **show up** [ʃəʊ ʌp] vi з'являтися (perf з'явитися)

show business [ʃəʊ 'bɪznɪs] n шоу-бізнес m

showcase ['ʃəʊ,keɪs] n вітрина f

showdown ['ʃəʊdaʊn] n остаточне врегулювання

shower ['ʃaʊə] n (rain) злива f; (for washing) душ m ▷ vi митися в душі

shower cap ['ʃaʊə kæp] n шапочка для душу f

shower gel ['ʃaʊə dʒɛl] n гель для душу m

showerproof ['ʃaʊə,pruːf] adj непромокальний

showing ['ʃəʊɪŋ] n показ m

show jumper [ʃəʊ 'dʒʌmpə] n особа, яка бере участь у конкурі

show jumping [ʃəʊ 'dʒʌmpɪŋ] n конкур m

show-off ['ʃəʊɒf] n (inf) хизування nt

showpiece ['ʃəʊpiːs] n зразок найвищої якості

showroom ['ʃəʊruːm] n виставкова зала f

shrank [ʃræŋk] pt of **shrink**

shrapnel ['ʃræpnəl] n шрапнель f

shred [ʃrɛd] vt рвати (perf порвати) (на маленькі шматочки) ▷ n шматочок m

shrewd [ʃruːd] adj проникливий

shriek [ʃriːk] vi пронизливо кричати (perf крикнути)

shrill [ʃrɪl] adj пронизливий

shrimp [ʃrɪmp] n креветка f

shrine [ʃraɪn] n святиня f

shrink [ʃrɪŋk] (pres sing **shrinks**, pres part **shrinking**, pt **shrank**, pp **shrunk**) vt, vi зменшувати(ся) (perf зменшити(ся)) ▷ n (inf) психіатр m

shrivel ['ʃrɪvəl] vt, vi зсихатися (perf зсохнутися)

shroud [ʃraʊd] n саван m ▷ vt ховати (perf заховати)

Shrove Tuesday [,ʃrəʊv 'tjuːzdɪ] n Сиропусний вівторок m

 ● **SHROVE TUESDAY**

●
 ● Сиропусний вівторок у християнських
 ● церквах західного обряду – останній
 ● день перед початком Великого посту.
 ● За традицією, у цей день печуть млинці.

shrub [ʃrʌb] n кущ m

shrug [ʃrʌɡ] vi знизувати (perf знизати) плечима

shrunken ['ʃrʌŋkən] adj зменшений

shudder ['ʃʌdə] vi здригнутися perf

shuffle ['ʃʌfl] vi човгати

shun [ʃʌn] vt уникати (perf уникнути)

shunt [ʃʌnt] vt переводити (perf перевести) (з одного місця в інше)

shut [ʃʌt] (pres sing **shuts**, pres part **shutting**, pt, pp **shut**) vt, vi закривати (perf закрити); **shut down** [ʃʌt daʊn] vt закривати (perf закрити); **shut up** [ʃʌt ʌp] vi замовкати (perf замовкнути)

shutdown ['ʃʌt,daʊn] n закриття nt (підприємства)

shutters ['ʃʌtəz] npl віконниці fpl

shuttle ['ʃʌtl] n шатл m ▷ vt, vi курсувати

shuttlecock ['ʃʌtl,kɒk] n волан m

shy [ʃaɪ] adj сором'язливий

Siberia [saɪ'bɪərɪə] n Сибір m

sibling ['sɪblɪŋ] n (frml) брат або сестра

siblings ['sɪblɪŋz] npl (frml) рідні брати або сестри pl

Sicilian [sɪ'sɪlɪən] adj сицилійський

sick [sɪk] adj хворий ▷ npl хворий (хвора) m(f)

sicken ['sɪkən] vt нудити (perf знудити) (викликати нудоту)

sickening ['sɪkənɪŋ] adj нудотний

sickle ['sɪkəl] n серп m

sick leave [sɪk liːv] n лікарняний m

sickly ['sɪklɪ] adj хворобливий

sickness ['sɪknɪs] n хвороба f

sick note [sɪk nəʊt] n медична довідка f

sick pay [sɪk peɪ] n оплата лікарняного f

side [saɪd] n (= team) сторона f; (= edge) край m; (= right or left part) бік m

sideboard ['saɪd,bɔːd] n сервант m

side effect [saɪd ɪ'fɛkt] n побічний ефект m

sidelight ['saɪd,laɪt] n габаритний ліхтар m

sideline ['saɪd,laɪn] n підробіток m ▷ vt виводити з гри

side-on [,saɪd'ɒn] adj боковий

side road [saɪd rəʊd] n об'їзний шлях m

sidestep ['saɪdstɛp] vt ухилятися (perf ухилитися)

side street [saɪd striːt] n провулок m

sidewalk ['saɪd,wɔːk] n (US) = **pavement**

sideways ['saɪd,weɪz] adv збоку

siege [siːdʒ] n облога f

sieve [sɪv] n решето nt ▷ vt просівати (perf просіяти)

sift [sɪft] vt просівати (perf просіяти)

sigh [saɪ] n зітхання nt ▷ vi зітхати (perf зітхнути)

sight [saɪt] n зір m ▷ vt бачити (perf побачити)

sighted ['saɪtɪd] adj зрячий

sighting ['saɪtɪŋ] n спостереження nt

sightseeing ['saɪt,siːɪŋ] n огляд визначних місць f

sign [saɪn] n знак m ▷ vt, vi підписувати(ся) (perf підписати(ся)); **sign on** [saɪn ɒn] vi реєструватися (perf зареєструватися)

signal ['sɪgnl] n сигнал m ▷ vt, vi подавати (perf подати) сигнал

signatory ['sɪgnətərɪ] n (frml) сторона, що підписала документ

signature ['sɪgnɪtʃə] n підпис m

significance [sɪg'nɪfɪkəns] n значущість f

significant [sɪg'nɪfɪkənt] adj вагомий

signify ['sɪgnɪfaɪ] vt означати

signing ['saɪnɪŋ] n підписання nt

sign language [saɪn 'læŋgwɪdʒ] n мова жестів f

signpost ['saɪn,pəʊst] n дороговказ m

Sikh [siːk] adj сикхійський ▷ n (= person) сикх m

Sikhism ['siːkɪzəm] n сикхізм m

silence ['saɪləns] n тиша f

silencer ['saɪlənsə] n глушник m

silent ['saɪlənt] adj (= not talking) мовчазний; (= with no sound) тихий

silhouette [,sɪluː'ɛt] n силует m

silicon ['sɪlɪkən] n кремній m

silicon chip ['sɪlɪkən tʃɪp] n кремнієва мікросхема f

silicone ['sɪlɪ,kəʊn] n силікон m

silk [sɪlk] n шовк m

silky ['sɪlkɪ] adj шовковистий

sill [sɪl] n підвіконня nt

silly ['sɪlɪ] adj дурний

silt [sɪlt] n мул m (намул)

silver ['sɪlvə] n срібло nt

silver medal ['sɪlvə 'mɛdəl] n срібна медаль f

silverware ['sɪlvəwɛə] n вироби зі срібла

silvery ['sɪlvərɪ] adj сріблястий

SIM card ['sɪm ,kɑːd] n SIM-карта f

similar ['sɪmɪlə] adj схожий

similarity [,sɪmɪ'lærɪtɪ] n схожість f

similarly ['sɪmɪləlɪ] adv так само

simmer ['sɪmə] vt кип'ятити (perf закип'ятити), vi закипати (perf закипіти)

simple ['sɪmpl] adj простий

simplicity [sɪm'plɪsɪtɪ] n простота f

simplification [,sɪmplɪfɪ'keɪʃən] n спрощення nt

simplify ['sɪmplɪfaɪ] vt спрощувати (perf спростити)

simplistic [sɪm'plɪstɪk] adj спрощений

simply ['sɪmplɪ] adv просто

simulate ['sɪmjʊleɪt] vt симулювати

simulation [,sɪmjʊ'leɪʃən] n симуляція f

simultaneous [,sɪməl'teɪnɪəs] adj одночасний

simultaneously [,sɪməl'teɪnɪəslɪ] adv одночасно

since [sɪns] adv відтоді ▷ conj з того часу ▷ prep після

sincere [sɪn'sɪə] adj щирий

sincerely [sɪn'sɪəlɪ] adv щиро

sing [sɪŋ] (pres sing **sings**, pres part **singing**, pt **sang**, pp **sung**) vt, vi співати (perf заспівати)

singer ['sɪŋə] n співак m

singer-songwriter [,sɪŋə'sɒŋraɪtə] n автор-виконавець m

singing ['sɪŋɪŋ] n спів m

single ['sɪŋgl] adj єдиний ▷ n квиток в один бік m

single-handed [,sɪŋgəl'hændɪd] adv без сторонньої допомоги

single-minded [,sɪŋgəl'maɪndɪd] adj цілеспрямований

single parent ['sɪŋgl 'pɛərənt] n (mother) мати-одиначка f; (father) батько-одинак m

singles ['sɪŋglz] n одиночна гра f

single ticket ['sɪŋgl 'tɪkɪt] n квиток в один бік m

singular ['sɪŋgjʊlə] n однина f ▷ adj однина f

sinister ['sɪnɪstə] adj зловісний

sink [sɪŋk] (pres sing **sinks**, pres part **sinking**, pt **sank**, pp **sunk**) n раковина f ▷ vt, vi тонути (perf втонути)

sinus ['saɪnəs] n носова пазуха f

sip [sɪp] vt, vi пити (perf випити) маленькими ковтками ▷ n ковточок m

siphon ['saɪfən] vt лити через сифон ▷ n сифон m

sir [sɜː] n сер m

sire ['saɪə] vt бути плідником m

siren ['saɪərən] n сирена f

sister ['sɪstə] n сестра f

sister-in-law ['sɪstə ɪn lɔː] n невістка f

sit [sɪt] (pres sing **sits**, pres part **sitting**, pt, pp **sat**) vi сидіти; **sit down** [sɪt daʊn] vi сідати (perf сісти)

sitcom ['sɪt,kɒm] n комедійний серіал m

site [saɪt] n майданчик m

sit-in ['sɪtɪn] n сидячий страйк m

sitting room ['sɪtɪŋ rʊm] n вітальня f

situated ['sɪtjʊˌeɪtɪd] *adj* розташований
situation [ˌsɪtjʊ'eɪʃən] *n* ситуація *f*
sit-up ['sɪtˌʌp] *n* вправи для преса
six [sɪks] *num* шість
sixteen ['sɪks'ti:n] *num* шістнадцять
sixteenth ['sɪks'ti:nθ] *adj* шістнадцятий
sixth [sɪksθ] *adj* шостий
sixth form ['sɪksθ ˌfɔ:m] *n* кваліфікаційний курс *m*

• **SIXTH FORM**

• Кваліфікаційний дворічний курс, який
• можуть відвідувати школярі, що
• завершили обов'язкову шкільну
• програму до 16 років. Курс готує до
• випускних іспитів, складання яких дає
• право вступати до університету.

sixtieth ['sɪkstɪəθ] *adj* шістдесятий; **she is to retire on her sixtieth birthday** вона пішла на пенсію у свій шістдесятий день народження
sixty ['sɪkstɪ] *num* шістдесят
size [saɪz] *n* розмір *m*
sizeable ['saɪzəbəl] *adj* чималий
sizzle ['sɪzəl] *vi* шкварчати (*perf* зашкварчати)
skate [skeɪt] *vi* кататися на ковзанах ▷ *n* ковзан *m*
skateboard ['skeɪtˌbɔːd] *n* скейтборд *m*
skateboarding ['skeɪtˌbɔːdɪŋ] *n* скейтбординг *m*
skates [skeɪts] *npl* ковзани *mpl*
skating ['skeɪtɪŋ] *n* катання на ковзанах *nt*
skating rink ['skeɪtɪŋ rɪŋk] *n* ковзанка *f*
skeletal ['skɛlɪtəl] *adj* скелетний
skeleton ['skɛlɪtən] *n* скелет *m* ▷ *adj* основний
skeptic ['skɛptɪk] *n* (*US*) = **sceptic**
skepticism ['skɛptɪsɪzəm] *n* (*US*) = **scepticism**
sketch [skɛtʃ] *vt, vi* робити (*perf* зробити) ескіз
sketchy ['skɛtʃɪ] *adj* поверховий
skew [skju:] *vt* перекручувати (*perf* перекрутити)
skewer ['skjʊə] *n* шампур *m*
ski [ski:] *n* лижа *f* ▷ *vi* кататися на лижах ▷ *adj* лижний
skid [skɪd] *vi* заносити (*perf* занести) (*про машину*)
skier ['ski:ə] *n* лижник *m*
skiing ['ski:ɪŋ] *n* катання на лижах *nt*
skilful, (*US*) **skillful** ['skɪlfʊl] *adj* вмілий
ski lift [ski: lɪft] *n* підйомник для лижників *m*
skill [skɪl] *n* вміння *nt*
skilled [skɪld] *adj* вмілий
skim [skɪm] *vt* збирати (*perf* зібрати) (*з поверхні*)

skimmed milk [skɪmd mɪlk] *n* знежирене молоко *nt*
skimpy ['skɪmpɪ] *adj* замалий
skin [skɪn] *n* (*fruit, vegetable*) шкірка *f*; (*person*) шкіра *f* ▷ *vt* білувати (*perf* оббілувати) (*забути тварину*)
skinhead ['skɪnˌhɛd] *n* скінхед *m*
skinny ['skɪnɪ] *adj* (*inf*) худий
skin-tight ['skɪn'taɪt] *adj* обтягуючий
skip [skɪp] *vt* (= *not have*) пропускати (*perf* пропустити) ▷ *vi* (*with feet*) стрибати (*perf* стрибнути)
skipper ['skɪpə] *n* шкіпер *m*
skirmish ['skɜːmɪʃ] *n* сутичка *f*
skirt [skɜːt] *n* спідниця *f* ▷ *vt* оточувати (*perf* оточити) (*розташовуватися навколо чогось*)
skirting board ['skɜːtɪŋ bɔːd] *n* плінтус *m*
skull [skʌl] *n* череп *m*
sky [skaɪ] *n* небо *nt*
skyline ['skaɪlaɪn] *n* обрій *m*
skyscraper ['skaɪˌskreɪpə] *n* хмарочос *m*
slab [slæb] *n* плита *f* (*з каменю*)
slack [slæk] *adj* ненатягнутий
slacken ['slækən] *vt, vi* послаблювати(ся) (*perf* послабити(ся))
slag off [slæg ɒf] *vt* (*inf*) критикувати (*perf* розкритикувати)
slain [sleɪn] *pp of* **slay**
slalom ['slɑːləm] *n* слалом *m*
slam [slæm] *vt, vi* грюкати (*perf* грюкнути)
slander ['slɑːndə] *n* наклеп *m* ▷ *vt* зводити наклеп (*perf* звести наклеп)
slang [slæŋ] *n* сленг *m*
slant [slɑːnt] *vi* схилятися (*perf* схилитися) ▷ *n* схил *m*
slap [slæp] *vt* ляскати (*perf* ляснути)
slash [slæʃ] *vt* різати (*perf* порізати)
slate [sleɪt] *n* сланець *m*
slaughter ['slɔːtə] *vt* влаштовувати різанину
Slav [slɑːv] *n* слов'янин (слов'янка) *m(f)*
slave [sleɪv] *n* раб *m* ▷ *vi* працювати як раб
slavery ['sleɪvərɪ] *n* рабство *nt*
slay [sleɪ] (*pres sing* **slays**, *pres part* **slaying**, *pt* **slayed** *or* **slew**, *pp* **slayed** *or* **slain**) *vt* (*frml*) вбивати (*perf* вбити)
sleaze [sli:z] *n* (*inf*) аморальність *f*
sleazy ['sli:zɪ] *adj* (*inf*) задрипаний
sledge [slɛdʒ], (*US*) **sled** [slɛd] *n* санки *pl*
sledging ['slɛdʒɪŋ] *n* катання на санках *nt*
sleek [sli:k] *adj* лискучий
sleep [sli:p] (*pres sing* **sleeps**, *pres part* **sleeping**, *pt, pp* **slept**) *n* сон *m* ▷ *vi* спати; **sleep in** [sli:p ɪn] *vi* відсипатися (*perf* відіспатися)
sleeper ['sli:pə] *n* той, хто спить
sleeping bag ['sli:pɪŋ bæg] *n* спальний мішок *m*

sleeping car ['sli:pɪŋ kɑ:] n спальний вагон m

sleeping pill ['sli:pɪŋ pɪl] n снодійне nt

sleepless ['sli:pləs] adj безсонний

sleepover ['sli:pəʊvə] n ночівля в гостях

sleepwalk ['sli:p,wɔ:k] vi блукати уві сні

sleepy ['sli:pɪ] adj сонний

sleet [sli:t] n сніг з дощем m ▷ vt, vi йти (про мокрий сніг)

sleeve [sli:v] n рукав m

sleeveless ['sli:vlɪs] adj без рукавів

sleigh [sleɪ] n сани npl

slender ['slɛndə] adj стрункий

slew [slu:] pt of **slay**

slice [slaɪs] n скибка f ▷ vt нарізати (perf нарізати)

slick [slɪk] adj майстерний

slide [slaɪd] (pres sing **slides**, pres part **sliding**, pt, pp **slid**) n схил m ▷ vt, vi скочувати(ся) (perf скотитися)

slight [slaɪt] adj невеликий ▷ vt нехтувати (perf знехтувати)

slightly ['slaɪtlɪ] adv трохи

slim [slɪm] adj стрункий ▷ vt скорочувати (perf скоротити)

slime [slaɪm] n слиз m

slimy ['slaɪmɪ] adj слизький

sling [slɪŋ] n перев'яз m ▷ vt жбурляти (perf пожбурляти)

slip [slɪp] n (= mistake) промах m; (paper) папірець m; (= petticoat) нижня спідниця f ▷ vi посковзнутися; **slip up** [slɪp ʌp] vi помилитися

slippage ['slɪpɪdʒ] n зниження nt (спад)

slipped disc [slɪpt dɪsk] n зміщений хребець m

slipper ['slɪpə] n капець m

slippery ['slɪpərɪ; -prɪ] adj слизький

slip road [slɪp rəʊd] n виїзд на трасу m

slip-up ['slɪpʌp] n (inf) помилка f

slit [slɪt] (pres sing **slits**, pres part **slitting**, pt, pp **slit**) vt розрізати (perf розрізати) ▷ n розріз m

slither ['slɪðə] vi скочуватися (perf скотитися)

sliver ['slɪvə] n скалка f (уламок)

slog [slɒg] vt, vi (inf) багато та завзято працювати ▷ n (inf) важка стомлива праця f

slogan ['sləʊgən] n гасло nt

slop [slɒp] vt, vi проливати(ся) (perf пролити(ся)) (про рідину)

slope [sləʊp] n схил m

sloppy ['slɒpɪ] adj безладний

slot [slɒt] n щілина f ▷ vt, vi вставляти (perf вставити)

slot machine [slɒt mə'ʃi:n] n гральний автомат m

slouch [slaʊtʃ] vi сутулитися (perf зсутулитися)

slough [slaʊ] vt осипатися (perf осипатися)

Slovak ['sləʊvæk] adj словацький ▷ n (= language) словацька мова f; (= person) словак (словачка) m(f)

Slovakia [sləʊ'vækɪə] n Словаччина f

Slovenia [sləʊ'vi:nɪə] n Словенія f

Slovenian [sləʊ'vi:nɪən] adj словенський f ▷ n (= person) словенець (словенка) m(f); (= language) словенська мова f

slow [sləʊ] adj повільний ▷ vt, vi сповільнювати(ся) (perf сповільнити(ся)); **slow down** [sləʊ daʊn] vi уповільнювати (perf уповільнити(ся))

slowly ['sləʊlɪ] adv повільно

slow motion [sləʊ 'məʊʃən] n сповільнений рух m

sludge [slʌdʒ] n осад m

slug [slʌg] n слимак m

sluggish ['slʌgɪʃ] adj млявий

slum [slʌm] n нетрі pl

slumber ['slʌmbə] n (liter) сон m

slump [slʌmp] vi різко падати

slung [slʌŋ] pt, pp of **sling**

slur [slɜ:] n наклеп m ▷ vt, vi мимрити (perf промимрити)

slurp [slɜ:p] vt, vi сьорбати (perf сьорбнути) ▷ n сьорбання nt

slush [slʌʃ] n талий сніг m

sly [slaɪ] adj хитрий

smack [smæk] vt ляскати (perf ляснути)

small [smɔ:l] adj малий

small ads [smɔ:l ædz] npl невеликі оголошення ntpl

small print [smɔ:l prɪnt] n важлива інформація в контракті, надрукована дрібним шрифтом

small-scale [,smɔ:l'skeɪl] adj дрібномасштабний

smart [smɑ:t] adj чепурний ▷ vi боліти (perf заболіти) (про гострий біль)

smart phone [smɑ:t fəʊn] n смартфон m

smash [smæʃ] vt, vi розбивати(ся) (perf розбити(ся))

smashing ['smæʃɪŋ] adj (inf) чудовий

smear [smɪə] n мазок m ▷ vt мазати (perf намазати)

smeared [smɪəd] adj вимазаний

smell [smɛl] (pres sing **smells**, pres part **smelling**, pt, pp **smelt** or **smelled**) n запах m ▷ vt відчувати (perf відчути) запах ▷ vi пахнути

smelly ['smɛlɪ] adj смердючий

smile [smaɪl] n усмішка f ▷ vi усміхатися

smiley ['smaɪlɪ] n (inf) смайлик m ▷ adj (inf) усміхнений

smirk [smɜ:k] vi самовдоволено усміхатися (perf самовдоволено усміхнутися)

smog [smɒg] n смог m

smoke [sməʊk] n дим m ▷ vi диміти

smoke alarm [sməʊk ə'lɑ:m] n пожежна сигналізація f

smoked ['sməʊkt] adj копчений

smoked salmon [sməʊkt 'sæmən] n
копчений лосось m
smoker ['sməʊkə] n курець m
smoking ['sməʊkɪŋ] n паління nt ⊳ adj для
курців
smoky ['sməʊkɪ] adj задимлений
smooth [smu:ð] adj гладенький ⊳ vt
пригладжувати (perf пригладити)
smother ['smʌðə] vt гасити (perf погасити)
smoulder, (US) **smolder** ['sməʊldə] vi тліти
SMS [ɛs ɛm ɛs] n смс
smudge [smʌdʒ] n брудна пляма f ⊳ vt
розмазувати (perf розмазати)
smug [smʌɡ] adj самовдоволений
smuggle ['smʌɡl] vt провозити
контрабандою
smuggler ['smʌɡlə] n контрабандист m
smuggling ['smʌɡlɪŋ] n контрабанда m
snack [snæk] n легка закуска f ⊳ vi
перехоплювати (perf перехопити) (швидко
з'їсти)
snack bar [snæk bɑː] n кафе f
snag [snæɡ] n перешкода f ⊳ vt, vi
зачіпатися (perf зачепитися)
(наштовхнутися на щось)
snail [sneɪl] n равлик m
snake [sneɪk] n змія f ⊳ vi (liter) звиватися
snap [snæp] vt, vi тріскати (perf тріснути)
⊳ adj поспішний
snappy ['snæpɪ] adj дотепний
snapshot ['snæpʃɒt] n миттєвий знімок m
snare ['snɛə] n сільце nt (для птахів і
тварин) ⊳ vt піймати в пастку
snarl [snɑːl] vi гарчати
snatch [snætʃ] vt, vi хапати (perf вхопити)
sneak [sni:k] vi крастися (perf прокрастися)
sneakers ['sni:kəz] npl (US) кросівки mpl
sneer [snɪə] vt, vi насміхатися
sneeze [sni:z] vi чхати (perf чхнути)
sniff [snɪf] vt, vi вдихати (perf вдихнути)
snigger ['snɪɡə] vi гиготіти
snip [snɪp] vt, vi різати (perf відрізати)
(ножицями)
snipe ['snaɪp] vi іронізувати
sniper ['snaɪpə] n снайпер m
snippet ['snɪpɪt] n уривок m
snob [snɒb] n сноб m
snobbery ['snɒbərɪ] n снобізм m
snooker ['snu:kə] n снукер m
snoop [snu:p] vi нишпорити (perf
понишпорити)
snooze [snu:z] n (inf) дрімота f ⊳ vi (inf)
дрімати
snore [snɔː] vi хропти (perf захропти)
snorkel ['snɔːkl] n дихальна трубка f
(для підводного плавання) ⊳ vi плавати з
трубкою та маскою
snort [snɔːt] vi пирхати (perf пирхнути)
snow [snəʊ] n сніг m ⊳ vi йти (про сніг)
snowball ['snəʊˌbɔːl] n сніжка f ⊳ vi швидко
зростати

snowboard ['snəʊbɔːd] n сноуборд m
snowboarding ['snəʊbɔːdɪŋ] n
сноубординг m
snowflake ['snəʊˌfleɪk] n сніжинка f
snowman ['snəʊˌmæn] n снігова баба f
snowplough, (US) **snowplow**
['snəʊˌplaʊ] n снігоочисник m
snowstorm ['snəʊˌstɔːm] n заметіль f
snow-white [ˌsnəʊˈwaɪt] adj білосніжний
snowy ['snəʊɪ] adj засніжений
snub [snʌb] vt принижувати (perf принизити)
⊳ n образа f
snuff [snʌf] n нюхальний тютюн m
snug [snʌɡ] adj затишний
snuggle ['snʌɡəl] vi тулитися (perf
притулитися)

 KEYWORD

so [səʊ] adv 1 (thus, likewise) так, таким чином;
if this is so якщо це так; **if so** якщо так;
while she was so doing, he ... поки вона це
робила, він...; **I didn't do it — you did so!**
не робив цього? – ні, робив!; **I like him
— so do I** він подобається мені – мені теж;
I'm still at school — so is he я ще навчаюся
в школі – він теж; **so it is!** і справді!; **I hope/
think so** сподіваюся/думаю, що так; **so far**
поки що; **how do you like the book so far?**
як вам подобається книга?
2 (in comparisons etc., +adv) такий; (+adj) такий;
so quickly (that) так швидко, що; **so big
(that)** такий великий, що; **she's not so
clever as her brother** вона не така
розумна, як її брат
3 (describing degree, extent) так; **I've got so
much work** у мене так багато роботи;
I love you so much я вас так люблю;
thank you so much дуже вам дякую;
I'm so glad to see you я такий радий вас
бачити; **there are so many books I would
like to read** є так багато книжок, які я хотів
би прочитати; **so ... that ...** так..., що...
4 (about) близько, приблизно; **ten or so**
близько десяти; **I have an hour or so** у
мене є приблизно година
5 (phrases): **so long!** (inf: goodbye) бувай!
⊳ conj 1 (expressing purpose): **so as to do** щоб;
**I brought this wine so that you could
try it** я приніс це вино, щоб ви могли
скуштувати
2 (expressing result) отже, тож; **so I was right**
отже, я мав рацію; **so you see, I could
have stayed** тож ви бачите, я міг
залишитися

soak [səʊk] vt, vi мочити(ся) (perf
намочити(ся))
soaked [səʊkt] adj змоклий
soaking ['səʊkɪŋ] adj промоклий
so-and-so ['səʊənˌsəʊ] pron (inf) такий-то

soap [səʊp] n мило nt
soap dish [səʊp dɪʃ] n мильниця f
soap opera [səʊp 'ɒpərə] n мелодрама f
soap powder [səʊp 'paʊdə] n пральний порошок m
soar [sɔ:] vi стрімко підвищуватися (perf стрімко підвищитися)
sob [sɒb] vi схлипувати (perf схлипнути) ▷ n схлипування nt
sober ['səʊbə] adj тверезий
sobering ['səʊbərɪŋ] adj витверезливий
so-called [,səʊ'kɔ:ld] adj так званий
sociable ['səʊʃəbl] adj товариський
social ['səʊʃəl] adj соціальний
social democratic ['səʊʃəl ,demə'krætɪk] adj соціал-демократичний
socialism ['səʊʃə,lɪzəm] n соціалізм m
socialist ['səʊʃəlɪst] adj соціалістичний ▷ n соціаліст m
socialize ['səʊʃəlaɪz] vi спілкуватися (perf поспілкуватися)
social life ['səʊʃəl laɪf] n спілкування з друзями nt
social order ['səʊʃəl 'ɔ:də] n суспільний лад m
social science ['səʊʃəl 'saɪəns] n соціологія f
social security ['səʊʃəl sɪ'kjʊərɪtɪ] n соціальний захист m
social services ['səʊʃəl 'sɜ:vɪsɪz] npl соціальні послуги fpl
social work ['səʊʃəl wɜ:k] n соціальна робота f
social worker ['səʊʃəl 'wɜ:kə] n соціальний працівник m
society [sə'saɪətɪ] n суспільство nt
socio-economic [,səʊsɪəʊ,i:kə'nɒmɪk] adj соціально-економічний
sociology [,səʊsɪ'ɒlədʒɪ] n соціологія f
socio-political [,səʊsɪəʊ'pəlɪtɪkəl] adj соціально-політичний
sock [sɒk] n шкарпетка f
socket ['sɒkɪt] n розетка f
soda pop ['səʊdə pɒp] n газована вода з сиропом
sodden ['sɒdən] adj промоклий
sodium ['səʊdɪəm] n натрій m
sofa ['səʊfə] n диван m
sofa bed ['səʊfə bɛd] n розкладний диван m
soft [sɒft] adj м'який
soft drink [sɒft drɪŋk] n безалкогольний напій m
soften ['sɒfən] vt, vi пом'якшувати(ся) (perf пом'якшити(ся))
soft sell [sɒft sɛl] n ненав'язлива реклама f
software ['sɒft,wɛə] n програмне забезпечення nt
soggy ['sɒgɪ] adj вогкий
soil [sɔɪl] n ґрунт m
solace ['sɒlɪs] n (frml) розрада f

solar ['səʊlə] adj сонячний
solar power ['səʊlə 'paʊə] n сонячна енергія f
solar system ['səʊlə 'sɪstəm] n сонячна система f
sold [səʊld] pt, pp of sell
soldier ['səʊldʒə] n солдат m
sold out [səʊld aʊt] adj розпроданий
sole [səʊl] adj єдиний ▷ n підошва f
solely ['səʊllɪ] adv винятково
solemn ['sɒləm] adj урочистий
solicit [sə'lɪsɪt] vt (frml) клопотатися (perf поклопотатися) (просити)
solicitor [sə'lɪsɪtə] n адвокат m
solid ['sɒlɪd] adj (= not hollow) цільний; (= not liquid or gas) твердий ▷ n тверде тіло nt
solidarity [,sɒlɪ'dærɪtɪ] n солідарність f
solidify [sə'lɪdɪfaɪ] vt, vi твердіти (perf затвердіти)
solitary ['sɒlɪtərɪ] adj самотній
solitude ['sɒlɪ,tju:d] n усамітнення nt
solo ['səʊləʊ] n соло nt ▷ adj сольний
soloist ['səʊləʊɪst] n соліст m
solstice ['sɒlstɪs] n сонцестояння nt
soluble ['sɒljʊbl] adj розчинний
solution [sə'lu:ʃən] n рішення nt
solve [sɒlv] vt вирішувати (perf вирішити)
solvency ['sɒlvənsɪ] n платоспроможність f
solvent ['sɒlvənt] n розчинник m ▷ adj платоспроможний
Somali [səʊ'mɑ:lɪ] adj сомалійський ▷ n (= person) сомалієць (сомалійка) m(f); (= language) сомалійська мова f
Somalia [səʊ'mɑ:lɪə] n Сомалі
sombre, (US) **somber** ['sɒmbə] adj похмурий

⊙ **KEYWORD**

some [sʌm] adj 1 (a certain amount or number of): **would you like some tea/biscuits?** хочете чаю/печива?; **there's some milk in the fridge** в холодильнику є молоко; **he asked me some questions** він поставив мені кілька питань; **there are some people waiting to see you** на вас чекають якісь люди

2 (certain, in contrasts) деякий; **some people say that ...** деякі люди кажуть, що...

3 (unspecified) якийсь; **some woman phoned you** вам дзвонила якась жінка; **we'll meet again some day** ми ще колись зустрінемося; **shall we meet some day next week?** давайте якось зустрінемося на наступному тижні!

▷ pron (a certain number, people) певна кількість, дехто; **some took the bus, and some walked** дехто поїхав автобусом, дехто пішов пішки; **I've got some** (books etc.) у мене є кілька; **who would like a piece of cake? — I'd like some** хто хоче шматок торта? – я хочу; **I've read some of the book** я прочитав частину книги ▷ *adv* близько, приблизно; **some ten people** близько десяти осіб

somebody ['sʌmbədɪ] *pron* хтось
some day [sʌm deɪ] *adv* коли-небудь
somehow ['sʌm,haʊ] *adv* якось
someone ['sʌm,wʌn; -wən] *pron* хтось
someplace ['sʌm,pleɪs] *adv* кудись
somersault ['sʌməsɔ:lt] *n* сальто-мортале *nt* ▷ *vi* робити сальто (*perf* зробити сальто)
something ['sʌmθɪŋ] *pron* щось
sometime ['sʌm,taɪm] *adv* колись
sometimes ['sʌm,taɪmz] *adv* інколи
somewhat ['sʌmwɒt] *adv* (*frml*) почасти
somewhere ['sʌm,wɛə] *adv* десь
son [sʌn] *n* син *m*
sonata [sə'nɑ:tə] *n* соната *f*
song [sɒŋ] *n* пісня *f*
songwriter ['sɒŋ,raɪtə] *n* пісняр (піснярка) *m(f)*
sonic ['sɒnɪk] *adj* акустичний
son-in-law [sʌn ɪn lɔ:] *n* зять *m*
sonnet ['sɒnɪt] *n* сонет *m*
soon [su:n] *adv* скоро
sooner ['su:nə] *adv* скоріше
soot [sʊt] *n* сажа *f*
soothe [su:ð] *vt* заспокоювати (*perf* заспокоїти)
sophisticated [sə'fɪstɪ,keɪtɪd] *adj* досвідчений у життєвих справах
sophistication [sə,fɪstɪ'keɪʃən] *n* складність *f*
soppy ['sɒpɪ] *adj* сентиментальний
soprano [sə'prɑ:nəʊ] *n* (= *singer*) сопрано *f*; (= *voice*) сопрано *nt*
sorbet ['sɔ:beɪ] *n* шербет *m*
sorcerer ['sɔ:sərə] *n* чарівник *m*
sordid ['sɔ:dɪd] *adj* ганебний
sore [sɔ:] *adj* хворий ▷ *n* хворе місце *nt*
sorely ['sɔ:lɪ] *adv* вкрай (*дуже*)
sorrow ['sɒrəʊ] *n* смуток *m*
sorry ['sɒrɪ] *adj* (= *regretful*) шкода ▷ *excl* вибачте
sort [sɔ:t] *n* вид *m*; **sort out** [sɔ:t aʊt] *vt* відбирати (*perf* відібрати) (*добирати*)
SOS [ɛs əʊ ɛs] *n* сигнал небезпеки *m*
so-so ['səʊ'səʊ] *adv* (*inf*) так собі
soufflé ['su:fleɪ] *n* суфле *nt*
sought [sɔ:t] *pt, pp* of **seek**
sought-after ['sɔ:tɑ:ftə] *adj* престижний
soul [səʊl] *n* душа *f*
soulful ['səʊlfʊl] *adj* емоційний
sound [saʊnd] *adj* здоровий ▷ *n* звук *m* ▷ *vt, vi* звучати (*perf* прозвучати)
soundcard ['saʊndkɑ:d] *n* аудіоплата *f*
soundly ['saʊndlɪ] *adv* (= *thoroughly*) повністю; (*sleep*) непробудно
sound system [saʊnd 'sɪstəm] *n* аудіосистема *f*

soundtrack ['saʊnd,træk] *n* музика до фільму *f*
soup [su:p] *n* суп *m*
sour ['saʊə] *adj* кислий ▷ *vt, vi* псувати(ся) (*perf* зіпсувати(ся))
source [sɔ:s] *n* джерело *nt* ▷ *vt* шукати джерело постачання
south [saʊθ] *adj* південний ▷ *adv* на південь ▷ *n* південь *m*
South Africa [saʊθ 'æfrɪkə] *n* Південна Африка *f*
South African [saʊθ 'æfrɪkən] *adj* південноафриканський ▷ *n* (= *person*) мешканець Південної Африки *m*
South America [saʊθ ə'mɛrɪkə] *n* Південна Америка *f*
South American [saʊθ ə'mɛrɪkən] *adj* південноамериканський ▷ *n* (= *person*) мешканець Південної Америки *m*
southbound ['saʊθ,baʊnd] *adj* у південному напрямку
southeast [,saʊθ'i:st; ,saʊ'i:st] *n* південний схід *m* ▷ *adj* південно-східний
south-eastern [,saʊθ'i:stən] *adj* південно-східний
southerly ['sʌðəlɪ] *adj* південний
southern ['sʌðən] *adj* південний
southerner ['sʌðənə] *n* мешканець півдня (мешканка півдня) *m(f)*
South Korea [saʊθ kə'ri:ə] *n* Південна Корея *f*
South Pole [saʊθ pəʊl] *n* Південний полюс *m*
southward ['saʊθwəd] *adv* на південь
southwest [,saʊθ'wɛst; ,saʊ'wɛst] *n* південний захід *m* ▷ *adj* південно-західний
south-western [,saʊθ'wɛstən] *adj* південно-західний
souvenir [,su:və'nɪə; 'su:və,nɪə] *n* сувенір *m*
sovereign ['sɒvrɪn] *adj* суверенний ▷ *n* монарх *m*
sovereignty ['sɒvrɪntɪ] *n* суверенітет *m*
sow [səʊ] (*pl* **sows**) *n* свиноматка *f*
soya ['sɔɪə], (*US*) **soy** [sɔɪ] *n* соя *f*
soy sauce [sɔɪ sɔ:s] *n* соєвий соус *m*
spa [spɑ:] *n* курорт із мінеральними водами
space [speɪs] *n* (*where the planets are*) космос *m*; (= *empty area*) простір *m*
spacecraft ['speɪs,krɑ:ft] *n* космічний корабель *m*
spaceship ['speɪsʃɪp] *n* космічний корабель *m*
space shuttle [speɪs 'ʃʌtəl] *n* космічний корабель багаторазового використання
space station [speɪs 'steɪʃən] *n* космічна станція *f*
spacing ['speɪsɪŋ] *n* інтервал *m* (*міжрядковий*)
spacious ['speɪʃəs] *adj* просторий
spade [speɪd] *n* лопата *f*

spaghetti [spə'gɛtɪ] n спагеті nt

Spain [speɪn] n Іспанія f

spam [spæm] n спам m ▷ vt *надсилати спам*

span [spæn] n проміжок часу m ▷ vt охоплювати (perfохопити); **life span** тривалість життя

Spaniard ['spænjəd] n іспанець m

spaniel ['spænjəl] n спанієль m

Spanish ['spænɪʃ] adj іспанський ▷ n (= *language*) іспанська мова f

spank [spæŋk] vt ляскати (perfляснути)

spanner ['spænə] n гайковий ключ m

spar [spɑː] vi *битися навкулачки*

spare [spɛə] adj запасний ▷ vt заощаджувати (perfзаощадити)

spare part [spɛə pɑːt] n запасна деталь f

spare room [spɛə ruːm; rʊm] n кімната для гостей f

spare time [spɛə taɪm] n вільний час m

spare tyre, (US) **spare tire** [spɛə 'taɪə] n запасна шина f

spare wheel [spɛə wiːl] n запасне колесо nt

sparing ['spɛərɪŋ] adj економний

spark [spɑːk] n іскра f ▷ vi іскритися (perf заіскритися)

sparkle ['spɑːkəl] vi виблискувати

sparkling ['spɑːklɪŋ] adj шипучий

sparkling water ['spɑːklɪŋ 'wɔːtə] n газована вода f

spark plug [spɑːk plʌg] n свічка запалювання f

sparrow ['spærəʊ] n горобець m

sparse [spɑːs] adj розкиданий

spartan ['spɑːtən] adj спартанський

spasm ['spæzəm] n спазм m

spate [speɪt] n злива f(велика кількість чогось)

spatial ['speɪʃəl] adj просторовий

spatter ['spætə] vt, vi бризкати (perf бризнути)

spatula ['spætjʊlə] n шпатель m

spawn [spɔːn] n ікра f(риб, земноводних)

speak [spiːk] (pres sing **speaks**, pres part **speaking**, pt **spoke**, pp **spoken**) vt, vi говорити; **speak up** [spiːk ʌp] vi говорити голосно і виразно

speaker ['spiːkə] n промовець m

speaking ['spiːkɪŋ] n виступ m (промова)

spear [spɪə] n спис m ▷ vt пронизувати (perfпростромити)

spearhead ['spɪəˌhɛd] vt очолювати (perf очолити)

special ['spɛʃəl] adj особливий

special effect [ˌspɛʃəl ɪ'fɛkt] n спецефект m

specialist ['spɛʃəlɪst] n фахівець m

speciality [ˌspɛʃɪ'ælɪtɪ], (US) **specialty** ['spɛʃəltɪ] n спеціальність f

specialize ['spɛʃəˌlaɪz] vi спеціалізуватися

specialized ['spɛʃəˌlaɪzd] adj спеціальний

specially ['spɛʃəlɪ] adv особливо

special needs ['spɛʃəl niːdz] npl особливі потреби npl (у людей із відхиленнями фізичного або розумового розвитку)

special offer ['spɛʃəl 'ɒfə] n спеціальна пропозиція f

species ['spiːʃiːz; 'spiːʃɪˌiːz] n вид m

specific [spɪ'sɪfɪk] adj специфічний

specifically [spɪ'sɪfɪklɪ] adv особливо

specification [ˌspɛsɪfɪ'keɪʃən] n специфікація f

specifics [spɪ'sɪfɪks] npl деталі fpl (подробиці)

specify ['spɛsɪˌfaɪ] vt уточнювати (perf уточнити)

specimen ['spɛsɪmɪn] n (copy) екземпляр m; (example) зразок m

speck [spɛk] n цятка f

specs [spɛks] npl (inf) окуляри pl

spectacles ['spɛktəklz] npl (frml) окуляри pl

spectacular [spɛk'tækjʊlə] adj ефектний ▷ n феєрія f(вистава)

spectator [spɛk'teɪtə] n глядач m

spectre, (US) **specter** ['spɛktə] n загроза f

spectrum ['spɛktrəm] n спектр m

speculate ['spɛkjʊˌleɪt] vt, vi припускати (perfприпустити)

speculative ['spɛkjʊlətɪv] adj спекулятивний

speculator ['spɛkjʊleɪtə] n спекулянт (спекулянтка) m(f)

speech [spiːtʃ] n промова f

speechless ['spiːtʃlɪs] adj німий

speed [spiːd] n швидкість f ▷ vi мчати (perf промчати); **speed up** [spiːd ʌp] vi пришвидшуватися (perfпришвидшитися)

speedboat ['spiːdˌbəʊt] n швидкий моторний човен m

speed dial [spiːd 'daɪəl] n швидкий набір m (про телефонні номери)

speed limit [spiːd 'lɪmɪt] n обмеження швидкості nt

speedometer [spɪ'dɒmɪtə] n спідометр m

speedy ['spiːdɪ] adj швидкий

spell [spɛl] n (= period) короткий проміжок часу m; (magic) заклинання nt ▷ vt (pres sing **spells**, pres part **spelling**, pt, pp **spelled** or **spelt**) писати чи вимовляти слово по літерах

spellchecker ['spɛlˌtʃɛkə] n програма перевірки правопису f

spelling ['spɛlɪŋ] n орфографія f

spend [spɛnd] vt витрачати (perf витратити)

spender ['spɛndə] n марнотратник (марнотратниця) m(f)

spending money ['spɛndɪŋ 'mʌnɪ] n гроші на задоволення

sperm [spɜːm] n сперма f

spew [spjuː] vt, vi вивергати (perf вивергнути)

sphere ['sfɪə] n сфера f

spice [spaɪs] n спеція f

spiced [spaɪst] adj приправлений

spicy ['spaɪsɪ] adj пікантний

spider ['spaɪdə] n павук m

spike [spaɪk] n вістря nt

spiked [spaɪkt] adj з шипами

spiky ['spaɪkɪ] adj колючий

spill [spɪl] (pres sing **spills**, pres part **spilling**, pt, pp **spilled** or **spilt**) vt, vi розливати (perf розлити) ▷ n пролита рідина

spillage ['spɪlɪdʒ] n витік m

spin [spɪn] (pres sing **spins**, pres part **spinning**, pt, pp **spun**) vt, vi обертати(ся) (perf обернути(ся)) (навколо осі)

spinach ['spɪnɪdʒ, -ɪtʃ] n шпинат m

spinal ['spaɪnəl] adj спинний

spinal cord ['spaɪnl kɔːd] n спинний нерв m

spindle ['spɪndəl] n вал m (у механізмі)

spin doctor [spɪn 'dɒktə] n (inf) піарник m

spin drier [spɪn 'draɪə] n відцентрова сушарка f

spine [spaɪn] n хребет m

spinning pres part of **spin**

spin-off ['spɪn‚ɒf] n супутній результат m

spinster ['spɪnstə] n (old) стара діва f

spiral ['spaɪərəl] n спіраль f

spire [spaɪə] n шпиль m

spirit ['spɪrɪt] n дух m

spirited ['spɪrɪtɪd] adj жвавий

spirits ['spɪrɪts] npl (mood) дух m; (alcohol) спиртні напої mpl

spiritual ['spɪrɪtjʊəl] adj духовний

spit [spɪt] (pres sing **spits**, pres part **spitting**, pt, pp **spat**) n слина f ▷ vt, vi плювати (perf плюнути)

spite [spaɪt] n злість f ▷ vt ображати (perf образити)

spiteful ['spaɪtfʊl] adj зловтішний

splash [splæʃ] vi плескатися ▷ n плескіт m

splatter ['splætə] vt, vi хлюпати (perf хлюпнути)

spleen [spliːn] n селезінка f

splendid ['splɛndɪd] adj чудовий

splendour, (US) **splendor** ['splɛndə] n велич f

splint [splɪnt] n медична шина f

splinter ['splɪntə] n осколок m ▷ vt, vi розколювати(ся) (perf розколоти(ся))

split [splɪt] (pres sing **splits**, pres part **splitting**, pt, pp **split**) vt, vi ділити(ся) (perf розділити(ся)) ▷ n розкол m; **split up** [splɪt ʌp] vi розставатися (perf розстатися)

split second [splɪt 'sɛkənd] n мить f

splutter ['splʌtə] vt, vi говорити захлинаючись

spoil [spɔɪl] (pres sing **spoils**, pres part **spoiling**, pt, pp **spoiled** or **spoiled**) vt (child) балувати; (= ruin) псувати (perf зіпсувати)

spoilsport ['spɔɪl‚spɔːt] n (inf) людина, що псує настрій оточуючим

spoilt [spɔɪlt] adj зіпсований

spoke [spəʊk] n спиця f

spoken ['spəʊkn] pp of **speak**

spokesman ['spəʊksmən] n представник m

spokesperson ['spəʊks‚pɜːsən] n представник m

spokeswoman ['spəʊks‚wʊmən] n представниця f

sponge [spʌndʒ] n (for washing) губка f; (= cake) бісквіт m

sponge bag [spʌndʒ bæg] n торбинка для туалетних предметів f

sponsor ['spɒnsə] n спонсор m ▷ vt спонсорувати (perf проспонсорувати)

sponsored ['spɒnsəd] adj благодійний (призначений для збору коштів)

sponsorship ['spɒnsəʃɪp] n спонсорство nt

⬩ **SPONSORSHIP**

⬩

⬩ У Великій Британії спонсорство є
⬩ поширеним способом збирати гроші на
⬩ благодійність. Учасники беруться
⬩ виконувати різноманітні завдання –
⬩ наприклад, заплив чи пішу прогулянку
⬩ на великі дистанції, або навіть
⬩ схуднення. Скажімо, ви хочете зібрати
⬩ гроші для благодійної організації, яка
⬩ фінансує вивчення ракових захворювань.
⬩ Ви заявляєте, що пройдете 10 миль
⬩ пішки, і просите друзів, знайомих та всіх
⬩ охочих спонсорувати ваше рішення,
⬩ жертвуючи гроші на цю благодійну
⬩ організацію.

spontaneity [‚spɒntə'neɪətɪ] n спонтанність f

spontaneous [spɒn'teɪnɪəs] adj спонтанний

spooky ['spuːkɪ] adj (inf) страхітливий

spool [spuːl] n котушка f

spoon [spuːn] n ложка f ▷ vt набирати ложкою

spoonful ['spuːn‚fʊl] n ложка f

sporadic [spə'rædɪk] adj спорадичний

spore [spɔː] n спора f

sport [spɔːt] n спорт m

sporting ['spɔːtɪŋ] adj спортивний

sports car [spɔːts kɑː] n спортивний автомобіль m

sportsman ['spɔːtsmən] n спортсмен m

sportswear ['spɔːts‚wɛə] n спортивний одяг m

sportswoman ['spɔːts‚wʊmən] n спортсменка f

sporty ['spɔːtɪ] adj спортивний

spot [spɒt] n (= round mark) пляма f; (= place) місце nt ▷ vt помічати (perf помітити)

spotless ['spɒtlɪs] adj чистий

spotlight ['spɒt,laɪt] n прожектор m ▷ vt висвітлювати (perf висвітити)
spotted ['spɒtɪd] adj плямистий
spotty ['spɒtɪ] adj прищавий
spouse [spaʊs] n (= husband) чоловік m; (= wife) дружина f
spout [spaʊt] vt, vi бити струменем ▷ n струмінь m
sprain [spreɪn] n розтягнення nt ▷ vt розтягнути
sprang [spræŋ] pt of **spring**
sprawl [sprɔːl] vi розкинутися (невимушено лягти або сісти)perf ▷ n розростання nt
sprawled [sprɔːld] adj який розкинувся
spray [spreɪ] n спрей m ▷ vt, vi розпилювати (perf розпилити)
spread [sprɛd] (pressing **spreads**, pres part **spreading**, pt, pp **spread**) vi (= reach a larger area) розповсюджуватися (perf розповсюдитися) ▷ vt (butter, jam) намазувати (perf намазати); (= open out) розгортати (perf розгорнути) ▷ n пастоподібний продукт m; **spread out** [sprɛd aʊt] vi розділятися (perf розділитися)
spreadsheet ['sprɛd,ʃiːt] n програма табличних обчислень f
spree [spriː] n активність f; **spending spree** марнотратство
sprig [sprɪg] n паросток m
spring [sprɪŋ] n (= season) весна f; (= coil) пружина f ▷ vi стрибати (perf стрибнути)
springboard ['sprɪŋbɔːd] n трамплін m
spring-cleaning ['sprɪŋ,kliːnɪŋ] n генеральне прибирання nt
spring onion [sprɪŋ 'ʌnjən] n зелена цибуля f
springtime ['sprɪŋ,taɪm] n весняна пора f
sprinkle ['sprɪŋkəl] vt бризкати (perf бризнути)
sprinkler ['sprɪŋklə] n розпилювач m
sprint [sprɪnt] n спринт m ▷ vi бігати на короткі дистанції
sprinter ['sprɪntə] n спринтер m
sprout ['spraʊt] vi проростати (perf прорости) ▷ n паросток m
sprouts [spraʊts] npl брюссельська капуста f
spruce [spruːs] n ялина f ▷ adj ошатний
sprung [sprʌŋ] pp of **spring**
spun [spʌn] pt, pp of **spin**
spur [spɜː] vt спонукати (perf спонукнути) ▷ n стимул m
spurious ['spjʊərɪəs] adj фальшивий
spurn [spɜːn] vt нехтувати (perf знехтувати)
spurt [spɜːt] vt, vi бити струменем ▷ n струмінь m
spy [spaɪ] n шпигун m ▷ vi шпигувати
spying ['spaɪɪŋ] n шпигунство nt
squabble ['skwɒbl] vi сваритися через дурниці
squad [skwɒd] n загін m (поліції)

squadron ['skwɒdrən] n ескадрон m
squalid ['skwɒlɪd] adj занехаяний
squalor ['skwɒlə] n злидні npl
squander ['skwɒndə] vt розтринькувати (perf розтринькати)
square [skwɛə] adj квадратний ▷ n квадрат m ▷ vt зводити в квадрат
squarely ['skwɛəlɪ] adv прямо
square root [skwɛə ruːt] n квадратний корінь m
squash [skwɒʃ] n сквош m ▷ vt тиснути (perf натиснути)
squat [skwɒt] vi сідати навпочіпки ▷ adj приземкуватий ▷ n сидіння навпочіпки
squatter ['skwɒtə] n особа, яка незаконно живе в чужому будинку
squeak [skwiːk] vi пищати (perf писнути)
squeal [skwiːl] vi вищати (perf вискнути)
squeamish ['skwiːmɪʃ] adj вразливий
squeeze [skwiːz] vt чавити (perf розчавити); **squeeze in** [skwiːz ɪn] vt протискатися (perf протиснутися)
squid [skwɪd] n кальмар m
squint [skwɪnt] vi мружитися ▷ n косоокість f
squirm [skwɜːm] vi соватися (perf посоватися) (неспокійно крутитися)
squirrel ['skwɪrəl] n білка f
squirt [skwɜːt] vt, vi витискати (perf витиснути) (рідину через вузький отвір)
Sri Lanka [ˌsriː 'læŋkə] n Шрі-Ланка f
stab [stæb] vt заколоти ▷ n (inf) спроба f
stabbing ['stæbɪŋ] n удар ножем m ▷ adj гострий (біль, почуття)
stability [stə'bɪlɪtɪ] n стабільність f
stabilize ['steɪbɪlaɪz] vt, vi стабілізувати(ся)
stable ['steɪbl] adj стабільний ▷ n конюшня f
stack [stæk] n купа f
stadium ['steɪdɪəm] (pl **stadia**) n стадіон m
staff [stɑːf] n (= personnel) персонал m; (= stick) палиця f
staffer ['stɑːfə] n штатний співробітник m (у політичних організаціях та журналістиці) (f штатна співробітниця)
staffing ['stɑːfɪŋ] n кадрове забезпечення nt
staffroom ['stɑːf,ruːm] n службове приміщення nt
stag [stæg] n олень-самець m
stage [steɪdʒ] n етап m
stagger ['stægə] vi іти хитаючись
staggering ['stægərɪŋ] adj приголомшливий
stagnant ['stægnənt] adj застійний; застійний (про воду)
stagnate [stæg'neɪt] vi переживати період застою
stag night [stæg naɪt] n парубочий вечір m
staid [steɪd] adj респектабельний

stain [steɪn] n пляма f ▷ vt фарбувати (perf пофарбувати)

stained glass [steɪnd glɑːs] n вітраж m

stainless steel ['steɪnlɪs stiːl] n нержавна сталь f

stain remover [steɪn rɪ'muːvə] n плямовивідник m

staircase ['steəˌkeɪs] n сходи pl

stairs [steəz] npl сходи pl

stairway ['steəˌweɪ] n сходи npl

stake [steɪk] vt ставити на карту (perf поставити на карту) (капітал, репутацію)

stakeholder ['steɪkhəʊldə] n пайовий власник m

stale [steɪl] adj черствий

stalemate ['steɪlˌmeɪt] n безвихідь f

stalk [stɔːk] n стебло nt ▷ vt переслідувати (крадучись)

stalker ['stɔːkə] n настирливий переслідувач

stall [stɔːl] n прилавок m

stallion ['stælɪən] n жеребець m

stalwart ['stɔːlwət] n стійкий прихильник m

stamina ['stæmɪnə] n витримка f

stammer ['stæmə] vt, vi заїкатися (perf заїкнутися) ▷ n заїкання nt

stamp [stæmp] n марка f ▷ vt наклеювати (perf наклеїти) марку

stampede [stæm'piːd] n панічна втеча f ▷ vt, vi бігти в паніці

stance [stns] n позиція f (ставлення)

stand [stænd] (pres sing **stands**, pres part **standing**, pt, pp **stood**) vi стояти ▷ n трибуна f; **stand for** [stænd fɔː] vt означати; **stand out** [stænd aʊt] vi виділятися (perf виділитися); **stand up** [stænd ʌp] vi вставати (perf встати)

stand-alone ['stændələʊn] adj автономний

standard ['stændəd] adj стандартний ▷ n стандарт m

standardize ['stændədaɪz] vt стандартизувати

standard of living ['stændəd ɒv; əv 'lɪvɪŋ] n рівень життя m

standby ['stændbaɪ] n запас m ▷ adj резервний

stand-in ['stændɪn] n заміна f

standing ['stændɪŋ] n репутація f ▷ adj постійний

standing order ['stændɪŋ 'ɔːdə] n платіжне доручення nt

standing ovation ['stændɪŋ əʊ'veɪʃən] n бурхливі оплески npl (стоячи)

standoff ['stænd,ɒf] n глухий кут f (у переговорах)

standpoint ['stænd,pɔɪnt] n точка зору f

standstill ['stændstɪl] n зупинка f (мертва точка)

stand-up ['stændʌp] adj розмовного жанру ▷ n розмовний жанр; артист розмовного жанру

stanza ['stænzə] n строфа f

staple ['steɪpl] n (= piece of bent wire) скоба f; (= basic food) основний продукт m ▷ vt прикріпляти (perf прикріпити) ▷ adj основний

stapler ['steɪplə] n степлер m

star [stɑː] n зірка f ▷ vt, vi грати головні ролі

starboard ['stɑːbɔːd] adj з правого борту

starch [stɑːtʃ] n крохмаль m

stardom ['stɑːdəm] n статус зірки

stare [steə] vi пильно дивитися

stark [stɑːk] adj суворий

start [stɑːt] n старт m ▷ vt (to do something) починати ▷ vt, vi (activity, event) починатися (perf початися); **start off** [stɑːt ɒf] vi розпочинати (perf розпочати)

starter ['stɑːtə] n закуска f

starting point ['stɑːtɪŋ pɔɪnt] n відправна точка f

startle ['stɑːtl] vt перелякати

startling ['stɑːtlɪŋ] adj приголомшливий

starvation [stɑː'veɪʃən] n голод m

starve [stɑːv] vi вмирати (perf вмерти) з голоду

starving ['stɑːvɪŋ] adj (inf) страшенно голодний; **to be starving** вмирати з голоду

stash [stæʃ] vt (inf) ховати (perf сховати) ▷ n (inf) схованка f

state [steɪt] n держава f ▷ vt стверджувати

statehood ['steɪthʊd] n державність f

stately ['steɪtlɪ] adj статечний

stately home ['steɪtlɪ həʊm] n маєток m

statement ['steɪtmənt] n ствердження nt

state of affairs [steɪt əv ə'fɛəz] n стан справ m

state of mind [steɪt əv maɪnd] n душевний стан m

state-of-the-art ['steɪtəvðɪˌɑːt] adj новітній

statesman ['steɪtsmən] n державний діяч m

statewide [ˌsteɪt'waɪd] adj у масштабі штату

static ['stætɪk] adj статичний ▷ n статична електрика f

station ['steɪʃən] n станція f

stationary ['steɪʃənərɪ] adj нерухомий

stationer ['steɪʃənə] n канцелярський магазин m

stationery ['steɪʃənərɪ] n канцтовари npl

station wagon ['steɪʃən wægʌn] n (US) = estate car

statistic [stə'tɪstɪk] n статистика f

statistical [stə'tɪstɪkəl] adj статистичний

statistician [ˌstætɪ'stɪʃən] n статистик m

statistics [stə'tɪstɪks] n статистика f

statue ['stætjuː] n статуя f

stature ['stætʃə] n зріст m

status ['steɪtəs] n статус m

status quo ['steɪtəs kwəʊ] n статус-кво m

statute ['stætʃuːt] n закон m

statutory ['stætʃʊtəri] adj (frml) законний

staunch [stɔːntʃ] adj відданий

stave [steɪv] n палиця f

stay [steɪ] vi залишатися (perf залишитися) ▷ n перебування nt; **stay in** [steɪ ɪn] vi залишатися вдома; **stay up** [steɪ ʌp] vi не спати

steadfast ['stɛdfɑːst] adj непохитний

steady ['stɛdɪ] adj незмінний ▷ vt, vi робити стійким

steak [steɪk] n стейк m

steal [stiːl] (pres sing **steals**, pres part **stealing**, pt **stole**, pp **stolen**) vt, vi красти (perf вкрасти)

steam [stiːm] n пара f ▷ vi парувати (perf спарувати) (виділяти пару)

steamer ['stiːmə] n пароплав m

steel [stiːl] n сталь f ▷ vt загартовувати(ся) (perf загартувати(ся))

steely ['stiːlɪ] adj твердий (непохитний)

steep [stiːp] adj крутий

steeped [stiːpt] adj огорнутий

steeple ['stiːpl] n шпиль m

steeplechase ['stiːpəl,tʃeɪs] n перегони з перешкодами

steer ['stɪə] vt керувати (транспортним засобом)

steering ['stɪərɪŋ] n система керування f

steering wheel ['stɪərɪŋ wiːl] n кермо nt

stem [stɛm] vi виникати (perf виникнути) (через щось) ▷ n стебло nt

stem cell [stɛm sɛl] n стовбурова клітина f

stench [stɛntʃ] n сморід m

stencil ['stɛnsəl] n трафарет m ▷ vt наносити малюнок за трафаретом

step [stɛp] n (= stair) сходинка f; (= pace) крок m

stepbrother ['stɛp,brʌðə] n зведений брат m

stepdaughter ['stɛp,dɔːtə] n пасербиця f

stepfather ['stɛp,fɑːðə] n вітчим m

stepladder ['stɛp,lædə] n драбина f

stepmother ['stɛp,mʌðə] n мачуха f

stepping stone ['stɛpɪŋ stəʊn] n трамплін m (засіб для досягнення мети)

stepsister ['stɛp,sɪstə] n зведена сестра f

stepson ['stɛp,sʌn] n пасинок m

stereo ['stɛrɪəʊ; 'stɪər-] adj стерео ▷ n стереопрогравач m

stereotype ['stɛrɪə,taɪp; 'stɪər-] n стереотип m ▷ vt створювати стереотипне уявлення

stereotypical [,stɛrɪə'tɪpɪkəl] adj стереотипний

sterile ['stɛraɪl] adj стерильний

sterilize ['stɛrɪ,laɪz] vt стерилізувати

sterling ['stɜːlɪŋ] n стерлінг m ▷ adj (frml) бездоганний

stern [stɜːn] adj суворий

steroid ['stɪərɔɪd; 'stɛr-] n стероїд m

stew [stjuː] n печеня f ▷ vt тушкувати(ся) (perf стушкувати(ся))

steward ['stjʊəd] n стюард m

stick [stɪk] (pres sing **sticks**, pres part **sticking**, pt, pp **stuck**) n палиця f ▷ vt приклеювати (perf приклеїти); **stick out** [stɪk aʊt] vt, vi висовувати(ся) (perf висунути(ся))

sticker ['stɪkə] n наклейка f

sticking point ['stɪkɪŋ pɔɪnt] n камінь спотикання m

stick insect [stɪk'ɪnsɛkt] n паличник m (комаха)

sticky ['stɪkɪ] adj липкий

stiff [stɪf] adj твердий

stiffen ['stɪfən] vi ціпеніти (perf заципеніти)

stifle ['staɪfəl] vt придушити (perf придушити)

stifling ['staɪflɪŋ] adj задушливий

stigma ['stɪgmə] (pl **stigmas**) n тавро m

stigmatize ['stɪgmətaɪz] vt таврувати (perf затаврувати)

stiletto [stɪ'lɛtəʊ] n шпильки fpl (підбори)

still [stɪl] adj нерухомий ▷ adv все ще

stillborn ['stɪlbɔːn] adj мертвонароджений

still life [stɪl laɪf] n натюрморт m

stimulant ['stɪmjʊlənt] n стимулятор m

stimulate ['stɪmjʊleɪt] vt стимулювати

stimulative ['stɪmjʊlətɪv] adj стимулюючий

stimulus ['stɪmjʊləs] (pl **stimuli**) n стимул m

sting [stɪŋ] (pres sing **stings**, pres part **stinging**, pt, pp **stung**) n жало nt ▷ vt, vi жалити (perf вжалити)

stingy ['stɪndʒɪ] adj (inf) скупий

stink [stɪŋk] (pres sing **stinks**, pres part **stinking**, pt **stank**, pp **stunk**) n сморід m ▷ vi смердіти

stint [stɪnt] n перебування на посаді nt

stipulate ['stɪpjʊ,leɪt] vt обумовлювати (perf обумовити) (ставити умови)

stir [stɜː] vt помішувати ▷ n переполох m

stir-fry ['stɜː,fraɪ] vt смажити в олії, постійно помішуючи

stirring ['stɜːrɪŋ] adj запальний (збудливий) ▷ n поштовх m (привід)

stitch [stɪtʃ] n стібок m ▷ vt зшивати (perf зшити)

stock [stɒk] n (Finance) акція f ▷ vt зберігати на складі ▷ adj шаблонний; **stock up** [stɒk ʌp] vi запасатися (perf запастися)

stockbroker ['stɒk,brəʊkə] n брокер m

stock cube [stɒk kjuːb] n бульйонний кубик m

stock exchange [stɒk ɪks'tʃeɪndʒ] n фондова біржа f

stockholder ['stɒk,həʊldə] n (US) акціонер m

stock market [stɒk 'mɑːkɪt] n ринок цінних паперів m

stockpile ['stɒkpaɪl] vt накопичувати (perf накопичити) ▷ n запас m

stocky ['stɒkɪ] adj присадкуватий

stoke [stəʊk] vt підтримувати вогонь

stole [stəʊl] pt of **steal**

stolen ['stəʊln] pp of **steal**

stomach ['stʌmək] n шлунок m ▷ vt терпіти (perf стерпіти)

stomachache ['stʌmək,eɪk] n біль у шлунку m

stomp [stɒmp] vi тупати (perf потупати)

stone [stəʊn] n камінь m ▷ vt кидати каміння

* **STONE**

* Міра ваги, що дорівнює 6,35 кг.

stoned [stəʊnd] adj (inf) обкурений (під дією наркотиків)

stony ['stəʊnɪ] adj кам'янистий

stool [stuːl] n табурет m

stoop [stuːp] vi горбитися (perf згорбитися)

stop [stɒp] n зупинка f ▷ vi припинятися (perf припинитися)

stopover ['stɒp,əʊvə] n зупинка в дорозі f

stoppage ['stɒpɪdʒ] n страйк m

stopwatch ['stɒp,wɒtʃ] n секундомір m

storage ['stɔːrɪdʒ] n зберігання nt

store [stɔː] n магазин m

storehouse ['stɔː,haʊs] n склад m

storekeeper ['stɔː,kiːpə] n (US) = **shopkeeper**

storm [stɔːm] n буря f ▷ vi проноситися (perf пронестися)

stormy ['stɔːmɪ] adj бурхливий

story ['stɔːrɪ] n історія f

storyline ['stɔːrɪlaɪn] n сюжетна лінія f

storyteller ['stɔːrɪ,telə] n оповідач (оповідачка) m(f)

stout ['staʊt] adj огрядний

stove [stəʊv] n пічка f

stow [stəʊ] vt складати (perf скласти)

stowaway ['stəʊəweɪ] n безквитковий пасажир m

straddle ['strædəl] vt широко розставляти ноги

straight [streɪt] adj прямий

straight away [streɪt ə'weɪ] adv відразу

straighten ['streɪtən] vt поправляти (perf поправити)

straighteners ['streɪtnəz] npl щипці для випрямлення волосся pl

straightforward [,streɪt'fɔːwəd] adj прямий

straight on [streɪt ɒn] adv прямо

strain [streɪn] n напруження nt ▷ vt напружувати (perf напружити)

strained [streɪnd] adj напружений

strait [streɪt] n протока f

straitjacket ['streɪtdʒækɪt] n гамівна сорочка f

strand [strænd] n пасмо nt (волосся) ▷ vt потрапляти в скрутне становище

stranded ['strændɪd] adj на мілині

strange [streɪndʒ] adj дивний

strangely ['streɪndʒlɪ] adv дивно

stranger ['streɪndʒə] n незнайомець m

strangle ['stræŋgl] vt душити (perf задушити)

stranglehold ['stræŋgəlhəʊld] n мертва хватка f

strap [stræp] n ремінець m ▷ vt стягувати ременем

strapped [stræpt] adj обмежений (фінансово)

strata ['strɑːtə] pl of **stratum**

strategic [strə'tiːdʒɪk] adj стратегічний

strategist ['strætədʒɪst] n стратег m

strategy ['strætɪdʒɪ] n стратегія f

stratum ['strɑːtəm] (pl **strata**) n (frml) верства f

straw [strɔː] n (for drinking through) соломинка f; (= dried stalks of crops) солома f

strawberry ['strɔːbərɪ; -brɪ] n полуниця f

stray [streɪ] n бездомна тварина f ▷ adj бездомний (про тварину) ▷ vi заблудити (збитися зі шляху)

streak [striːk] n прожилка f (вузька смужка)

stream [striːm] n струмок m ▷ vi текти (perf потекти)

streamline ['striːm,laɪn] vt спрощувати (perf спростити)

streamlined ['striːm,laɪnd] adj обтічний

street [striːt] n вулиця f

streetcar ['striːt,kɑː] n (US) = **tram**

streetlamp ['striːt,læmp] n вуличний ліхтар m

street map [striːt mæp] n карта міста f

streetwise ['striːt,waɪz] adj (inf) досвідчений

strength [streŋθ] n сила f

strengthen ['streŋθən] vt зміцнювати (perf зміцнити)

strenuous ['strenjʊəs] adj напружений

stress [stres] n стрес m ▷ vt наголошувати (perf наголосити)

stressed [strest] adj напружений

stressed out [strest aʊt] adj (inf) знервований

stressful ['stresfʊl] adj тяжкий

stretch [stretʃ] vi (with your body) потягатися (perf потягнутися); (= extend) розтягуватися (perf розтягнутися) ▷ n відрізок m

stretcher ['stretʃə] n ноші pl

stretchy ['stretʃɪ] adj еластичний

strewn [struːn] adj розкиданий

strict [strɪkt] adj суворий

strictly ['strɪktlɪ] adv суворо

stride [straɪd] (pres sing **strides**, pres part **striding**, pt, pp **strode**) vi крокувати (perf покрокувати) ▷ n великий крок m

strident ['straɪdənt] adj різкий

strife [straɪf] *n* (*frml*) незгода *f*

strike [straɪk] (*pres sing* **strikes**, *pres part* **striking**, *pt, pp* **struck**) *n* страйк *m* ▷ *vt* битися (*perf* вдаритися) ▷ *vi* (*workers*) страйкувати ▷ *vt, vi* (= *hit*) нападати (*perf* напасти)

striker ['straɪkə] *n* страйкар *m*

striking ['straɪkɪŋ] *adj* вражаючий

string [strɪŋ] (*pres sing* **strings**, *pres part* **stringing**, *pt, pp* **strung**) *n* (*for instrument*) струна *f*; (*for parcel*) мотузка *f*

stringent ['strɪndʒənt] *adj* (*frml*) суворий

strip [strɪp] *n* смужка *f* ▷ *vt, vi* роздягати(ся) (*perf* роздягти(ся))

stripe [straɪp] *n* смуга *f*

striped [straɪpt] *adj* смугастий

stripy ['straɪpɪ] *adj* (*inf*) смугастий

strive [straɪv] (*pres sing* **strives**, *pres part* **striving**, *vt, pt* **strived** or **strove**, *pp* **strived** or **striven**) *vt, vi* докладати зусиль

strode [strəʊd] *pt, pp of* **stride**

stroke [strəʊk] *n* удар *m* ▷ *vt* гладити

stroll [strəʊl] *n* прогулянка *f* ▷ *vi* прогулюватися (*perf* прогулятися)

stroller ['strəʊlə] *n* (*US*) = **buggy**

strong [strɒŋ] *adj* (*object*) міцний; (*person*) сильний

stronghold ['strɒŋhəʊld] *n* цитадель *f*

strongly ['strɒŋlɪ] *adv* міцно

strove [strəʊv] *pt of* **strive**

structural ['strʌktʃərəl] *adj* структурний

structural engineer ['strʌktʃərəl ˌendʒɪ'nɪə] *n* інженер-будівельник *m*

structure ['strʌktʃə] *n* структура *f* ▷ *vt* структурувати

struggle ['strʌɡl] *n* боротьба *f* ▷ *vt, vi* боротися

strum [strʌm] *vt* бренькати (*perf* побренькати) (*на струнному інструменті*)

strut [strʌt] *vi* ходити з пихатим виглядом ▷ *n* опора *f* (*споруди, конструкції*)

stub [stʌb] *n* упамок *m* ▷ *vt* ударитися *ногою*; **stub out** [stʌb aʊt] *vt* гасити (*perf* загасити)

stubble ['stʌbəl] *n* (*in field*) стерня *f*; (*on chin*) щетина *f*

stubborn ['stʌbn] *adj* впертий

stuck-up [stʌk'ʌp] *adj* (*inf*) зарозумілий

stud [stʌd] *n* цвях *m*

studded ['stʌdɪd] *adj* оздоблений цвяшками

student ['stjuːdnt] *n* студент *m*

student discount ['stjuːdnt 'dɪskaʊnt] *n* студентська знижка *f*

student driver [stjuːdnt draɪvə] *n* (*US*) = **learner driver**

studio ['stjuːdɪˌəʊ] *n* студія *f*

studio flat ['stjuːdɪəʊ flæt], (*US*) **studio apartment** ['stjuːdɪəʊ ə'paːtmənt] *n* квартира-студія *f*

study ['stʌdɪ] *vt, vi* вивчати (*perf* вивчити)

stuff [stʌf] *n* (*inf*) речі *fpl* ▷ *vt* засовувати (*perf* засунути)

stuffing ['stʌfɪŋ] *n* начинка *f* (*для фарширування*)

stuffy ['stʌfɪ] *adj* консервативний

stumble ['stʌmbl] *vi* спотикатися (*perf* спіткнутися)

stumbling block ['stʌmblɪŋ blɒk] *n* камінь спотикання *m*

stump [stʌmp] *n* обрубок *m* ▷ *vt* спантеличувати (*perf* спантеличити)

stun [stʌn] *vt* приголомшувати (*perf* приголомшити)

stunned [stʌnd] *adj* вражений

stunning ['stʌnɪŋ] *adj* вражаючий

stunt [stʌnt] *n* трюк *m*

stuntman ['stʌntmən] *n* каскадер *m*

stupid ['stjuːpɪd] *adj* безглуздий

sturdy ['stɜːdɪ] *adj* міцний

stutter ['stʌtə] *vi* заїкатися ▷ *n* заїкання *nt*

style [staɪl] *n* стиль *m* ▷ *vt* створювати дизайн

styling ['staɪlɪŋ] *n* дизайн *m*

stylish ['staɪlɪʃ] *adj* стильний

stylist ['staɪlɪst] *n* стиліст *m*

stylistic [staɪ'lɪstɪk] *adj* стилістичний

stylized ['staɪlaɪzd] *adj* стилізований

suave [swɑːv] *adj* улесливий

subcommittee ['sʌbkəmɪtɪ] *n* підкомітет *m*

subconscious [ˌsʌb'kɒnʃəs] *n* підсвідомість *f*

subcontract [ˌsʌbkən'trækt] *vt* брати субпідряд

subcontractor [ˌsʌbkən'træktə] *n* субпідрядник *m*

subculture ['sʌbkʌltʃə] *n* субкультура *f*

subdivision [ˌsʌbdɪ'vɪʒən] *n* підрозділ *m*

subdue [səb'djuː] *vt* підкоряти (*perf* підкорити) (*силою*)

subdued [səb'djuːd] *adj* пригнічений

subject ['sʌbdʒɪkt] *n* предмет *m* ▷ *vt* [səb'dʒɛkt] піддавати (*perf* піддати) (*знущанню, тортурам*)

subjective [səb'dʒɛktɪv] *adj* суб'єктивний

subject matter ['sʌbdʒɪkt 'mætə] *n* тема *f* (*книги, лекцій, фільму*)

sublime [sə'blaɪm] *adj* (*liter*) величний

subliminal [səb'lɪmɪnəl] *adj* підсвідомий

submarine ['sʌbməˌriːn; ˌsʌbmə'riːn] *n* підводний човен *m*

submerge [səb'mɜːdʒ] *vt, vi* занурювати(ся) (*perf* занурити(ся))

submission [səb'mɪʃən] *n* покора *f*

submit [səb'mɪt] *vi* підкорятися (*perf* підкорити(ся)); подавати (*perf* подати) (*на розгляд*)

subordinate [sə'bɔːdɪnət] *n* підлеглий (підлегла) *m(f)* ▷ *adj* підлеглий

subpoena [sə'piːnə] *vt* викликáти до суду (*perf* вúкликати до суду)

subscribe [səbˈskraɪb] vi погоджуватися (perf погодитися) (з думкою)

subscriber [səbˈskraɪbə] n передплатник (передплатниця) m(f)

subscription [səbˈskrɪpʃən] n передплата f ▷ adj передплатний

subsequent [ˈsʌbsɪkwənt] adj (frml) наступний

subservient [səbˈsɜːvɪənt] adj підлеглий

subside [səbˈsaɪd] vi затихати (perf затихнути)

subsidiary [səbˈsɪdɪərɪ] n філія f ▷ adj другорядний

subsidize [ˈsʌbsɪˌdaɪz] vt субсидіювати

subsidy [ˈsʌbsɪdɪ] n субсидія f

substance [ˈsʌbstəns] n речовина f

substantial [səbˈstænʃəl] adj (frml) значний (великий)

substantially [səbˈstænʃəlɪ] adv (frml) значною мірою

substantiate [səbˈstænʃɪeɪt] vt (frml) підкріплювати (perf підкріпити) (доказами)

substantive [ˈsʌbstəntɪv] adj (frml) суттєвий

substitute [ˈsʌbstɪˌtjuːt] n заміна f ▷ vt, vi заміняти (perf замінити)

subterranean [ˌsʌbtəˈreɪnɪən] adj (frml) підземний

subtitled [ˈsʌbˌtaɪtld] adj із субтитрами

subtitles [ˈsʌbˌtaɪtlz] npl субтитри mpl

subtle [ˈsʌtl] adj тонкий

subtlety [ˈsʌtəltɪ] n тонка відмінність f

subtotal [ˈsʌbˌtəʊtəl] n проміжний підсумок m

subtract [səbˈtrækt] vt віднімати (perf відняти)

suburb [ˈsʌbɜːb] n околиця f

suburban [səˈbɜːbn] adj приміський

suburbia [səˈbɜːbɪə] n передмістя nt

subversion [səbˈvɜːʃən] n диверсія f

subversive [səbˈvɜːsɪv] adj підривний ▷ n диверсант (диверсантка) m(f)

subvert [səbˈvɜːt] vt (frml) руйнувати (perf зруйнувати)

subway [ˈsʌbˌweɪ] n підземний перехід m

succeed [səkˈsiːd] vi досягти успіху

success [səkˈses] n успіх m

successful [səkˈsesfʊl] adj успішний

successfully [səkˈsesfʊlɪ] adv успішно

succession [səkˈseʃən] n послідовність f

successive [səkˈsesɪv] adj послідовний

successor [səkˈsesə] n наступник m

success story [səkˈses ˈstɔːrɪ] n історія успіху f

succinct [səkˈsɪŋkt] adj стислий

succulent [ˈsʌkjʊlənt] adj соковитий

succumb [səˈkʌm] vi (frml) піддаватися (perf піддатися)

such [sʌtʃ] det такий

suck [sʌk] vt, vi смоктати

Sudan [suːˈdɑːn; -ˈdæn] n Судан m

Sudanese [ˌsuːdˈniːz] adj суданський ▷ n суданець (суданка) m(f)

sudden [ˈsʌdn] adj раптовий

sudden death [ˈsʌdən deθ] n гра до першого забитого гола

suddenly [ˈsʌdnlɪ] adv раптово

sue [sjuː; suː] vt, vi позивати(ся)

suede [sweɪd] n замша f

suffer [ˈsʌfə] vt, vi страждати

sufferer [ˈsʌfərə] n потерпілий (потерпіла) m(f)

suffering [ˈsʌfərɪŋ] n страждання nt

suffice [səˈfaɪs] vi (frml) вистачати (perf вистачити)

sufficiency [səˈfɪʃənsɪ] n (frml) достатність f

sufficient [səˈfɪʃənt] adj достатній

suffocate [ˈsʌfəˌkeɪt] vi задихатися (perf задихнутися)

sugar [ˈʃʊɡə] n цукор m

sugar-free [ˈʃʊɡəfriː] adj без цукру

suggest [səˈdʒest; səɡˈdʒest] vt пропонувати (perf запропонувати)

suggestion [səˈdʒestʃən] n пропозиція f

suggestive [səˈdʒestɪv] adj який нагадує

suicidal [ˌsuːɪˈsaɪdəl] adj суїцидний

suicide [ˈsuːɪˌsaɪd; ˈsjuː-] n самогубство nt

suicide bomber [ˈsuːɪsaɪd ˈbɒmə] n терорист-смертник m

suit [suːt; sjuːt] n костюм m ▷ vt пасувати

suitable [ˈsuːtəbl; ˈsjuːt-] adj відповідний

suitably [ˈsuːtəblɪ] adv відповідно

suitcase [ˈsuːtˌkeɪs; ˈsjuːt-] n валіза f

suite [swiːt] n апартаменти npl

suited [ˈsuːtɪd] adj придатний

suitor [ˈsuːtə] n (old) залицяльник m

sulk [sʌlk] vi бути похмурим

sulky [ˈsʌlkɪ] adj похмурий

sullen [ˈsʌlən] adj гнітючий

sulphate, (US) **sulfate** [ˈsʌlfeɪt] n сульфат m

sulphur, (US) **sulfur** [ˈsʌlfə] n сірка f

sultan [ˈsʌltən] n султан m

sultana [sʌlˈtɑːnə] n родзинка f

sultry [ˈsʌltrɪ] adj (written) задушливий (спекотний і вологий)

sum [sʌm] n сума f; **sum up** [sʌm ʌp] vt, vi підбивати (perf підбити) підсумки

summarize [ˈsʌməˌraɪz] vt, vi підбивати (perf підбити) підсумки

summary [ˈsʌmərɪ] n підсумок m ▷ adj (frml) негайний

summer [ˈsʌmə] n літо nt

summer holidays [ˈsʌmə ˈhɒlədeɪz] npl літні канікули pl

summertime [ˈsʌməˌtaɪm] n літня пора f

summing-up [ˌsʌmɪŋˈʌp] n заключна промова судді

summit [ˈsʌmɪt] n саміт m

summon [ˈsʌmən] vt (frml) викликати (perf викликати) (офіційно запросити)

summons ['sʌmənz] *n* виклик *f (наказ прийти)*

sumo ['su:məʊ] *n* сумо *n ind*

sumptuous ['sʌmptjʊəs] *adj* розкішний

sun [sʌn] *n* сонце *nt*

sunbathe ['sʌn,beɪð] *vi* засмагати

sunbed ['sʌn,bed] *n* солярій *m*

sunblock ['sʌn,blɒk] *n* сонцезахисний засіб *m*

sunburn ['sʌn,bɜːn] *n* сонячний опік *m*

sunburnt ['sʌn,bɜːnt] *adj* засмаглий

suncream ['sʌn,kri:m] *n* сонцезахисний крем *m*

Sunday ['sʌndɪ] *n* неділя *f*

sundry ['sʌndrɪ] *adj (frml)* різний

sunflower ['sʌn,flaʊə] *n* соняшник *m*

sung [sʌŋ] *pp of* **sing**

sunglasses ['sʌn,glɑ:sɪz] *npl* сонцезахисні окуляри *pl*

sunken ['sʌŋkən] *adj* затонулий

sunlight ['sʌnlaɪt] *n* сонячне світло *nt*

sunny ['sʌnɪ] *adj* сонячний

sunrise ['sʌn,raɪz] *n* схід сонця *m*

sunroof ['sʌn,ru:f] *n* люк на даху автомобіля *m*

sunscreen ['sʌn,skri:n] *n* сонцезахисний крем *m*

sunset ['sʌn,set] *n* захід сонця *m*

sunshine ['sʌn,ʃaɪn] *n* сонячне світло *nt*

sunstroke ['sʌn,strəʊk] *n* сонячний удар *m*

suntan ['sʌn,tæn] *n* засмага *f*

suntan lotion ['sʌntæn 'ləʊʃən] *n* лосьйон для засмаги *m*

suntan oil ['sʌntæn ɔɪl] *n* олія для засмаги *m*

super ['su:pə] *adj (inf)* чудовий

superb [sʊ'pɜ:b; sjʊ-] *adj* грандіозний

supercomputer [,su:pəkəm'pju:tə] *n* суперкомп'ютер *m*

superficial [,su:pə'fɪʃəl] *adj* поверховий

superfluous [su:'pɜ:flʊəs] *adj* зайвий

superimpose [,su:pərɪm'pəʊz] *vt* накладати *(perf* накласти)

superior [su:'pɪərɪə] *adj* кращий ▷ *n* керівник *m*

superiority [su:,pɪərɪ'ɒrɪtɪ] *n (frml)* перевага *f*

superlative [su:'pɜ:lətɪv] *adj* найкращий ▷ *n* перебільшення *nt*

supermarket ['su:pə,mɑ:kɪt] *n* супермаркет *m*

supermodel ['su:pəmɒdəl] *n* топ-модель *f*

supernatural [,su:pə'nætʃrəl; -'nætʃərəl] *adj* надприродний

superpower ['su:pəpaʊə] *n* наддержава *f*

supersede [,su:pə'si:d] *vt* заміняти *(perf* заміняти)

supersonic [,su:pə'sɒnɪk] *adj* надзвуковий

superstar ['su:pəstɑ:] *n (inf)* суперзірка *f*

superstition [,su:pə'stɪʃən] *n* забобон *m*

superstitious [,su:pə'stɪʃəs] *adj* забобонний

superstore ['su:pəstɔ:] *n* гіпермаркет *m*

supervise ['su:pə,vaɪz] *vt* керувати

supervision [,su:pə'vɪʒən] *n* нагляд *m*

supervisor ['su:pə,vaɪzə] *n* керівник *m*

supervisory ['su:pə,vaɪzərɪ] *adj* наглядовий

supper ['sʌpə] *n* вечеря *f*

supplant [sə'plɑ:nt] *vt (frml)* витісняти *(perf* витіснити)

supple ['sʌpəl] *adj* гнучкий

supplement ['sʌplɪmənt] *n* додаток *m* ▷ *vt* ['sʌplɪ'ment] доповнювати *(perf* доповнити)

supplementary [,sʌplɪ'mentərɪ] *adj* додатковий

supplier [sə'plaɪə] *n* постачальник *m*

supplies [sə'plaɪz] *npl* запас *m*

supply [sə'plaɪ] *n* постачання *nt* ▷ *vt* постачати

supply teacher [sə'plaɪ 'ti:tʃə] *n* вчитель, який заміняє іншого вчителя

support [sə'pɔ:t] *n* підтримка *f* ▷ *vt* підтримувати *(perf* підтримати)

supporter [sə'pɔ:tə] *n* прихильник *m*

supportive [sə'pɔ:tɪv] *adj* готовий підтримати

suppose [sə'pəʊz] *vt* припускати *(perf* припустити)

supposed [sə'pəʊzd] *adj* імовірний; **to be supposed to happen** мусити статися

supposedly [sə'pəʊzɪdlɪ] *adv* як припускають

supposing [sə'pəʊzɪŋ] *conj* якщо

suppress [sə'pres] *vt* придушувати *(perf* придушити) *(повстання, розвиток, діяльність)*

supremacy [sʊ'preməsɪ] *n* вищість *f*

supreme [sʊ'pri:m] *adj* верховний

surcharge ['sɜ:,tʃɑ:dʒ] *n* націнка *f*

sure [ʃʊə; ʃɔ:] *adj* впевнений

surefire ['ʃʊəfaɪə] *adj (inf)* надійний

surely ['ʃʊəlɪ; 'ʃɔ:-] *adv* напевно

surety ['ʃʊərətɪ] *n* застава *f*

surf [sɜ:f] *n* прибій *m* ▷ *vi* займатися серфінгом

surface ['sɜ:fɪs] *n* поверхня *f* ▷ *vi* випливати *(perf* випливти) *(на поверхню)*

surfboard ['sɜ:f,bɔ:d] *n* дошка для серфінгу *f*

surfer ['sɜ:fə] *n* серфер *m*

surfing ['sɜ:fɪŋ] *n* серфінг *m*

surge [sɜ:dʒ] *n* швидке зростання *nt* ▷ *vi* збільшуватися *(perf* збільшитися)

surgeon ['sɜ:dʒən] *n* хірург *m*

surgery ['sɜ:dʒərɪ] *n* хірургія *f*

surgical ['sɜ:dʒɪkəl] *adj* хірургічний

surmise [sɜ:'maɪz] *vt (frml)* припускати *(perf* припустити) ▷ *n (frml)* припущення *nt*

surmount [sɜ:'maʊnt] *vt* долати *(perf* подолати)

surname ['sɜːˌneɪm] n прізвище nt

surpass [sɜːˈpɑːs] vt перевершувати (perf перевершити)

surplus ['sɜːpləs] n надлишок m

surprise [səˈpraɪz] n сюрприз m ▷ vt дивувати (perf здивувати)

surprised [səˈpraɪzd] adj здивований

surprising [səˈpraɪzɪŋ] adj дивовижний

surprisingly [səˈpraɪzɪŋlɪ] adv несподівано

surreal [səˈrɪəl] adj сюрреалістичний

surrealist [səˈrɪəlɪst] adj сюрреалістичний

surrender [səˈrɛndə] vi здаватися (perf здатися)

surreptitious [ˌsʌrəpˈtɪʃəs] adj таємний

surrogate ['sʌrəgət] adj сурогатний

surrogate mother ['sʌrəgɪt ˈmʌðə] n сурогатна мати f

surround [səˈraʊnd] vt оточувати (perf оточити)

surroundings [səˈraʊndɪŋz] npl оточення nt

surveillance [sɜːˈveɪləns] n спостереження nt (нагляд)

survey ['sɜːveɪ] n огляд m ▷ vt [sɜːˈveɪ] опитувати (perf опитати)

surveyor [sɜːˈveɪə] n топограф m

survival [səˈvaɪvl] n виживання nt

survive [səˈvaɪv] vt, vi виживати (perf вижити)

survivor [səˈvaɪvə] n людина, що вижила

susceptibility [səˌsɛptɪˈbɪlətɪ] n чутливість f

susceptible [səˈsɛptɪbəl] adj вразливий

suspect ['sʌspɛkt] n підозрюваний m ▷ vt [səˈspɛkt] підозрювати ▷ adj підозрілий

suspend [səˈspɛnd] vt призупиняти (perf призупинити)

suspenders [səˈspɛndəz] npl (US) = **braces**

suspense [səˈspɛns] n напружений інтерес m

suspension [səˈspɛnʃən] n призупинення nt

suspension bridge [səsˈpɛnʃən brɪdʒ] n підвісний міст m

suspicion [səˈspɪʃən] n підозра f

suspicious [səˈspɪʃəs] adj підозрілий

suspiciously [səˈspɪʃəslɪ] adv підозріло

sustain [səˈsteɪn] vt підтримувати (perf підтримати)

sustainable [səˈsteɪnəbəl] adj сталий (про розвиток довкілля); **sustainable development** сталий розвиток

swab [swɒb] n тампон m

swagger ['swægə] vi ходити з поважним виглядом

swallow ['swɒləʊ] n ковток nt ▷ vt ковтати (perf ковтнути) ▷ vi ковтати

swam [swæm] pt of **swim**

swamp [swɒmp] n болото nt ▷ vt затоплювати (perf затопити)

swan [swɒn] n лебідь m

swap [swɒp] vt, vi обмінювати(ся) (perf обміняти(ся))

swarm [swɔːm] n рій m ▷ vi роїтися

swat [swɒt] vt бити з силою (perf вдарити з силою)

swathe [sweɪð] n смуга f (землі)

sway [sweɪ] vi коливатися

Swaziland ['swɑːzɪˌlænd] n Свазіленд m

swear [swɛə] (pres sing **swears**, pres part **swearing**, pt **swore**, pp **sworn**) vi лаятися (perf вилаятися)

swearword ['swɛəˌwɜːd] n лайка f

sweat [swɛt] n піт m ▷ vi пітніти

sweater ['swɛtə] n светр m

sweatshirt ['swɛtˌʃɜːt] n пуловер f

sweaty ['swɛtɪ] adj спітнілий

Swede [swiːd] n швед (шведка) m(f)

swede [swiːd] n бруква f

Sweden ['swiːdn] n Швеція f

Swedish ['swiːdɪʃ] adj шведський ▷ n (= language) шведська мова f

sweep [swiːp] (pres sing **sweeps**, pres part **sweeping**, pt, pp **swept**) vt замітати (perf замести)

sweeper ['swiːpə] n ліберо m (у футболі)

sweeping ['swiːpɪŋ] adj округлий

sweet [swiːt] adj солодкий ▷ n солодке nt

sweetcorn ['swiːtˌkɔːn] n солодка кукурудза f

sweeten ['swiːtən] vt підсолоджувати (perf підсолодити)

sweetener ['swiːtnə] n замінник цукру m

sweetheart ['swiːtˌhɑːt] n любий (люба) m(f)

sweets ['swiːtz] npl солодощі pl

swell [swɛl] (pres sing **swells**, pres part **swelling**, pt, pp **swelled** or **swollen**) vt, vi збільшувати(ся) (perf збільшити(ся))

sweltering ['swɛltərɪŋ] adj задушливий

swept [swɛpt] pt, pp of **sweep**

swerve [swɜːv] vt, vi звертати (perf звернути) вбік

swift [swɪft] adj швидкий

swim [swɪm] (pres sing **swims**, pres part **swimming**, pt **swam**, pp **swum**) vi плавати

swimmer ['swɪmə] n плавець m

swimming ['swɪmɪŋ] n плавання nt

swimming costume ['swɪmɪŋ 'kɒstjuːm] n купальний костюм m

swimming pool ['swɪmɪŋ puːl] n басейн для плавання m

swimming trunks ['swɪmɪŋ trʌŋks] npl плавки pl

swimsuit ['swɪmˌsuːt; -ˌsjuːt] n купальник m

swindle ['swɪndəl] vt ошукувати (perf ошукати)

swing [swɪŋ] (pres sing **swings**, pres part **swinging**, pt, pp **swung**) n хитання nt ▷ vt, vi хитати(ся)

swipe ['swaɪp] vi ударяти (perf ударити)

swipe card [swaɪp kɑːd] n магнітна
картка f
swirl [swɜːl] vt, vi обертати(ся)
swish [swɪʃ] vt, vi розсікати повітря зі
свистом
Swiss [swɪs] adj швейцарський ▷ n
швейцарець (швейцарка) m(f)
switch [swɪtʃ] n вимикач m ▷ vi змінювати
(perf змінити); **switch off** [swɪtʃ ɒf] vt
вимикати (perf вимкнути); **switch on** [swɪtʃ
ɒn] vt вмикати (perf увімкнути)
switchboard ['swɪtʃˌbɔːd] n розподільний
щит m
Switzerland ['swɪtsələnd] n Швейцарія f
swivel ['swɪvəl] vt, vi обертати(ся) (perf
обернути(ся))
swollen ['swəʊlən] adj спухлий ▷ pp of
swell
swoop [swuːp] vi нападати (perf напасти)
(атакувати)
sword [sɔːd] n меч m
swordfish ['sɔːdˌfɪʃ] n риба-меч f
swore [swɔːʳ] pt of **swear**
sworn [swɔːn] pp of **swear** ▷ adj під
присягою
swot [swɒt] vi (inf) зубрити (perf визубрити)
swum [swʌm] pp of **swim**
syllable ['sɪləbl] n склад m (у слові)
syllabus ['sɪləbəs] n програма f
symbol ['sɪmbl] n символ m
symbolic [sɪm'bɒlɪk] adj символічний
symbolism ['sɪmbəlɪzəm] n символізм m
symbolize ['sɪmbəlaɪz] vt символізувати
symmetrical [sɪ'metrɪkl] adj симетричний
symmetry ['sɪmɪtrɪ] n симетрія f
sympathetic [ˌsɪmpə'θetɪk] adj
співчутливий
sympathize ['sɪmpəˌθaɪz] vi співчувати
sympathizer ['sɪmpəˌθaɪzə] n прихильник
(прихильниця) m(f)
sympathy ['sɪmpəθɪ] n співчуття nt
symphony ['sɪmfənɪ] n симфонія f
symphony orchestra ['sɪmfənɪ 'ɔːkɪstrə]
n симфонічний оркестр m
symposium [sɪm'pəʊzɪəm] n симпозіум m
symptom ['sɪmptəm] n симптом m
symptomatic [ˌsɪmptə'mætɪk] adj (frml)
симптоматичний
synagogue ['sɪnəˌgɒg] n синагога f
synchronize ['sɪŋkrəˌnaɪz] vt, vi
синхронізувати
syndicate ['sɪndɪkət] n синдикат m ▷ vt
продавати статті або програми кільком
виданням або телеканалам
syndrome ['sɪndrəʊm] n синдром m
synergy ['sɪnədʒɪ] n спільні зусилля npl
synonym ['sɪnənɪm] n синонім m
synonymous [sɪ'nɒnɪməs] adj
синонімічний
synopsis [sɪ'nɒpsɪs] (pl **synopses**) n
стислий огляд m

synthesis ['sɪnθɪsɪs] (pl **syntheses**) n (frml)
синтез m
synthesize ['sɪnθɪsaɪz] vt синтезувати
synthesizer ['sɪnθɪsaɪzə] n синтезатор m
synthetic [sɪn'θetɪk] adj синтетичний
Syria ['sɪrɪə] n Сирія f
Syrian ['sɪrɪən] adj сирійський ▷ n (= person)
сирієць (сирійка) m(f)
syringe ['sɪrɪndʒ; sɪ'rɪndʒ] n шприц m
syrup ['sɪrəp] n сироп m
system ['sɪstəm] n система f
systematic [ˌsɪstɪ'mætɪk] adj
систематичний
systemic [sɪ'stemɪk] adj (frml) системний
systems analyst ['sɪstəmz 'ænəlɪst] n
системний аналітик m

tab [tæb] n (= tag) ярлик m; (= bill) рахунок m

table ['teɪbl] n (= piece of furniture) стіл m; (= chart) таблиця f

tablecloth ['teɪbl,klɒθ] n скатертина f

tablespoon ['teɪbl,spuːn] n столова ложка f

tablet ['tæblɪt] n пігулка f

table tennis ['teɪbl 'tɛnɪs] n настільний теніс m

table wine ['teɪbl waɪn] n столове вино nt

tabloid ['tæblɔɪd] n таблоїд m

● TABLOID

● Таблоїдами називають популярні
● малоформатні газети. У них можна
● знайти багато фотографій, великі
● заголовки і короткі статті. Таблоїди
● висвітлюють скандальні історії, життя
● зірок шоу-бізнесу та спортивні новини.

taboo [təˈbuː] adj заборонений ▷ n табу nt

tacit ['tæsɪt] adj мовчазний

tack [tæk] vt пришпилювати (perf пришпилити)

tackle ['tækl] n перехоплення nt ▷ vt перехоплювати (perf перехопити)

tacky ['tækɪ] adj (inf) вульгарний

tact [tækt] n такт m

tactful ['tæktfʊl] adj тактовний

tactic ['tæktɪk] n тактика f

tactical ['tæktɪkəl] adj тактичний

tactics ['tæktɪks] npl тактика f

tactless ['tæktlɪs] adj нетактовний

tadpole ['tæd,pəʊl] n пуголовок m

tag [tæg] n етикетка f ▷ vt маркувати

Tahiti [təˈhiːtɪ] n Таїті n ind

tail [teɪl] n хвіст m ▷ vt (inf) вистежувати (perf вистежити)

tailor ['teɪlə] n кравець m ▷ vt пристосовувати (perf пристосувати)

tailor-made [,teɪlə'meɪd] adj виготовлений на замовлення

taint [teɪnt] vt плямувати (perf заплямувати) (репутацію) ▷ n пляма f (ганьба)

Taiwan ['taɪ'wɑːn] n Тайвань m

Taiwanese [,taɪwɑː'niːz] adj тайванський ▷ n тайванець m (f)

Tajikistan [tɑː,dʒɪkɪ'stɑːn; -stæn] n Таджикистан m

take [teɪk] (pres sing **takes**, pres part **taking**, pt **took**, pp **taken**) vt (= steal) красти (perf вкрасти); (= carry) брати (perf взяти); (= travel in) користуватися (perf скористатися); **take after** [teɪk 'ɑːftə] vt бути схожим на; **take apart** [teɪk ə'pɑːt] vt розбирати (perf розібрати); **take away** [teɪk ə'weɪ] vt забирати (perf забрати); **take back** [teɪk bæk] vt повертати (собі) (perf повернути); **take off** [teɪk ɒf] vi злітати (perf злетіти); **take over** [teɪk 'əʊvə] vt поглинати (perf поглинути)

takeaway ['teɪkə,weɪ], (US) **takeout** n заклад, що продає їжу на винос

take-home pay ['teɪk,həʊm peɪ] n чиста зарплатня f

takeoff ['teɪk,ɒf] n зліт m

takeover ['teɪk,əʊvə] n поглинання nt

taker ['teɪkə] n покупець m

takings ['teɪkɪŋz] npl виручка f, виторг m

talcum powder ['tælkəm 'paʊdə] n тальк m

tale [teɪl] n оповідання nt

talent ['tælənt] n талант m

talented ['tæləntɪd] adj талановитий

talk [tɔːk] n розмова f ▷ vi говорити; **talk to** [tɔːk tʊ; tuː; tə] vt розмовляти з

talkative ['tɔːkətɪv] adj балакучий

talk show [tɔːk ʃəʊ] n ток-шоу nt

tall [tɔːl] adj високий

tally ['tælɪ] n облік m

tame [teɪm] adj ручний ▷ vt приручати (perf приручити)

tamper ['tæmpə] vi підробляти (perf підробити) (фальсифікувати)

tampon ['tæmpɒn] n тампон m

tan [tæn] n засмага f

tandem ['tændəm] n тандем m

tangerine [,tændʒə'riːn] n мандарин m

tangible ['tændʒəbəl] adj відчутний

tangle ['tæŋgəl] n сплутаний клубок ▷ vt, vi заплутувати(ся) (perf заплутати(ся))

tango ['tæŋgəʊ] n танго nt

tangy ['tæŋɪ] adj гострий (про аромат, запах)

tank [tæŋk] n (= container) танкер m; (= vehicle) танк m

tanker ['tæŋkə] n танкер m

tanned [tænd] adj засмаглий

tantalize ['tæntə,laɪz] vt дражнити

tantamount ['tæntəmaʊnt] *adj* (*frml*) рівнозначний

tantrum ['tæntrəm] *n* спалах роздратування *m*

Tanzania [ˌtænzə'nɪə] *n* Танзанія *f*

Tanzanian [ˌtænzə'nɪən] *adj* танзанійський ⊳ *n* (= *person*) танзанієць (танзанійка) *m(f)*

tap [tæp] *n* кран *m* ⊳ *vt, vi* постукувати (*perf* постукати)

tap-dancing ['tæp,dɑːnsɪŋ] *n* чечітка *f*

tape [teɪp] *n* плівка *f* ⊳ *vt* записувати (*perf* записати)

tape measure [teɪp 'mɛʒə] *n* рулетка *f*

taper ['teɪpə] *vt, vi* звужувати(ся) (*perf* звузити(ся)) ⊳ *n* свічка *f* (*тонка*)

tape recorder [teɪp rɪ'kɔːdə] *n* магнітофон *m*

tapestry ['tæpɪstrɪ] *n* гобелен *m*

tar [tɑː] *n* гудрон *m*

target ['tɑːgɪt] *n* ціль *f* ⊳ *vt* цілити(ся) (*perf* націлитися)

tariff ['tærɪf] *n* тариф *m*

tarmac ['tɑːmæk] *n* (*material*) щебінь *m*; бетонований майданчик для літаків

tarnish ['tɑːnɪʃ] *vt* плямувати (*perf* заплямувати) (*репутацію*)

tarpaulin [tɑː'pɔːlɪn] *n* брезент *m*

tarragon ['tærəgən] *n* естрагон *m*

tart [tɑːt] *n* тістечко з відкритою начинкою *nt* ⊳ *adj* терпкий

tartan ['tɑːtn] *n* шотландка *f* (*картата тканина*)

task [tɑːsk] *n* завдання *nt* ⊳ *vt* доручати (*perf* доручити)

task force [tɑːsk fɔːs] *n* оперативна група *f* (*військ*)

Tasmania [tæz'meɪnɪə] *n* Тасманія *f*

taste [teɪst] *n* смак *m* ⊳ *vi* мати смак (*про продукти, їжу*)

tasteful ['teɪstfʊl] *adj* смачний

tasteless ['teɪstlɪs] *adj* без смаку; ніякий (*поганий на смак*)

taster ['teɪstə] *n* дегустатор *m*

tasty ['teɪstɪ] *adj* смачний

tattered ['tætəd] *adj* подертий

tatters ['tætəz] *npl* лахміття *nt*

tattoo [tæ'tuː] *n* тату *nt* ⊳ *vt* татуювати

taught [tɔːt] *pt, pp of* **teach**

taunt [tɔːnt] *vt* глузувати (*perf* поглузувати)

Taurus ['tɔːrəs] *n* Телець *m*

taut [tɔːt] *adj* напружений

tax [tæks] *n* податок *m*

taxable ['tæksəbəl] *adj* оподатковуваний

taxation [tæk'seɪʃən] *n* оподаткування *nt*

tax break [tæks breɪk] *n* податкова пільга *f*

tax credit [tæks 'krɛdɪt] *n* податкова знижка *f*

tax-deductible [ˌtæksdɪ'dʌktəbəl] *adj* виключений з оподаткованої суми

tax evasion [tæks ɪ'veɪʒən] *n* ухиляння від сплати податків *nt*

tax-free [ˌtæks'friː] *adj* неоподатковуваний

tax haven [tæks 'heɪvən] *n* притулок платника податків

taxi ['tæksɪ] *n* таксі *nt* ⊳ *vi* вирулювати (*perf* вирулити) (*про літак*)

taxi driver ['tæksɪ 'draɪvə] *n* водій таксі *m*

taxing ['tæksɪŋ] *adj* обтяжливий

taxpayer ['tæks,peɪə] *n* платник податків *m*

tax relief [tæks rɪ'liːf] *n* зменшення податку *nt*

tax return [tæks rɪ'tɜːn] *n* податкова декларація *f*

tax year [tæks jɪə] *n* податковий рік *m*

TB [tiː biː] *n* туберкульоз *m*

tea [tiː] *n* (= *meal*) полуденок *m*; (= *drink*) чай *m*

tea bag [tiː bæg] *n* чайний пакетик *m*

teach [tiːtʃ] (*pres sing* **teaches**, *pres part* **teaching**, *pt, pp* **taught**) *vt* навчати (*perf* навчити)

teacher ['tiːtʃə] *n* учитель *m*

teaching ['tiːtʃɪŋ] *n* викладання *nt*

teacup ['tiː,kʌp] *n* чайна чашка *f*

teak [tiːk] *n* тик *m* (*дерево*)

team [tiːm] *n* команда *f*

team-mate ['tiːmmeɪt] *n* товариш по команді (товаришка по команді) *m(f)*

teamwork ['tiːmwɜːk] *n* взаємодія *f* (*спільна робота*)

teapot ['tiː,pɒt] *n* чайник для заварювання чаю *m*

tear¹ [tɪə] (*pres sing* **tears**, *pres part* **tearing**, *pt* **tore**, *pp* **torn**) *n* (*from eye*) сльоза *f*

tear² [tɛə] *n* (= *rip*) розрив *m* ⊳ *vt* рвати (*perf* порвати); **tear up** [tɛə ʌp] *vt* рвати (*perf* порвати)

tearful ['tɪəfʊl] *adj* повний сліз

tear gas [tɪə gæs] *n* сльозогінний газ *m*

tease [tiːz] *vt* дражнити

teaspoon ['tiː,spuːn] *n* чайна ложка *f*

teatime ['tiː,taɪm] *n* час вечірнього чаю *m*

tea towel [tiː 'taʊəl] *n* кухонний рушник *m*

technical ['tɛknɪkl] *adj* технічний

technicalities [ˌtɛknɪ'kælətɪz] *npl* технічний бік справи

technically ['tɛknɪkəlɪ] *adv* формально

technician [tɛk'nɪʃən] *n* технік *m*

technique [tɛk'niːk] *n* техніка *f*

techno ['tɛknəʊ] *n* техно *nt*

technological [ˌtɛknə'lɒdʒɪkl] *adj* технологічний

technology [tɛk'nɒlədʒɪ] *n* технологія *f*

teddy bear ['tɛdɪ bɛə] *n* плюшевий ведмедик *m*

tedious ['tiːdɪəs] *adj* нудний

tee [tiː] *n* мітка для м'яча *f*

teem [tiːm] *vi* кишіти

teen [tiːn] *adj* підлітковий

teenage ['tiːneɪdʒ] *adj* підліткового віку

teenager ['ti:n,eɪdʒə] *n* підліток *m*
teens [ti:nz] *npl* вік від 13 до 19 років
tee-shirt ['ti:,ʃɜ:t] *n* футболка *f*
teeter ['ti:tə] *vi* хитатися (*perf* хитнутися)
teeth [ti:θ] *npl of* **tooth**
teethe [ti:ð] *vi* прорізатися (*perf* прорізатися)
teetotal [ti:'təʊtl] *adj* непитущий
telecommunications [,tɛlɪkə,mju:nɪ'keɪʃənz] *n* телекомунікації *fpl*
telegram ['tɛlɪ,græm] *n* телеграма *f*
telegraph ['tɛlɪ,grɑ:f] *n* телеграф *m*
telemarketing ['tɛlɪmɑːkɪtɪŋ] *n* телемаркетинг *m*
telepathic [,tɛlɪ'pæθɪk] *adj* телепатичний
telepathy [tɪ'lɛpəθɪ] *n* телепатія *f*
telephone ['tɛlɪ,fəʊn] *n* телефон *m* ▷ *vt, vi* телефонувати (*perf* зателефонувати)
telephone directory ['tɛlɪfəʊn dɪ'rɛktərɪ; -trɪ; daɪ-] *n* телефонний довідник *m*
telesales ['tɛlɪ,seɪlz] *n* телефонний продаж товарів *m*
telescope ['tɛlɪ,skəʊp] *n* телескоп *m*
televise ['tɛlɪvaɪz] *vt* передавати по телебаченню (*perf* передати по телебаченню)
television ['tɛlɪ,vɪʒən] *n* телевізор *m*
tell [tɛl] (*pres sing* **tells**, *pres part* **telling**, *pt, pp* **told**) *vt* (= *sense*) запевняти; (= *order*) наказувати (*perf* наказати); (= *inform*) казати (*perf* сказати); **tell off** [tɛl ɒf] *vt* сварити (*perf* висварити)
teller ['tɛlə] *n* (*in bank*) касир *m*
telling ['tɛlɪŋ] *n* розповідь *f*
telly ['tɛlɪ] (*inf*) телевізор *m*
temp [tɛmp] *n* тимчасовий працівник *m* ▷ *vi* тимчасово працювати
temper ['tɛmpə] *n* характер *m*
temperament ['tɛmpərəmənt] *n* темперамент *m*
temperamental [,tɛmpərə'mɛntəl] *adj* темпераментний
temperate ['tɛmpərət] *adj* помірний
temperature ['tɛmprɪtʃə] *n* температура *f*
template ['tɛmpleɪt] *n* (*for cutting out*) трафарет *m*; (*for a document*) шаблон *m*
temple ['tɛmpl] *n* храм *m*
tempo ['tɛmpəʊ] *n* темп *m*
temporal ['tɛmpərəl] *adj* (*frml*) світський
temporary ['tɛmpərərɪ; 'tɛmprərɪ] *adj* тимчасовий
tempt [tɛmpt] *vt, vi* спокушати (*perf* спокусити)
temptation [tɛmp'teɪʃən] *n* спокуса *f*
tempted ['tɛmptɪd] *adj* якому хочеться щось зробити
tempting ['tɛmptɪŋ] *adj* спокусливий
ten [tɛn] *num* десять
tenacious [tɪ'neɪʃəs] *adj* наполегливий
tenacity [tɪ'næsətɪ] *n* наполегливість *f*
tenancy ['tɛnənsɪ] *n* оренда *f*

tenant ['tɛnənt] *n* орендар *m*
tend [tɛnd] *vi* мати тенденцію
tendency ['tɛndənsɪ] *n* тенденція *f*
tender ['tɛndə] *adj* ніжний ▷ *vi* пропонувати (*perf* запропонувати)
tendon ['tɛndən] *n* сухожилля *nt*
tenement ['tɛnəmənt] *n* великий старий будинок, розділений на квартири
tenet ['tɛnɪt] *n* (*frml*) догмат *m*
tennis ['tɛnɪs] *n* теніс *m*
tennis court ['tɛnɪs kɔ:t] *n* тенісний корт *m*
tennis player ['tɛnɪs 'pleɪə] *n* тенісист *m*
tennis racket ['tɛnɪs 'rækɪt] *n* тенісна ракетка *f*
tenor ['tɛnə] *n* тенор *m* ▷ *adj* теноровий
tenpin bowling ['tɛnpɪn 'bəʊlɪŋ] *n* кегельбан-автомат *m*
tense [tɛns] *adj* напружений ▷ *n* час (*граматична категорія*) *m*
tension ['tɛnʃən] *n* напруга *f*
tent [tɛnt] *n* намет *m*
tentacle ['tɛntəkəl] *n* щупальце *nt*
tentative ['tɛntətɪv] *adj* попередній (*підготовчий*)
tenth [tɛnθ] *adj* десятий ▷ *n* десята частина *f*
tenuous ['tɛnjʊəs] *adj* ненадійний (*сумнівний, слабкий*)
tepid ['tɛpɪd] *adj* теплуватий
term [tɜ:m] *n* (= *expression*) термін *m*; (*school, college, university*) семестр *m*
terminal ['tɜ:mɪnl] *adj* смертельний ▷ *n* термінал *m*
terminally ['tɜ:mɪnlɪ] *adv* смертельно
terminate ['tɜ:mɪneɪt] *vt, vi* (*frml*) завершувати(ся) (*perf* завершити(ся))
terminology [,tɜ:mɪ'nɒlədʒɪ] *n* термінологія *f*
terrace ['tɛrəs] *n* ряд будинків уздовж вулиці *m*
terraced ['tɛrəst] *adj* терасований
terracotta [,tɛrə'kɒtə] *n* теракота *f*
terrain [tə'reɪn] *n* місцевість *f*
terrestrial [tə'rɛstrɪəl] *adj* наземний
terrible ['tɛrəbl] *adj* жахливий
terribly ['tɛrəblɪ] *adv* жахливо
terrier ['tɛrɪə] *n* тер'єр *m*
terrific [tə'rɪfɪk] *adj* (*inf*) неперевершений
terrified ['tɛrɪ,faɪd] *adj* нажаханий
terrify ['tɛrɪ,faɪ] *vt* жахати
terrifying ['tɛrɪfaɪɪŋ] *adj* моторошний
territorial [,tɛrɪ'tɔ:rɪəl] *adj* територіальний
territory ['tɛrɪtərɪ; -trɪ] *n* територія *f*
terror ['tɛrə] *n* жах *m*
terrorism ['tɛrə,rɪzəm] *n* тероризм *m*
terrorist ['tɛrərɪst] *n* терорист *m*
terrorist attack ['tɛrərɪst ə'tæk] *n* терористичний напад *m*
terrorize ['tɛrəraɪz] *vt* тероризувати
terse [tɜ:s] *adj* стислий

tertiary ['tɜːʃərɪ] adj (frml) третьорядний

test [test] n (of person, knowledge) тест m; (= experiment) випробування nt ▷ vt перевіряти (perf перевірити)

testament ['testəmənt] n (frml) свідчення nt (підтвердження)

test case [test keɪs] n прецедент m (судова справа)

tester ['testə] n випробувач m

testicle ['testɪkl] n яєчко nt (анатомічний термін)

testify ['testɪˌfaɪ] vt, vi свідчити (perf посвідчити)

testimonial [ˌtestɪ'məʊnɪəl] n рекомендація f (рекомендаційний лист)

testimony ['testɪmənɪ] n свідчення nt (під присягою)

testing ['testɪŋ] adj випробувальний ▷ n випробування nt

test pilot [test 'paɪlət] n льотчик-випробувач m

test tube [test tjuːb] n пробірка f

tetanus ['tetənəs] n правець m

tether ['teðə] vt прив'язувати (perf прив'язати) (тварину)

text [tekst] n текст m ▷ vt надсилати (perf надіслати) текстове повідомлення, писати (perf написати) SMS-повідомлення

textbook ['tekstˌbʊk] n підручник m ▷ adj хрестоматійний

textile ['tekstaɪl] n текстиль m

text message [tekst 'mesɪdʒ] n текстове повідомлення nt

text messaging [tekst 'mesɪdʒɪŋ] n текстові повідомлення ntpl

texture ['tekstʃə] n текстура f

textured ['tekstʃəd] adj шорсткий

Thai [taɪ] adj тайландський ▷ n (= person) тайландець (тайландка) m(f); (= language) тайландська мова f

Thailand ['taɪˌlænd] n Тайланд m

than [ðæn; ðən] prep ніж

thank [θæŋk] vt дякувати (perf подякувати)

thankful ['θæŋkfʊl] adj вдячний

thankfully ['θæŋkfʊlɪ] adv на щастя

thanks ['θæŋks] excl дякую!

 KEYWORD

that [ðæt] (pl those) adj (demonstrative) той (та, те, ті); **that man** той чоловік; **which book would you like? — that one over there** яку ви хочете книгу? — он ту; **I like this film better than that one** мені цей фільм подобається більше, ніж той ▷ pron 1 (demonstrative) то; **who's/what's that?** хто то?/що то?; **is that you?** то ви?; **we talked of this and that** ми говорили про те, про се; **that's what he said** ось що він сказав; **what happened after that?** що сталося після того?; **that is (to say)** тобто

2 (direct object) того (ту) (то) (тих); (indirect object) той (та) (те) (ті); (after prep: +acc) того, ту, те, тих; (+gen) того, тої, того, тих; (+dat) тому, тій, тому, тим; (+instr) тим, тою, тим, тими; (+prp) тому, тій, тому, тих; **the theory that we discussed** теорія, яку ми обговорювали; **all (that) I have** усе, що я маю

3 (of time) коли; **the day (that) he died** день, коли він помер ▷ conj що; (introducing purpose) щоб; **he thought that I was ill** він думав, що я хворий; **she suggested that I phone you** вона запропонувала, щоб я зателефонував вам ▷ adv (demonstrative) **I can't work that much** я не можу так багато працювати; **it can't be that bad** не все так погано; **the wall's about that high** стіна приблизно така заввишки

thatched [θætʃt] adj вкритий соломою

thaw [θɔː] vi танути (perf розтанути) ▷ n відлига f

 KEYWORD

the [ðiː; ðə] def art 1 (not translated): **the books/children are at home** книги/діти вдома; **the rich and the poor** багаті й бідні; **to attempt the impossible** намагатися здійснити неможливе

2 (in titles): **Elizabeth the First** Єлизавета Перша

3 (in comparisons): **the more ... the more ...** що більше..., то більше...; (+adj) що більший..., то більший...

theatre, (US) **theater** ['θɪətə] n театр m

theatrical [θɪ'ætrɪkəl] adj театральний

theft [θeft] n крадіжка f

their [ðeə] det їхній

theirs [ðeəz] pron їхній

them [ðem; ðəm] pron їх, їм

theme [θiːm] n тема f

theme park [θiːm paːk] n тематичний парк m

themselves [ðəm'selvz] pron себе

then [ðen] adv тоді ▷ conj (inf) потім

theologian [ˌθɪə'ləʊdʒən] n теолог m

theology [θɪ'ɒlədʒɪ] n теологія f

theoretical [ˌθɪə'retɪkəl] adj теоретичний

theoretically [ˌθɪə'retɪkəlɪ] adv теоретично

theorist ['θɪəˌrɪst] n теоретик m

theorize ['θɪəˌraɪz] vt, vi висувати теорію (perf висунути теорію)

theory ['θɪərɪ] n теорія f

therapeutic [ˌθerə'pjuːtɪk] adj лікувальний

therapist ['θerəpɪst] n лікар m (особливо невропатолог, психіатр)

therapy ['θerəpɪ] n терапія f

there [ðeə] pron вказує на наявність предмета або дії ▷ adv там

thereafter [ˌðeər'ɑːftə] adv (frml) згодом

thereby [ˌðeə'baɪ] adv (frml) таким чином

therefore ['ðeəfɔː] adv тому

therein [ðeər'ɪn] adv (frml) там

thermal ['θɜːməl] adj тепловий; теплий (про одяг)

thermometer [θə'mɒmɪtə] n термометр m

thermostat ['θɜːməˌstæt] n термостат m

Thermos® ['θɜːməs] n термос m

thesaurus [θɪ'sɔːrəs] n тезаурус m

these [ðiːz] det ці ▷ pron ці

thesis ['θiːsɪs] (pl **theses**) n теза f

they [ðeɪ] pron вони

thick [θɪk] adj (liquid) густий; (= measuring a lot from one side to the other) товстий; (= tricky) грубий

thicken ['θɪkən] vt, vi згущувати(ся) (perf згустити(ся))

thicket ['θɪkɪt] n зарості fpl

thickness ['θɪknɪs] n товщина f

thief [θiːf] (pl **thieves**) n злодій m

thigh [θaɪ] n стегно nt

thin [θɪn] adj (= slim) худий; (= not measuring much from one side to the other) тонкий ▷ vt, vi розріджувати(ся) (perf розрідити(ся))

thing [θɪŋ] n річ f

think [θɪŋk] (pres sing **thinks**, pres part **thinking**, pt, pp **thought**) vi (= use your mind) думати (perf подумати) ▷ vt, vi (= believe) вважати

thinker ['θɪŋkə] n мислитель m

think-tank ['θɪŋkˌtæŋk] n мозковий центр m

third [θɜːd] adj третій ▷ n третя частина f

thirdly ['θɜːdlɪ] adv по-третє

third party [θɜːd 'pɑːtɪ] n третя сторона f

thirst [θɜːst] n спрага f

thirsty ['θɜːstɪ] adj спраглий

thirteen ['θɜː'tiːn] num тринадцять

thirteenth ['θɜː'tiːnθ] adj тринадцятий

thirtieth ['θɜːtɪəθ] adj тридцятий; **her thirtieth birthday** її тридцятий день народження

thirty ['θɜːtɪ] num тридцять

KEYWORD

this [ðɪs] (pl **these**) adj (demonstrative) цей (ця, це, ці); **this man** цей чоловік; **which book would you like? — this one please** яку книгу ви хочете? — ось цю, будь ласка ▷ pron (demonstrative) це; **who/what is this?** хто/ що це?; **this is where I live** ось тут я живу; **this is what he said** ось що він сказав; **this is Mr Brown** це містер Браун ▷ adv: (demonstrative) **this high/long** ось такий заввишки/завдовжки; **the dog was about this big** собака був ось такий

завбільшки; **we can't stop now we've gone this far** тепер, коли ми зайшли так далеко, ми не можемо зупинитися

thistle ['θɪsl] n чортополох m

thorn [θɔːn] n шип m

thorny ['θɔːnɪ] adj (= having thorns) тернистий; (= tricky) важкий

thorough ['θʌrə] adj ретельний

thoroughbred ['θʌrəbred] n чистокровна тварина f

thoroughly ['θʌrəlɪ] adv ретельно

those [ðəʊz] det ці; pron ті

though [ðəʊ] conj (in contrast) хоча; (= even although) проте ▷ adv хоча

thought [θɔːt] n думка f

thoughtful ['θɔːtfʊl] adj задумливий

thoughtless ['θɔːtlɪs] adj нерозсудливий

thousand ['θaʊzənd] num тисяча

thousandth ['θaʊzənθ] adj тисячний ▷ n тисячна частина f

thrash [θræʃ] vt (inf) громити (perf розгромити) (перемагати)

thrashing ['θræʃɪŋ] n (inf) розгром m

thread [θred] n нитка f ▷ vt вдягати нитку в голку

threat [θret] n загроза f

threaten ['θretn] vt погрожувати

threatened ['θretənd] adj який перебуває під загрозою; **to feel threatened** відчувати загрозу

threatening ['θretnɪŋ] adj загрозливий

three [θriː] num три

three-dimensional [ˌθriːdɪ'menʃənl] adj тривимірний

three-quarter [θriː'kwɔːtə] adj три чверті

three-quarters [ˌθriː'kwɔːtəz] det три чверті

threshold ['θreʃhəʊld] n поріг m

threw [θruː] pt of **throw**

thrift [θrɪft] n ощадливість f

thrifty ['θrɪftɪ] adj бережливий

thrill [θrɪl] n захоплення nt ▷ vt, vi збуджувати (perf збудити) (викликати піднесений стан)

thrilled [θrɪld] adj захоплений

thriller ['θrɪlə] n трилер m

thrilling ['θrɪlɪŋ] adj захопливий

thrive [θraɪv] vi процвітати

throat [θrəʊt] n горло nt

throb [θrɒb] vi пульсувати

throes [θrəʊz] npl (frml) агонія f

throne [θrəʊn] n трон m

throng [θrɒŋ] n (liter) юрба f ▷ vi (liter) юрмитися (perf з'юрмитися)

throttle ['θrɒtəl] vt душити (perf задушити) ▷ n дросель m

through [θruː] prep (= from one side to the other of) через

throughout [θruː'aʊt] prep протягом

throw [θrəʊ] (pres sing **throws**, pres part **throwing**, pt **threw**, pp **thrown**) vt кидати (perf кинути); **throw away** [θrəʊ ə'weɪ] vt викидати (perf викинути); **throw out** [θrəʊ aʊt] vt викидати (perf викинути); **throw up** [θrəʊ ʌp] vi (inf) блювати (perf виблювати)

thrush [θrʌʃ] n дрізд m

thrust [θrʌst] (pres sing **thrusts**, pres part **thrusting**, pt, pp **thrust**) vt засовувати (perf засунути; запихати)

thud [θʌd] n глухий стук m ▷ vi глухо стукати (perf глухо стукнути)

thug [θʌg] n убивця m

thumb [θʌm] n великий палець руки m ▷ vt голосувати (perf проголосувати) (на дорозі, подорожуючи автостопом)

thumbtack ['θʌm,tæk] n (US) креслярська кнопка f

thump [θʌmp] vt, vi бити (perf побити)

thunder ['θʌndə] n грім m ▷ vi гриміти (perf прогриміти)

thunderous ['θʌndərəs] adj громовий

thunderstorm ['θʌndə,stɔːm] n гроза f

thundery ['θʌndərɪ] adj грозовий

Thursday ['θɜːzdɪ] n четвер m

thus [ðʌs] adv (frml) таким чином

thwart [θwɔːt] vt перешкоджати (perf перешкодити)

thyme [taɪm] n чебрець m

thyroid ['θaɪrɔɪd] n щитоподібна залоза f

Tibet [tɪ'bɛt] n Тибет m

Tibetan [tɪ'bɛtn] adj тибетський ▷ n (= person) тибетець (тибетка) m(f); (= language) тибетська мова f

tick [tɪk] n позначка f ▷ vt ставити позначку (perf поставити позначку); **tick off** [tɪk ɒf] vt позначати (perf позначити)

ticket ['tɪkɪt] n квиток m

ticket machine ['tɪkɪt mə'ʃiːn] n компостер m

ticket office ['tɪkɪt 'ɒfɪs] n каса f

tickle ['tɪkl] vt лоскотати

ticklish ['tɪklɪʃ] adj делікатний

tidal ['taɪdəl] adj припливний

tidal wave ['taɪdəl weɪv] n цунамі nt

tide [taɪd] n приплив та відплив m

tidy ['taɪdɪ] adj охайний ▷ vt прибирати (perf прибрати); **tidy up** ['taɪdɪ ʌp] vt, vi прибирати (perf прибрати)

tie [taɪ] n (= necktie) краватка f ▷ vt прив'язувати (perf прив'язати); **tie up** [taɪ ʌp] vt зав'язувати (perf зав'язати)

tied up [,taɪd ʌp] adj (inf) зв'язаний (зайнятий)

tier ['tɪə] n ярус m

tiger ['taɪgə] n тигр m

tight [taɪt] adj (knot) тугий; (= clothes) тісний

tighten ['taɪtn] vt, vi стискати(ся) (perf стиснути(ся))

tightrope ['taɪt,rəʊp] n канат m (у цирку)

tights [taɪts] npl колготи pl

tile [taɪl] n черепиця f

tiled ['taɪld] adj вкритий черепицею

till [tɪl] prep ▷ conj (inf) поки ▷ n каса f

tilt [tɪlt] vt, vi нахиляти

timber ['tɪmbə] n деревина f

time [taɪm] n час m

time bomb [taɪm bɒm] n бомба з годинниковим механізмом

time-consuming [taɪmkənsju:mɪŋ] adj працемісткий

timeless ['taɪmləs] adj непроминальний

time limit [taɪm 'lɪmɪt] n крайній термін m

timeline ['taɪmlaɪn] n часова шкала f

timely ['taɪmlɪ] adj вчасний

time off [taɪm ɒf] n перерва f

timer ['taɪmə] n таймер m

timescale ['taɪmskeɪl] n часові рамки npl

time-share ['taɪmʃɛə] n право щороку використовувати нерухомість під час відпустки протягом певного часу

timetable ['taɪm,teɪbl] n розклад m

time trial [taɪm 'traɪəl] n перегони з роздільним стартом

time zone [taɪm zəʊn] n часова зона f

timid ['tɪmɪd] adj боязкий

timing ['taɪmɪŋ] n вибір слушного моменту

tin [tɪn] n (= can) консервна банка f; (= metal) олово f

tinfoil ['tɪn,fɔɪl] n фольга f

tinge [tɪndʒ] n відтінок m

tinged [tɪndʒd] adj з відмінком

tingle ['tɪŋgəl] vi поколювати (про відчуття)

tinker ['tɪŋkə] vi лагодити (perf полагодити)

tinned [tɪnd] adj консервований

tin opener [tɪn 'əʊpnə] n консервний ніж m

tinsel ['tɪnsəl] n мішура f

tint [tɪnt] n відтінок m ▷ vt підфарбовувати (perf підфарбувати)

tinted ['tɪntɪd] adj тонований

tiny ['taɪnɪ] adj крихітний

tip [tɪp] n (= end) кінчик m; (= gratuity) чайові pl; (= hint) порада f ▷ vt, vi (= incline) нахиляти(ся) (perf нахилити(ся)) ▷ vt (= give money to) давати чайові (perf дати чайові)

tip-off ['tɪpɒf] n повідомлення nt (конфіденційно)

tipsy ['tɪpsɪ] adj напідпитку

tiptoe ['tɪp,təʊ] vi ходити навшпиньки

tirade [taɪ'reɪd] n тирада f

tired ['taɪəd] adj втомлений

tireless ['taɪələs] adj невтомний

tiresome ['taɪəsəm] adj стомливий

tiring ['taɪərɪŋ] adj виснажливий

tissue ['tɪsjuː; 'tɪʃuː] n тканина (організму) f

titanium [taɪ'teɪnɪəm] n титан m (метал)

title ['taɪtl] n назва f ▷ vt називати (perf назвати) (твір)

titled ['taɪtld] adj титулований

title track ['taɪtəl træk] n заголовна композиція f

KEYWORD

to [tu:; tə] *prep* **1** (*direction*) до, в(у), на; **to drive to school/the station** їздити/їхати до школи/на станцію; **to the left** вліво; **to the right** вправо

2 (*as far as*) до; **from Paris to London** від Парижа до Лондона; **to count to ten** лічити (*perf* полічити) (*від одного до десяти*)

3 (*with expressions of time*): **a quarter to five** за чверть п'ята

4 (*for, of*) до; **the key to the front door** ключ до вхідних дверей; **a letter to his wife** лист до дружини; **she is secretary to the director** вона секретар директора

5 (*expressing indirect object*): **to give sth to sb** давати (*perf* дати) щось комусь; **to talk to sb** розмовляти (*perf* порозмовляти) з кимось, говорити (*perf* поговорити) з кимось; **what have you done to your hair?** що ви зробили зі своїм волоссям?

6 (*in relation to*) до; **three goals to two** 3:2; **X miles to the gallon** X миль на галон; **8 hryvnyas to the dollar** 8 гривень за долар

7 (*purpose, result*) до; **to my surprise** на мій подив; **to come to sb's aid** приходити (*perf* прийти) комусь на допомогу

▷ *infin particle* **1**: **want/try to do** хотіти (*perf* захотіти)/намагатися щось зробити; **he has nothing to lose** йому нічого втрачати; **I am happy to ...** я щасливий ... (*щось робити*); **ready to use** готовий до вжитку/вживання; **too old/young to ...** занадто старий/молодий, щоб...

2 (*with vb omitted*): **I don't want to** я не хочу (*робити щось*); **I don't feel like going — you really ought to** мені не хочеться йти — але ви мусите

3 (*purpose, result*) щоб/для того, щоб; **I did it to help you** я зробив це, щоб допомогти вам

▷ *adv*: **to push the door to, to pull the door to** від себе, до себе (*напис на дверях*)

toad [təʊd] *n* жаба *f*

toadstool ['təʊd,stu:l] *n* поганка (гриб) *f*

toast [təʊst] *n* (*bread*) грінка *f*; (*drink*) тост *m* ▷ *vt* підсмажувати (*perf* підсмажити)

toaster ['təʊstə] *n* тостер *m*

tobacco [tə'bækəʊ] *n* тютюн *m*

tobacconist [tə'bækənɪst] *n* тютюнова крамниця *f*

toboggan [tə'bɒgən] *n* сани *pl*

tobogganing [tə'bɒgənɪŋ] *n* санний спорт *m*

today [tə'deɪ] *adv* сьогодні

toddler ['tɒdlə] *n* маля *nt*

to-do [tə'du:] *n* (*inf*) метушня *f*

toe [təʊ] *n* палець ноги *m*

toenail ['təʊneɪl] *n* ніготь *m* (*на нозі*)

toffee ['tɒfɪ] *n* іриска *f*

together [tə'ɡɛðə] *adv* разом

Togo ['təʊgəʊ] *n* Того *n ind*

toil [tɔɪl] *vt, vi* (*liter*) тяжко працювати

toilet ['tɔɪlɪt] *n* туалет *m*

toilet bag ['tɔɪlɪt bæɡ] *n* торбинка для предметів туалету *f*

toilet paper ['tɔɪlɪt 'peɪpə] *n* туалетний папір *m*

toiletries ['tɔɪlɪtrɪːz] *npl* предмети туалету *mpl*

toilet roll ['tɔɪlɪt rəʊl] *n* рулон туалетного паперу *m*

token ['təʊkən] *n* жетон *m* ▷ *adj* формальний (*нещирий*)

tolerable ['tɒlərəbəl] *adj* стерпний

tolerance ['tɒlərəns] *n* терпимість *f*

tolerant ['tɒlərənt] *adj* толерантний

tolerate ['tɒləreɪt] *vt* терпіти (*perf* стерпіти)

toll [təʊl] *n* збір *m* ▷ *vt, vi* дзвонити (*про похоронний дзвін*)

tomato [tə'mɑ:təʊ] (*pl* **tomatoes**) *n* помідор *m*

tomato sauce [tə'mɑ:təʊ sɔ:s] *n* томатний соус *m*

tomb [tu:m] *n* гробниця *f*

tomboy ['tɒm,bɔɪ] *n* дівчинка з хлоп'ячими звичками

tombstone ['tu:mstəʊn] *n* надгробок *m*

tome [təʊm] *n* (*frml*) фоліант *m*

tomorrow [tə'mɒrəʊ] *adv* завтра

ton [tʌn] *n* тонна *f*

tone [təʊn] *n* тон *m*

toner ['təʊnə] *n* тонік *m* (*косметичний засіб*)

Tonga ['tɒŋgə] *n* Тонга *f*

tongue [tʌŋ] *n* язик *m*

tonic ['tɒnɪk] *n* тонік *m*

tonight [tə'naɪt] *adv* сьогодні ввечері

tonne [tʌn] *n* тонна *f*

tonsillitis [,tɒnsɪ'laɪtɪs] *n* тонзиліт *m*

tonsils ['tɒnsəlz] *npl* ніздрі *fpl*

too [tu:] *adv* (= *excessively*) надто; (= *also*) також

tool [tu:l] *n* інструмент *m*

toolbar ['tu:lbɑ:] *n* панель інструментів *f*

toot [tu:t] *vt, vi* гудіти

tooth [tu:θ] (*pl* **teeth**) *n* (*comb, zip, saw*) зубчик *m*; (*in your mouth*) зуб *m*

toothache ['tu:θ,eɪk] *n* зубний біль *m*

toothbrush ['tu:θ,brʌʃ] *n* зубна щітка *f*

toothpaste ['tu:θ,peɪst] *n* зубна паста *f*

toothpick ['tu:θ,pɪk] *n* зубочистка *f*

top [tɒp] *n* (= *lid*) кришка *f*; (= *highest part*) верхівка *f* ▷ *adj* найвищий

top-class ['tɒp'klɑ:s] *adj* висококласний

top-end ['tɒpɛnd] *adj* класу люкс

topic ['tɒpɪk] *n* тема *f*

topical ['tɒpɪkl] *adj* актуальний

topless ['tɒpləs] *adj* топлес

top-level [,tɒp'lɛvəl] *adj* на найвищому рівні

topping ['tɒpɪŋ] n начинка або оздоблення на страві

topple ['tɒpəl] vt, vi валити(ся) (perf повалити(ся)) (падати)

top-secret ['tɒp'si:krɪt] adj надзвичайно секретний

top-up card ['tʊpʌp kɑ:d] n картка поповнення f

torch [tɔ:tʃ] n ліхтарик m

torment ['tɔ:mɛnt] n мука f ▷ vt [tɔ:'mɛnt] мучити (perf замучити)

tornado [tɔ:'neɪdəʊ] (pl **tornadoes**) n торнадо nt

torpedo [tɔ:'pi:dəʊ] (pl **torpedoes**) n торпеда f ▷ vt торпедувати

torrent ['tɒrənt] n стрімкий потік m

torrential [tə'rɛnʃəl] adj проливний

torso ['tɔ:səʊ] n (frml) торс m

tortoise ['tɔ:təs] n черепаха f

tortuous ['tɔ:tʃʊəs] adj звивистий

torture ['tɔ:tʃə] n тортури pl ▷ vt катувати

toss [tɒs] vt кидати (perf кинути)

total ['təʊtl] adj загальний ▷ n сума f

totalitarian [təʊˌtælɪ'tɛərɪən] adj тоталітарний

totally ['təʊtlɪ] adv повністю

tote [təʊt] vt нести

totem ['təʊtəm] n тотем m

totter ['tɒtə] vi шкандибати

touch [tʌtʃ] vt, vi (= come into contact with) торкати(ся) (perf торкнути(ся)) ▷ vt (with your fingers) торкати(ся) (perf торкнути(ся))

touchdown ['tʌtʃˌdaʊn] n приземлення nt

touched [tʌtʃt] adj схвильований

touching ['tʌtʃɪŋ] adj зворушливий

touchline ['tʌtʃˌlaɪn] n бокова лінія f

touch pad [tʌtʃ pæd] n сенсорна панель f

touch-tone ['tʌtʃtəʊn] adj з тональним набором

touchy ['tʌtʃɪ] adj чутливий

tough [tʌf] adj жорсткий

toughen ['tʌfən] vt зміцнювати(ся) (perf зміцнити(ся))

toupee ['tu:peɪ] n накладка зі штучного волосся f

tour [tʊə] n турне nt; тур (подорож) ▷ vt, vi вирушати в (perf вирушити) турне

tour guide [tʊə gaɪd] n путівник m

tourism ['tʊərɪzəm] n туризм m

tourist ['tʊərɪst] n турист m

tourist office ['tʊərɪst 'ɒfɪs] n туристична агенція f

tournament ['tʊənəmənt; 'tɔ:-; 'tɜ:-] n турнір m

tout [taʊt] vt вихваляти (perf вихвалити)

tow [təʊ] vt буксирувати

towards [tə'wɔ:dz] prep у напрямку

tow away [təʊ ə'weɪ] vt евакуювати на штрафну стоянку

towel ['taʊəl] n рушник m ▷ vt витирати (perf витерти) (рушником)

tower ['taʊə] n вежа f ▷ vi височіти

towering ['taʊərɪŋ] adj (liter) який височіє

town [taʊn] n місто nt

town centre [taʊn 'sɛntə] n центр міста m

town hall [taʊn hɔ:l] n мерія f

town planning [taʊn 'plænɪŋ] n забудова міста f

tow truck [təʊ trʌk] n (US) = **breakdown truck**

toxic ['tɒksɪk] adj токсичний

toxin ['tɒksɪn] n токсин m

toy [tɔɪ] n іграшка f

trace [treɪs] n залишок m ▷ vt простежувати (perf простежити)

tracing paper ['treɪsɪŋ 'peɪpə] n паперова калька f

track [træk] n стежка f; трек m (композиція) ▷ vt вистежувати (perf вистежити); **track down** [træk daʊn] vt вистежувати (perf вистежити)

track record [træk 'rɛkɔ:d] n досягнення ntpl

tracksuit ['trækˌsu:t; -ˌsju:t] n спортивний костюм m

tract [trkt] n ділянка f (землі)

tractor ['træktə] n трактор m

trade [treɪd] n торгівля f; галузь економіки ▷ vt мінятися (perf помінятися) (місцями, позицією)

trade-in ['treɪdˌɪn] n угода про продаж, за якою вживана річ береться як частина оплати за нову

trademark ['treɪdˌmɑ:k] n торгова марка f

trade name [treɪd neɪm] n торгова марка f

trade-off ['treɪdɒf] n компроміс m

trader ['treɪdə] n торговець m

trade secret [treɪd 'si:krət] n секрет фірми m

tradesman ['treɪdzmən] n майстер m (електрик, слюсар тощо)

trade surplus [treɪd 'sɜ:pləs] n активний торговельний баланс m

trade union [treɪd 'ju:njən] n профспілка f

trade unionist [treɪd 'ju:njənɪst] n активіст профспілки m

tradition [trə'dɪʃən] n традиція f

traditional [trə'dɪʃənl] adj традиційний

traditionalist [trə'dɪʃənəlɪst] n традиціоналіст (традиціоналістка) m(f)

traffic ['træfɪk] n транспортний рух m

traffic circle [træfɪk sɜ:kl] n (US) = **roundabout**

traffic jam ['træfɪk dʒæm] n затори mpl

trafficker ['træfɪkə] n торговець m (забороненим товаром)

traffic lights ['træfɪk laɪts] npl світлофор m

traffic warden ['træfɪk 'wɔ:dn] n інспектор дорожнього руху m

tragedy ['trædʒɪdɪ] n трагедія f

tragic ['trædʒɪk] adj трагічний

trail [treɪl] n стежка f ▷ vt вистежувати (perf вистежити)

trailer ['treɪlə] n причіп m; анонс m (фільму або передачі)

train [treɪn] n потяг m ▷ vt тренуватися

trained [treɪnd] adj натренований

trainee [treɪ'ni:] n практикант m

trainer ['treɪnə] n тренер m

trainers ['treɪnəz] npl кросівки mpl

training ['treɪnɪŋ] n тренування nt

training camp ['treɪnɪŋ kæmp] n збори npl (військові, спортивні)

training course ['treɪnɪŋ kɔ:s] n курс тренування m

trait [treɪt] n риса f

traitor ['treɪtə] n зрадник (зрадниця) m(f)

trajectory [trə'dʒɛktərɪ] n траєкторія f

tram [træm] n трамвай m

tramp [træmp] n (= vagabond) бродяга m ▷ vi чвалати (повільно йти)

trample ['træmpəl] vt, vi зневажати (perf зневажити) (права, цінності)

trampoline ['træmpəlɪn; -,li:n] n трамплін m

trance [trɑ:ns] n транс m

tranche [trɑ:nʃ] n транш m

tranquil ['træŋkwɪl] adj мирний

tranquillizer, (US) **tranquilizer** ['træŋkwɪ,laɪzə] n транквілізатор m

transaction [træn'zækʃən] n (frml) операція (грошова) f

transcend [træn'sɛnd] vt виходити за межі (perf вийти за межі)

transcendent [træn'sɛndənt] adj позамежний

transcribe [træn'skraɪb] vt записувати (perf записати) (під диктовку, з плівки, з нотаток)

transcript ['trænskrɪpt] n письмова версія f

transfer ['trænsfɜ:] n переміщення nt ▷ vt, vi [træns'fɜ:] переміщувати(ся) (perf перемістити(ся))

transferable [træns'fɜ:rəbəl] adj який можна передавати

transform [træns'fɔ:m] vt змінювати (perf змінити)

transfusion [træns'fju:ʒən] n переливання nt

transgender [,trænz'dʒɛndə] adj транссексуальний

transient ['trænzɪənt] adj (frml) мінливий

transistor [træn'zɪstə] n транзистор m

transit ['trænsɪt; 'trænz-] n перевезення nt ▷ adj транзитний

transition [træn'zɪʃən] n перехід m ▷ vi переходити (perf перейти) (до іншого стану, діяльності)

transitional [træn'zɪʃənəl] adj перехідний

transitive ['trænzɪtɪv] adj перехідний (про дієслово)

translate [træns'leɪt; trænz-] vt перекладати (perf перекласти)

translation [træns'leɪʃən; trænz-] n переклад m

translator [træns'leɪtə; trænz-] n перекладач m

translucent [trænz'lu:sənt] adj напівпрозорий

transmission [trænz'mɪʃən] n передача f

transmit [trænz'mɪt] vt, vi передавати (perf передати)

transmitter [trænz'mɪtə] n передавач m

transparency [træns'pærənsɪ] n слайд m (діапозитив)

transparent [træns'pærənt; -'pɛər-] adj прозорий

transpire [træn'spaɪə] vt (frml) виявлятися (perf виявитися)

transplant ['træns,plɑ:nt] n трансплантація f ▷ vt [træns'plɑ:nt] трансплантувати

transport ['trænspɔ:t] n транспорт m ▷ vt [træns'pɔ:t] транспортувати

transsexual [,træn'sɛkʃʊəl] n транссексуал (транссексуалка) m(f)

transvestite [trænz'vɛstaɪt] n трансвестит m

trap [træp] n пастка f ▷ vt ловити в пастку (perf упіймати в пастку)

trapped [træpt] adj зв'язаний (про неприємну ситуацію, брак свободи)

trappings ['træpɪŋz] npl атрибути mpl; **trappings of power** символи влади

trash [træʃ] n (US) непотріб m

trash can [træʃ kæn] n (US) = **litter bin**

trauma ['trɔ:mə] n травма f

traumatic [trɔ:'mætɪk] adj травматичний

traumatize ['trɔ:mətaɪz] vt травмувати

travel ['trævl] n подорож f ▷ vi подорожувати

travel agency ['trævl 'eɪdʒənsɪ] n туристична агенція f

travel agent ['trævl 'eɪdʒənt] n (= shop) туристична агенція f; (= person) туристичний агент m

travel insurance ['trævl ɪn'ʃʊərəns; -'ʃɔ:-] n туристичне страхування nt

traveller, (US) **traveler** ['trævələ; 'trævlə] n мандрівник m

traveller's cheque, (US) **traveler's check** ['trævləz tʃɛk] n дорожній чек m

travelling, (US) **traveling** ['trævlɪŋ] n подорожування nt

traverse [trə'vɜ:s] vt (liter) перетинати (perf перетнути)

travesty ['trævəstɪ] n пародія f

trawl [trɔ:l] vt, vi ретельно шукати

trawler ['trɔ:lə] n траулер m

tray [treɪ] n таця f

treacherous ['trɛtʃərəs] *adj* віроломний

treachery ['trɛtʃəri] *n* зрада *f*

treacle ['tri:kl] *n* патока *f*

tread [trɛd] (*pres sing* **treads**, *pres part* **treading**, *pt* **trod**, *pp* **trodden**) *vi* наступати (*perf* наступити) ▷ *n* протектор *m* (*на шині, взутті*)

treadmill ['trɛdmɪl] *n* одноманітна праця *f*; бігова доріжка *f* (*тренажер*)

treason ['tri:zən] *n* зрада *f* (*державна*)

treasure ['trɛʒə] *n* скарб *m* ▷ *vt* дорожити

treasurer ['trɛʒərə] *n* скарбник *m*

treat [tri:t] *n* задоволення *nt* ▷ *vt* ставитися

treatise ['tri:tɪz] *n* трактат *m*

treatment ['tri:tmənt] *n* (*medical*) лікування *nt*; (= *handling*) ставлення *nt*

treaty ['tri:tɪ] *n* мирний договір *m*

treble ['trɛbl] *vt*, *vi* збільшуватися втричі (*perf* збільшитися)

tree [tri:] *n* дерево *nt*

trek [trɛk] *n* похід *m* ▷ *vi* вирушати у похід (*perf* вирушити)

tremble ['trɛmbl] *vi* тремтіти

tremendous [trɪ'mɛndəs] *adj* жахливий

tremor ['trɛmə] *n* поштовх *m* (*підземний*)

trench [trɛntʃ] *n* траншея *f*

trend [trɛnd] *n* тенденція *f*

trendy ['trɛndɪ] *adj* (*inf*) ультрамодний

trepidation [ˌtrɛpɪ'deɪʃən] *n* (*frml*) занепокоєння *nt*

trespass ['trɛspəs] *vi* порушувати право володіння

trial ['traɪəl] *n* судове засідання *nt*

trial period ['traɪəl 'pɪərɪəd] *n* випробний термін *m*

triangle ['traɪˌæŋgl] *n* трикутник *m*

triangular [traɪ'æŋgjʊlə] *adj* трикутний

tribal ['traɪbəl] *adj* родовий

tribe [traɪb] *n* плем'я *nt*

tribulation [ˌtrɪbjʊ'leɪʃən] *n* (*frml*) страждання *n*

tribunal [traɪ'bju:nl; trɪ-] *n* трибунал *m*

tribute ['trɪbju:t] *n* пошана *f* (*почесті*)

trick [trɪk] *n* хитрість *f* ▷ *vt* одурювати (*perf* одурити)

trickle ['trɪkəl] *vt*, *vi* сочитися (*perf* просочитися)

tricky ['trɪkɪ] *adj* заплутаний

tricycle ['traɪsɪkl] *n* триколісний велосипед *m*

tried [traɪd] *adj* перевірений

trifle ['traɪfl] *n* дрібниця *f*; бісквіт із кремом і фруктами (*англійський десерт*)

trigger ['trɪgə] *n* спусковий гачок *m* ▷ *vt* приводити в дію (*perf* привести в дію)

trilogy ['trɪlədʒɪ] *n* трилогія *f*

trim [trɪm] *vt* підстригати (*perf* підстригти) ▷ *adj* охайний

trimming ['trɪmɪŋ] *n* облямівка *f*

trio ['tri:əʊ] *n* тріо *nt*

trip [trɪp] *n* подорож *f* ▷ *vi* спіткатися (*perf* спіткнутися)

triple ['trɪpl] *adj* потрійний

triplets ['trɪplɪts] *npl* трійнята *pl*

tripod ['traɪpɒd] *n* триніжок *m*

triumph ['traɪəmf] *n* тріумф *m* ▷ *vi* перемагати (*perf* перемогти)

triumphant [traɪ'ʌmfənt] *adj* тріумфуючий

trivia ['trɪvɪə] *n* дрібниці *fpl*

trivial ['trɪvɪəl] *adj* незначний

trivialize ['trɪvɪəlaɪz] *vt* знецінювати (*perf* знецінити) (*применшувати значення*)

trod [trɒd] *pt of* **tread**

trodden ['trɒdn] *pp of* **tread**

trolley ['trɒlɪ] *n* візок *m*

trombone [trɒm'bəʊn] *n* тромбон *m*

troop [tru:p] *vi* (*inf*) іти юрбою (*perf* піти юрбою)

troops [tru:ps] *npl* війська *ntpl*

trophy ['trəʊfɪ] *n* трофей *m*

tropical ['trɒpɪkl] *adj* тропічний

tropics ['trɒpɪks] *npl* тропіки *npl*

trot [trɒt] *vi* швидко йти

trouble ['trʌbl] *n* проблема *f*

troubled ['trʌbəld] *adj* стурбований

troublemaker ['trʌbl.meɪkə] *n* порушник спокою *m*

troubleshooter ['trʌbəl.ʃu:tə] *n* фахівець із залагодження проблем

troublesome ['trʌbəlsəm] *adj* проблемний

trough [trɒf] *n* корито *nt*

troupe [tru:p] *n* трупа *f*

trousers ['traʊzəz] *npl* штани *pl*

trout [traʊt] *n* форель *f*

trowel ['traʊəl] *n* садовий совок *m*

truant ['tru:ənt] *n* прогульник (*прогульниця*) *m(f)*

truce [tru:s] *n* перемир'я *nt*

truck [trʌk] *n* (*US*) вантажівка *f*

truck driver [trʌk 'draɪvə] *n* (*US*) водій вантажівки *m*

trudge [trʌdʒ] *vi* тягтися (*повільно йти*)

true [tru:] *adj* (= *correct, factual*) правдивий

truffle ['trʌfəl] *n* трюфель *m*

truly ['tru:lɪ] *adv* дійсно

trump [trʌmp] *vt* перевершувати (*perf* перевершити) ▷ *n* козир *m*

trumpet ['trʌmpɪt] *n* (*Mus*) труба *f*

trumpeter ['trʌmpɪtə] *n* трубач *m*

trumps [trʌmps] *n* козирі *mpl*

trundle ['trʌndəl] *vi* котитися (*повільно їхати*)

trunk [trʌŋk] *n* (= *box*) валіза *f*; (*elephant*) хобот *m*; (*tree*) стовбур *m*

trunks [trʌŋks] *npl* (*for swimming*) шорти *pl*

trust [trʌst] *n* довіра *f* ▷ *vt* вірити (*perf* повірити)

trustee [trʌ'sti:] *n* довірчий власник *m* (*юр*) (*f* довірча власниця)

trust fund [trʌst fʌnd] n власність, довірена в управління опікунові

trusting ['trʌstɪŋ] adj довірливий

trustworthy ['trʌstwɜːðɪ] adj надійний

truth [truːθ] n правда f

truthful ['truːθfʊl] adj правдивий

try [traɪ] vt (= test) пробувати (perf спробувати) ▷ n спроба f ▷ vi (= attempt) намагатися; **try on** [traɪ ɒn] vt приміряти (perf приміряти); **try out** [traɪ aʊt] vt, vi випробовувати (perf випробувати)

trying ['traɪɪŋ] adj тяжкий (виснажливий)

tsar [zɑː] n цар m

T-shirt ['tiː.ʃɜːt] n футболка f

tsunami [tsʊ'næmɪ] n цунамі nt

tub [tʌb] n коробка f (для їжі, продуктів)

tube [tjuːb] n (= container) тюбик m; (= long hollow object) трубка f

tuber ['tjuːbə] n бульба f (потовщення на корені)

tuberculosis [tjʊˌbɜːkjʊ'ləʊsɪs] n туберкульоз m

tubing ['tjuːbɪŋ] n труби fpl

tubular ['tjuːbjʊlə] adj трубчастий

tuck [tʌk] vt заправляти (perf заправити) (сорочку) ▷ n підтяжка f (пластична операція)

Tuesday ['tjuːzdɪ] n вівторок m

tug [tʌg] vt, vi смикати (perf смикнути) (тягнути)

tug-of-war ['tʌgʊv'wɔː] n перетягування канату nt

tuition [tjuː'ɪʃən] n навчання nt

tuition fees [tjuː'ɪʃən fiːz] npl плата за навчання f

tulip ['tjuːlɪp] n тюльпан m

tumble ['tʌmbəl] vi скочуватися (perf скотитися)

tumble dryer ['tʌmbl 'draɪə] n сушильний барабан m

tummy ['tʌmɪ] n живіт m

tumour, (US) **tumor** ['tjuːmə] n пухлина f

tumultuous [tjuː'mʌltjʊəs] adj бурхливий

tuna ['tjuːnə] n тунець m

tune [tjuːn] n мелодія f ▷ vt настроювати (perf настроїти)

tunic ['tjuːnɪk] n туніка f

Tunisia [tjuː'nɪzɪə; -'nɪsɪə] n Туніс m

Tunisian [tjuː'nɪzɪən; -'nɪsɪən] adj туніський ▷ n (= person) туніець (туніска) m(f)

tunnel ['tʌnl] n тунель m ▷ vi прокладати тунель

turbine ['tɜːbaɪn] n турбіна f

turbo ['tɜːbəʊ] n турбонагнітач m

turbulence ['tɜːbjʊləns] n турбулентність f

turbulent ['tɜːbjʊlənt] adj бурхливий

turf [tɜːf] n дерен m

Turk [tɜːk] n турок m

Turkey ['tɜːkɪ] n Туреччина f

turkey ['tɜːkɪ] n індичка f

Turkish ['tɜːkɪʃ] adj турецький ▷ n (= language) турецька мова f

turmoil ['tɜːmɔɪl] n сум'яття nt

turn [tɜːn] vi (= change) перетворюватися (perf перетворитися) ▷ vt, vi (= move round in a circle) обертати(ся) (perf обернути(ся)); (= move in a different direction) повертати (perf повернути) ▷ n поворот m; **turn around** [tɜːn ə'raʊnd] vi повертатися (perf повернутися); **turn back** [tɜːn bæk] vt, vi повертати(ся) (perf повернути(ся)); **turn down** [tɜːn daʊn] vt відхиляти (perf відхилити); **turn off** [tɜːn ɒf] vt вимикати (perf вимкнути); **turn on** [tɜːn ɒn] vt вмикати (perf увімкнути); **turn out** [tɜːn aʊt] vt виявлятися (perf виявитися); **turn up** [tɜːn ʌp] vi з'являтися (perf з'явитися)

turned out [tɜːnd aʊt] adj елегантний

turning ['tɜːnɪŋ] n поворот m

turning point ['tɜːnɪŋ pɔɪnt] n поворотний момент m

turnip ['tɜːnɪp] n ріпа f

turnout ['tɜːnaʊt] n поява f (присутність)

turnover ['tɜːnˌəʊvə] n обіг m

turquoise ['tɜːkwɔɪz; -kwɑːz] adj бірюзовий ▷ n бірюза f

turret ['tʌrɪt] n башточка f (архітектурна деталь)

turtle ['tɜːtl] n черепаха f

tusk [tʌsk] n бивень m

tussle ['tʌsəl] vi битися (perf побитися)

tutor ['tjuːtə] n викладач m

tutorial [tjuː'tɔːrɪəl] n консультація f

tuxedo [tʌk'siːdəʊ] n смокінг m

TV [tiː viː] n телевізор m

twang [twæŋ] vt, vi бренькати

tweed [twiːd] n твід m

tweezers ['twiːzəz] npl пінцет m

twelfth [twelfθ] adj дванадцятий

twelve [twelv] num дванадцять

twentieth ['twentɪɪθ] adj двадцятий

twenty ['twentɪ] num двадцять

twice [twaɪs] adv двічі

twig [twɪg] n гілочка f

twilight ['twaɪlaɪt] n сутінки npl

twin [twɪn] n близнюк m ▷ adj парний

twin beds [twɪn bedz] npl комплект із двох односпальних ліжок

twinkle ['twɪŋkəl] vi мерехтіти

twirl [twɜːl] vt, vi вертіти(ся)

twist [twɪst] vt крутити

twitch [twɪtʃ] vt, vi смикати(ся) (perf смикнути(ся)) (сіпати(ся))

two [tuː] num два

two-faced [ˌtuː'feɪst] adj лицемірний

twofold ['tuː'fəʊld] adj (frml) подвійний

two-piece ['tuː:piːs] adj з двох частин

two-thirds [ˌtuː'θɜːdz] det дві третини

two-way [ˌtuː'weɪ] adj двобічний

tycoon [taɪ'kuːn] n магнат (магнатка) m(f)

type [taɪp] *n* тип *m* ▷ *vt, vi* набирати текст (*perf* набрати)

typeface ['taɪpfeɪs] *n* гарнітура *f* (*шрифту*)

typewriter ['taɪp,raɪtə] *n* друкарська машинка *f*

typhoid ['taɪfɔɪd] *n* тиф *m*

typhoon [taɪ'fuːn] *n* тайфун *m*

typical ['tɪpɪkl] *adj* типовий

typically ['tɪpɪkəlɪ] *adv* зазвичай

typify ['tɪpɪfaɪ] *vt* уособлювати (*perf* уособити)

typing ['taɪpɪŋ] *n* машинопис *m*

typist ['taɪpɪst] *n* машиніст (*f* машиністка)

tyranny ['tɪrənɪ] *n* тиранія *f*

tyrant ['taɪrənt] *n* тиран (тиранка) *m(f)*

tyre, (US) **tire** ['taɪə] *n* шина *f* ▷ *vt, vi* втомлювати(ся) (*perf* втомити(ся))

ubiquitous [juː'bɪkwətəs] *adj* (*frml*) повсюдний

UFO ['juːfəʊ] *abbr* НЛО

Uganda [juː'gændə] *n* Уганда *f*

Ugandan [juː'gændən] *adj* угандійський ▷ *n* (= *person*) угандієць (угандійка) *m(f)*

ugh [ʌh] *excl* тьху!

ugly ['ʌglɪ] *adj* бридкий

UHT milk [juː eɪtʃ tiː mɪlk] *n* ультрапастеризоване молоко *nt*

UK [juː keɪ] *n* Велика Британія *f*

Ukraine [juː'kreɪn] *n* Україна *f*

Ukrainian [juː'kreɪnɪən] *adj* український ▷ *n* (= *person*) українець (українка) *m(f)*; (= *language*) українська мова *f*

ulcer ['ʌlsə] *n* виразка *f*

Ulster ['ʌlstə] *n* Ольстер *m*

ulterior [ʌl'tɪərɪə] *adj* прихований

ultimate ['ʌltɪmɪt] *adj* остаточний

ultimately ['ʌltɪmɪtlɪ] *adv* остаточно

ultimatum [,ʌltɪ'meɪtəm] (*pl* **ultimata**) *n* ультиматум *m*

ultrasound ['ʌltrə,saʊnd] *n* ультразвук *m*

ultraviolet [,ʌltrə'vaɪələt] *adj* ультрафіолетовий

umbrella [ʌm'brɛlə] *n* парасолька *f*

umpire ['ʌmpaɪə] *n* реферí *m* ▷ *vt, vi* судити (*спортивні змагання*)

UN [juː ɛn] *abbr* ООН

unable [ʌn'eɪbl] *adj* нездатний, неспроможний

unacceptable [,ʌnək'sɛptəbl] *adj* неприйнятний

unaffected [,ʌnə'fɛktɪd] *adj* незачеплений

unambiguous [,ʌnæm'bɪgjʊəs] *adj* недвозначний

unanimity [juː'nə'nɪmətɪ] *n* одностайність *f*

unanimous [juː'nænɪməs] *adj* одностайний

unannounced [,ʌnə'naʊnst] *adj* неоголошений; **to enter unannounced** увійти без попередження

unanswered [ʌn'ɑːnsəd] *adj* без відповіді

unappetizing [ʌnˈæpɪtaɪzɪŋ] *adj*
неапетитний
unarmed [ʌnˈɑːmd] *adj* неозброєний
unashamed [ʌnəˈʃeɪmd] *adj* безсоромний
unattended [ʌnəˈtɛndɪd] *adj* без догляду
unattractive [ʌnəˈtræktɪv] *adj*
непривабливий
unauthorized [ʌnˈɔːθəraɪzd] *adj*
несанкціонований
unavailable [ʌnəˈveɪləbl] *adj* недоступний
unavoidable [ʌnəˈvɔɪdəbl] *adj* неминучий
unaware [ʌnəˈwɛə] *adj* несвідомий чогось
(*який не знає про щось*)
unbalanced [ʌnˈbælənst] *adj*
неврівноважений
unbearable [ʌnˈbɛərəbl] *adj* нестерпний
unbeatable [ʌnˈbiːtəbl] *adj*
неперевершений
unbeaten [ʌnˈbiːtən] *adj* непереможний
unbelievable [ʌnbɪˈliːvəbl] *adj*
неймовірний
unborn [ʌnˈbɔːn] *adj* ненароджений
unbreakable [ʌnˈbreɪkəbl] *adj* що не
б'ється
unbroken [ʌnˈbrəʊkən] *adj* неперервний
uncanny [ʌnˈkænɪ] *adj* моторошний
uncertain [ʌnˈsɜːtn] *adj* невпевнений
uncertainty [ʌnˈsɜːtntɪ] *n* невпевненість *f*
unchallenged [ʌnˈtʃælɪndʒd] *adj*
незаперечний
unchanged [ʌnˈtʃeɪndʒd] *adj* незмінний
uncharacteristic [ʌnkærɪktəˈrɪstɪk] *adj*
нехарактерний
unchecked [ʌnˈtʃɛkt] *adj* безконтрольний
uncivilized [ʌnˈsɪvɪˌlaɪzd] *adj*
нецивілізований
uncle [ˈʌŋkl] *n* дядько *m*
unclear [ʌnˈklɪə] *adj* неясний
uncomfortable [ʌnˈkʌmftəbl] *adj*
незручний
uncommon [ʌnˈkɒmən] *adj* нечастий
uncomplicated [ʌnˈkɒmplɪkeɪtɪd] *adj*
простий
uncompromising [ʌnˈkɒmprəmaɪzɪŋ] *adj*
безкомпромісний
unconcerned [ʌnkənˈsɜːnd] *adj* байдужий
unconditional [ʌnkənˈdɪʃənl] *adj*
беззастережний
unconfirmed [ʌnkənˈfɜːmd] *adj*
непідтверджений
unconnected [ʌnkəˈnɛktɪd] *adj*
непов'язаний
unconscious [ʌnˈkɒnʃəs] *adj* непритомний
unconstitutional [ʌnkɒnstɪˈtjuːʃənəl] *adj*
неконституційний
uncontrollable [ʌnkənˈtrəʊləbl] *adj*
нестримний
uncontrolled [ʌnkənˈtrəʊld] *adj*
неконтрольований
unconventional [ʌnkənˈvɛnʃənl] *adj*
нетрадиційний

unconvinced [ʌnkənˈvɪnst] *adj*
непереконаний
unconvincing [ʌnkənˈvɪnsɪŋ] *adj*
непереконливий
uncover [ʌnˈkʌvə] *vt* викривати (*perf*
викрити)
undaunted [ʌnˈdɔːntɪd] *adj* безстрашний
undecided [ʌndɪˈsaɪdɪd] *adj* невирішений
undeniable [ʌndɪˈnaɪəbl] *adj*
незаперечний
under [ˈʌndə] *prep* під
underage [ʌndərˈeɪdʒ] *adj* неповнолітній
underclass [ˈʌndəˌklɑːs] *n* біднота *f*
undercover [ʌndəˈkʌvə] *adj* секретний
undercurrent [ˈʌndəˌkʌrənt] *n* прихована
схильність *f* (*до якогось почуття*);
підводна течія *f*
undercut [ʌndəˈkʌt] *vt* продавати за
нижчими, ніж у конкурентів, цінами
underdog [ˈʌndəˌdɒg] *n* невдаха *m/f*
underestimate [ʌndərˈɛstɪmeɪt] *vt*
недооцінювати (*perf* недооцінити)
underfunded [ʌndəˈfʌndɪd] *adj*
недостатньо фінансований
undergo [ʌndəˈgəʊ] *vt* зазнавати (*perf*
зазнати)
undergraduate [ʌndəˈgrædjʊɪt] *n*
студент *m*
underground [ʌndəˈgraʊnd] *adv*
підземний ▷ *n* метрополітен *m*
underground station [ˈʌndəgraʊnd
ˈsteɪʃən] *n* станція метро *f*
undergrowth [ˈʌndəˌgrəʊθ] *n* підлісок *m*
underhand [ʌndəˈhænd] *adj* таємний
underlie [ʌndəˈlaɪ] *vt* лежати в основі
underline [ʌndəˈlaɪn] *vt* підкреслювати
(*perf* підкреслити)
underlying [ʌndəˈlaɪɪŋ] *adj* глибинний
undermine [ʌndəˈmaɪn] *vt* підривати (*perf*
підірвати)
underneath [ʌndəˈniːθ] *adv* під ▷ *prep* під
underpaid [ʌndəˈpeɪd] *adj*
низькооплачуваний
underpants [ˈʌndəˌpænts] *npl* труси pl
(*чоловічі*)
underpass [ˈʌndəˌpɑːs] *n* підземний
пішохідний перехід *m*
underpin [ʌndəˈpɪn] *vt* підтримувати (*perf*
підтримати)
underrate [ʌndəˈreɪt] *vt* недооцінювати
(*perf* недооцінити)
undershirt [ˈʌndəˌʃɜːt] *n* (US) = **vest**
undershorts [ˈʌndəˌʃɔːts] *npl* (US)
= **underpants**
underside [ˈʌndəˌsaɪd] *n* низ *m*
underskirt [ˈʌndəˌskɜːt] *n* нижня спідниця *f*
underspend [ʌndəˈspɛnd] *vi* недовитрачати
(*perf* недовитратити) (*витрачати менше,
ніж було заплановано чи можливо*)
understand [ʌndəˈstænd] *vt* розуміти
(*perf* зрозуміти)

understandable [ˌʌndəˈstændəbl] *adj* зрозумілий

understanding [ˌʌndəˈstændɪŋ] *adj* чулий
▷ *n* розуміння *nt*

understate [ˌʌndəˈsteɪt] *vt* занижувати (*perf* занизити)

understated [ˌʌndəˈsteɪtɪd] *adj* стриманий (*простий, без прикрас*)

understatement [ˈʌndəˌsteɪtmənt] *n* применшення *nt*

undertake [ˌʌndəˈteɪk] *vt* братися (*perf* взятися) (*за роботу, завдання*)

undertaker [ˈʌndəˌteɪkə] *n* власник похоронного бюро *m*

undertaking [ˈʌndəˌteɪkɪŋ] *n* справа *f*

undervalue [ˌʌndəˈvæljuː] *vt* недооцінювати (*perf* недооцінити)

underwater [ˈʌndəˈwɔːtə] *adv* під водою

under way [ˈʌndə weɪ] *adj* у процесі розробки або реалізації

underwear [ˈʌndəˌweə] *n* спідня білизна *f*

underworld [ˈʌndəˌwɜːld] *n* злочинний світ *m*

underwrite [ˌʌndəˈraɪt] *vt* гарантувати (*відшкодування збитків, покриття витрат*)

underwriter [ˈʌndəˌraɪtə] *n* страхувач *m*

undesirable [ˌʌndɪˈzaɪərəbl] *adj* небажаний

undisclosed [ˌʌndɪsˈkləʊzd] *adj* нерозголошуваний

undisputed [ˌʌndɪˈspjuːtɪd] *adj* незаперечний

undisturbed [ˌʌndɪˈstɜːbd] *adj* неторканий

undo [ʌnˈduː] *vt* розстібати (*perf* розстібнути)

undoing [ʌnˈduːɪŋ] *n* причина невдачі *f*

undoubted [ʌnˈdaʊtɪd] *adj* безсумнівний

undoubtedly [ʌnˈdaʊtɪdlɪ] *adv* безсумнівно

undress [ʌnˈdrɛs] *vt, vi* роздягати(ся) (*perf* роздягнути(ся))

undressed [ʌnˈdrɛst] *adj* роздягнений

undue [ʌnˈdjuː] *adj* надмірний

undulate [ˈʌndjʊˌleɪt] *vi* (*liter*) колихатися (*perf* колихнутися)

unduly [ʌnˈdjuːlɪ] *adv* надмірно

unearth [ʌnˈɜːθ] *vt* відкопувати (*perf* відкопати)

unease [ʌnˈiːz] *n* занепокоєння *nt*

uneasy [ʌnˈiːzɪ] *adj* занепокоєний

unemployed [ˌʌnɪmˈplɔɪd] *adj* безробітний
▷ *npl* безробітні *npl*

unemployment [ˌʌnɪmˈplɔɪmənt] *n* безробіття *nt*

unequal [ʌnˈiːkwəl] *adj* нерівноправний

unequivocal [ˌʌnɪˈkwɪvəkəl] *adj* (*frml*) однозначний

unethical [ʌnˈɛθɪkəl] *adj* неетичний

uneven [ʌnˈiːvən] *adj* нерівний

uneventful [ˌʌnɪˈvɛntfʊl] *adj* звичайний (*без особливих подій*)

unexpected [ˌʌnɪkˈspɛktɪd] *adj* несподіваний

unexpectedly [ˌʌnɪkˈspɛktɪdlɪ] *adv* несподівано

unexplained [ˌʌnɪkˈspleɪnd] *adj* незбагненний

unfair [ʌnˈfɛə] *adj* нечесний

unfaithful [ʌnˈfeɪθfʊl] *adj* невірний

unfamiliar [ˌʌnfəˈmɪljə] *adj* незнайомий

unfashionable [ʌnˈfæʃənəbl] *adj* немодний

unfavourable, (*US*) **unfavorable** [ʌnˈfeɪvərəbl; -ˈfeɪvrə-] *adj* невигідний

unfinished [ʌnˈfɪnɪʃt] *adj* незавершений

unfit [ʌnˈfɪt] *adj* непридатний

unfold [ʌnˈfəʊld] *vi* розгортати(ся) (*perf* розгорнути(ся))

unforeseen [ˌʌnfəˈsiːn] *adj* непередбачений

unforgettable [ˌʌnfəˈɡɛtəbl] *adj* незабутній

unfortunate [ʌnˈfɔːtʃənət] *adj* нещасливий ▷ *n* нещасяха *m/f*

unfortunately [ʌnˈfɔːtʃənɪtlɪ] *adv* на жаль

unfounded [ʌnˈfaʊndɪd] *adj* необґрунтований

unfriendly [ʌnˈfrɛndlɪ] *adj* недружній

unfulfilled [ʌnfʊlˈfɪld] *adj* нездійснений

unfurl [ʌnˈfɜːl] *vt, vi* розгортатис(ся) (*perf* розгорнути(ся))

ungrateful [ʌnˈɡreɪtfʊl] *adj* невдячний

unhappily [ʌnˈhæpɪlɪ] *adv* на жаль

unhappy [ʌnˈhæpɪ] *adj* нещасливий

unharmed [ʌnˈhɑːmd] *adj* неушкоджений

unhealthy [ʌnˈhɛlθɪ] *adj* нездоровий

unheard of [ʌnˈhɜːd ɒv] *adj* нечуваний

unhelpful [ʌnˈhɛlpfʊl] *adj* даремний

unhurt [ʌnˈhɜːt] *adj* неушкоджений

uni [ˈjuːnɪ] *n* (*inf*) універ *m* (*університет*)

unidentified [ˌʌnaɪˈdɛntɪˌfaɪd] *adj* невідомий

unification [ˌjuːnɪfɪˈkeɪʃən] *n* об'єднання *nt*

uniform [ˈjuːnɪˌfɔːm] *n* форма *f*

uniformed [ˈjuːnɪˌfɔːmd] *adj* одягнений в уніформу

uniformity [ˌjuːnɪˈfɔːmətɪ] *n* однорідність *f*

unify [ˈjuːnɪˌfaɪ] *vt, vi* об'єднувати(ся) (*perf* об'єднати(ся))

unilateral [ˌjuːnɪˈlætərəl] *adj* односторонній (*здійснюваний односторонньо*)

unimaginable [ˌʌnɪˈmædʒɪnəbəl] *adj* неймовірний

unimportant [ˌʌnɪmˈpɔːtnt] *adj* неважливий

unimpressed [ˌʌnɪmˈprɛst] *adj* не в захваті

uninhabited [ˌʌnɪnˈhæbɪtɪd] *adj* незаселений

uninhibited [ˌʌnɪnˈhɪbɪtɪd] *adj* розкутий (*вільний*)

uninstall [ˌʌnɪnˈstɔːl] vt деінсталювати

unintelligible [ˌʌnɪnˈtɛlɪdʒɪbəl] adj нерозбірливий

unintentional [ˌʌnɪnˈtɛnʃənl] adj ненавмисний

uninterrupted [ˌʌnɪntəˈrʌptɪd] adj безперервний

union [ˈjuːnjən] n об'єднання nt; (= trade union) профспілка f

unique [juːˈniːk] adj унікальний

unisex [ˈjuːnɪsɛks] adj унісекс m; **unisex clothes** одяг у стилі унісекс

unit [ˈjuːnɪt] n одиниця f

unitary [ˈjuːnɪtərɪ] adj унітарний

unit cost [ˈjuːnɪt kɒst] n собівартість f

unite [juːˈnaɪt] vt, vi об'єднувати(ся) (perf об'єднати(ся))

united [juːˈnaɪtɪd] adj об'єднаний

United Arab Emirates [juːˈnaɪtɪd ˈærəb ɛˈmɪərɪts] n Об'єднані Арабські Емірати pl

United Kingdom [juːˈnaɪtɪd ˈkɪŋdəm] n Об'єднане Королівство nt

United Nations [juːˈnaɪtɪd ˈneɪʃənz] n Організація Об'єднаних Націй f

United States of America [juːˈnaɪtɪd steɪts ɒv əˈmɛrɪkə] n Сполучені Штати Америки pl

unity [ˈjuːnɪtɪ] n єдність f

universal [ˌjuːnɪˈvɜːsəl] adj загальний

universally [ˌjuːnɪˈvɜːsəlɪ] adv повсюдно

universe [ˈjuːnɪvɜːs] n всесвіт m

university [ˌjuːnɪˈvɜːsɪtɪ] n університет m

unjust [ʌnˈdʒʌst] adj несправедливий

unjustified [ʌnˈdʒʌstɪfaɪd] adj безпідставний

unkind [ʌnˈkaɪnd] adj недобрий

unknown [ʌnˈnəʊn] adj невідомий ▷ n невідоме nt

unlawful [ʌnˈlɔːfʊl] adj (frml) незаконний

unleaded [ʌnˈlɛdɪd] adj неетильований (про пальне)

unleaded petrol [ʌnˈlɛdɪd ˈpɛtrəl] n неетильований бензин m

unleash [ʌnˈliːʃ] vt розв'язувати (perf розв'язати) (розпочати)

unless [ʌnˈlɛs] conj якщо не

unlike [ʌnˈlaɪk] prep на відміну від

unlikely [ʌnˈlaɪklɪ] adj малоймовірний

unlimited [ʌnˈlɪmɪtɪd] adj необмежений

unlisted [ʌnˈlɪstɪd] adj не внесений у список

unload [ʌnˈləʊd] vt розвантажувати (perf розвантажити)

unlock [ʌnˈlɒk] vt відмикати (perf відімкнути)

unlucky [ʌnˈlʌkɪ] adj нещасливий

unmarked [ʌnˈmɑːkt] adj без позначок

unmarried [ʌnˈmærɪd] adj неодружений

unmistakable [ˌʌnmɪsˈteɪkəbəl] adj очевидний

unmitigated [ʌnˈmɪtɪɡeɪtɪd] adj цілковитий

unmoved [ʌnˈmuːvd] adj незворушний

unnamed [ʌnˈneɪmd] adj неназваний

unnatural [ʌnˈnætʃərəl] adj неприродний

unnecessary [ʌnˈnɛsɪsərɪ; -ɪstɪ] adj непотрібний

unnerve [ʌnˈnɜːv] vt турбувати (perf стурбувати)

unnerving [ʌnˈnɜːvɪŋ] adj стурбований

unnoticed [ʌnˈnəʊtɪst] adj непомічений

unobtrusive [ˌʌnəbˈtruːsɪv] adj (frml) ненав'язливий

unofficial [ˌʌnəˈfɪʃəl] adj неофіційний

unorthodox [ʌnˈɔːθəˌdɒks] adj не загальноприйнятий

unpack [ʌnˈpæk] vt, vi розпаковувати(ся) (perf розпакувати(ся))

unpaid [ʌnˈpeɪd] adj несплачений

unpalatable [ʌnˈpælətəbəl] adj огидний, гидкий

unparalleled [ʌnˈpærəlɛld] adj незрівнянний

unpleasant [ʌnˈplɛznt] adj неприємний

unplug [ʌnˈplʌɡ] vt вимикати (perf вимкнути)

unpopular [ʌnˈpɒpjʊlə] adj непопулярний

unprecedented [ʌnˈprɛsɪˌdɛntɪd] adj безпрецедентний

unpredictable [ˌʌnprɪˈdɪktəbl] adj непередбачуваний

unprepared [ˌʌnprɪˈpɛəd] adj непідготований

unpretentious [ˌʌnprɪˈtɛnʃəs] adj непретензійний

unproductive [ˌʌnprəˈdʌktɪv] adj непродуктивний

unprofessional [ˌʌnprəˈfɛʃənəl] adj непрофесійний

unprofitable [ʌnˈprɒfɪtəbəl] adj неприбутковий

unprotected [ˌʌnprəˈtɛktɪd] adj незахищений

unpublished [ʌnˈpʌblɪʃt] adj неопублікований

unqualified [ʌnˈkwɒlɪˌfaɪd] adj некваліфікований

unquestionable [ʌnˈkwɛstʃənəbəl] adj незаперечний

unreal [ʌnˈrɪəl] adj несправжній

unrealistic [ˌʌnrɪəˈlɪstɪk] adj нереалістичний

unreasonable [ʌnˈriːznəbl] adj безпричинний

unrecognizable [ʌnˈrɛkəɡnaɪzəbəl] adj невпізнанний

unrelated [ˌʌnrɪˈleɪtɪd] adj не пов'язаний

unrelenting [ˌʌnrɪˈlɛntɪŋ] adj неослабний

unreliable [ˌʌnrɪˈlaɪəbl] adj ненадійний

unremarkable [ˌʌnrɪˈmɑːkəbəl] adj звичайний

unrepentant [ˌʌnrɪˈpɛntənt] adj нерозкаяний

unresolved [ˌʌnrɪˈzɒlvd] adj (frml) нерозв'язаний (про проблему)

unrest [ʌnˈrɛst] n заворушення nt

unrestricted [ˌʌnrɪˈstrɪktɪd] adj необмежений

unroll [ʌnˈrəʊl] vt, vi розгортати(ся) (perf розгорнути(ся))

unruly [ʌnˈruːlɪ] adj неслухняний

unsafe [ʌnˈseɪf] adj небезпечний

unsatisfactory [ˌʌnsætɪsˈfæktərɪ, -trɪ] adj незадовільний

unscathed [ʌnˈskeɪðd] adj неушкоджений

unscrew [ʌnˈskruː] vt, vi відкручувати(ся) (perf відкрутити(ся))

unscrupulous [ʌnˈskruːpjʊləs] adj безсоромний (безсовісний)

unseat [ʌnˈsiːt] vt усувати (perf усунути) (з посади)

unsecured [ˌʌnsɪˈkjʊəd] adj негарантований

unseen [ʌnˈsiːn] adj небачений

unsettle [ʌnˈsɛtəl] vt бентежити

unsettled [ʌnˈsɛtəld] adj несталий

unsettling [ʌnˈsɛtəlɪŋ] adj бентежний

unshaven [ʌnˈʃeɪvn] adj неголений

unsightly [ʌnˈsaɪtlɪ] adj непривабливий

unskilled [ʌnˈskɪld] adj некваліфікований

unsold [ʌnˈsəʊld] adj непроданий

unsolicited [ˌʌnsəˈlɪsɪtɪd] adj даний без прохання

unsolved [ʌnˈsɒlvd] adj нерозв'язаний

unspeakable [ʌnˈspiːkəbəl] adj невимовний

unspecified [ʌnˈspɛsɪfaɪd] adj невизначений

unspoiled [ʌnˈspɔɪld] adj незіпсований

unspoken [ʌnˈspəʊkən] adj невисловлений

unstable [ʌnˈsteɪbl] adj нестабільний

unsteady [ʌnˈstɛdɪ] adj нестійкий

unstoppable [ʌnˈstɒpəbəl] adj нестримний

unsubscribe [ˌʌnsəbˈskraɪb] vi відмовлятися від онлайнової послуги, використовуваної раніше

unsubstantiated [ˌʌnsəbˈstænʃɪeɪtɪd] adj безпідставний

unsuccessful [ˌʌnsəkˈsɛsfʊl] adj невдалий

unsuitable [ʌnˈsuːtəbl; ʌnˈsjuːt-] adj непридатний

unsure [ʌnˈʃʊə] adj невпевнений

unsurprising [ˌʌnsəˈpraɪzɪŋ] adj передбачуваний

unsuspecting [ˌʌnsəˈspɛktɪŋ] adj який нічого не підозрює

unsympathetic [ˌʌnsɪmpəˈθɛtɪk] adj (uncaring) нечулий; (ill-disposed) неприхильний

untenable [ʌnˈtɛnəbl] adj неспроможний (позбавлений доказовості)

untidy [ʌnˈtaɪdɪ] adj неохайний

untie [ʌnˈtaɪ] vt розв'язувати (perf розв'язати)

until [ʌnˈtɪl] conj до ▷ prep до

untold [ʌnˈtəʊld] adj невимовний (частіше про щось неприємне)

untouchable [ʌnˈtʌtʃəbəl] adj недоторканний

untouched [ʌnˈtʌtʃt] adj незачеплений

untrained [ʌnˈtreɪnd] adj непідготований

untreated [ʌnˈtriːtɪd] adj який не лікували

untrue [ʌnˈtruː] adj брехливий

unused [ʌnˈjuːzd] adj невикористовуваний

unusual [ʌnˈjuːʒʊəl] adj незвичайний

unusually [ʌnˈjuːʒʊəlɪ] adv незвичайно

unveil [ʌnˈveɪl] vt відкривати (perf відкрити) (пам'ятник)

unwanted [ʌnˈwɒntɪd] adj небажаний

unwarranted [ʌnˈwɒrəntɪd] adj (frml) невиправданий

unwelcome [ʌnˈwɛlkəm] adj небажаний

unwell [ʌnˈwɛl] adj нездоровий

unwieldy [ʌnˈwiːldɪ] adj громіздкий

unwilling [ʌnˈwɪlɪŋ] adj несхильний

unwind [ʌnˈwaɪnd] vi відпочивати (perf відпочити)

unwise [ʌnˈwaɪz] adj нерозумний

unwitting [ʌnˈwɪtɪŋ] adj мимовільний

unworkable [ʌnˈwɜːkəbəl] adj нездійсненний

unworthy [ʌnˈwɜːðɪ] adj (liter) негідний

unwrap [ʌnˈræp] vt розгортати (perf розгорнути)

unwritten [ʌnˈrɪtən] adj ненаписаний

unzip [ʌnˈzɪp] vt розстібати (perf розстібнути) блискавку

 KEYWORD

up [ʌp] prep (motion) вгору; (position) вгорі; **he went up the stairs/the hill** він піднявся (нагору) сходами/зійшов на пагорб; **the cat was up a tree** кішка була на дереві; **they live further up this street** вони живуть трохи далі на цій вулиці; **he has gone up to Scotland** він поїхав до Шотландії

▷ adv 1 (upwards, higher): **up in the sky/the mountains** високо в небі/в горах; **put the picture a bit higher up** повісьте картину трохи вище; **up there** (up above) там нагорі

2: **to be up** (out of bed) бути на ногах; (prices, level) зростати (perf зрости); **the tent is up** намет встановлено

3: **up to** (as far as) до; **up to now** досі, дотепер

4: **to be up to** (depending on) залежати від; **it's not up to me to decide** не я вирішую; **it's up to you** це на ваш розсуд

5: **to be up to** (inf) (be doing) замишляти (perf замислити); (be satisfactory) відповідати; **he's not up to the job** він не справляється

з цією роботою; **his work is not up to the required standard** його робота не відповідає заданим стандартам; **what's she up to these days?** що вона зараз робить?
▷ *n*: **ups and downs** (*in life, career*) піднесення й падіння

up-and-coming [ˌʌpəndˈkʌmɪŋ] *adj* перспективний
upbeat [ˈʌpbiːt] *adj* (*inf*) оптимістичний
upbringing [ˈʌpˌbrɪŋɪŋ] *n* виховання *nt*
upcoming [ˈʌpkʌmɪŋ] *adj* майбутній
update [ʌpˈdeɪt] *vt* оновлювати (*perf* оновити) ▷ *n* останні новини *npl* (*передача*)
up front [ʌp frʌnt] *adj* (*inf*) відвертий
upgrade [ˌʌpˈɡreɪd] *vt* удосконалювати (*perf* удосконалити)
upheaval [ʌpˈhiːvəl] *n* потрясіння *nt* (*докорінні зміни*)
uphill [ˈʌpˈhɪl] *adv* вгору
uphold [ʌpˈhəʊld] *vt* підтримувати (*perf* підтримати)
upholstered [ʌpˈhəʊlstəd] *adj* оббитий (*тканиною*)
upholstery [ʌpˈhəʊlstərɪ] *n* оббивка *f*
upkeep [ˈʌpkiːp] *n* утримання *nt*
upland [ˈʌplənd] *adj* нагірний
uplifting [ʌpˈlɪftɪŋ] *adj* життєствердний
upload [ʌpˈləʊd] *vt* завантажувати (*perf* завантажити) (*інформацію, дані*)
upmarket [ˌʌpˈmɑːkɪt] *adj* елітний
upon [əˈpɒn] *prep* на
upper [ˈʌpə] *adj* верхній
upper class [ˈʌpə klɑːs] *n* вищий клас *f* (*соціальний стан*)
upper lip [ˈʌpə lɪp] *n* верхня губа *f*
uppermost [ˈʌpəməʊst] *adj* верхній
upright [ˈʌpˌraɪt] *adv* прямо ▷ *adj* прямий
uprising [ˈʌpraɪzɪŋ] *n* повстання *nt*
uproar [ˈʌprɔː] *n* галас *m*
uproot [ʌpˈruːt] *vt* виселяти(ся) (*perf* виселити(ся)) (*частіше насильно*)
upset [ʌpˈsɛt] *adj* засмучений ▷ *vt* засмучувати (*perf* засмутити)
upshot [ˈʌpʃɒt] *n* розв'язка *f*
upside down [ˈʌpˌsaɪd daʊn] *adj* перевернутий ▷ *adv* догори ногами
upstairs [ˈʌpˈsteəz] *adv* нагорі ▷ *adj* який перебуває нагорі ▷ *n* верхній поверх *m*
upstart [ˈʌpstɑːt] *n* вискочка *m/f*
upstream [ˈʌpˈstriːm] *adv* проти течії
upsurge [ˈʌpˌsɜːdʒ] *n* (*frml*) стрибок *m* (*різке підвищення*)
uptight [ʌpˈtaɪt] *adj* (*inf*) напружений
up-to-date [ˌʌptʊˈdeɪt] *adj* сучасний
uptown [ˈʌpˈtaʊn] *adv* на околиці ▷ *adj* околичний (*розташований на околиці*)
uptrend [ˈʌptrɛnd] *n* тенденція до зростання
upturn [ˈʌptɜːn] *n* підйом *m* (*покращення*)

upward [ˈʌpwəd] *adj* спрямований вгору
upwards [ˈʌpwədz] *adv* догори
uranium [jʊˈreɪnɪəm] *n* уран *m*
urban [ˈɜːbən] *adj* міський
urbanization [ˌɜːbənaɪˈzeɪʃən] *n* урбанізація *f*
urge [ɜːdʒ] *vt* спонукати (*perf* спонукнути) ▷ *n* потяг *m* (*сильне бажання*)
urgency [ˈɜːdʒənsɪ] *n* невідкладна справа *f*
urgent [ˈɜːdʒənt] *adj* терміновий
urinary [ˈjʊərɪnərɪ] *adj* сечовий
urinate [ˈjʊərɪneɪt] *vi* випускати сечу (*perf* випустити сечу)
urine [ˈjʊərɪn] *n* сеча *f*
URL [juː ɑː ɛl] *n* адреса веб-сайту *f*
urn [kəˈnəʊpɪk] *n* урна *f* (*з прахом померлого*); чайник-термос *m*
Uruguay [ˈjʊərəˌɡwaɪ] *n* Уругвай *m*
Uruguayan [ˌjʊərəˈɡwaɪən] *adj* уругвайський ▷ *n* (= *person*) уругваєць (уругвайка) *m(f)*
US [juː ɛs] *n* США *pl*
us [ʌs] *pron* нас
USA [juː ɛs eɪ] *n* США *pl*
usable [ˈjuːzəbəl] *adj* придатний (*до вживання*)
usage [ˈjuːsɪdʒ] *n* слововживання *nt*
use [juːs] *n* використання *nt* ▷ *vt* [juːz] використовувати (*perf* використати); **use up** [juːz ʌp] *vt* використати до кінця
used [juːzd] *adj* використаний
useful [ˈjuːsfʊl] *adj* корисний
useless [ˈjuːslɪs] *adj* даремний; (*inf*) нікудишній
user [ˈjuːzə] *n* користувач *m*
user-friendly [ˈjuːzəˌfrɛndlɪ] *adj* зручний для користувача
usher [ˈʌʃə] *vt* (*frml*) супроводжувати (*imu, показуючи шлях*) ▷ *n* розпорядник (*розпорядниця*) *m(f)*
usual [ˈjuːʒʊəl] *adj* звичайний
usually [ˈjuːʒʊəlɪ] *adv* звичайно
usurp [juːˈzɜːp] *vt* (*frml*) узурпувати
utensil [juːˈtɛnsəl] *n* приладдя *nt*
uterus [ˈjuːtərəs] *n* матка *f* (*орган*)
utility room [juːˈtɪlɪtɪ rʊm] *n* комора *f*
utilize [ˈjuːtɪˌlaɪz] *vt* (*frml*) застосовувати (*perf* застосувати)
utmost [ˈʌtˌməʊst] *adj* крайній (*надзвичайний*) ▷ *n* усе можливе *nt*
utopia [juːˈtəʊpɪə] *n* утопія *f*
utopian [juːˈtəʊpɪən] *adj* утопічний
utter [ˈʌtə] *vt* (*liter*) видавати (*perf* видати) (*звук*) ▷ *adj* цілковитий
utterance [ˈʌtərəns] *n* (*frml*) висловлювання *nt*
utterly [ˈʌtəlɪ] *adv* цілком
U-turn [ˈjuːˌtɜːn] *n* розворот *m*
Uzbekistan [ˌʌzbɛkɪˈstɑːn] *n* Узбекистан *m*

V

vacancy ['veɪkənsɪ] n вакансія f
vacant ['veɪkənt] adj вільний
vacate [vəˈkeɪt] vt (frml) звільняти (perf звільнити)
vaccinate ['væksɪˌneɪt] vt вакцинувати
vaccination [ˌvæksɪˈneɪʃən] n вакцинація f
vaccine ['væksiːn] n вакцина f
vacuum ['vækjʊəm] vt, vi пилососити ▷ n порожнеча f
vacuum cleaner ['vækjʊəm 'kliːnə] n пилосос m
vagary ['veɪɡərɪ] n (frml) примха f
vagina [vəˈdʒaɪnə] n піхва f
vague [veɪɡ] adj невизначений
vaguely ['veɪɡlɪ] adv неясно
vain [veɪn] adj (= futile) марний; (= conceited) марнославний
vale [veɪl] n (liter) долина f
Valentine's Day ['væləntaɪnz deɪ] n день Святого Валентина m
valiant ['væliənt] adj героїчний
valid ['vælɪd] adj вагомий
validate ['vælɪdeɪt] vt (frml) підтверджувати (perf підтвердити)
validity [vəˈlɪdɪtɪ] n чинність f
Valium® ['væliəm] n діазепам m
valley ['vælɪ] n долина f
valuable ['væljʊəbl] adj цінний
valuables ['væljʊəblz] npl цінності fpl
valuation [ˌvæljʊˈeɪʃən] n оцінка f
value ['væljuː] n (= merit) цінність f; (= cost) вартість f
valve [vælv] n клапан m
vampire ['væmpaɪə] n вампір m
van [væn] n фургон m
vandal ['vændl] n вандал m
vandalism ['vændəˌlɪzəm] n вандалізм m
vandalize ['vændəˌlaɪz] vt нівечити (perf знівечити)
vanguard ['vænɡɑːd] n авангард m
vanilla [vəˈnɪlə] n ваніль f
vanish ['vænɪʃ] vi зникати (perf зникнути)

vanity ['vænətɪ] n марнослав'я nt
vantage point ['vɑːntɪdʒ pɔɪnt] n спостережний пункт m
vapour, (US) **vapor** ['veɪpə] n пара f (стан речовини)
variable ['vɛərɪəbl] adj мінливий ▷ n змінна величина f
variant ['vɛərɪənt] n різновид m
variation [ˌvɛərɪˈeɪʃən] n варіація f
varied ['vɛərɪd] adj різноманітний
variety [vəˈraɪɪtɪ] n різноманітність f, розмаїття nt
various ['vɛərɪəs] adj різноманітний
variously ['vɛərɪəslɪ] adv по-різному
varnish ['vɑːnɪʃ] n лак m ▷ vt лакувати (perf полакувати)
vary ['vɛərɪ] vi відрізнятися
vase [vɑːz] n ваза f
vast [vɑːst] adj величезний
vastly ['vɑːstlɪ] adv вкрай
VAT [viː eɪ tiː; væt] abbr ПДВ
Vatican ['vætɪkən] n Ватикан m
vault [vɔːlt] n сховище nt ▷ vt, vi перестрибувати (perf перестрибнути) (спираючись рукою)
veal [viːl] n телятина f
veer [vɪə] vi повертати (perf повернути) (змінити напрямок)
vegan ['viːɡən] n вегетаріанець (вегетаріанка) m(f) ▷ adj веганський (пов'язаний зі строгим вегетаріанством)
vegetable ['vɛdʒtəbl] n овоч m ▷ adj (frml) рослинний
vegetarian [ˌvɛdʒɪˈtɛərɪən] adj вегетаріанський ▷ n вегетаріанець (вегетаріанка) m(f)
vegetation [ˌvɛdʒɪˈteɪʃən] n (frml) рослинність f
vehement ['viːəmənt] adj шалений
vehicle ['viːɪkl] n транспортний засіб m
veil [veɪl] n вуаль f
veiled [veɪld] adj (disguised) завуальований; закритий вуаллю
vein [veɪn] n вена f
Velcro® ['vɛlkrəʊ] n застібка "липучка" f
velocity [vɪˈlɒsɪtɪ] n швидкість f
velvet ['vɛlvɪt] n оксамит m
vendetta [vɛnˈdɛtə] n вендета f
vending machine ['vɛndɪŋ məˈʃiːn] n торгівельний автомат m
vendor ['vɛndɔː] n продавець (продавчиня) m(f)
veneer [vɪˈnɪə] n зовнішній лиск m
venerable ['vɛnərəbəl] adj поважний
venerate ['vɛnəreɪt] vt (frml) шанувати
Venetian blind [vɪˈniːʃən blaɪnd] n жалюзі pl
Venezuela [ˌvɛnɪˈzweɪlə] n Венесуела f
Venezuelan [ˌvɛnɪˈzweɪlən] adj венесуельський ▷ n (= person) венесуелець (венесуелка) m(f)

vengeance ['vendʒəns] n помста f
venison ['venizn; -sn] n оленина f
venom ['venəm] n отрута f
venomous ['venəməs] adj (= vicious) злісний; (= poisonous) отруйний
vent [vent] n вентиляційний отвір m ▷ vt виливати (perf вилити) (почуття)
ventilate ['ventɪleɪt] vt провітрювати (perf провітрити)
ventilation [,ventɪ'leɪʃən] n вентиляція f
venture ['ventʃə] n ризикована спроба f ▷ vi (liter) наважуватися (perf наважитися)
venture capital ['ventʃə 'kæpɪtəl] n ризиковий капітал m
venture capitalist ['ventʃə 'kæpɪtəlɪst] n венчурний капіталіст m
venue ['venju:] n місце проведення nt
veranda [və'rændə] n веранда f
verb [vɜ:b] n дієслово nt
verbal ['vɜ:bəl] adj словесний
verbatim [vɜ:'beɪtɪm] adv дослівно
verdict ['vɜ:dɪkt] n вердикт m
verify ['verɪfaɪ] vt перевіряти (perf перевірити)
veritable ['verɪtəbəl] adj справжній
vernacular [və'nækjʊlə] n говірка f (діалект)
versatile ['vɜ:sə,taɪl] adj різнобічний
verse [vɜ:s] n вірш m
version ['vɜ:ʃən; -ʒən] n версія f
versus ['vɜ:səs] prep проти
vertebra ['vɜ:tɪbrə] (pl **vertebrae**) n хребець m
vertical ['vɜ:tɪkl] adj вертикальний
vertigo ['vɜ:tɪˌgəʊ] n запаморочення nt
verve [vɜ:v] n (written) сила f (мистецька виразність)
very ['verɪ] adv дуже
vessel ['vesəl] n (frml) судно nt (корабель або великий човен)
vest [vest] n майка m
vested interest ['vestɪd 'ɪntrɪst] n кровний інтерес m
vestige ['vestɪdʒ] n (frml) залишки mpl
vet [vet] n ветеринар m
veteran ['vetərən; 'vetrən] adj досвідчений ▷ n ветеран m
veterinary ['vetərɪnərɪ] adj ветеринарний
veto ['vi:təʊ] n (pl **vetoes**) вето nt ▷ vt накладати вето (perf накласти вето)
vexed [vekst] adj суперечливий
via ['vaɪə] prep через
viable ['vaɪəbəl] adj життєздатний
vibrant ['vaɪbrənt] adj енергійний
vibrate [vaɪ'breɪt] vt, vi тремтіти (perf затремтіти)
vice [vaɪs] n вада f
vice versa ['vaɪsɪ 'vɜ:sə] adv навпаки
vicinity [vɪ'sɪnɪtɪ] n (frml) околиці fpl
vicious ['vɪʃəs] adj жорстокий
vicious circle ['vɪʃəs 'sɜ:kəl] n зачароване коло nt

victim ['vɪktɪm] n жертва f
victimize ['vɪktɪmaɪz] vt робити жертвою (perf зробити жертвою)
victor ['vɪktə] n (liter) переможець (переможниця) m(f)
victorious [vɪk'tɔ:rɪəs] adj переможний
victory ['vɪktərɪ] n перемога f
video ['vɪdɪˌəʊ] n відео nt
video camera ['vɪdɪəʊ 'kæmərə; 'kæmrə] n відеокамера f
video conference ['vɪdɪəʊ ˌkɒnfərəns] n відеоконференція f
video conferencing ['vɪdɪəʊ ˌkɒnfərənsɪŋ] n відеоконференція f
videophone ['vɪdɪəʊˌfəʊn] n відеотелефон m
vie [vaɪ] vi (frml) змагатися
Vietnam [,vjet'næm] n В'єтнам m
Vietnamese [,vjetnə'mi:z] adj в'єтнамський ▷ n (= person) в'єтнамець (в'єтнамка) m(f); (= language) в'єтнамська мова f
view [vju:] n (= opinion) погляд f; (= prospect) краєвид m
viewer ['vju:ə] n глядач (глядачка) m(f)
viewfinder ['vju:faɪndə] n видошукач m
viewpoint ['vju:ˌpɔɪnt] n точка зору f
vigil ['vɪdʒɪl] n цілодобове пікетування nt
vigilant ['vɪdʒɪlənt] adj пильний
vigilante [,vɪdʒɪ'læntɪ] n дружинник (дружинниця) m(f)
vigorous ['vɪgərəs] adj енергійний
vigour, (US) **vigor** ['vɪgə] n енергійність f
vile [vaɪl] adj огидний
villa ['vɪlə] n вілла f
village ['vɪlɪdʒ] n село nt
villager ['vɪlɪdʒə] n селянин (селянка) m(f)
villain ['vɪlən] n злісний злочинець m
vinaigrette [,vɪnɪ'gret] n заправка для салату f
vindicate ['vɪndɪkeɪt] vt (frml) виправдовувати (perf виправдати)
vindictive [vɪn'dɪktɪv] adj мстивий
vine [vaɪn] n виноградна лоза f
vinegar ['vɪnɪgə] n оцет m
vineyard ['vɪnjəd] n виноградник m
vintage ['vɪntɪdʒ] n вино врожаю певного року ▷ adj витриманий (про вино)
vinyl ['vaɪnɪl] n вініл m
viola [vɪ'əʊlə] n альт m (муз. інструмент)
violate ['vaɪəˌleɪt] vt (frml) порушувати (perf порушити)
violence ['vaɪələns] n жорстокість f
violent ['vaɪələnt] adj жорстокий
violet ['vaɪəlɪt] n фіалка f
violin [,vaɪə'lɪn] n скрипка f
violinist [,vaɪə'lɪnɪst] n скрипаль (скрипалька) m(f)
VIP [,vi:aɪ'pi:] n ВІП-особа f
viral ['vaɪərəl] adj вірусний
virgin ['vɜ:dʒɪn] n незайманий (незаймана) m(f) ▷ adj незайманий

Virgo ['vɜːgəʊ] n Діва f
virtual ['vɜːtʃʊəl] adj фактичний
virtually ['vɜːtʃʊəlɪ] adv практично
virtual memory ['vɜːtʃʊəl 'mɛmərɪ] n віртуальна пам'ять f
virtual reality ['vɜːtʃʊəl riː'ælɪtɪ] n віртуальна реальність f
virtue ['vɜːtʃuː] n доброчесність f, чеснота f
virtuoso [ˌvɜːtʃʊ'əʊzəʊ] n віртуоз m ▷ adj віртуозний
virtuous ['vɜːtʃʊəs] adj доброчесний
virulent ['vɪrjʊlənt] adj (frml) злісний
virus ['vaɪrəs] n вірус m
visa ['viːzə] n віза f
visibility [ˌvɪzɪ'bɪlɪtɪ] n видимість f
visible ['vɪzɪbl] adj видимий
vision ['vɪʒən] n мрія f
visionary ['vɪʒənərɪ] n провидець (провидиця) m(f) ▷ adj провидницький
visit ['vɪzɪt] n візит m ▷ vt відвідувати (perf відвідати)
visiting hours ['vɪzɪtɪŋ aʊəz] npl години відвідування fpl
visitor ['vɪzɪtə] n відвідувач (відвідувачка) m(f)
visitor centre ['vɪzɪtə 'sɛntə] n виставковий центр m
vista ['vɪstə] n (written) краєвид m
visual ['vɪʒʊəl; -zjʊ-] adj зоровий ▷ n наочність f
visual aid ['vɪʒʊəl eɪd] n засоби наочності mpl
visualize ['vɪʒʊəˌlaɪz; -zjʊ-] vt візуалізувати
vital ['vaɪtl] adj життєво важливий
vitality [vaɪ'tælətɪ] n жвавість f
vitamin ['vɪtəmɪn] n вітамін m
vivacious [vɪ'veɪʃəs] adj (written) жвавий
vivid ['vɪvɪd] adj яскравий
vivisection [ˌvɪvɪ'sɛkʃən] n вівісекція f
vocabulary [və'kæbjʊlərɪ] n словниковий запас m
vocal ['vəʊkəl] adj красномовний
vocalist ['vəʊkəlɪst] n вокаліст (вокалістка) m(f)
vocals ['vəʊkəlz] npl вокал m
vocation [vəʊ'keɪʃən] n покликання nt
vocational [vəʊ'keɪʃənl] adj професійний
vociferous [və'sɪfərəs] adj палкий
vodka ['vɒdkə] n горілка f
vogue [vəʊg] n мода f
voice [vɔɪs] n голос m ▷ vt висловлювати (perf висловити)
voice mail [vɔɪs meɪl] n голосова пошта f
voice-over ['vɔɪsəʊvə] n голос за кадром m
void [vɔɪd] adj недійсний ▷ n порожнеча f ▷ vt (frml) скасовувати (perf скасувати)
volatile ['vɒləˌtaɪl] adj несталий
volcanic [vɒl'kænɪk] adj вулканічний
volcano [vɒl'keɪnəʊ] (pl **volcanoes**) n вулкан m

volley ['vɒlɪ] vt, vi ударити з льоту (м'яч у спорті)
volleyball ['vɒlɪˌbɔːl] n волейбол m
volt [vəʊlt] n вольт m
voltage ['vəʊltɪdʒ] n напруга f
volume ['vɒljuːm] n обсяг m; (frml) том m
voluntarily ['vɒləntrɪlɪ] adv добровільно
voluntary ['vɒləntærɪ; -trɪ] adj добровільний
volunteer [ˌvɒlən'tɪə] n волонтер (волонтерка) m(f) ▷ vt, vi працювати волонтером
vomit ['vɒmɪt] vi блювати
voracious [və'reɪʃəs] adj (liter) ненаситний
vortex ['vɔːtɛks] n вихор m
vote [vəʊt] n голосування nt ▷ vt, vi голосувати (perf проголосувати)
vote of confidence [vəʊt əv 'kɒnfɪdəns] n вотум довіри m
vote of no confidence [vəʊt əv nəʊ 'kɒnfɪdəns] n вотум недовіри m
voter ['vəʊtə] n виборець m
voucher ['vaʊtʃə] n ваучер m
vow ['vaʊ] vt присягати(ся) (perf присягнути(ся)) ▷ n обітниця f
vowel ['vaʊəl] n голосний звук m
voyage ['vɔɪɪdʒ] n подорож f (морська або космічна)
vulgar ['vʌlgə] adj вульгарний
vulnerable ['vʌlnərəbl] adj вразливий
vulture ['vʌltʃə] n гриф m

W

wad [wɒd] *n* в'язка *f*

wade [weɪd] *vi* переходити вбрід (*perf* перейти вбрід)

wading pool ['weɪdɪŋ puːl] *n* (*US*) = **paddling pool**

wafer ['weɪfə] *n* вафля *f*

waffle ['wɒfl] *n* (*inf*) порожні балачки *fpl* ▷ *vi* (*inf*) базікати (*perf* побазікати)

waft [wɒft] *vt, vi* долітати (*perf* долетіти) (*про звуки, пахощі*)

wag [wæg] *vt* метляти (*хвостом*)

wage [weɪdʒ] *n* заробітна плата *f* ▷ *vt* вести (*війну*)

wager ['weɪdʒə] *vt, vi* ставити (*perf* поставити) (*робити ставку*)

wagon ['wægən] *n* віз *m*

wail [weɪl] *vi* голосити

waist [weɪst] *n* талія *f*

waistcoat ['weɪsˌkəʊt] *n* жилет *m*

wait [weɪt] *vi* (= *be delayed*) зачекати ▷ *vt, vi* (*for someone or something*) чекати (*perf* зачекати); **wait up** [weɪt ʌp] *vi* не йти спати

waiter ['weɪtə] *n* офіціант *m*

waiting list ['weɪtɪŋ lɪst] *n* черга *f* (*за списком*)

waiting room ['weɪtɪŋ rʊm] *n* зала чекання *f*

waitress ['weɪtrɪs] *n* офіціантка *f*

waive [weɪv] *vt* відмовлятися (*perf* відмовитися)

waiver ['weɪvə] *n* відмова *f* (*від права, претензії, закону*)

wake [weɪk] (*pres sing* **wakes**, *pres part* **waking**, *pt* **woke**, *pp* **woken**) *vt, vi* пробуджувати(ся) (*perf* пробудити(ся)) ▷ *n* кільватер *m*

wake up [weɪk ʌp] *vi* прокидатися (*perf* прокинутися)

Wales [weɪlz] *n* Уельс *m*

walk [wɔːk] *n* прогулянка *f* ▷ *vi* прогулюватися

walker ['wɔːkə] *n* пішохід *m*

walkie-talkie [ˌwɔːkɪ'tɔːkɪ] *n* рація *f*

walking ['wɔːkɪŋ] *n* прогулянка *f*

walking stick ['wɔːkɪŋ stɪk] *n* ціпок *m*

walk of life [wɔːk əv laɪf] *n* соціальне становище *nt*

walk-on ['wɔːkɒn] *adj* німий (*про роль без слів*)

walkout ['wɔːkaʊt] *n* страйк *m*

walk-up ['wɔːkʌp] *n* будинок без ліфта або квартира в ньому

walkway ['wɔːkˌweɪ] *n* доріжка *f*

wall [wɔːl] *n* стіна *f*

walled [wɔːld] *adj* обмурований

wallet ['wɒlɪt] *n* гаманець *m*

wallow ['wɒləʊ] *vi* впадати (*perf* впасти) (*у сум, розпач*)

wallpaper ['wɔːlˌpeɪpə] *n* шпалери *pl* ▷ *vt* обклеювати шпалерами (*perf* обклеїти шпалерами)

walnut ['wɔːlˌnʌt] *n* волоський горіх *m*

walrus ['wɔːlrəs; 'wɒl-] *n* морж *m*

waltz [wɔːls] *n* вальс *m* ▷ *vi* вальсувати

wan [wɒn] *adj* (*liter*) блідий

wander ['wɒndə] *vi* бродити

wane [weɪn] *vi* іти на спад (*perf* піти на спад)

want [wɒnt] *vt* хотіти

wanton ['wɒntən] *adj* безпричинний

war [wɔː] *n* війна *f*

warble ['wɔːbəl] *vt, vi* щебетати; співати (*високим голосом*)

ward [wɔːd] *n* (= *hospital room*) палата *f*; (= *district*) адміністративний район *m*

warden ['wɔːdn] *n* наглядач *m*

wardrobe ['wɔːdrəʊb] *n* шафа *f*

warehouse ['wɛəˌhaʊs] *n* склад *m*

wares ['wɛəz] *npl* (*old*) крам *m*

warfare ['wɔːfɛə] *n* війна *f*

warhead ['wɔːhɛd] *n* боєголовка *f*

warlord ['wɔːˌlɔːd] *n* військовий диктатор *m*

warm [wɔːm] *adj* теплий ▷ *vt* зігрівати (*perf* зігріти); **warm up** [wɔːm ʌp] *vt, vi* гріти(ся) (*perf* зігріти(ся))

warmth [wɔːmθ] *n* тепло *nt*

warm-up ['wɔːmˌʌp] *n* розминка *f*

warn [wɔːn] *vt, vi* попереджати (*perf* попередити) ▷ *vt, vi* застерігати (*perf* застерегти)

warning ['wɔːnɪŋ] *n* попередження *nt* ▷ *adj* застережний

warp [wɔːp] *vt, vi* деформувати(ся)

warplane ['wɔːpleɪn] *n* військовий літак *m*

warrant ['wɒrənt] *vt* бути підставою ▷ *n* ордер *m*

warranty ['wɒrəntɪ] *n* гарантія *f*

warring ['wɔːrɪŋ] *adj* воюючий

warrior ['wɒrɪə] *n* воїн *m*

warship ['wɔːʃɪp] *n* військовий корабель *m*

wart [wɔːt] *n* бородавка *f*

wartime ['wɔːtaɪm] *n* воєнний час *m*

wary ['wεərɪ] adj обережний

wash [wɒʃ] vt мити (perf помити); **wash up** [wɒʃ ʌp] vt, vi мити посуд

washable ['wɒʃəbəl] adj який можна мити або прати

washbasin ['wɒʃ,beɪsɪn] n умивальник m

washcloth ['wɒʃ,klɒθ] n (US) = **face cloth**

washer ['wɒʃə] n шайба f (прокладка під гайку)

washing ['wɒʃɪŋ] n прання nt

washing line ['wɒʃɪŋ laɪn] n мотузка для білизни f

washing machine ['wɒʃɪŋ məˈʃiːn] n пральна машина f

washing powder ['wɒʃɪŋ ˈpaʊdə] n пральний порошок m

washing-up ['wɒʃɪŋʌp] n миття посуду nt

washing-up liquid [,wɒʃɪŋ ʌp ,lɪkwɪd] n рідина для миття посуду f

wasp [wɒsp] n оса f

wastage ['weɪstɪdʒ] n втрата f

waste [weɪst] n зайва втрата f ▷ vt марнувати (perf змарнувати)

wasteful ['weɪstful] adj марнотратний

wasteland ['weɪstlænd] n пустир m

wastepaper basket [,weɪst'peɪpə 'bɑːskɪt] n кошик для канцелярського сміття m

watch [wɒtʃ] n годинник m ▷ vt, vi дивитися; **watch out** [wɒtʃ aut] vi стерегтися

watchdog ['wɒtʃdɒg] n наглядова служба f

watchful ['wɒtʃful] adj пильний

watchman ['wɒtʃmən] n сторож m

watch strap [wɒtʃ stræp] n ремінець годинника m

watchword ['wɒtʃwɜːd] n гасло nt

water ['wɔːtə] n вода f ▷ vt поливати (perf полити)

watercolour, (US) **watercolor** ['wɔːtə,kʌlə] n акварель f

watercress ['wɔːtə,krεs] n водяний крес m

watered-down [,wɔːtəd'daun] adj пом'якшений

waterfall ['wɔːtə,fɔːl] n водоспад m

waterfront ['wɔːtəfrʌnt] n узбережжя nt

watering can ['wɔːtərɪŋ kæn] n лійка f

watermelon ['wɔːtə,mεlən] n кавун m

waterproof ['wɔːtə,pruːf] adj непромокальний

watershed ['wɔːtəʃεd] n вододіл m

water-skiing ['wɔːtə,skiːɪŋ] n воднолижний спорт m

water supply ['wɔːtə səˈplaɪ] n водопостачання nt

watertight ['wɔːtətaɪt] adj водонепроникний

waterway ['wɔːtəweɪ] n водний шлях m

watery ['wɔːtərɪ] adj водянистий, рідкий

watt [wɒt] n ват m

wave [weɪv] n (of the sea) хвиля f; (= greeting) помах m ▷ vt, vi (= gesture) махати (perf махнути)

wavelength ['weɪv,lεŋθ] n довжина хвилі f

waver ['weɪvə] vi вагатися

wavy ['weɪvɪ] adj хвилястий

wax [wæks] n віск m ▷ vt воскувати

way [weɪ] n (= route) шлях m; (= manner) спосіб m

way in [weɪ ɪn] n вхід m

way of life [weɪ əv laɪf] n спосіб життя m

way out [weɪ aut] n вихід m

wayward ['weɪwəd] adj сваільний

we [wiː] pron ми

weak [wiːk] adj слабкий

weaken ['wiːkən] vt, vi ослаблювати(ся) (perf ослабити(ся))

weakling ['wiːklɪŋ] n слабак m

weakness ['wiːknɪs] n слабкість f

wealth [wεlθ] n статок m

wealthy ['wεlθɪ] adj заможний ▷ npl багаті mpl

wean [wiːn] vt відлучати від грудей (perf відлучити від грудей)

weapon ['wεpən] n зброя f

weaponry ['wεpənrɪ] n озброєння nt

wear [wεə] (pres sing **wears**, pres part **wearing**, pt **wore**, pp **worn**) vt носити

wearer ['wεərə] n той, хто носить певний одяг

weary ['wɪərɪ] adj зморений

weasel ['wiːzl] n ласка f (тварина)

weather ['wεðə] n погода f ▷ vt, vi псуватися під впливом погодних умов

weather forecast ['wεðə 'fɔːkɑːst] n прогноз погоди m

weave [wiːv] (pres sing **weaves**, pres part **weaving**, pt **wove**, pp **woven**) vt, vi ткати (perf виткати)

weaver ['wiːvə] n ткач (ткаля) m(f)

Web [wεb] n (= internet) мережа f

web [wεb] n павутина f

web address [wεb ə'drεs] n веб-адреса f

web browser [wεb 'brauzə] n браузер m

webcam ['wεb,kæm] n веб-камера f

webcast ['wεbkɑːst] n веб-трансляція f

webmaster ['wεb,mɑːstə] n веб-майстер m

web page [wεb peɪdʒ] n веб-сторінка f

website ['wεb,saɪt] n веб-сайт m

webzine ['wεb,ziːn] n інтернет-видання nt

wed [wεd] (pres sing **weds**, pres part **wedding**, pt, pp **wedded**) vt (old) братися (perf побратися) (брати шлюб)

wedding ['wεdɪŋ] n весілля nt

wedding anniversary ['wεdɪŋ ,ænɪ'vɜːsərɪ] n річниця весілля f

wedding dress ['wεdɪŋ drεs] n весільна сукня f

wedding ring ['wεdɪŋ rɪŋ] n обручка f

wedge [wɛdʒ] vt вклинювати (perf вклинити)
▷ n скибочка f
Wednesday ['wɛnzdɪ] n середа f
wee [wiː] adj (inf) крихітний
weed [wiːd] n бур'ян m ▷ vt, vi полоти (perf виполоти)
weedkiller ['wiːd,kɪlə] n гербіцид m
week [wiːk] n тиждень m
weekday ['wiːkdeɪ] n будень m
weekend [,wiːk'ɛnd] n вихідні mpl
weekly ['wiːklɪ] adj щотижневий ▷ n тижневик m
weep [wiːp] (pres sing **weeps**, pres part **weeping**, pt, pp **wept**) vt, vi (liter) плакати
weigh [weɪ] vt зважувати (perf зважити)
weight [weɪt] n вага f ▷ vt робити важким
weighted ['weɪtɪd] adj сприятливий
weighting ['weɪtɪŋ] n вага f (важливість)
weightlifter ['weɪt,lɪftə] n важкоатлет m
weightlifting ['weɪt,lɪftɪŋ] n важка атлетика f
weight training [weɪt 'treɪnɪŋ] n вправи з обтяженням fpl
weighty ['weɪtɪ] adj (frml) вагомий
weir ['wɪə] n гребля f
weird [wɪəd] adj (inf) дивакуватий
welcome ['wɛlkəm] excl ласкаво просимо ▷ n привітання nt ▷ vt вітати (perf привітати) ▷ adj бажаний
welcoming ['wɛlkəmɪŋ] adj гостинний
weld [wɛld] vt, vi зварювати (perf зварити) (метал)
welfare ['wɛlfeə] n добробут m
well [wɛl] adj здоровий ▷ adv добре ▷ n колодязь m
well-balanced [,wɛl'bælənst] adj розважливий
well-behaved ['wɛlbɪ'heɪvd] adj вихований
well-being [,wɛl'biːɪŋ] n здоров'я nt (фізичне й психологічне)
well-built [,wɛl'bɪlt] adj поставний
well-connected [,wɛlkə'nɛktɪd] adj який має гарні зв'язки
well-defined [,wɛldɪ'faɪnd] adj чіткий
well done [wɛl dʌn] excl молодець!
well-dressed [,wɛl'drɛst] adj добре вдягнений
well-established [,wɛlɪ'stæblɪʃt] adj усталений
wellies ['wɛlɪz] npl (inf) ґумові чоботи mpl
well-informed [,wɛlɪn'fɔːmd] adj обізнаний
wellingtons ['wɛlɪŋtənz] npl ґумові чоботи mpl
well-intentioned [,wɛlɪn'tɛnʃənd] adj який має добрі наміри
well-known ['wɛl'nəʊn] adj відомий
well-meaning [,wɛl'miːnɪŋ] adj який має добрі наміри
well-off ['wɛl'ɒf] adj (inf) забезпечений

well-paid ['wɛl'peɪd] adj добре оплачуваний
well-to-do [,wɛltə'duː] adj заможний
well-wisher ['wɛl,wɪʃə] n доброзичливець (доброзичливиця) m(f)
Welsh [wɛlʃ] adj Уельський ▷ n (= language) уельська мова f
Welshman ['wɛlʃmən] n валлієць m
wept [wɛpt] pt, pp of **weep**
west [wɛst] adj західний ▷ adv на захід ▷ n захід m
westbound ['wɛst,baʊnd] adj у західному напрямку
westerly ['wɛstəlɪ] adj західний
western ['wɛstən] adj західний ▷ n вестерн m
westerner ['wɛstənə] n уродженець Заходу
West Indian [wɛst 'ɪndɪən] adj карибський ▷ n (= person) уродженець Карибських островів (уродженка Карибських островів) m(f)
West Indies [wɛst 'ɪndɪz] n Карибські острови mpl
westward ['wɛstwəd] adv на захід
wet [wɛt] adj вологий ▷ vt змочувати (perf змочити)
wetland ['wɛtlænd] n заболочена земля f
wetsuit ['wɛt,suːt] n гідрокостюм m
whack [wk] vt (inf) бити
whale [weɪl] n кит m
whaling ['weɪlɪŋ] n китобійний промисел
wharf [wɔːf] (pl **wharfs** or **wharves**) n причал m

KEYWORD

what [wɒt] adj 1 (interrogative, direct, indirect) який; **what books do you need?** які книги вам потрібні?; **what size is the dress?** якого розміру ця сукня?
2 (emphatic) який; **what a lovely day!** який чудовий день!; **what a fool I am!** який же я дурень!
▷ pron 1 (interrogative) що; **what are you doing?** що ви тут робите?; **what are you talking about?** про що ви говорите?; **what is it called?** що це таке?; **what about me?** а як же я?; **what about doing ...?** як ви дивитеся на те, щоб...?
2 (relative) що; **I saw what you did/was on the table** я бачив, що ви робили/було на столі; **tell me what you're thinking about** скажіть мені, про що ви думаєте; **what you say is wrong** те, що ви кажете, не відповідає дійсності
▷ excl (disbelieving) що; **I've crashed the car — what?!** я розбив машину – що?!

whatever [wɒt'ɛvə] conj що завгодно
whatsoever [,wɒtsəʊ'ɛvə] adv взагалі (у заперечних твердженнях)

wheat [wiːt] *n* пшениця *f*

wheat intolerance [wiːt ɪnˈtɒlərəns] *n* алергія на пшеницю *f*

wheel [wiːl] *n* колесо *nt* ▷ *vt* котити

wheelbarrow [ˈwiːlˌbærəʊ] *n* тачка *f*

wheelchair [ˈwiːlˌtʃɛə] *n* інвалідний візок *m*

wheeze [wiːz] *vi* хрипіти

when [wɛn] *adv* коли ▷ *conj* коли

whenever [wɛnˈɛvə] *conj* будь-коли

where [wɛə] *adv* куди, де ▷ *conj* звідки

whereabouts [ˌwɛərəˈbaʊts] *n* розташування *n*

whereas [wɛərˈæz] *conj* тоді як

whereby [wɛəˈbaɪ] *pron* (*frml*) завдяки якому

whereupon [ˌwɛərəˈpɒn] *conj* (*frml*) внаслідок чого

wherever [wɛərˈɛvə] *conj* за будь-яких обставин

wherewithal [ˈwɛəwɪˌðɔːl] *n* кошти *npl*

whether [ˈwɛðə] *conj* чи

⬤ **KEYWORD**

which [wɪtʃ] *adj* **1** (*interrogative, direct, indirect*) який/котрий; **which picture would you like?** яку картину ви хочете?; **which books are yours?** які книги ваші?; **which one?** який/котрий?; **I've got two pens, which one do you want?** у мене є дві ручки, яку ви хочете?; **which one of you did it?** хто з вас це зробив?

2: **in which case** у такому разі; **by which time** до того часу

▷ *pron* **1** (*interrogative*) який/котрий; **there are several museums, which shall we visit first?** тут є кілька музеїв, з якого почнемо?; **which do you want, the apple or the banana?** що ви хочете, банан чи яблуко?; **which of you are staying?** хто з вас залишається?

2 (*relative*) який/котрий, що; **the apple which you ate/which is on the table** яблуко, яке ви з'їли/що лежить на столі; **the news was bad, which is what I had feared** звістка була погана, як я й боявся; **I had lunch, after which I decided to go home** я пообідав і вирішив піти додому; **I made a speech, after which nobody spoke** я виступив із промовою, після якої вже ніхто не виступав

whichever [wɪtʃˈɛvə] *det* будь-який

whiff [wɪf] *n* подув *m*

while [waɪl] *conj* тим часом ▷ *n* деякий час *m*

whim [wɪm] *n* забаганка *f*

whimper [ˈwɪmpə] *vi* пхикати (*perf* пхикнути)

whimsical [ˈwɪmzɪkəl] *adj* примхливий

whine [waɪn] *vi* вити (*видавати виття*)

whip [wɪp] *n* батіг *m*

whiplash [ˈwɪplæʃ] *n* травма шиї від різкого руху головою

whipped cream [wɪpt kriːm] *n* збиті вершки *pl*

whirl [wɜːl] *vt, vi* кружляти

whirlpool [ˈwɜːlpuːl] *n* вир *m*

whirlwind [ˈwɜːlˌwɪnd] *n* смерч *m* ▷ *adj* бурхливий

whirr [wɜː] *vi* дзижчати

whisk [wɪsk] *n* збивалка *f* ▷ *vt* мчати (*perf* помчати)

whiskers [ˈwɪskəz] *npl* (*of animal*) вуса

whisky, (*US*) **whiskey** [ˈwɪskɪ] *n* віскі *nt*

whisper [ˈwɪspə] *vi, vt* шепотіти

whistle [ˈwɪsl] *n* свисток *m* ▷ *vt, vi* свистіти (*perf* свиснути)

whistle-blowing [wɪslˌbləʊɪŋ] *n* інформування *nt* (*надання викривальних даних*)

white [waɪt] *adj* білий

whiteboard [ˈwaɪtˌbɔːd] *n* біла дошка *f* (*для писання маркером*)

white-collar [ˌwaɪtˈkɒlə] *adj* офісний (*білокомірцевий*)

whitewash [ˈwaɪtˌwɒʃ] *n* вапняний розчин для біління

whiting [ˈwaɪtɪŋ] *n* сріблиста мерлуза *f*

whittle [ˈwɪtl] *vt* стругати

whizz [wɪz] *vi* (*inf*) мчати (*perf* промчати) (*пролітати зі свистом*) ▷ *n* (*inf*) майстер (майстриня) *m(f)*

who [huː] *pron* хто

whoever [huːˈɛvə] *conj* будь-хто

whole [həʊl] *adj* весь ▷ *n* одне ціле *nt*

wholefoods [ˈhəʊlˌfuːdz] *npl* натуральні продукти *mpl*

wholehearted [ˌhəʊlˈhɑːtɪd] *adj* щиросердий

wholesale [ˈhəʊlˌseɪl] *adj* оптовий ▷ *n* оптова торгівля *f*

wholesaler [ˈhəʊlseɪlə] *n* оптовик *m*

wholesome [ˈhəʊlsəm] *adj* моральний

wholly [ˈhəʊllɪ] *adv* цілком

whom [huːm] *pron* (*frml*) кому (кого)

whoop [wuːp] *vi* (*written*) вигукувати (*perf* вигукнути)

whose [huːz] *det* чий ▷ *pron* чий

why [waɪ] *adv* чому

wicked [ˈwɪkɪd] *adj* злісний

wicker [ˈwɪkə] *n* лоза *f*

wicket [ˈwɪkɪt] *n* ворітця *npl* (*у крикеті*)

wide [waɪd] *adj* широкий ▷ *adv* широко

wide-eyed [ˌwaɪdˈaɪd] *adj* простодушний

widen [ˈwaɪdən] *vt, vi* розширювати(ся) (*perf* розширити(ся))

wide-ranging [ˌwaɪdˈreɪndʒɪŋ] *adj* широкомасштабний

widescreen [ˈwaɪdˌskriːn] *adj* широкоекранний

widespread [ˈwaɪdˌsprɛd] *adj* поширений

widow ['wɪdəʊ] *n* вдова *f* ⊳ *vt* овдовіти *perf*

widower ['wɪdəʊə] *n* вдівець *m*

width [wɪdθ] *n* ширина *f*

wield [wi:ld] *vt* орудувати

wife [waɪf] (*pl* **wives**) *n* дружина *f*

Wi-Fi ['waɪfaɪ] *n* вай-фай (*бездротовий доступ в Інтернет*)

wig [wɪg] *n* перука *f*

wiggle ['wɪgəl] *vt, vi* похитувати(ся)

wild [waɪld] *adj* дикий ⊳ *npl* незаймана природа *f*

wild card [waɪld kɑːd] *n* непередбачувана ситуація *f*; метасимвол *m* (*в інформатиці*)

wilderness ['wɪldənəs] *n* дика місцевість *f*

wildfire ['waɪldfaɪə] *n* лісова пожежа *f*

wild flower [waɪld 'flaʊə] *n* польова квітка *f*

wildlife ['waɪld,laɪf] *n* дика природа *f*

wildly ['waɪldlɪ] *adv* вкрай

wilful, (*US*) **willful** ['wɪlfʊl] *adj* умисний

KEYWORD

will [wɪl] *aux vb* **1** (*forming future tense*): **I will finish it tomorrow** я закінчу це завтра; **I will be working all morning** я буду працювати цілий ранок; **I will have finished it by tomorrow** я закінчу це не пізніше як завтра; **I will always remember you** я завжди пам'ятатиму про тебе; **the car won't start** машина не заводиться **2** (*in conjectures, predictions*): **he will** *or* **he'll be there by now** він має бути вже там; **mistakes will happen** помилок неможливо уникнути **3** (*in commands, requests, offers*): **will you be quiet!** ану тихіше мені!; **will you help me?** Ви не допоможете мені?; **will you have a cup of tea?** вип'єте чашку чаю? ⊳ *vt* (*pt, pp* **willed**): **to will o.s. to do** змушувати (*perf* змусити) себе; **to will sb to do** веліти (*perf* звеліти) комусь зробити щось ⊳ *n* (*volition*) воля; (*testament*) заповіт

willingly ['wɪlɪŋlɪ] *adv* охоче

willow ['wɪləʊ] *n* верба *f*

willpower ['wɪl,paʊə] *n* сила волі *f*

wilt [wɪlt] *vi* в'янути (*perf* зів'янути)

wily ['waɪlɪ] *adj* лукавий

wimp [wɪmp] *n* (*inf*) слизняк *m* (*боязка, нерішуча людина*)

win [wɪn] (*pres sing* **wins**, *pres part* **winning**, *pt, pp* **won**) *vt, vi* перемагати (*perf* перемогти)

wince [wɪns] *vi* морщитися (*perf* зморщитися)

winch [wɪntʃ] *n* лебідка *f* ⊳ *vt* підіймати лебідкою (*perf* підняти)

wind¹ [wɪnd] *n* вітер *m*

wind² [waɪnd] (*pres sing* **winds**, *pres part* **winding**, *pt, pp* **wound**) *vi* (*road, river*) витися ⊳ *vt* (= *wrap*) обмотувати (*perf* обмотати)

windfall ['wɪndfɔːl] *n* несподівано отримані гроші

windmill ['wɪnd,mɪl; 'wɪn,mɪl] *n* вітряк *m*

window ['wɪndəʊ] *n* вікно *nt*

window pane ['wɪndəʊ peɪn] *n* віконне скло *nt*

window seat ['wɪndəʊ siːt] *n* місце біля вікна *nt*

windowsill ['wɪndəʊ,sɪl] *n* підвіконня *nt*

windscreen ['wɪnd,skriːn], (*US*) **windshield** ['wɪndʃiːld] *n* лобове скло *nt*

windscreen wiper ['wɪndskriːn 'waɪpə], (*US*) **windshield wiper** ['wɪndʃiːld 'waɪpə] *n* очищувач скла *m*

windsurfing ['wɪnd,sɜːfɪŋ] *n* віндсерфінг *m*

wind-up ['waɪnd,ʌp] *adj* заводний (*механічний*)

windy ['wɪndɪ] *adj* вітряний

wine [waɪn] *n* вино *nt*

wineglass ['waɪn,glɑːs] *n* келих для вина *m*

wine list [waɪn lɪst] *n* карта вин *f*

wing [wɪŋ] *n* крило *nt*

winged [wɪŋd] *adj* крилатий

winger ['wɪŋə] *n* крайній нападник (крайня нападниця) *m(f)*

wing mirror [wɪŋ 'mɪrə] *n* дзеркало заднього огляду *nt*

wink [wɪŋk] *vi* моргати (*perf* моргнути)

winner ['wɪnə] *n* переможець *m*

winning ['wɪnɪŋ] *adj* переможний

winnings ['wɪnɪŋz] *npl* виграш *m*

winter ['wɪntə] *n* зима *f*

winter sports ['wɪntə spɔːts] *npl* зимові види спорту *mpl*

wipe [waɪp] *vt* витирати (*perf* витерти); **wipe up** [waɪp ʌp] *vt* витирати (*perf* витерти)

wiper ['waɪpə] *n* склоочисник *m* (*автомобіля*)

wire [waɪə] *n* дріт *m*

wireless ['waɪələs] *adj* бездротовий

wiring ['waɪərɪŋ] *n* електропроводка *f*

wiry ['waɪərɪ] *adj* жилавий (*стрункий і міцний*); жорсткий

wisdom ['wɪzdəm] *n* мудрість *f*

wisdom tooth ['wɪzdəm tuːθ] *n* зуб мудрості *m*

wise [waɪz] *adj* мудрий

wish [wɪʃ] *vt* бажати ⊳ *n* бажання *nt*

wishful thinking ['wɪʃfʊl 'θɪŋkɪŋ] *n* марні сподівання *ntpl*

wisp [wɪsp] *n* жмут *m*

wistful ['wɪstfʊl] *adj* зажурений

wit [wɪt] *n* дотепність *f*

witch [wɪtʃ] *n* відьма *f*

witchcraft ['wɪtʃkrɑːft] *n* відьомство *nt*

witch-hunt ['wɪtʃ,hʌnt] *n* полювання на відьом *nt*

🔵 **KEYWORD**

with [wɪð; wɪθ] prep 1 (accompanying, in the company of) з (із) (зі); **I spent the day with him** я провів день з ним; **we stayed with friends** ми зупинилися в друзів; **I'll be with you in a minute** я приєднаюся до вас за хвилину; **I'm with you** (I understand) я вас розумію; **she is really with it** (inf: fashionable) вона дуже стильна; (: aware) вона цілком у курсі справи 2 (descriptive) з (із, зі); **a girl with blue eyes** дівчина з блакитними очима 3 (indicating manner) з (із, зі); (indicating cause) від, через, з (зі); (indicating means): **to write with a pencil** писати олівцем; **with tears in her eyes** зі сльозами на очах; **red with anger** червоний від гніву; **you can open the door with this key** ви можете відчинити двері цим ключем; **to fill sth with water** наповнювати (perf наповнити) (щось водою)

withdraw [wɪðˈdrɔ:] vt (frml) виймати (perf вийняти)
withdrawal [wɪðˈdrɔ:əl] n (frml) виведення nt
wither [ˈwɪðə] vi марніти (perf змарніти)
withered [ˈwɪðəd] adj висохлий
withhold [wɪðˈhəʊld] vt (frml) замовчувати (perf замовчати)
within [wɪˈðɪn] prep (frml) у межах
without [wɪˈðaʊt] prep без
withstand [wɪðˈstænd] vt (frml) витримувати (perf витримати)
witness [ˈwɪtnɪs] n свідок m ▷ vt бути свідком чогось
witty [ˈwɪtɪ] adj дотепний
wives [waɪvz] npl of **wife**
wizard [ˈwɪzəd] n чаклун m
wobble [ˈwɒbəl] vi хитатися (perf хитнутися)
wobbly [ˈwɒblɪ] adj хисткий
woe [wəʊ] n (liter) туга f
woeful [ˈwəʊfʊl] adj скорботний
woke [wəʊk] pt of **wake**
woken [ˈwəʊkn] pp of **wake**
wolf [wʊlf] (pl **wolves**) n вовк m
woman [ˈwʊmən] (pl **women**) n жінка f
womanhood [ˈwʊmənhʊd] n жіноча зрілість f
womb [wu:m] n матка f (орган)
women's movement [ˈwɪmɪnz ˈmu:vmənt] n жіночий рух m
won [wʌn] pt, pp of **win**
wonder [ˈwʌndə] vi цікавитися ▷ n диво nt
wonderful [ˈwʌndəfʊl] adj дивовижний
wondrous [ˈwʌndrəs] adj (liter) дивовижний
woo [wu:] vt вмовляти (perf вмовити)
wood [wʊd] n (= forest) ліс m; (= material) деревина f

wooded [ˈwʊdɪd] adj лісистий
wooden [ˈwʊdn] adj дерев'яний
woodland [ˈwʊdlənd] n лісиста місцевість f
woodwind [ˈwʊd,wɪnd] n дерев'яні духові інструменти
woodwork [ˈwʊd,wɜ:k] n дерев'яні вироби mpl
wool [wʊl] n вовна f
woollen, (US) **woolen** [ˈwʊlən] adj вовняний
woollens [ˈwʊlənz] npl вовняні вироби mpl
woolly, (US) **wooly** [ˈwʊlɪ] adj вовняний
word [wɜ:d] n слово nt
wording [ˈwɜ:dɪŋ] n формулювання nt
word processing [wɜ:d ˈprəʊsesɪŋ] n виготовлення документів на комп'ютері
wore [wɔ:ʳ] pt of **wear**
work [wɜ:k] vi працювати ▷ n робота f; **work out** [wɜ:k aʊt] vt розробляти (perf розробити)
workable [ˈwɜ:kəbəl] adj реальний
workaholic [ˌwɜ:kəˈhɒlɪk] n (inf) трудоголік m
workbook [ˈwɜ:kbʊk] n робочий зошит m (з навчальними вправами)
workday [ˈwɜ:kdeɪ] n робочий день m
worked up [wɜ:kt ʌp] adj роздратований
worker [ˈwɜ:kə] n працівник m
work experience [wɜ:k ɪkˈspɪərɪəns] n досвід роботи m
workforce [ˈwɜ:k,fɔ:s] n робоча сила f
working capital [ˈwɜ:kɪŋ ˈkæpɪtəl] n оборотний капітал m
working-class [ˈwɜ:kɪŋklɑ:s] adj робочий клас m
workload [ˈwɜ:kləʊd] n навантаження nt (робоче)
workman [ˈwɜ:kmən] n робітник m
workmanship [ˈwɜ:kmənʃɪp] n майстерність f
work of art [wɜ:k ɒv; əv ɑ:t] n витвір мистецтва m
workout [ˈwɜ:kaʊt] n тренування nt
work permit [wɜ:k ˈpɜ:mɪt] n дозвіл на роботу m
workplace [ˈwɜ:k,pleɪs] n місце роботи nt
worksheet [ˈwɜ:kʃi:t] n аркуш із вправами
workshop [ˈwɜ:kʃɒp] n майстерня f
workspace [ˈwɜ:k,speɪs] n робоче місце nt
workstation [ˈwɜ:k,steɪʃən] n комп'ютер m
world [wɜ:ld] n світ m
world-class [ˌwɜ:ldˈklɑ:s] adj світового рівня
World Cup [wɜ:ld kʌp] n кубок світу m
world-famous [ˌwɜ:ldˈfeɪməs] adj всесвітньовідомий
world view [wɜ:ld vju:] n світогляд m
world war [ˌwɜ:ld ˈwɔ:] n світова війна f
worldwide [ˌwɜ:ldˈwaɪd] adv по всьому світі

worm [wɜːm] n черв'як m
worn [wɔːn] adj зношений
worn out [wɔːn aʊt] adj зношений
worried ['wʌrɪd] adj схвильований
worry ['wʌrɪ] vi хвилюватися ▷ n тривога f
worrying ['wʌrɪɪŋ] adj хвилюючий
worse [wɜːs] adv гірше ▷ adj гірший
worsen ['wɜːsn] vt, vi погіршувати(ся) (perf погіршити(ся))
worship ['wɜːʃɪp] vt, vi поклонятися
worst [wɜːst] adj найгірший ▷ n найгірше nt
worthless ['wɜːθlɪs] adj нікчемний
worthwhile [ˌwɜːθ'waɪl] adj вартий
worthy ['wɜːðɪ] adj (frml) гідний

KEYWORD

would [wʊd] aux vb **1** (conditional tense):
I would tell you if I could я сказав би вам, якби міг; **if you asked him he would do it** якби ви його попросили, він би це зробив (ідеться про події в майбутньому); **if you had asked him he would have done it** якби ви попросили його, він би це зробив (ідеться про події в минулому)
2 (in offers, invitations, requests): **would you like a biscuit?** хочете печиво?; **would you ask him to come in?** будь ласка, попросіть його зайти; **would you open the window please?** відчиніть вікно, будь ласка!
3 (in indirect speech): **I said I would do it** я сказав, що зроблю це; **he asked me if I would stay with him** він запитав, чи я залишуся з ним; **he asked me if I would resit the exam if I failed** він запитав, чи буду я перескладати іспит, якщо провалюся
4 (emphatic): **it WOULD have to snow today!** саме сьогодні мусив піти сніг!; **you WOULD say that, wouldn't you!** Ви не могли не сказати цього, правда!
5 (insistence): **she wouldn't behave** вона ніяк не хотіла добре поводитися
6 (conjecture): **it would have been midnight** це, певно, було опівночі; **it would seem so** виглядає що так; **it would seem that ...** схоже на те, що...
7 (indicating habit): **he would come here on Mondays** він зазвичай приходить у понеділок

would-be ['wʊdbiː] adj потенційний
wound [wuːnd] vt ранити (perf поранити) ▷ n рана f
wound up [waʊnd ʌp] adj роздратований
wove [wəʊv] pt of **weave**
woven ['wəʊvən] pp of **weave**
wrangle ['ræŋɡəl] vi сваритися (perf посваритися)
wrap [ræp] vt загортати (perf загорнути);
wrap up [ræp ʌp] vt загортати (perf загорнути)

wrapped up [ˌræpt ʌp] adj поглинутий (зайнятий)
wrapper ['ræpə] n обгортка f
wrapping ['ræpɪŋ] n упаковка f
wrapping paper ['ræpɪŋ 'peɪpə] n подарунковий папір m
wrath [rɒθ] n (liter) гнів m
wreak [riːk] vt (liter) спричиняти (perf спричинити)
wreath [riːθ] (pl **wreaths**) n вінок m
wreck [rɛk] vt руйнувати (perf зруйнувати) ▷ n руїна f
wreckage ['rɛkɪdʒ] n уламок m
wrecker ['rɛkə] n (US) = **breakdown van**
wren [rɛn] n волове очко nt (пташка)
wrench [rɛntʃ] vt виривати (perf вирвати); скручувати (perf скрутити) (в'язи, шию) ▷ n гайковий ключ m
wrest [rɛst] vt (liter) виривати (perf вирвати)
wrestle ['rɛsəl] vi битися (над завданням, проблемою)
wrestler ['rɛslə] n борець m
wrestling ['rɛslɪŋ] n реслінг m
wriggle ['rɪɡəl] vt, vi соватися (на місці)
wring [rɪŋ] (pres sing **wrings**, pres part **wringing**, pt, pp **wrung**) vt вичавлювати (perf вичавити) (змушувати когось віддати щось); **he wrang some money out of her** він видер у неї трохи грошей
wrinkle ['rɪŋkl] n зморшка f
wrinkled ['rɪŋkld] adj зморщений
wrist [rɪst] n зап'ястя nt
writ [rɪt] n постанова f
write [raɪt] (pres sing **writes**, pres part **writing**, pt **wrote**, pp **written**) vt, vi писати (perf написати); **write down** [raɪt daʊn] vt записувати (perf записати)
writer ['raɪtə] n письменник m
writhe ['raɪð] vi корчитися (perf скорчитися)
writing ['raɪtɪŋ] n напис m
writing paper ['raɪtɪŋ 'peɪpə] n папір для письма m
written ['rɪtn] pp of **write**
wrong [rɒŋ] adj (= incorrect) неправильний; (= amiss, immoral) поганий
wrongdoing ['rɒŋduːɪŋ] n правопорушення nt
wrongful ['rɒŋfʊl] adj незаконний
wrong number [rɒŋ 'nʌmbə] n неправильний номер m
wrote [rəʊt] pt of **write**
wrought iron [rɔːt 'aɪən] n зварювальне залізо nt
wrung [rʌŋ] pt, pp of **wring**
wry [raɪ] adj іронічний

X  y

xenophobia [,zenə'fəʊbɪə] *n* (*frml*)
ксенофобія *f*
xenophobic [,zenə'fəʊbɪk] *adj* (*frml*)
ксенофобський
Xmas ['eksməs; 'krısməs] *n* (*inf*) Різдво *nt*
X-ray ['eksreɪ] *vt* робити рентген (*perf*
зробити) ▷ *n* рентген *m*
xylophone ['zaɪlə,fəʊn] *n* ксилофон *m*

yacht [jɒt] *n* яхта *f*
yachting ['jɒtɪŋ] *n* вітрильний спорт *m*
yachtsman ['jɒtsmən] *n* яхтсмен *m*
yank [jæŋk] *vt, vi* шарпати (*perf* шарпнути)
yard [jɑːd] *n* (= *courtyard*) подвір'я *nt*;
(= *unit of length*) ярд *m*

◦ YARD

◦ Міра довжини, що дорівнює 90,14 см.

yardstick ['jɑːdstɪk] *n* мірило *nt*
yarn [jɑːn] *n* пряжа *f* (*нитки*)
yawn [jɔːn] *vi* позіхати (*perf* позіхнути)
year [jɪə] *n* рік *m*
year-long [jɪə'lɒŋ] *adj* річний (*який триває*
рік)
yearly ['jɪəlɪ] *adv* щороку ▷ *adj* щорічний
yearn [jɜːn] *vt, vi* жадати
year-round [jɪə'raʊnd] *adj* цілорічний
yeast [jiːst] *n* дріжджі *pl*
yell [jel] *vi* кричати (*perf* крикнути) ▷ *n* зойк *m*
yellow ['jeləʊ] *adj* жовтий
Yellow Pages® ['jeləʊ 'peɪdʒɪz] *n*
телефонний довідник
Yemen ['jemən] *n* Ємен *m*
yen [jen] *n* єна *f*
yes [jes] *excl* так
yesterday ['jestədɪ; -,deɪ] *adv* вчора
yet [jet] *adv* ще
yew [juː] *n* тис *m*
yield [jiːld] *vi* (*frml*) поступатися (*perf*
поступитися) ▷ *n* урожайність *f*
yoga ['jəʊɡə] *n* йога *f*
yoghurt ['jəʊɡət; 'jɒɡ-] *n* йогурт *m*
yogurt ['jɒɡət] *n* йогурт *m*
yolk [jəʊk] *n* жовток *m*

 KEYWORD

you [juː] *pron* **1** (*subject: familiar*) ти; (: *polite*)
Ви; (: *2nd person pl*) ви; **you English are very**

polite ви, англійці, дуже чемні; **you and I will stay here** ми з тобою/вами лишимося тут

2 (direct: familiar) тебе; (: polite) Вас; (: 2nd person pl) вас; **I love you** я люблю тебе/вас

3 (after prep: +gen, familiar) тебе; (: polite) Вас; (: 2nd person pl) вас; (: +dat, familiar) тобі; (: polite) Вам; (: 2nd person pl) вам; (: +instr, familiar) тобою; (: polite) Вами; (: 2nd person pl) вами; (: +prp, familiar) тобі; (: polite) Вас; (: 2nd person pl) вас; **they've been talking about you** вони говорили про тебе/про вас

4 (after prep: referring to subject of sentence, +gen) себе; (: +dat, +prp) собі; (: +instr) собою; **will you take the children with you?** ви візьмете дітей з собою?; **she's younger than you** вона молодша за тебе/вас

5 (impersonal, one): **you never know what can happen** ніколи не знаєш, що може трапитися; **you can't do that!** так не можна!; **fresh air does you good** свіже повітря корисне для здоров'я

young [jʌŋ] adj молодий
younger ['jʌŋɡə] adj молодший
youngest ['jʌŋɡɪst] adj наймолодший
youngster ['jʌŋstə] n малий (мала) m(f); **the youngsters** молодь
your [jɔː; jʊə; jə] det (singular) твій; (plural) ваш
yours [jɔːz; jʊəz] pron (singular) твій; (plural) ваш
yourself [jɔːˈsɛlf; jʊə-] pron себе
yourselves [jɔːˈsɛlvz] pron себе
youth [juːθ] n (= adolescence) молодість f; (= young man) юнак m
youth club [juːθ klʌb] n молодіжний клуб m
youthful ['juːθfʊl] adj моложавий
youth hostel [juːθ ˈhɒstl] n молодіжний готель m
yo-yo ['jəʊjəʊ] n йо-йо n ind

Z

Zambia ['zæmbɪə] n Замбія f
Zambian ['zæmbɪən] n (= person) замбієць m ▷ adj замбійський
zap [zæp] vt (inf) пришити (застрелити) perf
zeal [ziːl] n завзяття nt
zealous ['zɛləs] adj завзятий
zebra ['ziːbrə; 'zɛbrə] n зебра f
zebra crossing ['ziːbrə ˈkrɒsɪŋ] n пішохідний перехід
zenith ['zɛnɪθ] n зеніт m
zero ['zɪərəʊ] n нуль m
zest [zɛst] n (= rind) цедра f; (= vitality) жвавість f
Zimbabwe [zɪmˈbɑːbwɪ; -weɪ] n Зімбабве f
Zimbabwean [zɪmˈbɑːbwɪən; -weɪən] n (= person) зімбабвієць (зімбабвійка) m(f) ▷ adj зімбабвійський
Zimmer frame® ['zɪmə freɪm] n ходунки mpl
zinc [zɪŋk] n цинк m
Zionist ['zaɪənɪst] n сіоніст (сіоністка) m(f)
zip [zɪp] vt застібати на блискавку ▷ n застібка-блискавка f
zip code [zɪp kəʊd] n (US) = postcode
zip file [zɪp faɪl] n zip-файл m
zit [zɪt] n (inf) прищ m
zodiac ['zəʊdɪˌæk] n зодіак m
zone [zəʊn] n зона f
zoo [zuː] n зоопарк m
zoology [zəʊˈɒlədʒɪ; zuː-] n зоологія f
zoom [zuːm] vi (inf) мчати (perf помчати)
zoom lens [zuːm lɛnz] n збільшувальна лінза f
zucchini [tsuːˈkiːnɪ; zuː-] n (US) цукіні m